ADVOCACIA PÚBLICA

Coletânea de Questões

Wander Garcia
Coordenador

ADVOCACIA PÚBLICA

mais de 2.300 Questões

gabaritadas e classificadas

Coordenador: Wander Garcia
Editor: Márcio Dompieri
Capa, projeto gráfico e diagramação: R2 Criações

Ficha Catalográfica elaborada pelo
Sistema de Bibliotecas da UNICAMP / Diretoria de Tratamento da Informação
Bibliotecário: Helena Joana Flipsen – CRB-8ª / 5283

G165a Garcia, Wander Carvalho Dompieri.
Advocacia publica : questões gabaritadas e classificadas/ Wander Garcia. -- Indaiatuba : Foco Jurídico, 2010.

1. Ordem dos Advogados do Brasil. 2. Direito público. 3. Exames - Questões. I. Título.

CDD - 340
- 342
- 371.261

ISBN 9788562168055

Índices para Catálogo Sistemático:

1. Ordem dos Advogados do Brasil	340
2. Direito público	342
3. Exames - Questões	371.261

Editora Foco Jurídico Ltda
Al. José Amstalden 491 – Cj. 52
CEP 13331-100 – Indaiatuba – SP
E-mail: contato@editorafoco.com.br
Site: www.editorafoco.com.br

SUMÁRIO

1. DIREITO CONSTITUCIONAL 13

1.1. TEORIA DA CONSTITUIÇÃO, PODER CONSTITUINTE E PRINCÍPIOS FUNDAMENTAIS 13
1.2. CONTROLE DE CONSTITUCIONALIDADE 18
1.3.. DIREITOS E DEVERES INDIVIDUAIS E COLETIVOS 24
1.4. DIREITOS SOCIAIS 29
1.5. NACIONALIDADE 30
1.6. DIREITOS POLÍTICOS 30
1.7. ORGANIZAÇÃO DO ESTADO 31
1.8. ORGANIZAÇÃO DOS PODERES LEGISLATIVO E EXECUTIVO 35
1.9. JUDICIÁRIO E FUNÇÕES ESSENCIAIS À JUSTIÇA 42
1.10. TRIBUTAÇÃO E ORÇAMENTO 46
1.11. ORDEM ECONÔMICA E FINANCEIRA 47
1.12. ORDEM SOCIAL 49
1.13. TEMAS COMBINADOS 49

2. DIREITO ADMINISTRATIVO 59

2.1. INTRODUÇÃO EPRINCÍPIOS 59
2.2. PODERES 61
2.3. ATO ADMINISTRATIVO 62
2.4. ORGANIZAÇÃO DA ADMINISTRAÇÃO PÚBLICA 68
2.5. AGENTES PÚBLICOS 75
2.6. IMPROBIDADE ADMINISTRATIVA 80
2.7. INTERVENÇÃO NA PROPRIEDADE E NA ORDEM ECONÔMICA 81
2.8. BENS PÚBLICOS 84
2.9. RESPONSABILIDADE DO ESTADO 86
2.10. LICITAÇÕES E CONTRATOS ADMINISTRATIVOS 88
2.11. SERVIÇO PÚBLICO CONCESSÕES EM GERAL. PPP 96
2.12. PROCESSO ADMINISTRATIVO 102
2.13. CONTROLE DA ADMINISTRAÇÃO 104
2.14. MANDADO DE SEGURANÇA, HABEAS DATA, AÇÃO POPULAR, AÇÃO CIVIL PÚBLICA E MANDADO DE INJUNÇÃO 107
2.15. TEMAS COMBINADOS 107

3. DIREITO TRIBUTÁRIO 113

3.1. PRINCÍPIOS E LIMITAÇÕES CONSTITUCIONAIS AOPODER DE TRIBUTAR 113

3.2. COMPETÊNCIA E CAPACIDADE TRIBUTÁRIAS 116
3.3. TRIBUTOS: CONCEITOE ESPÉCIES 117
3.4. IMPOSTOS ECONTRIBUIÇÕES EMESPÉCIE 118
3.5. VIGÊNCIA, APLICAÇÃO, INTERPRETAÇÃO EINTEGRAÇÃO DALEGISLAÇÃO 121
3.6. OBRIGAÇÃO, RESPONSABILIDADE E SUBSTITUIÇÃO TRIBUTÁRIAS 122
3.7. CRÉDITO TRIBUTÁRIO: CONSTITUIÇÃO, SUSPENSÃO, EXTINÇÃO E EXCLUSÃO. PRIVILÉGIOS 127
3.8. ISENÇÃO E IMUNIDADE 129
3.9. ADMINISTRAÇÃO TRIBUTÁRIA E RESTITUIÇÕES 130
3.10. AÇÕES TRIBUTÁRIAS 131
3.11. PARCELAMENTOS 132
3.12. REGIME ADUANEIRO. 133
3.13. TEMAS COMBINADOS E OUTROS TEMAS 133

4. DIREITO PROCESSUAL CIVIL 145

4.1. PRINCÍPIOS DOPROCESSO CIVIL 145
4.2. PARTES, PROCURADORES, MINISTÉRIO PÚBLICO E JUIZ. ATOS PROCESSUAIS. PRAZOS 145
4.3. LITISCONSÓRCIO, ASSISTÊNCIA E INTERVENÇÃO DE TERCEIROS 146
4.4. JURISDIÇÃO E COMPETÊNCIA 148
4.5. PRESSUPOSTOSPROCESSUAIS ECONDIÇÕES DA AÇÃO 152
4.6. FORMAÇÃO,SUSPENSÃO EEXTINÇÃO DOPROCESSO. NULIDADES 152
4.7. TUTELA ANTECIPADA E LIMINAR EMCAUTELAR 154
4.8. PROCESSO DE CONHECIMENTO. RITOS SUMÁRIO E ORDINÁRIO 155
4.9. SENTENÇA. LIQUIDAÇÃO. CUMPRIMENTO DE SENTENÇA. COISA JULGADA. 159
4.10. AÇÕES ANULATÓRIAE RESCISÓRIA 162
4.11. RECURSOS 164
4.12. EXECUÇÃO 172
4.13. CAUTELAR 174
4.14. PROCEDIMENTOSESPECIAIS 175
4.15. LEGISLAÇÃOEXTRAVAGANTE 176
4.16. ARBITRAGEM 181
4.17. TEMAS COMBINADOS 181

5. DIREITO CIVIL 187

5.1. LICC 187
5.2. GERAL 188
5.2.1. PESSOAS 188
5.2.2. BENS 190
5.2.3. FATOS JURÍDICOS 191
5.2.4. PRESCRIÇÃO E DECADÊNCIA 195
5.2.5. PROVA 196
5.3. OBRIGAÇÕES 196
5.4. CONTRATOS 201
5.4.1. TEORIA GERAL 201
5.4.2. CONTRATOS EM ESPÉCIE 204
5.5. RESPONSABILIDADE CIVIL 210
5.6. COISAS 213
5.7. FAMÍLIA 217
5.8. SUCESSÕES 218

5.9. DIREITO DE EMPRESA E TÍTULOS DE CRÉDITO 219
5.10. DISPOSIÇÕES FINAIS E TRANSITÓRIAS 219
5.11. DIREITOS AUTORAIS 219
5.12. TEMAS COMBINADOS 220

6. DIREITO EMPRESARIAL 225

6.1. TEORIA GERAL DO DIREITO EMPRESARIAL 225
6.2. SOCIEDADES 231
6.3. TÍTULOS DE CRÉDITO 240
6.4. FALÊNCIA. RECUPERAÇÃO DE EMPRESAS E LIQUIDAÇÃO EXTRAJUDICIAL 243
6.5. CONTRATOS EMPRESARIAIS 247
6.6. PROPRIEDADE INDUSTRIAL 248
6.7. LEGISLAÇÃO DE SEGURO E RESSEGURO 248
6.8. ASPECTOS JURÍDICOS DE NEGÓCIOS BANCÁRIOS 251
6.9. TEMAS COMBINADOS 255

7. DIREITO DO TRABALHO 257

7.1. INTRODUÇÃO 257
7.2. CONTRATO INDIVIDUAL DE TRABALHO 257
7.3. ALTERAÇÃO, INTERRUPÇÃO E SUSPENSÃO DO CONTRATO DE TRABALHO 261
7.4. REMUNERAÇÃO E SALÁRIO 264
7.5. JORNADA DE TRABALHO 265
7.6. AVISO PRÉVIO E EXTINÇÃODO CONTRATO DE TRABALHO 267
7.7. ESTABILIDADE E FGTS 268
7.8. SEGURANÇA E MEDICINA DO TRABALHO 269
7.9. DIREITO COLETIVO DO TRABALHO 270
7.9.1. CONVENÇÃO E ACORDO COLETIVO 270
7.9.2. GREVE 271
7.10. TEMAS COMBINADOS 271

8. DIREITO PROCESSUAL DO TRABALHO 275

8.1. PRINCÍPIOS, ORGANIZAÇÃO DA JUSTIÇA DO TRABALHO, COMPETÊNCIA E NULIDADES PROCESSUAIS 275
8.2. PROCEDIMENTOS 277
8.3. RECURSOS 280
8.4. EXECUÇÃO TRABALHISTA 284
8.5. MANDADO DE SEGURANÇA E AÇÃO RESCISÓRIA 285
8.6. DISSÍDIOS COLETIVOS 285
8.7. TEMAS COMBINADOS 285

9. DIREITO INTERNACIONAL PÚBLICO E PRIVADO 287

9.1. DIREITO INTERNACIONAL PÚBLICO 287
9.2. DIREITO INTERNACIONAL PRIVADO 292
9.3. TEMAS COMBINADOS 297

10. DIREITO FINANCEIRO 299

11. DIREITO PENAL E PROCESSUAL PENAL 307

11.1. DIREITO PENAL 307
11.1.1. PARTE GERAL 307
11.1.2. PARTE ESPECIAL 310
11.1.3. LEGISLAÇÃO EXTRAVAGANTE 313
11.2. DIREITO PROCESSUAL PENAL 316
11.3. TEMAS COMBINADOS 322

12. DIREITO AMBIENTAL 327

13. DIREITO ECONÔMICO 337

14. DIREITO DO CONSUMIDOR 345

15. OUTRAS DISCIPLINAS JURÍDICAS 349

15.1. DIREITO PREVIDENCIÁRIO 349
15.2. AGÊNCIAS REGULADORAS 361
15.3. DIREITOS HUMANOS 364
15.4. SISTEMA FINANCEIRO DA HABITAÇÃO 367
15.5. SAÚDE E EDUCAÇÃO 369
15.6. DIREITO AMBIENTAL 373
15.7. INSTITUIÇÕES FINANCEIRAS 376
15.8. FALÊNCIA 378
15.9. LEGISLAÇÃO DA ÁREA AUDIOVISUAL E CINEMATOGRÁFICA 378
15.10. LEGISLAÇÃO AGRÁRIA 379
15.11. DIREITO MILITAR 380
15.12. DIREITO INTERNACIONAL 383
15.13. OUTROS TEMAS 384

16. LÍNGUA PORTUGUESA 387

16.1. CESGRANRIO 387
16.2. CESPE 410
16.3. NCE/UFRJ 429
16.4. ESAF 433
16.5. UFF 438
16.6. CONESUL 439
16.7. ESPP 440
16.8. ACEP 443

17. LÍNGUA INGLESA 447

17.1. CESGRANRIO 447
17.2. CESPE 463
17.3. NCE/UFRJ 466
17.4. ESAF 467

17.5. VUNESP 468
17.6. UFF 471

18. LÍNGUA ESPANHOLA 473

18.1. CESGRANRIO 473
18.2. VUNESP 479

19. INFORMÁTICA 483

19.1. CESGRANRIO 483
19.2. CESPE 485
19.3. VUNESP 498
19.4. UFF 502
19.5. ESPP 502

20. MATEMÁTICA E RACIOCÍNIO LÓGICO 505

20.1. CESGRANRIO 505
20.2. CESPE 506
20.3. UFF 507
20.4. ACEP 507

21. QUESTÕES DISCURSIVAS 509

1) CONSTITUCIONAL 509
2) ADMINISTRATIVO 509
3) TRIBUTÁRIO 512
4) PROCESSO CIVIL 513
5) CIVIL 516
6) EMPRESARIAL 518
7) TRABALHO 519
8) SEGURIDADE SOCIAL 520
9) INTERNACIONAL 521
10) FINANCEIRO 521
11) PENAL 521
12) AMBIENTAL 522
13) ECONÔMICO 523
14) CONSUMIDOR 524
15) OUTRAS DISCIPLINAS 524
16) LINGUA PORTUGUESA 525
17) LINGUA INGLESA 525

GABARITOS 527

1. DIREITO CONSTITUCIONAL 527
2. DIREITO ADMINISTRATIVO 528
3. DIREITO TRIBUTÁRIO 529
4. DIREITO PROCESSUAL CIVIL 530
5. DIREITO CIVIL 531
6. DIREITO EMPRESARIAL 532

7. DIREITO DO TRABALHO....533
8. DIREITO PROCESSUAL DO TRABALHO....533
9. DIREITO INTERNACIONAL PÚBLICO E PRIVADO....534
10. DIREITO FINANCEIRO....534
11. DIREITO PENAL E PROCESSUAL PENAL....534
12. DIREITO AMBIENTAL....535
13. DIREITO ECONÔMICO....535
14. DIREITO DO CONSUMIDOR....535
15. OUTRAS DISCIPLINAS JURÍDICAS....536
16. LÍNGUA PORTUGUESA....537
17. LÍNGUA INGLESA....538
18. LÍNGUA ESPANHOLA....539
19. INFORMÁTICA....539
20. MATEMÁTICA....540

Coletânea de Questões

Wander Garcia
Coordenador

ADVOCACIA PÚBLICA

mais de 2.300 Questões
gabaritadas e classificadas

1. Direito Constitucional

1.1. TEORIA DA CONSTITUIÇÃO, PODER CONSTITUINTE E PRINCÍPIOS FUNDAMENTAIS

1. **(ADVOGADO – PETROBRÁS – 2008 – CESGRANRIO)** De acordo com a doutrina, os princípios constitucionais fundamentais estabelecidos no Título I da Constituição Federal de 1988 podem ser discriminados em princípios relativos (i) à existência, forma e tipo de Estado; (ii) à forma de governo; (iii) à organização dos Poderes; (iv) à organização da sociedade; (v) à vida política; (vi) ao regime democrático; (vii) à prestação positiva do Estado e (viii) à comunidade internacional. Adotando essa classificação, é exemplo típico de princípio fundamental relativo à forma de governo o princípio

(A) federalista.
(B) republicano.
(C) de soberania.
(D) do pluralismo político.
(E) do Estado Democrático de Direito.

Buscando formular uma concepção estrutural de constituição, a doutrina reconhece que: "A constituição é algo que tem, como forma, um complexo de normas (escritas ou costumeiras); como conteúdo, a conduta humana motivada pelas relações sociais; como fim, a realização dos valores que apontam para o existir da comunidade; (...)"

SILVA, José Afonso da. *In* **Curso de Direito Constitucional Positivo, 26ª edição, Malheiros, p. 39.**

2. **(ADVOGADO – EPE – 2007 – CESGRANRIO)** Nessa mesma linha, reconhece(m)-se como causa criadora e recriadora da constituição:

(A) a rigidez constitucional.
(B) a organização dos elementos essenciais do Estado.
(C) o puro dever-ser.
(D) o poder que emana do povo.
(E) os direitos fundamentais do homem.

3. **(ADVOGADO – CORREIOS – 2008 – ESPP)** O Poder Constituinte Originário tem por características ser:

(A) ilimitado, transitório, inicial e incondicionado.
(B) condicionado, secundário, limitado e permanente.
(C) autônomo, ilimitado, incondicionado e secundário.
(D) Inicial, incondicionado, ilimitado e permanente.

4. **(ADVOGADO – CORREIOS – 2008 – ESPP)** Analise os seguintes itens:

I - Espécies normativas primárias são aquelas que retiram seu fundamento de validade da própria constituição e por esse motivo são as únicas que podem criar direitos e impor obrigações de natureza geral.

II- devido ao princípio da recepção, entrando em vigor nova constituição, todo o ordenamento jurídico anterior será por ela acolhido, mesmo que incompatível com a nova ordem instituída.

III- o efeito da repristinação é admitido no direito brasileiro, desde que haja expressa previsão na lei revogadora, por isso é chamado de "falsa repristinação".

IV- o fenômeno da desconstitucionalização, que possibilita a recepção de texto constitucional anterior com status de lei ordinária no novo ordenamento jurídico é plenamente admissível pelo direito brasileiro.

Assinale a alternativa correta:

(A) Os itens I e II estão incorretos.
(B) Os itens II, III e IV estão incorretos.
(C) Os itens I e IV estão corretos.
(D) Os itens I e III estão corretos.

5. **(ADVOGADO – ELETROBRÁS – 2006 – NCE/UFRJ)** De acordo com a tradicional classificação das normas constitucionais, quanto a aptidão para produzir efeitos, são normas constitucionais de eficácia:

(A) plena aquelas que, desde a entrada em vigor da Constituição, produzem todos os efeitos essenciais; normas constitucionais de eficácia contida são aquelas que permitem ao legislador infraconstitucional diminuir o seu alcance;
(B) plena aquelas que, desde a entrada em vigor da Constituição, produzem todos os efeitos essenciais, mas precisam ao longo de sua vigência regulação do legislador infraconstitucional; normas constitucionais de eficácia contida são aquelas que definem programas de governo;
(C) plena aquelas que instituem de forma plena princípios institutivos e programas de governo; normas constitucionais de eficácia contida são aquelas que permitem ao legislador infraconstitucional diminuir o seu alcance;
(D) programática aquelas que, desde a entrada em vigor da Constituição, produzem todos os efeitos; normas de eficácia contida são aquelas que não possuem todos os elementos necessários para a produção de seus efeitos;
(E) plena aquelas que, desde a entrada em vigor da Constituição, produzem todos os efeitos esperados pelo constituinte; normas de eficácia contida são aquelas que só podem ter seus efeitos definidos através do controle concentrado de constitucionalidade; normas constitucionais de eficácia limitada são aquelas que garantem a ordem pública no estado democrático de direito.

6. (ADVOGADO – ELETROBRÁS – 2006 – NCE/UFRJ) A Constituição deve ser entendida como lei fundamental e suprema de um Estado, que contém normas referentes à estruturação, à formação dos poderes, forma de governo e aquisição do poder de governar, distribuição de competência, direitos, garantias e deveres dos cidadãos. Quanto ao modo de elaboração, as constituições são classificadas em:

(A) dogmáticas e históricas;
(B) materiais e formais;
(C) escritas e não-escritas;
(D) promulgadas e outorgadas;
(E) analíticas e sintéticas.

Na Constituição, a dinâmica do processo político não se adapta às suas normas, embora ela conserve, em sua estrutura, um caráter educativo, com vistas ao futuro da sociedade. Seria uma Constituição prospectiva, isto é, voltada para um dia ser realizada na prática. Mas, enquanto não realizar todo o seu programa, continuaria a desarmonia entre os pressupostos formais nela insculpidos e sua aplicabilidade. É como se fosse uma roupa guardada no armário que será vestida futuramente, quando o corpo nacional tiver crescido.

Uadi Lammêgo Bulos. Constituição Federal anotada, 8.ª ed., São Paulo. Saraiva, 2008, p. 32.

7. **(ADVOGADO – SERPRO – 2008 – CESPE)** Considerando o texto acima, julgue os itens seguintes, acerca da classificação das constituições e da interpretação e aplicação das normas constitucionais.

1. A espécie de constituição apontada no texto é definida como constituição nominal.
2. O dispositivo constitucional que afirma que a finalidade da ordem econômica é assegurar a todos uma existência digna, conforme os ditames da justiça social, seria um exemplo de norma programática.
3. O desafio de realizar a Constituição na prática exige que o intérprete e aplicador priorize os critérios ou pontos de vista que favoreçam a integração política e social e o reforço da unidade política, visto que essas são algumas das finalidades primordiais da Constituição. É o que se denomina de princípio do efeito integrador.

8. (ADVOGADO – DATAPREV – 2009 – UFF) Segundo o artigo 125, § 2º. da Constituição Federal, inserido no capítulo que trata do Poder Judiciário: “Cabe aos Estados a instituição de representação de inconstitucionalidade de leis ou atos normativos estaduais ou municipais em face da Constituição Estadual, vedada a atribuição da legitimação para agir a um único órgão”. No que se refere à interpretação da norma constitucional, é correto afirmar que a norma citada acima adapta-se ao princípio:

(A) do efeito integrador;
(B) da conformidade funcional ou da justeza;
(C) da concordância prática ou da harmonização;
(D) da simetria constitucional;
(E) da unidade da Constituição.

9. **(ADVOGADO – IRB – 2006 – ESAF)** Sobre princípios constitucionais, princípios constitucionais do trabalho, hermenêutica constitucional, classifi cação das normas constitucionais e tipos de constituição, assinale a única opção correta.

(A) Segundo a doutrina, os princípios político-constitucionais são materializados sob a forma de normas-princípio, as quais, freqüentemente, são desdobramentos dos denominados princípios fundamentais.
(B) Por ser um direito fundamental do trabalhador, o princípio da irredutibilidade salarial não admite exceções.
(C) Segundo a doutrina, na interpretação restritiva de uma norma constitucional, o intérprete deve restringir o domínio normativo atingido pela efetividade da norma para adequá-lo ao programa normativo.
(D) Uma norma constitucional classificada quanto à sua aplicabilidade como uma norma constitucional de eficácia contida não possui como característica a aplicabilidade imediata.

(E) Uma constituição é classificada como popular, quanto à origem, quando se origina de um órgão constituinte composto de representantes do povo.

10. **(ADVOGADO – BNB – 2006 – ACEP)** Marque a alternativa CORRETA a respeito do objeto do direito constitucional, da classificação das constituições, da aplicabilidade das normas constitucionais, da interpretação das normas constitucionais e do poder constituinte.

(A) O Direito Constitucional é um ramo do Direito Público que tem por objeto a constituição política do Estado, no sentido amplo de estabelecer sua estrutura, a organização de suas instituições e órgãos, o modo de aquisição e de limitação do poder.

(B) As normas de eficácia contida são aquelas que apresentam aplicabilidade indireta, mediata e ampla, porque somente incidem totalmente sobre os interesses que regulam, após uma normatividade posterior que lhes desenvolva a aplicabilidade.

(C) Segundo o Supremo Tribunal Federal, a técnica da denominada interpretação conforme a Constituição só é utilizável quando a norma impugnada admite somente uma interpretação, que a compatibilize com a Carta Magna. A finalidade dessa regra interpretativa é permitir a manutenção no ordenamento jurídico das leis e atos normativos editados pelo poder competente que guardem valor interpretativo compatível com o texto constitucional.

(D) A Constituição Federal brasileira de 1988 é formal, analítica e flexível. É formal por se consubstanciar de forma escrita, por meio de um documento solene estabelecido pelo Poder Constituinte originário. É analítica por regulamentar todos os assuntos que entende relevantes à formação, destinação e ao funcionamento do Estado. É flexível por permitir alterações promovidas pelo Poder Constituinte derivado, tal como acontece com as normas infraconstitucionais.

(E) O Poder Constituinte derivado não conhece limitações constitucionais implícitas, não sendo passível de controle de constitucionalidade.

11. **(PROCURADOR – BANCO CENTRAL – 2009 – CESPE)** Assinale a opção correta acerca de constituição, hermenêutica constitucional e poder constituinte originário e derivado, no ordenamento jurídico brasileiro.

(A) Pelo método de interpretação hermenêutico-concretizador, a análise da norma constitucional não se fixa na sua literalidade, mas decorre da realidade social e dos valores insertos no texto constitucional, de modo que a constituição deve ser interpretada considerando-se seu dinamismo e constante renovação, no compasso das modificações da vida da sociedade.

(B) Pelo princípio da concordância prática ou harmonização, os órgãos encarregados de promover a interpretação da norma constitucional não podem chegar a resultado que altere o esquema organizatório-funcional constitucionalmente estabelecido pelo legislador constituinte originário.

(C) De acordo com entendimento do STF, as normas constitucionais provenientes da manifestação do poder constituinte originário têm, via de regra, retroatividade máxima.

(D) O poder constituinte derivado decorrente deve observar, entre outros, os princípios constitucionais estabelecidos, que integram a estrutura da Federação brasileira, como, por exemplo, a forma de investidura em cargos eletivos, o processo legislativo e os orçamentos.

(E) De acordo com a doutrina, constituição semântica é aquela cuja interpretação depende do exame de seu conteúdo significativo, sob o ponto de vista sociológico, ideológico e metodológico, de forma a viabilizar maior aplicabilidade político-normativo-social de seu texto.

12. **(ADVOGADO – ANATEL – 2009 – CESPE)** À luz do direito constitucional, julgue os itens que se seguem.

1. Concebido por Ferdinand Lassale, o princípio da força normativa da CF é aquele segundo o qual os aplicadores e intérpretes da Carta, na solução das questões jurídico-constitucionais, devem procurar a máxima eficácia do texto constitucional.
2. Mutações constitucionais são alterações no texto da CF decorrentes de novos cenários na ordem econômica, social e cultural do país.
3. O princípio da máxima efetividade visa interpretar a CF no sentido de atribuir à norma constitucional a maior efetividade possível, ou seja, deve-se atribuir a uma norma constitucional o sentido que lhe dê maior eficácia.
4. O princípio da unidade da Constituição considera essa Carta em sua totalidade, buscando harmonizá-la para uma visão de normas não isoladas, mas como preceitos integrados em um sistema unitário de regras e princípios.

13. **(ADVOGADO DA UNIÃO – AGU – 2009 – CESPE)** Com relação ao poder constituinte e ao controle de constitucionalidade de normas, julgue os itens seguintes.

1. O poder constituinte originário esgota-se quando é editada uma constituição, razão pela qual, além de ser inicial, incondicionado e ilimitado, ele se caracteriza pela temporariedade.
2. A decisão de mérito proferida pelo STF no âmbito de ação declaratória de constitucionalidade produz, em regra, efeitos ex nunc e vinculantes para todos os órgãos do Poder Executivo e demais órgãos do Poder Judiciário.
3. Na arguição de descumprimento de preceito fundamental, a decisão exarada produz efeito

vinculante, que, em sua dimensão objetiva, abrange não só a parte dispositiva, mas também os fundamentos determinantes da decisão.

4. Segundo entendimento do STF, é possível a utilização da técnica da modulação ou limitação temporal dos efeitos de decisão declaratória de inconstitucionalidade no âmbito do controle difuso de constitucionalidade.

14. **(ADVOGADO DA UNIÃO – AGU – 2009 – CESPE)** Com referência aos princípios constitucionais, julgue os seguintes itens.

1. De acordo com o princípio da legalidade, apenas a lei decorrente da atuação exclusiva do Poder Legislativo pode originar comandos normativos prevendo comportamentos forçados, não havendo a possibilidade, para tanto, da participação normativa do Poder Executivo.
2. Segundo a doutrina, a aplicação do princípio da reserva legal absoluta é constatada quando a CF remete à lei formal apenas a fixação dos parâmetros de atuação para o órgão administrativo, permitindo que este promova a correspondente complementação por ato infralegal.
3. O Poder Judiciário, fundado no princípio da isonomia previsto na Carta da República, pode promover a equiparação dos vencimentos de um servidor com os de outros servidores de atribuições diferentes.

15. **(ADVOGADO DA UNIÃO – AGU – 2006 – CESPE)** Em relação ao direito constitucional, julgue os próximos itens.

1. O poder constituinte derivado decorrente abrange os estados, para elaborarem suas constituições, e os municípios, para elaborarem suas leis orgânicas.
2. Após o afastamento do cargo, seja por aposentadoria ou exoneração, o membro do Ministério Público não poderá exercer a advocacia antes de decorrido o prazo de três anos.
3. A citação prévia do advogado-geral da União em todas as ações de inconstitucionalidade apreciadas pelo STF representa a realização de função constitucional imprescindível e que se equipara à de curador em defesa das normas infra-constitucionais.
4. A criação das declarações de constitucionalidade e de inconstitucionalidade por omissão e a ampliação da legitimação para propositura das ações diretas de inconstitucionalidade foram inovações implementadas com a promulgação da Constituição de 1988. no sistema brasileiro de controle de constitucionalidade.
5. Em decorrência da supremacia das normas constitucionais, qualquer norma a ser integrada ao ordenamento jurídico somente será válida caso esteja em conformidade com a Constituição, razão por que se afirma que todas as normas constitucionais detêm eficácia.
6. No plano da hermenêutica constitucional, a presunção de constitucionalidade das leis e atos normativos que integram o ordenamento jurídico orienta que se conceda preferência, na hipótese de múltiplos significados, ao que apresente maior conformidade com a Constituição Federal.

Com a promulgação da Constituição de 16 de julho de 1934, inaugurou o Brasil a terceira grande época constitucional de sua história; época marcada por crises, golpes de Estado, insurreição, impedimentos, renúncia e suicídio de presidente, bem como pela queda de governos, repúblicas e constituições. Sua mais recente manifestação formal veio a ser a Carta de 5 de outubro de 1988.

Paulo Bonavides. Curso de direito constitucional, 10.ª ed. São Paulo: Malheiros Editores, 2000, p. 332 (com adaptações).

16. **(ADVOGADO DA UNIÃO – AGU – 2004 – CESPE)** Tendo o texto acima como referência inicial, julgue os itens a seguir, acerca da evolução constitucional do Brasil, das normas constitucionais programáticas, das disposições constitucionais transitórias, da hermenêutica constitucional e do poder constituinte.

1. A Constituição de 1934 disciplinou a subordinação do direito de propriedade ao interesse social. 27 O Ato das Disposições Constitucionais Transitórias, por conter normas que disciplinam situações de transição entre
2. O Ato das Disposições Constitucionais Transitórias, por conter normas que disciplinam situações de transição entre o texto constitucional anterior e o novo texto ou normas que perdem sua vigência após exaurida a sua eficácia provisória, é independente em relação à Constituição.

3 São efeitos concretos das normas constitucionais programáticas, entre outros, condicionar a atividade discricionária da administração e do Poder Judiciário e condicionar o conteúdo da legislação futura.

4 O princípio da conformidade funcional impõe que, na concretização constitucional, o intérprete-aplicador considere a Constituição em sua globalidade, evitando que o resultado da tarefa interpretativa crie antinomias ou antagonismos entre as normas constitucionais.

5 No caso brasileiro, os efeitos do exercício do poder constituinte derivado sobre a legislação anterior à promulgação do novo texto constitucional são de duas naturezas: ou as normas são recepcionadas, por estarem formal e materialmente em conformidade com o novo texto constitucional, ou são consideradas revogadas por inconstitucionalidade.

17. **(PROCURADOR FEDERAL – AGU – 2007 – CESPE)** A história constitucional do Brasil, de conhecimento indispensável a quem busca estudar nossas instituições políticas e sociais, representa um dos mais profundos mergulhos na compreensão

do passado nacional. O exame e a análise dos sucessos políticos e das raízes institucionais do país hão de trazer sempre luz para o entendimento da realidade contemporânea, na qual os acontecimentos transcorrem com a velocidade da crise e fazem, não raro, extremamente difícil a percepção das causas que de imediato devem ser removidas, em escala prioritária, a fim de se poder fazer estável e seguro o destino da Nação e a preservação de sua unidade. Paulo Bonavides e Paes de Andrade. História constitucional do Brasil. Brasília: OAB Editora, 2002 (com adaptações). Julgue os itens subseqüentes, que tratam da evolução constitucional no Brasil.

1. A CF trouxe grandes avanços na área dos direitos e das garantias fundamentais, atestando a modernidade e fazendo do racismo e da tortura crimes inafiançáveis, estabelecendo o habeas data e reforçando a proteção dos direitos e das liberdades constitucionais, e restituindo ao Congresso Nacional prerrogativas que lhe haviam sido subtraídas pela administração militar.
2. Durante o Primeiro Reinado, o movimento cunhado como constitucionalismo era visto por muitos como uma idéia quase subversiva.
3. O período constitucional do Império foi o período da história brasileira em que o poder mais se apartou da Constituição formal, a qual teve baixo grau de eficácia e pouca presença na consciência dos dirigentes do país. Exemplo disso foi a não-utilização da Constituição como instrumento para se solucionar a questão da escravidão no Brasil.

18. **(PROCURADOR FEDERAL – AGU – 2007 – CESPE)** Quanto à hermenêutica constitucional, julgue os itens seguintes.

1. O princípio da unidade da CF, como princípio interpretativo, prevê que esta deve ser interpretada de forma a se evitarem contradições, antinomias ou antagonismos entre suas normas.
2. Não existe relação hierárquica fixa entre os diversos critérios de interpretação da CF, pois todos os métodos conhecidos conduzem sempre a um resultado possível, nunca a um resultado que seja o unicamente correto. Essa pluralidade de métodos se converte em veículo da liberdade do juiz, mas essa liberdade é objetivamente vinculada, pois não pode o intérprete partir de resultados preconcebidos e, na tentativa de legitimá-los, moldar a norma aos seus preconceitos, mediante a utilização de uma pseudo-argumentação.
3. As correntes interpretativistas defendem a possibilidade e a necessidade de os juízes invocarem e aplicarem valores e princípios substantivos, como princípios de liberdade e justiça, contra atos de responsabilidade do Poder Legislativo que não estejam em conformidade com o projeto da CF. As posições não-interpretativistas, por outro lado, consideram que os juízes, ao interpretarem a CF, devem limitar-se a captar o sentido dos preceitos nela expressos ou, pelo menos, nela claramente explícitos.

19. **(PROCURADOR FEDERAL – AGU – 2004 – CESPE)** Quanto ao conceito e à classificação das constituições e das normas constitucionais, à hermenêutica constitucional, às normas programáticas e ao preâmbulo na Constituição da República de 1988 e, ainda, acerca do histórico das disposições constitucionais transitórias, julgue os itens seguintes.

1. As constituições costumeiras são flexíveis, ao passo que as constituições rígidas podem ser flexíveis, semi-rígidas ou rígidas.
2. Em consonância com precedente do Supremo Tribunal Federal (STF), o preâmbulo da Constituição Federal vigente, em razão de sua natureza jurídica de norma constitucional, pode ser invocado para a defesa de um direito.
3. Verifica-se a existência de disposições constitucionais transitórias em todos os textos constitucionais brasileiros, desde a Constituição de 1891, e, segundo precedente do STF, as normas que integram as disposições constitucionais transitórias, como categorias normativas subordinantes, impõem-se no plano do ordenamento estatal.
4. As normas programáticas são normas jurídico-constitucionais de aplicação diferida que prescrevem obrigações de resultados, e não obrigações de meio, sendo, no caso brasileiro, vinculadas ao princípio da legalidade ou referidas aos poderes públicos ou dirigidas à ordem econômico-social.
5. O método de interpretação constitucional denominado hermenêutico-concretizador pressupõe a pré-compreensão do conteúdo da norma a concretizar e a compreensão do problema concreto a resolver, havendo, nesse método, a primazia do problema sobre a norma, em razão da própria natureza da estrutura normativo-material da norma constitucional.

20. **(PROCURADOR DA FAZENDA NACIONAL – 2007.2 – ESAF)** A República Federativa do Brasil, formada pela união indissolúvel dos Estados e Municípios e do Distrito Federal, constitui-se em Estado democrático de direito e tem como fundamentos o que se encontra na única formulação correta, entre as opções abaixo.

(A) A independência nacional; a soberania; a sociedade livre, organizada e solidária; a dignidade da pessoa humana e a liberdade individual.
(B) A cidadania; a dignidade da pessoa humana; os valores sociais do trabalho e econômicos da livre iniciativa; o pluralismo político.
(C) A soberania; a cidadania; a dignidade da pessoa humana; os valores sociais do trabalho e a livre concorrência; o pluralismo político e a defesa da paz.

(D) A soberania; a cidadania; a dignidade da pessoa humana; os valores sociais do trabalho e da livre iniciativa; o pluralismo político.

(E) A cidadania; a dignidade da pessoa humana; os valores econômicos e sociais do trabalho, da livre iniciativa e da livre concorrência; o pluralismo político.

21. **(PROCURADOR DA FAZENDA NACIONAL – 2007.1 – ESAF)** Assinale a opção correta no contexto do conceito e da classificação das constituições.

(a) As constituições outorgadas não são precedidas de atos de manifestação livre da representatividade popular e assim podem ser consideradas as Constituições brasileiras de 1824, 1937 e a de 1967, com a Emenda Constitucional n. 01 de

(b) A distinção entre constituição em sentido material e constituição em sentido formal perdeu relevância considerando-se as modificações introduzidas pela Emenda Constitucional n. 45/2004, denominada de "Reforma do Poder Judiciário".

(c) Considera-se constituição não-escrita a que se sustenta, sobretudo, em costumes, jurisprudências, convenções e em textos esparsos, formalmente constitucionais.

(d) Carl Schmitt, principal protagonista da corrente doutrinária conhecida como decisionista, advertia que não há Estado sem Constituição, isso porque toda sociedade politicamente organizada contém uma estrutura mínima, por rudimentar que seja; por isso, o legado da Modernidade não é a Constituição real e efetiva, mas as Constituições escritas.

(e) Para Ferdinand Lassalle, a constituição é dimensionada como decisão global e fundamental proveniente da unidade política, a qual, por isso mesmo, pode constantemente interferir no texto formal, pelo que se torna inconcebível, nesta perspectiva materializante, a idéia de rigidez de todas as regras.

22. **(DEFENSORIA PÚBLICA DA UNIÃO – 2004 – CESPE)** Quanto à aplicabilidade e à interpretação das normas constitucionais, julgue os itens que se seguem.

1. Embora as normas programáticas sejam alvo de críticas, ao menos parte da doutrina as reconhece; considerando-as existentes, o destinatário dessas normas, juridicamente, é o Poder Executivo.
2. A doutrina constitucionalista aponta diferenças importantes entre as técnicas hermenêuticas da interpretação conforme a Constituição da República e da declaração de nulidade sem redução de texto; ademais, elas são mutuamente excludentes, ou seja, frente a determinada situação, o intérprete não se pode valer de ambas ao mesmo tempo.

1.2. CONTROLE DE CONSTITUCIONALIDADE

23. **(ADVOGADO – PETROBRÁS – 2003 – CESPE)** Considerando a existência de uma lei do Rio de Janeiro cuja constitucionalidade seja duvidosa, julgue os itens a seguir.

1 Tratando-se de lei municipal, esta poderá ser objeto de representação de inconstitucionalidade apenas perante o tribunal de justiça local, tendo como parâmetro de controle a Constituição Estadual.

2 Tratando-se de lei estadual, esta poderá ser objeto tanto de ação direta de inconstitucionalidade perante o Supremo Tribunal Federal (STF) como de representação de inconstitucionalidade perante o tribunal de justiça local. Em ambos os casos, o parâmetro de controle será a Constituição Federal.

3 Tanto a lei municipal como a lei estadual, para serem impugnadas em ação específica do controle abstrato de constitucionalidade, hão de ter sido editadas posteriormente à norma constitucional que lhes sirva de parâmetro.

4 A decisão do tribunal de justiça local que declarar a constitucionalidade de lei estadual em sede de controle abstrato sujeitar-se-á a recurso extraordinário, se incidir em ofensa à Constituição Federal.

5 A eficácia erga omnes e o efeito vinculante devem ser expressamente reconhecidos na decisão que declarar a inconstitucionalidade de lei no controle abstrato, sob pena de não lograrem o alcance esperado.

24. **(ADVOGADO – PETROBRÁS DISTRIB. – 2008 – CESGRANRIO)** De acordo com o sistema de controle de constitucionalidade no Brasil,

(A) é possível o ajuizamento de representação de inconstitucionalidade contestando a validade de lei municipal em face da Lei Orgânica do respectivo município.

(B) lei anterior à Constituição Federal não pode ser objeto de Argüição de Descumprimento de Preceito Fundamental, uma vez que o caso seria de revogação e não de inconstitucionalidade da lei.

(C) a revogação de ato normativo que é objeto de Ação Direta de Inconstitucionalidade (ADIn) não prejudica o andamento da ação, uma vez que se trata de processo objetivo e não subjetivo.

(D) a Ação Declaratória de Constitucionalidade pode ser proposta perante o Supremo Tribunal Federal para declarar a constitucionalidade de lei ou ato normativo federal ou estadual.

(E) a cláusula de reserva de plenário (art. 97, CRFB) deve ser observada pelos tribunais tanto nos casos em que declaram expressamente a inconstitucionalidade de uma lei, como nos casos em que simplesmente afastam a sua incidência, no todo ou em parte, por contrariar a Constituição.

25. **(ADVOGADO – EPE – 2007 – CESGRANRIO)** O exercício do controle de constitucionalidade por via de exceção é próprio do controle:

(A) concentrado.
(B) difuso.
(C) político.
(D) misto.
(E) por iniciativa do juiz.

26. **(ADVOGADO – REFAP – 2007 – CESGRANRIO)** Sobre a argüição de descumprimento de preceito fundamental, está INCORRETO afirmar que:

(A) para sua propositura são legitimados os mesmos legitimados para propor ação direta de inconstitucionalidade.
(B) deverá ser proposta perante o Supremo Tribunal Federal.
(C) caberá reclamação contra descumprimento da decisão proferida.
(D) o prazo para agravo contra a decisão monocrática de indeferimento da petição inicial é de 5 (cinco) dias.
(E) a decisão que julgar procedente ou improcedente o pedido pode ser objeto de ação rescisória.

27. **(ADVOGADO – CORREIOS – 2008 – ESPP)** No que se refere à ação de descumprimento de preceito fundamental podemos afirmar corretamente que:

(A) Não pode ser proposta com finalidade preventiva, mesmo que demonstrada a iminência de violação a preceito fundamental.
(B) São legitimados para sua propositura os mesmos legitimados à ação direita de inconstitucionalidade, além de qualquer cidadão que demonstre interesse processual decorrente de violação a preceito fundamental passível de ser exercido individualmente.
(C) Tem como pressuposto para sua propositura a existência de relevante controvérsia constitucional sobre lei, ou ato normativo federal, estadual ou municipal, mesmo que anteriores à edição da Constituição Federal.
(D) A decisão de mérito em sede de ação de descumprimento de preceito fundamental tem efeitos *erga omnes e ex tunc, não dispondo de efeito vinculante.*

28. **(ADVOGADO – INFRAERO – 2004 – NCE/UFRJ)** Supondo-se que o Supremo Tribunal Federal tivesse declarado a inconstitucionalidade da Contribuição para o Custeio do Serviço de Iluminação Pública autorizado pela Emenda Constitucional no 39, de 19.12.2002 e instituída, por lei local, pelo Município de Angra dos Reis. Nesse caso, necessariamente, observado o sistema constitucional vigente, a decisão ocorreria através do controle:

(A) direto;
(B) incidental;
(C) misto;
(D) esparso;
(E) difundido.

29. **(ADVOGADO – INFRAERO – 2004 – NCE/UFRJ)** A Argüição de Descumprimento de Preceito Fundamental, prevista no artigo 102, §1o da Constituição Federal, foi regulamentada por lei editada no ano de:

(A) 1996;
(B) 1995;
(C) 1993;
(D) 1988;
(E) 1999.

30. **(ADVOGADO – INFRAERO – 2004 – NCE/UFRJ)** O Supremo Tribunal Federal, no julgamento da constitucionalidade da Ação Declaratória de Constitucionalidade, prevista pela Emenda Constitucional no 03, de 1993, decidiu ser possível controlar a constitucionalidade:

(A) de lei complementar;
(B) de lei delegada;
(C) de emenda constitucional;
(D) de lei ordinária;
(E) de Regulamento.

31. **(ADVOGADO – ELETROBRÁS – 2006 – NCE/UFRJ)** A inconstitucionalidade de qualquer ato normativo estatal só pode ser declarada pelo voto da maioria absoluta da totalidade dos membros do tribunal ou, onde houver, dos integrantes do respectivo órgão especial. A situação acima descrita é denominada:

(A) do devido processo legal;
(B) do devido processo constitucional;
(C) do devido processo legislativo;
(D) cláusula de controle da constitucionalidade das leis e atos normativos;
(E) cláusula da reserva de plenário.

32. **(ADVOGADO – DATAPREV – 2009 – UFF)** Leia atentamente as assertivas abaixo acerca do controle de constitucionalidade.

I. A inconstitucionalidade por ação, que deriva do princípio da supremacia constitucional e da compatibilidade vertical das normas, ocorre quando atos legislativos ou administrativos contrariam normas ou princípios constitucionais, seja sob o aspecto formal ou material.

II. O exercício do controle de constitucionalidade se dá por via de exceção, quando a inconstitucionalidade é suscitada por qualquer interessado em qualquer processo ou juízo, por via da ação declaratória de constitucionalidade e por via da ação direta de inconstitucionalidade.

III. A ação direta de inconstitucionalidade e a ação declaratória de constitucionalidade poderão ser interpostas pelo Presidente da República, pela Mesa do Senado Federal; pela Mesa da Câmara dos Deputados; pela Mesa de Assembléia Legislativa ou da Câmara Legislativa do Distrito Federal, pelo Governador do Estado ou do Distrito Federal, pelo Procurador-Geral da República, pelo Advogado-Geral da União, pelo Conselho Federal da Ordem dos Advogados do Brasil, por partido político com representação no Congresso Nacional e por confederação sindical ou entidade de classe de âmbito nacional.

IV. Somente pelo voto da maioria absoluta de seus membros ou dos membros do respectivo órgão especial poderão os tribunais declarar a inconstitucionalidade de lei ou ato normativo do Poder Público.

V. As decisões definitivas de mérito proferidas pelo Supremo Tribunal Federal nas ações declaratórias de constitucionalidade de lei ou ato normativo federal produzirão eficácia contra todos e efeito vinculante em relação aos demais órgãos do Poder Judiciário, do Poder Legislativo e do Poder Executivo, alcançando a todos os atos de igual teor, ainda que posteriores, independentemente da propositura de uma nova ação.

Sobre as assertivas acima, pode-se afirmar que estão corretas apenas:

(A) I, II e III;
(B) II e IV;
(C) I, III e IV;
(D) I e II;
(E) I, II e IV.

33. **(ADVOGADO – IRB – 2006 – ESAF)** Sobre Controle de Constitucionalidade, assinale a única opção correta.

(A) Observadas as peculiaridades relativas às suas propositúras, a ação direta de inconstitucionalidade e a ação declaratória de constitucionalidade têm caráter fungível.
(B) Segundo o novel entendimento do Supremo Tribunal Federal, é possível a aplicação, no direito brasileiro, do conceito de inconstitucionalidade de normas constitucionais originárias, defendido na obra de Otto Bachof, uma vez que a enumeração de cláusulas pétreas, no texto original da Constituição, imporia uma hierarquia entre as normas constitucionais originárias.
(C) Nos termos da legislação que disciplina a matéria, não há, na ação direta de inconstitucionalidade, possibilidade de intervenção de terceiros ou de manifestação de outros órgãos ou entidades distintos daquele que propôs a ação.
(D) Na concessão de medida cautelar em sede de ação direta de inconstitucionalidade, seus efeitos serão, regra geral, *erga omnes e ex tunc.*
(E) Não cabe nenhum recurso contra a decisão que declara a constitucionalidade de uma norma em uma ação declaratória de constitucionalidade; tampouco caberá ação rescisória.

34. **(ADVOGADO – CASA DA MOEDA – 2009 – CESGRANRIO)** Considere a afirmação a seguir. O Supremo Tribunal Federal julgou procedente a Ação Direta de Inconstitucionalidade (ADIn) ajuizada pelo Presidente da República contra uma lei do estado do Rio de Janeiro, em vigor desde 1977. A declaração de inconstitucionalidade produziu eficácia erga omnes, mesmo não tendo ocorrido manifestação do Senado Federal neste sentido. Essa afirmação está em DESACORDO com o sistema de controle de constitucionalidade vigente no Brasil porque

(A) Presidente da República não pode ajuizar ADIn contra lei estadual.
(B) lei estadual não pode ser objeto de ADIn.
(C) lei anterior à Constituição de 1988 não pode ser objeto de ADIn.
(D) eficácia *erga omnes seria produzida se a decisão tivesse sido encaminhada ao Senado.*
(E) eficácia erga omnes seria produzida se a decisão tivesse sido encaminhada à Assembleia Legislativa do estado do Rio de Janeiro.

35. **(ADVOGADO – BNB – 2006 – ACEP)** A respeito do controle de constitucionalidade no Brasil, assinale a alternativa INCORRETA.

(A) No controle incidental (difuso) de normas, a proclamação de inconstitucionalidade pelo Supremo Tribunal Federal produz efeitos, em princípio, apenas entre as partes, permanecendo o ato válido com relação a terceiros não integrantes da lide. Essa decisão, no entanto, poderá vir a ter eficácia contra todos (*erga omnes), caso o Senado Federal, por meio de resolução, decida pela suspensão da execução do ato declarado inconstitucional, definitivamente, pelo Supremo Tribunal Federal.*
(B) O Presidente da República, ao vetar um projeto de lei, por entendê-lo inconstitucional, exerce controle prévio de constitucionalidade.
(C) Quando o Supremo Tribunal Federal apreciar a inconstitucionalidade, em tese, de norma legal ou ato normativo, citará, previamente, o Advogado-Geral da União, que defenderá o ato ou texto impugnado.
(D) A Ação Direta de Inconstitucionalidade por Omissão tem como objeto a chamada omissão inconstitucional, que ocorre quando uma norma constitucional deixa de ser efetivamente aplicada pela falta de atuação dos órgãos dos poderes constituídos.
(E) De acordo com a jurisprudência do Supremo Tribunal Federal, para ser cabível a argüição de descumprimento de preceito fundamental, não é necessário o esgotamento das vias judiciais ordinárias. Em outros termos, a argüição de descumprimento de preceito fundamental não segue o princípio da subsidiariedade.

36. **(PROCURADOR – BANCO CENTRAL – 2009 – CESPE)** Acerca do controle de constitucionalidade no sistema constitucional brasileiro, assinale a opção correta.

(A) O ordenamento jurídico nacional admite o controle concentrado ou difuso de constitucionalidade de normas produzidas tanto pelo poder constituinte originário, quanto pelo derivado.
(B) É possível a declaração de inconstitucionalidade de norma editada antes da atual Constituição e que tenha desrespeitado, sob o ponto de vista formal, a Constituição em vigor na época de sua edição, ainda que referida lei seja materialmente compatível com a vigente CF.
(C) Segundo posicionamento atual do STF, não se revela viável o controle de constitucionalidade de normas orçamentárias, por serem estas normas de efeitos concretos. (D) O STF reconhece a prefeito municipal legitimidade ativa para o ajuizamento de arguição de descumprimento de preceito fundamental, não obstante a ausência de sua legitimação para a ação direta de inconstitucionalidade.
(E) (A)decisão que concede medida cautelar em ação declaratória de constitucionalidade não se reveste da mesma eficácia contra todos nem de efeito vinculante que a decisão de mérito.

37. **(ADVOGADO DA UNIÃO – AGU – 2009 – CESPE)** Acerca do controle de constitucionalidade no Brasil, julgue os itens que se seguem.

1. É possível a declaração de inconstitucionalidade de norma constitucional originária incompatível com os princípios constitucionais não escritos e os postulados da justiça, considerando-se a adoção, pelo sistema constitucional brasileiro, da teoria alemã das normas constitucionais inconstitucionais.
2. É admissível o controle de constitucionalidade de emenda constitucional antes mesmo de ela ser votada, no caso de a proposta atentar contra cláusula pétrea, sendo o referido controle feito por meio de mandado de segurança, que deve ser impetrado exclusivamente por parlamentar federal.
3. A declaração de inconstitucionalidade de uma norma pelo STF acarreta a repristinação da norma anterior que por ela havia sido revogada, efeito que pode ser afastado, total ou parcialmente, por decisão da maioria de 2/3 dos membros desse tribunal, em decorrência de razões de segurança jurídica ou de excepcional interesse social.
4. De acordo com entendimento do STF, a decisão declaratória de inconstitucionalidade de determinada lei ou ato normativo não produzirá efeito vinculante em relação ao Poder Legislativo, sob pena de afronta à relação de equilíbrio entre o tribunal constitucional e o legislador.

38. **(ADVOGADO DA UNIÃO – AGU – 2006 – CESPE)** Acerca do controle de constitucionalidade no sistema brasileiro, julgue os itens a seguir.

1. No sistema de controle de constitucionalidade brasileiro, os órgãos competentes aferem a compatibilidade de uma lei ou ato normativo com as normas explícitas e implícitas presentes no texto constitucional, avaliando a adequação tanto sob o ponto de vista formal quanto no que se refere ao aspecto material, circunstâncias que determinam um caráter eminentemente jurídico às suas decisões.
2. O controle de constitucionalidade abstrato de lei municipal em relação à Constituição Federal pode ser feito via argüição de descumprimento de preceito fundamental.
3. Considere a seguinte situação hipotética. O diretório nacional do partido X ajuizou ação direta de inconstitucionalidade contra medida provisória encaminhada ao Congresso Nacional pelo presidente da República. No trâmite do processo perante o STF, o único representante do partido X optou pela filiação em outra agremiação política. Nessa situação e com base na jurisprudência atual, a ação poderá ser concluída, pois inexiste a perda superveniente da legitimidade da ação.
4. A propositura de eventual ação direta de inconstitucionalidade por omissão restringe-se às normas de eficácia limitada de princípio institutivo e de caráter impositivo, bem como às normas programáticas.
5. O governador de estado, além de ativamente legitimado à instauração do controle concentrado de constitucionalidade das leis e atos normativos, federais e estaduais, mediante ajuizamento da ação direta perante o STF, possui capacidade processual plena, dispondo de capacidade postulatória, enquanto ostentar a condição de agente político, sendo-lhe possível praticar, no processo de ação direta de inconstitucionalidade, quaisquer atos ordinariamente privativos de advogado.

39. **(ADVOGADO DA UNIÃO – AGU – 2004 – CESPE)** Julgue os itens subseqüentes, relativos à evolução histórica do controle de constitucionalidade no sistema brasileiro, à ação direta de inconstitucionalidade, à ação declaratória de constitucionalidade e à argüição de descumprimento de preceito fundamental.

1. A ação direta de inconstitucionalidade proposta por um partido político será extinta por perda de legitimidade ativa para a sua propositura, se, após iniciado o seu julgamento, o referido partido perder sua representação parlamentar no Congresso Nacional.
2. A argüição de descumprimento de preceito fundamental comporta uma argüição direta ou autônoma de descumprimento de preceito fundamental, que pode revestir-se de caráter preventivo ou repressivo.
3. Deve haver a manifestação do Advogado-Geral da União nas ações declaratórias de constitucionalidade, em virtude da possibilidade de declaração, nessas ações, da inconstitucionalidade da lei ou do ato normativo federal.

40. **(PROCURADOR FEDERAL – AGU – 2007 – CESPE)** Um partido político ajuizou ação direta de inconstitucionalidade devido à omissão da expressão "sob a proteção de Deus" do preâmbulo da Constituição de determinado estado da Federação. Para tanto, o partido alegou que o preâmbulo da CF é um ato normativo de supremo princípio básico com conteúdo programático e de absorção compulsória pelos estados, que o seu preâmbulo integra o texto constitucional e que suas disposições têm verdadeiro valor jurídico. A partir dessa situação hipotética, julgue os próximos itens.

1. A invocação a Deus, presente no preâmbulo da CF, reflete um sentimento religioso, o que não enfraquece o fato de o Estado brasileiro ser laico, ou seja, um Estado em que há liberdade de consciência e de crença, onde ninguém é privado de direitos por motivo de crença religiosa ou convicção filosófica.
2. O preâmbulo constitucional possui destacada relevância jurídica, situando-se no âmbito do direito e não simplesmente no domínio da política.
3. O preâmbulo da CF é norma central de reprodução obrigatória na Constituição do referido estado-membro.

41. **(PROCURADOR FEDERAL – AGU – 2004 – CESPE)** Em relação a poder constituinte, controle de constitucionalidade, ação direta de inconstitucionalidade (ADI), ação declaratória de constitucionalidade (ADC) e argüição de descumprimento de preceito fundamental, julgue os itens a seguir.

1. Segundo doutrinadores ligados à corrente jusnaturalista, preexistem princípios à constituição escrita, autônomos em relação às decisões do legislador constituinte, e que o vinculam de tal sorte que as normas constitucionais que os contrariem devam ser consideradas juridicamente inválidas e não-obrigatórias.
2. Desde a Constituição de 1891, na evolução histórico-constitucional do sistema de controle de constitucionalidade, no Brasil, diferentemente do que ocorre em alguns Estados europeus, as decisões do Poder Judiciário sobre a constitucionalidade das leis nunca foram passíveis de revisão pelo Poder Executivo ou pelo Poder Legislativo.
3. Segundo o entendimento do STF, por ser a ADI uma ADC com sentido invertido, é constitucional a extensão, por lei ordinária, do efeito vinculante atribuído à ADC pela Constituição Federal.
4. De acordo com a jurisprudência do STF, em razão do princípio da subsidiariedade, que rege o ajuizamento da ação constitucional de argüição de descumprimento de preceito fundamental, a mera possibilidade de utilização de outros meios processuais, por si só, basta para justificar o não-conhecimento da ação.

42. **(PROCURADOR FEDERAL – AGU – 2002 – CESPE)** A nova conformação conferida pela Constituição de 1988 ao controle abstrato de normas e, em peculiar, à outorga do direito de propositura aos partidos políticos com representação no Congresso Nacional deu nova dimensão política a esse processo de controle. Essa conformação veio reforçar o caráter do controle abstrato de normas como mecanismo de correção do modelo incidental. A ampla legitimação conferida ao controle abstrato, com a inevitável possibilidade de se submeter qualquer questão ao Supremo Tribunal Federal (STF), operou mudança substancial — ainda que não desejada — no modelo de controle de constitucionalidade até então vigente no Brasil.

Gilmar Ferreira Mendes. Jurisdição constitucional: o controle abstrato de normas no Brasil e na Alemanha. 3.ª ed., São Paulo: Saraiva, 1999, p. 323 (com adaptações).

Em face do texto acima e com relação ao controle de constitucionalidade no Brasil, julgue os itens a seguir.

(1) O sistema brasileiro de controle de constitucionalidade é muito rico, uma vez que contempla, simultaneamente, meios de controle difuso e concentrado, bem como mecanismos de controle preventivo e repressivo; no controle preventivo, porém, não é possível, por meio de ação judicial, impedir o Poder Legislativo de deliberar acerca de determinadas matérias.

(2) Considere a seguinte situação hipotética. Um cidadão impetrou mandado de segurança contra ato de autoridade federal, alegando ser inconstitucional norma recém-editada, que fundamentara a prática do ato. O juiz federal indeferiu a segurança, ressaltando inexistir decisão do STF acerca do assunto. O cidadão apelou. Distribuído o recurso a uma das turmas do tribunal regional federal (TRF) competente, o órgão fracionário, na sessão de julgamento, imediatamente após colher parecer da Procuradoria Regional da República, deu provimento ao recurso e, no caso concreto, invalidou o ato, por entender que, de fato, seria inconstitucional a norma atacada.
Nessa situação, agiu de maneira juridicamente válida a turma, porquanto, no exercício do controle difuso de constitucionalidade, qualquer órgão jurisdicional brasileiro pode, em situações concretas, deixar de aplicar norma por inconstitucionalidade.

(3) Se o procurador-geral da República ajuizar ação direta de inconstitucionalidade (ADIn) para que o STF declare, em abstrato, a inconstitucionalidade de certa norma, não poderá, posteriormente, opinar pela improcedência da ação, uma vez que tal parecer significaria, na verdade, a desistência da ação, e isso o STF não admite no controle concentrado de constitucionalidade.

(4) Com a Emenda Constitucional n.º 3, de 1993, ingressou no sistema brasileiro de controle abstrato de constitucionalidade a ação declaratória de constitucionalidade, como importante mecanismo para afastar, com efeito vinculante, em certos casos, decisões judiciais contraditórias acerca da constitucionalidade de norma infraconstitucional; no curso desse processo, apesar do caráter objetivo dele, pode o relator solicitar subsídios aos diferentes tribunais que estejam aplicando a norma, para que informem acerca das decisões que a envolvam, no âmbito da respectiva jurisdição.

(5) Considere a seguinte situação hipotética. A União foi ré em ação na qual, em grau de recurso, o Superior Tribunal de Justiça (STJ), após o devido processo legal, deixou de aplicar certa norma a um ato jurídico, por considerá-la inconstitucional. O acórdão veio a transitar em julgado. Seis meses após isso ocorrer, a União ajuizou argüição de descumprimento de preceito fundamental (ADPF) perante o STF, para que este desconstituísse o acórdão do STJ, e requereu, em liminar, a suspensão da execução do julgado.
Nessa situação, a ADPF deveria ser liminarmente indeferida, porque havia outro meio eficaz de sanar a lesividade do acórdão, qual seja, o ajuizamento de ação rescisória. Ademais, a liminar não se poderia conceder para obstar a execução de decisão passada em julgado.

43. **(PROCURADOR DA FAZENDA NACIONAL – 2007.1 – ESAF)** Assinale a opção incorreta.

(a) A Constituição de 1988 trouxe inúmeras inovações ao controle de constitucionalidade, entre elas a ampliação do rol de legitimados para a propositura da Ação Direta de Inconstitucionalidade.

(b) A decisão de mérito proferida em sede de controle concentrado é irrecorrível, salvo a hipótese de embargos declaratórios, e não está sujeita à desconstituição pela via da ação rescisória.

(c) A concessão de liminar em sede de Ação Declaratória de Constitucionalidade, como regra, implica na suspensão do ato normativo impugnado até decisão final de mérito pelo Supremo Tribunal Federal.

(d) Segundo jurisprudência do Supremo Tribunal Federal, a norma constitucional originária não é passível de controle de constitucionalidade.

(e) A supremacia jurídica da Constituição é que fornece o ambiente institucional favorável ao desenvolvimento do sistema de controle de constitucionalidade.

44. **(PROCURADOR DA FAZENDA NACIONAL – 2007.1 – ESAF)** Assinale a opção correta.

a) Em respeito ao pacto federativo, a Constituição prevê a possibilidade de adoção pelos Estados-Membros e pelo Distrito Federal da Ação Declaratória de Constitucionalidade, da Ação Direta de Inconstitucionalidade por Omissão e da Ação por Descumprimento de Preceito Fundamental, desde que respeitados os princípios gerais nela traçados para cada uma dessas ações.

b) A Mesa do Congresso Nacional não tem legitimidade para a propositura da Ação Direta de Inconstitucionalidade.

c) Segundo jurisprudência do Supremo Tribunal Federal, não é admissível a figura do amicus curiae em sede de Ação por Descumprimento de Preceito Fundamental.

d) A perda da representação do partido político junto ao Congresso Nacional implica na perda da capacidade postulatória, com conseqüente extinção, sem resolução do mérito, da Ação Direta de Inconstitucionalidade anteriormente proposta.

e) O Supremo Tribunal Federal não reconhece a legitimidade ativa das chamadas associação de associações para fins de ajuizamento da Ação Direta de Inconstitucionalidade.

45. **(DEFENSORIA PÚBLICA DA UNIÃO – 2007 – CESPE)** Considerando a Lei n.º 9.868/1999, julgue os itens subseqüentes.

1. Qualquer pessoa juridicamente interessada na declaração de inconstitucionalidade pode ingressar como assistente na ação direta de inconstitucionalidade.
2. Apenas durante o recesso do STF o relator poderá conceder medida cautelar suspendendo os efeitos da lei.

46. **(DEFENSORIA PÚBLICA DA UNIÃO – 2007 – CESPE)** Acerca da ação direta de inconstitucionalidade e da ação declaratória de constitucionalidade, julgue os itens a seguir.

1. A declaração de constitucionalidade ou de inconstitucionalidade em ADIN e ação declaratória de constitucionalidade tem sempre efeito vinculante em relação ao Poder Judiciário e à administração pública direta e indireta.
2. A decisão sobre a constitucionalidade de uma lei só poderá ser tomada se estiverem presentes ao menos 6 dos 11 ministros do STF na sessão de julgamento.
3. Decisão que declara a constitucionalidade ou a inconstitucionalidade de norma pode ser atacada por embargos de declaração, mas não poderá ser desconstituída em ação rescisória.

47. **(DEFENSORIA PÚBLICA DA UNIÃO – 2007 – CESPE)** Considerando a jurisprudência do STF, julgue os próximos itens.

1. O STF só pode determinar a modulação dos efeitos da decisão que declara a inconstitucionalidade de norma em ação direta de inconstitucionalidade.
2. A OAB não está submetida ao requisito da pertinência temática em ação direta de inconstitucionalidade.

3. Apesar de uma norma ser considerada constitucional, admite-se que ela possa, depois, ser declarada inconstitucional.
4. Qualquer prejudicado poderá, por meio da reclamação, atacar decisão judicial não transitada em julgado que contrarie acórdão sobre a constitucionalidade de norma em ação declaratória de constitucionalidade.

48. **(DEFENSORIA PÚBLICA DA UNIÃO – 2004 – CESPE)** Julgue os itens que se seguem, relativamente ao controle da constitucionalidade.

1. O decreto de caráter estritamente regulamentar pode ser objeto válido do controle concentrado de constitucionalidade.
2. Considerando que a Constituição da República atribuiu efeitos vinculantes apenas para a decisão do STF em ação declaratória de constitucionalidade, os julgamentos dessa corte em ação direta de inconstitucionalidade, acaso descumpridos, não dão ensejo ao ajuizamento de reclamação.

49. **(DEFENSORIA PÚBLICA DA UNIÃO – 2002 – CESPE)** Um defensor público considerou inconstitucionais uma medida provisória (MP) editada pelo presidente da República e uma lei do Distrito Federal (DF) e pretende propor ações judiciais para impugná-las. Ocorre que, respectivamente, o presidente da República e o governador do DF já propuseram no STF ações declaratórias de constitucionalidade acerca da legitimidade dos referidos diplomas normativos. Caso sejam deferidas as medidas cautelares pleiteadas naquelas ações declaratórias de constitucionalidade para o fim de suspender, com efeito vinculante e eficácia ex tunc, os processos em curso em que se questione a validade daquelas normas, seria inútil a propositura imediata das ações pretendidas pelo defensor público. Na hipótese contrária, caso incabíveis aquelas ações declaratórias de constitucionalidade ou inviável a concessão das medidas cautelares pleiteadas, seria altamente relevante a propositura imediata das ações preparadas pelo defensor público. Com relação à situação hipotética apresentada e à ação declaratória de constitucionalidade, julgue os itens a seguir.

1. Não cabe a ação declaratória de constitucionalidade contra MP ainda não convertida em lei.
2. Somente a decisão final de mérito em ação declaratória de constitucionalidade possui efeito vinculante.
3. É possível atribuir eficácia ex tunc à decisão proferida em medida cautelar em ação declaratória de constitucionalidade.
4. A legitimação ativa para a ação declaratória de constitucionalidade é idêntica à existente para a propositura de ação direta de inconstitucionalidade.
5. As leis editadas pelo DF no uso da competência legislativa estadual podem ser objeto de ação declaratória de constitucionalidade.

1.3.. DIREITOS E DEVERES INDIVIDUAIS E COLETIVOS

50. **(ADVOGADO – PETROBRÁS – 2006 – CESGRANRIO)** DIREITO SOB RISCO A invasão dos computadores da Caixa Econômica Federal, para a quebra ilegal de sigilo bancário de um cidadão, o caseiro Francenildo dos Santos Costa, não pode ser esquecida. Pela gravidade do delito em si, cometido contra um dos direitos civis básicos, a privacidade, o caso precisa ser esclarecido em detalhes e todos os culpados, punidos (Jornal O Globo, edição de 02 abr.2006, p. 6). O texto acima reflete a posição da doutrina de que as informações bancárias constituem parte da vida privada das pessoas, estando, portanto, abrangidas pela proteção à privacidade. A esse respeito, observe as assertivas abaixo.

I. O sigilo fiscal se distingue do sigilo bancário por estar fora do âmbito da proteção à privacidade.

II. A quebra de sigilo bancário com amparo em decisão judicial poderá acontecer sem a oitiva do investigado.

III. A defesa da privacidade abrange a inviolabilidade do domicílio, o sigilo da correspondência e o segredo profissional.

Está(ão) correta(s):

(A) I, apenas.
(B) II, apenas.
(C) I e III, apenas.
(D) II e III, apenas.
(E) I, II e III.

51. **(ADVOGADO – PETROBRÁS – 2006 – CESGRANRIO)** Observe as afirmativas abaixo, sobre o direito de petição previsto na Constituição Federal.

I. Aplica-se às pessoas físicas e pessoas jurídicas.

II. Cabe aos nacionais e aos estrangeiros.

III. Pode ser dirigida a qualquer autoridade do Legislativo, Executivo ou Judiciário.

IV. A Constituição prevê sanção à falta de resposta e pronunciamento da autoridade.

Estão corretas as afirmativas:

(A) I e III, apenas.
(B) I, II e III, apenas.
(C) I, II e IV, apenas.
(D) II, III e IV, apenas.
(E) I, II, III e IV.

52. **(ADVOGADO – PETROBRÁS DISTRIB. – 2008 – CESGRANRIO)** Em relação às ações constitucionais (também conhecidas como writs constitucionais), é correto afirmar que

(A) é necessário que haja recusa na prestação de informações por parte da entidade (pública ou de caráter público) que as detém, para que seja impetrado habeas data.
(B) não cabe mandado de segurança contra ato praticado em licitação promovida por sociedade de economia mista.
(C) as ações populares ajuizadas contra o Presidente da República serão processadas e julgadas originariamente pelo STF.
(D) o mandado de segurança, concebido como uma ação destinada à tutela do indivíduo contra o Estado, não pode ser impetrado por órgãos públicos.
(E) Qualquer pessoa, desde que tenha a nacionalidade brasileira, pode ajuizar a ação popular.

53. **(ADVOGADO – EPE – 2007 – CESGRANRIO)** Está INCORRETO afirmar, sobre o princípio constitucional do controle judiciário, também conhecido por princípio da inafastabilidade do controle jurisdicional, que:
(A) é fundamentado no princípio da separação de poderes.
(B) possibilita o ingresso em juízo para assegurar direitos simplesmente ameaçados.
(C) constitui princípio constitucional expresso.
(D) garante o acesso ao Judiciário contra lesões a direitos coletivos.
(E) não ampara direitos de pessoa jurídica.

54. **(ADVOGADO – EMBRAPA – 2005 – CESPE)** A respeito dos direitos e garantias constitucionais, julgue os itens seguintes.
1. Considere a seguinte situação hipotética. Autoridade policial, munida do competente mandado judicial, adentra na residência de Carlos visando à apreensão de provas da prática de um crime. O cumprimento do mandado teve início às 21h e término às 23h 30min. Nessa situação, foi observado o direito constitucional de inviolabilidade do domicílio, visto que a autoridade policial encontrava-se resguardada por determinação judicial.
2. O habeas corpus é cabível contra ato ilegal de autoridade, sendo remédio constitucional de natureza preventiva no caso de estar o paciente ameaçado de violência ou coação em sua liberdade de locomoção.
3. Para a extradição do estrangeiro, é necessário que, além da condenação penal ou do mandado de prisão emanados de autoridade competente do país solicitante, o fato seja considerado crime não só no Estado estrangeiro, mas também no Brasil.
4. Considere que um concurso público para o cargo de advogado de determinada autarquia tenha imposto como exigência para inscrição a apresentação, por parte dos candidatos do sexo feminino, de atestado de gravidez negativo e laudo médico de esterilização. Nessa situação, é correto afirmar que tal limitação se adequa aos princípios constitucionais da igualdade e da isonomia, desde que a exigência esteja prevista no edital do concurso, de forma a estabelecer regras próprias para o referido certame.

55. **(ADVOGADO – DATAPREV – 2009 – UFF)** Dispõe o artigo 5º, inciso XII da Constituição Federal, no capítulo referente aos Direitos e Deveres Individuais e Coletivos, que: "É inviolável o sigilo da correspondência e das comunicações telegráficas, de dados e das comunicações telefônicas, salvo, no último caso, por ordem judicial, nas hipóteses e na forma que a lei estabelecer para fins de investigação criminal ou instrução processual penal". No que se refere à aplicabilidade e eficácia da citada norma constitucional, é correto afirmar que possui eficácia:
(A) plena e aplicabilidade direta e imediata;
(B) limitada institutiva e aplicabilidade direta e imediata;
(C) contida e aplicabilidade direta e imediata;
(D) limitada programática e aplicabilidade mediata;
(E) limitada institutiva e aplicabilidade mediata.

56. **(ADVOGADO – IRB – 2006 – ESAF)** Sobre direitos e garantias fundamentais, direitos e deveres individuais, difusos e coletivos e garantias constitucionais, assinale a única opção correta.
(A) A liberdade de manifestação do pensamento, nos termos em que foi definida no texto constitucional, só sofre restrições em razão de eventual colisão com o direito à intimidade, vida privada, honra e imagem.
(B) São imprescritíveis e insuscetíveis de graça ou anistia os crimes definidos como hediondos, na forma da lei.
(C) Por ser direito personalíssimo, os indivíduos só têm direito a receber dos órgãos públicos informações de seu interesse particular.
(D) Nos termos do texto constitucional, a todos são assegurados, como direito individual, os meios que garantam a celeridade da tramitação do processo judicial e administrativo.
(E) Com relação aos efeitos do mandado de injunção, o Supremo Tribunal Federal adota, de forma majoritária em suas decisões, a posição concretista individual intermediária.

57. **(ADVOGADO – BNDES – 2002 – VUNESP)** Se a Constituição Federal afirma, peremptoriamente, que "ninguém é obrigado a fazer ou deixar de fazer alguma coisa senão em virtude de lei" (art. 5o, inc. II), tem-se que, no Direito Constitucional brasileiro,
(A) há plena liberdade, para o indivíduo e para o Estado, de fazer tudo o que não for expressamente proibido por lei.
(B) apenas a criação de deveres (obrigações) depende de lei, sendo que a criação de direitos é franqueada ao Poder Executivo, por meio de decretos.

(C) o Chefe do Poder Executivo jamais poderá, validamente, editar qualquer ato normativo geral e abstrato que crie obrigações para os indivíduos.
(D) as obrigações devem ser criadas, necessariamente, por meio de lei ordinária.
(E) os decretos do Presidente da República devem ser mera explicitação de leis editadas pelo Congresso Nacional.

58. **(ADVOGADO – BNDES – 2001 – VUNESP)** A suspensão de atividades e a dissolução compulsórias de uma associação privada legalmente constituída
(A) são vedadas pela Constituição Federal.
(B) podem ocorrer por decisão de autoridade policial.
(C) dependem, necessariamente, de decisão judicial, ainda que liminar.
(D) dependem, necessariamente, de decisão judicial, exigindo-se ainda o trânsito em julgado em se tratando da hipótese de dissolução.
(E) dependem, necessariamente, de decisão judicial transitada em julgado.

59. **(ADVOGADO – BNDES – 2001 – VUNESP)** Determinada associação, regularmente constituída há 2 anos, pretende defender em juízo direito seu de caráter tributário, fundamentado diretamente na lei, lesado por ato omissivo inconstitucional de autoridade administrativa. Para tanto, o remédio jurídico adequado é
(A) mandado de segurança.
(B) mandado de segurança coletivo.
(C) mandado de injunção.
(D) ação direta de inconstitucionalidade por omissão.
(E) ação popular.

60. **(ADVOGADO – BNB – 2006 – ACEP)** Marque a alternativa CORRETA a respeito da tutela constitucional das liberdades, habeas corpus, habeas data, mandado de segurança, mandado de injunção e ação popular.
(A) Conceder-se-á mandado de segurança sempre que alguém sofrer ou se achar ameaçado de sofrer violência ou coação em sua liberdade de locomoção, por ilegalidade ou abuso de poder.
(B) São gratuitas as ações de habeas corpus e habeas data, e, na forma da lei, os atos necessários ao exercício da cidadania.
(C) Conceder-se-á liminar em ação direta de inconstitucionalidade por omissão sempre que a falta de norma regulamentadora torne inviável o exercício dos direitos e liberdades constitucionais e das prerrogativas inerentes à nacionalidade, à soberania e à cidadania.
(D) O mandado de segurança coletivo pode ser impetrado por: I - partido político, mesmo que não tenha representação no Congresso Nacional; II - organização sindical, entidade de classe ou associação legalmente constituída, em defesa dos interesses de seus membros ou associados.
(E) Qualquer pessoa é parte legítima para propor ação civil pública que vise a anular ato lesivo ao patrimônio público ou de entidade de que o Estado participe, à moralidade administrativa, ao meio ambiente e ao patrimônio histórico e cultural, ficando o autor, em qualquer hipótese, isento de custas judiciais e do ônus da sucumbência.

61. **(ADVOGADO DA UNIÃO – AGU – 2006 – CESPE)** Julgue os itens subseqüentes, relativos aos direitos e garantias fundamentais.
1. A casa é asilo inviolável da pessoa, contudo a Constituição autoriza, expressamente, que outras pessoas ingressem neste recinto, sem o consentimento do morador e a qualquer hora, para prestar socorro, em casos de desastre e nos casos de flagrante delito.
2. A gravação de conversa entre duas pessoas, feita por uma delas sem o consentimento da outra, registrando o fato para prevenir uma negação futura, é considerada ilícita, não sendo possível a utilização do registro como meio de defesa.
3. De acordo com a jurisprudência do STF, a utilização de habeas data como remédio jurídico constitucional-processual destinado a garantir o direito de acesso a registros públicos e de retificação destes independe de condições prévias.
4. A impenhorabilidade da pequena propriedade rural de exploração familiar limita-se aos débitos relacionados à sua atividade produtiva.
5. O princípio da reserva legal equivale ao princípio da legalidade na medida em que qualquer comando jurídico que obrigue determinada conduta deve provir de uma das espécies previstas no processo legislativo.
6. No sistema jurídico brasileiro, as hipóteses aceitáveis de discriminação entre homens e mulheres são apenas as referidas no texto constitucional.
7. O mandado de injunção é instrumento a ser utilizado para viabilização de direito assegurado em lei, mas sem a regulamentação das autoridades competentes.
8. A diminuição legal da hora de serviço noturna (52. minutos e 30. segundos) constitui vantagem que não exclui o direito de o trabalhador receber o adicional em sua remuneração.

62. **(ADVOGADO DA UNIÃO – AGU – 2004 – CESPE)** Com relação aos direitos e garantias individuais e coletivos, aos direitos sociais e sua efetivação e aos princípios constitucionais do trabalho, julgue os itens seguintes.
1. A efetivação dos direitos sociais que impliquem uma prestação estatal submete-se a uma reserva do possível, cujo conteúdo, lato sensu, compreende tanto a capacidade do Estado de cumprir a obrigação como a razoabilidade da prestação exigida, em face do caso concreto.

2. Caberá ação popular contra ato de conteúdo jurisdicional que ofender ao princípio da moralidade administrativa.
3. Não há ofensa ao princípio da irredutibilidade salarial, aplicado à administração pública, se, simultaneamente a aumento do salário-base, que assegure, ao final, um aumento do valor nominal da remuneração, reestrutura-se a composição da remuneração, reduzindo-se os percentuais das gratificações percebidas pelos servidores, sem que isso implique redução nominal do valor dessa gratificação.

63. **(PROCURADOR FEDERAL – AGU – 2004 – CESPE)** No que se refere às declarações de direitos, aos direitos e garantias individuais e coletivos e, ainda, ao princípio da legalidade, ao princípio da isonomia e ao regime constitucional da propriedade na Constituição da República de 1988, julgue os itens subseqüentes.

1. A Declaração de Direitos do Bom Povo da Virgínia constitui a primeira declaração de direitos fundamentais em sentido moderno, sendo anterior à Declaração dos Direitos do Homem e do Cidadão francesa.
2. As garantias institucionais, uma decorrência dos direitos fundamentais de segunda geração, tiveram papel importante na transformação do Estado em agente concretizador dos direitos coletivos ou de coletividades, sociais, culturais e econômicos.
3. Segundo a doutrina, os efeitos horizontais dos direitos, liberdades e garantias individuais dizem respeito às suas limitações recíprocas, na ordem constitucional.
4. No caso brasileiro, a aplicação do princípio da legalidade a uma matéria não afasta a possibilidade de que, sob certas condições expressas no texto constitucional, seja ela regulada por um ato equiparado à lei formal.
5. O princípio da isonomia, em seu sentido de igualdade formal, não admite o tratamento diferenciado entre os indivíduos.
6. Obedecidos os requisitos constitucionais relativos a dimensões e período temporal de ocupação, aquele que ocupar área urbana, pública ou privada, ininterruptamente e sem oposição, utilizando-a para moradia própria ou de sua família, adquirir-lhe-á o domínio, desde que não seja proprietário de outro imóvel urbano ou rural.

64. **(PROCURADOR FEDERAL – AGU – 2004 – CESPE)** Acerca da tutela constitucional das liberdades na Constituição da República, julgue os itens que se seguem.

1. Para fins de utilização do habeas data com vistas ao acesso a informações pessoais, considera-se de caráter público todo registro ou banco de dados que não seja de uso privativo do órgão ou da entidade produtora ou depositária das informações.
2. Em consonância com a jurisprudência do STF, nos mandados de segurança coletivos impetrados por sindicato em defesa de direito subjetivo comum aos integrantes da categoria, exige-se, na inicial, a autorização expressa dos sindicalizados, uma vez que se trata de hipótese de representação e não de substituição processual.

65. **(PROCURADOR FEDERAL – AGU – 2002 – CESPE)** No atinente aos direitos fundamentais, julgue os itens seguintes.

(1) Historicamente, os direitos que hoje se conhecem como fundamentais surgiram como limitações à ingerência abusiva do Estado na esfera da vida individual; esses direitos, essencialmente ligados à defesa da liberdade, são o que atualmente se denomina direitos de primeira geração (ou de primeira dimensão).

(2) Embora a jurisprudência seja predominante quanto à possibilidade de advogados poderem ser processados por crime contra a honra praticado no exercício profissional, a aplicação de normas penais a essas condutas fere, a rigor, o direito à liberdade de expressão, que tem assento constitucional e status de direito fundamental.

(3) Considerando que o art. 5.º, XII, da Constituição da República, dispõe que "é inviolável o sigilo da correspondência e das comunicações telegráficas, de dados e das comunicações telefônicas, salvo, no último caso, por ordem judicial, nas hipóteses e na forma que a lei estabelecer para fins de investigação criminal ou instrução processual penal", à luz da teoria dos direitos fundamentais, tem-se aí, no que tange à regulamentação da quebra do sigilo de correspondência e das comunicações, exemplo de incidência do princípio da reserva legal, o qual apresenta distinção em face do princípio da legalidade.

(4) O princípio constitucional da igualdade não veda que a lei estabeleça tratamento diferenciado entre pessoas que guardem distinções de grupo social, de sexo, de profissão, de condição econômica ou de idade, entre outras; não se admite é que o parâmetro diferenciador seja arbitrário, desprovido de razoabilidade, ou deixe de atender a alguma relevante razão de interesse público.

(5) Historicamente, a origem do direito de propriedade imprimiu-lhe a característica privatística que até hoje possui, embora atenuada pela disciplina que o texto constitucional lhe impõe. No entanto, o tratamento jurídico mais expressivo da propriedade limita-se a esses dois ramos do direito: o civil e o constitucional.

66. **(PROCURADOR FEDERAL – AGU – 2002 – CESPE)** Relativamente aos direitos fundamentais e à Federação brasileira, julgue os itens que se seguem.

(1) Considere a seguinte situação hipotética.
Um indivíduo cometeu delito de competência da justiça federal, mas, em lugar de o inquérito

policial ser enviado ao Ministério Público Federal, o indivíduo foi alvo de denúncia oferecida por promotor de justiça. O juiz de direito igualmente não se apercebeu da própria incompetência e, ao final do processo-crime, proferiu sentença condenatória, em ofensa à norma penal que sancionava a conduta ilícita em questão apenas com pena de multa. O réu apelou ao respectivo tribunal de justiça, que negou provimento ao recurso. Inconformado, o condenado impetrou habeas corpus ao STJ, em face da nulidade da condenação, derivada da incompetência da justiça comum. Nessa situação, o habeas corpus não era meio adequado para a pretendida anulação do processo penal, não obstante ser correta a alegação de incompetência. Acertou o impetrante, contudo, quanto à competência para o habeas corpus, ao ajuizá-lo perante o STJ, para atacar acórdão de tribunal de justiça.

(2) Nos atos administrativos discricionários, a autoridade competente tem a seu dispor certa margem decisória, em que procurará atender, do melhor modo, ao interesse público; não obstante esse poder de julgamento, que faz parte da produção do ato, é juridicamente admissível a impetração de mandado de segurança contra ato administrativo discricionário.

(3) Determinado estado possui divisões territoriais em que os serviços públicos estão sob a responsabilidade superior de certa autoridade; essas divisões, todavia, não detêm capacidade tributária para gerar e gerir a própria receita, nem a capacidade de interferir na formação da vontade do Estado. Nessas condições, o estado em questão, a despeito de adotar divisões em seu território, não pode ser classificado como federação.

(4) Há, na doutrina, defensores de que, do ponto de vista jurídico-formal, os municípios integram a Federação brasileira, por força de norma constitucional que assim dispõe; essas pessoas jurídicas, entretanto, na realidade não integram plenamente a Federação, à míngua do reconhecimento, no texto da lei fundamental, de um grau de autonomia que permita reconhecer-lhes o status de verdadeiro nível da organização federativa brasileira.

(5) A possibilidade de o chefe do Poder Executivo da União, no Brasil, editar medidas provisórias constitui importante exceção ao tradicional sistema de freios e contrapesos, uma vez que concentra no mesmo órgão funções de dois dos poderes da República.

67. **(PROCURADOR DA FAZENDA NACIONAL - 2007.1 - ESAF)** Assinale a opção correta no contexto dos direitos e das garantias fundamentais.

a) O Brasil é regido, nas suas relações internacionais, pelo princípio da prevalência dos direitos humanos, por isso, o exercício concreto de direitos fundamentais pode servir para eximir o cumprimento de um dever ou obrigação nascida ou em decorrência de normas constitucionalmente inseridas no sistema jurídico.

b) Apenas com o processo de redemocratização do país, implementado por meio da Constituição de 1946, é que tomou assento a ideologia do Estado do Bem-Estar Social, sob a influência da Constituição Alemã de Weimar, tendo sido a primeira vez que houve inserção de um título expressamente destinado à ordem econômica e social.

c) Segundo o entendimento do Supremo Tribunal Federal, não cabe a impetração de mandado de segurança objetivando assegurar direito líquido e certo à insubmissão a certa modalidade de tributação, na hipótese de o ato coator apontado se confundir com a própria adoção de medida provisória.

d) O habeas data, que serve de garantia ao direito de acesso a informações, é prerrogativa das pessoas físicas e não jurídicas, sendo de competência, a depender da entidade governamental violadora, do Supremo Tribunal Federal ou do Superior Tribunal de Justiça.

e) Os sigilos de correspondência e das comunicações telegráficas poderão ser restringidos nas hipóteses de decretação de estado de defesa e de sítio, desde que se observe a devida reserva de jurisdição.

68. **(PROCURADOR DA FAZENDA NACIONAL - 2007.1 - ESAF)** Assinale a opção correta no contexto dos direitos e das garantias fundamentais.

a) Pelo princípio da árvore dos frutos envenenados ou proibidos, a tão-só existência de prova reconhecidamente ilícita no processo basta para que a condenação seja nula, porquanto a proibição constitucional se harmoniza com a exigência de um processo contraditório, em que se assegure ampla defesa.

b) Entre as características funcionais dos direitos fundamentais encontra-se a legitimidade que conferem à ordem constitucional e o seu caráter irrenunciável e absoluto, que converge para o sentido da imutabilidade.

c) Na esfera administrativa do inquérito policial não sobressai a garantia constitucional expressa da ampla defesa e do contraditório, motivo pelo qual, visando à eficiência das investigações, e no contexto do princípio da proporcionalidade, é válida a vedação de consulta dos autos pelo defensor do indiciado, em se tratando de procedimento sigiloso.

d) A conformação constitucional do mandado de injunção tem recebido novas leituras interpretativas do Supremo Tribunal Federal, motivo pelo qual a decisão nele proferida não se encontra mais limitada à possibilidade de declaração da existência da mora legislativa para a edição da norma regulamentadora específica, sendo atualmente aceitável a possibilidade, dentro dos limites e das possibilidades do caso concreto, de uma regulação provisória pelo próprio Judiciário.

e) O direito de livre locomoção pode sofrer restrição, conforme previsto na Constituição, por meio da chamada reserva legal qualificada.

69. **(DEFENSORIA PÚBLICA DA UNIÃO – 2004 – CESPE)** Julgue os itens a seguir, acerca dos direitos e garantias fundamentais e dos direitos políticos.

1. Em relação aos direitos e deveres individuais e coletivos e rigorosamente de acordo com o texto constitucional, não seria admissível uma passeata de policiais em greve, tampouco uma assembléia deles em logradouro público, uma vez que esses servidores trabalham armados, por exigência da profissão.
2. Não obstante a garantia da segurança jurídica e a antiga proibição da lei ex post facto, a Constituição da República não proíbe, por completo, a retroatividade das leis penais.
3. A Constituição da República estatui casos de inelegibilidade absoluta e relativa; entre os primeiros, encontram-se os analfabetos, ao passo que o cônjuge de determinados administradores públicos é atingido por uma das modalidades de inelegibilidade relativa.

70. **(DEFENSORIA PÚBLICA DA UNIÃO – 2002 – CESPE)** Com relação aos direitos fundamentais constitucionalmente assegurados, julgue os itens que se seguem.

1. Um servidor ocupante de cargo público não tem direito a continuar regido pelas normas em vigor quando de seu ingresso no serviço público em desfavor de alteração legislativa posterior, pois não se adquire direito a um determinado instituto ou regime jurídico.
2. Direitos adquiridos não afastam a incidência de normas constitucionais originárias que expressamente declarem a eliminação das posições jurídicas específicas por eles protegidas.
3. Não é obrigatória a instituição por lei de recurso administrativo como projeção necessária da garantia constitucional da ampla defesa em processos administrativos.
4. Considerando que o inciso XXXV do art. 5.° da Constituição da República dispõe que "a lei não excluirá da apreciação do Poder Judiciário lesão ou ameaça a direito", é vedada a adoção por lei de quaisquer restrições materiais à concessão de medidas liminares.
5. A garantia constitucional do sigilo da correspondência aplica-se sem restrições aos presidiários em cumprimento de pena privativa de liberdade.

71. **(DEFENSORIA PÚBLICA DA UNIÃO – 2002 – CESPE)** Julgue os itens a seguir, referentes ao direito constitucional brasileiro.

1. A vedação à cobrança de tributos no mesmo exercício financeiro em que haja sido publicada a lei que os instituiu ou aumentou, inserta na Constituição da República, é abolível por emenda constitucional.
2. Na hipótese de revogação de uma isenção, o tributo correlato, por decorrência do princípio da anterioridade tributária, somente será exigível no exercício financeiro seguinte àquele em que for publicada a norma revogadora.
3. Caso o STF reconheça eventual omissão do presidente da República em encaminhar ao Congresso Nacional o projeto de lei da revisão geral anual da remuneração de servidores públicos prevista na Constituição da República, haverá de determinar-lhe que o faça em trinta dias.
4. A exigência de concurso público aplica-se tão-somente para o acesso a cargos públicos da administração direta, autárquica e fundacional, não alcançando os empregos públicos das empresas públicas e sociedades de economia mista.
5. princípio da soberania dos veredictos não exclui a recorribilidade das decisões do tribunal do júri.

72. **(DEFENSORIA PÚBLICA DA UNIÃO – 2002 – CESPE)** Quanto aos princípios e às garantias constitucionais, julgue os itens abaixo.

1. A imposição legal de limites de idade e altura para o acesso a cargos públicos não fere o princípio da isonomia, desde que razoável e decorrente da natureza e das atribuições do cargo público a ser provido.
2. É inconstitucional, por contrariar o princípio da isonomia, a não aplicação aos empregados brasileiros de vantagens constantes no estatuto de pessoal de empresa estrangeira em operação no Brasil e concedidas aos empregados estrangeiros em funções e condições análogas.
3. O princípio da isonomia é incompatível com as vantagens processuais concedidas à Fazenda Pública, em especial com os prazos dilatados para contestar e recorrer que, anteriores à Constituição da República, não foram por ela recepcionados.
4. O princípio da isonomia não autoriza o Poder Judiciário a estender isenção tributária a hipóteses arbitrariamente excluídas do benefício concedido a outras situações substancialmente assemelhadas.
5. A anulação de ato administrativo cuja edição tenha repercutido no campo de interesses individuais e seja dotada de presunção de legitimidade dispensa a observância do contraditório consistente na adoção de processo administrativo em que seja assegurada a manifestação dos interessados.

1.4. DIREITOS SOCIAIS

73. **(ADVOGADO – PETROBRÁS – 2008 – CESGRANRIO)** O texto original da Constituição Federal de 1988, em seu artigo 7o, assegurava aos trabalhadores assistência gratuita aos seus filhos e dependentes desde o nascimento até 6 (seis) anos de idade em

creches e pré-escolas. Com o advento da Emenda Constitucional no 53, de 19 de dezembro de 2006, esse direito social de assistência gratuita previsto na Constituição foi

(A) extinto.
(B) restringido, passando a amparar o trabalhador apenas com relação aos seus filhos, não mais aos seus demais dependentes.
(C) restringido, passando a amparar o trabalhador apenas com relação aos seus filhos e dependentes de até 5 (cinco) anos de idade.
(D) restringido, passando a amparar o trabalhador apenas com relação aos seus filhos e dependentes em creches, não mais em pré-escolas.
(E) ampliado, passando a amparar o trabalhador com relação aos seus filhos e dependentes em creches e préescolas, em qualquer idade.

74. **(PROCURADOR FEDERAL – AGU – 2004 – CESPE)** Quanto aos direitos sociais e aos princípios constitucionais do trabalho, julgue os itens a seguir.

1. Segundo o STF, ainda que a empresa funcione de forma contínua, por meio de turnos ininterruptos de revezamento, o tempo de intervalo intrajornada, concedido no turno, não é computado como horário de jornada de trabalho, para fins de aferição do respeito, pela empresa, do horário máximo de seis horas, permitido pela Constituição Federal para a jornada nesse regime de trabalho.
2. São princípios constitucionais do trabalho, expressos ou deduzíveis na Constituição Federal de 1988, o princípio da proteção do trabalhador e o princípio da não-discriminação.

1.5. NACIONALIDADE

75. **(ADVOGADO – PETROBRÁS – 2008 – CESGRANRIO)** Maria é brasileira, funcionária da Petróleo Brasileiro S.A. – Petrobras, e casada com João, também brasileiro. Foi enviada grávida à Itália, juntamente com sua equipe de trabalho, para tratar de assuntos profissionais do interesse da Petrobras. Ao chegar a Roma, Maria teve complicações na gravidez e deu à luz prematuramente a seu filho Mário, que sobreviveu. De acordo com as disposições constitucionais relativas a direitos da nacionalidade, esse filho de João e Maria será

(A) apátrida.
(B) estrangeiro.
(C) brasileiro nato.
(D) brasileiro naturalizado.
(E) italiano, podendo optar pela nacionalidade brasileira após a maioridade.

1.6. DIREITOS POLÍTICOS

76. **(ADVOGADO – CORREIOS – 2008 – ESPP)** No que se refere à inelegibilidade assinale a alternativa correta:

(A) São absolutamente inelegíveis os cônjuges ou parentes consangüíneos de Governadores de Estado e Prefeitos Municipais no território de jurisdição do titular dos referidos cargos eletivos.
(B) Trata-se de hipótese de inelegibilidade relativa aquela que impede os estrangeiros de se alistarem para os cargos eletivos de nível federal.
(C) Uma das hipóteses de inelegibilidade absoluta ocorre no caso dos analfabetos, que dispõem apenas de capacidade eleitoral ativa.
(D) São absolutamente inelegíveis os militares os militares da ativa, pois não podem se filiar a partidos políticos.

77. **(ADVOGADO – BNDES – 2001 – VUNESP)** Um brasileiro naturalizado, com 21 anos de idade, e um brasileiro nato, com 80 anos de idade, cumpridos os demais requisitos de elegibilidade,

(A) podem eleger-se, respectivamente, Deputado Federal e Presidente da República.
(B) podem eleger-se, respectivamente, Vice-Governador de Estado e Vereador.
(C) podem eleger-se, respectivamente, Senador e Governador de Estado.
(D) podem eleger-se, respectivamente, Governador de Estado e Senador.
(E) não podem candidatar-se a cargos eletivos no Brasil.

78. **(PROCURADOR – BANCO CENTRAL – 2009 – CESPE)** Acerca de nacionalidade e direitos políticos e sociais, no ordenamento jurídico brasileiro, assinale a opção correta.

(A) Na hipótese de criação de município por desmembramento, o irmão do prefeito do município-mãe não pode se candidatar a chefe do Executivo do município recém-criado, devido à inelegibilidade reflexa.
(B) A perda da nacionalidade brasileira pode decorrer de ato do ministro da Justiça ou de decisão judicial e tem como consequência o retorno do indivíduo à situação de estrangeiro.
(C) Uma vez perdida a nacionalidade brasileira, por decisão judicial transitada em julgado, o indivíduo poderá readquirila por meio de decisão favorável em ação rescisória ou por intermédio de novo procedimento de naturalização.
(D) É direito social dos trabalhadores urbanos e rurais a jornada de sete horas para o trabalho realizado em turnos ininterruptos de revezamento, salvo negociação coletiva.
(E) O ordenamento jurídico nacional não assegura aos trabalhadores o direito de relacionamento com organizações sindicais internacionais nem o direito de filiação a essas organizações.

1.7. ORGANIZAÇÃO DO ESTADO

79. **(ADVOGADO – SERPRO – 2008 – CESPE)** Acerca dos conceitos de Estado, nação e povo, julgue os itens que se seguem.

1. A federação é uma forma de governo na qual há uma nítida separação de competências entre as esferas estaduais, dotadas de autonomia, e o poder público central, denominado União.
2. O conceito de Estado possui basicamente quatro elementos: nação, território, governo e soberania. Assim, não é possível que haja mais de uma nação em um determinado Estado, ou mais de um Estado para a mesma nação.

80. **(ADVOGADO – DATAPREV – 2009 – UFF)** Acerca da Organização do Estado, é correto afirmar que:

(A) compete privativamente à União combater as causas da pobreza e os fatores de marginalização, promovendo a integração social dos setores desfavorecidos;
(B) a superveniência de lei federal sobre normas gerais de competência concorrente da União, dos Estados e do Distrito Federal suspende a eficácia da lei estadual, no que lhe for contrário;
(C) é competência comum da União, dos Estados, do Distrito Federal e dos Municípios organizar, manter e executar a inspeção do trabalho;
(D) compete à União, aos Estados e ao Distrito Federal legislar concorrentemente sobre águas, energia, informática, telecomunicações e radiodifusão;
(E) compete privativamente à União legislar sobre previdência social, proteção e defesa da saúde.

81. **(ADVOGADO – IRB – 2006 – ESAF)** Sobre evolução político-constitucional, sistema de repartição de competência na organização do Estado brasileiro, Estado-membro e Intervenção no Estado e nos Municípios, assinale a única opção correta.

(A) Sob a ordem constitucional de 1824, o Poder Judiciário era composto por juízes nomeados pelo Imperador, que podiam ser suspensos mediante processo e audiência do Conselho do Estado; sob a Constituição de 1891, os juízes tinham garantia de irredutibilidade de vencimentos, mas não eram vitalícios.
(B) A constituição de 1937 rompeu com o bicameralismo, ficando a atividade legislativa a cargo, exclusivamente, da Câmara dos Deputados.
(C) Em razão do sistema de repartição de competências adotado na Constituição de 1988, regra geral, tem-se que as atribuições e competências dos municípios são definidas indicativamente.
(D) A intervenção da União no Estado, para prover a execução de decisão judicial, far-se-á, tão-somente, por meio de requisição do Supremo Tribunal Federal.
(E) Como o controle político do ato de intervenção cabe ao Congresso Nacional, todo decreto de intervenção será submetido à apreciação do Congresso Nacional, no prazo constitucionalmente estabelecido.

82. **(ADVOGADO – IRB – 2006 – ESAF)** Sobre Administração Pública, assinale a única opção correta.

(A) Com a nova redação constitucional para os limites de remuneração do servidor público, os vencimentos dos cargos do Poder Legislativo e do Poder Executivo não poderão ser superiores aos pagos pelo Poder Judiciário.
(B) É garantido ao servidor público, nos termos de lei específica, o direito à livre associação sindical.
(C) Os requisitos de idade e de tempo de contribuição serão reduzidos em cinco anos, em relação aos requisitos estabelecidos para os demais servidores públicos, para os professores que comprovem exclusivamente tempo de efetivo exercício das funções de magistério.
(D) A contribuição para custeio da previdência social não incidirá sobre os proventos de aposentadoria e de pensão, quando o beneficiário, na forma da lei, for portador de doença incapacitante.
(E) É possível, nos termos definidos em lei, a adoção de requisitos e critérios diferenciados para a concessão de aposentadoria para servidores públicos que sejam portadores de deficiência.

83. **(ADVOGADO – BNDES – 2002 – VUNESP)** O Estado brasileiro encontra-se organizado sob a forma federativa. Portanto, é vedado

(A) subdividir ou extinguir qualquer dos estados ou dos municípios existentes.
(B) criar territórios federais, extintos que foram com a Constituição de 1988
(C) o remanejamento, por lei, de competência tributária outorgada aos entes federativos.
(D) aos municípios e aos estados criar leis contrárias à legislação federal.
(E) à União intervir em estados-membros da federação.

84. **(ADVOGADO – BNDES – 2001 – VUNESP)** No âmbito da competência legislativa concorrente, ante a ausência de lei federal sobre normas gerais, os Estados

(A) não poderão legislar.
(B) poderão legislar apenas sobre normas específicas.
(C) poderão legislar apenas sobre normas gerais.
(D) exercerão competência legislativa plena, para atender a suas peculiaridades.
(E) poderão editar decretos normativos autônomos.

85. **(ADVOGADO – BNDES – 2001 – VUNESP)** Em matéria de competência legislativa privativa da União, os Estados

(A) nunca poderão legislar.
(B) estão autorizados, diretamente pela Constituição, a legislar sobre questões específicas.
(C) poderão ser autorizados, por lei complementar, a legislar sobre questões específicas.

(D) poderão ser autorizados, por lei ordinária, a legislar sobre questões específicas.
(E) poderão ser autorizados, por ato do Presidente da República, a legislar sobre questões específicas.

86. **(ADVOGADO – BNB – 2006 – ACEP)** Marque a alternativa INCORRETA a respeito das competências da União, dos Estados, do Distrito Federal e dos Municípios.

(A) Compete à União emitir moeda, administrar as reservas cambiais do País e fiscalizar as operações de natureza financeira, especialmente as de crédito, câmbio e capitalização, bem como as de seguros e de previdência privada e elaborar e executar planos nacionais e regionais de ordenação do território e de desenvolvimento econômico e social.
(B) Os Estados organizam-se e regem-se pelas constituições e leis que adotarem, observados os princípios constitucionais. Aos Estados são reservadas as competências que não lhes sejam vedadas pela Carta Magna.
(C) Compete aos Municípios organizar e prestar, diretamente ou sob regime de concessão ou permissão, os serviços públicos de interesse local, incluído o de transporte coletivo, que tem caráter essencial.
(D) Ao Distrito Federal são atribuídas as competências legislativas reservadas à União, aos Estados e aos Municípios. Compete, ainda, ao Distrito Federal organizar e manter a polícia civil, a polícia militar e o corpo de bombeiros militar do próprio Distrito Federal.
(E) Compete à União manter relações com estados estrangeiros e participar de organizações internacionais.

87. **(PROCURADOR – BANCO CENTRAL – 2009 – CESPE)** Assinale a opção correta, no que se refere à repartição de competência entre os entes da Federação brasileira.

(A) Norma estadual de iniciativa parlamentar que conceda melhoria remuneratória aos policiais militares do estado é constitucional, já que é atribuição do estado-membro legislar sobre matéria de interesse dos policiais militares do estado, e foi observado o modelo estabelecido para a esfera federal.
(B) Os estados-membros não possuem competência para explorar nem regulamentar a prestação de serviços de transporte intermunicipal, por se tratar de matéria de interesse local.
(C) Segundo o STF, é constitucional, e não se confunde com a atividade-fim das instituições bancárias, lei municipal que disponha sobre atendimento ao público e tempo de espera nas filas de atendimento das referidas instituições.
(D) O estado-membro tem competência para estabelecer, desde que na constituição estadual, regras de imunidade formal e material aplicáveis a vereadores.
(E) O STF considera inconstitucional, por invasão da competência da União para dispor sobre trânsito e transporte, lei estadual que autorize o Poder Executivo do estado a apreender e desemplacar veículo de transporte coletivo encontrado em situação irregular.

88. **(PROCURADOR – BANCO CENTRAL – 2009 – CESPE)** No tocante à administração pública, assinale a opção correta.

(A) Decisão judicial transitada em julgado ou processo administrativo disciplinar em que seja assegurada a ampla defesa são as únicas hipóteses, previstas na CF, de perda do cargo por servidor público estável.
(B) Segundo o STF, emenda inserida na constituição estadual que estabeleça subsídio mensal e vitalício para exgovernador e sua transferência ao cônjuge supérstite não afronta o princípio constitucional da impessoalidade.
(C) A responsabilidade das autarquias pelos prejuízos causados a terceiros não é direta, de modo que, diante da ocorrência de dano, o lesado deve buscar a reparação diretamente ao ente federativo e não à autarquia.
(D) Conforme posicionamento do STF, enquanto não concluído e homologado o concurso público, pode a administração alterar as condições do certame constantes do edital, para adaptá-las à nova legislação aplicável.
(E) O ato de aposentadoria do servidor impede a instauração de processo administrativo disciplinar para apuração de falta por ele eventualmente praticada no exercício do cargo, se a sanção aplicável for a de demissão.

89. **(ADVOGADO – ANCINE – 2005 – CESPE)** A Constituição da República, promulgada em 5/10/1988, dada a importância da matéria, reservou um de seus títulos à Organização do Estado. Com base no que estabelece a Constituição, julgue os seguintes itens.

1. É competência exclusiva da União proteger os documentos, as obras e outros bens de valor histórico, artístico e cultural.
2. **Compete** à União explorar, diretamente ou mediante autorização, concessão ou permissão, os serviços de radiodifusão sonora e de sons e imagens.
3. Ressalvadas as restrições legais, compete à União explorar, diretamente ou mediante autorização, concessão ou permissão, os serviços de telecomunicações.

90. **(ADVOGADO – ANP – 2008 – CESGRANRIO)** Sobre as matérias cuja competência para legislar é concorrente da União, Estados e Distrito Federal, foram feitas as afirmativas a seguir.

I. No âmbito da legislação concorrente, a competência da União limitar-se-á a estabelecer normas gerais.

II. A competência da União para legislar sobre normas gerais não exclui a competência suplementar dos Estados.
III. Inexistindo lei federal sobre normas gerais, os Estados exercerão a competência legislativa plena.
IV. A superveniência de lei federal sobre normas gerais suspende a eficácia da lei estadual, naquilo que lhe for contraditório.

Estão corretas as afirmativas

(A) I e II, apenas.
(B) I e IV, apenas.
(C) II e IV, apenas.
(D) I, II e IV, apenas.
(E) I, II, III e IV.

91. **(ADVOGADO DA UNIÃO – AGU – 2009 – CESPE)** No que concerne à Federação brasileira, julgue os itens seguintes.

1. Suponha que a constituição de determinado estado-membro tenha assegurado a estudantes o direito à meia-passagem nos transportes coletivos urbanos rodoviários municipais. Nessa situação, de acordo com o entendimento do STF, a previsão é constitucional, pois o ente estadual atuou no âmbito de sua competência, dando tratamento equânime aos estudantes em toda a sua esfera de atuação.
2. Na hipótese de alteração, por uma nova Constituição Federal, do rol de competência legislativa dos entes da Federação, para inserir na competência federal matéria até então da competência legislativa estadual ou municipal, ocorre o fenômeno da federalização da lei estadual ou municipal, a qual permanecerá em vigor como se lei federal fosse, em atenção ao princípio da continuidade do ordenamento jurídico.
3. No tocante às hipóteses de alteração da divisão interna do território brasileiro, é correto afirmar que, na subdivisão, há a manutenção da identidade do ente federativo primitivo, enquanto, no desmembramento, tem-se o desaparecimento da personalidade jurídica do estado originário.
4. No âmbito da competência legislativa concorrente, caso a União não tenha editado a norma geral, o estado-membro poderá exercer a competência legislativa ampla. Contudo, sobrevindo a norma federal faltante, o diploma estadual terá sua eficácia suspensa no que lhe for contrário, operando-se, a partir de então, um verdadeiro bloqueio de competência, já que o estado-membro não mais poderá legislar sobre normas gerais quanto ao tema tratado na legislação federal.

92. **(ADVOGADO DA UNIÃO – AGU – 2009 – CESPE)** Com relação aos preceitos constitucionais aplicáveis à administração pública, julgue os próximos itens.

1. Segundo entendimento do STF, a vedação ao nepotismo não exige edição de lei formal, visto que a proibição é extraída diretamente dos princípios constitucionais que norteiam a atuação administrativa.
2. É inconstitucional a ascensão funcional como forma de investidura em cargo público, por contrariar o princípio da prévia aprovação em concurso público.

93. **(ADVOGADO DA UNIÃO – AGU – 2006 – CESPE)** Julgue os itens seguintes, que versam sobre a administração pública e os servidores públicos.

1. De acordo com a jurisprudência do STF, a autorização legislativa específica para a criação de empresas subsidiárias é dispensável nos casos em que a lei autorizativa de criação da empresa de economia mista matriz também previu a eventual formação das subsidiárias.
2. A exigência de exame psicotécnico para habilitação de candidato a cargo público somente pode ser levada a efeito caso haja lei que assim determine.
3. Para efeito de aposentadoria especial de professores, não se computa o tempo de serviço prestado fora de sala de aula.

94. **(ADVOGADO DA UNIÃO – AGU – 2006 – CESPE)** Julgue os seguintes itens, acerca da organização do Estado brasileiro.

1. A definição dos crimes de responsabilidade é competência legislativa privativa da União, assim como o estabelecimento das respectivas normas de processo e julgamento destes.
2. As terras devolutas constituem bens dominicais e, em regra, integram o patrimônio dos estados, pertencendo aos demais entes federativos apenas algumas faixas mencionadas pela Constituição Federal.
3. No sistema constitucional brasileiro, os estados, no exercício da competência concorrente para legislar acerca de procedimentos em matéria processual, podem criar recurso de embargo de divergência contra decisão de turma em processo que tramite no tribunal.
4. A organização político-administrativa da República Federativa do Brasil restringe-se aos estados, aos municípios e ao DF, todos autônomos, nos termos da Constituição Federal.

95. **(ADVOGADO DA UNIÃO – AGU – 2004 – CESPE)** Acerca da Federação brasileira, da organização dos poderes, das competências da União e dos estados-membros, julgue os itens a seguir.

1. O federalismo brasileiro constitui um federalismo de duplo grau por ter a Constituição da República reconhecido aos municípios autonomia política, administrativa, normativa e financeira e definido suas competências privativas, regra geral, de forma expressa.

2. A constituição estadual, em face do princípio da simetria, pode definir os crimes de responsabilidade do governador do estado, ampliando as hipóteses previstas no texto da Constituição Federal, para fazer as adaptações necessárias no nível estadual.
3. No âmbito da competência legislativa concorrente entre União e estados, revogada a norma geral federal que disciplinava a matéria de forma contrária ao disposto em lei estadual, esta recobra sua eficácia, caso não tenha sido revogada por outra lei estadual.

96. **(PROCURADOR FEDERAL - AGU - 2007 - CESPE)** É lamentável que o constituinte não tenha aproveitado a oportunidade para atender ao que era o grande clamor nacional no sentido de uma revitalização do nosso princípio federativo. O Estado brasileiro na nova Constituição ganhou níveis de centralização superiores à maioria dos Estados que se consideram unitários e que, pela via de uma descentralização por regiões ou por províncias, consegue um nível de transferência das competências, tanto legislativas quanto de execução, muito superior àquele alcançado pelo Estado brasileiro. Continuamos, pois, sob uma Constituição eminentemente centralizadora, e se alguma diferença existe relativamente à anterior é no sentido de que este mal (para aqueles que entendem ser um mal) agravou-se sensivelmente. Celso Bastos. A Federação nas constituições brasileiras. In: Revista da Procuradoria- Geral do Estado de São Paulo, n.º 29, jun./1988, p. 61 (com adaptações). Tendo por referência inicial o texto acima, julgue os itens a seguir, a respeito do sistema federativo brasileiro.

1. A intervenção federal representa elemento de estabilização da ordem normativa prevista na CF, mas representa também a própria negação, ainda que transitória, da autonomia reconhecida aos estados-membros pela CF.
2. No modelo federativo instituído pela CF, se é certo que o rol dos princípios sensíveis foi menos abrangente, demonstrando a expansão dos poderes jurídicos na esfera das coletividades locais, o mesmo não se deu quanto aos princípios extensíveis e aos princípios estabelecidos, pois estes, além de estarem disseminados pelo texto constitucional, configuram um acervo expressivo de hipóteses de limitação da autonomia local.
3. A inobservância, pelos estados, dos denominados princípios constitucionais sensíveis configura um ilícito constitucional de dupla conseqüência. De um lado, haverá uma conseqüência de caráter estritamente político-administrativo, qual seja, a ilegitimidade constitucional do ato do poder público local; de outro, haverá uma conseqüência de natureza jurídica, consistente na possibilidade de decretação de intervenção federal no estado-membro.
4. O dever de cumprir as decisões emanadas do Poder Judiciário, sobretudo nos casos em que a condenação judicial tem por destinatário o próprio poder público, muito mais do que simples incumbência de ordem processual, representa uma obrigação institucional a que não se pode subtrair o aparelho de Estado, sob pena de grave comprometimento dos princípios consagrados no texto da CF. A desobediência a ordem ou decisão judicial pode gerar, no sistema jurídico brasileiro, gravíssimas conseqüências na esfera institucional, com a decretação de intervenção federal nos estados-membros.

97. **(PROCURADOR FEDERAL - AGU - 2004 - CESPE)** Em relação ao Estado federal e à Federação brasileira, julgue os itens seguintes.

1. Nos Estados modernos, na repartição das competências entre as entidades componentes do Estado federal, as constituições têm combinado as técnicas de definição de poderes enumerados, remanescentes ou indicados com a possibilidade de delegação e com o estabelecimento de áreas comuns de competência ou de setores concorrentes.
2. A Constituição Federal de 1988 estabeleceu em favor da União, em matéria tributária, uma competência legislativa residual.

98. **(PROCURADOR FEDERAL - AGU - 2004 - CESPE)** Quanto ao estado democrático de direito e à organização dos poderes, julgue os itens subseqüentes.

1. O papel reservado à lei, tanto no estado de direito clássico, como no estado democrático de direito, é exatamente o mesmo, uma vez que, em ambos, a lei deve limitar-se a arbitrar soluções para os litígios eventualmente existentes entre o Estado e o indivíduo e entre os indivíduos, regulando as relações sociais.
2. A partir da aplicação dos princípios gerais que regem a concepção do sistema de freios e contrapesos na Constituição da República, é possível deduzir controles entre os poderes que não estejam expressos no texto constitucional.

99. **(PROCURADOR FEDERAL - AGU - 2004 - CESPE)** No que se refere à União e aos estados-membros, julgue os itens a seguir.

1. A competência legislativa da União, prevista no art. 22 da Constituição Federal, é uma competência privativa porque comporta as possibilidades de delegação e de competência legislativa suplementar dos estados e do Distrito Federal (DF).
2. Segundo o STF, os limites constitucionalmente estabelecidos para o poder constituinte estadual determinam que, aplicado o princípio da simetria, um núcleo central da Constituição Federal seja obrigatoriamente reproduzido na constituição do estado-membro; caso contrário, as

normas que integram esse núcleo não incidirão sobre a ordem local.

3. Em razão de sua autonomia financeira, uma conseqüência do princípio federativo, os estados podem, respeitados os limites decorrentes do texto da Constituição Federal, promulgar leis estaduais sobre direito financeiro e estabelecer normas orçamentárias específicas.

100. **(PROCURADOR FEDERAL – AGU – 2004 – CESPE)** Acerca da administração pública e dos servidores públicos, julgue os itens que se seguem.

1. Na Constituição Federal, a inserção do princípio da eficiência como princípio administrativo geral fez acompanhar-se de alguns mecanismos destinados a facilitar a sua concretização, como a participação do usuário na administração pública indireta e a possibilidade de aumento da autonomia gerencial, orçamentária e financeira dos órgãos e entidades da administração direta.
2. O regime previdenciário do servidor público é de caráter contributivo e solidário e constituído por recursos decorrentes, exclusivamente, da contribuição dos servidores ativos e inativos e dos pensionistas.

101. **(PROCURADOR DA FAZENDA NACIONAL – 2007.2 – ESAF)** Das opções abaixo, assinale a que contém matéria compreendida na competência privativa da União para legislar ou dispor sobre.

(A) Produção e consumo.
(B) Proteção do meio ambiente e combate à poluição em qualquer de suas formas.
(C) Propaganda comercial.
(D) Proteção à infância e à juventude.
(E) Direito Tributário, Financeiro, Penitenciário e Econômico.

102. **(PROCURADOR DA FAZENDA NACIONAL – 2007.1 – ESAF)** Assinale a única opção correta no âmbito da repartição de competência federativa.

(a) Compete privativamente à União manter o serviço postal e o correio aéreo nacional.
(b) É vedado à União, aos Estados, ao Distrito Federal e aos Municípios recusar fé aos documentos públicos, salvo nas hipóteses previstas em lei.
(c) No caso da competência concorrente, a cooperação entre os entes federados deverá ser estabelecida em lei complementar federal.
(d) Compete aos Estados-Membros, no âmbito de sua autonomia, instituir regiões metropolitanas, aglomerações urbanas e microrregiões.
(e) Compete exclusivamente à União legislar sobre sistema monetário, mas a legislação sobre direito econômico é de natureza privativa.

103. **(PROCURADOR DA FAZENDA NACIONAL – 2007.1 – ESAF)** Assinale a opção correta acerca do pacto federativo brasileiro.

(a) São integrantes do pacto federativo brasileiro os Estados-Membros, o Distrito Federal e os Municípios, todos autônomos, já que a soberania é atributo exclusivo da União.
(b) A competência suplementar, correlativa da competência concorrente, significa a possibilidade de disposição sobre o mesmo assunto ou matéria por entes federados diferentes, que nesse ponto atuam juntamente e em pé de igualdade. Cargo: Procurador da Fazenda Nacional - 2007 5 Prova Objetiva
(c) São da competência legislativa da União a definição dos crimes comuns e de responsabilidade, além do estabelecimento das respectivas normas de processo e julgamento, em relação ao Presidente da República, competindo aos Estados-Membros, porém, desde que observados os parâmetros traçados na norma geral federal, definir as normas específicas atinentes aos Governadores.
(d) Para a criação de novos Municípios é necessária prévia consulta por plebiscito convocado pela Câmara de Vereadores.
(e) Compete privativamente à União legislar sobre trânsito e transporte, contudo, o transporte coletivo é de competência municipal.

104. **(DEFENSORIA PÚBLICA DA UNIÃO – 2004 – CESPE)** Julgue os seguintes itens, a respeito da administração pública e dos servidores públicos.

1. Para parte da doutrina, o princípio da impessoalidade na administração pública nada mais representa do que outra formulação do princípio da finalidade.
2. A Constituição da República admite a contratação temporária de pessoas sem concurso público, desde que a administração pública enfrente caso de excepcional interesse público, devidamente justificado pelo administrador. Para tanto, não há necessidade de previsão expressa em lei para essa modalidade de contratação.

1.8. ORGANIZAÇÃO DOS PODERES LEGISLATIVO E EXECUTIVO

105. **(ADVOGADO – PETROBRÁS – 2008 – CESGRANRIO)** Segundo disposição constitucional expressa, as decisões proferidas pelo Tribunal de Contas da União, no exercício de sua competência de fiscalização contábil, financeira, orçamentária, operacional e patrimonial da União e das entidades da administração direta e indireta, das quais resulte imputação de débito ou multa,

(A) terão eficácia de título executivo.
(B) deverão ser validadas pelo Congresso Nacional.
(C) serão encaminhadas ao Congresso Nacional para as providências relativas a sua cobrança.
(D) serão encaminhadas ao Poder Executivo para as providências relativas a sua cobrança.

(E) darão ensejo à propositura de processo de conhecimento perante o Poder Judiciário, como etapa necessária à cobrança.

106. **(ADVOGADO – PETROBRÁS – 2003 – CESPE)** No que se refere ao processo legislativo e à recepção de leis pré-constitucionais, julgue os itens subseqüentes.

1. Uma lei complementar anterior à Constituição de 1988 pode ser recepcionada como lei ordinária, se não houver previsão constitucional de que a matéria nela versada seja regida por lei complementar e a lei preexistente não contrarie materialmente a nova Constituição.
2. Uma lei ordinária anterior à Constituição de 1988 não pode ser recepcionada como lei complementar, na medida em que o quórum para aprovação desta é a maioria absoluta, enquanto para a lei ordinária se exige apenas maioria simples.
3. É vedada a edição de medidas provisórias a respeito de matéria processual civil e processual penal, estando estas sob reserva de lei em sentido formal estrito.
4. A extinção de qualquer ministério ou órgão público federal dar-se-á apenas por lei, de iniciativa de qualquer membro da Câmara dos Deputados ou do Senado Federal.
5. A tramitação de projeto de lei de iniciativa do presidente da República terá início na Câmara dos Deputados; se for aprovado segue para o Senado, que não o poderá rejeitar, apenas efetuar sua revisão, apresentando-lhe emendas.
6. Uma emenda constitucional incompatível com qualquer norma da Constituição é inválida e, portanto, inconstitucional.

107. **(ADVOGADO – PETROBRÁS DISTRIB. – 2008 – CESGRANRIO)** Considere as afirmativas a seguir, a respeito do regime constitucional das medidas provisórias.

I. A Constituição veda expressamente a edição de medida provisória sobre direito penal e direito tributário, em razão do princípio da legalidade em sentido estrito que se deve observar em relação a estas matérias.

II. A edição de uma medida provisória tem como conseqüência a revogação das normas jurídicas vigentes com ela incompatíveis.

III. É vedada a edição de medida provisória em matéria reservada a lei complementar.

IV. Se a regulação das relações advindas de medida provisória não convertida em lei não se consumar em até 60 dias a contar da rejeição (expressa) ou da caducidade (rejeição tácita), estas relações hão de se conservar regidas pela medida provisória, ainda que esta não se encontre mais em vigor.

Estão corretas APENAS as afirmativas

(A) I e II
(B) I e III
(C) II e IV
(D) III e IV
(E) I, III e IV

108. **(ADVOGADO – PETROBRÁS DISTRIB. – 2008 – CESGRANRIO)** O Tribunal de Contas da União, em sua atribuição constitucional de auxiliar o Poder Legislativo no exercício do controle externo,

(A) aprecia as contas prestadas anualmente pelo Presidente da República, mediante parecer prévio, que só deixará de prevalecer por decisão de dois terços dos membros do Congresso Nacional.
(B) exerce fiscalização sobre as empresas públicas e as sociedades de economia mista integrantes da Administração Indireta Federal, tendo em vista o regime jurídico híbrido – de direito público e de direito privado – a que se sujeitam tais entidades.
(C) exerce poder geral de cautela, cabendo-lhe sustar preventivamente os efeitos decorrentes de contratos administrativos sob sua fiscalização, submetendo tal decisão, a posteriori, à apreciação do Congresso Nacional.
(D) tem competência para imputar débito e aplicar multa, ostentando as decisões em tal sentido eficácia de título executivo, cabendo ao próprio Tribunal de Contas da União, por intermédio de sua Procuradoria, promover a execução.
(E) tem competência para fiscalizar a aplicação de recursos repassados pela União Federal aos Estados e Municípios a título de royalties decorrentes da exploração de petróleo.

109. **(ADVOGADO – PETROBRÁS TRANSP. – 2006 – CESGRANRIO)** Sobre o Tribunal de Contas da União, a Constituição Federal estabelece que:

(A) a obrigação de lhe prestar contas não se aplica às pessoas físicas.
(B) seus Ministros devem ter idade mínima de 30 (trinta) anos.
(C) partidos politicos são partes ilegítimas para lhe denunciar irregularidades.
(D) é o Órgão responsável pelo sistema de controle interno de cada Poder.
(E) é competente para realizar inspeções de natureza operacional nas unidades administrativas do Poder Judiciário.

110. **(ADVOGADO – CORREIOS – 2008 – ESPP)** No que tange ao processo legislativo analise as assertivas a seguir:

I. Processos legislativos especiais são aqueles utilizados para elaboração de todas as espécies legislativas, inclusive para edição de leis ordinárias.

II. Integram o conceito amplo de leis orçamentárias o plano plurianual, a lei de diretrizes orçamentárias e a lei orçamentária estrito senso, que são submetidas a processo legislativo especial.

III. O processo legislativo sumário é aquele que impõe um prazo determinado para apreciação do projeto pelas Casas do Congresso Nacional, podendo ser aplicado na edição de leis complementares.

IV. O sistema constitucional brasileiro admite tanto o veto supressivo como o veto aditivo, estando este último vinculado aos projetos de iniciativa privativa do Presidente da República.

Assinale a alternativa adequada:

(A) Os itens I, II e IV estão incorretos.
(B) Os itens II e III estão corretos.
(C) Os itens II, III e IV estão corretos.
(D) Os itens I, II e III estão incorretos.

111. **(ADVOGADO – INFRAERO – 2004 – NCE/UFRJ)** Comissão Parlamentar de Inquérito, instaurada no âmbito do Congresso Nacional, decide convocar o Presidente do Tribunal do Trabalho da Quinta Região para prestar depoimento em relação a fatos conexos a sua administração, relevantes para a investigação parlamentar. Tal convocação, observados os termos da Constituição Federal é:

(A) inconstitucional, por violar o princípio da separação dos poderes;
(B) possível, vez que o objeto da investigação está relacionado a atos administrativos;
(C) inconstitucional, por violar a autonomia dos tribunais;
(D) possível, também para investigar atos jurisdicionais;
(E) inconstitucional, por violar o pacto federativo.

112. **(ADVOGADO – ELETROBRÁS – 2006 – NCE/UFRJ)** Sobre o controle exercido pelo Tribunal de Contas da União, analise as afirmativas a seguir:

I. As multas aplicadas pelo Tribunal de Contas da União têm a eficácia de título executivo.

II. O Tribunal de Contas pode revogar e anular atos administrativos praticados pela Administração Pública.

III. Compete ao Tribunal de Contas analisar, para fins de registro, o ato de aposentadoria de servidor público federal.

São verdadeiras somente as afirmativas:

(A) I e II;
(B) I e III;
(C) II e III;
(D) I, II e III;
(E) nenhuma.

113. **(ADVOGADO – EMBRAPA – 2005 – CESPE)** Apresentada proposta de Emenda Constitucional pelo presidente da República no sentido de garantir aos estados-membros o direito de secessão, o projeto foi encaminhado ao Congresso Nacional para deliberação, na forma do que determina o art. 60. da Constituição Federal. Com relação à situação hipotética acima apresentada, julgue os itens subseqüentes.

1. Trata-se de matéria que não pode ser sujeita ao poder de reforma constitucional, pois que não será objeto de deliberação a proposta de emenda tendente a abolir a forma federativa de Estado.
2. A referida matéria não será discutida pelo Congresso Nacional, visto que não cabe ao presidente da República a iniciativa de proposta de emenda constitucional.
3. Trata-se de proposta viável sob o ponto de vista constitucional, pois tendo o Brasil assumido a forma federativa de Estado, o direito de secessão é garantido aos estados-membros.
4. Sendo a proposta previamente aprovada pelas comissões técnicas das duas Casas do Congresso Nacional, o processo legislativo será o mesmo da lei ordinária, exigindo-se para a sua aprovação voto favorável da maioria dos parlamentares presentes na sessão.

114. **(ADVOGADO – SERPRO – 2008 – CESPE)** O deputado federal X propôs projeto de lei ordinária cujo objeto prevê a possibilidade de parcelamento de débitos tributários com a fazenda federal. Esse projeto foi aprovado e, depois de vetado pelo presidente da República por ilegalidade, foi devidamente promulgado. Considerando a situação hipotética acima apresentada, julgue os itens a seguir, acerca da organização do Poder Legislativo.

1. O projeto de lei em questão é formalmente inconstitucional, por vício de iniciativa cuja competência privativa é do presidente da República.
2. No momento em que o referido projeto foi encaminhado para sanção, o presidente da República, se entendesse preenchidos os requisitos legais, em vez de vetá-lo, poderia editar uma medida provisória sobre a mesma matéria.

115. **(ADVOGADO – DATAPREV – 2009 – UFF)** No que se refere à fiscalização contábil, orçamentária e financeira, é correto afirmar que:

(A) a fiscalização mediante controle externo tem por objetivo apreciar as contas do Chefe do Poder Executivo, a fim de verificar a legalidade, a legitimidade e a economicidade dos atos contábeis, financeiros, orçamentários, operacionais e patrimoniais;
(B) uma vez detectada irregularidade ou ilegalidade no processo de formação ou em quaisquer das cláusulas de um contrato, o Tribunal de Contas da União sustará de imediato a execução do contrato;
(C) a Comissão Mista permanente de Deputados e Senadores, diante de indícios de despesas não autorizadas, ainda que sob a forma de investi-

mentos não programados ou de subsídio não aprovados, solicitará à autoridade governamental responsável que, no prazo de trinta dias, preste os esclarecimentos necessários;

(D) o Tribunal de Contas da União constitui-se em órgão auxiliar do Poder Executivo, e suas decisões são administrativas, não jurisdicionais;

(E) o Tribunal de Contas da União tem sede no Distrito Federal e é integrado por, no mínimo, onze ministros, escolhidos pelo Presidente da República.

116. **(ADVOGADO – IRB – 2006 – ESAF)** Sobre Poder Executivo e Defesa do Estado Democrático e das Instituições Democráticas, assinale a única opção correta.

(A) Por força de disposição constitucional, as posses do Presidente e do Vice-Presidente da República deverão ser sempre simultâneas, sob pena dos cargos serem declarados vagos.

(B) Compete ao Presidente da República nomear, após aprovação pelo Senado Federal, os Ministros dos Tribunais Superiores, o presidente e os diretores do Banco Central.

(C) Nas infrações penais comuns e nos crimes de responsabilidade, o Presidente da República ficará suspenso de suas funções após a aprovação, pela Câmara dos Deputados, da instauração do processo por crime de responsabilidade ou do recebimento da denúncia pelo Supremo Tribunal Federal, nos crimes comuns.

(D) Em razão de sua condição de mero órgão de consulta, a audiência prévia do Conselho de Defesa Nacional, pelo Presidente da República, para fins de decretação do estado de defesa é facultativa, decorrendo de decisão discricionária do Presidente da República.

(E) Na vigência do estado de sítio, poderá haver restrição da liberdade de reunião, não sendo admitida a suspensão desse direito, uma vez que ele tem proteção constitucional até mesmo contra alterações pelo poder constituinte derivado.

117. **(ADVOGADO – IRB – 2006 – ESAF)** Sobre Poder Legislativo, assinale a única opção correta.

(A) Nos termos da Constituição Federal, o número total de Deputados Federais, bem como a representação por Estado e pelo Distrito Federal, deve ser ajustado por lei, proporcionalmente à população, no ano das eleições para o Congresso Nacional.

(B) Cabe ao Congresso Nacional, com a sanção do Presidente da República, a fixação do subsídio dos Ministros do Supremo Tribunal Federal, por lei de iniciativa conjunta dos Presidentes da República, da Câmara dos Deputados, do Senado Federal e do Supremo Tribunal Federal.

(C) Se um Senador, após a posse, continuar como proprietário de empresa que goze de favor decorrente de contrato com pessoa jurídica de direito público, ele estará sujeito à perda de mandato, a ser declarada pela Mesa da Casa respectiva, de ofício ou mediante provocação de qualquer de seus membros, ou de partido político representado no Congresso Nacional, assegurada ampla defesa.

(D) Uma medida provisória aprovada sem alteração do seu texto original não é encaminhada à sanção e promulgação pelo Presidente da República, sendo convertida em lei e promulgada pelo Presidente da Mesa do Congresso Nacional.

(E) Compete ao Tribunal de Contas da União apreciar, para fins de registro, a legalidade dos atos de concessão de aposentadorias, reformas e pensões, bem como a legalidade dos atos de concessão de melhorias posteriores, mesmo que delas não decorra alteração no fundamento legal do ato concessório.

118. **(ADVOGADO – BNDES – 2008 – CESGRANRIO)** Compete ao Tribunal de Contas da União:

I - apreciar as contas prestadas anualmente pelo Presidente da República, mediante parecer prévio que deverá ser elaborado em sessenta dias a contar de seu recebimento;

II - fiscalizar as contas nacionais das empresas supranacionais de cujo capital social qualquer ente federativo participe, de forma direta ou indireta, nos termos do tratado constitutivo;

III- fiscalizar a aplicação de quaisquer recursos repassados pela União, mediante convênio, acordo, ajuste ou outros instrumentos congêneres, a Estado, Distrito Federal, Município ou Organização da Sociedade Civil de Interesse Público;

IV- prestar as informações solicitadas pelo Congresso Nacional, por qualquer de suas Casas, ou por qualquer das respectivas Comissões, sobre a fiscalização contábil, financeira, orçamentária, operacional e patrimonial e sobre resultados de auditorias e inspeções realizadas;

V - aplicar aos responsáveis, em caso de ilegalidade de despesa ou irregularidade de contas, as sanções previstas em lei, que estabelecerá, entre outras cominações, multa proporcional ao dano causado ao erário.

Estão corretas **APENAS as competências**

(A) I e IV
(B) II e III
(C) IV e V
(D) I, IV e V
(E) I, III, IV e V

119. **(ADVOGADO – BNDES – 2004 – CESGRANRIO)** Sobre o Tribunal de Contas da União, é correto afirmar que:

(A) pratica atos de natureza legislativa.
(B) constitui órgão integrante do Poder Judiciário.
(C) exerce função judicante e suas decisões produzem coisa julgada.

(D) é composto por Ministros aprovados em concurso público para o exercício do cargo.
(E) pode tomar decisões de que resulte imputação de multa, com eficácia de título executivo.

120. **(ADVOGADO - BNDES - 2002 - VUNESP)** Sobre a responsabilidade de autoridades da República do Brasil, é possível afirmar que

(A) os Deputados e Senadores são invioláveis, civil e penalmente, por suas palavras, opiniões e ações, desde que externadas durante o mandato e em função deste.
(B) a denúncia penal contra Deputado ou Senador somente poderá ser aceita pelo Supremo Tribunal Federal após autorização da Casa à qual pertencer o parlamentar.
(C) nos crimes de improbidade administrativa, o Presidente da República responderá apenas se a acusação for previamente admitida por três quintos da Câmara dos Deputados.
(D) os Ministros do Supremo Tribunal Federal e o Advogado-Geral da União são processados e julgados, nos crimes de responsabilidade, perante o Senado Federal.
(E) compete à Câmara dos Deputados processar e julgar os membros do Conselho da República.

121. **(ADVOGADO - BNDES - 2001 - VUNESP)** É competente para proferir a decisão final no julgamento do Presidente da República por crime de responsabilidade

(A) o Congresso Nacional.
(B) a Câmara dos Deputados.
(C) o Senado Federal.
(D) o Supremo Tribunal Federal.
(E) o Conselho da República.

122. **(ADVOGADO - BNDES - 2001 - VUNESP)** Um Ministro de Estado, que pratique crime de responsabilidade conexo com crime da mesma natureza praticado pelo Presidente da República, terá a decisão final do julgamento por esse crime proferida

(A) pela Câmara dos Deputados.
(B) pelo Congresso Nacional.
(C) pelo Supremo Tribunal Federal.
(D) pelo Senado Federal.
(E) pelo Superior Tribunal de Justiça.

123. **(ADVOGADO - CEF - 2006 - CESPE)** Considerando o processo legislativo brasileiro e o controle de constitucionalidade no Brasil, julgue os itens subseqüentes.

1. Por meio da impetração de mandado de segurança, o parlamentar pode tentar coibir atos praticados no processo de aprovação de leis que não se compatibilizam com o processo legislativo constitucional. Entretanto, quando se trata de emenda constitucional, o mandado de segurança passa a ser incabível.
2. No sistema jurídico brasileiro, os tratados ou convenções internacionais estão hierarquicamente subordinados à autoridade normativa da Constituição da República, sendo possível ao Poder Judiciário realizar controle de constitucionalidade desses atos, após sua incorporação ao ordenamento jurídico.

124. **(PROCURADOR - BANCO CENTRAL - 2009 - CESPE)** A respeito de espécies normativas, assinale a opção correta.

(A) A proposta de emenda constitucional deve ser discutida e votada em cada casa do Congresso Nacional, em dois turnos, e será considerada aprovada se obtiver, em ambos, três quintos dos votos dos respectivos membros e for promulgada após a respectiva sanção presidencial.
(B) Segundo posicionamento do STF, não gera inconstitucionalidade formal a emenda parlamentar a projeto de lei de iniciativa de tribunal de justiça estadual que importe aumento de despesa, já que apenas em proposta de iniciativa do chefe do Poder Executivo a CF veda a apresentação de emenda parlamentar que implique aumento de despesa.
(C) A medida provisória aprovada pelo Congresso Nacional com alterações é transformada em projeto de lei de conversão e deve ser promulgada pelo presidente do Senado, independentemente de sanção ou veto do presidente da República.
(D) O decreto legislativo é espécie normativa destinada a dispor acerca de matérias de competência exclusiva do Congresso Nacional e deve ser, obrigatoriamente, instruído, discutido e votado em ambas as casas legislativas, no sistema bicameral.
(E) As resoluções constituem atos normativos secundários que dispõem acerca da regulação de determinadas matérias do Congresso Nacional não inseridas no âmbito de incidência dos decretos legislativos e da lei.

125. **(PROCURADOR - BANCO CENTRAL - 2009 - CESPE)** Assinale a opção correta acerca do Poder Legislativo, na organização federativa brasileira.

(A) Pela aplicação da teoria dos poderes implícitos, o STF reconhece ao TCU a competência para conceder medidas cautelares no exercício das atribuições que lhe foram fixadas na CF.
(B) Na sessão legislativa extraordinária, o Congresso Nacional delibera, além da matéria para a qual foi convocado e das medidas provisórias em vigor na data da convocação, a respeito dos projetos de lei complementar em regime de urgência.
(C) A CF atribui ao presidente da República iniciativa reservada no que concerne a leis sobre matéria tributária.
(D) As matérias de competência privativa do Senado Federal não dependem de sanção presidencial e se materializam por meio de decreto legislativo.

(E) O TCU, ao apreciar a legalidade do ato de concessão inicial de aposentadoria, deve assegurar ao servidor o exercício do contraditório e da ampla defesa, sob pena de nulidade do procedimento.

126. **(PROCURADOR – BANCO CENTRAL – 2009 – CESPE)** No que se refere ao disposto na CF acerca do Poder Executivo e do BACEN, assinale a opção correta.

(A) Os crimes de responsabilidade praticados pelos ministros de Estado, sem qualquer conexão com o presidente da República, serão processados e julgados pelo STJ.
(B) As infrações penais praticadas pelo presidente da República durante a vigência do mandato, sem qualquer relação com a função presidencial, serão objeto de imediata persecutio criminis.
(C) Compete privativamente ao presidente da República extinguir os cargos públicos federais, na forma da lei.
(D) O poder e o dever do BACEN de fiscalizar as instituições financeiras não se estendem à fiscalização da estipulação contratual das taxas de juros por elas praticadas no desempenho da intermediação de dinheiro na economia.
(E) De acordo com entendimento firmado no STF, os municípios não dispõem de competência para exigir, mediante lei formal, a instalação, em estabelecimentos bancários, de equipamentos de segurança, como portas eletrônicas ou câmaras filmadoras, por importar conflito direto com as prerrogativas fiscalizadoras do BACEN.

127. **(ADVOGADO – ANP – 2008 – CESGRANRIO)** Nos termos da Constituição Federal vigente, pode-se afirmar que compete exclusivamente ao Congresso Nacional:

I. resolver definitivamente sobre tratados que acarretem encargos ou compromissos gravosos ao patrimônio nacional;

II. apreciar os atos de concessão e renovação de concessão de emissoras de rádio e televisão;

III. processar e julgar os Ministros de Estado nos crimes de responsabilidade;

IV. autorizar referendo e convocar plebiscito.

Estão corretas as afirmativas

(A) I e II, apenas.
(B) I e IV, apenas.
(C) II e IV, apenas.
(D) I, II e IV, apenas.
(E) I, II, III e IV.

128. **(ADVOGADO DA UNIÃO – AGU – 2009 – CESPE)** Acerca da organização e atuação dos Poderes Executivo Judiciário e Legislativo, no Estado brasileiro, julgue os itens seguintes.

1. As decisões exaradas pelo TCU, no exercício da missão de auxiliar o Congresso Nacional na função fiscalizadora, não são imunes à revisão judicial e, quando reconhecem débito ou multa, constituem título executivo extrajudicial, cuja execução compete à Advocacia-Geral da União.
2. Em decorrência da aplicação do princípio da simetria, o chefe do Poder Executivo estadual pode dispor, via decreto, sobre a organização e funcionamento da administração estadual, desde que os preceitos não importem aumento de despesa nem criação ou extinção de órgãos públicos.
3. Não há veto ou sanção presidencial na emenda à Constituição, em decretos legislativos e em resoluções, nas leis delegadas, na lei resultante da conversão, sem alterações, de medida provisória.
4. As medidas provisórias não convertidas em lei no prazo constitucional perdem a eficácia a partir do ato declaratório de encerramento do prazo de sua vigência.

129. **(ADVOGADO DA UNIÃO – AGU – 2006 – CESPE)** Em relação à organização dos poderes, julgue os itens que se seguem.

1. A liminar indeferida em sede de habeas corpus proposto ao STJ não pode ser combatida por intermédio de interposição de novo habeas corpus ao STF.
2. Em caráter originário, a competência para dirimir conflitos de competência entre a turma recursal do sistema de juizados especiais e qualquer dos tribunais locais é do STF.
3. A eventual ação de nulidade contra auto de infração lavrado por auditores fiscais do trabalho contra empregador que descumprir as normas aplicáveis às relações de trabalho é de competência da justiça do trabalho.
4. A matéria constante de projeto de lei apresentado pelo presidente da República, mas rejeitado durante sessão legislativa, não poderá ser objeto de medida provisória, mesmo que ulteriormente os requisitos de relevância e urgência sejam caracterizados, podendo ser reapresentada apenas no ano seguinte.
5. Caso o presidente da República pratique ato que atente contra o exercício dos direitos políticos, individuais e sociais, estará cometendo crime de responsabilidade, que pode ser atacado mediante o oferecimento de acusação, por qualquer pessoa residente no país, à Câmara dos Deputados, que procederá ao juízo de admissibilidade.
6. A Constituição Federal estabelece dois requisitos para que o processo legislativo sumário seja deflagrado: projetos de lei de iniciativa privativa do presidente da República e solicitação ao Congresso Nacional, inexistindo a possibilidade de os prazos desse procedimento especial fluírem nos períodos de recesso do parlamento.

7. Em conformidade com o processo legislativo brasileiro e considerando a necessidade de promover maior rigidez no controle dos gastos públicos, é válida iniciativa de lei do presidente da República, solicitando ao Congresso Nacional delegação para fixar os limites e condições para concessão de garantia pela União em operações de crédito externo.
8. O segundo turno da eleição presidencial acontecerá caso nenhum dos candidatos alcance a maioria absoluta de todos os votos no primeiro sufrágio, realizando-se nova eleição no último domingo de outubro do ano anterior ao do término do mandato presidencial vigente.
9. O STF é competente para homologar a sentença proferida no estrangeiro, exigindo, porém, a prova do trânsito em julgado a ser apresentada pelo interessado até a conclusão do processo.

130. **(ADVOGADO DA UNIÃO – AGU – 2004 – CESPE)** Julgue os itens subseqüentes com referência aos princípios constitucionais da administração pública, ao processo legislativo e aos crimes de responsabilidade do Presidente da República e dos Ministros de Estado.

1. A transparência e a desburocratização são, entre outras, obrigações do Estado decorrentes do princípio da eficiência.
2. É de competência da Câmara dos Deputados autorizar a instauração de processo por crime de responsabilidade cometido pelo Presidente da República e a instauração de processo por crime de responsabilidade praticado por Ministro de Estado, sendo este último apenas no caso em que o crime praticado pelo Ministro seja conexo ao praticado pelo Presidente da República.
3. Após a aprovação do projeto de lei de conversão pelo Congresso Nacional e de seu envio à sanção presidencial, permanece em vigência a medida provisória (MP) correspondente, apenas pelo período que lhe reste do prazo de 120 dias contados da data de sua publicação; caso transcorra o período restante de vigência da MP antes da sanção do projeto de lei de conversão, ela será considerada revogada, cabendo ao Congresso Nacional, por decreto legislativo, disciplinar as relações jurídicas dela decorrentes.

131. **(PROCURADOR FEDERAL – AGU – 2004 – CESPE)** No que diz respeito à organização e às atribuições do Poder Legislativo e ao processo legislativo, julgue os itens seguintes.

1. O Congresso Nacional não entrará em recesso caso o projeto de lei de diretrizes orçamentárias não seja aprovado até o último dia do primeiro semestre do ano.
2. No processo legislativo do projeto de lei do orçamento anual, somente após o início da votação do projeto no plenário do Congresso Nacional é que não poderá mais o presidente da República encaminhar mensagem propondo modificações no conteúdo dessa proposição.

132. **(PROCURADOR DA FAZENDA NACIONAL – 2007.1 – ESAF)** Assinale a opção correta.

a) É viável reforma constitucional que aperfeiçoe o processo legislativo de emenda constitucional, tornando-o formalmente mais rigoroso.
b) A Constituição Federal conferiu, de forma explícita, o poder de editar medidas provisórias unicamente ao Presidente da República; assim, e por se tratar de instrumento de exceção ao princípio da Separação de Poderes, a comportar interpretação restritiva, tal espécie normativa não pode ser adotada por Estados e Municípios.
c) Adotada medida provisória pelo Presidente da República, o Congresso Nacional deverá sobre ela deliberar durante a convocação extraordinária, caso tenha constado como objeto da convocação, ou, caso contrário, o prazo de 60 dias será considerado interrompido desde a sua edição.
d) Desde que observados os requisitos da relevância e da urgência, medida provisória poderá dispor sobre a composição dos organismos regionais, que equivalem a formas especiais de organização administrativa do território, de iniciativa da União, com a finalidade de promover, no âmbito do complexo geoeconômico e social, o seu desenvolvimento, com redução das desigualdades regionais, mas tal espécie normativa não poderá dispor sobre os planos regionais, integrantes dos planos nacionais de desenvolvimento econômico e social.
e) É válida a revogação por lei ordinária de dispositivo formalmente inserido em lei complementar, cuja matéria disciplinada não estava constitucionalmente reservada a esta última.

133. **(PROCURADOR DA FAZENDA NACIONAL – 2007.1 – ESAF)** Assinale a opção correta.

a) Se a Câmara dos Deputados autorizar a abertura de processo contra o Presidente da República, o Senado, no caso dos crimes de responsabilidade, poderá entender pelo não-prosseguimento se verificar desde logo a impertinência das acusações.
b) As atribuições constitucionais do Presidente da República na condição de Chefe de Estado são delegáveis aos Ministros de Estado, ao Procurador-Geral da República ou ao Advogado-Geral da União.
c) Compete ao Presidente da República a nomeação dos Ministros de Estado, a qual, em certas situações, se condiciona à aprovação do Conselho da República.
d) Diversamente do que ocorre no presidencialismo, no sistema parlamentarista o chamado referendo ministerial tem o valor de sustentar a validade do ato praticado pelo Chefe de Estado.
e) O Presidente e o Vice-Presidente da República não poderão, sem licença do Congresso Nacio-

nal, concedida por meio de decreto legislativo, ausentar-se do país.

134. **(PROCURADOR DA FAZENDA NACIONAL – 2007.1 – ESAF)** Assinale a opção correta.

a) O Presidente ficará suspenso de suas funções nas infrações penais comuns e nos crimes de responsabilidade quando autorizados os respectivos processamentos pela Câmara dos Deputados.
b) Entre as competências do Presidente se encontra a de convocar o Conselho da República e o Conselho de Defesa Nacional, embora eventualmente possa delegar a atribuição de presidi-los.
c) A Constituição não prevê expressamente a existência do cargo de Ministro do Planejamento, motivo pelo qual a sua criação depende da estruturação proposta pelo Presidente da República.
d) Como não se trata de matéria constitucionalmente reservada à lei, o Presidente da República pode dispor, mediante decreto, sobre a extinção de funções ou cargos públicos, mesmo que a prática do ato crie ou extinga direitos e obrigações.
e) Em caso de crime de responsabilidade do Presidente da República, a competência para o julgamento é do Senado Federal, sendo que a condenação depende da deliberação favorável do equivalente a 2/3 dos votos daquela Casa Parlamentar.

135. **(DEFENSORIA PÚBLICA DA UNIÃO – 2002 – CESPE)** Com relação à disciplina constitucional do Poder Legislativo, julgue os itens a seguir.

1. Não é obrigatório o atendimento à convocação para depor como testemunha perante comissão parlamentar de inquérito (CPI); atendida a convocação, contudo, o depoente cometerá crime de falso testemunho se deixar de revelar fatos que possam incriminá-lo.
2. Muito embora possuam poderes de investigação próprios das autoridades judiciais, as CPIs não se encontram imunes ao controle de legitimidade de seus atos pelo Poder Judiciário e ao dever de motivar suas decisões gravosas aos direitos individuais.
3. Ainda que constitucionalmente destinadas a apurar fato determinado, as CPIs não estão impedidas de investigar fatos que se liguem, intimamente, com o fato principal.
4. Os poderes das CPIs limitam-se à esfera de competência da casa parlamentar que as constituiu, sendo ilegítima a constituição de CPI estadual para investigar a regularidade na prestação de serviço público federal.
5. A previsão de prazo certo para a apuração realizada por uma CPI não impede suas sucessivas prorrogações dentro de uma mesma legislatura.

136. **(DEFENSORIA PÚBLICA DA UNIÃO – 2002 – CESPE)** Acerca da legitimidade do uso de MPs, julgue os itens abaixo.

1. As MPs não podem disciplinar matéria reservada à lei complementar.
2. A Constituição da República admite uma única reedição de determinada MP.
3. Muito embora os requisitos de urgência e relevância para a .1 edição de MPs possuam caráter político, o STF pode vir a verificar sua ocorrência.
4. Caso uma MP revogue outro diploma da mesma espécie ainda F) pendente de apreciação pelo Congresso Nacional, a eficácia da MP revogada fica suspensa até que o Poder Legislativo pronuncie-se acerca da MP revogadora, cuja conversão em lei tomará definitiva a revogação.
5. A reedição de uma MP que mantenha os atos praticados com base na edição anterior da mesma MP é inconstitucional, pois viola a competência do Congresso Nacional para disciplinar as relações jurídicas decorrentes de MPs não convertidas em lei.

1.9. JUDICIÁRIO E FUNÇÕES ESSENCIAIS À JUSTIÇA

137. **(ADVOGADO – PETROBRÁS – 2008 – CESGRANRIO)** O controle da atuação administrativa e financeira do Poder Judiciário e do cumprimento dos deveres funcionais dos juízes é competência constitucionalmente atribuída ao

(A) Tribunal de Contas da União.
(B) Supremo Tribunal Federal.
(C) Superior Tribunal de Justiça.
(D) Conselho Nacional de Justiça.
(E) Conselho da Justiça Federal.

138. **(ADVOGADO – PETROBRÁS DISTRIB. – 2008 – CESGRANRIO)** Sobre a súmula vinculante, criada pela Emenda Constitucional no 45/2004 (Reforma do Poder Judiciário), assinale a afirmativa correta.

(A) Da decisão judicial que contrariar uma súmula vinculante, em qualquer grau de jurisdição, caberá recurso extraordinário ao STF.
(B) A súmula vinculante trata apenas de questões constitucionais e somente poderá ser editada após reiteradas decisões do STF, todas no mesmo sentido.
(C) O efeito vinculante atinge apenas os órgãos do Poder Judiciário.
(D) O STF pode anular um ato administrativo federal contrário a uma súmula vinculante e determinar que outro seja editado, agora com a devida aplicação da súmula.
(E) O STF só pode editar uma súmula vinculante se for provocado por aqueles órgãos e entidades que podem ajuizar a ação direta de inconstitucionalidade (art. 103, CRFB), mas pode, de ofício, proceder à sua revisão ou cancelamento.

139. **(ADVOGADO – INFRAERO – 2004 – NCE/UFRJ)** A Ministra Ellen Gracie foi nomeada inte-

grante do Supremo Tribunal Federal, sendo a primeira mulher a ocupar o honroso cargo. Segundo a nossa Constituição, os cargos do Supremo Tribunal Federal podem ser ocupados:

(A) somente por brasileiros natos;
(B) por brasileiros natos ou naturalizados;
(C) somente por brasileiros naturalizados;
(D) por brasileiros naturalizados, autorizados pelo Congresso Nacional;
(E) por brasileiros natos, autorizados pelo Congresso Nacional.

140. (ADVOGADO – ELETROBRÁS – 2006 – NCE/UFRJ) A Emenda Constitucional nº 45 estabeleceu como órgão do Poder Judiciário o Conselho Nacional de Justiça. Em relação a esse órgão, é INCORRETO afirmar que:

(A) o CNJ pode regulamentar a Constituição da República quando a matéria disciplinada não estiver sujeita ao princípio da reserva legal;
(B) o CNJ, como órgão do Poder Judiciário, tem função jurisdicional;
(C) o mandato dos membros do Conselho Nacional de Justiça é de dois anos, permitindo-se uma recondução;
(D) o CNJ será presidido por Ministro do Supremo Tribunal Federal;
(E) o Ministro do Superior Tribunal de Justiça exercerá função de Ministro-Corregedor.

141. **(ADVOGADO – IRB – 2006 – ESAF)** Sobre o Poder Judiciário, assinale a única opção correta.

(A) Conforme dispõe o texto constitucional, o juiz titular residirá na respectiva comarca, salvo autorização do Tribunal.
(B) Compete ao Supremo Tribunal Federal julgar, em recurso ordinário, os mandados de segurança decididos em única instância pelos Tribunais Superiores.
(C) O Conselho Nacional de Justiça não pode, de ofício, rever os processos disciplinares de juízes e membros de tribunais julgados há menos de um ano.
(D) Em razão de alteração do texto constitucional promulgado em 1988, as causas relativas a violações de direitos humanos passaram a ser de competência da Justiça Federal.
(E) Mesmo decorrentes da relação de trabalho, as ações de indenização por dano moral não se inserem na competência da Justiça do Trabalho, sendo processadas e julgadas na Justiça Comum.

142. **(ADVOGADO – IRB – 2006 – ESAF)** Sobre Funções Essenciais à Justiça, assinale a única opção correta.

(A) Cabe à Advocacia-Geral da União, nos termos da lei complementar que dispuser sobre sua organização e funcionamento, representar, judicial e extrajudicialmente, e exercer as atividades de consultoria e assessoramento jurídico dos Poderes da União.
(B) Aos integrantes da carreira de defensor público da União é garantida a inamovibilidade e vedado o exercício da advocacia fora das atribuições institucionais.
(C) Salvo as exceções expressamente previstas em lei, é vedado ao membro do Ministério Público exercer atividade político-partidária.
(D) Em razão de sua autonomia financeira e administrativa, durante a execução orçamentária do exercício, o Ministério Público poderá, justificadamente, assumir obrigações que extrapolem os limites estabelecidos na lei de diretrizes orçamentárias, desde que já esteja em tramitação no Congresso Nacional pedido de abertura de crédito suplementar ou especial.
(E) Os membros do Conselho Nacional do Ministério Público são nomeados pelo Presidente da República, depois de aprovada a escolha pela maioria absoluta do Senado Federal, para um mandato de dois anos, sem possibilidade de recondução.

143. **(ADVOGADO – CASA DA MOEDA – 2009 – CESGRANRIO)** A súmula vinculante editada pelo Supremo Tribunal Federal vincula apenas os órgãos

(A) da administração pública federal.
(B) do Poder Judiciário Federal.
(C) do Poder Judiciário Federal e da Administração Pública Federal.
(D) do Poder Judiciário e da Administração Pública, nas esferas federal, estadual e municipal.
(E) dos Poderes Judiciário, Legislativo e Executivo, nas esferas federal, estadual e municipal.

144. **(ADVOGADO – BNDES – 2001 – VUNESP)** Um mandado de segurança decidido em única instância, por um Tribunal Superior, recebendo decisão denegatória, poderá ser levado a julgamento perante o Supremo Tribunal Federal em

(A) agravo regimental.
(B) recurso extraordinário.
(C) ação direta de inconstitucionalidade.
(D) recurso ordinário.
(E) recurso de revista.

145. **(ADVOGADO – BNDES – 2001 – VUNESP)** Um mandado de segurança contra ato do Procurador-Geral da República será julgado pelo Supremo Tribunal Federal

(A) originariamente.
(B) por via de recurso especial.
(C) por via de recurso extraordinário.
(D) por via de recurso ordinário.
(E) por via de recurso de revista.

146. **(ADVOGADO – CEF – 2006 – CESPE)** Com relação ao mandado de injunção, julgue os itens que se seguem.

1. A jurisprudência do Supremo Tribunal Federal (STF) admite legitimidade ativa ad causam aos

sindicatos para a instauração, em favor de seus membros ou associados, do mandado de injunção coletivo.

2. Por meio do mandado de injunção, é possível lograr-se o controle concentrado de constitucionalidade de certa norma.

147. **(ADVOGADO – ANP – 2008 – CESGRANRIO) NÃO** se trata de procedimento cujo julgamento compete originariamente ao Supremo Tribunal Federal (STF) a(o)

(A) ação contra o Conselho Nacional de Justiça.
(B) ação direta de inconstitucionalidade de Lei Federal.
(C) ação declaratória de constitucionalidade de Lei Federal.
(D) mandado de segurança contra ato de Ministro de Estado.
(E) pedido de extradição formulado por Estado estrangeiro.

148. **(ADVOGADO DA UNIÃO – AGU – 2009 – CESPE)** No que se refere à atuação da Advocacia-Geral da União, julgue os próximos itens.

1. O Advogado-Geral da União, ministro por determinação legal, obteve da Carta da República tratamento diferenciado em relação aos demais ministros de Estado, o que se constata pelo estabelecimento de requisitos mais rigorosos para a nomeação — idade mínima de 35 anos, reputação ilibada e notório conhecimento jurídico —, bem como pela competência para o julgamento dos crimes de responsabilidade, visto que ele será sempre julgado pelo Senado Federal, ao passo que os demais ministros serão julgados perante o STF, com a ressalva dos atos conexos aos do presidente da República.
2. Quando o STF apreciar a inconstitucionalidade, em tese, de norma legal ou ato normativo, compete ao Advogado-Geral da União exercer a função de curador especial do princípio da presunção de constitucionalidade da norma, razão pela qual não poderá, em hipótese alguma, manifestar-se pela inconstitucionalidade do ato impugnado.

149. **(ADVOGADO DA UNIÃO – AGU – 2004 – CESPE)** Acerca do estatuto constitucional da magistratura e da organização e competência do Supremo Tribunal Federal (STF) e do Superior Tribunal de Justiça (STJ), julgue os seguintes itens.

1. O STF seria o tribunal competente para, originariamente, julgar habeas corpus interposto com a finalidade de suspender o curso de ação penal que fosse proposta contra o Presidente da República, antes da sua investidura, por crime contra a honra que eventualmente fosse praticado durante o período em que o atual presidente concorria, pela primeira vez, ao cargo que agora ocupa.
2. Nos termos definidos no texto constitucional, é possível a promoção de entrância para entrância, por merecimento, de juiz que não integre a quinta parte da lista de antiguidade da respectiva entrância.
3. A representação da União, judicial e extrajudicialmente, é feita pela Advocacia-Geral da União de forma direta ou por meio de órgão vinculado, cabendo à Procuradoria-Geral da Fazenda Nacional a representação da União na execução da dívida ativa de natureza tributária, observado o disposto em lei.

150. **(PROCURADOR FEDERAL – AGU – 2007 – CESPE)** Julgue os próximos itens, relativos à competência da justiça federal.

1. Os serviços sociais autônomos — como SENAC, SESI e SEBRAE —, ainda que mantidos por contribuições parafiscais e tendo natureza de pessoa jurídica de direito privado, desvinculadas da administração pública direta ou indireta, fixam a competência da justiça federal para a apreciação das causas em que essas entidades figurem como autoras ou rés.
2. Em caso de processo de revisão de pensão por morte de beneficiário que recebia aposentadoria por invalidez, compete à justiça estadual, e não à federal, o julgamento da revisão do benefício que não tenha origem em acidente de trabalho.
3. Tendo os embargos de terceiro natureza de ação, a sua propositura, por parte da União, entidade autárquica ou empresa pública federal, determina a competência ratione personae, que detém caráter absoluto e inderrogável da justiça federal.
4. Compete à justiça federal processar e julgar prefeito municipal por desvio de verba sujeita a prestação de contas perante órgão federal.

151. **(PROCURADOR FEDERAL – AGU – 2007 – CESPE)** Acerca da organização dos órgãos componentes da justiça federal, na forma em que é prevista pela CF, julgue os itens subseqüentes.

1. A CF disciplina diretamente as normas de remoção ou permuta de juízes dos TRFs.
2. Cada estado, bem como o DF, constitui uma seção judiciária que tem por sede a respectiva capital e varas localizadas segundo o estabelecido em lei.
3. Serão processadas e julgadas na justiça estadual, no foro do domicílio dos segurados ou beneficiários, as causas em que forem parte instituição de previdência social e segurado, sempre que a comarca não for sede de vara do juízo federal. Nessa hipótese, contudo, o recurso cabível será sempre dirigido ao tribunal de justiça do estado ao qual esteja vinculada a comarca.
4. Os TRFs poderão funcionar de forma descentralizada, constituindo câmaras regionais, a fim de assegurar o pleno acesso do jurisdicionado à justiça em todas as fases do processo.
5. Os TRFs instalarão a justiça itinerante, com a realização de audiências e demais funções da atividade jurisdicional, nos limites territoriais da

respectiva jurisdição, sendo-lhes ilícito, no entanto, em atenção ao princípio da moralidade, servir-se de equipamentos públicos e comunitários.

152. **(PROCURADOR FEDERAL - AGU - 2004 - CESPE)** Em relação ao STF, ao Superior Tribunal de Justiça (STJ), à justiça federal e à AGU, julgue os itens subseqüentes.

1. Segundo o entendimento do STF, não constitui afronta à competência do tribunal o processamento e o julgamento, pelos tribunais estaduais, de uma ação civil pública cujo único objeto seja a discussão da constitucionalidade de uma lei federal, em tese, uma vez que da decisão caberá recurso ao STF.
2. É da competência originária do STJ processar e julgar os conflitos de atribuição entre autoridades judiciárias dos estados e autoridades administrativas da União, com ou sem risco para o princípio federativo.
3. Todo crime praticado a bordo de uma aeronave comercial civil brasileira, ainda que fora do espaço aéreo brasileiro, será da competência da justiça federal.
4. A competência da Procuradoria-Geral da Fazenda Nacional para executar débitos fiscais não é exclusiva, podendo ser objeto de delegação.

153. (PROCURADOR DA FAZENDA NACIONAL - 2007.2 – ESAF) Assinale a opção correta.

a) A Advocacia-Geral da União é a instituição que, diretamente ou através de órgão vinculado, representa a União judicialmente, cabendo-lhe, nos termos da lei que dispuser sobre sua organização e funcionamento, as atividades de consultoria e assessoramento jurídico ao Poder Executivo.

b) Os Procuradores dos Estados e do Distrito Federal, organizados em carreira, na qual o ingresso dependerá de concurso público de provas e títulos, com a participação da Ordem dos Advogados do Brasil em todas as suas fases, exercerão a representação judicial e extrajudicial, a consultoria e a assessoria jurídicas das respectivas unidades federadas.

c) A Advocacia-Geral da União tem por chefe o Advogado-Geral da União, de livre nomeação pelo Presidente da República, após argüição pública e aprovação pelo Senado Federal, dentre cidadãos maiores de trinta e cinco anos, de notável saber jurídico e reputação ilibada.

d) O ingresso nas classes iniciais das carreiras da Advocacia-Geral da União far-se-á mediante concurso público de provas e títulos.

e) O ingresso nas classes iniciais das carreiras da Advocacia-Geral da União far-se-á mediante concurso público de provas e títulos, com a participação da Ordem dos Advogados do Brasil na última fase.

154. **(PROCURADOR DA FAZENDA NACIONAL – 2007.2 – ESAF)** Compete à Procuradoria-Geral da Fazenda Nacional, expressamente nos termos da Constituição, que, no caso da norma que contém a resposta certa a esta questão da prova, também determina a observância do seu comando ao disposto em lei:

a) a representação da União na execução da dívida ativa de natureza tributária, no exercício de função essencial à Justiça.

b) a representação judicial e extrajudicial da União na execução da dívida ativa de natureza tributária e não-tributária, no exercício ou não de função essencial à Justiça.

c) a representação da União na execução da dívida ativa e consolidada de natureza tributária, no exercício ou não de função essencial à Justiça.

d) a representação judicial da União na execução da dívida interna de natureza tributária ou não-tributária, no exercício de função essencial à Justiça.

e) a representação judicial da União na execução da dívida ativa de natureza tributária e não-tributária, no exercício de função essencial à Justiça.

155. **(PROCURADOR DA FAZENDA NACIONAL – 2007.1 – ESAF)** Assinale a opção correta.

a) A garantia da inamovibilidade dos Juízes não é absoluta, uma vez que é possível a remoção por interesse público, devendo a decisão ser tomada pelo voto da maioria absoluta do respectivo tribunal ou do Conselho Nacional de Justiça, assegurada a ampla defesa.

b) O subsídio mensal dos membros do Judiciário, incluídas as vantagens pessoais ou de qualquer natureza, e ainda as parcelas de caráter indenizatório previstas em lei, não poderão exceder o subsídio mensal, em espécie, dos Ministros do Supremo Tribunal Federal.

c) As decisões administrativas dos tribunais serão motivadas e em sessão pública, salvo as disciplinares, as quais, ainda, deverão ser tomadas pelo voto da maioria absoluta de seus membros.

d) Cabe reclamação no Supremo Tribunal Federal em face de qualquer ato judicial que contrarie decisões proferidas em ações diretas de inconstitucionalidade, as quais possuem eficácia contra todos e efeito vinculante, em relação aos demais órgãos do Poder Judiciário e à Administração Pública direta e indireta, nas esferas federal, estadual e municipal.

e) A reclamação cabível no Supremo Tribunal Federal, a fim de preservar a sua competência ou garantir a autoridade de suas decisões, tem natureza jurídica de medida processual de caráter excepcional, a ser manejada pelos mesmos legitimados para a propositura de ação direta de inconstitucionalidade.

156. (PROCURADOR DA FAZENDA NACIONAL – 2007.1 – ESAF) Assinale a opção correta.

a) No caso das súmulas vinculantes, a aprovação, revisão ou cancelamento dependem da provocação da maioria qualificada dos Ministros do Supremo Tribunal Federal, considerando para tanto decisão que seja tomada por 2/3 dos votos dos seus membros, figurando como requisito para sua edição a existência de reiteradas decisões do Supremo Tribunal Federal sobre matérias que constitucionalmente lhe são afetas.
b) Compete à Justiça do Trabalho apreciar e julgar pedidos concernentes a perdas e danos morais e/ou materiais, deduzidos em face do (ex) empregador, decorrentes de acidente do trabalho.
c) De acordo com a atual jurisprudência do Supremo Tribunal Federal, a ele compete originariamente julgar o habeas corpus contra decisão denegatória de turma recursal dos Juizados Especiais Criminais.
d) No caso de mandado de segurança de competência originária de Tribunal Regional Federal, o recurso adequado contra o acórdão que o julgar será o recurso extraordinário ou o recurso especial, dependendo de o fundamento da decisão ter sido, respectivamente, constitucional ou infraconstitucional.
e) Compete ao Supremo Tribunal Federal processar e julgar, originariamente, a homologação das sentenças estrangeiras e a concessão do exequatur às cartas rogatórias, que podem ser conferidas pelo regimento interno ao seu Presidente.

157. **(DEFENSORIA PÚBLICA DA UNIÃO – 2007 – CESPE)** Acerca do Poder Judiciário, julgue os itens que se seguem.

1. O art. 95, inc. II, da CF prevê como garantia dos juízes a inamovibilidade, salvo por motivo de interesse público. Sendo assim, o Conselho Nacional de Justiça não tem competência para determinar remoção de magistrados como sanção administrativa.
2. A competência recursal das causas julgadas pelos juízes federais será sempre do respectivo tribunal regional federal.

158. **(DEFENSORIA PÚBLICA DA UNIÃO – 2007 – CESPE)** A respeito da súmula vinculante, julgue os itens a seguir.

1. Por não ter legitimidade para propor a edição, revisão ou cancelamento de súmula vinculante, o Defensor Público-Geral da União e, conseqüentemente, os defensores públicos da União estão subordinados às súmulas vinculantes, sendo que na sua inobservância caberá reclamação primeiramente ao STJ.
2. A súmula vinculante deverá especificar quais órgãos da administração pública direta e indireta estarão vinculados aos seus efeitos.
3. Sua observância não é obrigatória para o DF e os Territórios por não haver previsão expressa no texto constitucional.

159. **(DEFENSORIA PÚBLICA DA UNIÃO – 2007 – CESPE)** Acerca do Poder Judiciário e da EC n.º 45/2004, julgue os itens a seguir.

1. A referida emenda acrescentou ao texto constitucional a competência do STF para julgar, mediante recurso extraordinário, a validade de ato de governo local contestado em face de lei federal.
2. Com a EC n.º 45/2004, a CF passou a exigir, como requisito para o conhecimento dos recursos especial e extraordinário, a demonstração da repercussão geral da questões impugnadas.

160. **(DEFENSORIA PÚBLICA DA UNIÃO – 2007 – CESPE)** Quanto ao regime constitucional da Defensoria Pública, julgue o item que se segue.

1. A existência de advogado particular não afasta o direito à assistência judiciária, mas afasta o direito ao prazo em dobro.

1.10. TRIBUTAÇÃO E ORÇAMENTO

161. **(ADVOGADO – PETROBRÁS – 2008 – CESGRANRIO)** A Constituição Federal estabelece que, nas operações com os lubrificantes e combustíveis derivados de petróleo em que o ICMS incide uma única vez, o imposto caberá

(A) à União Federal.
(B) ao Estado onde ocorrer o consumo.
(C) ao Estado de origem das mercadorias.
(D) aos Estados de origem e de destino das mercadorias, repartido em partes iguais.
(E) aos Estados de origem e de destino das mercadorias, repartido na mesma proporcionalidade que ocorre nas operações com as demais mercadorias.

162. **(ADVOGADO – PETROBRÁS – 2008 – CESGRANRIO)** A Constituição Federal exige que o Poder Executivo publique relatório resumido da execução orçamentária até trinta dias após o encerramento de cada

(A) mês.
(B) bimestre.
(C) trimestre.
(D) quadrimestre.
(E) semestre.

163. (ADVOGADO – PETROBRÁS – 2006 – CESGRANRIO) O orçamento fiscal previsto na Constituição Federal se caracteriza por conter:

(A) o orçamento monetário.
(B) o plano plurianual e as diretrizes orçamentárias.
(C) a previsão das despesas de capital, bem como as relativas aos programas de duração continuada, estabelecendo os programas e as metas governamentais de longo prazo.
(D) as metas e prioridades da administração pública federal, incluindo as despesas de capital para o

exercício subseqüente, dispondo, ainda, sobre as alterações na legislação tributária e a política de aplicação das agências financeiras oficiais de fomento.

(E) todas as receitas e despesas da União, nas esferas dos Poderes Legislativo, Executivo e Judiciário, bem como os seus fundos, órgãos e entidades da administração direta e indireta, inclusive fundações instituídas e mantidas pelo Poder Público.

164. **(ADVOGADO – PETROBRÁS – 2003 – CESPE)** Acerca da competência tributária e das limitações ao poder de tributar, julgue os itens que se seguem.

1. As contribuições para os diversos conselhos de fiscalização do exercício profissional são tributos de competência da União, sujeitando-se ao princípio da anterioridade.
2. De acordo com a jurisprudência do STF, uma emenda constitucional pode excepcionar o princípio da anterioridade, para promover a imediata vigência do aumento das alíquotas do imposto sobre serviços de qualquer natureza (ISS).
3. O município não pode exigir de autarquias ou órgãos públicos federais ou estaduais nele sediados o pagamento de taxas, em virtude da imunidade tributária recíproca existente entre os entes de direito público interno.
4. À União é vedado instituir isenções de tributos da competência dos estados.

165. **(ADVOGADO – EPE – 2007 – CESGRANRIO)** A vedação constitucional à cobrança de tributos no mesmo exercício financeiro em que haja sido publicada a lei que os instituiu ou aumentou se aplica ao imposto sobre:

(A) importação de produtos estrangeiros.
(B) exportação, para o exterior, de produtos nacionais.
(C) propriedade territorial rural.
(D) produtos industrializados.
(E) operações de crédito, câmbio e seguro, ou relativas a títulos e valores mobiliários.

166. **(ADVOGADO DA UNIÃO – AGU – 2009 – CESPE)** Acerca das normas constitucionais que regem os orçamentos, julgue os itens a seguir.

1. A LDO inclui as despesas de capital para os dois exercícios financeiros subsequentes.
2. A LOA disporá sobre as alterações na legislação tributária.
3. A LOA não conterá dispositivo estranho à fixação da receita e à previsão de despesa.
4. A LOA poderá conter contratação de operações de crédito, ainda que por antecipação de receita.

167. **(ADVOGADO DA UNIÃO – AGU – 2009 – CESPE)** Ainda acerca dos orçamentos, julgue os itens que se seguem.

1. O princípio da universalidade estabelece que todas as receitas e despesas devem estar previstas na LOA.
2. O princípio da não-afetação refere-se à impossibilidade de vinculação da receita de impostos a órgãos, fundo ou despesa, com exceção de alguns casos previstos na norma constitucional.
3. O orçamento é um ato administrativo da administração pública.
4. O controle externo do cumprimento orçamentário é feito, ordinariamente, pelo Poder Judiciário.

168. **(PROCURADOR DA FAZENDA NACIONAL – 2007.2 – ESAF)** Das formulações abaixo, assinale a que não se inclui entre os conteúdos normativos que a Constituição considera, relaciona e tipifica, na Seção II, do Capítulo I, do seu Título VI, como "Limitações do Poder de Tributar".

a) É vedado à União, aos Estados, ao Distrito Federal e aos Municípios exigir ou aumentar tributo sem lei que o estabeleça.
b) É vedado à União, aos Estados, ao Distrito Federal e aos Municípios instituir impostos sobre patrimônio, renda ou serviços, uns dos outros.
c) É vedado aos Estados, ao Distrito Federal e aos Municípios estabelecer diferença tributária entre bens e serviços, de qualquer natureza, em razão de sua procedência ou destino.
d) A lei determinará medidas para que os consumidores sejam esclarecidos acerca dos impostos que incidam sobre mercadorias e serviços.
e) É vedado aos Estados, ao Distrito Federal e aos Municípios instituir isenções de tributos da competência da União, bem como da competência de uns e outros.

1.11. ORDEM ECONÔMICA E FINANCEIRA

169. **(ADVOGADO – PETROBRÁS – 2006 – CESGRANRIO)** O artigo 177 da Constituição Federal estabelece as atividades que constituem monopólio da União. As normas de flexibilização dos monopólios introduzidas pela Emenda Constitucional no 9/95, que possibilitam a contratação de empresas privadas para a realização de algumas daquelas atividades, observadas as condições estabelecidas em lei, NÃO se aplicam a:

(A) refinação do petróleo nacional ou estrangeiro.
(B) pesquisa e lavra das jazidas de gás natural.
(C) pesquisa e lavra de minérios e minerais nucleares.
(D) transporte marítimo do petróleo bruto de origem nacional.
(E) importação e exportação dos produtos e derivados básicos resultantes da pesquisa, lavra e refinação de petróleo e gás natural.

170. **(ADVOGADO – REFAP – 2007 – CESGRANRIO)** De acordo com a Constituição Federal, constituem monopólio da União:

I – a pesquisa e a lavra das jazidas de petróleo e gás natural;

II – a refinação do petróleo nacional;

III – a refinação do petróleo estrangeiro;

IV – o transporte marítimo do petróleo bruto de origem nacional. Estão corretos os itens:

(A) I e II, apenas.
(B) II e III, apenas.
(C) III e IV, apenas
(D) I, III e IV, apenas.
(E) I, II, III e IV.

171. **(ADVOGADO – ELETROBRÁS – 2006 – NCE/UFRJ)** NÃO indica um dos princípios previstos na Constituição e aplicados à Ordem Econômica:

(A) livre concorrência;
(B) direito de propriedade;
(C) função social da propriedade;
(D) tratamento diferenciado para empresas de pequeno porte e microempresas;
(E) liberdade de intervenção do Estado nas atividades econômicas.

172. **(ADVOGADO – BNDES – 2008 – CESGRANRIO)** Em relação aos princípios gerais da atividade econômica, pode-se afirmar que

I - a remessa de lucros é regulada com base no interesse nacional e exige o reinvestimento de capital em montante pelo menos igual ao valor remetido;

II - o Estado favorecerá a organização da atividade garimpeira em cooperativas, levando em conta a proteção do meio ambiente e a promoção econômico-social dos garimpeiros;

III - o tratamento favorecido para as empresas de pequeno porte constituídas sob as leis brasileiras, ainda que não tenham sua sede ou administração no país, deve ser sempre observado;

IV- a defesa do meio ambiente deve ser intransigente, não sendo admissível sua atuação modulada em função do impacto ambiental dos produtos e serviços e de seus processos de elaboração e prestação;

V - a lei, sem prejuízo da responsabilidade individual dos dirigentes da pessoa jurídica, estabelecerá a responsabilidade desta, sujeitando-a às punições compatíveis com sua natureza, nos atos praticados contra a ordem econômica e financeira e contra a economia popular.

Estão corretas **APENAS as afirmações**

(A) I e II
(B) II e III
(C) II e V
(D) I, II e V
(E) I, II, IV e V

173. **(ADVOGADO – BNDES – 2004 – CESGRANRIO)** Um dos princípios gerais da atividade econômica previsto no artigo 170 da Constituição Federal assegura tratamento favorecido para as empresas de pequeno porte, desde que sejam constituídas sob as leis brasileiras e que:

(A) tenham sua sede e administração no País.
(B) contraiam suas obrigações em moeda nacional.
(C) sejam exportadoras de bens ou serviços.
(D) sejam importadoras de bens ou serviços.
(E) sejam instrumento da redução das desigualdades regionais.

174. **(ADVOGADO – BNDES – 2002 – VUNESP)** Sobre o regime constitucional do princípio da igualdade, tem-se que

(A) as microempresas devem ter tratamento diferençado, visando ao seu incentivo pela simplificação ou eliminação de suas obrigações administrativas, tributárias, previdenciárias e creditícias.
(B) as cooperativas devem ter tratamento diferençado, sendo imunes aos impostos.
(C) os templos de qualquer culto são imunes aos tributos em geral, salvo as contribuições de melhoria.
(D) na aquisição de bens e serviços, o Poder Público dará tratamento preferencial à empresa brasileira de capital nacional.
(E) a propriedade de empresa jornalística e de radiodifusão sonora e de sons e imagens deve ser privativa de brasileiro nato.

175. **(ADVOGADO – BNDES – 2002 – VUNESP)** A Constituição Federal dedicou um capítulo específico para tratar da ordem econômica e financeira, tendo assegurado a liberdade de iniciativa. Isso significa que

(A) apenas por meio de lei complementar ou por emenda constitucional poderá ser criado novo monopólio, vedando certa atividade à livre iniciativa.
(B) apenas por meio de emenda constitucional poderá ser criado, livremente, novo monopólio, vedando-se, dessa forma, certa atividade à livre iniciativa.
(C) jamais poderá ser criado novo monopólio, pois somente aqueles trazidos pela Constituição de 1988 podem subsistir validamente.
(D) atualmente, apenas a atividade nuclear e a atividade relacionada ao petróleo podem ser consideradas exceções à liberdade de iniciativa.
(E) automaticamente está assegurada a liberdade de concorrência, não podendo o Poder Público participar de atividades de cunho econômico.

176. **(ADVOGADO – BNDES – 2001 – VUNESP)** A participação de capital estrangeiro em estabelecimentos de seguro, nos termos da Constituição Federal,

(A) é vedada.
(B) é admitida incondicionalmente.
(C) terá suas condições estabelecidas por lei complementar.

(D) terá suas condições estabelecidas por lei ordinária.
(E) terá suas condições estabelecidas por decreto legislativo.

177. **(ADVOGADO – CEF – 2006 – CESPE)** A respeito dos orçamentos públicos, julgue os itens a seguir.

1. Iniciar o processo legislativo das matérias pertinentes ao orçamento anual é competência exclusiva da Câmara dos Deputados.
2. É inadimissível a ação direta de inconstitucionalidade contra disposições insertas na Lei de Diretrizes Orçamentárias, pois tal norma é individual ou de efeitos concretos, que se esgotam com a propositura e a votação do orçamento fiscal.
3. Os membros do Poder Legislativo podem apresentar emendas parlamentares que importem em aumento de despesa prevista no projeto de lei orçamentária.

178. **(PROCURADOR DA FAZENDA NACIONAL – 2007.2 – ESAF)** Assinale a opção incorreta.

a) "A propriedade atenderá a sua função social" (art. 5º, XXIII, da C. F.).
b) "A ordem econômica, fundada na valorização do trabalho humano e na livre iniciativa, tem por fim assegurar a todos existência digna, conforme os ditames da justiça social, observados os seguintes princípios: ... III – função social da propriedade" (art. 170, III, da C.F.).
c) "A propriedade urbana cumpre sua função social quando atende às exigências fundamentais de ordenação da cidade expressas no plano diretor" (art. 182, §2º, da C.F.).
d) As opções constantes das letras "a", "b" e "c" desta questão contêm transcrições de normas constitucionais, que dão destaque ao regime constitucional da propriedade, o qual estabelece a dimensão prevalecente do valor "função social da propriedade" sobre um conceito privatista de propriedade como sendo direito real de cunho, puramente, patrimonial e, portanto, somente econômico.
e) A letra "d" desta questão está errada.

1.12. ORDEM SOCIAL

179. **(ADVOGADO – IRB – 2006 – ESAF)** Sobre ordem social, seguridade social, meio ambiente, ordem econômica e financeira, atividade econômica do Estado, princípios das atividades econômicas, propriedades da ordem econômica, sistema financeiro nacional e disposições constitucionais transitórias, assinale a única opção correta.

(A) Dentro da disciplina constitucional de proteção do meio ambiente, as usinas estaduais que operem com reator nuclear, desde que de acordo com o Plano Nacional de Proteção Ambiental, poderão ter sua localização definida em lei estadual.
(B) Em caráter excepcional, presentes as condições definidas no texto constitucional, os benefícios da seguridade social relativos aos idosos poderão ser majorados, sem a correspondente fonte de custeio total.
(C) O produtor que exerça sua atividade em regime de economia familiar, sem empregados permanentes, contribuirá para a seguridade social mediante a aplicação de uma alíquota sobre o resultado da comercialização da produção.
(D) Em razão de alteração do texto original da Constituição Federal de 1988, o aproveitamento do potencial de energia renovável de capacidade reduzida, por particular, dependerá de autorização expressa da União.
(E) Nos termos da Constituição Federal, a contribuição provisória sobre movimentação ou transmissão de valores e de créditos e direitos de natureza financeira incide nos lançamentos das companhias securitizadoras.

180. **(PROCURADOR FEDERAL – AGU – 2007 – CESPE)** Em relação aos direitos e interesses das populações indígenas, julgue os itens que se seguem.

1. A demarcação de terras indígenas tem, entre outras, a função de criar uma nova delimitação espacial da titularidade indígena, tendo características de ato constitutivo.
2. Caso uma comissão parlamentar de inquérito com funcionamento em Brasília intime um indígena, que mora no estado de Mato Grosso, a prestar depoimento na condição de testemunha, no DF, haverá violação às normas constitucionais que conferem proteção específica aos povos indígenas, uma vez que a intimação do indígena configuraria, em tese, constrangimento à sua liberdade de locomoção, por ser vedada pela CF a remoção dos grupos indígenas de suas terras, salvo nas hipóteses constitucionalmente elencadas.
3. A CF, ao assegurar aos índios direitos sobre as terras que tradicionalmente ocupam, foi coerente com a tradição do direito indigenista que consagrou o indigenato, ou seja, o instituto jurídico por meio do qual se reconhece, no Brasil, o direito dos índios sobre as terras que ocupam, independentemente de título aquisitivo, nos mesmos moldes do sistema romanístico da posse e da propriedade, previsto pela legislação civil.

1.13. TEMAS COMBINADOS

181. **(ADVOGADO – PETROBRÁS – 2001 – CESPE)** Quanto ao direito constitucional, julgue os itens seguintes.

1 Se o Ministério Público Federal estiver investigando crime financeiro alegadamente causado por dirigente de empresa prestadora de serviços à PETROBRAS, o procurador da República responsável pela investigação poderá, de acordo com o entendimento

jurisprudencial acerca do sigilo bancário, requisitar, diretamente ao banco no qual a empresa mantinha conta-corrente, os extratos bancários dela, com a finalidade de elucidar o delito.

2 Considere a seguinte situação hipotética. O Congresso Nacional instalou comissão parlamentar de inquérito (CPI) com a finalidade de investigar fatos relativos à atuação empresarial da PETROBRAS. Apesar de a empresa colaborar com a comissão, esta, consensualmente, houve por bem realizar busca e apreensão de documentos na sede da companhia. Além disso, por entender que um dirigente da empresa estaria dificultando o trabalho de investigação, a CPI decidiu, por maioria absoluta de seus membros, expedir mandado de prisão preventiva contra aquela pessoa. Nessa situação, tanto a busca e apreensão quanto a decretação da prisão preventiva são atos válidos no âmbito da competência das CPIs, já que foram motivados e derivados do voto da maioria dos membros da comissão.

3 A argüição de descumprimento de preceito fundamental (ADPF) foi recentemente regulamentada por lei ordinária como mais um instrumento do controle judicial de constitucionalidade, que ampliou as possibilidades deste; a legislação permite que a ADPF seja ajuizada em casos aos quais anteriormente não se aplicaria o controle concentrado de constitucionalidade, mas mantém restrições ao cabimento dela, como a necessidade de ser ajuizada exclusivamente no STF e a legitimidade ativa deferida unicamente àqueles entes e órgãos que já a possuíam para a ação direta de inconstitucionalidade.

4 Ao organizar a Federação brasileira, a Constituição de 1988 apresenta normas que restringem a autonomia dos entes periféricos da estrutura federativa, como ocorre com os chamados princípios constitucionais sensíveis e os princípios constitucionais estabelecidos; no caso de ofensa a algum do primeiro grupo, pode a União até intervir no estado-membro ou no município.

5 Se um empregado da PETROBRAS valer-se do emprego para locupletar-se ilegalmente, terá, em princípio, cometido ato de improbidade administrativa e, por isso, se sujeitará à ação judicial prevista para esses casos, a qual, se julgada procedente, poderá impor ao empregado ímprobo sanções de natureza civil, administrativa e política, sem prejuízo da aplicação cumulativa de pena eventualmente fixada em processo-crime; ainda que a ação por improbidade administrativa apresente grave nulidade em seu processamento, não caberá a concessão de *habeas corpus para trancá-la.*

182. **(ADVOGADO – CEF – 2001 – CESPE)** Relativamente ao Poder Judiciário e à ordem econômica e financeira na Constituição da República, julgue os itens que se seguem.

(1) Se o presidente da República praticar ato ilícito e lesivo ao erário, qualquer cidadão poderá ajuizar ação popular com o fito de obter a reparação do dano, caso em que aquela autoridade deverá figurar no pólo passivo da relação processual; essa circunstância, todavia, não fará a competência para o julgamento da ação ser do STF.

(2) Se um órgão público colegiado aprovar resolução com caráter normativo geral, disciplinando determinado dispositivo constitucional, mas o fizer contrariando a própria Constituição, essa resolução, embora tenha a forma de simples ato administrativo, poderá ser objeto de ação direta de inconstitucionalidade (ADIn), a ser julgada pelo STF.

(3) Considere a seguinte situação hipotética. Um empregado da Caixa Econômica Federal (CAIXA) ajuizou reclamação trabalhista, pleiteando determinados valores que entendeu merecer. O juiz do trabalho considerou que, naquele caso, havia determinados aspectos que envolviam a natureza de ente da administração pública federal da CAIXA e, por isso, reputou que a justiça federal seria a competente para julgar a ação. Em conseqüência, remeteu os autos para lá. O juiz federal que recebeu os autos discordou do juiz trabalhista e determinou a devolução dos autos para a vara que inicialmente recebera a ação. Nessa situação, o juiz federal equivocou-se, pois o caminho juridicamente correto seria a suscitação de conflito de competência, negativo no caso, e a remessa dos autos para que o Superior Tribunal de Justiça (STJ) o julgasse, pois esse é o tribunal competente em casos como o descrito.

(4) Os principais recursos de caráter excepcional são o recurso especial (REsp) e o recurso extraordinário (RE), de competências, respectivamente, do STJ e do STF; cabe ao REsp, basicamente, a tutela do direito federal infraconstitucional, ao passo que ao RE a Constituição atribui importante função no controle difuso de constitucionalidade. Por essa razão, o REsp não deve tratar de matéria constitucional e não pode, em conseqüência, servir como meio para o controle difuso de constitucionalidade.

(5) Considere a seguinte situação hipotética.
Dezenas de trabalhadores rurais sem-terra invadiram, em determinado estado da Federação, fazenda que o órgão público competente já reconhecera como improdutiva, a despeito de apresentar terras agricultáveis em toda a sua extensão. Devido às tensões sociais da área, o governador do estado decidiu desapropriar a fazenda, para nela realizar-se projeto de reforma agrária. Para tanto, baixou decreto e a unidade federada ajuizou ação de desapropriação. Nessa situação, desde que a referida unidade providenciasse o pagamento da indenização de forma prévia e justa, mediante títulos da dívida agrária, com garantia de preservação do valor real, e desde que as

benfeitorias úteis e necessárias fossem pagas em dinheiro, o pedido da ação de desapropriação deveria ser julgado procedente.

183. **(ADVOGADO DA UNIÃO – AGU – 2004 – CESPE)** Julgue os itens a seguir, relativos a limitações constitucionais do poder de tributar, a meio ambiente e a direitos e interesses das populações indígenas.

1. Considere que a contribuição para o Programa de Formação do Patrimônio do Servidor Público (PASEP) é uma exação de caráter tributário instituída pela União. Nessa situação, em razão da imunidade recíproca assegurada pelo texto constitucional, os estados-membros e os municípios não são obrigados ao recolhimento dessa contribuição.
2. Com a demarcação de uma reserva indígena que encampe uma área de garimpo de ouro, explorada por uma cooperativa de garimpeiros, a continuação da exploração desse recurso mineral dependerá de autorização do Congresso Nacional, ouvidas as comunidades indígenas envolvidas, assegurada, nos termos da Constituição Federal, a prioridade da lavra da jazida à cooperativa que estava atuando na área.
3. Além de exigir estudo prévio de impacto ambiental, a exploração de recursos minerais que cause significativa degradação ambiental impõe àquele que a promove obrigação de recuperar o meio ambiente degradado, de acordo com a solução técnica exigida pelo órgão público competente.

184. **(PROCURADOR FEDERAL – AGU – 2004 – CESPE)** Quanto às limitações constitucionais do poder de tributar, aos princípios gerais da ordem econômica e financeira, à intervenção do Estado no domínio econômico, ao meio ambiente e aos direitos das populações indígenas, julgue os itens a seguir.

1. Com exceção dos impostos sobre a importação de produtos estrangeiros, sobre a exportação de produtos nacionais ou nacionalizados, sobre os produtos industrializados e sobre as operações de crédito, câmbio ou seguro ou relativas a títulos imobiliários, todos os demais impostos majorados nos últimos trinta dias de um exercício financeiro só serão exigíveis no exercício financeiro seguinte, após noventa dias contados da data da publicação do ato que os majorar.
2. A defesa do meio ambiente, como princípio geral da ordem econômica, permite tratamento diferenciado para produtos e serviços em razão do impacto ambiental decorrente de sua produção ou execução.
3. A contribuição de intervenção no domínio econômico relativa às atividades de importação ou comercialização do petróleo poderá ter sua alíquota reduzida ou restabelecida por decreto, a ela não se aplicando o princípio da anterioridade.
4. A definição de localização das usinas que operem com reator nuclear deve ser feita por meio de decreto do Poder Executivo federal, sem o qual elas não poderão ser instaladas.
5. Os índios, suas comunidades e organizações são partes legítimas para ingresso em juízo em defesa de seus direitos, embora deva o Ministério Público intervir em todos os atos do processo.

185. **(PROCURADOR FEDERAL – AGU – 2002 – CESPE)** Quanto à Constituição, às normas constitucionais, ao poder constituinte e aos direitos sociais, julgue os itens abaixo.

(1) Uma das classificações das constituições leva em consideração os mecanismos previstos para a mudança delas, do que resultam as categorias de constituições rígidas, flexíveis e semi-rígidas; as flexíveis são aquelas que não exigem mecanismos especiais de alteração, mais solenes e complexos que os aplicados à produção do direito infraconstitucional; em todas essas espécies, devido à supremacia da Constituição, deve haver mecanismos adequados de controle de constitucionalidade.

(2) Embora polêmica a existência das chamadas normas programáticas, a doutrina e a jurisprudência prosseguem fazendo referência a elas; essas normas juridicizam valores que cabe ao Estado realizar, e sua normatização dirige-se ao Poder Legislativo — ao qual cabe disciplinar os aspectos legais dos programas constitucionais —, mas também se destina aos demais órgãos do Estado.

(3) Se uma norma jurídica infraconstitucional admitir diferentes possibilidades de interpretação, mas nenhuma delas permitir a compatibilização da norma com o texto constitucional, então não se deverá deixar de declarar a inconstitucionalidade daquela mediante o emprego da chamada interpretação conforme a Constituição.

(4) Considere a seguinte situação hipotética. O Congresso Nacional instalou uma comissão de revisão constitucional com a finalidade de atualizar a Constituição de 1988. Por considerar que os procedimentos de reforma constitucional vigentes seriam excessivamente difíceis, a comissão sugeriu, no início de seus trabalhos, que se aprovasse emenda constitucional para abrandar os requisitos para a atualização pretendida, no período de revisão. Nessa situação, desde que a emenda em questão fosse aprovada em conformidade com os procedimentos em vigor, não haveria óbice, segundo entende a doutrina, à validade da emenda constitucional nem à validade das emendas que viessem a ser aprovadas de acordo com os novos requisitos constitucionais.

(5) Embora os direitos sociais não estejam relacionados especificamente no art. 5.º da Constituição, é, em geral, aceito pela doutrina que esses direitos

integram os chamados direitos fundamentais e que não dizem respeito exclusivamente àqueles decorrentes do contrato de trabalho.

186. **(PROCURADOR FEDERAL – AGU – 2002 – CESPE)** Com referência à repartição constitucional de competências, à administração pública e ao Poder Legislativo, julgue os itens subseqüentes.

(1) Se determinada competência administrativa não estiver arrolada entre aquelas expressamente conferidas pela Constituição à União, dever-se-á concluir que ela toca aos estados-membros e ao Distrito Federal, uma vez que, na técnica brasileira de repartição de competências, as chamadas competências reservadas cabem a estes e não àquela.

(2) Considere a seguinte situação hipotética. Certo órgão público deliberou que precisava de nova sede, a ser construída. Para tanto, obteve a aprovação, na lei orçamentária, de dotação com o valor necessário à obra. Como essa dotação foi aprovada em valor superior ao estritamente indispensável para a construção, o órgão estipulou, no edital de licitação para a obra, especificações que davam ao prédio características de suntuosidade e de luxo excessivo. Nessa situação, não se podem tachar esses atos de juridicamente inválidos, uma vez que todos tiveram amparo legal, materializado na previsão da lei orçamentária.

(3) Ato administrativo pode obedecer ao princípio da publicidade mesmo que seu teor não seja divulgado em órgão da imprensa oficial.

(4) Considere a seguinte situação hipotética. O presidente de certo ente federal constatou que os vencimentos de seus servidores estavam defasados, do ponto de vista da manutenção do poder aquisitivo deles, em relação aos valores de tempos atrás. Em conseqüência, baixou ato fixando novos valores para esses vencimentos. Nessa situação, do ponto de vista das normas constitucionais que regem os mecanismos de fixação dos vencimentos dos servidores públicos, houve ilicitude no ato do gestor público.

(5) Nos últimos anos, o Brasil assistiu, às vezes estupefato, à profusão de comissões parlamentares de inquérito, instaladas em órgãos legislativos para investigar os mais variados e escandalosos fatos; apesar de essas comissões haverem, em muitos casos, prestado importante serviço à sociedade brasileira, é juridicamente correto afirmar que, na verdade, elas não deveriam haver funcionado em detrimento da função verdadeiramente legiferante do Poder Legislativo, porquanto a função investigativa deste é meramente secundária e de importância menor em face da outra.

187. **(PROCURADOR FEDERAL – AGU – 2002 – CESPE)** No que se refere ao Poder Executivo e ao Poder Judiciário, julgue os itens a seguir.

(1) Denomina-se referenda a adesão dos ministros de Estado aos atos presidenciais pertinentes à área de sua atuação; a negativa do ministro em apor a referenda tem a conseqüência política de implicar a exoneração do auxiliar do chefe do Poder Executivo, a pedido ou de ofício; juridicamente, porém, a ausência de referenda não torna nulo o ato, segundo pacífica doutrina constitucionalista.

(2) Em caso de impedimento do presidente da República, decorrente de julgamento de crime de responsabilidade, aquele ficará inabilitado, por oito anos, apenas para o exercício de mandato eletivo, mas poderá exercer função pública cujo cargo se proveja por concurso.

(3) Considere a seguinte situação hipotética. Um indivíduo foi preso por importar armamento de uso privativo das forças armadas, em situação que caracterizou sua conduta como crime político, tipificado na Lei de Segurança Nacional. Ele foi denunciado pelo Ministério Público Federal e condenado, em primeiro grau, por juiz federal. Por discordar da sentença, resolveu recorrer. Nessa situação, a competência para o julgamento era, realmente, da justiça federal, e o recurso contra a sentença deveria ser julgado diretamente pelo STF.

(4) Ao se configurar conflito de competência entre acórdão do Tribunal Superior do Trabalho (TST) e decisão de juiz federal, caberá ao STJ julgar o conflito, por envolver órgãos de diferentes ramos do Poder Judiciário.

(5) Apesar de o direito à vida ser o mais importante de todos os direitos e de a Constituição da República atribuir à justiça federal a competência para julgar a disputa sobre direitos indígenas, nem todo litígio que envolva ofensa ao direito à vida de indígena será necessariamente de competência da justiça federal.

188. **(PROCURADOR FEDERAL – AGU – 2002 – CESPE)** No que diz respeito ao Ministério Público Federal, à ordem econômica, financeira e social e às limitações constitucionais do poder de tributar, julgue os itens seguintes.

(1) Na hipótese de procurador da República conduzir-se de maneira abusiva e ilegal em investigação sob sua responsabilidade, poderá a parte lesada recorrer ao Poder Judiciário para fazer cessar a ilegalidade, bem como, no âmbito do próprio Ministério Público Federal, poderá obter, mediante solicitação fundamentada, que o procurador-geral da República invalide os atos ilegais praticados pelo primeiro.

(2) Se determinado imóvel estiver sendo integralmente explorado para fins agrícolas, mas com desrespeito às normas de proteção ao ambiente, poderá sofrer as sanções previstas na legislação ambiental e ser desapropriado por interesse público, se houver motivação para isso; não poderá, contudo, sofrer desapropriação por interesse social, para

fins de reforma agrária, justamente por não poder ser classificado como imóvel improdutivo.

(3) Devido à ampla destinação da seguridade social no regime constitucional brasileiro, a previdência social não se destina a atender apenas aos casos de morte, invalidez e idade avançada, mas deve propiciar a cobertura de casos de doença, a proteção à maternidade, a do trabalhador em situação de desemprego involuntário e, até, a dos dependentes de certos segurados, no caso de prisão destes.

(4) A Constituição da República estatui que cabe à lei complementar disciplinar as limitações constitucionais ao poder de tributar; porém, como o próprio texto constitucional traz essas limitações e as normas respectivas têm caráter limitador da ação estatal, elas possuem, na maioria dos casos, aplicabilidade imediata, independentemente da regulamentação infraconstitucional.

(5) Em sentido amplo, a intervenção do Estado no domínio econômico não se dá apenas naqueles casos em que o poder público atue diretamente como agente econômico; também a produção de normas acerca da atividade econômica constitui, para parte da doutrina, modalidade dessa intervenção, assim como o planejamento econômico, destinado à racionalização dessa mesma intervenção.

189. **(PROCURADOR DA FAZENDA NACIONAL – 2007.2 – ESAF)** Levando-se em conta temas relacionados a "Poder Constituinte", "Reforma Constitucional", "Cláusulas Pétreas" e "Processo Legislativo" assinale a única das opções abaixo que contém formulações, disposições, proposições ou afirmações totalmente corretas.

a) (1) A emenda à Constituição, uma vez aprovada, é promulgada pela Mesa do Congresso Nacional; (2) "poder constituinte derivado" não significa o mesmo que "poder constituinte decorrente"; (3) o art. 60, §4º, da C. F. é o dispositivo constitucional que contém a chamada "cláusula pétrea"; (4) quando se trata do poder de reforma de qualquer texto constitucional tem-se em consideração uma constituição rígida; (5) está-se diante do poder constituinte originário quando as normas constitucionais que este elabora e aprova não precisam retirar seu fundamento de validade de um poder ou estatuto jurídico que lhe seja anterior e superior, como ocorre no processo de produção e de aprovação de normas infraconstitucionais.

b) (1) As limitações materiais ao poder de reforma são aquelas que estão, exclusiva e exaustivamente, elencadas no art. 60, §4º, da C. F., que é o dispositivo que contém a "cláusula pétrea" ou de imutabilidade; (2) A Constituição poderá ser emendada mediante proposta: de um terço, no mínimo, dos membros da Câmara dos Deputados ou do Senado Federal; do Presidente da República; e de mais da metade das Assembléias Legislativas das unidades da Federação, manifestando-se, cada uma delas, pela maioria relativa de seus membros; (3) A Constituição de 1988 pode ser classificada como, parcialmente, rígida e, parcialmente, flexível; (4) direitos previstos em tratados internacionais, desde que aprovados em cada Casa do Congresso Nacional, em dois turnos de votação, por três quintos dos votos dos respectivos membros são equivalentes a emendas constitucionais; (5) o direito adquirido é oponível à Constituição.

c) (1)"Poder constituinte derivado" não significa o mesmo que "poder constituinte decorrente"; (2) "cláusula pétrea" significa um limite que a Constituição estabelece ao poder constituinte de reforma; (3) uma proposta de emenda à Constituição que objetive extinguir o direito de voto dos analfabetos não será objeto de deliberação, porque tenderá a abolir a cláusula pétrea que protege o direito ao voto direto, secreto, universal e periódico; (4) a proposta (de emenda à Constituição) será discutida e votada em cada Casa do Congresso Nacional, em dois turnos, considerando-se aprovada se obtiver, em ambos, três quintos dos votos dos respectivos membros; (5) não há direito adquirido contra a Constituição.

d) (1) Em princípio, o poder constituinte de reforma não pode criar "cláusulas pétreas"; somente o poder constituinte originário pode fazê-lo; (2) é inadmissível deliberação de proposta de emenda à Constituição tendente a abolir a forma federativa do Estado brasileiro; (3) os direitos e garantias individuais são imunes ao processo de mutabilidade constitucional; (4) é admissível haver direito adquirido contra a Constituição; (5) a matéria constante de proposta de emenda à Constituição rejeitada ou havida por prejudicada pode ser objeto de nova proposta na mesma sessão legislativa.

e) (1) Chama-se "poder constituinte derivado" ou "poder constituinte decorrente" a prerrogativa de membros do Congresso Nacional de alterar a Constituição Federal, mediante a modalidade do processo legislativo brasileiro denominada emenda à Constituição; (2) a Constituição Federal brasileira se enquadra, totalmente, no tipo de classi- ficação dito "constituição rígida"; (3) os princípios que o constituinte originário denominou de fundamentais, previstos no Título I da C. F., podem ser considerados "cláusulas pétreas implícitas"; (4) não há direito adquirido oponível à Constituição; (5) além das emendas à Constituição, as leis complementares, as leis ordinárias, as leis delegadas e as medidas provisórias são as modalidades normativas que integram, exclusivamente, o elenco previsto no processo legislativo brasileiro, conforme o disposto no art. 59 da C. F.

190. **(PROCURADOR DA FAZENDA NACIONAL – 2007.2 – ESAF)** Assinale, como única opção que contém a resposta correta, aquela que não corresponde a

uma norma ou a um preceito normativo constante da parte permanente da Constituição Federal de 1988.

a) "A revisão constitucional será realizada após cinco anos, contados da promulgação da Constituição, pelo voto da maioria absoluta dos membros do Congresso Nacional, em sessão unicameral."
b) "As leis complementares serão aprovadas por maioria absoluta."
c) "A lei disciplinará, com base no interesse nacional, os investimentos de capital estrangeiro, incentivará os reinvestimentos e regulará a remessa de lucros."
d) "Em caso de relevância e urgência, o Presidente da República poderá adotar medidas provisórias, com força de lei, devendo submetê-las de imediato ao Congresso Nacional."
e) "Todos têm direito ao meio ambiente ecologicamente equilibrado, bem de uso comum do povo e essencial à sadia qualidade de vida, impondo-se ao poder público e à coletividade o dever de defendê- lo e preservá-lo para as presentes e futuras gerações."

191. **(PROCURADOR DA FAZENDA NACIONAL – 2007.2 – ESAF)** Considerem-se as seguintes formulações: A) compete ao Supremo Tribunal Federal, precipuamente, a guarda da Constituição, cabendo-lhe processar e julgar, originariamente, a ação direta de inconstitucionalidade de lei ou ato normativo federal, estadual ou municipal e a ação declaratória de constitucionalidade de lei ou ato normativo federal; B) cabe aos Estados a instituição de representação de inconstitucionalidade de leis ou atos normativos estaduais ou municipais, em face da Constituição estadual, vedada a atribuição de legitimação para agir a um único órgão; C) compete ao Supremo Tribunal Federal, precipuamente, a guarda da Constituição, cabendo-lhe processar e julgar, originariamente, a ação direta de inconstitucionalidade de lei ou ato normativo federal e a ação declaratória de lei ou ato normativo federal, estadual e municipal; D) cabe aos Estados a instituição de representação de inconstitucionalidade de leis ou atos normativos estaduais e municipais e de declaração de constitucionalidade de leis ou atos normativos municipais, em face da Constituição estadual, vedada a atribuição de legitimação para agir a um único órgão; E) compete ao Supremo Tribunal Federal, precipuamente, a guarda da Constituição, cabendo-lhe processar e julgar, originariamente, a ação direta de inconstitucionalidade e a ação declaratória de constitucionalidade de lei ou ato normativo federal, estadual ou municipal. As cinco opções de resposta a seguir indicam, para cada uma das formulações acima, com idêntica correspondência de letras, ou que a resposta é "certa" ou que a resposta é "errada". Assinale a única opção correta, das cinco possíveis, independentemente de essa opção correta poder indicar que "a formulação sob a letra tal, acima, está certa ou errada".

a) A formulação, sob a letra "A", está certa.
b) A formulação, sob a letra "D", está errada.
c) A formulação, sob a letra "C", está errada.
d) A formulação, sob a letra "B", está certa.
e) A formulação, sob a letra "E", está certa.

192. **(PROCURADOR DA FAZENDA NACIONAL – 2007.2 – ESAF)** Considerem-se os seguintes conteúdos normativos constitucionais: a. "Todos são iguais perante a lei, sem distinção de qualquer natureza, garantindo-se aos brasileiros e aos estrangeiros residentes no País a inviolabilidade do direito à vida, à liberdade, à igualdade, à segurança e à propriedade, nos termos seguintes: ..." b. "Ninguém será obrigado a fazer ou deixar de fazer alguma coisa senão em virtude de lei." c. "É garantido o direito de propriedade." d. "A lei não prejudicará o direito adquirido, o ato jurídico perfeito e a coisa julgada." e. "Sem prejuízo de outras garantias asseguradas ao contribuinte, é vedado à União, aos Estados, ao Distrito Federal e aos Municípios: ... IV – utilizar tributo com efeito de confisco." Assinale a única opção correta, referente aos princípios e garantias constitucionais inerentes aos e decorrentes dos conteúdos constitucionais acima citados, observada a ordem alfabética de sua reprodução:

a) igualdade ou isonomia; legalidade em sentido geral e amplo; garantia do direito de propriedade, sendo esta considerada como direito real e direitos patrimoniais em geral, reconhecida sua função social; limitação à possibilidade de retroatividade da lei nova; princípio constitucional-tributário de não-confisco.
b) isonomia ou igualdade; legalidade tributária em sentido amplo; garantia do direito de propriedade, sendo esta considerada como direito real indisponível e direitos patrimoniais inespecíficos, reconhecida sua função social; limitação erga omnes dos efeitos presentes da lei nova; princípio constitucional- real de não-confisco.
c) igualdade ou isonomia; legalidade tributária; garantia do direito de propriedade, sendo esta considerada como direito real disponível, exceto os de garantia, e direitos patrimoniais em geral, reconhecida sua função social; limitação condicionada dos efeitos da lei nova; princípio constitucional- financeiro-tributário de não-confisco.
d) isonomia ou igualdade; legalidade tributária em sentido estrito; garantia do direito à propriedade, sendo esta considerada como direito obrigacional e direitos patrimoniais específicos, reconhecida sua função social; limitação à possível retroatividade de efeitos da lei nova; princípio geral de não-confisco.

e) igualdade ou isonomia; legalidade em sentido particular e estrito; garantia do direito de propriedade, sendo esta considerada como direito real e direitos patrimoniais em especial, reconhecida sua função social; limitação dos possíveis efeitos retroativos indistintos da lei nova; princípio constitucional-tributário de não-confisco.

193. **(PROCURADOR DA FAZENDA NACIONAL – 2007.2 – ESAF)** Assinale a opção incorreta.

a) É inviolável o sigilo da correspondência e das comunicações telegráficas, de dados e das comunicações telefônicas, salvo, em qualquer caso, por ordem judicial, nas hipóteses e na forma que a lei estabelecer para fins de investigação criminal ou instrução processual penal.
b) As pessoas jurídicas de direito público e as de direito privado prestadoras de serviços públicos responderão pelos danos que seus agentes, nessa qualidade, causarem a terceiros, assegurado o direito de regresso contra o responsável nos casos de dolo ou culpa.
c) A União, os Estados, o Distrito Federal e os Municípios manterão escolas de governo para a formação e o aperfeiçoamento dos servidores públicos, constituindo-se a participação nos cursos um dos requisitos para a promoção na carreira, facultada, para isso, a celebração de convênios ou contratos entre os entes federados.
d) A administração fazendária e seus servidores fiscais terão, dentro de suas áreas de competência e jurisdição, precedência sobre os demais setores administrativos, na forma da lei.
e) É direito dos trabalhadores urbanos e rurais, além de outros que visem à melhoria de sua condição social, salário mínimo, fixado em lei, nacionalmente unificado, capaz de atender às suas necessidades vitais básicas e às de sua família com moradia, alimentação, educação, saúde, lazer, vestuário, higiene, transporte e previdência social, com reajustes periódicos que lhe preservem o poder aquisitivo, sendo vedada sua vinculação para qualquer fim.

194. **(PROCURADOR DA FAZENDA NACIONAL – 2007.2 – ESAF)** Das opções abaixo, assinale a única incorreta.

a) Nas ações diretas de inconstitucionalidade e nas ações declaratórias de constitucionalidade, as decisões definitivas de mérito, proferidas pelo Supremo Tribunal Federal, têm eficácia contra todos e têm efeito vinculante aos órgãos do Poder Judiciário, bem assim à administração pública direta e indireta, nos âmbitos federal, estadual e municipal.
b) Na apreciação da inconstitucionalidade, em tese, de norma legal ou de ato normativo, o Supremo Tribunal Federal – STF cita o Advogado-Geral da União, previamente, para que este defenda o ato ou o texto impugnado, cabendo ao Procurador-Geral da República ser ouvido, previamente, nas ações de inconstitucionalidade e em todos os processos de competência do STF.
c) O Ministério Público é instituição permanente, essencial à função jurisdicional do Estado, incumbindo- lhe a defesa da ordem jurídica, do regime democrático e dos interesses sociais e individuais indisponíveis.
d) A lei criará varas da Justiça do Trabalho, podendo, nas comarcas que não forem abrangidas por sua jurisdição, atribuí-las aos juízes de direito, com recurso para o respectivo Tribunal Regional do Trabalho.
e) Os conflitos de competência entre quaisquer tribunais, entre tribunal e juízes a ele não vinculados e entre juízes vinculados a tribunais diversos se enquadram na competência originária do Superior Tribunal de Justiça – STJ, para processá- los e julgá-los, exceto aqueles que se estabeleçam entre o STJ e quaisquer tribunais, ou entre Tribunais Superiores, ou, ainda, entre estes e qualquer outro tribunal, cuja competência para dirimi-los, não-originariamente, é do Supremo Tribunal Federal.

195. **(PROCURADOR DA FAZENDA NACIONAL – 2007.2 – ESAF)** Das formulações abaixo, assinale a que não abrange matéria de natureza constitucional.

a) Funcionará junto ao Tribunal Superior do Trabalho a Escola Nacional de Formação e Aperfeiçoamento de Magistrados do Trabalho, cabendo-lhe, dentre outras funções, regulamentar os cursos oficiais para o ingresso e promoção na carreira.
b) A Escola Superior da Procuradoria-Geral da Fazenda Nacional, denominada Escola Superior da PGFN, é órgão do Gabinete do Procurador-Geral da Fazenda Nacional, com cargos de direção privativos de membros da carreira de Procurador da Fazenda Nacional, devendo a escolha recair, preferencialmente, em Procuradores com experiência comprovada no ensino superior.
c) O aproveitamento dos recursos hídricos, incluídos os potenciais energéticos, a pesquisa e a lavra das riquezas minerais em terras indígenas só podem ser efetivados com autorização do Congresso Nacional, cabendo ouvir as comunidades afetadas, a elas assegurada participação nos resultados da lavra.
d) A União, os Estados e o Distrito Federal manterão escolas de governo para a formação e o aperfeiçoamento dos servidores públicos, constituindo-se a participação nos cursos um dos requisitos para a promoção na carreira, facultada, para isso, a celebração de convênios ou contratos entre os entes federados.
e) A vedação a que os entes dotados do poder de tributar instituam impostos sobre o patrimônio, a renda ou os serviços, uns dos outros, consiste em imunidade tributária, denominada, tecnicamente, “imunidade recíproca”.

196. **(PROCURADOR DA FAZENDA NACIONAL – 2007.2 – ESAF)** Das formulações redacionais abaixo, marque aquela que corresponde aos exatos termos de norma vigente da Constituição da República Federativa do Brasil:

a) o sistema financeiro nacional, estadual, distrital ou municipal será estruturado de forma a promover o desenvolvimento equilibrado do País e a servir aos interesses da coletividade, em todas as partes que o compõem, abrangendo as cooperativas de crédito, e será regulado por leis complementares de cada ente federado, que disporão, inclusive, sobre a participação do capital estrangeiro nas instituições que o integram.

b) é facultativa a inclusão, no orçamento das entidades de direito público e privado, de verba necessária ao pagamento de seus débitos oriundos de sentenças transitadas em julgado, constantes de precatórios judiciários, apresentados até 1º de julho, fazendo-se o pagamento até o final do exercício seguinte, quando terão seus valores atualizados monetariamente.

c) a iniciativa das leis complementares e ordinárias cabe a qualquer membro ou comissão da Câmara dos Deputados, do Senado Federal ou do Congresso Nacional, ao Presidente da República, ao Supremo Tribunal Federal, aos Tribunais Superiores, ao Procurador-Geral da República e a qualquer cidadão, na forma e nos casos previstos nesta Constituição, não sendo obrigatória a observância da ordem aqui estabelecida.

d) podem propor a ação direta de inconstitucionalidade e a ação declaratória de constitucionalidade: o Presidente da República; a Mesa do Senado Federal; a Mesa da Câmara dos Deputados; a Mesa de Assembléia Legislativa ou da Câmara Legislativa do Distrito Federal; o Governador de Estado ou do Distrito Federal; o Procurador-Geral da República; o Conselho Federal da Ordem dos Advogados do Brasil; e partido político com representação no Congresso Nacional.

e) à exceção dos créditos de natureza alimentícia, os pagamentos devidos pela Fazenda Federal, Estadual ou Municipal, em virtude de sentença judiciária, far-se-ão exclusivamente na ordem cronológica de apresentação dos precatórios e à conta dos créditos respectivos, proibida a designação de casos ou de pessoas nas dotações orçamentárias e nos créditos adicionais abertos para este fim.

197. **(PROCURADOR DA FAZENDA NACIONAL – 2007.1 – ESAF)** Assinale a opção correta.

a) As atribuições do Ministério Público não são matéria sujeita à reserva absoluta de lei complementar.

b) O veto fundado em inconstitucionalidade pode adquirir natureza absoluta.

c) Também no caso dos territórios, quando e se forem criados na forma prevista na Constituição, deverá ser observado o critério proporcional para eleição de deputados federais e majoritário para senadores.

d) Diante de ato normativo do Poder Executivo, que exorbite do poder regulamentar, compete exclusivamente ao Congresso Nacional emendar o ato, a fim de enquadrá-lo aos limites da delegação legislativa.

e) Considerando o contexto da independência do Poder Legislativo, é norma de repetição obrigatória nas Constituições Estaduais o reconhecimento às Assembléias Legislativas do poder de determinar a exoneração de Secretário de Estado.

198. **(PROCURADOR DA FAZENDA NACIONAL – 2007.1 – ESAF)** Assinale a opção correta.

a) O princípio do promotor natural decorre explicitamente do princípio institucional da indivisibilidade.

b) O princípio constitucional da unidade evidencia que as subdivisões da instituição Ministério Público têm apenas finalidade administrativa, daí não se admitir a hipótese de verdadeiro conflito de competência que possa ser solvido pelo Poder Judiciário.

c) As empresas públicas se sujeitam ao regime jurídico próprio das empresas privadas, inclusive quanto aos direitos e obrigações trabalhistas, motivo pelo qual não necessitam observar a regra rígida de contratação de servidores mediante concurso público.

d) Na perspectiva da livre concorrência, consagrada no Texto Constitucional, deve ser considerado inconstitucional o tratamento diferenciado que a lei conferir a empresas constituídas sob as leis brasileiras.

e) A redução das desigualdades sociais e regionais e a busca do pleno emprego são princípios constitucionais que expressamente vinculam a ordem econômica brasileira.

199. **(DEFENSORIA PÚBLICA DA UNIÃO – 2007 – CESPE)** Julgue os itens a seguir.

1. Na elaboração das normas locais, o poder constituinte decorrente deve respeitar o modelo de estruturação do Estado fixado pela CF.
2. De acordo com a jurisprudência do STF, considerando o direito a moradia previsto no art. 6.º da CF, o fiador, nos contratos de locação, não poderá ter penhorado o único bem imóvel em que reside, declarado bem de família, para satisfazer o crédito do locador no caso de inadimplemento do locatário.
3. A suspensão dos efeitos de norma declarada inconstitucional, por qualquer via, depende de edição de resolução pelo Senado Federal.
4. Nos territórios federais com mais de cem mil habitantes, além do governador nomeado na forma da CF, haverá órgãos judiciários de primeira e segunda instâncias, membros do Ministério Público e defensores públicos federais.

200. **(DEFENSORIA PÚBLICA DA UNIÃO – 2004 – CESPE)** No atinente aos poderes da República, ao Ministério Público e ao Estatuto da Ordem dos Advogados do Brasil, julgue os itens subseqüentes.

1. A Constituição da República proíbe a recondução dos membros da mesa das casas do Congresso Nacional, e, segundo já entendeu o STF, essa norma é de reprodução obrigatória na constituição dos estados-membros.
2. As eleições para o Poder Executivo no Brasil adotam o sistema majoritário, sendo o majoritário puro para os prefeitos municipais em municípios menores e o majoritário de dois turnos para o presidente da República, os governadores dos estados e do Distrito Federal e os prefeitos dos municípios maiores.
3. O Poder Executivo e o Poder Legislativo não devem intervir na escolha dos dirigentes dos tribunais de justiça, porque a Constituição da República preceitua que o presidente desses órgãos deve ser escolhido mediante rodízio dos respectivos membros.
4. Compete ao STJ julgar o conflito de competência entre juízes vinculados a tribunais diversos, mas não há, na Constituição da República, previsão expressa do órgão ao qual caiba julgar conflito de atribuição entre membros de ramos distintos do Ministério Público, razão por que a doutrina entende ser do procurador-geral da República tal competência.
5. Nem todos os estados da Federação possuem tribunal militar; em todos eles, as auditorias militares estaduais somente podem julgar policiais militares e bombeiros militares, mas não civis.
6. O procurador-geral da República não precisa ser nomeado necessariamente entre os subprocuradores-gerais da República, que compõem a última classe da carreira do Ministério Público Federal (MPF).
7. A circunstância de um cidadão encontrar-se preso e incomunicável não lhe retira o direito de consultar-se com advogado, independentemente de este possuir procuração; nesses casos, basta que o advogado comunique sua pretensão ao juiz responsável pela prisão.

2. DIREITO ADMINISTRATIVO

2.1. INTRODUÇÃO E PRINCÍPIOS

1. **(ADVOGADO – PETROBRÁS – 2008 – CESGRANRIO)** "A Administração Pública pode declarar a nulidade de seus próprios atos." (Súmula no 346 do Supremo Tribunal Federal) Que princípio da Administração Pública reflete a súmula acima transcrita?

(A) Supremacia do interesse público
(B) Auto-executoriedade
(C) Impessoalidade
(D) Razoabilidade
(E) Autotutela

2. **(ADVOGADO – PETROBRÁS TRANSP. – 2006 – CESGRANRIO)** Segundo os ensinamentos de Hely Lopes Meirelles, aquele princípio pelo qual "o administrador público está, em toda a sua atividade funcional, sujeito aos mandamentos da lei e às exigências do bem comum, e deles não se pode afastar ou desviar, sob pena de praticar ato inválido" (Direito Administrativo Brasileiro, 30 Ed., Ed. Malheiros, 2005) denomina-se:

(A) finalidade.
(B) legalidade.
(C) publicidade.
(D) razoabilidade.
(E) proporcionalidade.

> *Na Administração Pública não há liberdade nem vontade pessoal. Enquanto na administração particular é lícito fazer tudo que a lei não proíbe, na Administração Pública só é permitido fazer o que a lei autoriza. A lei para o particular significa 'pode fazer assim'; para o administrador público significa 'deve fazer assim'.*
>
> MEIRELLES, Hely Lopes. **Direito Administrativo Brasileiro**. Ed. Malheiros. 26ª Edição. 2001. p. 82.

3. **(ADVOGADO – EPE – 2007 – CESGRANRIO)** Que Princípio Fundamental da Administração Pública descreve o texto acima transcrito?

(A) Impessoalidade.
(B) Razoabilidade.
(C) Moralidade.
(D) Legalidade.
(E) Motivação.

4. **(ADVOGADO – BNDES – 2006 – CESGRANRIO)** A doutrina aponta como restrições excepcionais ao princípio da legalidade:

I - as normas contidas nas medidas provisórias;

II - o estado de defesa;

III - o estado de sítio.

Está(ão) correta(s):

(A) II, apenas.
(B) III, apenas.
(C) I e II, apenas.
(D) I e III, apenas.
(E) I, II e III.

5. **(ADVOGADO – CEF – 2006 – CESPE)** Acerca dos princípios constitucionais do direito administrativo brasileiro, julgue os itens subseqüentes.

1. Ato normativo emanado do Conselho Nacional de Justiça prevendo regras que vedam a prática do nepotismo no Poder Judiciário atende a um só tempo o princípio da moralidade, da impessoalidade e da eficiência da administração pública.
2. A regra segundo a qual o Poder Judiciário não pode imiscuir-se no mérito do ato administrativo tem sido cada vez mais flexibilizada, para assegurar, de modo mais efetivo, a verificação da legalidade dos atos administrativos, ainda que se trate de ato discricionário.
3. Quando se tratar de informação que visa subsidiar procedimento administrativo instaurado em defesa do patrimônio público, instituição financeira não pode negar, sob pena de ofensa ao princípio da publicidade, informações relativas a nomes de beneficiários de empréstimos concedidos pela instituição que envolvam recursos subsidiados pelo erário federal, sob invocação do sigilo bancário.

6. **(ADVOGADO – ANATEL – 2009 – CESPE)** O presidente de um tribunal de justiça estadual tem disponível no orçamento do tribunal a quantia de R$ 2.000.000,00 para pagamento de verbas atrasadas dos juízes de direito e desembargadores. Cada juiz e desembargador faz jus, em média, a R$ 130.000,00. Ocorre que o presidente da Corte determinou, por portaria publicada no Diário Oficial, o pagamento das verbas apenas aos desembargadores, devendo os juízes de direito aguardar nova disponibilização de verba orçamentária para o pagamento do que lhes é devido. O presidente fundamentou sua decisão de pagamento inicial em razão de os desembargadores estarem em nível hierárquico superior ao dos juízes. Irresignados, alguns juízes pretendem ingressar com ação popular contra o ato que determinou o pagamento das verbas aos desembargadores. Considerando a situação hipotética acima apresentada, julgue os itens subsequentes, acerca do controle e dos princípios fundamentais da administração pública.

1 A decisão do presidente do tribunal de justiça violou o princípio da impessoalidade, na medida em que esse princípio objetiva a igualdade de tratamento que o administrador deve dispensar aos administrados que se encontrarem em idêntica situação jurídica.

2 Respeitado o princípio da publicidade, uma vez que a decisão do presidente que determinou o pagamento aos desembargadores foi publicada mediante portaria no Diário Oficial, é correto afirmar que, em consequência, os princípios da moralidade e legalidade não foram violados.

3 Mesmo sendo a hipótese de cabimento de ação popular, a associação de juízes que se sentiu lesada com o ato do presidente do tribunal tem legitimidade para propor esse tipo de ação.

7. **(ADVOGADO – ANATEL – 2009 – CESPE)** Julgue o item abaixo, relativo aos poderes e deveres do administrador público.

1 Governadores de estado devem obrigatoriamente observar o princípio da moralidade pública na prática de atos discricionários.

8. **(ADVOGADO – ANP – 2008 – CESGRANRIO)** A respeito de princípios de Administração Pública, são feitas as afirmações a seguir.

I. São considerados como princípios constitucionais expressos da Administração Pública, dentre outros, aqueles mencionados no *caput* do art. 37 da Constituição Federal em vigor.

II. Os princípios constitucionais expressos da Administração Pública são apenas aqueles listados no *caput* do art. 37 da Carta Política de 1988.

III. Existem outros princípios constitucionais, previstos em leis específicas, que devem ser observados na Administração Pública Federal.

IV. Pode ser considerado como princípio constitucional da Administração Pública, implicitamente, o direito à motivação, previsto no inciso X, do art. 93 da Constituição Federal em vigor.

É(São) verdadeira(s) **APENAS** a(s) assertiva(s)

(A) I
(B) I e III
(C) I e IV
(D) II e III
(E) II e IV

Ora, um Estado funcionalmente eficiente demanda um Direito Público que privilegie, por sua vez, a funcionalidade. Um Direito Público orientado por uma teoria funcional da eficiência. (...) A administração privada é sabidamente livre para perseguir as respectivas finalidades a que se proponha e, assim, a falta de resultados não traz repercussões outras que as decorrentes das avenças privadas, como ocorre, por exemplo, nas relações societárias. Distintamente, a administração pública está necessariamente vinculada ao cumprimento da Constituição e, por isso, os resultados devem ser alcançados, de modo que se não o forem, salvo cabal motivação da impossibilidade superveniente, está-se diante de uma violação praticada pelo gestor público, pois aqui existe relevância política a ser considerada. Diogo de Figueiredo Moreira Neto. Quatro paradigmas do direito administrativo pós-moderno. Belo Horizonte: Ed. Fórum, 2008, p. 110-11 (com adaptações).

9. **(ADVOGADO DA UNIÃO – AGU – 2009 – CESPE)** Considerando o texto acima e com base nos princípios que regem a administração pública, julgue os próximos itens.

1. Com base no princípio da eficiência e em outros fundamentos constitucionais, o STF entende que viola a Constituição a nomeação de cônjuge, companheiro ou parente em linha reta, colateral ou por afinidade, até o terceiro grau, inclusive, da autoridade nomeante ou de servidor da mesma pessoa jurídica investido em cargo de direção, chefia ou assessoramento, para o exercício de cargo em comissão ou de confiança ou, ainda, de função gratificada na administração pública direta e indireta em qualquer dos poderes da União, dos estados, do Distrito Federal e dos municípios, compreendido o ajuste mediante designações recíprocas.

2. Segundo o STF, a falta de defesa técnica por advogado, no âmbito de processo administrativo disciplinar, não ofende a CF. Da mesma forma, não há ilegalidade na ampliação da acusação a servidor público, se, durante o processo administrativo, forem apurados fatos novos que constituam infração disciplinar, desde que rigorosamente observados os princípios do con-

traditório e da ampla defesa. O referido tribunal entende, também, que a autoridade julgadora não está vinculada às conclusões da comissão de processo administrativo disciplinar.

3. Considere que Platão, governador de estado da Federação, tenha nomeado seu irmão, Aristóteles, que possui formação superior na área de engenharia, para o cargo de secretário de estado de obras. Pressupondo-se que Aristóteles atenda a todos os requisitos legais para a referida nomeação, conclui-se que esta não vai de encontro ao posicionamento adotado em recente julgado do STF.

Na Antiga Roma, foi descoberto que Barbário Felipe, pessoa que fora nomeada pretor romano e exercia tais funções, era um escravo fugitivo, condição por todos ignorada. Embora a condição de escravo fugitivo impedisse o exercício da função de pretor, os atos praticados por Barbário Felipe foram considerados válidos, tendo em vista que se imaginava estar o agente regularmente provido no cargo.

Odília Ferreira da Luz Oliveira. **Manual de direito administrativo**. Rio de Janeiro: Renovar, 1997, p. 64 (com adaptações).

10. **(ADVOGADO DA UNIÃO – AGU – 2006 – CESPE)** Considerando o assunto abordado no texto acima, julgue os itens que se seguem.

1. A doutrina sobre o agente de fato tem como base principiológica os postulados da segurança jurídica e da boa-fé.

2. A situação apresentada no texto guarda paralelo com a figura do agente de fato, prevista na doutrina administrativista, porém, diante do ordenamento jurídico brasileiro e ante o poder-dever de autotutela da administração pública, os atos do agente seriam considerados nulos.

11. **(PROCURADOR DA FAZENDA NACIONAL – 2007.2 – ESAF)** Analise os itens a seguir e marque com (V) a assertiva verdadeira e com (F) a falsa, assinalando ao final a opção correspondente.

( ) A expressão Administração Pública, em sentido formal, designa a natureza da atividade exercida pelos referidos entes, sendo a própria função administrativa; e, no sentido material, designa os entes que exercem a atividade administrativa, compreendendo pessoas jurídicas, órgãos e agentes públicos incumbidos de exercer uma das funções em que se triparte a atividade estatal: a função administrativa.

( ) Considerando os princípios expressos e implícitos componentes do regime jurídico-administrativo no Direito Brasileiro, a Lei n. 9.874/99 arrola os princípios da legalidade; finalidade; motivação; razoabilidade; proporcionalidade; moralidade; ampla defesa; contraditório; segurança jurídica; interesse público e eficiência.

( ) Considerando o princípio da Supremacia do Interesse Público, verifica-se que o ordenamento jurídico brasileiro ao expressamente prever o interesse público dispõe que ao observar o atendimento a fins de interesse geral, a autoridade administrativa está autorizada a renunciar total ou parcialmente os poderes ou competências, não necessitando de autorização legal para fazê-lo.

( ) Considerando o princípio da Motivação, a Constituição Federal prevê a exigência de motivação apenas para as decisões administrativas dos Tribunais e do Ministério Público.

( ) O agente de fato, ao exercer funções dentro da Administração, não tem direito à percepção de remuneração visto que ilegítima sua investidura.

(A) V, V, F, V, V
(B) V, F, F, F, F
(C) F, F, V, F, V
(D) F, V, F, V, F
(E) V, V, V, F, F

2.2. PODERES

12. **(ADVOGADO – IRB – 2006 – ESAF)** Considerando que o poder de polícia pode incidir em duas áreas de atuação estatal, a administrativa e a judiciária, relacione cada área de atuação com a respectiva característica e aponte a ordem correta.

(1) Polícia Administrativa
(2) Polícia Judiciária

( ) Atua sobre bens, direitos ou atividades.
( ) Pune infratores da lei penal.
( ) É privativa de corporações especializadas.
( ) Atua preventiva ou repressivamente na área do ilícito administrativo.
( ) Sua atuação incide apenas sobre as pessoas.

(A) 1/2/2/1/2
(B) 2/1/2/1/2
(C) 2/2/2/1/1
(D) 1/2/1/1/2
(E) 1/2/2/2/1

13. **(ADVOGADO – ANCINE – 2005 – CESPE)** A administração é dotada de poderes administrativos que podem ser usados de formas isoladas ou cumulativas. Segundo a doutrina brasileira, esses poderes nascem com a administração e se apresentam diversificados em função das exigências do serviço público, do interesse da coletividade e dos objetivos a que se dirigem. A respeito desse assunto, julgue os itens a seguir.

1. O Executivo dispõe do poder hierárquico para distribuir e escalonar as funções de seus órgãos,

ordenar e rever a atuação de seus agentes, estabelecendo a relação de subordinação entre servidores do seu quadro de pessoal.

2. Poder discricionário é o que o direito concede à administração, de modo explícito ou implícito, para a prática de atos administrativos com liberdade na escolha de sua conveniência, oportunidade e conteúdo.

3. Quando a administração pública condiciona ou restringe o uso e gozo de bens, atividades e direitos individuais, em benefício da coletividade ou do próprio Estado, ela usa o seu poder regulamentar.

14. **(ADVOGADO – ANS – 2005 – CESPE)** A respeito do poder de polícia administrativa, julgue os itens a seguir.

1. Existe, no ordenamento jurídico brasileiro, além das inúmeras conceituações doutrinárias, um conceito legal de poder de polícia.

2. O poder de polícia pode expressar-se por meio de atos realizados no exercício de competência discricionária ou por intermédio de atos vinculados.

3. O poder de polícia, atualmente, tem ampla aplicação, manifestando-se, por exemplo, em prol da preservação da saúde pública, da segurança de edificações e do controle de publicações.

15. (PROCURADOR DA FAZENDA NACIONAL – 2007.2 – ESAF) Em relação ao Poder de Polícia, analise os itens a seguir e marque com (V) a assertiva verdadeira e com (F) a falsa, assinalando ao final a opção correspondente:

( ) o Poder de Polícia que o Estado exerce pode incidir em duas áreas de atuação estatal: na administrativa e na judiciária, podendo ser apontada como principal diferença entre ambas o caráter preventivo da polícia judiciária.

( ) a competência, a finalidade e a forma, acrescidas da proporcionalidade da sanção e da legalidade dos meios empregados pela Administração são atributos do Poder de Polícia.

( ) a aplicação das sanções prescreve em cinco anos a ação punitiva da Administração Pública Federal, direta e indireta, no exercício do Poder de Polícia, sendo passível a interrupção e a suspensão da prescrição.

( ) quanto aos fins, o Poder de Polícia pode ser exercido para atender a interesse público ou particular.

( ) a auto-executoriedade é a possibilidade que tem a Administração de, com os próprios meios, por em execução as suas decisões, sem precisar recorrer previamente ao Poder Judiciário.

(A) V, V, F, F, F
(B) V, F, F, V, V
(C) F, F, V, F, V
(D) F, V, V, F, V
(E) V, F, V, V, F

16. **(PROCURADOR DA FAZENDA NACIONAL – 2007.1 – ESAF)** A organização administrativa é baseada em dois pressupostos fundamentais: a distribuição de competências e a hierarquia. Nesse diapasão, quanto ao poder hierárquico, marque a opção incorreta.

(A) Hierarquia é o escalonamento em plano vertical dos órgãos e agentes da Administração que tem como objetivo a organização da função administrativa.
(B) Do sistema hierárquico na Administração decorrem alguns efeitos específicos, como o poder de comando, o dever de obediência, a fiscalização, o poder de revisão, a delegação e a avocação.
(C) Avocação é a transferência de atribuições de um órgão a outro no aparelho administrativo, abrangendo funções genéricas e comuns da Administração.
(D) Os órgãos consultivos, embora incluídos na hierarquia administrativa para fins disciplinares, fogem à relação hierárquica.
(E) Como resultado do poder hierárquico, a Administração é dotada da prerrogativa de ordenar, coordenar, controlar e corrigir as atividades de seus órgãos e agentes no seu âmbito interno.

2.3. ATO ADMINISTRATIVO

17. **(ADVOGADO – CORREIOS – 2008 – ESPP)** Analise as assertivas abaixo:

I. Regime Jurídico de Direito Público constitui-se no conjunto de normas jurídicas que disciplinam as relações em que o Estado participa com supremacia perante o interesse particular;

II. Os atos administrativos não dispõem de eficácia de coisa julgada material, pois não impedem a discussão da questão pela via judicial.

III. Caracteriza-se o desvio de finalidade ou desvio de poder a prática de atos pelo administrador público que sejam voltados exclusivamente a interesses particulares, o que os torna revogáveis, mas não nulos.

IV. A atividade administrativa não é desempenhada exclusivamente pelo Poder Executivo, desenvolvendo-a também os Poderes Legislativo e Judiciário, de forma atípica.

Assinale a alternativa correta:

(A) Apenas os itens I e II estão corretos.
(B) Os itens I e III estão incorretos.
(C) Apenas os itens II e IV estão corretos.
(D) Apenas o item III está incorreto.

18. **(ADVOGADO – CORREIOS – 2008 – ESPP)** Analise os itens a seguir:

I. A poder administrativo disciplinar não se restringe aos agentes públicos, podendo gerar aplicação de sanções a particulares nos acasos previstos em lei.

II. O poder de avocar atribuições, decorrente do poder administrativo hierárquico, possibilita que a autoridade superior exerça atividades originariamente atribuídas a órgãos subordinados, sem qualquer tipo de restrição.

III. Os atos administrativos normativos geram efeitos *interna corporis*, não vinculando os administrados, pois não dispõe da mesma abrangência inerente às leis.

IV. A auto-executoriedade, atributo inerente ao poder de polícia administrativo, possibilita Administração Pública, por seus próprios meios, faça cumprir suas decisões sem necessidade de autorização prévia do Poder judiciário, sendo vedado o uso da força física para tanto.

Assinale a alternativa correta:

(A) Os itens II e IV estão incorretos.
(B) Os itens I, II e III estão corretos.
(C) Os itens III e IV estão incorretos.
(D) Todos os itens estão incorretos.

19. **(ADVOGADO – EMBRAPA – 2005 – CESPE)** Hely Lopes Meirelles, em sua obra Direito Administrativo Brasileiro, diz que a administração pública realiza sua função executiva por meio de atos jurídicos que recebem a denominação especial de atos administrativos. Nessa mesma obra, o autor define ato administrativo como sendo toda manifestação unilateral de vontade da administração pública que, agindo nessa qualidade, tenha por fim imediato adquirir, resguardar, transferir, modificar, extinguir e declarar direitos, ou impor obrigações aos administrados ou a si própria. Acerca dos atos administrativos, julgue os seguintes itens.

1. Para a prática do ato administrativo, a competência é a condição primeira de sua validade, pois nenhum ato, discricionário ou vinculado, pode ser realizado validamente sem que o agente disponha de poder legal para praticá-lo.

2. A auto-executoriedade do ato administrativo consiste na imediata execução pelaprópria administração, bastando para isso uma simples ordem judicial.

3. Ato de gestão é o ato administrativo utilizado pela administração nas desapropriações, nas interdições de atividades,nas ordensestatutárias, usando de sua supremacia sobre o administrado ou servidor, impondo-lhes obrigatório atendimento.

4. Anulação é a supressão de um ato administrativo legítimo e eficaz, realizada pela administração, e somente por ela, por não mais lhe convir sua existência.

5. Revogação é a declaração de invalidade de um ato administrativo ilegítimo ou ilegal, feita pela própria administração ou pelo Poder Judiciário.

20. **(ADVOGADO – DATAPREV – 2009 – UFF)** Leia com atenção as afirmativas abaixo.

I. O ato administrativo, como espécie do gênero ato jurídico, corresponde a toda manifestação unilateral de vontade da Administração Pública que, agindo nessa qualidade, objetiva a aquisição, o resguardo, a modificação, a transformação ou a extinção de direitos.

II. Os elementos do ato administrativo são: competência, finalidade, forma, motivo e objeto, sendo certo que, quanto a todos eles, o ato administrativo é vinculado, face ao princípio da legalidade que o norteia.

III. Os regulamentos são atos administrativos ordinatórios que visam organizar a Administração Pública, e não se confundem com as leis, que são normas gerais.

IV. São características do ato administrativo a presunção de legitimidade, a imperatividade e a auto-executoriedade. Das afirmativas acima, estão corretas apenas:

(A) I e II;
(B) II e III;
(C) I e IV:
(D) II e IV;
(E) III e IV.

21. **(ADVOGADO – DATAPREV – 2009 – UFF)** Das afirmativas abaixo, a correta é:

(A) após a promulgação da Constituição da República Federativa do Brasil, o nosso ordenamento jurídico veda, em qualquer hipótese, e expedição de decretos autônomos;
(B) nos termos precisos da Lei nº 9.784/1999, não podem ser objeto de delegação a edição de atos de caráter normativo, a decisão de recursos administrativos e as matérias de competência exclusiva do órgão ou autoridade;
(C) a competência, quando exercida além dos limites estabelecidos na lei, dá lugar a uma das modalidades de abuso de poder, denominada desvio de poder;
(D) constituem o mérito administrativo os aspectos do ato que dizem respeito à legalidade e à legitimidade do ato administrativo;
(E) para o Direito Administrativo a usurpação de função e o exercício de função de fato possuem conseqüências jurídicas idênticas.

22. **(ADVOGADO – IRB – 2006 – ESAF)** Assinale a opção que veicula, concomitantemente, elementos do ato administrativo e do ato jurídico lato sensu:

(A) agente/motivo/objeto
(B) motivo/finalidade/forma

(C) motivo/objeto/forma
(D) finalidade/agente/objeto
(E) agente/forma/objeto

23. **(ADVOGADO – IRB – 2006 – ESAF)** Assinale a opção que contemple dois exemplos de atos administrativos que não são passíveis de extinção por revogação.
(A) Autorização para porte de arma/ licença para o exercício de profi ssão regulamentada.
(B) Autorização para uso de bem público/ edital que declare abertas as inscrições para concurso público.
(C) Edital de licitação na modalidade de concorrência/ alvará de autorização de funcionamento.
(D) Posse candidato aprovado em concurso público e previamente nomeado/ atestado médico emitido por servidor público médico do trabalho.
(E) Homologação de concurso público/ ato que declare dispensa de licitação.

24. **(ADVOGADO – IRB – 2006 – ESAF)** Tício, servidor público de uma Autarquia Federal, aprovado em concurso público de provas e títulos, ao tomar posse, descobre que seria chefiado pelo Sr. Abel, pessoa com quem sua família havia cortado relações, desde a época de seus avós, sem que Tício soubesse sequer o motivo. Depois de sua primeira semana de trabalho, apesar da indiferença de seu chefe, Tício sentia-se feliz, era seu primeiro trabalho depois de tanto estudar para o concurso ao qual se submetera. Qual não foi sua surpresa ao descobrir, em sua segunda semana de trabalho, que havia sido removido para a cidade de São Paulo, devendo, em trinta dias adaptar-se para se apresentar ao seu novo chefe, naquela localidade. Considerando essa situação hipotética e os preceitos, a doutrina e a jurisprudência do Direito Administrativo Brasileiro, assinale a única opção correta.
(A) A conduta do Sr. Abel não merece reparos, posto que amparada pela lei.
(B) O Sr. Abel agiu com excesso de poder, razão pela qual seu ato padece de vício.
(C) O Sr. Abel agiu corretamente, na medida em que Tício ainda se encontrava em estágio probatório.
(D) O Sr. Abel incidiu em desvio de finalidade, razão pela qual o ato por ele praticado merece ser anulado.
(E) Considerando que o ato do Sr. Abel padece de vício, o mesmo deverá ser revogado.

25. **(ADVOGADO – BNDES – 2008 – CESGRANRIO)** De acordo com a doutrina, e conforme o que dispõe a legislação brasileira, pode-se considerar que os atos administrativos possuem elementos formativos. Estes podem ser, respectivamente,

	Essenciais	Acidentais
(A)	motivo, forma, sujeito, razoabilidade e objeto	fato, condição e encargo
(B)	forma, sujeito, finalidade,motivo e objeto	modo, termo e condição
(C)	forma, sujeito, objeto, razoabilidade e motivo	encargo, termo e condição
(D)	objeto, forma, motivação, sujeito e finalidade	encargo, condição e fato
(E)	sujeito, razoabilidade, objeto, forma e motivação	modo, termo e condição

26. **(ADVOGADO – BNDES – 2006 – CESGRANRIO)** Sobre os atos administrativos, assinale a afirmação correta.
(A) As autorizações, em regra, constituem atos bilaterais.
(B) Os atos da Administração são, por definição, atos administrativos.
(C) É vedada a prática de atos abstratos pela Administração Pública.
(D) É exemplo de ato constitutivo a demissão de um funcionário público.
(E) Os efeitos prodrômicos do ato administrativo são espécie de efeito típico do ato.

27. **(ADVOGADO – BNDES – 2004 – CESGRANRIO)** O chamado **desvio de poder** é vício do ato administrativo que deriva do(a):
(A) defeito do fim.
(B) defeito de motivo.
(C) defeito de forma.
(D) ilegalidade do objeto.
(E) incompetência.

28. **(ADVOGADO – BNDES – 2001 – VUNESP)** A norma que permite a remoção *ex officio* do servidor público, a critério da Administração, para atender à conveniência do serviço, consubstancia aplicação da
(A) finalidade.
(B) formalidade.
(C) discricionariedade.
(D) vinculação do ato administrativo.
(E) publicidade.

29. **(ADVOGADO – BNB – 2006 – ACEP)** Marque a alternativa **INCORRETA**.
(A) Os chamados atos "discricionários", ou atos praticados no exercício de competência discricionária, seriam os atos que a administração pratica com certo grau de liberdade de avaliação ou decisão, segundo critérios de oportunidade e conveniência formuladas por ela mesma, ainda que adstrita à lei reguladora da expedição desses atos.

(B) Os bens públicos podem ser classificados, de acordo com o critério da destinação ou afetação, em bens de uso comum do povo, de uso especial e dominicais.
(C) No que se refere à responsabilidade civil da Administração Pública no direito brasileiro, vigora a teoria subjetiva do risco integral, para atos comissivos dos agentes públicos (art.37, § 6º da CF/88), e a teoria objetiva, para atos omissivos dos agentes públicos.
(D) A presunção de legitimidade é atributo do ato administrativo.
(E) O direito administrativo se delineia com esteio na supremacia do interesse público sobre o privado e na indisponibilidade, pela Administração, dos interesses públicos.

30. **(ADVOGADO – BNB – 2006 – ACEP)** Marque a alternativa **CORRETA**.
(A) O ato administrativo ilegal é passível de anulação pelo Poder Judiciário, não sendo possível que a Administração que o exarou possa anulá-lo pelo seus próprios meios.
(B) É exigível a licitação, mesmo quando houver inviabilidade de competição, por força do formalismo legal.
(C) Não cabe, em nenhuma hipótese, à Administração, discricionariamente, decidir sobre a realização ou não da licitação.
(D) Serviço público é todo aquele prestado pela Administração ou por seus delegados, sob normas e controles estatais, para satisfazer necessidades essenciais ou secundárias da coletividade ou simples conveniências do Estado.
(E) O ato administrativo complexo é o que necessita, para sua formação, da dupla manifestação de vontade de um único órgão.

31. **(PROCURADOR – BANCO CENTRAL – 2009 – CESPE)** A respeito da prescrição e da decadência na administração pública, assinale a opção correta.
(A) Caso uma agência reguladora tenha multado uma empresa por prática de infração administrativa que também constitua crime, o prazo de prescrição administrativa será o previsto na lei penal.
(B) Considere a seguinte situação hipotética. Em 10/2/2002, Gustavo requereu administrativamente que lhe fosse paga determinada quantia remuneratória mensal a qual entendia devida. Somente em março de 2009, Gustavo promoveu ação judicial contra a União, buscando a inserção desse valor na sua remuneração, bem como as parcelas devidas desde fevereiro de 2002. Nessa situação, terá havido prescrição do próprio fundo do direito.
(C) Se determinado ato administrativo que concedeu vantagens pessoais a um servidor público federal foi praticado em 1997, e somente em março de 2003 foi dado início a processo administrativo impugnando a sua validade, nesse caso, havendo boa-fé da pessoa do destinatário, o prazo decadencial de cinco anos já se operou, de forma que decaiu o direito de a administração anulá-lo, em março de 2003.
(D) Considere a seguinte situação hipotética. Maria, servidora pública federal, recebeu em seu contracheque quantia que sabia ser indevida e, ao solicitar informação ao setor competente, foi orientada a ficar calada, pois, se não houvesse indagação acerca da quantia, não haveria como ser pedida sua devolução. Seis anos depois, Maria foi instada a devolver esse valor, mas alegou decadência do direito da administração em anular o ato. Nessa situação, Maria tem razão.
(E) (A)prescrição das dívidas, dos direitos e das ações, consoante o Decreto n.º 20.910/1932, somente pode ser interrompida uma vez, quando, então, recomeça a correr o prazo na sua integralidade.

32. **(ADVOGADO – ANATEL – 2009 – CESPE)** Julgue os itens seguintes, referentes aos atos administrativos.

1 O conceito de ato administrativo teve origem e se desenvolveu na Inglaterra, país filiado ao sistema do *civil law*, com regime jurídico próprio para as questões concernentes ao direito administrativo.

2 Ato administrativo é aquele praticado no exercício concreto da função administrativa pelos órgãos do Poder Executivo ou pelos órgãos judiciais e legislativos. Assim, um tribunal de justiça estadual, quando concede férias aos seus servidores, desempenha uma função administrativa.

33. **(ADVOGADO – ANP – 2008 – CESGRANRIO)** Em relação aos atos administrativos, são feitas as afirmações abaixo.

I. Os atos de caráter normativo poderão ser delegados, de acordo com a conveniência do dirigente do órgão.

II. Os atos decisórios de órgãos colegiados deverão constar de ata ou termo escrito, sendo permitido efetuar sua reprodução mecânica, desde que não sejam prejudicados direitos dos interessados.

III. No caso de decisão sobre concursos públicos, tais atos poderão ser motivados, com indicação dos fatos e fundamentos jurídicos.

IV. Contra decisões administrativas cabe recurso, que deve ser dirigido inicialmente à autoridade prolatora do ato.

Estão corretas **APENAS** as afirmações:
(A) I e II
(B) I e III
(C) I e IV
(D) II e IV
(E) III e IV

34. **(ADVOGADO DA UNIÃO – AGU – 2009 – CESPE)** Acerca da advocacia pública consultiva, julgue o item a seguir.

1. No que tange às repercussões da natureza jurídico-administrativa do parecer jurídico, o STF entende que: quando a consulta é facultativa, a autoridade não se vincula ao parecer proferido, de modo que seu poder de decisão não se altera pela manifestação do órgão consultivo; por outro lado, quando a consulta é obrigatória, a autoridade administrativa se vincula a emitir o ato tal como submetido à consultoria, com parecer favorável ou contrário, e, se pretender praticar ato de forma diversa da apresentada à consultoria, deverá submetê-lo a novo parecer; por fim, quando a lei estabelece a obrigação de decidir à luz de parecer vinculante, essa manifestação de teor jurídico deixa de ser meramente opinativa, não podendo a decisão do administrador ir de encontro à conclusão do parecer.

35. **(ADVOGADO DA UNIÃO – AGU – 2006 – CESPE)** A teoria geral do direito estuda a norma jurídica sob uma perspectiva tridimensional, que distingue três planos principais: o da existência, o da validade e o da eficácia. Esses três planos são a base para a construção da teoria das nulidades do ato administrativo. Com referência a esse assunto, julgue os itens seguintes, acerca do ato administrativo inexistente.

1. O clássico exemplo de ato inexistente é o ato praticado pelo usurpador de função pública, mas admite-se também o uso da expressão ato inexistente para designar atos cujo objeto seja materialmente impossível, como a nomeação de pessoa morta.
2. É de pouco interesse prático a distinção entre nulidade e inexistência dentro do direito administrativo, pois os atos inexistentes conduzem ao mesmo resultado dos atos nulos: a invalidação.

36. **(ADVOGADO DA UNIÃO – AGU – 2006 – CESPE)** A respeito da relação entre o administrador público e as manifestações exaradas por parecerista em exercício de atividade consultiva, julgue os seguintes itens.

1. Às consultorias jurídicas, órgãos setoriais da AGU, compete fixar a interpretação da Constituição Federal e das leis, em suas áreas de atuação e coordenação, para orientar a atuação de autoridades do Poder Executivo, quando não houver orientação normativa da AGU.
2. Quando uma autoridade administrativa acata parecer da sua consultoria jurídica, o que subsiste como ato administrativo não é o parecer, mas sim o ato de sua aprovação, que poderá revestir-se de naturezas diversas, como normativa, ordinária, negocial ou punitiva.
3. Para a responsabilização do parecerista que emitiu parecer sobre determinada questão, induzindo a autoridade administrativa a erro, é desnecessário demonstrar a culpa, ou o cometimento de erro grave, inescusável.
4. A autoridade administrativa competente, ao julgar fatos apurados em um processo administrativo, não está vinculada às conclusões do parecer final que lhe é encaminhado por sua consultoria jurídica, mas, caso venha a afastar-se do sugerido, deve especificar os pontos em que o mesmo lhe parece equivocado ou inaplicável ao caso.
5. Se a autoridade administrativa acolher parecer devidamente fundamentado de sua consultoria jurídica para decidir pela demissão de servidor público, com a simples aposição da expressão "de acordo", sem aprofundamento de fundamentação, o ato demissório deverá ser considerado desmotivado e, portanto, eivado de nulidade.

37. **(ADVOGADO DA UNIÃO – AGU – 2004 – CESPE)** Com relação aos atos administrativos, julgue os itens seguintes.

1 Os atos administrativos da administração pública federal dotados de auto-executoriedade e praticados por ministro de Estado, após o devido processo administrativo em que tenham sido assegurados ao administrado o contraditório e a ampla defesa, ainda que possam causar sérios gravames aos indivíduos, não poderão ser objeto de concessão de liminar em medida cautelar inominada proposta perante juiz de primeiro grau federal.

2 Nos atos discricionários, cabe à administração pública a valoração dos motivos e do objeto quanto à sua oportunidade, conveniência, eficiência e justiça.

3 Os atos emanados de órgãos colegiados são atos complexos, porque, para a sua formação, concorrem vontades autônomas dos membros do colegiado.

4 Segundo os defensores da teoria monista das nulidades dos atos administrativos, todo ato administrativo ilegal é nulo, não existindo a hipótese, no âmbito do direito administrativo, de o ato administrativo ser anulável, uma vez que isso implicaria, no caso de sua não-anulação, a manutenção da validade de atos ilegais.

5 No plano federal, a lei admite a convalidação de atos inexistentes, desde que se evidencie que não acarretam lesão a interesse público nem prejuízo a terceiros.

6 Considere a seguinte situação hipotética. Em 2004, revisando, por meio de processo administrativo instaurado por comissão constituída para

essa finalidade, atos de anistia e readmissão no serviço público, praticados em dezembro de 1998, a administração constatou a readmissão irregular de um servidor que não fazia jus ao benefício. Nessa situação, ainda que comprovada a boa-fé do servidor e desde que assegurados os direitos ao contraditório e à ampla defesa, a administração pode anular o ato de readmissão com base no seu poder de autotutela.

38. **(PROCURADOR FEDERAL – AGU – 2007 – CESPE)** Julgue os próximos itens, relativos à teoria dos motivos determinantes.

1 Não se decreta a invalidade de um ato administrativo quando apenas um, entre os diversos motivos determinantes, não está adequado à realidade fática.

2 De acordo com a referida teoria, os motivos que determinaram a vontade do agente e que serviram de suporte à sua decisão integram o plano da existência do ato administrativo.

39. **(PROCURADOR FEDERAL – AGU – 2007 – CESPE)** Julgue os itens que se seguem, relativos à discricionariedade dos atos da administração.

1 A jurisdição constitucional atribuída ao STF tem também uma dimensão política, o que permite ao tribunal exercer controle judicial em tema de implementação de políticas públicas quando configurada hipótese de abusividade governamental.

2 A reserva do possível pode ser sempre invocada pelo Estado com a finalidade de exonerar-se do cumprimento de suas obrigações constitucionais que impliquem custo financeiro.

3 As dúvidas sobre a margem de discricionariedade administrativa devem ser dirimidas pela própria administração, jamais pelo Poder Judiciário.

4 O ato disciplinar é vinculado, deixando a lei pequenas margens de discricionariedade à administração, que não pode demitir ou aplicar quaisquer penalidades contrárias à lei, ou em desconformidade com suas disposições.

40. **(PROCURADOR FEDERAL – AGU – 2004 – CESPE)** Um servidor público de nível médio da administração direta, selecionado por meio de processo seletivo, teve seu ato de nomeação e sua posse em cargo público efetivo anulados, tendo em vista nulidade posterior declarada de seu processo de seleção, em face de procedência, com trânsito em julgado, de ação popular movida por sindicato da categoria que o representaria. Constatado tal fato, administrado que tivera pretensão indeferida pelo servidor pediu a declaração de nulidade do ato indeferitório, sob o argumento de que o mesmo estava viciado por incompetência. Ao examinar o pedido, a administração pública negou-o, sob o fundamento de que o indeferimento derivava do não-atendimento pelo administrado de requisitos expressos em lei. Com o indeferimento, ademais, convalidou o ato praticado pelo servidor cuja nomeação e posse foram anuladas. Acerca dessa situação hipotética, julgue os itens subseqüentes.

1 A ação popular foi movida por parte ilegítima.

2 Os atos praticados pelo servidor são nulos, pois a investidura decorreu de mero processo seletivo.

3 A convalidação dos atos administrativos praticados pelo servidor não se fazia possível, uma vez que o vício noticiado era de competência.

4 A convalidação do ato praticado pelo servidor cujos atos de nomeação e posse foram anulados era ato discricionário da administração.

41. **(PROCURADOR DA FAZENDA NACIONAL – 2007.2 – ESAF)** Entre os atos da Administração, verifica-se a prática do ato administrativo, o qual abrange somente determinada categoria de atos praticados no exercício da função administrativa. Destarte, assinale a opção correta.

(A) A presunção de legitimidade e veracidade, a imperatividade e a auto-executoriedade são elementos do ato administrativo.

(B) Procedimento administrativo consiste no iter legal a ser percorrido pelos agentes públicos para a obtenção dos efeitos regulares de um ato administrativo principal.

(C) Os atos de gestão são os praticados pela Administração com todas as prerrogativas e privilégios de autoridade e impostos unilateral e coercitivamente ao particular, independentemente de autorização judicial.

(D) Ato composto é o que resulta da manifestação de dois ou mais órgãos, sejam eles singulares ou colegiados, cuja vontade se funde para formar um ato único.

(E) Na executoriedade, a Administração emprega meios indiretos de coerção, como a multa ou outras penalidades administrativas impostas em caso de descumprimento do ato, compelindo materialmente o administrado a fazer alguma coisa.

42. **(PROCURADOR DA FAZENDA NACIONAL – 2007.2 – ESAF)** Analise os itens a seguir: I. o direito da Administração de anular os atos administrativos de que decorram efeitos favoráveis para os destinatários decai em cinco anos; II. nos processos perante o Tribunal de Contas da União asseguram-se o contraditório e a ampla defesa quando da decisão puder resultar anulação ou revogação de ato administrativo que beneficie o

interessado, inclusive a apreciação da legalidade do ato de concessão inicial de aposentadoria, reforma e pensão; III. caberá ao Ministro de Estado da Fazenda definir as normas para a operacionalização da assunção, pela União, de responsabilidades civis perante terceiros no caso de atentados terroristas, atos de guerra ou eventos correlatos; IV. as pessoas jurídicas de direito privado prestadoras de serviços públicos responderão pelos danos que seus agentes, nesta qualidade, causarem a terceiros, assegurado o direito de regresso contra o responsável exclusivamente no caso de dolo; V. a certidão da dívida pública é um ato enunciativo.

Assinale a opção correta.

(A) Apenas o item II está correto.
(B) Apenas os itens III e V estão corretos.
(C) Todos os itens estão incorretos.
(D) Apenas os itens I e IV estão incorretos.
(E) Apenas os itens II e IV estão incorretos.

43. **(PROCURADOR DA FAZENDA NACIONAL – 2007.1 – ESAF)** Considerando os atos administrativos, analise os itens a seguir: I. Recentemente, o Supremo Tribunal Federal decidiu que cabe ao Poder Judiciário apreciar o mérito dos atos administrativos, e que a análise de sua discricionariedade é possível para a verificação de sua regularidade em relação à forma, objeto e finalidade; II. Não se aplica a Teoria dos Motivos Determinantes aos atos discricionários; III. A Administração pode revogar seus próprios atos, quando eivados de vícios que os tornam ilegais, porque deles não se originam direitos, respeitados os direitos adquiridos; IV. Uma vez anulado o ato pela própria Administração, cessa imediatamente sua operatividade, não obstante possa o interessado pleitear judicialmente o restabelecimento da situação anterior; V. O ato administrativo pode ser extinto pela caducidade, a qual ocorre porque o destinatário descumpriu condições que deveriam permanecer atendidas a fim de poder continuar desfrutando da situação jurídica. A quantidade de itens corretos é igual a:

(A) 1
(B) 2
(C) 3
(D) 4
(E) 5

44. **(DEFENSORIA PÚBLICA DA UNIÃO – 2004 – CESPE)** Julgue os itens a seguir, com referência ao ato administrativo.

1. Há na doutrina quem aponte como atributos do ato administrativo, entre outros, a exigibilidade e a executoriedade (também chamada de autoexecutoriedade). Contudo, segundo a própria doutrina, ambas significam o mesmo, isto é, a capacidade de a administração pública, por si mesma, compelir materialmente o administrado à execução do ato.
2. A anulação e a revogação do ato administrativo não são as únicas causas possíveis para a extinção dele. A realização total dos efeitos do ato, o implemento de condição resolutiva e o desaparecimento do sujeito ou do objeto do ato também o são.

45. **(DEFENSORIA PÚBLICA DA UNIÃO – 2002 – CESPE)** Julgue os itens abaixo, relativos ao ato administrativo.

1. ato administrativo que decide o processo administrativo, de qualquer natureza ou tipo, deve ser, obrigatoriamente, motivado.
2. É factível, por ato judicial, a convalidação de ato administrativo que apresente vício sanável, desde que não ocorra lesão ao interesse público nem prejuízo a terceiros.
3. Decreto e regulamento são expressões sinônimas: nomeiam duas espécies de ato administrativo que têm a mesma natureza e o mesmo significado.
4. O atributo da auto-executoriedade do ato administrativo decorre do princípio da supremacia do interesse público, típico do regime jurídico -administrativo.
5. A discricionariedade decorre, muitas vezes, da adoção pelo legislador de conceitos jurídicos indeterminados, que permitem ao administrador, no caso concreto, construir a solução adequada ao interesse público.

2.4. ORGANIZAÇÃO DA ADMINISTRAÇÃO PÚBLICA

46. **(ADVOGADO – PETROBRÁS – 2006 – CESGRANRIO)** A Agência Nacional do Petróleo, Gás Natural e Biocombustíveis é entidade:

(A) submetida ao regime autárquico especial.
(B) integrante da Administração Pública direta.
(C) subordinada técnica e financeiramente ao Ministério das Minas e Energia.
(D) responsável pela definição das políticas de investimento da Petróleo Brasileiro S.A.
(E) responsável pela definição das políticas nacionais de aproveitamento racional dos recursos energéticos do País.

47. **(ADVOGADO – PETROBRÁS – 2006 – CESGRANRIO)** Acerca da Petróleo Brasileiro S. A. – Petrobras – nos termos compreendidos em seu estatuto social, é **INCORRETO** afirmar que:

(A) se trata de sociedade de economia mista, sob o controle da União Federal.

(B) se trata de empresa pública constituída sob a forma de sociedade anônima.
(C) poderá constituir subsidiárias destinadas ao cumprimento de atividades de seu objeto social.
(D) poderá formar consórcios, na condição ou não de empresa líder, objetivando expandir suas atividades.
(E) poderá, para expandir suas atividades, associar-se tanto a empresas brasileiras quanto a empresas estrangeiras.

48.**(ADVOGADO – PETROBRÁS – 2006 – CESGRANRIO)** É correto afirmar que as empresas públicas:

(A) possuem personalidade jurídica de Direito Público.
(B) integram a Administração Pública Direta.
(C) não se sujeitam à fiscalização do Tribunal de Contas.
(D) dependem de lei autorizativa para sua criação.
(E) devem, obrigatoriamente, ser constituídas sob a forma de sociedade anônima.

49.**(ADVOGADO – PETROBRÁS – 2003 – CESPE)** Julgue o item a seguir, relativo ao Decreto n.o 2.455/1998, que implantou a ANP.

1 A ANP, autarquia sob regime especial, com personalidade jurídica de direito público, tem competência para regular e autorizar as atividades relacionadas com o abastecimento nacional de combustíveis, julgando as infrações contra a ordem econômica relativas ao petróleo nacional e aplicando as penalidades previstas na lei, atribuição antes conferida ao Conselho Administrativo de Defesa Econômica (CADE).

50.**(ADVOGADO – PETROBRÁS – 2001 – CESPE)** Acerca do regime jurídico aplicável à PETROBRAS, julgue os itens que se seguem.

1 A PETROBRAS possui personalidade jurídica de direito privado. Conseqüentemente, a punição a ser aplicada a seus empregados pelo cometimento de infrações independerá de processo que assegure contraditório e ampla defesa.

2 A PETROBRAS possui competência para desapropriar bens, ressalvados aqueles pertencentes à fazenda pública federal.

3 Os empregados da PETROBRAS não terão estabilidade, haja vista o regime jurídico por ela adotado ser o da CLT e a estabilidade ser direito reconhecido aos ocupantes de cargos efetivos.

4 A PETROBRAS poderá, independentemente de lei autorizativa, alienar bens imóveis. Essa alienação, no entanto, dependerá da demonstração do interesse público, de avaliação prévia e da realização, em regra, do devido processo licitatório.

5 Sendo a PETROBRAS entidade exploradora de atividade empresarial, sujeita-se ao mesmo regime jurídico aplicável às empresas privadas, podendo, inclusive, beneficiar-se de incentivos fiscais.

51.**(ADVOGADO – PETROBRÁS DISTRIB. – 2008 – CESGRANRIO)** Analise as assertivas abaixo.

I. As empresas públicas e as sociedades de economia mista federais são pessoas jurídicas de direito privado, integrantes da Administração Pública Indireta da União.

II. Os consórcios públicos somente podem ser constituídos sob a forma de associação pública, dotada de personalidade jurídica de direito público e integrante da administração indireta de todos os entes da Federação consorciados.

III. As agências reguladoras são órgãos públicos criados por lei e sob a forma autárquica, dotados de regime jurídico especial que lhes assegura independência política.

IV. As autarquias são pessoas jurídicas de direito público, criadas por lei e integrantes da Administração Pública Indireta do respectivo ente federativo.

São corretas APENAS as assertivas:

(A) I e III
(B) I e IV
(C) II e III
(D) II e IV
(E) III e IV

52.**(ADVOGADO – PETROBRÁS TRANSP. – 2006 – CESGRANRIO)** Em relação às sociedades de economia mista, é **INCORRETO** afirmar que:

(A) as sociedades de economia mista, na qualidade de entes integrantes da Administração Pública Indireta,não estão sujeitas às regras da Lei das Sociedades Anônimas (Lei no 6.404/76).
(B) as sociedades anônimas de economia mista estão sujeitas ao disposto na Lei das Sociedades Anônimas (Lei no 6.404/76), sem prejuízo das disposições especiais de lei federal.
(C) a companhia de economia mista somente poderá explorar os empreendimentos ou exercer as atividades previstos na lei que autorizou a sua constituição.
(D) a constituição de companhia de economia mista depende de prévia autorização legislativa.
(E) o funcionamento do conselho fiscal será permanente nas companhias de economia mista.

53.**(ADVOGADO – EPE – 2007 – CESGRANRIO)** Tratando-se da Agência Nacional do Petróleo, Gás Natural e Biocombustíveis – ANP, entidade regulada pelo Decreto no 2.455, de 14 de janeiro de 1998, é **INCORRETO** afirmar que:

(A) é submetida ao regime autárquico especial.
(B) é competente para autorizar a prática das atividades de importação e exportação de petróleo e seus derivados.
(C) subordina-se administrativamente ao Ministério das Minas e Energia.
(D) possui personalidade jurídica de direito público.
(E) tem, dentre suas atribuições, a de promover a regulação das atividades econômicas integrantes da indústria do petróleo.

54. **(ADVOGADO – EPE – 2007 – CESGRANRIO)** Acerca das Agências Reguladoras Federais, é correto afirmar que:

I. integram a Administração Pública Direta;
II. seus dirigentes possuem mandato fixo;
III. não possuem autonomia financeira;
IV. têm poder normativo.

Estão corretas as afirmativas:

(A) II e III, apenas.
(B) II e IV, apenas.
(C) I, II e IV, apenas.
(D) II, III e IV, apenas.
(E) I, II, III e IV.

55. **(ADVOGADO – REFAP – 2007 – CESGRANRIO)** Considerando o disposto na Lei no 9.478/1997, que instituiu a Agência Nacional do Petróleo, Gás Natural e Biocombustíveis (ANP), assinale a opção que **NÃO** corresponde a uma finalidade da ANP.

(A) Especificar a qualidade dos derivados de petróleo, gás natural e seus derivados e dos biocombustíveis.
(B) Elaborar os editais e promover as licitações para a concessão da exploração, desenvolvimento e produção de petróleo e gás natural.
(C) Promover estudos visando à delimitação de blocos para efeito de concessão das atividades de exploração, desenvolvimento e produção de petróleo e gás natural.
(D) Fiscalizar as atividades integrantes da indústria do petróleo, do gás natural e dos biocombustíveis, bem como aplicar as sanções administrativas e pecuniárias previstas em lei, regulamento ou contrato.
(E) Estabelecer diretrizes para os programas de uso do gás natural, do carvão, da energia termonuclear, dos biocombustíveis, da energia solar, da energia eólica e da energia proveniente de outras fontes alternativas.

56. **(ADVOGADO – CORREIOS – 2008 – ESPP)** Analise as alternativas a seguir:

I. As empresas estatais estão submetidas a regime jurídico estritamente público e devem observar a lei que as institui.
II. As sociedades de economia mista só podem ser constituídas no modelo legal de sociedades anônimas, sendo que aos particulares é vedado o seu controle acionário, que é deferido exclusivamente ao Estado.
III. As empresas públicas devem observar as regras obrigatórias relativas aos concursos públicos para contratação de seus empregados e as normas de licitação para efetivação de todas as espécies de contratos que firmar.
IV. As empresas estatais, no que não conflitar com as regras de direito público, estão submetidas às obrigações civis, comerciais, trabalhistas, previdenciárias e tributárias aplicáveis às empresas privadas.

Assinale a alternativa adequada:

(A) Os itens I e III estão corretos.
(B) Os itens III e IV estão incorretos.
(C) Os itens II e IV estão corretos.
(D) Os itens I, II e III estão incorretos.

57. **(ADVOGADO – INFRAERO – 2004 – NCE/UFRJ)** A INFRAERO exerce as suas atividades autorizada por lei, tendo a natureza de:

(A) empresa pública federal;
(B) sociedade de economia mista federal;
(C) autarquia federal;
(D) organização não governamental;
(E) entidade associativa cooperativa.

58. **(ADVOGADO – DATAPREV – 2009 – UFF)** A teoria geral do órgão, inspirada nos ensinamentos do jurista alemão Otto Gierke, possui o intuito de justificar a natureza jurídica da relação entre o Estado e os agentes por meio dos quais atua. Com base nesta teoria, é correto asseverar que:

(A) em regra, o ato do agente público é ato do órgão e, portanto, imputável à Administração Pública;
(B) o agente público age como mandatário da Administração Pública;
(C) o agente público age como representante do Estado, à semelhança do tutor e curador de incapazes;
(D) o Estado não responde perante terceiros na hipótese de o agente público agir com excesso de poder;
(E) o órgão público possui personalidade jurídica própria.

59. **(ADVOGADO – DATAPREV – 2009 – UFF)** Analise as assertivas abaixo relacionadas às empresas públicas e às sociedades de economia mista, no âmbito federal:

I. Desde que a maioria do capital votante permaneça de propriedade da União, será admitida, no capital da Empresa Pública, a participação de outras pessoas jurídicas de direito público interno, bem como de entidades da Administração Indireta da União, dos Estados, Distrito Federal e Municípios.

II. Pode-se afirmar que o regime jurídico das empresas públicas e sociedades de economia mista é híbrido já que, dependendo do setor de sua atuação, sofre o influxo de normas de direito privado e de direito público.

III. Os bens que são transferidos ao patrimônio destas entidades caracterizam-se como bens públicos e gozam, portanto, de prerrogativas próprias como a imprescritibilidade, a impenhorabilidade, assim como a alienabilidade condicionada.

IV. Seus empregados são considerados agentes públicos para os fins de incidência das diversas sanções na hipótese de improbidade administrativa (Lei n º 8.429/92).

Sobre as assertivas acima, pode-se afirmar que:

(A) todas são falsas;
(B) todas são verdadeiras;
(C) somente I, II e IVsão verdadeiras;
(D) somente I, II e III são verdadeiras;
(E) somente II, III e IVsão verdadeiras.

60. **(ADVOGADO – IRB – 2006 – ESAF)** Assinale a opção falsa. As empresas públicas federais, no direito brasileiro, submetem-se ao regime jurídico próprio das empresas privadas no que toca:

(A) aos direitos e obrigações civis.
(B) às obrigações trabalhistas.
(C) ao foro, nas causas de competência da justiça comum.
(D) às obrigações tributárias.
(E) à forma de organização.

61. **(ADVOGADO – CASA DA MOEDA – 2009 – CESGRANRIO)** Quanto ao seu regime jurídico, as empresas públicas federais que integram a Administração Pública

(A) Direta Federal possuem personalidade jurídica de direito público e se submetem ao regime previsto na Lei no 8.666/93 no que tange a licitações e contratos administrativos.
(B) Direta Federal são órgãos destituídos de personalidade jurídica, embora possuam patrimônio e receitas próprios, bem como gestão administrativa e financeira descentralizada.
(C) Direta Federal não possuem personalidade jurídica própria e se sujeitam ao regime jurídico das empresas privadas, inclusive quanto aos direitos e obrigações civis, comerciais, trabalhistas e tributários.
(D) Indireta Federal possuem personalidade jurídica de direito privado e se subordinam ao regime jurídico próprio das empresas privadas, inclusive quanto às regras de admissão de pessoal.
(E) Indireta Federal possuem personalidade jurídica de direito privado e se sujeitam ao regime jurídico próprio das empresas privadas, inclusive quanto aos direitos e obrigações civis, comerciais, trabalhistas e tributários.

62. **(ADVOGADO – BNDES – 2004 – CESGRANRIO)** A descentralização administrativa se diferencia da figura da desconcentração pela:

(A) transferência de atribuições de um centro administrativo.
(B) possibilidade de verificar-se tanto entre órgãos num mesmo local como entre órgãos geograficamente distantes.
(C) aplicabilidade no âmbito das Administrações Federal, Estadual, Municipal e do Distrito Federal.
(D) restrição de sua ocorrência entre órgãos integrantes da mesma pessoa jurídica ou da mesma entidade.
(E) ausência de controle hierárquico entre os entes envolvidos.

63. **(ADVOGADO – BNDES – 2001 – VUNESP)** São traços distintivos entre sociedade de economia mista e empresa pública, no direito brasileiro,

(A) criação e extinção por lei.
(B) sujeição ao controle estatal e personalidade jurídica de direito privado.
(C) forma de organização e composição do capital.
(D) vinculação aos fins definidos na lei instituidora e desempenho de atividade de natureza econômica.
(E) derrogação parcial do regime de direito privado por normas de direito público e criação por lei.

64. **(ADVOGADO – BNDES – 2001 – VUNESP)** A fundação que celebre contrato de gestão com o órgão da Administração Direta a que se acha vinculada, para a melhoria da eficiência e redução de custos, é qualificada como:

(A) autarquia especial.
(B) fundação pública.
(C) fundação privada.
(D) agência executiva.
(E) agência reguladora.

65. **(ADVOGADO – BNB – 2006 – ACEP)** Leia o texto a seguir extraído, com adaptações, da *home-page* do Banco do Nordeste do Brasil S.A. (BNB).

"O Banco do Nordeste do Brasil S.A. (BNB) é uma instituição financeira múltipla criada pela Lei Federal nº 1649, de 19.07.1952.

Maior instituição da América do Sul voltada para o desenvolvimento regional, o BNB opera como órgão executor de políticas públicas, cabendo-lhe a operacionalização de programas como o Programa Nacional de Fortalecimento da Agricultura Familiar (Pronaf) e a administração do Fundo Constitucional de Financiamento do Nordeste (FNE), principal fonte de recursos operacionalizada pela Empresa.

O BNB é responsável pelo maior programa de microcrédito da América do Sul e o segundo da

América Latina, o CrediAmigo, por meio do qual o Banco já emprestou mais de R$ 1,5 bilhão a microempreendedores."

Com base no texto acima marque a alternativa **INCORRETA**.

(A) Pode-se afirmar que o Banco do Nordeste do Brasil S.A. (BNB) faz parte da chamada administração indireta, sendo dispensado, em regra, de realizar licitações para a aquisição de bens ou contratação de obras e serviços, por seguir um regime jurídico específico, regulado pelo regime próprio das empresas privadas, conforme norma constitucional.

(B) O BNB sofre o influxo de princípios e regras de Direito Público, sendo em essência um instrumento de ação do Estado. Constitui-se, portanto, num auxiliar do Poder Público na busca de interesses transcendentes aos meramente privados.

(C) Diferentemente da Caixa Econômica Federal, o BNB não é uma empresa pública. No BNB, há conjugação de recursos particulares com recursos provenientes da União, com prevalência acionária votante da esfera governamental.

(D) O BNB, tal como as fundações públicas e as autarquias, sujeita-se ao controle estatal, abrangendo o interno, pelo Poder Executivo, e o externo, pelo Poder Legislativo, com auxílio do Tribunal de Contas da União (TCU).

(E) Segundo o ordenamento jurídico vigente, o BNB, sendo uma sociedade de economia mista, deve ser estruturado sob a forma de sociedade anônima.

66. **(PROCURADOR – BANCO CENTRAL – 2009 – CESPE)** A respeito da organização da administração pública, assinale a opção correta.

(A) Por não possuírem personalidade jurídica, os órgãos não podem figurar no polo ativo da ação do mandado de segurança.

(B) Segundo a teoria da imputação, os atos lícitos praticados pelos seus agentes são imputados à pessoa jurídica à qual eles pertencem, mas os atos ilícitos são imputados aos agentes públicos.

(C) Os órgãos públicos da administração direta, autárquica e fundacional são criados por lei, não podendo ser extintos por meio de decreto do chefe do Poder Executivo.

(D) A delegação de competência, no âmbito federal, somente é possível se assim determinar expressamente a lei.

(E) Quando as atribuições de um órgão público são delegadas a outra pessoa jurídica, com vistas a otimizar a prestação do serviço público, há desconcentração.

67. **(PROCURADOR – BANCO CENTRAL – 2009 – CESPE)** Acerca da administração pública indireta, assinale a opção correta.

(A) Não colide materialmente com a CF a determinação de que sejam previamente aprovadas, pelo Poder Legislativo, as indicações dos presidentes das entidades da administração pública indireta.

(B) Devido à natureza privada das empresas públicas e sociedades de economia mista exploradoras de atividade econômica, não há espaço para que essas entidades sejam fiscalizadas pelo TCU.

(C) Prevalece o entendimento de que as fundações públicas com personalidade jurídica de direito público são verdadeiras autarquias, as quais devem ser criadas por lei e não por ato infralegal.

(D) As autarquias são caracterizadas pela sua subordinação hierárquica a determinada pasta da administração pública direta. Dessa forma, contra a decisão proferida por elas cabe recurso hierárquico próprio para o chefe da pasta.

(E) O consórcio público, mesmo com personalidade jurídica de direito público, não passa a integrar a administração indireta de todos os entes da Federação consorciados.

68. **(ADVOGADO – ANATEL – 2009 – CESPE)** Acerca da regulação e das agências reguladoras, julgue os itens que se seguem.

1 Os conselheiros e os diretores das agências reguladoras somente perdem o mandato em caso de renúncia, de condenação judicial transitada em julgado ou de processo administrativo disciplinar, não podendo a lei de criação da agência prever outras condições para a perda do mandato.

2 Durante o período de impedimento para o exercício de atividades no setor regulado, o ex-dirigente de agência reguladora ficará vinculado à agência, fazendo jus a remuneração compensatória equivalente à do cargo de direção que exerceu e aos benefícios a ele inerentes.

3 O ex-dirigente de agência reguladora fica impedido para o exercício de atividades ou de prestar qualquer serviço no setor regulado pela respectiva agência, por um período de quatro meses, contados da exoneração ou do término do seu mandato.

4 O presidente, o diretor-geral ou o diretor-presidente das agências reguladoras devem ser escolhidos pelo presidente da República e por ele nomeados, após aprovação pelo Senado Federal.

69. **(ADVOGADO – ANATEL – 2009 – CESPE)** Acerca dos órgãos públicos, julgue os itens seguintes.

1 O Estado, como ente despersonalizado, tanto no âmbito internacional, como internamente, manifesta sua vontade por meio de seus agentes, ou

seja, as pessoas jurídicas que pertencem a seus quadros.

2 Quanto à composição, os órgãos públicos se classificam em singulares e coletivos. Os singulares são aqueles integrados por um só agente, como os chefes do Poder Executivo, e os coletivos, aqueles compostos por vários agentes.

70. **(ADVOGADO – ANATEL – 2009 – CESPE)** Acerca das agências reguladoras, julgue os itens subsequentes.

1 As agências reguladoras têm origem no regime norte-americano, contempladas nas figuras das *independent agencies* e *independent regulatory agencies*, destinadas à regulação econômica ou social.

2 O Plano Nacional de Desestatização tinha como objetivo estratégico, entre outros, o de aumentar o *deficit* público, de maneira a equilibrar as finanças do governo federal, transferindo para a iniciativa privada, por meio da privatização, atividades que o Estado exercia indevidamente e sem controle.

3 As agências reguladoras têm caráter nacional, sendo vedado aos estados e ao Distrito Federal criar suas próprias agências estaduais quando se tratar de serviço público, por ausência de previsão constitucional.

4 O regime jurídico aplicável aos servidores das agências reguladoras atualmente é o do emprego público, regulado pela Consolidação das Leis do Trabalho, dado o caráter de autarquia especial conferido às agências.

71. **(ADVOGADO – ANP – 2008 – CESGRANRIO)** Analise as afirmativas a seguir a respeito das entidades da administração federal indireta.

I. Empresas públicas e sociedades de economia mista só podem ser criadas por lei específica.

II. As fundações públicas terão suas áreas de atuação definidas por meio de lei ordinária.

III. A participação acionária de uma sociedade de economia mista em um grupo empresarial privado depende de autorização legislativa.

IV. Aos empregados das sociedades de economia mista da União não são aplicáveis as mesmas vedações sobre acumulação de cargos, empregos e funções, que atingem os servidores das autarquias.

É(São) verdadeira(s) **APENAS** a(s) afirmativa(s)

(A) I
(B) I e III
(C) I e IV
(D) II e III
(E) II e IV

72. **(ADVOGADO – ANP – 2008 – CESGRANRIO)** Considerando as características do regime jurídico a que se sujeita a Petróleo Brasileiro S.A. – PETROBRAS, trata-se esta de uma

(A) sociedade de economia mista com o controle acionário pertencente à União, cuja participação em consórcios para exploração das atividades da indústria do petróleo deve se dar sempre na condição de empresa líder.
(B) sociedade de economia mista com o controle acionário pertencente à União, autorizada a constituir subsidiárias para o exercício das atividades integrantes da indústria do petróleo previstas em seu objeto social.
(C) sociedade de economia mista com controle acionário pertencente à União, cuja atuação está restrita ao território nacional.
(D) empresa pública com controle acionário pertencente à União, autorizada a exercer as atividades constantes de seu objeto social dentro e fora do território nacional.
(E) empresa pública com controle acionário pertencente à União, cuja atuação está restrita ao território nacional.

73. **(ADVOGADO – ANP – 2008 – CESGRANRIO)** Em relação a empresas públicas e sociedades de economia mista, considere as afirmativas a seguir.

I. Integram a administração pública indireta.

II. Podem se destinar à exploração de atividade econômica.

III. Sua instituição depende de previsão legal que autorize sua criação.

IV. A criação de suas subsidiárias independe de autorização legislativa.

V. Estão obrigadas a realizar prévio procedimento licitatório para contratação de obras e serviços ou aquisição de bens.

Estão corretas **APENAS** as afirmativas

(A) I e II
(B) III e IV
(C) II, III e IV
(D) I, II, III e V
(E) I, III, IV e V

74. **(ADVOGADO DA UNIÃO – AGU – 2009 – CESPE)** Relativamente aos consórcios públicos, julgue o item seguinte.

1. No caso de constituir associação pública, o consórcio público adquirirá personalidade jurídica de direito público, mediante a vigência das leis de ratificação do protocolo de intenções. Nesse caso, a associação pública integrará a administração indireta de todos os entes da Federação consorciados. A União somente participará de consórcios públicos de que também façam parte todos os estados em cujos territórios estejam situados os municípios consorciados.

2. Na França, formou-se a denominada Escola do Serviço Público, inspirada na jurisprudência do Conselho de Estado, segundo a qual a competência dos tribunais administrativos passou a ser fixada em função da execução de serviços públicos.

3. Pelo critério teleológico, o Direito Administrativo é considerado como o conjunto de normas que regem as relações entre a administração e os administrados. Tal critério leva em conta, necessariamente, o caráter residual ou negativo do Direito Administrativo.

75. **(ADVOGADO DA UNIÃO – AGU – 2009 – CESPE)** Acerca do denominado terceiro setor, julgue o item que se segue.

1. As entidades de apoio são pessoas jurídicas de direito privado sem fins lucrativos, que podem ser instituídas sob a forma de fundação, associação ou cooperativa, tendo por objeto a prestação, em caráter privado, de serviços sociais não exclusivos do Estado. Tais entidades mantêm vínculo jurídico com a administração pública direta ou indireta, em regra, por meio de convênio. Por sua vez, os serviços sociais autônomos são entes paraestatais, de cooperação com o poder público, prestando serviço público delegado pelo Estado.

76. **(ADVOGADO DA UNIÃO – AGU – 2009 – CESPE)** Relativamente à administração indireta, julgue o item seguinte.

1. As agências reguladoras são autarquias sob regime especial, as quais têm, regra geral, a função de regular e fiscalizar os assuntos relativos às suas respectivas áreas de atuação. Não se confundem os conceitos de agência reguladora e de agência executiva, caracterizando-se esta última como a autarquia ou fundação que celebra contrato de gestão com o órgão da administração direta a que se acha hierarquicamente subordinada, para melhoria da eficiência e redução de custos.

77. **(ADVOGADO DA UNIÃO – AGU – 2006 – CESPE)** Acerca da teoria do órgão e sua aplicação no direito administrativo, julgue os itens a seguir.

1. A teoria do órgão, atualmente adotada no sistema jurídico, veio substituir as teorias do mandato e da representação.

2. A teoria do órgão é um dos fundamentos da teoria da responsabilidade subjetiva do Estado, buscando explicar como se podem atribuir ao Estado os atos praticados por pessoas físicas que agem em seu nome.

3. Quando Helly Lopes conceitua os órgãos públicos como centros de competência, instituídos para o desempenho de funções estatais, por meio de seus agentes, cuja autuação é imputada à pessoa jurídica a que pertencem, fica claro que o autor adota a teoria do órgão.

78. **(ADVOGADO DA UNIÃO – AGU – 2004 – CESPE)** Acerca do conceito de administração pública, da teoria do órgão da pessoa jurídica aplicada ao direito administrativo, da concentração e da desconcentração de competências e dos atos e fatos da administração pública, julgue os itens a seguir.

1. De acordo com a teoria do órgão da pessoa jurídica aplicada ao direito administrativo, as pessoas jurídicas estatais expressam suas vontades por meio dos seus órgãos, os quais, por sua vez, são representados por seus agentes, que atuam como mandatários da pessoa jurídica estatal.

2. A administração pública, em seu sentido formal, é o conjunto de órgãos instituídos com a finalidade de realizar as opções políticas e os objetivos do governo e, em seu sentido material, é o conjunto de funções necessárias ao serviço público em geral.

3. Os fatos administrativos voluntários se materializam ou por meio de atos administrativos que exprimam a manifestação da vontade do administrador ou por meio de condutas administrativas, as quais não são obrigatoriamente precedidas de um ato administrativo formal; por sua vez, os fatos administrativos naturais originam-se de fenômenos da natureza com reflexos na órbita administrativa.

4. Na desconcentração, o conteúdo das competências desconcentradas pode ser definido em razão da matéria, em razão do nível ou grau de responsabilidade decisória atribuída à competência desconcentrada ou por critério geográfico ou territorial, sendo a unidade da atuação da administração pública mantida em razão da coordenação ou vinculação existente entre os órgãos envolvidos.

79. **(PROCURADOR FEDERAL – AGU – 2007 – CESPE)** De acordo com os postulados extraídos da teoria do órgão, aplicável à administração pública, julgue os itens seguintes.

1. No direito brasileiro, os órgãos são conceituados como unidades de atuação integrantes da estrutura da administração direta e da estrutura da administração indireta e possuem personalidade jurídica própria.

2. As ações dos entes políticos — como União, estados, municípios e DF — concretizam-se por intermédio de pessoas físicas, e, segundo a teoria do órgão, os atos praticados por meio desses agentes públicos devem ser imputados à pessoa jurídica de direito público a que pertencem.

3. Foi o jurista alemão Otto Gierke quem estabeleceu as linhas mestras da teoria do órgão e indicou como sua principal característica o princípio da imputação volitiva.

80. **(PROCURADOR DA FAZENDA NACIONAL – 2007.1 – ESAF)** Quanto aos entes que compõem a Administração, analise os itens a seguir: I. O consórcio público está sujeito à fiscalização contábil, operacional e patrimonial a ser realizada pela Secretaria de Administração; II. O Serviço Social da Indústria – SESI – está sujeito à jurisdição da Justiça Federal; III. A autonomia gerencial, orçamentária e financeira dos órgãos e entidades da administração direta e indireta não pode ser ampliada mediante contrato; IV. Somente por lei específica poderá ser criada autarquia e autorizada a instituição de empresa pública, de sociedade de economia mista e de fundação, independendo de autorização legislativa a criação de subsidiárias dos referidos entes; V. Incumbe ao Setor Privado, na forma da lei, diretamente ou sob regime de concessão ou permissão, sempre através de licitação, a prestação de serviços públicos. A quantidade de itens incorretos é igual a:

(A) 1
(B) 2
(C) 3
(D) 4
(E) 5

2.5. AGENTES PÚBLICOS

81. **(ADVOGADO – PETROBRÁS – 2001 – CESPE)** Em cada um dos itens a seguir, é apresentada uma situação hipotética, relativa ao direito administrativo, seguida de uma assertiva a ser julgada.

1 O setor de recursos humanos da PETROBRAS entendeu que certas vantagens pagas a determinado servidor da entidade, além de não terem caráter pessoal, ultrapassavam a remuneração de ministro de Estado. Nesse caso, o referido setor deverá determinar o corte das citadas vantagens, a fim de que seja observada a regra do teto constitucional.

2 Será admitido no quadro de pessoal da PETROBRAS determinado indivíduo que já é aposentado no cargo de analista judiciário do STF. Nesse caso, o setor que cuida das admissões deve exigir que o empregado opte pela remuneração a ser paga pela PETROBRAS ou pelos proventos da aposentadoria.

3 Foi protocolizado, na própria PETROBRAS, pedido de ressarcimento de despesas sofridas por motorista de veículo particular em decorrência de acidente que envolveu veículo da entidade. Nesse caso, ainda que não tenha sido provada culpa na conduta do motorista da PETROBRAS, deverá ser autorizado o pagamento da indenização, haja vista ser objetiva a responsabilidade da entidade.

4 Determinada empresa controlada pela PETROBRAS foi autorizada a celebrar qualquer contrato sem licitação. Nesse caso, é legítima a autorização, em face de a referida empresa controlada não estar submetida ao dever constitucional de licitar.

5 Foi editado ato interno na PETROBRAS que autorizou seus empregados de nível médio que obtivessem diploma de nível superior a ascenderem ao cargo superior da área correspondente ao diploma. Nesse caso, em razão do *status* jurídico da PETROBRAS, é legal o ato praticado, que requererá, tão-somente, para a sua validade, a realização de concurso interno.

82. **(ADVOGADO – INFRAERO – 2004 – NCE/UFRJ)** O denominado "teto" de remuneração e de subsídios previsto pela Constituição Federal, no inciso XI, do artigo 37, na redação dada pela Emenda Constitucional no 41, de 19.12.2003, determina que os Desembargadores devem perceber, no máximo, o correspondente a:

(A) sessenta inteiros e vinte e cinco centésimos por cento do subsídio percebido por Ministro do Supremo Tribunal Federal;
(B) setenta inteiros e vinte e cinco centésimos por cento do subsídio percebido por Ministro do Supremo Tribunal Federal;
(C) oitenta inteiros e vinte e cinco centésimos por cento do subsídio percebido por Ministro do Supremo Tribunal Federal;
(D) noventa inteiros e vinte e cinco centésimos por cento do subsídio percebido por Ministro do Supremo Tribunal Federal;
(E) noventa e cinco inteiros e vinte e cinco centésimos por cento do subsídio percebido por Ministro do Supremo Tribunal Federal.

83. **(ADVOGADO – ELETROBRÁS – 2006 – NCE/UFRJ)** Sobre o concurso público, analise as afirmativas a seguir:

I. O prazo de validade somente poderá ser prorrogado se houver previsão no edital.

II. Não se exige concurso público para seleção de empregados de sociedades de economia mista criadas para desempenhar atividade econômica.

III. A Administração Pública pode contratar pessoas, de forma temporária, sem concurso público.

É/São verdadeira(s) somente a(s) afirmativa(s):

(A) I;
(B) II;
(C) III;

(D) I e II;
(E) I e III.

84. **(ADVOGADO – SERPRO – 2008 – CESPE)** Acerca da Lei n.º 8.112/1990 e dos atos de improbidade, julgue os itens seguintes.

1. Para os empregados públicos das empresas públicas, é opcional a apresentação, no ato da posse, da declaração de bens e valores que compõem o seu patrimônio privado.

2. Conforme entendimento do Supremo Tribunal Federal, os empregados de empresa pública e de sociedade de economia mista admitidos antes da Emenda Constitucional n.º 19/1998 fazem jus à estabilidade no serviço público.

85. **(ADVOGADO – IRB – 2006 – ESAF)** Relativamente às formas de provimento do servidor público, assinale a opção em que o servidor passa a exercer suas atribuições como excedente.

(A) Reintegração
(B) Readaptação
(C) Recondução
(D) Redistribuição
(E) Reversão, no interesse da Administração

86. **(ADVOGADO – CASA DA MOEDA – 2009 – CESGRANRIO)** No que concerne ao regime disciplinar dos servidores públicos federais, analise as assertivas abaixo.

I. O servidor público responde civil, penal e administrativamente pelo exercício irregular de suas atribuições, desde que a sua conduta resulte em prejuízo ao erário ou a terceiros.

II. As sanções civis, penais e administrativas podem cumular-se, sendo independentes entre si; mas a responsabilidade administrativa do servidor será afastada em caso de absolvição criminal que negue a existência do fato ou sua autoria.

III. A ação disciplinar prescreve em cinco anos, seja qual for a natureza da infração administrativa cometida pelo servidor, começando a correr da data em que o fato se tornou conhecido.

É(São) correta(s) **APENAS** a(s) afirmativa(s)

(A) I.
(B) II.
(C) III.
(D) I e III.
(E) II e III.

87. **(PROCURADOR – BANCO CENTRAL – 2009 – CESPE)** Quanto aos agentes públicos e ao regime jurídico dos servidores públicos federais, assinale a opção correta.

(A) Servidor público federal eleito prefeito de sua cidade natal, diante do afastamento do cargo efetivo federal, não poderá optar por continuar a receber a sua remuneração, caso seja maior que a de prefeito.
(B) Conforme a Lei n.° 8.112/1990, o servidor público federal detentor de cargo efetivo ou em comissão poderá afastar-se do exercício do cargo, com a respectiva remuneração, para participar de programas de mestrado ou doutorado no país ou no exterior.
(C) Se um indivíduo tomar posse em cargo público federal, mas não entrar em exercício no prazo legal, será tornado sem efeito o ato de posse.
(D) Se um indivíduo ingressou, sem concurso público, no serviço público federal, em 1. o /10/1980, estava em exercício na data da promulgação da CF, mesmo que não aprovado em concurso público, esse indivíduo será estável, mas não terá cargo efetivo.
(E) O funcionário que, demitido administrativamente do serviço público por ter praticado infração também capitulada como crime, seja absolvido do crime por insuficiência de provas, deverá ser reintegrado no cargo efetivo.

88. **(PROCURADOR – BANCO CENTRAL – 2009 – CESPE)** Acerca da sindicância e do processo administrativo disciplinar (PAD), assinale a opção correta.

(A) O servidor público federal que for demitido por ter atuado ilegalmente como procurador em sua repartição pública poderá retornar imediatamente ao serviço público, se for aprovado em novo concurso público.
(B) Como medida cautelar e a fim de que o servidor acusado não venha a influir na apuração da irregularidade, a autoridade instauradora do PAD poderá determinar o seu afastamento do exercício do cargo, pelo prazo de até sessenta dias, com prejuízo da remuneração.
(C) Caso um indivíduo tenha contribuído durante trinta e cinco anos no serviço público para o regime próprio de previdência social dos servidores públicos federais, porém, depois de se aposentar, teve a aposentadoria cassada, após o devido PAD, tal penalidade será inconstitucional, já que a relação previdenciária do servidor nada tem a ver com a falta disciplinar ocorrida na ativa.
(D) Se um servidor acumular dois cargos públicos indevidamente, deverá ser instaurado PAD, no rito ordinário, o qual culminará, na hipótese de se provar o fato, na demissão do servidor, esteja ele acumulando os dois cargos de boa ou má-fé.
(E) Na aplicação das penalidades, serão consideradas a natureza e a gravidade da infração cometida, os danos que dela provierem para o serviço público, as circunstâncias agravantes ou atenuantes e os antecedentes funcionais, sendo que as penalidades de advertência e de suspensão terão seus registros cancelados, após o decurso de três e cinco anos de efetivo exercício,

respectivamente, se o servidor não houver, nesse período, praticado nova infração disciplinar.

89. **(ADVOGADO – ANATEL – 2009 – CESPE)** Lucas foi aprovado em concurso público de provas e títulos para o cargo de analista administrativo da ANATEL. Considerando que o prazo de validade do concurso expirará em julho de 2009, com possibilidade de prorrogação por mais um ano, ou seja, julho de 2010, Lucas resolveu encaminhar um *e-mail* para a ouvidoria da agência, indagando se o presidente prorrogaria ou não o certame. A ouvidoria da ANATEL respondeu a Lucas que a contratação de pessoal nas agências, por meio de concurso público, é um ato de gestão e não de império e que a prorrogação do concurso constitui um ato discricionário. Com base na situação hipotética acima apresentada, julgue os itens subsequentes, acerca da classificação dos atos administrativos.

1 As informações prestadas pela ouvidora estão corretas, pois a contratação de pessoal por meio de concurso público para composição de quadro funcional é caracterizada como ato de gestão, não intervindo a vontade dos administrados para sua prática.

2 Na situação considerada, a informação da ouvidoria, quanto à prorrogação do concurso público constituir ato discricionário, está correta, embora não tenha atendido objetivamente à indagação de Lucas.

90. **(ADVOGADO – ANATEL – 2009 – CESPE)** Acerca da classificação dos agentes públicos, julgue os próximos itens.

1 Os jurados das sessões de tribunal do júri e os mesários convocados para os serviços eleitorais nas eleições são classificados pela doutrina majoritária do direito administrativo como agentes particulares colaboradores que, embora sejam particulares, executam certas funções especiais que podem ser qualificadas como públicas.

2 Aos agentes políticos compete a execução e realização das diretrizes estabelecidas ao Estado pela Constituição Federal (CF), como é o caso dos titulares de ofícios de notas e de registro não oficializados, ou seja, os titulares de cartórios extrajudiciais e os concessionários e permissionários de serviços públicos.

91. **(ADVOGADO – ANCINE – 2005 – CESPE)** A Lei n.º 8.112/1990 instituiu o regime jurídico dos servidores públicos civis da União, das autarquias e das fundações públicas federais. Acerca desse regime, julgue os itens que se seguem.

1. A vacância de cargo público pode decorrer de readaptação e de posse em outro cargo inacumulável.

2. O servidor que desenvolver suas atividades em horário compreendido entre 22. horas de um dia e 5 horas do dia seguinte receberá o adicional noturno, tendo o valor-hora acrescido de 50%, computando-se cada hora como de cinqüenta e dois minutos.

92. **(ADVOGADO – ANCINE – 2005 – CESPE)** Pedro é servidor público federal regido pela Lei n.º 8.112/1990. Ana, esposa de Pedro, é médica da iniciativa privada. Ana ganhou uma bolsa de 2 anos para fazer especialização em cirurgia plástica na Inglaterra. Pedro quer acompanhá-la e, para isso, solicitou licença do serviço público. Com base nessa situação hipotética e no que dispõe a Lei n.º 8.112/1990, julgue os itens subseqüentes.

1. Pedro poderá tirar licença por motivo de afastamento do cônjuge pelo prazo máximo de um ano.

2. A licença prevista na lei para o afastamento de Pedro é sem remuneração.

93. **(ADVOGADO – ANP – 2008 – CESGRANRIO)** Tendo como referência o Código de Ética, aprovado pelo Decreto no 1.171, de 22 de junho de 1994, incluídas suas alterações posteriores, bem como as disposições pertinentes da Lei no 8.112, de 11 de dezembro de 1990, consolidada com as suas várias alterações posteriores, analise as afirmações a seguir.

I. O referido código só é aplicável aos servidores efetivos, não vinculando os servidores temporários.

II. A comissão de ética tem como atribuição fornecer dados, para utilização nos processos de progressão funcional dos servidores.

III. A formação de uma comissão de ética específica, no âmbito dos diversos órgãos federais, é compulsória.

IV. A comissão de ética pode aplicar a pena de suspensão, prevista na Lei no 8.112, de 1990, considerada sua alteração no referido Decreto.

É(São) verdadeira(s) **APENAS** a(s) afirmativa(s)

(A) I
(B) I e III
(C) I e IV
(D) II e III
(E) II e IV

94. **(ADVOGADO – ANP – 2008 – CESGRANRIO)** A proibição que **NÃO** se aplica aos servidores em efetivo exercício nas Agências Reguladoras é:

(A) prestar serviços, ainda que eventuais, a empresa cuja atividade seja controlada ou fiscalizada pela entidade, salvo os casos de designação específica.

(B) firmar ou manter contrato com instituição regulada, bem como com instituições autorizadas a funcionar pela entidade, em condições mais vantajosas que as usualmente ofertadas aos demais clientes.

(C) exercer outra atividade profissional, inclusive gestão operacional de empresa, ou direção político-partidária, excetuados os casos admitidos em lei.

(D) contrariar súmula, parecer normativo ou orientação técnica, adotados pela Diretoria Colegiada da respectiva entidade de lotação.

(E) exercer suas atribuições em processo administrativo, no qual seja interessado parente consangüíneo ou afim, em linha reta ou colateral, até o 4o (quarto grau).

95. **(ADVOGADO – ANP – 2008 – CESGRANRIO)** Considerando a criação de carreiras e a organização de cargos efetivos das autarquias especiais denominadas Agências Reguladoras, relacione as colunas.

I - Classe II - Padrão	(P)O seu conjunto de cargos de mesma profissão, natureza do trabalho ou atividade, escalonadas segundo a responsabilidade e complexidade inerentes a suas atribuições.
	(Q)É sua divisão básica integrada por cargos de idêntica denominação, atribuições, grau de complexidade, nível de responsabilidade, requisitos de capacitação e experiência para o desempenho das atribuições.
	(R)A posição do servidor na escala de vencimentos.

A relação correta é:

(A) I - P e II - Q
(B) I - P e II - R
(C) I - Q e II - P
(D) I - Q e II - R
(E) I - R e II - Q

96. **(ADVOGADO – ANP – 2008 – CESGRANRIO)** Qual dos conceitos abaixo está em **DESACORDO** com a legislação do servidor público federal?

(A) Readaptação é a investidura do servidor em cargo de atribuições e responsabilidades compatíveis com a limitação que tenha sofrido em sua capacidade física ou mental verificada em inspeção médica.

(B) Reversão é o retorno à atividade de servidor aposentado no interesse da administração, desde que a aposentadoria tenha ocorrido nos dois anos anteriores à solicitação.

(C) Reversão é o retorno à atividade de servidor aposentado por invalidez, quando junta médica oficial declarar insubsistentes os motivos da aposentadoria.

(D) Reintegração é a reinvestidura do servidor estável no cargo anteriormente ocupado, ou no cargo resultante de sua transformação, quando invalidada a sua demissão por decisão administrativa ou judicial, com ressarcimento de todas as vantagens.

(E) Recondução é o retorno do servidor estável ao cargo anteriormente ocupado e decorrerá de inabilitação em estágio probatório relativo a outro cargo.

97. **(ADVOGADO – ANP – 2008 – CESGRANRIO)** Em relação à legislação que rege o vínculo dos servidores federais tem-se que:

(A) a Lei no 8.745, de 09 de dezembro de 1993, com suas modificações posteriores, se aplica aos servidores temporários, com ressalva de que alguns direitos e deveres previstos na Lei no 8.112, de 11 de dezembro de 1990, com suas modificações posteriores, lhes são aplicáveis, por equivalência legal.

(B) a Lei no 8.745, de 09 de dezembro de 1993, com suas modificações posteriores, se aplica tanto aos servidores temporários, como aos servidores efetivos.

(C) a Lei no 8.745, de 09 de dezembro de 1993, com suas modificações posteriores, se aplica tanto aos servidores temporários, como ao pessoal estranho ao quadro, mas nomeado para exercício de cargo em comissão.

(D) a Lei no 9.662, de 22 de fevereiro de 2000, se aplica a todos os servidores federais, efetivos e temporários, que ingressaram no quadro após sua promulgação.

(E) a Lei no 9.662, de 22 de fevereiro de 2000, se aplica aos servidores federais temporários, bem como aos empregados das empresas públicas federais, que ingressavam no quadro após sua promulgação.

98. **(ADVOGADO – ANP – 2008 – CESGRANRIO)** Um servidor, lotado e em exercício em um laboratório de uma universidade federal, por descuido, deixou uma sala, que deveria ser restrita, exposta ao público. O funcionário da empresa prestadora de serviços de limpeza efetuou, equivocadamente, o recolhimento de material radioativo naquela sala, tendo recebido carga radioativa considerável. Percebido o problema, ele restou como o único prejudicado, sem ter concorrido para o dano. No caso, a responsabilidade civil pelos danos, por parte da universidade, é

(A) inexistente, pois cabe somente ao servidor que cometeu a falta.

(B) inexistente, mas com possibilidade de regresso ao servidor que cometeu a falta.

(C) existente e independente da culpa do servidor que cometeu a falta.

(D) existente, porém alternativa em relação ao servidor que cometeu a falta.

(E) existente, porém dependente de culpa, mas com possibilidade de regresso ao servidor que cometeu a falta.

99. **(ADVOGADO – ANS – 2005 – CESPE)** Em relação às sanções penais e civis aplicáveis aos servidores públicos, julgue os itens subseqüentes.

1. Como conseqüência do caráter unitário do ilícito perante todo o ordenamento jurídico, não existe diferença ontológica entre ilícitos civis e criminais que possam ser praticados por um servidor público, porém as repercussões de um mesmo ato ilícito ocorrem de forma diferenciada em cada uma das esferas.
2. Há relação de dependência entre as instâncias cíveis e penais, razão pela qual as sanções civis e criminais decorrentes de ato ilícito de servidor público só podem ser aplicadas concomitantemente.
3. A locução do texto constitucional "sem prejuízo da ação penal cabível", que indica as conseqüências dos atos de improbidade administrativa realizados por agente público, não afasta a conotação penal das sanções previstas na chamada Lei de Improbidade Administrativa.
4. Penalidade prevista em contrato administrativo, como punição para inadimplemento de obrigação contratual do particular, não configura sanção civil.

100. **(ADVOGADO DA UNIÃO – AGU – 2006 – CESPE)** Com relação aos servidores públicos ocupantes de cargo em comissão, julgue os itens subseqüentes.

1. É inviável juridicamente o deferimento de licença para tratar de interesses particulares a ocupante de cargo de provimento em comissão, ainda que exercido sob a forma de mandato.
2. O servidor que exerce cargo em comissão em localidade diversa da sua sede de expediente tem direito de receber ajuda de custo, calculada sobre a remuneração integral do cargo em comissão.

101. **(PROCURADOR FEDERAL – AGU – 2004 – CESPE)** Um servidor federal estatutário de nível médio, em estágio probatório, foi acusado de patrocinar indiretamente interesse privado perante a administração pública, valendo-se de sua qualidade de funcionário. Instaurada sindicância, apurou-se que outro servidor, de nível superior, estatutário e estável, teria sido co-autor da infração. Instaurado processo disciplinar contra os dois servidores, como medida cautelar, ambos foram afastados do exercício de seus cargos pelo prazo de 90 dias. Indiciados, o prazo legal máximo fixado para a conclusão do processo disciplinar foi prorrogado, por igual período, uma única vez, ante o grande volume de fatos a apurar. Produzidas as defesas, a comissão do processo disciplinar concluiu, ao final, que o servidor de nível médio praticara tão-somente ato de deslealdade para com a instituição a que serve e o servidor de nível superior patrocinara indiretamente interesse privado perante a administração pública, valendo-se da qualidade de funcionário. O presidente da República demitiu o servidor de nível superior e exonerou o servidor em estágio probatório. Quanto à situação hipotética acima, julgue os itens seguintes.

1. O afastamento por 90 dias de ambos os servidores foi ilegal.
2. A prorrogação do prazo de conclusão de processo administrativo disciplinar era admissível.
3. A demissão do servidor de nível superior foi ilegal, porque ele não foi ouvido previamente na sindicância.
4. O patrocínio, ainda que indireto, de interesse privado perante a administração pública, valendo-se da qualidade de funcionário, é causa de demissão.
5. O presidente da República não poderia exonerar o servidor de nível médio, uma vez que ele não cometera infração punível com pena de demissão.

102. **(PROCURADOR DA FAZENDA NACIONAL – 2007.2 – ESAF)** Considerando os servidores públicos, analise os itens a seguir e marque com (V) a assertiva verdadeira e com (F) a falsa, assinalando ao final a opção correspondente:

( ) enquanto pendente, o pedido de readaptação fundado em desvio funcional não gera direitos para o servidor, relativamente ao cargo pleiteado.
( ) ao servidor ocupante, exclusivamente, de cargo em comissão declarado em lei de livre nomeação e exoneração bem como de outro cargo temporário ou de emprego público, aplica-se o regime geral de previdência social.
( ) é direito dos servidores ocupantes de cargo público relação de emprego protegida contra despedida arbitrária ou sem justa causa, nos termos de lei complementar, que preverá indenização, entre outros direitos.
( ) recondução é o retorno à atividade de servidor aposentado no interesse da administração.
( ) após cada qüinqüênio de efetivo exercício, o servidor poderá, no interesse da Administração, afastar-se do exercício do cargo efetivo, sem a respectiva remuneração, por até 3 (três) meses, para participar de curso de capacitação profissional.

(A) V, F, V, F, F
(B) F, F, V, V, F
(C) F, V, F, V, V
(D) V, V, F, F, F
(E) F, V, F, F, V

103. **(DEFENSORIA PÚBLICA DA UNIÃO – 2007 – CESPE)** Cada um dos próximos itens contém uma situação hipotética acerca do regime jurídico dos servidores públicos previsto na Lei n.º 8.112/1990, seguida de uma assertiva a ser julgada.

1. Paulo, servidor público federal, detentor de cargo efetivo de auditor fiscal da previdência social, já havia adquirido a estabilidade no serviço público quando foi aprovado em concurso público para o cargo de analista do TCU, no qual tomou posse, assumindo a função em 15/1/2007. Nessa situação, conforme jurisprudência dos tribunais superiores, Paulo pode requerer a sua recondução ao cargo que ocupava anteriormente até 15/1/2009, mesmo sendo bem avaliado no estágio probatório em curso.
2. Antônio, ex-servidor público federal, foi punido com a pena de cassação de aposentadoria por meio de portaria do ministro de Estado competente, publicada no dia 10/2/2007. Nessa situação, conforme jurisprudência do STF, essa punição não poderia ser aplicada, já que, com a EC n.º 20/1998, o regime previdenciário próprio dos servidores públicos passou a ser contributivo, o que afastou a relação jurídica estatutária da relação jurídica previdenciária dos servidores públicos.

104. **(DEFENSORIA PÚBLICA DA UNIÃO – 2002 – CESPE)** A respeito do regime jurídico do servidor público, julgue os seguintes itens.

1. Considere a seguinte situação hipotética.: José, que é procurador da República aposentado, exerce o magistério superior em instituição privada de ensino e está inscrito no presente concurso público para o cargo de Defensor Público da União. Nessa situação, se José for aprovado, será legal o seu exercício no novo cargo público.
2. O retomo do regime celetista ao serviço público, por força da Emenda Constitucional n.° 19, de 1998, permitirá que um município adote esse regime para todas as funções públicas exercidas em seu âmbito, abolindo, totalmente, o regime estatutário.
3. A remuneração sob a forma de subsídio alcança, obrigatoriamente, os membros de Poder de qualquer das esferas federativas, bem como os integrantes das carreiras de procurador do Estado e os membros da Advocacia da União, \sendo facultativas sua adoção para os demais servidores organizados em carreiras.
4. Ao servidor ocupante de cargo público, é garantida a proteção do respectivo salário, na forma da lei, sendo crime a sua retenção dolosa.
5. Considera-se ilícita a criação do cargo público, de provimento, em comissão, de motorista do prefeito municipal, por motivo de reforma administrativa no âmbito de uma prefeitura municipal.

2.6. IMPROBIDADE ADMINISTRATIVA

105. **(ADVOGADO – ANCINE – 2005 – CESPE)** A improbidade administrativa é definida como a ação ou omissão, dolosa ou voluntária, praticada por agente público, que, consistindo em ato de desonestidade, cause lesão ao erário, implique enriquecimento ilícito ou atente contra os princípios da administração pública. Com referência à improbidade administrativa e às suas sanções aplicáveis aos agentes públicos, contidas na Lei n.º 8.429/1992, julgue os itens subseqüentes.

1. Na hipótese de um filho receber herança de seu pai, e posteriormente ficar comprovado, por sentença transitada em julgado, que os bens dessa herança são frutos de lesão ao patrimônio público, o herdeiro ficará sujeito às cominações da lei mencionada até o limite do valor da herança.
2. O agente público que se recusar a prestar declaração dos seus bens dentro do prazo determinado ou que prestar falsa será punido com a pena de suspensão de até 60 dias.
3. Quando o agente público é servidor efetivo de autarquia federal, regido pela Lei n.º 8.112/1990, as ações destinadas a levar a efeito as sanções previstas na lei de improbidade administrativa prescrevem em 10 anos.

106. **(PROCURADOR FEDERAL – AGU – 2007 – CESPE)** Quanto à improbidade administrativa, julgue os seguintes itens.

1 É permitida transação, acordo ou conciliação nas ações de improbidade administrativa, quando o dano causado ao erário for ressarcido.

2 Quando o ato de improbidade causar lesão ao patrimônio público ou ensejar enriquecimento ilícito, caberá à autoridade administrativa responsável pelo inquérito representar ao Ministério Público, para a indisponibilidade dos bens do indiciado. Ademais, a rejeição da representação realizada por particular à administração pública, por não se cumprirem as formalidades legais, não impede a representação ao Ministério Público.

3 Havendo fundados indícios de responsabilidade de servidor público por ato de improbidade administrativa, à comissão processante também será possível representar à procuradoria do órgão para que requeira ao juízo competente a decretação do seqüestro dos bens do agente ou

terceiro que tenha enriquecido ilicitamente ou causado dano ao patrimônio público.

107. **(DEFENSORIA PÚBLICA DA UNIÃO – 2007 – CESPE)** Julgue os itens a seguir.

1. Os atos de improbidade administrativa importarão a suspensão dos direitos políticos, a perda da função pública, a indisponibilidade dos bens e o ressarcimento ao erário, na forma e gradação previstas em lei, sem prejuízo da ação penal cabível.

2. Ao servidor público federal é proibido atuar, como procurador ou intermediário, junto a repartições públicas, salvo quando se tratar de benefícios previdenciários ou assistenciais de parentes até o segundo grau, e de cônjuge ou companheiro.

108. **(DEFENSORIA PÚBLICA DA UNIÃO – 2004 – CESPE)** No que concerne à Lei da Improbidade Administrativa — Lei n.º 8.429/1992 — e ao controle da administração pública, julgue os itens seguintes.

1. Estritamente à luz da referida lei, postos de lado os aspectos éticos do ato, não caracteriza ofensa à lei o fato de um presidente do Banco Central do Brasil, ao término de sua gestão, passar a ser assessor de uma empresa financeira.

2. A tomada de contas especial (TCE) é um dos instrumentos para o controle legislativo da administração pública. Segundo a Lei Orgânica do Tribunal de Contas da União, a TCE pode ser instaurada mesmo que o administrador não tenha agido dolosamente para apropriar-se de bens ou valores públicos.

2.7. INTERVENÇÃO NA PROPRIEDADE E NA ORDEM ECONÔMICA

109. **(ADVOGADO – PETROBRÁS – 2008 – CESGRANRIO)** Acerca do procedimento de desapropriação por utilidade pública, regulado no art. 5o, inc. XXIV, da Constituição Federal e no Decreto-Lei no 3.365/41, é correto afirmar que

(A) a desapropriação de qualquer bem dependerá de declaração de utilidade pública por parte da autoridade competente, cuja expedição requer prévia autorização legislativa.
(B) a desapropriação apenas pode ser efetuada através de processo judicial.
(C) é vedado ao juiz imitir provisoriamente o expropriante na posse do bem antes do trânsito em julgado da ação de desapropriação.
(D) podem ser desapropriados bens imóveis destinados à exploração dos serviços públicos prestados por concessionários privados.
(E) corresponde a procedimento de competência exclusiva da União Federal.

110. **(ADVOGADO – PETROBRÁS DISTRIB. – 2008 – CESGRANRIO)** Com relação à intervenção do Estado na propriedade, é correto afirmar que

(A) a desapropriação de bens públicos efetiva-se sempre mediante justa indenização em títulos da dívida pública de emissão previamente aprovada pelo Senado Federal.
(B) o prazo de caducidade do decreto expropriatório nas desapropriações por utilidade pública é de cinco anos, contados da data de sua expedição.
(C) o prazo de caducidade do decreto expropriatório nas desapropriações por interesse social é de cinco anos, contados da data de sua expedição.
(D) os bens públicos, por serem imprescritíveis, não podem ser desapropriados.
(E) os Estados não podem desapropriar bens do domínio da União Federal, mas podem desapropriar, independente de prévia autorização legislativa, bens do domínio dos Municípios.

111. **(ADVOGADO – ELETROBRÁS – 2006 – NCE/UFRJ)** Na desapropriação, se for constatado que a Administração Pública deu ao bem desapropriado destino diferente do que foi mencionado no ato expropriatório, não compatível com o interesse público, haverá:

(A) adestinação;
(B) retrocessão;
(C) reversão;
(D) encampação;
(E) tredestinação.

112. **(ADVOGADO – EMBRAPA – 2005 – CESPE)** Quando o poder público, compulsoriamente, retira ou restringe direitos dominiais privados ou sujeita o uso de bens particulares a uma destinação de interesse público, ocorre a intervenção na propriedade privada, que tem fundamento na necessidade ou na utilidade pública, ou no interesse social. Quanto a esse tema, julgue os itens que se seguem.

1. Em nenhuma hipótese os bens públicos são passíveis de desapropriação.

2. A desapropriação para reforma agrária poderá ser feita pela União, estados, Distrito Federal ou pelos municípios, mediante justa e prévia indenização.

3. Não podem ser objeto de desapropriação para fins de reforma agrária a pequena e média propriedade rural, desde que o seu proprietário não possua outra.

4. Retrocessão é a obrigação que se impõe ao expropriante de oferecer o bem ao expropriado, quando não lhe der o destino declarado no ato expropriatório.

113. **(ADVOGADO – BNDES – 2006 – CESGRANRIO)** Constituem formas de interferência do Estado na ordem econômica:

I. o exercício de seu poder de polícia administrativa, atuando como agente normativo e regulador da atividade econômica;

II. a exploração direta de atividade econômica pelo Estado, atuando empresarialmente mediante pessoas que cria com tal objetivo;

III. o fomento, mediante incentivos à iniciativa privada.

Está(ão) correta(s):

(A) I, apenas.
(B) III, apenas.
(C) I e II, apenas.
(D) II e III, apenas.
(E) I, II e III.

114. **(ADVOGADO – BNDES – 2001 – VUNESP)** A utilização transitória, remunerada ou gratuita, de bens particulares pelo Poder Público, para a execução de obras, serviços ou atividades públicas ou de interesse público, realiza-se mediante

(A) ocupação temporária.
(B) desapropriação.
(C) requisição.
(D) servidão administrativa.
(E) limitação administrativa.

115. **(ADVOGADO – BNDES – 2001 – VUNESP)** No processo judicial de desapropriação, só podem ser discutidas questões relativas

(A) à finalidade do ato expropriatório.
(B) à ilegalidade do ato declaratório de utilidade pública.
(C) aos casos de interesse social.
(D) ao preço ou a vício processual.
(E) à competência da autoridade que editou o ato expropriatório.

116. **(ADVOGADO – ANCINE – 2005 – CESPE)** A Constituição Federal prevê a intervenção do Estado na propriedade particular e remete à lei o procedimento para desapropriação por necessidade ou utilidade pública, ou por interesse social, mediante justa e prévia indenização em dinheiro. Com relação a esse assunto, julgue os seguintes itens.

1. Quando a administração defronta situações de emergência que, para serem resolvidas satisfatoriamente, exigem a transferência urgente de bens de terceiros para seu domínio e uso imediato, ela poderá desapropriar esses bens por interesse social.

2. A desapropriação por necessidade pública ocorre quando as circunstâncias impõem a distribuição ou o condicionamento da propriedade para o seu melhor aproveitamento, utilização ou produtividade em benefício da coletividade ou de categorias sociais merecedoras de amparo específico do poder público.

117. **(ADVOGADO DA UNIÃO – AGU – 2009 – CESPE)** Com base na jurisprudência do STJ, julgue os itens a seguir.

1. O instituto do tombamento provisório não é uma fase procedimental antecedente do tombamento definitivo, mas uma medida assecuratória da eficácia que este último poderá, ao final, produzir. A caducidade do tombamento provisório, por excesso de prazo, não é prejudicial ao tombamento definitivo.

2. Para sua configuração, a responsabilidade do Estado demanda os seguintes pressupostos: conduta comissiva ou omissiva, ocorrência de dano, bem como nexo de causalidade entre a conduta e o dano. No caso de responsabilização do Estado, os juros moratórios fluem a partir do evento danoso, no percentual de 12% ao ano.

O conceito de retrocessão surge do latim *retrocessus*. Retrocessão é retrocesso, retrocedimento, recuo, regredimento. Exprime a ação de voltar para trás, de retroagir, de regressar ou retroceder. É também denominada reversão ou reaquisição. Tecnicamente, significa o ato pelo qual aquele que adquire determinado bem o transfere para a pessoa de quem o adquirira. No mundo jurídico é, portanto, a devolução do domínio expropriado, para que se integre ou regresse ao patrimônio daquele de quem foi tirado, pelo mesmo preço da desapropriação.

Mariana Caribe Almeida. **Natureza jurídica da retrocessão**. In: Internet: <http://www.juspodivm.com.br/artigos/artigos_165.html> (com adaptações).

118. **(ADVOGADO DA UNIÃO – AGU – 2006 – CESPE)** Acerca da retrocessão, julgue os itens subseqüentes.

1. Apesar da grande discussão doutrinária acerca da natureza jurídica da retrocessão, os tribunais superiores brasileiros a têm considerado como um direito de natureza pessoal.

2. O direito de o particular pleitear as conseqüências pelo fato de seu imóvel desapropriado não ter sido utilizado para os fins declarados na desapropriação pode ser resolvido em perdas e danos.

119. **(ADVOGADO DA UNIÃO – AGU – 2004 – CESPE)** Com referência a servidões administrativas e desapropriação, julgue os itens a seguir.

1 A retrocessão decorre do desinteresse superveniente do poder público pelo bem desapropriado e tem cabimento em todos os tipos de desapropriação, salvo nas desapropriações por interesse social.

2 A servidão administrativa tem por fundamento a supremacia do interesse público e pode incidir sobre bens públicos e privados.

120. **(PROCURADOR FEDERAL – AGU – 2007 – CESPE)** A Câmara Legislativa do Distrito Federal (CLDF) editou norma determinando que qualquer desapropriação a ser realizada no território do DF deveria passar antes pelo crivo do Poder Legislativo local. A União, na vigência dessa lei, ignorou a norma, de modo que o INCRA deu início aos procedimentos para a realização de uma desapropriação para fins de reforma agrária, sem prévia consulta à CLDF. Durante a vistoria, o INCRA observou discrepância entre a metragem real do imóvel e aquela prevista em sua escritura. No decreto desapropriatório que se sucedeu, foi mencionada a metragem constante da escritura e não, a metragem real do imóvel. No momento do pagamento da indenização, as benfeitorias úteis e necessárias foram pagas diretamente, sem utilização de precatórios. Com relação à situação hipotética acima, julgue os itens a seguir.

1 Na vistoria e no decreto desapropriatório, deve-se considerar a área constante da escritura do imóvel, sob pena de restar prejudicada a validade desse decreto.

2 Foi correta a forma de pagamento realizada, pois as benfeitorias úteis e necessárias podem ser pagas sem a utilização da regra do pagamento por meio de precatório.

3 É inconstitucional, por invadir a competência legislativa da União e violar o princípio da separação dos poderes, norma distrital que submeta as desapropriações, no âmbito do DF, à aprovação prévia da CLDF.

121. **(PROCURADOR FEDERAL - AGU - 2004 - CESPE)** Um latifundiário teve parte de sua propriedade rural, por ele não utilizada, declarada de utilidade pública, com o propósito de desapropriação. Publicado o decreto expropriatório, a União depositou o valor cadastral do imóvel para fins de lançamento de imposto territorial rural, cujo valor fora atualizado no ano anterior, e pediu, independentemente da citação do réu, imissão provisória na posse. Deferida a imissão, pretendeu a União registro da terra em seu nome. Em face dessa situação hipotética, julgue os itens subseqüentes.

1. Não são devidos, ao expropriado, juros compensatórios.

2. O poder público deve intentar a ação expropriatória no prazo de até dois anos, contados da expedição do decreto expropriatório.

3. O depósito do valor cadastral do imóvel, para fins de lançamento de imposto territorial rural, é insuficiente para permitir a imissão provisória na posse.

4. Uma vez que, incorporados à fazenda pública, os bens expropriados não podem ser objeto de reivindicação, o registro da terra em nome da União faz-se possível desde a imissão.

5. Se a desapropriação fosse realizada por interesse social para fins de reforma agrária, o expropriado poderia exigir que toda a sua propriedade fosse expropriada, caso o remanescente tivesse se tornado inaproveitável isoladamente.

122. **(PROCURADOR FEDERAL - AGU - 2004 - CESPE)** Uma autarquia federal responsável pela defesa do patrimônio histórico, no âmbito de sua competência, autuou um município por danos em bem tombado, provocados por um trator pertencente a essa municipalidade. Por meio de auto de infração, lavrado por um dos fiscais da autarquia, foi aplicada multa ao município. Impugnada a aplicação da penalidade, o município alegou que a multa não seria devida, porque o tombamento não fora registrado no cartório de registro de imóveis. Sustentou, ainda, que não poderia ser multado pela autarquia ante sua personalidade de direito público. Por derradeiro, argumentou que o ato considerado danoso fora praticado por pessoa estranha aos quadros de servidores do município, a quem o trator de propriedade municipal fora emprestado por um de seus funcionários. Pediu, por fim, a anulação do ato com efeitos ex tunc. Em face dessa situação hipotética, julgue os itens que se seguem.

1 Teve razão o município ao alegar que a multa não seria devida, porque o tombamento não fora registrado no cartório de registro de imóveis.

2 O exercício do poder de polícia por parte da autarquia federal em defesa do patrimônio histórico pode atingir entidades públicas estaduais e municipais.

3. A circunstância de ter sido o trator do município emprestado a terceiro não exime o poder público de responsabilidade.

4. O pedido para que os efeitos da anulação da autuação sejam ex tunc, caso a anulação seja obtida, mostra-se adequado.

123. **(DEFENSORIA PÚBLICA DA UNIÃO – 2007 – CESPE)** Considerando que uma concessionária de serviço público de energia elétrica pretenda utilizar uma propriedade de cerca de quatro mil metros quadrados situada no centro de determinado município, julgue os itens seguintes, relativamente ao processo de desapropriação dessa propriedade.

1 Havendo autorização no contrato de concessão, a concessionária de serviço público pode promover essa desapropriação, mas não pode declará-la de utilidade pública, pois essa competência cabe somente ao poder concedente ou mesmo à Agência Nacional de Energia Elétrica.

2 Conforme jurisprudência do STJ, os juros compensatórios, na desapropriação direta, são devidos a partir da imissão provisória na posse pela concessionária do serviço público, no percentual de 12% ao ano, já que o STF suspendeu, por meio de medida cautelar em ADIN, a MP que o fixava em 6% ao ano, independentemente da data em que ocorresse essa imissão na posse.

2.8. BENS PÚBLICOS

124. **(ADVOGADO – PETROBRÁS – 2008 – CESGRANRIO)** Observando-se a classificação prevista no art. 99 do Código Civil, são bens públicos de uso especial:

(A) as estradas, as praças e os rios.
(B) as estradas, os rios e os teatros públicos.
(C) as praças, os veículos oficiais e os teatros públicos.
(D) as praças, os veículos oficiais e os imóveis onde estão localizadas as repartições públicas.
(E) os cemitérios públicos, os teatros públicos e os imóveis onde estão localizadas as repartições públicas.

125. **(ADVOGADO – INFRAERO – 2004 – NCE/UFRJ)** A utilização de áreas e espaços situadas em aeroportos, administrados pela INFRAERO, consoante entendimento jurisprudencial é sujeita a regras pertinentes a bens:

(A) públicos;
(B) privados;
(C) mistos;
(D) gravados;
(E) do povo.

126. **(ADVOGADO – ELETROBRÁS – 2006 – NCE/UFRJ)** Sobre os bens públicos, é correto afirmar que:

(A) de acordo com a definição constante no atual Código Civil, os bens pertencentes às empresas públicas são considerados bens públicos;
(B) classificando-se os bens públicos quanto a sua destinação, as repartições públicas são consideradas bens de uso comum do povo;
(C) os bens dominicais podem ser adquiridos por usucapião;
(D) somente em situações especiais e de acordo com as exigências contidas em lei, os bens públicos podem ser alienados;
(E) a Administração Pública necessariamente deverá adotar procedimento licitatório para aquisição de bens imóveis.

127. **(ADVOGADO – EMBRAPA – 2005 – CESPE)** Segundo o Código Civil brasileiro, são públicos os bens do domínio nacional pertencentes às pessoas jurídicas de direito público interno. Todos os outros bens são particulares, seja qual for a pessoa a quem pertencerem. Com relação aos bens públicos, julgue os seguintes itens.

1. Os mares e os rios são bens públicos classificados como de uso comum do povo.
2. Os bens públicos estão sujeitos a usucapião.

128. **(ADVOGADO – ANATEL – 2009 – CESPE)** Acerca dos bens públicos, julgue os itens a seguir.

1 A desativação do prédio sede de uma agência reguladora localizada na capital federal implica sua desafetação.

2 A instalação de uma escola pública de ensino médio organizada pelo Estado em um prédio público desocupado há 8 meses implicará na afetação, pois o bem passou a ter destinação pública.

3 Segundo a classificação doutrinária do direito administrativo brasileiro, a sede de uma agência reguladora é um bem dominical, pois esse tipo de bem é parte daqueles destinados a serviços ou estabelecimentos da administração pública federal, estadual, municipal e de suas autarquias.

4 Na linha da doutrina dominante do direito administrativo, a destinação pública é característica comum dos bens de uso especial e de uso comum do povo.

129. **(ADVOGADO – ANS – 2005 – CESPE)** Tendo o texto acima como referência inicial, julgue os itens subseqüentes a respeito dos bens públicos.

1. O domínio público, como direito de propriedade, é formado pelo conjunto de bens públicos, que tanto podem ser móveis como imóveis.
2. O domínio público, como expressão de poder de soberania interna, alcança bens particulares de interesse coletivo.
3. Museus e teatros públicos são exemplos de bens de uso comum do povo.
4. As terras devolutas são bens públicos dominicais.

130. **(ADVOGADO DA UNIÃO – AGU – 2009 – CESPE)** Relativamente aos bens públicos, julgue os itens seguintes.

1. As terras devolutas são espécies de terras públicas que, por serem bens de uso comum do povo, não estão incorporadas ao domínio privado. São indisponíveis as terras devolutas ou arrecadadas pelos estados-membros, por ações discriminatórias, necessárias à proteção dos ecossistemas

naturais. Constituem bens da União as terras devolutas indispensáveis à defesa das fronteiras, das fortificações e construções militares, das vias federais de comunicação e à preservação ambiental, definidas em lei.

2. Os rios públicos são bens da União quando situados em terrenos de seu domínio, ou ainda quando banharem mais de um estado da Federação, ou servirem de limites com outros países, ou se estenderem a território estrangeiro ou dele provierem. Os demais rios públicos bem como os respectivos potenciais de energia hidráulica pertencem aos estados-membros da Federação.

131. **(PROCURADOR FEDERAL – AGU – 2004 – CESPE)** Uma empresa pública federal devedora pagou seus débitos com bens imóveis dominiais de que era proprietária. O pagamento deu-se sem prévia autorização legislativa, sem autorização do ministério ao qual a empresa é vinculada e sem avaliação prévia. Constatado o fato pelo controle interno do ministério ao qual a empresa é vinculada, o ministro instaurou procedimento, no âmbito do ministério, contra os dirigentes e os empregados da empresa que permitiram o pagamento da dívida com bens da empresa. Os dirigentes e empregados da empresa representaram, perante o TCU, contra o ato do ministro. Acerca dessa situação hipotética, julgue os seguintes itens.

1. A dação em pagamento não dependia de prévia autorização do ministério.
2. A dação em pagamento dependia de prévia autorização legislativa.
3. A dação em pagamento dependia de prévia avaliação.
4. . A vinculação da empresa pública ao ministério autorizava o ministro a instaurar procedimento contra os dirigentes e os empregados da empresa.
5. O TCU não pode conhecer da representação, porque os representantes são partes ilegítimas para tanto.

132. **(PROCURADOR FEDERAL – AGU – 2002 – CESPE)** Julgue os itens que se seguem, acerca da classificação de bens públicos.

(1) Um prédio adquirido pela União para que nele funcione repartição da Secretaria de Receita Federal, em um estado da Federação, pode ser classificado como bem público federal dominial.

(2) A Praça dos Três Poderes, situada no Distrito Federal, é classificada como bem público distrital de uso comum.

(3) A natureza jurídica do rio Tietê, cujo percurso, desde sua nascente, limita-se ao estado de São Paulo, é de bem público de uso comum federal.

(4) Prédio em que funciona repartição da Advocacia-Geral da União pode ser vendido sem nenhuma operação preliminar à venda.

(5) O rio São Francisco, que é conhecido como rio da integração nacional, tem natureza jurídica de bem público federal.

133. **(PROCURADOR FEDERAL – AGU – 2002 – CESPE)** Considere, por hipótese, que um cidadão venceu demanda contra a União, relativa à responsabilização civil desta por ato ilícito, tendo transitado em julgado a decisão. Acerca dessa proposição e do regime de precatórios, julgue os itens a seguir.

(1) Todos os pagamentos devidos pelas fazendas públicas federal, estadual e municipal far-se-ão exclusivamente na ordem de apresentação de precatórios e à conta dos créditos respectivos.

(2) Na execução judicial por quantia certa contra a fazenda pública federal, deverá esta pagar em 24 horas, não podendo o pedido executivo ser objeto de embargo.

(3) Se o credor for preterido no seu direito de preferência, o presidente do tribunal que expediu o precatório poderá ordenar o seqüestro da quantia necessária para satisfazer o débito contra a fazenda pública federal.

(4) É obrigatória a inclusão, no orçamento das entidades de direito público, em regra, de verba necessária ao pagamento de seus débitos constantes de precatórios.

(5) Caso o cidadão deseje, poderá receber o dinheiro imediatamente por meio de acordo judicial, no qual haverá redução do montante a ser pago.

134. **(PROCURADOR DA FAZENDA NACIONAL – 2007.2 – ESAF)** Com relação aos bens públicos analise os itens a seguir:

I. as margens dos rios navegáveis são de domínio público, insuscetíveis de expropriação e, por isso mesmo, excluídas de indenização.

II. servidão de trânsito não-titulada, mas tornada permanente, sobretudo pela natureza das obras realizadas, considera-se não-aparente, não conferindo direito à proteção possessória.

III. uma das características das servidões públicas é a perpetuidade, entretanto, a coisa dominante também se extingue caso seja desafetada, não podendo extinguir-se pela afetação.

IV. em regra não cabe direito à indenização quando a servidão decorre diretamente da lei.

V. o tombamento pode atingir bens de qualquer natureza: móveis ou imóveis, materiais ou imateriais, públicos ou privados. Assinale a opção correta.

(A) Apenas os itens II e III estão incorretos.

(B) Apenas os itens I e II estão corretos.

(C) Apenas o item III está incorreto.
(D) Apenas o item I está correto.
(E) Todos os itens estão incorretos.

2.9. RESPONSABILIDADE DO ESTADO

135. **(ADVOGADO – ELETROBRÁS – 2006 – NCE/UFRJ)** Sobre a responsabilidade civil do Estado, analise as afirmativas a seguir:

I. O Estado, em princípio, não responde por danos resultantes da sua atividade legislativa.

II. A teoria do risco administrativo, prevista no art. 37§6º da Constituição, não se aplica às relações contratuais mantidas pela Administração Pública.

III. A Administração Pública somente responderá por dano atribuído aos seus agentes administrativos.

São verdadeiras somente as afirmativas:
(A) I e II;
(B) I e III;
(C) II e III;
(D) I, II e III;
(E) nenhuma.

136. **(ADVOGADO – SERPRO – 2008 – CESPE)** Julgue os itens a seguir, acerca da responsabilidade civil do Estado.

1. Uma concessionária do serviço público federal causou danos morais a determinado usuário do serviço. Nesse caso, a responsabilidade da concessionária será objetiva, e o prazo prescricional da ação, de 5 anos.

2. Pela teoria do risco integral, a ambulância de um hospital público que venha a atropelar um ciclista não será civilmente responsável pelo fato se houver culpa exclusiva do ciclista.

3. Se uma empresa contratada pela União para executar uma obra causar danos a terceiro, em razão da execução do serviço, será civilmente responsável pela reparação dos danos, a qual deverá ser apurada de forma subjetiva.

137. **(ADVOGADO – IRB – 2006 – ESAF)** A respeito da responsabilidade civil da Administração Pública pode-se afirmar que respondem objetivamente pelos danos que seus agentes causarem a terceiros, <u>exceto</u>:
(A) as estatais que explorem atividade econômica.
(B) as agências reguladoras de serviços públicos.
(C) as agências reguladoras de atividades econômicas.
(D) as concessionárias e permissionárias de serviço público.
(E) as fundações públicas, desde que possuam natureza jurídica de direito privado.

138. **(ADVOGADO – IRB – 2006 – ESAF)** Caio, servidor público federal efetivo e regularmente investido na função pública, motorista da Presidência da República, ao dirigir carro oficial em serviço, dorme ao volante e atropela uma pessoa que atravessava, prudentemente, em uma faixa de pedestres em Brasília, ferindo-a. Considerando essa situação hipotética e os preceitos, a doutrina e a jurisprudência da responsabilidade civil do Estado, assinale a única opção correta.
(A) Na hipótese, há aplicação da teoria do risco integral.
(B) A teoria aplicada ao caso para a responsabilização do Estado é a subjetiva.
(C) No âmbito de ação indenizatória pertinente e após o seu trânsito em julgado, Caio nunca poderá ser responsabilizado, regressivamente, caso receba menos de dois salários mínimos.
(D) Caso Caio estivesse transportando material radioativo, indevidamente acondicionado, que se propagasse no ar em face do acidente, o Estado só poderia ser responsabilizado pelo dano oriundo do atropelamento.
(E) Na teoria do risco administrativo, há hipóteses em que, mesmo com a responsabilização objetiva, o Estado não será passível de responsabilização.

139. **(ADVOGADO – CEF – 2006 – CESPE)** Julgue os itens seguintes, relativos à responsabilidade civil da administração pública.

1. A fixação, por parte do Estado, de preços a serem praticados por uma empresa em valores abaixo da realidade do setor econômico a que essa empresa pertence constitui óbice ao livre exercício da atividade econômica, em desconsideração ao princípio da liberdade de iniciativa. Assim, ocorrendo prejuízos aos particulares em razão da intervenção estatal na economia, pode vir a se configurar a responsabilidade objetiva do Estado.

2. A teoria do risco administrativo, consagrada em sucessivos documentos constitucionais brasileiros desde a Carta Política de 1946, confere fundamento doutrinário à responsabilidade civil objetiva do poder público pelos danos a que os agentes públicos houverem dado causa, por ação ou por omissão.

3. Conduta comissiva ou omissiva, independentemente da licitude do comportamento funcional, pode gerar a responsabilização da administração pública.

140. **(PROCURADOR FEDERAL – AGU – 2002 – CESPE)** Flávio, servidor público federal, concursado e regularmente investido na função pública, motorista do Ministério da Saúde, ao dirigir, alcoolizado, carro oficial em serviço, atropelou uma

pessoa que atravessava, com prudência, uma faixa de pedestre em uma quadra residencial do Plano Piloto de Brasília, ferindo-a. Considerando essa situação hipotética e os preceitos, a doutrina e a jurisprudência da responsabilidade civil do Estado, julgue os itens seguintes.

(1) Com base em preceito constitucional, a vítima pode ingressar com ação de ressarcimento do dano contra a União.

(2) Na hipótese, há aplicação da teoria do risco integral.

(3) No âmbito de ação indenizatória pertinente e após o seu trânsito em julgado, Flávio nunca poderá ser responsabilizado, regressivamente, caso receba menos de dois salários mínimos.

(4) Caso Flávio estivesse transportando material radioativo, indevidamente acondicionado, que se propagasse no ar em face do acidente, o Estado só poderia ser responsabilizado pelo dano oriundo do atropelamento.

(5) Na teoria do risco administrativo, há hipóteses em que, mesmo com a responsabilização objetiva, o Estado não será passível de responsabilização.

141. **(PROCURADOR DA FAZENDA NACIONAL – 2007.1 – ESAF)** Em se tratando da Responsabilidade Estatal no direito brasileiro, analise os itens a seguir: I. O Superior Tribunal de Justiça, recentemente, decidiu pela responsabilidade de juíza que, em sua atuação na magistratura, causou danos a outrem; II. A União responde civilmente por danos nucleares desde que comprovada a culpa em qualquer uma de suas modalidades; III. Constatada a confecção, ainda que por tabelionato não oficializado, de substabelecimento falso que veio a respaldar escritura de compra e venda de bem imóvel fulminada judicialmente, impõe-se a obrigação do Estado de ressarcir o comprador do imóvel; IV. Ainda que o agente estatal atue fora de suas funções, mas a pretexto de exercê-las, o fato é tido como administrativo, no mínimo pela má escolha do agente (culpa in vigilando); V. Só pode o Estado ser responsabilizado se o preposto estatal estiver no exercício de suas funções ou, ao menos, se esteja conduzindo a pretexto de exercê-la. Desse modo, se causar dano a terceiro no correr de sua vida privada, sua responsabilidade é pessoal. A quantidade de itens incorretos é igual a:

(A) 1
(B) 2
(C) 3
(D) 4
(E) 5

142. **(DEFENSORIA PÚBLICA DA UNIÃO – 2007 – CESPE)** Quanto à responsabilidade civil do Estado e do particular, julgue os itens que se seguem.

1 Como a responsabilidade civil do Estado por ato danoso de seus prepostos é objetiva, surge o dever de indenizar se restarem provados o dano ao patrimônio de outrem e o nexo de causalidade entre este e o comportamento do preposto. No entanto, o Estado poderá afastar a responsabilidade objetiva quando provar que o evento danoso resultou de caso fortuito ou de força maior, ou ocorreu por culpa exclusiva da vítima.

2 A ação indenizatória decorrente de danos morais tem caráter pessoal, pois o herdeiro não sucede no sofrimento da vítima nem pode ser indenizado por dor alheia. Por isso, se o autor falecer no curso do processo, não poderá ocorrer substituição processual no pólo ativo da demanda. Nesse caso, o processo será extinto sem resolução de mérito, por perda superveniente da legitimidade ad causam do autor.

3 Segundo a teoria da causalidade adequada, quando inúmeras e sucessivas causas contribuem para a produção do evento danoso, todas as concausas são consideras adequadas a produzir esse evento, uma vez que, sem elas, o resultado não teria ocorrido, imputando-se o dever de reparar o dano a todas ou a qualquer das pessoas que o provocaram.

4 A responsabilidade da administração pública, de acordo com a teoria do risco administrativo, evidencia-se na obrigação que tem o Estado de indenizar o dano injustamente sofrido pelo particular — independentemente da existência de falta do serviço e da culpa do agente público —, havendo a possibilidade de comprovação da culpa da vítima a fim de atenuar ou excluir a indenização.

143. **(DEFENSORIA PÚBLICA DA UNIÃO – 2007 – CESPE)** A morte da mãe de Pedro foi ocasionada pela interrupção do fornecimento de energia elétrica durante cirurgia realizada em hospital público, por falta de pagamento. Por esse motivo, Pedro pretende ingressar com ação judicial de reparação de danos materiais e morais contra a concessionária de serviço público responsável pelo fornecimento de energia elétrica. Com relação à situação hipotética descrita acima e acerca da responsabilidade civil do Estado e do serviço público, julgue os itens a seguir.

1 Na hipótese em apreço, conforme precedentes do STF, por não ter havido ato ilícito por parte da concessionária, não há possibilidade de se reconhecer a sua responsabilidade civil objetiva.

2 Conforme legislação em vigor, a referida ação de indenização deve ser proposta no prazo de 5 anos, sob pena de prescrição.

144. **(DEFENSORIA PÚBLICA DA UNIÃO – 2002 – CESPE)** Acerca da responsabilidade civil do Estado, julgue os itens a seguir.

1. As sociedades de economia mista, independentemente do seu objeto social, submetem-se à responsabilidade objetiva pêlos danos que seus agentes causarem a terceiros.
2. A teoria do risco administrativo, base para a responsabilidade objetiva do Estado, admite a exclusão da responsabilidade do Estado nos casos de comprovação da culpa exclusiva da vítima.
3. Considere a seguinte situação hipotética: A interdição de uma via pública, por ato lícito, para a reparação de rede pluvial, impediu, por determinado tempo, o acesso de clientes a um posto comercial de combustíveis de determinada empresa, causando-lhe prejuízo advindo da cessação da venda de seus produtos. Nesse caso, em razão da adoção, pelo direito brasileiro, da teoria da culpa anônima do serviço será devida pelo Estado reparação à empresa.
4. No atual regime jurídico brasileiro, convivem as teorias subjetiva e objetiva de responsabilidade do Estado.
5. No ordenamento jurídico brasileiro, a responsabilidade objetiva é restrita ao Estado e às pessoas jurídicas integrantes de sua administração indireta.

2.10. LICITAÇÕES E CONTRATOS ADMINISTRATIVOS

145. **(ADVOGADO - PETROBRÁS - 2008 - CESGRANRIO)** Segundo o disposto no Regulamento do Procedimento Licitatório Simplificado da Petrobras (Dec. 2.745, de 24 de agosto de 1998), a modalidade de licitação entre pessoas físicas ou jurídicas previamente cadastradas e classificadas na Petrobras, no ramo pertinente ao objeto da licitação, constitui a(o)

(A) concorrência.
(B) tomada de preços.
(C) pregão.
(D) leilão.
(E) concurso.

146. **(ADVOGADO – PETROBRÁS – 2008 – CESGRANRIO)** Tratando-se de contrato administrativo celebrado em conseqüência da conclusão de procedimento licitatório realizado nos termos da Lei no 8.666/93, no que tange às garantias a serem prestadas pelo contratado, pode-se afirmar que:

I. a garantia contratual poderá ser exigida do licitante vencedor ainda que não prevista no edital de licitação;
II. compete ao contratado escolher, dentre as opções previstas em lei, qual modalidade de garantia será prestada;
III. a exigência de garantia poderá ser cumprida através da fiança pessoal dos sócios do contratado (pessoas físicas);
IV. nos casos de garantia prestada em dinheiro, e não utilizada durante a vigência do contrato, esta deverá ser restituída ao contratado ao final do contrato, acrescida de juros e correção monetária.

Está(ão) correta(s) a(s) afirmativa(s)

(A) II, apenas.
(B) II e IV, apenas.
(C) I, II e IV, apenas.
(D) I, III e IV, apenas.
(E) I, II, III e IV.

147. **(ADVOGADO – PETROBRÁS – 2006 – CESGRANRIO)** De acordo com o estipulado no Regulamento do Procedimento Licitatório Simplificado da Petróleo Brasileiro S. A., aprovado pelo Decreto no 2.745, de 24/08/1998, assinale a opção que **NÃO** corresponde a uma hipótese de inexigibilidade de licitação.

(A) Compra ou locação de imóvel destinado ao serviço da Petrobras, cujas características de instalação ou localização condicionem a sua escolha.
(B) Aquisição de peças e sobressalentes junto ao fabricante do equipamento a que se destinam, de forma a manter a garantia técnica vigente do mesmo.
(C) No caso de transferência de tecnologia, desde que caracterizada a necessidade e a essencialidade da tecnologia em aquisição.
(D) Obtenção de licenciamento de uso de software com o detentor de sua titularidade autoral, que não possua distribuidores ou representantes comerciais.
(E) Contratação de serviços técnicos, de natureza singular, com profissionais ou empresas de notória especialização.

148. **(ADVOGADO – PETROBRÁS – 2006 – CESGRANRIO)** Assinale a afirmação **INCORRETA** acerca dos contratos administrativos celebrados por ente da Administração Pública, após a realização do correspondente procedimento licitatório para aquisição de equipamentos necessários à execução de suas atividades.

(A) É vedada a contratação por prazo indeterminado.
(B) É assegurada à Administração a prerrogativa de modificar unilateralmente o contrato, para melhor adequação às finalidades de interesse público, respeitados os direitos do contratado.

(C) A prorrogação contratual deve ser justificada por escrito e previamente autorizada pela autoridade competente para celebrar o contrato.

(D) A empresa contratada fica obrigada a aceitar, nas mesmas condições contratuais, os acréscimos ou supressões que se fizerem nas obras, serviços ou compras, até 25% (vinte e cinco por cento) do valor inicial atualizado do contrato.

(E) O atraso no pagamento das faturas por qualquer período assegura à empresa contratada o direito de suspender os serviços contratados pela Administração Pública ("princípio da exceção de contrato não cumprido").

149. **(ADVOGADO – PETROBRÁS – 2003 – CESPE)** Julgue os itens a seguir, relativos ao Decreto n.o 2.745/1998, que aprova o regulamento do procedimento licitatório simplificado da Petróleo Brasileiro S.A. (PETROBRAS), previsto no art. 67 da Lei n.o 9.478/1997.

1 Considere a seguinte situação hipotética. Determinada empresa, achando-se prejudicada por ato de habilitação da comissão de licitação, houve por bem interpor recurso. Antes de sua análise, porém, resolveu a empresa desistir do recurso interposto. Nessa situação e em conformidade com o decreto em consideração, pode a empresa desistir do recurso após a sua interposição.

2 Considere a seguinte situação hipotética. A empresa ABC efetivou contrato de execução de serviço com a PETROBRAS, para início em maio de 2003. Em julho do mesmo ano, constatou-se, no órgão jurídico da PETROBRAS, que a empresa ABC não havia iniciado a execução do serviço nem apresentado nenhuma justificativa para tal atraso. Nessa situação e em conformidade com o decreto supracitado, o atraso constitui motivo para a rescisão do contrato.

150. **(ADVOGADO – PETROBRÁS DISTRIB. – 2008 – CESGRANRIO)** A respeito do procedimento licitatório simplificado previsto no artigo 67 da Lei Federal no 9.478/97 (segundo o qual "os contratos celebrados pela PETROBRAS, para aquisição de bens e serviços, serão precedidos de procedimento licitatório simplificado, a ser definido em decreto do Presidente da República"), assinale a afirmativa correta.

(A) O Tribunal de Contas da União tem reiteradamente decidido ser inconstitucional o procedimento licitatório simplificado previsto no artigo 67 da Lei Federal no 9.478/97, baseando-se em precedentes firmados pelo Supremo Tribunal Federal.

(B) O Tribunal de Contas da União tem reiteradamente decidido ser inconstitucional o procedimento licitatório simplificado previsto no artigo 67 da Lei Federal no 9.478/97, muito embora o Supremo Tribunal Federal já tenha se manifestado pela constitucionalidade de tal previsão legal em ação declaratória de constitucionalidade.

(C) De acordo com entendimento firmado pelo Supremo Tribunal Federal, até que venha a ser editada a lei dispondo sobre licitações e contratos das estatais e sociedades de economia mista, tais entidades devem observar os preceitos da Lei Nacional no 8.666/93, razão por que foi declarada a inconstitucionalidade do artigo 67 da Lei no 9.478/97.

(D) De acordo com decisões reiteradas do Tribunal de Contas da União, até que venha a ser editada a lei dispondo sobre licitações e contratos das estatais e sociedades de economia mista, tais entidades devem observar os preceitos da Lei no 8.666/93, não sendo aplicável, pois, o procedimento simplificado previsto no artigo 67 da Lei Federal no 9.478/97.

(E) De acordo com decisões reiteradas do Tribunal de Contas da União, mantidas pelo Supremo Tribunal Federal, o procedimento simplificado previsto no artigo 67 da Lei Federal no 9.478/97 poderá ser observado pela PETROBRAS enquanto não for editada a lei dispondo sobre licitações e contratos das estatais e sociedades de economia mista.

151. **(ADVOGADO – EPE – 2007 – CESGRANRIO)** Considerando o disposto na Lei no 10.520/02 e no Decreto no 3.555/00, que disciplinam o procedimento licitatório denominado pregão, assinale a opção que apresenta uma afirmação **FALSA** acerca das regras a ele aplicáveis.

(A) Apenas pode ser utilizado para a aquisição de bens e serviços comuns.

(B) Aplicam-se subsidiariamente, para a modalidade pregão, as normas da Lei no 8.666/93.

(C) O prazo para a apresentação das propostas, a contar da data de publicação do aviso de licitação, não pode ser inferior a 8 (oito) dias úteis.

(D) Classificam-se para a fase de lances verbais o autor da oferta de valor mais baixo e os das ofertas com preços até 10% (dez por cento) superiores àquela.

(E) Em caso de apresentação de recurso, o prazo de apresentação de contra-razões pelas demais licitantes é de 5 dias úteis a contar do recebimento da intimação.

152. **(ADVOGADO – REFAP – 2007 – CESGRANRIO)** Tratando-se de contratos administrativos regidos pela Lei no 8.666/1993, devem obrigatoriamente constar dos referidos instrumentos cláusulas que estabeleçam:

I. a legislação aplicável à execução do contrato e, especialmente, aos casos omissos;

II. o reconhecimento dos direitos da Administração, em caso de rescisão administrativa decorrente de inexecução contratual;

III. a obrigação do contratado de manter, durante toda a execução do contrato, todas as condições de habilitação e qualificação exigidas na licitação;

IV. a indicação do licitante classificado em segundo lugar, de maneira a permitir sua contratação direta em caso de inadimplemento contratual do licitante vencedor.

Estão corretos os itens:

(A) I e II, apenas.
(B) II e III, apenas.
(C) I, II e III, apenas.
(D) II, III e IV, apenas.
(E) I, II, III e IV.

153. **(ADVOGADO – REFAP – 2007 – CESGRANRIO)** Acerca dos recursos processuais previstos no Regulamento do Procedimento Licitatório Simplificado da Petróleo Brasileiro S.A. - PETROBRAS (Decreto no 2.745, de 24/08/1998), é correto afirmar que:

(A) após recebido pela Comissão de Licitação, não pode a parte interessada desistir do recurso interposto.
(B) é vedada a conversão, em recurso hierárquico, de pedido de reconsideração indeferido pela Comissão de Licitação, ainda que formalmente requerido pelo recorrente.
(C) o prazo de interposição do recurso hierárquico inicia-se quando da intimação da parte interessada sobre o resultado do julgamento do pedido de reconsideração.
(D) os recursos interpostos contra atos praticados em procedimentos licitatórios terão sempre efeito suspensivo.
(E) a autoridade competente para apreciar o recurso poderá suspender o curso do processo administrativo, quando entender assim recomendável em face da relevância dos aspectos questionados pelo recorrente.

154. **(ADVOGADO – CORREIOS – 2008 – ESPP)** Assinale a alternativa correta:

(A) Fato do Príncipe corresponde a um ato de autoridade pública, diretamente relacionado com o contrato administrativo e que gera o desequilíbrio econômicofinanceiro do negócio jurídico, ensejando o ressarcimento pela Administração Pública dos prejuízos gerados ao particular.
(B) Fato da Administração é toda a ação ou omissão da Administração Pública que, incidindo direita ou indiretamente sobre o contrato administrativo, retarda, agrava, mas não impede sua execução, o que leva ao restabelecimento do equilíbrio econômico-financeiro por parte do Estado.
(C) Álea Econômica corresponde a circunstâncias externas ao contrato, estranhas à vontade das partes, imprevisíveis, excepcionais e inevitáveis, que causam desequilíbrio econômico-financeiro, gerando repartição dos prejuízos entre os contratantes.
(D) A alteração unilateral do contrato administrativo, para atendimento do interesse público, não gera responsabilidade para a Administração Pública de restabelecer o equilíbrio econômico-financeiro do negócio jurídico voluntariamente por ela rompido.

155. **(ADVOGADO – ELETROBRÁS – 2006 – NCE/UFRJ)** Sobre a modalidade licitatória denominada pregão, é correto afirmar que:

(A) é modalidade licitatória usada na contratação de obras e serviços considerados comuns;
(B) somente serão examinadas as propostas dos licitantes considerados habilitados;
(C) caracteriza-se pela possibilidade de apresentação de propostas escritas e lances;
(D) haverá abertura do prazo para recurso após cada fase que integra o procedimento;
(E) é indispensável a presença física do licitante no pregão presencial.

156. **(ADVOGADO – EMBRAPA – 2005 – CESPE)** A respeito da Lei n.º 8.666/1993, que institui normas para licitações e contratos administrativos da administração pública, julgue os itens a seguir.

1. Os contratos administrativos de que trata a Lei n.º 8.666/1993 regulam-se pelas suas cláusulas e pelos preceitos de direito público, aplicando-se-lhes, supletivamente, os princípios da teoria geral dos contratos e as disposições de direito privado.

2. Nas contratações de obras e serviços e compras, desde que previstas no instrumento convocatório, a administração poderá exigir prestação de garantia, cabendo ao contratado optar por uma das seguintes modalidades: caução em dinheiro, títulos da dívida pública, seguro-garantia ou fiança bancária.

3. Nos contratos administrativos, o contratado fica obrigado a aceitar, nas mesmas condições contratuais, os acréscimos ou supressões que se fizerem nas obras, serviços ou compras, até 50% do valor inicial atualizado do contrato e, no caso particular de reforma de edifício ou de equipamento, até o limite de 25% para os seus acréscimos.

4. A administração poderá dispensar a licitação nos casos de emergência ou de calamidade pública, quando caracterizada urgência de atendimento de situação que possa ocasionar prejuízo ou comprometer a segurança de pessoas, obras, serviços, equipamentos e outros bens, públicos ou particulares. Os contratos que tiverem origem nessa hipótese de dispensa de licitação poderão ser firmados pelo prazo máximo de um ano e poderão ser prorrogados uma única vez.

157. **(ADVOGADO – SERPRO – 2008 – CESPE)** Uma empresa pública criada com finalidade de prestar serviços em Tecnologia da Informação e Comu-

nicações para o setor público foi contratada pela União para desenvolver dois novos programas de informática: um para a elaboração do imposto de renda das pessoas jurídicas e outro para a segurança de sistemas. O valor do contrato foi de R$ 100.000,00, sendo R$ 76.000,00 para o primeiro e R$ 24.000,00 para o segundo. Considerando essa situação hipotética, julgue os itens que se seguem, acerca das licitações e dos contratos.

1. No caso em referência, desde que os preços dos serviços prestados sejam compatíveis com o de mercado, a União poderá contratar a referida empresa com dispensa de licitação.
2. Caso a União resolva suprimir, unilateralmente, do contrato o serviço relacionado ao desenvolvimento do software do programa de segurança, a empresa em questão poderá rescindir unilateralmente o contrato.
3. A rescisão do contrato por iniciativa da empresa, se cabível, deverá ser feita obrigatoriamente por via judicial.

158. **(ADVOGADO – IRB – 2006 – ESAF)** Assinale a opção que contemple cláusula exorbitante possível nos contratos públicos e privados.

(A) Rescisão unilateral do contrato.
(B) Exigência de garantia.
(C) Alteração unilateral do contrato.
(D) Anulação.
(E) Retomada do objeto.

159. **(ADVOGADO – IRB – 2006 – ESAF)** Assinale a única opção verdadeira. Estão dispensadas da realização de procedimento licitatório:

(A) as agências reguladoras, por serem autarquias de regime especial.
(B) as fundações públicas, por possuírem natureza jurídica de direito privado.
(C) as sociedades de economia mista exploradoras de atividade econômica, na venda de bens por ela produzidos em virtude de suas finalidades.
(D) as empresas públicas, devido a sua natureza jurídica de direito privado.
(E) as agências executivas que firmarem com a União contrato de gestão, nos termos do parágrafo 8 do artigo 37 da Constituição da República Federativa do Brasil.

160. **(ADVOGADO – CASA DA MOEDA – 2009 – CESGRANRIO)** Segundo as normas para licitações e contratos da Administração Pública (Lei no 8.666/93), o procedimento licitatório será dispensável

(A) quando não acudirem interessados à licitação anterior, e esta, justificadamente, não puder ser repetida, sem prejuízo para a Administração, mantidas todas as condições preestabelecidas.
(B) quando caracterizada urgência de atendimento de situação emergencial ou de calamidade pública, limitada a contratação, ao prazo máximo de 60 (sessenta) dias, justificada pela autoridade administrativa competente.
(C) para a aquisição de bens e serviços comuns, assim considerados aqueles cujos padrões de desempenho e qualidade possam ser objetivamente definidos pela Administração Pública, por meio de especificações usuais no mercado.
(D) para a contratação de profissional de qualquer setor artístico, diretamente ou através de empresário exclusivo, desde que consagrado pela crítica especializada ou pela opinião pública.
(E) sempre que houver inviabilidade de competição devidamente justificada pela autoridade administrativa.

161. **(ADVOGADO – BNDES – 2008 – CESGRANRIO)** Analise as situações abaixo.

I. Na contratação de instituição estrangeira incumbida da pesquisa, do ensino ou do desenvolvimento institucional, desde que a contratada detenha inquestionável reputação ético-profissional e não tenha fins lucrativos.
II. Quando não acudirem interessados à licitação anterior e esta, justificadamente, não puder ser repetida sem prejuízo para a Administração, mantidas, neste caso, todas as condições preestabelecidas.
III. Para as compras de material de uso pelas Forças Armadas, com exceção de materiais de uso pessoal e administrativo, quando houver necessidade de manter a padronização requerida pela estrutura de apoio logístico dos meios navais, aéreos e terrestres, mediante parecer de comissão instituída por decreto.
IV. Para contratação de profissional de qualquer setor artístico, diretamente ou através de empresário exclusivo, desde que consagrado pela crítica especializada ou pela opinião pública.

Quais as situações que **NÃO** encontram amparo legal para configurarem hipóteses de dispensa de licitação?

(A) I e II
(B) I e III
(C) I e IV
(D) II e III
(E) III e IV

162. **(ADVOGADO – BNDES – 2006 – CESGRANRIO)** Nas licitações, o exame da idoneidade jurídica, técnica e financeira dos licitantes que pretendem participar de certas e futuras concorrências de um único e mesmo empreendimento chama-se:

(A) pré-qualificação.
(B) qualificação.
(C) habilitação.

(D) habilitação prévia.
(E) pré-classificação.

163. **(ADVOGADO – BNDES – 2002 – VUNESP)** Dentre as alternativas abaixo, indique a que não se aplica à contratação com dispensa de licitação, no caso de emergência:

(A) Contratação de obras ou execução de serviços que possam ser concluídos em até cento e oitenta dias consecutivos e ininterruptos.
(B) Ocorre quando caracterizada a urgência de atendimento de situação.
(C) Pode ser utilizada, desde que demonstrado que aquela situação de emergência não foi causada por desídia administrativa.
(D) Serve para evitar que um dano maior e irreparável possa ser causado à pessoas e bens.
(E) A dispensa deve ser necessariamente justificada e comunicada, dentro de três dias, à autoridade superior e publicada na imprensa oficial, como condição para eficácia do ato.

164. **(ADVOGADO – BNDES – 2001 – VUNESP)** As concessões de direito real de uso devem ser licitadas por meio de

(A) leilão.
(B) tomada de preços.
(C) convite.
(D) pregão.
(E) concorrência.

165. **(ADVOGADO – BNDES – 2001 – VUNESP)** A exigência de seguro-garantia nos contratos de obras, serviço e compras, prevista na Lei de Licitações, e a rescisão unilateral do contrato administrativo, são considerados

(A) fatos da Administração.
(B) fatos do Príncipe.
(C) cláusulas exorbitantes.
(D) áleas econômicas.
(E) áleas empresariais.

166. **(ADVOGADO – BNDES – 2001 – VUNESP)** A alienação, pela União, de direitos que lhe assegurem o controle de sociedade e a transferência, para a iniciativa privada, da execução de serviços públicos explorados pela União, diretamente, ou através de entidades por ela controladas, bem como daqueles de sua responsabilidade, configura

(A) terceirização.
(B) concurso.
(C) desestatização.
(D) contrato de gestão.
(E) gerenciamento.

167. **(ADVOGADO – BNDES – 2001 – VUNESP)** A cláusula *rebus sic stantibus* nos contratos administrativos consubstancia a aplicação da teoria

(A) da imprevisão.
(B) da retenção de lucros cessantes.
(C) do enriquecimento ilícito.
(D) dos motivos determinantes.
(E) do fato do príncipe.

168. **(PROCURADOR – BANCO CENTRAL – 2009 – CESPE)** Assinale a opção correta a respeito das licitações, dos contratos administrativos e dos convênios.

(A) Convite é a modalidade de licitação entre interessados do ramo pertinente ao seu objeto, convidados em número mínimo de três pela unidade administrativa, não havendo necessidade de estender o convite aos demais cadastrados, mesmo que esses manifestem seu interesse com antecedência de até vinte e quatro horas da apresentação das propostas.
(B) É dispensável a licitação na contratação da coleta, processamento e comercialização de resíduos sólidos urbanos recicláveis ou reutilizáveis, em áreas com sistema de coleta seletiva de lixo, efetuados por associações ou cooperativas formadas exclusivamente por pessoas físicas de baixa renda reconhecidas pelo poder público como catadores de materiais recicláveis, com o uso de equipamentos compatíveis com as normas técnicas, ambientais e de saúde pública.
(C) Conforme a Lei n.° 8.666/1993, a inadimplência do contratado, com referência aos encargos trabalhistas, fiscais e comerciais, poderá restringir a regularização e o uso das obras e edificações, inclusive perante o registro de imóveis, por parte da administração pública.
(D) (A)alteração do contrato administrativo, em face da necessidade de observar o equilíbrio econômico e financeiro, deverá ser feita de forma unilateral pela administração.
(E) Quando da conclusão, denúncia, rescisão ou extinção do convênio, os saldos financeiros remanescentes, com exceção dos provenientes das receitas obtidas de aplicações financeiras, deverão ser devolvidos à entidade ou órgão repassador dos recursos, sob pena da imediata instauração de tomada de contas especial do responsável, providenciada pela autoridade competente do órgão ou entidade titular dos recursos.

169. **(ADVOGADO – ANATEL – 2009 – CESPE)** Julgue os itens seguintes, relativos às licitações e aos contratos administrativos.

1 O instrumento convocatório com as regras da licitação na modalidade convite deve ser encaminhado para as empresas que pertençam ao ramo do objeto do contrato, para livre escolha do administrador, exclusivamente entre as empresas cadastradas.

2 A abertura dos envelopes contendo a documentação para habilitação e as propostas na concorrência internacional, com participação de empresas estrangeiras, deve ser realizada em ato público previamente designado, com a participação dos membros da comissão designados pelo órgão público responsável pelo certame.

3 Os contratos administrativos regulam-se pelas cláusulas e preceitos de direito público, não havendo aplicação subsidiária do direito privado.

170. **(ADVOGADO – ANCINE – 2005 – CESPE)** Com relação a licitações e contratos administrativos, julgue os itens a seguir.

1. A administração poderá, desde que prevista no instrumento convocatório, exigir prestação de garantia nas contratações de obras, serviços e compras, cabendo ao contratado optar por uma das seguintes modalidades: caução em dinheiro ou em títulos da dívida pública, seguro-garantia ou fiança bancária.

2. A garantia exigida pela administração nas contratações poderá ser, no máximo, de 25% do valor do contrato.

3. A administração poderá dispensar a licitação na contratação de instituição brasileira, com ou sem fins lucrativos, incumbida regimental ou estatutariamente da pesquisa, do ensino ou do desenvolvimento institucional, desde que a contratada detenha inquestionável reputação ético-profissional.

171. **(ADVOGADO – ANP – 2008 – CESGRANRIO)** Quando admitida a participação de consórcios nas licitações para outorga dos contratos de concessão para a exploração, desenvolvimento e produção de petróleo e de gás natural, o edital de licitação deverá

(A) determinar a proibição de participação de uma empresa integrante de consórcio na licitação de um mesmo bloco, seja através de outro consórcio ou diretamente.
(B) determinar a proibição de participação de empresa estrangeira em consórcios.
(C) exigir, como requisito de qualificação jurídica, a apresentação de documento que comprove a prévia constituição do consórcio, subscrito por todas as consorciadas.
(D) exigir, nas hipóteses em que não há responsabilidade solidária das consorciadas, a indicação das obrigações específicas de cada integrante do consórcio.
(E) exigir, como requisito à participação na licitação, o prévio registro do instrumento de constituição do consórcio no órgão de registro do comércio.

172. **(ADVOGADO – ANP – 2008 – CESGRANRIO)** Sobre licitações, pode-se afirmar que:

I. as licitações para obras envolverão três etapas: projeto básico, projeto executivo e execução da obra;
II. a existência de uma guerra em curso constitui hipótese de dispensa de licitação;
III. as concessões, assim como as permissões, devem ser precedidas de licitação;
IV. as consultorias econômicas estão listadas no rol de serviços técnicos profissionais ou especializados, na legislação de licitações;
V. a licitação na modalidade de concurso, deve ser realizada, de preferência, para a devida contratação de serviços técnicos profissionais.

Estão corretas **APENAS** as afirmações

(A) I, II e III
(B) I, IV e V
(C) II, III e IV
(D) I, II, III e V
(E) II, III, IV e V

173. **(ADVOGADO – ANS – 2005 – CESPE)** Um ministério, pretendendo suprir a necessidade de 150 profissionais entre técnicos de informática e analistas de programação, lançou edital para a concretização de um pregão, na modalidade menor preço, para contratação de serviços diversos na área de informática. Os salários oferecidos variavam de R$ 2.700,00 a R$ 10.000,00, e exigia-se do pessoal a ser recrutado nível médio completo ou curso técnico em informática, com experiência mínima de um ano, para o cargo de técnico, e curso superior com experiência comprovada ou especialização na área de tecnologia da informação, para o cargo de analista. Diante das normas contidas na Lei n.º 8.666/1993, no Decreto n.º 3.555/2000 e na Lei n.º 10.520/2002, julgue os itens que se seguem, relativos ao pregão.

1. Pela exigência de formação e de retribuição dos cargos, nos termos da Lei n.º 10.520/2002, não é permitido ao ministério contratar os serviços indicados por meio de pregão.

2. Para a aquisição desses serviços de informática, a Lei n.º 8.666/1993 obriga que seja realizada licitação pela modalidade técnica e preço.

3. Nos termos do Decreto n.º 3.555/2000, os serviços objeto da licitação não podem ser considerados serviços comuns na área de informática, pois apenas os serviços de manutenção e digitação poderiam ser assim classificados.

4. As normas contidas na Lei n.º 8.666/1993 não devem ser utilizadas subsidiariamente para a solução de questões que envolvam a modalidade licitatória do pregão, uma vez que esse instituto conta com lei específica.

174. **(ADVOGADO – ANS – 2005 – CESPE)** A respeito dos registros cadastrais previstos na Lei n.º 8.666/1993, julgue os itens subseqüentes.

1. Uma autarquia federal que realize freqüentemente licitações deve manter registros cadastrais, para efeito de habilitação, os quais são válidos por cinco anos.

2. O registro cadastral deve ter divulgação ampla, por meio de jornal diário, e o responsável por sua manutenção está obrigado a realizar, semestralmente, chamamento ao público para atualização dos registros existentes.

3. As unidades administrativas não podem se utilizar de registros cadastrais de outros órgãos ou entidades da administração pública.

4. O registro cadastral pode ser alterado, suspenso ou cancelado, a qualquer tempo, caso o inscrito deixe de satisfazer as exigências legais.

175. **(ADVOGADO – ANS – 2005 – CESPE)** Um município foi atingido por uma enchente avassaladora, que resultou na inundação de grande parte da cidade, o que afetou a segurança de munícipes e gerou grave situação de saúde pública. O prefeito decretou estado de calamidade pública, por via de decreto, e delimitou a área flagelada. Saiu, então, à procura de recursos para a reconstrução da área afetada e para a assistência à população atingida. Um ministério liberou recursos para que o município pudesse socorrer os flagelados. O prefeito, então, na utilização desses recursos, fez contratação direta de uma empresa particular, sem licitação, para prestação de serviços de pavimentação asfáltica das ruas atingidas, sob o fundamento de inexigibilidade de licitação, justificada pelo estado de calamidade decretado. Diante da situação hipotética apresentada e levando em conta a legislação sobre dispensa e inexigibilidade de licitação, julgue os itens subseqüentes.

1. No caso descrito, os recursos destinados pelo ministério devem ser empregados estritamente na área delimitada pela norma que decretou o estado de calamidade pública. A pavimentação asfáltica de outras ruas da cidade que não aquelas localizadas na área atingida configuraria desvio de finalidade.

2. As obras a serem realizadas pela empresa contratada devem ser concluídas em prazo máximo de 270 dias, a contar da data da emergência ou calamidade, vedada a prorrogação.

3. A delimitação da área flagelada, no decreto do poder executivo local, era ato desnecessário para a regularidade da configuração do estado de calamidade ensejador da inexigibilidade licitatória.

4. O fundamento de inexigibilidade invocado pelo prefeito para justificar a não-realização de licitação não está correto, pois, no caso concreto, não ocorre inexigibilidade de licitação e, sim, dispensa.

176. **(ADVOGADO DA UNIÃO – AGU – 2006 – CESPE)** Acerca da caracterização da hipótese de dispensa de licitação, julgue os itens a seguir.

1. Para a caracterização da situação de emergência devem estar presentes simultaneamente a imprevisibilidade da situação, a inadiabilidade da operação a ser contratada, a iminência e gravidade do risco e a suficiência do objeto da contratação para afastar os riscos no prazo de até um ano a contar da ocorrência da emergência.

2. A situação adversa tida como emergencial, para caracterizar devidamente a hipótese de dispensa de licitação, não pode ser resultado da falta de planejamento ou desídia administrativa em dar cumprimento a ações que prevenissem a ocorrência do fato invocado como emergência.

177. **(ADVOGADO DA UNIÃO – AGU – 2004 – CESPE)** A respeito de licitação, contrato administrativo e convênio administrativo, julgue os itens que se seguem.

1 A licitação para a contratação de construção, reforma, fabricação, recuperação ou ampliação de determinado bem público exige, como condições específicas para a sua regularidade, a definição prévia de um projeto básico e a existência de um projeto executivo, podendo ser este desenvolvido concomitantemente com a execução da obra, desde que autorizado, de forma fundamentada, pela administração pública.

2 O fundamento da teoria da imprevisão é a álea econômica, decorrendo da aplicação dessa teoria um de dois efeitos: a rescisão contratual sem atribuição de culpa ou a revisão do preço para a restauração do equilíbrio do contrato administrativo.

3 As normas da lei de licitações se aplicam, no que couber, aos convênios, cuja celebração deve ser precedida da aprovação de plano de trabalho proposto pela organização interessada em celebrar a avença.

4 É dispensável a licitação sempre que a União tiver de intervir no domínio econômico.

5 A publicação resumida do instrumento do contrato ou de seus aditamentos é condição indispensável para sua eficácia, dispensada a publicação apenas dos instrumentos dos contratos sem ônus para a administração.

178. **(PROCURADOR FEDERAL – AGU – 2004 – CESPE)** Uma autarquia federal contratou sem licita-

ção, porque assim lhe pareceu conveniente, um advogado de notória especialização para representá-la judicialmente, com exclusividade, em quaisquer processos, pelo prazo de cinco anos. O valor dos serviços foi pactuado segundo o preço de mercado. O Tribunal de Contas da União (TCU), entendendo ilegal a contratação, sustou, tão logo dela teve conhecimento, a execução do contrato. A autarquia, intimada da decisão do TCU, suspendeu o pagamento dos honorários que era feito mensalmente ao advogado pelos serviços por ele devidamente prestados. Decorridos três meses sem receber, o advogado renunciou aos mandatos a ele conferidos. Em relação à situação hipotética apresentada, julgue os itens a seguir.

1 A dispensa de licitação de profissionais de notória especialização restringe-se a casos singulares.

2 A duração do contrato administrativo deveria ficar, em princípio, adstrita à vigência dos créditos orçamentários que lhe dão suporte.

3 O TCU poderia sustar a execução do contrato, entendendo-o ilegal.

4 Declarada nula a contratação, o advogado deverá devolver, nos termos da Lei n.º 8.666/1993, os honorários recebidos, uma vez que o ilícito não gera direitos.

5 A dispensa indevida de licitação constitui ato de improbidade administrativa.

179. **(PROCURADOR DA FAZENDA NACIONAL – 2007.2 – ESAF)** Assinale a opção incorreta.

(A) A obrigatoriedade de celebração de convênio não se aplica aos casos em que lei específica discipline a transferência de recursos para execução de programas em parceria do Governo Federal com governos estaduais e municipais, que regulamente critérios de habilitação.
(B) A liberação de recursos financeiros por força de convênio, nos casos em que o convenente não integre os orçamentos fiscal e da seguridade social, constituirá despesa do concedente; e o recebimento, receita do convenente.
(C) No caso da apresentação da prestação de contas ou recolhimento integral do débito imputado, antes do encaminhamento da Tomada de Contas Especial ao Tribunal de Contas da União, deverá ser dada a baixa do registro de inadimplência.
(D) Na hipótese de a prestação de contas não ser aprovada e exauridas todas as providências cabíveis, o ordenador de despesas registrará o fato no Cadastro de Convênios no SIAFI (Sistema Integrado de Administração Financeira do Governo Federal).
(E) Quando o convênio compreender a aquisição de equipamentos e materiais permanentes, não será obrigatória a estipulação do destino a ser dado aos bens remanescentes na data da extinção do acordo ou ajuste.

180. **(PROCURADOR DA FAZENDA NACIONAL – 2007.2 – ESAF)** Considerando o que dispõe a Lei n. 8.666, de 21 de junho de 1993, marque com (V) a assertiva verdadeira e com (F) a falsa, assinalando ao final a opção correspondente.

( ) A licitação destina-se a garantir a observância do princípio constitucional da eficiência e a selecionar a proposta mais vantajosa para a Administração.
( ) A empresa de prestação de serviços técnicos especializados que apresente relação de integrantes de seu corpo técnico em procedimento licitatório ou como elemento de justificação de dispensa ou inexigibilidade de licitação, ficará obrigada a garantir que os referidos integrantes realizem pessoal e diretamente os serviços objeto do contrato.
( ) A alienação de bens da Administração Pública, subordinada à existência de interesse público, quando imóveis, dispensa licitação no caso de dação em pagamento.
( ) O instrumento de contrato é obrigatório nos casos de concorrência, tomada de preços e concurso, bem como nas dispensas e inexigibilidades.
( ) A Administração Pública responde solidariamente com o contratado pelos encargos previdenciários resultantes da execução do contrato.

(A) V, V, F, F, V
(B) F, V, F, V, V
(C) V, F, V, F, F
(D) F, V, V, F, V
(E) V, F, V, V, F

181. **(PROCURADOR DA FAZENDA NACIONAL – 2007.1 – ESAF)** Em observância à Instrução Normativa STN (Secretaria do Tesouro Nacional) 01/1997, a qual disciplina a celebração de convênios de natureza financeira que tenham por objeto a execução de projetos ou realização de eventos e dá outras providências, assinale a opção incorreta.

(A) A execução descentralizada de Programa de Trabalho a cargo de órgãos e entidades da Administração Pública Federal, Direta e Indireta, que envolva a transferência de recursos financeiros oriundos de dotações consignadas nos Orçamentos Fiscal e da Seguridade Social, objetivando a realização de programas de trabalho, projeto, atividade, ou de eventos com duração certa, será efetivada mediante a celebração de convênios ou destinação por Portaria Ministerial.
(B) Para fins da Instrução Normativa STN (Secretaria do Tesouro Nacional) n. 01/1997, considera-se convenente o instrumento qualquer que discipline a transferência de recursos públicos e tenha como partícipe órgão da administração pública federal direta, autárquica ou fundacional,

empresa pública ou sociedade de economia mista que estejam gerindo recursos dos orçamentos da União, visando à execução de programas de trabalho, projeto/atividade ou evento de interesse recíproco, em regime de mútua cooperação.

(C) É vedado celebrar convênio, efetuar transferência, ou conceder benefícios sob qualquer modalidade, destinado a órgão ou entidade da Administração Pública Federal, estadual, municipal, do Distrito Federal, ou para qualquer órgão ou entidade, de direito público ou privado, que esteja em mora.

(D) É vedada a inclusão, tolerância ou admissão, nos convênios, sob pena de nulidade do ato e responsabilidade do agente, de cláusulas ou condições que prevejam ou permitam a realização de despesas com publicidade, salvo as de caráter educativo.

(E) Assinarão, obrigatoriamente, o termo de convênio os partícipes, duas testemunhas devidamente qualificadas e o interveniente, se houver.

182. **(PROCURADOR DA FAZENDA NACIONAL – 2007.1 – ESAF)** Analise os itens a seguir: I. Consideram-se licitações simultâneas aquelas com objetos similares e que o edital subseqüente tenha uma data anterior a cento e vinte dias após o término do contrato resultante da licitação antecedente; II. Será adotado, preferencialmente, o SRP (Sistema de Registro de Preços) quando, pelas características do bem ou serviço, não houver necessidade de contratações freqüentes; III. A licitação para registro de preços será realizada na modalidade Tomada de Preços, do tipo menor preço, e será precedida de ampla pesquisa de mercado; IV. As compras e contratações de bens e serviços comuns, no âmbito da União, dos Estados, do Distrito Federal e dos Municípios, quando efetuadas pelo sistema de registro de preços, não poderão adotar a modalidade de pregão; V. No âmbito da Administração Pública, em atendimento à previsão constitucional de observância ao procedimento licitatório, não se admite contrato verbal em hipótese alguma. A quantidade de itens incorretos é igual a:

(A) 1
(B) 2
(C) 3
(D) 4
(E) 5

183. **(DEFENSORIA PÚBLICA DA UNIÃO – 2002 – CESPE)** Em relação a licitação e contratos administrativos, julgue os itens que se seguem.

1. A inexigibilidade de licitação para a contratação de serviços técnicos especializados pressupõe a singularidade do objeto, de tal modo que o mesmo só possa ser executado por profissional de notória especialização. Assim, não se admite, por esse fundamento, a contratação do mais conceituado jurista brasileiro, de fama internacional, para a atividade de assessoria jurídica rotineira a um determinado município.
2. No edital de licitação, será tida como ilegítima a exigência de garantia do licitante para o mesmo participar do procedimento licitatório
3. A nova modalidade de licitação, o pregão, caracteriza-se, fundamentalmente, pela inversão das fases do procedimento, com a habilitação ocorrendo após julgamento.
4. A natureza especial do contrato administrativo, caracterizado pela presença das chamadas cláusulas exorbitantes do direito comum, permite a uma das partes, a administração, alterar unilateralmente a avença, vinculando o contratado à nova obrigação, quando houver modificação do respectivo projeto. Nessa situação, o contratado deve cumprir a nova regra, sendo-lhe garantida, todavia, a manutenção do equilíbrio econômico-financeiro do contrato.
5. A inexecução do contrato pelo contratado por motivo devidamente comprovado de caso fortuito (evento da natureza) força maior (evento humano) pode gerar a rescisão administrativa do mesmo. Nessa situação, o contratado terá direito, exclusivamente à devolução da garantia e aos pagamentos devidos pela execução do contrato até a data da rescisão.

2.11. SERVIÇO PÚBLICO CONCESSÕES EM GERAL. PPP

184. **(ADVOGADO – PETROBRÁS – 2006 – CESGRANRIO)** Nos termos da Lei no 9.478, de 06/08/1997, as atividades de exploração, desenvolvimento e produção de petróleo e de gás natural serão exercidas mediante celebração de contratos de concessão. Acerca do referido contrato de concessão, pode-se afirmar que:

(A) na hipótese de extinção da concessão, a ANP será responsável pela imediata remoção dos equipamentos e bens instalados que não sejam objeto de reversão, devendo ser os custos de retirada ressarcidos pelo concessionário.

(B) desde que preservado seu objeto e mantidas as condições contratuais, pode o concessionário transferir o contrato de concessão a terceiros, independente de autorização da ANP.

(C) a produção de petróleo pelo concessionário implica a obrigatoriedade de pagamento dos tributos incidentes e das participações legais ou contratuais correspondentes.

(D) em caso de extinção da concessão, o concessionário fica desobrigado de praticar os atos de recuperação ambiental determinados pelos órgãos competentes.

(E) os direitos do concessionário decorrentes do contrato de concessão estendem-se, adicionalmente, ao petróleo e ao gás natural e a todos os demais recursos naturais eventualmente descobertos.

185. **(ADVOGADO – PETROBRÁS – 2006 – CESGRANRIO)** A hipótese de extinção da concessão através da retomada, pelo poder concedente, dos serviços públicos delegados à iniciativa privada, antes do vencimento do contrato e por motivo de interesse público, através da promulgação de lei autorizativa específica e mediante o prévio pagamento de indenização, consiste, nos termos da legislação vigente, em:

(A) encampação.
(B) caducidade.
(C) revogação.
(D) anulação.
(E) rescisão.

186. **(ADVOGADO – PETROBRÁS – 2003 – CESPE)** Com base na Lei n.o 9.478/1997 — que dispõe sobre a política energética nacional e as atividades relativas ao monopólio do petróleo, institui o Conselho Nacional de Política Energética e a Agência Nacional do Petróleo (ANP) e dá outras providências — julgue os itens subseqüentes.

1 Os depósitos de petróleo, gás natural e outros hidrocarbonetos fluidos existentes no território nacional pertencem à União e as atividades de pesquisa e lavra das jazidas de petróleo, bem como a refinação de petróleo nacional, constituem monopólio da União.

2 A ANP é um órgão regulador da indústria do petróleo, vinculado ao Ministério das Minas e Energia e integrante da administração federal direta.

3 As sessões deliberativas da diretoria da ANP destinadas a resolver pendências entre agentes econômicos e entre estes e consumidores e usuários de bens e serviços da indústria do petróleo possuem caráter sigiloso, de maneira a resguardar as atribuições de seus membros no conselho consultivo da agência.

187. **(ADVOGADO – EPE – 2007 – CESGRANRIO)** Nos termos da Lei no 8.987, de 13 de fevereiro de 1995, são cláusulas essenciais de um contrato de concessão de serviço público aquelas que definem as(os):

(A) condições para prorrogação do contrato; a obrigatoriedade, forma e periodicidade da prestação de contas da concessionária ao poder concedente; e a dispensa de publicação das demonstrações financeiras da concessionária.
(B) casos de extinção da concessão; a dispensa de publicação das demonstrações financeiras da concessionária; e as condições para prorrogação do contrato.
(C) indicadores da qualidade dos serviços; os casos de extinção da concessão; e a impossibilidade de prorrogação do contrato.
(D) bens reversíveis; a obrigatoriedade, forma e periodicidade da prestação de contas da concessionária ao poder concedente; e a impossibilidade de prorrogação do contrato.
(E) bens reversíveis, as condições para prorrogação do contrato; e os indicadores da qualidade dos serviços.

188. **(ADVOGADO – REFAP – 2007 – CESGRANRIO)** Acerca dos regimes de concessão e permissão para a exploração de serviços públicos, regulados pela Lei no 8.987, de 13 de fevereiro de 2005, pode-se afirmar que:

I. a outorga de permissão para a exploração de serviços públicos independe da realização de prévio procedimento licitatório para a escolha do permissionário;

II. é facultado ao Poder Concedente, desde que previamente estipulado no edital, determinar que o consórcio vencedor da licitação se constitua em empresa antes da celebração do respectivo contrato;

III. com vistas a favorecer a modicidade tarifária, pode o Poder Concedente estipular, no edital de licitação, a possibilidade de a concessionária auferir outras fontes de remuneração provenientes de receitas alternativas, complementares, acessórias ou de projetos associados;

IV. a concessão de serviços públicos pressupõe a prestação de serviço adequado, consistente no pleno atendimento ao usuário por meio da satisfação das condições de regularidade, continuidade, eficiência, segurança, atualidade, generalidade, cortesia na sua prestação e modicidade tarifária.

Estão corretas as afirmativas:

(A) II e III, apenas.
(B) I, II, IV, apenas.
(C) I e III e IV, apenas.
(D) II, III e IV, apenas.
(E) I, II, III e IV.

189. **(ADVOGADO – CORREIOS – 2008 – ESPP)** Analise as assertivas a seguir:

I. O serviço postal pode ser exercido diretamente pela União, em parceria com os Estados Membros da Federação ou por meio de delegação a pessoas jurídicas de direito público ou privado.

II. Serviço público descentralizado é todo aquele em que o Poder Público transfere sua titularidade ou execução, a autarquias, fundações, empresas estatais, empresas privadas ou particulares individualmente.

III. Serviço público desconcentrado é aquele que a administração executa centralizadamente, mas o distribui entre vários órgãos da mesma entidade, buscando facilitar sua execução.

IV. A permanência, a generalidade, a eficiência, a modicidade e a cortesia, são requisitos básicos a serem observados na prestação do serviço público.

Aponde a alternativa correta:

(A) Apenas o item I está incorreto.
(B) Os itens I e IV estão incorretos.
(C) Apenas o item IV está incorreto.
(D) Todos os itens estão corretos.

190. **(ADVOGADO – ELETROBRÁS – 2006 – NCE/UFRJ)** A Lei nº 11.079 instituiu as parcerias público-privadas no Brasil. Sobre o tema, analise as afirmativas a seguir:

I. Na concessão administrativa, parte da remuneração do concessionário será paga pelo parceiro público e a outra parte pelo usuário do serviço.

II. Não será admitida parceria público-privada em contratos com valor inferior a vinte milhões de reais.

III. A lei federal não prevê a possibilidade de instituição de parceria público-privada no âmbito municipal.

É/São verdadeira(s) somente a(s) afirmativa(s):

(A) I;
(B) II;
(C) III;
(D)I e II;
(E) II e III.

191. **(ADVOGADO – SERPRO – 2008 – CESPE)** A respeito dos bens públicos e do serviço público, julgue os itens a seguir.

1. Uma empresa pública prestadora de serviços públicos pode ter os seus bens penhorados, mesmo que afetada a sua atividade-fim, já que ela se submete ao regime jurídico das empresas privadas.

2. No contrato de concessão, é permitida a subconcessão, desde que prevista no contrato, autorizada pelo poder concedente e precedida de concorrência.

3. A permissão é definida legalmente como a delegação, a título precário, mediante licitação, da prestação de serviços públicos, feita pelo poder concedente a pessoa física ou jurídica que demonstre capacidade para seu desempenho, por sua conta e risco.

192. **(ADVOGADO – DATAPREV – 2009 – UFF)** A respeito da encampação, pode-se afirmar que:

(A) corresponde ao advento do termo contratual dos contratos administrativos típicos, tais como, nos contratos de concessão de obras públicas;
(B) ocorre quando da falência ou extinção da empresa concessionária ou, ainda, pelo falecimento ou incapacidade do titular, no caso de empresa individual;
(C) consiste na rescisão do contrato de concessão em razão de falta grave cometida pelo concessionário;
(D) dá-se por ilegalidade e anulação da licitação (Lei nº 8.666/93) ou porque o contrato não observou as cláusulas essenciais;
(E) traduz o ato pelo qual o poder concedente põe fim à concessão, avocando a si o serviço, por interesse público, mediante justa indenização paga ao concessionário.

193. **(ADVOGADO – BNDES – 2008 – CESGRANRIO)** São modalidades de concessões públicas, em sentido amplo, além das concessões de obras públicas e de uso de bem público, as de

(A) gestão de bem público e as parcerias público-privadas.
(B) gestão de bem público, auto-patrocinadas e administrativas.
(C) serviço público e as parcerias público-privadas.
(D) serviço público, auto-patrocinadas e administrativas.
(E) serviço público, auto-patrocinadas e de gestão administrativa.

194. **(ADVOGADO – BNDES – 2006 – CESGRANRIO)** Ao tratar da concessão, permissão e autorização de serviços públicos, Maria Sylvia Zanella di Pietro ressalta que "é preciso considerar dois sentidos do vocábulo precariedade: (a) de um lado, significa que o ato é revogável a qualquer tempo, por iniciativa da Administração; (b) de outro lado, significa outorga sem prazo estabelecido e, portanto, revogável a qualquer momento pela Administração, sem direito à indenização" (in Parcerias na Administração Pública: concessão, permissão franquia, terceirização e outras formas. São Paulo: Atlas, 1996). Tendo por referência esses dois sentidos do termo "precariedade", está correto afirmar que:

(A) na concessão não há precariedade em nenhum dos seus sentidos.
(B) na permissão não há precariedade em nenhum dos seus sentidos.
(C) na concessão, a precariedade encontra-se presente no seu primeiro sentido, apenas.
(D) na permissão, em regra, a precariedade encontra-se presente no seu primeiro sentido, apenas.
(E) na permissão qualificada ou condicionada, a precariedade encontra-se presente no seu segundo sentido.

195. **(ADVOGADO – BNB – 2006 – ACEP)** Marque a alternativa **INCORRETA**.

(A) Revogação é a supressão de um ato administrativo legítimo e eficaz, realizada pela Administração – e somente por ela – por não mais lhe convir sua existência.
(B) Segundo a lei nº 8.987/95, a concessão de serviço público é a delegação de sua prestação, feita pelo poder concedente, mediante licitação, na modalidade de concorrência, à pessoa jurídica ou consórcio de empresas que demonstre capacidade para seu desempenho, por sua conta e risco e por prazo determinado.
(C) As pessoas jurídicas de direito público e as de direito privado prestadoras de serviços públicos responderão pelos danos que seus agentes, nessa qualidade, causarem a terceiros, assegurado o direito de regresso contra o responsável nos casos de dolo ou culpa.
(D) A caducidade da concessão poderá ser declarada pelo poder concedente quando o serviço estiver sendo prestado de forma inadequada ou deficiente, tendo por base as normas, critérios, indicadores e parâmetros definidores da qualidade do serviço.
(E) Considera-se incorporação a retomada do serviço pelo poder concedente durante o prazo da concessão, por motivo de interesse público, mediante decreto autorizativo específico e sem prévio pagamento da indenização.

196. **(PROCURADOR – BANCO CENTRAL – 2009 – CESPE)** No que se refere a concessões, permissões e autorizações, assinale a opção correta.

(A) Se uma empresa apresentar-se como licitante para firmar contrato de concessão e, na fixação da tarifa apresentada como proposta, estiverem incluídos subsídios específicos que a empresa possua, não disponíveis para os demais licitantes, nesse caso, a proposta deverá ser analisada.
(B) Diante do princípio da indisponibilidade do interesse público, o contrato de concessão não poderá prever o emprego de mecanismos privados para a resolução de disputas decorrentes ou relacionadas ao contrato, como a arbitragem.
(C) Incumbe à concessionária a execução do serviço concedido e cabe-lhe responder por todos os prejuízos causados ao poder concedente, aos usuários ou a terceiros, sem que a fiscalização exercida pelo órgão competente exclua ou atenue essa responsabilidade.
(D) Nas concessões de parcerias público-privadas, não se admite a emissão de empenho em nome dos financiadores do projeto em relação às obrigações pecuniárias da administração pública.
(E) (A)constituição da sociedade de propósito específico dar-se-á após a celebração do contrato de concessão, no âmbito das parcerias público-privadas.

197. **(ADVOGADO – ANP – 2008 – CESGRANRIO)** Dentre as situações que envolvem concessões, a seguir, qual está em **DESACORDO** com a legislação?

(A) O concessionário, após ter assinado o contrato específico, poderá rescindi-lo, mediante ação judicial específica.
(B) Os contratos das concessões devem, necessariamente, observar a manutenção do equilíbrio econômico-financeiro.
(C) A legislação federal permite a cobrança de tarifas diferenciadas para o mesmo serviço prestado, mediante concessão.
(D) A caducidade pode ser declarada, após processo instaurada para tal fim, quando houver descumprimento de penalidades atribuídas pelo poder concedente.
(E) Uma das modalidades de término da relação contratual de concessão é o advento do termo, podendo haver indenização.

198. **(ADVOGADO – ANP – 2008 – CESGRANRIO)** Sobre contratos de concessão de serviços públicos pode-se afirmar que:

I. a legislação federal permite a cobrança de tarifas diferenciadas;
II. a encampação ocorre somente por meio de lei específica, sem que haja indenização ao concessionário;
III. os bens públicos que constituem parte da concessão são denominados reversíveis;
IV. os concessionários só podem ser remunerados por meio das tarifas decorrentes da prestação dos serviços.

É(São) verdadeira(s) **APENAS** a(s) afirmativa(s)

(A) II
(B) I e III
(C) I e IV
(D) II e III
(E) II e IV

199. **(ADVOGADO – ANP – 2008 – CESGRANRIO)** Sobre a intervenção do Estado na vida econômica, pela prestação de serviços públicos, ou pela regulação das atividades privadas, são feitas as afirmações a seguir.

I. Um conceito doutrinário de serviço público pode ser: "toda atividade de oferecimento de utilidade ou comodidade material fruível diretamente pelos administrados, prestada pelo Estado ou por quem lhe faça as vezes, sob um regime de direito público; ou, privado, conforme o caso específico".
II. Segundo a Constituição de 1988, incumbe ao poder público, na forma da lei, diretamente ou sob regime de concessão ou permissão, sempre através de licitação, a prestação de serviços públicos.

III. As atividades econômicas privadas são, em geral, livres e devem atender parte dos princípios constitucionais da ordem econômica.

IV. As atividades econômicas privadas, segundo o texto constitucional, podem necessitar de autorização estatal prévia, em casos específicos e previstos em lei.

É(São) verdadeira(s) **APENAS** a(s) afirmativa(s)

(A) I
(B) I e III
(C) I e IV
(D) II e III
(E) II e IV

200. **(ADVOGADO DA UNIÃO – AGU – 2009 – CESPE)** Acerca das parcerias público-privadas, julgue o seguinte item. Relativamente às licitações, contratos administrativos e convênios, julgue os itens a seguir.

1. A Lei n.º 8.666, de 21 de junho de 1993, prevê modalidades diversas de licitação, conforme o valor da contratação a ser feita pela administração pública. Apenas no caso de consórcios formados por mais de três entes da Federação, a referida lei toma por base valores diferentes de contratação para definir a modalidade de licitação cabível.

2. As hipóteses de dispensa de licitação previstas na Lei n.º 8.666, de 21 de junho de 1993, são taxativas, não comportando ampliação, segundo entendimento de Maria Sylvia Zanella Di Pietro. Já em relação à inexigibilidade, a referida lei não prevê um numerus clausus. No caso de doação com encargo, estabelece o mencionado diploma legal que deverá a administração pública realizar licitação, dispensada no caso de interesse público devidamente justificado.

3. Segundo as normas aplicáveis às transferências de recursos da União, é vedada a celebração de convênios e contratos de repasse entre órgãos e entidades da administração pública federal, caso em que deverá ser firmado termo de cooperação, definido como instrumento administrativo por meio do qual a transferência dos recursos financeiros se processa por intermédio de instituição ou agente financeiro público federal, atuando como mandatário da União. Acerca das servidões administrativas e das desapropriações, julgue os itens a seguir.

4. Servidão administrativa é um direito real de gozo que independe de autorização legal, recaindo sobre imóvel de propriedade alheia. Sejam públicas ou privadas, as servidões se caracterizam pela perpetuidade, podendo, entretanto, ser extintas no caso de perda da coisa gravada ou de desafetação da coisa dominante. Em regra, não cabe indenização quando a servidão, incidente sobre imóvel determinado, decorrer de decisão judicial.

5. Segundo reiterados julgados do STF, na desapropriação, direta ou indireta, a taxa dos juros compensatórios é de 12% ao ano. A referida Corte, ainda em matéria de desapropriação, entende que a área de terreno reservado é suscetível de indenização.

201. **(ADVOGADO DA UNIÃO – AGU – 2006 – CESPE)** Acerca das parcerias público-privadas, previstas pela Lei n.º 11.079/2004, julgue os itens subseqüentes.

1. Considere que um ministério pretenda contratar o fornecimento de mão-de-obra para a execução de uma obra pública. Nesse caso, esse ministério pode-se valer da celebração de contrato de parceria público-privada.

2. Nos contratos de parceria público-privada, o pagamento ao parceiro privado não pode ficar vinculado à qualidade do seu desempenho, pois os riscos do empreendimento devem ser repartidos entre as partes.

3. Antes da celebração do contrato de parceria público-privada, deve ser constituída sociedade de propósito específico, da qual a administração pública não pode fazer parte, por ter o poder-dever de fiscalização sobre ela, durante a execução do contrato.

202. **(ADVOGADO DA UNIÃO – AGU – 2006 – CESPE)** Julgue os itens que se seguem, acerca do regime jurídico nacional dos recursos minerais.

1. A exploração mineral atende a um regime de concessão. Cabe ao Estado brasileiro, detentor do domínio sobre os recursos naturais do subsolo, administrar esse patrimônio, na qualidade de poder concedente fiscalizador.

2. Os recursos minerais devem ser explorados com vistas à satisfação dos interesses do particular que investe na exploração mineral.

3. A concessão mineral dá ao concessionário o direito à exploração da jazida que não é exclusivo nem excludente.

203. **(ADVOGADO DA UNIÃO – AGU – 2004 – CESPE)** No que se refere aos serviços públicos e aos recursos minerais e potenciais de energia elétrica, julgue os itens subseqüentes.

1 A extinção do contrato de concessão de serviço público por meio da encampação se consuma com a retomada do serviço pelo poder concedente durante o prazo da concessão, por ter a concessionária descumprido cláusulas contratuais ou disposições legais ou regulamentares concernentes à concessão.

2 As concessões de serviço público têm natureza de contrato administrativo, sendo a remuneração pela execução do serviço feita por meio de tarifa, que, paga pelo usuário, tem natureza de preço público e é fixada pelo preço da proposta vencedora da licitação e preservada pelas regras de revisão previstas na lei que disciplina o regime de concessão de prestação de serviços públicos, no edital e no contrato.

3 O aproveitamento dos recursos minerais ocorre sob regime de monopolização quando, em virtude de lei especial, o aproveitamento desses recursos depender de execução direta ou indireta do governo federal.

4 O aproveitamento de potenciais hidráulicos iguais ou inferiores a 1.000 kW está dispensado de concessão, sendo necessário apenas que seja dada autorização para sua exploração pelo poder concedente.

204. **(PROCURADOR FEDERAL – AGU – 2007 – CESPE)** A empresa Expresso 1111 impetrou mandado de segurança contra ato do secretário de infra-estrutura de uma unidade da Federação, que concedeu permissão para a atividade de transporte coletivo rodoviário intermunicipal de passageiros entre duas cidades à empresa Expresso 3333. A inicial requereu a suspensão, in limine, dos efeitos do Termo de Permissão Condicionada n.º 3/2000 concedido à Expresso 3333 para operar a linha referida e, ao final, a concessão em definitivo da segurança almejada no sentido de desconstituir o ato administrativo impugnado. A empresa Expresso 1111 não se submeteu a processo licitatório, ainda que não houvesse motivo para dispensa ou inexigibilidade da licitação, mas obteve, na gestão anterior à do atual secretário de infra-estrutura, um contrato que, segundo seu entendimento, a habilitava plenamente ao exercício da atividade. Como o novo secretário anulou esse contrato entre o estado e a empresa Expresso 1111, tendo realizado licitação e concedido à Expresso 3333, empresa vencedora do certame, a exploração da linha, a Expresso 1111 entendeu ter direito líquido e certo de continuar a exploração da linha, com base no contrato até então em curso. Com referência à situação hipotética acima e à legislação a ela pertinente, julgue os itens que se seguem.

1 Na situação em apreço, a simples demonstração, pela empresa Expresso 1111, de que a continuidade da prestação dos seus serviços à população atende ao interesse público seria suficiente para que fosse mantido o seu contrato com a administração pública estadual.

2 A empresa Expresso 1111 não é legítima detentora de direitos contratuais para a exploração do serviço de transporte coletivo de passageiros, pois o contrato celebrado não foi precedido da indispensável realização de procedimento licitatório público, exigido não só por lei, mas também pela própria CF, nos casos de prestação de serviço público sob o regime de permissão ou concessão.

3 A licitação é pressuposto que, uma vez ausente, macula a existência, a validade e a eficácia do contrato administrativo.

205. **(PROCURADOR FEDERAL – AGU – 2004 – CESPE)** Concedido serviço público a uma empresa privada, por meio de concorrência pública, foi estabelecido que a remuneração dos serviços dar-se-ia por meio de pagamento de tarifa paga pelos usuários e, ainda, por meio de outras fontes provenientes de receitas alternativas. Durante a vigência da concessão, pactuada sem prazo determinado, a administração pública entendeu que, por motivos de interesse público, a prestação do serviço deveria ser retomada, razão pela qual, sem pagamento de indenização, imitiu-se na posse dos bens por meio dos quais o serviço era prestado. Irresignada com o ato de retomada, a empresa propôs demanda na qual alegou e provou a inexistência dos motivos de interesse público que motivavam a retomada. Em relação a essa situação hipotética, julgue os itens a seguir.

1. A concessão do serviço público podia dar-se por meio de tomada de preços.

2. É legal a previsão de remuneração do concessionário por fontes provenientes de receitas alternativas.

3. A concessão pactuada, ante a indeterminação do prazo da concessão, é ilegal.

4. A retomada do serviço público por motivos de interesse público denomina-se encampação.

5 Em face do princípio da continuidade do serviço público, a imissão na posse dos bens por meio dos quais o serviço era prestado pela empresa, sem pagamento de indenização, é legal.

6 A inexistência do motivo para a retomada, expresso no ato, determina sua invalidade.

206. **(PROCURADOR DA FAZENDA NACIONAL – 2007.1 – ESAF)** Quanto às Parcerias Público-Privadas e a Permissão e Autorização de serviços públicos, analise os itens a seguir: I. A permissão de serviço público será formalizada mediante contrato de adesão, observando o disposto na Lei n. 8.987/95, aplicando-se também ao serviço de radiodifusão sonora; II. É facultado à Administração Pública, nos termos do contrato, efetuar o pagamento da contraprestação relativa a parcela fruível de serviço objeto do contrato de parceria público-privada; III. A contratação de parceria público-privada será precedida de licitação na modalidade de tomada de preços; IV. Compete aos Ministérios, às Agências Reguladoras e às

Secretarias de Administração, nas suas respectivas áreas de competência, submeter o edital de licitação ao órgão gestor, proceder à licitação, acompanhar e fiscalizar os contratos de parceria público-privada; V. Concessão patrocinada é o contrato de prestação de serviços de que a Administração Pública seja a usuária direta ou indireta, ainda que envolva execução de obra ou fornecimento e instalação de bens. A quantidade de itens corretos é igual a:

(A) 1
(B) 2
(C) 3
(D) 4
(E) 5

207. **(DEFENSORIA PÚBLICA DA UNIÃO – 2002 – CESPE)** O prefeito municipal de um pequeno município interiorano resolveu organizar a prestação do serviço público municipal de coleta do lixo urbano. Em relação a essa situação hipotética, julgue os itens abaixo.

1. Por se tratar de serviço público de natureza econômica, o mesmo só pode ser prestado por entidade descentralizada, sendo vedada a sua execução por órgão da administração direta da prefeitura.
2. A privatização do referido serviço por meio da contratação de uma empresa particular exige lei autorizativa e licitação prévia.
3. É possível a outorga do referido serviço a uma autarquia municipal, dotada inclusive de poder de polícia administrativa, por meio de contrato administrativo, dispensada, nesse caso, a licitação.
4. Para tal situação, não é possível a criação de uma organização social, prevista em lei federal, em razão de seu objeto.
5. A empresa pública eventualmente criada para a referida finalidade teria personalidade jurídica de .direito público e gozaria das vantagens próprias da fazenda pública.

2.12. PROCESSO ADMINISTRATIVO

208. **(ADVOGADO – PETROBRÁS TRANSP. – 2006 – CESGRANRIO)** Com base nas disposições da Lei no 9.784, de 29 de janeiro de 1999, que regula o processo administrativo no âmbito da Administração Pública Federal, afirma-se que:

I. o processo administrativo só pode se iniciado mediante pedido da parte interessada;
II. são inadmissíveis, no processo administrativo, as provas obtidas por meios ilícitos;
III. o órgão competente para decidir o recurso administrativo poderá modificar a decisão recorrida, inclusive para agravar a situação do recorrente;
IV. os prazos, nos processos administrativos, começam a correr a partir da data da cientificação oficial, excluindo-se da contagem o dia do começo e incluindo-se o do vencimento.

Estão corretas as afirmações:

(A) I e II, apenas.
(B) II e IV, apenas.
(C) III e IV, apenas.
(D) II, III e IV, apenas.
(E) I, II, III e IV.

209. **(ADVOGADO – EPE – 2007 – CESGRANRIO)** Tratando-se de processo administrativo regido pela Lei no 9.784, de 29 de janeiro de 1999, é correto afirmar que:

(A) a competência para decisão de recursos administrativos é indelegável.
(B) a decisão proferida em recurso administrativo não pode agravar a situação do recorrente.
(C) o processo administrativo apenas pode ser iniciado por ato da parte interessada.
(D) o órgão administrativo pode, em razão de circunstâncias técnicas, delegar a outros órgãos administrativos sua competência para a edição de atos de caráter normativo.
(E) apenas os maiores de 21 anos são capazes, para fins de processo administrativo, ressalvada previsão especial em ato normativo próprio.

210. **(ADVOGADO – BNDES – 2006 – CESGRANRIO)** É exemplo de processo administrativo ablativo o que tem por objeto:

(A) cassação de licença.
(B) pedido de licença para edificar.
(C) pedido de permissão de uso de bem público.
(D) licitação para aquisição de bens, obras ou serviços.
(E) concurso público para cargo na administração direta.

211. **(ADVOGADO – BNDES – 2001 – VUNESP)** O apelo que a parte dirige à autoridade ou instância superior do mesmo órgão administrativo, pleiteando revisão do ato recorrido, denomina-se

(A) representação.
(B) recurso hierárquico próprio.
(C) pedido de reconsideração.
(D) recurso hierárquico impróprio.
(E) reclamação.

212. **(PROCURADOR – BANCO CENTRAL – 2009 – CESPE)** Assinale a opção correta a respeito da Lei n.° 9.784/1999.

(A) O processo administrativo iniciar-se-á somente a pedido de interessado.

(B) O processo administrativo regido pela Lei n.° 9.784/1999 não protege os direitos ou interesses difusos.
(C) Os atos praticados sob o manto da delegação imputam-se ao delegante e ao delegado, de forma concorrente.
(D) Está impedido de atuar no processo administrativo o tio daquele que atuou como testemunha.
(E) O parecer do órgão consultivo deverá ser emitido impreterivelmente no prazo máximo de quinze dias.

213. **(ADVOGADO – ANCINE – 2005 – CESPE)** Na administração pública federal, o processo administrativo é regulado pela Lei n.º 9.784/1999. Acerca desse tema, julgue os itens que se seguem.

1. No processo administrativo, se excluídas a delegação e a avocação, a competência é irrenunciável.
2. É dever da administração pública revogar seus próprios atos, quando eivados de vícios de legalidade.

214. **(ADVOGADO – ANP – 2008 – CESGRANRIO)** Pode-se considerar como parte de um quadro principiológico, em relação aos processos administrativos, no âmbito da União, os princípios constitucionais expressos e os princípios específicos, previstos legalmente. São eles:

(A) segurança jurídica, motivo, interesse público, contraditório, impessoalidade, ampla defesa, moralidade, finalidade, eficiência, legalidade, razoabilidade, publicidade, motivação, proporcionalidade.
(B) interesse público, finalidade, proporcionalidade, legalidade, eficência, moralidade, ampla defesa, motivação, contraditório, publicidade, transparência, segurança jurídica, razoabilidade, impessoalidade.
(C) legalidade, organização, impessoalidade, razoabilidade, eficiência, publicidade, proporcionalidade, contraditório, moralidade, segurança jurídica, motivo, finalidade, ampla defesa, motivação.
(D) publicidade, finalidade, ampla defesa, motivação, razoabilidade, moralidade, proporcionalidade, impessoalidade, contraditório, legalidade, segurança jurídica, interesse público, eficiência.
(E) publicidade, contraditório, proporcionalidade, finalidade, legalidade, duplo grau de jurisdição, impessoalidade, motivação, interesse público, ampla defesa, moralidade, segurança jurídica, eficiência.

215. **(ADVOGADO – ANS – 2005 – CESPE)** A respeito do processo administrativo e das orientações contidas na Lei n.º 9.784/1999, julgue os itens que se seguem.

1. Entre os princípios que devem ser adotados pela administração pública nos processos administrativos, a Lei n.º 9.784/1999, expressamente, arrolou a razoabilidade e a proporcionalidade.
2. O critério de adequação dos meios e dos fins, sem a imposição de obrigações, restrições ou sanções em medida superior à estritamente necessária para o atendimento do interesse público, decorre do princípio da proporcionalidade.
3. O recurso ou a revisão administrativa é uma modalidade de processo administrativo que só admite insurgência contra questões de legalidade, estando vedada a discussão do mérito administrativo.
4. O recurso administrativo, em regra, tem efeito suspensivo, o qual deve ser sempre motivado por causas como o justo receio de ocorrência de prejuízo de difícil ou incerta reparação decorrente de execução da decisão recorrida.
5. O recurso administrativo deve ser dirigido a autoridade superior àquela que proferiu a decisão objeto de insurgência.

216. **(ADVOGADO DA UNIÃO – AGU – 2006 – CESPE)** Acerca da avocação e da delegação de competência, julgue os itens subseqüentes.

1. Salvo impedimento legal, circunstância de natureza meramente econômica pode ser invocada para justificar a conveniência de um órgão administrativo colegiado em delegar parte da sua competência a seu presidente.
2. É obrigatória a publicação em meio oficial dos atos de delegação ante o seu caráter formal e, a partir da publicação, o ato de delegação torna-se irrevogável.
3. A avocação é ato excepcional, de caráter transitório, que, no entanto, dispensa motivação por parte da autoridade hierarquicamente superior que a determina.

217. **(ADVOGADO DA UNIÃO – AGU – 2006 – CESPE)** Julgue os próximos itens, que tratam do recurso hierárquico e do pedido de reconsideração.

1. Entre o recurso hierárquico e o pedido de reconsideração há diferença consubstanciada no fato de que, enquanto o recurso hierárquico é dirigido sempre à autoridade superior àquela de cujo ato se recorreu, o pedido de reconsideração é uma solicitação feita à autoridade que despachou no caso, com o fim de imprimir outro rumo à decisão anteriormente tomada.
2. O recurso hierárquico impróprio é o pedido de reexame dirigido à autoridade superior àquela que produziu o ato impugnado, isto é, verifica-se dentro da mesma escala hierárquica.

218. **(PROCURADOR FEDERAL – AGU – 2007 – CESPE)** Alvarás de pesquisa minerária, concedidos à empresa Zeta Minerações e Pavimentações Ltda., foram revogados pelo Departamento Nacional de Produção Mineral (DNPM), autarquia vinculada ao Ministério de Minas e Energia (MME), após o Comando do Exército ter solicitado, sob o fundamento da prevalência do interesse público, permissão para que a área fosse utilizada e explorada pelo 9.º Batalhão de Engenharia e Construções do Exército Brasileiro, tendo em vista a necessidade de que o Exército construísse, diretamente e em local próximo à área em exploração, instalações necessárias ao funcionamento de suas atividades. A empresa, então, solicitou ao ministro de Estado de Minas e Energia que este avocasse o processo administrativo e reformasse o ato nele praticado, tendo em vista a sua ilegalidade. A respeito dessa situação hipotética, do regime jurídico dos recursos minerais e da avocação administrativa, julgue os itens que se seguem.

1 No âmbito da avocatória, só é possível realizar eventual revisão do ato do DNPM sob a invocação do mérito administrativo, mas não da sua ilegalidade, pois, nesse último caso, será cabível a anulação e não, a avocação.

2 Os dispositivos constitucionais que regem a matéria relativa à exploração mineral determinam que os recursos minerais pertencem à União para fins de exploração, garantindo-se ao concessionário a propriedade do produto da lavra. Assim, deve ser dada interpretação restritiva ao dispositivo, a fim de que seu alcance se restrinja a garantir ao particular tal exploração, sendo inconstitucional que a proprietária, a União, explore diretamente substâncias minerais que serão utilizadas na construção de obras públicas.

3 A extração de recursos minerais desejada pelo Comando do Exército, feita pelo 9.º Batalhão de Engenharia e Construções do Exército Brasileiro, caracteriza-se como atividade econômica, que é vedada pela CF.

4 O ministro de Estado do MME detém poder-dever de supervisão sobre o DNPM, que é uma autarquia vinculada à área de competência desse ministério. O ministro, entretanto, só poderá exercer a avocação se provocado pelo particular, pois inexiste a possibilidade de avocação de ofício.

5 A avocação, caso realizada, constituir-se-á em método de realização de controle externo, que propiciará ao ministro orientar e corrigir o ato ilegal porventura tomado pelo DNPM, caso assim venha a entender o MME.

2.13. CONTROLE DA ADMINISTRAÇÃO

219. **(ADVOGADO – PETROBRÁS – 2003 – CESPE)** Em relação à Constituição da República, à doutrina do direito administrativo brasileiro e à jurisprudência do Supremo Tribunal Federal (STF), julgue os itens a seguir.

1 Segundo a doutrina majoritária do direito administrativo brasileiro sobre o controle da administração pública, o ato administrativo praticado por sociedade de economia mista está sujeito ao controle popular.

2 Sociedade de economia mista constituída após a Constituição de 1988 não poderá declarar a nulidade de ato administrativo por ela praticado pois cabe ao Poder Judiciário a exclusividade dessa atribuição. Antônio, fazendeiro, queimou toda a vegetação natural existente em sua propriedade, situada em área de preservação permanente, com o objetivo de ampliar a área de pasto do seu rebanho bovino.

220. **(ADVOGADO – EPE – 2007 – CESGRANRIO)** Nos termos da Lei no 8.443, de 26 de junho de 1992, compete ao Tribunal de Contas da União:

I. decidir sobre consulta que lhe seja formulada por autoridade competente, a respeito de dúvida suscitada na aplicação de dispositivos legais e regulamentares concernentes a matéria de sua competência;

II. julgar as contas dos administradores e demais responsáveis por dinheiros, bens e valores públicos das unidades dos poderes da União;

III. proceder à fiscalização contábil, financeira, orçamentária, operacional e patrimonial das unidades dos poderes da União;

IV. apreciar as contas prestadas anualmente pelo Presidente da República.

Estão corretas as competências:

(A) II e III, apenas.
(B) I, II e III, apenas.
(C) I, III e IV, apenas.
(D) II, III e IV, apenas.
(E) I, II, III e IV.

221. **(ADVOGADO – SERPRO – 2008 – CESPE)** No que se refere ao controle da administração pública, julgue os itens subseqüentes.

1. Não compete ao tribunal de contas da União exercer o controle externo em relação às empresas públicas e sociedades de economia exploradoras de atividade econômica, já que os bens dessas entidades são privados.

2. A constituição do estado X determina que os mandados de segurança contra secretário de estado devem ser julgados pelo tribunal de justiça do referido estado. Nesse caso, o mandado de segurança impetrado por empresa pública federal contra ato de secretário de Estado deverá ser julgado pelo tribunal regional federal da respectiva região.

3. Conforme determina a Lei n.º 8.112/1990, prescreve em cinco anos a pretensão punitiva da administração nos casos de acúmulo ilegal de cargos públicos.

222. **(ADVOGADO – CEF – 2006 – CESPE)** Acerca do controle da administração pública, julgue os itens que se seguem.

1. O tribunal de contas não pode, no exercício do controle externo da administração pública, apreciar a constitucionalidade das leis e dos atos do poder público, pois tal tarefa cabe apenas ao STF.
2. Não é constitucional a intervenção do Poder Judiciário, com a finalidade de realização de controle jurisdicional, em tema de implementação de políticas públicas, ainda que configurada hipótese de abusividade governamental.

223. **(PROCURADOR – BANCO CENTRAL – 2009 – CESPE)** Acerca do controle da administração pública, assinale a opção correta.

(A) Proposta ação popular contra uma autarquia pública federal, o prazo para contestação será contado em quádruplo, e o prazo para recorrer, em dobro.
(B) O controle externo será exercido pelo TCU, ao qual compete julgar as contas dos administradores e demais responsáveis por dinheiros, bens e valores públicos da administração direta e indireta, incluídas as fundações e sociedades instituídas e mantidas pelo poder público federal, e as contas daqueles que derem causa a perda, extravio ou outra irregularidade de que resulte prejuízo ao erário.
(C) A CGU é órgão de controle externo.
(D) Conforme entendimento do STJ, não se aplica o princípio da fungibilidade recursal, quando interposto recurso de apelação e não recurso ordinário, contra acórdão que denegue segurança em única instância.
(E) O órgão competente para decidir o recurso administrativo poderá, de ofício, confirmar, modificar, anular ou revogar, total ou parcialmente, a decisão recorrida, se a matéria for de sua competência, mesmo quando o tema não for objeto de recurso voluntário. Da mesma maneira, não há necessidade de, na hipótese de a nova decisão agravar a situação do recorrente, dar oportunidade ao interessado para formular alegações antes da nova decisão.

224. **(ADVOGADO – ANATEL – 2009 – CESPE)** Julgue os itens seguintes, acerca do controle da administração pública.

1 O mandado de segurança individual tem como requisito para sua impetração a fundamentação em alegações que dependam exclusivamente de dilação probatória, segundo jurisprudência pacífica dos tribunais.

2 O mandado de segurança, o *habeas corpus* e o *habeas data* são ações mandamentais que não exigem capacidade postulatória, pois qualquer cidadão tem legitimidade para seu ajuizamento segundo jurisprudência dominante do Supremo Tribunal Federal.

225. **(ADVOGADO – ANP – 2008 – CESGRANRIO)** Em relação ao controle de Administração Pública, são feitas as afirmações a seguir.

I. O controle interno, no âmbito do Poder Executivo federal, é realizado por um sistema de órgãos específicos, de acordo com a Lei no 10.180, de 06 de fevereiro de 2001.
II. O controle externo do Poder Executivo na administração federal direta e indireta é realizado com o concurso do Poder Judiciário, por meio do Tribunal de Contas da União, conforme previsto no art. 71 da Constituição Federal de 1988.
III. O sistema de controle interno de cada um dos Poderes, no âmbito da União, não requer integração entre eles.
IV. O controle jurisdicional dos atos administrativos é fundado no art. 5o, inciso XXXV, da Constituição Federal e se espraia por diversos instrumentos processuais específicos.

É(São) verdadeira(s) **APENAS** a(s) afirmativa(s):

(A) I
(B) I e III
(C) I e IV
(D) II e III
(E) II e IV

226. **(ADVOGADO DA UNIÃO – AGU – 2006 – CESPE)** Com relação às atribuições do TCU, julgue os itens a seguir.

1. O TCU, mediante seu poder normativo, pode fixar normativamente, para toda a administração pública federal, o valor a partir do qual a tomada de contas especial deve ser imediatamente remetida ao tribunal.
2. Ao TCU é permitida a realização, por iniciativa própria, de auditoria operacional, e não apenas contábil, em programas instituídos pelo poder público federal.

3. Entre as competências do TCU está a sua função sancionadora, mediante a qual referida corte promove a aplicação de penalidades aos responsáveis, em caso de ilegalidade de despesa ou irregularidade de contas. Essas penalidades, uma vez aplicadas, excluem a aplicação de sanções penais e administrativas pelas autoridades competentes, em razão das mesmas irregularidades constatadas pelo TCU.

227. **(ADVOGADO DA UNIÃO – AGU – 2004 – CESPE)** Com relação a responsabilidade patrimonial do Estado por atos da administração pública, a procedimento administrativo e ao Tribunal de Contas da União (TCU), julgue os itens seguintes.

1 De acordo com a teoria da responsabilidade com culpa, cabe ao Estado o ônus de demonstrar a sua não-culpa quanto a atos de gestão e, aos particulares, o ônus de fazer prova da culpa estatal quanto a atos de império.

2 O TCU tem competência para fiscalizar as contas nacionais das empresas supranacionais de que participe a União e pode, no exercício de suas atribuições, apreciar a constitucionalidade das leis e dos atos do poder público.

3 A reclamação é o recurso administrativo pelo qual qualquer pessoa, mesmo que não atingida por um ato irregular, denuncia condutas abusivas e ilegais praticadas por agentes da administração.

228. **(PROCURADOR FEDERAL – AGU – 2002 – CESPE)** Julgue os itens a seguir, referentes aos atos administrativos e ao seu controle interno de legalidade.

(1) Caso a administração pública tenha percebido que editou um ato administrativo ilegal, deverá anulá-lo somente após comunicar o fato ao Poder Judiciário.

(2) Os bens que, segundo a destinação, embora integrando o domínio público, como os demais, deles difiram pela possibilidade de ser utilizados em qualquer fim, ou mesmo alienados pela administração, se assim esta o desejar, são chamados bens de uso comum.

(3) Em caso de ilegalidade do ato administrativo, a administração deverá revogá-lo ou anulá-lo.

(4) A um ato administrativo para cuja prática exige-se a conjugação de vontade de mais de um órgão da administração denomina-se ato administrativo complexo.

(5) O concurso público é ato-condição para a nomeação em cargo efetivo.

229. **(PROCURADOR FEDERAL – AGU – 2002 – CESPE)** Com relação ao controle e aos poderes da administração pública, julgue os itens subseqüentes.

(1) Quando a administração se vale de lei que prevê a demissão de servidor público pela prática de ato definido como crime e demite um servidor, ela exerce o poder disciplinar.

(2) O controle externo é o que se realiza por órgão estranho à administração responsável pelo ato controlado, como, por exemplo, a apreciação das contas dos Poderes Executivo e Judiciário pelo Poder Legislativo.

(3) Quando o presidente da República expede um decreto para tornar efetiva uma lei, ele exerce o poder regulamentar.

(4) Por meio do controle administrativo, a administração só pode anular os seus próprios atos.

(5) O controle externo exercido pelos tribunais de contas objetiva verificar unicamente a conformação do ato ou do procedimento administrativo com as normas legais que o regem (controle formal), desconsiderando, portanto, a análise da eficiência.

230. **(PROCURADOR DA FAZENDA NACIONAL – 2007.1 – ESAF)** A respeito do controle da Administração Pública analise os itens a seguir: I. O recurso administrativo não será conhecido quando interposto: fora do prazo, perante órgão incompetente, por quem não seja legitimado, ou após exaurida a esfera administrativa. Ocorrendo qualquer uma dessas hipóteses, ficará vedada a devolução do prazo recursal, conforme disposto na Lei n. 9.784/99; II. Dispõe a Constituição Federal que do ato administrativo que contrariar súmula de efeito vinculante aplicável ou que indevidamente a aplicar, caberá reclamação ao Supremo Tribunal Federal que, julgando-a procedente, revogará o ato administrativo; III. O Tribunal de Contas da União exercerá o controle externo do Congresso Nacional, julgando as contas dos administradores responsáveis por bens e valores públicos da administração direta e indireta, incluídas as fundações e sociedades instituídas e mantidas pelo Poder Público federal; IV. O Superior Tribunal de Justiça, recentemente, decidiu que o mandado de segurança é o meio hábil para buscar extrair cópia integral de autos de processo administrativo; V. Quanto aos atos interna corporis, em regra não são apreciados pelo Poder Judiciário. A quantidade de itens incorretos é igual a:

(A) 1
(B) 2
(C) 3
(D) 4
(E) 5

231. **(DEFENSORIA PÚBLICA DA UNIÃO – 2007 – CESPE)** Quanto a controle da administração pública e bens públicos, julgue o item seguinte.

1 De acordo com o STF, o TCU não tem competência para julgar contas das sociedades de economia mista exploradoras de atividade eco-

nômica, ou de seus administradores, já que os bens dessas entidades não são públicos, mas, sim, privados.

232. **(DEFENSORIA PÚBLICA DA UNIÃO – 2002 – CESPE)** Julgue os itens que se seguem, referentes ao controle da administração pública.

1. Tribunal de Contas da União, órgão que auxilia o Congresso Nacional em sua função fiscalizadora, pode sustar a execução, pelo Poder Executivo, de atos impugnados, se não for atendida a ordem de impugnação, independentemente de autorização do Poder Judiciário.
2. A competência dos órgãos do controle interno de comprovar a legalidade da aplicação dos recursos públicos por entidades de direito privado abrange a fiscalização da destinação de todos os recursos oriundos de contratos administrativos decorrentes de licitação.
3. As atividades típicas de controle legislativo da competência do Congresso Nacional incluem a apreciação dos atos de concessão e de renovação de concessão de emissoras de rádio e televisão, mas excluem, nesse âmbito, os atos de cassação de concessões.
4. ato de improbidade administrativa acarretará, entre outras sanções, a perda da função publica e dos direitos políticos, bem como a indisponibilidade dos bens e o ressarcimento ao erário.
5. A aplicação das sanções previstas na lei de improbidade administrativa independe de eventual aprovação ou rejeicão das respectivas contas pelo órgão de controle interno ou externo ou da efetiva ocorrência de dano ao patrimônio público.

2.14. MANDADO DE SEGURANÇA, HABEAS DATA, AÇÃO POPULAR, AÇÃO CIVIL PÚBLICA E MANDADO DE INJUNÇÃO

233. **(ADVOGADO – PETROBRÁS – 2008 – CESGRANRIO)** Caso um determinado indivíduo se considere prejudicado pela falta de norma regulamentadora que torne inviável o exercício de direitos e liberdades constitucionais, de qual medida judicial de controle de ato administrativo (remédio constitucional) deverá este fazer uso para assegurar o exercício de seu direito?

(A) Habeas data
(B) Habeas corpus
(C) Ação civil pública
(D) Mandado de injunção
(E) Mandado de segurança coletivo

234. **(ADVOGADO – INFRAERO – 2004 – NCE/UFRJ)** O Habeas Data foi instituído pela Constituição Federal editada em 1988 e regulamentado por lei específica editada no ano de:

(A) 1988;
(B) 1989;
(C) 1996;
(D) 1997;
(E) 1999.

235. **(ADVOGADO – BNDES – 2001 – VUNESP)** Os atos legislativos, ou seja, as leis propriamente ditas (normas em sentido formal e material), ficam sujeitos a controle por meio de

(A) mandado de segurança coletivo.
(B) ação popular.
(C) ação direta de inconstitucionalidade.
(D) habeas data.
(E) mandado de injunção.

236. **(ADVOGADO – BNDES – 2001 – VUNESP)** O mandado de segurança NÃO é cabível

(A) para atacar a lei de efeito concreto.
(B) para assegurar a liberdade de locomoção.
(C) contra ato disciplinar praticado por autoridade incompetente.
(D) para impugnar qualquer decisão judicial.
(E) contra omissão de autoridade.

2.15. TEMAS COMBINADOS

237. **(ADVOGADO – PETROBRÁS – 2003 – CESPE)** Com fundamento na Constituição de 1988 e na doutrina do direito administrativo brasileiro, julgue os itens que se seguem.

1 A exigência de concurso público para ingresso em cargo, função ou emprego públicos, bem como na previsão de licitação pública para os contratos com a administração pública direta e indireta, assegurando igualdade na participação de todos os concorrentes são casos de aplicação concreta do princípio da impessoalidade.

2 Considere a seguinte situação hipotética. O Ministério das Minas e Energia realizou concurso público de provas e títulos em maio de 2000, com prazo de validade de um ano, homologando seu resultado em outubro de 2002. Nessa situação, de acordo com a Constituição de 1988, o prazo máximo para prorrogação do concurso será em outubro de 2005.

3 A autorização para a instituição de sociedades de economia mista, empresas públicas e fundações públicas se dará somente por lei específica.

4 Considere a seguinte situação hipotética. Um advogado, recém-formado, ingressou nos quadros de uma sociedade de economia mista em maio de 2000 por meio de concurso público de provas e

títulos, passando a exercer a função de consultor jurídico. Em junho de 2002, ele obteve o título de mestre em direito administrativo na França e passou a exercer o cargo de professor na Faculdade de Direito da Universidade de Brasília, também mediante concurso público de provas e títulos. Nessa situação, o advogado poderá exercer as duas funções públicas pois a vedação de acumulação prevista na Constituição de 1988 não é extensiva às sociedades de economia mista.

5 Atos administrativos praticados por ocupantes de cargos públicos de empresa pública e sociedade de economia mista não estão vinculados ao controle do Tribunal de Contas da União.

6 Governador que edita decreto declarando propriedade rural como de interesse social para fins de reforma agrária terá plenos poderes para propor ação de desapropriação em caso de resistência dos antigos proprietários.

7 Segundo a doutrina majoritária do direito administrativo brasileiro, a discricionariedade é um dos atributos do poder de polícia, podendo ser observada na concessão de autorização para porte de arma.

238. **(ADVOGADO – PETROBRÁS DISTRIB. – 2008 – CESGRANRIO)** Analise as assertivas abaixo.

I. No exercício da autotutela, a Administração Pública tem a faculdade de anular seus próprios atos por razões de ilegalidade, e de revogá-los, por razões de conveniência e oportunidade.

II. São elementos dos atos administrativos, convencionalmente extraídos a partir da interpretação da Lei Federal no 4.717/65 (que regula a ação popular), a competência, a forma, o motivo, o objeto e a finalidade.

III. Como regra geral, são independentes as instâncias civil, penal e administrativa, mas a decisão penal que nega a existência do fato ou sua autoria vincula as demais instâncias.

IV. O poder de polícia é exteriorizado por meio de ordens de polícia, consentimentos de polícia (tais como licenças e autorizações), fiscalização de polícia e sanção de polícia.

São corretas APENAS as assertivas

(A) I e II
(B) II e III
(C) II e IV
(D) I, III e IV
(E) II, III e IV

239. **(ADVOGADO – BNDES – 2008 – CESGRANRIO)** Analise as afirmações abaixo.

I. A doutrina de Bandeira de Mello considera os princípios da finalidade, razoabilidade e proporcionalidade como derivados logicamente do princípio da legalidade.

II. Existem princípios, fundados apenas em diplomas legais específicos, que têm estatura de princípios constitucionais.

III. Além dos princípios constitucionais, os processos administrativos devem observar os princípios da motivação e da transparência.

IV. As licitações e os contratos administrativos devem observar os princípios da igualdade e do julgamento objetivo.

Estão corretas, **APENAS** as afirmações

(A) I e II
(B) I e III
(C) I e IV
(D) II e III
(E) III e IV

240. **(ADVOGADO – CEF – 2001 – CESPE)** Quanto ao conceito e aos princípios constitucionais do direito administrativo, às normas gerais das licitações e aos contratos administrativos, julgue os itens seguintes.

(1) Na formulação do conceito de direito administrativo, os juristas geralmente excluem a atividade jurisdicional e a atividade legislativa; isso significa que, ao Poder Judiciário e ao Poder Legislativo, não se aplicam as normas administrativas, uma vez que esses poderes têm regime próprio.

(2) O princípio da impessoalidade veda que a administração pública pratique atos tendo em consideração interesses pessoais em lugar do interesse público; isso não obsta, no entanto, a que, ao perpetrar ato administrativo válido, a administração satisfaça interesse privado.

(3) Apesar de aplicar-se como norma geral das licitações o princípio da vinculação ao instrumento convocatório, a administração pública pode, mediante certas condições, retificar edital de licitação já publicado.

(4) Se uma autarquia resolver realizar licitação para a contratação de empresa voltada à manutenção de sua frota, não poderá estipular como condição que a oficina a ser contratada se situe no território ou na região metropolitana do município-sede desse ente público, pois essa restrição à participação de prováveis licitantes significaria ofensa ao princípio da competitividade.

(5) Considere a seguinte situação hipotética. Determinado ente público necessitava contratar um prestador de serviço e, para tanto, devia promover licitação. No entanto, não o fez e contratou o prestador diretamente. No curso da execução do contrato administrativo, o órgão de controle interno apontou a ilegalidade. O ente público, quando se preparava para declarar a nulidade do contrato, constatou que o prestador tornara-se exclusivo,

porque os demais que trabalhavam naquela atividade haviam encerrado suas atividades na região. Nessa situação, diante da indevida dispensa da licitação, o ente público devia anular o contrato administrativo, com o pagamento dos serviços prestados até então, e realizar nova licitação.

241. **(ADVOGADO – CEF – 2001 – CESPE)** Em relação aos contratos administrativos, à responsabilidade civil do Estado e à Lei n.º 4.380/64, julgue os itens abaixo.

(1) Nem todo contrato administrativo precisa estar consubstanciado em instrumento escrito.

(2) A responsabilidade civil do Estado não é de natureza exclusivamente extracontratual e não se aplica apenas à administração pública em sentido estrito, ou seja, pode derivar também de atos legislativos e judiciais, bem como daqueles praticados pelo Ministério Público.

(3) Considere a seguinte situação hipotética. Um servidor público federal cometeu ato ilícito que causou dano patrimonial a um cidadão. Este ajuizou ação indenizatória contra a União, na qual obteve a reparação da lesão. Após isso, a União preparou-se para promover ação regressiva contra o servidor, mas, antes de ela ser proposta, este veio a falecer. Nessa situação, a União ainda poderia ajuizar a ação regressiva, pois o direito de regresso atinge os herdeiros do servidor.

(4) Considere a seguinte situação hipotética. Abílio morava na capital fluminense, onde comprou o imóvel em que residia. Por força de seu trabalho, viajava amiúde até a capital paulista, onde passava três ou quatro dias por semana. Por isso e porque sua remuneração comportava a aquisição de um novo imóvel, Abílio interessou-se em adquirir um apartamento em São Paulo, no âmbito do Sistema Financeiro da Habitação (SFH). Nessa situação, em virtude da Lei n.º 4.380/64, Abílio não poderia adquirir o segundo apartamento por meio do SFH, uma vez que já era proprietário de imóvel residencial.

(5) Devido ao sistema legal brasileiro de publicidade dos atos jurídicos concernentes a imóveis, as escrituras de compra e venda de imóveis ao amparo do SFH devem ser públicas e registradas no competente cartório imobiliário.

242. **(ADVOGADO – ANATEL – 2009 – CESPE)** Com relação à Agência Nacional de Telecomunicações (ANATEL) e à Política Nacional de Telecomunicações e serviços relacionados, à luz da Lei n.º 9.472/1997 e suas alterações, que dispõe sobre a organização dos serviços de telecomunicações, a criação e funcionamento de um órgão regulador e outros aspectos institucionais, julgue os itens a seguir.

1 É dever do poder público garantir, a toda população, o acesso às telecomunicações, a tarifas e preços razoáveis, em condições adequadas.

2 O órgão máximo da ANATEL é o seu Conselho Consultivo.

3 Qualquer pessoa tem direito de peticionar ou de recorrer contra ato da ANATEL no prazo máximo de trinta dias, devendo a decisão da agência ser conhecida em até noventa dias.

4 A emissão de símbolo por meio ótico pode ser considerado telecomunicação.

5 Não comportam prestação no regime público os serviços de telecomunicações de interesse coletivo.

6 Depende de outorga o uso, pelas Forças Armadas, de radiofrequências nas faixas destinadas a fins exclusivamente militares.

7 Pode ser declarada a utilidade pública, para fins de desapropriação ou instituição de servidão, de bens imóveis ou móveis, necessários à execução do serviço de telecomunicações, cabendo à concessionária a implementação da medida e apenas ao poder público o pagamento da indenização e das demais despesas envolvidas.

8 Autorização de serviço de telecomunicações é o ato administrativo vinculado que faculta a exploração, no regime público, de modalidade de serviço de telecomunicações, quando preenchidas as condições objetivas e subjetivas necessárias.

9 O usuário do serviço de telecomunicações tem direito ao prévio conhecimento das condições de suspensão do serviço que lhe é prestado.

10 A ANATEL tem natureza de autarquia especial e é caracterizada pela autonomia administrativa e pela ausência de autonomia financeira.

11 Compete ao Conselho Consultivo da ANATEL aprovar normas próprias de licitação e contratação a serem realizadas pela agência.

12 Serviço de valor adicionado constitui serviço de telecomunicações, pois acrescenta novas utilidades relacionadas ao acesso, movimentação ou recuperação de informações.

13 Concessão de serviço de telecomunicações é a delegação da prestação de tal serviço, mediante contrato, por prazo determinado, no regime público, não se sujeitando a concessionária aos riscos empresariais.

14 A concessão de serviço de telecomunicações somente pode ser outorgada a empresa cons-

tituída segundo as leis brasileiras, com sede e administração no país, criada para explorar exclusivamente os serviços de telecomunicações que são objeto da concessão.

15 As concessões de serviço de telecomunicações são outorgadas mediante licitação.

16 A concessão de serviço de telecomunicações pode extinguir-se por encampação.

243. **(ADVOGADO DA UNIÃO – AGU – 2009 – CESPE)** Julgue os itens a seguir, relacionados à organização e à atuação da Advocacia-Geral da União.

1. Na concepção da AGU pela CF, observa-se nítida influência do modelo de advocacia do Estado adotado na Itália (avvocatura dello Stato), no qual uma única instituição assume tanto a defesa judicial do Estado quanto a consultoria jurídica de órgãos da administração pública. Tal modelo parte da consideração unitária dos interesses do Estado e da necessidade de sua defesa com base em critérios uniformes.

2. Segundo a Lei Complementar n.º 73/1993, são órgãos de execução da AGU: as Procuradorias-Regionais da União, as Consultorias Jurídicas dos Ministérios, a Consultoria-Geral da União, as Procuradorias-Regionais da Fazenda Nacional, as Procuradorias-Seccionais da União e as Procuradorias da Fazenda Nacional nos estados. Com relação ao controle jurisdicional da administração pública, julgue os itens que se seguem.

3. A Lei n.º 4.717/1965 possibilita que a AGU se abstenha de contestar o pedido formulado em uma ação popular, podendo ainda atuar ao lado da parte autora, desde que isso se afigure útil ao interesse público.

4. Com base na Lei n.º 8.429, de 2 de junho de 1992, a AGU poderá, em litisconsórcio ativo com qualquer cidadão, ajuizar ação de improbidade administrativa. Caso a conduta da parte ré da mencionada ação não tenha importado enriquecimento ilícito, mas causado prejuízo ao erário, estará tal parte sujeita às seguintes cominações: ressarcimento integral do dano, perda da função pública, suspensão dos direitos políticos durante o período de oito a dez anos e proibição de contratar com o poder público ou receber benefícios ou incentivos fiscais ou creditícios, direta ou indiretamente, ainda que por intermédio de pessoa jurídica da qual seja sócio majoritário, pelo prazo de dez anos. Relativamente às formas de provimento dos cargos públicos, julgue o item seguinte.

5. O ato de designação de alguém para titularizar cargo público denomina-se provimento, que, segundo Celso Antônio Bandeira de Mello, pode ser originário ou derivado. O aproveitamento, forma de provimento derivado horizontal, consiste na transferência efetuada para prover o servidor em outro cargo mais compatível com sua superveniente limitação de capacidade física ou mental, apurada em inspeção médica, distinguindo-se da reversão ou provimento derivado horizontal.

244. **(PROCURADOR FEDERAL – AGU – 2004 – CESPE)** Em razão de multa imposta pela Agência Nacional de Vigilância Sanitária (ANVISA), ante o descumprimento por particular de normas aprovadas em tratado internacional firmado pelo Brasil, moveu ele ação contra a entidade que o autuara e contra seu diretor-presidente, pedindo que, além da declaração de nulidade da autuação, fosse ressarcido em perdas e danos. Sustentou que a autuação era indevida, porque o ato era composto e dependia, para sua validade, de visto de autoridade superior. Procedente a ação, pediu a penhora de bens da ANVISA. Em face dessa situação hipotética, julgue os itens que se seguem.

1 A ANVISA é uma autarquia sob regime especial, agência reguladora, que exerce poder de polícia.

2 Um tratado internacional firmado pelo Brasil, aprovado pelo Congresso Nacional e promulgado pelo presidente da República, constitui fonte do direito administrativo, posto que ingressa no ordenamento jurídico pátrio como lei complementar federal.

3 Nos atos compostos, o visto da autoridade superior constitui condição de exeqüibilidade.

4 Os bens da ANVISA não estão sujeitos a penhora.

5 É autorizado à Advocacia-Geral da União (AGU) defender o diretor-presidente da ANVISA.

245. **(PROCURADOR FEDERAL – AGU – 2002 – CESPE)** Com relação a institutos básicos do direito administrativo, julgue os itens abaixo.

(1) O controle interno das atividades administrativas é um dos meios pelos quais se exercita o poder hierárquico.

(2) O exame do ato administrativo revela a existência de requisitos necessários à sua formação, que podem ser assim discriminados: competência, finalidade, forma, motivo e objeto.

(3) A Lei n.º 8.112/1990 exige como requisitos básicos para a investidura em cargo público que o candidato seja brasileiro nato, sem qualquer fixação de limite de idade.

(4) O Estado e o administrado comparecem, em regra, em posição de igualdade nas relações jurídicas entre si.

(5) Os princípios do direito administrativo constantes na Constituição da República são aplicáveis aos três níveis do governo da Federação.

246. **(PROCURADOR DA FAZENDA NACIONAL – 2007.2 – ESAF)** Assinale a opção incorreta.

(A) Constitui ato de improbidade administrativa que causa lesão ao erário agir negligentemente na arrecadação de tributo ou renda, bem como no que diz respeito à conservação do patrimônio público.

(B) Consideram-se bens e serviços comuns, para os fins e efeitos de ser adotada a licitação na modalidade de pregão, aqueles cujos padrões de desempenho e qualidade possam ser objetivamente definidos pelo edital, por meio de especificações usuais no mercado.

(C) A Procuradoria-Geral da Fazenda Nacional desempenha as atividades de consultoria e assessoramento jurídicos no âmbito da Secretaria do Tesouro Nacional e seus órgãos autônomos e entes tutelados, conforme dispõe a LC n. 73/1993.

(D) Às Procuradorias da Fazenda Nacional, sob a imediata autoridade da respectiva chefia, compete, no âmbito da sua jurisdição fazer lavrar, no livro próprio da repartição competente, os atos relativos à locação de imóveis do patrimônio da União.

(E) O servidor em débito com o erário, que for demitido, exonerado ou que tiver sua aposentadoria ou disponibilidade cassada, terá o prazo de sessenta dias para quitar o débito.

247. **(PROCURADOR DA FAZENDA NACIONAL – 2007.2 – ESAF)** Assinale a opção correta.

(A) Os contratos não poderão prever adicionalmente a possibilidade de emissão de empenho em nome dos financiadores do projeto em relação às obrigações pecuniárias da Administração Pública.

(B) Antes da celebração do contrato, deverá ser constituída sociedade de propósito específico, incumbida de implantar e gerir o objeto da parceria.

(C) O Fundo Garantidor de Parcerias Público-Privadas – FGP terá natureza pública e patrimônio próprio separado do patrimônio dos cotistas, e será sujeito a direitos e obrigações próprios.

(D) O Tribunal de Contas da União editará, na forma da legislação pertinente, normas gerais relativas à consolidação das contas públicas aplicáveis aos contratos de parceria público-privada.

(E) Compete à Procuradoria da Fazenda Nacional e às Agências Reguladoras, nas suas respectivas áreas de competência, submeter o edital de licitação ao órgão gestor, proceder à licitação, acompanhar e fiscalizar os contratos de parceria público-privada.

248. **(PROCURADOR DA FAZENDA NACIONAL – 2007.1 – ESAF)** Analise os itens a seguir e marque a opção correta.

(A) Constitui ato de improbidade administrativa que atenta contra os princípios da Administração Pública negar publicidade aos atos oficiais.

(B) Nos processos perante o Tribunal de Contas da União asseguram-se o contraditório e a ampla defesa quando da decisão puder resultar anulação, cassação ou suspensão de ato administrativo que beneficie o interessado, excetuada a apreciação da legalidade do ato de concessão inicial de aposentadoria, reforma e pensão.

(C) Ao titular do cargo de procurador de autarquia exige-se a apresentação de instrumento de mandato para representá-la em juízo.

(D) Os processos administrativos de que resultem sanções poderão ser revistos no prazo de 05 (cinco) anos, a pedido ou de ofício, quando surgirem fatos novos, podendo da revisão resultar agravamento da sanção.

(E) A Administração pode, a critério de sua conveniência e discricionariedade, deixar de emitir explicitamente decisão nas reclamações, em matéria de sua competência.

249. **(PROCURADOR DA FAZENDA NACIONAL – 2007.1 – ESAF)** À luz do disposto no Decreto-Lei n. 147/1967, o qual dá nova Lei Orgânica à Procuradoria-Geral da Fazenda Nacional (PGFN), e na Lei Complementar n. 73/1993, a qual institui a Lei Orgânica da Advocacia-Geral da União, analise os itens a seguir:

I. É atribuição do Advogado-Geral da União unificar a jurisprudência administrativa, garantir a correta aplicação das leis, prevenir e dirimir as controvérsias entre os órgãos jurídicos da Administração Federal;

II. À Procuradoria-Geral da Fazenda Nacional, órgão administrativamente subordinado ao titular do Ministério da Fazenda, compete apurar a liquidez de certeza da dívida ativa da União de qualquer natureza;

III. O parecer aprovado e publicado juntamente com o despacho presidencial vincula a Administração Federal, cujos órgãos e entidades ficam obrigados a lhe dar fiel cumprimento;

IV. Ao Procurador-Geral da Fazenda Nacional compete examinar a legalidade dos acordos, ajustes ou esquemas referentes à dívida pública externa;

V. Sempre que o parecer do órgão jurídico versar sobre questões iterativamente apreciadas ou que envolvam matéria de interesse geral, o referido órgão sugerirá a expedição de ato normativo próprio, cuja minuta, desde logo, juntará ao processo.

A quantidade de itens corretos é igual a:

(A) 1
(B) 2
(C) 3
(D) 4
(E) 5

250. **(DEFENSORIA PÚBLICA DA UNIÃO – 2004 – CESPE)** Julgue os seguintes itens, no que se refere aos bens públicos e à proteção e defesa de bens de valor artístico, estético, histórico, turístico e paisagístico.

1. O mar territorial é bem público de uso comum, de propriedade da União, que compreende faixa de 200 milhas marítimas de largura a partir do litoral.
2. O tombamento apenas pode incidir sobre bens imóveis.

251. **(DEFENSORIA PÚBLICA DA UNIÃO – 2004 – CESPE)** No que diz respeito às licitações, ao contrato administrativo e à concessão de serviços públicos, julgue os itens a seguir.

1. Nos termos da legislação aplicável aos contratos administrativos, é dever da administração pública acompanhar e fiscalizar, por meio de representante, a execução de todo contrato. O Estado não pode deixar de exercer tal fiscalização, durante todos os atos da execução do objeto do contrato, até a entrega deste, em face do princípio da indisponibilidade do interesse público.
2. O chamado fracionamento de licitação é prática ilícita que consiste em dividir o objeto da contratação em parcelas que permitam a dispensa de licitação ou a realização desta em modalidade mais simples do que a aplicável ao valor total do objeto. Em conseqüência, a legislação em vigor proscreve por completo qualquer espécie de fracionamento em licitações.
3. O contrato de concessão de serviço público pode ser extinto ainda durante o prazo inicial de sua duração e sem que o concessionário tenha dado causa à extinção; é o que ocorre, por exemplo, na encampação.

252. **(DEFENSORIA PÚBLICA DA UNIÃO – 2004 – CESPE)** Julgue os itens subseqüentes, quanto aos agentes administrativos, ao processo administrativo e aos poderes da administração.

1. Se um servidor público for aposentado por invalidez e, posteriormente, junta médica oficial descobrir que insubsistem as razões da aposentadoria, o retorno do servidor à atividade, nesses casos, denomina-se aproveitamento. Nessa situação, o provimento do servidor no cargo pode ocorrer naquele anteriormente ocupado ou no cargo resultante de eventual transformação.
2. Há na doutrina menção ao princípio da revisibilidade como um dos que orientam o processo administrativo, significando, à semelhança do princípio do duplo grau de jurisdição, que o interessado tem direito a recorrer das decisões que lhe forem desfavoráveis, salvo se o ato for praticado pela mais alta autoridade da esfera administrativa em questão.
3. O poder regulamentar possui, ao lado de seu fundamento jurídico, um fundamento político, consistente na conveniência e oportunidade que se reconhece ao Poder Executivo para orientar a administração pública em relação a pormenores inerentes à execução da lei.
4. O objeto do poder de polícia é, em princípio, a liberdade e a propriedade dos cidadãos, mas o exercício daquele poder não implica a supressão total desses direitos.

253. **(DEFENSORIA PÚBLICA DA UNIÃO – 2004 – CESPE)** Acerca da intervenção do Estado na propriedade e dos princípios básicos da administração, julgue os itens que se seguem.

1. A ocupação provisória, também denominada temporária, pode dar-se por necessidade da prestação de um serviço, da execução de uma obra ou do desempenho de uma atividade. Devido à prevalência do interesse público, ela prescinde da notificação prévia do proprietário ou possuidor do bem a ser ocupado.
2. Segundo já se firmou na jurisprudência, a informação de atos públicos por meio de programas oficiais de larga divulgação, tais como o radiofônico A Voz do Brasil, atende ao princípio constitucional da publicidade.
3. Por força do que preceitua a Constituição da República, a doutrina e a jurisprudência consideram que a aplicabilidade do princípio da igualdade se restringe aos brasileiros residentes no país, ou seja, a pessoas naturais.

254. **(DEFENSORIA PÚBLICA DA UNIÃO – 2004 – CESPE)** Julgue os itens seguintes em relação à responsabilidade civil da administração e aos serviços públicos.

1. A reparação do dano fundado na responsabilidade civil do Estado pode derivar tanto de processo judicial quanto de procedimento administrativo; o direito regressivo da administração pública, por outro lado, pressupõe, necessariamente, que aquela haja de fato indenizado o particular.
2. Um serviço público pode ser classificado como essencial em razão de sua própria natureza, não havendo necessidade de lei que especificamente o defina como tal.

255. **(DEFENSORIA PÚBLICA DA UNIÃO – 2004 – CESPE)** A respeito da organização administrativa e da desapropriação, julgue os itens a seguir.

1. A descentralização administrativa pode resultar na atribuição de atividade pública a pessoa de direito privado, como as empresas públicas e as sociedades de economia mista.
2. O direito de ingressar em imóvel sujeito a desapropriação depende da decisão judicial que conceda ao poder expropriante a imissão provisória na posse.

3. Direito Tributário

3.1. PRINCÍPIOS E LIMITAÇÕES CONSTITUCIONAIS AO PODER DE TRIBUTAR

1. **(ADVOGADO - PETROBRÁS - 2001 - CESPE)** A respeito do direito tributário, julgue os itens subseqüentes.

1. Por força do princípio constitucional da estrita legalidade em matéria tributária, tanto a isenção quanto a imunidade tributárias têm de ser necessariamente estabelecidas em lei *stricto sensu*; por outro lado, se determinada situação for alvo de norma instituidora de imunidade tributária, não poderá haver isenção para a mesma situação.
2. A solidariedade, no direito tributário, não se pode presumir, mas tem de derivar da lei; por outro lado, ela não admite benefício de ordem entre os co-obrigados.
3. No direito tributário, por força do princípio da igualdade tributária, não se admite a fixação, na lei, de tratamento diferenciado entre contribuintes ou responsáveis com base em critérios referentes às condições pessoais dos destinatários da norma.
4. Como decorrência da regra constitucional que estabelece a não cumulatividade do imposto sobre operações relativas à circulação de mercadorias e sobre prestações de serviços de transporte interestadual e intermunicipal e de comunicação (ICMS), os custos em que a empresa incorre — como o preço de serviço ou bem, seja ele destinado, por exemplo, a revenda ou a emprego como matéria prima, produto intermediário ou embalagem — que se tenham sujeitado a esse tributo darão causa a crédito do imposto; essa sistemática é conhecida como regime de crédito financeiro.
5. No direito civil, usa-se o termo **pagamento**, em sentido amplo, para designar o adimplemento de todo tipo de obrigação, e, em sentido restrito, para significar o adimplemento de obrigação pecuniária; o Código Tributário Nacional (CTN), ao empregá-lo no capítulo que cuida da extinção do crédito tributário, usa-o em sentido amplo.

2. **(ADVOGADO – PETROBRÁS TRANSP. – 2006 – CESGRANRIO)** A vedação constitucional à cobrança de tributos antes de decorridos 90 (noventa) dias da data em que tenha sido publicada a lei que os instituiu ou aumentou não se aplica à fixação da base de cálculo do imposto sobre:

(A) propriedade territorial rural.
(B) transmissão causa mortis e doação.
(C) propriedade de veículos automotores.
(D) propriedade predial e territorial urbana.
(E) serviços de qualquer natureza.

3. **(ADVOGADO - ELETROBRÁS - 2006 - NCE/UFRJ)** Com a Constituição de 1988, estabeleceu-se que dois tributos devem ser criados ou aumentados necessariamente por intermédio de lei complementar. São eles:

(A) empréstimos compulsórios e impostos da competência residual da União;
(B) taxas e contribuições de melhoria;
(C) contribuições de melhoria e impostos;
(D) empréstimos compulsórios e taxas;
(E) impostos e empréstimos compulsórios.

4. **(ADVOGADO – EMBRAPA – 2005 – CESPE)** A Constituição Federal, art. 153, VII, prevê a criação de imposto sobre grandes fortunas. A respeito desse tema, julgue os seguintes itens.

1. Tendo em vista as desigualdades regionais e em face do princípio da capacidade contributiva, o imposto sobre grandes fortunas, ao ser instituído, fica restrito às fortunas localizadas nos estados mais ricos da federação.
2. Para que o imposto sobre grandes fortunas seja exigido e cobrado no exercício financeiro de 2005, a lei que o instituir deve ser editada antes do término desse mesmo exercício, pois o Código Tributário Nacional proíbe a cobrança de tributos retroativamente.

5. **(ADVOGADO – IRB – 2006 – ESAF)** O Sistema Tributário Nacional é disciplinado na Constituição Federal de 1988 a partir do art. 145. Sobre seus princípios gerais, é incorreto afirmar-se que,

(A) a fim de conferir efetividade aos princípios da pessoalidade e da capacidade econômica do contribuinte, faculta-se à administração tributária identifi car, respeitados os direitos individuais e nos termos da lei, o patrimônio, os rendimentos e as atividades econômicas a que se dedique o contribuinte.
(B) embora originalmente não tenha sido elaborado com o atendimento aos requisitos de tal espécie normativa, o Código Tributário Nacional, sendo lei ordinária, foi recepcionado pela Constituição com o *status* de lei complementar. Portanto, suas alterações somente podem ser efetuadas por intermédio de lei complementar.
(C) aos Municípios e ao Distrito Federal é facultada a instituição de contribuição para o custeio do serviço de iluminação pública, na forma da respectiva lei; todavia, se optarem por cobrá-la, tais entes deverão fazê-lo por via da respectiva fatura de consumo de energia elétrica.
(D) a instituição de contribuições de intervenção no domínio econômico é da competência exclusiva da União, não podendo, portanto, ser delegada a outros entes federativos, como Estados, Municípios e Distrito Federal.
(E) somente a União possui a competência para a instituição de duas diferentes modalidades de empréstimos compulsórios, sendo necessário, para ambas, a edição de lei complementar.

6. **(ADVOGADO – IRB – 2006 – ESAF)** A Emenda Constitucional n. 42/2003 promoveu algumas alterações no Sistema Tributário Nacional, objetivando dar tratamento diferenciado às pequenas e médias empresas. Considerando esse dado, avalie o acerto das afirmações abaixo; em seguida, marque a opção correta.

I. lei complementar poderá instituir regime único de arrecadação dos impostos e contribuições da União, dos Estados, do Distrito Federal e dos Municípios.
II. uma vez instituído o regime único a que se refere o item I acima, poderá o contribuinte optar ou não por ele.
III. ainda sobre o regime mencionado no item I, se vier a ser adotado, nele não poderão ser estabelecidas condições de enquadramento diferenciadas por Estado.
IV. os entes federados poderão, no regime único, adotar cadastro único de contribuintes.

(A) Todos os itens estão corretos.
(B) Há apenas um item correto.
(C) Há apenas dois itens corretos.
(D) Há apenas três itens corretos.
(E) Todos os itens estão errados.

7. **(ADVOGADO – CASA DA MOEDA – 2009 – CESGRANRIO)** O princípio da anterioridade nonagesimal NÃO se aplica:

(A) ao Imposto sobre Renda e Proventos de qualquer natureza; ao Imposto sobre Propriedade Predial e Territorial Urbana; ao Imposto sobre Propriedade de Veículos Automotores e ao Imposto de Transmissão *causa mortis* e por doação de quaisquer bens e direitos.
(B) ao Imposto de Importação de Produtos Estrangeiros; ao Imposto Territorial Rural e ao Imposto sobre Operações de Crédito, Câmbio e Seguro e relativos a títulos ou valores mobiliários.
(C) ao Imposto sobre Propriedade Predial e Territorial Urbana; ao Imposto sobre Operações de Crédito, Câmbio e Seguro e relativos a títulos ou valores mobiliários; ao Imposto Territorial Rural e ao Imposto sobre Grandes Fortunas.
(D) aos empréstimos compulsórios para atender despesas extraordinárias decorrentes de calamidade pública, de guerra externa ou sua iminência; ao Imposto sobre a Importação de Produtos Estrangeiros; ao Imposto sobre a Exportação; ao Imposto sobre Renda e Proventos de qualquer natureza; ao Imposto sobre Operações de Crédito, Câmbio e Seguro e relativos a títulos ou valores mobiliários.
(E) ao Imposto Territorial Rural; ao Imposto sobre a Importação de Produtos Estrangeiros; ao Imposto sobre a Exportação e ao Imposto sobre Propriedade Predial e Territorial Urbana.

8. **(ADVOGADO – CASA DA MOEDA – 2009 – CESGRANRIO)** Em Direito Tributário, é matéria adstrita a decretos

(A) instituir e majorar quaisquer tributos.
(B) revogar taxas e contribuições de intervenção no domínio econômico.
(C) definir fato gerador, alíquota e base de cálculo de quaisquer tributos.
(D) regulamentar leis em função das quais sejam expedidos.
(E) estabelecer isenções de impostos.

9. **(ADVOGADO – BNDES – 2008 – CESGRANRIO)** A doutrina reconhece como princípios tributários implícitos "aqueles que não estão expressamente previstos na Constituição, mas resultam do sistema federativo por ela adotado ou de princípios gerais de direito tributário".

(ROSA Jr., Luiz Emygdio F., Manual de Direito Financeiro e Direito Tributário. Rio de Janeiro. Renovar).

Sob essa ótica, constitui princípio tributário implícito o(a)

(A) não-confisco.
(B) imunidade tributária.
(C) destinação pública do tributo.
(D) capacidade contributiva.
(E) irretroatividade da lei fiscal.

10. **(ADVOGADO – BNDES – 2002 – VUNESP)** Lei Complementar da União instituiu Empréstimo Compulsório com o objetivo de absorver, temporariamente, o poder aquisitivo da população, devido ao processo inflacionário. Esse empréstimo compulsório

(A) é constitucional, pois a matéria é urgente e de relevante interesse nacional.

(B) é constitucional, por haver sido instituído por Lei Complementar Federal.

(C) é inconstitucional, por não corresponder às hipóteses constitucionais do empréstimo compulsório.

(D) é constitucional, todavia, em qualquer hipótese, deverá obedecer ao princípio da anterioridade tributária.

(E) é constitucional, contudo, em virtude de sua relevância, não obedece ao princípio da anterioridade tributária.

11. **(ADVOGADO – BNDES – 2001 – VUNESP)** Quais dos seguintes impostos poderão ter suas alíquotas alteradas pelo Poder Executivo, desde que atendidas as condições e os limites estabelecidos em lei?

(A) Imposto sobre a renda e proventos de qualquer natureza; imposto sobre a importação de produtos estrangeiros; imposto sobre produtos industrializados e impostos extraordinários decorrentes de guerra externa.

(B) Imposto sobre a exportação de produtos nacionais ou nacionalizados; imposto sobre a importação; imposto sobre a propriedade de veículos automotores destinados ao transporte público e imposto sobre produtos industrializados.

(C) Imposto sobre operações de crédito e câmbio; imposto sobre a exportação de produtos nacionais ou nacionalizados; imposto sobre a importação de produtos estrangeiros e imposto sobre produtos industrializados.

(D) Imposto sobre operações relativas a títulos ou valores mobiliários; imposto sobre a transmissão inter vivos, a qualquer título; imposto sobre produtos industrializados e produtos semi-elaborados.

(E) Imposto sobre a prestação de serviços de comunicação; imposto sobre a importação de produtos estrangeiros; imposto sobre operações de seguro e imposto sobre a propriedade rural quando descumprida sua função social.

12. **(ADVOGADO – BNB – 2006 – ACEP)** Acerca das limitações ao poder de tributar, assinale a alternativa CORRETA.

(A) A igualdade na tributação realiza-se pela graduação do tributo no montante da capacidade tributária.

(B) A legalidade tributária esgota-se na exigência de que a lei defina o fato gerador, os sujeitos passivo e ativo da obrigação, assim como a alíquota, o tempo e o modo do pagamento; o restante é susceptível de ser tratado por decreto.

(C) A imunidade dos templos é imunidade objetiva, restringindo-se ao IPTU incidente sobre o imóvel no qual se realiza o culto.

(D) As entidades de assistência social sem fins lucrativos, de direito privado e mesmo que não criadas pelo Estado, têm direito à imunidade tributária.

(E) A imunidade recíproca é subjetiva, alcançando a administração pública direta e indireta em toda e qualquer atuação.

13. **(ADVOGADO DA UNIÃO – AGU – 2004 – CESPE)** Acerca das normas de direito tributário e das atribuições do Poder Legislativo em matéria tributária, julgue os itens a seguir.

1. É matéria de lei complementar o estabelecimento, em relação a cada imposto previsto na Constituição Federal, dos respectivos fatos geradores, das bases de cálculo e alíquotas.
2. Entre os princípios tributários, encontra-se o da igualdade de tratamento tributário aos contribuintes que estejam sob mesma situação. A Constituição Federal, porém, considera que, entre as pessoas jurídicas com fins lucrativos, as empresas de grande porte devem receber tratamento diferenciado do assegurado às demais.
3. Considere a seguinte situação hipotética. Determinado estado da Federação editou norma geral de direito tributário sobre matéria acerca da qual a legislação federal era omissa. Posteriormente, a matéria veio a ser objeto de disposição específica na legislação federal. Nessa situação, se a lei federal for completamente oposta à estadual, ficará esta integralmente sem eficácia enquanto perdurar a validade daquela.
4. Apesar da forma federativa do Estado brasileiro, o Senado Federal tem competência para avaliar o desempenho das administrações tributárias das unidades da Federação.

14. **(ADVOGADO DA UNIÃO – AGU – 2004 – CESPE)** Julgue os itens subseqüentes, relativos ao poder de tributar do Estado e aos princípios tributários.

1. Considere a seguinte situação hipotética. Determinado estado decidiu, a partir de 2004, instituir contribuição social, a ser cobrada de seus servidores, para custeio do sistema de previdência dos servidores estaduais. Nessa situação, a Constituição Federal faculta à unidade federada a referida instituição, desde que a alíquota não ultrapasse a estabelecida pela União para a contribuição dos servidores federais.
2. As receitas provenientes de exportação não são sujeitas à incidência de contribuições sociais nem de IPI.

É constitucionalmente admissível que a União crie uma contribuição de intervenção no domínio econômico sobre minerais e energia elétrica.

4. Caso a União deseje criar uma contribuição de intervenção no domínio econômico sobre a comercialização do milho, a Constituição Federal faculta-lhe estabelecer uma alíquota fixa por saca de milho, independentemente do valor sobre o qual se efetivem as operações.
5. A Constituição Federal admite que a lei faculte aos municípios a cobrança do imposto territorial rural.

15. **(PROCURADOR FEDERAL – AGU – 2004 – CESPE)** Acerca dos princípios constitucionais tributários, julgue os seguintes itens.

1. Caso seja promovido aumento na alíquota do imposto sobre transmissão causa mortis e doação por lei publicada no dia 31/12/2004, a majoração poderá incidir sobre os fatos geradores a ocorrerem a partir de 1.º/1/2005, em face do princípio da anterioridade tributária.
2. As alíquotas dos impostos de importação e exportação podem ser alteradas por decreto, de acordo com os limites previstos em lei, o que constitui atenuação ao princípio da legalidade.
3. Visando implementar a justiça fiscal, a Constituição Federal consagra o princípio da capacidade contributiva, segundo o qual os tributos devem ser graduados de acordo com a capacidade econômica do contribuinte.
4. O prazo para o recolhimento do tributo, por se tratar de elemento que tem repercussão na definição do montante a ser recolhido, deve ser definido em lei, não podendo ser estabelecido tão-somente em regulamento.

3.2. COMPETÊNCIA E CAPACIDADE TRIBUTÁRIAS

16. **(ADVOGADO – CORREIOS – 2008 – ESPP)** Assinale a alternativa correta:

(A) Competência tributária é o poder atribuído pela Constituição Federal exclusivamente às pessoas políticas para que instituam os seus próprios tributos.
(B) As constituições estaduais e as leis orgânicas municipais podem outorgar competência tributária aos seus entes estatais e paraestatais.
(C) A competência tributária pode ser alterada constitucionalmente, limitadas as alterações apenas na observância do processo legislativo adequado para aprovação de emendas à Constituição.
(D) O texto constitucional, além de definir competências tributárias, institui tributos passíveis de delegação pelo ente político receptor da competência.

17. **(ADVOGADO – CORREIOS – 2008 – ESPP)** No que se refere à capacidade tributária ativa podemos afirmar que:

(A) O exercício da capacidade tributária ativa é um poderdever do ente político, mas não o obriga a arrecadar o tributo instituído por lei.
(B) Dispõem de capacidade tributária ativa originária as pessoas políticas, que podem delegá-la, por meio de espécie normativa da mesma natureza da que criou o tributo, a outra pessoa política ou não política.
(C) O exercício da capacidade tributária ativa pelo ente político delegatário da competência tributária constitucional originária é chamado de parafiscalidade.
(D) Não é admitida a subdelegação de capacidade tributária ativa e tampouco a avocação pelo ente delegador da capacidade tributária de que abriu mão pela via legislativa.

18. **(ADVOGADO – IRB – 2006 – ESAF)** A Constituição Federal outorga competência tributária, ou seja, aptidão para criar tributos, aos diversos entes da Federação. Sobre essa afirmativa, podemos dizer que

(A) a contribuição de melhoria, decorrente de obras públicas, poderá ser cobrada pelo ente executor da obra da qual os contribuintes tenham-se beneficiado, ou, no caso de omissão deste, pela União.
(B) as taxas poderão ser instituídas em razão do exercício do poder de polícia ou pela utilização, efetiva ou potencial, de serviços públicos específicos e divisíveis, prestados ou postos à disposição do contribuinte.
(C) a aplicação dos recursos provenientes de empréstimos compulsórios será preferencialmente vinculada à despesa que fundamentou sua instituição.
(D) os impostos terão, sempre que possível, caráter pessoal e base de cálculo diversa das taxas. e) todos os tributos deverão respeitar a capacidade econômica dos contribuintes.

19. **(ADVOGADO – BNDES – 2004 – CESGRANRIO)** A competência para instituir a contribuição para custeio do serviço de iluminação pública cobrada nas faturas de consumo de energia elétrica é:

(A) da Agência Nacional de Energia Elétrica (ANEEL).
(B) da Concessionária do Serviço de Fornecimento de Energia Elétrica.
(C) da União.
(D) estadual.
(E) municipal.

20. **(ADVOGADO – BNDES – 2002 – VUNESP)** Em relação à competência tributária residual, pode-se afirmar que

(A) em qualquer hipótese, só poderá ser utilizada pela União Federal, desde que mediante Lei Complementar.

(B) em algumas hipóteses, poderá ser utilizada pela União Federal, pelos Estados, pelo Distrito Federal e pelos Municípios.
(C) em algumas hipóteses, poderá ser utilizada pelos Estados e pelo Distrito Federal, desde que haja Lei Complementar autorizativa.
(D) em algumas hipóteses, poderá ser utilizada tanto pela União como pelos Estados.
(E) poderá ser utilizada pelos Estados para a instituição de outros tributos não previstos em sua competência privativa.

3.3. TRIBUTOS: CONCEITO E ESPÉCIES

21. **(ADVOGADO - CORREIOS - 2008 - ESPP)** Analise os itens a seguir:

I- Imposto direto é aquele em que a pessoa que praticou o fato tipificado na lei suporta o respectivo ônus fiscal e imposto indireto é aquele em que o ônus financeiro do tributo é transferido ao consumidor final, por meio do fenômeno da repercussão econômica.

II- Taxas são tributos desvinculados à contraprestação estatal e podem decorrer do exercício do poder de polícia ou da prestação de serviço público específico e divisível.

III- Os empréstimos compulsórios, instituídos pela União, Estados ou Municípios, tem por fundamento atender despesas extraordinárias decorrentes de calamidade pública e guerra externa, ou ser destinado a investimento público de caráter urgente e de relevante interesse nacional.

IV- A contribuição de melhoria tem como fato gerador a valorização imobiliária, longitudinal, radial ou extremada, decorrente de obra pública de qualquer espécie.

Assinale alternativa correta:

(A) Os itens I e IV estão corretos.
(B) Os itens II, III e IV estão incorretos.
(C) Apenas o item I está correto.
(D) Todos os itens estão incorretos.

22. **(ADVOGADO - BNDES - 2008 - CESGRANRIO)** Adotando a divisão quadripartida quanto à classificação dos tributos, encontram-se as seguintes espécies tributárias:

I. imposto;

II. taxa;

III. contribuição (incluindo as especiais e as de melhoria);

IV. empréstimo compulsório.

Com base no princípio da equivalência, caracteriza(m)-se como tributo(s) comutativo(s), **APENAS** a(s) espécie(s) tributária(s)

(A) I
(B) IV
(C) I e II
(D) II e III
(E) III e IV

23. **(ADVOGADO - BNDES - 2006 - CESGRANRIO)** A espécie tributária cujos fatos geradores não se vinculam a qualquer prestação específica por parte do Estado, destinando-se, em regra, a remunerar as necessidades globais do serviço público indivisível é o(a):

(A) imposto.
(B) empréstimo compulsório.
(C) taxa.
(D) contribuição social.
(E) contribuição de intervenção no domínio econômico.

24. **(ADVOGADO - BNDES - 2004 - CESGRANRIO)** A taxa é espécie tributária que se distingue do imposto pela:

(A) ausência de compulsoriedade da prestação.
(B) sujeição à regra da anterioridade nonagesimal.
(C) referibilidade a uma atuação estatal específica.
(D) competência exclusiva da União para sua instituição.
(E) natureza de contraprestação contratual decorrente da utilização de serviços públicos.

25. **(ADVOGADO - BNDES - 2001 - VUNESP)** Assinale a alternativa correta.

(A) A taxa é tributo vinculado cuja hipótese de incidência consiste no exercício do poder de polícia ou na utilização, efetiva ou potencial, de serviços públicos específicos e divisíveis, prestados aos contribuintes ou postos a sua disposição.
(B) A União, os Estados, o Distrito Federal e os Municípios poderão instituir empréstimos compulsórios para atender a despesas extraordinárias de caráter urgente e relevante interesse nacional.
(C) A União, no exercício de sua competência residual, poderá cobrar taxas de serviços públicos necessários prestados aos contribuintes ou postos a sua disposição.
(D) A União, os Estados, o Distrito Federal e os Municípios poderão instituir contribuições sociais de intervenção no domínio econômico, desde que não tenham fato gerador ou base de cálculo próprios dos impostos já discriminados no texto constitucional.
(E) A União, os Estados, o Distrito Federal e os Municípios poderão instituir taxas e contribuições de melhoria em virtude de obra pública justificadora da valorização imobiliária dos imóveis por ela atingidos.

26. **(PROCURADOR - BANCO CENTRAL - 2009 - CESPE)** Determinado estado criou uma nova exação tributária, sem qualquer atividade estatal específica

relativa ao contribuinte, denominando-a, na lei instituidora, de empréstimo compulsório. O mesmo diploma legal apresentou disposição sobre a devolução do empréstimo compulsório em três parcelas anuais, sem, contudo, estabelecer os anos em que seria devolvido. Com referência a essa situação, é correto afirmar que, quanto à natureza jurídica específica e à competência, a exação

(A) constitui imposto e, assim, está amparada pela CF.
(B) constitui empréstimo compulsório e, assim, está amparada pela CF.
(C) pode ser considerada tanto como empréstimo compulsório quanto como imposto e, em ambas as formas, está amparada pela CF.
(D) não pode ser considerada nem imposto nem empréstimo compulsório.
(E) não está amparada pela CF, independentemente de ser imposto ou empréstimo compulsório.

27. **(PROCURADOR FEDERAL – AGU – 2004 – CESPE)** De acordo com o Código Tributário Nacional, tributo é toda prestação pecuniária compulsória instituída em lei e cobrada mediante atividade administrativa vinculada. Com referência aos tributos existentes no ordenamento jurídico brasileiro e à repartição da receita deles decorrente, julgue os seguintes itens.

1. O exercício de atividades de fiscalização, por ser decorrente do poder de polícia, poderá ensejar a instituição de uma taxa.
2. Os empréstimos compulsórios não têm natureza tributária, uma vez que não transferem definitivamente recursos dos particulares para o Estado, devendo ser restituídos nos termos da lei.
3. A contribuição de melhoria pode ser cobrada quando a construção de obra pública trouxer qualquer benefício para o contribuinte.
4. A concessão de benefícios fiscais referentes ao ICMS somente poderá ocorrer por deliberação dos estados e do DF, mediante a celebração de convênios.
5. Os impostos sobre renda e proventos de qualquer natureza e sobre produtos industrializados são de competência da União, mas parte de sua arrecadação compõe os fundos de participação dos estados, do DF e dos municípios.

28. **(PROCURADOR DA FAZENDA NACIONAL – 2007.1 – ESAF)** Contribuição previdenciária classifica-se como

a) contribuição de intervenção no domínio econômico.
b) taxa vinculada à prestação de benefícios previdenciários de natureza continuada.
c) contribuição corporativa.
d) contribuição social.
e) contribuição de seguridade vinculada ao tesouro da União, em razão da universalidade de cobertura e de atendimento.

3.4. IMPOSTOS E CONTRIBUIÇÕES EM ESPÉCIE

29. **(ADVOGADO – PETROBRÁS – 2008 – CESGRANRIO)** Adotando a classificação dos impostos estabelecida no Código Tributário Nacional, enquadra-se na categoria de "Impostos sobre o Patrimônio e a Renda" o imposto sobre

(A) produtos industrializados.
(B) propriedade territorial rural.
(C) serviços de qualquer natureza.
(D) importação de produtos estrangeiros.
(E) operações relativas à circulação de mercadorias e sobre prestações de serviços de transporte interestadual e intermunicipal e de comunicação.

30. **(ADVOGADO – PETROBRÁS – 2006 – CESGRANRIO)** Adotando-se a divisão prevista no Código Tributário Nacional, o único imposto classificado como incidente sobre o patrimônio e a renda é o:

(A) ICMS.
(B) IPI.
(C) IOF.
(D) ISS.
(E) ITBI.

31. **(ADVOGADO – PETROBRÁS – 2006 – CESGRANRIO)** Com relação ao Imposto sobre a Renda das Pessoas Jurídicas, indique a afirmação correta.

(A) Não incide sobre receitas oriundas do exterior.
(B) Admite-se que sua base de cálculo seja presumida.
(C) É tributo atualmente sujeito ao lançamento por declaração.
(D) É vedado, em qualquer hipótese, o arbitramento de sua base de cálculo.
(E) É vedada a sua cobrança antes de decorridos noventa dias da data em que haja sido publicada lei que o aumentou.

32. **(ADVOGADO – PETROBRÁS – 2006 – CESGRANRIO)** Observe as afirmações abaixo, relativas à Contribuição de Intervenção no Domínio Econômico instituída pela Lei nº 10.336/2001 (CIDE-Petróleo).

I. O importador de gasolinas é contribuinte da CIDEPetróleo.
II. A comercialização no mercado interno de diesel, realizada por produtor, é fato gerador da CIDE-Petróleo.
III. Na hipótese de importação, o pagamento da CIDEPetróleo deve ser efetuado na data do registro da Declaração de Importação.

Está(ão) correta(s) a(s) afirmação(ões):

(A) I, apenas.
(B) II, apenas.

(C) I e III, apenas.
(D) II e III, apenas.
(E) I, II e III.

33. **(ADVOGADO - PETROBRÁS - 2006 - CESGRANRIO)** O fato gerador do imposto sobre a renda é classificado como:

(A) simples.
(B) formal.
(C) instantâneo.
(D) atípico.
(E) complexivo.

34. **(ADVOGADO - PETROBRÁS DISTRIB. - 2008 - CESGRANRIO)** De acordo com a atual Constituição Federal, o diferencial entre a alíquota interna e interestadual do ICMS é devido ao Estado

(A) do destinatário, quando este não for contribuinte do imposto.
(B) do destinatário, quando este for contribuinte do imposto e for adotada alíquota interna, desde que as operações e prestações destinem bens e serviços a quem não for contribuinte do imposto.
(C) do remetente, quando o destinatário for contribuinte do imposto.
(D) da localização do destinatário, quando este for contribuinte do imposto e for adotada a alíquota interestadual, desde que as operações e prestações destinem bens e serviços a consumidor final.
(E) da localização do remetente, quando este for contribuinte do imposto e for adotada a alíquota interna, desde que as operações destinem bens e serviços a consumidor final.

35. **(ADVOGADO - PETROBRÁS DISTRIB. - 2008 - CESGRANRIO)** O Município editou lei ordinária reduzindo de 3% para 1% a alíquota do Imposto sobre Serviços de qualquer Natureza - ISS, incidente sobre serviços prestados por hotéis, apartservices condominiais, flat, apart-hotéis, hotéis residência, hotelaria marítima, pensões, motéis e congêneres. Essa redução poderia ser feita?

(A) Sim, a redução é regular porque observa todos os requisitos previstos no Código Tributário Nacional.
(B) Sim, a redução é regular porque cabe ao Município dispor sobre tributos de sua competência.
(C) Não, a redução contraria norma prevista na Constituição Federal em vigor.
(D) Não, a redução é inconstitucional, em razão de ausência de convênio celebrado pelas municipalidades brasileiras.
(E) Não, a redução contraria norma federal, sendo portanto ilegal.

36. **(ADVOGADO - REFAP - 2007 - CESGRANRIO)** A Lei no 10.168/2000 instituiu contribuição de intervenção no domínio econômico (CIDE), para atendimento ao Programa de Estímulo à Interação Universidade-Empresa para o Apoio à Inovação, devida pela pessoa jurídica detentora de licença de uso ou adquirente de conhecimentos tecnológicos, bem como aquela signatária de contratos que impliquem transferência de tecnologia, firmados com residentes ou domiciliados no exterior. A partir de 1o de janeiro de 2002, essa contribuição passou a ser devida também pelas pessoas jurídicas:

I. signatárias de contratos que tenham por objeto serviços técnicos e de assistência administrativa e semelhantes a serem prestados por residentes ou domiciliados no exterior;
II. que pagarem, creditarem, entregarem, empregarem ou remeterem *royalties*, a qualquer título, a beneficiários residentes ou domiciliados no exterior;
III. produtoras, formuladoras ou importadoras de gasolinas e suas correntes, *diesel* e suas correntes, querosene de aviação e outros querosenes, óleos combustíveis, gás liqüefeito de petróleo, inclusive o derivado de gás natural e de nafta, e álcool etílico combustível. Está(ão) correto(s) o(s) item(ns):

(A) I, apenas.
(B) III, apenas.
(C) I e II, apenas.
(D) II e III, apenas.
(E) I, II e III.

37. **(ADVOGADO - EMBRAPA - 2005 - CESPE)** Pedro instalou-se em um imóvel rural, mantendo sobre esse bem a posse mansa e pacífica, sem, contudo, ter o domínio da propriedade. Em face dessa situação hipotética, julgue os seguintes itens.

1. Sobre o imóvel em questão há incidência de Imposto sobre a Propriedade Territorial Rural (ITR), de competência da União.
2. Pedro, pelo simples fato de ser o possuidor do bem, é considerado o contribuinte do ITR desse imóvel, mesmo não sendo o seu proprietário.

38. **(ADVOGADO - BNDES - 2006 - CESGRANRIO)** Segundo a classificação prevista no Código Tributário Nacional, assinale o imposto classificado entre os que incidem sobre a produção e a circulação de riquezas.

(A) ITR
(B) IPVA
(C) IR
(D) IOF
(E) ITBI

39. **(PROCURADOR - BANCO CENTRAL - 2009 - CESPE)** Uma empresa detém a propriedade sobre terras agricultáveis em diversos estados do Brasil, no ambiente rural, e, em diversos municípios de seu

estado de origem, é proprietária de terras urbanas. Nessa situação, em razão das propriedades que detém, a empresa torna-se contribuinte de

(A) dois impostos federais e um estadual.
(B) dois impostos estaduais e um municipal.
(C) um imposto municipal e um federal.
(D) um imposto municipal, um estadual e um federal.
(E) um imposto municipal e um estadual.

40. **(PROCURADOR FEDERAL – AGU – 2007 – CESPE)** A respeito do Sistema Tributário Nacional, julgue os itens que se seguem.

1. Caso determinada empresa tenha prestado serviços de composição gráfica em embalagens de alimentos não perecíveis, nessa situação, o município competente somente poderá cobrar dessa empresa o ISS se a operação não envolver o fornecimento de mercadorias.
2. Não incide a contribuição provisória sobre a movimentação ou transmissão de valores e de créditos e direitos de natureza financeira (CPMF) sobre saques efetuados em caderneta de poupança, mas a lei admite a incidência do imposto sobre operações de crédito, câmbio e seguro, ou relativas a títulos ou valores mobiliários (IOF), na hipótese dos referidos saques.
3. Considere que certa sociedade cooperativa, formada por professores de língua estrangeira, tenha auferido vultosa quantia monetária proveniente de suas aplicações financeiras. Nesse caso, a sociedade cooperativa deve recolher o imposto de renda sobre o resultado das referidas aplicações.

41. **(PROCURADOR FEDERAL - AGU - 2002 - CESPE)** Devido à crise de energia, lei federal editada em janeiro de 2002 estabeleceu, pelo prazo de cinco anos, isenção de imposto sobre produtos industrializados (IPI) para as indústrias que se dedicassem à produção de equipamentos que transformassem energia solar e eólica em energia elétrica. Inspirando-se nessa lei, o estado de Pernambuco concedeu isenção de ICMS às operações de circulação dos equipamentos abrangidos pela referida lei federal, desde que produzidos em estabelecimentos industriais situados naquele estado, sendo que foi mantida a tributação de operações de mesma natureza quando os equipamentos forem produzidos fora do estado. Em face dessa situação hipotética e relativamente à obrigação tributária, julgue os itens subseqüentes.

(1) O estabelecimento da referida isenção do IPI não poderia ter sido feito mediante decreto do presidente da República.
(2) Lei federal editada em 2003, que determinasse a revogação imediata da referida isenção do IPI, seria inválida, porém não seria inconstitucional.
(3) É inconstitucional a referida isenção do ICMS concedida por Pernambuco.
(4) Enquanto no direito civil há presunção relativa no sentido de que as dívidas são portáveis (portables), no direito tributário, as dívidas são sempre quesíveis (quérables), pois cabe ao sujeito passivo da obrigação tributária promover o pagamento no domicílio do credor.
(5) Se a legislação federal que regula o IPI estabelecesse para alimentos industrializados uma alíquota média de 10% e não determinasse incidência do imposto sobre bebidas alcoólicas destinadas à exportação, essa situação violaria a disposição constitucional que determina que a alíquota do IPI deve ser proporcional à essencialidade do produto tributado e, portanto, seria correto qualificar essa situação como uma omissão inconstitucional que poderia ser impugnada mediante ação direta de inconstitucionalidade por omissão, ajuizada perante o STF.

42. **(PROCURADOR FEDERAL - AGU - 2002 - CESPE)** Takano é proprietário da chácara Nihon, onde reside com sua família e tem uma produção média de hortaliças. Seu imóvel situa-se na área rural do município de Utopia. Acerca dessa situação hipotética, julgue os itens abaixo.

(1) A obrigação tributária relativa ao imposto territorial rural (ITR) incidente sobre a propriedade da chácara Nihon pode ser caracterizada como uma obrigação real, porque o ITR é um imposto real, dado que seu fato gerador é a propriedade de um terreno, que é um direito real.
(2) Apesar de o ITR ser um tributo federal, cabe a Utopia metade do produto da arrecadação do ITR relativo a imóveis situados no município.
(3) A legislação tributária estabelece hipoteca legal dos bens imóveis como forma de garantir o pagamento dos créditos tributários que tenham como fato gerador a propriedade desses bens e, portanto, a chácara de Takano pode ser penhorada em processo judicial no qual seja excutido crédito tributário referente a ITR incidente sobre a propriedade desse imóvel.
(4) Os lençóis freáticos fazem parte do patrimônio dominical da União e, portanto, apenas a União poderia instituir e cobrar de Takano tributo pela utilização da água do lençol freático localizado abaixo de sua propriedade, sendo que o tributo estabelecido com essa finalidade teria caráter de taxa, mesmo que instituído mediante lei que o chamasse de imposto.
(5) Se, devido a mudanças na legislação tributária municipal e estadual, a propriedade da chácara Nihon viesse a se subsumir às hipóteses de incidência tanto do ITR quanto do imposto predial e territorial urbano (IPTU), o Estado não poderia exigir de Takano o pagamento de ambos os tributos, pois, nesse caso, apesar de o ITR e o IPTU terem diferentes bases de cálculo e serem devidos a entes federados diversos, o ordenamento jurídico brasileiro vedaria a bitributação.

43. **(PROCURADOR FEDERAL – AGU – 2002 – CESPE)** Carlos é proprietário da chácara Bragança, onde reside com sua família e tem uma produção média de hortaliças, e seu imóvel situa-se na área rural de determinado município. Acerca desse quadro hipotético e considerando que o ITR é um imposto cujo lançamento dá-se por homologação e que a lei não fixa prazo definido para a homologação da declaração dos contribuintes desse imposto, em cada um dos itens seguintes é apresentada uma situação hipotética adicional, seguida de uma assertiva, que deverá ser julgada.

(1) Carlos propôs a um amigo a venda da chácara Bragança, afirmando que não havia débitos fiscais relativos ao imóvel e mostrando, como prova da inexistência de dívidas tributárias. O comprovante do pagamento da última parcela do ITR, cujo pagamento havia sido dividido em quatro parcelas. Nesse caso, como no direito tributário, diversamente do que ocorre no direito civil, o pagamento de uma parcela não gera presunção de pagamento das parcelas anteriores. O comprovante de pagamento apresentado por Carlos não é instrumento hábil para provar que ele estava em dia com suas obrigações fiscais.

(2) Em fevereiro de 2002, foi editada lei ordinária estabelecendo a impenhorabilidade de imóveis rurais com determinadas qualidades, nas quais a chácara Bragança se enquadrava. Nessa situação, nos termos do referido diploma normativo, tal impenhorabilidade não poderia ser argüida em caso de execução judicial de débito tributário, pois regras gerais em matéria tributária somente podem ser estabelecidas mediante lei complementar.

(3) Carlos era sujeito passivo de processo de execução fiscal, por meio do qual se cobrava dívida tributária derivada do não-pagamento do ITR incidente sobre a propriedade da chácara Bragança. Nesse caso, ele não podia participar de concorrência pública realizada pela União, mesmo que houvessem sido penhorados bens suficientes para garantir o pagamento da dívida.

(4) Carlos efetuou a declaração do ITR incidente sobre sua chácara, referente ao exercício de 1995, mas, por erro, digitou de forma equívoca o valor do imóvel, o que o fez calcular o imposto em valor 20% inferior ao devido e, conseqüentemente, o pagamento que fez do imposto foi a menor. O Estado recebeu a quantia paga, mas, passados mais de cinco anos da feitura da declaração e do pagamento, não editou ato homologando a declaração. Nesse caso, ocorrerá homologação tácita da referida declaração de Carlos, o que gerará decadência do direito da União de constituir o crédito tributário relativo ao valor que Carlos deixou de recolher em virtude do erro de cálculo e, conseqüentemente, causará a extinção da obrigação tributária referente a essa quantia.

(5) A declaração do ITR apresentada por Carlos continha dados falsos, e o poder público efetuou lançamento de ofício, cobrando a diferença entre o valor devido e a quantia efetivamente paga. Inconformado, Carlos impugnou o lançamento, de ofício, mediante mandado de segurança, que foi julgado improcedente por não haver prova pré-constituída suficiente para a demonstração do direito alegado por Carlos. Nesse caso, a sentença do mandado de segurança faz coisa julgada material e, portanto, ocorre preclusão do direito de Carlos de ingressar com ação declaratória de inexistência de débito tributário.

44. **(PROCURADOR DA FAZENDA NACIONAL – 2007.2 – ESAF)** A lei não previu expressamente como operações financeiras (como operação financeira), para fins de informação periódica à Administração Tributária da União,

a) os depósitos à vista e a prazo
b) os contratos de locação de cofres para guarda de pecúnia e outros valores
c) a emissão de ordens de crédito
d) os resgates em contas de depósitos à vista ou a prazo, inclusive de poupança
e) os pagamentos em moeda corrente ou em cheques

45. **(PROCURADOR DA FAZENDA NACIONAL – 2007.2 – ESAF)** A aquisição de disponibilidade jurídica de acréscimos patrimoniais corresponde ao fato gerador

a) do imposto sobre heranças e doações
b) da contribuição social de interesse das categorias econômicas
c) do imposto sobre a renda e proventos
d) do imposto territorial rural, no caso de acessão ou avulsão
e) do imposto sobre a transmissão causa mortis ou inter vivos, nos territórios federais

3.5. VIGÊNCIA, APLICAÇÃO, INTERPRETAÇÃO E INTEGRAÇÃO DA LEGISLAÇÃO

46. **(ADVOGADO – BNDES – 2008 – CESGRANRIO)** De acordo com os critérios de interpretação e integração da legislação tributária, previstos no Código Tributário Nacional, a lei tributária que define infrações interpreta-se de maneira mais favorável ao

(A) fisco, em caso de dúvida quanto à autoria.
(B) fisco, em caso de dúvida quanto à capitulação legal do fato.
(C) fisco, em caso de dúvida quanto à graduação da penalidade aplicável.

(D) acusado, em caso de dúvida quanto às circunstâncias materiais do fato.
(E) acusado, em caso de dúvida quanto ao emprego da eqüidade na dispensa do pagamento de tributo.

47. **(ADVOGADO – BNDES – 2001 – VUNESP)** Assinale a alternativa correta.

(A) As leis que disponham sobre suspensão e exclusão do crédito tributário devem ser interpretadas teleologicamente.
(B) Na ausência de disposição expressa, a autoridade competente para aplicar a legislação tributária não poderá utilizar a analogia para exigir tributo não previsto em lei.
(C) A legislação tributária não poderá retroagir a fatos pretéritos.
(D) Na ausência de disposição expressa, a autoridade competente para aplicar a legislação tributária poderá utilizar, sucessivamente: os costumes, os princípios gerais de direito e a analogia.
(E) A lei tributária poderá alterar o conteúdo e o alcance de institutos de direito privado, desde que seja para limitar as competências tributárias.

48. **(ADVOGADO – BNB – 2006 – ACEP)** Quanto à interpretação no direito tributário, assinale a alternativa que contempla um item NÃO sujeito, exclusivamente, à interpretação literal.

(A) Imunidade.
(B) Isenção.
(C) Suspensão do crédito tributário.
(D) Exclusão do crédito tributário.
(E) Dispensa do cumprimento de obrigação tributária acessória.

49. **(ADVOGADO – ANCINE – 2005 – CESPE)** Acerca das normas gerais do direito tributário, julgue os seguintes itens.

1. Segundo o Código Tributário Nacional, legislação tributária é o conjunto de leis, tratados e convenções internacionais, decretos e normas complementares que versem, no todo ou em parte, sobre tributos ou relações jurídicas a eles relacionadas.
2. As práticas reiteradamente observadas pelas autoridades administrativas e as decisões dos órgãos singulares ou coletivos de jurisdição administrativa, com eficácia normativa, constituem normas complementares das leis tributárias.
3. A alíquota e a base de cálculo de tributo somente pode ser fixada por lei, não se admitindo em hipótese alguma a sua alteração por ato do Poder Executivo.
4. A legislação tributária aplica-se aos fatos geradores futuros, a partir do primeiro dia do exercício seguinte ao da publicação da norma.
5. A autoridade competente para aplicar a lei tributária, na ausência de disposição expressa, utilizará sucessivamente e obrigatoriamente, nessa ordem, a analogia, os princípios gerais do direito tributário, os princípios gerais do direito público e a eqüidade.

50. **(PROCURADOR DA FAZENDA NACIONAL – 2007.2 – ESAF)** Assinale a opção correta. Não constitui entendimento do STJ:

a) negócio abusivo é um negócio típico com um fim atípico, ou seja, utiliza-se uma forma jurídica típica, para atingir resultado outro que aquela determinada forma jurídica, normalmente, não atingiria ou não permite.
b) a interpretação econômica é de suma importância para a aferição das hipóteses de incidência tributária.
c) a Administração Pública pode desconsiderar a personalidade jurídica de sociedade constituída com abuso de forma e fraude à lei, desde que facultado ao administrado o contraditório e a ampla defesa em processo administrativo regular.
d) a interpretação econômica se impõe, uma vez que a realidade econômica há de prevalecer sobre a simples forma jurídica.
e) age em fraude à lei quem, exercendo uma seqüência de atos lícitos, obtém resultado contrário a preceito jurídico.

3.6. OBRIGAÇÃO, RESPONSABILIDADE E SUBSTITUIÇÃO TRIBUTÁRIAS

51. **(ADVOGADO – PETROBRÁS – 2008 – CESGRANRIO)** De acordo com o Código Tributário Nacional e o atual entendimento consolidado no âmbito do Superior Tribunal de Justiça, os diretores e gerentes de pessoas jurídicas de direito privado são pessoalmente responsáveis pelos créditos correspondentes a qualquer obrigação tributária,

(A) quando a sociedade houver sido extinta.
(B) quando houverem se retirado da sociedade.
(C) relativa a fato gerador ocorrido na época em que exerciam a gerência da sociedade.
(D) cuja Certidão de Dívida Ativa indique os seus nomes como co-responsáveis tributários.
(E) resultante de ato praticado com excesso de poderes ou infração de lei, contrato social ou estatuto da sociedade.

52. **(ADVOGADO – PETROBRÁS DISTRIB. – 2008 – CESGRANRIO)** Na hipótese de crédito tributário resultante de ato praticado com excesso de poderes por diretor de pessoa jurídica de direito privado,

(A) o diretor responde subsidiariamente.
(B) o diretor responde solidariamente com a empresa.
(C) o diretor responde pessoalmente.
(D) a responsabilidade da empresa é subsidiária.
(E) a responsabilidade é única e exclusivamente da empresa.

53. **(ADVOGADO – CORREIOS – 2008 – ESPP)** Aponte a alternativa correta:

(A) Sendo lavrado auto de infração tributária, o contribuinte inadimplente arcará com o pagamento do valor principal, juros de mora e multa punitiva, sendo excluída a multa de mora.
(B) Havendo denúncia espontânea, serão devidos pelo contribuinte inadimplente o valor do tributo, os juros de mora e a multa moratória correspondente.
(C) No caso de denúncia espontânea, com pedido de parcelamento, serão devidos o valor do tributo, os juros de mora, mas o contribuinte se exime do pagamento da multa moratória.
(D) O pagamento voluntário de tributo pelo contribuinte inadimplente, antes do início do procedimento de fiscalização, recebe o nome de denúncia espontânea ou autodenúncia.

54. **(ADVOGADO – CORREIOS – 2008 – ESPP)** Analise as assertivas a seguir:

I- Ocorre fraude na utilização de expediente ardiloso para pagar menos ou, em alguns casos, para pagar mais tributo que o realmente devido.
II- A sonegação fiscal e a fraude são expedientes ilícitos que caracterizam a evasão fiscal.
III- Elisão fiscal é o meio lícito utilizado para pagar menos tributo valendo-se das lacunas existentes na legislação fiscal.
IV- A renda auferida por meio do desempenho de atividades ilícitas é tributável, desde que ocorrido o fato gerador previsto em lei.

Assinale a alternativa correta:

(A) Apenas os itens II e III estão corretos.
(B) Apenas os itens I e III estão incorretos.
(C) Os itens II, III e IV estão incorretos.
(D) Todos os itens estão corretos.

55. **(ADVOGADO – ELETROBRÁS – 2006 – NCE/UFRJ)** Sobre o domicílio tributário, analise as afirmativas a seguir:

I. A regra geral é no sentido de eleição do domicílio tributário pelo sujeito passivo.
II. Se não houver opção pelo sujeito passivo, considera-se domicílio tributário da pessoa natural a sua residência habitual, ou, sendo esta desconhecida, o centro habitual de suas atividades.
III. Se não houver opção pelo sujeito passivo, considera-se domicílio da pessoa jurídica de direito privado o de cada estabelecimento de acordo com a avaliação discricionária da Administração.

São verdadeiras somente as afirmativas:

(A) I e II;
(B) I e III;
(C) II e III;
(D) I, II e III;
(E) nenhuma.

56. **(ADVOGADO – EMBRAPA – 2005 – CESPE)** Acerca de obrigação tributária, julgue os itens que se seguem.

1. A obrigação tributária acessória não cumprida converte-se em obrigação principal no que se refere à penalidade pecuniária.
2. Para que a pessoa física tenha capacidade tributária não pode estar sujeita a medidas que importem na privação de administrar diretamente os seus próprios bens ou negócios.

57. **(ADVOGADO – IRB – 2006 – ESAF)** Da obrigação tributária principal decorre o crédito tributário, com a mesma natureza. Sobre a obrigação tributária, nos termos do art. 113 e seguintes do Código Tributário Nacional (Lei n. 5.172, de 25 de outubro de 1966), é correto afirmar-se que

(A) em processo de falência, o produto da alienação judicial de empresa, filial ou unidade produtiva isolada permanecerá em conta de depósito à disposição do juízo falimentar pelo prazo de um ano, contado da data de alienação, somente podendo ser utilizado para o pagamento de créditos extraconcursais ou de créditos que preferem ao tributário.
(B) a autoridade administrativa poderá desconsiderar atos ou negócios jurídicos praticados com a finalidade de dissimular a ocorrência do fato gerador do tributo ou dos elementos constitutivos da obrigação tributária, observados os procedimentos do Código Tributário Nacional.
(C) a lei pode atribuir de modo expresso a responsabilidade pelo crédito tributário a terceira pessoa, vinculada ou não ao fato gerador da respectiva obrigação, desde que se exclua totalmente a responsabilidade do contribuinte.
(D) uma vez verificado o nascimento da obrigação tributária, com a realização do fato gerador, o sujeito passivo torna-se imediatamente compelível ao pagamento do tributo pertinente, sendo desnecessária a prática de quaisquer atos formais por parte do sujeito ativo, em quaisquer hipóteses.
(E) a responsabilidade por infrações da legislação tributária somente é excluída pela denúncia espontânea da infração quando acompanhada do pagamento do tributo devido e dos juros de mora.

58. **(ADVOGADO – IRB – 2006 – ESAF)** Em relação aos sujeitos ativo e passivo da obrigação tributária avalie o acerto das afirmações abaixo. Em seguida, marque a opção correta.

I. o sujeito passivo da obrigação tributária principal, em regra, é aquela pessoa que realiza o seu fato gerador.

II. a capacidade tributária passiva independe da capacidade civil das pessoas naturais; porém, assim como esta, aquela também pode sujeitar-se a medidas que importem privação ou limitação do exercício de atividades civis, comerciais ou profissionais.

III. sendo o sujeito passivo pessoa jurídica, sua capacidade tributária independe de estar ela regularmente constituída, nos termos do direito civil, bastando que configure uma unidade econômica ou profissional.

IV. chama-se sujeito ativo da obrigação tributária a pessoa jurídica de direito público dotada da competência para exigir seu cumprimento.

(A) Todos os itens estão corretos.
(B) Há apenas três itens corretos.
(C) Há apenas dois itens corretos.
(D) Há apenas um item correto.
(E) Todos os itens estão errados.

59. **(ADVOGADO – IRB – 2006 – ESAF)** Sobre a responsabilidade tributária, tratada nos arts. 128 e seguintes do Código Tributário Nacional, é incorreto afirmar-se que

(A) o cônjuge meeiro é solidariamente responsável pelos tributos devidos pelo *de cujus* até a data da partilha ou adjudicação.
(B) o adquirente de um bem é pessoalmente responsável pelos tributos relativos a este.
(C) a pessoa jurídica de direito privado que resultar da fusão de outras é responsável pelos tributos devidos até a data do ato por aquelas que tenham sido fusionadas.
(D) os administradores de bens de terceiros são solidariamente responsáveis pelos tributos devidos por estes.
(E) os diretores de uma sociedade empresária são pessoalmente responsáveis pelos créditos correspondentes a obrigações tributárias resultantes de atos praticados com excesso de poderes ou infração de lei, contrato social ou estatutos.

60. **(ADVOGADO – BNDES – 2006 – CESGRANRIO)** Analise os seguintes casos de responsabilidade tributária:

I - do inventariante, pelos tributos devidos pelo espólio;

II - dos pais, pelos tributos devidos por seus filhos menores;

III - da pessoa jurídica que resultar de fusão, pelos tributos devidos pela(s) pessoa(s) jurídica(s) fusionada(s);

IV - do adquirente de estabelecimento comercial de outra empresa, pelos tributos relativos ao estabelecimento adquirido, no caso de a alienante prosseguir na exploração da sua atividade.

De acordo com o Código Tributário Nacional, configuram casos de responsabilidade por sucessão:

(A) I e II, apenas.
(B) I e III, apenas.
(C) III e IV, apenas.
D) II, III e IV, apenas.
(E) I, II, III e IV.

61. **(ADVOGADO – BNDES – 2001 – VUNESP)** Quando o fato gerador da obrigação tributária é um negócio jurídico sob condição resolutiva, considera-se nascida a obrigação

(A) desde o momento em que o Fisco tiver conhecimento do negócio jurídico e efetuar o lançamento tributário.
(B) desde o momento em que o contribuinte ou responsável comunicam ao Fisco sobre a celebração do negócio jurídico.
(C) desde o momento do implemento da condição necessária.
(D) desde o momento da celebração do negócio jurídico, salvo disposição expressa avençada entre as partes negociantes.
(E) desde o momento da celebração do negócio, salvo disposição de lei em contrário.

62. **(PROCURADOR – BANCO CENTRAL – 2009 – CESPE)** João adquiriu de Júlio um imóvel por meio de simples escritura pública de compra e venda, na qual não havia referência a qualquer quitação de IPTU e de contribuição de melhoria. Contudo, não havia crédito constituído na época da lavratura daquele instrumento. Nessa situação, considerando que havia créditos dos dois tributos em fase de constituição quando da compra, é correto afirmar que a responsabilidade pelo pagamento

(A) do IPTU será de João e da contribuição de melhoria, de Júlio.
(B) do IPTU será de João e a contribuição de melhoria será 50% para cada um.
(C) do IPTU será de Júlio e da contribuição de melhoria, de João.
(D) dos dois tributos será de Júlio.
(E) dos dois tributos será de João.

63. **(PROCURADOR – BANCO CENTRAL – 2009 – CESPE)** Uma empresa contratou, em 1.º/8//2009, outra empresa para prestar determinado serviço. Se o contrato continha cláusula que o submetia a condição resolutiva, então o fato gerador da obrigação tributária do Imposto sobre Serviços (ISS) ocorre no momento

(A) atual.
(B) em que forem prestados os serviços.
(C) em que for emitida a nota fiscal.
(D) em que for implementada a condição resolutiva.
(E) em que for efetuado o pagamento.

64. **(ADVOGADO – ANCINE – 2005 – CESPE)** A empresa Calça Faroeste Ltda., estabelecida no Distrito Federal, atua no ramo do comércio de confecções. Mensalmente ela tem que declarar ao fisco o valor total dos produtos vendidos e recolher o imposto devido em face dessas vendas. Considerando essa situação hipotética e as normas estabelecidas no Código Tributário Nacional (CTN), julgue os itens que se seguem.

1. Declarar ao fisco o valor total dos produtos vendidos constitui obrigação tributária acessória da Calça Faroeste Ltda., sendo que a sua inobservância faz surgir a obrigação principal quanto ao pagamento da penalidade pecuniária.
2. A ocorrência do fato gerador que faz surgir a obrigação da Calça Faroeste Ltda. de pagar o imposto devido se dá, tratando-se de situação jurídica, no momento em que se verifiquem as circunstâncias necessárias para a sua constituição, independentemente de estar ou não definitivamente constituída.

65. **(ADVOGADO – ANCINE – 2005 – CESPE)** A empresa Alfa é credora da empresa Beta. Para quitar sua dívida com Alfa, a empresa Beta, por meio de escritura pública de confissão de dívida e outras avenças, se comprometeu a pagar todos os tributos devidos pela empresa credora, até o montante de sua dívida. Em face dessa situação hipotética e das disposições do CTN, julgue os próximos itens.

1. Para o fisco, por força da escritura pública a empresa Beta tornou-se responsável pelo pagamento dos tributos da empresa Alfa, até o montante estipulado na avença, ressalvado à fazenda pública, no caso de insolvência da empresa Beta, o direito de redirecionar a cobrança para a empresa Alfa.
2. O CTN considera a empresa Alfa contribuinte, por ser o sujeito passivo que tem relação pessoal e direta com a situação que constituiu o respectivo fato gerador, e considera a empresa Beta responsável, por ser o sujeito passivo que, sem ser o contribuinte, passou a ter obrigação tributária em decorrência de disposição contratual.

66. **(ADVOGADO – ANCINE – 2005 – CESPE)** Quanto à solidariedade tributária expressa no CTN, julgue o item abaixo.

1. A interrupção da prescrição em relação a uma das pessoas solidariamente obrigadas prejudica as demais, desde que não haja disposição em contrário.

67. **(ADVOGADO DA UNIÃO – AGU – 2004 – CESPE)** Julgue os itens seguintes, referentes à obrigação tributária.

1. Se determinado tributo tem como hipótese de incidência uma situação jurídica, somente haverá o fato gerador quando se verificarem presentes e ocorridas as circunstâncias materiais necessárias à produção dos efeitos que são normalmente inerentes a esses fatos.
2. Caso a autoridade administrativa verifique que certo negócio jurídico foi praticado com a finalidade de dissimular a ocorrência do fato gerador de um tributo de competência de ente federativo para o qual trabalha, ela poderá desconstituir o referido negócio.
3. Uma determinada pessoa jurídica pode ser contribuinte e responsável por um mesmo imposto, se ela for obrigada ao pagamento, respectivamente, de seu próprio tributo e de retenções que tenha o dever de fazer.
4. Considere a seguinte situação hipotética. Pedro vendeu a Afonso um imóvel por R$ 100.000,00. Na escritura, ficou ajustada a condição de que Afonso somente lhe pagaria o preço se fosse declarado vencedor em uma demanda judicial de que participava. Se fosse sucumbente, ambos se comprometeriam com a resolução do contrato. Nessa situação, o fato gerador da obrigação de pagar o imposto sobre a transmissão onerosa da propriedade de imóveis (ITBI) somente se daria por ocorrido quando transitasse em julgado a demanda judicial referida.
5. Considere a seguinte situação hipotética. Flávio, Fernando e Francisco são obrigados por uma mesma dívida tributária no valor de R$ 9.000,00, pela qual Flávio pagou R$ 3.000,00 ao fisco. Nessa situação, resta uma dívida de R$ 6.000,00, cuja obrigação recai exclusivamente sobre Fernando e Francisco.

68. **(ADVOGADO DA UNIÃO – AGU – 2004 – CESPE)** Com referência à responsabilidade em matéria tributária, julgue os itens que se seguem.

1. Considere a seguinte situação hipotética. Antônio vendeu a Lucas um terreno e, na ocasião em que foi lavrada a escritura, entregou a ele a prova de quitação do IPTU até aquela data. Nessa situação, Antônio deixou de ser responsável por qualquer dívida de IPTU referente a período anterior à operação que venha a ser cobrada relativamente àquele terreno.
2. De acordo com as normas gerais de direito tributário, é admissível que a lei imponha sobre o responsável tributário o dever de pagar o tributo e, concomitantemente, atribua, em caráter supletivo, idêntico dever ao contribuinte.
3. Aberta a sucessão de um falecido, deve o responsável pelo espólio transferir imediatamente aos herdeiros e legatários a responsabilidade pelo pagamento dos tributos devidos pelo de cujus até a data da abertura da sucessão. Essa dívida, porém, será limitada ao montante do quinhão do legado ou da herança que couber a cada destinatário.

4. Caso o contribuinte necessite de curador para alguma atividade, este curador somente será pessoalmente responsável nas situações em que não se possa exigir do curatelado o pagamento do tributo.
5. Considere a seguinte situação hipotética. Uma empresa adquiriu de outra sua razão social e continuou a exploração daquela atividade econômica. Nessa situação, dado que a vendedora cessou suas atividades, a compradora da razão social responde pelos tributos devidos, até a data da compra, pela vendedora.

69. **(PROCURADOR FEDERAL – AGU – 2007 – CESPE)** A BM Confecções Ltda. adquiriu o estabelecimento empresarial da Divina Vestuário Feminino Ltda., continuando a exploração da atividade deste estabelecimento, sob outra razão social. Quanto à situação hipotética acima e às normas atinentes à obrigação tributária, julgue os itens a seguir.

1. A responsabilidade tributária da BM Confecções Ltda. abrange as multas moratórias e punitivas devidas pela Divina Vestuário Feminino Ltda., por expressa disposição legal.
2. A BM Confecções Ltda. responderá integralmente pelos tributos devidos pela Divina Vestuário Feminino Ltda. até a data do ato de aquisição do estabelecimento empresarial, se a alienante cessar a exploração da atividade.

70. **(PROCURADOR FEDERAL – AGU – 2004 – CESPE)** A respeito da obrigação tributária, julgue os itens subseqüentes.

1. A obrigação tributária acessória tem por objeto a penalidade pecuniária decorrente do não-pagamento do tributo no prazo correto.
2. Pessoas jurídicas de direito privado não podem ser sujeitos ativos da obrigação tributária, mas podem ser destinatárias do produto da arrecadação.
3. O adquirente de bem imóvel tem responsabilidade pelos tributos relativos ao bem adquirido, ainda que conste no título de aquisição a prova de quitação.
4. Embora, em regra, o tributo somente possa ser exigido com a ocorrência do fato gerador, é possível que a lei atribua ao sujeito passivo de obrigação tributária a condição de responsável pelo pagamento de imposto ou contribuição cujo fato gerador deva ocorrer posteriormente.

71. **(PROCURADOR DA FAZENDA NACIONAL – 2007.2 – ESAF)** Responda às perguntas abaixo, com um Sim ou um Não e em seguida selecione, entre as opções abaixo, a que contenha as respostas certas, na devida seqüência. A definição do fato gerador da obrigação tributária pode ser estabelecida apenas por lei? A obrigação tributária principal pode ter por objeto exclusivamente penalidade pecuniária? Uma situação que, na forma da legislação aplicável, impõe a prática ou a abstenção de ato que não configure pagamento de tributo é denominada, no CTN, obrigação acessória?

a) Sim, Não, Não
b) Sim, Não, Sim
c) Sim, Sim, Sim
d) Não, Sim, Sim
e) Não, Sim, Não

72. **(PROCURADOR DA FAZENDA NACIONAL – 2007.2 – ESAF)** A ______ decorre de disposição de lei, atribuindo ao contribuinte-substituto a responsabilidade pela retenção do imposto em relação ao fato gerador futuro a que está vinculado. Em caso do não-cumprimento da obrigação pelo contribuinte-substituto, recai sobre o contribuinte substituído a chamada ________ de recolher o imposto devido na operação. Presume-se fraudulenta a alienação ou oneração de bens ou rendas, por sujeito passivo em débito para com a Fazenda Pública, desde o momento em que __________. Assinale a opção que contém as palavras que preencham de forma correta as lacunas acima.

a) tributação indireta / repercussão tributária o crédito tributário seja objeto de execução fiscal ajuizada
b) substituição tributária / responsabilidade para trás o devedor seja citado
c) translação da responsabilidade tributária /responsabilidade derivada o juiz despache a petição inicial de execução fiscal
d) substituição tributária / responsabilidade supletiva regularmente inscrito como dívida ativa
e) alteração da responsabilidade / responsabilidade cardeal notificado o contribuinte da constituição do crédito tributário

73. **(PROCURADOR DA FAZENDA NACIONAL – 2007.2 – ESAF)** Leia o enunciado e indique a opção correta, entre as cinco que se seguem. Segundo o art. 133 do Código Tributário Nacional (CTN), a pessoa natural ou jurídica de direito privado que adquirir de outra, por qualquer título, fundo de comércio ou estabelecimento comercial, industrial ou profissional, e continuar a respectiva exploração, sob a mesma ou outra razão social ou sob firma ou nome individual, responde integralmente pelos tributos, relativos ao fundo ou estabelecimento adquirido, devidos até a data do ato, se o alienante cessar a exploração do comércio, indústria ou atividade. No entanto, segundo o mesmo Código,

a) a responsabilidade tributária será apenas subsidiária com o alienante, se este prosseguir na exploração, e se tratar de alienação judicial em processo de falência.
b) não haverá responsabilidade do adquirente em caso de alienação consensual, extra-processo, de cuja deliberação haja participado o representante da Fazenda Nacional.

c) não haverá responsabilidade integral do adquirente em caso de alienação judicial em processo de falência, mas subsiste a subsidiária.
d) não haverá responsabilidade do adquirente, integral ou subsidiária, quando se tratar de alienação judicial em processo de falência.
e) a responsabilidade tributária do falido será excluída, no caso de alienação determinada pelo juízo universal de falência.

74. (PROCURADOR DA FAZENDA NACIONAL – 2007.1 – ESAF) A pessoa natural ou jurídica de direito privado que adquirir de outra, por qualquer título, fundo de comércio ou estabelecimento comercial, industrial ou profissional, e continuar a respectiva exploração, sob a mesma ou outra razão social ou sob firma ou nome individual, responde pelos tributos, relativos ao fundo ou estabelecimento adquirido, devidos até a data do ato, subsidiariamente com o alienante, se este prosseguir na exploração ou iniciar, dentro de seis meses, a contar da data da alienação, nova atividade no mesmo ou em outro ramo de comércio, indústria ou profissão. No entanto, há casos em que isso não ocorrerá. Entre os casos em que não haverá responsabilidade por sucessão, está a de qualquer alienação judicial

a) a sócio da falida.
b) a sociedade controlada pelo devedor em recuperação judicial.
c) em processo de falência, a um concorrente do devedor que não tenha relação com ele nem com sócio seu.
d) em processo de liquidação extrajudicial quando a relação com o devedor é de mero cunhadio.
e) em processo de falência quando a relação com o falido for até o quinto grau.

3.7. CRÉDITO TRIBUTÁRIO: CONSTITUIÇÃO, SUSPENSÃO, EXTINÇÃO E EXCLUSÃO. PRIVILÉGIOS

75. **(ADVOGADO – PETROBRÁS DISTRIB. – 2008 – CESGRANRIO)** Esgotado o prazo legal para lançamento de um tributo, sem que a Fazenda Pública o tenha efetuado, caracteriza-se situação de:

(A) remissão.
(B) exclusão.
(C) suspensão.
(D) prescrição.
(E) decadência.

76. **(ADVOGADO – PETROBRÁS TRANSP. – 2006 – CESGRANRIO)** A ação para a cobrança do crédito tributário prescreve em cinco anos, contados da data da sua constituição definitiva. Segundo as regras previstas no Código Tributário Nacional, a prescrição se interrompe pelo(a):

(A) envio de cobrança amigável ao devedor, expedida pela Procuradoria da Fazenda.
(B) despacho do juiz que ordenar a citação em execução fiscal.
(C) citação pessoal feita ao devedor.
(D) ciência do devedor quanto à inscrição do crédito tributário em dívida ativa.
(E) juntada, aos autos da execução fiscal, do cumprimento do mandado de citação do devedor.

77. **(ADVOGADO – REFAP – 2007 – CESGRANRIO)** De acordo com o Código Tributário Nacional, constitui modalidade de extinção do crédito tributário a(o):

(A) moratória.
(B) remissão.
(C) concessão de medida liminar em mandado de segurança.
(D) parcelamento.
(E) depósito do seu montante integral.

78. **(ADVOGADO – ELETROBRÁS – 2006 – NCE/UFRJ)** Sobre o lançamento tributário, analise as afirmativas a seguir:

I. De acordo com o Código Tributário Nacional, a atividade administrativa de lançamento é vinculada e obrigatória.
II. Como regra, o lançamento reporta-se à data de ocorrência do fato gerador e rege-se pela lei então vigente, ainda que posteriormente revogada ou modificada.
III. A Administração Pública, de forma discricionária, poderá promover alterações no lançamento.

São verdadeiras somente as afirmativas:

(A) I e II;
(B) I e III;
(C) II e III;
(D) I, II e III;
(E) nenhuma.

79. **(ADVOGADO – ELETROBRÁS – 2006 – NCE/UFRJ)** Assinale a alternativa que NÃO indica uma das hipóteses de suspensão da exigibilidade do crédito tributário:

(A) o parcelamento;
(B) a moratória;
(C) o depósito de seu montante integral;
(D) as reclamações e os recursos nos termos das leis reguladoras do processo administrativo tributário;
(E) o ajuizamento de mandado de segurança com pedido de liminar.

80. **(ADVOGADO – BNDES – 2006 – CESGRANRIO)** Sobre as hipóteses de suspensão da exigibilidade do crédito tributário, está correto afirmar que:

(A) dispensam o cumprimento das obrigações acessórias dependentes da obrigação principal cujo crédito esteja suspenso.
(B) implicam que fiquem suspensos os prazos da prescrição e da decadência.
(C) a moratória somente pode ser concedida em caráter geral.
(D) a medida liminar interrompe a incidência da multa de mora desde a sua concessão até 30 (trinta) dias após a decisão que considerar devido o tributo.
(E) o depósito judicial integral, incluindo os acréscimos moratórios e a correção monetária devidos até a data de sua efetivação, suspende a fluência da multa de mora mas não resguarda o contribuinte contra a fluência dos juros e da correção monetária futuros.

81. **(ADVOGADO – BNDES – 2002 – VUNESP)** Embora devidamente constituído, o crédito tributário tem sua exigibilidade suspensa em razão de

(A) consignação em pagamento, anistia e remissão.
(B) remissão, anistia e liminar em mandado de segurança.
(C) liminar em ação cautelar, compensação e consignação em pagamento.
(D) consignação em pagamento e liminar em mandado de segurança.
(E) liminar em mandado de segurança e moratória.

82. (ADVOGADO – BNDES – 2001 – VUNESP) É correto afirmar que

(A) a remissão do crédito tributário é sinônimo de anistia.
(B) a isenção significa o perdão da penalidade tributária.
(C) a União, através de lei complementar, poderá conceder isenção de impostos estaduais e municipais.
(D) a concessão de medida liminar em mandado de segurança suspende a exigibilidade do crédito tributário.
(E) a exclusão da obrigação principal dispensa o cumprimento da obrigação acessória correlata.

83. **(ADVOGADO DA UNIÃO – AGU – 2004 – CESPE)** Em relação às garantias e aos privilégios do crédito tributário, julgue os itens a seguir.

1. Um bem gravado com cláusula de impenhorabilidade em razão de doação de ancestrais não pode ser objeto de penhora em execução fiscal.
2. Sendo decretada a falência de uma pessoa jurídica, deve o fisco, de imediato, promover a habilitação do crédito do Estado junto à massa falida.
3 Presume-se como fraude o fato de um contribuinte em débito com a fazenda pública em fase de execução fiscal iniciar um processo de alienação de bens, caso não tenha reservado bens ou rendas suficientes para o pagamento do débito.
4 De acordo com o Código Tributário Nacional, para a concessão de concordata exige-se a quitação de todos os tributos da atividade mercantil do requerente.
5 Em uma massa falida, os créditos tributários relativos ao período anterior à decretação da falência são encargos da massa e, portanto, é exigível o seu pagamento anteriormente ao das dívidas da massa.

84. **(PROCURADOR FEDERAL – AGU – 2004 – CESPE)** Julgue os itens que se seguem, relativos ao lançamento tributário.

1. Lançamento é o procedimento administrativo pelo qual se constitui o crédito tributário, a partir da verificação da ocorrência do fato gerador do tributo.
2. Tendo em vista a capacidade econômica do sujeito passivo, por motivo de eqüidade, a autoridade administrativa pode deixar de promover o lançamento.
3. O lançamento por arbitramento será realizado sempre que o contribuinte não promover corretamente a escrituração dos livros fiscais.
4. O lançamento é regido pela lei em vigência no momento da ocorrência do fato gerador da obrigação tributária, inclusive no que se refere à definição das garantias e privilégios do crédito tributário e aos poderes de investigação das autoridades fiscais.

85. **(PROCURADOR FEDERAL – AGU – 2004 – CESPE)** No que se refere às causas de suspensão e extinção do crédito tributário, julgue os itens a seguir.

1. A moratória constitui causa de suspensão do crédito tributário, podendo ser instituída por meio de decreto presidencial, pois não se trata de instituição ou majoração de tributo.
2. A prescrição refere-se ao prazo que o fisco tem para promover a cobrança do crédito tributário e é contada a partir da constituição definitiva deste.
3. A decadência, em direito tributário, refere-se ao direito de constituir o crédito tributário, não sendo o prazo decadencial sujeito a suspensão ou interrupção.
4. Desde que haja lei expressa, será possível a extinção de créditos tributários mediante compensação com créditos líquidos e certos, vencidos ou vincendos, do sujeito passivo para com a fazenda pública.

86. **(PROCURADOR DA FAZENDA NACIONAL – 2007.2 – ESAF)** Verifique a veracidade dos assertos abaixo e, em seguida, marque com V as proposições verdadeiras, e com F as falsas. Em seguida, marque a opção que contenha, na mesma seqüência, a resposta correta. ( ) Salvo disposição de lei em contrário, quando o valor tributário esteja expresso

em moeda estrangeira, no lançamento do imposto de exportação far-se-á sua conversão em moeda nacional ao câmbio do dia da expedição da fatura pelo exportador. ( ) O lançamento leva em consideração a legislação vigente na data em que lavrado pela autoridade competente, e rege-se pela lei então vigente, ainda que posteriormente modificada ou revogada. ( ) A modificação introduzida, de ofício ou em conseqüência de decisão administrativa ou judicial, nos critérios jurídicos adotados pela autoridade administrativa no exercício do lançamento somente pode ser efetivada, em relação a um mesmo sujeito passivo, quanto a fato gerador ocorrido posteriormente à sua introdução.

a) F, F, V
b) V, F, V
c) V, V, F
d) V, V, V
e) F, F, F

87. **(PROCURADOR DA FAZENDA NACIONAL – 2007.2 – ESAF)** Verifique a veracidade dos assertos abaixo e, em seguida, marque com V as proposições verdadeiras, e com F as falsas. Em seguida, indique a opção que contenha, na mesma seqüência, a resposta correta. ( ) A dívida ativa tributária pode ser regularmente inscrita no curso do prazo fixado, para pagamento, pela lei ou por decisão final proferida em processo regular. ( ) A certidão da dívida ativa necessita vir acompanhada dos elementos necessários à comprovação da exigibilidade do crédito tributário. ( ) A maneira de calcular os juros de mora acrescidos ao crédito tributário deve constar da certidão da dívida ativa.

a) F, F, V
b) V, F, V
c) V, V, F
d) V, V, V
e) F, F, F

3.8. ISENÇÃO E IMUNIDADE

88. **(ADVOGADO – IRB – 2006 – ESAF)** Um dos efeitos da definição do fato gerador dos tributos, em geral, é o de estabelecer os conceitos de *incidência*, *não-incidência*, *imunidade* e *isenção*. Sobre estas, é incorreto afirmar-se que

(A) há *incidência* de tributo quando determinado fato, por enquadrar-se no modelo abstratamente previsto pela lei, faz nascer a obrigação de recolher tributo.
(B) a *isenção* concedida por prazo certo e em função de determinadas condições não pode ser revogada nem reduzida.
(C) a *não-incidência* caracteriza-se pela não previsão do fato na hipótese de incidência.
(D) a *imunidade* é uma hipótese de não-incidência constitucionalmente qualificada.
(E) consoante entendimento do Supremo Tribunal Federal, consubstanciado em Súmula, a revogação de *incidência* não tem eficácia imediata, já que equivaleria à criação ou majoração de tributo.

89. **(ADVOGADO – CASA DA MOEDA – 2009 – CESGRANRIO)** Analise as proposições abaixo a respeito de imunidade tributária.

I. É possível a cobrança do IPTU em relação aos imóveis alugados a terceiros, de propriedade das entidades religiosas que gozam de imunidade tributária, ainda que a renda obtida com os aluguéis seja destinada às finalidades essenciais de tais entidades.
II. Os papéis necessários à publicação dos jornais e periódicos estão abrangidos pela chamada imunidade tributária recíproca.
III. A imunidade tributária com base no art. 150, VI, c, da Constituição Federal, que alcança as instituições de assistência social sem fins lucrativos, pode ser estendida às entidades fechadas de previdência social, se não houver contribuição dos beneficiários.
IV. As autarquias e fundações instituídas e mantidas pelo Poder Público gozam de imunidade tributária, no que se refere a patrimônio, renda e serviços vinculados às suas finalidades essenciais ou às delas decorrentes.

Estão corretas **APENAS** as proposições

(A) I e II.
(B) I e III.
(C) II e III.
(D) II e IV.
(E) III e IV.

90. **(ADVOGADO – BNDES – 2006 – CESGRANRIO)** Sobre as imunidades tributárias, está correto afirmar que:

(A) podem ser gratuitas ou onerosas.
(B) são sempre objetivas, por excluir das imposições determinadas mercadorias ou bens.
(C) abrangem apenas a obrigação principal, não se estendendo às obrigações acessórias.
(D) a imunidade das instituições de assistência social compreende apenas o patrimônio, a renda e os serviços, relacionados com as suas finalidades essenciais.
(E) a imunidade recíproca protege as pessoas de direito público contra os impostos incidentes sobre o patrimônio, a renda, os serviços, a produção e a circulação de riquezas.

91. **(ADVOGADO – BNDES – 2001 – VUNESP)** Assinale a alternativa correta sobre imunidade.

(A) É vedado à União, aos Estados, ao Distrito Federal e aos Municípios instituir impostos sobre patrimônio, renda ou serviços dos partidos políticos, das entidades sindicais dos trabalhadores e dos empregadores, das instituições de educação e de assistência social.

(B) É vedado aos Estados e aos Municípios instituir tributos sobre templos de qualquer religião.

(C) A imunidade recíproca é extensiva às autarquias e às fundações instituídas e mantidas pelo Poder Público, no que se refere ao patrimônio, à renda e aos serviços, vinculados as suas finalidades essenciais ou às delas decorrentes.

(D) A imunidade existente entre as pessoas políticas (União, Estados, Distrito Federal e Municípios) é extensiva às pessoas que prestem serviços públicos remunerados por preços ou tarifas.

(E) É vedado à União, aos Estados, ao Distrito Federal e aos Municípios instituir tributos sobre livros, jornais, periódicos e o papel destinado à sua impressão, bem como sobre as empresas jornalísticas.

92. **(PROCURADOR FEDERAL - AGU - 2004 - CESPE)** Com relação a isenção e imunidade, julgue os itens que se seguem.

1 A isenção constitui hipótese de exclusão do crédito tributário, servindo para a delimitação da hipótese de incidência do tributo, enquanto a imunidade constitui causa de delimitação da competência dos entes estatais.

2 A isenção deve ser tratada em lei complementar formulada pelo ente estatal competente para a instituição do tributo, devendo a matéria ser disciplinada especificamente pela referida lei.

3 O contribuinte isento do recolhimento de tributos é obrigado a promover a escrituração dos livros fiscais, exceto se for expressamente dispensado por lei.

4 A isenção pode ser revogada ou modificada por lei, a qualquer tempo, ainda que seja concedida em função de determinadas condições, pois a legislação infraconstitucional não tem a possibilidade de limitar a prerrogativa dos entes estatais para instituir e cobrar tributos de sua competência.

3.9. ADMINISTRAÇÃO TRIBUTÁRIA E RESTITUIÇÕES

93. **(ADVOGADO – PETROBRÁS – 2008 – CESGRANRIO)** De acordo com a norma que disciplina o processo administrativo de determinação e exigência dos créditos tributários da União, atualmente admite-se a intimação:

I. pessoal, pelo autor do procedimento ou por agente do órgão preparador, na repartição ou fora dela, provada com a assinatura do sujeito passivo, seu mandatário ou preposto, ou, no caso de recusa, com declaração escrita de quem o intimar;

II. por via postal, telegráfica ou por qualquer outro meio ou via, com prova de recebimento no domicílio tributário eleito pelo sujeito passivo;

III. por meio eletrônico, com prova de recebimento, mediante envio ao domicílio tributário do sujeito passivo ou registro em meio magnético ou equivalente utilizado pelo sujeito passivo.

Está(ão) correto(s) o(s) item(ns)

(A) I, apenas.
(B) II, apenas.
(C) I e II, apenas.
(D) I e III, apenas.
(E) I, II e III.

94. **(PROCURADOR – BANCO CENTRAL – 2009 – CESPE)** Uma empresa de geração e distribuição de energia elétrica recolheu ICMS a maior relativamente aos meses de maio de 2002 e maio de 2003, e o cobrou de seus assinantes. Se o pagamento foi realizado, respectivamente, em junho de 2002 e junho de 2003, então

(A) nem a empresa nem os contribuintes têm, em 2009, direito a restituição alguma.
(B) os contribuintes têm direito, em 2009, à restituição de ambas as parcelas.
(C) os contribuintes têm direito, em 2009, à restituição apenas do valor recolhido a maior em 2003.
(D) a empresa tem, em 2009, direito à restituição de ambas as parcelas.
(E) a empresa tem, em 2009, direito à restituição apenas do valor recolhido a maior em 2003.

95. **(PROCURADOR FEDERAL - AGU - 2004 - CESPE)** Julgue os itens a seguir, referentes à dívida ativa e às garantias instituídas para viabilizar a fiscalização tributária.

1 O débito poderá ser inscrito em dívida ativa, viabilizando a execução fiscal, após a notificação do lançamento ao sujeito passivo, ainda que haja apresentação de recurso administrativo.

2 A omissão de qualquer dos requisitos para a inscrição do débito em dívida ativa causa nulidade da inscrição e do processo de cobrança, admitindo-se, contudo, a substituição da certidão nula, até a decisão de primeira instância.

3 O funcionário público que expedir certidão negativa com dolo ou fraude pode ser responsabilizado pessoalmente pelo crédito tributário.

4 Em nenhuma hipótese, os comerciantes estarão obrigados a exibir à fiscalização tributária livros que não sejam declarados obrigatórios pela legislação tributária ou comercial.

5 As fazendas públicas poderão prestar assistência mútua para a fiscalização dos tributos de sua competência, devendo, contudo, adotar as medidas necessárias para resguardar o sigilo fiscal.

3.10. AÇÕES TRIBUTÁRIAS

96. **(ADVOGADO – PETROBRÁS DISTRIB. – 2008 – CESGRANRIO)** Afirmações:

I. É incabível impetrar mandado de segurança contra lançamento tributário.

II. A propositura de ação anulatória pelo contribuinte impede a Fazenda Pública de mover ação de execução fiscal relativa ao suposto crédito tributário combatido na respectiva demanda anulatória.

III. A partir da vigência da Lei no 118/05, o prazo prescricional da ação de repetição de indébito de tributos sujeitos a lançamento por homologação é de 5 (cinco) anos a contar da data do pagamento.

IV. Para fins de garantia da execução fiscal, o executado, na forma da Lei no 6.830/80, não poderá indicar à penhora bens oferecidos por terceiros e aceitos pela Fazenda Pública.

V. Uma das hipóteses de interrupção da prescrição para a cobrança do crédito tributário prevista no Código Tributário Nacional é a citação pessoal feita ao devedor.

É(São) correta(s) APENAS a(s) afirmativa(s)

(A) II
(B) III
(C) I e II
(D) I e V
(E) IV e I

97. **(ADVOGADO – REFAP – 2007 – CESGRANRIO)** No processo de execução fiscal, em caso de penhora de bem, o prazo para o executado oferecer embargos é de 30 (trinta) dias contados da data da(o):

(A) sua intimação da penhora.
(B) juntada aos autos do mandado que efetivou a penhora.
(C) publicação do despacho do Juiz que abrir o prazo para embargos.
(D) manifestação de concordância do exeqüente com o bem penhorado.
(E) oferecimento do bem à penhora.

98. **(ADVOGADO – INFRAERO – 2004 – NCE/UFRJ)** Petrônio impetrou Mandado de Segurança pleiteando a compensação tributária pertinente ao imposto de renda incidente sobre os seus rendimentos como pessoa física. Consoante iterativa jurisprudência do Superior Tribunal de Justiça, podemos afirmar:

(A) a liminar autorizando a compensação é admissível no caso referido;
(B) o Mandado de Segurança é a via adequada para a discussão de compensação tributária;
(C) somente as vias ordinárias são admitidas para a discussão de temas tributários;
(D) o pleito deveria ser apresentado em procedimento ordinário com tutela antecipada, o único cabível no caso relatado;
(E) não é possível a compensação tributária pleiteada.

99. **(ADVOGADO – ELETROBRÁS – 2006 – NCE/UFRJ)** De acordo com o procedimento da cobrança judicial da dívida ativa da Fazenda Pública –Execução Fiscal, é correto afirmar que:

(A) a Fazenda Pública está sujeita ao pagamento de custas e emolumentos, podendo executar diretamente a parte sucumbente pelos valores que adiantou para o andamento do procedimento;
(B) a citação será feita pelo correio, com aviso de recepção, se a Fazenda Pública não requerer outra forma;
(C) é vedada a citação por edital;
(D) a prescrição somente é interrompida com a efetiva citação do executado;
(E) o executado ausente do País será citado por carta.

100. **(ADVOGADO – DATAPREV – 2009 – UFF)** No que se refere à Execução da Dívida Ativa da Fazenda Pública, é correto afirmar que:

(A) quaisquer valores cuja cobrança seja atribuída por lei à União, aos Estados, Municípios e Distrito Federal, bem como às autarquias, fundações públicas e empresas públicas, poderão ser objeto de execução fiscal;
(B) a Fazenda Pública exeqüente poderá emendar ou substituir a Certidão de Dívida Ativa até a decisão de primeira instância, assegurando-se ao executado a devolução do prazo para embargos;
(C) a Dívida Ativa regularmente inscrita goza de presunção absoluta de certeza e liquidez;
(D) a competência para processar e julgar a execução da Dívida Ativa da Fazenda Pública exclui a de qualquer outro juízo, salvo o da falência, da concordata, da liquidação, da insolvência ou do inventário;
(E) a inscrição na Dívida Ativa da Fazenda Pública, que se constitui no ato de controle administrativo da legalidade, suspenderá a prescrição, para todos os efeitos de direito, por 5 (cinco) anos ou até a distribuição da execução fiscal, se esta ocorrer antes de findo aquele prazo.

101. **(ADVOGADO – IRB – 2006 – ESAF)** A concessão de liminar em mandado de segurança, ou de tutela antecipada, em outras espécies de ação judicial, em que se discuta a existência de débito tributário,

(A) constitui hipótese de extinção do crédito tributário, salvo se a decisão for reformada em instância judicial superior.
(B) impede a administração tributária de ter acesso aos livros fiscais do contribuinte.
(C) impede que o contribuinte participe de processo licitatório promovido pela Administração Pública.

(D) somente pode ser deferida pela autoridade judiciária se precedida do depósito do montante integral do crédito discutido.
(E) assemelha-se à isenção e à anistia, no que diz respeito às obrigações acessórias.

102. **(ADVOGADO – CEF – 2006 – CESPE)** A respeito da execução fiscal, segundo a jurisprudência do Superior Tribunal de Justiça, julgue os itens a seguir.

1. A ação de execução fiscal proposta para a cobrança de valores devidos ao Fundo de Garantia por Tempo de Serviço (FGTS), por se tratar de ação oriunda da relação de trabalho, deve ser processada e julgada perante a justiça do trabalho.
2. Nas execuções promovidas pela fazenda pública em que não foi possível, por qualquer motivo, a penhora de bens do executado, pode o juiz, de ofício, determinar a quebra do sigilo bancário do devedor, no interesse exclusivo da credora, como forma de satisfazer o interesse público.

103. **(PROCURADOR DA FAZENDA NACIONAL – 2007.2 – ESAF)** Examine a veracidade dos assertos abaixo e, em seguida, marque com V as proposições verdadeiras, e com F as falsas. Em seguida, indique a opção que contenha, na mesma seqüência, a resposta correta. 1.º) O registro de contrato ou outros documentos em Cartórios de Registro de Títulos e Documentos é um dos eventos que a lei prevê como indicadores da obrigatoriedade de comprovar a quitação de créditos tributários. 2.º) A ação de repetição de indébito tem lugar quando o contribuinte alega o pagamento de imposto devido, cuja prova não ingressou nos sistemas da Receita Federal do Brasil, nem o contribuinte dispõe dos comprovantes de sua alegação. 3.º) Uma execução fiscal, que tenha por objeto imposto territorial rural vencido e não pago, pode ser proposta no foro da situação do imóvel rural, embora o réu tenha dois domicílios conhecidos da Fazenda.

a) V, V, V
b) F, V, V
c) V, V, F
d) V, F, V
e) F, F, F

3.11. PARCELAMENTOS

104. **(PROCURADOR DA FAZENDA NACIONAL – 2007.2 – ESAF)** Responda às questões abaixo, com Sim ou Não. Em seguida, indique a opção que contenha a seqüência correta. 1.º) O parcelamento especial, em até 180 meses, depende de arrolamento de bens ou apresentação de garantias? 2.º) A inclusão do nome no CADIN (Cadastro Informativo dos Créditos Não Quitados) depende de prévia comunicação (direta ou indireta) ao devedor? 3.º) A formalização da exigência tributária, feita por servidor de jurisdição diversa da do domicílio tributário do sujeito passivo é nula por incompetência do agente?

a) Sim, Sim, Sim
b) Não, Não, Não
c) Sim, Não, Sim
d) Sim, Sim, Não
e) Não, Sim, Não

105. **(PROCURADOR DA FAZENDA NACIONAL – 2007.2 – ESAF)** Com a Lei n. 9.964, de 2000, criou-se o Programa de Recuperação Fiscal - REFIS, destinado a promover a regularização de créditos da União, decorrentes de débitos _______, relativos a ________, com vencimento até 29 de fevereiro de 2000, ______. Assinale a opção que contenha as expressões que preencham corretamente, na ordem indicada, as lacunas acima.

a) 1 de sujeitos passivos de qualquer natureza tributos e contribuições administrados pela "Receita Federal do Brasil" desde que inscritos em dívida ativa, ainda que não-ajuizados
b) 1 de pessoas naturais tributos e contribuições administrados pela "Receita Federal do Brasil" desde que constituídos àquela data
c) 1 de pessoas jurídicas quaisquer receitas públicas, inclusive de natureza patrimonial desde que inscritos em dívida ativa, ainda que não-ajuizados
d) 1 de pessoas físicas e jurídicas tributos e contribuições administrados pela "Receita Federal do Brasil e pelo Instituto Nacional do Seguro Social – INSS" constituídos ou não, desde que não tenham sua exigibilidade suspensa em decorrência de decisão judicial
e) 1 de pessoas jurídicas tributos e contribuições administrados pela "Receita Federal do Brasil e pelo Instituto Nacional do Seguro Social – INSS" constituídos ou não

106. **(PROCURADOR DA FAZENDA NACIONAL – 2007.2 – ESAF)** Segundo a Lei n. 10.684, de 2006, os débitos junto à Secretaria da Receita Federal do Brasil ou à Procuradoria-Geral da Fazenda Nacional, com vencimento até 28 de fevereiro de 2003, poderão ser parcelados em até _____ prestações mensais e sucessivas. Para fazer jus ao parcelamento, _______________ ________ _________________________________ ______ _________________________. Indique a opção que contém as palavras que preencham de forma correta as lacunas acima.

a) 60 os débitos ainda não constituídos deverão ser confessados, de forma irretratável e irrevogável
b) 120 os débitos ainda não constituídos devem ser objeto de prévia constituição, a requerimento do sujeito passivo

c) 180 os débitos ainda não constituídos deverão ser confessados, de forma irretratável e irrevogável

d) 180 os débitos que não tiverem sido lançados deverão ser objeto de procedimento sumário para sua constituição

e) 120 os débitos não constituídos devem ser objeto de prévia constituição, e não poderão integrar o montante parcelado Nas questões 26 e 27, assinale a opção que completa, corretamente, os respectivos enunciados.

3.12. REGIME ADUANEIRO.

107. **(ADVOGADO - PETROBRÁS - 2008 - CESGRANRIO)** O regime aduaneiro especial de exportação e de importação de bens destinados às atividades de pesquisa e de lavra das jazidas de petróleo e de gás natural (REPETRO) permite a aplicação do tratamento aduaneiro de exportação, com saída ficta do território aduaneiro e posterior aplicação do regime de admissão temporária, no caso de bem de fabricação nacional vendido a pessoa sediada no exterior. Para a adoção desse tratamento aduaneiro, a norma regulamentar do REPETRO exige que os bens devam ser produzidos no País e adquiridos por pessoa sediada no exterior, sendo requisito obrigatório também o(a)

(A) pagamento em moeda estrangeira de livre conversibilidade, mediante cláusula de entrega, sob controle aduaneiro, no território aduaneiro.

(B) renúncia do fabricante nacional a eventuais benefícios fiscais concedidos para incentivo às exportações.

(C) inaplicabilidade do mesmo regime aduaneiro a equipamentos sobressalentes, ferramentas e outras partes e peças destinados a garantir a operacionalidade dos referidos bens.

(D) importação direta, com o pagamento integral dos impostos, de matérias-primas, produtos semielaborados ou acabados e de partes ou peças, utilizados na fabricação dos bens nacionais.

(E) aquisição dos bens realizada diretamente do respectivo fabricante, de comerciante atacadista com domicílio no Brasil ou de empresas comerciais exportadoras nacionais ou estrangeiras.

108. **(ADVOGADO - PETROBRÁS TRANSP. - 2006 - CESGRANRIO)** As normas vigentes no País sobre preços de transferência estabelecem que:

(A) será considerada vinculada à pessoa jurídica domiciliada no Brasil a pessoa física residente no exterior que for parente até o terceiro grau de qualquer de seus diretores.

(B) as condições de dedutibilidade de royalties subordinamse às regras estabelecidas na legislação de preços de transferência.

(C) as receitas auferidas nas operações efetuadas com pessoa vinculada ficam sujeitas a arbitramento quando o preço médio de venda de bens for superior ao preço médio praticado na venda dos mesmos bens no mercado brasileiro, em condições de pagamento semelhantes.

(D) o Método do Preço de Revenda menos Lucro (PRL) é a média aritmética dos preços de bens, serviços ou direitos, idênticos ou similares, apurados no mercado brasileiro ou de outros países, em operações de compra e venda, em condições de pagamento semelhantes.

(E) o Método do Preço de Venda nas Exportações (PVEx) é a média aritmética dos custos de aquisição ou de produção dos bens, serviços ou direitos, exportados, acrescidos dos impostos e contribuições cobrados no Brasil e de margem de lucro de quinze por cento sobre a soma dos custos mais impostos e contribuições.

3.13. TEMAS COMBINADOS E OUTROS TEMAS

109. **(ADVOGADO - PETROBRÁS - 2003 - CESPE)** A respeito do poder de tributar das entidades federativas, julgue os itens a seguir.

1. O princípio da anterioridade, por se revestir da natureza de cláusula pétrea da Constituição da República de 1988, não poderá ser afastado da incidência dos impostos decorrentes do exercício da competência residual pela União, ainda que tal determinação conste expressamente em texto de emenda constitucional.
2. Em caso de acidente ecológico decorrente do derramamento de produto tóxico de veículo transportador, os estados podem buscar recursos para minimizar os efeitos da calamidade pública, instituindo empréstimo compulsório, por meio de lei complementar.
3. As contribuições sociais são instituídas e cobradas pela União Federal, inclusive as de intervenção no domínio econômico e as de interesse de categoria profissional, excluídas somente as incidentes sobre os vencimentos dos servidores públicos estaduais e municipais, para custeio, em benefício destes, de sistema de previdência e assistência social.
4. Cabe a lei complementar federal dispor sobre o fato gerador e a base de cálculo dos impostos previstos na Constituição da República, inclusive do imposto sobre serviços (ISS) e do imposto sobre a propriedade de veículos automotores (IPVA).
5. Por caracterizar serviço público essencial e indivisível, o sistema de iluminação pública deve ser financiado com recursos provenientes da cobrança de imposto, não cabendo aos municípios a instituição de contribuição específica para tal fim.

110. **(ADVOGADO – PETROBRÁS – 2003 – CESPE)** Julgue os seguintes itens, relativos a aspectos diversos do Sistema Tributário Nacional.

1. De acordo com o texto constitucional em vigor, a medida provisória pode instituir e aumentar impostos, desde que nas hipóteses em que seja desnecessária a edição de lei complementar para tais fins.
2. À luz da necessidade de se manter a unidade jurídico-fiscal no território nacional, a União Federal não pode instituir impostos que não sejam uniformes nas diversas regiões geoeconômicas do país, e ainda está autorizada a conceder isenção de tributos da competência dos estados, do Distrito Federal ou dos municípios.
3. A fim de garantir a autonomia do exercício pleno de sua atividade econômica, os bens, os serviços e as rendas da PETROBRAS são imunes à tributação por meio de impostos, desde que vinculados às funções essenciais da entidade.
4. A contribuição de intervenção no domínio econômico hoje vigente incide sobre as receitas decorrentes da exportação, para o exterior, de gasolina, dísel e querosene de aviação.
5. No sistema de substituição tributária, que abarca as operações de compra e venda de combustíveis e seus derivados, o crédito tributário relativo ao imposto sobre operações relativas à circulação de mercadorias e sobre a prestações de serviços de transporte interestadual e intermunicipal e de comunicações (ICMS) pode ser exigido na saída do bem da refinaria de petróleo, antes, pois, da ocorrência da aquisição da mercadoria pelo consumidor final.

111. **(ADVOGADO – PETROBRÁS – 2003 – CESPE)** Julgue os itens que se seguem.

1. O somatório de bens e rendas de qualquer natureza, inclusive os haveres gravados por ônus real ou cláusula de inalienabilidade ou impenhorabilidade, pertencentes ao sujeito passivo, seu espólio ou sua massa falida, respondem pelo pagamento do crédito tributário.
2. Segundo regra expressa, o crédito tributário tem preferência sobre qualquer outro, seja qual for a natureza ou o tempo da constituição deste.
3. Devido ao seu campo probatório limitado, que impede a realização de perícia técnica contábil, o mandado de segurança não é ação adequada para a declaração do direito à compensação de tributos.
4. A compensação de créditos tributários não pode ser deferida por medida liminar, devendo-se aguardar o trânsito em julgado da ação em que o particular busca o reconhecimento de seu direito.
5. O prévio protesto é condição indispensável ao exercício do direito à restituição total ou parcial do tributo pago indevidamente pelo sujeito passivo tributário, pois confere certeza e liquidez ao crédito deste.

112. **(ADVOGADO – PETROBRÁS – 2001 – CESPE)** Com referência ao direito tributário, julgue os itens a seguir.

1. Na interpretação e integração da legislação tributária, a autoridade fiscal pode valer-se da analogia e da eqüidade, mas com limitações, de modo que o emprego da primeira não pode resultar na exigência de tributo que a lei não haja previsto e que a aplicação da segunda não pode ter como conseqüência a exoneração do contribuinte, se o tributo for devido.
2. Nos embargos à execução fiscal, o juiz deve, necessariamente, deferir o requerimento de prova pericial formulado pelo embargante, sob pena de gerar cerceamento de defesa e, por conseqüência, nulidade do processo.
3. Na execução fiscal, é possível a garantia da instância por meio do oferecimento de bem de propriedade de terceiro; se o bem for imóvel e o terceiro for casado, a garantia ficará condicionada tanto à aceitação do exeqüente quanto ao consentimento do cônjuge, sendo que este consentimento não pode ser implícito.
4. O regime aduaneiro especial de exportação e de importação de bens destinados às atividades de pesquisa e de lavra das jazidas de petróleo e de gás natural (REPETRO) pode aplicar-se não somente a máquinas como também a equipamentos sobressalentes, ferramentas, aparelhos e partes e peças destinadas a garantir a operacionalidade dessas máquinas; além disso, no caso de exportação, os bens beneficiados pelo REPETRO podem ser objeto de saída real ou ficta do território nacional.
5. A ação anulatória de débito fiscal e a ação declaratória seguem ambas o rito ordinário previsto no Código de Processo Civil e têm em comum o pedido, isto é, uma e outra destinam-se à anulação do procedimento administrativo fiscal, no todo ou em parte.

113. **(ADVOGADO – SERPRO – 2008 – CESPE)** Considerando o que dispõem o Sistema Tributário Nacional e a Lei de Responsabilidade Fiscal, julgue os próximos itens.

1. Empresa estatal dependente é aquela cuja maioria do capital social com direito a voto pertence, direta ou indiretamente, a ente da Federação do qual recebe recursos financeiros para pagamento de despesas com pessoal ou de custeio em geral ou de capital, excluídos, no último caso, aqueles provenientes de aumento de participação acionária.
2. A definição de tributo depende da destinação legal do produto de sua arrecadação.
3. O Fundo de Garantia por Tempo de Serviço (FGTS) não tem natureza jurídica tributária.

114. **(ADVOGADO – BNDES – 2006 – CESGRANRIO)**

"Bitributação faz Alemanha romper acordo Brasil desrespeita tratado firmado há 30 anos e que tinha o intuito de evitar a dupla tributação

A denúncia - modo formal de extinção do tratado - foi feita pelo governo federal alemão em 7 de abril de 2005. O chamado Acordo de Bitributação, firmado em 1975 com o Brasil, no que se refere aos impostos sobre a renda e sobre o capital, deixa de existir em 1o de janeiro de 2006. Segundo a embaixada da Alemanha no Brasil, o motivo da denúncia foi o esforço alemão, em vão, de submeter o Acordo a uma profunda revisão, pois, a seu ver, muitos aspectos necessitam de atualização. 'As negociações realizadas com delegações de ambos os governos em final de fevereiro, em Berlim, não lograram êxito, tendo motivado a denúncia por parte do governo federal alemão.'(...)"

(Gazeta Mercantil, edição de 1/11/2005)

Um dos pivôs das divergências de interpretação das cláusulas do "Acordo para Evitar a Dupla Tributação em Matéria de Impostos sobre a Renda e o Capital", firmado entre o Brasil e a República Federal da Alemanha, foi a tributação, no Brasil, das remessas para o pagamento de serviços técnicos que não envolvam transferência de tecnologia, prestados por empresas alemãs que não tivessem estabelecimento permanente no Brasil.

As Autoridades Fiscais brasileiras manifestaram posicionamento oficial no sentido de que tais pagamentos estariam classificados na cláusula "Rendimentos não Expressamente Mencionados" (artigo 22 do Acordo), podendo ser tributados no Brasil, afastando o entendimento de que as referidas remessas receberiam o tratamento, previsto no artigo 7o do Acordo, de:

(A) Rendimentos de Bens Imobiliários.
(B) Lucros das Empresas.
(C) Ganhos de Capital.
(D) Dividendos.
(E) *Royalties.*

115. **(ADVOGADO – CEF – 2006 – CESPE)** Cada um dos itens a seguir apresenta uma situação hipotética, seguida de uma assertiva a ser julgada com base no Direito Tributário.

1. Determinada lei estadual, de 20/4/1999, estabelecia a incidência de multa moratória pelo pagamento em atraso do ICMS em montante equivalente a 30% do valor do débito corrigido monetariamente. Lei estadual posterior, publicada em 12/9/2004, reduziu o valor da multa moratória para 20% do valor do débito corrigido. Nessa situação, caso João tenha sido multado após 12/4/2004, com base na legislação anterior e em ato definitivamente julgado, a lei posterior deve ser aplicada.
2. A pessoa jurídica Alfa encerrou suas atividades e alienou seu estabelecimento empresarial para a pessoa jurídica Beta, a qual continuou a exploração da respectiva atividade empresarial, sob outra razão social. Nesse caso, a Beta responderá integralmente pelos tributos relativos ao estabelecimento empresarial devidos até a data da alienação.
3. Determinada lei estadual estabeleceu condições e requisitos para a concessão de isenção do ICMS. A pessoa jurídica Gama apresentou requerimento perante autoridade administrativa competente fazendo prova do preenchimento das condições e do cumprimento dos requisitos para a sua concessão. A referida autoridade, ao analisar o requerimento, deferiu o pedido, concedendo a isenção em 15/4/2004. Entretanto, a referida lei foi revogada em 20/3/2006, tornando ineficaz o ato administrativo que deferiu a isenção à Gama. Nessa situação, o referido tributo somente poderá ser cobrado à Gama no exercício financeiro seguinte ao que foi revogada a referida lei.
4. Um município instituiu taxa de conservação de estradas de rodagem, sendo fato gerador a propriedade, o domínio útil ou a posse de imóvel localizado fora de sua zona urbana, dentro dos limites do referido município. Nesse caso, com base na ordenação normativa vigente, é possível concluir que esta exação é inconstitucional.
5. Um condomínio celebrou contrato com vigência de 1 ano a partir de 12/7/2005 com a pessoa jurídica Delta para a prestação de serviços de conservação e limpeza das partes comuns do edifício. A pessoa jurídica Delta não recolheu a contribuição previdenciária relativa aos seus empregados no exercício de dezembro de 2005. Posteriormente à ocorrência do fato gerador do referido tributo, foi editada norma atribuindo responsabilidade tributária solidária, pelo pagamento dos débitos tributários da Delta, do referido condomínio. Nessa situação, com base na ordenação normativa vigente, a autoridade administrativa competente deve aplicar a nova norma para proceder ao lançamento tributário.
6. A Fazenda Nacional ajuizou ação executiva fiscal em desfavor da pessoa jurídica Ômega. Devidamente citada, a Ômega não pagou nem apresentou bens a penhora no prazo legal. A Fazenda Nacional, após diversas diligências, não localizou bens penhoráveis pertencentes à Ômega. Nessa situação, o juiz competente para a ação de execução fiscal deverá determinar a indisponibilidade dos bens e direitos da Ômega, comunicando sua decisão a diversos órgãos, entre os quais se incluem os cartórios de registro público de imóveis.
7. Determinada lei estadual estabeleceu como um dos requisitos para a concessão de isenção tributária a prova de quitação do tributo ao qual se aplicará a isenção, a ser apresentada por

meio de certidão negativa. A pessoa jurídica X não apresentou certidão negativa, mas certidão emitida pela própria Secretaria de Fazenda, em que constava a existência de ação executiva em que fora efetivada penhora de bens pertencentes à executada, para garantia do juízo. Nessa situação, com base na legislação de regência, é possível afirmar que X cumpriu o requisito em comento.

Só no século 37

Por mais de quinze anos, a Academia de Tênis de Brasília, misto de centro de lazer e hotel de luxo, funcionou formalmente como entidade beneficente, sem fins lucrativos. A empresa nunca recolheu um tostão de imposto. A isenção terminou em 1998, quando a Receita Federal descobriu o que todo mundo já sabia: o único beneficiado com a filantropia era seu dono. A Receita cassou a isenção e multou a academia em 6 milhões de reais. A empresa acabou fazendo um acordo com a Receita no ano passado. Agora, a novidade: a academia está pagando 300 reais por mês. Assim, nos termos do acordo, sua dívida estará quitada dentro de 1.666 anos, precisamente em abril de 3666, em pleno século 37.

Para conseguir a negociação, a empresa valeu-se da lei que criou o Programa de Recuperação Fiscal (REFIS), idéia do governo para tentar arrecadar algum dinheiro de quem talvez jamais viesse a pagar nenhum tostão. As empresas que reconhecem suas dívidas com o fisco ganham o direito de refinanciá-las em prestações de, no máximo, 1,5% do faturamento. Precisam ainda começar a pagar regularmente os demais impostos.

O dono da Academia de Tênis, antes de ir ao balcão do REFIS, fez uma reengenharia. Em outubro de 1998, transferiu o grosso das atividades lucrativas da academia para outra empresa, que abocanhou 97% do faturamento. A academia ficou apenas com a receita das mensalidades dos sócios, cerca de 25.000 reais por mês. Sobre esse faturamento, fez-se o cálculo das prestações do REFIS.

Policarpo Júnior. Veja, 21/2/2001, p. 48-9 (com adaptações).

116. **(ADVOGADO – CEF – 2001 – CESPE)** No atinente ao sistema tributário brasileiro e considerando a notícia do texto ao lado, julgue os itens abaixo.

(1) Tecnicamente, do ponto de vista do direito tributário, o texto contém imprecisão, pois a pessoa jurídica citada não era beneficiária de "isenção", mas de imunidade.

(2) Considere a seguinte situação hipotética. A Secretaria da Receita Federal (SRF) lavrou termo de inscrição em dívida ativa relativa às dívidas tributárias de determinada pessoa jurídica. O termo continha todos os requisitos legais, mas deixou de indicar o modo de calcular os juros de mora aplicáveis. Com base nesse termo, expediu-se certidão de dívida ativa (CDA) com a mesma omissão. A fazenda nacional ajuizou execução fiscal, instruindo-a com a certidão. A devedora embargou a execução, atacando apenas o total da dívida. Antes da sentença na execução e nos embargos, o juiz determinou à exeqüente substituir a certidão por outra completa, o que foi cumprido. Em seguida, o juiz reabriu o prazo para que a executada se defendesse. A executada apresentou novos embargos, limitando-se a atacar o aspecto do cálculo dos juros, suprido pela nova certidão. O juiz julgou improcedentes os segundos embargos. Nessa situação, todos agiram erradamente: a fazenda nacional, porque não poderia ajuizar execução fiscal com base em CDA defeituosa; o juiz, porque, uma vez constatada a omissão da CDA, de imediato deveria ter extinguido o processo executivo; a executada, porque, nos novos embargos, não se deveria ter limitado ao aspecto suprido pela certidão complementar.

(3) Se a atividade empresarial desenvolvida pela pessoa jurídica citada no texto fosse transferida a outra empresa, com outros sócios, e a empresa anterior encerrasse suas atividades, a nova empresa seria integralmente responsável pela dívida tributária da antecessora, aí incluídos o principal dos tributos, as multas, os juros e os demais acréscimos legalmente admitidos.

(4) Considere a seguinte situação hipotética. O fisco autuou determinada pessoa jurídica, mas não ajuizou a ação cabível para a cobrança de seu crédito. Quatro anos após a autuação, a pessoa jurídica protocolizou na SRF pedido de parcelamento da dívida, o qual foi deferido. Porém, três meses depois do início do parcelamento, a empresa suspendeu os pagamentos. Dois anos depois do último pagamento feito pela empresa, a fazenda ajuizou execução fiscal contra o contribuinte. Nessa situação, a fazenda agiu acertadamente, apesar da demora, pois o crédito tributário ainda não fora atingido pela prescrição.

(5) Considere a seguinte situação hipotética. A pessoa jurídica mencionada no texto possuía dez sócios, dos quais apenas dois exerciam efetivo poder de gerência e, por isso, praticavam atos da sociedade. Os demais apenas tinham participação no capital, mas não interferiam na vida da empresa. Após a autuação, a empresa encerrou suas atividades e dissolveu-se. Nessa situação, todos os dez sócios seriam solidariamente responsáveis pelas dívidas da sociedade, caso esta não possuísse patrimônio bastante para fazer-lhes face.

117. **(ADVOGADO – CEF – 2001 – CESPE)** Acerca do direito tributário, julgue os itens seguintes.

(1) Se o inventariante de um espólio intervier em determinado negócio jurídico e não recolher os

tributos incidentes, isso, por si só, não o tornará necessariamente responsável pela obrigação tributária.

(2) Se um contribuinte infringir de algum modo a legislação tributária e por isso sofrer autuação por parte do fisco, a multa daí decorrente deverá ser considerada, tecnicamente, como obrigação principal.

(3) Um dos princípios fundamentais do direito tributário é o da legalidade, que dá ao contribuinte a garantia de só ser cobrado por valores que os representantes do povo, regularmente eleitos, hajam aprovado; por essa razão, a jurisprudência não tem lugar como fonte do direito tributário.

(4) Considere a seguinte situação hipotética. Um prestador de serviços, com a intenção de pagar menos imposto do que o legalmente devido, forneceu a um cliente nota fiscal de serviços com valor inferior àquele que de fato recebera pelo trabalho. Antes do encerramento do exercício, porém, aquele contribuinte arrependeu-se do ato imoral e corrigiu sua contabilidade, vindo a pagar corretamente os tributos que devia, com os acréscimos derivados do atraso. Nessa situação, não houve crime contra a ordem tributária.

(5) Considere a seguinte situação hipotética. A SRF iniciou procedimento administrativo fiscal (PAF) com a finalidade de apurar o cometimento de infração tributária por parte de um contribuinte, do que o intimou. No dia seguinte ao recebimento da intimação, antes mesmo de o PAF encerrar-se, o contribuinte procurou a repartição fiscal e confessou-se devedor de tributos em determinado valor. Nessa situação, para a legislação tributária, o contribuinte não pode ser considerado como tendo agido de maneira espontânea, apesar de o procedimento administrativo não estar concluído.

118. **(ADVOGADO DA UNIÃO - AGU - 2009 - CESPE)** Com base no Direito Tributário, julgue os itens que se seguem.

1. Suponha que determinado tributo criado pela União, com base em sua competência tributária residual, tenha o produto de sua arrecadação destinado à formação de reservas cambiais. Nesse caso, o referido tributo somente poderá ser uma contribuição.
2. Caso a União celebre com os estados-membros convênio para a adoção de método eletrônico para o lançamento de certos tributos, o referido convênio entrará em vigor na data nele prevista.
3. É lícita a interpretação restritiva de lei que conceda isenção de impostos e contribuições federais a uma categoria de empresas localizadas em determinada região brasileira.
4. Se, na importação de produtos eletrônicos originados da Coréia, determinada pessoa jurídica brasileira pagou US$ 10.000,00, o preço pago pelos produtos deverá ser convertido em moeda nacional ao câmbio do dia do lançamento, para fins de apuração do valor do imposto de importação devido.
5. Considere que Gustavo possua débitos vencidos relativos ao imposto sobre a renda correspondente aos períodos de 2003 e de 2005, que, juntos, totalizem R$ 9.000,00. Considere, ainda, que, intencionando regularizar sua situação perante o fisco, Gustavo efetue o pagamento de parte desse valor. Nessa situação hipotética, a autoridade tributária, ao receber o pagamento, deverá determinar a respectiva imputação, na ordem crescente dos prazos de prescrição.

119. **(ADVOGADO DA UNIÃO - AGU - 2009 - CESPE)** Julgue os seguintes itens, que dizem respeito ao sistema tributário nacional.

1. Para que sejam garantidas a aplicação do princípio do não-confisco e a do princípio da capacidade contributiva, o STF entende que a constituição de um estado-membro da Federação pode estabelecer limites para o aumento dos impostos e contribuições municipais.
2. Segundo jurisprudência do STF, é inconstitucional cobrar, das empresas aéreas nacionais, ICMS sobre a prestação de serviços de transporte aéreo internacional de cargas.
3. De acordo com o STF, reputa-se inconstitucional o ato do contribuinte do IPI que se credita do valor do tributo incidente sobre insumos adquiridos sob o regime de isenção.
4. Segundo jurisprudência do STJ, é ilegítima a cobrança do ICMS sobre o serviço de habilitação de telefone celular.
5. No curso de execução fiscal promovida contra sociedade empresária e seus sócios-gerentes, cabe a estes o ônus da prova para dirimir ou excluir a responsabilidade, via embargos do devedor, porquanto a certidão de dívida ativa goza de presunção juris tantum de liquidez e certeza.

A existência de Estado se deve ao fato de que uma sociedade, para sobreviver, precisa se organizar e fazer com que certos objetivos sejam alcançados ou ao menos perseguidos incansavelmente. Para poder funcionar e cumprir seus determinados fins, o Estado necessita desenvolver atividades financeiras, arrecadando recursos.

Cláudio Borba. Direito tributário. Impetus, 8.ª ed. 2001, p. 2 (com adaptações).

120. **(ADVOGADO DA UNIÃO - AGU - 2006 - CESPE)** Os recursos mencionados no texto acima vêm, em parte, da arrecadação de tributos. No que se refere aos conceitos do direito tributário, à luz da legislação vigente e da Constituição Federal, julgue os itens subseqüentes.

1. As contribuições de melhoria são de competência exclusiva da União e decorrem de obras públicas, quando há valorização imobiliária, tendo como limite total a despesa realizada e como limite individual o acréscimo de valor que da obra resultar para cada imóvel beneficiado.
2. A obrigação tributária é principal ou acessória. A primeira surge com a ocorrência do fato gerador, a segunda decorre da legislação tributária e ambas têm por objeto as prestações positivas ou negativas.
3. Se determinada circunstância gerar uma alteração em um crédito tributário, tal fato não afetará a obrigação que originou tal crédito.
4. Com relação às espécies de tributos existentes no âmbito federal, o CTN trouxe uma distribuição tripartite, que foi mantida pela Constituição Federal.
5. Os impostos terão sempre caráter pessoal e serão graduados segundo a capacidade econômica do contribuinte.

121. **(ADVOGADO DA UNIÃO – AGU – 2006 – CESPE)** A palavra legislação, como a utilizada no CTN, significa lei em sentido amplo, abrangendo, além das leis em sentido estrito, os tratados e as convenções internacionais, os decretos e as normas complementares que versem, no todo ou em parte, sobre tributos e relações jurídicas a eles pertinentes. Considerando a legislação tributária, julgue os itens a seguir.

1. Considere que um contribuinte receba notificação de que foi proferida decisão administrativa denegando-lhe a restituição de tributos pagos indevidamente. Nesse caso, terá ele direito a promover ação anulatória de tal ato dentro de 5.anos, contados da data da notificação.
2. A Constituição Federal, como limitação do poder de tributar, vedou à União, aos estados, ao DF e aos municípios a instituição de tributos sobre templos de qualquer culto, criando-se, dessa forma, uma imunidade tributária.
3. Se uma lei publicada em janeiro de 2006. tem caráter meramente interpretativo, tal lei não se aplica aos fatos passados, em face do princípio da irretroatividade da lei tributária.
4. Se o secretário da Receita Federal expediu ato normativo em 2/1/2006, e se tal ato somente foi publicado em 2/2/2006, sua vigência somente iniciará em 2/2/2006.
5. Se determinado crédito tributário prescreveu, é correto afirmar que ocorreu a exclusão tributária.
5. Considere que, por negligência do agente público, ocorreu a decadência do crédito tributário por ele não ter sido constituído. Nesse caso, conclui-se, automaticamente, que tal crédito se extinguiu.

122. **(ADVOGADO DA UNIÃO – AGU – 2006 – CESPE)** O direito tributário tem nuanças particulares que o diferenciam significativamente das normas do direito privado. Isso se explica, em parte, pelo poder de império do Estado e pela supremacia do todo em detrimento do particular. Considerando as particularidades das normas tributárias, julgue os itens seguintes.

1. Considere que uma lei tributária Y traga comandos que alterem alguns artigos de uma lei tributária X anterior. Nesse caso, quando uma nova lei tributária revogar expressamente a lei Y, a lei X não voltará a viger em sua plenitude, porque não existe o efeito repristinatório na legislação brasileira.
2. O crédito tributário não tem a sua natureza jurídica alterada pela natureza das garantias que lhe são atribuídas.
3. A condição de contribuinte é definida por disposição expressa de lei e a condição de responsável tributário ocorre quando haja relação pessoal e direta com a situação que constitua o respectivo fato gerador.

123. **(PROCURADOR FEDERAL – AGU – 2007 – CESPE)** Julgue os itens que se seguem, acerca do Sistema Tributário Nacional.

1. Considere-se que Joaquina tenha 80 anos de idade e seja aposentada pelo RGPS. Nessa situação, não há incidência de contribuição previdenciária sobre a aposentadoria percebida por Joaquina, em razão de imunidade tributária específica.
2. Caso um cidadão firme contrato de promessa de compra e venda de imóvel residencial transcrito em nome de autarquia municipal, nesse caso, tal cidadão será considerado contribuinte do imposto sobre a propriedade predial e territorial urbana (IPTU) incidente sobre o referido imóvel.
3. Visando dar efetividade ao princípio da capacidade contributiva, é lícito que lei municipal fixe adicional progressivo do IPTU em função do número de imóveis do contribuinte.
4. Caso determinada lei estadual modifique o prazo de recolhimento do imposto sobre a propriedade de veículos automotores (IPVA), para que todos os contribuintes efetuem o pagamento do imposto em diferentes dias do mês de janeiro de cada ano, nesse caso, a referida lei estadual deverá obedecer ao princípio da anterioridade tributária.
5. Mediante lei específica, os municípios podem estabelecer alíquotas progressivas para o imposto sobre a transmissão inter vivos, a qualquer título, por ato oneroso, de bens imóveis (ITBI) com base no valor venal do imóvel.
6. Considerando-se que a pessoa jurídica SL Alimentos Ltda. seja cliente de certa instituição bancária, é lícito que esta instituição cobre da SL Alimentos Ltda. o imposto sobre serviços (ISS) incidente sobre os depósitos, as comissões e as taxas de desconto.

124. **(PROCURADOR FEDERAL – AGU – 2007 – CESPE)** Acerca da legislação tributária, julgue os itens seguintes.

1. Salvo disposição em contrário, uma decisão do delegado da Receita Federal, a que a lei atribua eficácia normativa, entrará em vigor trinta dias após a data de sua publicação.
2. Medida provisória pode estabelecer isenção do ISS incidente sobre a exportação de serviços para o exterior.

125. **(PROCURADOR FEDERAL – AGU – 2007 – CESPE)** Julgue os próximos itens, relativos a garantias e privilégios do crédito tributário e à dívida ativa da fazenda pública.

1. Constituem dívida ativa da fazenda pública os créditos de natureza tributária, como os provenientes de impostos, e os créditos de natureza não-tributária, como os decorrentes das multas por infração a dispositivo da CLT.
2. No processo falimentar, o crédito tributário não tem preferência sobre os créditos com garantia real, no limite do valor do bem gravado.

126. **(PROCURADOR FEDERAL – AGU – 2002 – CESPE)** Considerando que a Lei n.º 8.906/1994 determina que a Ordem dos Advogados do Brasil (OAB), por constituir serviço público, goza de imunidade tributária total em relação a seus bens, rendas e serviços, e que essa mesma lei determina que compete à OAB fixar e cobrar de seus inscritos contribuições, preços de serviços e multas, julgue os itens a seguir.

(1) Como a Constituição da República determina que ninguém poderá ser compelido a associar-se ou a permanecer associado a qualquer entidade, seria incorreto afirmar que tem caráter tributário a contribuição anual que a OAB cobra de seus inscritos com base na referida lei, pois não se trata de prestação pecuniária compulsória, à medida que ela somente pode ser cobrada de pessoas que espontaneamente decidiram filiar-se à OAB.

(2) Embora a mencionada lei disponha que a OAB goza de imunidade tributária, é correto afirmar que leis federais não podem criar imunidade tributária e que leis ordinárias federais não podem criar isenção relativamente a tributos estaduais e municipais.

(3) Se a União decidisse duplicar uma determinada rodovia federal e fosse comprovado que essa obra, se realizada, acarretaria aumento no preço venal dos imóveis localizados às margens da rodovia, a União poderia estabelecer uma contribuição de melhoria para arrecadar o dinheiro necessário para que a obra viesse a ser realizada, sendo que esse tributo deveria ser instituído por lei complementar e poderia ter como sujeito passivo titular de direito real de usufruto do imóvel cujo valor venal viesse a sofrer incremento em virtude da realização da obra.

(4) Considere a seguinte situação hipotética. Recentemente, descobriu-se que a vacina contra hidrofobia canina utilizada no país nos últimos dez anos era ineficiente em relação a uma nova variedade do vírus da raiva e, para evitar a disseminação da doença, lei federal determinou que, no dia 14/7/2002, todos os donos de cachorros deverão levar seus animais a um posto de vacinação para que seja aplicada uma vacina que os proteja contra o novo vírus. Além disso, a lei estabeleceu que os proprietários dos cachorros deverão pagar R$ 3,50 pela aplicação de cada dose da vacina utilizada em seus animais. Nesse caso, diversamente do dever de levar os cães para serem vacinados, a obrigação de pagar pela aplicação da vacina teria caráter tributário, constituindo uma taxa.

(5) Ao estabelecer as regras de divisão de competências legislativas entre os entes que compõem a Federação, a Constituição da República determina que cabe à União a competência legislativa residual, inclusive a competência residual em matéria tributária, pois somente a União é competente para estabelecer impostos não-definidos no próprio texto constitucional.

127. **(PROCURADOR DA FAZENDA NACIONAL – 2007.2 – ESAF)** O Código Tributário Nacional, embora tenha sido criado ___________, foi recebido pelas Constituições como ___________. Normas especiais sobre obrigação, lançamento e crédito tributários cabem à ___________ de cada ente tributante. ___________, decorrente de obras públicas, poderá ser instituída(o), conforme o caso, pela União, os Estados, o Distrito Federal e os Municípios. Examine as afirmações e as lacunas supra. Após, selecione, entre as expressões abaixo, as que preenchem corretamente as lacunas, na devida seqüência.

a) como lei ordinária / código lei complementar A contribuição de melhoria
b) como código / lei complementar lei complementar A taxa de obra
c) como lei ordinária / lei complementar legislação ordinária A contribuição de melhoria
d) como ato complementar / código legislação ordinária O tributo vinculado
e) como lei complementar / lei ordinária legislação ordinária A taxa de serviço

128. **(PROCURADOR DA FAZENDA NACIONAL – 2007.2 – ESAF)** Verifique a veracidade dos assertos abaixo e, em seguida, marque com V as proposições verdadeiras, e com F as falsas. Em seguida, indique a opção que contenha, na mesma seqüência, a resposta correta. 1.º) A participação de servidores públicos na cobrança da Dívida da União, a que

se referem os artigos 21 da Lei n. 4.439, de 27 de outubro de 1964, e 1º, inciso II, da Lei n. 5.421, de 25 de abril de 1968 ("quota-parte"), é hoje devida aos Procuradores da Fazenda Nacional, quando a Fazenda é vencedora em juízo. 2.º) A parte da remuneração pela cobrança da dívida ativa e defesa judicial e extrajudicial da Fazenda Nacional, o Decreto-lei n. 1.025, de 1969, fixou em valor correspondente até a um mês do vencimento estabelecido em lei para o Procurador da Fazenda Nacional, observado o limite de retribuição, mandando que o pagamento se fizesse juntamente com o vencimento. 3.º) No CADIN, um cadastro de maus pagadores, como regra geral, conterá relação das pessoas naturais ou jurídicas que sejam responsáveis por obrigações pecuniárias vencidas e não-pagas, para com órgãos e entidades da Administração Pública Federal, direta e indireta, sejam de natureza tributária ou não.

a) F, V, V
b) V, F, V
c) V, V, F
d) V, V, V
e) F, F, F

129. **(PROCURADOR DA FAZENDA NACIONAL – 2007.2 – ESAF)** Responda às questões abaixo, com Sim ou Não. Em seguida, indique a opção que contenha a seqüência correta. 1. Segundo a Constituição da República, é vedado à lei que instituir contribuição de intervenção no domínio econômico relativa às atividades de importação ou comercialização de petróleo destinar o produto de sua arrecadação a órgão, fundo, despesa ou qualquer outra finalidade determinada? 2. A lei brasileira prevê a cobrança de contribuição de intervenção no domínio econômico, devida por pessoa jurídica adquirente de conhecimentos tecnológicos? 3. Entre os métodos de cálculo dos chamados "preços de transferência" está o Método dos Preços Independentes Comparados, definido como a média aritmética dos preços de bens, serviços ou direitos, idênticos ou similares, apurados no mercado brasileiro ou de outros países, em operações de compra e venda, em condições de pagamento semelhantes?

a) Sim, Sim, Sim
b) Não, Não, Não
c) Sim, Não, Sim
d) Sim, Sim, Não
e) Não, Sim, Sim

130. **(PROCURADOR DA FAZENDA NACIONAL – 2007.1 – ESAF)** • O Decreto n. 40.643/96, do Estado de São Paulo, que aprovou os termos do Convênio n. 132/95, concedeu certa isenção para os estabelecimentos industriais. A circunstância de a Lei Federal n. 4.502/64, que, para os fins nela previstos, equiparou o estabelecimento industrial ao importador, permite, segundo o CTN, a interpretação de que também o importador se beneficia da isenção? • À luz do art. 38, § 2º, da Lei n. 6.374/89, do Estado de São Paulo, discutiu-se a atualização monetária do crédito do ICMS. Em face de norma estadual expressa, é admitido o uso das formas de integração do direito tributário, quais sejam, a analogia, os princípios gerais de direito tributário e de direito público e a eqüidade, se já previstas em lei federal (CTN, art. 108, I a IV)? • O Plenário do STF, ao julgar o RE 213.396 (DJ de 01/12/2000), assentou a constitucionalidade do sistema de substituição tributária "para frente", mesmo antes da promulgação da EC n. 3/93. Nesse sistema, a obrigação tributária mostra-se anterior à realização concreta do fato tributável. O Convênio ICMS 10/89, que previu esse sistema, foi publicado no dia 30 de março. Poderia o Convênio alcançar os substitutos tributários por ele instituídos, já no mês de março de 1989?

a) Sim, sim, sim
b) Não, não, não
c) Sim, não, sim
d) Não, sim, não
e) Sim, não, não

131. **(PROCURADOR DA FAZENDA NACIONAL – 2007.1 – ESAF)** • É solidária a responsabilidade dos sócios, ainda que integrantes de sociedade por quotas de responsabilidade limitada, em virtude do disposto em lei específica, qual seja, a Lei n. 8.620/93, segundo a qual "o titular da firma individual e os sócios das empresas por cotas de responsabilidade limitada respondem solidariamente, com seus bens pessoais, pelos débitos junto à Seguridade Social". Essa norma foi julgada inválida pelo STJ só porque proveniente de lei ordinária? • Em se tratando de contribuição para o salário-educação, competia não ao INSS, agente arrecadador, mas à União, que a instituiu e é, portanto, sujeito ativo da obrigação tributária nos termos do art. 119 do CTN, integrar o pólo passivo da ação de repetição de indébito? • O resultado da venda de mercadorias constitui base de incidência de contribuição para a seguridade social?

a) Sim, sim, sim
b) Não, não, não
c) Sim, não, sim
d) Sim, não, não
e) Sim, sim, não

132. **(PROCURADOR DA FAZENDA NACIONAL – 2007.1 – ESAF)** • A autoridade administrativa poderá desconsiderar atos ou negócios jurídicos praticados com a finalidade de dissimular a ocorrência do fato gerador do tributo, observados os procedi-

mentos a serem estabelecidos em lei ordinária. • O CTN omitiu-se em prever a possibilidade de, na forma e condições estabelecidas em lei, a dação em pagamento em bens móveis extinguir o crédito tributário. • Segundo o CTN, prescrição da pretensão do fisco se interrompe pelo despacho do juiz que ordenar a citação em execução fiscal e não pela citação pessoal feita ao devedor em execução ou qualquer outro processo judicial.

a) As três afirmações são verdadeiras.
b) Só é falsa a segunda asserção.
c) Só é falsa a terceira afirmação.
d) Só são falsas as duas últimas.
e) São todas falsas.

133. **(PROCURADOR DA FAZENDA NACIONAL – 2007.1 – ESAF)** O Código Tributário Nacional dispõe que o fato gerador do imposto de importação é a entrada do produto estrangeiro no território nacional, não esclarecendo exatamente quando se considera ocorrida essa entrada. Quanto à tributação de produtos alienígenas, observe as asserções seguintes e avalie se elas são verdadeiras ou falsas. 1. A legislação do IPI esclarece que o fato gerador desse imposto (sobre produtos industrializados) é o desembaraço aduaneiro, quando de procedência estrangeira, considerando-se ocorrido esse desembaraço relativamente à mercadoria que constar como tendo sido importada e cujo extravio seja verificado pela autoridade fiscal. 2. É na data do registro da declaração de importação de mercadoria submetida a despacho para consumo que se considera ocorrido o fato gerador do imposto de importação. 3. Como o CTN dispõe que, quando o valor tributário esteja expresso em moeda estrangeira, no lançamento far-se-á sua conversão em moeda nacional ao câmbio do dia da ocorrência do fato gerador da obrigação, para efeito de cálculo do imposto os valores expressos em moeda estrangeira deverão ser convertidos em moeda nacional à taxa de câmbio vigente na data da entrada do bem em águas territoriais nacionais.

a) As três afirmações são verdadeiras.
b) Só é verdadeira a primeira asserção.
c) Só é falsa a terceira afirmação.
d) Só são verdadeiras as duas últimas.
e) São todas falsas.

134. **(PROCURADOR DA FAZENDA NACIONAL – 2007.1 – ESAF)** • Nos casos de tributos lançados por homologação, tem o STJ entendido que, ocorrendo a homologação tácita, o prazo para propositura de ação de repetição de indébito é de dez anos. • Para dar à ação declaratória ou anulatória o tratamento que daria à ação de embargos, no tocante ao efeito suspensivo da execução, é necessário que o juízo esteja garantido pela penhora ou pelo depósito. • O procedimento cautelar fiscal poderá ser instaurado após a constituição do crédito, inclusive a constituição mediante entrega do auto de infração ao contribuinte.

a) Só é falsa a segunda asserção.
b) As três afirmações são verdadeiras.
c) Só é falsa a terceira afirmação.
d) Só são falsas as duas últimas.
e) São todas falsas.

135. **(PROCURADOR DA FAZENDA NACIONAL – 2007.1 – ESAF)** • Créditos decorrentes de acidente de trabalho, e não apenas créditos trabalhistas, preferem ao crédito tributário. • O crédito tributário não prefere aos créditos extraconcursais ou às importâncias passíveis de restituição, nos termos da lei falimentar. • Na falência, dentro do limite do valor do bem gravado, o crédito tributário fica abaixo dos créditos com hipoteca.

a) As três afirmações são verdadeiras.
b) Só é verdadeira a primeira asserção.
c) Só é falsa a terceira afirmação.
d) Só é falsa a primeira.
e) São todas falsas.

136. **(PROCURADOR DA FAZENDA NACIONAL – 2007.1 – ESAF)** Indique a opção que preenche corretamente as lacunas das asserções abaixo. 1) Decorre do CTN que a multa tributária ________, na falência, a mesma preferência dos demais ________. 2) ________ a dívida inscrita estar em fase de execução, para que se presuma fraudulenta a alienação de bem efetuada por ________, em débito para com a Fazenda Pública.

a) tem / créditos tributários Não precisa / sujeito passivo insolvente
b) tem / créditos Precisa / sujeito passivo insolvente
c) não tem / débitos Precisa / sujeito passivo
d) não tem / créditos tributários Não precisa / sujeito passivo insolvente
e) tem / créditos tributários vencidos Precisa / sujeito passivo

137. **(PROCURADOR DA FAZENDA NACIONAL – 2007.1 – ESAF)** 1) O STJ, em matéria de direito internacional tributário, tem entendido que os tratados-leis, diferentemente dos tratados-contratos, não podem ser alterados pela legislação interna. 2) Cabe à lei complementar dispor sobre a vedação a que se estabeleçam limitações ao tráfego de pessoas ou bens, por meio de tributos interestaduais. 3) A União não pode criar situação de isenção ao ICMS, por via indireta, ou seja, por meio de tratado ou convenção internacional que garanta ao produto estrangeiro a mesma tributação do similar nacional.

a) As três afirmações são verdadeiras.
b) Só é verdadeira a primeira asserção.

c) Só é falsa a terceira afirmação.
d) Só são verdadeiras as duas últimas.
e) São todas falsas.

138. **(PROCURADOR DA FAZENDA NACIONAL - 2007.1 - ESAF)** • O Decreto n. 70.235, de 6 de março de 1972, que dispõe sobre o Processo Administrativo Fiscal, considera nulos os atos com espaço em branco, ou com entrelinhas ou rasuras não ressalvadas? • No Decreto n. 70.235, a palavra "representação" é utilizada no sentido de comunicação escrita ao chefe imediato, quando o servidor é incompetente para praticar determinado ato? • A concessão de parcelamento de débitos junto à Secretaria da Receita Federal, à Procuradoria-Geral da Fazenda Nacional e ao Instituto Nacional do Seguro Social dependerá de apresentação de garantia ou de arrolamento de bens?

a) Sim, sim, sim
b) Não, não, não
c) Não, sim, sim
d) Não, sim, não
e) Sim, não, não

139. **(PROCURADOR DA FAZENDA NACIONAL - 2007.1 - ESAF)** • A concessão de medida cautelar fiscal contra a pessoa jurídica autoriza sua exclusão do REFIS. • Qualquer valor cuja cobrança seja atribuída por lei à União poderá inscrever-se como Dívida Ativa da Fazenda Pública Federal, para fins de execução fiscal. • A atualização monetária e os juros também integram a dívida ativa.

a) As três afirmações são verdadeiras.
b) Só é verdadeira a primeira asserção.
c) Só é falsa a terceira afirmação.
d) Só são verdadeiras as duas últimas.
e) São todas falsas.

140. **(PROCURADOR DA FAZENDA NACIONAL - 2007.1 - ESAF)** • A inclusão de pessoa física no CADIN poderá ser efetuada pela Caixa Econômica Federal, se aquela for responsável por dívida de empréstimo vencida e não paga? • A inexistência de registro de pessoa física no CADIN implica reconhecimento de regularidade de situação? • O produto da arrecadação de multas incidentes sobre os tributos e contribuições administrados pela Secretaria da Receita Federal e próprios da União, as transferências tributárias constitucionais para Estados, Distrito Federal e Municípios constituirá receita do FUNDAF, destinado à melhoria da Administração Tributária?

a) Sim, sim, sim
b) Não, não, não
c) Sim, não, sim
d) Não, não, sim
e) Sim, não, não

141. **(PROCURADOR DA FAZENDA NACIONAL - 2007.1 - ESAF)** A Lei Complementar n. 105, de 10 de janeiro de 2001, dispôs sobre o sigilo das operações de instituições financeiras. De acordo com essa lei complementar, não é responsável (ou não se prevê como tal):

a) o servidor público que utilizar informação obtida em decorrência da quebra de sigilo, caso em que responde pessoal e diretamente pelos danos decorrentes.
b) a entidade pública a que pertencer o servidor que viabilizar a utilização, apenas quando comprovado que este agiu de acordo com orientação oficial.
c) o funcionário que, com a autorização de juiz, mas sem a de seu superior, fornecer documentos sigilosos solicitados por comissão de inquérito administrativo destinada a apurar responsabilidade de servidor público por infração praticada no exercício de suas atribuições.
d) quem, embora injustificadamente, apenas retardar a prestação de informações requeridas nos termos da Lei Complementar, caso em que também se sujeita à pena de um a quatro anos de reclusão.
e) quem, atendendo a requisição do Banco Central, ao proceder a inquérito em instituição financeira submetida a regime especial, mas sem ordem judicial, prestar informação sobre contas de depósitos, aplicações e investimentos mantidos na instituição.

142. **(PROCURADOR DA FAZENDA NACIONAL - 2007.1 - ESAF)** Para os fins de limitar a dedutibilidade dos custos, despesas e encargos, que reduzia a base de cálculo do imposto de renda, a Lei n. 9.430, de 1996, estabeleceu regras para determinação dos "preços de transferência". Relativamente ao assunto, examine as afirmações abaixo, julgue se elas são verdadeiras ou falsas e assinale a opção correta. 1. A regra concernente ao Método dos Preços Independentes Comparados (PIC) determina que se levem em consideração os descontos incondicionais concedidos em operações de compra e venda, em condições de pagamento semelhantes. 2. Para o Método do Preço de Revenda menos Lucro (PRL) a lei determina seja diminuída a metade do preço de revenda após deduzidos certos valores (que a lei indica), na hipótese de bens importados aplicados à produção. 3. O Método do Custo de Produção mais Lucro – CPL é o custo médio de produção de bens, serviços ou direitos, idênticos ou similares, durante o último mês a que se referirem os custos.

a) As três afirmações são verdadeiras.
b) Só é verdadeira a primeira asserção .
c) Só é falsa a terceira afirmação.
d) Só são verdadeiras as duas últimas.
e) São todas falsas.

143. **(DEFENSORIA PÚBLICA DA UNIÃO – 2007 – CESPE)** Em conformidade com a CF e com o Código Tributário Nacional, julgue os próximos itens.

1. Consoante o texto constitucional, a definição da espécie tributária empréstimo compulsório cabe à lei complementar.
2. Considere que um menor esteja privado de sua liberdade de locomoção em razão de medida socioeducativa por prática de delito. Assim, em razão desse fato, o menor ficará insuscetível de sujeição passiva tributária, transferindo-se a responsabilidade para o pai.

3 O contribuinte pode conseguir suspensão da exigibilidade do crédito tributário por medida liminar obtida tanto em mandado de segurança quanto em outras ações.

4. Se uma pessoa jurídica adquire um bem por remissão, os tributos incidentes sobre esse bem sub-rogam-se sobre o seu preço.
5. Caso o síndico de uma massa falida se omita em relação ao pagamento de um tributo, o Fisco deverá cobrá-lo da massa falida e, subsidiariamente, do síndico.
6. Em decorrência do caráter coercitivo do tributo, não é permitido ao contribuinte fazer opção por regime único de arrecadação dos impostos e contribuições da União, dos estados, do DF e dos municípios.
7. Considere que lei publicada em 1.o de dezembro de 2007 eleve o IPI sobre determinado produto. Nessa situação hipotética, é permitido à União cobrar o novo valor do imposto a partir de 1.º de janeiro de 2008.

4. DIREITO PROCESSUAL CIVIL

4.1. PRINCÍPIOS DO PROCESSO CIVIL

1. **(ADVOGADO – PETROBRÁS – 2003 – CESPE)** Em relação à formação do processo e aos princípios que regem o processo civil, julgue os itens a seguir.

1 Distribuída uma ação de cobrança para uma das varas cíveis da comarca de Porto Alegre, esta será considerada proposta, para todo e qualquer efeito, apenas a partir do momento em que o réu for validamente citado.

2 Somente após o decurso do prazo de resposta é que se verificam os efeitos da prevenção, litispendência, litigiosidade da coisa, constituição em mora do devedor e interrupção da prescrição.

3 Uma vez quebrada a inércia do Poder Judiciário, pela propositura da ação, a atividade estatal não mais dependerá do constante impulso da parte para se desenvolver e chegar a seu termo, pois os atos de movimentação do processo, de instrução probatória e de julgamento acontecerão por impulso oficial.

4 Na interpretação da lei, diante das peculiaridades do caso concreto, a eqüidade de que se vale o juiz não se confunde com julgamento por eqüidade.

2. **(ADVOGADO – BNB – 2006 – ACEP)** Indique a alternativa que apresenta proposições constitucionais básicas do processo civil.

(A) O princípio da isonomia, do devido processo legal e da boa fé.

(B) O princípio da isonomia, do devido processo legal, do juiz natural.

(C) O princípio da isonomia e do contraditório.

(D) O princípio do juiz natural, do devido processo legal, da isonomia, do contraditório, da ampla defesa, da motivação das decisões judiciais, da publicidade do processo e dos atos processuais.

(E) O princípio do devido processo legal e do contraditório.

3. **(PROCURADOR – BANCO CENTRAL – 2009 – CESPE)** Ajuizada ação contra uma autarquia, o juiz condutor do processo determinou a citação da ré, ressalvando-lhe prazo em quádruplo para apresentação da defesa. Nessa situação, assinale a opção correta.

(A) A situação configura exemplo de incidência do chamado princípio da adequação sob a ótica subjetiva, na medida em que a regra especial existe em função da peculiar posição da parte a quem se confere prazo dilatado.

(B) Diante do privilégio processual conferido pelo juiz ao réu, opera o princípio da adaptabilidade, pois o prazo foi dilatado em razão da análise da condição especial da parte ré no processo.

(C) Incide o princípio da cooperação, segundo o qual o juiz deve proporcionar às partes as condições adequadas para o exercício pleno do direito de defesa para viabilizar a célere e efetiva entrega da prestação jurisdicional.

(D) A incidência do princípio da adequação na situação considerada não guarda relação com o princípio da inafastabilidade do controle jurisdicional, na medida em que importa simples ajuste procedimental.

(E) A incidência do princípio da cooperação na situação ocorreu, de fato, pela necessidade do esclarecimento da parte ré acerca da forma como poderia exercer o direito de defesa e para prevenir eventual intempestividade.

4.2. PARTES, PROCURADORES, MINISTÉRIO PÚBLICO E JUIZ. ATOS PROCESSUAIS. PRAZOS

4. **(ADVOGADO – IRB – 2006 – ESAF)** Assinale a opção verdadeira.

(A) A decisão proferida na causa em que atua o substituto processual faz coisa julgada para o substituído.

(B) A legitimidade *ad processum* é uma das condições da ação: concerne à legitimidade para estar em juízo.

(C) O curador à lide tem obrigação de contestar ou embargar.
(D) O juiz não pode determinar de ofício a inclusão do cônjuge, sob pena de infringir o art. 2° do CPC, no pólo passivo da demanda, nas demandas possessórias, quando o imóvel pertence a apenas ao demandado indicado na petição inicial.
(E) Gera preclusão a omissão da alegação de prescrição na contestação (inteligência dos princípios da eventualidade e da preclusão: arts. 245 e 303 do CPC).

5. **(ADVOGADO – BNDES – 2008 – CESGRANRIO)** Quanto à forma, lugar e tempo dos atos processuais, pode-se afirmar que

I - os tribunais, no âmbito da respectiva jurisdição, poderão disciplinar a prática e a comunicação oficial dos atos processuais por meios eletrônicos, atendidos os requisitos de autenticidade, encriptação, integridade, validade jurídica e interoperabilidade da Infra-Estrutura de Chaves Públicas Brasileira - ICP - Brasil;

II - só poderá ser juntado aos autos documento redigido em língua estrangeira, quando, além de certificada sua autenticidade por agente consular nacional, estiver acompanhado de versão em vernáculo, firmada por tradutor juramentado;

III - os atos meramente ordinatórios, como a juntada e a vista obrigatória, independem de despacho, devendo ser praticados de ofício pelo servidor e revistos pelo juiz, quando necessários;

IV- as causas de cobrança ao condômino de quaisquer quantias devidas ao condomínio, independente de seu valor, processam-se durante as férias e não se suspendem pela superveniência delas;

V - a superveniência de férias interromperá o curso do prazo; o que lhe sobejar recomeçará a correr do primeiro dia útil seguinte ao termo das férias.

Estão corretas **APENAS** as afirmações

(A) I e III
(B) II e III
(C) III e IV
(D) IV e V
(E) I, III, IV e V

6. **(ADVOGADO – BNDES – 2004 – CESGRANRIO)** Consideram-se atos da parte os praticados pelo autor ou réu, por terceiros intervenientes ou pelo Ministério Público. A doutrina os classifica em (i) atos de **obtenção** e (ii) atos **dispositivos**. As duas categorias, subdivididas, compreendem os atos de:

I - petição;

II - afirmação;

III - submissão;

IV - desistência;

V - prova;

VI - transação.

São atos de obtenção:

(A) I e V, apenas.
(B) I, II e IV, apenas.
(C) I, II e V, apenas.
(D) II, III e IV, apenas.
(E) III, V e VI, apenas.

7. **(ADVOGADO – BNB – 2006 – ACEP)** Quanto aos prazos, indique a alternativa **CORRETA**.

(A) Prazo próprio é aquele estabelecido para o juiz e seus auxiliares.
(B) Prazo impróprio é aquele imposto às partes.
(C) O vencimento dos prazos impróprios importam em preclusão.
(D) Prazo dilatório é aquele que não comporta ampliação ou redução pela vontade das partes.
(E) É defeso às partes, ainda que todas estejam de acordo, reduzir ou prorrogar os prazos peremptórios.

8. **(ADVOGADO – BNB – 2006 – ACEP)** Assinale a alternativa **CORRETA** quanto à comunicação dos atos processuais.

(A) Carta de ordem é aquela dirigida à autoridade estrangeira.
(B) Carta rogatória é aquela expedida a juiz subordinado ao tribunal de que ela emana.
(C) São requisitos essenciais da carta de ordem, da carta rogatória e da carta precatória a menção do ato processual que lhe constitui objeto e o encerramento com a assinatura do escrivão.
(D) Em todas as cartas declarará o juiz o prazo dentro do qual deverão ser cumpridas, atendendo à facilidade das comunicações e à natureza da diligência.
(E) O juiz deprecado recusará cumprimento à carta precatória, remetendo-a ao arquivo, quando não estiver revestida dos requisitos legais.

4.3. LITISCONSÓRCIO, ASSISTÊNCIA E INTERVENÇÃO DE TERCEIROS

9. **(ADVOGADO – EPE – 2007 – CESGRANRIO)** Quanto ao litisconsórcio, pode-se afirmar que:

(A) o litisconsórcio facultativo pode ser limitado pelo juiz ao número máximo de cinco litigantes.
(B) o litisconsórcio facultativo pode ocorrer, tão somente, quando os direitos derivarem do mesmo fundamento de fato.
(C) a intimação de um dos litisconsortes necessários aproveita a todos os demais.

(D) a eficácia da sentença, em caso de litisconsórcio necessário, dependerá da citação de todos os litisconsortes no processo.
(E) os litisconsortes são considerados, em suas relações com a parte adversa, como litigantes distintos, mas os atos de um beneficiam os outros.

10. **(ADVOGADO – ELETROBRÁS – 2006 – NCE/UFRJ)** João é o dono de um imóvel e está fazendo obras nele. Seu caseiro, Marcos, está sendo processado, como se dono fosse, pelo possuidor do imóvel vizinho, que alega estar sendo turbado na sua posse. Foi deferida, sem oitiva da parte contrária, liminar possessória, para determinar a cessação dos atos de turbação. Nesse caso, João deve:
(A) ingressar nos autos, por meio de habilitação;
(B) ingressar nos autos, por meio da assistência;
(C) ingressar nos autos, por meio da nomeação à autoria;
(D) ajuizar embargos de terceiro contra o ato do juiz que deferiu a liminar possessória;
(E) impetrar mandado de segurança contra o ato do juiz que deferiu a liminar possessória.

11. **(ADVOGADO – IRB – 2006 – ESAF)** Na questão anterior, caso Caio pretendesse ajuizar a demanda contra mais de uma pessoa haveria a formação de:
(A) litisconsórcio necessário e unitário.
(B) litisconsórcio necessário em razão de contrato(s).
(C) litisconsórcio facultativo.
(D) litisconsórcio necessário, mas não unitário.
(E) litisconsórcio necessário em razão de lei.

12. **(ADVOGADO – IRB – 2006 – ESAF)** Ainda na hipótese do caso descrito na 31a questão, caso alguma seguradora (seguradoras de algumas das pessoas jurídicas: revendedora, montadora, instaladora e fábrica do dispositivo de segurança, ou a seguradora do veículo adquirido por Caio), mesmo não acionada, pretendesse(m) intervir no processo em razão do ajuizamento da ação contra seu segurado, deveria fazê-lo por meio de
(A) nomeação à autoria.
(B) oposição.
(C) assistência simples.
(D) assistência litisconsorcial.
(E) chamamento ao processo.

13. **(ADVOGADO – IRB – 2006 – ESAF)** Assinale a opção verdadeira.
(A) A denunciação à lide deve ser formalizada com os mesmos requisitos da petição inicial (art. 282 do CPC).
(B) Tem-se por prejudicada, e, conseqüentemente, extinta sem apreciação do mérito, a denunciação à lide quando o litisdenunciante for vencedor na demanda principal.
(C) Não há obrigatoriedade de denunciação à lide vinculada à responsabilidade civil.
(D) Nas hipóteses do art. 70 do CPC, a não-denunciação à lide acarreta a perda da pretensão regressiva.
(E) Indeferida a denunciação à lide, fica o denunciante impossibilitado de em ação autônoma postular os direitos que da evicção lhe resultam.

14. **(ADVOGADO – BNDES – 2006 – CESGRANRIO)** João ajuíza ação ordinária contra Manoel pleiteando que lhe seja entregue um quadro antigo e raro, que seria de sua propriedade, estando irregularmente sob a posse de Manoel. pós contestada a ação e antes de ser proferida sentença, Manoel vende o quadro objeto do litígio a Caio. Caio, por sua vez, constitui advogado, que requer a substituição processual de Manuel para seu cliente, Caio. João não concorda com esse requerimento, formula impugnação direta e pleiteia o desentranhamento e devolução ao signatário da petição do advogado de Caio. O que deverá ocorrer, tendo em vista as disposições do Código de Processo Civil e a não-concordância da parte contrária com a substituição requerida?
(A) Não será permitido ao adquirente intervir no processo de qualquer forma.
(B) Será permitido ao adquirente intervir no processo assistindo o alienante.
(C) Caberá ao adquirente intervir no processo através de oposição.
(D) A sentença proferida entre as partes originárias não ostentará os seus efeitos ao novo adquirente.
(E) O Magistrado decidirá sobre a conveniência da substituição processual, sendo irrelevante a opinião de João.

15. **(ADVOGADO – BNDES – 2001 – VUNESP)** A move ação reivindicatória contra B. No curso da ação, B cede seus direitos possessórios para C, que comunica a A a cessão de direitos e requer o seu ingresso no processo, para figurar no pólo passivo substituindo B. A não consente com a substituição. Nesta hipótese, C poderá intervir no processo como
(A) opoente.
(B) oposto.
(C) assistente simples.
(D) assistente litisconsorcial.
(E) denunciado.

16. **(ADVOGADO DA UNIÃO – AGU – 2004 – CESPE)** Em relação a partes, litisconsórcio e intervenção de terceiros em um processo, julgue os itens subseqüentes.
1 A intervenção de terceiro que tem por finalidade corrigir um vício de legitimidade passiva, nas hipóteses previstas em lei, é a nomeação à autoria.

2 Quanto ao litisconsórcio, necessariedade e unitariedade são fenômenos distintos, podendo haver litisconsórcio necessário não-unitário, assim como litisconsórcio unitário não-necessário.
3 Somente haverá litisconsórcio unitário, ou seja, em razão da natureza da relação jurídica, se houver expressa norma legal a respeito.
4 A intervenção do Ministério Público nas causas em que há incapaz configura hipótese de complementação da capacidade de estar em juízo e diz respeito a pressuposto processual.

17. **(ADVOGADO DA UNIÃO - AGU - 2004 - CESPE)** Supondo que um terceiro, que se considera titular de direito sobre o qual controvertem as partes de um processo, deseja ver reconhecido para si este direito, julgue os itens a seguir.
1 Esse terceiro poderá oferecer oposição a qualquer tempo, antes da prolação da sentença.
2 Somente o autor da ação originária será necessariamente réu na oposição, pois é o autor que pleiteia o direito sobre o qual se funda a ação.
3 Se o terceiro não oferecer oposição, não mais poderá demandar o reconhecimento daquele direito controvertido em demanda independente, pois terá ocorrido a preclusão.

18. **(PROCURADOR DA FAZENDA NACIONAL - 2007.2 - ESAF)** Quanto ao litisconsórcio, é incorreto afirmar que,
(A) havendo litisconsórcio e após a citação válida de outros réus, o autor desistir da ação quanto a alguém que ainda não haja sido citado; nesse caso, para os citados, o prazo ocorrerá da intimação do despacho que deferiu o pedido de desistência.
(B) havendo litisconsórcio passivo necessário e a decisão proferida pelo magistrado atinge apenas um dos litisconsortes, o prazo para a interposição de recurso não será contado em dobro.
(C) havendo desistência, simultânea ou sucessiva, quanto a mais de um réu ainda não citado, e tendo datas diversas às intimações aos citados, ocorrerá o prazo da última intimação, ainda que não se refira ao último despacho de citação.
(D) havendo litisconsórcio passivo, o prazo para resposta é particular, mas contar-se-á em dobro se os litisconsortes não tiverem o mesmo procurador.
(E) havendo litisconsórcio serão eles considerados, em suas relações com a parte adversa, como litigantes distintos; os atos e as omissões de um não prejudicarão nem beneficiarão os outros mas, sendo eles vencidos, responderão pelas despesas e honorários em proporção.

19. **(PROCURADOR DA FAZENDA NACIONAL - 2007.1 - ESAF)** Quanto à intervenção de terceiros, é incorreto afirmar que:
(A) na ação que interveio o assistente simples, por força da justiça da decisão, não poderá o assistente discutir em processo futuro os motivos de fato e de direito da sentença proferida entre o assistido e a parte contrária, salvo as exceções previstas em lei.
(B) são admitidas no procedimento sumário, como forma de intervenção de terceiros, a assistência e a denunciação da lide fundada em contrato de seguro.
(C) a concretização da nomeação à autoria depende necessariamente da aceitação do autor, e do reconhecimento do nomeado à autoria, sob pena deste sofrer futura ação autônoma de perdas e danos que causou as partes.
(D) citados validamente na ação de oposição, o prazo para os opostos apresentarem contestação será simples, não obstante os litisconsortes terem diferentes procuradores.
(E) a ação de oposição será distribuída por dependência, e, conseqüentemente, será apensada à ação ajuizada primeiro, resultando em duas ações, sendo que a procedência do pedido formulado na ação de oposição gerará a condenação dos opostos formados em litisconsórcio necessário unitário.

4.4. JURISDIÇÃO E COMPETÊNCIA

20. **(ADVOGADO - PETROBRÁS - 2003 - CESPE)** No que se refere à competência no direito processual civil, julgue os itens seguintes.
1 A não-observância das regras da Lei de Organização Judiciária estadual não implica nulidade do processo. Apenas as competências fixadas pelo Código de Processo Civil e pela Constituição da República dão ensejo à impossibilidade de prorrogação de competência porque tratam da incompetência absoluta.
2 Se determinado o desmembramento do processo, fato que pode ocorrer em caso de litisconsórcio facultativo, as novas relações processuais devem ter curso no mesmo juízo, cuja competência perpetua-se com a propositura da ação.
3 O estado não tem foro privilegiado, mas juízo privativo nas causas que correm na comarca da capital. Nas causas pertencentes à competência territorial de qualquer outra comarca, não pode a Lei de Organização Judiciária atrair causas para o foro da capital.
4 Jurisdição especial é aquela cuja competência é determinada em função da natureza da relação de direito material objeto dos respectivos processos. Assim, matérias militar, eleitoral e trabalhista competem, respectivamente, à justiça militar, à justiça eleitoral e à justiça do trabalho. Também é especial a justiça federal, pois julga as causas

em que a União, suas autarquias e empresas públicas federais forem parte.

5 Pelo princípio da perpetuatio jurisdicionis, se for criada, na comarca onde só haja varas cíveis, um juízo de família, os processos de divórcio e dissolução de união estável não poderão submeter-se à nova lei, continuando a tramitar no juízo cível, pois não se modifica a competência já perpetuada.

6 Se o autor formular pedido de concessão de aposentadoria por invalidez que não seja decorrente de acidente do trabalho, a ação terá natureza previdenciária e, ainda que tenha sido julgada por juiz de direito em comarca que não seja sede de justiça federal, o tribunal competente para julgar o recurso será o tribunal regional federal, e não o tribunal de justiça.

21. **(ADVOGADO – PETROBRÁS TRANSP. – 2006 – CESGRANRIO)** Há conflito de competência entre dois juízes quando:

I. um deles avocar processo pendente em outro juízo, pretendendo a reunião de processos, e este negar a remessa;

II. um deles houver determinado a remessa do processo para reunião e o outro o recusar;

III. ambos pretenderem conduzir os dois processos cuja reunião se pretende;

IV. cada um deles pretender que a reunião dos respectivos processos se faça no outro juízo.

Estão corretas as afirmações:

(A) I e III, apenas.
(B) III e IV, apenas.
(C) I, II e IV, apenas.
(D) II, III e IV, apenas.
(E) I, II, III e IV.

22. (ADVOGADO – IRB – 2006 – ESAF) A propósito de competência, assinale a opção incorreta.

(A) Modificações incidentes sobre a competência territorial ou por valor não têm a virtude jurídica de infringir a regra da perpetuatio jurisdictionis.

(B) A superveniente modificação legislativa da competência ratione materiae afasta o princípio da inalterabilidade da competência absoluta.

(C) Juiz substituto é incompetente para julgar as ações concernentes à capacidade da pessoa.

(D) Na ação de usucapião especial, a presença da União ou de qualquer de seus entes afasta a competência ratione loci.

e) Se as ações conexas tramitam em comarcas diferentes, aplica-se a regra do art. 219 e não o art. 106 do CPC.

23. **(ADVOGADO DA UNIÃO - AGU - 2009 - CESPE)** Acerca da competência, julgue o item subsequente.

1 No caso de uma pretensão dirigida à anulação de obrigação firmada no exterior, mas cujo cumprimento esteja previsto para ocorrer no Brasil, há, conforme o CPC, competência concorrente da autoridade judiciária brasileira e da autoridade judiciária estrangeira, sendo somente a homologação de sentença estrangeira obstáculo ao processamento da causa pela autoridade local.

24. **(ADVOGADO DA UNIÃO - AGU - 2006 - CESPE)** A respeito da competência, julgue os itens que se seguem.

1. É competente o foro da situação do imóvel para a ação de manutenção de posse. No entanto, por se tratar de competência territorial, pode ser modificada por acordo, tácito ou expresso, entre as partes.

2. A competência para o julgamento do mandado de segurança é estabelecida em razão da função ou categoria funcional da autoridade indicada como coatora e não em conseqüência da natureza do ato impugnado. Assim, compete à justiça especial federal, de primeiro grau, julgar o mandamus impetrado contra ato do promotor de justiça do Ministério Público do Distrito Federal e Territórios.

3. O foro competente para conhecer e julgar as ações referentes ao vínculo ex locato é o da situação do imóvel, salvo a estipulação do foro de eleição do contrato.

25. **(ADVOGADO DA UNIÃO - AGU - 2004 - CESPE)** Em relação à competência, julgue os seguintes itens.

1 Em um conflito de competência entre juízos estaduais de uma mesma comarca ou de comarcas diversas em um mesmo estado da Federação, será competente para julgar o feito o tribunal de justiça do estado. Já no caso de o conflito surgir entre juízos submetidos a tribunais diversos, um estadual e um federal, por exemplo, o julgamento do conflito caberá ao tribunal regional federal da circunscrição judiciária a que pertencer o juiz federal.

2 Sendo conexas duas ou mais demandas ajuizadas perante juízos diversos que tenham a mesma competência territorial, prevento é o juízo onde se proferiu o primeiro despacho liminar positivo. Porém, se for diferente a competência territorial de um e outro juízos, prevento será aquele onde se realizou a primeira citação válida.

3 A fazenda estadual somente litigará em vara privativa se esta existir no foro competente para a causa.

26. **(ADVOGADO DA UNIÃO - AGU - 2004 - CESPE)** Tendo como parâmetro a regra da *perpetuatio jurisdicionis* e suas exceções, julgue os itens seguintes.

1. De acordo com dispositivo constitucional, caso algum ente público federal demonstre interesse jurídico e intervenha em processo que corre perante a justiça estadual, os autos devem ser remetidos à justiça federal, absolutamente competente para o julgamento. Nessa hipótese, não prevalece a perpetuação da competência.
2. A criação de um juízo de família em determinada comarca não influencia na competência das varas cíveis para o julgamento de ações de divórcio em que o réu já tenha sido citado, porque não ocorre a modificação da competência já perpetuada.
3. Havendo conexão ou continência, e já perpetuada a competência de determinado órgão jurisdicional, este poderá perdê-la para outro, considerado prevento, a quem competirá decidir sobre as pretensões reunidas por conexão.

27. **(ADVOGADO DA UNIÃO – AGU – 2004 – CESPE)** Pedro propôs ação contra uma sociedade anônima, pretendendo a anulação de uma deliberação tomada em assembléia geral de acionistas. Posteriormente, João propôs ação contra a mesma sociedade anônima, pelo mesmo fundamento, pleiteando também a anulação daquela mesma assembléia. Considerando a situação hipotética acima, julgue os itens que se seguem.

1 Na situação apresentada, ocorre litispendência.

2 As demandas são conexas e devem tramitar em conjunto para evitar decisões conflitantes.

3 Tanto Pedro quanto João possuem legitimidade ativa para litigar na hipótese e podem pleitear, sozinhos, o direito dos demais acionistas isoladamente.

28. **(PROCURADOR FEDERAL – AGU – 2004 – CESPE)** No que se refere à competência, julgue os itens subseqüentes.

1 Se uma demanda for ajuizada perante a 1.ª Vara Cível da comarca do Rio de Janeiro, quaisquer outras demandas conexas posteriormente ajuizadas nessa comarca deverão ser também distribuídas a essa vara, por prevenção do juízo, pouco importando em qual dos processos se realizou a primeira citação válida.

2 Se uma demanda for ajuizada perante a 1.ª Vara Cível da comarca do Rio de Janeiro e as demais ações conexas estiverem tramitando nas comarcas de Cabo Frio e Araruama, para a reunião das causas por conexão e definição do juízo prevento, será necessário verificar em qual dos processos ocorreu a primeira citação válida.

3 A competência e o funcionamento dos órgãos jurisdicionais e administrativos de determinado tribunal é matéria do regimento interno desse tribunal e não de lei.

4 De regra, o forum rei sitae (foro da situação da coisa) não incide sobre as causas em que for parte a União, devendo a demanda correr perante a justiça federal. Nas ações reais imobiliárias em que um dos estados da Federação for parte, este estará sujeito ao forum rei sitae, correndo a demanda no juízo privativo apenas na hipótese de ser o local sede de vara fazendária.

5 Em relação ao cabimento de medidas cautelares ajuizadas estando pendente recurso, o STF tem exegese mais restritiva que a do STJ, havendo julgado reiteradamente que só lhe cabe conhecer de medidas cautelares após o recurso extraordinário haver merecido juízo positivo de admissibilidade perante a presidência do tribunal a quo, ainda na hipótese de ter sido interposto agravo de instrumento do juízo negativo.

29. **(PROCURADOR FEDERAL – AGU – 2002 – CESPE)** Em relação à competência, julgue os itens seguintes.

(1) Nas hipóteses em que se verificar a conexão ou a continência, como causas modificadoras da competência relativa, pode o juiz, de ofício, reconhecer a incompetência, determinando a reunião dos processos, ainda que o réu se tenha mantido inerte, não apresentando exceção de incompetência.

(2) Se o réu não opuser exceção de incompetência na medida cautelar antecipatória que lhe for proposta, não mais poderá insurgir-se contra a incompetência relativa na ação principal.

(3) Se o juiz tiver sua competência prorrogada para julgar causa aforada em outra comarca, em virtude de conexão com causa de sua competência, e as partes vierem a transigir na demanda que atraiu o outro feito para o foro prevalente, pondo fim a essa demanda, o juiz perderá sua competência para decidir a lide que veio de outro foro.

(4) Não é possível o *simultaneus processus*, pela cumulação processual, de causas que sejam, respectivamente, de atribuição da justiça federal e da justiça local. Se, porém, em ação proposta perante órgão da justiça estadual, intervier a União, haverá cumulação subjetiva, com deslocamento imediato da competência para a justiça federal.

(5) Se a fazenda pública estadual intervier como terceiro em causa que corra em comarca do interior, onde não haja juízo fazendário, a causa continuará a tramitar no juízo cível onde foi proposta, em virtude de não possuir o estado foro privativo, mas se a causa correr no foro da capital, essa intervenção afetará a competência do juízo, e, assim, ocorrerá superveniente incompetência absoluta do juízo, deslocando a competência para processar e julgar a demanda da vara cível em que se encontrar a ação para a vara especializada dos feitos da fazenda pública.

30. **(PROCURADOR DA FAZENDA NACIONAL – 2007.2 – ESAF)** Quanto ao instituto da prevenção, é incorreto afirmar que:

(A) a citação ordenada por juiz incompetente é válida, mas parcialmente ineficaz, quanto ao efeito da prevenção.

(B) é efeito da citação a determinação da prevenção de causas conexas ajuizadas perante juízos localizados em comarcas diversas, enquanto que a determinação da prevenção, nas ações conexas ajuizadas perante juízos com a mesma competência territorial, é efeito da citação válida e também da propositura da ação.

(C) em se tratando de ações conexas distribuídas perante juízos com a mesma competência territorial, a prevenção será determinada pela anterioridade do despacho inicial, entendido como despacho que determina a citação. Se, nessa hipótese, as ações tiverem sido despachadas, simultaneamente, a prevenção será determinada pela anterioridade da distribuição.

(D) independentemente da hipótese analisada, pode-se afirmar que nem a citação válida, nem o despacho inicial anterior prevenirão a competência do juízo absolutamente incompetente.

(E) em se tratando de ações conexas distribuídas perante juízos localizados em comarcas diversas, determina-se a prevenção pela citação inicial válida. Se, nessa hipótese, as citações forem feitas ao mesmo tempo, a prevenção será determinada pela anterioridade do despacho inicial.

31. **(PROCURADOR DA FAZENDA NACIONAL – 2007.2 – ESAF)** Quanto à citação, é incorreto afirmar que:

(A) a citação no direito brasileiro é um ato judicial, por ser ordenada pelo juiz e, normalmente, realizada pelo oficial de justiça, cumprindo ordem do primeiro, diversamente do que ocorre no direito italiano.

(B) considera-se exceção ao princípio da pessoalidade a realização da citação do réu, na pessoa de seu representante legal ou de seu procurador legalmente autorizado.

(C) os capazes serão citados na sua própria pessoa. Os relativamente incapazes, nas suas próprias pessoas, com assistência de seus representantes legais. As pessoas jurídicas e os absolutamente incapazes, na pessoa de seus representantes legais e, também, todos poderão ser citados na pessoa de seus procuradores legalmente autorizados.

(D) a autorização do procurador, para receber citação em nome de seu mandante, pode provir da lei ou da vontade do mandante.

(E) por força do princípio da pessoalidade da citação, esta deve ser feita, em regra, diretamente ao réu ou ao interessado, na sua própria pessoa, na de seu representante legal, ou na de seu procurador legalmente autorizado.

32. **(PROCURADOR DA FAZENDA NACIONAL – 2007.2 – ESAF)** Quanto à interrupção da prescrição pela citação válida, é incorreto afirmar que:

(A) a citação válida interrompe a prescrição, mesmo que o processo seja extinto sem julgamento de mérito, salvo se a extinção se deu por contumácia das partes ou abandono da causa pelo autor.

(B) interrompe a prescrição a citação realizada em procedimento preliminar, seja ou não cautelar, desde que seja requisito necessário ao ajuizamento de posterior ação principal.

(C) a prescrição iniciada contra uma pessoa continua a correr contra o seu sucessor, seja nas hipóteses de inter vivos ou causa mortis.

(D) se a citação não foi determinada no prazo, por culpa da burocracia judiciária ou por culpa do autor, que deixa de juntar documento indispensável à propositura da ação, consuma-se a prescrição.

E ocorre a interrupção da prescrição pela citação, ainda que o processo venha a ser anulado, salvo se o motivo de anulação é a invalidade da própria citação.

33. **(DEFENSORIA PÚBLICA DA UNIÃO – 2004 – CESPE)** Quanto à competência, julgue os itens seguintes.

1. Enquanto o Supremo Tribunal Federal (STF) pode julgar, mediante recurso, decisões de qualquer justiça, tais como trabalhista, eleitoral, militar, federal ou estadual, o Superior Tribunal de Justiça (STJ) somente pode julgar, mediante recurso, as causas decididas pelos tribunais regionais federais ou pelos tribunais dos estados e do Distrito Federal e territórios.

2. O STJ é competente para dirimir conflito de competência entre juizado especial federal e juízo de vara federal na mesma seção judiciária.

34. **(DEFENSORIA PÚBLICA DA UNIÃO – 2002 – CESPE)** Em relação à competência, julgue os itens abaixo.

1. Ação de usucapião de imóvel objeto de pedido de partilha em separação judicial é atraída para o juízo de família, devendo ambas as ações serem julgadas em conjunto, em razão da continência.
2. O Conflito de competência entre juiz de direito e juiz federal deve ser julgado pelo Tribunal Regional Federal (TRF) da região a que pertença o juiz federal.
3. Em julgamento de agravo de instrumento, reconhecendo o tribunal de justiça a competência da justiça federal para julgar o feito, remeterá os autos à justiça federal; se o juiz federal, entretanto, entender que a competência é da justiça estadual, suscitará conflito a ser dirimido pelo Superior Tribunal de Justiça (STJ).
4. A competência para julgar ação rescisória proposta contra acórdão do tribunal de justiça

estadual, contra o qual fora interposto recurso especial não-conhecido por falta de prequestionamento, é do STJ.

5. Ação de constituição de servidão administrativa em propriedade particular, proposta por empresa privada concessionária de atividade de exploração de energia elétrica, diante do manifesto desinteresse da União federal em integrar o pólo ativo da ação, corre perante o juízo estadual.

4.5. PRESSUPOSTOS PROCESSUAIS E CONDIÇÕES DA AÇÃO

35. **(ADVOGADO – IRB – 2006 – ESAF)** Contemplado no sorteio do Consórcio Boa Sorte, Caio adquiriu da concessionária Volvo no Distrito Federal um automóvel. Ao retirá-lo, ocorreu-lhe a idéia de instalar no veículo dispositivo de segurança para evitar furto. Dirigiu-se, então, à Furto Zero, empresa especializada na instalação do equipamento. Feito isso, guardou seu Volvo na garagem de sua casa. Horas mais tarde, dito automóvel foi tomado completamente pelo fogo. Chamado, o Corpo de Bombeiros Militar do Distrito Federal apagou o incêndio e, depois, elaborou laudo. Neste constou a causa do evento como "indeterminada". Caio procurou a Volvo para cobrar a responsabilidade pelo "incêndio espontâneo", a qual remeteu a causa à instalação do dispositivo de segurança. Esta empresa, todavia, eximiu-se da responsabilidade alegando que o equipamento era incapaz de produzir incêndio. Esgotados os meios suasórios, a Caio não restou outra opção senão ajuizar ação de indenização contra o(s) responsável(eis). Têm (ou tem) legitimidade passiva *ad causam*

(A) a Volvo e a Furto Zero.
(B) a concessionária Volvo, a montadora Volvo e a Furto Zero.
(C) a concessionária Volvo, a montadora Volvo, a Furto Zero e a fabricante do equipamento de segurança.
(D) apenas a Furto Zero.
(E) nenhuma das opções, pois não foi comprovada a causa do incêndio no automóvel de Caio.

36. **(ADVOGADO – BNB – 2006 – ACEP)** Quanto aos pressupostos processuais, marque a alternativa **CORRETA**.

(A) Dividem-se em subjetivos e objetivos, diretos e indiretos.
(B) Pressupostos processuais objetivos dizem respeito aos sujeitos principais da relação processual.
(C) Pressupostos processuais são requisitos à existência e validade da relação processual.
(D) Extingue-se o processo com julgamento do mérito quando se verificar a ausência dos pressupostos processuais.
(E) Pressupostos processuais subjetivos dizem respeito à inexistência de fatos impeditivos à formação da relação processual.

4.6. FORMAÇÃO, SUSPENSÃO E EXTINÇÃO DO PROCESSO. NULIDADES

37. **(ADVOGADO – PETROBRÁS – 2008 – CESGRANRIO)** No que se refere ao julgamento, conforme o estado do processo, o processo será extinto sem julgamento de mérito quando

(A) houver transação entre as partes.
(B) ocorrerem os efeitos da revelia.
(C) ocorrer decadência.
(D) se verificar renúncia do autor sobre os direitos que fundam a ação.
(E) a ação for considerada intransmissível por disposição legal.

38. **(ADVOGADO – REFAP – 2007 – CESGRANRIO)** Segundo o Código de Processo Civil, o acolhimento da alegação de perempção enseja a(o):

(A) suspensão do processo.
(B) extinção do processo sem resolução de mérito.
(C) extinção do processo com resolução de mérito.
(D) possibilidade de o autor intentar de novo a ação.
(E) reconhecimento da procedência do pedido autoral.

39. **(ADVOGADO – CORREIOS – 2008 – ESPP)** Analise as assertivas a seguir:

I- As objeções processuais veiculam matéria de ordem pública e podem ser argüidas em qualquer grau de jurisdição.

II- Quando houver indeferimento da petição inicial o autor poderá interpor recurso de apelação, dispondo este de efeito devolutivo e possibilidade de exercício do juízo de retração pelo magistrado *a quo*.

III- A carência superveniente de ação gera os mesmos efeitos do reconhecimento de procedência do pedido, pois em ambos os casos o processo será extinto sem resolução do mérito.

IV- Ocorre perempção quando o autor, por contumácia, deixar de praticar os atos necessários ao prosseguimento do feito por mais de trinta dias.

Assinale a alternativa adequada:

(A) Os itens I e IV estão corretos.
(B) Os itens III e IV estão incorretos.

(C) Os itens I, II e III estão corretos.
(D) Os itens I e II estão incorretos.

40. **(ADVOGADO – INFRAERO – 2004 – NCE/UFRJ)** Na atual redação do artigo 14 do Código de Processo Civil é possível que o Juiz imponha sanções àqueles que tenham alguma interferência na relação processual, além das partes. Tal sanção está limitada a:

(A) vinte por cento do valor da causa;
(B) dez por cento do valor da causa ;
(C) quinze por cento do valor da condenação;
(D) dez por cento do valor da condenação ;
(E) trinta por cento do valor da causa.

41. **(ADVOGADO – DATAPREV – 2009 – UFF)** É correto afirmar que:

(A) a suspensão do processo por convenção das partes nunca poderá exceder 3 (três) meses;
(B) após o saneamento do processo, poderá o autor modificar o pedido ou a causa de pedir, desde que com o consentimento do réu;
(C) extingue-se o processo com resolução de mérito quando o autor renunciar ao direito sobre que se funda a ação;
(D) extingue-se o processo sem resolução de mérito quando o juiz pronunciar a decadência ou a prescrição;
(E) o autor poderá desistir da ação a qualquer tempo, sem o consentimento do réu.

42. **(ADVOGADO – IRB – 2006 – ESAF)** A respeito de nulidade é correto afirmar:

(A) no sistema processual brasileiro, a nulidade *pleno jure* da citação não impede a formação da coisa julgada material e está sujeita ao decurso bienal da ação rescisória.
(B) a falta da intervenção obrigatória do Ministério Público em primeiro grau de jurisdição gera a nulidade do processo e não é suprida pela intervenção da Procuradoria de Justiça perante o colegiado de segundo grau.
(C) a impropriedade da ação não impede a sua conversão em outra.
(D) os atos inexistentes jamais convalescem e não podem ser supridos.
(E) saneado o processo, ficam preclusas as objeções e as exceções substanciais.

43. **(ADVOGADO – BNDES – 2008 – CESGRANRIO)** Assinale a afirmação **INCORRETA** quanto à formação, suspensão e extinção do processo.

(A) Considera-se proposta a ação, tanto que a petição inicial seja despachada pelo juiz, ou simplesmente distribuída, onde houver mais de uma vara.
(B) No caso de morte do procurador de qualquer das partes, ainda que iniciada a audiência de instrução e julgamento, o juiz marcará, a fim de que a parte constitua novo mandatário, o prazo de 20 (vinte) dias.
(C) Quando a sentença de mérito tiver por pressuposto o julgamento de questão de estado, requerido como declaração incidente, a suspensão do processo nunca poderá exceder o prazo de 1 (um) ano.
(D) Quando a suspensão do processo decorrer de convenção das partes, ela não poderá exceder o prazo de 6 (seis) meses, salvo motivo relevante, devidamente comprovado.
(E) Extingue-se o processo, sem resolução de mérito, quando ficar parado durante mais de 1 (um) ano por negligência das partes.

44. **(ADVOGADO – CEF – 2006 – CESPE)** Acerca de citação, formação e extinção do processo, julgue os itens a seguir.

1. Embora nula, a citação pode ser suprida pelo comparecimento espontâneo do réu aos autos, para se defender ou alegar a respectiva nulidade; esse suprimento substitui a citação, mas não a convalida.
2. Para se formar validamente uma relação processual, é necessário não estar pendente outra causa igual. Verificada a litispendência, portanto, o novo processo, constituído de maneira inválida, será extinto sem apreciação do mérito, de ofício ou a requerimento da parte.
3. A sentença terminativa que encerra o processo sem julgamento do mérito não faz coisa julgada material nem impede que o autor renove a propositura da ação, exceto quando a extinção tiver sido decretada por reconhecimento de litispendência, coisa julgada ou perempção.

45. **(ADVOGADO DA UNIÃO – AGU – 2009 – CESPE)** Acerca da formação, suspensão e extinção do processo, julgue os itens a seguir.

1 Considere que, conferido prazo para apresentação de réplica ante a alegação, pelo réu, de fato modificativo do direito apontado na inicial, o autor tenha se quedado inerte e deixado de se manifestar nos autos por mais de 30 dias. Nessa situação hipotética, fica caracterizado caso de contumácia, que autoriza a extinção do processo sem resolução do mérito.

2 A estabilização da relação processual por meio da citação é essencial à própria existência do processo, considerando-se proposta a ação a partir do momento em que ocorre citação válida, o que também implica a litispendência, torna prevento o juízo e faz litigiosa a coisa.

3 O CPC permite que as partes, mediante convenção, suspendam o processo por prazo que não exceda seis meses, o que revela a existência de um direito à suspensão do processo, a qual independe da declinação de motivo.

46. **(ADVOGADO DA UNIÃO – AGU – 2006 – CESPE)** Acerca da formação, suspensão e extinção do processo, julgue os itens subseqüentes.

1. A perempção atinge o direito de ação e não o direito material que poderia ser alegado por meio da ação. Portanto, o autor fica privado de propor ação contra o réu com o mesmo pedido e a mesma causa de pedir da ação perempta. Entretanto, o direito material pode ser suscitado em defesa.
2. As partes podem convencionar a suspensão do processo por até seis meses, mas o acordo só produzirá o efeito desejado após a homologação judicial. Assim, poderá o juiz indeferir ou não o pedido de suspensão do processo, pois o impulso do procedimento é oficial, isto é, o andamento do processo não fica na dependência da vontade ou colaboração das partes.
3. O processo será suspenso sempre que a sentença estiver na dependência de solução de questão preliminar surgida no curso do processo e que condiciona a apreciação do mérito da causa. A preliminar, por ser questão de direito material intimamente ligada ao mérito da demanda, deve ser decidida antes da principal.

4.7. TUTELA ANTECIPADA E LIMINAR EM CAUTELAR

47. **(ADVOGADO – DATAPREV – 2009 – UFF)** Leia atentamente as assertivas abaixo.

I. Enquanto a tutela cautelar tem como objetivo assegurar a eficácia e utilidade de processo de tutela satisfativa, dando ao autor a expectativa de vir a fruir do direito no futuro, a tutela antecipatória objetiva realizar de forma provisória o direito material pretendido pelo autor da ação, outorgando ao autor, desde logo, condições de fruir do direito.

II. Da decisão que concede a tutela antecipada, sem oitiva da parte contrária, cabe recurso de apelação, no prazo de 15 (quinze) dias.

III. Saneado o processo, é vedado ao juiz revogar ou modificar a tutela antecipada.

IV. A tutela antecipada também poderá ser concedida quando um ou mais dos pedidos cumulados, ou parcela deles, mostrar-se incontroverso.

V. É vedado ao juiz deferir incidentalmente a título de antecipação de tutela providência de natureza cautelar. Sobre as assertivas acima, pode-se afirmar que estão

corretas apenas:

(A) I, III e V;
(B) II, III e IV;
(C) IV e V;
(D) I, II e IV;
(E) I e IV.

48. **(ADVOGADO DA UNIÃO – AGU – 2006 – CESPE)** A respeito da tutela de urgência, julgue os itens a seguir.

1. O juiz poderá antecipar a tutela pretendida pelo autor sem a presença do risco de dano imediato e irreparável, baseando-se apenas no abuso do direito de defesa ou manifesto propósito protelatório do réu, desde que, existindo prova inequívoca, se convença da verossimilhança da alegação.
2. A medida cautelar e a tutela antecipatória representam providências de natureza emergencial e são adotadas em caráter provisório. O que as distingue é que a cautelar assegura uma pretensão, enquanto a tutela antecipa, realiza de imediato uma pretensão. A sistemática atual do processo civil brasileiro admite a fungibilidade das medidas urgentes, antecipatórias e cautelares, desde que presentes os respectivos pressupostos legais.
3. A antecipação de tutela na ação ordinária de cobrança de quantia certa tem o efeito de autorizar a execução provisória, com a conseqüente penhora de bens do devedor, providência que assegura a efetividade do processo.
4. No recurso especial contra decisão que nega ou concede medida cautelar ou antecipação da tutela, a questão federal passível de exame é a que diz respeito aos requisitos da relevância do direito, do risco de dano e ofensa aos dispositivos que regulam o direito material objeto da demanda principal.
5. O recurso relativo à antecipação da tutela perde objeto quando a sentença superveniente revoga, expressa ou implicitamente, a liminar antecipatória, ou, sendo de procedência integral ou parcial, tem aptidão para, por si só, irradiar os mesmos efeitos da medida antecipatória.

49. **(DEFENSORIA PÚBLICA DA UNIÃO – 2002 – CESPE)** A tutela antecipada é um dos mais importantes institutos introduzidos no processo civil brasileiro pela reforma de 1994, porque distribuiu de forma mais justa o ônus pela demora do processo, antes suportado quase que com exclusividade pelo autor. Em relação a esse instituto, julgue os itens a seguir.

1. Indeferida a tutela antecipada requerida, faculta-se à parte pleitear ao relator do agravo de instrumento interposto contra a decisão que concedendo efeito suspensivo ao agravo, defira liminarmente a tutela negada em primeiro grau.
2. A execução do provimento antecipado é feita de regra sem prévia caução, ao contrário da execução provisória de sentença, em que a caução é obrigatória.
3. Em homenagem ao princípio da economia processual, quando a concessão da tutela

antecipada tiver índole satisfativa, executada esta, deve o juiz determinar a extinção do feito por perda de objeto ou falta superveniente de interesse de agir, sondo inútil o prosseguimento do processo.

4. As medidas cautelares e os provimentos de antecipação de tutela, ambas medidas de cognição sumária, possuem a mesma natureza; daí porque pode a parte utilizar-se, indiferentemente, de uma ou de outra para obter, liminarmente, a providência jurisdicional almejada com a prolação da sentença de mérito.
5. Se o juiz conceder a tutela antecipada na sentença, a parte poderá executá-la provisoriamente, ainda que sobre ela penda apelação com efeito suspensivo.

4.8. PROCESSO DE CONHECIMENTO. RITOS SUMÁRIO E ORDINÁRIO

50. **(ADVOGADO – PETROBRÁS – 2008 – CESGRANRIO)** Com relação ao depoimento pessoal analise as seguintes afirmativas:

I. a sua finalidade é esclarecer fatos controvertidos da causa e provocar a confissão da parte;
II. em se ausentando a parte que deveria depor, aplica-se "pena de confesso" com presunção relativa;
III. pode ser prestado por procurador de pessoa física, desde que com poderes expressos para prestá-los;
IV. quando requerido por uma das partes, só poderá ser prestado em audiência de instrução e julgamento.

São verdadeiras **APENAS** as afirmativas

(A) I e III
(B) I e IV
(C) II e IV
(D) I, II e III
(E) II, III e IV

51. **(ADVOGADO – PETROBRÁS – 2006 – CESGRANRIO)** Ao analisar a contra-fé que acompanhou um mandado de citação, o Departamento Jurídico da Petrobras entendeu necessária a apresentação de duas espécies de respostas, contestação e reconvenção, além de ter verificado a necessidade de impugnar o valor atribuído à causa pelo autor em sua petição inicial. Nesse caso, de acordo com as disposições do Código de Processo Civil:

I. a contestação, a reconvenção e a impugnação ao valor da causa deverão ser oferecidas em petições autônomas, mas protocoladas simultaneamente;
II. em sendo oferecida e admitida a reconvenção, o autorreconvindo será citado pessoalmente para contestá-la no prazo de 15 dias;
III. a reconvenção é processada nos mesmos autos do processo instaurado pela demanda principal, enquanto que a impugnação ao valor da causa é autuada em apartado.

Está(ão) correta(s) a(s) afirmativa(s):

(A) I, apenas.
(B) II, apenas.
(C) I e III, apenas.
(D) II e III, apenas.
(E) I, II e III.

52. **(ADVOGADO – PETROBRÁS – 2003 – CESPE)** Quanto ao pedido e à causa de pedir, julgue os itens que se seguem.

1 Se a pretensão envolver bem móvel ou imóvel, como locação, compra e venda, a demanda será de direito real, sendo competente o foro da situação da coisa, e não o do domicílio do réu.
2 A regra de que o pedido se interpreta restritivamente não admite exceções, sendo proibida a condenação do vencido a custas e honorários de advogado se estes não forem objeto de pedido explícito do autor, na inicial, ou do réu, na contestação.
3 Se o réu, demandado em ação de cobrança pelo autor, for credor deste em quantia superior àquela que lhe é cobrada, poderá, além de pleitear a improcedência da ação alegando compensação, propor reconvenção para a cobrança do saldo.

53. **(ADVOGADO – PETROBRÁS DISTRIB. – 2008 – CESGRANRIO)** A Céu Azul Distribuidora deseja participar de licitação a fim de fornecer gasolina para a frota de automóveis da INFRAERO, apresentando no prazo os documentos exigidos no edital. No curso do procedimento licitatório, surge pendência fiscal que impede a expedição de certidão negativa, comprobatória do pagamento de tributos, o que gera pendência a ser resolvida pelo Departamento Jurídico. Considerando que as provas que comprovam a regularidade dos atos praticados pela Céu Azul não são exclusivamente documentais, que via deve ser utilizada para obtenção da certidão negativa ou positiva, com efeitos de negativa?

(A) Mandado de Segurança
(B) Ação monitória
(C) Ação popular
(D) Ação Civil Pública
(E) Ação de procedimento ordinário, com tutela antecipada

54. **(ADVOGADO – EPE – 2007 – CESGRANRIO)** Fazem a mesma prova que os originais:

I. as reproduções dos documentos públicos, independente de autenticação por oficial público;

II. as cópias reprográficas de peças do próprio processo judicial declaradas autênticas pelo próprio advogado, sob sua responsabilidade pessoal, se não lhes for impugnada a autenticidade;

III. os extratos digitais de bancos de dados, públicos e privados, desde que atestado pelo seu emitente, sob as penas da lei, que as informações conferem com o que consta na origem;

IV. as reproduções digitalizadas de fotografias tiradas por fotógrafo devidamente credenciado junto ao Tribunal de origem.

Estão corretos os itens:

(A) I e II, somente.
(B) I e III, somente.
(C) II e III, somente.
(D) I, II e III, somente.
(E) II, III e IV, somente.

55. **(ADVOGADO - INFRAERO - 2004 - NCE/UFRJ)** Recentemente visitou a cidade do Rio de Janeiro a embarcação de um dos acionistas majoritários de conhecida empresa de informática. Supondo que umpescador curioso tivesse colidido o seu barco pesqueiro com a citada embarcação, causando prejuízos superiores a sessenta salários mínimos, em caso de ação indenizatória proposta, poderíamos afirmar que:

(A) o rito adotado seria o ordinário, pelo valor da causa;
(B) deveria ser utilizado o procedimento sumário, pela matéria envolvida;
(C) deveria ser utilizado o procedimento sumário, pelo valor da causa;
(D) caberia a aplicação de procedimento especial de jurisdição contenciosa;
(E) o rito adotado deveria ser o sumaríssimo, pela matéria envolvida.

56. **(ADVOGADO - CORREIOS - 2008 - ESPP) Assinale a alternativa correta:**

(A) A sentença *extra petita* pode ser validada em grau de recurso.
(B) O pedido aduzido na petição inicial pode ser alterado pelo autor a qualquer momento, mesmo sem anuência do réu.
(C) Estão implícitos no pedido principal os juros, a correção monetária, a verba honorária e as custas processuais.
(D) Para que seja deferida a cumulação de pedidos, basta que o órgão jurisdicional seja competente para apreciar todos eles.

57. **(ADVOGADO - EMBRAPA - 2005 - CESPE)** Quanto ao pedido, que, conforme artigo pertinente do Código de Processo Civil, deve ser certo e determinado, julgue os itens que se seguem.

1. Quando o autor intenta uma ação de petição de herança e pede simplesmente que o juiz condene o réu a restituir-lhe os bens que compõem o acervo hereditário, sem que, na inicial, haja a descrição de cada um desses bens, justificando-se com a impossibilidade de individualizar os bens que compõem a universalidade da demanda, o autor faz um pedido genérico admitido na legislação pátria.
2. Haverá pedido alternativo cumulado quando houver uma obrigação alternativa, ou seja, quando o devedor puder cumprir a prestação por mais de um modo, podendo, nesse caso, o direito de escolha ser do credor ou do devedor.

58. **(ADVOGADO - EMBRAPA - 2005 - CESPE)** Em uma contestação, o réu alegou, em preliminar, a inépcia da inicial e a exceção em decorrência do impedimento do juiz, por ser este irmão do advogado do autor. Quanto ao mérito, o réu alegou a nulidade da citação. Acerca da situação hipotética acima descrita, julgue os itens seguintes.

1. Nessa situação, o réu deveria ter alegado o impedimento em peça própria, na qual a exceção seria processada em apenso nos autos.
2. A nulidade da citação foi alegada em momento inoportuno, pois deveria ter sido alegada preliminarmente ao mérito.

59. **(ADVOGADO - EMBRAPA - 2005 - CESPE)** A revelia, que se configura quando o réu regularmente citado não contesta a ação, é considerada como a omissão do demandado em defender-se. Quanto à revelia e seus efeitos, julgue os itens que se seguem.

1. Apesar de a revelia gerar a presunção de veracidade dos fatos alegados pelo autor, não pode o juiz deixar de realizar a audiência de instrução e julgamento, pois tal fato é considerado julgamento antecipado da lide e acarreta nulidade.
2. Ainda que ocorra a revelia, o autor não poderá mudar o pedido ou a causa de pedir, salvo se promover nova citação do réu, assegurando-lhe direito de resposta no prazo de 15 dias.
3. Em ação de investigação de paternidade, caso ocorra a revelia, serão considerados como verdadeiros os fatos afirmados pelo autor, os quais serão considerados incontroversos, não tendo de ser demonstrados, razão por que ocorrerá o julgamento antecipado da lide.

60. **(ADVOGADO - IRB - 2006 - ESAF)** Assinale a opção <u>falsa</u> relativamente à prova no Direito Processual Civil.

(A) O dever de fundamentar as decisões constitui restrição ao princípio do livre convencimento do juiz.
(B) O CPC adota em matéria de prova o sistema dispositivo rígido.
(C) O dever de julgar com os elementos existentes nos autos constitui restrição ao princípio do livre convencimento do juiz.

(D) Havendo conflito entre as provas pericial e oral, prevalecerá a primeira.
(E) A recusa da parte em submeter-se ao exame judicial acarreta-lhe presunção desfavorável.

61. **(ADVOGADO – IRB – 2006 – ESAF)** Argúem-se por meio de exceção, <u>exceto</u>:

(A) a defesa de mérito.
(B) a conexão.
(C) a suspeição.
(D) o impedimento.
(E) a incompetência.

62. **(ADVOGADO – CASA DA MOEDA – 2009 – CESGRANRIO)** A Casa da Moeda do Brasil promove ação, pelo procedimento ordinário, em face da Empresa Zé do Pipo S/A, com domicílio na cidade de Niterói, aduzindo a quebra de contrato para fornecimento de materiais a serem utilizados na produção de selos, sendo o valor da causa de R$ 14.000,00 (catorze mil reais). A ação foi distribuída à 1a Vara Cível da Comarca de Niterói. O réu, regularmente citado, apresenta defesa aduzindo, na peça contestatória, que o valor da causa deveria ser de R$ 100.000,00 (cem mil reais). Em preliminar, apresenta alegação de incompetência relativa, aduzindo foro de eleição fixado na comarca da capital do Estado do Espírito Santo. O Juiz profere decisão, declarando, desde logo, que o contrato em tela não está sob a égide do Código de Defesa do Consumidor. Em tal contexto, constata-se que o(a)

(A) foro de eleição deve ser admitido no caso em tela.
(B) valor dado à causa está adequado ao procedimento ordinário.
(C) valor dado à causa não seria passível de impugnação.
(D) preliminar deveria ser acolhida.
(E) exceção de incompetência não foi aduzida.

63. **(ADVOGADO – BNDES – 2006 – CESGRANRIO)** João ajuizou uma ação contra Manoel alegando que seu carro fora abalroado pelo carro do réu. Em contestação, Manoel afirma que a versão apresentada pelo autor não é verdadeira, e que o veículo de sua propriedade é que fora atingido pelo veículo do autor, verdadeiro causador do acidente. Sobre a hipótese narrada, indique a afirmação correta.

(A) Tendo em vista que o réu argüiu um fato negativo, ou seja, não ter batido no carro do autor, a lei desloca para o réu o ônus da prova.
(B) Tendo o réu argüido em sua defesa fato modificativo do direito do autor, desloca-se o ônus da prova para ele, réu.
(C) Apesar de o réu não ter argüido em sua defesa fato extintivo do direito do autor, caberá a ele, réu, a iniciativa de demonstrar a inverdade da versão autoral.
(D) Como o réu alegou em contestação fato modificativo do direito do autor, o fato constitutivo do direito de João tornou-se incontroverso.
(E) Como o réu contestou a ação negando veracidade à versão do autor, caberá ao autor o ônus probatório sobre a veracidade de sua versão.

64. **(ADVOGADO – BNB – 2006 – ACEP)** Assinale a alternativa **INCORRETA**.

(A) Defesa processual, formal ou preliminar de mérito são sinônimos.
(B) A defesa de mérito é aquela que gera a extinção do processo com julgamento do mérito.
(C) A alegação de inexistência ou nulidade de citação é uma defesa dilatória.
(D) A alegação de incompetência absoluta é uma defesa peremptória.
(E) A alegação de existência de convenção de arbitragem é uma defesa peremptória.

65. (ADVOGADO – BNB – 2006 – ACEP) Assinale a alternativa **CORRETA**.

(A) A testemunha não é obrigada a depor de fatos que lhe acarretem grave dano, bem como a seu cônjuge e aos seus parentes consangüíneos ou afins em linha reta, ou na colateral em terceiro grau.
(B) É ilícito a parte provar com testemunhas, nos contratos em geral, os vícios do consentimento.
(C) Sendo estritamente necessário, o juiz ouvirá testemunhas impedidas ou suspeitas, e delas será obrigatoriamente tomado o compromisso.
(D) O juiz deferirá a inquirição de testemunhas sobre fatos já provados por documento ou confissão da parte.
(E) São inquiridos em sua residência, ou onde exercem sua função, os deputados estaduais.

66. **(PROCURADOR – BANCO CENTRAL – 2009 – CESPE)** Proposta ação em determinado município, a parte ré invocou como fundamento de sua pretensão de provar fato modificativo do direito do autor norma vigente em outro município do mesmo estado. Nessa situação, assinale a opção correta.

(A) Seguindo a orientação resumida no brocardo *iura novit curia* (o juiz conhece o direito), não será necessária a qualquer das partes prova sobre matéria de direito.
(B) Constitui exceção à desnecessidade da prova de matéria de direito a alegação de direito estadual, municipal ou estrangeiro, hipótese em que sempre será necessária a prova da sua vigência.
(C) Caso o juiz não determine que a parte comprove a vigência da norma municipal invocada, não será necessária a produção desta.
(D) Tratando-se de norma vigente em município pertencente à mesma unidade da Federação em que o caso será julgado, não será necessária a prova da vigência.

(E) É ônus da parte contrária comprovar a existência ou derrogação da lei municipal invocada, se o juiz determinar ser necessária a prova da vigência.

67. **(PROCURADOR – BANCO CENTRAL – 2009 – CESPE)** O art. 253, inciso II, do CPC determina que haja distribuição por dependência quando for reiterado o pedido após a extinção do processo sem julgamento do mérito. Com base nessa regra, assinale a opção correta.

(A) Trata-se de regra de fixação da competência em razão da matéria, pois, se já examinado o caso por um juízo, este se manterá competente para examinar o mesmo quando repetido.
(B) Cuida-se de regra de competência territorial, pois visa manter o exame do caso no juízo mais próximo dos fatos.
(C) A norma em apreço não guarda qualquer relação com as normas de fixação da competência porque visa apenas o controle da boa-fé processual diante da possibilidade de múltipla distribuição.
(D) Trata-se de regra de fixação de competência territorial que estabelece um privilégio de foro para o autor, o qual poderá, se assim o desejar, propor a ação em juízo diverso.
(E) Tem-se exemplo de competência funcional em processos diferentes, que, na hipótese, visa, entre outras finalidades, proteger o princípio do juiz natural.

68. **(ADVOGADO DA UNIÃO – AGU – 2009 – CESPE)** Com relação à disciplina das provas no CPC, julgue os itens a seguir.

1 A regra geral da distribuição do ônus da prova é a de que cabe ao autor provar o fato constitutivo de seu direito, enquanto ao réu cabe provar a existência de fato impeditivo, modificativo ou extintivo do direito do autor. Contudo, em determinada hipótese, se o próprio réu contribuiu de forma definitiva para a comprovação do fato constitutivo do direito do autor, nada impede que o juiz julgue procedente o pedido deste último, visto que as regras de distribuição dos ônus da prova não determinam quem deve produzir a prova, mas apenas quem deve arcar com as consequências de sua não-produção.

2 No CPC, admite-se a prova emprestada, visto que não há proibição de meios que sejam legais e moralmente legítimos. Exige-se, por outro lado, que seja respeitado o contraditório, de modo que a prova emprestada deve ter sido produzida entre as partes envolvidas no novo processo, até porque vincula o juiz, nesse caso, à conclusão alcançada em processo anterior que tenha sido encerrado por sentença transitada em julgado.

69. **(PROCURADOR DA FAZENDA NACIONAL – 2007.2 – ESAF)** Quanto ao ônus de responder e efeito da revelia, é incorreto afirmar que:

(A) não há efeito de revelia em relação à reconvenção, porque o reconvindo já é autor no processo, está presente e não é revel; o ato da propositura da demanda inicial já é suficiente manifestação de interesse.
(B) o revel, em processo civil, pode produzir provas, desde que compareça em tempo oportuno.
(C) na oposição interventiva, os opostos serão sancionados pela presunção de veracidade se nenhum deles impugnar os novos pontos alegados pelo opoente ou na hipótese de apenas um deles apresentar a impugnação.
(D) efeito de revelia não é o mesmo que revelia. Essa é a própria inatividade, enquanto que aquele é uma conseqüência da inatividade. Há hipóteses de que, apesar da revelia, não ocorre o efeito da revelia, como acontece com a hipótese do art. 320 do CPC.
(E) não se presumem os fatos não-impugnados na contestação, se não for admissível a seu respeito a confissão; sendo que os fatos cuja confissão é ineficaz perante o direito são os fatos constitutivos, impeditivos, modificativos ou extintivos de direitos indisponíveis.

70. **(PROCURADOR DA FAZENDA NACIONAL – 2007.2 – ESAF)** Quanto ao oferecimento da contestação, é incorreto afirmar que:

(A) há preclusão das razões de defesa não alegadas na contestação, salvo quando: relativas ao direito superveniente; as questões sujeitas a conhecimento ex officio pelo órgão judicial ou admitidas em qualquer tempo por expressa disposição de lei.
(B) há presunção de verdade quanto aos fatos narrados pelo autor e não impugnados especificamente pelo réu exceto: se não for admissível, a seu respeito, a confissão; se com a inicial não se houver juntado instrumento público que a lei considerar da substância do ato ou se os fatos forem incompatíveis com a defesa, considerada em seu conjunto.
(C) há possibilidade de o autor apresentar ação declaratória incidental se na contestação oferecida pelo réu for nela argüida questão prejudicial à questão principal posta.
(D) há responsabilidade do réu pelas custas a partir do saneamento do processo, e perda do direito a haver do autor porventura vencido honorários advocatícios, se a contestação for omissa quanto ao fato impeditivo, modificativo ou extintivo do direito postulado e tal omissão retardar o julgamento da lide.
(E) há responsabilidade integral do réu pelas custas de retardamento se não alegar na primeira oportunidade em que lhe caiba falar nos autos as matérias relacionadas às condições da ação e pressupostos processuais, salvo se apresentar o justo motivo.

71. **(PROCURADOR DA FAZENDA NACIONAL – 2007.1 – ESAF)** "A" ajuíza ação de ressarcimento de danos causados em acidente de veículo em face de "B", que compareceu à audiência e apresentou como defesa contestação e impugnação ao valor da causa. Argüiu, na contestação, a conversão do procedimento sumário em ordinário, em razão de o valor indicado à causa ser superior a setenta salários-mínimos. Postulou, na impugnação ao valor da causa, que o valor fosse corrigido por nele constar o valor aproximado de quarenta salários-mínimos. Assinale a opção correta aplicável ao caso.

(A) Defiro o pedido formulado na impugnação ao valor da causa apresentada pelo réu para que o valor atribuído à causa seja ajustado ao valor do pedido, embora o deferimento não gere a conversão do procedimento sumário em ordinário.

(B) Indefiro o pedido formulado na impugnação ao valor da causa pelo fato de a ação ter sido ajuizada com base na natureza da causa, sendo, assim, irrelevante o valor atribuído à causa.

(C) Defiro o pedido formulado na impugnação ao valor da causa, convertendo-se, por conseqüência, o procedimento sumário em ordinário.

(D) Indefiro o pedido formulado na impugnação ao valor da causa, mantendo-se a causa sob o procedimento sumário considerando que a matéria discutida refere-se à ação de ressarcimento.

(E) A impugnação ao valor da causa, no procedimento sumário, suspende a audiência até que o magistrado decida acerca da conversão do procedimento sumário em ordinário.

72. (PROCURADOR DA FAZENDA NACIONAL – 2007.1 – ESAF) Quanto à reconvenção, é incorreto afirmar que:

(A) a reconvenção é inadmissível no procedimento sumário em razão da incompatibilidade procedimental e também pela possibilidade, no procedimento sumário, de se formular o pedido contraposto.

(B) a reconvenção é admissível em ação rescisória desde que se cumpra o prazo decadencial de dois anos e busque rescindir a mesma decisão judicial de mérito, objeto da ação rescisória.

(C) a citação na pessoa do procurador do autor reconvindo dispensa procuração com poderes especiais para receber citação, não produzindo os efeitos da revelia.

(D) o réu, em nome próprio, poderá reconvir ao autor que esteja atuando na qualidade de substituto processual, não estendendo tal raciocínio para os casos de representação por não ser parte.

(E) a reconvenção é admitida na ação monitória, após a conversão do procedimento em ordinário.

73. **(DEFENSORIA PÚBLICA DA UNIÃO – 2004 – CESPE)** Em relação a processo e procedimento, julgue os itens a seguir.

1. Vindo a falecer uma das partes, o processo prosseguirá, se já se tiver iniciado a audiência de instrução e julgamento. Nessa hipótese, o advogado continuará atuando e o processo somente será suspenso após a publicação do julgamento, quando, então, será feita a habilitação dos sucessores processuais.
2. Somente se admite a cumulação de vários pedidos do autor contra o réu se houver conexão entre tais pedidos.
3. No procedimento ordinário, o réu que, citado, oferecer exceção no último dia do prazo para resposta e não ofertar contestação não será considerado revel, já que ficará patente a sua intenção de integrar a relação processual. Nesse caso, ser-lhe-á devolvido integralmente o prazo para contestar.

74. **(DEFENSORIA PÚBLICA DA UNIÃO – 2004 – CESPE)** Quanto à resposta do réu e à revelia, julgue os seguintes itens.

1. O réu revel que ingressar no feito após a fase de especificação de provas poderá indicar as suas provas, uma vez que não há que se falar em preclusão porque, nesse caso, a lei autoriza ao réu ingressar no feito a qualquer momento.
2. Em um primeiro momento, o réu deve alegar, em contestação, as defesas de ordem processual, tais como incompetência absoluta do juízo e prescrição do direito postulado pelo autor. Somente após a decisão do juiz a respeito de tais temas é que o réu deverá deduzir defesa de ordem material, como alegação de nulidade de contrato que fundamente ação e de exceção de contrato que não tenha sido cumprido.
3. Tão logo seja efetivada a denunciação da lide, cria-se uma cumulação objetiva eventual de demandas no processo, estabelecendo-se, entre o denunciado e o denunciante, uma relação de litisconsórcio com referência ao adversário deste. Assim, a sentença que julgar a ação principal em favor do adversário do denunciante, se este for o autor, poderá condenar diretamente o denunciado a satisfazer o pedido da inicial, excluindo o denunciante da lide.

4.9. SENTENÇA. LIQUIDAÇÃO. CUMPRIMENTO DE SENTENÇA. COISA JULGADA.

75. **(ADVOGADO – PETROBRÁS – 2006 – CESGRANRIO)** Analise as afirmativas abaixo sobre o sistema de homologação de sentença estrangeira, indicando se são verdadeiras (V) ou falsas (F).

( ) O procedimento de homologação de sentença estrangeira é de competência originária do Superior Tribunal de Justiça.

( ) A sentença que homologa “sentença estrangeira” é declaratória.

( ) O direito brasileiro adota o sistema do juízo de delibação.

A seqüência correta é:

(A) V V F
(B) V F V
(C) F V F
(D) F F V
(E) F F F

76. **(ADVOGADO – PETROBRÁS DISTRIB. – 2008 – CESGRANRIO)** A Belomar S/A obtém sentença julgando procedente pedido formulado de condenação da Empresa Coisas e Caçambas S/A, no valor correspondente a R$ 100.000,00 (cem mil reais). Após o trânsito em julgado da decisão, requer a autora a expedição de ordem de penhora *on line*, aduzindo ser o primeiro bem na ordem de preferência dinheiro, indicando as contas bancárias do réu que deveriam ser atingidas. O magistrado defere o postulado, mas a diligência não atinge seus objetivos por não identificados valores nas contas indicadas pelo exeqüente pelo sistema do Banco Central. Após esgotadas as diligências realizadas pela autora, no sentido de obtenção de bens a penhorar, o processo é suspenso. No curso do processo, sem oferecer bens em garantia, o réu apresenta impugnação ao cumprimento de sentença, julgada improcedente. Nesse contexto, a(o)

(A) impugnação ao cumprimento de sentença é necessariamente precedida de penhora.
(B) impugnação ao cumprimento de sentença pode ser apresentada sem necessidade de garantia do Juízo.
(C) defesa na execução com base em título judicial suspende automaticamente o processo.
(D) autor não pode indicar, na sua petição inicial, bens a penhorar, sendo faculdade do executado, após ser citado.
(E) processo somente poderia ser suspenso após a decisão final na impugnação.

77. **(ADVOGADO – PETROBRÁS TRANSP. – 2006 – CESGRANRIO) NÃO** estará sujeita ao duplo grau obrigatório de jurisdição a sentença proferida contra (o):

(A) Município.
(B) Distrito Federal, quando a condenação for de valor certo equivalente a 80 (oitenta) salários mínimos.
(C) autarquia estadual.
(D) fundação de direito público.
(E) União, quando estiver fundada em jurisprudência do plenário do Supremo Tribunal Federal.

78. **(ADVOGADO – PETROBRÁS TRANSP. – 2006 – CESGRANRIO)** Observe as definições e denominações de atos processuais, previstas no Código de Processo Civil, listadas nas colunas abaixo.

I -	ato pelo qual o juiz põe termo ao processo, decidindo ou não pelo mérito da causa.	W -	despacho
II -	ato pelo qual o juiz, no curso do processo, resolve questão incidente.	X -	decisão interlocutória
III -	todos os demais atos do juiz praticados no processo, de ofício ou a requerimento da parte, a cujo respeito a lei não estabelece outra forma.	Y -	ato meramente ordinatório
		Z –	Sentença

Está correta a seguinte associação dos itens das colunas acima:

(A) I - W,II - X, III - Y
(B) I - X, II - W, III - Y
(C) I - X, II - Z, III - W
(D) I - Z, II - W, III - Y
(E) I - Z, II - X, III – W

79. **(ADVOGADO – EPE – 2007 – CESGRANRIO)** As sentenças proferidas contra as fundações de direito público não estão sujeitas ao duplo grau de jurisdição quando a condenação não exceder a:

(A) 20 (vinte) salários mínimos.
(B) 40 (quarenta) salários mínimos.
(C) 60 (sessenta) salários mínimos.
(D) 80 (oitenta) salários mínimos.
(E) 100 (cem) salários mínimos.

80. **(ADVOGADO – INFRAERO – 2004 – NCE/UFRJ)** Na atual redação do art. 475, do Código de Processo Civil, descabe o duplo grau necessário de jurisdição:

(A) quando for julgado procedente o pedido em ação cognitiva proposta em face da União Federal;
(B) no caso de procedência de embargos opostos à execução fiscal;
(C) quando sucumbente autarquia federal;
(D) no caso de decisão fundada em súmula do Supremo Tribunal Federal;
(E) quando a condenação for superior a sessenta salários mínimos.

81. (ADVOGADO – DATAPREV – 2009 – UFF) A respeito da liquidação e do cumprimento da sentença, é correto afirmar que:

(A) da decisão de liquidação de sentença caberá recurso de apelação, no prazo de 15 (quinze) dias;
(B) caso o devedor condenado a pagar quantia certa ou já fixada em liquidação não o efetuar no prazo

de 15 (quinz(E) dias, expedir-se-á, a requerimento do credor, mandado de penhora e avaliação ao executado que, querendo, poderá oferecer impugnação no prazo de 30 (trint(A) dias;

(C) a impugnação à execução por quantia certa ou já fixada em liquidação não terá efeito suspensivo, salvo nos casos em que a continuidade da execução possa causar ao executado grave dano de difícil ou incerta reparação;

(D) a impugnação à execução por quantia certa ou já fixada em liquidação poderá versar sobre qualquer causa impeditiva, modificativa ou extintiva da obrigação, como pagamento, novação, transação, decadência ou prescrição anterior à sentença;

(E) considera-se inexigível o título judicial fundado em lei ou ato normativo declarados inconstitucionais pelo Supremo Tribunal Federal, ou fundado em aplicação ou interpretação da lei ou ato normativo tidas pelo Supremo Tribunal Federal como incompatíveis com a Constituição Federal ou com a legislação infraconstitucional.

82. **(ADVOGADO – BNDES – 2008 – CESGRANRIO)** José foi condenado, em sentença transitada em julgado, a pagar a João, a título de danos morais, a importância de R$ 10.000,00 (dez mil reais). Na hipótese, pode-se afirmar que

I - José deve efetuar seu pagamento no prazo de quinze dias, sob pena do montante da condenação ser acrescido de multa de 10% (dez por cento);

II - José deve requerer sua execução no prazo de seis meses, sob pena de o processo ser extinto por falta de iniciativa da parte interessada;

III - João pode apresentar impugnação alegando que José, em excesso de execução, pleiteia quantia superior à resultante da sentença, mas para tanto deve efetuar o depósito do valor que entende correto em 48 horas;

IV- Joao não pode mais argüir sua ilegitimidade passiva, pois tal matéria só pode ser apreciada durante o processo de conhecimento;

V - João pode apresentar impugnação alegando que o título é inexigível e, nesse caso, ela possui necessariamente efeito suspensivo.

Está(ão) correta(s) **APENAS** a(s) afirmação(ões)

(A) I
(B) I e II
(C) I, II e III
(D) I, III, IV e V
(E) II, III, IV e V

83. **(ADVOGADO – IRB – 2006 – ESAF)** A propósito de sentença, assinale a opção falsa.

(A) É absolutamente nula a sentença ilíquida quando foi formulado pedido certo pelo autor.

(B) O *jus superveniens* (CPC, art. 462) não se dirige apenas ao juiz de primeiro grau de jurisdição.

(C) O provimento judicial de mérito deve ser certo, ainda que ilíquido, assim compreendida também a relação jurídica de direito material pendente de condição.

(D) Não deve o tribunal declarar a nulidade de sentença não embargada omissa a respeito de um dos pedidos cumulados.

(E) No caso de julgamento *ultra petita* a nulidade pode deixar de ser declarada quando a sentença puder ser decotada na instância revisora.

84. **(PROCURADOR – BANCO CENTRAL – 2009 – CESPE)** Para elaborar os cálculos necessários à liquidação da sentença, o credor identificou que precisava de dados que se encontravam em poder do devedor, razão pela qual requereu ao juiz prolator da sentença que intimasse o devedor para apresentá-los. Considerando essa situação hipotética, assinale a opção correta.

(A) Estivessem os documentos necessários aos cálculos em poder de terceiro, a recusa em apresentá-los ou a rejeição das justificativas carrearia aos cálculos apresentados pelo próprio credor apenas presunção relativa de correção.

(B) Caso o devedor deixe de apresentar os documentos ou tenha suas justificativas julgadas insuficientes, serão considerados corretos os cálculos que o credor apresentar, sendo isso um caso de presunção absoluta erigida pela lei processual.

(C) Se o juiz entender que os cálculos apresentados pelo devedor diante da não apresentação dos documentos pelo credor aparentemente excedem o valor devido, poderá solicitar cálculos do contador judicial e decidir qual valor será cobrado no cumprimento da sentença.

(D) Apesar de haver similaridade entre o procedimento descrito e o procedimento da exibição de documentos, não é dado ao devedor escusar-se de apresentar os documentos por alegar que estes dizem respeito a negócios da vida familiar.

(E) Dirigindo-se contra o devedor, o pedido de apresentação dos documentos necessários será simples incidente do processo no qual foi proferida sentença condenatória, passando a ser necessário o ajuizamento de ação cautelar de exibição se a pretensão se dirigir contra terceiro.

85. **(ADVOGADO DA UNIÃO – AGU – 2009 – CESPE)** Acerca da impugnação ao cumprimento da sentença, julgue o item a seguir.

1 Ultrapassado o prazo para impugnação do cumprimento da sentença, não será mais possível manejá-la para alegar prescrição; contudo, essa defesa poderá ser alegada via objeção de executividade, independentemente de segurança do juízo.

86. **(ADVOGADO DA UNIÃO – AGU – 2006 – CESPE)** A respeito da sentença cível e da coisa julgada, julgue os itens a seguir.

1. A sentença que acolhe ou rejeita, pelo mérito, o habeas data faz coisa julgada material. Entretanto, a coisa julgada não é empecilho a que novos pedidos de exibição, cancelamento ou retificação se formulem e sejam decididos.
2. A sentença proferida na ação popular faz coisa julgada erga omnes, salvo se o pedido for julgado improcedente por insuficiência de provas, hipótese em que qualquer legitimado poderá intentar outra ação popular, com idêntico fundamento, valendo-se de novas provas.
3. É nula a sentença que reaprecia matéria relativa a condições da ação já decidida no despacho saneador, de que não houve recurso, precluindo, no caso, a matéria também para o juiz.

87. **(ADVOGADO DA UNIÃO – AGU – 2006 – CESPE)** Acerca da tutela específica das obrigações, julgue os itens que se seguem.

1. A execução de sentença que imponha obrigação de entrega de coisa se opera na própria relação processual original. E a defesa do devedor se fará por simples petição, no âmbito da própria relação processual em que for determinada a medida executiva, afastando-se o cabimento de ação autônoma de execução, bem como, conseqüentemente, de oposição do devedor por ação de embargos.
2. As decisões judiciais que imponham obrigação de fazer ou de dar dinheiro podem ser executadas por impulso oficial nos próprios autos do processo de conhecimento, independentemente de novo mandado citatório, em razão da eficácia mandamental da tutela específica.

88. **(PROCURADOR DA FAZENDA NACIONAL – 2007.2 – ESAF)** "A" ajuíza ação reparatória em face de "B", alegando que o réu deveria ser condenado no pagamento da indenização derivada de erro médico. "A" não traz valor certo para a condenação, por não saber em definitivo as conseqüências do ato que entende ilícito. Ao sentenciar, o magistrado reconhece que houve erro médico no sentido de que o profissional não atuou com a diligência que sua profissão lhe impunha e que o valor relativo a este erro médico será apurado assim que todas as conseqüências do ilícito sejam passíveis de constatação derradeira. A qualificação das conseqüências do ato reconhecido será discutido pelas partes "em fase de liquidação". Assinale a opção incorreta.

(A) do requerimento de liquidação de sentença será a parte intimada, na pessoa do seu advogado, sendo desnecessário novo instrumento de mandato para passar a receber as intimações relativas à "fase de liquidação" e, oportunamente, à fase de cumprimento de sentença.
(B) a liquidação poderá ser requerida na pendência de recurso, processando-se em autos apartados, no juízo de origem, cumprindo ao liquidante instruir o pedido com cópias das peças processuais pertinentes.
(C) nos casos em que a apelação for recebida no efeito suspensivo, é possível ao credor da obrigação proceder a "liquidação" independentemente de poder ou não dar início à fase de "cumprimento da sentença", posto que a "liquidação provisória" não tem o condão de trazer nenhum prejuízo para a parte contrária.
(D) nos processos sob procedimento comum sumário é defesa a sentença ilíquida, cumprindo ao juiz, se for o caso, fixar de plano, a seu prudente critério, o valor devido.
(E) a ausência de alguma peça indispensável para instruir o pedido de "liquidação" gerará vício ou nulidade processual, não comportando, em razão da preclusão, providenciar cópia dos autos que estão na instância superior para suprir a lacuna.

4.10. AÇÕES ANULATÓRIA E RESCISÓRIA

89. **(ADVOGADO – PETROBRÁS – 2008 – CESGRANRIO)** Quando da elaboração da petição inicial de uma ação rescisória, o advogado deve atender aos requisitos da petição inicial, previstos no art. 282 do Código de Processo Civil. Deverá atentar ainda aos requisitos específicos sobre ação rescisória, qual seja o de obrigatoriamente cumular ao pedido de rescisão o pedido de novo julgamento da causa, imediatamente após a rescisão do julgado,

(A) sempre que a ação tiver por fundamento violação de disposição literal da lei.
(B) quando o fundamento da ação for ofensa à coisa julgada.
(C) quando o fundamento da ação for corrupção do juiz original.
(D) quando o fundamento da ação for a alegação de ser o juiz absolutamente incompetente.
(E) quando o fundamento da ação for a ocorrência de juiz peitado.

90. **(ADVOGADO – ELETROBRÁS – 2006 – NCE/UFRJ)** A ação rescisória:

(A) não suspende a execução da sentença rescindenda;
(B) suspende a execução da sentença rescindenda;
(C) suspende a execução da sentença rescindenda com o depósito em caução de 5% (cinco por cento) do valor atribuído à causa;
(D) suspende a execução da sentença rescindenda após a citação válida de todos os réus;
(E) suspende a execução da sentença rescindenda se assim determinado pelo relator.

91. **(ADVOGADO - EMBRAPA - 2005 - CESPE)** Considere que, em determinada ação, a decisão de mérito proferida pelo juiz ofendia coisa julgada em outro processo. A decisão em epígrafe também transitou em julgado em março de 2005. Ocorre que o juízo rejeitou a preliminar em que foi suscitada a coisa julgada. Em face dessas considerações, julgue os itens a seguir.

1. No caso considerado, já não é cabível recurso ordinário ou extraordinário contra a decisão que ofendeu a coisa julgada, nem caberá a rescisória, uma vez que esta já foi suscitada e rejeitada no processo.
2. Não há que falar em decadência em relação à rescisória, uma vez que o prazo é de dois anos.
3. Proposta a ação rescisória, deve o juiz suspender a execução da sentença rescindenda, evitando, assim, decisão contraditória.

92. **(ADVOGADO - BNDES - 2001 - VUNESP)** Quanto à ação rescisória, pode-se afirmar que

(A) o prazo para a sua propositura é decadencial de 2 (dois) anos, contados da prolação da sentença.
(B) o levantamento do depósito de 5% (cinco por cento) sobre o valor da causa, a título de multa, não deve ser deferido à parte ré, ainda que vencedora em ação rescisória julgada improcedente por unanimidade, pois dependerá da verificação de prejuízo concreto.
(C) documento novo, para a sua propositura, é qualquer documento constituído após a sentença rescindenda.
(D) se o acórdão fixar a indenização por dano moral em valores exorbitantes, desprezando a solução aceita na sentença, que determinara a apuração do valor do dano moral em liquidação de sentença por arbitramento, não há que se falar em violar literal disposição de lei, conforme preconizado pelo Código de Processo Civil.
(E) proposta a ação no prazo fixado para o seu exercício, a demora na citação, por motivos inerentes ao mecanismo da Justiça, não justifica o acolhimento da argüição de decadência.

93. **(PROCURADOR - BANCO CENTRAL - 2009 - CESPE)** O juiz julgou procedente pedido encaminhado por meio de ação civil pública contra empresa de exploração de petróleo e condenou a ré a desfazer as obras de instalação de oleoduto em área de proteção ambiental. Essa sentença foi objeto de recurso de apelação, no qual foi repelida a pretensão de reforma, sendo mantida integralmente a condenação pelo tribunal, após o que houve trânsito em julgado da decisão. Diante da situação hipotética, assinale a opção correta quanto ao cabimento de ação rescisória.

(A) Será rescindível a sentença se for comprovado que o juiz prolator era proprietário de terras nas proximidades da área em que seria construído o oleoduto, sendo suspeito por ser seu interesse que esse não fosse construído.
(B) Ainda que a ação tenha sido julgada por juiz diferente, se aquele que foi responsável por qualquer dos atos de instrução do feito estiver impedido por ser casado com uma das procuradoras nomeadas pela empresa para promover sua defesa no processo, será cabível a rescisória.
(C) Caso um dos desembargadores que participou do julgamento do recurso tenha oficiado no feito como representante do MP, seu impedimento será suficiente para justificar a rescisória, ainda que tenha proferido voto vencido.
(D) Se o juiz que tiver julgado a causa não for aquele que concluiu a audiência e se estiverem ausentes quaisquer das exceções legais à regra da identidade física, será o caso de rescisória fundada na incompetência absoluta do juiz prolator da sentença, ainda que por força de equiparação dos institutos envolvidos.
(E) Apurando-se que a ação foi proposta e julgada no domicílio do autor, quando deveria tê-lo sido no domicílio do réu, será o caso de rescisória fundada na incompetência relativa do juízo, pois terá sido violada norma expressa da lei processual.

94. **(PROCURADOR DA FAZENDA NACIONAL - 2007.2 - ESAF)** Quanto à ação rescisória e também quanto à interpretação do enunciado 343 da Súmula do Supremo Tribunal ("Não cabe ação rescisória por ofensa a literal dispositivo de lei, quando a decisão rescindenda se tiver baseado em texto legal de interpretação controvertida nos tribunais"), é incorreto afirmar:

(A) de acordo com a jurisprudência do Superior Tribunal de Justiça, o fato de a matéria ser controvertida afasta a possibilidade de violação de literal dispositivo de lei, ainda que a jurisprudência tenha-se firmado de acordo com a pretensão da parte; sendo que a não incidência da Súmula 343 só deve ocorrer quando o Supremo declarar a inconstitucionalidade da lei aplicada pelo acórdão recorrido.
(B) de acordo com a jurisprudência do Superior Tribunal de Justiça, a ausência de inclusão de todos os beneficiários da ação originária, no pólo passivo da ação rescisória, em constituição de litisconsórcio passivo necessário, implica a nulidade do processo.
(C) é incabível ação rescisória para desconstituir acórdão que tenha deixado de aplicar determinado dispositivo de lei por considerá-lo inconstitucional, sobrevindo decisão do STF que atesta sua constitucionalidade, por incidir, nessa hipótese, o enunciado da Súmula n. 343/STF.
(D) de acordo com a jurisprudência do Superior Tribunal de Justiça, se, à época da decisão rescindenda a jurisprudência do Superior Tribunal

de Justiça já se firmara em sentido diferente do entendimento nela adotado, não só é cabível, como deve ser julgada procedente o pedido formulado na ação rescisória.

(E) é competente o Superior Tribunal de Justiça para julgar ação rescisória ajuizada da decisão que não conheceu do recurso especial interposto com base na alínea "a" do permissivo constitucional, mas que tenha apreciado o mérito.

95. **(DEFENSORIA PÚBLICA DA UNIÃO – 2007 – CESPE)** Julgue os itens que se seguem, acerca da ação rescisória.

1. O valor da causa na ação rescisória deve ser o valor da ação originária, monetariamente corrigido, se este corresponder, efetivamente, ao benefício econômico pretendido pelo autor.
2. Considere que sentença penal absolutória tenha reconhecido que determinado fato não constituía infração penal ou fundada na falta de provas desse fato por parte do réu. Considere, ainda, que essa sentença tenha sido proferida posteriormente ao trânsito em julgado da decisão rescindenda. Nessa situação, a referida sentença configura documento novo apto a instruir ação rescisória, objetivando o reconhecimento de que a decisão do juízo criminal é causa superveniente extintiva da obrigação de indenizar que foi imposta ao réu pela sentença rescindenda.
3. A legitimidade ativa para a propositura da ação rescisória é conferida não apenas a quem foi parte no processo originário ou a seu sucessor, ainda que o processo tenha corrido à revelia do réu, mas também ao Ministério Público ou a terceiro juridicamente interessado. Esse terceiro, quando promove a ação, deve trazer ao processo os partícipes da relação originária.

4.11. RECURSOS

96. **(ADVOGADO – PETROBRÁS – 2008 – CESGRANRIO)** Analise as afirmativas a seguir, sobre Agravo de Instrumento.

I. O agravo de instrumento é recurso cabível contra decisão judicial que exclui um dos litisconsortes do feito.

II. Só é cabível agravo de instrumento da decisão que recebe apelação intempestiva.

III. A decisão que deixa de receber apelação em função de súmula impeditiva de recurso é atacada por agravo de instrumento.

IV. Interpõe-se agravo de instrumento das decisões interlocutórias, proferidas em audiência de instrução e julgamento, devendo o mesmo ser interposto oral e imediatamente, bem como constar do respectivo termo, nele expostas as razões do agravante.

V. A decisão que converte agravo de instrumento em agravo retido é atacada por agravo interno dirigido ao Pleno do Tribunal.

São corretas **APENAS** as afirmativas

(A) I e III
(B) IV e V
(C) I, II e IV
(D) II, IV e V
(E) III, IV e V

97. **(ADVOGADO – PETROBRÁS – 2008 – CESGRANRIO)** Durante o julgamento de uma apelação perante uma Câmara Cível, o advogado da Petrobras argúi, de forma inédita, em sua sustentação oral, a inconstitucionalidade de uma lei estadual em face da Constituição Federal. A partir desse ponto, analise as afirmativas abaixo, visando a verificar qual(ais) apresenta(m) hipótese(s) admissível(eis).

I. A argüição de inconstitucionalidade não será apreciada, vez que intempestiva.

II. A Câmara, ouvido o Ministério Público, pode rejeitar a alegação de inconstitucionalidade da norma e reconhecer sua constitucionalidade, prosseguindo o julgamento.

III. A Câmara, ouvido o Ministério Público, pode rejeitar ou acolher a alegação, declarando a inconstitucionalidade da norma.

IV. A Câmara, ouvido o Ministério Público, pode aceitar a alegação, suspender o julgamento e submeter a questão ao Pleno do Tribunal, que poderá declarar a inconstitucionalidade da norma conforme a alegação da parte ou frente a outro dispositivo constitucional.

É(São) admissível(eis) **APENAS** a(s) alternativa(s)

(A) I
(B) III
(C) IV
(D) II e III
(E) II e IV

98. **(ADVOGADO – PETROBRÁS – 2006 – CESGRANRIO)** Um Estado estrangeiro ingressou com uma ação de reparação de danos contra a Petrobras. A ação foi julgada procedente pelo órgão do Poder Judiciário de competência originária. Contra essa sentença é cabível:

(A) apelação ao Tribunal Regional Federal.
(B) recurso ordinário para o Supremo Tribunal Federal.
(C) recurso ordinário para o Superior Tribunal de Justiça.
(D) recurso especial para o Superior Tribunal de Justiça.
(E) recurso extraordinário para o Supremo Tribunal Federal.

99. **(ADVOGADO – PETROBRÁS – 2006 – CESGRANRIO)** Contra o acórdão resultante do julgamento de uma apelação por uma Câmara Cível do Tribunal de Justiça do Estado do Rio de Janeiro, o advogado da parte sucumbente pretende interpor recurso extraordinário. Será incabível esse recurso quando a decisão recorrida:

(A) declarar a inconstitucionalidade de lei federal.
(B) contrariar dispositivo da Constituição Federal.
(C) julgar válida lei local contestada em face de lei federal.
(D) julgar válido ato de governo local contestado em face de lei federal.
(E) julgar válido ato de governo local contestado em face da Constituição Federal.

100. **(ADVOGADO – PETROBRÁS – 2006 – CESGRANRIO)** Com relação aos recursos especial e extraordinário, é **ERRADO** afirmar:

(A) O pré-requisito do pré-questionamento nunca pode ser dispensado.
(B) O pré-requisito de admissibilidade do recurso extraordinário de "repercussão geral da questão constitucional" não encontra pré-requisito análogo para o recurso especial.
(C) A interposição de recurso especial e extraordinário, em regra, produz apenas efeito devolutivo.
(D) Quando há a interposição e admissão de recurso especial e extraordinário, simultaneamente, os autos do processo serão primeiro remetidos ao STJ e, após, ao STF.
(E) É cabível recurso extraordinário contra decisões proferidas pelas turmas recursais dos juizados especiais cíveis, mas é incabível o recurso especial.

101. **(ADVOGADO – PETROBRÁS – 2003 – CESPE)** A respeito de recursos, julgue os itens subseqüentes.

1 Ao julgar apelação, poderá o tribunal reexaminar, de ofício, questão relativa a condições da ação, litispendência, coisa julgada ou pressupostos processuais já decidida pelo juiz no curso do processo, ainda que a parte prejudicada pela decisão não tenha interposto recurso contra ela.
2 Se o juiz, ao retratar-se da decisão agravada, vier a extinguir o feito por falta de condição da ação, deverá o agravado interpor apelação daquela decisão, e não simplesmente requerer a subida dos autos ao tribunal para julgar o agravo.

102. **(ADVOGADO – PETROBRÁS – 2001 – CESPE)** Mandado de segurança decidido em única instância por tribunal estadual enseja a interposição

1 de recurso ordinário para o Superior Tribunal de Justiça (STJ), em qualquer hipótese, ainda que a decisão não tenha sido unânime, tendo em vista súmula do STJ que entende incabíveis embargos infringentes contra acórdão proferido em apelação que julga mandado de segurança.
2 de recurso ordinário para o STJ, caso seja denegatória a decisão, ainda que o recurso seja fundado na violação a dispositivo de lei local.
3 de recurso ordinário para o STJ, caso seja denegatória a decisão, mesmo que o recurso seja fundado em violação a dispositivo da Constituição da República.
4 de recurso ordinário para o Supremo Tribunal Federal (STF), caso seja deferida a segurança, desde que o recurso seja fundado em violação a dispositivo da Constituição da República.
5 simultânea dos recursos especial e extraordinário, caso seja denegatória a decisão.

103. **(ADVOGADO – PETROBRÁS – 2001 – CESPE)** Decisão de última instância, com fundamentos suficientes de naturezas legal e constitucional,

1 enseja a interposição simultânea dos recursos especial e extraordinário, cabendo à parte optar por um ou por outro.
2 enseja a interposição de recurso extraordinário, tão-somente, uma vez que a jurisdição do STF, sendo constitucional, absorve em tais hipóteses a do STJ.
3 deve ser atacada mediante recurso especial perante o STJ, cabendo, da decisão aí proferida, recurso extraordinário para o STF.
4 deve ser atacada mediante recurso especial e recurso extraordinário, sob pena de não-conhecimento do recurso que vier a ser interposto.
5 contra a qual tenham sido interpostos recurso especial e recurso extraordinário, se tiver confirmado no julgamento do especial o fundamento infraconstitucional, e transitar em julgado a decisão do STJ, não será o extraordinário conhecido pelo STF.

104. **(ADVOGADO – PETROBRÁS DISTRIB. – 2008 – CESGRANRIO)** A Estrela Distribuidora propôs ação de procedimento ordinário em face da empresa ZZZOOO S/A, apresentando contrato de prestação de serviços no valor de R$ 50.000,00 (cinqüenta mil reais) não cumprido. O Juiz aduz a ausência de comprovante, reconhecendo obrigação de pagar ou dar e indefere a petição inicial, com exame de mérito. No sistema adotado no Brasil, o ato do juiz é atacável por recurso

(A) extraordinário.
(B) de agravo.
(C) de apelação.
(D) de embargos infringentes.
(E) de embargos de divergência.

105. **(ADVOGADO – PETROBRÁS DISTRIB. – 2008 – CESGRANRIO)** A BR S/A é ré em procedimento sumário, com pedido indenizatório, por danos morais e materiais, decorrente de acidente de veículos,

proposta por Túlio Romário da Silva. Regularmente citada, apresenta a ré contestação oral em audiência, requerendo prova testemunhal, indicando seu rol de testemunhas, e prova pericial, para conferir os prejuízos alegados pelo autor. O magistrado que preside o processo indefere as provas requeridas, aduzindo que a prova material carreada aos autos é suficiente para formar o seu convencimento e profere sentença em audiência julgando procedente *in totum* o pedido formulado. Não houve interposição de agravo por parte da BR S/A. Nesse contexto,

(A) deveria ser retido o recurso de agravo.
(B) seria agravo de instrumento o recurso adequado.
(C) caberia agravo interno.
(D) seria cabível agravo regimental.
(E) não caberia agravo.

106. **(ADVOGADO – PETROBRÁS DISTRIB. – 2008 – CESGRANRIO)** A BR S/A apresenta ação de procedimento ordinário em face de Edmundo dos Santos, postulando indenização por danos causados, sendo o pedido julgado improcedente em primeiro grau de Jurisdição, com acórdão de primeiro grau confirmando a sentença proferida, por decisão unânime da Câmara Cível. Houve interposição de recurso extraordinário, inadmitido, bem como de recurso especial, também inadmitido. De ambas as decisões houve interposição de agravo de instrumento. Aduziu, para preencher requisito exigido para o extraordinário, a existência de reflexo para outras causas da questão pertinente ao dano material e moral quanto a empresas. A Suprema Corte, em decisão unânime, não considerou preenchido o referido pressuposto. Diante do contexto, pode-se afirmar que

(A) se trata do denominado efeito reflexo da causa.
(B) o recorrente deve demonstrar a repercussão geral.
(C) o recorrente deve indicar súmula vinculante.
(D) o requisito referido é o prequestionamento.
(E) o novo requisito não pode ser aplicado, por ausente regulamentação.

107. **(ADVOGADO – INFRAERO – 2004 – NCE/UFRJ)** Romário propõe ação de cobrança em face de Charles que tramita perante o juízo da 2ª Vara Cível da Comarca de Itaguaí. Como defesa, o réu apresentou exceção deincompetência que foi julgada por sentença. Inconformado com a decisão, Romário ofereceu agravo de instrumento, que veio a ser improvido por maioria de votos, havendo ofensa à lei federal no acórdão proferido pelo Tribunal ad quem. Qual seria o recurso adequado para defender os interesses de Romário:

(A) Embargos Infringentes;
(B) Recurso Ordinário;
(C) Recurso Extraordinário;
(D) Embargos de Divergência;
(E) Recurso Especial.

108. **(ADVOGADO – ELETROBRÁS – 2006 – NCE/UFRJ)** O juiz, entendendo que haveria falta de interesse de agir, julgou liminarmente inadmissível o pedido de liquidação da sentença formulado nos autos de uma ação de cobrança, cujo pedido foi julgado procedente, com sentença transitada em julgado. Da decisão que inadmitiu a liquidação de sentença cabe:

(A) agravo retido, por ser esta a forma preferencial de impugnação de uma decisão interlocutória;
(B) agravo de instrumento, por se tratar de decisão interlocutória mista;
(C) apelação, porque é uma decisão final que encerra o procedimento sem resolução de mérito;
(D) apelação, porque o julgamento pode abranger questões tratadas na sentença que julgou o pedido de cobrança;
(E) embargos de declaração, porque é contraditório julgar inadmissível a liquidação de uma sentença transitada em julgado.

109. **(ADVOGADO – ELETROBRÁS – 2006 – NCE/UFRJ)** Quanto ao prazo para recorrer, é correto afirmar que:

(A) não se interrompe, salvo se ocorrer uma catástrofe natural;
(B) não é contado em dobro em favor dos litisconsortes com diferentes procuradores, se só um deles tiver sucumbido;
(C) é contado em quádruplo para a Fazenda Pública e para o Ministério Público;
(D) trata-se de prazo impróprio e fixado em lei;
(E) se suspende por vontade das partes, desde que requerido dentro de seu interregno.

110. **(ADVOGADO – DATAPREV – 2009 – UFF)** Acerca dos recursos, é correto afirmar que:

(A) o recurso especial e o extraordinário possuem efeito suspensivo;
(B) a insuficiência do valor do preparo do recurso implicará deserção, se o recorrente, intimado, não vier a supri-lo no prazo de 10 (dez) dias;
(C) a renúncia ao direito de recorrer depende da aceitação da outra parte;
(D) o juiz não receberá o recurso de apelação quando a sentença estiver em conformidade com súmula do Superior Tribunal de Justiça ou do Supremo Tribunal Federal;
(E) a apelação de sentença que confirmar a antecipação dos efeitos da tutela será recebida no efeito suspensivo e devolutivo.

111. **(ADVOGADO – CASA DA MOEDA – 2009 – CESGRANRIO)** A Casa da Moeda do Brasil é ré em ação que transita pelo procedimento sumário, com pedido indenizatório por danos morais e materiais decorrentes de acidente de veículos, ocorrido no município de Sapucaia/RJ, proposta por M. S.. Regularmente citada, apresenta a ré contestação oral, em audiência, requerendo prova testemunhal, indicando seu rol de testemunhas e prova pericial para conferir os prejuízos alegados pelo autor. O magistrado que preside o processo indefere as provas requeridas, aduzindo que a prova material carreada aos autos é suficiente para formar o seu convencimento e profere sentença, em audiência, julgando procedente *in totum* o pedido formulado. Analisando o caso apresentado, conclui-se que

(A) o agravo interno seria cabível.
(B) o agravo regimental seria cabível.
(C) o recurso de agravo deveria ser retido.
(D) o recurso seria agravo de instrumento.
(E) não caberia agravo.

112. **(ADVOGADO – BNDES – 2008 – CESGRANRIO)** De acordo com o Código de Processo Civil, **NÃO** comporta a interposição de recurso adesivo a(o)

(A) Apelação.
(B) Embargo infringente.
(C) Recurso ordinário.
(D) Recurso extraordinário.
(E) Recurso especial.

113. **(ADVOGADO – BNDES – 2006 – CESGRANRIO)** Analise as seguintes hipóteses:

I. contra a parte não unânime de acórdão proferido no julgamento de apelação cuja unanimidade fora parcial;

II. contra acórdão não unânime que julga improcedente o pedido em ação rescisória;

III. contra acórdão não unânime, proferido no julgamento de apelação que contém apenas matéria de preliminar processual;

IV. contra acórdão não unânime que julga o mérito da lide ao dar provimento à apelação interposta contra sentença terminativa.

Considerando presentes os demais pressupostos dos embargos infringentes, a(s) hipótese(s) em que é possível a utilização do referido recurso é(são):

(A) III, apenas.
(B) I e II, apenas.
(C) I e III, apenas.
(D) I e IV, apenas.
(E) II e IV, apenas.

114. **(ADVOGADO – BNDES – 2004 – CESGRANRIO)** O recurso especial tem a função de:

(A) manter a autoridade e unidade da lei federal.
(B) tutelar a autoridade e integridade da lei magna federal.
(C) uniformizar a jurisprudência das diferentes câmaras ou turmas de um mesmo tribunal.
(D) reexaminar acórdão não unânime proferido por outro tribunal.
(E) reformar decisões interlocutórias.

115. **(ADVOGADO – BNDES – 2004 – CESGRANRIO)** De acordo com a legislação processual civil em vigor, é correto afirmar que os embargos declaratórios opostos em face de acórdão de tribunal:

(A) admitem sustentação oral.
(B) podem, em certos casos, ser indeferidos monocraticamente pelo relator.
(C) devem ser apresentados em petição dirigida ao presidente do órgão colegiado julgador do acórdão embargado.
(D) não serão conhecidos quando deixar de ser recolhido o preparo.
(E) serão julgados independentemente da publicação de pauta no órgão oficial.

116. **(ADVOGADO – BNDES – 2001 – VUNESP)** Quanto aos recursos, pode-se afirmar que

(A) são sempre recebidos no seu duplo efeito.
(B) havendo sucumbência recíproca, aquele que deixou de recorrer poderá fazê-lo adesivamente, independentemente do recurso que tenha sido interposto pela outra parte.
(C) a renúncia ao direito de recorrer depende da aceitação da outra parte.
(D) o prazo para sua interposição ou resposta será sempre de 15 (quinze) dias.
(E) o recorrente pode, a qualquer tempo, sem a anuência dos litisconsortes ou do recorrido, desistir do recurso.

117. **(ADVOGADO – CEF – 2006 – CESPE)** Julgue os itens que se seguem, a respeito dos recursos no processo civil.

1. Após a interposição dos embargos de declaração, ocorre a interrupção do prazo para a interposição de outros recursos por qualquer das partes e mantém-se em suspenso a eficácia da decisão recorrida, salvo se o recurso for intempestivo.
2. Tratando-se de recurso especial, o prequestionamento é requisito essencial e pressuposto específico, o que significa que a matéria suscitada pela parte sucumbente, em suas razões do recurso, foi apreciada pelo tribunal onde o recurso foi julgado.
3. O provimento do recurso de apelação em que a parte alega a falta de fundamentação da sentença deve ter como conseqüência a reforma da decisão impugnada, para se julgar procedente ou improcedente a ação.

118. **(PROCURADOR – BANCO CENTRAL – 2009 – CESPE)** Quanto à repercussão geral exigida como pressuposto de cabimento do recurso extraordinário, assinale a opção correta.

(A) Diante da necessidade de quorum qualificado para que o tribunal deixe de conhecer o recurso por ausência de repercussão geral, não se exige que o recorrente a aponte na peça recursal, pois haverá presunção relativa de existência.

(B) (A)repercussão geral foi definida pela norma infraconstitucional, que se valeu de conceitos jurídicos indeterminados para tanto, de modo que não se admite situação que importe presunção absoluta da sua existência.

(C) Sendo o exame da repercussão geral realizado mediante a interpretação de conceitos jurídicos indeterminados, evidencia-se a possibilidade da avaliação de critérios como a conveniência de discutir a matéria, sendo, por isso, dispensáveis a motivação e a publicidade da decisão.

(D) Caso a decisão recorrida esteja conforme jurisprudência dominante do STF, presume-se a falta de repercussão geral, o que afasta a necessidade do quorum qualificado para que se deixe de conhecer o recurso.

(E) Apesar de ser do pleno do STF a competência de deixar de conhecer o recurso por ausência de repercussão geral, pode o presidente ou o vice-presidente do tribunal local deixar de admiti-lo se o recorrente não tiver incluído em sua peça considerações que busquem demonstrar a presença da repercussão.

119. **(ADVOGADO DA UNIÃO – AGU – 2009 – CESPE)** Acerca dos recursos e da ação rescisória previstos no CPC, julgue os itens que se seguem.

1. No caso de julgamento realizado por órgão colegiado em sede de apelação, o crime de prevaricação cometido por um dos membros componentes desse órgão viciará o acórdão mesmo que o voto do citado membro tenha sido vencido, independentemente da interposição de embargos infringentes.
2. Diz-se na doutrina que existe presunção da existência de repercussão geral nos recursos extraordinários, o que se comprova pela necessidade de quorum diferenciado para o não-conhecimento do recurso com base na ausência de tal requisito e na dispensa da demonstração da sua presença na peça de interposição do recurso, cabendo ao recorrido demonstrar a ausência.
3. Em regra, não existe contraditório nos embargos de declaração, uma vez que é recurso destinado a suprir omissão, obscuridade ou contradição da decisão recorrida. Parte majoritária da doutrina e da jurisprudência, entretanto, entende pela necessidade de intimação da outra parte para apresentação de contrarrazões, caso os embargos tenham sido interpostos visando a efeitos modificativos, também chamados infringentes.

120. **(ADVOGADO DA UNIÃO – AGU – 2006 – CESPE)** Quanto aos meios de impugnação dos provimentos jurisdicionais no processo civil, julgue os itens subseqüentes.

1. Havendo sucumbência recíproca, qualquer das partes poderá deduzir pedido de reforma da sentença, na parte que sucumbiu, em sede de contra-razões da apelação. Nessa situação, a manifestação do recorrido deverá ser recebida como recurso adesivo.
2. A finalidade do recurso de embargos infringentes é a prevalência do voto vencido sobre o voto vencedor. Esses embargos são cabíveis contra decisão não unânime que reformou a sentença de mérito proferida em sede de apelação, remessa necessária e ação rescisória.
3. Os embargos de declaração podem ter, excepcionalmente, caráter infringente quando houver, no acórdão, suprimento de omissão, contradição entre o fundamento e o *decisum* ou em caso de manifesto erro material, cujo reconhecimento não implique reexame de prova ou da tese jurídica adotada na decisão embargada.
4. A decisão referente ao juízo de admissibilidade dos recursos tem natureza declaratória e os efeitos da decisão que não conhece o recurso intempestivo contam-se do momento em que o tribunal ad quem proferiu o juízo negativo de admissibilidade. Assim, o prazo para propositura de eventual rescisória conta-se do trânsito em julgado da decisão que não conheceu o recurso.
5. A desistência do recurso pode ser feita desde o momento em que foi interposto até o momento imediatamente anterior ao julgamento, inclusive deduzida oralmente na sessão de julgamento, e independe da anuência do recorrido ou dos litisconsortes, produzindo os efeitos a que se destina desde logo, independentemente de homologação.

121. **(ADVOGADO DA UNIÃO – AGU – 2004 – CESPE)** No que se refere a recursos, julgue os itens que se seguem.

1 É cabível o agravo com pedido de suspensividade somente quando o juiz defere liminar cautelar ou satisfativa. Quando a decisão é denegatória, entretanto, não se pode reclamar, em antecipação de tutela, a prática do ato que não foi concedido.

2 O prazo para recorrer de acórdão concessivo de segurança é contado a partir da ciência dada à autoridade coatora para cumprimento da decisão, e não da publicação oficial de suas conclusões.

3 Enquanto estiver pendente de apreciação a apelação recebida somente no efeito devolutivo, a decisão atacada é passível de execução provisória, independentemente de qualquer requerimento da parte para comprovar a necessidade

da execução antes do trânsito em julgado da decisão.

4 Toda vez que há sucumbência recíproca, não se pode falar em recurso independente, mas sim em recurso adesivo, porque, vencidos autor e réu, o primeiro dos recursos interpostos será considerado principal, ficando a este subordinado o recurso adesivo.

122. **(PROCURADOR FEDERAL - AGU - 2007 - CESPE)** Com respeito aos embargos de divergência, julgue os próximos itens.

1 A prova da autenticidade do acórdão parâmetro de dissídio nos embargos de divergência, por conseqüência de recentes reformas do CPC, pode dar-se pela citação de repositório de jurisprudência, oficial ou credenciado, inclusive em mídia eletrônica, em que tiver sido publicada a decisão divergente, ou, ainda, pela reprodução de julgado disponível na Internet, com a indicação da respectiva fonte.

2 Conforme a jurisprudência atual, tanto do STF quanto do STJ, esses embargos são oponíveis, respeitados os demais pressupostos de admissibilidade, em face de acórdão proferido em julgamento de agravo interposto contra decisão monocrática em recurso extraordinário e especial, respectivamente.

123. **(PROCURADOR FEDERAL - AGU - 2007 - CESPE)** Quanto aos recursos no processo civil, julgue os itens subseqüentes.

1 Das decisões interlocutórias proferidas na audiência de instrução e julgamento caberá agravo na forma retida, que deve ser interposto oral e imediatamente e deve constar do respectivo termo, neste expostas sucintamente as razões do agravante.

2 Compete ao STJ julgar, em recurso ordinário, os mandados de segurança decididos em única instância pelos TRFs, quando essa decisão for denegatória.

3 Compete ao STJ julgar, em recurso especial, as causas decididas em única ou última instância, pelos TRFs, quando a decisão recorrida julgar válida lei local contestada em face de lei federal.

4 O juiz não receberá o recurso de apelação quando a sentença estiver em conformidade com súmula do STF, do STJ ou do TST.

124. **(PROCURADOR FEDERAL - AGU - 2004 - CESPE)** Em relação a recursos, julgue os itens subseqüentes.

1 Não pode recorrer da sentença que homologa a desistência da ação aquele que desistiu, exceto para impugnar a validade da desistência manifestada, por exemplo, por procurador sem poderes especiais.

2 O fato de haver litisconsórcio entre as partes interessadas em recorrer não aumenta o prazo comum que lhes cabe, salvo se os litisconsortes tiverem diferentes procuradores, hipótese em que o prazo será contado em dobro.

3 Com a nova sistemática recursal advinda com as recentes reformas do Código de Processo Civil, na apelação é reconhecida ao órgão perante o qual se interpõe o recurso — a quo — a competência para examinar-lhe o mérito, se a matéria versada no recurso já estiver pacificada no tribunal.

4 O efeito suspensivo do recurso atinge toda a eficácia da decisão e não apenas o efeito executivo que ela possa ter.

5 Para a configuração do desacordo no julgamento, suficiente para ensejar a interposição de embargos infringentes, não basta que qualquer dos membros do órgão julgador emita voto diferente dos outros. É necessário que o voto seja dado no sentido oposto e que a divergência seja verificada no capítulo principal da decisão, e não em ponto acessório, como, por exemplo, na condenação em custas processuais ou honorários de advogado.

6 O recurso extraordinário e o especial não podem ter por objeto acórdão proferido em causa da competência originária de tribunal, sendo apenas admissíveis contra acórdão proferido em julgamento de outro recurso.

7 Os embargos de declaração em primeiro grau somente podem ser interpostos contra sentença de mérito, nunca contra decisão interlocutória ou sentença terminativa.

125. **(PROCURADOR FEDERAL - AGU - 2002 - CESPE)** Em relação aos recursos, julgue os itens que se seguem.

(1) Considerando que a devolução ao órgão ad quem na apelação e nos recursos extraordinário e especial tem efeitos diversos, é possível que o recorrido, vencedor da demanda, tenha necessidade de aderir ao recurso extraordinário ou ao especial para ensejar ao STF ou ao STJ a apreciação de determinada questão, mas não tenha a necessidade de fazê-lo em hipótese análoga na apelação.

(2) Interpostos e admitidos recursos extraordinário e especial, de regra, primeiro processa-se e julga-se o recurso especial; só depois remetem-se os autos ao STF, para julgamento do extraordinário, caso não esteja prejudicado.

(3) É possível que o recurso extraordinário, sendo prejudicial ao especial, suspenda este, julgando-se aquele em primeiro lugar.

(4) Podem ser objeto de recurso extraordinário, entre outros, acórdãos proferidos em causa de competência originária de tribunal e em casos de reexame obrigatório em segundo grau de jurisdição, ainda que ninguém haja apelado.

(5) Ao contrário do recurso especial, o extraordinário é cabível contra decisões de órgãos de primeiro grau não-impugnáveis por outra via, como a decisão da turma acerca de recurso contra sentença do juizado especial cível.

126. **(PROCURADOR FEDERAL - AGU - 2002 - CESPE)** Julgue os itens seguintes.

(1) A execução da decisão condenatória, objeto de recurso extraordinário, é provisória, e não definitiva, e deve obedecer aos princípios do art. 588 do Código de Processo Civil.
(2) A eventual pendência de recurso contra a sentença que julgar improcedentes os embargos do devedor, na execução de título judicial, não obsta à definitividade da execução, podendo a parte promover, apesar dele, a hasta pública.
(3) Procedentes os embargos do devedor, a execução continuará suspensa na pendência da apelação.
(4) Não sendo possível a reunião de processos por conexão quando se tratar de incompetência absoluta, tramitando ação na justiça estadual, se uma das partes denunciar a lide à União, o juiz deverá suspender o processo principal, remetendo à justiça federal tão-somente o incidente de denunciação para que lá seja julgado.
(5) São cabíveis embargos infringentes em ação cautelar de competência originária do tribunal, julgada por maioria de votos, ainda que acessória de ação rescisória.

127. **(PROCURADOR DA FAZENDA NACIONAL - 2007.2 - ESAF)** Quanto ao agravo retido, é incorreto afirmar que:

(A) o agravo retido deve ser interposto no prazo de dez dias e, uma vez interposto, deverá a parte contrária ser ouvida sobre ele. O juiz, estabelecendo o contraditório, poderá redecidir, hipótese na qual o agravado poderá interpor um novo agravo desta nova decisão.
(B) da decisão que determina a retenção do agravo de instrumento em retido, caberá a interposição de recurso especial, por ser tal decisão considerada de última instância por não comportar o manejo do agravo interno.
(C) as decisões interlocutórias proferidas nas audiências de instrução e julgamento serão agraváveis na forma retida e sua interposição deverá ser feita oral e imediatamente na própria audiência, constando do respectivo termo as razões sucintas de sua reforma, mas toda vez que a decisão interlocutória tiver o condão de "causar à parte lesão grave e de difícil reparação", mesmo quando proferida em audiência de instrução e julgamento, a hipótese é de agravo de instrumento.
(D) da decisão que determina a retenção do agravo de instrumento em retido não caberá recurso mas, de acordo com a jurisprudência dominante do Tribunal Regional Federal da 1ª Região, comportará a impetração do mandado de segurança.
(E) será retido o agravo interposto de qualquer decisão interlocutória que não seja: a inadmissão de apelação; relativa aos efeitos em que a apelação foi recebida; casos de urgência ou, como quer a lei, "decisão suscetível de causar à parte lesão grave e de difícil reparação".

128. **(PROCURADOR DA FAZENDA NACIONAL - 2007.2 - ESAF)** Quanto ao instituto da repercussão geral, é incorreto afirmar que:

(A) a decisão que não se conhece o recurso extraordinário é irrecorrível, quando a questão constitucional nela versada não oferecer repercussão geral.
(B) quando houver multiplicidade de recursos com fundamento em idêntica controvérsia, caberá ao Tribunal de origem selecionar um ou mais recursos representativos da controvérsia e, negada a existência de repercussão geral pelo Supremo Tribunal Federal, os recursos sobrestados considerar- se-ão automaticamente não admitidos.
(C) haverá repercussão geral quando o recurso impugnar decisão contrária à súmula ou jurisprudência dominante do Tribunal.
(D) caberão inicialmente ao Tribunal de origem, ao exercer o primeiro juízo de admissibilidade, e, em seguida, ao Supremo Tribunal Federal analisar a existência de repercussão geral, argüida pelo recorrente em preliminar de recurso extraordinário.
(E) o Relator poderá admitir, na análise da repercussão geral, a manifestação de terceiros, subscrita por procurador habilitado, nos termos do Regimento Interno do Supremo Tribunal Federal.

129. **(PROCURADOR DA FAZENDA NACIONAL - 2007.2 - ESAF)** No que se refere aos embargos infringentes, é incorreto afirmar que:

(A) são cabíveis embargos infringentes quando o tribunal, ao julgar a apelação, dela conheça e lhe dê provimento ou não com fundamento em error in iudicando.
(B) são cabíveis embargos infringentes nas hipóteses em que houver reforma de sentença de mérito por acórdão não unânime em apelação ou de julgamento de procedência do pedido formulado em ação rescisória por acórdão não unânime.
(C) na hipótese de Tribunal julgar o mérito, não se aplica o critério de dupla sucumbência, segundo o qual a parte vencida por um julgamento não-unânime em apelação não terá direito aos embargos infringentes se houver sido vencida também na sentença.
(D) nem sempre é meramente terminativo o acórdão que julga apelação contra sentença terminativa,

eis que, nos termos do § 3º do art. 515, "nos casos de extinção do processo sem julgamento do mérito (art. 267), o tribunal pode julgar desde logo a lide, se a causa versar questão exclusivamente de direito e estiver em condições de imediato julgamento".

(E) são incabíveis embargos infringentes quando o tribunal, ao julgar a apelação, concede provimento com fundamento em error in procedento, posto que nessa hipótese não haveria reforma da sentença, mas sim sua anulação.

130. **(PROCURADOR DA FAZENDA NACIONAL - 2007.1 - ESAF)** Quanto ao recurso de agravo interposto em face da decisão de primeiro grau, é correto afirmar que:

(A) pode-se utilizar a forma de interposição de recurso pelo correio com aviso de recebimento nas hipóteses de agravos de instrumento interposto em face de decisão de primeiro grau e de decisão que não admite recursos especial e extraordinário.

(B) após a análise dos requisitos de admissibilidade do recurso de apelação, o tribunal analisará o agravo retido, sendo que o seu provimento gerará a nulidade da sentença proferida pelo magistrado de primeiro grau.

(C) o magistrado poderá de ofício, por ser matéria relativa à admissibilidade do recurso, não conhecer do recurso de agravo de instrumento quando o agravante não tiver cumprido o requisito da lei, que determina a comunicação e a comprovação ao juízo de primeiro grau acerca da interposição do agravo de instrumento, assim como dos documentos que instruíram o referido recurso.

(D) da decisão que o magistrado converter o agravo de instrumento em retido, por não se aplicar ao caso a possibilidade de lesão grave ou de difícil reparação, caberá a interposição do agravo interno no prazo de cinco dias.

(E) das decisões proferidas em audiência de instrução, nos procedimentos ordinário e no sumário, caberá a interposição do agravo de forma retida, que deve ser interposto de forma oral e imediata sob pena de preclusão, salvo quando se tratar de decisão suscetível de causar à parte lesão grave e de difícil reparação.

131. **(PROCURADOR DA FAZENDA NACIONAL - 2007.1 - ESAF)** Quanto ao recurso de embargos de divergência, é incorreto afirmar que:

(A) não cabem embargos de divergência no âmbito do agravo de instrumento que não admite recurso especial.

(B) cabem embargos de divergência contra acórdão que, em agravo "regimental", decide recurso especial.

(C) cabem embargos de divergência da decisão que deu provimento ao agravo "regimental", afastando- se a possibilidade de julgamento monocrático pelo Ministro Relator por não se enquadrar a hipótese em jurisprudência dominante do Tribunal.

(D) cabem embargos de divergência contra acórdão que, em agravo "regimental", decide recurso extraordinário.

(E) não cabem embargos de divergência, quando a jurisprudência do tribunal se firmou no mesmo sentido do acórdão embargado.

132. **(DEFENSORIA PÚBLICA DA UNIÃO – 2007 – CESPE)** Considerando os recursos e outros meios de impugnação das decisões proferidas no processo civil, julgue os itens a seguir.

1 Cabe recurso ordinário contra decisão denegatória de mandado de segurança proferida por tribunal superior ou por tribunais de segunda instância, mesmo quando não se aprecia o mérito da causa. Assim, não cabe recurso para o STF de decisão monocrática que, em tribunal superior, negue seguimento a recurso ordinário contra indeferimento liminar de pedido de mandado de segurança.

2 A oposição de embargos declaratórios com caráter modificativo se faz apropriada quando o pronunciamento judicial padece de ambigüidade, de obscuridade, de contradição ou de omissão. Quando ocorre a modificação de entendimento jurisprudencial, com efeito vinculativo, admite-se o manejo desse recurso com pretensão de efeitos infringentes.

3 Perde objeto o recurso relativo à decisão de antecipação da tutela quando a sentença superveniente revoga a liminar concedida, ou quando, sendo de procedência integral ou parcial, tem aptidão para, por si só, irradiar os mesmos efeitos da medida antecipatória. Assim, os fundamentos da sentença se sobrepõem aos da decisão da antecipação da tutela, restando superada a impugnação dirigida à decisão interlocutória.

133. **(DEFENSORIA PÚBLICA DA UNIÃO – 2002 – CESPE)** Em relação a recursos, julgue os seguintes itens.

1. De acordo com a jurisprudência do Supremo Tribunal Federal (STF), o prequestionamento é exigível mesmo em se tratando de matéria de ordem pública e sobre a qual é lícito ao juiz pronunciar-se de ofício, a qualquer momento, tal como condições da ação e pressupostos processuais.
2. Ainda que a ofensa à Consumição da República tenha surgido com a prolação da decisão recorrida, deverá a parte provocar o prequestionamento da matéria, pondo embargos de declaração, sem o, que o recurso extraordinário não será admitido.
3. Não é cabível recurso extraordinário e especial contra acórdão proferido no julgamento

de agravo de instrumento, porque somente as decisões de mérito podem ser objeto daqueles recursos.

4. A Defensoria Pública, o Ministério Público e a Fazenda Pública possuem prazo em dobro para responder agravo de instrumento interposto contra decisão denegatória de recurso extraordinário.
5. A apelação contra sentença em mandado de segurança é recebida somente no efeito devolutivo e, de regra, quando denegatória da ordem, toma de imediato sem efeito a liminar anteriormente concedida.

4.12. EXECUÇÃO

134. **(ADVOGADO – PETROBRÁS – 2008 – CESGRANRIO)** Nos tempos do Código de Processo Civil, acerca do procedimento de execução contra a Fazenda Pública,

(A) os precatórios terão seus valores atualizados monetariamente até a sua expedição, que produz efeito de pagamento.
(B) os créditos de natureza alimentícia não se sujeitam ao regime dos precatórios.
(C) não se sujeitam à ordem cronológica de apresentação os precatórios federais de pagamentos de obrigações de até 60 (sessenta) salários mínimos.
(D) em se tratando de execução de obrigação de entrega da coisa certa, nenhum privilégio possui a Fazenda Pública, obedecendo-se ao procedimento previsto contra particulares.
(E) sendo título executivo judicial, será a Fazenda intimada em seu procurador, através da Imprensa Oficial, para opor embargos em 10 dias.

135. **(ADVOGADO – PETROBRÁS DISTRIB. – 2008 – CESGRANRIO)** Romário propõe ação de execução lastreada em título extrajudicial em face da BR S/A, sendo o valor do título correspondente a R$ 10.000.000,00. Regularmente citada, a ré oferta defesa no prazo legal, aduzindo prescrição do título. Nesse contexto, a defesa ofertada deve ser

(A) impugnação e prescrição, matéria preliminar.
(B) impugnação e prescrição, matéria prejudicial.
(C) embargos e prescrição, matéria preliminar.
(D) embargos e prescrição, matéria prejudicial.
(E) embargos ou impugnação e prescrição, matéria preliminar.

136. **(ADVOGADO – PETROBRÁS DISTRIB. – 2008 – CESGRANRIO)** Após as sucessivas reformas do Código de Processo Civil o instituto da remição sofreu modificações, importando dizer que:

(A) foi extinto esse instituto.
(B) foi mantida apenas a remição de bens.
(C) permanece apenas a remição da execução.
(D) continuam os dois aspectos da remição (execução e de bens).
(E) passou a remição a ser regulada pelo Código Civil.

137. **(ADVOGADO – CORREIOS – 2008 – ESPP)** Analise os itens a seguir:

I- O arresto pode recair sobre bens penhoráveis e impenhoráveis, sendo que estes últimos serão substituídos no momento da penhora.
II- O arresto pode fundar-se em sentença líquida ou ilíquida pendente de recurso, ou em laudo arbitral pendente de homologação.
III- Sendo o credor a União, o Estado ou o Município, o juiz determinará o arresto independentemente de justificação prévia, desde que demonstrados os pressupostos legais para sua concessão.
IV- O arresto será efetivado mesmo que o devedor pague, ou deposite em juízo, a importância devida, somada aos honorários e custas processuais.

Assinale a alternativa correta:

(A) Os itens III e IV estão corretos.
(B) Os itens I e III estão incorretos.
(C) Os itens II, III e IV estão corretos.
(D) Os itens I e IV estão incorretos.

138. **(ADVOGADO – CASA DA MOEDA – 2009 – CESGRANRIO)** A Casa da Moeda do Brasil é portadora de título judicial consistente em sentença condenatória da Empresa Tamanho Mínimo S/A, no valor correspondente a R$ 150.000,00 (cento e cinquenta mil reais). Iniciada a execução, ocorrendo a regular intimação do devedor, na pessoa do seu advogado, a ré apresenta à penhora bens móveis, que foram acolhidos pela exequente. Não houve apresentação de defesa. Analisando esse quadro, verifica-se que a exequente poderá requerer a(o)

(A) adjudicação.
(B) praça.
(C) alienação por iniciativa pública.
(D) lanço.
(E) leilão particular.

139. **(ADVOGADO – BNDES – 2006 – CESGRANRIO)** Ao promover uma execução, o Banco "Y" consegue realizar a penhora de um imóvel comercial de propriedade do devedor, que é uma pessoa física. Sobre a situação descrita, assinale a afirmação **INCORRETA**.

(A) O devedor pode, a qualquer tempo, mas antes da arrematação ou da adjudicação, requerer a substituição do bem penhorado por dinheiro.
(B) A eventual alienação posterior do bem, por ato entre vivos, não impossibilita o prosseguimento da execução.

(C) Existindo mais de uma penhora sobre um mesmo bem, conservar-se-á a preferência processual, que cessará no caso de ser decretada a insolvência do devedor.
(D) Em sendo um bem penhorado insuficiente para a satisfação integral do débito, inclusive custas e honorários advocatícios, poderá o credor solicitar reforço de penhora.
(E) Para providenciar o registro da penhora no ofício imobiliário o exeqüente necessita de mandado judicial.

140. **(ADVOGADO – BNDES – 2001 – VUNESP)** No processo de execução, a penhora

(A) torna nulos os atos de disposição dos bens penhorados em relação ao credor penhorante.
(B) torna ineficazes os atos de disposição dos bens penhorados em relação ao credor penhorante.
(C) torna anuláveis os atos de disposição dos bens penhorados em relação ao credor penhorante.
(D) destitui o devedor da posse indireta do bem.
(E) gera para o credor o direito real sobre os bens constritos do devedor.

141. **(ADVOGADO – BNDES – 2001 – VUNESP)** Os embargos à execução

(A) possuem a natureza de uma ação incidente, visando a desconstituição ou a declaração de nulidade ou inexistência de um título executivo judicial ou extrajudicial e são o meio de defesa do executado.
(B) podem ser interpostos por terceiros quando pleitearem a exclusão de sua responsabilidade ou a não sujeição de seus bens na execução.
(C) serão julgados única e exclusivamente pelo juízo deprecante, não obstante versarem unicamente sobre vícios ou defeitos da penhora, avaliação ou alienação dos bens.
(D) devem ser interpostos no prazo de dez dias, qualquer que seja a modalidade da execução.
(E) devem ser interpostos a partir da citação do executado, qualquer que seja a modalidade de execução.

142. **(ADVOGADO – BNB – 2006 – ACEP)** Marque a alternativa **INCORRETA**.

(A) São títulos executivos extrajudiciais: a letra de câmbio, a nota promissória, a duplicata, a debênture e o cheque.
(B) A execução para cobrança de crédito fundar-se-á sempre em título líquido, certo e exigível.
(C) Quando na sentença há uma parte líquida e outra ilíquida, ao credor não é lícito promover simultaneamente a execução daquela e a liquidação desta.
(D) Considera-se fraude de execução a alienação ou oneração de bens quando sobre eles pender ação fundada em direito real.
(E) O fiador que pagar a dívida poderá executar o afiançado nos autos do mesmo processo.

143. **(PROCURADOR – BANCO CENTRAL – 2009 – CESPE)** Quanto aos títulos executivos judiciais, assinale a opção correta.

(A) A sentença criminal condenatória será título executivo judicial no cível ainda que sujeita a recurso, desde que este não tenha efeito suspensivo.
(B) Homologada transação entre as partes no curso de um processo, poderá ser discutida durante o cumprimento da sentença a validade do acordo de vontades, se apontada a ocorrência de coação.
(C) Não é possível discutir a validade da citação durante o cumprimento de sentença homologatória de acordo judicial.
(D) No cumprimento de sentença arbitral, não será possível discutir a capacidade da pessoa eleita como árbitro em razão dos limites temáticos impostos à impugnação.
(E) Da mesma forma que ocorre no caso do formal e da certidão de partilha, a escritura pública de partilha lavrada em cartório competente também é título executivo judicial por equiparação.

144. **(ADVOGADO DA UNIÃO – AGU – 2006 – CESPE)** A respeito do processo de execução, julgue os itens a seguir.

1. É possível argüir-se a prescrição intercorrente por meio de exceção de pré-executividade, desde que demonstrada por prova documental inequívoca constante dos autos ou apresentada juntamente com a petição.
2. Considere que tenha sido ajuizada uma execução fundada em sentença transitada em julgado e que a decisão de improcedência dos embargos à execução se encontre sujeita a recurso de apelação recebida no efeito devolutivo. Nessa situação, a execução prosseguirá em caráter provisório, pois a sentença que julgou os embargos foi impugnada mediante recurso recebido só no efeito devolutivo, exigindo-se caução idônea por parte do exeqüente.

145. **(ADVOGADO DA UNIÃO – AGU – 2004 – CESPE)** Em relação ao processo de execução, julgue os seguintes itens.

1. Na forma prevista pela legislação própria, para que um crédito da fazenda pública, após apuração de liquidez e certeza, seja inscrito na dívida ativa, é necessário que ele seja de natureza tributária.
2. Assim como no processo de conhecimento o autor somente pode desistir da ação após o decurso do prazo da resposta se houver consentimento do réu, também na execução, ainda que esta não seja embargada, o credor somente pode dela desistir após o exaurimento do prazo para oposição de embargos se o executado concordar com a desistência.

3 O fiador e o avalista que pagam a dívida poderão executar o afiançado e o avalizado nos autos do

mesmo processo, aproveitando os próprios autos do feito pendente, e prosseguir na execução, assumindo a posição do primitivo credor.

4 Cabe denunciação da lide em execução forçada de título extrajudicial nos casos de endossantes e endossatários de títulos cambiários.

5 Não se admite que a sentença condenatória obtida apenas contra o devedor afiançado seja também executada contra fiador que não foi parte no processo de conhecimento.

146. **(PROCURADOR FEDERAL – AGU – 2007 – CESPE)** Acerca da penhora no processo de execução, julgue os seguintes itens.

1 A jurisprudência é peremptória em negar o caráter de bem de família a bens imóveis de pessoas solteiras.

2 Consoante dispõe o CPC, é impenhorável a pequena propriedade rural, assim definida em lei, desde que trabalhada pela família.

147. **(PROCURADOR FEDERAL – AGU – 2004 – CESPE)** Quanto à execução, julgue os itens seguintes.

1 A execução fiscal federal ajuizada em comarca que não seja sede de vara do juízo federal é processada e julgada por juiz estadual, com jurisdição federal delegada, com recurso para o tribunal regional federal da respectiva região.

2 Na execução por carta, não tendo o devedor bens no foro da execução, se os embargos forem relativos a matérias concernentes à subsistência da própria obrigação, como, por exemplo, novação, compensação ou transação, eles somente poderão ser oferecidos no juízo deprecante, e, se forem relativos a vícios da penhora, serão oferecidos e julgados no juízo deprecado.

3 Nas execuções contra a fazenda pública, todo e qualquer precatório há de ser atualizado na data do seu pagamento e não na data da requisição.

4 De acordo com o entendimento jurisprudencial mais atualizado, somente é cabível execução contra a fazenda pública lastreada em título executivo judicial, apesar de ser admitida a propositura de ação monitória contra a fazenda pública.

148. **(DEFENSORIA PÚBLICA DA UNIÃO – 2007 – CESPE)** Quanto ao processo de execução, julgue os itens seguintes.

1 Na impugnação ao cumprimento da sentença, o réu poderá alegar que a sentença fundamentou-se em texto legal declarado inconstitucional pelo STF ou que se baseou em texto legal interpretado ou aplicado de forma considerada inconstitucional por esse tribunal.

2 Na ação ajuizada contra a fazenda pública que tenha por objeto a restauração de benefícios previdenciários anteriormente concedidos, se o pedido for julgado procedente, é possível a execução provisória da sentença.

4.13. CAUTELAR

149. **(ADVOGADO – CORREIOS – 2008 – ESPP)** Avalie os itens abaixo:

I- Cessa a eficácia da medida cautelar incidental quando o processo principal for extinto sem julgamento do mérito.

II- Cessa a eficácia da medida cautelar preparatória caso a ação principal não seja proposta no prazo de trinta dias, contados do deferimento da medida.

III- A ação cautelar preparatória não poderá ser reproposta caso seja extinta uma única vez por contumácia do autor.

IV- O objeto da medida cautelar é fungível, para que se assegure o provimento principal.

Aponte a alternativa correta:

(A) Os itens I e II estão corretos.
(B) Os itens II e III estão incorretos.
(C) Os itens I, III e IV estão corretos.
(D) Apenas o item I está correto.

150. **(ADVOGADO – BNDES – 2006 – CESGRANRIO)** A concessão de tutela jurisdicional cautelar que afinal se verificar imprópria pode gerar, para o demandante, responsabilidade pelos danos indevidamente causados ao demandado. Mesmo considerando-se a responsabilidade Processual Civil um instituto autônomo em relação à Responsabilidade Civil, é forçoso reconhecer alguns conceitos comuns, como, exemplificativamente, a Responsabilidade Subjetiva e Objetiva. Tendo em vista a sumariedade da cognição exercida no processo cautelar, a responsabilidade por danos indevidamente causados ao demandado é questão de elevada importância. Assinale a opção que, relativamente à efetivação de medida cautelar concedida *Inaudita Altera Parte*, apresenta um caso em que a responsabilidade processual do demandante é subjetiva.

(A) Quando não há o ajuizamento da ação principal no prazo de 30 dias.
(B) Quando a sentença no processo principal é desfavorável.
(C) Quando não é promovida a citação do requerido em 5 dias.
(D) No caso de litigância de má-fé do litigante ímprobo ou temerário.
(E) No caso de ser reconhecida, no processo cautelar, a prescrição ou a decadência do direito do autor.

151. **(ADVOGADO – BNDES – 2004 – CESGRANRIO)** Segundo a legislação processual civil em vigor, a figura do atentado **NÃO** pressupõe:

(A) pendência de uma causa.
(B) ilegalidade da inovação.
(C) prova da idoneidade do fiador.
(D) inovação do estado de fato inicial.
(E) prejuízos para o interesse da outra parte.

152. **(ADVOGADO – BNDES – 2001 – VUNESP)** Na ação de busca e apreensão de bem móvel alienado fiduciariamente é correto afirmar que

(A) o devedor poderá requerer a purgação de mora se tiver pago 30% (trinta por cento) do preço financiado.
(B) o devedor poderá contestar a ação no prazo de 03 (três) dias após a execução da liminar de busca e apreensão, sendo que a matéria de sua defesa será irrestrita.
(C) a apelação será recebida apenas no efeito devolutivo.
(D) a sentença que julgar procedente a ação impedirá a venda extrajudicial do bem.
(E) a busca e apreensão não poderá ser concedida liminarmente ainda que comprovado o inadimplemento do devedor.

153. **(PROCURADOR FEDERAL – AGU – 2007 – CESPE)** De acordo com os procedimentos cautelares em espécie, julgue os itens a seguir.

1 Enquanto o seqüestro se caracteriza por garantir futura execução por quantia certa, seqüestrando-se o suficiente para a satisfação de dado crédito, o arresto tem por fito conservar determinada coisa litigiosa, recaindo, assim, sobre coisa certa.
2 A ação de atentado presta-se a manter o status quo de situação fática litigiosa.
3 De acordo com o procedimento da ação de posse em nome do nascituro, a mulher que, para garantia dos direitos do filho nascituro, quiser provar seu estado de gravidez, requererá ao juiz que, ouvido o órgão do Ministério Público, mande examiná-la por um médico nomeado pelo magistrado.

154. **(PROCURADOR DA FAZENDA NACIONAL – 2007.1 – ESAF)** É incorreto afirmar que, no que se refere à responsabilidade objetiva do requerente de medida cautelar, ele responde pelo prejuízo que causar ao requerido na execução da referida medida, quando:

(A) a parte não ajuizar a ação no prazo de 30 (trinta) dias, contados da data da efetivação da medida cautelar, quando esta for concedida em procedimento preparatório.
(B) independentemente do deferimento ou não da liminar, o prazo de trinta dias, que é peremptório, começa a fluir da efetivação da medida cautelar e não da intimação da sentença.
(C) a sentença no processo principal for desfavorável.
(D) o juiz declarar extinto o processo principal, com ou sem resolução do mérito.
(E) o juiz acolher, no procedimento cautelar, a alegação de decadência ou prescrição do direito do autor.

4.14. PROCEDIMENTOS ESPECIAIS

155. **(ADVOGADO – INFRAERO – 2004 – NCE/UFRJ)** No concernente à ação monitória, podemos afirmar que:

(A) depende exclusivamente de prova documental, sendo inadmitida mera afirmação do autor do direito postulado;
(B) o trâmite adequado, dada a natureza das questões discutidas, é o ordinário;
(C) permite a contestação para impugnar o postulado na peça exordial ;
(D) é aplicável para o cumprimento das obrigações de fazer;
(E) tramita através de procedimento especial de jurisdição voluntária.

156. (ADVOGADO – INFRAERO – 2004 – NCE/UFRJ) No concernente ao inventário, é correto afirmar que:

(A) segue o rito sumário, previsto nos artigos 275 e seguintes do CPC;
(B) o trâmite adequado, dada a natureza das questões discutidas, é o ordinário;
(C) trata-se de procedimento especial de jurisdição voluntária.
(D) tramita através de procedimento especial de jurisdição contenciosa;
(E) é exclusiva da competência dos Juizados Especiais Cíveis.

157. **(ADVOGADO – BNDES – 2006 – CESGRANRIO)** Considerando "Ação Monitória" e "Procedimento Monitório" como sinônimos, é correto afirmar que:

(A) a prova escrita pode ser composta por vários documentos que, em conjunto, sejam capazes de legitimar a ação monitória.
(B) o demandado, ao receber o mandado monitório, pode optar pelo oferecimento de embargos, que dependem de prévia segurança do Juízo.
(C) em sendo cabível a utilização do procedimento monitório, o demandante fica impedido de utilizar os procedimentos ordinário e sumário.
(D) caso o réu cumpra o mandado monitório, ficará isento do pagamento de honorários advocatícios, respondendo, porém, pelas custas processuais.
(E) o título de crédito executivo permite a utilização do procedimento monitório no direito brasileiro.

158. **(ADVOGADO – BNB – 2006 – ACEP)** Sobre a ação monitória, indique a alternativa **CORRETA**.

(A) A ação monitória compete a quem pretender, com base em prova oral, pagamento de soma em dinheiro.
(B) Estando a petição inicial devidamente instruída o juiz deferirá de plano a expedição do mandado de pagamento ou entrega da coisa no prazo de 10 (dez) dias.
(C) No prazo de 15 dias, pode o réu oferecer embargos.
(D) Se os embargos forem opostos, constituir-se-á de pleno direito o título executivo extrajudicial.
(E) Cumprindo o réu o mandado, terá de pagar custas e honorários advocatícios.

159. **(ADVOGADO DA UNIÃO – AGU – 2009 – CESPE)** Acerca da ação de usucapião, julgue os itens a seguir.

1 Dispensa-se a posse atual para que alguém postule a usucapião de determinado imóvel em juízo, desde que já tenha tido a posse do bem em momento anterior e tenha implementado os demais requisitos necessários a tanto.
2 É necessário que componha o polo passivo da ação de usucapião o proprietário do bem objeto do pedido. É facultativo, contudo, o litisconsórcio existente entre os proprietários dos imóveis confinantes, visto que o juiz não estará obrigado a decidir a lide de modo uniforme para todos eles.

160. **(ADVOGADO DA UNIÃO – AGU – 2009 – CESPE)** No que diz respeito à ação discriminatória, julgue os itens subsequentes.

1 O processo discriminatório pode ser administrativo ou judicial, sendo certo que, frustrado o processo administrativo por presumida ineficácia, será intentada a ação discriminatória, que deverá seguir o rito sumário previsto no art. 275 do CPC e se encerrará por sentença cuja eventual apelação não será recebida com efeito suspensivo.
2 As ações sob o rito especial da divisão e da demarcação revestem-se de natureza real e cabem, prioritariamente, aos proprietários, sendo via possível também aos possuidores, desde que tenham posse atual, justa e de boa-fé.

161. **(ADVOGADO DA UNIÃO – AGU – 2006 – CESPE)** A respeito da ação monitória, julgue os itens seguintes.

1. O documento apresentado para instruir a monitória não precisa revelar dívida líquida, certa e exigível, pois o que se exige na monitória é documento que autorize o juiz a visualizar a existência de um direito à cobrança. A liquidez da dívida vai ser aferida nos embargos. Assim, se existe prova escrita capaz de revelar a existência da obrigação, cabível é o ajuizamento da ação monitória.
2. A ação monitória, por ser processo de cognição sumária que tem por objetivo abreviar a formação do título exeqüendo, não pode ser utilizada contra um ente público, por ser incompatível com o rito prescrito para a execução contra a fazenda pública.

162. **(PROCURADOR DA FAZENDA NACIONAL – 2007.2 – ESAF)** Com relação à consignação em pagamento, é incorreto afirmar que:

(A) o credor que comparece em juízo e recebe o pagamento, aceitando-se o depósito efetuado, responde proporcionalmente pelas custas e honorários, sendo julgado o pedido da consignatória procedente liberando-se o devedor da obrigação.
(B) se a causa da consignação for dúvida sobre quem legitimamente deva receber o objeto do pagamento, o credor, ou os supostos credores, serão citados para fazer prova do seu direito.
(C) cabe a consignação se o credor for incapaz de receber o pagamento e dar quitação válida, não tendo quem o assista ou o represente, sendo neste caso necessária a participação do Ministério Público para pleitear a citação do réu.
(D) se o autor protesta pelo depósito de prestações vincendas, o valor da causa deve corresponder ao equivalente a doze vezes a primeira prestação.
(E) o lugar do pagamento, foro competente para a consignatória, em regra, é o domicílio do devedor – dívida quérable, podendo as partes pactuar de maneira diferente – dívida portable.

4.15. LEGISLAÇÃO EXTRAVAGANTE

163. **(ADVOGADO – PETROBRÁS – 2008 – CESGRANRIO)** A respeito da Ação Popular, analise as afirmações a seguir.

I. Poderá o Ministério Público promover o prosseguimento da ação se o autor desistir ou der causa para absolvição da instância.
II. É legítimo para propor Ação Popular o menor de 18 e maior de 16 anos, no gozo de seus direitos políticos, sem que para isso seja assistido.
III. São litisconsortes facultativos na Ação Popular os agentes que praticaram o ato, a pessoa jurídica interessada ou o beneficiário.
IV. O prazo para contestar a ação é de 20 dias prorrogáveis por mais 20 dias, a requerimento das partes.
V. A natureza jurídica da sentença que julga procedente a Ação Popular é declaratória, visto que declara um direito do cidadão de impugnar o ato ilegal.

Estão corretas **APENAS** as afirmações

(A) I e II
(B) I, II e IV

(C) II, III e V
(D) II, IV e V
(E) III, IV e V

164. **(ADVOGADO – PETROBRÁS – 2006 – CESGRANRIO)** A respeito do mandado de segurança, analise as afirmativas abaixo, qualificando-as como certas (C) ou erradas (E).

( ) Uma empresa multinacional possui legitimidade ativa para impetrar mandado de segurança.
( ) É admissível contra ato de juiz de direito que seja insuscetível de recurso.
( ) A fase destinada à instrução probatória é ampla e irrestrita.
( ) Após a notificação, a autoridade coatora tem prazo de 10 dias para prestar informações.
( ) Caso a autoridade coatora não preste as informações no prazo legal, o juiz aplicará os efeitos usuais da revelia.

A seqüência correta é:

(A) C, C, C, E, C.
(B) C, C, E, C, E.
(C) C, C, E, E, E.
(D) C, E, C, E, C.
(E) E, E, E, C, C.

165. **(ADVOGADO – EPE – 2007 – CESGRANRIO)** Quanto ao mandado de segurança, é **INCORRETO** afirmar que:

(A) em caso de urgência, é permitido impetrar o mandado de segurança por telegrama ou radiograma.
(B) o pedido de mandado de segurança não poderá ser renovado, ainda que a decisão denegatória não lhe aprecie o mérito.
(C) os processos de mandado de segurança terão prioridade sobre todos os atos judiciais, salvo habeas-corpus.
(D) a sentença que conceder o mandado fica sujeita ao duplo grau de jurisdição, podendo, entretanto, ser executada provisoriamente.
(E) não se dará mandado de segurança quando se tratar de despacho ou decisão judicial, quando haja recurso previsto nas leis processuais ou possa ser modificado por via de correção.

166. (ADVOGADO – CORREIOS – 2008 – ESPP) Avalie as afirmativas abaixo:

I- Podem ser sujeito passivo do mandado de segurança as autoridades judiciárias, quando praticarem atos administrativos ou proferirem decisões judiciais que lesem direito individual ou coletivo, líquido e certo, do impetrante.

II- O mandado de segurança normalmente é repressivo de uma ilegalidade cometida, mas pode ser preventivo de uma ameaça a direito líquido e certo.

III- Para fins de mandado de segurança consideram-se atos de autoridade aqueles praticados por pessoas naturais ou jurídicas representantes de concessionária de serviço de utilidade pública.

IV- A lei regularmente votada e os atos *interna corporis* do Poder Legislativo não são passíveis de serem atacado pela via do mandado de segurança.

Assinale a alternativa correta:

(A) Os itens I e III estão incorretos.
(B) Os itens II e IV estão incorretos.
(C) Apenas o item II está correto.
(D) Todos os itens estão corretos.

167. **(ADVOGADO – ELETROBRÁS – 2006 – NCE/UFRJ)** Sobre Juizados Especiais Federais, é correto afirmar que:

(A) sua competência, no foro onde está instalado, é relativa;
(B) não cabe a realização da prova pericial, por tornar complexa a causa;
(C) acima de vinte salários mínimos, exige-se o patrocínio de advogado para ajuizar a demanda;
(D) as exceções de impedimento e suspeição têm que ser apresentadas na forma do CPC;
(E) as partes podem transacionar, em qualquer valor, desde que sobre as matérias abrangidas pela sua competência.

168. **(ADVOGADO – DATAPREV – 2009 – UFF)** É correto afirmar que:

(A) cabem embargos infringentes de acórdão que em mandado de segurança decidiu, por maioria de votos, a apelação;
(B) cabe agravo regimental contra decisão do relator que concede ou indefere liminar em mandado de segurança;
(C) a existência de controvérsia sobre matéria de direito impede a concessão de mandado de segurança;
(D) não cabe condenação em honorários de advogado na ação de mandado de segurança;
(E) cabe recurso extraordinário contra acórdão que defere medida liminar.

169. **(ADVOGADO – DATAPREV – 2009 – UFF)** Leia atentamente as assertivas abaixo acerca da ação civil pública:

I. A ação civil pública será proposta no foro do local onde ocorrer o dano, cujo juízo terá competência funcional para processar e julgar a causa.

II. Da decisão do juiz que conceder mandado liminar em ação civil pública, com ou sem justificação prévia, caberá recurso de apelação.

III. A sentença civil proferida em sede de ação civil pública fará coisa julgada ,*erga omnes* nos limites da competência territorial do órgão prolator, exceto se o pedido for julgado improcedente por insuficiência de provas, hipótese em que qualquer legitimado poderá intentar outra ação com idêntico fundamento, valendo-se de nova prova.

IV. No que se refere à ação civil pública, têm legitimidade para propor a ação principal e a ação cautelar o Ministério Público, a Defensoria Pública, a União, os Estados, o Distrito Federal e os Municípios, as autarquias, empresas públicas, fundações ou sociedades de economia mista, bem como associações constituídas há pelo menos um ano e que possuam dentre as suas finalidades institucionais a proteção do meio ambiente, ao consumidor, à livre concorrência ou ao patrimônio artístico, estético, histórico, turístico e paisagístico.

V. Será cabível ação civil pública em relação aos danos morais e patrimoniais causados ao meio ambiente, ao consumidor, aos bens e direitos de valor artístico, estético, histórico, turístico e paisagístico, a qualquer interesse difuso ou coletivo, por infração da ordem econômica e da economia popular, à ordem urbanística, e por lesão ao Fundo de Garantia do Tempo de Serviço - FGTS ou outros fundos de natureza institucional cujos beneficiários podem ser individualmente determinados.

Sobre as assertivas acima, pode-se afirmar que estão corretas apenas:

(A) I, III e IV;
(B) II, III e V;
(C) I e V;
(D) II, III e IV;
(E) I, III e V.

170. **(ADVOGADO – BNDES – 2004 – CESGRANRIO)** O mandado de segurança impetrado contra ato de dirigente de empresa pública estadual, que age por delegação do Poder Público Federal, será julgado originariamente pelo:

(A) Juiz de Direito competente.
(B) Juiz Federal competente.
(C) Tribunal de Justiça do respectivo Estado.
(D) Tribunal Regional Federal da respectiva Região.
(E) Superior Tribunal de Justiça.

171. **(ADVOGADO – BNB – 2006 – ACEP)** Assinale a alternativa **INCORRETA**.

(A) O mandado de segurança pode ser individual ou coletivo.
(B) Organização sindical legalmente constituída e em funcionamento há pelo menos seis meses tem legitimidade para impetrar mandado de segurança coletivo.
(C) Partido político com representação no Congresso Nacional tem legitimidade para impetrar mandado de segurança.
(D) O prazo para interposição de mandado é decadencial.
(E) O rito do mandado de segurança coletivo é o mesmo do mandado de segurança individual.

172. **(ADVOGADO DA UNIÃO – AGU – 2009 – CESPE)** Quanto à ação civil pública, julgue o seguinte item.

1 O Ministério Público tem legitimidade para propor ação civil pública em defesa do patrimônio público, cabendo, nessa hipótese, ao poder público, a legitimidade para atuar como litisconsorte apenas no pólo ativo da lide, já que não lhe é dado ir de encontro ao interesse cuja defesa se almeja na ação.

173. **(ADVOGADO DA UNIÃO – AGU – 2009 – CESPE)** Com relação ao mandado de segurança, julgue o item a seguir.

1 O mandado de segurança é instrumento constitucional de defesa do direito líquido e certo violado ou ameaçado por autoridade pública, ou até mesmo por pessoa natural no exercício de função delegada, o que, apesar de o tornar incompatível com a produção de prova oral ou pericial, não impede o exame de matéria jurídica controversa nos tribunais e a eventual concessão da segurança pleiteada.

174. **(PROCURADOR FEDERAL – AGU – 2007 – CESPE)** A respeito da reclamação constitucional, julgue os itens que se seguem.

1 Enquanto no STF é cabível a reclamação para a preservação de sua competência e garantia de suas decisões, no STJ é cabível apenas para a preservação de sua competência.

2 Conforme entendimento do STF, é possível o ajuizamento de reclamação, para preservação da autoridade de suas decisões, contra ato judicial que desrespeite os motivos determinantes de julgado proferido pela corte no âmbito do controle concentrado de constitucionalidade.

175. **(PROCURADOR FEDERAL – AGU – 2007 – CESPE)** Considerando-se a ação civil pública e a ação popular, julgue os itens seguintes.

1 É facultado ao poder público habilitar-se como litisconsorte de qualquer das partes na ação civil pública.

2 Em certos casos previstos na legislação específica, sem prejuízo da ação de indenização do prejudicado, o Ministério Público, de ofício ou por solicitação da Comissão de Valores Mobiliários, poderá ajuizar ação civil pública para evitar prejuízos ou obter ressarcimento de danos causados aos titulares de valores mobiliários e aos investidores do mercado.

3 Considere que um cidadão tenha ajuizado ação popular questionando irregularidade nos gastos

de um estadomembro, relativos a recursos públicos oriundos de convênio com uma autarquia federal, e esta, após intimada, ingresse no feito como litisconsorte ativa. Nesse caso, compete à justiça federal processar e julgar a causa.

176. **(PROCURADOR FEDERAL – AGU – 2007 – CESPE)** Com respeito aos juizados especiais federais, julgue os itens a seguir.

1 No foro onde estiver instalada vara do juizado especial federal, a competência deste é absoluta.

2 Pessoa jurídica que seja empresa de pequeno porte não poderá ser autora nos juizados especiais federais.

3 Nas causas de competência dos juizados especiais federais, quando a fazenda pública for condenada, não haverá reexame necessário.

4 Compete ao advogado-geral da União expedir instruções referentes à atuação da AGU dos órgãos jurídicos das autarquias e fundações nas causas de competência dos juizados especiais federais, bem como fixar as diretrizes básicas para conciliação, transação e desistência do pedido e de recurso interposto.

177. **(PROCURADOR FEDERAL – AGU – 2004 – CESPE)** Com relação aos juizados especiais cíveis estaduais e federais, julgue os itens a seguir.

1 No foro onde houver vara do juizado especial, caberá ao autor optar entre esta e o juiz federal daquela seção judiciária para propor a demanda.

2 Nos juizados especiais cíveis estaduais, poderão figurar no pólo passivo pessoas jurídicas de direito público, empresas públicas federais e massas falidas, desde que o valor da causa em questão não exceda quarenta vezes o salário mínimo.

178. **(PROCURADOR FEDERAL – AGU – 2002 – CESPE)** A respeito de ação civil pública e popular, julgue os itens em seguida.

(1) A propositura de ação civil pública pelo Ministério Público, visando a reparação a danos causados ao meio ambiente, não impede a propositura de ação individual para a reparação de danos oriundos do mesmo fato, não se verificando litispendência entre as ações.

(2) Verifica-se a ocorrência de conexão a justificar a reunião dos processos, se um deles, embora já extinto por sentença, ainda não tiver transitado em julgado, pendente o exame de apelação.

(3) A ação civil pública deve ser ajuizada, em regra, no foro do local onde ocorreu o dano. Tratando-se de comarca em que não haja juiz federal, e sendo a União chamada a integrar a lide, prorroga-se a competência para o juiz de direito do lugar do dano, por força do texto constitucional, salvo se na comarca existir vara da justiça federal.

(4) A propositura da ação popular previne a jurisdição do juízo para todas as ações posteriormente intentadas contra as mesmas partes e sob os mesmos fundamentos. Correndo as ações em juízos de competência territorial diversa, torna-se competente aquele que primeiro citar validamente o réu.

(5) Segundo o mais recente entendimento do STF, não é viável a declaração incidental de inconstitucionalidade de lei como fundamento do pedido em ação civil pública, pois esta ação, operando seus efeitos erga omnes, equiparar-se-ia, por vias transversas, à ação direta, em controle concentrado.

179. **(PROCURADOR DA FAZENDA NACIONAL – 2007.2 – ESAF)** Quanto à ação civil pública, é incorreto afirmar que:

(A) na ação civil pública, a coisa julgada secundum eventum litis, ocorrerá se o pedido for julgado procedente, se o pedido for improcedente, seja por falta de provas ou não, não ocorrerá a formação da coisa julgada.

(B) na ação civil pública, a condenação em honorários de advogado, despesas processuais e ao décuplo das custas judiciais não inibe a condenação do litigante de má-fé na indenização por perdas e danos, que àquela pode somar-se se verificados os pressupostos para tanto.

(C) transitada em julgado a sentença condenatória proferida na ação civil pública, qualquer dos co-legitimados pode promover-lhe execução. A sentença de procedência cria título executivo favorecendo não só o autor da ação civil pública mas todos os legitimados para a defesa, em juízo, dos direitos difusos e coletivos.

(D) a competência é do foro do local onde ocorreu ou deva ocorrer o dano. Caso o dano se verifique em mais de uma comarca, é competente qualquer uma delas, resolvendo-se a questão pela prevenção.

(E) na ação civil pública, o que é dever para o Ministério Público é faculdade para os outros colegitimados, que podem, sozinhos ou em litisconsórcio facultativo, ajuizar ação de execução da sentença condenatória.

180. **(PROCURADOR DA FAZENDA NACIONAL – 2007.2 – ESAF)** Quanto à execução fiscal, é incorreto afirmar que:

(A) na execução fiscal, processada perante a Justiça Estadual, cumpre à Fazenda Pública antecipar o numerário destinado ao custeio das despesas com o transporte dos oficiais de justiça.

(B) na execução fiscal, não é permitida a arrematação de bem penhorado, em leilão único. A dupla licitação é indispensável no praceamento dos bens penhorados em execução fiscal, mas não sendo imprescindível constar do edital as duas licitações.

(C) proposta a execução fiscal, a posterior mudança de domicílio do executado não desloca a competência já fixada.
(D) o depósito somente suspende a exigibilidade do crédito tributário se for integral e em dinheiro.
(E) a desistência da execução fiscal, após o oferecimento dos embargos, não exime o exeqüente dos encargos da sucumbência.

181. **(PROCURADOR DA FAZENDA NACIONAL – 2007.1 – ESAF)** Quanto ao instituto da reclamação, pode-se afirmar que:

(A) a reclamação é cabível na hipótese de o tribunal de segundo grau analisar o requisito extrínseco da repercussão geral do recurso extraordinário, considerando que a competência para a sua apreciação é exclusiva do Supremo Tribunal Federal.
(B) considera-se como incidente processual a natureza jurídica do instituto da reclamação, já que o seu manuseio depende do não trânsito em julgado da decisão reclamada.
(C) não cabe reclamação no Supremo Tribunal Federal quando já houver transitado em julgado o ato judicial que se alega tenha desrespeitado decisão daquela Corte, enquanto que para o Superior Tribunal de Justiça não faz restrição ao uso da reclamação quando já tiver ocorrido o trânsito em julgado do ato desrespeitado.
(D) a reclamação, que pode ser oferecida pelas partes e pelo Ministério Público, tem o caráter administrativo e não jurisdicional, já que competirá ao Superior Tribunal de Justiça, por exemplo, afastar a eficácia de ato proferida por magistrado de primeiro grau ou tribunal de segundo grau em desacordo com o seu próprio julgamento anterior.
(E) se houver o descumprimento da súmula vinculante, caberá reclamação para o Supremo Tribunal Federal que, julgando-a procedente, anulará o ato administrativo ou cassará a decisão judicial reclamada e determinará que outra seja proferida com ou sem a aplicação da súmula, respondendo o magistrado por crime de desobediência.

182. **(PROCURADOR DA FAZENDA NACIONAL – 2007.1 – ESAF)** Quanto à ação popular, é incorreto afirmar que:

(A) na hipótese de o autor popular ter os seus direitos políticos suspensos, perde ele a legitimidade para a causa, que pode continuar pela atuação de outros co-legitimados.
(B) os integrantes do Tribunal de Contas que participaram do acórdão que aprovou ato sujeito à ação popular são litisconsortes passivos necessários na ação popular, cuja ausência de citação acarretará a nulidade da decisão.
(C) quando da participação do Ministério Público na ação popular, competirá ao parquet promover a responsabilidade civil ou criminal dos que nela incidirem, sendo vedado ao Ministério Público assumir a defesa do ato impugnado.
(D) é facultado a qualquer cidadão habilitar-se como litisconsorte, não competindo ao magistrado limitar o número de litigantes sob o argumento de que comprometeria a rápida solução do litígio.
(E) a procedência do pedido formulado na ação popular causará a condenação pecuniária dos réus e também o cumprimento de obrigação de fazer e não fazer.

183. **(PROCURADOR DA FAZENDA NACIONAL – 2007.1 – ESAF)** "A", menor e representada por sua mãe, ajuíza ação de alimentos em face de "B". Após ser citado, "B" apresenta contestação, na qual suscita que não é pai do menor, sendo, por conseqüência, indevidos os alimentos postulados. Assinale a única opção que não seja adequada ao caso.

(A) No prazo de dez dias, "A" poderá apresentar ação declaratória incidental para que a questão prejudicial suscitada por "B" na contestação seja acobertada pelo manto da coisa julgada.
(B) Se nenhuma das partes apresentar ação declaratória incidental, poderá o magistrado decidir acerca da questão prejudicial, sem violar o princípio da congruência.
(C) Como o réu suscitou questão prejudicial na contestação, não poderá o autor, no prazo decenal, apresentar ação declaratória incidental sob pena de caracterizar litispendência.
(D) Por se considerar o julgamento questão de estado, a apresentação de ação declaratória incidental por qualquer das partes suspenderá o processo, com base no art. 265 do Código de Processo Civil.
(E) A questão prejudicial deverá ser analisada pelo magistrado independentemente da apresentação da ação declaratória incidental pelas partes.

184. **(PROCURADOR DA FAZENDA NACIONAL – 2007.1 – ESAF)** Quanto à desapropriação, é incorreto afirmar que:

(A) nas ações de desapropriação, incluem-se no cálculo da verba advocatícia as parcelas relativas aos juros compensatórios e moratórios, devidamente corrigidas.
(B) na desapropriação indireta, os juros compensatórios incidem a partir da ocupação, calculados sobre o valor da indenização corrigido monetariamente; enquanto que na desapropriação direta, os juros compensatórios incidem a partir da imissão na posse.
(C) a imissão definitiva na posse do imóvel expropriado está condicionada ao depósito integral do valor apurado na avaliação provisória.
(D) para o Superior Tribunal de Justiça, não é irrelevante o fator improdutividade do imóvel

expropriado para fins de incidência de juros compensatórios, mesmo considerando que a sua destinação refere-se a compensar o proprietário pela perda do seu bem.

(E) para o Superior Tribunal de Justiça, é possível a cumulatividade dos juros compensatórios e moratórios, permitindo-se que este incida sobre aquele, sem a ocorrência do anatocismo.

185. **(PROCURADOR DA FAZENDA NACIONAL – 2007.1 – ESAF)** Quanto à execução fiscal, é incorreto afirmar que:

(A) na execução fiscal, o devedor deverá ser intimado, pessoalmente, do dia e hora da realização do leilão, sob pena de nulidade deste;

(B) a interrupção da prescrição na execução fiscal ocorrerá, com a citação válida, sendo retroativa ao dia do ajuizamento da ação e não ao despacho do juiz que determina a citação;

(C) na execução fiscal, quando a ciência da penhora for pessoal, o prazo para a oposição dos embargos do devedor inicia no dia seguinte ao da intimação deste.

(D) a desistência da execução fiscal, após o oferecimento dos embargos, não exime o exeqüente dos encargos da sucumbência.

(E) é desnecessária a intervenção do Ministério Público nas execuções fiscais.

186. **(DEFENSORIA PÚBLICA DA UNIÃO – 2007 – CESPE)** Com relação à ação civil pública, julgue os itens subseqüentes.

1 Os efeitos da sentença que julga procedente a pretensão aviada em ação civil pública são limitados à competência territorial do órgão prolator, sendo inviável, sob pena de ofensa ao princípio da coisa julgada, a extensão dos efeitos dessa sentença a todo o território nacional. Assim, a execução dessa sentença só poderá ser promovida pelas pessoas atingidas pela ilegalidade reconhecida por ela e desde que domiciliadas na área de abrangência da decisão.

2 Poderá ocorrer litispendência entre duas ou mais ações coletivas e entre duas ou mais ações individuais, mas não entre uma ação individual e uma coletiva, ainda que essas tenham objeto idêntico. Para que haja litispendência, é necessário identidade de partes, de pedido e de causa de pedir. Não havendo a tríplice identidade, inexiste litispendência.

3 Como a OAB não tem personalidade jurídica de direito público e não possui qualquer vínculo funcional ou hierárquico com a administração pública, as ações civis públicas por ela ajuizadas, por intermédio de uma de suas seccionais, independentemente da matéria nelas discutida, serão processadas e julgadas pelo juízo cível estadual do local onde se situar a sua sede.

4.16. Arbitragem

187. **(ADVOGADO – REFAP – 2007 – CESGRANRIO)** Acerca do processo de homologação de sentença arbitral proferida no exterior, regulado pela Lei no 9.307, de 23 de setembro de 1996, pode-se afirmar que:

I – para ser reconhecida ou executada no Brasil, a sentença arbitral estrangeira deverá ter sua validade atestada por uma corte judiciária da localidade onde houver sido proferida e, posteriormente, ser homologada pelo Supremo Tribunal Federal;

II – poderá ser negado o pedido de homologação de sentença arbitral estrangeira, quando o réu demonstrar ter sido esta suspensa por decisão judicial proferida no país onde a sentença arbitral foi prolatada;

III – poderá ser negado o pedido de homologação de sentença arbitral estrangeira, quando o réu demonstrar haver sido violado o princípio do contraditório, impossibilitando seu direito à ampla defesa;

IV – o processo de reconhecimento da sentença estrangeira no Brasil deve observar prioritariamente os tratados internacionais com eficácia no ordenamento interno. Estão corretas as afirmativas:

(A) I e II, apenas.
(B) II e III, apenas.
(C) I, II e III, apenas.
(D) II, III e IV, apenas.
(E) I, II, III e IV.

4.17. TEMAS COMBINADOS

188. **(ADVOGADO – PETROBRÁS – 2001 – CESPE)** Julgue os itens abaixo.

1 Nos mandados de segurança, não é necessária a intimação da pessoa jurídica de direito público para prestar informações, bastando a notificação da autoridade coatora para fazê-lo.

2 Somente os tribunais podem reconhecer a inconstitucionalidade de lei *incidenter tantum*, sendo vedado ao juiz de primeiro grau fazê-lo sem a observância do procedimento próprio: suspensão do processo e suscitação do incidente de inconstitucionalidade previsto no Código de Processo Civil.

3 Compete à justiça federal apreciar e julgar ação de desapropriação intentada pela PETROBRAS, sendo a competência, em tal hipótese, *ratione personae* e, portanto, absoluta.

4 Nos processos de execução, vêm a jurisprudência e a doutrina admitindo que — em hipóteses em que se evidencie a ausência de pressupostos processuais ou das condições da ação, entre

as quais aquelas específicas do processo de execução — o executado possa fazer suas alegações em exceção de pré-executividade, ficando dispensado de garantir o juízo e de oferecer embargos.

5 As cautelares e as antecipações de tutela, ambas classificadas como medidas de cognição sumária e não-exauriente, admitem concessão de ofício, podendo o juiz, ainda, quando requeridas pela parte, concedê-las de forma ou conteúdo diverso do requerido, tendo em vista os princípios do poder geral de cautela do juiz e da fungibilidade das medidas liminares.

189. **(ADVOGADO – SERPRO – 2008 – CESPE)** Julgue os itens seguintes, referentes ao direito processual civil.

1. A decisão do juiz que exclui o litisconsorte do processo por ilegitimidade configura exemplo de decisão interlocutória.
2. Na ação de embargos à execução lastreada em título executivo extrajudicial, é cabível à fazenda pública alegar toda matéria de defesa que lhe seria lícito alegar em sede de processo de conhecimento.
3. A penhora no rosto dos autos é o direito patrimonial litigioso, cuja titularidade é atribuída ao executado, o qual, no processo em que será realizada a penhora, figura como autor, exeqüente ou herdeiro.
4. Quando oficia na condição de fiscal da lei, o Ministério Público não pode recorrer adesivamente.
5. Sendo sucumbente apenas um dos litisconsortes, havendo diferentes procuradores, a este aproveita o prazo em dobro para recorrer.
6. A obrigação de fazer materialmente infungível pode ser adimplida por meio da propositura de ação consignatória.
7. A ação de prestação de contas tem natureza jurídica de ação dúplice.
8. Cabe mandado de segurança contra ato praticado em licitação promovida por sociedade de economia mista ou empresa pública.
9. Na ação civil pública, a sentença de procedência é preponderantemente desconstitutiva e apenas subsidiariamente condenatória, enquanto, na ação popular, a sentença de procedência é preponderantemente condenatória.
10. Entre os de princípios constitucionais do processo civil, encontram-se o da eventualidade ou preclusão, o da publicidade e o da oralidade.

190. **(ADVOGADO – CEF – 2001 – CESPE)** Em face do processo civil brasileiro, julgue os itens abaixo.

(1) Se a CAIXA ajuizar ação de execução em uma seção judiciária na qual não haja especialização das varas por matéria e vier a ser criada vara especializada em execuções, o citado processo deverá ser remetido para a nova vara, pois, nesse caso, não se aplica a regra da perpetuação da competência (perpetuatio jurisdictionis).

(2) Considere a seguinte situação hipotética. A CAIXA contratou, no Brasil, os serviços de uma empresa estrangeira, a qual tinha sede na França e um escritório na cidade de São Luís – MA. Os serviços consistiam na implantação de programas de computadores em certas unidades da CAIXA. Posteriormente, a empresa entendeu que a CAIXA não lhe estaria pagando corretamente o valor contratado e, por isso, recusou-se a recebê-lo. A empresa ajuizou ação de cobrança na justiça francesa, e a CAIXA foi citada no Brasil. Pouco depois, a CAIXA ajuizou ação de consignação em pagamento na seção judiciária do Maranhão. Nessa situação, a CAIXA agiu corretamente ao ajuizar a ação na justiça federal, pois a ação na França não impedia a apreciação do Poder Judiciário brasileiro.

(3) Considere a seguinte situação hipotética. Um mutuário do SFH ajuizou ação contra a CAIXA, por entender que as prestações de seu financiamento estavam sendo cobradas em valores acima do correto. À petição inicial, anexou todos os documentos relevantes ao julgamento da causa e protestou pela produção de todas as provas juridicamente admitidas. A CAIXA contestou, também requerendo a juntada de todos os demais documentos necessários ao julgamento e protestando genericamente pela produção de outras provas. O juiz proferiu decisão em que afirmou ser a matéria essencialmente jurídica e que, por isso, não designaria audiência. Após a publicação desse ato, proferiu sentença. Nessa situação, o juiz não cometeu cerceamento de defesa, e sua decisão tem amparo no Código de Processo Civil (CPC).

(4) Se um indivíduo ajuizar ação contra outro, e este confessar todos os fatos alegados pelo autor, embora negando a conseqüência jurídica que a ação procurou extrair deles, o juiz deve indeferir a produção de prova testemunhal.

(5) Com a promulgação, no Brasil, da Lei dos Juizados Especiais, que prevê métodos simplificados de solução de conflitos cujo valor não exceda a quarenta vezes o salário mínimo, está revogada a norma do CPC que fixa o valor da causa, não-superior a vinte vezes o maior salário mínimo do país, como critério para a aplicação do procedimento sumário.

191. **(ADVOGADO – CEF – 2001 – CESPE)** Considerando o ordenamento processual brasileiro, julgue os itens a seguir.

(1) A CAIXA, por ser empresa pública federal e, portanto, por integrar a administração pública, não pode ser ré em ação sujeita ao procedimento sumário.

(2) Considere a seguinte situação hipotética. Um

indivíduo impetrou mandado de segurança e a sentença foi denegatória. O impetrante apelou. A apelação foi improvida, por maioria de votos. Nesse caso, de acordo com a jurisprudência predominante, a parte poderá interpor embargos infringentes contra o acórdão que julgou a apelação.

(3) De acordo com o entendimento majoritário da jurisprudência do STF e do STJ, é juridicamente inadmissível tratar de toda matéria concernente à prova no âmbito do RE e do REsp.

(4) Amiúde, surgem teses jurídicas em ações que geram grande controvérsia no Poder Judiciário em todo o país, as quais, às vezes, levam anos até serem objeto de julgamento nos tribunais superiores, seja o STF, seja o STJ, conforme a matéria; nesses casos, uma vez firmada a interpretação definitiva acerca do tema, torna-se cabível ação rescisória, sob o fundamento de afronta a disposição de lei, contra os acórdãos que não houverem seguido a tese adotada pelo tribunal superior.

192. **(ADVOGADO – CEF – 2001 – CESPE)** A respeito do processo civil, julgue os seguintes itens.

(1) A despeito de a ação rescisória atacar decisão judicial transitada em julgado, a qual, portanto, goza de presunção de validade, há importantes precedentes que admitem como juridicamente possível, em certos casos, a concessão de medida cautelar nessa ação.

(2) A sentença na ação civil pública pode ter efeitos erga omnes, razão pela qual essa ação não pode ter como fundamento a inconstitucionalidade de lei ou ato normativo do poder público, pois, do contrário, findaria por usurpar a competência do STF para o controle concentrado de constitucionalidade.

(3) Mesmo que o objeto da ação civil pública envolva interesse federal, a competência para o julgamento da ação será da justiça estadual, sempre que o local do dano não for capital de estadomembro da Federação, onde são sediadas as respectivas seções judiciárias.

(4) Considere a seguinte situação hipotética.
O superintendente regional da Receita Federal em uma região fiscal delegou ao delegado da Receita Federal na capital de um estado-membro a competência para a prática de determinado ato. Um contribuinte considerou juridicamente inválido certo ato nascido com base nessa delegação e deliberou impetrar mandado de segurança. Nessa situação, a autoridade impetrada deverá ser o superintendente regional, pois é dele a responsabilidade pela delegação que acarretou a prática do ato.

(5) Se um comerciante revender compotas artesanais cujo fabricante não seja conhecido, pois quem lhas leva é um amigo pessoal, e se essas compotas causarem dano à saúde de um comprador, o comerciante não poderá ser responsabilizado, uma vez que não é dele o fabrico do produto.

193. **(ADVOGADO DA UNIÃO – AGU – 2009 – CESPE)** Relativamente ao processo de execução, ao cumprimento da sentença e aos embargos de terceiro, julgue os próximos itens.

1 Após o trânsito em julgado da sentença de procedência proferida em ação de despejo cumulada com cobrança de aluguéis na qual foram parte o locador e o locatário, o fiador do contrato de locação regularmente constituído é parte passiva no procedimento de cumprimento dessa sentença quanto aos valores nela apurados.

2 Considere que o adquirente de determinado bem, visando à proteção de sua posse, tenha ajuizado embargos de terceiro para afastar ato de constrição judicial decorrente de sentença de procedência proferida em ação reivindicatória. Nessa situação hipotética, o embargado poderá, nos próprios embargos e independentemente do ajuizamento de outra ação, demonstrar que a venda ocorreu enquanto pendente a demanda reivindicatória, fato que importa fraude à execução, sendo ineficaz diante do cumprimento do julgado.

194. **(ADVOGADO DA UNIÃO – AGU – 2009 – CESPE)** No que concerne à teoria da ação, à inicial e ao pedido, julgue os seguintes itens.

1 Conforme raciocínio possível a partir da teoria eclética da ação, adotada pelo CPC, no caso de ação de conhecimento ajuizada com o fim de obter a condenação de alguém ao pagamento de quantia já expressa em título executivo extrajudicial válido e vencido, existe carência de ação por ausência do interesse de agir, e não improcedência do pedido por falta de direito à tutela requerida.

2 Afirmar que o CPC adotou a teoria da substanciação do pedido em detrimento da teoria da individuação significa dizer que, para a correta identificação do pedido, é necessário que constem da inicial os fundamentos de fato e de direito, também identificados como causa de pedir próxima e remota.

195. **(PROCURADOR FEDERAL – AGU – 2007 – CESPE)** Acerca da fazenda pública no processo civil, julgue os próximos itens.

1 De acordo com o STJ, não é cabível reexame necessário da sentença que julga improcedentes os embargos à execução opostos pela fazenda pública.

2 Nas causas cuja decisão possa ter reflexos, ainda que indiretos, as pessoas jurídicas de direito público poderão intervir para esclarecer questões

de fato e de direito, desde que demonstrado o interesse jurídico. Com essa finalidade, tais pessoas jurídicas podem juntar documentos e memoriais reputados úteis ao exame da matéria e, se for o caso, recorrer, hipótese em que serão consideradas partes, para fins de deslocamento de competência.

3 Havendo litisconsórcio passivo entre a fazenda pública e outra pessoa, o prazo para recorrer será em quádruplo, pois o prazo normal em dobro deverá ser dobrado novamente, por conta do peculiar regime de prazo de litisconsortes com procuradores distintos.

196. **(PROCURADOR FEDERAL - AGU - 2004 - CESPE)** Julgue os itens a seguir, relativos à sanção pecuniária prevista para as ações que tenham por objeto obrigação de fazer ou não fazer.

1 A multa tem por objetivo coagir uma das partes a obedecer comando judicial quanto ao cumprimento de uma obrigação processual representada pelo dever de obediência das partes às ordens jurisdicionais e pode ser imposta de ofício pelo juiz, sem que haja pedido expresso da parte.

2 O pagamento dos valores derivados da incidência da astreinte não afeta o direito substancial da parte, não prejudica seu direito à realização específica da obrigação ou ao recebimento de seu equivalente monetário, nem impede a postulação de indenização por perdas e danos, com a qual pode se cumular.

3 O trânsito em julgado da sentença de procedência que tenha fixado a multa cominatória em determinado valor não impede sua posterior modificação em virtude de alteração na situação fática sobre a qual se embasou a decisão.

197. **(PROCURADOR FEDERAL - AGU - 2004 - CESPE)** Acerca dos princípios que regem o processo civil, especialmente em relação à formação do processo, às partes, à intervenção de terceiros, ao pedido e à causa de pedir, julgue os itens a seguir.

1 Proposta ação pelo autor pleiteando danos materiais resultantes de acidente causado pelo réu, fica o juiz impedido de conceder também indenização por danos morais, que não foi requerida pelo autor, incidindo, na hipótese, o princípio da adstringência do julgado ao pedido.

2 Havendo o autor proposto ação reivindicatória e denunciado à lide o vendedor do imóvel, uma vez julgada procedente a ação, restará prejudicada a denunciação da lide.

3 Na denunciação da lide promovida pelo réu, pode a sentença condenar diretamente o denunciado a compor os prejuízos reclamados pelo autor se restar comprovado ter sido o denunciado o causador direto dos danos sofridos pela vítima.

4 Se o juiz, na dúvida quanto ao fato de a parte autora possuir legitimatio ad causam, deferir a inicial e determinar a citação do réu, estará impedido de, posteriormente, extinguir o feito sem julgamento de mérito por ilegitimidade ativa, tendo em vista a ocorrência da preclusão pro iudicato, sendo-lhe vedado decidir novamente as questões já decididas no processo.

5 Ocorrendo a revelia em ação que trate de direito patrimonial disponível, não pode o juiz deixar de condenar o réu por entender ausentes quaisquer das condições da ação ou dos pressupostos processuais, tendo em vista o princípio do dispositivo.

198. **(PROCURADOR FEDERAL - AGU - 2002 - CESPE)** O Movimento das donas de casa e consumidores de Minas Gerais propôs ação civil pública contra a Empresa Brasileira de Telecomunicações S.A. (EMBRATEL) e a Telecomunicações de Minas Gerais S.A. (TELEMAR), perante o juízo da 1.ª Vara da Seção Judiciária de Minas Gerais (Belo Horizonte), requerendo a intimação da Agência Nacional de Telecomunicações (ANATEL). Instada a dizer se tinha interesse na causa, a ANATEL manifestou-se no sentido da falta de interesse. O juiz federal, então, remeteu os autos à justiça estadual, para prosseguir no feito. Acerca dessa situação hipotética e de temas a ela pertinentes, julgue os itens abaixo.

(1) O juiz federal, ao constatar a sua incompetência, diante da falta de interesse da ANATEL, deveria ter suscitado conflito negativo de competência, em vez de remeter os autos ao juízo estadual.

(2) O juiz federal, constatada a falta de interesse da ANATEL, deveria ter extinto o feito, sem julgamento de mérito, por falta de um dos pressupostos processuais exigíveis para regular e validar o desenvolvimento do processo: a competência do juízo.

(3) Na hipótese em apreço, ainda que não haja interesse da ANATEL, o juiz federal a quem fora distribuída originariamente a ação é competente para processar e julgar o feito, tendo em vista o princípio da *perpetuatio jurisdicionis*.

(4) Na situação considerada, cabe reclamação contra a decisão do juiz que remeteu os autos ao juízo estadual.

(5) Na situação descrita, se o juiz estadual, ao receber os autos, suscitar conflito negativo de competência, este será dirimido pelo TRF da região à qual pertencer o juiz federal suscitado.

199. **(PROCURADOR FEDERAL - AGU - 2002 - CESPE)** Em relação às medidas cautelares e aos procedimentos especiais, julgue os itens subseqüentes.

(1) Pelo princípio da fungibilidade das cautelares e do poder geral de cautela do juiz, é lícito

conceder-se ao autor, em tutela antecipada, providência diversa daquela requerida ou, ainda, conceder-se, de ofício, a antecipação da tutela, desde que presentes o fumus bonis iuris e o periculum in mora.

(2) Não tem interesse na cautelar o credor que possui título e pode propor desde logo a execução.

(3) Tendo em vista a possibilidade de execução imediata das antecipações de tutela, não é lícito ao juiz conceder tais medidas em causas que versem acerca de direitos indisponíveis, só se admitindo a antecipação nas causas que envolvam direitos patrimoniais.

(4) A execução das medidas antecipatórias de tutela são executadas após citação da parte contrária, na pessoa de seu advogado.

(5) Quando a tutela antecipada requerida pelo autor possuir caráter satisfativo, o juiz deve, executada a medida, extinguir o feito sem julgamento de mérito, por perda superveniente do interesse de agir.

200. **(PROCURADOR FEDERAL – AGU – 2002 – CESPE)** Julgue os itens a seguir.

(1) O arrendatário é parte legítima para requerer o depósito judicial em consignação em face do credor do arrendante, para impedir a penhora sobre o imóvel arrendado.

(2) Alegada a insuficiência do depósito, poderá o réu levantar, desde logo, a quantia ou a coisa depositada, com a conseqüente liberação parcial do autor, prosseguindo o processo quanto à parcela controvertida.

(3) O cheque prescrito pode ser cobrado na via especial da ação monitória.

(4) Ainda que a ação possessória seja intentada depois de ultrapassado o prazo de ano e dia da consumação da agressão à posse, permanece limitado o campo de cognição do juiz exclusivamente às questões de natureza possessória.

(5) Os pedidos de regulamentação de guarda de menor, porque têm efeitos previdenciários, correm perante a justiça federal, sendo evidente o interesse do INSS no feito.

201. **(DEFENSORIA PÚBLICA DA UNIÃO – 2007 – CESPE)** Julgue os próximos itens.

1 Após a entrada em vigor da Lei n.º 11.232/2005, a natureza jurídica da liquidação de sentença modificou-se, tornando-se uma simples fase, um incidente do próprio processo em que a sentença foi proferida, fase essa posterior à prolação da sentença e anterior à fase de cumprimento da sentença.

2 Não se incluem na competência dos juizados especiais federais cíveis as ações referidas no art. 109, inc.s I, II e XI, da Constituição Federal, as ações de mandando de segurança, de desapropriação, de divisão e demarcação, populares, indenizatórias, execuções fiscais e por improbidade administrativa e, ainda, as demandas sobre direitos ou interesses difusos, coletivos ou individuais homogêneos.

3 A norma jurídica disposta no art. 302 do CPC explicita um aspecto particular do ônus imposto ao réu pelo art. 300 da lei processual civil. A exceção à aplicação do princípio do ônus da impugnação específica dos fatos alcança ao defensor público da União quando exerce o múnus de curador especial.

202. **(DEFENSORIA PÚBLICA DA UNIÃO – 2004 – CESPE)** Julgue os itens que se seguem, acerca de execução e mandado de segurança.

1. Recaindo mais de uma penhora sobre bem(ns) do devedor comum, e ressalvada a instauração do concurso universal, governado pelo princípio do par conditio creditorum, por iniciativa do executado ou de qualquer credor, a distribuição do produto da alienação, entre quirografários, seguirá a ordem de anterioridade das penhoras.

2. Ainda que sejam incontroversos os fatos que embasam o pedido do impetrante, não se admite a segurança se a questão de direito for intrincada e de difícil solução, pois, nesse caso, o direito líquido e certo não se torna claro e evidente.

203. **(DEFENSORIA PÚBLICA DA UNIÃO – 2004 – CESPE)** A respeito de rescisórias e recursos, julgue os itens seguintes.

1. A reforma processual concedeu ao relator poderes antes conferidos somente ao colegiado: negar conhecimento ao recurso, inadmitindo-o e, conhecendo-o, dar-lhe provimento, se a decisão recorrida estiver em manifesto confronto com súmula ou com jurisprudência dominante do STF ou de tribunal superior.

2. Somente questão de direito pode embasar os recursos especial e extraordinário e a ação rescisória, excluindo-se do âmbito deles qualquer análise acerca de questão de fato ou de prova.

3. Se, no julgamento de apelação, um desembargador der provimento a recurso para reformar a sentença, alegando que o juiz aplicou mal o direito, um segundo desembargador der provimento porque o juiz avaliou mal a prova e um terceiro der provimento porque a jurisprudência é contrária ao entendimento do juiz, a conclusão do julgado terá sido prolatada à unanimidade, sendo incabível embargos infringentes na hipótese.

4. Negado seguimento ao recurso por ato do relator, o agravo regimental interposto forma uma relação entre o agravante e o relator que exclui qualquer resposta do agravado.

5. Sendo o recurso conhecido e provido em parte para reformar apenas um capítulo da decisão recorrida, o acórdão da instância ad quem substituirá apenas a parte da decisão que foi reformada. Assim, se o acórdão da apelação foi parcialmente reformado pelo STJ, em recurso especial, a rescisória em relação à parte da decisão que foi mantida será ajuizada perante o próprio tribunal a quo, sendo que o STJ será competente apenas para julgar a rescisória da parte que foi modificada pelo recurso especial.

204. **(DEFENSORIA PÚBLICA DA UNIÃO – 2002 – CESPE)** Julgue os itens que se seguem.

1. Em execução de sentença homologatória de acordo, que puser fim à ação de cobrança que tramitava entre as partes, pode o executado opor embargos para anular a referida sentença fundado em vícios da transação.
2. Se o autor demandar o réu para ressarcimento por danos causados por acidente de veículo, poderá este, entendendo ter havido culpa do autor, formular pedido de ressarcimento em seu favor na própria contestação, sendo-lhe vedado reconvir nos termos tradicionais.
3. Os litígios decorrentes de acidente do trabalho são julgados pelo juiz estadual, apesar da presença do INSS, autarquia federal, no feito.
4. Beneficiário da justiça gratuita não é isento de condenação à indenização por deslealdade processual nem de condenação nas verbas da sucumbência.
5. curador especial nomeado para substituir o executado revel, citado por edital ou por hora certa, não tem legitimidade para ofertar embargos do devedor, sendo-lhe facultado, entretanto, acompanhar o processo de execução em todos os seus termos, podendo, inclusive, recorrer de qualquer decisão.

205. **(DEFENSORIA PÚBLICA DA UNIÃO – 2002 – CESPE)** Proposta ação versando sobre direito indisponível, no último dia do prazo prescricional, o juiz indeferiu a inicial por entender ser o autor carecedor da ação. O autor apelou, havendo o juiz mantido a decisão, remetendo os autos ao órgão ad quem, que deu provimento ao recurso, por maioria, determinando o prosseguimento do feito. Retomando os autos à primeira instância, o que se deu oito meses após a propositura da ação, foi efetivada a citação do réu, que contestou o pedido, ofertando contestação no último dia do prazo, às 18 h 58 m, dois minutos antes do encerramento do expediente forense. O juiz determinou o desentranhamento da contestação, porque foi entregue fora do prazo, e decretou a prescrição, tendo em vista que a citação ocorrera fora do prazo legal — dez dias, prorrogáveis por mais noventa dias, conforme o Código de Processo Civil (CPC). Considerando a situação hipotética acima, julgue os itens a seguir.

1. O juiz não poderia ter mantido ou reformado a decisão recorrida porque, uma vez proferida sentença, esgota-se o ofício jurisdicional, somente admitindo-se o juízo de retratação no recurso de agravo de instrumento e não na apelação.
2. O réu deveria ter sido intimado a apresentar contra-razões e acompanhar o recurso, sob pena de violação do princípio do contraditório, não se admitindo que o recurso seja julgado inaudita altera parte.
3. O juiz agiu corretamente ao determinar o desentranhamento da contestação, porque os atos processuais somente podem ser realizados das 6 h às 18 h. Se a contestação foi ofertada no último dia, após as 18 h, é intempestiva, ainda que o expediente forense se encerre uma hora depois.
4. Foi correta a decisão judicial que decretou a prescrição porque haver-se-á por não interrompida a prescrição se a citação não se der dentro do prazo fixado na lei (dez dias, prorrogáveis por mais noventa dias).
5. São cabíveis embargos infringentes contra o acórdão que deu provimento à apelação do autor.

206. **(DEFENSORIA PÚBLICA DA UNIÃO – 2002 – CESPE)** Julgue os itens que se seguem:

1. Ação popular julgada improcedente por deficiência de prova não está sujeita ao reexame obrigatório pelo tribunal, porque a sentença não é apta a formar a *res judicata*.
2. Ao contestar ação rescisória proposta contra vários réus, originariamente autores do processo cuja sentença é objeto de rescisão, o juiz poderá limitar o litisconsórcio quanto ao número de litigantes, se entender que o seu número excessivo poderá comprometer a rápida solução do litígio ou dificultar a defesa.
3. Procedentes ação de indenização e denunciação formulada pelo seu, uma vez provido o recurso interposto pelo denunciado contra a parte da sentença que condenou o denunciante, fundado na alegação de que a sentença fora prolatada ultra e extra petita, a decisão do recurso não aproveita ao réu denunciante, que não recorreu.
4. juiz de primeiro grau pode deixar de aplicar determinada lei, reconhecendo a sua inconstitucionalidade incidenter tantum, sem que tenha de provocar a instauração do incidente de inconstitucionalidade previsto no CPC, só argüível em segundo grau de jurisdição.
5. Acórdão proferido em apelação julgada por maioria em ação de separação judicial contra a qual não se interpôs recurso de embargos infringentes não pode ser objeto de ação rescisória, que pressupõe tenha a parte interposto todos os recursos cabíveis contra a decisão, esgotando, assim, a via recursal.

5. Direito Civil

5.1. LICC

1. **(ADVOGADO – IRB – 2006 – ESAF)** Se uma lei for publicada no dia 2 de janeiro, estabelecendo prazo de quinze dias de vacância, ela entrará em vigor no dia

(A) 16 de janeiro.
(B) 15 de janeiro.
(C) 20 de janeiro.
(D) 18 de janeiro.
(E) 17 de janeiro.

2. **(ADVOGADO – BNDES – 2001 – VUNESP)** No direito brasileiro, a repristinação da lei revogada

(A) ocorrerá automaticamente com a revogação da lei revogadora.
(B) é vedada expressamente pela Lei de Introdução ao Código Civil.
(C) pode violar o direito adquirido sem que isto configure violação de texto constitucional.
(D) poderá ocorrer por disposição expressa de outra lei.
(E) não se sujeita às regras pertinentes à *vacatio legis*.

3. **(ADVOGADO DA UNIÃO – AGU – 2009 – CESPE)** Suponha que, no dia 20 de janeiro, tenha sido publicada lei estabelecendo, no art. 2.º, que os proprietários de veículos populares pagariam, na ocasião do abastecimento, 20% a menos do preço fixado na bomba de combustível. Suponha, ainda, que, no art. 5.º, a referida lei tenha definido veículo popular como aquele com motorização até 1.6. Considerando essa situação hipotética, julgue os itens a seguir.

1. Se não constar do texto da referida lei a data de vigência, ela passará a vigorar a partir da data oficial de sua promulgação.
2. Caso o juiz constate erro na definição de veículo popular pela referida lei, ele poderá, em processo sob seu exame, corrigi-lo sob a fundamentação de que toda lei necessita ser interpretada teleologicamente e de que, na aplicação da lei, o juiz atenderá aos fins sociais a que ela se dirige e às exigências do bem comum.

4. **(PROCURADOR DA FAZENDA NACIONAL – 2007.2 – ESAF)** Assinale a opção falsa.

(A) Uma das regras norteadoras do emprego do processo interpretativo teleológico seria: deve-se conferir ao texto normativo um sentido que resulte haver a norma regulado a espécie a favor e não em prejuízo de quem ela visa proteger.
(B) O fundamento da analogia não está na igualdade jurídica, já que o processo analógico constitui um raciocínio baseado em razões relevantes de similitude, fundando-se na identidade de razão, que é o elemento justificador da aplicabilidade da norma a casos não previstos, mas substancialmente semelhantes.
(C) O art. 5º da Lei de Introdução ao Código Civil permite corrigir a inadequação da norma à realidade fático-social e aos valores positivados, harmonizando o abstrato e rígido da norma com a realidade concreta, mitigando o seu rigor, corrigindo-lhe os desacertos, ajustando-a do melhor modo possível ao caso emergente.
(D) Os meios de preenchimento de lacuna são indicados pela própria lei.
(E) O aplicador da norma deverá perscrutar as necessidades práticas da vida social e a realidade sócio cultural, sem olvidar a valoração objetiva.

5. **(PROCURADOR DA FAZENDA NACIONAL – 2007.1 – ESAF)** Assinale a opção correta.

(A) Os meios probatórios regular-se-ão pela lex fori por pertencerem à ordem processual e o modo de produção dessas provas reger-se-á pela norma vigente no Estado onde ocorreu o fato.
(B) A nossa Lei de Introdução ao Código Civil não contém qualquer proibição expressa e categórica do retorno; assim, o juiz poderá ater-se às normas de direito internacional privado do país em que ocorreu o fato interjurisdicional sub judice.
(C) A interpretação teleológica é também axiológica e conduz o intérprete-aplicador à configuração do sentido normativo em dado caso concreto, já que tem como critério o fim prático da norma de

satisfazer as exigências sociais e a realização dos ideais de justiça vigentes na sociedade atual.
(D) Às coisas in transitu aplicar-se-á a lex reisitae.
(E) A locus regit actum é uma norma de direito internacional privado para indicar a lei aplicável à forma intrínseca do ato.

5.2. GERAL

5.2.1. Pessoas

6. **(ADVOGADO – PETROBRÁS – 2008 – CESGRANRIO)** Analise as afirmações abaixo, que se referem a sociedades, associações e fundações, e marque a que estiver **ERRADA**.
(A) Nas sociedades comuns não há personificação e ocorre a comunhão patrimonial e jurídica da sociedade e seus membros.
(B) As sociedades e associações somente se constituem por ato inter vivos e as fundações podem ser constituídas por ato inter vivos ou por cumprimento de disposição testamentária.
(C) As sociedades de economia mista somente podem ser constituídas na forma de sociedade anônima.
(D) As associações destinam-se à reunião de pessoas sem fins lucrativos.
(E) Quando a atuação de uma fundação se estender por dois Estados da Federação, caberá apenas ao Ministério Público Federal a fiscalização de suas atividades.

7. **(ADVOGADO – PETROBRÁS – 2006 – CESGRANRIO)** O novo Código Civil prevê, expressamente, no seu artigo 50, a teoria da desconsideração da personalidade jurídica (disregard doctrine). Sobre esta teoria é correto afirmar:
(A) Pode ser aplicada às sociedades em comum.
(B) Trata-se de adoção, pelo legislador, da Teoria Maior da desconsideração da personalidade jurídica.
(C) Trata-se de adoção, pelo legislador, da Teoria Menor da desconsideração da personalidade jurídica, que já se encontrava positivada no Código de Defesa do Consumidor.
(D) É possível sua aplicação sempre que a personalidade jurídica for, de alguma forma, obstáculo ao ressarcimento de prejuízos causados aos consumidores.
(E) A positivação desta teoria no novo Código Civil acabou por revogar, de forma implícita, os parâmetros existentes na legislação esparsa.

8. **(ADVOGADO – PETROBRÁS TRANSP. – 2006 – CESGRANRIO)** Sobre o domicílio, no Direito Civil brasileiro, está correto afirmar que o(a):
(A) Código Civil consagra a pluralidade domiciliar.
(B) marítimo tem domicílio necessário no lugar onde o navio aportar.
(C) especificação do domicílio onde se exercitem e cumpram direitos e obrigações resultantes de contratos escritos é vedada aos contratantes.
(D) pessoa jurídica, com estabelecimentos em lugares diferentes, terá domicílio apenas no lugar onde funcionar sua administração ou diretoria.
(E) pessoa natural sem residência habitual terá por domicílio o Distrito Federal.

9. **(ADVOGADO – EPE – 2007 – CESGRANRIO)** Assinale a afirmação INCORRETA em relação ao domicílio necessário.
(A) Quanto ao marítimo, ele corresponde ao lugar onde o navio estiver atracado.
(B) Quanto ao incapaz, ele corresponde ao do seu representante ou assistente.
(C) Quanto ao preso, ele corresponde ao lugar onde ele estiver cumprindo sentença.
(D) Quanto ao servidor público, ele corresponde ao lugar em que ele exercer permanentemente suas funções.
(E) Quanto ao militar, ele corresponde ao lugar onde ele servir e, quando ele for da Aeronáutica, à sede do comando a que se encontrar imediatamente subordinado.

10. **(ADVOGADO – CORREIOS – 2008 – ESPP) No que pertine à personalidade jurídica da pessoa natural podemos afirmar corretamente que:**
(A) A prova da morte real se faz por meio do atestado de óbito ou pela declaração de ausência no caso de catástrofe e não encontro do corpo.
(B) Nos casos de morte de mais de uma pessoa no mesmo evento, sem possibilidade de identificação de quem faleceu primeiro, o código civil brasileiro adotou a regra da comoriência.
(C) A morte presumida será reconhecida pela declaração de ausência ou pelo procedimento de justificação, gerando seu efeitos após o trânsito em julgado das respectivas ações.
(D) A personalidade jurídica da pessoa natural é adquirida a partir da concepção, havendo ou não nascimento com vida.

11. **(ADVOGADO – CORREIOS – 2008 – ESPP) São atributos inerentes ao estado civil das pessoas:**
(A) Indivisibilidade, indisponibilidade e imprescritibilidade.
(B) Imprescritibilidade, indivisibilidade e disponibilidade.
(C) Intranscendência, indisponibilidade e indivisibilidade.
(D) Imutabilidade, indisponibilidade e imprescritibilidade.

12. **(ADVOGADO – INFRAERO – 2004 – NCE/UFRJ)** Candido, brasileiro, pai de Sofia, pretende impedir a viagem de sua filha aos Estados Unidos, em companhia do seu namorado Augusto, aduzindo ser o

seu sustentáculo moral e material. Sofia completou em 2004, dezoito anos de idade. À luz do novo Código Civil, a maioridade é atingida aos:

(A) dezesseis anos;
(B) dezessete anos;
(C) dezoito anos;
(D) dezenove anos;
(E) vinte anos.

13. **(ADVOGADO – IRB – 2006 – ESAF)** Assinale a opção falsa.

(A) O direito da personalidade é o direito da pessoa defender o que lhe é próprio, como a vida, a identidade, a liberdade, a imagem, a privacidade, a honra etc.
(B) Pessoa idosa poderá sofrer interdição se a senectude originar um estado patológico, retirando-lhe o necessário discernimento para praticar atos negociais.
(C) O direito brasileiro não admite a declaração de morte presumida sem decretação de ausência, para, em casos excepcionais, viabilizar o registro do óbito, resolver problemas jurídicos e regular a sucessão *causa mortis*.
(D) O pródigo é considerado, se sofrer interdição, relativamente incapaz, estando privado, sem assistência de curador, da prática de atos que possam comprometer seu patrimônio.
(E) O instituto da incapacidade visa proteger os que são portadores de uma deficiência jurídica apreciável, graduando a forma de proteção.

14. **(ADVOGADO – CASA DA MOEDA – 2009 – CESGRANRIO)** Pedro, dezesseis anos completos, juntamente com dois amigos, maiores de dezoito anos, estabelece sociedade empresária responsável pela administração de lojas de informática, com aluguel de equipamentos, prestação de serviços e venda de peças de reposição. Em decorrência de tal atividade, Pedro adquire um automóvel ano 2009 bem como um apartamento sediado na Tijuca/RJ, passando a custear suas próprias despesas, sem o apoio dos seus pais. Observada tal situação, à luz das normas do Código Civil, afirma-se que

(A) a regularização da situação demanda prazo prescricional.
(B) a incapacidade do menor cessa.
(C) as dívidas foram assumidas sem aquiescência dos pais.
(D) os atos praticados são nulos.
(E) os negócios devem ser ratificados com a presença dos pais.

15. **(ADVOGADO – BNDES – 2006 – CESGRANRIO)** A respeito dos institutos básicos de Direito Civil, assinale a afirmação correta.

(A) A capacidade de fato das pessoas jurídicas é caracterizada pela sua aptidão para serem titulares de direitos e obrigações.
(B) "Capacidade de fato" e "capacidade de direito" passaram a ser expressões de conteúdo idêntico, à luz da nova sistemática introduzida pelo Código Civil de 2002.
(C) Pela aplicação da teoria do órgão, as pessoas jurídicas são presentadas por seus órgãos, exteriorizadores de sua vontade.
(D) Tendo-se em vista o princípio da consensualidade contratual, a personalidade das pessoas jurídicas surge com o simples acordo de vontades de seus fundadores.
(E) Tendo a interdição caráter constitutivo, é impossível pleitear a invalidação de ato praticado antes de sua proclamação, ainda que provada a incapacidade do agente à época.

16. **(ADVOGADO – BNDES – 2006 – CESGRANRIO)** A respeito do domicílio, marque a afirmação correta.

(A) O conceito de domicílio confunde-se com o de residência, nos inovadores termos do Código Civil de 2002.
(B) As pessoas jurídicas estatais – União, Estados e Municípios – não possuem domicílio.
(C) Como vigora em nosso sistema o princípio da unicidade de domicílio, é vedado ao particular possuir domicílio profissional diverso daquele de caráter residencial.
(D) É instituto caracterizado por um elemento objetivo, qual seja o estabelecimento físico da pessoa, e outro subjetivo, configurado pelo *animus* de permanência definitiva.
(E) Havendo pluralidade de residências, cabe à autoridade pública indicar o domicílio da pessoa natural, a qual não terá direito à opção.

17. **(ADVOGADO – BNDES – 2002 – VUNESP)** Se o menor tiver idade superior a dezoito anos, os pais podem conceder-lhe a emancipação, dada por escritura pública ou particular, cessam a incapacidade,

(A) pela declaração de ausência dos pais.
(B) pela habilitação para dirigir veículos automotores.
(C) pela habilitação e conhecimento da língua portuguesa.
(D) pelo estabelecimento, com recursos próprios, de sociedade civil ou comercial.
(E) pelo ingresso em curso superior, através de concurso vestibular.

18. **(ADVOGADO – BNDES – 2002 – VUNESP)** A fungibilidade não é propriedade natural da coisa, mas qualidade alterável pela vontade do homem, conforme o fim que tenha em mira ao formar a relação jurídica. A noção de fungibilidade estende-se ao objeto das obrigações de fazer. O serviço fungível

(A) pode ser prestado por outra pessoa que não o devedor.
(B) não pode ser prestado por outra pessoa que não o devedor.

(C) supõe que pode o credor contratar *intuitu personae*.
(D) supõe que não é interessante ao credor sua execução por terceiro.
(E) pode ter por objeto prestação de dar coisa certa.

19. **(ADVOGADO – ANP – 2008 – CESGRANRIO)** A incapacidade, para os menores, cessará, pelo(a)

(A) casamento.
(B) ingresso em curso de ensino superior.
(C) aprovação em concurso público.
(D) assinatura da CTPS.
(E) declaração dos pais, desde que reconhecida por autenticidade.

20. **(PROCURADOR FEDERAL – AGU – 2007 – CESPE)** A propósito da veladura das fundações pelo Ministério Público, julgue os itens seguintes.

1. Se uma fundação estender suas atividades por mais de um estado, independentemente de ser federal ou estadual, sua veladura caberá ao Ministério Público Federal.
2. De acordo com o STF, cabe ao Ministério Público do Distrito Federal e Territórios velar pelas fundações públicas e de direito privado em funcionamento no DF, sem prejuízo da atribuição, ao Ministério Público Federal, da veladura das fundações federais de direito público que funcionem, ou não, no DF ou nos eventuais territórios.

21. **(DEFENSORIA PÚBLICA DA UNIÃO – 2007 – CESPE)** A respeito das pessoas jurídicas, julgue o item abaixo.

1. A desconsideração da personalidade jurídica de uma sociedade é permitida nos casos em que há desvio de seu objetivo social, independentemente da verificação de abuso da personalidade jurídica, da intenção de fraudar a lei ou de causar prejuízos à própria sociedade ou a terceiros. Por isso, depois de despersonalizada a sociedade, os bens particulares dos sócios e dos administradores respondem pela dívida da pessoa jurídica.

5.2.2. Bens

22. **(ADVOGADO – EPE – 2007 – CESGRANRIO)** Relativamente aos bens, pode-se afirmar que:

(A) as energias que tenham valor econômico são consideradas bens móveis para os efeitos legais.
(B) os materiais provisoriamente separados de um prédio, ainda que para nele se reempregarem, perdem seu caráter de bens imóveis.
(C) nem a lei, nem tampouco a vontade das partes pode tornar indivisível o que é naturalmente divisível.
(D) são considerados singulares os bens que, uma vez reunidos, deixam de ser considerados de per si.
(E) são considerados intangíveis os bens móveis que podem substituir-se por outros da mesma espécie, qualidade e quantidade.

23. **(ADVOGADO – BNDES – 2001 – VUNESP)** Os bens públicos de uso comum do povo

(A) podem ter sua utilização remunerada.
(B) podem ser adquiridos por usucapião pelos particulares.
(C) podem ser livremente alienados pela entidade pública a que pertencem.
(D) são os afetados a um serviço público da União, dos Estados ou dos Municípios.
(E) jamais compreendem as estradas onde se cobra pedágio.

24. **(ADVOGADO – BNDES – 2001 – VUNESP)** Podem ser objeto de hipoteca:

(A) somente os bens imóveis por natureza.
(B) as estradas de ferro e os bens móveis para efeitos legais.
(C) os navios.
(D) os semoventes e os bens móveis por natureza.
(E) os direitos de obrigação e o usufruto.

25. **(ADVOGADO – CEF – 2001 – CESPE)** Com referência à capacidade e aos bens no direito civil, julgue os itens a seguir.

(1) No direito civil, personalidade e capacidade são institutos relacionados mas não absolutamente interdependentes, de modo que a primeira é condição da segunda, mas não o inverso, isto é, pode haver personalidade sem capacidade.
(2) Considere a seguinte situação hipotética. Hélio tinha dezessete anos de idade e, certo dia, ingressou em uma agência da CAIXA onde, deliberadamente, danificou diversos bens do patrimônio da empresa. A CAIXA instaurou procedimento administrativo para apurar os fatos e, ao final, remeteu carta a Hélio e ao pai dele, para que pagassem o prejuízo causado pelo primeiro. A providência não teve sucesso. Nessas circunstâncias, deve a CAIXA ajuizar ação exclusivamente contra o pai de Hélio, pois este, sendo adolescente, não tem capacidade para responder pelo ato ilícito perpetrado.
(3) Considere a seguinte situação hipotética. Um cidadão adquiriu um prédio antigo, inabitável, para o demolir e construir nova edificação. Após a demolição, separou certa quantidade de tijolos que conseguiu retirar intactos das velhas paredes, os quais manteve no canteiro de obras. Ao mesmo tempo, comprou lajes pré-moldadas para empregá-las na construção, as quais igualmente armazenou no local da obra. Nessa situação, tanto os tijolos procedentes da demolição quanto

as lajes recém-adquiridas são bens móveis, até serem utilizados no novo prédio.

(4) Considere a seguinte situação hipotética. Iraci e Júlia possuíam imóveis contíguos, em um terreno inclinado, estando o imóvel da primeira em posição mais baixa do que o da segunda, de maneira que, quando chovia, as águas do imóvel de Júlia escorriam para o de Iraci. Por isso, Iraci resolveu construir uma canaleta para o escoamento das águas pluviais, a fim de evitar os constantes alagamentos de seu imóvel. Júlia, porém, nunca pôde fazer essa obra em seu terreno, por falta de meios. Iraci, então, por seu interesse em livrar-se do problema, propôs fazer por sua conta a canaleta no terreno de Júlia, a qual aceitou a proposta de bom grado. Nessa situação, em face do Código Civil, a canaleta construída no terreno de Júlia deveria receber o tratamento jurídico dispensado às benfeitorias.

(5) Considere a seguinte situação hipotética. Jacó e sua família possuíam como patrimônio uma única casa, onde residiam, a qual valia R$ 30.000,00. A casa fora adquirida graças a financiamento da CAIXA, integralmente pago. No curso do financiamento, Jacó incorreu em outras dívidas para com a empresa, no valor de R$ 30.000,00, em virtude de suas atividades comerciais. Nessas circunstâncias, o imóvel onde Jacó reside não poderá ser penhorado pelas dívidas, penhora que, todavia, poderia ocorrer validamente, embora sob certas limitações, se decorresse de execução para cobrar o financiamento destinado à compra da casa.

26. **(ADVOGADO DA UNIÃO - AGU - 2009 - CESPE)** A respeito da disciplina dos bens, julgue os itens seguintes.

1. A praça, exemplo típico de bem de uso comum do povo, perderá tal característica se o poder público tornar seu uso oneroso, instituindo uma taxa de uso, por exemplo.
2. O imóvel público onde esteja localizada uma Procuradoria Regional da União é considerado bem de uso especial, qualificação que impede a sua alienação.

27. **(PROCURADOR FEDERAL – AGU – 2007 – CESPE)** No Código Civil de 2002, no capítulo da parte geral dedicado aos bens reciprocamente considerados, introduziu-se a figura das pertenças, verdadeira novidade legislativa no âmbito do direito privado brasileiro. A respeito dos bens reciprocamente considerados, julgue os itens a seguir.

1. De acordo com o direito das obrigações, em regra, a obrigação de dar coisa certa abrange os acessórios dessa coisa, ainda que não mencionados.
2. São pertenças os bens que, constituindo partes integrantes, destinam-se, de modo duradouro, ao uso, ao serviço ou ao aformoseamento de outro.
3. Em regra, os negócios jurídicos que dizem respeito ao bem principal não abrangem as pertenças.

28. **(PROCURADOR DA FAZENDA NACIONAL – 2007.1 – ESAF)** Se desaparecerem os dutos e as estações de compressão de um gasoduto, este perderá seu interesse econômico. Isto se dá por serem os dutos e as estações de compressão:

(A) pertenças
(B) acessões
(C) bens principais
(D) coisas anexadas empregadas intencionalmente na exploração de atividade econômica.
(E) partes integrantes

5.2.3. Fatos jurídicos

29. **(ADVOGADO – PETROBRÁS – 2008 – CESGRANRIO)** Em relação aos defeitos do negócio jurídico, analise as afirmações a seguir.

I. Na lesão é facultado ao lesado optar por requerer a anulação ou a revisão do negócio jurídico celebrado, sendo que o dano deve ser contemporâneo à celebração do contrato.
II. No erro existe uma declaração enganosa da vontade, cujo objetivo é produzir efeito diverso do pretendido.
III. O dolo de ambas as partes torna o negócio jurídico nulo.
IV. O simples temor reverencial configura coação.
V. O estado de perigo ocorre quando uma pessoa obtém lucro exagerado, desproporcional, aproveitando-se da situação de necessidade ou inexperiência do outro contratante.

Está(ão) correta(s) **APENAS** a(s) afirmação(ões)

(A) I
(B) I e III
(C) II e IV
(D) II e V
(E) III, IV e V

30. **(ADVOGADO – PETROBRÁS – 2006 – CESGRANRIO)** Após a publicação em jornal de grande circulação da notícia de que um famoso artista teria diversos credores e estaria insolvente, João, ciente das referidas notícias, decide adquirir uma loja de propriedade daquele artista. Assim, é lavrada escritura pública de promessa de compra e venda, onde consta que o preço, que é aproximadamente o corrente, será pago em três parcelas mensais e sucessivas, vencendo-se a primeira cinco dias após a celebração do ato. Já na posse do imóvel,

João dá início imediato a uma grande reforma, que é de extrema importância para ampliação dos seus negócios. Na véspera de pagar a primeira parcela do preço, João decide consultar um advogado sobre os possíveis riscos que envolvem o contrato por ele anteriormente celebrado. Assinale a opção que apresenta a orientação correta que o advogado deverá dar a João.

(A) É nulo o contrato celebrado, mas João poderá reter o imóvel até que as benfeitorias que lhe foram incorporadas sejam restituídas.
(B) João não possui direito de retenção pelas benfeitorias, pois o contrato é manifestamente nulo.
(C) João poderá manter a validade da sua aquisição e, para tanto, deverá depositar o preço em juízo e requerer a citação de todos os interessados.
(D) João deverá cumprir o contrato como originariamente celebrado, pagando as parcelas do preço ao artista, pois o negócio é válido e, por se tratar de um contrato oneroso, não poderá ser anulado.
(E) Caso João decida pagar o preço diretamente ao artista, o prazo para eventuais credores prejudicados pleitearem a anulação do negócio jurídico será de cinco anos.

31. **(ADVOGADO – PETROBRÁS – 2003 – CESPE)** No que se refere ao negócio jurídico, julgue os itens a seguir.

1. É nulo de pleno direito o contrato firmado por instrumento particular de arrendamento e confissão de dívida, cujo objeto seja ponto comercial situado em área pública, decorrente de autorização precária e intransferível para o uso da área pública concedida a um dos contratantes.
2. Sinval, casado em segunda núpcias com Rosa pelo regime obrigatório da separação total de bens, por contar com mais de sessenta anos de idade, transferiu gratuitamente a propriedade de um apartamento à segunda esposa, simulando em um contrato de venda o que seria uma doação. Na hipótese, o negócio jurídico é nulo por se tratar de ato simulado que importou contrariedade ao regime de separação de bens do casamento.

32. **(ADVOGADO – EPE – 2007 – CESGRANRIO)** De acordo com o disposto no Código Civil quanto à contagem de um prazo, pode-se afirmar que:

(A) invariavelmente, inclui-se, em seu cômputo, o dia do começo.
(B) seu vencimento é antecipado, quando ele se encerra em feriado.
(C) quando fixado por hora, ele exclui a aferição dos minutos.
(D) quando fixado por mês, ele é computado na base de 30 dias por mês.
(E) meado considera-se, em qualquer mês, o seu décimo quinto dia.

33. **(ADVOGADO – REFAP – 2007 – CESGRANRIO)** O Código Civil estabelece que os negócios jurídicos são anuláveis por dolo, quando esta for a sua causa. Quando da realização de um negócio jurídico, pode-se afirmar, sobre a ocorrência de dolo, que:

(A) não se pode configurar a partir de uma omissão.
(B) se ambas as partes procederem com dolo, caberão indenizações recíprocas, respeitando-se as proporções.
(C) se for acidental, só obriga à satisfação de perdas e danos.
(D) se for de terceiro, nunca torna o negócio anulável.
(E) se for do representante convencional, obriga o representado a responder por perdas e danos subsidiariamente.

34. **(ADVOGADO – CORREIOS – 2008 – ESPP)** Analise os itens a seguir:

I. Negócio jurídico é a ação humana, fruto de uma vontade qualificada, que visa diretamente alcançar um fim permitido na lei.
II. Ato jurídico é aquele em que o efeito da manifestação de vontade humana está predeterminado na lei, não havendo qualquer dose de escolha da categoria jurídica e inexistindo vontade qualificada.
III. Negócios jurídicos unilaterais são aqueles que dependem da manifestação de vontade de uma única pessoa, mas que exigem para se aperfeiçoarem a aquiescência de terceiros.
IV. Negócios jurídicos bifrontes são aqueles em que ambos os contratantes, necessariamente, auferem vantagens e se obrigam a uma contraprestação.

Aponte a alternativa acertada:

(A) Apenas o item I está correto.
(B) Os itens I e II estão corretos.
(C) Apenas o item III está incorreto.
(D) Os itens II, III e IV estão incorretos.

35. **(ADVOGADO – CORREIOS – 2008 – ESPP) Analise as assertivas a seguir:**

I. A coação exercida por terceiro vicia o negócio jurídico, mesmo que dela não tenha conhecimento ou pudesse ter conhecimento aquele a quem aproveite.
II. O negócio jurídico eivado pelo erro não se convalida, mesmo que a parte a quem a manifestação de vontade se dirigiu prontifique-se a executá-la na conformidade com a vontade real do manifestante.
III. O dolo do representante legal de uma das partes a obriga a responder solidariamente com ele por perda e danos causados a terceiros.
IV. Anulados os negócios jurídicos praticados em fraude contra credores a vantagem resultante reverter-se-á em proveito do acervo de bens do devedor passível de concurso de credores.

Assinale a alternativa acertada:

(A) Os itens II e III estão corretos.
(B) Os itens I, III e IV estão corretos.
(C) Os itens I e IV estão incorretos.
(D) Os itens I, II e III estão incorretos.

36. **(ADVOGADO – ELETROBRÁS – 2006 – NCE/UFRJ)** A simulação é causa de:

(A) nulidade do negócio jurídico;
(B) anulabilidade do negócio jurídico;
(C) inexistência do negócio jurídico;
(D) ineficácia do negócio jurídico;
(E) ratificação de validade do negócio jurídico.

37. **(ADVOGADO – EMBRAPA – 2005 – CESPE)** Heitor é proprietário de um imóvel em Goiânia – GO, avaliado em R$ 1.500.000,00. Júlio,filho de Heitor,foi seqüestrado e os seqüestradores exigiram R$ 150.000,00 em troca da vida de Júlio e, para tanto, deram ao pai o prazo de quatro horas. Cipriano, vizinho de Heitor, tomou conhecimento do seqüestro e foi até a casa de Heitor oferecer-lhe os R$ 150.000,00 referentes ao resgate, mas, para que ele entregasse imediatamente o dinheiro, Heitor teria de assinar um contrato de promessa de compra e venda, em relação ao referido imóvel, sem pacto de arrependimento, por instrumento particular em que os mesmos se comprometiam a registrar o contrato no Cartório de Registro de Imóvel no dia seguinte. Ante o perigo de grave dano em relação a seu filho, Heitor aceitou a proposta. Acerca da situação hipotética descrita acima, julgue os itens a seguir.

1. Nesse caso, o negócio jurídico realizado entre Cipriano, o vizinho, e Heitor referente ao contrato de promessa de compra e venda do imóvel localizado em Goiânia, é anulável em decorrência da coação praticada pelo vizinho.
2. O prazo prescricional é de quatro anos, contados de quando se realizou o negócio jurídico, caso o negócio jurídico seja anulável em decorrência de coação.
3. Se Cipriano se propusesse a reequilibrar o negócio jurídico, configurado o vício de lesão, suplementando o devido, ou seja, equilibrando o negócio jurídico, a validade deste seria preservada, pelo menos quanto à lesão.

38. **(ADVOGADO – EMBRAPA – 2005 – CESPE)** Henrique, que tem 16 anos de idade e cursa a terceira série do ensino médio, assinou um contrato com Bóris e omitiu, dolosamente, a idade para convencer Bóris a assinar o contrato com ele. Ocorre que Henrique percebeu que o negócio não era tão bom quanto ele esperava e quer anular esse negócio jurídico. Sabe-se que Henrique não foi assistido na prática desse ato. A propósito da situação hipotética descrita, julgue os itens seguintes.

1. Nessa situação, o negócio jurídico é anulável, uma vez que Henrique é relativamente incapaz.
2. Se o negócio jurídico objeto da situação descrita for anulável, pode ser ratificado. Somente se esse negócio jurídico fosse nulo é que não deveria ser confirmado pelo juiz, nem a requerimento das partes.
3. Como a situação considerada envolve um relativamente incapaz, o juiz deve conhecer de ofício, caso haja vício que contamine o negócio jurídico que o torne anulável, declarando a sua anulação independentemente do requerimento das partes.

39. **(ADVOGADO – IRB – 2006 – ESAF)** Assinale a opção verdadeira.

(A) A forma única é aquela que, por lei, não pode ser preterida por outra.
(B) O estado de perigo e a lesão são atos prejudiciais praticados em estado de necessidade, visto que na base do estado de perigo há risco patrimonial e na da lesão tem-se risco pessoal.
(C) O erro acidental induz anulação do negócio por incidir sobre a declaração de vontade, mesmo se for possível identificar a pessoa ou a coisa a que se refere.
(D) Exige-se, por lei, que o instrumento particular seja subscrito por duas testemunhas.
(E) O novel Código Civil não admite a conversão do ato nulo em outro de natureza diferente.

40. **(ADVOGADO – BNDES – 2006 – CESGRANRIO)** Sobre a existência, validade e eficácia dos atos jurídicos, é correto afirmar que:

(A) o ordenamento jurídico tutela a existência de condições puramente potestativas somente quando envolvido na relação jurídica direito de ordem subjetiva.
(B) o ato ilícito não é apto a produzir qualquer efeito jurídico, pois a validade é pressuposto lógico da eficácia.
(C) determinado negócio jurídico, pendente condição suspensiva, tem eficácia restrita até a implementação da mesma, o que não lhe retira a existência nem mesmo a validade, desde que obedecidos os requisitos legais.
(D) são requisitos de existência do ato jurídico a presença de agente capaz, objeto lícito e possível e forma prescrita ou não defesa em lei.
(E) sendo a doação exemplo típico de contrato gratuito, não pode estar sujeita a qualquer encargo.

41. **(ADVOGADO – BNDES – 2004 – CESGRANRIO)** Assinale a única afirmação ERRADA quanto aos negócios jurídicos.

(A) A validade da declaração de vontade dependerá sempre de forma especial.
(B) A validade do negócio jurídico requer, entre outros, objeto determinado ou determinável.
(C) Os negócios jurídicos devem ser interpretados conforme a boa-fé e os usos do lugar de sua celebração.
(D) Os negócios jurídicos benéficos e a renúncia interpretam-se estritamente.
(E) Silêncio importa anuência, quando as circunstâncias ou os usos o autorizarem e não for necessária a declaração de vontade expressa.

42. **(PROCURADOR – BANCO CENTRAL – 2009 – CESPE)** A respeito dos elementos, dos defeitos e da validade dos atos jurídicos, assinale a opção correta.

(A) A conversão substancial do negócio jurídico é meio jurídico capaz de sanar sua invalidade absoluta.
(B) Se o adquirente de determinado bem ignorava o estado de insolvência do alienante, tal negócio não será passível de anulação por fraude contra credores.
(C) Embora haja significativas diferenças entre nulidade e anulabilidade, ambas são reconhecidas por meio de ação desconstitutiva.
(D) Se comprovada a inexperiência do contratante, a lesão restará configurada ainda que a desproporcionalidade entre as prestações que incumbem às partes seja superveniente.
(E) A consequência da inserção de termo inicial ou suspensivo no contrato é o adiamento da aquisição do direito.

43. **(PROCURADOR – BANCO CENTRAL – 2009 – CESPE)** Diante da necessidade de transferir sua residência para outra cidade, Maura, menor púbere, resolveu conferir a sua tia, Antônia, judicialmente reconhecida como pródiga, poderes para que esta pleiteasse em juízo determinado direito. Para isso, Maura, devidamente assistida por seus pais, e mediante instrumento particular, outorgou poderes a Antônia, que, por não ser advogada, substabeleceu esses poderes a profissional habilitado. Considerando essa situação hipotética, assinale a opção correta.

(A) É inválido o negócio realizado entre Maura e Antônia, porque, sendo a primeira menor, esse negócio deveria ter sido objeto de instrumento público.
(B) Não é válido o mandato porque o pródigo, assim como o falido, não é capaz de exercer mandato.
(C) Na situação descrita, é válido o negócio realizado pelas partes, pois obedeceu ao necessário não só quanto à forma, como quanto ao suprimento da capacidade da mandante.
(D) É inválido o negócio porque, diante de um mandato judicial, seria necessário que Antônia tivesse capacidade postulatória para que o substabelecimento se tornasse viável.
(E) Seria inválido o negócio se Antônia fosse também menor púbere, já que este não pode ser mandatário.

44. **(PROCURADOR – BANCO CENTRAL – 2009 – CESPE)** No direito brasileiro, quanto à alienação de bem imóvel de valor superior ao limite legal,

(A) o contrato de compra e venda firmado por instrumento público é condição bastante à transmissão da propriedade.
(B) o contrato de compra e venda do bem estabelece apenas obrigações, de modo que transmitirá a propriedade uma segunda convenção realizada pelas partes no cartório de registro de imóveis.
(C) o registro imobiliário é o ato que determina a transmissão da propriedade, sendo irrelevante a posterior nulidade do contrato que o antecedeu.
(D) firmado contrato válido de transmissão da propriedade, apenas o registro no cartório imobiliário será bastante à efetiva transmissão, pois o primeiro só estabelece obrigações.
(E) a transmissão da propriedade ocorre pela formação de contrato válido, sendo o registro uma condição de eficácia que opera efeitos retroativos à data em que foi firmada a avença.

45. **(ADVOGADO – ANP – 2008 – CESGRANRIO)** Quanto aos negócios jurídicos, são feitas as afirmações a seguir.

I. A boa-fé e os usos do lugar de sua celebração devem nortear sua interpretação.
II. Não obstante suas circunstâncias, eles são interpretados de forma estrita.
III. A impossibilidade inicial do objeto contamina-os definitivamente quanto à validade.
IV. O silêncio não importa anuência, pois a declaração de vontade deve ser sempre expressa.
V. Nas declarações de vontade se atenderá mais à intenção nelas consubstanciada do que ao sentido literal da linguagem.

Estão corretas **APENAS** as afirmações

(A) I e II
(B) I e V
(C) III e IV
(D) I, II, III e IV
(E) II, III, IV e V

46. **(ADVOGADO DA UNIÃO – AGU – 2004 – CESPE)** Julgue os seguintes itens, referentes a vigência das leis e a atos e fatos jurídicos.

1. Os negócios jurídicos celebrados antes da entrada em vigor do atual Código Civil continuarão regidos pelas leis anteriores no que se refere aos seus pressupostos de validade; no entanto, quanto à eficácia, caso invadam o âmbito temporal de vigência da nova lei, deverão subordinar-se aos seus preceitos, exceto se tiver sido estipulada certa forma de execução e não tiverem sido contrariados preceitos de ordem pública.
2. O efeito extintivo chamado prescrição atinge os direitos subjetivos a uma prestação, a qual, em regra, é veiculada por meio de ação preponderantemente condenatória. O efeito extintivo chamado decadência atinge os direitos sem pretensão, ou seja, os direitos potestativos, veiculados, em regra, mediante ação preponderantemente constitutiva.
3. A responsabilidade civil por ato danoso praticado pelo absolutamente incapaz decorre da ilicitude, e o incapaz responde com seus bens pelos danos que causar, se as pessoas por ele responsáveis não tiverem obrigação de fazê-lo ou não dispuserem de meios suficientes para tal.
4. O negócio jurídico do acordo de transmissão de propriedade não sofre, pela falta do registro, qualquer conseqüência negativa quanto a sua existência, validade ou eficácia obrigacional.

47. **(PROCURADOR FEDERAL – AGU – 2004 – CESPE)** Com referência aos fatos jurídicos, julgue os itens que se seguem.

1. Não terá validade jurídica a procuração que, outorgada por pessoa dominada pelo vício das drogas e do álcool, sem a devida assistência, confira ao outorgado amplos poderes para alienação de imóvel de sua propriedade.
2. Está eivado de nulidade absoluta, por vício de lesão, o contrato de locação residencial no qual o locatário assume pagamento excessivo de aluguéis por estar sua família em desabrigo, pois o devedor assumiu obrigação excessiva, sob premente necessidade.

48. **(PROCURADOR DA FAZENDA NACIONAL – 2007.2 – ESAF)** João, ante o incessante pedido de parentes para que venha a prestar fiança ou aval, passa, para pôr fim àquele "assédio", seus bens para Pedro, seu amigo, fazendo com que não haja em seu nome lastro patrimonial, tornado-lhe impossível a prestação de qualquer garantia real ou fidejussória. Nesse caso hipotético, configurou-se

(A) simulação relativa subjetiva.
(B) reserva mental.
(C) simulação relativa objetiva.
(D) dolo principal.
(E) simulação absoluta.

5.2.4. Prescrição e decadência

49. **(ADVOGADO – PETROBRÁS DISTRIB. – 2008 – CESGRANRIO)** É correto afirmar, a respeito da prescrição, que esta atinge a pretensão que nasce da violação do direito

(A) subjetivo, não é causa de extinção de direito e só pode ser conhecida pelo juiz se houver provocação do interessado.
(B) subjetivo, não é causa de extinção de direito e pode ser conhecida pelo juiz mesmo sem provocação do interessado.
(C) subjetivo, é causa de extinção de direito e só pode ser conhecida pelo juiz se houver provocação do interessado.
(D) potestativo, não é causa de extinção de direito e pode ser conhecida pelo juiz mesmo sem provocação do interessado.
(E) potestativo, não é causa de extinção de direito e só pode ser conhecida pelo juiz se houver provocação do interessado.

50. **(ADVOGADO – REFAP – 2007 – CESGRANRIO)** Sobre as regras da prescrição, é correto afirmar que:

(A) a prescrição é interrompida sempre que se verificar fato hábil a produzir esse efeito, sem limites de ocorrências.
(B) o Juiz pode suprir, de oficio, a alegação de prescrição.
(C) o beneficiário não pode renunciar à prescrição, principalmente após a sua consumação.
(D) o prazo prescricional, interrompida a prescrição, volta a fluir sempre por inteiro.
(E) os prazos de prescrição podem ser alterados por acordo das partes.

51. **(ADVOGADO – EMBRAPA – 2005 – CESPE)** Quanto à prescrição e à decadência, julgue os itens que se seguem.

1. Considere a seguinte situação hipotética. Maria e Joaquim eram casados. Durante o casamento, Maria constituiu uma dívida com Joaquim. Eles se separaram judicialmente em agosto de 2004. Nessa situação, é correto afirmar que somente após a separação judicial é que começou a correr a prescrição para a dívida que existia entre os cônjuges.
2. Não corre a prescrição nem a decadência contra os absolutamente incapazes.
3. A prescrição se interrompe quando corre contra os ausentes do país em serviço público da União.
4. É nula a renúncia à decadência convencional e o juiz deve conhecê-la de ofício.

52. **(ADVOGADO – BNDES – 2004 – CESGRANRIO)** Prevê o artigo 189 do novo Código Civil que "violado o direito, nasce para o titular a pretensão, a qual se extingue, pela prescrição, nos prazos a que aludem os arts. 205 e 206". O Código prevê, de

modo expresso, os prazos de prescrição, que fluem da violação do direito, e disciplina as regras para sua suspensão e sua interrupção. A esse respeito, assinale a única afirmação que está de acordo com o Código Civil em vigor.

(A) A prescrição só pode ser interrompida duas vezes.
(B) A prescrição só pode ser interrompida por quem esteja interessado na interrupção.
(C) A interrupção produzida contra o principal devedor não prejudica o fiador.
(D) Prescreve em 4 anos a pretensão relativa à tutela, a contar da data da aprovação das contas.
(E) Prescreve em 5 anos a pretensão de restituição de dividendos recebidos de má-fé, a contar da data em que foi deliberada a distribuição.

53. **(PROCURADOR FEDERAL - AGU - 2007 - CESPE)** Com relação à prescrição, julgue os itens subseqüentes.

1. O despacho do juiz que ordenar a citação, mesmo quando este for incompetente para tanto, interrompe a prescrição, se o interessado promovê-la no prazo e na forma da lei processual.
2. No Código Civil de 2002, está previsto o princípio da unicidade da interrupção e da suspensão da prescrição.

54. **(PROCURADOR DA FAZENDA NACIONAL - 2007.2 – ESAF)** Assinale a opção incorreta.

(A) Prescreve em cinco anos a pretensão para haver juros, dividendos ou quaisquer prestações acessórias, pagáveis, em períodos não maiores de um ano, com capitalização ou sem ela.
(B) O prazo de decadência pode ser estabelecido pela lei ou pela vontade unilateral ou bilateral.
(C) É prazo decadencial o de dez dias para a minoria vencida impugnar alteração de estatuto de fundação.
(D) Somente depois de consumada a prescrição, desde que não haja prejuízo de terceiro, é que pode haver renúncia expressa ou tácita por parte do interessado.
(E) A prescrição iniciada contra uma pessoa continua correr contra seu sucessor, a título universal ou singular, salvo se for absolutamente incapaz.

5.2.5. Prova

55. **(ADVOGADO – ANP – 2008 – CESGRANRIO)** Quanto à prova testemunhal, são feitas as afirmações a seguir.

I. Os menores de dezoito anos não podem ser admitidos como testemunhas.
II. A oitiva de cegos e surdos na qualidade de testemunhas não sofre qualquer restrição.
III. Os colaterais, até o sexto grau, de alguma das partes, por consangüinidade ou afinidade, não podem ser admitidos como testemunhas.
IV. Qualquer que seja o valor do negócio jurídico, a prova testemunhal é admissível como subsidiária ou complementar da prova por escrito.

É(São) correta(s) **APENAS** a(s) afirmativa(s)

(A) I
(B) IV
(C) II e III
(D) I, II e III
(E) II, III e IV

5.3. OBRIGAÇÕES

56. **(ADVOGADO – PETROBRÁS – 2008 – CESGRANRIO)** A Petrobras pode contratar estipulação de pagamentos de obrigações em moeda estrangeira nos seguintes casos:

I. aluguel de um imóvel no Brasil de propriedade de uma empresa multinacional estrangeira;
II. prestação de garantia na exportação a crédito de barris de petróleo;
III. assunção de obrigação perante instituição financeira brasileira, originalmente contratada com devedor estrangeiro;
IV. contratação de empréstimo direto com instituição financeira estrangeira.

É(São) possível(eis) **APENAS** o(s) caso(s)

(A) I
(B) II e IV
(C) I, II e IV
(D) II, III e IV
(E) I, II, III e IV

57. **(ADVOGADO – PETROBRÁS – 2003 – CESPE)** Acerca das obrigações, julgue os itens a seguir.

1 O avalista de título de crédito vinculado a um contrato, no qual se tenha inserido cláusula de responsabilidade do avalista, passa a ser solidariamente obrigado pelo pagamento do débito no valor total do contrato e não somente pelo valor inserido na cártula.

2 Em todas as obrigações exeqüíveis no Brasil, decorrentes de relações contratuais de natureza internacional, tais como exportação e importação, o pagamento deverá ser feito obrigatoriamente em moeda nacional.

3 No contrato de locação de bem móvel, em que o locatário assume a obrigação de restituir a coisa, verificada a impossibilidade de cumprimento da obrigação por perda do objeto, sem a culpa do devedor, a obrigação se resolverá e o proprietário suportará o prejuízo.

4 As arras penitenciais constituem forma de prefixação do valor das perdas e danos em caso de descumprimento da obrigação principal e excluem qualquer outra espécie de indenização.

58. **(ADVOGADO – PETROBRÁS – 2001 – CESPE)** Julgue os itens que se seguem, relativos às obrigações e aos seus efeitos.

1 Considere a seguinte situação hipotética. Macedo contratou com Moraes a cessão de um touro reprodutor para cobertura das vacas de sua propriedade. O animal deveria ser restituído a Moraes em um mês. Todavia, estando Macedo há duas semanas em mora quanto à obrigação de restituir o touro, o poder público determinou o extermínio de todo o rebanho bovino da região, inclusive os animais que se encontravam nas propriedades de Macedo e de Moraes. Nessa situação, embora a perda do animal decorra de força maior notória, Macedo responderá pelo perecimento do bem em decorrência da mora em que se encontrava.

2 Considerando que o art. 1.262 do Código Civil dispõe que: "É permitido, mas só por cláusula expressa, fixar juros ao empréstimo de dinheiro ou de outras coisas fungíveis. Esses juros podem fixar-se abaixo ou acima da taxa legal (art. 1.062), com ou sem capitalização.", é correto afirmar que esse dispositivo tem, presentemente, vigência plena no ordenamento jurídico.

3 A dação em pagamento é o acordo liberatório, feito entre credor e devedor, em que o credor consente em receber uma coisa diversa da avençada.

4 Considere a seguinte situação hipotética. A PETROBRAS celebrou contrato com a Construtora Beta, que tinha por objeto a aquisição de um edifício que seria construído em terreno da própria construtora contratada. Os pagamentos seriam realizados no decorrer da construção, de modo a restar 20% do valor total a ser pago quando da entrega da obra. Estipulou-se, então, que o edifício deveria ser entregue em 6/6/2001, definindo-se, ainda, que, estando em mora a construtora, se o edifício não fosse entregue até o dia 6/12/2001, restaria caracterizado o inadimplemento total, hipótese em que, em substituição à entrega do edifício, a Construtora Beta deveria pagar à PETROBRAS a importância de um milhão de reais, a título de cláusula penal — valor esse previamente estimado para perdas e danos, incluindo os pagamentos que a PETROBRAS já teria efetuado. Nesse caso, se a Construtora Beta não entregar o edifício até 6/12/2001, a pretensão da PETROBRAS não ficará restrita à faculdade de exigir o adimplemento da cláusula penal, sendo-lhe franqueada, sim, a alternativa de exigir a entrega do edifício.

5 Desde que estabelecido no título originário, é válido e compatível com a natureza jurídica da obrigação solidária estipulá-la como condicional ou a prazo para um dos cocredores ou co-devedores, e pura e simples para outro, uma vez que a solidariedade diz respeito à prestação, propriamente, e não à maneira pela qual ela é devida.

59. **(ADVOGADO – PETROBRÁS DISTRIB. – 2008 – CESGRANRIO)** José Márcio celebrou com TWL Construções Ltda. contrato preliminar de compra de venda de imóvel pertencente a esta última, a título irretratável, no valor total de R$ 500.000,00, ajustando que o pagamento deveria ser feito em moeda corrente, da seguinte forma: R$ 50.000,00, a título de sinal, em 48 horas a contar da assinatura do instrumento; R$ 200.000,00 contra a exibição da certidão de ônus reais emitida pelo cartório de registro imobiliário, que deveria ser providenciada pela promitente-vendedora em até dez dias; R$ 250.000,00 no ato da celebração do contrato definitivo, a realizar-se em até trinta dias. Na data agendada para a formalização do contrato de compra e venda, cumpridas regularmente todas as obrigações vencidas até então, as certidões exibidas pela promitente-vendedora demonstraram a existência de dívida fiscal de valor superior ao do imóvel, bem como de ações e execuções cíveis em curso, envolvendo valor global também superior ao do contrato. Diante disso, José Márcio pode, licitamente, exigir da promitente-vendedora, além do desfazimento do contrato preliminar a(o)

(A) devolução do valor pago até aquela data.
(B) dobro do valor total pago até aquela data.
(C) dobro do valor total pago até aquela data e, ainda, indenização pelos prejuízos sofridos em razão da dissolução do contrato que superarem o total dos pagamentos realizados.
(D) dobro do valor pago a título de sinal e a devolução da segunda parcela do preço.
(E) dobro do valor pago a título de sinal, a devolução da segunda parcela do preço e, ainda, indenização pelos prejuízos sofridos em razão da dissolução do contrato que superarem o valor da primeira parcela do preço.

60. **(ADVOGADO – PETROBRÁS DISTRIB. – 2008 – CESGRANRIO)** Analise as afirmações a seguir, sobre obrigações.

I. Em caso de obrigação com prestação facultativa, tornando-se impossível o cumprimento da prestação principal, em decorrência de fortuito, resta ao credor exigir a entrega da supletória.

II. A prova do inadimplemento cabe ao credor nas obrigações de meio; nas obrigações de resultado, a prova do adimplemento cabe ao devedor.

III. Nas obrigações genéricas, a destruição da coisa não exonera o devedor, ainda que decorrente de fortuito.

IV. Nas obrigações indivisíveis, havendo pluralidade de credores, o devedor só se desonera efetuando o pagamento a todos eles, conjuntamente.

São corretas, APENAS, as afirmativas

(A) I e II
(B) II e III
(C) III e IV
(D) I, II e III
(E) I, II e IV

61. **(ADVOGADO – EPE – 2007 – CESGRANRIO)** João e José, respectivamente, na qualidade de credor e devedor, pactuaram uma obrigação alternativa, com prestações periódicas. A esse respeito, assinale a afirmação correta.

(A) A escolha cabe a João, se outra coisa não se estipulou.
(B) A opção deverá ser exercida por José em cada período.
(C) A opção deverá ser exercida por José antes do encerramento do primeiro período.
(D) A opção deverá ser exercida por João antes do encerramento do primeiro período.
(E) É facultado a José obrigar João a receber parte em uma prestação e parte, em outra.

62. **(ADVOGADO – EMBRAPA – 2005 – CESPE)** Uma pessoa adquiriu um imóvel hipotecado e resolveu tomar para si o crédito garantido pelo imóvel que adquiriu. Para tanto, notificou o devedor da assunção da dívida. Passados 35 dias da notificação, o credor não apresentou impugnação, nem se manifestou acerca da transferência do débito. A respeito dessa situação hipotética, julgue os itens subseqüentes.

1. Na situação descrita, o silêncio do credor é interpretado como anuência, ou seja, significa que ele concordou com a assunção da dívida.
2. Ao pagar o crédito, o adquirente do imóvel hipotecado irá sub-rogar, nos direitos do credor, e essa sub-rogação não depende do consentimento do devedor que vendeu o imóvel hipotecado.

63. **(ADVOGADO – EMBRAPA – 2005 – CESPE)** Sílvio e Orlando são agricultores. Orlando possui em sua propriedade agrícola uma indústria que beneficia milho. Sílvio é credor de Orlando em um contrato de mútuo. Por esse contrato, Orlando recebe de Sílvio certa quantidade de milho, que deve ser beneficiado e restituído. Nesse contrato, não foi convencionado o prazo do mútuo, porém existia uma cláusula penal determinando que, se o milho restituído estivesse com qualidade inferior à do emprestado, o mutuário pagaria multa de quinhentos dólares. Com referência à situação hipotética acima, julgue os próximos itens.

1. Pelo mútuo, Sílvio transferiu a Orlando a propriedade do milho emprestado. Dessa forma, correm por conta de Orlando todos os riscos, desde a tradição.
2. A cláusula penal estipulada no contrato será válida, desde que o valor da multa não ultrapasse o valor da obrigação principal.
3. Como não se convencionou expressamente o prazo do mútuo, este será até a próxima colheita.

64. **(ADVOGADO – IRB – 2006 – ESAF)A** (promitente-vendedor) assume perante B a obrigação de entregar o lote compromissado e a financiar a construção que nele será erguida. Tal obrigação é

(A) alternativa.
(B) facultativa.
(C) cumulativa.
(D) disjuntiva.
(E) simples.

65. **(ADVOGADO – IRB – 2006 – ESAF)** A mora ex re:

(A) é mora do devedor, decorrente de lei, resultando do próprio fato do descumprimento da obrigação, independendo, portanto, de provocação do credor.
(B) é mora do devedor e se não houver estipulação de termo certo para a execução da relação obrigacional será imprescindível que o credor tome certas providências para constituir o devedor em mora.
(C) é modalidade de mora do credor.
(D) é aquela a que não se aplica a regra *dies interpellat pro homoine*, ou seja, a de que o termo interpela em lugar do credor, pois a *lex* ou *dies* assumirão o papel de intimação.
(E) é a injusta recusa de aceitar o adimplemento da obrigação no tempo, lugar e forma devidos.

66. **(ADVOGADO – CASA DA MOEDA – 2009 – CESGRANRIO)** C., brasileiro, solteiro, empresário que mantém relação de amizade com R., teve ciência de que o amigo estaria com dificuldades de quitar dívida com J., no valor de R$ 55.000,00 (cinquenta e cinco mil reais). Prestimoso, C. obteve de J. e de R. a devida aquiescência para assumir o pagamento da dívida. Concomitantemente, acordou verbalmente com R. que, no prazo de um ano, o mesmo realizaria o ressarcimento dos valores que C. tivesse reembolsado. Passado o ano, C. foi surpreendido com a negativa de pagamento dos valores expendidos. Procurou o credor originário que também não concordou em retomar o vínculo antigo com o devedor R.. Observada tal situação, à luz das normas do Código Civil, afirma-se que a(o)

(A) assunção de dívidas que ocorreu é ato jurídico perfeito.
(B) dívida pode ser reassumida pelo devedor originário, consentindo o credor unilateralmente.

(C) negativa de pagamento praticada pelo devedor originário permite o retorno ao estado anterior.
(D) vício da vontade está caracterizado pela amizade existente.
(E) negócio deve ser ratificado no prazo de um ano e conferido pelo devedor atual.

67. **(ADVOGADO – BNDES – 2008 – CESGRANRIO)** Tratando-se de cláusula penal regulada segundo as condições previstas no Código Civil (Lei no 10.406, de 10 de janeiro de 2002), considere as afirmativas a seguir.

I. A cláusula penal apenas é aplicável na hipótese de inadimplemento doloso.
II. O valor da cominação imposta na cláusula penal não pode exceder o da obrigação principal.
III. A aplicação da cláusula penal depende da existência de prejuízo decorrente do descumprimento contratual.
IV. A cláusula penal pode ser estipulada para o caso de descumprimento total da obrigação ou para o simples descumprimento do prazo fixado para seu adimplemento.

Está(ão) correta(s) **APENAS** a(s) afirmativa(s)

(A) II
(B) I e II
(C) II e IV
(D) I, III e IV
(E) II, III, e IV

68. **(ADVOGADO – BNDES – 2006 – CESGRANRIO)** Analisando-se o instituto da cessão de crédito, pode-se afirmar que:

(A) o Código Civil de 2002 simplificou o mecanismo de cessão, facultando às partes a notificação do devedor, já que as dívidas de natureza civil são quesíveis.
(B) a cessão de crédito de natureza civil exige a forma pública para que produza efeitos entre as partes.
(C) quando a cessão de crédito é necessária, o formalismo exigido pela lei é ainda maior.
(D) para que a proibição convencional à transferência de crédito produza efeitos perante terceiros de boa-fé, deve constar do instrumento da obrigação.
(E) havendo proibição à transferência de determinado crédito, a eventual celebração da cessão é válida entre as partes, porém ineficaz.

69. **(ADVOGADO – BNDES – 2006 – CESGRANRIO)** Levando-se em consideração o instituto da cláusula penal e o tratamento recebido pelo legislador do Código Civil de 2002,analise as afirmativas abaixo.

I. A cláusula penal deve constar expressamente do mesmo instrumento da obrigação.
II. Para que o devedor incorra de pleno direito na cláusula penal, é necessário que deixe de cumprir a obrigação dolosamente.
III. O valor da obrigação prevista na cláusula penal não pode ultrapassar o valor da obrigação principal.
IV. Para exigir o cumprimento da cláusula penal, o credor deverá fazer prova de seu prejuízo.
V. Tratando-se de obrigação indivisível, caindo em falta um dos devedores, a cláusula somente a ele atingirá.

Está(ão) correta(s), somente, a(s) afirmação(ões):

(A) III
(B) I e III
(C) I e IV
(D) II e V
(E) II, III e IV

70. **(ADVOGADO – BNDES – 2004 – CESGRANRIO)** As normas em vigor que disciplinam o instituto da novação, de acordo com a concepção moderna e rejeitando a concepção romana, têm merecido encômios da doutrina, que não dispensa elogios à sua excelência no ponto de vista técnico. Sobre esse instituto da relação obrigacional, é certo afirmar-se que:

(A) a novação subjetiva se dá se as partes acordam na modificação da espécie obrigacional.
(B) a novação por substituição do devedor pode ser efetuada independente do consentimento deste.
(C) a novação, como o pagamento e a compensação, produz a imediata satisfação do crédito.
(D) se, nas obrigações indivisíveis, um dos credores novar a dívida, a obrigação se extingue para os outros.
(E) se o novo devedor for insolvente, terá sempre o credor, que o aceitou, ação regressiva contra o primeiro.

71. **(ADVOGADO – BNDES – 2004 – CESGRANRIO)** Analisando-se os princípios inerentes à teoria geral das obrigações, na hipótese de inadimplemento parcial de uma obrigação com data certa, a constituição em mora do devedor:

(A) depende de notificação publicada na Imprensa Oficial.
(B) independe de qualquer espécie de notificação.
(C) deve ser ultimada por notificação cartorária.
(D) será possível somente pela via judicial, através de citação ou intimação válida.
(E) não será possível, pois a inércia das partes gera a prorrogação do prazo por tempo indeterminado.

72. **(ADVOGADO – BNDES – 2004 – CESGRANRIO)** Assinale a única afirmativa correta sobre a cessão de créditos, segundo o Código Civil.

(A) Na cessão de um crédito, abrangem-se todos os seus acessórios, não sendo possível dispor-se em contrário.
(B) Desde que haja a anuência do cedente, será possível ao cessionário de crédito hipotecário fazer averbar a cessão à margem da inscrição principal.

(C) Somente com o conhecimento da cessão pelo devedor pode o cessionário exercer os atos conservatórios do direito cedido.
(D) Com relação a terceiros, é eficaz a transmissão de um crédito, ainda que feita verbalmente.
(E) O devedor pode opor ao cessionário as exceções que lhe competirem, bem como as que, no momento em que veio a ter conhecimento da cessão, tinha contra o cedente.

73. **(ADVOGADO – BNB – 2006 – ACEP)** Sobre mora, pode-se afirmar CORRETAMENTE.

(A) Em qualquer caso, a alegação de caso fortuito, extinguindo a obrigação, poderá ser anunciada quando o devedor está em mora.
(B) Purgação da mora tem o mesmo significado de cessação da mora.
(C) O devedor pode renunciar ao direito de alegar caso fortuito, caso este ocorra.
(D) Se, ante a mora do credor, a coisa vier a se deteriorar por negligência do devedor, este deverá arcar com as conseqüências.
(E) Não havendo termo, a mora se constitui mediante interpelação judicial, sendo vedada outra modalidade.

74. **(ADVOGADO DA UNIÃO – AGU – 2009 – CESPE)** Acerca dos atos unilaterais, julgue os itens subsequentes.

1. Constitui requisito da ação de repetição de indébito o fato de o pagamento ter sido realizado voluntariamente.
2. Considere que Ângela tenha locado imóvel de sua propriedade a Suzi e que esta não pague os aluguéis há três meses. Nessa situação hipotética, considerando-se que a falta de pagamento gera o enriquecimento de Suzi e o empobrecimento de Ângela, não havendo causa jurídica que os justifique, a locadora poderá ingressar com ação in rem verso para se ressarcir dos prejuízos sofridos.

75. **(ADVOGADO DA UNIÃO – AGU – 2006 – CESPE)** Acerca do direito das obrigações, julgue os itens subseqüentes.

1. Quando o devedor contrai com o credor nova obrigação, visando extinguir e substituir a anterior, ainda que a obrigação seja nula, prescrita ou extinta, verifica-se a novação. Da mesma forma, verifica-se novação se surgir novo devedor, sucessor do anterior, hipótese em que este fica desobrigado, transmitindo ao novo devedor a obrigação pela qual, até então, era o responsável.
2. O inadimplemento de uma obrigação indivisível, com pluralidade de devedores, converte-a em perdas e danos, dando lugar à indenização, em dinheiro, dos prejuízos causados ao credor, o que torna a obrigação divisível. Ainda que apenas um dos devedores seja culpado pela inadimplência, todos os demais responderão, em partes iguais, pela quitação de suas quotas na dívida, acrescidas das perdas e danos em decorrência do inadimplemento da obrigação.
3. Se no contrato forem estipuladas arras penitenciais, a inexecução do contrato faculta à parte inocente pedir indenização suplementar, se provar que o seu prejuízo foi maior que o valor das arras. Poderá, também, exigir a execução do contrato, acrescido das perdas e danos.

76. **(ADVOGADO DA UNIÃO – AGU – 2004 – CESPE)** Em relação a obrigações, julgue os itens que se seguem.

1. Segundo as disposições da legislação objetiva brasileira, o empréstimo de dinheiro está sujeito a juros, sendo possível a capitalização anual dos mesmos no mútuo feneratício, seja de natureza civil, seja de natureza comercial. No entanto, se forem fixados no limite máximo, poderão ser cobrados cumulativamente aos remuneratórios quando, juntos, não ultrapassarem o limite previsto no art. 591 do Código Civil, ou seja, podem ser cobrados com base na taxa que estiver em vigor para a mora do pagamento de impostos devidos à fazenda nacional.
2. Na responsabilidade contratual, o agente causador do dano responde por conduta que descumpra disposição contratual ou por infração de um dever legal, sendo pressupostos da responsabilidade a contrariedade ao direito, o dano e o nexo de causalidade entre ambos.

77. **(PROCURADOR FEDERAL – AGU – 2004 – CESPE)** Em relação ao direito das obrigações, julgue os itens a seguir.

1. No cumprimento de obrigação alternativa com pluralidade de optantes, não existindo unanimidade entre eles na escolha da obrigação prevalecente, deverá predominar a vontade da maioria, qualificada pelo valor das respectivas quotas-partes.
2. Deduzido em juízo qualquer litígio que verse sobre exceções pessoais entre o devedor e um dos credores solidários, a decisão que a este último prejudique não interferirá no direito dos demais co-credores.
3. Se, em empréstimo garantido por fiança, um terceiro propuser ao credor que libere o devedor originário da dívida, assumindo ele o seu lugar e ficando extinta a obrigação antiga, é correto afirmar que, no caso, ocorreu a assunção de dívida.
4. Descumprida obrigação de não fazer, o devedor se exime do dever de indenizar caso desfaça voluntariamente o feito a cujo não-fazer se obrigara.

78. **(PROCURADOR DA FAZENDA NACIONAL – 2007.2 – ESAF)** As obrigações convencionais e as decorrentes de atos unilaterais, se interjurisdicionais, desde que efetuadas entre presentes, reger-se-ão:

(A) quanto à forma intríseca pela ius loci actus e quanto à capacidade das partes pela lei da nacionalidade.
(B) quanto à forma intrínseca e extrínseca pela locus regit actum e quanto à capacidade das partes pela lex fori.
(C) pela lex fori.
(D) quanto à forma ad probationem tantum e ad solemnitatem pela lei do local de sua constituição e quanto à capacidade pela lei domiciliar das partes.
(E) quanto à forma extrínseca pela lex fori e quanto à capacidade das partes pela locus regit actum.

79. **(PROCURADOR DA FAZENDA NACIONAL – 2007.2 – ESAF)** "A" deve entregar uma jóia de valor correspondente a R$ 90.000,00 a "B", "C" e "D", tendo "B" remitido o débito, "C" e "D" exigirão a jóia, mas deverão indenizar "A", em dinheiro (R$ 30.000,00) da parte que "B" o perdoou. Tal ocorre porque a obrigação em tela, produz esse efeito por ser

(A) solidária ativa.
(B) indivisível.
(C) divisível.
(D) solidária mista.
(E) solidária passiva.

80. **(PROCURADOR DA FAZENDA NACIONAL – 2007.1 – ESAF)** O fornecimento de 50.000 toneladas de petróleo em cinco carregamentos iguais, previamente ajustado, é uma obrigação, quanto ao tempo de adimplemento

(A) de execução continuada
(B) simples
(C) momentânea
(D) de dar coisa incerta
(E) divisível

81. **(PROCURADOR DA FAZENDA NACIONAL – 2007.1 – ESAF)** Tanto na solidariedade como na indivisibilidade, ante a pluralidade subjetiva, cada credor pode exigir a dívida inteira e cada devedor está obrigado pelo débito todo. O credor que receber responderá pela parte dos demais e o devedor que pagar terá direito de regresso contra os outros. Apesar desses pontos de contato, há nítidas diferenças entre ambas as obrigações. Indique, entre as opções, o elemento diferencial falso:

(A) a fonte da solidariedade é o próprio título em razão do qual as partes estão obrigadas e a da indivisibilidade é, em regra, a natureza da prestação, que não comporta execução fracionada.
(B) a solidariedade se extingue com o óbito de um dos co-credores e de um dos co-devedores, exceto se a obrigação for divisível; já na indivisibilidade, o falecimento de um co-credor ou co-devedor tornará divisível a obrigação.
(C) a solidariedade perdura mesmo se a obrigação se converter em perdas e danos; tal, porém, não ocorrerá com a indivisibilidade, que cessará se houver essa transformação, pois, passando a ter natureza pecuniária, tornar-se-á divisível.
(D) Na obrigação solidária, havendo inadimplemento, todos os co-devedores responderão pelos juros moratórios, mesmo que a ação tenha sido proposta apenas contra um deles, embora o culpado tenha de responder aos outros pela obrigação acrescida; na obrigação indivisível, sendo a culpa de um só dos devedores, os outros ficarão exonerados, respondendo só aquele pelas perdas e danos.
(E) Na solidariedade, a interrupção da prescrição aberta por um dos credores aproveitará aos demais, assim como a interrupção efetuada contra o devedor solidário envolverá os demais e seus herdeiros; na indivisibilidade, a interrupção da prescrição por um credor não aproveitará aos demais e a interrupção operada contra o co-devedor ou seu herdeiro não prejudicará os demais coobrigados.

5.4. CONTRATOS

5.4.1. Teoria Geral

82. **(ADVOGADO – PETROBRÁS – 2008 – CESGRANRIO)** João, pretendendo adquirir um valioso apartamento de propriedade de José, celebra com este um contrato particular de promessa bilateral irrevogável de mutuar o referido imóvel por uma fazenda, com todos os requisitos essenciais ao contrato definitivo, tendo estabelecido data para a realização do contrato definitivo e registrado o contrato particular nos Registros de Imóveis onde estão localizados os bens. O contrato preliminar acima referido

(A) é nulo, uma vez que deve obedecer à forma pública.
(B) tem efeitos contra terceiros, uma vez que registrados nos RGI competentes.
(C) só tem efeitos entre as partes.
(D) não pode ser cumprido coercitivamente em caso de inadimplência.
(E) não é dotado de transmissibilidade *causa mortis* dos direitos e obrigações dele originários.

83. **(ADVOGADO – PETROBRÁS – 2006 – CESGRANRIO)** O Código Civil de 2002, nos seus artigos de 478 a 480, disciplina a resolução por onerosidade excessiva nos contratos de execução continuada ou diferida. Sobre a matéria, está correto afirmar:

(A) É possível a aplicação da teoria da imprevisão nos contratos aleatórios.
(B) Caso o contrato objeto da ação resolutória venha a ser integralmente cumprido no curso da lide, a ação deverá ser extinta sem julgamento do mérito.

(C) Em sendo concedida a resolução do contrato, opera-se a liberação do devedor, revendo-se as prestações cumpridas antes de iniciada a ação resolutória.
(D) À parte prejudicada cabe a "ação resolutória", abrindo-se, porém, a oportunidade à parte beneficiada de evitar este desenlace, oferecendo modificação eqüitativa das condições de execução.
(E) Em caso de extrema onerosidade, a parte prejudicada pode cessar os pagamentos pactuados, devendo, no prazo de 30 dias, renovar o pedido de resolução do contrato em juízo, caso lhe tenha sido negado pela parte beneficiada.

84. **(ADVOGADO – INFRAERO – 2004 – NCE/UFRJ)** Amadeu adquire um automóvel em aparente bom estado de conservação de Fernando, tendo sido surpreendido, posteriormente, por defeito oculto no referido bem. Sobre o narrado é correto dizer:
(A) o vício redibitório na coisa permite ação quanti minoris ou redibitória;
(B) no exemplo referido é incabível ação redibitória ou quanti minoris;
(C) somente é cabível a ação redibitória;
(D) não seria caso de redibição mas sim de evicção;
(E) poderia ser proposta ação estimatória.

85. **(ADVOGADO – ELETROBRÁS – 2006 – NCE/UFRJ)** Sérgio adquiriu na loja "X" um aparelho de telefonia celular fabricado por"Y" e importado por"Z". Dezdias após o recebimento do bem, o aparelho apresentou defeitos de fábrica que inviabilizavam sua utilização. Nesse caso, a responsabilidade pelo vício do produto será:
(A) apenas do fabricante "Y";
(B) solidária do fabricante "Y" e do importador "Z";
(C) solidária do fabricante "Y" e da loja "X";
(D) apenas da loja "X";
(E) solidária do fabricante "Y", do importador "Z" e da loja "X".

86. **(ADVOGADO – ELETROBRÁS – 2006 – NCE/UFRJ)** Jorge adquiriu uma geladeira usada por meio de contrato de compra e venda celebrado com Patrícia. Embora em ótimas condições de uso, o refrigerador apresentou em quinze dias de uso um defeito no motor que o tornava impróprio para o uso a que se destinava. Após dois dias refletindo sobre a situação, Jorge decidiu pleitear de Patrícia um abatimento no preço pago pelo bem, argumentando tratar-se de vício redibitório. O prazo de que Jorge dispõe para esse fim:
(A) somente começa a correr após um mês da tradição;
(B) tem natureza decadencial;
(C) tem natureza prescricional;
(D) tem natureza mista, tanto prescricional quanto decadencial;
(E) somente começa a correr no momento em que Jorge notificar Patrícia constituindo-a em mora.

87. **(ADVOGADO – BNDES – 2006 – CESGRANRIO)** Pela teoria clássica, é possível definir contrato como o acordo de vontades estabelecido com o propósito de produzir efeitos jurídicos. Levando-se em consideração o conceito de contrato, suas características e espécies, é INCORRETO afirmar que:
(A) ao estipular que os contratos devem obedecer à forma prescrita ou não defesa em lei como requisito de validade.contratual, consagra o Código Civil os princípios do informalismo e da tipicidade dos contratos.
(B) em sua primeira acepção, enquanto fruto de acordo de vontades, todo contrato é bilateral ou até mesmo multilateral, sendo permitida, todavia, a classificação em bilaterais e unilaterais quando se verifica que o contrato acarreta obrigações a ambas ou apenas a uma das partes.
(C) o mútuo é contrato do gênero empréstimo, que pode ser remunerado ou não; caso celebrado da forma onerosa, será denominado mútuo feneratício.
(D) os vícios de validade dos contratos podem ser divididos em nulidade ou anulabilidade, conforme o requisito legal não atendido.
(E) os contratos são, junto com as declarações unilaterais de vontade, espécies do gênero ato jurídico.

88. **(ADVOGADO – BNB – 2006 – ACEP)** Assinale a alternativa que NÃO constitui requisito para a revisão contratual, segundo o novo Código Civil.
(A) Obrigação pecuniária.
(B) Desproporção manifesta entre o valor da prestação devida e o momento da execução.
(C) Pedido da parte.
(D) Motivo imprevisível.
(E) Contratos a prazo ou de duração.

89. **(ADVOGADO DA UNIÃO – AGU – 2009 – CESPE)** Com base na disciplina relativa à extinção dos contratos, julgue os itens a seguir.

1. Em virtude do princípio da autonomia de vontade, admite-se que seja inserida, no contrato de compra e venda de bem móvel, pactuado entre particulares, a cláusula solve et repete.
2. Para que o juiz resolva contrato entre particulares, com base na aplicação da teoria da imprevisão, basta a parte interessada provar que o acontecimento ensejador da resolução é extraordinário, imprevisível e excessivamente oneroso para ela.

90. **(ADVOGADO DA UNIÃO – AGU – 2006 – CESPE)** Acerca dos contratos regidos pelo Código Civil, julgue os seguintes itens.

1. A fiança dada por duas ou mais pessoas acarreta a solidariedade entre os fiadores. A referida solidariedade se apresenta entre os fiadores e o devedor principal. Assim, se o devedor principal não pagar o débito, cada fiador obriga-se a pagá-lo na totalidade. Poderá o credor executar todos eles e, se forem penhorados bens de todos, os fiadores têm o direito de exigir que os bens do executado sejam leiloados primeiro.
2. O contrato bilateral caracteriza-se pela reciprocidade das prestações. Nesse contrato, ambos os contratantes têm o dever de cumprir, recíproca e concomitantemente, as prestações e obrigações por eles assumidas. Assim, nenhum dos contratantes, sem ter cumprido o que lhe cabe, pode exigir que o outro o faça. O desatendimento dessa regra enseja defesa por meio da exceção do contrato não cumprido, e a procedência desta constitui-se como causa de suspensão da exigibilidade da prestação do excipiente.

91. **(ADVOGADO DA UNIÃO – AGU – 2004 – CESPE)** A respeito de contratos, julgue os itens seguintes.

1. Considere que um devedor pague sua dívida mediante dação em pagamento de bens fungíveis e que esses bens permaneçam em poder dele a título de depósito. Nessa situação, aplicar-se-ão ao referido negócio as regras do contrato de mútuo, e não, de depósito, e a infidelidade do depositário, caso ocorra, não ensejará a prisão civil deste.
2. Se o credor torna impossível a sub-rogação nos seus direitos e preferências, por não ter providenciado a inscrição da hipoteca, o fiador fica desobrigado, porquanto presume-se que assumiu a obrigação convicto de que poderia contar com a garantia hipotecária, pagando a fiança, e de que teria em seu favor a garantia real.
3. O contrato de corretagem de venda de imóvel é considerado como aperfeiçoado quando o negócio imobiliário se concretiza. Assim, celebrado o negócio entre vendedor e comprador mediante o pagamento do sinal e princípio de pagamento, com cláusula vedatória de arrependimento, termina o serviço de intermediação prestado pela corretora, sendo devida a comissão respectiva, que não pode ser afastada sob o argumento de que o comprador, a quem fora atribuído o ônus da corretagem, desistiu da aquisição, celebrando distrato com o vendedor.

92. **(PROCURADOR FEDERAL – AGU – 2007 – CESPE)** No campo das obrigações e dos contratos, várias novas teorias têm sido delineadas pela doutrina e pela jurisprudência. A esse respeito, julgue os itens que se seguem.

1. A partir do princípio da função social, tem-se estudado aquilo que se convencionou chamar de efeitos externos do contrato, que constituem uma releitura da relatividade dos efeitos dos contratos.
2. Segundo a doutrina contemporânea, o aforismo turpitudinem suam allegans non auditor não se confunde com a vedação do venire contra factum proprium; enquanto o primeiro objetiva reprimir a malícia e a má-fé, o segundo busca tutelar a confiança e as expectativas de quem confiou na estabilidade e na coerência alheias.

93. **(PROCURADOR FEDERAL – AGU – 2004 – CESPE)** Acerca dos contratos, julgue os itens a seguir.

1. Os princípios sociais dos contratos, ou seja, sua função social, sua equivalência material e sua boa-fé objetiva, são comuns a todos os contratos, até mesmo nos casos em que o poder negocial dominante não está configurado.
2. Os contratos que não são protegidos pelo direito do consumidor devem ser interpretados no sentido que melhor contemplar o interesse social, o que inclui a tutela da parte mais fraca, ainda que não se esteja tratando de contrato de adesão.
3. O desequilíbrio econômico causado por onerosidade excessiva do contrato é motivo suficiente para que ele seja modificado ou resolvido, procedimento fundamentado pela teoria da imprevisão.
4. Estando explicitada no instrumento público de mandato cláusula genérica relativa à alienação de determinado bem, está autorizado o mandatário a efetuar a doação válida do bem.

94. **(PROCURADOR DA FAZENDA NACIONAL – 2007.2 – ESAF)** Indique a opção correta.

(A) A teoria da agnição reputa perfeito o contrato no momento em que o ofertante tem ciência da aceitação do oblato, visto que não se pode dizer que exista um acordo de vontades e, portanto, um consentimento recíproco a respeito de um negócio jurídico contratual que se pretende realizar, sem que o proponente e aceitante conheçam a vontade um do outro.

(B) A função social do contrato, dirigida à satisfação de interesses sociais elimina o princípio da autonomia contratual.

(C) No direito brasileiro repelido está o individualismo, pois nítida é a função institucional do contrato, visto que limitada está a autonomia da vontade pela intervenção estatal, ante a função econômico-social daquele ato negocial, que o condiciona ao atendimento do bem comum e dos fins sociais.

(D) No contrato aleatório emptio rei speratae um dos contratantes, na alienação de coisa futura, toma a si o risco relativo à existência da coisa, ajustando um preço, que será devido integralmente, mesmo que nada se produza, sem que haja dolo ou culpa do alienante.

(E) A cláusula solve et repete não se caracteriza como uma renúncia à exceção ao contrato não cumprido.

95. **(PROCURADOR DA FAZENDA NACIONAL – 2007.1 – ESAF)** O princípio pelo qual a liberdade contratual deverá estar voltada à solidariedade, à justiça social, à livre iniciativa, ao progresso social, à livre circulação de bens e serviços, à produção de riquezas, aos valores sociais, econômicos e morais, é o:

(A) do consensualismo
(B) do equilíbrio contratual
(C) da relatividade dos efeitos do negócio jurídico contratual
(D) da função social do contrato
(E) da boa fé objetiva

96. **(DEFENSORIA PÚBLICA DA UNIÃO – 2007 – CESPE)** Julgue os itens seguintes, acerca dos contratos regidos pelo Código Civil.

1. A retrovenda é condição resolutiva expressa do contrato, simplesmente potestativa, e consiste na vontade unilateral e imotivada do alienante de reaver o imóvel, desde que indenizado o comprador. O direito de retrato não é suscetível de cessão por ato entre vivos, mas é transmissível aos herdeiros por causa de morte do alienante, isto é, por sucessão hereditária.
2. Mesmo se o bem que fora doado já tiver sido transferido, a doação poderá ser revogada por ingratidão, o que poderá levar o doador a ser indenizado pelo valor equivalente ao bem. Por ser personalíssima, somente o doador pode se valer dessa revogação, ressalvada a hipótese de seu homicídio doloso ser imputável ao donatário. Entretanto, esse tipo de revogação não é possível nos seguintes casos: doação com encargo já cumprido, doação puramente remuneratória, doação feita para determinado casamento, doação que se fizer em cumprimento de obrigação natural.
3. Se determinado bem locado for alienado na vigência de contrato de locação, o adquirente não será obrigado a respeitar o contrato celebrado com o alienante, porque os efeitos de um contrato não podem atingir quem dele não participou, ainda que nesse contrato conste cláusula, devidamente registrada, de vigência no caso de alienação.

97. **(DEFENSORIA PÚBLICA DA UNIÃO – 2007 – CESPE)** Julgue os itens que se seguem.

1. O postulado da função social do contrato (CC, art. 421), consectário lógico dos princípios constitucionais da solidariedade (CF, art. 3.º, I) e da justiça social (CF, art. 170), constitui uma cláusula geral, a impor a revisão do princípio da relatividade dos efeitos dos contratos em relação a terceiros.
2. Havendo solidariedade entre devedores, a interrupção da prescrição atinge a todos, devedor principal e fiador.
3. João Victor alienou seu veículo automotor a Monalisa, sua única filha, sem o consentimento expresso de seu cônjuge. Nesse caso, a referida venda é sempre anulável, podendo, outrossim, ser validada pelo consentimento posterior do cônjuge.

5.4.2. Contratos em espécie

98. **(ADVOGADO – PETROBRÁS – 2008 – CESGRANRIO)** Antônio, pretendendo contratar seguro de vida, consulta seu advogado para ter esclarecidas algumas dúvidas. Analise, a seguir, os pontos questionados pelo cliente.

I. É obrigação do segurado pagar o prêmio.
II. O contrato de seguro só pode ser provado com a exibição da apólice.
III. O segurado pode contratar quantos seguros de vida desejar, com o mesmo ou diversos seguradores.
IV. O segurador é obrigado a pagar a indenização em dinheiro.
V. Não haverá pagamento de indenização ao beneficiário se o segurado suicidar-se em qualquer tempo de vigência do contrato de seguro.
VI. A apólice pode conter restrição para eximir o segurador do pagamento do seguro no caso de a morte do segurado ocorrer em razão de acidente aéreo.
VII. O segurador não pode pagar valor menor do que o capital segurado para o caso de sinistro, mesmo com a concordância de todos os beneficiários.

As afirmativas que se encontram de acordo com a legislação vigente, são, **APENAS**:

(A) I, III, IV e VII
(B) I, IV, V e VI
(C) I, V, VI e VII
(D) II, III, IV e VII
(E) II, III, V e VI

99. **(ADVOGADO – PETROBRÁS – 2003 – CESPE)** Acerca dos contratos em espécie, julgue os itens a seguir.

1. Ao contrato de arrendamento mercantil, na modalidade leasing financeiro, aplicam-se disposições do Código de Defesa do Consumidor. Assim, a ocorrência de fatos imprevisíveis pelas partes por ocasião da formação do contrato, impossibilitando uma das partes de cumprir a sua obrigação, confere ao consumidor o direito de resolução do contrato.
2. O contrato de know-how pode ser corretamente definido como um contrato de assistência técnica, pois consiste no acordo em que uma pessoa física ou jurídica compromete-se a transmitir a outro conhecimentos técnicos e científicos acerca de processo de fabricação ou produção.
3. Firmado contrato de compra e venda de área de grande extensão não-edificada, com descrição de todas as confrontações, não se mencionando a medida exata da área, nem especificando o preço por medida de extensão, mas sobre o total da área vendida, caso o alienante, após a conclusão do contrato, tome conhecimento de que a extensão da área é superior à efetivamente vendida, é cabível a ação ex empto para pedir a complementação do preço ou a devolução da área excedente, fundamentando o pedido no princípio da boa-fé objetiva e na vedação ao enriquecimento sem causa por parte do comprador.

100. **(ADVOGADO – PETROBRÁS – 2003 – CESPE)** Pedro adquiriu, por meio de contrato de promessa de compra e venda, um imóvel em construção por incorporação, devidamente registrado no cartório competente, pagando integralmente o preço. À época da aquisição, nenhum gravame pendia sobre o imóvel objeto do contrato nem sobre qualquer das outras unidades que compunham o imóvel. Posteriormente, a incorporadora fez incidir na unidade adquirida por Pedro gravame hipotecário em favor de instituição bancária, como garantia de empréstimo entre eles avençado. O gravame foi constituído com base na cláusula do contrato de adesão firmado entre Pedro e a incorporadora, onde constava autorização para a incorporadora dar em hipoteca as unidades já negociadas a fim de angariar recursos para a construção do empreendimento, devendo ser dada baixa no gravame no prazo de 180 dias a contar da concessão do habite-se, obrigação que não foi cumprida. Diante dessa situação hipotética, julgue os seguintes itens.

1. Nos contratos de adesão, especialmente tratando-se de relação de consumo, são inválidas as cláusulas excessivamente rigorosas e prejudiciais ao consumidor. Na hipótese, a cláusula que estabelece que a incorporadora poderia gravar o imóvel já quitado pelo adquirente para garantir dívida sua com terceiro é nula por representar vantagem unilateral para a vendedora.
2. Após a averbação da incorporação, a incorporadora já não tinha direito de dispor do imóvel, disso decorrendo que também não tinha direito de dá-lo em garantia hipotecária, sem que houvesse pelo menos expressa anuência do compromissário comprador relativamente à instituição do gravame. A hipoteca dada supervenientemente à alienação em garantia a financiamento imobiliário vincula apenas pessoalmente as partes que intervieram na relação negocial, não beneficiando nem prejudicando terceiros.

101. **(ADVOGADO – PETROBRÁS – 2001 – CESPE)** Em cada um dos itens abaixo, é apresentada uma situação hipotética, relativa a contratos de compra e venda, seguida de uma assertiva a ser julgada. Julgue-as à luz da legislação vigente.

1. Maria adquiriu uma obra de arte que pertencera aos avós de César. Maria e César celebraram contrato por meio do qual a compradora se obrigava a oferecer a peça ao vendedor, no caso de pretender vendê-la ou dá-la em pagamento, para que ele fizesse uso do seu direito de prelação em igualdade de condições. Nessa situação, ajustou-se a preempção em relação à compra e venda da obra de arte, o que é juridicamente possível, já que a lei admite essa espécie de avença tanto em relação a bens móveis quanto a bens imóveis. Todavia, o direito de César não se transmitirá aos seus herdeiros.
2. Sílvio, proprietário de vinte hectares de área localizada no perímetro urbano de uma cidade do interior mineiro, vinha, há meses, tentando alienar o imóvel. Como não lograsse êxito, aceitou a proposta da PETROBRAS — que pretendia instalar no local uma distribuidora própria de combustível —, equivalente a 50% do preço inicialmente pedido. Todavia, Sílvio impôs que se inserisse, no respectivo contrato, cláusula dispondo que o negócio se desfaria se, dentro de um ano, alguém oferecesse preço melhor pela área alienada. Nessa situação, a inclusão da condição resolutiva da compra e venda é juridicamente válida. A lei não a admite, contudo, se o objeto da compra e venda for bem móvel.
3. Manoel, proprietário de vinte hectares de área localizada no perímetro urbano de uma cidade do interior matogrossense, vinha, há meses, tentando alienar o imóvel. Como não lograsse êxito, aceitou a proposta da PETROBRAS — que pretendia instalar no local uma distribuidora própria de combustível —, equivalente a 50% do preço inicialmente pedido. Todavia, Manoel impôs que se inserisse, no respectivo contrato, cláusula dispondo que o negócio se desfaria

se, dentro de três anos, ele quisesse reaver o imóvel, restituindo à PETROBRAS o preço e as despesas da empresa, inclusive as empregadas em melhoramentos da propriedade. Nessa situação, tem-se uma situação de retrato legalmente admitida pela lei civil. Todavia, como a retrovenda não pode ser oposta a terceiros, a PETROBRAS deverá notificar Manoel para readquirir o imóvel, na hipótese de pretender aliená-lo antes de consumado o prazo para o resgate.

4. Joana doou um terreno urbano de sua propriedade a uma entidade assistencial. Efetuado o registro da doação na matrícula do imóvel, imediatamente se iniciou a construção da sede da entidade. Dois anos após estar instalada no local, a donatária foi intimada para desocupar o imóvel, por força de decisão judicial transitada em julgado, que desconstituiu o título de propriedade da doadora. Joana era ré no respectivo processo e fez uso de todos os recursos adequados à hipótese, porém, nunca deu ciência à entidade donatária acerca da existência do litígio envolvendo a propriedade. Nessa situação, Joana não estava obrigada a resguardar a entidade assistencial dos efeitos advindos da perda da propriedade em decorrência da evicção.
5. Mário vendeu a Lúcio uma caldeira que recebera como parte do pagamento na alienação de uma propriedade rural. Mário não tinha conhecimento de qualquer defeito no maquinário. Porém, quando Lúcio pôs o equipamento para funcionar, constatou, após diversas tentativas, que, com alguns minutos de uso, ocorria um superaquecimento na caldeira, tornando-a, em conseqüência, imprópria ao uso a que se destinava. Nessa situação, o desconhecimento do defeito, devidamente comprovado, exime a responsabilidade de Mário, alienante de boa-fé, em face do vício redibitório.

102. **(ADVOGADO – PETROBRÁS – 2001 – CESPE)** Acerca dos contratos, julgue os itens a seguir.

1. Considere a seguinte situação hipotética. O posto de combustíveis ABC, pessoa jurídica de direito privado, tem domicílio em Brasília – DF. Ao contratar com a Distribuidora BR, pessoa jurídica domiciliada em Salvador – BA, estabeleceu-se a cláusula de que qualquer demanda decorrente do contrato seria resolvida no foro da cidade de São Paulo – SP. Nessa situação, a cláusula de eleição de foro apresenta vício insanável de nulidade, haja vista nem o Posto ABC nem a Distribuidora BR serem domiciliados em São Paulo – SP.
2. Considere a seguinte situação hipotética. Pedro celebrou contrato de mútuo e alienação fiduciária em garantia com o Banco XYZ, por meio do qual obteve empréstimo para a aquisição de veículo novo, dando a propriedade do bem como garantia de pagamento. Por ocasião da celebração do contrato, a instituição financeira apresentou a Pedro um contrato de adesão, não tendo sido inserida qualquer cláusula por vontade do mutuário. Entre as cláusulas do contrato constava, de maneira ostensiva, que, na hipótese de inadimplemento concomitante de três prestações, a credora ficava definitivamente investida na propriedade do bem e, a par disso, o devedor só teria direito à restituição de 70% do valor das prestações pagas, definindo-se que o valor não-restituído seria a indenização pela desvalorização do bem e pelo aluguel do veículo no período. Nessa situação hipotética, o contrato de adesão é válido, mas é nula de pleno direito a cláusula que estabelece a perda de valores das prestações pagas.
3. Considere a seguinte situação hipotética. Uma cooperativa cedeu a um cooperativado, a título de empréstimo, cem toneladas de milho, que deveriam ser entregues à indústria que adquirira os grãos diretamente do produtor. Sobrevindo a colheita dos grãos em sua propriedade, o cooperativado restituiu à cooperativa o quantitativo que tomara de empréstimo, assumindo os custos relativos ao transporte e ao carregamento dos grãos. Nesse caso, caracterizou-se um contrato de comodato.
4. A fiança pode ser limitada à obrigação principal, mas se não o for, abrangerá todas as obrigações acessórias, como cláusula penal, juros moratórios e multa contratual, bem como as custas processuais e os honorários advocatícios decorrentes de processo judicial por meio do qual o credor busque a implementação do seu direito.
5. Se uma seguradora, cientificada de que o veículo que se pretendia segurar estava inutilizado, em decorrência de acidente anterior à apresentação da proposta de seguro, ainda assim expediu a respectiva apólice, então essa seguradora ficará sujeita às sanções legais decorrentes do seu ato ilícito e, a par disso, ficará obrigada a pagar ao segurado a indenização prevista no contrato se, além de expedir a apólice, tiver recebido o respectivo prêmio.

103. **(ADVOGADO – PETROBRÁS DISTRIB. – 2008 – CESGRANRIO)** O contrato de locação não-residencial pode estipular, licitamente, que o(a)

(A) pagamento de todas as despesas condominiais e, ainda, do imposto predial caberá ao locatário.
(B) aluguel deverá ser pago até o último dia útil do mês vincendo.
(C) exercício do direito à renovação do contrato submeterse-á ao pagamento prévio, pelo locatário, do triplo do valor do aluguel vigente.
(D) locatário não fará jus a indenização por quaisquer benfeitorias realizadas no imóvel, mesmo que necessárias.
(E) locação será garantida por caução equivalente ao triplo do valor do aluguel pactuado, bem como por fiança prestada, em caráter solidário, pelos sócios do locatário, sendo este pessoa jurídica.

104. **(ADVOGADO – PETROBRÁS TRANSP. – 2006 – CESGRANRIO)** Se a fiança for estipulada entre o credor e o fiador contra a vontade do devedor originário (afiançado),

(A) será nula.
(B) será anulável.
(C) será válida desde a data da contratação.
(D) deverá ser ratificada pelo afiançado para ser válida desde a data da contratação.
(E) o fiador não poderá sub-rogar-se nos direitos do credor, se pagar integralmente a dívida.

105. **(ADVOGADO – IRB – 2006 – ESAF)** Se A efetivar com B contrato escrito para a prestação do serviço "x" por 4 anos, pactuando retribuição de 100 mil reais pelo tempo de duração do acordo, havendo aliciamento de B por C, este deverá indenizar A, pagando

(A) 100 mil reais.
(B) 150 mil reais.
(C) 250 mil reais.
(D) 200 mil reais.
(E) 50 mil reais.

106. **(ADVOGADO – IRB – 2006 – ESAF)** Se no contrato de preparação de áreas, tendo cada uma a extensão "x", para a lavoura, estipular-se pagamento a tanto por área, recebendo o empreiteiro quantum relativo ao que foi feito, ter-se-á:

(A) empreitada a preço fixo absoluto.
(B) empreitada por medida.
(C) empreitada a preço fixo relativo.
(D) empreitada de valor reajustável.
(E) empreitada por preço de custo.

107. **(ADVOGADO – IRB – 2006 – ESAF)** É obrigação do comodante:

(A) pagar despesas ordinárias feitas com o uso e gozo da coisa.
(B) responsabilizar-se, solidariamente, se houver mais comodatários.
(C) restituir a coisa emprestada *in natura* no momento devido.
(D) pagar não só as despesas extraordinárias e necessárias, feitas em caso de urgência, para a conservação da coisa, mas também os dispêndios não relacionados com a fruição do bem dado em comodato.
(E) responder pela mora, suportando os riscos.

108. **(ADVOGADO – BNDES – 2008 – CESGRANRIO)** Considerando as classificações adotadas por Caio Mário da Silva Pereira (Instituições de Direito Civil, 12a ed., v. III, Rio de Janeiro: Forense), o contrato de mútuo com finalidade econômica deve ser classificado como

(A) típico, real, unilateral e aleatório.
(B) típico, real, bilateral e comutativo.
(C) típico, consensual, unilateral e comutativo.
(D) atípico, real, bilateral e comutativo.
(E) atípico, consensual, bilateral e aleatório.

109. **(ADVOGADO – BNDES – 2008 – CESGRANRIO)** Pelo contrato de seguro, o segurador se obriga, mediante o pagamento do prêmio, a garantir interesse legítimo do segurado contra riscos predeterminados (art. 757 do Código Civil). Sobre tal espécie contratual, pode-se afirmar que

I. o seguro não obriga as partes, antes de emitida e entregue ao segurado a respectiva apólice;
II. apenas pode ser parte no contrato de seguro, como segurador, entidade legalmente autorizada para tal finalidade;
III. se o segurado, com má-fé, omitir circunstâncias que possam influenciar o cálculo da taxa do prêmio, perderá este o direito à garantia prestada pelo segurador;
IV. em caso de omissão contratual, pode o segurador, a seu critério, honrar a garantia prestada por meio do pagamento em dinheiro do prejuízo resultante do risco assumido ou através da reposição da coisa.

Estão corretas **APENAS** as afirmativas

(A) I e II
(B) I e III
(C) II e III
(D) II e IV
(E) II, III e IV

110. **(ADVOGADO – BNDES – 2004 – CESGRANRIO)** Com relação ao contrato de fiança, pode-se afirmar corretamente que:

(A) é um contrato bilateral.
(B) tem como característica fundamental o caráter *intuitu personae*.
(C) se trata de contrato principal, sempre garantido por um contrato acessório.
(D) pode ser tratado como sinônimo de aval, quando celebrado em caráter oneroso.
(E) pode ser celebrado por qualquer meio lícito, não havendo mais a exigência da forma escrita, segundo o novo Código Civil.

111. **(ADVOGADO – BNDES – 2002 – VUNESP)** Na compra ao pescador do lanço da rede, mesmo que nenhum peixe seja colhido, o contrato é válido, pois o que se comprou foi uma esperança. Neste caso, estamos diante do contrato de venda

(A) a contento.
(B) com pacto comissório.
(C) de coisa esperada.
(D) de coisa futura.
(E) ad corpus.

112. **(ADVOGADO – BNDES – 2002 – VUNESP)** Cessa o mandato pela

(A) prescrição.
(B) preclusão.
(C) representação.
(D) revogação.
(E) reserva de iguais poderes no substabelecimento.

113. **(ADVOGADO – BNDES – 2002 – VUNESP)** A apólice é o instrumento do contrato de seguro de vida. A respeito da apólice, pode-se afirmar

(A) que são proibidas as apólices ao portador.
(B) que, havendo dúvida de interpretação, devem prevalecer as cláusulas gerais.
(C) que o segurador não é parte no contrato.
(D) que a classificação das apólices tem relevante interesse no seguro de vida.
(E) que a nota de cobertura não produz efeito algum.

114. **(ADVOGADO – BNDES – 2002 – VUNESP)** A fiança produz efeitos entre credor e fiador. Para excluir sua responsabilidade, o fiador pode alegar exceções sob a denominação de benefícios, que são:

(A) benefício de divisão e de contrato não cumprido.
(B) benefício de ordem e de incompetência em razão da matéria.
(C) benefício de retrofiança e de crédito secundário.
(D) benefício de ordem e de divisão.
(E) benefício de sub-rogação e de vinculação dos herdeiros.

115. **(ADVOGADO – BNB – 2006 – ACEP)** O novo Código Civil regula diversos contratos, ditos nominados. Relacionando estes, assinale a alternativa cuja informação deve ser considerada.

(A) O comodato é o empréstimo gratuito de coisa fungível.
(B) O mandato, por ser um contrato solene, só admite aceitação expressa.
(C) O contrato de depósito necessário se presume gratuito.
(D) O contrato de prestação de serviço não poderá ter prazo superior a três anos.
(E) A locação de coisas se dará sempre mediante pagamento de certa retribuição.

116. **(PROCURADOR – BANCO CENTRAL – 2009 – CESPE)** Assinale a opção correta quanto aos contratos regulados no Código Civil.

(A) Não existe comodato, mas contrato atípico, na situação em que empresa distribuidora de derivados de petróleo ceda a outrem o uso de determinados equipamentos que serão utilizados na revenda de seus produtos.
(B) O contrato de mútuo é essencialmente gratuito, de modo que, mesmo se tratando de empréstimo de dinheiro, o silêncio das partes impedirá a cobrança de juros.
(C) Não desnatura o contrato de depósito o fato de o depositário ser contratado para transportar a coisa de um lugar a outro e tê-la consigo até que o depositante a reclame no prazo máximo estipulado.
(D) (A)fiança, como contrato acessório que é, admite ser feita em valor inferior, igual ou superior à obrigação principal garantida.
(E) Apesar de a doação ter na aceitação um ato indispensável a seu aperfeiçoamento, essa aceitação poderá ser até mesmo ficta, se o donatário for absolutamente incapaz e a doação for pura.

117. **(PROCURADOR – BANCO CENTRAL – 2009 – CESPE)** Determinada instituição financeira privada, sempre que celebra contrato de abertura de crédito em conta-corrente com seus clientes, normalmente exige que, vinculada ao contrato, seja emitida e assinada nota promissória. A empresa faz essa exigência no intuito de obter mais garantias ante o inadimplemento do cliente. Considerando essa situação hipotética, assinale a opção correta.

(A) A prática é contrária ao CDC e constitui venda casada, sendo, portanto, crime contra as relações consumeristas.
(B) De acordo com a jurisprudência do STJ, em caso de inadimplemento do cliente, a instituição poderá executar diretamente a nota promissória, pois, por tratar-se de título de crédito abstrato, desvincula-se da relação jurídica originária e é título executivo extrajudicial, nos termos do CPC.
(C) Conforme a jurisprudência do STJ, o contrato de abertura de crédito em conta-corrente, em caso de inadimplemento constitui documento hábil para o ajuizamento da ação monitória, desde que acompanhado do demonstrativo de débito.
(D) (A)instituição financeira poderá executar diretamente o contrato de abertura de crédito em caso de inadimplemento de algum cliente. No entanto, a petição inicial da execução deverá estar acompanhada do extrato de conta-corrente, sob pena de perder sua força executiva, consoante a jurisprudência prevalecente.
(E) Em caso de inadimplemento de algum cliente, a melhor providência para a instituição financeira, do ponto de vista de economia processual, seria ajuizar ação de conhecimento com ampla fase probatória, para, ao final, obter título executivo judicial e proceder à fase de cumprimento da obrigação.

118. **(ADVOGADO – ANP – 2008 – CESGRANRIO)** Quanto às cláusulas especiais à compra e venda, analise as afirmações a seguir.

I. O prazo para o exercício de cláusula de retrovenda tem caráter prescricional e deve ser exercido no tempo máximo de dois anos.

II. A venda feita a contento do comprador não se reputará perfeita, enquanto o adquirente não manifestar seu desagrado.

III. O prazo para exercer o direito de preferência não poderá exceder a cento e oitenta dias, se a coisa for móvel, ou a dois anos, se imóvel.

IV. A cláusula de reserva de domínio será estipulada por escrito e depende de registro no domicílio do comprador para valer contra terceiros.

V. Na venda sobre documentos, a entrega do seu título representativo e dos outros documentos exigidos pelo contrato não substitui a tradição da coisa.

Estão corretas **APENAS** as afirmações

(A) I e II
(B) I e V
(C) III e IV
(D) I, II, III e IV
(E) II, III, IV e V

119. **(PROCURADOR FEDERAL – AGU – 2002 – CESPE)** Julgue os itens subseqüentes, a respeito dos contratos de compra e venda.

(1) Pelo contrato de compra e venda, um dos contratantes obriga-se a transferir o domínio de certa coisa, e o outro, a pagar-lhe outra coisa em troca.

(2) Os ascendentes não podem vender aos descendentes, sem que os outros descendentes expressamente consintam.

(3) Na cláusula de retrovenda, o vendedor pode reservar-se o direito de recobrar, em certo prazo, o imóvel que vendeu, restituindo o preço acrescido das despesas feitas pelo comprador.

(4) A venda a contento é a cláusula que subordina o contrato à condição de ficar desfeito se o comprador não agradar da coisa. Em regra, a venda a contento reputar-se-á feita sob condição suspensiva, não se aperfeiçoando o negócio enquanto o adquirente não se declarar satisfeito.

(5) O pacto de melhor comprador é o pacto adjeto à compra e venda em que o comprador de coisa móvel ou imóvel fica com a obrigação de oferecê-la a quem lha vendeu, para que este use do seu direito de comprá-la e ser novamente proprietário da coisa.

120. **(PROCURADOR FEDERAL – AGU – 2002 – CESPE)** A coisa recebida em virtude de contrato comutativo pode ser enjeitada, por vícios ou defeitos ocultos, que a tornem imprópria ao uso a que é destinada ou lhe diminua o valor. Diante de tal ocorrência, e perante a legislação civil contratual e obrigacional, julgue os itens seguintes.

(1) A coisa que for vendida em hasta pública pode, com os vícios referidos acima, sofrer ação redibitória.

(2) Em vez de rejeitar a coisa, poderá haver ação para pedir abatimento do preço.

(3) Se a coisa for vendida em hasta pública, não cabe a ação de pedir abatimento no preço.

(4) As doações gravadas com encargo estão sujeitas ao vício redibitório.

(5) Em um contrato de compra e venda, em regra, podem ser alegados vícios redibitórios.

121. **(PROCURADOR FEDERAL – AGU – 2002 – CESPE)** Luís adquiriu um imóvel de Fábio. No entanto, ao solicitar o registro da escritura no Cartório de Registro Imobiliário, descobriu que Fábio não era o proprietário do imóvel, sendo este de propriedade de Antônio, amigo de Fábio. Em face dessa situação hipotética e segundo a legislação civil vigente relativa ao registro público e às obrigações e contratos, julgue os itens que se seguem.

(1) Independentemente da situação descrita, Luís deverá ser o proprietário do imóvel oriundo de contrato de compra e venda, causa suficiente para a transferência de propriedade.

(2) Com base na escritura de compra e venda assinada entre Luís e Fábio, aquele poderá exigir de Antônio que transfira o imóvel para sua propriedade.

(3) Na hipótese de Fábio ser absolutamente incapaz e mesmo que Luís desconheça essa circunstância, Luís não poderá requerer a devolução do dinheiro pago a Fábio.

(4) O registro imobiliário poderá ser modificado, impondo-se pela escritura pública que Fábio seja considerado o proprietário do imóvel.

(5) A titularidade da propriedade prevista no Registro Imobiliário não poderá ser contestada em nenhuma hipótese por ser uma presunção absoluta.

122. **(PROCURADOR DA FAZENDA NACIONAL – 2007.2 – ESAF)** O locador tem direito de exigir do locatário, na locação de prédio urbano, uma das seguintes garantias:

(A) caução em dinheiro, caução em bens móveis ou imóveis, garantia fidejussória, seguro de fiança locatícia e cessão fiduciária de quotas de fundo de investimento.

(B) seguro de fiança locatícia, cessão fiduciária de quotas de fundo de investimento e caução em bens móveis ou imóveis.

(C) cessão fiduciária de quotas de fundo de investimento, fiança e caução em dinheiro.

(D) caução em dinheiro, fiança e caução em bens móveis ou imóveis.

(E) garantia fidejussória, penhor, hipoteca, caução em dinheiro e seguro de fiança locatícia.

5.5. RESPONSABILIDADE CIVIL

123. **(ADVOGADO – PETROBRÁS – 2008 – CESGRANRIO)** Qual das situações a seguir NÃO configura caso de responsabilidade civil por ato de outrem?

(A) Aqueles que de forma gratuita houverem participado no produto do crime.
(B) Tutor ou curador, por atos praticados por seus pupilos ou curatelados.
(C) O comitente, pelos serviçais e prepostos, no exercício do trabalho ou por ocasião dele.
(D) O pai separado, pelos filhos menores, sob a guarda da mãe que exerce o poder de direção.
(E) Os donos de estabelecimentos onde se albergue por dinheiro, mesmo para fins educacionais, pelos seus hóspedes, moradores e educandos.

124. **(ADVOGADO – PETROBRÁS – 2006 – CESGRANRIO)** O Código Civil de 2002 considera como hipótese de ato lícito sujeito à reparação do dano o ato praticado:

(A) em estado de necessidade.
(B) em legítima defesa.
(C) com abuso do direito.
(D) sob a influência de temor reverencial.
(E) no exercício regular de um direito reconhecido.

125. **(ADVOGADO – PETROBRÁS – 2003 – CESPE)** Acerca da responsabilidade civil, julgue os itens que se seguem.

1. A vítima de acidente de trabalho terá direito a indenização fundada em responsabilidade civil, se comprovado que o empregador concorreu para o acidente em razão de sua omissão no tocante à fiscalização das condições e da segurança do trabalho.
2. Considerando que, no contrato de transporte, a empresa transportadora assume uma obrigação de resultado, ou seja, a de entregar no local do destino a mercadoria no mesmo estado que a recebeu, caso ocorra roubo à mão armada das mercadorias em trânsito, apesar de observadas as precauções normais no cumprimento do mencionado contrato, impõe-se ao transportador que não cumpriu a obrigação o dever de indenizar o outro contratante pelo dano decorrente do roubo da carga.

126. **(ADVOGADO – PETROBRÁS DISTRIB. – 2008 – CESGRANRIO)** A respeito de Responsabilidade Civil, todas as afirmativas abaixo estão corretas, EXCETO uma. Assinale-a.

(A) A imprudência é a atuação do sujeito sem as devidas cautelas, de forma açodada.
(B) A noção de culpa vincula-se a um juízo de imputabilidade.
(C) A culpa é elemento acidental da responsabilidade civil.
(D) O artigo 186 do CCB refere-se exclusivamente à culpa stricto sensu.
(E) O previsível, na culpa, mede-se pelo grau médio de cuidado, de acordo com a sensibilidade ético-social.

127. **(ADVOGADO – PETROBRÁS DISTRIB. – 2008 – CESGRANRIO)** Com relação à regulação da responsabilidade pelo Código Civil, analise as afirmativas a seguir.

I. O Código distinguiu as duas espécies de responsabilidade, contratual e extracontratual, tratando da primeira nos artigos 389 e 395.
II. A responsabilidade contratual não abrange o descumprimento de negócio unilateral.
III. No caso da responsabilidade contratual, o credor deve demonstrar que a prestação foi descumprida.
IV. A responsabilidade do credor que demanda o devedor por dívida já paga é subjetiva.
V. A indenização está vinculada à violação de um dever jurídico.

Estão corretas APENAS as afirmativas

(A) I e III
(B) I e IV
(C) II e IV
(D) II e V
(E) IV e V

128. **(ADVOGADO – PETROBRÁS DISTRIB. – 2008 – CESGRANRIO)** Na hipótese de contrato que fere lei imperativa, a responsabilidade civil é

(A) contratual.
(B) delitual.
(C) subjetiva.
(D) putativa.
(E) decorrente do risco.

129. **(ADVOGADO – REFAP – 2007 – CESGRANRIO)** Considere a seguinte notícia hipotética: "Caminhão de refinaria de petróleo transportando matéria prima inflamável explode, destrói 2 imóveis e fere 4 moradores." A esse respeito, assinale a afirmativa correta.

(A) Mesmo que se verifique que a conduta do motorista da refinaria não tenha se originado de uma ação ou omissão voluntária, negligência ou imprudência, a refinaria responderá pelos danos causados.
(B) Caso se verifique que o motorista da refinaria não foi o responsável principal pelo acidente, poderá requerer-se, pela mitigação do princípio da reparação integral, a redução, eqüitativamente, da indenização a ser paga às vítimas.
(C) Em se verificando que o motorista da refinaria conduzia o automóvel de forma imprudente,

eventuais indenizações deverão ser por ele suportadas, admitindo-se apenas a responsabilidade subsidiária do empregador.

(D) Caso se verifique que a causa do acidente foi a conduta do motorista da refinaria, mas que esta estava dentro dos limites indispensáveis para remoção de perigo iminente gerado por caminhão desgovernado, a conduta é considerada lícita, não havendo responsabilidade sobre os danos.

(E) Por ser a responsabilidade civil dependente da criminal, a refinaria não poderá mais discutir no juízo cível a autoria dos danos, se no juízo criminal seu motorista aceita transação penal.

130. **(ADVOGADO – ELETROBRÁS – 2006 – NCE/UFRJ)** A natureza da responsabilidade civil pelos danos causados em decorrência de atividade de risco normalmente desenvolvida pelo autor do fato lesivo é:

(A) contratual;
(B) pré-contratual;
(C) extracontratual;
(D) objetiva;
(E) subjetiva.

131. **(ADVOGADO – BNDES – 2002 – VUNESP)** A responsabilidade civil emerge do ato ilícito, nos termos do artigo 159, do Código Civil. Dentre outros, pode-se mencionar, como pressuposto do ato ilícito,

(A) a distinção entre interesses privados e interesses comuns e coletivos.
(B) a violação de um preceito legal de tutela de certos interesses.
(C) a influência recíproca das jurisdições civil e criminal.
(D) a expansão de um direito paralelo ao dos Estados, de natureza mercatória.
(E) a eficiência das políticas públicas no campo econômico.

132. **(ADVOGADO – BNB – 2006 – ACEP)** No que diz respeito às obrigações por atos ilícitos é INCORRETO afirmar.

(A) Que o incapaz responde pelos prejuízos que causar, se as pessoas por ele responsáveis não tiverem obrigação de fazê-lo ou não dispuserem de meios suficientes.
(B) Que os empresários individuais, ressalvados outros casos previstos em lei especial, respondem, independentemente de culpa, pelos danos causados pelos produtos postos em circulação.
(C) Que não há solidariedade entre os autores da ofensa.
(D) Que o dever de prestar reparação transmite-se com a herança.
(E) Que o dono do animal agressor só ressarcirá a vítima se não provar culpa da vítima ou força maior.

133. **(PROCURADOR – BANCO CENTRAL – 2009 – CESPE)** A respeito da responsabilidade civil e da obrigação por atos ilícitos, assinale a opção correta.

(A) O desvio de atribuições por parte do empregado, por si só, não exonera o patrão do dever de indenizar.
(B) O inadimplemento contratual, dada a sua natureza, é incompatível com o dano moral.
(C) De acordo com a jurisprudência do STJ, a absolvição criminal por insuficiência de provas gera dano moral.
(D) Os pais não possuem legitimidade concorrente com o filho para pleitear indenização por danos morais quando este sobrevive ao sinistro.
(E) O dono de prédio locado possui responsabilidade subsidiária por coisas que dele caiam e causem dano a terceiros.

134. **(ADVOGADO – ANP – 2008 – CESGRANRIO)** Quanto à responsabilidade civil, são feitas as afirmações a seguir.

I. Ela é independente da criminal, não se podendo questionar mais sobre a existência do fato, quando esta questão se achar decidida no juízo criminal.
II. Em caso de homicídio, sua indenização consiste, tão somente, no pagamento das despesas com o tratamento da vítima, seu funeral e o luto da família.
III. Se houver excessiva desproporção entre a gravidade da culpa e o dano, poderá o juiz reduzir, eqüitativamente, a indenização.
IV. O valor da indenização por injúria, difamação ou calúnia, quando o ofendido não puder provar prejuízo material, corresponderá a 10% (dez por cento) de seus rendimentos.
V. A queixa ou denúncia falsa, ainda que não importe em prisão, constitui ofensa à liberdade pessoal.

Estão corretas **APENAS** as afirmações

(A) I e III
(B) II e IV
(C) III e IV
(D) I, II e V
(E) II, III e V

135. **(ADVOGADO DA UNIÃO – AGU – 2009 – CESPE)** No que tange à responsabilidade civil, julgue o item seguinte.

1. Embora o CC somente tenha feito referência à boa-fé na conclusão e na execução do contrato, a doutrina entende haver lugar para a responsabilidade pré-contratual, a qual não se aplica aos chamados contratos preliminares, mas aos contatos anteriores à formalização do pacto contratual.

136. **(ADVOGADO DA UNIÃO – AGU – 2006 – CESPE)** Julgue os itens a seguir, acerca da responsabilidade civil.

1. O conhecimento do vício aparente do produto adquirido por parte do consumidor, no momento do recebimento, exclui a garantia, presumindo-se que o comprador aceitou a coisa defeituosa, exonerando, assim, a responsabilidade do fornecedor.
2. A responsabilidade civil por ato de terceiro permite estender a obrigação de reparar o dano a pessoa diversa daquela que praticou a conduta danosa, desde que exista uma relação jurídica entre o causador do dano e o responsável pela indenização. Nessa hipótese, a obrigação de indenizar é objetiva; portanto, não se perquire a culpa do agente.
3. Considere por hipótese que ocorra o desabamento da marquise de um prédio, depois de quatro anos de construção, provocando a morte de uma transeunte. Nessa situação, a responsabilidade civil pela reparação do dano é do proprietário do prédio.

137. **(ADVOGADO DA UNIÃO – AGU – 2004 – CESPE)** Acerca da responsabilidade civil, julgue os itens a seguir.

1. Na hipótese de dano causado ao imóvel vizinho por construção feita com a licença e a permissão da autoridade administrativa para o exercício da atividade comercial denominada lavajato de veículos, responderá o poder público pelos danos causados pelo empreendimento, pois presume-se que o comerciante não tem necessariamente conhecimento técnico dos riscos que tal construção e o desenvolvimento de tais atividades comerciais possam causar.
2. Se um imóvel rural, ao ser adquirido, já se encontrava sem cobertura florestal ou sem a reserva legal, sendo toda a área utilizada para o plantio e a pastagem dos animais, o novo proprietário, além de não poder ser considerado poluidor, não poderá ser responsabilizado pelos danos causados à natureza nem tampouco ser obrigado a regenerar o meio ambiente degradado.
3. Considere a seguinte situação. Um consumidor comprou um veículo nacional novo com defeito — vazamento de óleo —, vício de qualidade que tornava o produto impróprio ou inadequado. Em face disso, solicitou à concessionária vendedora que providenciasse o reparo do veículo e o ressarcimento pelo dano conseqüente. Esta, embora tivesse tentado, não conseguiu sanar o defeito e apontou como solução a substituição do veículo. Nessa situação, em face de o reparo não poder ser feito pela concessionária, não cabe a ela reparar o dano ao consumidor, recaindo tal responsabilidade tão-somente sobre o fabricante.

138. **(PROCURADOR FEDERAL – AGU – 2004 – CESPE)** A respeito da responsabilidade civil, julgue os itens seguintes.

1. O protesto indevido de título cambial e a inscrição do nome do devedor nos serviços de proteção ao crédito geram direito a indenização por danos morais à imagem do devedor, mesmo quando existentes outras restrições ao crédito desse devedor inscritas naqueles serviços.
2. Compete a toda instituição bancária a responsabilidade pela segurança de seus clientes e usuários, devendo tais estabelecimentos proporcionar segurança adequada nos locais de sua responsabilidade exclusiva. Nesse sentido, responde a instituição bancária pela indenização por morte de vítima de assalto ocorrido no interior do recinto de caixa eletrônico situado em via pública.
3. Na sentença que julga procedente ação de reparação de danos, não é possível a cumulação de indenização por danos morais e estéticos decorrentes do mesmo fato, em parcelas autônomas, porque a reparação do dano estético está incluída na reparação do dano moral.

139. **(DEFENSORIA PÚBLICA DA UNIÃO – 2004 – CESPE)** Acerca da responsabilidade civil, julgue os itens a seguir.

1. Se for proposta uma lide que tenha por objeto a reparação de um dano causado por ato do representante da pessoa jurídica, a responsabilidade desta, quer se trate de sociedade, quer de associações, só emerge se o autor da ação demonstrar a culpa da pessoa jurídica, quer in vigilando, quer in eligendo.
2. Se, ao proferir uma sentença, um juiz de direito utilizar-se de expressões ofensivas à honra de uma das partes, esta poderá propor ação de indenização contra o juiz, que deverá responder diretamente pelos danos causados, pois não é permitido ao juiz, a pretexto de solucionar uma lide, ofender a honra dos litigantes.

140. **(PROCURADOR DA FAZENDA NACIONAL – 2007.2 – ESAF)** Quanto ao conteúdo da conduta culposa, a culpa poderá ser

(A) grave, leve ou levíssima.
(B) in committendo, in ommittendo, in eligendo, in vigilando ou in custodiendo.
(C) in abstracto ou in concreto.
(D) aquiliana ou juris et de jure.
(E) contratual ou extracontratual.

5.6. COISAS

141. **(ADVOGADO – CORREIOS – 2008 – ESPP)** Avalie as assertivas a seguir:

I. O usufrutuário tem direito à posse, uso e percepção dos frutos inerentes ao bem usufruído, mas a administração ficará a cargo do titular do domínio.

II. O direito de habitar imóvel alheia, além de deferir ao titular a prerrogativa de ocupá-lo com sua família, também possibilita a sublocação e o empréstimo a terceiros.

III. A promessa de compra e venda sem cláusula de arrependimento, confere ao promitente comprador o direito real à aquisição do imóvel, desde que registrado o respectivo instrumento público ou particular no registro de imóveis.

IV. O direito a servidão pode ser adquirido pela usucapião, desde que haja o exercício incontestado e contínuo de servidão aparente por mais de dez anos.

Assinale a alternativa correta:

(A) Os itens II e III estão corretos.
(B) Os itens I e IV estão incorretos.
(C) Os itens III e IV estão corretos.
(D) Os itens I, II e III estão incorretos.

142. **(ADVOGADO – ELETROBRÁS – 2006 – NCE/UFRJ)** Eduardo, na qualidade de comprador, celebrou contrato de compra e venda de um veículo automotor com Sérgio, pactuando a entrega do bem no prazo máximo de dez dias. Pode-se afirmar que Eduardo estará adquirindo a propriedade do bem a partir:

(A) da entrega do veículo;
(B) da formalização do contrato;
(C) do acordo informal de vontades;
(D) do registro do documento de transferência no órgão administrativo competente;
(E) do término do prazo de dez dias convencionado.

143. **(ADVOGADO – ELETROBRÁS – 2006 – NCE/UFRJ)** Determinado prédio que constitui bem público de uso especial é invadido por um grupo de manifestantes, os quais se mantêm instalados no local há quarenta e sete dias. Pode-se afirmar que os invasores são:

(A) possuidores do prédio e somente podem ser retirados por meio de ação de reintegração de posse;
(B) possuidores do prédio e somente podem ser retirados por meio de ação de manutenção de posse;
(C) possuidores do prédio e não mais podem ser retirados do local;
(D) detentores do prédio e somente podem ser retirados por meio de ação de reintegração de posse;
(E) detentores do prédio e podem ser retirados por determinação administrativa, independentemente de ação judicial.

144. **(ADVOGADO – BNDES – 2008 – CESGRANRIO)** Consiste o usucapião em uma das hipóteses de perda da propriedade, nos termos do artigo 1.275 do Código Civil (Lei no 10.406, de 10 de janeiro de 2002). Acerca de tal instituto, pode-se afirmar:

I - não se admite usucapião sobre coisas móveis;

II - não se admite usucapião de imóvel público;

III - pode o locatário que detenha a coisa de forma contínua e pacífica por 15 anos requerer a declaração, por usucapião, de sua propriedade sobre o imóvel;

IV- apenas se admite usucapião nas situações em que o possuidor da coisa a detenha a justo título.

Está(ão) correta(s) a(s) afirmativa(s)

(A) I, apenas.
(B) II, apenas.
(C) I e IV, apenas.
(D) II e III, apenas.
(E) I, II, III e IV.

145. **(ADVOGADO – BNDES – 2006 – CESGRANRIO)** De acordo com as disposições sobre o instituto da propriedade no Código Civil em vigor, assinale a afirmação correta.

(A) As faculdades de usar, gozar e dispor são inerentes àpropriedade sobre o bem, porém, é vedado ao proprietário reaver a coisa em poder do possuidor, ainda que ilegítimo, tendo em vista a autonomia da posse em relação à propriedade.
(B) O Código Civil de 2002 caracterizou-se pelo alargamento dos prazos de efetivação do usucapião, consagrando a fundamentabilidade do direito de propriedade previsto no art. 5º da Constituição Federal.
(C) Adquire a propriedade sobre bem imóvel, independente de justo título e boa-fé, aquele que durante 20 anos ininterruptos possui o imóvel como se fosse seu.
(D) É nula de pleno direito a promessa de compra e venda de bem imóvel não levada a registro público junto à matrícula do imóvel.
(E) São defesos ao proprietário os atos sobre o bem que não lhe trazem qualquer comodidade ou utilidade, praticados com intuito de prejudicar outrem.

146. **(ADVOGADO – BNDES – 2006 – CESGRANRIO)** A disciplina jurídica da hipoteca vem assentada em dois pilares fundamentais - a publicidade e a especialidade – de extrema importância na organização do sistema da propriedade imobiliária brasileiro. Levando-se em consideração as disposições legais inerentes à hipoteca, marque a afirmativa INCORRETA.

(A) A hipoteca é direito real de garantia de natureza essencialmente civil, ainda que as partes contratantes sejam empresárias e a dívida originária de natureza mercantil.
(B) A indivisibilidade é característica inerente à própria essência da hipoteca, pois, enquanto não liquidada adívida, subsistirá a garantia sobre a totalidade dos bens hipotecados, desde que também indivisíveis.
(C) O bem oferecido em hipoteca pode ser do próprio devedorou de terceiro estranho ao negócio jurídico originário.
(D) Qualquer dívida pode ser garantida por hipoteca, seja ela atual, futura, condicional, a termo ou pura e simples, impondo-se, apenas, nas dívidas futuras ou condicionais, a definição prévia do valor máximo da obrigação garantida.
(E) Em relação ao bem hipotecado, é vedada a estipulação do pacto comissório, através do qual seria permitido ao credor ficar com o objeto da garantia na hipótese de inadimplemento da obrigação, sob pena de nulidade.

147. **(ADVOGADO – BNDES – 2004 – CESGRANRIO)** João Carlos, proprietário de um apartamento, não efetua o pagamento das prestações condominiais há pelo menos 3 (três) anos, o que já foi inclusive objeto de discussão em algumas Assembléias. No entanto, antes que o condomínio praticasse qualquer ato relativo à cobrança das prestações em atraso, João alienou o imóvel a Maria Santos, sendo a escritura devidamente registrada no Registro Geral de Imóveis, para os devidos efeitos legais. Sabendo-se que, após um mês no apartamento, Maria foi citada em ação de cobrança proposta pelo condomínio, pode-se afirmar que:

(A) a cobrança em face de Maria não é legítima, apesar de se configurar obrigação *propter rem*, pois todos os condôminos tinham ciência dos débitos antes da negociação do imóvel.
(B) a inércia do condomínio enquanto João estava no imóvel operou a remissão da dívida.
(C) a prestação condominial é uma obrigação *propter rem*, sendo legítima a cobrança.
(D) João pode efetuar o pagamento extrajudicial, e entrar com ação de regresso contra Maria.
(E) Maria não terá que pagar, pois o Código Civil de 2002 alterou a natureza da obrigação condominial, tornando-a obrigação *intuitu personae*.

148. **(ADVOGADO – BNDES – 2002 – VUNESP)** Segundo a teoria dominante, de IHERING, acolhida pelo Código Civil, a posse é

(A) ficção jurídica.
(B) direito obrigacional.
(C) direito real.
(D) direito pessoal.
(E) mero fato.

149. **(ADVOGADO – BNDES – 2002 – VUNESP)** O arrendamento perpétuo de imóvel, por parte do senhorio direto a pessoa que possa usar, gozar e dispor da coisa, com certas restrições, mediante pagamento de pensão anual, é

(A) direito real de habitação.
(B) renda constituída sobre imóvel.
(C) penhor.
(D) enfiteuse.
(E) usufruto.

150. **(ADVOGADO – CEF – 2006 – CESPE)** Em relação ao direito das coisas, julgue os itens que se seguem.

1. Ocupação é modo originário de aquisição de bem móvel ou imóvel que consiste na tomada de posse da coisa, sem oposição do dono, com a intenção de se assumir a propriedade pela tradição ou pelo usucapião.
2. O proprietário de imóvel que se tornar encravado parcialmente em virtude de construção por ele edificada, objetivando a exploração econômica do imóvel, tem direito de exigir do vizinho que lhe deixe passagem, comunicação com via pública, mediante pagamento de indenização.
3. Na alienação fiduciária em garantia, dá-se a transferência do domínio do bem móvel ao credor, em garantia do pagamento, permanecendo o devedor com a posse direta da coisa.

151. **(ADVOGADO – BNB – 2006 – ACEP)** Maria das Dores adquire um apartamento e logo após doa o bem à sua filha Maria de Fátima, que aceita o negócio jurídico, estipulando em favor da doadora usufruto deste bem imóvel. O instituto em análise configura-se um direito real e é FALSO afirmar.

(A) Que o usufruto pode recair sobre bens móveis.
(B) Que o usufruto pode ser restrito.
(C) Que o usufruto não pode se transferir por alienação, mas o seu exercício pode ceder-se a título gratuito ou oneroso.
(D) Que o usufruto não pode se extinguir com a consolidação.
(E) Que o usufruto não se restabelecerá, caso o edifício sujeito a usufruto for destruído sem culpa do proprietário, salvo se a indenização do seguro for aplicada à reconstrução do prédio.

152. **(ADVOGADO - BNB - 2006 - ACEP)** Não pode(m) ser objeto de hipoteca.

(A) O domínio útil.
(B) O domínio direto.
(C) As estradas de ferro.
(D) Os navios.
(E) Os trens.

153. **(PROCURADOR - BANCO CENTRAL - 2009 - CESPE)** Com relação ao penhor, assinale a opção correta.

(A) A posse da coisa dada em penhor pelo credor pignoratício é condição essencial para a formação do contrato, considerando-se contrato atípico aquele em que a garantia não se seguir da posse direta.
(B) O direito de retenção do credor pignoratício pelas despesas de conservação que teve com a coisa pode ser exercido contra o devedor, mas não contra o terceiro que deu a coisa em garantia de dívida alheia.
(C) Perecendo a coisa dada em penhor, o credor poderá exigir a sua substituição por outra suficiente à garantia, sem que a obrigação principal seja atingida de algum modo por essa ocorrência.
(D) É vedada disposição contratual que autorize o credor pignoratício a tomar como sua a coisa dada em garantia, no entanto, não há óbice a que o devedor dê essa mesma coisa em pagamento da dívida após o vencimento.
(E) A indivisibilidade da garantia veda a liberação parcial dos bens antes do pagamento integral da dívida, ressalvando-se essa possibilidade quando isso for da natureza do negócio.

154. **(ADVOGADO DA UNIÃO - AGU - 2009 - CESPE)** Considerando a disciplina do direito das coisas no CC, julgue os itens seguintes.

1. Considere que Francisco, proprietário e legítimo possuidor de um apartamento, tenha anunciado sua intenção de alugá-lo há mais de quatro meses, mas não consegue fechar nenhum negócio porque Luís, proprietário do imóvel vizinho, cria dificuldades e embaraços às visitas dos pretensos locatários, situação que ampara a pretensão de Francisco de ajuizar uma ação de interdito proibitório.Nessa situação hipotética, o comportamento de Luís importa ameaça de turbação ao direito de posse de Francisco.
2. A passagem de uma tubulação de gás sob um terreno pertencente a outrem constitui uma servidão, porém seu caráter contínuo ou descontínuo é determinado pelo uso da estrutura, visto que somente a utilização efetiva e ininterrupta determina o caráter contínuo da servidão.
3. A indivisão dos condomínios voluntários pode ser determinada por disposição do doador, do testador ou dos próprios condôminos por prazo não superior a cinco anos, o qual pode ser judicialmente desconsiderado se houver razões graves para tanto.
4. A presunção relativa de que pertence ao proprietário a construção ou plantação feita em seu terreno opera em seu favor no caso da utilização de materiais ou sementes alheias, embora, provada a utilização de bens alheios por tal proprietário, sejam devidos reposição patrimonial e até perdas e danos, estes condicionados à prova da má-fé do referido proprietário.

155. **(ADVOGADO DA UNIÃO - AGU - 2006 - CESPE)** Julgue os itens seguintes, acerca da posse e da propriedade.

1. O título translativo da propriedade imóvel por ato inter vivos, oneroso ou gratuito não é hábil a transferir o domínio de bem imóvel. Somente ocorre a transferência da titularidade do direito com o registro imobiliário. No entanto, a eficácia do registro tem início com a apresentação do título ao oficial do registro e com sua prenotação lançada no protocolo.
2. A ocupação de bem público dominical traz como conseqüência o reconhecimento da posse tolerada, afigurando-se admissível o pleito de proteção possessória e assegurando-se ao possuidor indenização pelas benfeitorias feitas no imóvel, bem como a prerrogativa do direito de retenção.

156. **(ADVOGADO DA UNIÃO - AGU - 2006 - CESPE)** À luz da Lei dos Registros Públicos, julgue os itens a seguir.

1. É possível a anexação ou fusão de bens imóveis contíguos, pertencentes ao mesmo proprietário, abrindo-se apenas uma matrícula e nela reunindo os diversos imóveis em nome daquele proprietário e, no final, o oficial registrador promoverá o encerramento mediante averbação de cada uma das matrículas das áreas que deram origem à abertura da nova matrícula.
2. O contrato de locação de bens imóveis poderá ser registrado no cartório de registro de imóveis, quando o instrumento contenha, além dos requisitos legais, cláusula de vigência, em caso de alienação, para efeito de direitos de preferência.
3. Os títulos, documentos e papéis de procedência do exterior e escritos em língua estrangeira necessitam de tradução e legalização para serem registrados por extrato e produzirem efeitos legais no Brasil com eficácia contra terceiros. Dispensa-se a referida tradução e legalização para os documentos escritos em português, ainda que de procedência estrangeira.

157. **(ADVOGADO DA UNIÃO – AGU – 2004 – CESPE)** Acerca dos direitos reais e dos registros públicos, julgue os itens que se seguem.

1. O promissário comprador, titular de direito real de aquisição por dispor de inscrição no registro imobiliário, terá como opor seu direito real ao credor hipotecário, mesmo que sua inscrição no registro seja posterior à hipoteca.
2. É incabível a penhora sobre parte ideal de bem imóvel hipotecado, em execução movida a um dos co-proprietários, pois a indivisibilidade do bem acarreta a indivisibilidade da garantia real.
3. O usufruto é um direito real transmissível por causa mortis, pelo qual é concedido a uma pessoa o direito de desfrutar um objeto alheio como se fosse próprio, percebendo os frutos e retirando o proveito econômico da coisa.

158. **(PROCURADOR FEDERAL – AGU – 2007 – CESPE)** João, motorista, enquanto aguardava seu chefe na porta de uma repartição pública, foi vítima de tentativa de furto do veículo que conduzia. Antes de consumar o delito, o criminoso fugiu, por circunstâncias alheias à sua vontade. Com relação a essa situação hipotética, julgue os seguintes itens.

1. Em conformidade com os termos expressos do Código Civil, apenas o possuidor turbado, ou esbulhado — e não, o mero detentor —, poderá manter-se ou restituir-se por sua própria força, contanto que o faça imediatamente.
2. João, no momento em que os fatos ocorreram, era mero detentor — e não, possuidor — do veículo que conduzia.

159. **(PROCURADOR FEDERAL – AGU – 2007 – CESPE)** A respeito dos direitos reais, julgue os itens a seguir.

1. As enfiteuses constituídas antes do Código Civil de 2002 devem adequar-se ao regime do direito de superfície, espécie de direito real criado pela codificação.
2. Segundo a Súmula do STJ, a hipoteca firmada entre a construtora e o agente financeiro, anterior ou posteriormente à celebração da promessa de compra e venda, não tem eficácia perante os adquirentes do imóvel.

160. **(PROCURADOR FEDERAL – AGU – 2004 – CESPE)** A respeito do direito das coisas, julgue os itens subseqüentes.

1. Se o proprietário de um imóvel urbano não exercer seu domínio sobre o bem por lapso de tempo superior a 10 anos, ele perderá o direito real de propriedade pela ocorrência da prescrição, nos termos do Código Civil.
2. Os vícios originários de título que transfere propriedade imobiliária são insanáveis e sua transmissão acompanha a cadeia de adquirente.
3. O registro imobiliário não resulta em presunção absoluta da propriedade sobre o bem mas proporciona vantagem processual relativa à inversão do ônus da prova.
4. Constituído usufruto em favor de duas pessoas com cláusula expressa de direito de acrescer, em caso de falecimento de uma delas, sua parte deve retornar ao nu-proprietário.

161. **(PROCURADOR FEDERAL – AGU – 2004 – CESPE)** Acerca da posse, julgue os itens seguintes.

1. Para que a posse exercida sobre um bem seja considerada de boa-fé, exige-se que o possuidor ignore o vício ou obstáculo que lhe impeça a aquisição da coisa ou do direito possuído, ou que, mesmo tendo conhecimento de algum impedimento que lhe oponha a aquisição, possua título que determine que ele não seja apto a transferir a propriedade, isto é, que não exerça uma posse justa.
2. Se o possuidor houver adquirido a posse do bem por meio de comodato verbal, não há que se falar em esbulho, uma vez que a posse mostra-se justa e de boa-fé. Sendo a posse justa e de boa-fé, em face da ausência de vício na sua aquisição, assiste ao réu direito de retenção por benfeitorias realizadas e por acessões erigidas em terreno alheio.
3. O detentor não exerce atos possessórios, pois a sua atuação sobre a coisa não provém de uma relação jurídica de direito real ou pessoal que possa lhe deferir autonomia capaz de conceder visibilidade ao domínio.

162. **(PROCURADOR DA FAZENDA NACIONAL – 2007.2 – ESAF)** É direito do usufrutuário de:

(A) fazer despesas ordinárias e comuns de conservação dos bens no estado em que os recebeu.
(B) inventariar, a suas expensas, os bens móveis que receber, determinando o estado em que se acham e estimando o seu valor.
(C) não ser obrigado a pagar deteriorações da coisa advindas do exercício regular do usufruto.
(D) autorizar a mudança da destinação econômica da coisa usufruída.
(E) aceitar a sub-rogação da indenização de danos causados por terceiro ou do valor da desapropriação no ônus do usufruto.

5.7. FAMÍLIA

163. **(ADVOGADO – INFRAERO – 2004 – NCE/UFRJ)** É correto dizer em relação ao bem de família previsto no Código Civil e regulado pela Lei 8.009/90:

(A) não pode ser o referido bem penhorado em qualquer hipótese;
(B) deve ser registrado necessariamente no ofício imobiliário para receber a proteção legal;
(C) pode ser objeto de execução por força de débito trabalhista relacionado ao copeiro ou mordomo do proprietário do imóvel;
(D) é atingível por execução fiscal por força de débito do imposto de renda do proprietário do imóvel;
(E) pode ser objeto de execução civil de qualquer natureza.

164. **(ADVOGADO – BNDES – 2006 – CESGRANRIO)** João Carlos, casado sob o regime de comunhão parcial de bens, avalizou obrigação representada em nota promissória emitida por seu amigo Márcio, sem o consentimento de sua mulher, Maria. Em razão do não-pagamento da nota promissória, João Carlos foi executado pelo credor, que penhorou bem imóvel do casal. Maria poderá:

(A) opor embargos de devedor, tendo em vista a unidade dos interesses dos cônjuges.
(B) postular a exclusão da meação, através de embargos de terceiro, desde que provado o prejuízo sofrido.
(C) pleitear a anulação do aval dado sem seu consentimento.
(D) pedir a declaração da nulidade absoluta do ato, pois pouco importa o regime de bens do casamento, será sempre necessária a outorga uxória.
(E) regredir contra João Carlos, pois, em relação ao credor, prevalece a autonomia das obrigações cartulares e nada poderá ser feito.

165. **(ADVOGADO – BNDES – 2004 – CESGRANRIO)** O legislador de 1916 propôs no texto do Código Civil da época quatro regimes de bens no casamento: o da comunhão universal, o da comunhão parcial, o da separação e o dotal. O novo Código mantém em quatro as opções, deixando de renovar o dotal, mas propondo um novo regime, o de participação final nos aqüestros, até então desconhecido na legislação. Com relação ao regime de bens entre os cônjuges, vigente no Código de 2002, assinale a afirmação INCORRETA.

(A) No pacto antenupcial que adotar o regime de participação final nos aqüestros, poder-se-á convencionar a livre disposição dos bens imóveis, desde que particulares.
(B) É admissível alteração do regime de bens entre os cônjuges mediante autorização judicial em pedido motivado de ambos os cônjuges, apurada a procedência das razões invocadas e ressalvados os direitos de terceiros.
(C) Com a limitação de alienar ou gravar de ônus reais os bens imóveis, qualquer que seja o regime de bens, tanto o marido quanto a mulher podem livremente praticar todos os atos de administração no desempenho de sua profissão, sendo que as dívidas contraídas em razão de tais atos obrigam somente o cônjuge que se encarregou da administração.
(D) Se os nubentes, no processo de habilitação para o casamento, optarem pelo regime de comunhão parcial, esta será reduzida a termo, e se a escolha for pelo regime da comunhão universal, esta se fará por escritura pública, através de pacto antenupcial.
(E) Sobrevindo a dissolução da sociedade, ao determinar-se o montante dos aqüestros, computar-se-á o valor das doações feitas por um dos cônjuges, sem a necessária autorização do outro.

166. **(ADVOGADO – BNB – 2006 – ACEP)** Considere as assertivas a seguir a respeito dos regimes de bens entre os cônjuges no Código Civil brasileiro.

I. É admissível alteração do regime de bens, mediante autorização judicial, em pedido motivado por um dos cônjuges.

II. Sendo nula a convenção sobre o regime de bens, adotar-se-á o regime da comunhão parcial, automaticamente, sem necessidade de homologação judicial.

III. É obrigatório o regime da separação de bens do homem maior que sessenta e cinco anos.

Assinale a alternativa **CORRETA**.

(A) Somente a afirmativa I é verdadeira.
(B) Somente a afirmativa II é verdadeira.
(C) Somente a afirmativa III é verdadeira.
(D) As afirmativas I e II são verdadeiras.
(E) As afirmativas II e III são verdadeiras.

167. **(PROCURADOR – BANCO CENTRAL – 2009 – CESPE)** Laura e Ricardo são casados sob regime de comunhão parcial de bens e possuem dois imóveis: um em São Paulo e um em Campinas. O casal passa a maior parte do tempo no imóvel de São Paulo, utilizando o de Campinas quando viaja a trabalho e no período de férias. Com base nessa situação hipotética e na disciplina do bem de família, assinale a opção incorreta.

(A) Se o casal tiver instituído um dos imóveis como bem de família, o efeito será não só a impenhorabilidade como também a restrição de sua comerciabilidade.
(B) Se o casal não tiver instituído um dos imóveis como bem de família, em um possível processo de execução movido contra eles, a penhora recairá sobre o de maior valor.

(C) Para que seja promovida a instituição de um dos imóveis como bem de família, é dispensável a outorga conjugal.
(D) Caso tenha sido instituído como bem de família um dos dois imóveis, a morte de um dos cônjuges acarretará a extinção desse bem, se o casal não tiver filhos menores.
(E) Para que o casal institua um dos bens como de família, não será necessária a comprovação de solvência de ambos os cônjuges.

168. **(ADVOGADO DA UNIÃO – AGU – 2009 – CESPE)** Regina e Jorge são casados pelo regime da comunhão parcial de bens e possuem dois imóveis, um apartamento de dois quartos, no centro do Rio de Janeiro, no valor de R$ 200 mil, e uma casa de um quarto, na Barra da Tijuca, no valor de R$ 220 mil, onde residem alternadamente.Com base na situação hipotética apresentada, julgue os próximos itens, a respeito do bem de família.

1. Se Regina e Jorge não quiserem que qualquer dos imóveis seja considerado bem de família em possível processo de execução movido em face deles, eles deverão eleger um dos bens, mediante escritura pública registrada no cartório competente.
2. Caso um dos imóveis residenciais do casal estivesse situado em área rural, tal fato não seria óbice para sua instituição como bem de família.

5.8. SUCESSÕES

169. **(ADVOGADO – BNDES – 2006 – CESGRANRIO)** A cláusula de inalienabilidade poderá ser instituída das seguintes formas:

I. mediante a manifestação de vontade mútua das partes contratantes;
II. por ato de vontade do testador sobre a parte disponível da herança;
III. por meio de negócio jurídico, com a presença de duas testemunhas;
IV. quando se tratar de legítima, mediante justa causa declarada no testamento;
V. por ato *inter vivos*, somente na hipótese de doação.

Estão corretas, apenas, as formas:

(A) I e IV
(B) III e IV
(C) I, II e V
(D) I, III e V
(E) II, IV e V

170. **(ADVOGADO – CEF – 2006 – CESPE)** Com relação a direito das sucessões, julgue os itens seguintes.

1. Se determinada pessoa renunciar a herança em benefício do monte, a parte renunciada passa automaticamente aos herdeiros necessários do renunciante, que herdam por estirpe. Se o renunciante for o único da classe, devolve-se a parte renunciada aos herdeiros da classe subseqüente, que herdam por cabeça.
2. Os herdeiros são investidos na posse e adquirem a propriedade pelo simples fato da morte do autor da herança. Assim, quando o direito real se constitui por causa mortis,a posse e a propriedade dos bens que compõem a herança transmitem-se, desde logo, aos herdeiros, sem que haja necessidade ou intenção de o herdeiro ter a coisa como sua, ou de possuí-la ou de tê-la fisicamente apreendida.

171. **(ADVOGADO – BNB – 2006 – ACEP)** Escolha a alternativa INCORRETA.

(A) A deserdação só pode se efetivar quando a causa for expressamente declarada em testamento.
(B) São testamentos especiais: o marítimo, o aeronáutico, o militar e o cerrado.
(C) Calcula-se a legítima sobre o valor dos bens existentes na abertura da sucessão, abatidas as dívidas e as despesas do funeral, adicionando-se, em seguida, o valor dos bens sujeito a colação.
(D) Concorrendo à herança do falecido irmãos bilaterais com irmãos unilaterais, cada um destes herdará metade do que cada um daqueles herdar.
(E) Podem ser herdeiros necessários os descendentes, os ascendentes e o cônjuge.

172. **(PROCURADOR FEDERAL – AGU – 2004 – CESPE)** Com relação ao direito das sucessões, julgue os itens que se seguem.

1. Ocorrendo a morte de um indivíduo, a aquisição de seu patrimônio pelos herdeiros se opera no exato momento da morte do de cujus, passando aqueles a exercer, por direito próprio, a posse e o domínio sobre os bens deixados, em regime de condomínio universal com os demais sucessores, até que ocorra a partilha.
2. Se um dos co-herdeiros reclamar a universalidade da herança a um terceiro que indevidamente a possua, este pode, legitimamente, opor-lhe, em exceção, o caráter parcial do direito daquele nos bens da sucessão.
3. Se ação de investigação de paternidade for julgada procedente cinco anos após o encerramento do processo de inventário e partilha dos bens deixados pelo genitor do investigado, não será mais admissível pleitear a anulação da partilha, em virtude do preceito constitucional que

protege o ato jurídico perfeito, o direito adquirido e a coisa julgada.

4. A cessão de direitos, a título singular, sobre imóvel certo e determinado, antes de ajuizada a ação de inventário ou arrolamento, poderá ser feita pelo conjunto de todos os herdeiros ou por qualquer co-herdeiro isoladamente.

173. **(DEFENSORIA PÚBLICA DA UNIÃO – 2004 – CESPE)** Julgue os itens subseqüentes, relativos aos direitos das sucessões.

1. Considere a seguinte situação hipotética. Uma pessoa faleceu, deixando bens a quatro filhos, maiores, capazes, casados e que possuem descendentes. Nessa situação, se um dos filhos renunciar à herança, a parte deste deverá ser recebida pelos netos do falecido, filhos do renunciante, que herdarão por direito próprio, ou seja, por estirpe ou representação.

2. Não se admite a renúncia de meação, pois seu titular já a tem como integrante de seu patrimônio, devendo a mesma ser tratada como cessão de direitos, sujeita, portanto, ao instrumento público.

5.9. DIREITO DE EMPRESA E TÍTULOS DE CRÉDITO

5.10. DISPOSIÇÕES FINAIS E TRANSITÓRIAS

174. **(ADVOGADO – PETROBRÁS – 2006 – CESGRANRIO)** Assinale a afirmativa correta a propósito das disposições finais e transitórias do Código Civil atualmente em vigor, especificamente no que tange às questões atinentes a direito intertemporal e aplicabilidade do referido diploma.

(A) Aplicam-se os prazos decadenciais previstos no Código Civil de 2002 quando tiverem sido por ele reduzidos.

(B) Há regra expressa no sentido de que as alterações previstas para as associações e fundações somente serão aplicadas àquelas que se constituírem após 11 de janeiro de 2003.

(C) O prazo prescricional das ações de reparação de danos que não houver atingido a metade do tempo previsto no Código Civil de 1916 regular-se-á por inteiro nos termos da nova lei.

(D) O prazo para a aquisição da propriedade imóvel pela usucapião extraordinária será de 15 anos se, quando da edição do Código de 2002, já tiver transcorrido mais da metade do prazo previsto no Código Civil de 1916.

(E) As disposições do novo Código Civil aplicam-se imediatamente às dissoluções e liquidações de sociedades já em curso antes de sua vigência, por traduzirem maior proteção aos sócios.

5.11. DIREITOS AUTORAIS

175. **(ADVOGADO – PETROBRÁS – 2008 – CESGRANRIO)** Considerando-se os dispositivos da Lei Federal no 9.610, de 10 de fevereiro de 1998, também conhecida como Lei dos Direitos Autorais,

(A) ao realizar a cessão de sua obra, o autor também realiza a transferência de seus direitos morais.

(B) constituem objetos de proteção dessa lei os direitos advindos da elaboração de textos de decisões judiciais.

(C) não é titular de direitos do autor quem adapta, traduz, arranja ou orquestra obra caída no domínio público.

(D) pode ser realizada verbalmente a cessão parcial dos direitos de autor.

(E) é possível contratar a cessão dos direitos de autor sobre obras futuras.

176. **(ADVOGADO – PETROBRÁS – 2006 – CESGRANRIO)** Quanto é o tempo de proteção ao direito patrimonial de autor falecido e quando se inicia a contagem desse prazo?

(A) 30 anos contados do dia seguinte ao óbito.

(B) 50 anos contados do dia seguinte ao óbito.

(C) 50 anos contados do primeiro dia do ano subseqüente ao óbito.

(D) 70 anos contados do dia seguinte ao óbito.

(E) 70 anos contados do primeiro dia do ano subseqüente ao óbito.

177. **(ADVOGADO – PETROBRÁS – 2003 – CESPE)** Com relação à propriedade e ao direito autoral, julgue os itens subseqüentes.

1. O programa de computador — software — possui natureza jurídica de direito de propriedade industrial e, desde que registrada a patente do programa de computador, ao seu titular é devido o pagamento de indenização a título de danos materiais e morais, se ocorrer a produção e comercialização indevida do software.

2. No modo originário de aquisição da propriedade imóvel, não há qualquer relação jurídica de causalidade entre o domínio atual e o anterior. O novo proprietário adquire o bem livre de todos os vícios e limitações que revestia o imóvel.

178. **(ADVOGADO – ANCINE – 2005 – CESPE)** Quanto ao direito autoral, julgue os itens a seguir.

1. Apenas pessoas físicas poderão ser consideradas autoras de obras literárias, artísticas ou científicas, para fins de proteção pelo direito autoral.

2. Considere a seguinte situação hipotética. Alfredo, renomado advogado especialista em licitações e contratos administrativos, confeccionou obra literária em comentários à Lei de Licitações Públicas. Quando da 10.ª edição da obra, Alfredo

foi acometido de grave doença e, por isso, Alexandre, seu sócio, se encarregou de atualizar, fiscalizar e dirigir as posteriores edições. Nessa situação, consideram-se autores, para fins de proteção dos direitos autorais, tanto Alfredo, quanto Alexandre.

3 Considere a seguinte situação hipotética. Célia, dona de casa e pintora, decidiu promover exposição artística de seus quadros. Após alguns anos, obteve notícia de que um de seus quadros, pintado em janeiro de 2002, estava entre os mais caros do Brasil e, por isso, decidiu levar a efeito o registro de sua autoria, em junho de 2005. Nessa situação, a proteção ao seu direito de autora somente advirá após o registro no órgão público competente, quando poderá ser oponível a terceiros.

4. Considere que um grupo de músicos amadores percorra várias capitais brasileiras promovendo espetáculos e executando obras musicais famosas, sendo, inclusive, remunerados por isso. Nessa situação, serão devidos os direitos autorais.

5. Suponha que certo arquiteto brasileiro tenha se tornado famoso pelo desenho arrojado de monumento situado na capital da República. Assim, os cartões postais que reproduzirem o mencionado monumento, sem a devida referência ao nome do autor, violarão seus direito autorais.

6. Suponha que o autor de determinada obra científica tenha falecido sem deixar herdeiros. Nessa situação, sua obra cairá, desde logo, no domínio público.

7. O direito de conservar a obra inédita e o de reivindicar, a qualquer tempo, sua autoria constituem direitos morais do autor.

8. Os atos normativos e as decisões judicias não serão objeto de proteção pelo direito autoral.

5.12. TEMAS COMBINADOS

179. **(ADVOGADO – PETROBRÁS – 2001 – CESPE)** Em cada um dos itens abaixo, é apresentada uma situação hipotética, seguida de uma assertiva a ser julgada. Julgue-as à luz da legislação civil vigente.

1. Marcos, industrial, com 25 anos de idade, tem residência em Belo Horizonte, onde trabalha com ânimo de permanência. Conheceu Fabiana, com dezenove anos de idade, argentina, residente e domiciliada no Brasil, empresária, com estabelecimento comercial que lhe garante sustento por economia própria. Marcos e Fabiana resolveram casar-se em Belo Horizonte. Nessa situação, os impedimentos matrimoniais dirimentes, em relação a Fabiana, seriam analisados em face das legislações brasileira e argentina, concomitantemente.

2. Em 19/12/2000, foi publicada lei complementar que instituía contribuição social nova, não-prevista no texto constitucional, para custeio da seguridade social. Todavia, na pressa de atender à necessidade de arrecadação, na preparação do texto a ser publicado, foi suprimido o parágrafo do artigo 1.o, que definia a alíquota da exação novel. Assim, efetivou-se nova publicação da lei em 2/1/2001, adequando, então, o texto normativo publicado ao que fora aprovado pela Câmara dos Deputados e pelo Senado Federal. Nessa situação, como a lei não entraria em vigor na data da sua publicação, a *vacatio legis* definida na Constituição, para efeito da incidência da nova contribuição, seria contada, então, a partir da primeira publicação.

3. Caio emprestou vinte mil reais a José, ocasião em que se celebrou um contrato de mútuo. Entretanto, José não efetuou o pagamento do empréstimo no prazo avençado. Constrangido pelo liame de amizade e pelas dificuldades por que passava o amigo e devedor, Caio deixou fluir o prazo prescricional definido em lei para efeito da cobrança do seu crédito. Algum tempo depois, José necessitou de novo empréstimo. Para persuadir Caio a efetivar novo desembolso, José apresentou-lhe uma minuta de contrato, na qual constava declaração expressa de renúncia à prescrição que se consumara, relativamente ao primeiro empréstimo, bem como ao prazo prescricional relativo ao novo mútuo. Nessa situação, mesmo estipuladas contratualmente, somente a primeira renúncia será válida.

4. O pai de João presenteou-o com um automóvel quando ele foi aprovado no vestibular. João tinha, então, dezenove anos de idade. Como pretendia adquirir os móveis necessários para passar a viver com a sua namorada, João vendeu o automóvel sem a autorização dos seus pais. Valendo-se do fato de o registro do veículo no DETRAN estar em seu nome, ele preencheu o documento de transferência da propriedade e reconheceu a sua firma no cartório. Nessa situação, o Ministério Público não terá legitimidade para demandar pela invalidação do ato jurídico. Ademais, a pretensão de anular o ato, por parte do pai de João, estará sujeita a prescrição.

5. Querendo aproveitar a sombra que se projetava, Francisco estacionou o seu veículo paralelamente a uma das paredes do edifício em que residia, em local marcado no solo para estacionamento. Porém, algum tempo depois, parte do revestimento da parede desabou sobre o veículo. Nessa situação, o condomínio responderá pelos danos ocasionados a Francisco, sendo descabida a invocação de caso fortuito ou força maior.

180. **(ADVOGADO – PETROBRÁS – 2001 – CESPE)** Julgue os itens abaixo, à luz da legislação civil vigente.

1. Considere a seguinte situação hipotética. Por ocasião do seu divórcio com Marli, Dimas constituiu usufruto sobre imóvel de sua propriedade exclusiva em favor dela e da filha de ambos, nada dispondo acerca do direito de acrescer. O imóvel foi, então, alugado pelas usufrutuárias por dois mil reais. Um ano depois, contudo, Marli faleceu. Nessa situação, a filha de Dimas terá direito à renda de dois mil reais proveniente do imóvel dado em usufruto.
2. Considere a seguinte situação hipotética. Agindo de má-fé e clandestinamente, Carlos invadiu dez hectares da fazenda de Martins, dos quais se apossou. Não querendo entrar em conflito e considerando que a área invadida não lhe era útil, Martins não buscou ser reintegrado na posse de sua propriedade. Carlos manteve-se na área invadida por dezenove anos e seis meses, explorando-a como se fosse o seu proprietário. Após esse período, porém, Carlos quis se transferir para a sua terra de origem, razão pela qual cedeu a sua posse a Joaquim pelo preço de vinte mil reais. Oito meses depois de Joaquim estar na posse da área, Martins ajuizou ação de reintegração de posse, objetivando recuperar a área invadida. Nessa situação, Joaquim poderá adquirir a propriedade por usucapião, não sendo admissível, ademais, o manejo da ação possessória por Martins.
3. Considere a seguinte situação hipotética. Após o falecimento do seu irmão e da sua cunhada, Túlio obteve a guarda de Cláudia, sua sobrinha, a quem criou como se fosse sua filha. Quando Cláudia completou 21 anos de idade, Túlio doou-lhe um apartamento, fazendo constar na respectiva escritura pública que renunciava ao direito de revogar a liberalidade por ingratidão da donatária. Algum tempo depois, necessitando de recursos para iniciar atividade comercial, Cláudia obteve um empréstimo, constituindo hipoteca sobre o seu imóvel em garantia da dívida. Meses após, porém, Túlio e Cláudia tiveram grave desentendimento. Descontrolando-se no calor da discussão, Cláudia assacou graves injúrias contra o seu tio e o feriu de forma violenta, fazendo uso de objeto contundente. Nesse caso, Túlio poderá revogar a doação, mas essa revogação não desconstituirá a hipoteca.
4. Um desportista poderá explorar comercialmente o apelido com que ficou notoriamente conhecido, mas essa alcunha não é passível de registro como marca de produto.
5. Os direitos autorais são, para efeitos legais, considerados bens móveis. Ademais, a proteção aos direitos morais e patrimoniais sobre a obra que o autor criou independe de registro, embora lhe seja facultado registrá-la.

181. **(ADVOGADO – SERPRO – 2008 – CESPE)** Julgue os itens que se seguem, referentes ao direito civil.

1. Para orientar a tarefa interpretativa do aplicador da lei, existem várias técnicas. Segundo os postulados da técnica teleológica, na aplicação da lei, o juiz atenderá aos fins sociais a que ela se dirige e às exigências do bem comum.
2. Os direitos da personalidade da pessoa natural são intransmissíveis, irrenunciáveis, impenhoráveis e inexpropriáveis, entretanto, podem ser objeto de disposição por meio de contrato.
3. Em relação à natureza da pessoa jurídica, segundo os postulados da teoria da realidade das instituições jurídicas, somente o homem é capaz de ser sujeito de direito, donde se conclui que a pessoa jurídica é uma ficção legal, uma criação artificial da lei para exercer direitos patrimoniais e facilitar a função de certas entidades.
4. No caso de desvio de finalidade ou pela confusão patrimonial da pessoa jurídica de direito privado, o juiz, a requerimento do Ministério Público ou da parte, poderá determinar que os efeitos de certas e determinadas relações de obrigação sejam estendidos aos bens particulares dos administradores.
5. O domicílio necessário não importa em exclusividade, de modo que a pessoa a ele submetido poderá ter domicílio plúrimo.
6. Os bens considerados em si mesmos têm como espécies a coisa principal e a acessória.
7. A prescrição e a decadência são exemplos de fatos jurídicos em sentido estrito e classificam-se entre os ordinários.
8. A intimação e a notificação são atos jurídicos materiais ou reais em sentido estrito.
9. Na obrigação de dar coisa certa, o objeto da prestação é a prática de um ato por parte do devedor com proveito patrimonial para o credor ou terceiro.
10. O contrato será de empreitada se a remuneração se calcula em função da obra feita, não se levando em conta o tempo gasto em sua execução, ao contrário da locação de serviço, em que a remuneração é paga em função de uma unidade de tempo, como a hora, o dia ou o mês.

182. **(ADVOGADO – CEF – 2006 – CESPE)** Acerca do direito das obrigações e dos contratos, julgue os itens a seguir.

1. Na obrigação de dar coisa incerta, o devedor deve responder pelos prejuízos suportados pelo credor, decorrentes da perda ou deterioração da coisa, mesmo que não tenha ocorrido a escolha, exceto se conseguir provar que o cumprimento da obrigação tornou-se impossível em virtude de força maior ou caso fortuito.

2. Considere que uma cláusula que prevê a perda total da quantia paga pelo devedor inadimplente seja inserida no contrato de compra e venda a prestações. Nessa situação, a cláusula é corretamente denominada multa cominatória, inserida no contrato com a finalidade de garantir alternativamente o cumprimento da obrigação principal.
3. O princípio da boa-fé objetiva impõe o dever de cumprir a obrigação principal e várias obrigações acessórias, entre elas, a obrigatoriedade de o contratante fornecer ao outro todas as informações necessárias para que este possa formar opinião esclarecida quanto a firmar ou não o contrato.
4. Uma obrigação é solidária quando, em virtude de um mesmo dano, um sujeito apresente-se como responsável perante o lesado por ato ilícito, outro, pelo risco que lhe seja imputável e um terceiro, pela infração de um dever contratual de diligência. Assim, não há necessidade de que, para ser solidária, a obrigação baseie-se em uma mesma causa ou fundamento jurídico.
5. As obrigações reais, ou propter rem, são as que derivam da vinculação de alguém a certos bens sobre os quais incidem ônus reais, bem como deveres decorrentes da necessidade de se manter a coisa.

183. **(PROCURADOR FEDERAL – AGU – 2002 – CESPE)** Suponha que Alberto (devedor), jogador inveterado, contraiu dívida de jogo com Pedro (credor), em janeiro de 1960. Em face dessa situação, considerando a legislação civil vigente relativa às obrigações, à prescrição e à decadência, julgue os itens que se seguem.

(1) Caso Alberto tivesse pago a dívida em janeiro de 2001, Pedro seria obrigado a devolver a quantia paga.

(2) Pedro poderia ter entrado com ação de cobrança contra Alberto em janeiro de 1964.

(3) Na obrigação referida, há os elementos dever de Alberto de pagar (*debitum*) e a responsabilidade que alcança o patrimônio de Alberto (*obligatio*), que caracterizam as obrigações civis, segundo a teoria dualista de Brinz do vínculo jurídico obrigacional.

(4) Alberto, caso pague a Pedro, não poderá recobrar o valor pago.

(5) Nessa circunstância, há uma obrigação natural, razão pela qual Alberto não pode compensar a sua dívida com outro crédito que possua em relação a Pedro.

184. **(PROCURADOR FEDERAL – AGU – 2002 – CESPE)** Julgue os itens subseqüentes, referentes à responsabilidade civil, inclusive por danos causados ao meio ambiente e ao consumidor, previstos, respectivamente, no Código Civil, na Lei n.º 6.938/1981 e na Lei n.º 8.078/1990.

(1) A responsabilidade civil decorrente de dano ecológico exclui a possibilidade de responsabilização penal ou administrativa.

(2) A responsabilidade civil objetiva foi adotada para o dano ambiental, consoante a Lei n.º 6.938/1981.

(3) No Código Civil, a regra é a da responsabilidade civil objetiva, assim como no Código Brasileiro de Defesa do Consumidor.

(4) Na responsabilização civil por dano ecológico, há necessidade de se provar a culpa do agente.

(5) No Código Civil, os relativamente incapazes são passíveis de responsabilização civil.

185. **(PROCURADOR FEDERAL – AGU – 2002 – CESPE)** Suponha que Aldo, com dezoito anos de idade, deseja ser emancipado por seus pais. Nessa situação e de acordo com a legislação civil vigente relativa à emancipação e à família, julgue os itens em seguida.

(1) Se apenas o pai de Aldo desejar emancipá-lo, essa emancipação terá efeito de pleno direito, nos termos do Código Civil vigente.

(2) A hipótese de emancipação apresentada é classificada pela doutrina como emancipação voluntária.

(3) Caso Aldo case-se com Maria, de vinte anos de idade, tornar-se-á plenamente capaz, apesar de não ter 21 anos de idade, o mesmo ocorrendo com ela.

(4) Supondo que Aldo esteja concluindo a 3.ª série do ensino médio, caso ele seja aprovado no vestibular, será automaticamente emancipado.

(5) Caso Aldo seja emancipado com a concordância de seus pais e queira se casar após a emancipação, ainda assim deverá ter a autorização deles.

186. **(PROCURADOR FEDERAL – AGU – 2002 – CESPE)** Considerando a legislação civil vigente relativa ao direito das coisas, julgue os itens a seguir.

(1) Ao possuidor de má-fé é assegurado o direito de retenção da coisa principal, pelo valor das benfeitorias voluptuárias e necessárias.

(2) O possuidor de boa-fé poderá exercer o direito de retenção pelo valor das benfeitorias úteis e necessárias.

(3) As benfeitorias podem ser compensadas pelos danos causados pelo possuidor.

(4) A acessão é modo derivado de aquisição da propriedade imobiliária.

(5) É direito do usufrutuário alienar a coisa para quem quiser.

187. **(DEFENSORIA PÚBLICA DA UNIÃO – 2004 – CESPE)** No que se refere aos bens e aos negócios jurídicos, julgue os itens a seguir.

1. Os bens dominicais públicos são passíveis de alienação, desde que observadas as exigências legais, e podem ser utilizados por particulares. Assim, esses bens podem ser objeto de usucapião e de desapropriação, porquanto são dotados de disponibilidade pelo poder público.
2. A hipótese de disposição patrimonial gratuita — simulação de contrato de compra e venda —, encobrindo doação feita pelo marido à esposa, casados no regime obrigatório da separação de bens, de imóvel de exclusiva propriedade do cônjuge varão, constitui negócio jurídico nulo.
3. A lesão inclui-se entre os vícios de consentimento e acarreta a anulabilidade do negócio, permitindo-se, porém, para evitá-la, a oferta de suplemento suficiente ou, se o favorecido concordar, a redução da vantagem, aproveitando-se, assim, o negócio.

188. **(DEFENSORIA PÚBLICA DA UNIÃO – 2004 – CESPE)** A respeito da propriedade e dos direitos das obrigações, julgue os itens seguintes.

1. Se um imóvel residencial em condomínio for adquirido por arrematação, o adquirente responderá perante o condomínio por todos os encargos condominiais incidentes sobre o imóvel, ainda que a aquisição tenha sido judicial, por adjudicação pelo credor hipotecário.
2. Se uma unidade condominial hipotecada a instituição financeira for adquirida judicialmente, por arrematação, o crédito hipotecário, por ser de natureza real, terá preferência em relação ao crédito condominial em atraso.

189. **(DEFENSORIA PÚBLICA DA UNIÃO – 2004 – CESPE)** Acerca dos contratos e das obrigações, julgue os itens que se seguem.

1. Em caso de contrato de comodato de bem imóvel a título oneroso e por prazo indeterminado, desejando o proprietário pôr fim ao comodato, deverá notificar judicialmente o comodatário, pedindo a restituição da coisa e constituindo em mora o devedor no momento em que este for citado para os termos da causa. A partir de então, passam a ser devidos os aluguéis ao comodante.
2. Firmado contrato de seguro contra roubo e(ou) incêndio e com a concretização do sinistro, o não cumprimento das obrigações ou o pagamento efetuado a menor, por parte do segurador, consistentes no ressarcimento dos danos sofridos pelo segurado, constitui defeito na prestação do serviço oferecido pela seguradora.
3. No contrato de locação de coisas com prazo determinado, findo este e não sendo restituído o bem, o locatário fica obrigado ao pagamento do valor unilateralmente arbitrado pelo locador, bem como ao ressarcimento por lucros cessantes presumidos.
4. A multa contratual fixada no contrato de mútuo constitui espécie de cláusula penal moratória, estipulada pelas partes antecipadamente em favor do credor, juntamente com a obrigação principal, a título de indenização por eventual descumprimento obrigacional pelo devedor.

190. **(DEFENSORIA PÚBLICA DA UNIÃO – 2004 – CESPE)** Quanto ao direito de família e às sucessões, julgue os itens subseqüentes.

1. A condição de alimentante é personalíssima e não se transmite aos herdeiros; todavia, isso não afasta a responsabilidade dos herdeiros pelo pagamento dos débitos alimentares verificados até a data do óbito do alimentante.
2. No regime da comunhão universal de bens, comunicam-se os bens adquiridos na constância de fato e de direito do casamento, mas não aqueles havidos por um só dos cônjuges após separação irreversível de fato do outro, que nenhuma participação teve na aquisição desses bens.

6. Direito Empresarial

6.1. TEORIA GERAL DO DIREITO EMPRESARIAL

1. **(ADVOGADO – BNDES – 2002 – VUNESP)** São conseqüências do exercício regular da atividade empresarial:

(A) possuir o comerciante, legitimidade ativa para a ação de falência.
(B) possuir o comerciante, legitimidade para a impetração de concordata preventiva.
(C) possuir o sócio das sociedades limitadas, responsabilidade ilimitada sobre as obrigações sociais.
(D) possuir o comerciante, legitimidade ativa e passiva para a ação de falência.
(E) poder o comerciante emitir regularmente títulos de crédito no exercício de sua atividade.

2. **(ADVOGADO – BNDES – 2002 – VUNESP)** O estabelecimento empresarial é formado

(A) por todos os bens corpóreos e incorpóreos que são utilizados na exploração da atividade empresarial.
(B) apenas pelos bens de natureza material, como o estoque, os móveis e o imóvel.
(C) apenas pelos bens de natureza imaterial.
(D) apenas pelos bens que estão dentro do estabelecimento físico do comerciante.
(E) apenas pelos bens cuja propriedade pertence à sociedade mercantil.

3. **(ADVOGADO – CEF – 2006 – CESPE)** Cada um dos seguintes itens apresenta uma situação hipotética relativa a empresários e a estabelecimentos empresariais, seguida de uma assertiva a ser julgada.

1. Os sócios de Tom Tecidos Ltda., pessoa jurídica atuante no ramo de fabricação de tecidos, descontentes com a concorrência local, optaram pela mudança de ramo de atividade e pelo exercício da nova empresa em outra unidade da Federação. Antes da mudança, alienaram o estabelecimento empresarial — todos os bens materiais e imateriais pertencentes à sociedade — para uma de suas concorrentes. Nessa situação, atendendo ao ordenamento jurídico pátrio, esse ato de alienação do estabelecimento empresarial, para ter validade perante terceiros, deve ter sido formal, averbado à margem da inscrição da Tom Tecidos Ltda. na junta comercial competente, no registro público de empresas mercantis e publicado na imprensa oficial.

2. Isidório, aos 13 anos de idade, herdou ações de determinada sociedade em comandita por ações, em decorrência do falecimento de seu avô, acionista majoritário. Nessa situação, Isidório poderá participar como acionista da sociedade em comandita por ações, desde que as ações herdadas estejam totalmente integralizadas, devendo ser também representado, em sua condição de acionista, por genitor ou tutor.

4. **(ADVOGADO – CEF – 2006 – CESPE)** Acerca da disciplina legal que rege as sociedades dependentes de autorização e a fusão das sociedades empresárias, julgue os itens que seguem.

1. No Brasil, algumas sociedades empresárias se submetem à autorização de funcionamento do poder executivo federal, como as que atuam nos seguintes ramos de atividade: planos de saúde, fabricação de eletrodomésticos, seguros e aplicações financeiras.

2. Considere a seguinte situação hipotética. Os sócios de duas sociedades empresárias que atuam no ramo de prestação de serviços de segurança armada e desarmada deliberaram pela fusão de sociedades, visando à contenção de gastos e ao fortalecimento da nova sociedade no mercado. Nessa situação, em ato preparatório à fusão, deverão ser nomeados peritos para avaliar o patrimônio líquido de cada uma das sociedades e, em assembléia geral de todos os sócios, devem ser apreciados os laudos periciais, ocasião em que os sócios votarão os laudos de avaliação correspondentes à sociedade de que fizerem parte.

5. **(ADVOGADO – BNB – 2006 – ACEP)** Acerca de empresa, assinale a alternativa **CORRETA**.

(A) A empresa caracteriza-se pela atividade comercial organizada e com intuito lucrativo.
(B) A empresa caracteriza-se pelo exercício de atividade organizada e econômica, excluindo-se as atividades de índole intelectual.
(C) A empresa caracteriza-se pelo exercício de atividade organizada, econômica e habitual, independentemente de ser prestação de serviço ou circulação de mercadoria.
(D) A empresa caracteriza-se pelo exercício de atividade organizada e econômica, independentemente de ser prestação de serviço ou circulação de mercadoria.
(E) A empresa caracteriza-se pelo exercício de atividade organizada, econômica e habitual, excluindo-se as intelectuais e de natureza rural.

6. **(ADVOGADO – BNB – 2006 – ACEP)** Sobre o registro, assinale a alternativa CORRETA.

(A) A inscrição no registro público de empresa é obrigatória para toda e qualquer atividade empresarial, sem exceção.
(B) A inscrição no registro público de empresa é obrigatória para a atividade empresarial, com exceção da rural.
(C) A inscrição no registro público de empresa é obrigatória ao empresário que exerce o comércio, mas é facultativa aos empresários que exploram outras atividades.
(D) A inscrição no registro público de empresa é facultativa ao empresário, não obstante ser vedada aos não empresários.
(E) A inscrição no registro público de empresa é obrigatória para toda e qualquer atividade empresarial, com exceção da atividade imobiliária e intelectual.

7. **(ADVOGADO – BNB – 2006 – ACEP)** Quanto à forma societária, marque a alternativa INCORRETA.

(A) A sociedade não empresarial pode ser regulada pelas regras da sociedade simples ou pelas regras das demais sociedades, adotadas para as atividades empresariais, como a limitada.
(B) À sociedade não empresarial é vedado organizar-se sob a forma de uma S.A.
(C) A adoção da forma da sociedade limitada por uma sociedade simples é inapta para conferir-lhe natureza de sociedade empresarial.
(D) A sociedade empresarial pode adotar qualquer forma societária, inclusive a da sociedade simples.
(E) A sociedade limitada não inscrita em registro torna-se, para terceiros, sociedade em comum.

8. **(ADVOGADO – BNB – 2006 – ACEP)** Referente à responsabilidade dos sócios na sociedade simples e limitada, assinale a alternativa CORRETA.

(A) Na sociedade limitada, o sócio responde pela integralização do capital social, não cabendo ao contrato dispor de forma diversa.
(B) Inexiste responsabilidade do sócio em qualquer sociedade personificada, em razão da separação entre o patrimônio dos sócios e o patrimônio da pessoa jurídica. Entretanto, remanesce a responsabilidade subjetiva do sócio, em sendo ele o administrador da empresa.
(C) Na sociedade simples, o sócio responde pelas obrigações societárias até o limite da porcentagem das suas cotas no capital social, não havendo a possibilidade de o contrato dispor de forma diversa.
(D) Na sociedade limitada, o sócio responde pelo valor do capital social, não cabendo ao contrato dispor de forma diversa.
(E) A responsabilidade do sócio na sociedade simples é subjetiva, obrigando-se ele, perante terceiros, quando age com culpa ou dolo.

9. **(PROCURADOR – BANCO CENTRAL – 2009 – CESPE)** Com relação à teoria geral do direito empresarial, assinale a opção correta.

(A) Para o direito empresarial brasileiro, o conceito de empresa é objetivo, ou seja, empresa é o estabelecimento, enquanto empresário é a pessoa física que exerce sua atividade na empresa.
(B) Nome empresarial e título do estabelecimento são conceitos que não se confundem, uma vez que o nome empresarial se refere às relações do empresário perante os consumidores em geral, enquanto o título do estabelecimento significa a forma empresarial adotada no que concerne à limitação da responsabilidade.
(C) Mesmo que o empresário adote o sistema de fichas de lançamentos, o livro diário, por ser obrigatório, não pode ser substituído pelo livro balancetes diários e balanços, ainda que observadas as mesmas formalidades extrínsecas exigidas para aquele.
(D) A sociedade anônima opera sob firma ou razão social, sempre designativa do objeto social e integrada pelas expressões sociedade anônima ou companhia, por extenso ou abreviadamente.
(E) Considera-se gerente o preposto permanente no exercício da empresa, na sede desta ou em sucursal, filial ou agência. O preponente responde com o gerente pelos atos que este pratique em seu próprio nome, mas à conta daquele.

10. **(PROCURADOR – BANCO CENTRAL – 2009 – CESPE)** A empresa Companhia do Calçado foi constituída

sob a forma de sociedade anônima aberta, com ações no mercado ao custo unitário de R$ 5,00. Ricardo, que detém mais da metade das ações com direito a voto, acumula a função de presidente da empresa.

Com relação a essa situação hipotética, assinale a opção correta.

(A) Na sociedade em questão, o estatuto pode assegurar a uma ou mais classes de ações preferenciais o direito de eleger, em votação em separado, um ou mais membros dos órgãos de administração.
(B) A constituição da sociedade depende de aprovação da CVM. Após tal aprovação, a subscrição das ações poderá ser efetuada diretamente com a companhia.
(C) A sociedade terá como órgãos obrigatórios a assembleia geral e a diretoria e, como órgãos facultativos, o conselho fiscal e o conselho de administração.
(D) Ricardo poderá ser presidente e diretor único da empresa.
(E) Caso Ricardo renuncie ao cargo de diretor, poderá pertencer ao conselho fiscal da empresa, desde que eleito pela assembleia e ainda que não resida no país, pois a exigência de domicílio no Brasil só é aplicável aos diretores e aos membros do conselho de administração.

11. **(PROCURADOR – BANCO CENTRAL – 2009 – CESPE)** Com relação ao direito bancário, assinale a opção correta.

(A) Para que se considere um contrato como bancário, é necessário que as duas partes envolvidas sejam instituições financeiras e que seu objeto seja a intermediação de crédito.
(B) Somente instituições bancárias podem ser sociedades emissoras de cartão de crédito.
(C) As operações bancárias ativas são as de captação dos recursos, nas quais os bancos se tornam devedores de seus clientes; já as operações bancárias passivas são aquelas em que o banco assume, quanto à obrigação principal, a posição de credor.
(D) Segundo entendimento sumulado do STJ, as empresas administradoras de cartão de crédito são instituições financeiras e, por isso, os juros remuneratórios por elas cobrados não sofrem as limitações da Lei de Usura.
(E) O STJ entende que não cabe indenização por danos morais quando uma instituição financeira envia cartão de crédito a um cliente e cobra faturas pelo serviço, sem que este tenha sido solicitado.

12. **(PROCURADOR – BANCO CENTRAL – 2009 – CESPE)** Julgue os itens a seguir no que se refere a direito societário, propriedade industrial e contratos no direito empresarial.

I. A sociedade empresária somente adquire personalidade jurídica após o registro de seus atos constitutivos no Registro Civil das Pessoas Jurídicas.

II. Segundo o Código Civil, em caso de abuso da personalidade jurídica, pode o juiz decidir, de ofício, que os efeitos de certas e determinadas relações de obrigações sejam estendidos aos bens particulares dos administradores ou sócios da pessoa jurídica.

III. Denomina-se modelo de utilidade o objeto de uso prático, suscetível de aplicação industrial, que apresente nova forma ou disposição, envolvendo ato inventivo que resulte em melhoria funcional no seu uso ou em sua fabricação.

IV. É dever dos administradores das sociedades empresárias manter, no exercício de suas funções, o cuidado e a diligência a que toda pessoa ativa e proba costuma empregar na administração de seus próprios negócios.

V. Na sociedade em comandita simples, tomam parte sócios de duas categorias: os comanditados, pessoas físicas, responsáveis solidária e ilimitadamente pelas obrigações sociais; e os comanditários, obrigados somente pelo valor de sua quota. O contrato social deve discriminar os comanditados e os comanditários.

Estão certos apenas os itens

(A) I, II e III.
(B) I, II e V.
(C) I, IV e V.
(D) II, III e IV.
(E) III, IV e V.

13. **(ADVOGADO – ANP – 2008 – CESGRANRIO)** Quanto ao nome empresarial, são feitas as afirmações abaixo.

I. O nome empresarial não pode ser objeto de alienação.

II. Pode constar da denominação da sociedade anônima o nome do fundador.

III. O nome de sócio que vier a falecer pode ser conservado na firma social, desde que ele seja seu fundador.

IV. A denominação das associações e fundações é com ele equiparado, para os efeitos da proteção da lei.

V. A sociedade cooperativa funciona sob denominação integrada pelo vocábulo "cooperativa".

Estão corretas **APENAS** as afirmações

(A) I e II
(B) III e IV
(C) I, II e V
(D) I, II, IV e V
(E) II, III, IV e V

14. **(ADVOGADO DA UNIÃO - AGU - 2009 - CESPE)** Acerca da disciplina jurídica do estabelecimento empresarial, julgue o seguinte item.

1 O estabelecimento empresarial, definido como todo complexo de bens materiais ou imateriais organizado por empresário ou por sociedade empresária, para o exercício da empresa, classifica-se como uma universalidade de direito.

15. **(ADVOGADO DA UNIÃO - AGU - 2009 - CESPE)** Com relação ao nome empresarial, julgue os itens que se seguem.

1 Considere que Lena seja sócia comanditada de certa sociedade em comandita simples, e João, sócio comanditário. Nessa hipótese, a razão social deve ser composta apenas com o nome de Lena, que possui responsabilidade solidária e ilimitada pelas obrigações sociais.

2 Segundo a doutrina majoritária nacional, o direito ao nome empresarial é um direito personalíssimo.

16. **(ADVOGADO DA UNIÃO - AGU - 2009 - CESPE)** Julgue os próximos itens, que dizem respeito ao registro de empresas.

1 A lei determina que o arquivamento dos instrumentos de escrituração das sociedades empresárias seja feito na junta comercial competente.

2 Considere que o instrumento de dissolução de certa sociedade empresária tenha sido assinado no dia 19 de dezembro de 2008 e apresentado à junta comercial competente, para arquivamento, no dia 2 de janeiro de 2009. Nesse caso, os efeitos do arquivamento retroagirão à data da assinatura do instrumento.

17. **(ADVOGADO DA UNIÃO - AGU - 2006 - CESPE)** No Brasil, o Código Comercial de 1850, cuja primeira parte foi revogada com a entrada em vigor do Código Civil de 2002, sofreu forte influência da teoria dos atos de comércio. O Código Civil vigente, ao contrário, teve influência do direito italiano, incorporando a teoria da empresa. O direito brasileiro já incorporara — nas lições da doutrina, na jurisprudência e em leis esparsas como o Código de Defesa do Consumidor, de 1990, a Lei de Locação Predial Urbana, de 1991, e a Lei do Registro de Empresas, de 1994 — a teoria da empresa, mesmo antes da entrada em vigor do Código Civil de 2002. Com relação a esse assunto, julgue os próximos itens.

1. O nome empresarial é aquele com que o empresário individual e a sociedade empresária se apresentam nas relações contratuais, econômicas etc. O empresário opera sob firma constituída por seu nome, completo ou abreviado, ou seja, pela firma individual, não lhe sendo permitido o uso de denominação social.

2. O registro público de empresas mercantis e atividades afins, personalizado nas juntas comerciais, é um banco de informações de empresas e empresários à disposição de qualquer pessoa que a elas queira ter acesso, mediante solicitação de certidões e consulta aos assentamentos, sem necessidade de provar interesse.

3. Pela sua importância, os livros comerciais são equiparados a documento público, sendo tipificada como crime a falsificação, no todo ou em parte, da escrituração comercial.

4. Com a nova conceituação de empresário, aquele que exerce profissão intelectual, de natureza científica, literária ou artística somente será considerado empresário se o exercício da profissão constituir elemento de empresa.

5. Quando da sucessão do estabelecimento, o devedor primitivo continua subsidiariamente obrigado pelo prazo de um ano, contado da data da publicação da sucessão, quanto aos créditos vencidos, e da data do vencimento, quanto aos vincendos.

18. **(ADVOGADO DA UNIÃO - AGU - 2006 - CESPE)** O direito empresarial tem abrangência bastante ampla, com definições variadas. No Brasil, existe uma diversidade de contratos para operações comerciais e financeiras, como as operações de leasing (arrendamento mercantil), factoring (fomento mercantil), contratos bancários, entre outros. As sociedades empresariais, suas características, a desconsideração da personalidade jurídica e a nova lei de falência e recuperação das empresas confirmam a importância do direito empresarial para a economia nacional. Acerca desses assuntos, julgue os itens a seguir.

1. A pluralidade de sócios é uma condição necessária à existência de uma sociedade, não havendo previsão legal, no Brasil, para sociedade de apenas um sócio.

2. O endosso é o ato necessário e suficiente para que se processe a transferência dos direitos creditícios de um título de crédito.

3. A nova Lei de Falências regula a recuperação judicial, a extrajudicial e a falência do empresário e da sociedade empresária, aí abrangidos os tipos

empresariais existentes no Brasil, incluindo-se as sociedades de economia mista e excluindo-se as instituições financeiras e as cooperativas de crédito.

4. Pode ser objeto do contrato de leasing o bem móvel ou imóvel de produção nacional, bem como os de produção estrangeira, desde que estes sejam autorizados pelo Conselho Monetário Nacional.

5. A todo contrato se conferirá natureza bancária sempre que um banco figurar em um dos pólos da relação contratual.

19. **(PROCURADOR FEDERAL - AGU - 2004 - CESPE)** Acerca do direito de empresa e sociedade, julgue os itens seguintes.

1 Podem os associados de uma cooperativa de consumo em fase de liquidação, individualmente, exigir prestação de contas da cooperativa, uma vez que constitui obrigação dos liquidantes prestar contas.

2 A constituição de uma pessoa jurídica sob a forma de sociedade é ato inter vivos, sendo permitido, no entanto, que uma pessoa disponha, para depois de sua morte, que seu patrimônio se torne parte do capital social de uma empresa a ser formada, e que ela indique todos os seus herdeiros necessários como sócios.

3 Se os sócios não observarem as regras estabelecidas para a regular dissolução das sociedades contratuais, poderão responder pessoal e ilimitadamente pelas obrigações sociais.

4 No caso de sociedade cujos sócios respondam ilimitadamente, deverá ser adotada firma social que designe o nome de pelo menos um deles, seguido da expressão e companhia ou de sua abreviatura.

Texto III

Leo Sá Abdo, de apenas dezessete anos de idade, há dois anos é cliente habitual da Tranbikes S.A., da qual vem adquirindo, com recursos próprios, bicicletas para revender em sua cidade, no interior do Rio de Janeiro. No mês passado, Leo registrou firma individual na junta comercial do estado, visando à habilitação jurídica necessária para participar de licitação a ser promovida pela prefeitura municipal de sua cidade para a compra de 500 bicicletasfumacês, a serem utilizadas na campanha contra o mosquito transmissor da dengue. Com sua habilidade natural para os negócios, Leo superou seus adversários e venceu com facilidade a licitação, tendo de adotar, em seguida, as providências necessárias ao cumprimento do contrato. Para tanto, negociou com a Transbikes o fornecimento imediato das 500 bicicletas, mediante o pagamento parcelado em três vezes, para 30, 60 e 90 dias, oferecendo em garantia a emissão de três notas promissórias, com as respectivas datas. Adquiriu também, junto à firma João Pedro e Companhia, o conjunto de materiais e ferramentas necessários à assistência técnica das bicicletas, prevista no contrato com a prefeitura, pagando o total em seis parcelas mensais, por meio de cheques pré-datados.

20. **(PROCURADOR FEDERAL - AGU - 2002 - CESPE)** Com base nas informações do texto III, julgue os itens a seguir.

(1) A Transbikes S.A. é uma sociedade anônima; portanto, seu capital é dividido em ações subscritas por, pelo menos, dois acionistas, e seu nome comercial é da espécie denominação.

(2) Se o capital da Transbikes S.A. for composto por ações preferenciais sem direito a voto, o número máximo destas corresponderá a dois terços do total das ações emitidas.

(3) As preferências ou vantagens das ações preferenciais podem consistir em prioridade na distribuição de dividendo, fixo ou mínimo, ou em prioridade no reembolso do capital, com prêmio ou sem ele, bem como na acumulação das duas vantagens.

(4) Independentemente do seu objeto, a Transbikes S.A. é uma sociedade civil regida pelas leis e usos do comércio.

(5) Leo, por ainda não ter atingido a maioridade, não dispõe de capacidade para exercer, por si só, atos de comércio, razão pela qual a junta comercial do estado deveria ter rejeitado o registro de sua firma individual.

21. **(PROCURADOR FEDERAL - AGU - 2002 - CESPE)** Considerando a situação apresentada no texto III e acerca de registro público e nome comercial, julgue os itens seguintes.

(1) O registro público de empresas mercantis e atividades afins tem, entre outras, a finalidade de dar garantia, publicidade, autenticidade, segurança e eficácia aos atos jurídicos das empresas mercantis submetidos a registro na forma da lei.

(2) O Departamento Nacional de Registro do Comércio, com função supervisora, orientadora, coordenadora e normativa no plano técnico, e as juntas comerciais nos estados e no Distrito Federal, com função executora e administradora dos serviços de registro, compõem o Sistema Nacional de Registro de Empresas Mercantis.

(3) A principal conseqüência de Leo Sá Abdo ter registrado firma individual é o fato de, a partir do registro, não se confundirem os patrimônios da firma e da sua pessoa física.

(4) A firma individual é constituída sobre o patronímico (nome civil) do comerciante, abreviado ou não, acrescido de designação mais precisa de sua pessoa ou de sua atividade, de maneira que a firma de Leo pode ter sido registrada como L. S. Abdo, ou L. Sá Abdo, ou mesmo L. S. Abdo Comércio de Bicicletas.

(5) A firma João Pedro e Companhia certamente não é uma sociedade por quotas de responsabilidade limitada, mas pode ser uma sociedade anônima.

22. **(PROCURADOR FEDERAL – AGU – 2002 – CESPE)** Acerca da situação apresentada no texto III e no que se refere a cheques e atos de comércio, julgue os itens que se seguem.

(1) O cheque é um título de crédito sacado sobre um banqueiro que detenha fundos à disposição do sacador, devendo receber aceite antes do efetivo pagamento ao tomador.

(2) O cheque é uma ordem de pagamento de uma quantia determinada, dada pelo sacador ao sacado em favor do tomador, figurando, como requisitos essenciais do título, a época de pagamento e o nome de quem deve pagar.

(3) Se o cheque contém assinaturas de pessoas incapazes ou assinaturas falsas, as obrigações de outros signatários não deixam, por esse fato, de ser válidas.

(4) Ainda que feita por não-comerciante, a emissão de notas promissórias ou cheques é considerada ato de comércio, de maneira que, na hipótese em apreço, os títulos emitidos por Leo são, necessariamente, regidos pelas leis e pelos usos comerciais.

(5) Na hipótese considerada, as aquisições de materiais e ferramentas feitas por Leo junto à firma João Pedro e Companhia são consideradas atos de comércio, uma vez que dizem respeito às necessidades de seu comércio.

23. **(PROCURADOR DA FAZENDA NACIONAL – 2007.2 – ESAF)** O estabelecimento, como universalidade de fato, constitui

(A) um conjunto de bens materiais que não pode ser desmembrado.
(B) um conjunto de bens materiais e imateriais que serve ao exercício de atividades econômicas.
(C) complexo de relações jurídicas ativas e passivas derivadas do exercício da empresa.
(D) uma criação do direito para promover a organização da empresa.
(E) um mecanismo instrumental necessário para o desenvolvimento da empresa.

24. **(PROCURADOR DA FAZENDA NACIONAL – 2007.2 – ESAF)** Qualificam-se como contratos de empresa aqueles que

(A) são celebrados pelo empresário.
(B) são celebrados entre duas ou mais empresas.
(C) são celebrados entre empresas para fins de fornecimento de energia elétrica.
(D) são celebrados para organizar o funcionamento de qualquer empresa.
(E) são celebrados entre empresas e consumidores esclarecidos.

25. **(PROCURADOR DA FAZENDA NACIONAL – 2007.1 – ESAF)** Se cinco profissionais do direito, todos devidamente inscritos na OAB, organizarem um escritório de prestação de serviços jurídicos, dividindo despesas de locação, e outras necessárias para a consecução do objeto social, assim como partilharem os honorários recebidos de clientes, pode-se afirmar:

(A) que organizaram um estabelecimento, nos termos do disposto no art. 1.142 do Código Civil Brasileiro.
(B) que, por se tratar de profissão regulamentada, não se aplicando a disciplina da empresa, não há que considerar o escritório um estabelecimento.
(C) que a expressão "salvo se o exercício da profissão constituir elemento de empresa" faz incidir a qualificação de empresa a essa organização, daí que as demais disposições do Código Civil pertinentes não devem ser afastadas.
(D) que a transferência do escritório a outros advogados leva à sucessão nas obrigações, inclusive sub-rogação nos contratos de prestação de serviços.
(E) que a responsabilidade de cada advogado membro da primeira organização, objetiva, subsiste à cessão da clientela.

26. **(PROCURADOR DA FAZENDA NACIONAL – 2007.1 – ESAF)** A classificação da Lei n. 10.406/2002, no que diz respeito às sociedades, em simples e empresárias, adota como fundamento:

(A) a antiga noção de sociedades civis e mercantis, com base na intermediação na circulação de mercadorias.
(B) a distinção tem que ver com ser a prestação de cunho personalíssimo.
(C) a colaboração de terceiros para a consecução da atividade é elemento principal para a qualificação como empresa, ou não.
(D) atividades cujo objeto sejam de natureza científica mas exercidas em conjunto, como no caso de laboratórios farmacêuticos, são empresariais por força da cooperação entre várias pessoas.
(E) o que importa, na qualificação de uma sociedade como empresária, ou não, é a opção pelo Registro Público de Empresas, ou o Registro de Pessoa Jurídica.

6.2. SOCIEDADES

27. **(ADVOGADO - PETROBRÁS - 2008 - CESGRANRIO)** No que tange às regras previstas na Lei no 6.404, de 15 de dezembro de 1976, para as hipóteses de aumento do capital social mediante subscrição de ações, é INCORRETO afirmar que

(A) a subscrição de ações mediante capitalização de créditos detidos contra a Companhia é admitida pela legislação.
(B) as ações emitidas nas operações de aumento de capital apenas podem ser subscritas em dinheiro ou créditos contra a Companhia.
(C) o aumento de capital, decorrente da conversão de debêntures em ações, independe de aprovação da assembléia geral.
(D) o aumento de capital mediante subscrição de ações apenas é admitido após realizados, no mínimo, 3/4 (três quartos) do capital social.
(E) ao atual acionista é facultado ceder seu direito de preferência na subscrição das ações emitidas nas operações de aumento de capital.

28. **(ADVOGADO - PETROBRÁS - 2008 - CESGRANRIO)** Tratando-se de bônus de subscrição emitido em conformidade com as regras definidas na Lei no 6.404, de 15 de dezembro de 1976, pode-se afirmar que:

I. trata-se de título nominativo e intransferível;
II. é admitida sua utilização para subscrição de ações preferenciais;
III. assegura ao seu titular o direito de subscrever ações do capital social, segundo as condições constantes do certificado;
IV. assegura ao seu titular um direito de crédito contra a Companhia, conversível ou não em ações, segundo as condições constantes do certificado.

Está(ão) correta(s) **APENAS** a(s) afirmativa(s)

(A) III
(B) I e III
(C) II e III
(D) I, II e III
(E) I, II e IV

29. **(ADVOGADO - PETROBRÁS - 2006 - CESGRANRIO)** Acerca do consórcio de empresas, previsto nos artigos 278 e 279 da Lei das Sociedades Anônimas (Lei no 6.404/76), pode-se afirmar que:

I. as consorciadas serão sempre solidárias nas obrigações contratadas com terceiros, independentemente do estipulado no instrumento de constituição do consórcio;
II. o contrato de consórcio deve estipular o empreendimento objeto do consórcio, assim como as obrigações e as responsabilidades de cada consorciada;
III. o contrato de consórcio deve, obrigatoriamente, ser arquivado no registro do comércio do local da sede de cada uma das consorciadas;
IV. o consórcio não possui personalidade jurídica.

Estão corretas as afirmativas:

(A) II e IV, apenas.
(B) I, II e III, apenas.
(C) I, III e IV, apenas.
(D) II, III e IV, apenas.
(E) I, II, III e IV.

30. **(ADVOGADO - PETROBRÁS - 2006 - CESGRANRIO)** O acionista controlador que, no exercício de seu poder de controle, determina à diretoria da empresa a celebração de contrato com empresa na qual possua interesses particulares, em condições desfavoráveis à companhia controlada, está atuando:

(A) de acordo com o permitido pela legislação, respondendo, apenas, pelos prejuízos causados aos acionistas minoritários.
(B) com desvio de finalidade, respondendo com seus bens pessoais até o limite de sua participação no capital social.
(C) com desvio de finalidade, respondendo até o limite do capital integralizado.
(D) com abuso de poder, respondendo pessoalmente pelos prejuízos causados.
(E) com abuso de poder, respondendo até o limite do capital integralizado.

31. **(ADVOGADO - PETROBRÁS - 2003 - CESPE)** Considere que dois amigos desejam constituir uma sociedade para a realização de atividades em comum. Acerca das previsões legais aplicáveis a essa situação, julgue os itens seguintes.

1 Em regra, a sociedade a ser constituída será considerada empresária se tiver como objeto qualquer atividade econômica organizada para a produção ou a circulação de bens ou de serviços.

2 A sociedade, se empresária, poderá constituir-se de acordo com os tipos Limitada, em Comandita Simples ou de Capital e Indústria, previstos pelo Novo Código Civil.

3 Somente após o seu registro no cartório devido ou na junta comercial, a sociedade obterá a sua personalidade jurídica.

4 Se os sócios optarem por criar uma sociedade limitada, esta será obrigatoriamente empresária.

5 Caso os sócios desejem exercer uma atividade passiva de enquadramento como sociedade simples, terão de definir, ainda, um dos tipos de sociedade empresária para que se lhe aplique o ordenamento jurídico correspondente.

32. **(ADVOGADO – PETROBRÁS – 2003 – CESPE)** Determinada assembléia-geral extraordinária de uma S/A autorizou a efetivação de resgate de ações. Considerando esse fato e o instituto do resgate, julgue os itens que se seguem.

1 Tanto a assembléia-geral extraordinária como o estatuto podem deliberar acerca dessa matéria.

2 Conforme a Lei das S/A, pode-se utilizar para o resgate o lucro do exercício anterior, mas não as reservas de lucros já constituídas.

3 O resgate deve abranger todas as ações de uma mesma classe.

4 O resgate de ações pode ocorrer com ou sem a redução do capital social.

5 A deliberação quanto ao resgate de ações de uma única classe exige a aprovação por acionistas que representem, no mínimo, a metade das ações da respectiva classe. Considere que um credor não detenha título executivo contra seu devedor, porém pretende requerer a decretação judicial da falência deste último. Nessa situação, julgue os itens abaixo, relativamente à pretensão do credor.

6 A legislação brasileira admite que se prove a existência da obrigação por conta extraída da escrituração comercial do credor, desde que verificada judicialmente.

7 A verificação de obrigação por conta extraída da escrituração do devedor será processada perante o juízo competente para decretar a falência.

8 Sendo o credor domiciliado em Nova Friburgo e o devedor, no município do Rio de Janeiro, e tendo a ação sido promovida perante o juízo da capital fluminense, o juiz obrigatoriamente nomeará peritos do município do Rio de Janeiro para procederem ao exame dos livros, em qualquer situação.

9 Se a perícia tiver que ser realizada nos livros do devedor, devem os peritos fazê-la nas dependências do estabelecimento do réu.

10 Verificadas as contas e a existência do débito, será este considerado vencido a partir da citação do réu.

33. **(ADVOGADO – PETROBRÁS DISTRIB. – 2008 – CESGRANRIO)** Na sociedade limitada, a responsabilidade de cada sócio é restrita ao valor de suas quotas, sendo que

(A) todos os sócios respondem subsidiariamente pelas obrigações sociais.
(B) todos os sócios respondem solidariamente pelas obrigações sociais.
(C) todos os sócios respondem solidariamente pela integralização do capital social.
(D) os sócios não respondem pela integralização das quotas dos demais sócios.
(E) nenhum dos sócios responde pela integralização do capital social.

34. **(ADVOGADO – PETROBRÁS DISTRIB. – 2008 – CESGRANRIO)** Os órgãos obrigatórios de uma sociedade anônima fechada, sem capital autorizado, são:

I. Assembléia Geral;

II. Conselho de Administração;

III. Conselho Fiscal;

IV. Diretoria;

V. Conselho Consultivo.

Estão corretos APENAS os órgãos

(A) I, II e III
(B) I, III e IV
(C) I, III e V
(D) I, IV e V
(E) II, IV e V

35. **(ADVOGADO – PETROBRÁS TRANSP. – 2006 – CESGRANRIO)** O artigo 279 da Lei das Sociedades Anônimas (Lei no 6.404/76) determina que o consórcio de empresas será constituído mediante contrato aprovado pelo órgão da sociedade competente para autorizar a alienação de bens do Ativo Permanente. Em caso de omissão do estatuto social sobre a matéria (alienação de bens do Ativo Permanente ou celebração de contrato de consórcio), o órgão social competente para aprovar a celebração do contrato de consórcio é o:

(A) Colegiado da Diretoria, após ouvido o Conselho Fiscal e o Conselho de Administração.
(B) Colegiado da Diretoria, após ouvido o Conselho de Administração.
(C) Colegiado da Diretoria, após ouvido o Conselho Fiscal.
(D) Conselho de Administração, caso existente na sociedade.
(E) Conselho Fiscal, caso existente na sociedade.

36. **(ADVOGADO – PETROBRÁS TRANSP. – 2006 – CESGRANRIO)** Quanto às debêntures, pode-se afirmar que:

I. conferem aos seus titulares direito de crédito contra as companhias, nas condições constantes da escritura de emissão e, se houver, do certificado;

II. poderão ser conversíveis em ações, nas condições constantes da escritura de emissão;

III. a deliberação sobre emissão de debêntures conversíveis em ações é de competência privativa da assembléia-geral;

IV. a companhia não pode efetuar nova emissão antes de colocadas todas as das séries de emissão anterior ou canceladas as séries não colocadas.

Estão corretas as afirmações:

(A) II e III, apenas.
(B) I, II e IV, apenas.
(C) I, III e IV, apenas.
(D) II, III e IV, apenas.
(E) I, II, III e IV.

37. **(ADVOGADO – EPE – 2007 – CESGRANRIO)** Sobre o Conselho Fiscal, disciplinado nos artigos 161 a 165 da Lei no 6.404, de 15 de dezembro de 1976, é correto afirmar que:

(A) não se admite pagamento de remuneração aos membros do Conselho Fiscal.
(B) não se admite reeleição dos membros do Conselho Fiscal.
(C) os membros do Conselho Fiscal devem ser, necessariamente, acionistas da sociedade.
(D) a função de membro do Conselho Fiscal é indelegável.
(E) a instalação do Conselho Fiscal depende da obrigatória aprovação de acionistas que representem maioria absoluta das ações com direito a voto da Companhia.

38. **(ADVOGADO – EPE – 2007 – CESGRANRIO)** Acerca do Conselho de Administração da Companhia, regulado pelos artigos 138 a 142 da Lei no 6.404, de 15 de dezembro de 1976, é INCORRETO afirmar que:

(A) é admitida a reeleição de seus membros.
(B) seus membros são eleitos pela Assembléia Geral da Companhia.
(C) a existência de Conselho de Administração é facultativa nas Companhias de capital aberto.
(D) as atribuições conferidas por lei ao Conselho de Administração não podem ser outorgadas a outro órgão social.
(E) pode estatuto social estabelecer quórum qualificado para deliberação de determinadas matérias pelo Conselho de Administração.

39. **(ADVOGADO – EPE – 2007 – CESGRANRIO)** Nos termos definidos nos artigos 166 a 172 da Lei no 6.404, de 15 de dezembro de 1976, que disciplinam o aumento do capital social, é correto afirmar que:

(A) é vedada a realização de aumento de capital mediante subscrição de ações em bens.
(B) é vedado o aumento do capital social por meio de conversão de debêntures em ações.
(C) a competência para a aprovação de aumento de capital é sempre do Conselho de Administração da Companhia.
(D) o estatuto pode fixar prazo de decadência, não inferior a 30 (trinta) dias, para o exercício do direito de preferência para a subscrição de aumento de capital.
(E) considerando estar o Conselho Fiscal em funcionamento, a deliberação sobre aumento de capital decorrente da conversão de debêntures em ações depende de prévia manifestação daquele órgão.

40. **(ADVOGADO – EPE – 2007 – CESGRANRIO)** Tratando-se de constituição da sociedade anônima por subscrição particular do capital, é INCORRETO afirmar que:

(A) pode ser realizada por deliberação dos subscritores, em assembléia-geral ou por escritura pública.
(B) é vedado ao subscritor se fazer representar por procurador na assembléia-geral ou na escritura pública de constituição da sociedade.
(C) sua constituição depende da subscrição de todas as ações em que se divide o capital social fixado no estatuto por, pelo menos, 2 (duas) pessoas.
(D) no caso de constituição através de escritura pública, esta deverá ser assinada por todos os subscritores e conterá obrigatoriamente o estatuto social da Companhia.
(E) a certidão dos atos constitutivos da Companhia devidamente registrada será o documento hábil para a transferência dos bens com que o subscritor tiver contribuído para a formação do capital social.

41. **(ADVOGADO – REFAP – 2007 – CESGRANRIO)** Nos termos da Lei no 6.404, de 15 de dezembro de 1976, assinale a opção que NÃO apresenta matéria cuja deliberação é de competência privativa da assembléia geral de acionistas.

(A) Reforma do estatuto social.
(B) Suspensão do exercício dos direitos de acionista.
(C) Fixação da orientação geral dos negócios da companhia.
(D) Transformação, fusão, incorporação e cisão da companhia.
(E) Aprovação das demonstrações financeiras apresentadas pelos administradores da companhia.

42. **(ADVOGADO – REFAP – 2007 – CESGRANRIO)** Acerca do aumento do capital social de companhia, é correto afirmar que:

(A) apenas pode ser efetuado em dinheiro.
(B) pode ser autorizado, em qualquer hipótese, pela Diretoria da sociedade.
(C) não é admitida a cessão do direito de preferência para a subscrição do aumento de capital.
(D) inexiste direito de preferência dos acionistas para a subscrição do aumento de capital.
(E) quando realizado mediante subscrição de ações em bens, depende de prévia avaliação dos bens por 3 (três) peritos ou por empresa especializada.

43. **(ADVOGADO – ELETROBRÁS – 2006 – NCE/UFRJ)** A pessoa jurídica que controla uma sociedade anônima de economia mista:

(A) nunca poderá responder pelos danos causados por atos praticados com abuso de poder;
(B) tem os deveres e responsabilidades do acionista controlador, embora possa orientar as atividades da companhia de modo a atender ao interesse público que justificou a sua criação;
(C) pode orientar a companhia para todos os fins, ainda que estranhos ao objeto social ou lesivos ao interesse nacional, ou em prejuízo da participação dos acionistas minoritários nos lucros ou no acervo da companhia;
(D) não pratica abuso de poder quando elege administrador ou fiscal que sabe inapto, moral ou tecnicamente, para o cargo;
(E) está autorizada por lei a aprovar as contas de administradores, ainda que irregulares.

44. **(ADVOGADO – ELETROBRÁS – 2006 – NCE/UFRJ)** As sociedades anônimas podem constituir consórcios para executar determinados empreendimentos. Esses consórcios:

(A) têm personalidade jurídica e as consorciadas se obrigam solidariamente;
(B) impõem a extensão da falência de uma consorciada a todas as demais;
(C) podem ser autorizados pelo Conselho de Administração, mesmo que não haja competência estabelecida para tal nos estatutos das sociedades consorciadas, por se tratar de estratégia de negócio;
(D) serão constituídos mediante contrato aprovado pelos órgãos competentes das companhias consorciadas, conforme estabelecido nos seus estatutos, e arquivado na Junta Comercial do lugar de suas sedes;
(E) não podem ser formados por sociedades que não tenham o mesmo controle, pois seria impossível a administração conjunta.

45. **(ADVOGADO – IRB – 2006 – ESAF)** O legislador brasileiro, ao classificar as companhias em abertas e fechadas, no que diz respeito à sua natureza jurídica, pode afi rmar que

(A) se optou pela corrente que vê nas anônimas uma instituição do capitalismo.
(B) se aceita que a base das anônimas é o contrato plurilateral.
(C) se trata de uma combinação das duas correntes-contrato na constituições e instituição após o registro do instrumento.
(D) a lei brasileira permite duas leituras: as companhias abertas são instituições e as fechadas contratos.
(E) inexistindo restrições à circulação das ações, dever-se-á considerar as companhias fechadas, assim como as abertas, instituições.

46. **(ADVOGADO – IRB – 2006 – ESAF)** Quanto aos direitos dos acionistas, pode-se dizer que

(A) eles são iguais entre preferencialistas e ordinários no tocante ao aspecto econômico.
(B) quando o preferencialista adquire direito de no caso previsto em lei, este direito passa a integrar a ação definitivamente.
(C) o direito de retirada na companhia fechada e na aberta é absolutamente idêntico.
(D) o direito de voto pode ser restringido mesmo em relação às ações ordinárias.
(E) os titulares de ações de fruição perdem o direito de voto.

47. **(ADVOGADO – IRB – 2006 – ESAF)** O acordo de acionistas, disciplinado no art. 118 da Lei n. 6.404/76 e alterações posteriores, como qualquer pacto parassocial pode ser considerado

(A) segundo seja de voto ou de preferência para a compra de ações, de negócio político e patrimonial, respectivamente.
(B) mecanismo para preservação do controle da companhia.
(C) meio de partilha do poder nos casos de acordos de voto.
(D) mecanismo de partilha da mais valia do controle se considerada a preferência para a compra de ações.
(E) forma de submissão de alguns acionistas aos ditames de quem detenha o poder para determinar a direção do voto.

48. **(ADVOGADO – IRB – 2006 – ESAF)** A existência de conselho de administração, obrigatória nas companhias abertas e de capital autorizado, equivale à (a)

(A) delegação de competência da assembléia geral a outro colegiado.
(B) partilha de poder entre grupos de acionistas dada a composição do Conselho de Administração.
(C) administração dual para garantir maior efi ciência na tomada de decisões.
(D) possibilidade de inclusão de não acionistas na composição do Conselho de Administração.
(E) dar representatividade especial aos minoritários de forma a que as deliberações dos Conselhos de Administração sejam mais eqüitativas.

49. **(ADVOGADO – IRB – 2006 – ESAF)** A função do capital social nas companhias é

(A) garantir credores sociais.
(B) fixar a responsabilidade dos acionistas pelas dívidas da sociedade.
(C) garantir que modificações da cifra capital social fixada no Estatuto obedeça às prescrições legais.
(D) irrelevante por falta de restrição relativamente à assunção de riscos extraordinários.
(E) fruto de ser a anônima modelo recente de organização da atividade econômica.

50. **(ADVOGADO – CASA DA MOEDA – 2009 – CESGRANRIO)** Com relação às sociedades empresárias, pode-se afirmar que:

I. nas sociedades anônimas e na sociedade limitada, os sócios respondem de forma limitada pelas obrigações sociais;
II. as sociedades em nome coletivo, em comandita simples e limitada são constituídas por contrato social;
III. a sociedade limitada é disciplinada em capítulo próprio do Código Civil em vigor, podendo ser a ela aplicadas outras disposições e outros diplomas legais a este tipo societário;

Está(ão) correta(s) a(s) afirmação(ões)

(A) I, apenas.
(B) III, apenas.
(C) I e III, apenas.
(D) II e III, apenas.
(E) I, II e III.

51. **(ADVOGADO – BNDES – 2008 – CESGRANRIO)** Em caso de omissão do estatuto social de Companhia que possua conselho de administração e conselho fiscal em funcionamento, o órgão social competente para autorizar a constituição de hipoteca sobre bens integrantes do Ativo Permanente da Companhia é o(a)

(A) conselho fiscal.
(B) conselho de administração.
(C) presidência.
(D) assembléia geral de acionistas.
(E) diretoria, como órgão colegiado.

52. **(ADVOGADO – BNDES – 2008 – CESGRANRIO)** Para a eleição de membro do conselho fiscal de Sociedade Anônima, tendo em vista os impedimentos a ela relativos, considere as seguintes possibilidades:

I. membro do conselho de administração da Companhia;
II. membro da diretoria de sociedade controlada pela Companhia;
III. cônjuge ou parente, até terceiro grau, de administrador da Companhia;
IV. pessoa que tenha exercido cargo de administrador ou conselheiro fiscal de outra sociedade anônima nos últimos 2 (dois) anos.

São inelegíveis:

(A) I e II, apenas.
(B) I e III, apenas.
(C) I, II e III, apenas.
(D) II, III e IV, apenas.
(E) I, II, III e IV.

53. **(ADVOGADO – BNDES – 2008 – CESGRANRIO)** Acerca das regras aplicáveis às debêntures, nos termos da Lei no 6.404 (Lei das Sociedades Anônimas), de 15 de dezembro de 1976, assinale a afirmativa INCORRETA.

(A) As debêntures poderão ter garantias real e flutuante, cumulativamente.
(B) As debêntures emitidas com garantia flutuante possuem privilégio geral sobre o Ativo da Companhia.
(C) As debêntures poderão assegurar ao seu titular juros, fixos ou variáveis, participação no lucro da Companhia e prêmio de reembolso.
(D) É vedado à Companhia adquirir debêntures de sua emissão, ainda que por valor igual ou inferior ao seu valor nominal.
(E) É admitida a emissão de debêntures no exterior por companhia brasileira, desde que previamente aprovada pelo Banco Central do Brasil.

54. **(ADVOGADO – BNDES – 2008 – CESGRANRIO)** São cláusulas essenciais do contrato de constituição de sociedade limitada aquelas que definem:

(A) prazo de duração, localização da sede e capital social expresso em moeda corrente.
(B) prazo de duração, localização da sede e responsabilidade solidária dos sócios pela integralização do capital social.
(C) prazo de duração, quota de cada sócio no capital social e responsabilidade solidária dos sócios pela integralização do capital social.
(D) capital social expresso em moeda corrente, conseqüências em caso de falecimento do sócio e localização da sede.
(E) quota de cada sócio no capital social, localização da sede e conseqüências em caso de falecimento do sócio.

55. **(ADVOGADO – BNDES – 2008 – CESGRANRIO)** Tratando-se das regras previstas na Lei das Sociedades Anônimas (Lei no 6.404, de 15 de dezembro de 1976) para a formação do capital social mediante contribuições em bens, assinale a afirmativa INCORRETA.

(A) O capital social poderá ser formado por bens móveis ou imóveis, desde que suscetíveis de avaliação em dinheiro.
(B) Os bens não poderão ser incorporados ao patrimônio da Companhia por valor superior ao que lhes tiver dado o subscritor.
(C) A avaliação dos bens deverá ser feita por 3 (três) peritos ou por empresa especializada, nomeados em assembléia- geral dos subscritores.
(D) Caso aceita pelo subscritor a avaliação aprovada pela assembléia-geral de subscritores, este deverá celebrar com a sociedade instrumento contratual formalizando a transferência da propriedade dos bens e autorizando seu registro nos órgãos competentes.

(E) Admite-se a transferência ao patrimônio da Companhia do usufruto de determinado bem, hipótese em que a avaliação deverá considerar não o valor do bem, mas o da sua utilização por determinado período.

56. **(ADVOGADO - BNDES - 2006 - CESGRANRIO)** Em uma sociedade limitada, quando o sócio remisso, devidamente notificado, deixa de cumprir a obrigação no prazo de 30 (trinta) dias, de acordo com o Código Civil, os sócios **NÃO** podem optar pela:

(A) indenização.
(B) resolução da sociedade em relação ao sócio remisso.
(C) manutenção do capital social sem sua integralização.
(D) redução do capital social até montante correspondente às cotas do remisso.
(E) redução da cota ao montante efetivamente pago.

57. **(ADVOGADO - BNDES - 2006 - CESGRANRIO)** Na sistemática do Código Civil de 2002, a aplicação da Lei das Sociedades por Ações às sociedades limitadas é:

(A) automática, tendo em vista a disposição expressa do Código Civil a esse respeito.
(B) subsidiária em relação às normas de sociedade simples.
(C) dependente de disposição contratual expressa nesse sentido e da contratualidade da matéria.
(D) condicionada ao caráter institucional da sociedade.
(E) supletiva ao capítulo de sociedades limitadas em qualquer matéria.

58. **(ADVOGADO - BNDES - 2006 - CESGRANRIO)** Em determinada Sociedade Anônima de capital autorizado, a Assembléia Geral Extraordinária deliberou pelo aumento do capital social, com emissão de novas ações, destinando percentual dessas novas ações à opção de compra de ações pelos empregados da companhia. Diante disso, assinale a afirmativa correta.

(A) Se nenhum empregado exercer a opção, restará frustrado o aumento de capital da referida sociedade.
(B) Tratando-se de sociedade anônima, cabe aos fundadores fixar o *quorum* de deliberação na hipótese de aumento de capital, tendo em vista a lacuna da lei.
(C) É vedada a emissão de ações de espécies distintas daquelas existentes antes do aumento.
(D) Os acionistas dissidentes têm assegurado direito de retirada, caso não respeitado o caráter *intuito personae* dessas sociedades previsto na lei.
(E) Aos acionistas da companhia é defeso invocar o direito de preferência na aquisição das novas ações face à opção de compra atribuída aos empregados da sociedade.

59. **(ADVOGADO - BNDES - 2006 - CESGRANRIO)** Em relação ao controle acionário e ao tag along, são feitas as afirmativas abaixo.

I. É vedada ao controlador a alienação das ações integrantes do bloco de controle, antes de oferecê-las aos minoritários.
II. O tag along poderá ser estendido às ações preferenciais com direito de voto.
III. Havendo previsão estatutária, a oferta pública imposta ao adquirente do bloco de controle poderá abranger as ações sem direito de voto.
IV. A alienação direta ou indireta do controle somente poderá ser contratada sob a condição suspensiva ou resolutiva do tag along.
V. A alienação do controle acionário independe de autorização da Comissão de Valores Mobiliários.

As afirmativas corretas são:

(A) I e III, apenas.
(B) II e IV, apenas.
(C) III e IV, apenas.
(D) I, II e V, apenas.
(E) I, III e IV, apenas.

60. **(ADVOGADO - BNDES - 2006 - CESGRANRIO)** É dever do administrador de sociedade anônima aberta:

(A) comunicar à Bolsa de Valores e divulgar na imprensa qualquer deliberação ou fato relevante ocorrido nos negócios da companhia que possam repercutir de forma considerável nos interesses dos investidores do mercado.
(B) manter em sigilo sua posição no quadro de sócios da companhia que representa, sob pena de infuenciar as decisões de mercado sobre a compra e venda de valores mobiliários de sua emissão.
(C) arquivar na Junta Comercial, a cada transferência de ações operada em Bolsa de Valores, a alteração do estatuto da sociedade, indicando os novos acionistas e, assim, garantindo a informação do mercado.
(D) praticar todos os atos que guardem relação direta ou indireta com o objetivo da companhia, inclusive a oneração de imóveis, que tragam á sociedade vantagem econômica imediata, ainda que da prática do ato seja beneficiado diretamente.
(E) informar à Bolsa de Valores, na qualidade de entidade reguladora atuante na estrutura das companhias abertas, a emissão de novos valores mobiliários, como meio de garantir a publicidade dos atos da sociedade perante terceiros.

61. **(ADVOGADO - BNDES - 2004 - CESGRANRIO)** Quanto aos administradores e integrantes da Diretoria das sociedades anônimas abertas, é INCORRETO afirmar que:

(A) devem ser atentos e cuidadosos, pois pode ocorrer de terem interesses pessoais conflitantes com os da própria sociedade.

(B) têm que cuidar unicamente do intuito da sociedade, independente dos princípios do mercado, para que aquela distribua sempre os maiores dividendos possíveis aos seus acionistas.
(C) têm o dever de informar à Comissão de Valores Mobiliários fatos ou deliberações que possam influir na cotação dos valores mobiliários emitidos pela companhia.
(D) têm os deveres de atuar com diligência e lealdade, além de prestar informações ao mercado em geral.
(E) serão responsabilizados civilmente somente em caso de atos dolosos praticados em nome da sociedade, contrários aos interesses sociais e à lei.

62. **(ADVOGADO – BNDES – 2004 – CESGRANRIO)** Com base nos dispositivos legais aplicáveis às sociedades limitadas, é correto afirmar-se que o novo Código Civil:
(A) alterou, ao contrário do que dispunha o Decreto nº 3.708/19, os limites de responsabilidade de cada sócio, para que cada um deles só tenha responsabilidade pessoal pelo valor de sua cota-parte.
(B) não revogou o Decreto nº 3.708/19, pois cada um desses instrumentos legais regula tipos societários distintos.
(C) permite que a sociedade limitada exija, na falta de integralização das cotas de algum sócio, que os demais promovam esta integralização.
(D) prevê que a responsabilidade pela integralização do capital social é solidária entre os sócios, porém subsidiária com relação à sociedade, o que permite a terceiros credores da sociedade exigir de qualquer dos sócios a integralização total do capital social.
(E) dispõe que os sócios somente poderão ser demandados por terceiros credores da sociedade pela integralização do capital social em caso de falência.

63. **(ADVOGADO – BNDES – 2004 – CESGRANRIO)** Ações são títulos representativos de parcelas do capital social de uma sociedade anônima que atribuem a seus titulares a condição de acionistas. Levando-se em consideração o conceito de ação e suas características, é correto afirmar que:
(A) valor nominal da ação é o mesmo que preço de emissão da ação.
(B) todas as espécies de ações garantem a seus titulares direito de voto.
(C) as ações emitidas por uma companhia aberta só podem ser negociadas pelo acionista depois de integralizados pelo menos 30% do preço de emissão.
(D) as ações podem representar frações desiguais do capital social.
(E) o acionista de uma sociedade anônima pode requerer a qualquer tempo a substituição de suas ações por ações de fruição ou debêntures.

64. **(ADVOGADO – BNDES – 2002 – VUNESP)** A responsabilidade dos sócios nas sociedades por cotas de responsabilidade limitada
(A) não pode ultrapassar a contribuição de cada sócio para a constituição do capital social.
(B) é ilimitada, podendo o sócio que exerce gerência responder pessoalmente com seu patrimônio particular.
(C) é limitada ao total do capital social desde que esteja totalmente integralizado.
(D) é proporcional à contribuição de cada um dos sócios, independentemente do capital social estar ou não integralizado.
(E) será distribuída em razão da solidariedade dos sócios.

65. **(ADVOGADO – BNDES – 2002 – VUNESP)** Cumpre à Diretoria, nas sociedades anônimas,
(A) administrar a companhia, devendo prestar contas de seus atos ao Conselho de Administração e ao Conselho Fiscal.
(B) executar as deliberações da Assembléia Geral e do Conselho de Administração e representar a sociedade em seus atos negociais.
(C) deliberar, administrar e executar os atos inerentes à vida negocial da companhia.
(D) representar os interesses dos acionistas controladores na administração da sociedade.
(E) administrar os interesses de todos os acionistas da sociedade, através de deliberações que satisfaçam os anseios dos investidores.

66. **(ADVOGADO – BNDES – 2002 – VUNESP)** Nas sociedades anônimas,
(A) de capital aberto, os valores mobiliários de sua emissão são negociados apenas em bolsa de valores.
(B) pode-se distribuir valores mobiliários sem prévio registro na Comissão de Valores Mobiliários desde que a companhia seja fechada.
(C) a responsabilidade dos sócios será limitada ao total do capital social subscrito.
(D) serão classificadas em abertas e fechadas conforme os valores mobiliários de sua emissão estejam ou não admitidos à negociação em Bolsa de Valores.
(E) quando abertas, poderão ser classificadas pela Comissão de Valores Mobiliários em categorias, segundo as espécies e classes dos valores mobiliários negociados no mercado.

67. **(PROCURADOR – BANCO CENTRAL – 2009 – CESPE)** Com relação à emissão de debêntures nas sociedades anônimas, assinale a opção correta.
(A) A emissão de debêntures é mecanismo de autofinanciamento feito pela sociedade, no qual, em vez de contrair empréstimos em instituição financeira, a sociedade emite títulos que conferem, a quem

os adquirir, direito de crédito contra ela, com a vantagem de tais títulos serem negociáveis no mercado.

(B) Uma das desvantagens da emissão de debêntures é que sua prática em excesso interfere no controle acionário da companhia e representa certa diluição dos direitos de quem já é acionista.

(C) É vedado às companhias adquirir debêntures de sua própria emissão, ainda que por valor inferior ao nominal.

(D) As debêntures com garantia flutuante possuem privilégio geral sobre o ativo da companhia, impedindo, até, a negociação dos bens que o compõem, enquanto não saldadas.

(E) As debêntures são títulos emitidos pelas sociedades anônimas, com prazos curtos de resgate e cuja conversibilidade em ações não é admitida pelo direito brasileiro a fim de não prejudicar os que já são sócios.

68. **(ADVOGADO – ANCINE – 2005 – CESPE)** Julgue os itens que seguem, quanto às sociedades empresariais.

1. Considere que Nísia é atriz e promove, esporadicamente, com o auxílio de colaboradores, em palco montado no porão de sua casa, espetáculos artísticos, dos quais aufere lucro, pela venda de ingressos. Nessa situação, Nísia e seus colaboradores são considerados empresários.

2. Considere que os dirigentes de determinada sociedade limitada, domiciliada em Brasília – DF, cuja principal atividade seja a fabricação de divisórias, decidam instituir sucursal em Goiânia – GO. Nessa situação, os dirigentes da pessoa jurídica deverão promover sua inscrição no Registro Público de Empresas Mercantis de Goiânia – GO, fazendo prova da inscrição originária, em Brasília – DF.

3. Em conformidade com a legislação civil, as microempresas, as empresas de pequeno porte, bem como os empresários rurais terão tratamento diferenciado, simplificado e favorecido, quanto aos atos relativos à inscrição de seus contratos sociais e aos efeitos daí decorrentes.

4. Considere que João, Paulo, Pedro, Ana e Ivo sejam sócios de determinada pessoa jurídica e pretendam levar a efeito alteração no ato constitutivo da sociedade quanto à participação de cada sócio nos lucros. Nessa situação, a deliberação dependerá do consentimento de, no mínimo, três sócios.

5. Suponha que Lícia e Cláudia sejam sócias de determinada pessoa jurídica que atue no ramo de prestação de serviços alimentícios. Se Lícia ceder 1% de suas quotas a terceira pessoa, sem a correspondente modificação no ato constitutivo da pessoa jurídica, esse ato não produzirá qualquer eficácia quanto à sociedade.

69. **(ADVOGADO – ANCINE – 2005 – CESPE)** Acerca da administração e da gerência das sociedades empresariais, julgue os itens subseqüentes.

1. Considere a seguinte situação hipotética. André e Túlio são sócios de determinada sociedade limitada e, para ajudar Bento, amigo em comum, desempregado, decidiram nomeá-lo administrador da citada sociedade, em instrumento em separado. Bento entrou em atividade e, decorrido mais de um ano, André o alertou que deveria ter averbado o instrumento de nomeação à margem da inscrição da sociedade, o que foi prontamente providenciado. Nessa situação, Bento responderá solidariamente com a sociedade pelos atos que praticou durante o período compreendido entre o início do exercício da atividade de administrador e a averbação do instrumento de nomeação, à margem da inscrição da referida pessoa jurídica.

2. Considere que os sócios administradores de determinada pessoa jurídica tenham tomado conhecimento de execução fiscal em razão de débitos fiscais não adimplidos por ausência de recursos financeiros da mencionada pessoa jurídica. Nesse caso, o Estado apenas poderá excutir os bens da pessoa jurídica, não podendo ser atingidos os bens pessoais dos sócios.

70. **(ADVOGADO – ANCINE – 2005 – CESPE)** Em cada um dos próximos itens, é apresentada uma situação hipotética acerca das sociedades limit adas e por ações, seguida de uma assertiva a ser julgada.

1. Anastácia, Berenice, Célia e Diana decidiram constituir sociedade denominada Nacional Produtos de Beleza Ltda. No ato constitutivo constou que o capital social da pessoa jurídica seria de R$ 800.000,00, tendo cada sócia subscrito uma quantia de R$ 200.000,00. Anastácia, Célia e Diana integralizaram suas quotas, mas Berenice alegou não possuir os recursos para integralizar a sua parte. Nessa situação, se a pessoa jurídica se tornar inadimplente perante terceiros, apenas os bens pessoais de Berenice poderão ser executados, pois a responsabilidade das demais sócias será restrita ao valor de suas quotas, as quais já foram integralizadas.

2. Uma sociedade limitada foi constituída por quatro sócios: Manoel, Lenilson, Cleber e Renan. Nessa situação, se decidissem adotar firma, seria admissível denominar, como nome empresarial da referida pessoa jurídica, Manoel, Lenilson & Cia. Ltda.

3. Américo e Josias, colegas de trabalho, descontentes com suas remunerações, decidiram requerer as rescisões de seus respectivos contratos de trabalho e constituir sociedade limitada, cujo ramo de atividade seria a prestação de serviços de higienização de automóveis. No prazo legal,

Josias integralizou regularmente suas quotas, mas Américo não o fez por não dispor da quantia necessária. Nessa situação, Américo poderá contribuir para o capital social da sociedade limitada com prestação de serviços, desde que haja a anuência de Josias.

4. O mandato de diretor de determinada sociedade em comandita por ações perdurou pelo período compreendido entre 10/2/2003 e 12/5/2005, quando o diretor foi exonerado. Nessa situação, o referido diretor continuará responsável pelas obrigações sociais contraídas durante sua administração até 12/5/2006.

5. Determinado sócio contribuiu grandemente com a expansão dos negócios internacionais e com o aumento do capital social da sociedade anônima da qual faz parte. Nessa situação, o nome desse sócio poderá constar da denominação da mencionada sociedade.

71. **(ADVOGADO – ANP – 2008 – CESGRANRIO)** João e José constituíram uma sociedade em conta de participação, na qual o primeiro assumiu a condição de sócio ostensivo. Considerando-se exclusivamente estas informações e este contexto,

(A) José não se obriga perante terceiros.
(B) João pode admitir novo sócio, desde que José não manifeste sua oposição.
(C) a falência de João não acarreta a dissolução da sociedade.
(D) a sociedade deve ser formalmente constituída e só pode ser provada por escrito.
(E) A sociedade adquire personalidade jurídica com a inscrição de seu contrato social.

72. **(ADVOGADO DA UNIÃO – AGU – 2009 – CESPE)** Julgue os itens seguintes, que se referem à sociedade empresária.

1 É lícito que um menor incapaz seja acionista de sociedade anônima, desde que suas ações estejam totalmente integralizadas e ele não exerça cargo de administração na referida sociedade.

2 A teoria da desconsideração da personalidade jurídica é sempre aplicável aos casos em que os sócios ou administradores extrapolam seus poderes, violando a lei ou o contrato social, e a norma jurídica lhes impõe a responsabilidade por tais atos.

73. **(PROCURADOR FEDERAL – AGU – 2007 – CESPE)** Acerca das sociedades não-personificadas, julgue os itens subseqüentes.

1 Tanto na sociedade em comum quanto na sociedade em conta de participação, os sócios, nas relações entre eles mesmos ou com terceiros, somente podem provar a existência da sociedade por escrito.

2 Na sociedade em conta de participação, salvo estipulação em contrário, o sócio ostensivo pode admitir novo sócio, independentemente do consentimento dos demais integrantes da sociedade.

74. **(PROCURADOR FEDERAL – AGU – 2007 – CESPE)** Acerca das companhias, julgue os itens subseqüentes.

1 Na constituição desse tipo de sociedade, exige-se, em regra, realização, a título de entrada, de 10%, no mínimo, do preço de emissão das ações subscritas em dinheiro.

2 O aumento de capital mediante capitalização de lucros ou de reservas não implica em alteração do valor nominal das ações nem distribuição de novas ações.

75. **(PROCURADOR DA FAZENDA NACIONAL – 2007.2 – ESAF)** A incorporação de uma sociedade por outra, qualquer que seja a natureza da atividade exercida,

(A) só será eficaz se não implicar perdas patrimoniais a nenhum sócio da incorporada.
(B) dará aos dissidentes o direito de se retirarem mediante a venda de suas participações aos controladores da sociedade incorporadora.
(C) deverá seguir a disciplina da Lei n. 6.404/1976 com as alterações posteriores.
(D) garantirá o direito de ressarcimento de perdas impostas aos sócios da incorporadora pelos sócios da incorporada.
(E) dependerá de ratificação dos acionistas titulares de ações sem direito de voto.

76. **(PROCURADOR DA FAZENDA NACIONAL – 2007.1 – ESAF)** A administração das companhias abertas, com dois colegiados, dá a um deles o poder para formular as políticas gerais da sociedade e ao outro a competência para sua execução. Dessa forma, se a diretoria não seguir as diretrizes formuladas pelo Conselho de Administração, visa-se a:

(A) facilitar a destituição dos diretores a qualquer tempo.
(B) permitir que os administradores sejam convocados para apresentarem explicação à Assembléia Geral.
(C) dividir a responsabilidade dos administradores, reduzindo a qualidade da informação aos acionistas com aumento da assimetria.
(D) dar transparência para apuração de responsabilidades por danos causados à sociedade por qualquer dos colegiados.
(E) reduzir o ônus para aqueles acionistas minoritários que tenham interesse em promover ações de responsabilidade quando entenderem haver prejuízos para a sociedade.

77. **(DEFENSORIA PÚBLICA DA UNIÃO – 2007 – CESPE)** Em cada um dos itens a seguir, é apresentada uma situação hipotética, seguida de uma assertiva a ser julgada, acerca do direito societário brasileiro.

1 Os sócios de certa sociedade em conta de participação lavraram o seu ato constitutivo em janeiro de 2007, mas o referido instrumento foi levado a registro apenas após cerca de seis meses. Nessa situação, a sociedade somente passou a ter personalidade jurídica no momento da inscrição de seu contrato social no registro público de empresas mercantis.

2 Lino, Simão e Nivaldo são sócios de determinada sociedade limitada. Lino foi investido na administração da sociedade por cláusula expressa do contrato social. Nessa situação, os poderes conferidos a Lino são irrevogáveis, salvo justa causa, reconhecida judicialmente e a pedido de Simão ou de Nivaldo.

78. **(DEFENSORIA PÚBLICA DA UNIÃO – 2004 – CESPE)** À luz do Código Civil, julgue os seguintes itens.

1. Em todas as espécies de sociedades civis e comerciais, se faz necessária a aplicação da teoria da desconsideração da personalidade jurídica para obter a quebra do princípio da autonomia patrimonial e assim ensejar a reparação dos prejuízos causados pelo mau uso da personalidade jurídica por seus sócios, buscando o patrimônio pessoal destes, quando não for possível o da própria sociedade.

2. Os bens integrantes do estabelecimento empresarial e os atribuídos à pessoa jurídica são de propriedade dos seus sócios em comunhão ou condomínio, na proporção representada pelas quotas da sociedade limitada ou pelas ações da sociedade anônima.

3. Nas sociedades de pessoas, quando morre um sócio, os remanescentes, se não concordarem com o ingresso na sociedade do sucessor ou sucessores do de cujus, podem impedi-lo por meio da resolução da sociedade, com a liquidação da quota do sócio falecido em favor de seus herdeiros.

6.3. TÍTULOS DE CRÉDITO

79. **(ADVOGADO – PETROBRÁS – 2001 – CESPE)** Em decorrência de negócio jurídico, a sociedade X emitiu, em favor da PETROBRAS, nota promissória que recebeu o aval da sociedade Y. Em face dessa situação hipotética, julgue os itens a seguir.

1 A PETROBRAS somente poderá executar a sociedade Y após esgotados os meios para recebimento do crédito da sociedade X.

2 A ação executiva a ser proposta pela PETROBRAS contra as sociedades X e Y independe de protesto cambial.

3 Caso a PETROBRAS queira requerer a falência da sociedade X com base na impontualidade no pagamento da referida nota promissória, o requerimento de falência deverá estar instruído com a certidão de protesto de título.

4 É de seis meses, contados a partir do vencimento do título, o prazo prescricional para a proposição de ação cambial contra as sociedades X e Y.

5 Caso a nota promissória apresente vício de forma, a sociedade Y poderá utilizar esse vício como fundamento para não efetuar o pagamento do título.

80. **(ADVOGADO – REFAP – 2007 – CESGRANRIO)** Constituem três componentes obrigatórios da duplicata mercantil, título de crédito representativo de uma operação de compra e venda mercantil:

(A) denominação "duplicata", número da fatura e assinatura do emitente.
(B) denominação "duplicata", número da fatura e data de emissão da fatura.
(C) denominação "duplicata", assinatura do emitente e data de emissão da fatura.
(D) número da fatura, assinatura do emitente e informação sobre encargos aplicáveis em caso de atraso no pagamento.
(E) nome e domicílio do vendedor, assinatura do emitente e informação sobre encargos aplicáveis em caso de atraso no pagamento.

81. **(ADVOGADO – IRB – 2006 – ESAF)** O Código Civil – Lei n. 10.406/2002 – ao incluir disposições sobre matéria cambiária, trouxe importante modificação doutrinária que consiste em

(A) positivar a definição de Vivante.
(B) ampliar os tipos de documentos cambiários.
(C) gerar incerteza relativamente à circulação de direitos cambiários.
(D) aproximar direitos cambiários dos cambiariformes.
(E) facultar, no exercício da autonomia privada, a criação de documentos constitutivos.

82. **(ADVOGADO – IRB – 2006 – ESAF)** Considere-se um título de crédito emitido parcialmente em branco, devendo ser preenchido pelo portador segundo os termos de um pacto adjecto. Nesse caso,

(A) o devedor poderá impugnar perante terceiro, em qualquer situação, o seu preenchimento em desconformidade com os ajustes realizados.
(B) se o preenchimento se deu em desconformidade com os ajustes e depois foi assim endossado a terceiro, o devedor poderá impugnar o pagamento apenas em relação ao favorecido original.

(C) o portador do título, preenchido indevidamente e objeto de uma série regular de endossos, poderá sofrer oposição do devedor, pois as transmissões ficaram contaminadas pelo vício referido.
(D) se o pacto adjecto não acompanhar a circulação do título, jamais qualquer credor poderá sofrer impugnação por parte do devedor diante do descumprimento indevido.
(E) a emissão de um título incompleto é risco absoluto que o emitente assume ao fazê-lo.

83. **(ADVOGADO – CASA DA MOEDA – 2009 – CESGRANRIO)** Qual conceito/uso abaixo NÃO se aplica a cheque como título de crédito?

(A) O cheque é papel de curso forçado, ou seja, todos os empresários e todas as sociedades empresárias estão obrigados a aceitar o referido título de credito, conforme determina a Lei no 9.069/95 (Lei do Plano Real).
(B) O cheque deve ser apresentado a pagamento, no prazo de 30 dias da emissão, se for cheque da mesma praça e, em 60 dias da emissão, se for cheque de praças distintas.
(C) O cheque é uma ordem de pagamento à vista sacada contra um banco e com base em suficiente provisão de fundos depositados pelo sacador em mãos do sacado ou decorrente de contrato de abertura de crédito entre ambos.
(D) O cheque é titulo de crédito de modelo vinculado cuja emissão somente pode ser feita em documento padronizado, fornecido em talões pelo banco sacado ao correntista.
(E) O cheque pode ser emitido contra o próprio banco sacador, desde que não ao portador.

84. **(ADVOGADO – BNDES – 2008 – CESGRANRIO)** No que se refere às cédulas de crédito industrial (Decreto-Lei no 413, de 09 de janeiro de 1969), títulos de crédito utilizados nos procedimentos de financiamentos concedidos por instituições financeiras a pessoa física ou jurídica que se dedique à atividade industrial, é correto afirmar que a(os)

(A) cédula de crédito industrial não admite endosso.
(B) cédula de crédito industrial pode ser constituída com garantia real ou fidejussória.
(C) inadimplência de qualquer obrigação do eminente da cédula de crédito industrial importa vencimento antecipado de toda a dívida resultante da cédula.
(D) bens adquiridos ou pagos com o financiamento não podem ser oferecidos como garantia da cédula de crédito industrial.
(E) bens dados em garantia respondem apenas pelo pagamento do principal e dos juros da dívida, não englobando as despesas de fiscalização ou comissões.

85. **(ADVOGADO – BNDES – 2004 – CESGRANRIO)** A respeito dos institutos típicos do Direito Cambiário, assinale a afirmativa correta.

(A) Todas as obrigações assumidas em um título de crédito são integrais, decorrendo da simples assinatura do obrigado, sendo a única exceção a esta regra a figura dos avais sucessivos.
(B) O aval é contrato acessório a um título de crédito, em que o avalista garante o pagamento do título caso o avalizado não o faça.
(C) O aceite é a assinatura do sacado em qualquer título de crédito, através da qual este reconhece a obrigação de pagar que lhe foi direcionada pelo emitente, tornando-se obrigado principal.
(D) O endosso é declaração cambiária integral, enquanto o aval é declaração cambiária literal, já que é lícita a figura do aval parcial nos títulos existentes antes do novo Código Civil.
(E) O endossante sempre assume a obrigação pelo pagamento do título, pelo seu endosso, não havendo como se eximir dessa responsabilidade.

86. **(ADVOGADO – BNDES – 2002 – VUNESP)** No direito cambiário,

(A) as notas promissórias e os cheques independem de protesto para constituírem títulos executivos contra seus emitentes.
(B) o endosso funciona como instituto de garantia ao cumprimento de quaisquer das obrigações assumidas no título.
(C) o protesto é necessário para o exercício da ação de execução dos devedores principais da obrigação cambial.
(D) a transferência das obrigações opera-se, em regra, ao portador.
(E) os coobrigados são devedores solidários de todos os outros devedores da obrigação cambial.

87. **(ADVOGADO – CEF – 2006 – CESPE)** O cheque é o título de crédito mais conhecido e utilizado no mercado. Com relação à sua disciplina, julgue a assertiva apresentada após a situação hipotética descrita no item a seguir.

1. Ana celebrou com Jorge contrato de compra e venda de determinado automóvel. Acordaram que o pagamento seria efetivado em duas parcelas iguais e sucessivas de R$ 8.500,00 cada uma delas e, para tanto, Ana firmou duas cártulas de cheque, nominais a Jorge. O primeiro foi compensado, mas o segundo não foi, por insuficiência de fundos, tendo ocorrido a prescrição da ação executiva em 13/7/2005. Nessa situação, Jorge ainda poderá ajuizar contra Ana ação de enriquecimento sem causa, no prazo de 5 anos, ou seja, até o dia 12/7/2010.

88. **(ADVOGADO – BNB – 2006 – ACEP)** Assinale a alternativa INCORRETA acerca do endosso e do aval.

(A) No endosso em preto, designa-se o nome do endossatário.
(B) O endosso não é utilizado para a transferência da letra de câmbio com cláusula não à ordem.
(C) Em um cheque não à ordem, a sua transferência opera-se na forma e com os efeitos de cessão.
(D) Em um cheque à ordem, considera-se o legítimo proprietário o portador que prove seu direito por uma série ininterrupta de endossos.
(E) Em uma Letra de Câmbio à ordem, considera-se proprietário desta a pessoa que se encontra na posse do título.

89. **(ADVOGADO – BNB – 2006 – ACEP)** Assinale a alternativa que contempla o título de crédito em que se faz dispensável a assinatura do principal responsável, para que ele seja compelido a pagar o título.

(A) Duplicata.
(B) Nota Promissória.
(C) Letra de câmbio.
(D) Cheque.
(E) Debênture.

90. **(PROCURADOR – BANCO CENTRAL – 2009 – CESPE)** Os cheques pré-datados são amplamente utilizados no comércio para a realização de pagamentos, mormente operações de compra e venda mercantis. A respeito desse costume, assinale a opção correta.

(A) Apesar de os costumes serem considerados fontes indiretas do direito empresarial, a utilização dos cheques pré-datados não é admitida pelo ordenamento jurídico ou pelos tribunais brasileiros, pois, segundo a Lei n.º 7.357/1985, o cheque é ordem de pagamento à vista.
(B) É entendimento sumulado do STJ que a apresentação antecipada do cheque pré-datado causa dano moral por quebra do acordo entre partes e ofensa à boa-fé objetiva.
(C) Durante o prazo de apresentação do cheque, o emitente pode fazer sustar o seu pagamento, manifestando ao sacado (instituição financeira), por escrito, oposição fundada em relevante razão de direito, devendo a instituição julgar como cabível, ou não, a relevância das razões invocadas como motivo da sustação ou oposição.
(D) O banco sacado que paga cheque à ordem é obrigado a verificar a regularidade da série de endossos, mas não a autenticidade das assinaturas dos endossantes. Por isso, não responde pelo pagamento do cheque falso, falsificado ou alterado.
(E) Prescrito o cheque, o que ocorre após seis meses da expiração do prazo de apresentação, não cabe mais ação cambial e resta como única alternativa a ação de enriquecimento contra o emitente ou outros obrigados, que se locupletaram injustamente com o não pagamento do cheque.

91. **(ADVOGADO – ANP – 2008 – CESGRANRIO)** Quanto aos títulos de crédito, apresentam-se as afirmações abaixo.

I. O aval deve ser dado no verso ou no anverso do próprio título, sendo, nesse caso, necessário conter a data e a assinatura do avalista.
II. A omissão de qualquer requisito legal, que tire ao escrito a sua validade como título de crédito, não implica a invalidade do negócio jurídico que lhe deu origem.
III. O título de crédito deve conter a data da emissão, a indicação precisa dos direitos que confere, e a assinatura do emitente.
IV. Consideram-se não escritas no título a cláusula de juros, a proibitiva de endosso e a excludente de responsabilidade pelo pagamento ou por despesas.
V. Enquanto o título de crédito estiver em circulação, só ele poderá ser dado em garantia, ou ser objeto de medidas judiciais, e não, separadamente, os direitos ou mercadorias que representa.

Estão corretas **APENAS** as afirmações

(A) I e II
(B) III e IV
(C) I, II e V
(D) I, II, IV e V
(E) II, III, IV e V

92. **(ADVOGADO DA UNIÃO – AGU – 2009 – CESPE)** Acerca dos títulos de crédito, julgue o item subsequente.

1 Para a validade do endosso dado no anverso do título de crédito, é suficiente a assinatura do endossante, imediatamente após a qual ocorre a transferência do referido título.

93. **(ADVOGADO DA UNIÃO – AGU – 2006 – CESPE)** Julgue os itens subseqüentes, acerca dos títulos de crédito.

1. Tem-se um título à ordem sempre que a cártula traz a indicação do beneficiário do crédito ali inscrito, permitindo-se que o pagamento se faça a outrem, à ordem do beneficiário nomeado no documento. Esse título de crédito é transmissível pela via do endosso, que equivale à cessão de crédito, e só pode ser feito com indicação do endossatário.
2. Se o título de crédito é emitido ao portador, sem designação do beneficiário, sua transferência se opera por mera tradição. Assim, o possuidor do título é o credor legitimado para exigir do devedor o pagamento da obrigação cambial, mediante simples apresentação do título de crédito ao devedor. O devedor somente poderá opor ao portador exceção fundada em direito pessoal, ou em nulidade de sua obrigação.

94. **(ADVOGADO DA UNIÃO – AGU – 2004 – CESPE)** A respeito de títulos de crédito, julgue os seguintes itens.

1 A omissão de qualquer requisito legal, que tire ao escrito a sua validade como título de crédito, invalida o negócio jurídico que lhe der origem.

2 Na cessão por título oneroso, o cedente, ainda que não se responsabilize, fica responsável, perante o cessionário, pela existência do crédito ao tempo em que lhe cedeu; a mesma responsabilidade lhe cabe nas cessões por título gratuito, se tiver procedido de má-fé.

95. **(PROCURADOR FEDERAL – AGU – 2004 – CESPE)** Em relação aos títulos de crédito, julgue os itens a seguir.

1 Configura título executivo extrajudicial o contrato de abertura de crédito, relativo a empréstimo pessoal, firmado pelo prazo inicial de 24 meses e prorrogado posteriormente para 36 meses.

2 O título de crédito abstrato dá origem a obrigações desvinculadas da causa que o gerou. Assim, nas obrigações cambiais, a causa que lhes deu origem não constitui meio de defesa.

96. **(PROCURADOR FEDERAL – AGU – 2002 – CESPE)** Com relação a notas promissórias e letras de câmbio, julgue os itens subseqüentes.

(1) As notas promissórias, assim como as letras de câmbio, são títulos de crédito que, segundo a doutrina predominante no Brasil, são documentos formais, literais, incorporando direitos abstratos, com obrigações autônomas, e valendo pela aparência, para a garantia do portador de boa-fé.

(2) Tanto a nota promissória quanto a letra de câmbio são ordens de pagamento, contudo distinguem-se porque, na primeira, há, inicialmente, apenas dois elementos pessoais, o sacador e o tomador, enquanto, na segunda, há três, o sacador, o sacado e o tomador.

(3) A época e o lugar de pagamento são requisitos essenciais à validade da nota promissória, de modo que, na falta de um deles, o título não produzirá efeito como nota promissória, mesmo estando presentes os demais requisitos.

(4) Salvo as atinentes ao direito de ação por falta de pagamento e à prescrição, são aplicáveis às notas promissórias, no que couber, as disposições relativas às letras de câmbio.

(5) O sacador de uma nota promissória é o obrigado principal do título e assume responsabilidade semelhante à do aceitante na letra de câmbio.

97. **(DEFENSORIA PÚBLICA DA UNIÃO – 2004 – CESPE)** Com relação à teoria dos títulos de crédito, julgue os itens que se seguem.

1. O título de crédito abstrato dá origem a obrigações desvinculadas da causa que o gerou como forma de garantir-lhe a autonomia, o que permite ao mercado considerar apenas o título que afirma a existência do crédito, representando-o por uma cártula necessária e seu conteúdo.

2. De acordo com as disposições do Código Civil, o endossante do título à ordem não responde pelo cumprimento da prestação constante do título, salvo se este contiver cláusula expressa que preveja a responsabilidade do endossante pelo crédito que transfere.

6.4. FALÊNCIA. RECUPERAÇÃO DE EMPRESAS E LIQUIDAÇÃO EXTRAJUDICIAL

98. **(ADVOGADO – PETROBRÁS – 2006 – CESGRANRIO)** Nos termos da nova lei de falências (Lei no 11.101, de 09/02/2005), acerca do procedimento de pagamento dos créditos na falência, afirma-se que:

I. os créditos com garantia real, até o valor do bem gravado, precedem os créditos tributários na ordem de pagamento de credores;

II. os créditos extraconcursais, referentes às remunerações devidas ao administrador judicial e seus auxiliares, deverão ser pagos com preferência em relação aos créditos tributários;

III. as multas contratuais e fiscais são pagas após a quitação dos créditos quirografários;

IV. os créditos trabalhistas cedidos a terceiros são considerados quirografários.

Estão corretas as afirmativas:

(A) II e III, apenas.
(B) I, II e IV, apenas.
(C) I, III e IV, apenas.
(D) II, III e IV, apenas.
(E) I, II, III e IV.

99. **(ADVOGADO – PETROBRÁS DISTRIB. – 2008 – CESGRANRIO)** A recuperação judicial, a extrajudicial e a falência são institutos aplicáveis ao(à)

(A) empresário e à sociedade empresária.
(B) empresa pública e à sociedade de economia mista.
(C) empresa pública e ao empresário.
(D) sociedade empresária e à sociedade de economia mista.
(E) instituição financeira pública ou privada.

100. **(ADVOGADO - CASA DA MOEDA - 2009 - CESGRANRIO)** Analise as afirmações a seguir sobre recuperação judicial, extrajudicial e falência do empresário e da sociedade empresária.

I. A decretação da falência determina o vencimento antecipado das dívidas do devedor e dos sócios ilimitada e solidariamente responsáveis, com o abatimento proporcional dos juros e converte todos os créditos em moeda estrangeira para a moeda do País, pelo câmbio do dia da decisão judicial, para todos os efeitos desta Lei.

II. A recuperação judicial tem por objetivo viabilizar a superação da situação de crise econômico-financeira do devedor, a fim de permitir a manutenção da fonte produtora, do emprego dos trabalhadores e dos interesses dos credores, promovendo, assim, a preservação da empresa, sua função social e o estímulo à atividade econômica.

III. Não são exigíveis do devedor, na recuperação judicial ou na falência, as obrigações a título gratuito e as despesas que os credores fizerem para tomar parte na recuperação judicial ou na falência, salvo as custas judiciais decorrentes de litígio com o devedor.

IV. Os processos de falência e concordata ajuizados anteriormente à vigência da Lei no 11.101/2005 não deverão ser concluídos com base no Decreto-Lei no 7.661/45.

Estão de acordo com a Lei no 11.101/2005 as afirmações

(A) I e II, apenas.
(B) III e IV, apenas.
(C) I, II e III, apenas.
(D) I, II e IV, apenas.
(E) I, II, III e IV.

101. **(ADVOGADO - BNDES - 2008 - CESGRANRIO)** Nos termos da Lei no 11.101 (Lei de Recuperação de Empresas e Falência), de 9 de fevereiro de 2005, e da Lei no 10.406 (Código Civil), de 10 de janeiro de 2002, integram a classe de credores titulares de créditos com garantia real aqueles cujos créditos estão garantidos por

(A) usufruto, aval e penhor.
(B) aval, penhor e anticrese.
(C) fiança, hipoteca e penhor.
(D) anticrese, penhor e hipoteca.
(E) hipoteca, anticrese e fiança.

102. **(ADVOGADO - BNDES - 2008 - CESGRANRIO)** Acerca do Comitê de Credores constituído em processo de recuperação judicial, regulado pela Lei no 11.101 (Lei de Recuperação de Empresas e Falência), de 9 de fevereiro de 2005, pode-se afirmar que

I. tem competência para nomear o administrador judicial;

II. tem competência para fiscalizar as atividades e examinar as contas do administrador judicial;

III. sua constituição e funcionamento dependem da indicação de representantes de todas as classes de credores;

IV. será presidido pelo representante da classe de credores que detiver maior crédito global contra a sociedade em recuperação judicial.

Está(ão) correta(s) **APENAS** a(s) afirmativa(s)

(A) II
(B) III
(C) I e II
(D) I e III
(E) I, II e IV

103. **(ADVOGADO - BNDES - 2008 - CESGRANRIO)** Em relação ao Plano de Recuperação Judicial previsto na Lei no 11.101 (Lei de Recuperação de Empresas e Falência), de 9 de fevereiro de 2005, é INCORRETO afirmar que este

(A) deverá ser apresentado pelo devedor no prazo improrrogável de 60 (sessenta) dias a contar da publicação da decisão que deferir o processamento da recuperação judicial.
(B) deverá conter laudo econômico-financeiro e de avaliação dos bens e ativos do devedor, subscrito por profissional legalmente habilitado ou empresa especializada.
(C) deverá conter demonstração de sua viabilidade econômica. (D) poderá sofrer objeções por parte dos credores a ele sujeitos.
(E) não poderá sofrer alterações, após sua apresentação em juízo, ainda que aprovadas pelos credores.

104. **(ADVOGADO - BNDES - 2008 - CESGRANRIO)** Nos termos da Lei no 11.101 (Lei de Recuperação de Empresas e Falência), de 9 de fevereiro de 2005, estão sujeitas aos efeitos da recuperação judicial as dívidas de natureza

I. civil, contraídas pelo devedor durante o processo de recuperação judicial;

II. tributária, contraídas pelo devedor até a data do pedido de recuperação judicial, ainda que não vencidas;

III. civil, sem garantia, contraídas pelo devedor até a data do pedido de recuperação judicial, ainda que não vencidas;

IV. previdenciária, contraídas pelo devedor até a data do despacho que deferir o processamento do pedido de recuperação judicial.

Está(ão) correta(s) **APENAS** a(s) dívida(s) de natureza

(A) I
(B) III
(C) I e III
(D) II e IV
(E) III e IV

105. **(ADVOGADO – BNDES – 2008 – CESGRANRIO)** Considerando a ordem de classificação dos créditos na falência, qual dos créditos abaixo listados será pago com preferência sobre os demais aqui indicados?

(A) Tributário.
(B) Trabalhista cedido a terceiro.
(C) Comercial com privilégio geral.
(D) Comercial com privilégio especial.
(E) Decorrente da remuneração devida ao administrador judicial.

106. **(ADVOGADO – BNDES – 2006 – CESGRANRIO)** A Lei no 11.101/05, ao regular a recuperação judicial de empresas, pressupôs a organização de um sistema jurídico capaz de preservar a empresa viável, que, porém, atravessa um estado de crise econômica, através da reestruturação da atividade e composição dos interesses dos credores. Sendo assim, é correto afirmar que:

(A) a recuperação produz efeitos somente em relação aos credores quirografários, assim como ocorria na concordata preventiva.
(B) o plano de recuperação aprovado implica novação dos créditos anteriores ao pedido existentes contra o devedor.
(C) em razão da índole contratual da recuperação, o plano deverá ser aprovado pela unanimidade dos credores a ele sujeitos.
(D) do despacho que mandar processar a recuperação, caberá agravo no prazo de 10 (dez) dias.
(E) após concessão da recuperação judicial pelo Juiz, o devedor só poderá desistir do pedido se aprovada a desistência na assembléia de credores.

107. **(ADVOGADO – BNDES – 2006 – CESGRANRIO)** Com relação aos efeitos da sentença declaratória de falência, assinale a afirmação INCORRETA.

(A) A sentença de falência não resolve os contratos bilaterais do falido, os quais poderão continuar sendo cumpridos pelo administrador judicial.
(B) A sentença que declara a falência de uma sociedade em nome coletivo acarreta também a falência de todos os sócios.
(C) O administrador judicial poderá a qualquer tempo denunciar contrato de locação celebrado pelo falido.
(D) Ao contrário do que ocorria no sistema anterior, a nova Lei de Falência afastou o vencimento antecipado das obrigações do falido por força da sentença.
(E) É válida a cláusula contratual que prevê a resolução do contrato por força da sentença de falência.

108. **(ADVOGADO – BNDES – 2004 – CESGRANRIO)** Sobre os efeitos produzidos pela sentença declaratória da falência da Artefatos Mecânicos S.A., é INCORRETO afirmar-se que:

(A) todo e qualquer ato do falido, relativo ao seu patrimônio, praticado após a sentença declaratória será nulo de pleno direito, podendo o Juiz, inclusive, declarar de ofício.
(B) o principal efeito da sentença declaratória com relação à sociedade falida é que esta ficará proibida de exercer sua atividade, salvo pedido expresso de continuação de seu negócio ou o deferimento da concordata suspensiva.
(C) os contratos bilaterais não se resolvem por força da declaração da falência, cabendo ao síndico analisar se é de conveniência para a massa a continuidade na execução.
(D) um credor da sociedade falida, em razão de um contrato de mútuo vincendo à época da sentença declaratória, não poderá reclamar seu crédito nos autos da falência, já que o contrato ficará suspenso.
(E) cabe ao síndico propor ação revocatória em nome da massa falida, para que se possa atingir os atos praticados pelo falido, antes da declaração da falência, que estejam gravados pela ineficácia ou por uma nulidade relativa.

109. **(ADVOGADO – CEF – 2006 – CESPE)** Julgue os próximos itens, acerca da disciplina que rege a recuperação judicial, a extrajudicial e a falência do empresário e da sociedade empresária.

1. Considere a seguinte situação hipotética. Lia e Zilda são sócias de pequeno salão de beleza cujo contrato social não foi inscrito no registro público de empresas mercantis. Nessa situação, caracterizada a impontualidade da sociedade, com posterior requerimento e decretação de falência, essa decisão acarretará também a falência de Lia e de Zilda, que ficarão sujeitas aos mesmos efeitos jurídicos produzidos em relação à sociedade formada entre as sócias.

2. O deferimento do pedido de recuperação judicial a determinada sociedade operadora de plano de assistência à saúde está condicionado à demonstração de que esta não vinha obtendo o referido benefício há menos de 5 anos.

110. **(PROCURADOR – BANCO CENTRAL – 2009 – CESPE)** A empresa Alfa Ltda. teve sua falência declarada pelo juiz competente em 15/4/2009. No mesmo ato processual, determinou-se o afastamento imediato dos administradores e a lacração da empresa. A partir dessa situação hipotética, assinale a opção correta.

(A) A sentença falimentar tem natureza meramente declaratória do estado de insolvência jurídica do falido. Para que possa produzir efeitos, é necessário levar cópia autenticada do provimento jurisdicional à Junta Comercial, a fim de efetuar o protesto para fins falimentares.

(B) O chamado termo legal da falência consiste no prazo fixado pelo juiz ou por lei, em que os atos praticados pelo falido ficam sujeitos à declaração de ineficácia em relação à massa falida e aos seus credores. A data da prolação da sentença falimentar é importante porque o termo legal não pode retrotrair a mais do que 90 dias contados desse momento.

(C) A decretação da falência pelo juízo competente ocasiona o vencimento antecipado de todas as dívidas do devedor e dos sócios limitada ou ilimitadamente responsáveis, com o abatimento proporcional dos juros, e converte, ainda, todos os créditos em moeda estrangeira para a moeda do país, pelo câmbio do dia da decisão judicial.

(D) A decretação da falência suspende o curso da prescrição e das ações e execuções em face do devedor, inclusive aquelas dos credores particulares do sócio solidário. No entanto, terão prosseguimento, nos juízos nos quais estiverem se processando, as ações que demandarem quantia ilíquida.

(E) A empresa cuja falência haja sido decretada tem 15 dias de prazo para apelar da sentença de falência, iniciando-se a contagem desse prazo a partir do primeiro dia útil seguinte ao de sua publicação.

111. **(PROCURADOR – BANCO CENTRAL – 2009 – CESPE)** No que se refere aos efeitos da decretação da falência nos contratos do falido, assinale a opção correta.

(A) Os contratos bilaterais resolvem-se automaticamente pela falência, operando-se imediatamente o vencimento antecipado de todas as dívidas. Nesse caso, não pode o administrador judicial resolver cumprir esses contratos, ainda que o cumprimento reduza o aumento do passivo da massa falida.

(B) No caso de contrato de compra e venda de coisas móveis a prestação, se ocorrer a falência do devedor antes mesmo da entrega das mercadorias e o administrador judicial resolver não executar o contrato, cabe ao comprador o direito à imediata restituição do valor recebido pelo falido, classificando-se o crédito como extrassucursal.

(C) No caso de contrato de compra e venda de mercadorias, se o falido for o comprador e este ainda não tiver pagado por elas, e as tiver revendido sem fraude antes de requerida a falência, o vendedor pode obstar a entrega das coisas expedidas ao devedor, mesmo que estejam em trânsito.

(D) Nos contratos de locação comercial, a falência do locador resolve imediatamente o contrato. No caso de falência do locatário, o administrador judicial pode, a qualquer tempo e se for conveniente para a massa falida, denunciar o contrato.

(E) No caso de contrato de compra e venda de mercadorias, se o falido for o comprador e este ainda não tiver pagado por elas, pode o vendedor efetuar pedido de restituição se as mercadorias tiverem sido entregues dentro dos 15 dias anteriores ao pedido de falência e ainda não tenham sido alienadas.

112. **(ADVOGADO DA UNIÃO – AGU – 2004 – CESPE)** Com relação à falência, julgue os itens subseqüentes.

1 O credor com garantia real suficiente para a satisfação do seu crédito deve renunciar a essa garantia para pedir a falência do devedor.

2 A universalidade do juízo de falência não suspende o andamento das execuções fiscais em curso nem impede o ajuizamento de novos executivos fiscais.

113. **(PROCURADOR DA FAZENDA NACIONAL – 2007.2 – ESAF)** A recuperação judicial das sociedades empresárias tem por finalidade

(A) facilitar a reorganização da atividade empresarial.

(B) facilitar a continuidade da empresa.

(C) dar maior segurança aos trabalhadores com a preservação de postos de trabalho.

(D) substituir a concordata preventiva.

(E) manter a atividade econômica quando detectada crise estrutural da empresa.

114. **(PROCURADOR DA FAZENDA NACIONAL – 2007.1 – ESAF)** A Lei n. 11.101/2005, que introduz no direito brasileiro a reorganização das empresas em crise, com a conseqüente revogação da concordata, seja a preventiva seja a suspensiva, visou:

(A) facilitar a continuação da atividade das empresas mercantis em crise.

(B) pretendeu facilitar a preservação de postos de trabalho nos casos de abalo no crédito que leva à crise da empresa.

(C) enfatizar a importância da tutela da circulação do crédito.

(D) apresentar nova forma de direito potestativo que atende ao interesse dos credores.

(E) permitir que os credores, aqueles sobre os quais recaem, de forma indireta, os efeitos da crise, sejam ouvidos.

115. **(DEFENSORIA PÚBLICA DA UNIÃO – 2007 – CESPE)** Julgue o item que se segue, quanto a falência e a recuperação judicial e extrajudicial.

1 Em assembléia geral de credores, no curso de processo falimentar, o titular de crédito derivado da legislação do trabalho votará com o total de seu crédito, qualquer que seja o seu valor.

6.5. CONTRATOS EMPRESARIAIS

116. **(ADVOGADO – PETROBRÁS – 2006 – CESGRANRIO)** Relacione os contratos dispostos na coluna da esquerda com as definições da coluna da direita e assinale a opção correta.

I. Leasing
II. Franchising
III. Know how
IV. Engineering

X – Consiste na cessão do direito de uso de marca ou patente, associado ao direito de distribuição exclusiva ou semi-exclusiva de produtos ou serviços.
Y – Consiste na cessão, a outrem, do conhecimento aplicado à atividade industrial ou tecnológica.
Z – Sujeita a empresa que pretende operar este tipo de contrato à concessão de carta-patente do Banco Central.

A relação correta é:

(A) I – X, II – Y e III – Z.
(B) I – X, II – Z e IV – Y.
(C) I – Y, III – X e IV – Z.
(D) I – Z, II – X e III – Y.
(E) II – Z, III – Y e IV – X.

117. **(ADVOGADO – BNDES – 2008 – CESGRANRIO)** Quanto à busca e apreensão em sede de alienação fiduciária, pode-se afirmar que

I. ela será concedida liminarmente ao credor fiduciário, desde que comprovada a mora ou o inadimplemento do devedor;
II. a propriedade e a posse plena e exclusiva do bem no patrimônio do credor fiduciário consolidar-se-ão no prazo de dez dias da execução da liminar;
III. o devedor fiduciante, no prazo de cinco dias, poderá pagar a integralidade da dívida pendente, segundo os valores apresentados pelo credor fiduciário na inicial, hipótese na qual o bem lhe será restituído livre do ônus;
IV. o devedor fiduciante poderá apresentar resposta no prazo de dez dias da execução da liminar, ainda que tenha efetuado o depósito dos valores apresentados pelo credor fiduciário na inicial, caso entenda ter havido pagamento a maior e desejar restituição;
V. o juiz, na sentença que decretar a improcedência da ação de busca e apreensão, condenará o credor fiduciário ao pagamento de multa, em favor do devedor fiduciante, equivalente ao dobro do valor originalmente financiado, devidamente atualizado.

Estão corretas **APENAS** as afirmações

(A) I e II
(B) I e III
(C) I, II e III
(D) I, II, III e V
(E) II, III, IV e V

118. **(ADVOGADO – BNDES – 2006 – CESGRANRIO)** A alienação fiduciária em garantia é espécie de contrato em que o credor tem apenas o domínio resolúvel e a posse indireta do bem alienado, enquanto o devedor mantém-se na posse direta do bem, na qualidade de depositário. Levando-se em consideração as disposições de lei relativas à alienação fiduciária, assinale a afirmativa INCORRETA.

(A) Requerida pelo credor a busca e apreensão do bem móvel objeto da alienação fiduciária em garantia, é vedado ao devedor emendar a mora com o simples depósito dasprestações vencidas em atraso.
(B) Adimplida a dívida originária, resolve-se o domínio em favor do devedor fiduciante, que volta a gozar da plena propriedade sobre o bem.
(C) Quando a alienação fiduciária tem por objeto bem imóvel, inadimplida a obrigação, cabe ao credor exercer seus direitos através do instituto da consolidação.
(D) Se o bem não for encontrado na posse do devedor, a ação de busca e apreensão será convolada em ação de depósito.
(E) A alienação fiduciária em garantia é contrato de caráter instrumental ao contrato de mútuo que se pretende garantir.

119. **(ADVOGADO – BNDES – 2002 – VUNESP)** Nos contratos bancários,

(A) as operações passivas são aquelas em que o contratante fica devedor perante a instituição financeira.
(B) as operações ativas são aquelas em que o banco fica devedor perante o contratante, como nos contratos de conta corrente.
(C) nas operações ativas, o banco fica como credor do contratante, como por exemplo, nos contratos de mútuo.
(D) as operações bancárias passivas são aquelas em que existe um devedor que não é a Instituição Financeira.
(E) as operações ativas são aquelas em que o banco detém um crédito perante o contratante, como no caso do contrato de depósito.

120. **(ADVOGADO – BNDES – 2002 – VUNESP)** Com relação aos contratos mercantis, é correto dizer que

(A) o instrumento público é essencial para sua validade.
(B) inexiste vulnerabilidade de um dos contratantes, pois as relações interempresariais são realizadas entre iguais.
(C) inexiste a atipicidade dos contratos que sempre serão realizados na forma exigida em lei específica.
(D) sua atipicidade é freqüente, já que os negócios jurídicos contratuais mercantis têm como fonte os costumes.
(E) dependem, para sua validade, de instrumento escrito.

121. **(ADVOGADO – BNDES – 2002 – VUNESP)** Nos contratos de mútuo,

(A) o objeto do contrato será sempre dinheiro.
(B) por se tratar de contrato de empréstimo, não se pode convencionar remuneração em favor do mutuante.
(C) pode-se exigir garantias do mutuário para o cumprimento da obrigação.
(D) em razão da infungibilidade dos bens emprestados, deve-se devolver os mesmos bens.
(E) os juros contratados não poderão ultrapassar 12% ao ano.

122. **(ADVOGADO – CEF – 2006 – CESPE)** Julgue o item seguinte, relativo a contrato de franquia.

1. Um dos mais importantes contratos mercantis é o contrato de franquia, que se subdivide em duas modalidades: franquia de marca e de produto e business format franchising. Se determinado empresário desejar explorar atividade de revenda de combustíveis, sustentando bandeira já consolidada nesse ramo de atuação, deverá firmar contrato de franquia de marca e de produto em que o franqueador ceda ao franqueado o direito de uso da sua marca para a venda de produto de maneira exclusiva e a ela relacionado.

123. **(ADVOGADO DA UNIÃO – AGU – 2009 – CESPE)** A respeito dos contratos de empresas, julgue os itens seguintes.

1 O contrato de conta-corrente classifica-se como atípico, puro, aleatório, de execução futura e, por natureza, intuitu personae.

2 Caracteriza-se leasing operacional quando uma sociedade empresária aliena um bem de sua propriedade à companhia de leasing, que o arrenda à mesma pessoa jurídica que o vendeu.

124. **(PROCURADOR DA FAZENDA NACIONAL – 2007.2 – ESAF)** Os contratos de conta corrente caracterizam-se por

(A) uma das partes ser instituição financeira autorizada a funcionar.
(B) a movimentação da conta dar-se por meio de depósitos financeiros e os saques por cheques.
(C) definirem uma forma de redução de incidência tributária.
(D) terem natureza mercantil.
(E) serem uma operação entre empresários comerciais para compensação futura.

125. **(PROCURADOR DA FAZENDA NACIONAL – 2007.1 – ESAF)** Contratos empresariais caracterizam-se por:

(A) uma das partes ser empresária.
(B) terem por objeto o exercício da empresa.
(C) serem uma das formas de organização da atividade empresária.
(D) haver cooperação entre diferentes agentes econômicos na organização dos negócios.
(E) serem essenciais para a circulação de bens e serviços em mercados.

6.6. PROPRIEDADE INDUSTRIAL

126. **(ADVOGADO – PETROBRÁS – 2006 – CESGRANRIO)** Por que prazo e a partir de que momento vigorará a patente de modelo de utilidade?

(A) 10 anos contados da data de publicação do despacho que deferir a patente.
(B) 15 anos contados da data do depósito.
(C) 15 anos contados da data de publicação do despacho que deferir a patente.
(D) 20 anos contados da data do depósito.
(E) 20 anos contados da data de publicação do despacho que deferiu a patente.

127. **(ADVOGADO – IRB – 2006 – ESAF)** O reconhecimento de direitos sobre criações intelectuais, monopólio legal, visa a

(A) estimular inovações tecnológicas.
(B) evitar concorrência predatória e preservar mercados.
(C) favorecer o esforço de reconhecimento de qualidade de produtos ou serviços ligados à marca.
(D) inibir comportamentos indesejados como a reprodução de idéias inovadoras.
(E) premiar o talento do autor da criação.

128. **(PROCURADOR FEDERAL – AGU – 2007 – CESPE)** Acerca do direito à propriedade industrial, o item abaixo contém uma situação hipotética, seguida de uma assertiva a ser julgada.

1 A BMX Indústria de Móveis Ltda., fabricante de móveis para escritório, possui marca registrada no Instituto Nacional de Propriedade Industrial (INPI) para a cadeira giratória de sua fabricação denominada Sincronya. A MOB Móveis para escritório Ltda., que atua no mesmo ramo de mercado da BMX Indústria de Móveis Ltda., protocolizou requerimento perante o INPI, com o objetivo de registrar a marca Sincronia para sua cadeira, mediante expressa autorização de sua concorrente. Nessa situação, em conformidade com as normas atinentes à propriedade industrial, o INPI deve efetuar o registro de marca solicitado pela MOB Móveis para escritório Ltda.

6.7. LEGISLAÇÃO DE SEGURO E RESSEGURO

129. **(ADVOGADO – IRB – 2006 – ESAF)** São órgãos de administração do IRB – Instituto de Resseguros do Brasil:

(A) Conselho de Administração e Conselho Consultivo.
(B) Conselho Fiscal e Diretoria.
(C) Presidência e Diretoria.
(D) Conselho Consultivo e Diretoria.
(E) Conselho de Administração e Diretoria.

130. **(ADVOGADO – IRB – 2006 – ESAF)** Os seguros de pessoas devem ter suas apólices ou bilhetes emitidos nominativos

(A) ao portador ou a ordem.
(B) à ordem.
(C) ao portador.
(D) endossáveis ao portador.
(E) à ordem ou transferível.

131. **(ADVOGADO – IRB – 2006 – ESAF)** O segurado ao efetuar a proposta de seguro, efetua declaração inexata sobre as condições do bem a ser segurado. Nessas condições, pode-se afirmar:

(A) desde que não tenha sido de má-fé, o segurador terá direito a resolver o contrato ou a cobrar a diferença do prêmio, mesmo após o sinistro.
(B) desde que não tenha sido de má-fé, o segurador terá direito a resolver o contrato sem cobrar a diferença do prêmio, por se tratar de ato não condicional.
(C) independente de que tenha sido de má-fé, ou não haverá cobertura do risco.
(D) somente se o segurado declarar ter efetuado a declaração inexata, tendo conhecimento dos fatos errados quando da declaração, ficando o segurador obrigado a indenizar.
(E) desde que tenha sido comprovada a má-fé, o segurador terá o dever de resolver o contrato ou a cobrar a diferença do prêmio, mesmo após o sinistro.

132. **(ADVOGADO – IRB – 2006 – ESAF)** Com relação à indenização do risco assumido, o segurador é obrigado a:

(A) sempre indenizar em moeda corrente.
(B) pagar em dinheiro ou em reposição da coisa, independente de previsão contratual.
(C) primeiramente repor a coisa e se não for possível pagar em dinheiro.
(D) pagar em dinheiro, desde que não haja previsão para indenização em reposição da coisa.
(E) pagar em dinheiro ou em papéis do governo federal.

133. **(ADVOGADO – IRB – 2006 – ESAF)**O segurado Prevenção S.A., tem contra sua empresa uma ação indenizatória de responsabilidade civil. O mesmo possui apólice vigente de seguro de responsabilidade civil, junto à seguradora que se encontra insolvente. Nessa situação, o segurado

(A) não terá obrigação perante o terceiro, visto a seguradora ter assumido o risco.
(B) poderá exigir da SUSEP a indenização.
(C) continuará com a responsabilidade perante o terceiro.
(D) será obrigado a indenizar a seguradora.
(E) se habilitará como credor da seguradora, eximindo-se do pagamento ao terceiro.

134. **(ADVOGADO – IRB – 2006 – ESAF)**Na aceitação fora de prazo de proposta com modificações, restrições ou adições, esta deve

(A) ser substituída por nova proposta, cancelando a anterior.
(B) ser mantida, uma vez que o prazo já foi decorrido.
(C) ser retificada, mediante inclusão das alterações na mesma proposta.
(D) ser desconsiderada, por somente ter validade o contrato final.
(E) ser modificada por meio de aditivo à proposta.

135. **(ADVOGADO – IRB – 2006 – ESAF)** Ao contratar, o estipulante pode reservar-se o direito de substituir o

(A) terceiro no contrato, somente com a anuência deste.
(B) terceiro, mas obrigando-se a ter a anuência do contratante.
(C) contratante a qualquer momento sem a anuência do terceiro.
(D) contratante e o terceiro, desde que com anuência de ambos.
(E) terceiro designado no contrato, independente de sua anuência ou do outro contratante.

136. **(ADVOGADO – IRB – 2006 – ESAF)**A vigência da garantia/cobertura, no seguro de coisas transportadas, inicia:

(A) na negociação e contratação da apólice do seguro.
(B) no momento em que são recebidas pelo distribuidor até a entrega.
(C) quando da averbação do conhecimento ou do manifesto pela transportadora.
(D) no momento em que são recebidas pelo transportador até a entrega ao destinatário.
(E) quando do faturamento pela empresa vendedora da coisa.

137. **(ADVOGADO – IRB – 2006 – ESAF)**É competência do IRB – Instituto de Resseguros do Brasil:

(A) elaborar normas reguladoras de retrocessão no País.
(B) estabelecer os limites de retenção no exterior.
(C) reter o resseguro aceito na totalidade ou em parte do País ou do exterior.
(D) aceitar o resseguro facultativo do exterior.
(E) aceitar o resseguro obrigatório do País.

138. **(ADVOGADO – IRB – 2006 – ESAF)**Na constituição de consórcios pelo IRB – Instituto de Resseguros do Brasil, para operações de resseguros, pode-se afi rmar que:

(A) as seguradoras participantes do consórcio são consideradas resseguradoras.
(B) o IRB e as seguradoras participantes do consórcio são considerados resseguradores.

(C) o IRB, participante do consórcio, é considerado Ressegurador.
(D) as seguradoras e o IRB são considerados retrocessionários.
(E) o IRB é considerado retrocessionário e as seguradoras são consideradas resseguradoras.

139. **(ADVOGADO – IRB – 2006 – ESAF)** As reservas de garantia, correspondentes aos seguros e resseguros efetuados no exterior, devem

(A) ficar integralmente retidas no País.
(B) ser proporcionais à parcela retida em cada resseguradora.
(C) ficar parcialmente retidas no exterior.
(D) ser transferidas para fundo da SUSEP.
(E) ficar depositadas no ressegurador no exterior.

140. **(ADVOGADO – IRB – 2006 – ESAF)** A Seguradora Beta S.A. encontra-se em má situação econômico-financeira e pratica diversas operações de resseguros, assim pode-se dizer que:

(A) independente de haver viabilidade de recuperação econômico-financeira da seguradora, o IRB deve conceder tratamento técnico e fi nanceiro excepcional, visto que sua função é fomentar e garantir o mercado.
(B) é função do IRB zelar, regular e manter o equilíbrio econômico-financeiro do mercado de resseguro; no entanto, conceder tratamento diferenciado em qualquer circunstância à seguradora, não é de sua competência.
(C) o IRB somente pode considerar aspectos técnicos, sendo agravante a concessão de resseguro à seguradora nestas condições.
(D) há possibilidade de tratamento fi nanceiro diferenciado, desde que existam garantias reais suportando as operações até o limite de 12% do Patrimônio Líquido da seguradora em dificuldade.
(E) desde que haja viabilidade de recuperação econômico-financeira da seguradora, o IRB poderá conceder tratamento técnico e financeiro excepcional de modo a colaborar na recuperação.

141. **(ADVOGADO – IRB – 2006 – ESAF)** Assinale a opção que preenche corretamente as lacunas do texto seguinte.

Durante a liquidação de uma sociedade seguradora, fica ___________ a prescrição extintiva contra ou a favor da massa liquidanda. Há suspensão da incidência de ______ ____, ainda que conste em contrato, se a massa liquidanda não bastar para o pagamento do ___________.

(A) mantida / multa / principal.
(B) suspensa / penalidades / complemento.
(C) interrompida / juros / principal.
(D) invalidada / exigibilidade / complemento.
(E) cancelada / atualização / total.

142. **(ADVOGADO – IRB – 2006 – ESAF)** As operações de seguros realizadas no exterior são

(A) vetadas, sendo permitido a realização dessas operações somente no mercado nacional.
(B) admitidas, desde que autorizadas pelo IRB e que tenham cobertura no País ou que sejam de interesse nacional.
(C) proibidas, por não serem de interesse nacional e por transferirem divisas para outros países.
(D) permitidas, desde que autorizadas pela SUSEP e que não tenham cobertura no País ou que não sejam de interesse nacional.
(E) autorizadas, sem restrição, para ampliar a pulverização do risco do mercado e garantir a solidez das seguradoras.

143. **(ADVOGADO – IRB – 2006 – ESAF)** Os recursos das provisões técnicas e dos fundos dos resseguradores locais e dos recursos exigidos no País, para garantia dos resseguradores estrangeiros cadastrados na SUSEP, serão efetuados de acordo com as diretrizes da (do)

(A) Superintendência de Seguros Privados - SUSEP.
(B) Conselho Monetário Nacional.
(C) Banco Mundial.
(D) Banco Central do Brasil.
(E) Tesouro Nacional.

144. **(ADVOGADO – IRB – 2006 – ESAF)** A classificação dos seguros em ramos elementares e vida espelha

(A) a diferente valoração atribuída a bens jurídicos pelas comunidades.
(B) a forma de cálculo dos prêmios.
(C) a possibilidade de fixar valor para a vida humana.
(D) a cobertura de prejuízos materiais decorrentes de evento imprevisto.
(E) a possibilidade de mais de uma cobertura nos seguros de vida.

145. **(ADVOGADO – IRB – 2006 – ESAF)** A disciplina jurídica dos seguros privados representa a positivação de

(A) busca de garantias para atender necessidades resultantes de eventos futuros.
(B) modelos estatísticos aplicados à sinistralidade.
(C) preocupação com a concentração de riscos em certas populações.
(D) defesa contra fatos da natureza.
(E) organização de estrutura de garantias recíprocas entre pessoas sujeitas ao mesmo risco.

146. **(ADVOGADO – IRB – 2006 – ESAF)** O seguro de vida caracteriza-se por

(A) garantir ao segurado, desde que ultrapasse a idade convencionada, o recebimento da indenização pactuada.
(B) garantir ao segurado pagamento de parcelas mensais de montante predeterminado.

(C) garantir aos herdeiros do segurado nomeados na apólice, o recebimento do montante pago à seguradora.
(D) dar ao beneficiário a faculdade de oferecê-lo como garantia na contratação de empréstimos
(E) representar uma forma de poupança voluntária do segurado em benefício seu ou de terceiros.

147. **(ADVOGADO – IRB – 2006 – ESAF)** Resseguro e retrocessão são institutos próprios dos sistemas de seguros privados. Assinale a opção que não corresponde aos objetivos destes institutos:
(A) diluir riscos.
(B) cumprir exigências atuariais que garantam o bom funcionamento do sistema.
(C) o resseguro visa garantir solvência das seguradoras e a retrocessão à do sistema.
(D) transferir riscos entre sociedades que integram o sistema.
(E) manter íntegras as reservas para pagamento de sinistros.

148. **(ADVOGADO – IRB – 2006 – ESAF)** O sistema de seguros privados regido pelo Decreto Lei n. 73/1966 caracteriza-se por
(A) promover a dispersão de riscos.
(B) disseminar modelos de cobertura de riscos determinados.
(C) estruturar as operações de seguros visando a estimular o desenvolvimento nacional.
(D) dar prioridade às seguradoras nacionais no oferecimento de cobertura para riscos.
(E) ser o interesse - relação entre segurado e risco - elemento central do contrato.

149. **(ADVOGADO – IRB – 2006 – ESAF)** Seguro e mutualidade diferem dada
(A) a incerteza quanto ao momento em que o sinistro ocorrerá.
(B) a forma de cálculo dos prêmios.
(C) a maneira pela qual são constituídas as reservas para cobrir necessidades geradas pelos eventos previstos.
(D) o cálculo atuarial requerido no primeiro que pode ser dispensado na mutualidade.
(E) a política legislativa de formação dos grupos de segurados.

150. **(ADVOGADO – IRB – 2006 – ESAF)** O cos-seguro, tal como previsto no Código Civil Brasileiro, leva à
(A) estruturação, sob forma consorcial, da prestação da garantia.
(B) assunção de riscos extraordinários pelo conjunto de co-seguradores.
(C) eficiente distribuição de riscos entre co-seguradores.
(D) ampla pulverização de riscos.
(E) preservação das reservas para liquidação de sinistros.

151. **(ADVOGADO – IRB – 2006 – ESAF)** Partindo da premissa de que o seguro saúde é espécie de seguro de danos, a garantia prestada pela seguradora, no que se refere ao resseguro, pode ser equiparada à
(A) exigida nos seguros de coisa, em geral.
(B) exigida nos seguros de responsabilidade civil.
(C) exigida nos seguros obrigatórios de indenização tarifada.
(D) prevista para seguros de risco ilimitado.
(E) determinada para seguros de acidentes pessoais.

152. **(ADVOGADO – IRB – 2006 – ESAF)** Em razão da idade do consumidor, ou da condição de pessoa portadora de deficiência,
(A) ninguém pode ser privado de participar de planos ou seguros privados de assistência à saúde.
(B) a operadora do plano pode recusar a participação de pessoas de idade superior à idade média de sobrevida no Brasil, baseada no desbalanceamento das condições contratuais de risco.
(C) qualquer pessoa acima de sessenta anos tem o direito de plano ou seguro privado de saúde, não permitida a variação da contraprestação em favor da operadora.
(D) os portadores de deficiência terão o direito de participar de planos da espécie, com direitos restritos ao fatores decorrentes de sua condição pessoal.
(E) para o efeito da classificação de deficiência em relação aos planos acima, o cadeirante (pessoa que usa cadeira de rodas) não é considerado defi ciente, pois é dotado de mobilidade relativa.

153. **(ADVOGADO – IRB – 2006 – ESAF)** O plano de seguro-referência de assistência à saúde com cobertura assistencial
(A) jamais cobre casos de cataclismos, guerras e comoções internas.
(B) não retira do paciente os direitos em casos de tratamentos antiéticos se apenas o médico conhecia esse fato.
(C) cobre tratamentos correspondentes a próteses estéticas, se o defeito causar depressão ao paciente.
(D) abrange tratamento de efeitos pós-operatórios a cesárias, em unidades de terapia intensiva, independendemente de erro médico.
(E) abrange os procedimentos odontológicos em geral.

6.8. ASPECTOS JURÍDICOS DE NEGÓCIOS BANCÁRIOS

154. **(CERT. JUR. – BANCO DO BRASIL – 2009 – CESPE)** A situação jurídica bancária é simultaneamente caracterizada pelos seus sujeitos e pelo seu objeto. A esse respeito, assinale a opção incorreta.
(A) A regulamentação do SFN depende da edição de lei complementar, segundo expressa previsão constitucional.

(B) Os maiores de 16 e menores de 18 anos de idade, emancipados pelos pais podem abrir conta corrente em uma instituição bancária se preencherem os requisitos cadastrais solicitados pela instituição e apresentarem a escritura de sua emancipação, registrada no cartório de registro civil pertinente.
(C) Os menores de 18 anos de idade casados podem abrir conta corrente em uma instituição bancária, desde que sejam alunos matriculados em curso superior e atendam aos requisitos cadastrais solicitados pela instituição.
(D) As pessoas jurídicas de direito privado regularmente registradas e as pessoas naturais maiores de 18 anos de idade podem abrir conta corrente em uma instituição bancária, desde que preencham todos os requisitos cadastrais solicitados pela instituição, nos termos da regulação do SFN.
(E) As pessoas jurídicas são representadas nas suas diversas relações negociais pelos seus representantes legais, assim compreendidos os seus administradores indicados no ato constitutivo.

155. **(CERT. JUR. – BANCO DO BRASIL – 2009 – CESPE)** Acerca das operações ativas e passivas das instituições financeiras, assinale a opção correta.
(A) A emissão de títulos de curto prazo, denominados CDBs, é uma das formas de empréstimo de recursos para clientes frequentemente utilizadas por bancos comerciais. O CDB configura uma promessa de pagamento à ordem da importância depositada, acrescida do valor da correção monetária e dos juros convencionados, consubstanciada em título de crédito. Ao CDB se aplica, no que couberem, as disposições legais relativas à nota promissória.
(B) Ao efetuar um contrato de abertura de crédito em conta corrente, a instituição financeira compromete-se a realizar uma operação ativa de empréstimo de recursos ao cliente. Essa operação normalmente é garantida por meio de nota promissória vinculada, que permite eventuais saques a descoberto realizados na conta e que, gozando da autonomia e abstração própria dos títulos de crédito, enseja a execução da dívida nela estampada no rito executivo.
(C) No sistema da Lei n.º 10.931/2004, a CCB — título de crédito emitido por instituição financeira, cujo beneficiário é pessoa física ou jurídica — representa promessa de pagamento em dinheiro decorrente de operação de crédito de qualquer modalidade. A validade e a eficácia da CCB dependem de seu registro em cartório de títulos e documentos, do mesmo modo que as garantias reais por ela constituídas ficam sujeitas, para valer contra terceiros, aos registros ou averbações previstos na legislação aplicável.
(D) A instituição financeira pode abrir, manter ou encerrar conta de depósito à vista cujo titular figure ou tenha figurado no Cadastro de Emitentes de Cheques sem Fundos (CCF), sendo vedado o fornecimento de talonário de cheques ao depositante enquanto figurar no referido cadastro.
(E) A fim de maximizar a eficiência das relações entre os bancos e seus clientes, é permitida a transferência automática de recursos de conta de depósitos à vista para qualquer modalidade de investimento, bem como a realização de qualquer outra operação ou prestação de serviço sem a prévia autorização do cliente.

156. **(CERT. JUR. – BANCO DO BRASIL – 2009 – CESPE)** Maria, de 65 anos de idade, dirigiu-se a uma agência bancária para efetuar o pagamento de uma conta de luz no guichê do caixa. Após longo período de espera na fila, ela foi informada de que a agência havia implantado um novo programa informatizado de relacionamento entre clientes e agência e, por isso, não era permitindo o pagamento de contas por meio dos canais convencionais. Maria foi, então, orientada a efetuar o pagamento no terminal eletrônico ou ir à casa lotérica em frente ao banco para pagar a sua conta.

Com base nessa situação hipotética, assinale a opção correta.
(A) O atendimento prestado a Maria foi correto, já que as agências bancárias podem recusar o acesso aos canais de atendimento convencionais, inclusive guichês de caixa, desde que lhes sejam oferecidos atendimento alternativo ou eletrônico.
(B) A prestação de serviços por meios alternativos, como opção aos meios convencionais, é admitida desde que adotadas as medidas necessárias para preservar a integridade, a confiabilidade, a segurança e o sigilo das transações realizadas, assim como a legitimidade dos serviços prestados, em face dos direitos dos clientes e dos usuários, devendo as instituições informá-los dos riscos existentes.
(C) Seria possível à instituição financeira cobrar tarifa de seus clientes que optassem por efetuar o pagamento de contas no guichê do caixa em detrimento do terminal eletrônico.
(D) A agência bancária referida pode recusar a realização de pagamentos de contas ou a recepção de cheques e documentos de cobrança, desde que a pessoa no guichê do caixa informe o cliente das razões da situação que implique a recusa.
(E) O atendimento preferencial a pessoa com idade igual ou superior a 60 anos de idade é obrigatório junto às instituições financeiras públicas, mas não junto às instituições financeiras privadas.

157. **(CERT. JUR. – BANCO DO BRASIL – 2009 – CESPE)** Entre as cédulas de crédito representativo de operações de mútuo realizadas por instituições financeiras atualmente existentes, incluem-se a CCB, a CCC, a CCE e a CCI. A respeito das operações de mútuo bancário em si e das cédulas de crédito, assinale a opção correta.

(A) A CCB poderá ser emitida com ou sem garantia, real ou fidejussória, cedularmente constituída.
(B) Todas as cédulas setoriais são títulos executivos judiciais e devem conter, além da assinatura do emitente, as assinaturas de duas testemunhas, para valerem como título de crédito.
(C) As garantias bancárias nas operações de mútuo podem ser pessoais ou reais. O penhor e a hipoteca são exemplos de garantias pessoais, e a fiança e o aval, de garantias reais.
(D) Na CCB, os juros são limitados a, no máximo, 12% ao ano.
(E) As garantias próprias das obrigações civis, pelo princípio da especialização das normas, não são aplicáveis aos contratos bancários que possuem garantias específicas.

158. **(CERT. JUR. – BANCO DO BRASIL – 2009 – CESPE)** Quanto ao sigilo bancário a que se sujeitam as instituições financeiras, assinale a opção correta.

(A) O alcance da regra geral de sigilo bancário a que se sujeitam as instituições financeiras abrange suas operações ativas, que consistem na distribuição de recursos a terceiros, como o mútuo bancário, e passivas, que captam recursos de terceiros. No entanto, não se aplica aos serviços prestados, como, por exemplo, a cobrança de títulos ou o aluguel de cofres.
(B) O banco pode informar se alguém é seu cliente ou não, pois esse tipo de informação não está protegida pelo sigilo.
(C) Quando solicitadas pelas autoridades fiscais, as instituições financeiras deverão disponibilizar, para exame, documentos, livros e registros referentes a contas de depósitos e aplicações financeiras de seus clientes, mesmo não havendo processo administrativo instaurado ou procedimento fiscal em curso.
(D) Não representa violação ao dever de sigilo a comunicação feita pelo empregado da instituição bancária às autoridades competentes a respeito da prática de ilícitos penais ou administrativos que envolvam operações ativas ou passivas entre a instituição e seus clientes.
(E) É licito ao funcionário de instituição financeira fornecer, mediante solicitação de determinado cliente, informações cadastrais de outro cliente com a finalidade de permitir àquele que solicitar a informação localizar bens deste para penhora.

159. **(CERT. JUR. – BANCO DO BRASIL – 2009 – CESPE)** As operações bancárias concretizam-se, na generalidade dos casos, por meio de contratos, cujo objetivo é regular os direitos e obrigações entre os bancos e seus clientes de forma a permitir a intermediação do crédito. Quanto aos contratos de crédito bancário e suas peculiaridades, assinale a opção correta.

(A) O contrato de depósito bancário é espécie de depósito irregular, regulando-se pelas regras do mútuo.
(B) Se o cliente liquidar, integralmente, as prestações previstas no contrato de adesão de empréstimo bancário, ele fica impedido de discutir, posteriormente, a legalidade de cláusulas e condições estabelecidas nesse contrato.
(C) O mútuo bancário contratado com menor de idade, sem prévia representação daquele sob cuja guarda estiver, não pode ser cobrado do mutuário, mas pode ser cobrado de seus fiadores.
(D) Pelo contrato de antecipação bancária, o banco concede determinada importância ou disponibiliza fundos a um cliente, para que este os utilize quando necessitar, mediante prévia constituição de garantia pessoal no contrato.
(E) A comissão de permanência, segundo a jurisprudência do STJ, é ilegal porque representa encargo potestativo, já que a sua apuração fica sujeita ao arbítrio do credor.

160. **(CERT. JUR. – BANCO DO BRASIL – 2009 – CESPE)** A respeito da constituição de garantias nas operações bancárias, assinale a opção correta.

(A) Em uma operação de empréstimo bancário a cliente detentor de vultosos recursos depositados na instituição, é possível que esse cliente figure ao mesmo tempo como devedor e fiador.
(B) É válida e eficaz a fiança prestada em contrato de mútuo empréstimo bancário por pessoa absolutamente incapaz, desde que no contrato sejam colhidas as suas impressões digitais.
(C) A fiança não pode ser estipulada em benefício do credor sem o expresso consentimento ou autorização do devedor principal.
(D) Dada sua natureza especial, a lei faz depender a existência da fiança não somente do consentimento expresso daquele que a presta, como também de sua forma escrita, não existindo fiança presumida ou tácita.
(E) Em operação de empréstimo, a instituição financeira será obrigada a aceitar a indicação de fiador que seja pessoa idônea e que possua bens suficientes para cumprir a obrigação, mesmo se tal pessoa não tiver domicílio no lugar onde tenha de prestar a fiança.

161. **(CERT. JUR. – BANCO DO BRASIL – 2009 – CESPE)** No que se refere às garantias nas operações bancárias, assinale a opção correta.

(A) A obrigação do fiador passa aos seus herdeiros, os quais responderão pelo cumprimento da obrigação com seu patrimônio pessoal até que o contrato de fiança seja extinto.
(B) A hipoteca poderá ser constituída por instrumento particular celebrado entre as partes, assinado por duas testemunhas, e registrado no registro de títulos e documentos.
(C) É válida a cláusula contratual em operações de empréstimo bancário que proíbe o proprietário de alienar imóvel dado em hipoteca.
(D) O dono do imóvel hipotecado não pode constituir outra hipoteca sobre ele, mediante novo título, em favor do mesmo ou de outro credor.
(E) Os direitos, suscetíveis de cessão, sobre coisas móveis podem ser objeto de penhor. Constitui-se o penhor de direito mediante instrumento particular, registrado no registro de títulos e documentos.

162. **(CERT. JUR. – BANCO DO BRASIL – 2009 – CESPE)** A personalidade é atributo das pessoas jurídicas que lhes confere autonomia e separação patrimonial em relação aos seus sócios. A esse respeito, assinale a opção correta.

(A) Os sócios de determinada sociedade empresária, independentemente da prestação de garantia real ou pessoal, são sempre responsáveis solidários pelas dívidas que vierem a ser contraídas pela sociedade em razão de operações bancárias.
(B) A personalidade jurídica da sociedade é adquirida somente com a inscrição, no registro próprio, dos seus atos constitutivos.
(C) A sociedade pode ser representada por qualquer sócio, independentemente da sua participação no capital social, mesmo havendo disposição contratual específica.
(D) Em caso de devolução indevida de cheque emitido por determinada pessoa jurídica, não é possível a fixação de danos morais em seu favor, em razão da inexistência da chamada honra subjetiva.
(E) A falência de determinada sociedade empresária constituída na forma de sociedade por ações (sociedade anônima) determina a falência do seu acionista, que será responsabilizado pelas dívidas da sociedade na razão da sua participação societária.

163. **(CERT. JUR. – BANCO DO BRASIL – 2009 – CESPE)** Assinale a opção correta, em relação ao direito societário e ao direito falimentar.

(A) Falência é processo de liquidação judicial a que se sujeitam as sociedades empresárias, as sociedades simples e as pessoas naturais.
(B) A recuperação judicial pode ser concedida a pessoa física não empresária.
(C) A incorporação é ato societário que se caracteriza pela absorção de uma sociedade por outra e implica a sucessão daquela que absorve em todos os direitos e obrigações da que é absorvida.
(D) Na fusão, as sociedades que se unem continuam a existir de maneira distinta, permanecendo cada qual com seus ativos e passivos.
(E) Ao empresário individual, assim caracterizado aquele que explora em nome próprio atividade empresária, é vedada a inscrição no registro público de empresas mercantis.

164. **(CERT. JUR. – BANCO DO BRASIL – 2009 – CESPE)** Os títulos de crédito são documentos que representam o direito creditório nele inserido sendo aptos à circulação. De acordo com esse entendimento, não é título de crédito

(A) o cheque.
(B) a letra de câmbio.
(C) a duplicata mercantil.
(D) o contrato particular assinado por duas testemunhas.
(E) a nota promissória.

165. **(CERT. JUR. – BANCO DO BRASIL – 2009 – CESPE)** Considerando as diversas formas de garantias que podem ser prestadas nas operações bancárias, assinale a opção correta.

(A) A fiança é espécie de garantia pessoal própria dos títulos de crédito.
(B) Independentemente do regime de casamento, o oferecimento de aval não depende da autorização do cônjuge.
(C) No aval, o avalista pode exigir que sejam excutidos, primeiramente, os bens do avalizado.
(D) O fiador que honra a dívida do seu afiançado não pode exigir deste os valores que pagou.
(E) A responsabilidade do avalista subsiste, ainda que nula a obrigação daquele em favor de quem o aval foi prestado, a menos que a nulidade decorra de vício de forma.

166. **(CERT. JUR. – BANCO DO BRASIL – 2009 – CESPE)** Determinada instituição financeira celebrou com uma sociedade empresária contrato de financiamento com garantia hipotecária e, antes do início do pagamento das parcelas, foi declarada a falência dessa sociedade. Com referência a essa situação, assinale a opção incorreta.

(A) O crédito da instituição financeira deverá ser habilitado perante a massa falida na categoria dos créditos com garantia real, até o limite do bem gravado.
(B) Os credores trabalhistas cujos créditos não excederem a quantia equivalente a 150 salários mínimos receberão os seus créditos antes da instituição financeira.
(C) Os credores quirografários terão preferência no recebimento dos seus créditos em relação ao crédito da instituição financeira.

(D) A multa contratual decorrente do inadimplemento do contrato de financiamento pode ser cobrada perante a massa falida imediatamente após o pagamento dos credores quirografários.

(E) A decretação da falência determina o vencimento antecipado de todas as prestações do contrato de financiamento.

167. **(CERT. JUR. – BANCO DO BRASIL – 2009 – CESPE)** Assinale a opção correta a respeito da disciplina jurídica do cheque.

(A) No próprio cheque, pode ser contratada cláusula de incidência de juros.

(B) Na cobrança do cheque que contiver o endosso nas modalidades valor em cobrança, para cobrança, por procuração, ou qualquer outra que implique apenas mandato, o portador pode exercer todos os direitos resultantes do cheque, mas os obrigados pelo seu pagamento somente podem invocar contra o portador as exceções oponíveis ao beneficiário-endossante.

(C) O cheque emitido com cláusula não à ordem pode ser livremente endossado.

(D) O cheque cruzado pode ser descontado diretamente no caixa, desde que identificado o portador.

(E) A ação de execução do cheque prescreve em três anos da data da sua emissão.

168. **(CERT. JUR. – BANCO DO BRASIL – 2009 – CESPE)** Em razão de súbita necessidade financeira causada por doença de um familiar, um funcionário de agência bancária desviou recursos da conta de determinado cliente para a sua. Com referência a essa situação, assinale a opção correta.

(A) A instituição financeira é responsável pelos débitos indevidos, mesmo no caso de o vício na prestação do serviço decorrer de conduta ilícita de um funcionário.

(B) A conduta do funcionário não ensejará punição, em razão de ele ter agido em estado de necessidade.

(C) Caso o cliente da instituição financeira exija a restituição dos valores indevidamente transferidos, a devolução se dará pelos encargos cobrados pelo banco nas operações de crédito do cheque especial.

(D) Caso o nome do cliente seja incluído em cadastros de restrição/proteção ao crédito em decorrência de o saldo na conta corrente restar negativo por causa das transferências indevidas, a instituição financeira não estará sujeita ao pagamento de danos morais, sendo devidos apenas os materiais, se provados.

(E) A instituição financeira empregadora não poderá buscar, perante o seu empregado, o ressarcimento de eventual condenação que vier a sofrer.

169. **(CERT. JUR. – BANCO DO BRASIL – 2009 – CESPE)** Assinale a opção correta a respeito da disciplina jurídica da duplicata.

(A) A duplicata é título causal emitido pelo devedor de determinada obrigação mercantil.

(B) A duplicata fria é aquela emitida sem o recolhimento dos impostos da operação que lhe deu causa.

(C) A duplicata é título executivo que não pode ser apresentada para operação de desconto, porquanto emitida para pagamento à vista.

(D) A duplicata que não foi aceita não poderá ser executada, ainda que tenha sido protestada e esteja acompanhada de documento hábil comprobatório da entrega e recebimento da mercadoria.

(E) A duplicada aceita transforma o sacado em devedor principal do título, sendo facultativo o protesto para a execução do aceitante.

170. **(PROCURADOR – BANCO CENTRAL – 2009 – CESPE)** Em relação à jurisprudência do STJ no que concerne a direito empresarial e bancário, assinale a opção correta.

(A) O CDC não é aplicável às instituições financeiras.

(B) Em demanda relativa a contratos bancários, pode o julgador, de ofício ou a requerimento das partes, conhecer da abusividade das cláusulas.

(C) Para a repetição de indébito, nos contratos de abertura de crédito em conta-corrente, não se exige a prova do erro.

(D) Na notificação do protesto para requerimento de falência da empresa devedora, é desnecessária a identificação da pessoa que a recebeu.

(E) (A)cobrança antecipada do valor residual garantido descaracteriza o contrato de arrendamento mercantil.

6.9. TEMAS COMBINADOS

171. **(ADVOGADO – EMBRAPA – 2005 – CESPE)** Julgue os itens seguintes, relativos a recuperação judicial e extrajudicial e a falência do empresário e da sociedade empresária.

1. Reputa-se competente para deferir requerimento de recuperação judicial o juízo do principal estabelecimento de instituição financeira privada que possua filiais em mais de uma unidade da federação.

2. Considere que determinada sociedade limitada, passando por grave crise econômico-financeira, requeira ao juízo competente sua recuperação judicial e, verificados os requisitos legais, seja deferido o pedido. Assim, em razão do deferimento da recuperação judicial, todas as ações executivas contra a sociedade serão suspensas, inclusive as de natureza fiscal.

3. Considere a seguinte situação hipotética. No curso de regular procedimento de recuperação judicial, determinada pessoa jurídica prestadora de serviços de limpeza e conservação firmou contrato com alguns de seus fornecedores, em razão de que não houve a paralisação de suas atividades empresariais. Nessa situação, os créditos decorrentes das obrigações contraídas após o deferimento do processamento da recuperação judicial serão considerados extraconcursais, caso seja decretada a falência.

4. Deverá ser decretada a falência de sociedade empresária que apresente seu plano de recuperação em prazo superior a sessenta dias após a publicação da decisão que tenha deferido o processamento da recuperação judicial.

5. Decretada a falência de determinado empresário, todos os créditos em moeda estrangeira decorrentes de suas obrigações serão convertidos em moeda do País, pelo câmbio do dia da decisão judicial.

6. Considere que determinada sociedade empresária tenha requerido a homologação de plano de recuperação extrajudicial, uma vez preenchidos os requisitos legais. Nesse caso, será vedado aos credores não sujeitos ao plano de recuperação extrajudicial o pedido de decretação de falência da referida sociedade empresária.

7. Considere a seguinte situação hipotética. Um empresário devedor propôs aos seus credores plano de recuperação extrajudicial e a maioria aderiu. Após a regular distribuição do plano de recuperação para homologação do juízo competente, alguns credores decidiram desistir da adesão. Nessa situação,a desistência dependerá da anuência expressa dos demais credores signatários.

8. As sociedades empresárias que explorem serviços aéreos privados estarão impedidas de requerer recuperação judicial ou extrajudicial.

9. Considere a seguinte situação hipotética. João ajuizou reclamação trabalhista em desfavor da pessoa jurídica América Construtora e Incorporadora Ltda. visando ao reconhecimento de vínculo empregatício e recebimento das verbas pertinentes. Durante a fase de conhecimento, a construtora foi condenada ao pagamento de verbas laborais em montante equivalente a 250. salários mínimos. Antes de iniciada a execução, foi decretada a falência da referida pessoa jurídica. Nessa situação, João apenas poderá pleitear perante o juízo da falência créditos até o limite de 150 salários mínimos, devendo renunciar ao excedente.

10. Considere a seguinte situação hipotética. A pessoa jurídica Luna Comércio de Gêneros Alimentícios Ltda. – ME, uma microempresa, após a prolação da sentença que decretou sua falência, praticou ato fraudulento em prejuízo de seus credores. Nessa situação, por se tratar de microempresa e não sendo constatada prática habitual de condutas fraudulentas por parte da pessoa jurídica falida, poderá o juízo da falência substituir a pena aplicável ao caso por prestação de serviços à comunidade.

172. **(PROCURADOR FEDERAL – AGU – 2007 – CESPE)** Julgue os itens seguintes:

1 A lei veda às instituições financeiras a concessão de empréstimos a seus diretores, bem como a aquisição de imóveis que não sejam destinados ao próprio uso da entidade.

2 O contrato de seguro firmado entre Toni e a seguradora é considerado de natureza aleatória.

3 Na vigência do contrato, Toni não poderá contratar, pelo seu valor integral, novo contrato de seguro sobre o mesmo bem e sobre os mesmos riscos junto a outra seguradora de automóveis.

4 Caso certa empresa de aviação comercial efetue pedido de recuperação judicial perante o juízo competente, o deferimento do pedido de recuperação judicial suspenderá eventuais ações de execução fiscal em curso contra a referida empresa.

7. DIREITO DO TRABALHO

7.1. INTRODUÇÃO

1. **(ADVOGADO DA UNIÃO – AGU – 2004 – CESPE)** Considerando a definição e as fontes do direito do trabalho, julgue os itens seguintes.

1. Como uma das principais fontes formais do direito do trabalho, os movimentos reivindicatórios deflagrados pelos trabalhadores, com a participação dos sindicatos, têm sido, ao longo da história, o principal elemento gerador de normas jurídicas trabalhistas.
2. As decisões proferidas pelos tribunais do trabalho no exercício da competência normativa prevista na Constituição Federal, quando resultantes de provocação de todas as categorias profissional e economicamente envolvidas, qualificam-se como fontes autônomas e formais do direito do trabalho.

2. **(ADVOGADO – CORREIOS – 2008 – ESPP)** Em relação à renúncia de direitos trabalhistas podemos afirmar corretamente que:

(A) A renúncia no momento da celebração do contrato de trabalho é nula de pleno direito, salvo se a própria lei a admitir.
(B) Durante a relação de emprego prevalece a regra de que o empregado pode renunciar aos direitos que lhe correspondem ou aos que advirão.
(C) A vedação à renúncia afasta até mesmo a possibilidade de transação entre empregado e empregador, pois transigir corresponde a renunciar parcialmente direitos trabalhistas.
(D) Excepcionalmente a renúncia a direitos trabalhistas pode gerar validade, mesmo que traga prejuízo ao trabalhador decorrente de sua hipossuficiência.

3. **(ADVOGADO – CORREIOS – 2008 – ESPP)** No que se refere à relação de emprego podemos afirmar corretamente que:

(A) Qualquer um dos empregados pode realizar o serviço porém, uma vez contratado o trabalhador com vínculo empregatício, na sua ausência, não poderá se fazer substituir por terceiro.
(B) O trabalho será tido como eventual quando já se sabe que os serviços serão desenvolvidos em determinado dia, por determinada pessoa e que sua ausência acarretará prejuízos.
(C) O serviço prestado gratuitamente pode caracterizar o vínculo empregatício, desde que haja habitualidade em sua prestação.
(D) Mesmo não havendo subordinação, a prestação de serviço remunerada e habitual caracteriza a relação de trabalho.

4. **(ADVOGADO – BNDES – 2001 – VUNESP)** É proibido qualquer trabalho a menores de

(A) 14 anos de idade, salvo na condição de aprendiz, a partir de 12 anos.
(B) 18 anos de idade, salvo na condição de aprendiz.
(C) 15 anos de idade, salvo como contínuo, a partir de 13 anos.
(D) 16 anos de idade, salvo na condição de aprendiz, a partir de 14 anos.
(E) 16 anos de idade, salvo na condição de estagiário, a partir de 12 anos.

7.2. CONTRATO INDIVIDUAL DE TRABALHO

5. **(ADVOGADO – PETROBRÁS – 2008 – CESGRANRIO)** Considerando as competências e responsabilidades atribuídas pela Lei no 8.630/93 ao órgão gestor de mão-de-obra do trabalhador portuário avulso (OGMO), este órgão

(A) efetuará apenas a intermediação da seleção do trabalhador portuário avulso, cabendo ao operador portuário efetuar o pagamento direto ao trabalhador portuário, recolhendo os respectivos encargos previdenciários.
(B) deverá arrecadar e repassar aos respectivos beneficiários os encargos previdenciários decorrentes das contratações de trabalhadores portuários avulsos realizadas junto a ele.
(C) deverá distribuir os lucros apurados a cada exercício aos operadores portuários responsáveis pela sua administração, nos termos aprovados por sua Diretoria Executiva.

(D) responderá solidariamente pelos prejuízos causados pelos trabalhadores portuários avulsos aos tomadores dos seus serviços ou a terceiros.
(E) manterá vínculo empregatício com os trabalhadores portuários com vistas a utilizá-los na prestação de serviços aos operadores portuários.

6. **(ADVOGADO – PETROBRÁS – 2006 – CESGRANRIO)** NÃO pode ser considerado trabalhador avulso aquele que, sem vínculo empregatício, mas com a intermediação do sindicato ou do órgão gestor de mão-de-obra, trabalha para diversas empresas:
(A) como ensacador de cacau.
(B) como prático de barra em porto.
(C) na indústria do sal.
(D) na estiva de mercadorias, de qualquer natureza, inclusive carvão e minério.
(E) associado a cooperativa que, nessa qualidade, desenvolve serviços a terceiros.

7. **(ADVOGADO – PETROBRÁS – 2006 – CESGRANRIO)** O contrato de trabalho cuja vigência dependa de certo acontecimento suscetível de previsão antecipada é definido pela Consolidação das Leis do Trabalho como:
(A) temporário.
(B) de duração antecipada.
(C) de prazo incerto.
(D) de prazo determinado.
(E) de temporada.

8. **(ADVOGADO – PETROBRÁS – 2003 – CESPE)** Julgue os itens a seguir, acerca do instituto do fenômeno da terceirização no âmbito das relações de emprego.

1 É válida e legal a contratação de trabalhadores por meio de empresa de prestação de serviços de conservação e limpeza. O vínculo com o tomador dos serviços é formado apenas nas situações em que estiverem presentes os requisitos pessoalidade e subordinação direta.

2 A contratação fraudulenta por empresa pública federal de empregados formalmente vinculados a empresa de trabalho temporário acarreta, como conseqüência direta e necessária, o reconhecimento do vínculo de emprego entre os trabalhadores e a pessoa jurídica tomadora de seus serviços, sem prejuízo das responsabilidades civil e administrativa do dirigente da empresa pública envolvida.

3 Segundo a jurisprudência iterativa e atual do Tribunal Superior do Trabalho (TST), o inadimplemento das obrigações trabalhistas por parte do empregador implica a responsabilidade solidária do tomador dos serviços, excepcionados os casos em que figurem como tomadores os órgãos da administração pública direta, as autarquias, as fundações públicas, as empresas públicas e as sociedades de economia mista.

9. **(ADVOGADO – PETROBRÁS – 2001 – CESPE)** Com relação ao direito do trabalho, julgue os itens a seguir.

1 Nas relações jurídicas de emprego, as alterações contratuais devem contar com o consentimento mútuo das partes envolvidas, não podendo ocasionar prejuízos ao empregado, sob pena de nulidade. No entanto, em respeito ao princípio da autonomia da vontade que informa a teoria geral dos contratos, faculta-se a ratificação respectiva em juízo, perante o sindicato profissional ou autoridade do Ministério do Trabalho e Emprego (MTb), caso em que será plenamente válida, ainda que ocasione prejuízos ao empregado.

2 Na atividade empresarial que demande turnos de trabalho organizados em escalas ininterruptas de revezamento, o limite horário máximo é de seis horas. A adoção de outro limite dependerá de negociação coletiva, que deve ser conduzida com a participação obrigatória do sindicato profissional da categoria.

3 O empreiteiro que se qualifica como operário ou artífice submete-se ao mesmo tratamento legal reservado ao trabalhador com vínculo de emprego, detendo os mesmos direitos e deveres estabelecidos na legislação trabalhista.

4 Na forma do entendimento jurisprudencial prevalente, a contratação de trabalhador por empresa interposta acarreta o reconhecimento do vínculo de emprego diretamente com a empresa tomadora, quando, além de demonstrada a pessoalidade e a subordinação jurídica do empregado a prepostos dessa última, a execução de serviços estiver ligada a atividade-fim por ela explorada.

5 Segundo o Tribunal Superior do Trabalho (TST), a violação de direitos trabalhistas por parte da empresa prestadora de serviços licitamente terceirizados implica a responsabilidade subsidiária do respectivo tomador dos serviços, salvo quando se tratar de empresas públicas e sociedades de economia mista, pois, nesses casos, haveria afronta ao princípio constitucional que exige aprovação em concurso público como condição para o debate acerca da responsabilidade trabalhista de entidades integrantes da administração pública indireta.

10. **(ADVOGADO – PETROBRÁS DISTRIB. – 2008 – CESGRANRIO)** À luz do enunciado 331 do TST, podem ser feitas as afirmações a seguir, EXCETO que
(A) não forma o vínculo com o tomador a contratação na qual inexiste pessoalidade e subordinação direta.
(B) as empresas públicas e as sociedades de economia mista só respondem subsidiariamente se tiverem participado da relação processual e se constarem do título executivo judicial.

(C) o inadimplemento das obrigações trabalhistas pelo empregador implica a responsabilidade subsidiária do tomador de serviço do setor privado.
(D) os órgãos da Administração Direta, das Autarquias e das Fundações Públicas só respondem subsidiariamente se tiverem participado da relação processual e se constarem do título executivo judicial.
(E) os tomadores de serviços, independente de sua natureza, assumem o risco da formação direta do vínculo, sempre que a contratação for irregular.

11. **(ADVOGADO – PETROBRÁS DISTRIB. – 2008 – CESGRANRIO)** Sobre os trabalhadores temporários, é correto afirmar que
(A) ser-lhe-ão devidos gratificação natalina, adicional noturno, horas extras, PIS e aviso prévio.
(B) ser-lhe-ão devidos gratificação natalina, adicional noturno, horas extras, PIS e terço de férias.
(C) têm jornada de oito horas diárias e quarenta semanais.
(D) devem receber remuneração diferente da percebida pelos empregados da mesma categoria da empresa tomadora.
(E) não integram o regime do FGTS.

12. **(ADVOGADO – REFAP – 2007 – CESGRANRIO)** De acordo com a Lei no 7.064/1982, que regula a situação de trabalhadores contratados no Brasil ou transferidos por empresas de serviços de engenharia e congêneres para prestar serviços no exterior, é correto afirmar que:
(A) enquanto o empregado estiver no exterior gozará anualmente suas férias no país onde estiver trabalhando, independente do tempo de permanência fora do Brasil.
(B) durante o período da prestação de serviço do empregado no exterior será observada a legislação do país estrangeiro no que diz respeito à Previdência Social.
(C) antes do término do prazo de transferência do empregado para o exterior, seu retorno ao Brasil se dará excepcionalmente e apenas se o empregado der motivo a justa causa para a rescisão do contrato de trabalho.
(D) os valores do salário-base, durante o trabalho fora do Brasil, ficarão sujeitos aos reajustes e aumentos compulsórios previstos na legislação brasileira, mas incidirão exclusivamente sobre os valores ajustados em moeda nacional.
(E) as prestações *in natura* recebidas pelo empregado por mais de doze meses em função de sua permanência no exterior aderem-se ao contrato de trabalho, sendo devidas, portanto, após seu retorno ao Brasil.

13. **(ADVOGADO – SERPRO – 2008 – CESPE)** A respeito do direito do trabalho, julgue os itens seguintes.

1. Caso um trabalhador seja eleito membro do conselho fiscal do sindicato representante de sua categoria, ele gozará da estabilidade provisória desde o momento do registro de sua candidatura, até um ano após o final de seu mandato.
2. Caso um empregado seja surpreendido retirando indevidamente a quantia de R$ 200,00 do caixa da sua empresa empregadora, ele será passível de despedida por justa causa, pelo cometimento de ato de improbidade.
3. O período de paralisação do trabalho por greve, havendo pagamento de salário, é motivo de interrupção do contrato de trabalho.
4. A morte do empregador constituído em empresa individual gera necessariamente a rescisão do contrato de trabalho com seus empregados.
5. Os serviços prestados por uma pessoa jurídica podem ser objeto de um contrato de trabalho.
6. O trabalho efetuado pelo preso em instituição penitenciária é regido pela CLT.
7. Aos professores é assegurado o pagamento de salários mesmo no período de férias escolares.
8. Supondo que Carlos tenha sido contratado pela Empresa Flecha no dia 2/2/2008 e demitido sem justa causa no dia 2/9/2008, ele não deverá receber qualquer quantia a título de férias, uma vez que não se completou um ano de contrato.
9. O direito ao aviso prévio é renunciável pelo empregado.

14. **(ADVOGADO – IRB – 2006 – ESAF)** Assinale a afirmação correta.
(A) O trabalhador readaptado em nova função, por motivo de deficiência física ou mental atestada pelo órgão competente da Previdência Social, não servirá de paradigma para fins de equiparação salarial.
(B) O empregado que for aposentado por invalidez terá interrompido o seu contrato de trabalho durante o prazo fixado pelas leis de Previdência Social para a efetivação do benefício.
(C) O contrato de experiência não poderá exceder de 120 (cento e vinte) dias.
(D) Ao trabalhador que comete falta grave, a Lei imputa a rescisão indireta do contrato individual de trabalho.
(E) Presume-se a continuidade do contrato individual de trabalho, quando, dado o aviso-prévio, o empregador o reconsidera, antes de seu termo, comunicando a decisão ao trabalhador.

15. **(ADVOGADO – BNDES – 2001 – VUNESP)** Sobre o Contrato de Trabalho é correto afirmar que
(A) se extingue na mudança da propriedade da empresa ou na alteração da estrutura jurídica do empregador.
(B) o crédito oriundo de direito trabalhista não possui privilégio na falência.

(C) o contrato de experiência terá prazo máximo de 90 dias.
(D) a validade do Contrato de Trabalho depende da forma escrita.
(E) o Contrato de Trabalho por tempo determinado terá prazo máximo de 1 ano.

16. **(ADVOGADO – BNB – 2006 – ACEP)** Assinale a alternativa CORRETA.

(A) Empregados maiores de 18 anos e menores de 50 anos podem fracionar períodos de gozo de férias.
(B) Todo trabalhador é empregado, mas nem todo empregado é trabalhador.
(C) O contrato de prazo determinado da Lei 9.601/98 admite a prestação de horas extras.
(D) Contrato de experiência é mera relação de trabalho, e não relação de emprego.
(E) O trabalhador temporário é empregado de uma empresa tomadora de serviços.

17. **(PROCURADOR – BANCO CENTRAL – 2009 – CESPE)** A respeito dos contratos individuais de trabalho, julgue os itens a seguir.

I. Os contratos de trabalho podem ser verbais.
II. É vedada a prorrogação de contratos de experiência.
III. A CLT fixa o prazo máximo de dois anos para os contratos a prazo determinado em geral.
IV. As garantias constitucionais de estabilidade especial no emprego alcançam os contratos a prazo determinado.

Estão certos apenas os itens

(A) I e II.
(B) I e III.
(C) III e IV.
(D) I, II e IV.
(E) II, III e IV.

18. **(PROCURADOR – BANCO CENTRAL – 2009 – CESPE)** O artigo 3.º da CLT dispõe que empregado é toda pessoa física que preste serviços de natureza não eventual a empregador, sob a dependência deste e mediante salário. Com referência a esse dispositivo, julgue os itens seguintes.

I. É obrigatório que o empregado preste os serviços no estabelecimento do empregador.
II. A exclusividade na prestação do serviço é requisito essencial para a definição de empregado.
III. O elemento fundamental que distingue o empregado do trabalhador autônomo é a subordinação.
IV. O estagiário também é considerado empregado.

Assinale a opção correta.

(A) Apenas o item I está certo.
(B) Apenas o item III está certo.
(C) Apenas os itens I e IV estão certos.
(D) Apenas os itens II e III estão certos.
(E) Apenas os itens II e IV estão certos.

19. **(PROCURADOR – BANCO CENTRAL – 2009 – CESPE)** Assinale a opção correta a respeito da terceirização e da responsabilidade subsidiária por débitos trabalhistas.

(A) A contratação irregular de trabalhador mediante a utilização de empresa interposta gera vínculo com os órgãos da administração pública direta, indireta ou fundacional.
(B) Não forma vínculo de emprego com o tomador a contratação de serviços de vigilância, de conservação e limpeza, assim como serviços especializados ligados à atividade-meio do tomador, desde que inexistentes a pessoalidade e a subordinação direta.
(C) A contratação de trabalhadores por empresa interposta é legal e não forma vínculo diretamente com o tomador dos serviços.
(D) A administração pública direta, as autarquias e as fundações públicas estão isentas de qualquer tipo de responsabilidade pelo inadimplemento das obrigações trabalhistas por parte de empresas prestadoras de serviços.
(E) Se for reconhecida, na sentença, a responsabilidade subsidiária entre a empresa tomadora e a prestadora dos serviços, o trabalhador poderá acionar qualquer delas para obter seu crédito.

20. **(PROCURADOR FEDERAL – AGU – 2002 – CESPE)** Acerca do contrato de trabalho, julgue os itens seguintes.

(1) Contrato de trabalho corresponde ao negócio jurídico pelo qual uma pessoa física ou jurídica admite outra pessoa física, mediante o pagamento de salário, para a prestação de serviços habituais e juridicamente subordinados. Nos casos em que são contratados serviços altamente especializados, não detendo o empregador o domínio da técnica necessária à execução da atividade contratada, não há que falar em relação de emprego, mas em autêntico contrato civil de prestação de serviços, porquanto impossível o exercício do poder diretivo próprio do empregador.

(2) O contrato de trabalho pode ser celebrado de forma verbal ou escrita. Será nulo de pleno direito quando celebrado por trabalhador com idade inferior a dezesseis anos sem a assistência dos representantes legais ou de órgão do Ministério Público, mesmo na condição de aprendiz.

(3) Quando celebrado por período de experiência de até noventa dias, com remuneração mensal igual ou inferior a dois salários mínimos, o contrato de trabalho poderá ser firmado de modo tácito, dispensando-se as anotações na CTPS. Por isso, o constrangimento imposto a trabalhador para a assinatura fraudulenta de contrato de pequena empreitada, com o propósito de elidir relação de emprego, não terá qualquer repercussão jurídica, por aplicação do princípio penal da bagatela ou da insignificância.

(4) De acordo com a sistemática legal vigente, desde que sejam respeitadas as disposições legais mínimas de proteção ao trabalho, as normas coletivas e as decisões das autoridades administrativas competentes, as cláusulas dos contratos de trabalho podem ser objeto de livre estipulação pelas partes interessadas.

(5) Nas sociedades de capital e indústria, em que o sócio industriário aufere o mesmo valor previsto para o sócio capitalista com menor participação na empresa, não será possível o reconhecimento de relação de emprego, mesmo que o ofício seja por aquele exercido com absoluta exclusividade ao empreendimento, com a coordenação de todas as atividades ali desenvolvidas.

21. **(PROCURADOR DA FAZENDA NACIONAL - 2007.1 - ESAF)** Julgue os itens abaixo marcando V para a asserção verdadeira e F para a falsa e, em seguida, assinale a opção correta.

( ) A prestação de serviços de forma autônoma pode ser pactuada mediante cláusula de severa pessoalidade. A par disso, tem-se que tal circunstância resulta prejudicada a total ausência de subordinação por parte do prestador de serviço.

( ) Em se tratando de contrato de empreita, o prestador detém a direção dos serviços contratados. Entretanto, a pessoalidade não é fator preponderante em tal avença, porquanto a prestação de serviços poderá ser ultimada por pessoa jurídica.

( ) A teoria dos fins da empresa define o trabalhador eventual como sendo aquele prestador de serviços que não se vincula especificamente a apenas um tomador de serviços mas oferecendo sua força de trabalho de modo concomitante e indiscriminado a vários tomadores. Cargo: Procurador da Fazenda Nacional - 2007 29 Prova Objetiva

( ) Via de regra, na prestação de serviços de forma autônoma, o prestador assume os riscos inerentes à prestação laborativa, daí porque pode-se afirmar que tal panorama constitui simples conseqüência contratual, e não requisito essencial da relação.

(A) F, V, F, V
(B) F, F, V, V
(C) V, F, F, F
(D) F, V, V, F
(E) F, F, F, V

22. **(PROCURADOR DA FAZENDA NACIONAL - 2007.2 - ESAF)** Julgue os itens abaixo marcando V a afirmativa verdadeira e F a afirmativa falsa e, em seguida, assinale a opção correta.

( ) Entre as características do contrato individual de trabalho pode-se afirmar que é um acordo de direito privado, sinalagmático, de trato sucessivo, oneroso, consensual e celebrado intuito personae tanto em relação ao empregado quanto ao empregador.

( ) Desnatura a característica de onerosidade do contrato de trabalho a circunstância de, eventualmente, a remuneração ser paga, ainda que parcialmente, por terceiros ou in natura.

( ) A regra prevista em contrato individual de trabalho, mesmo contrariando norma inserta em acordo coletivo de trabalho, terá prevalência pois a lei privilegia o ajuste direto entre empregado e empregador.

( ) O contrato de trabalho do artista profissional, ainda que celebrado em desacordo com as formalidades previstas na legislação produzirá efeitos no âmbito trabalhista, pois a lei não suprime por inteiro dita eficácia.

(A) V, V, F, V
(B) F, F, V, F
(C) F, F, F, V
(D) V, F, V, V
(E) F, F, F, F

7.3. ALTERAÇÃO, INTERRUPÇÃO E SUSPENSÃO DO CONTRATO DE TRABALHO

23. **(ADVOGADO - ELETROBRÁS - 2006 - NCE/UFRJ)** Em se tratando de alteração contratual, marque a alternativa correta:

(A) nos contratos individuais de trabalho, só é lícita a alteração das respectivas condições, por mútuo consentimento, e ainda assim, desde que não resultem, direta ou indiretamente, prejuízos ao empregado;
(B) considera-se alteração unilateral a determinação do empregador para que o empregado retorne ao cargo efetivo ao deixar o cargo de confiança;
(C) ao empregador é permitido transferir o empregado, sem a sua anuência, para localidade diversa da que resultar do contrato, por força do poder de direção da atividade econômica;
(D) é ilícita a transferência quando ocorrer a extinção do estabelecimento em que trabalhar o empregado;
(E) as despesas resultantes da transferência serão rateadas entre empregado e empregador.

24. **(ADVOGADO – IRB – 2006 – ESAF)** Assinale a afirmação incorreta.

(A) Não terá direito a férias o empregado que, no curso do período aquisitivo, permanecer em gozo de licença, com percepção de salário, por mais de 30 (trinta) dias.

(B) Aos menores de 18 (dezoito) anos e aos maiores de 50 (cinqüenta) anos de idade, as férias serão sempre concedidas de uma só vez.

(C) O empregado estudante, menor de 18 (dezoito) anos, terá o direito a fazer coincidir suas férias com as férias escolares.

(D) As férias coletivas anuais poderão ser gozadas em três períodos, desde que nenhum deles seja inferior a 10 (dez) dias corridos.

(E) O abono de férias deverá ser requerido até 15 (quinze) dias antes do término do período aquisitivo.

25. **(ADVOGADO – BNDES – 2008 – CESGRANRIO)** João começou a trabalhar na empresa X em 01.03.2006. Nos cinco primeiros meses de trabalho, ele faltou, de forma injustificada, em sete ocasiões. No dia 31.07.2006, João sofreu um acidente de trabalho, que ocasionou seu afastamento até 30.06.2007, quando recebeu alta do órgão previdenciário. Em novembro de 2007, João voltou a faltar injustificadamente em quatro ocasiões, além de ter tido, em janeiro de 2008, outro acidente de trabalho que o deixou afastado do serviço por quinze dias, sem percepção de benefício previdenciário, apesar de devidamente atestado pelo INSS. Quando completou dois anos na empresa, em 29.02.2008, João se dirigiu ao Setor de Recursos Humanos alegando que o período concessivo de suas férias estava vencido e exigindo sua imediata concessão. Na hipótese, João tem direito a férias de

(A) 30 dias e, como o período concessivo está vencido, sua remuneração deve ser paga em dobro.

(B) 30 dias, desde que não falte injustificadamente em mais duas ocasiões até 30.06.2008.

(C) 24 dias, pois, ao longo do período aquisitivo, faltou sete vezes e, como o período concessivo está vencido, sua remuneração deve ser paga em dobro.

(D) 24 dias, pois, ao longo do período aquisitivo, faltou sete vezes, mas o período concessivo só se encerrará em 30.06.2008.

(E) 18 dias, pois, ao longo do período aquisitivo, faltou onze vezes, mas o período concessivo só se encerrará em 30.06.2008.

26. **(ADVOGADO – BNDES – 2001 – VUNESP)** Após 12 meses de trabalho, o empregado tem direito ao gozo de férias anuais de 30 dias, desde que não ocorridas faltas injustificadas no período aquisitivo. Não são consideradas faltas injustificadas

(A) aquelas ocorridas durante a suspensão preventiva para responder a inquérito administrativo ou de prisão preventiva.

(B) até 4 dias pelo falecimento do cônjuge, ascendente, colateral ou pessoa legalmente declarada como dependente.

(C) aquelas não justificadas pela empresa, entendendo-se como tal as que tiverem o desconto do correspondente salário.

(D) 2 dias, a cada 12 meses de trabalho, em caso de doação voluntária de sangue.

(E) 6 dias, em caso de nascimento de filho, no decorrer da primeira semana.

27. **(ADVOGADO – BNB – 2006 – ACEP)** Assinale a alternativa CORRETA.

(A) A disposição da CLT de que alteração na estrutura jurídica da empresa não afetará os direitos adquiridos por seus empregados se coaduna com o princípio protetor.

(B) A alteração subjetiva do contrato de trabalho significa alteração das condições de trabalho.

(C) É possível a desconsideração da personalidade jurídica da empresa sempre que houver mácula a direitos trabalhistas.

(D) A sucessão de empregadores implica na extinção do contrato de trabalho.

(E) A disposição da CLT de que serão nulos de pleno direito os atos praticados com o objetivo de desvirtuar, impedir ou fraudar a aplicação de seus preceitos se coaduna com o princípio do Direito do Trabalho da razoabilidade.

28. **(ADVOGADO DA UNIÃO – AGU – 2004 – CESPE)** Em cada um dos itens a seguir, é apresentada uma situação hipotética acerca de sucessão de empresas, sujeitos do contrato de trabalho e solidariedade de empresas no âmbito do direito do trabalho, seguida de uma assertiva a ser julgada.

1. Contratado pelas Lojas Hipotéticas Ltda., Jonas prestava serviços concomitantes às outras duas empresas que compunham o mesmo grupo econômico que sua empregadora, durante a mesma jornada de trabalho. Dispensado imotivadamente, referido trabalhador ajuizou ação trabalhista contra aquelas empresas, postulando o reconhecimento de três contratos de trabalho autônomos, em relação a cada uma delas, além dos reflexos pecuniários correlatos, inclusive em caráter solidário. Nessa situação, embora não se possa admitir a existência dos três vínculos jurídicos pretendidos, as empresas deverão ser condenadas em caráter solidário, ainda que não haja previsão contratual nesse sentido, caso existam créditos resultantes do contrato formalizado por Jonas.

2. Passando por sérias dificuldades econômicas, um grande empresário do setor têxtil resolveu reduzir seu empreendimento, organizado em duas unidades produtivas. Fechou uma delas, permanecendo com apenas um ponto de

produção. Dois meses depois, uma empresa concorrente instalou-se no mesmo local antes ocupado pela unidade produtiva que fora fechada, contratando parte dos empregados que ali prestavam serviços. Nessa situação, o empresário concorrente é considerado sucessor da empresa anteriormente instalada no local.

29. **(PROCURADOR FEDERAL – AGU – 2002 – CESPE)** Julgue os itens a seguir.

(1) Como forma de preservar a eficácia das normas trabalhistas e dos valores por elas tutelados, reconhece-se a solidariedade por débitos trabalhistas entre as empresas que compõem o mesmo grupo econômico, desde que as atividades por elas exploradas estejam interligadas ou vinculadas ao mesmo segmento comercial.

(2) Para os fins do direito do trabalho, a sucessão de empresas não depende de forma especial, bastando que o empreendimento seja transferido a novo titular, com o aproveitamento total ou parcial do fundo de comércio.

(3) De acordo com a legislação vigente, processada a alteração na propriedade da empresa, ao novo titular fica assegurada a faculdade de denunciar o acordo coletivo até então vigente, mediante notificação ao sindicato profissional, processada por intermédio da Delegacia Regional do Trabalho, órgão mediador perante o qual deverá ser buscada nova composição coletiva.

(4) No âmbito do direito do trabalho, reconhece-se a responsabilidade subsidiária por débitos trabalhistas das pessoas físicas ou jurídicas que contratem empresas de terceirização, cujas atividades envolvam a prestação de serviços de vigilância, limpeza e conservação.

(5) De acordo com a legislação vigente, quando demandado judicialmente em nome pessoal por créditos trabalhistas, o sócio-gerente deve oferecer, em sua defesa, a denunciação da lide da pessoa jurídica empregadora, considerando a regra legal de que a pessoa física dos sócios não se confunde com a pessoa jurídica da empresa. A elisão da responsabilidade do sócio cotista sem função gerencial, demandado em nome próprio com base na teoria da desconsideração da pessoa jurídica, depende da indicação de bens livres e desembaraçados pertencentes à sociedade, cujo valor possa garantir a execução.

30. **(PROCURADOR FEDERAL – AGU – 2002 – CESPE)** Julgue os itens abaixo, a propósito da suspensão, interrupção e extinção do contrato de trabalho.

(1) Caso o empregado pratique ato contrário às regras da empresa, suscetível de autorizar a resolução do contrato, a legislação faculta ao empregador, detentor do poder diretivo, o direito de suspender o empregado, em caráter sancionatório, por período não-superior a 45 dias.

(2) Em caso de afastamento médico, por período superior a quinze dias, de empregado acometido por moléstia equiparável a acidente do trabalho, considera-se interrompido o seu contrato de trabalho, cabendo ao empregador manter a concessão de eventuais benefícios ajustados em norma coletiva, desde que providos de caráter indenizatório, não-ligados diretamente à execução do contrato.

(3) Na aposentadoria por invalidez resultante de acidente do trabalho, o momento da extinção do contrato de trabalho coincide com o instante em que é reconhecida formalmente pelo INSS a subsistência das seqüelas redutoras da capacidade laborativa do operário, após o período inicial de recuperação e tratamento previsto em regulamento.

(4) Nos contratos de trabalho celebrados por prazo certo, o período de afastamento motivado por licença médica cuja duração seja inferior a quinze dias deve ser computado no período previsto para a terminação do pacto.

(5) Quando a empresa concessionária de serviço público tiver comprometida a continuidade de suas atividades, em razão de ato praticado por autoridade pública federal, as indenizações devidas aos empregados cujos contratos tenham sido rescindidos como conseqüência daquele ato administrativo caberão à União.

31. **(PROCURADOR DA FAZENDA NACIONAL – 2007.2 – ESAF)** Em relação às férias assinale a opção correta.

(A) Dado ao seu caráter imperativo, a aquisição das férias, pelo trabalhador, durante o pacto laboral bem assim a fixação de sua duração não se assenta na assiduidade do empregado apurada durante o período aquisitivo.

(B) As parcelas que têm feição salarial, como por exemplo, as gratificações anuais, semestrais ou trimestrais integram a remuneração para efeito de cálculo das férias.

(C) A alimentação fornecida habitualmente ao trabalhador pelo empregador não integra o cálculo da remuneração das férias mesmo quando o trabalhador deixe de percebê-la durante o período de gozo das mesmas.

(D) O empregado que, no curso do período aquisitivo, pede demissão ou se aposenta espontaneamente e, não sendo readmitido em 60 (sessenta) dias de sua saída, não fará jus às férias.

(E) O vale-transporte apesar de não ter natureza salarial mas considerando o caráter social da parcela se incorpora à remuneração para efeito de cálculo das férias.

7.4. REMUNERAÇÃO E SALÁRIO

32. **(ADVOGADO – PETROBRÁS DISTRIB. – 2008 – CESGRANRIO)** Recentemente, junto ao STF, a Confederação Nacional da Indústria - CNI ajuizou, com pedido de liminar, reclamação em face da decisão proferida pelo Plenário do Tribunal Superior do Trabalho (TST) que editou a Resolução no 148/2008 e deu nova redação ao verbete no 228 da Súmula daquele Tribunal, nos seguintes termos: "ADICIONAL DE INSALUBRIDADE. BASE DE CÁLCULO. A partir de 9 de maio de 2008, data da publicação da Súmula Vinculante no 4 do Supremo Tribunal Federal, o adicional de insalubridade será calculado sobre o salário básico, salvo critério mais vantajoso fixado em instrumento coletivo." A esse respeito, qual a decisão do STF?

(A) Entendeu que, no julgamento que deu origem à mencionada Súmula Vinculante no 4, o adicional de insalubridade não deve continuar sendo calculado com base no salário mínimo, nem no salário profissional, enquanto não superada a inconstitucionalidade por meio de lei ou convenção coletiva.
(B) Considerou que a nova redação estabelecida para a Súmula no 228/TST revela aplicação devida da Súmula Vinculante no 4, porquanto permite a substituição do salário mínimo pelo salário básico no cálculo do adicional de insalubridade sem base normativa.
(C) Considerou que a nova redação estabelecida para a Súmula no 228/TST revela aplicação devida da Súmula Vinculante no 4, porquanto permite a substituição do salário mínimo pelo salário profissional ou de categoria diferenciada, no cálculo do adicional de insalubridade sem base normativa.
(D) Suspendeu a aplicação da Súmula no 228/TST na parte em que permite a utilização do salário básico para calcular o adicional de insalubridade.
(E) Suspendeu a aplicação da Súmula no 228/TST na parte em que permite a utilização do salário básico e de categoria para calcular o adicional de insalubridade.

33. **(ADVOGADO – ELETROBRÁS – 2006 – NCE/UFRJ)** De acordo com as regras para equiparação salarial, previstas no artigo 461 da CLT, analise as afirmativas a seguir:

I. É desnecessário que, ao tempo da reclamação sobre equiparação salarial, reclamante e paradigma estejam a serviço do estabelecimento, desde que se relacione com situações pretéritas.

II. Na equiparação salarial, a prescrição é total e alcança as diferenças não pleiteadas no biênio, se extinto o contrato de trabalho, ou no qüinqüênio, se na vigência do contrato de trabalho.

III. O trabalhador readaptado em nova função, por motivo de deficiência física ou mental atestada pelo órgão competente de Previdência Social, não servirá de paradigma para fins de equiparação salarial.

IV. A regra da equiparação salarial não prevalecerá quando o empregador tiver pessoal organizado em quadro de carreira, com previsão de promoções por merecimento e antigüidade, devidamente homologado no órgão competente.

V. A equiparação salarial só é possível se o empregado e paradigma exercerem a mesma função, desempenhando as mesmas tarefas, sempre ocupando cargos com a mesma denominação.

Estão corretas somente as afirmativas:

(A) I e II;
(B) II eV;
(C) III eV; (D)I, III e IV;
(E) II, III e V.

34. **(ADVOGADO – IRB – 2006 – ESAF)** Para evitar pleitos de equiparação salarial, a empresa que possuir quadro organizado em carreiras deverá realizar promoções

(A) sucessivas pelos critérios de produtividade e antigüidade.
(B) alternadas pelos critérios de merecimento e antigüidade.
(C) alternadas pelos critérios de assiduidade e mérito.
(D) alternadas pelos critérios de antigüidade e de provas e títulos.
(E) sucessivas pelos critérios de produtividade e merecimento.

35. **(ADVOGADO – BNDES – 2002 – VUNESP)** Com relação aos adicionais salariais, é correto afirmar que

(A) caso o empregado trabalhe em ambiente perigoso e insalubre, pode cumular os dois adicionais em seu salário.
(B) o adicional de insalubridade incide em percentual a ser aplicado sobre o salário do empregado.
(C) o adicional de periculosidade, que é pago de forma habitual, integra o pagamento do FGTS e do descanso semanal remunerado.
(D) o adicional de periculosidade incide em percentuais variáveis (10%, 20% e 40%), conforme o grau mínimo, médio ou máximo.
(E) o adicional de transferência incide quando o empregado é transferido provisoriamente, mas não quando em definitivo.

36. **(ADVOGADO – BNB – 2006 – ACEP)** Assinale a alternativa CORRETA acerca das denominações próprias do salário.

(A) Salário de contribuição, gorjeta, salário maternidade.
(B) Salário normativo, salário mínimo, salário família.

(C) Salário profissional, salário normativo, salário mínimo.
(D) Salário de benefício, salário educação, salário variável.
(E) Salário paternidade, salário complessivo, salário fixo.

37. **(PROCURADOR - BANCO CENTRAL - 2009 - CESPE)** Salário é o valor econômico pago diretamente pelo empregador ao empregado em função de prestação de serviços, enquanto remuneração é o conjunto de pagamentos provenientes do empregador ou de terceiros, recebidos em decorrência da prestação de serviços subordinados. Acerca do assunto, assinale a opção correta.

(A) A participação nos lucros é verba de natureza salarial.
(B) A CLT permite que a totalidade do salário seja paga em utilidades, desde que seja benéfico para o empregado.
(C) O vale-transporte possui natureza salarial.
(D) Mora contumaz é o atraso ou sonegação de salários devidos ao empregado por período igual ou superior a três meses, sem motivo grave ou relevante.
(E) Os adicionais, acréscimos salariais decorrentes de trabalho em condições mais gravosas, não podem ser percebidos cumulativamente.

38. **(ADVOGADO - CORREIOS - 2008 - ESPP) Será deferida a equiparação salarial quando:**

(A) o trabalho for desenvolvido em favor do mesmo empregador, mesmo que em localidades distintas.
(B) for desempenhada a mesma função, para o mesmo empregador, na mesma localidade e com a mesma produtividade e perfeição técnica, além de que a diferença de tempo de serviço na função não pode exceder a dois anos.
(C) simplesmente houver identidade de funções e de empregador.
(D) ocorrer a identidade de funções, perfeição técnica e produtiva, mesmo que prestado o serviço a empregadores diversos.

7.5. JORNADA DE TRABALHO

39. **(ADVOGADO - PETROBRÁS - 2008 - CESGRANRIO)** A Lei no 5.811, de 11 de outubro de 1972, regula o regime de trabalho que se aplica aos empregados que prestem serviços em atividades de exploração, perfuração, produção e refinação de petróleo, bem como na industrialização do xisto, na indústria petroquímica e no transporte de petróleo e seus derivados por meio de dutos. Está em DESACORDO com as normas previstas nessa legislação especial afirmar que:

(A) durante o trabalho em regime de revezamento em turno de 8 (oito) horas, para atender a imperativos de segurança industrial, poderá ser suprimida a hora do repouso e alimentação do empregado, mas lhe será assegurado o direito ao pagamento em dobro dessa hora.
(B) enquanto o empregado permanecer no regime de sobreaviso, ser-lhe-á assegurado um repouso de 24 (vinte e quatro) horas consecutivas para cada período de 24 (vinte e quatro) horas em que permanecer de sobreaviso.
(C) o empregado não poderá permanecer em serviço, no regime de revezamento previsto para a atividade de produção de petróleo em áreas terrestres de difícil acesso, por período superior a 15 (quinze) dias.
(D) sempre que for imprescindível à continuidade operacional, durante 24 (vinte e quatro) horas o empregado engajado em trabalhos de geologia de poço poderá ser mantido em regime de sobreaviso, mas em cada jornada de sobreaviso o trabalho efetivo não excederá de 10 (dez) horas.
(E) constitui alteração lícita a exclusão do empregado do regime de revezamento, cabendo-lhe, exclusivamente, o direito à percepção de uma indenização que corresponda a apenas um pagamento igual à média dos recebimentos das vantagens inerentes ao regime de revezamento percebidas nos últimos 12 (doze) meses anteriores à mudança, para cada ano ou fração igual ou superior a 6 (seis) meses de permanência nesse regime.

40. **(ADVOGADO - PETROBRÁS - 2008 - CESGRANRIO)** Sobre o Direito do Trabalho, analise as afirmações abaixo.

I. O direito ao aviso prévio é irrenunciável pelo empregado, salvo se este pede a dispensa de cumprimento, quando então fica o empregador, automaticamente, eximido de pagar o respectivo valor.

II. Se o empregado trabalha em horário noturno e é transferido para o diurno, não perde o direito ao adicional noturno pela aplicação do princípio do direito adquirido e da irredutibilidade salarial.

III. Quadro de pessoal organizado em carreira, aprovado pelo órgão competente, excluída a hipótese de equiparação salarial, não obsta reclamação fundada em preterição, enquadramento ou reclassificação.

IV. Durante as horas de sobreaviso do empregado é cabível a integração do adicional de periculosidade sobre as mencionadas horas quando o empregado recebe o adicional respectivo em caráter permanente, durante seu trabalho normal.

V. Enquanto perdurar a substituição que não tenha caráter meramente eventual, o empregado substituto fará jus ao salário contratual do substituído, à exceção do período de férias.

Está(ão) de acordo com o entendimento sumulado pelo Superior Tribunal do Trabalho **APENAS** a(s) afirmação(ões)

(A) III
(B) V
(C) I e IV
(D) II e V
(E) I, III e IV

Paulo é empregado da empresa Companhia do Computador Ltda., com contrato de trabalho regido pela Consolidação das Leis do Trabalho (CLT), com jornada de trabalho de segunda a sexta-feira, de 18. h a 1h 30. min do dia seguinte, e aos sábados de 18. h às 22. h. Paulo foi contratado em 17. de janeiro de 2005. e não tem direito a revezamento semanal ou quinzenal no seu horário de trabalho.

41. **(ADVOGADO – EMBRAPA – 2005 – CESPE)** Com referência a essa situação hipotética, julgue os itens que se seguem.

1. Paulo tem jornada de trabalho de 44. horas semanais.
2. De acordo com a CLT, após as vinte horas, o trabalho de Paulo é considerado noturno, por isso ele tem direito a remuneração superior às horas trabalhadas no turno diurno.

42. **(ADVOGADO – IRB – 2006 – ESAF)** Assinale a afirmação incorreta.

(A) Considera-se trabalho em regime de tempo parcial aquele cuja duração não exceda a 25 (vinte e cinco) horas semanais.
(B) Entre duas jornadas de trabalho haverá um período mínimo de 11 (onze) horas consecutivas para descanso.
(C) Os intervalos de descanso intrajornada não serão computados na jornada de trabalho.
(D) Os empregados sob o regime de tempo parcial não poderão prestar horas extras.
(E) Não serão descontadas nem computadas como jornada extraordinária as variações de horário no registro de ponto não excedentes de 10 (dez) minutos, observado o limite máximo de 20 (vinte) minutos diários.

43. **(ADVOGADO – BNDES – 2002 – VUNESP)** João trabalha como empregado na empresa ABC LTDA., com jornada diária das 20 horas às 3h30min, com 30 minutos de intervalo para refeição e descanso, das segundas-feiras aos sábados. Com relação ao trabalho noturno e ao intervalo para refeição e descanso, é correto afirmar que

(A) é devida a remuneração correspondente por toda a jornada de trabalho, já que presta seus serviços em horário noturno.
(B) é devida a remuneração correspondente somente no horário que compreende das 22 horas ao término da jornada.
(C) é incorreto o intervalo concedido para refeição e descanso de 30 minutos, já que o empregado trabalha mais de 6 horas diárias.
(D) é correto o intervalo concedido para refeição e descanso de 30 minutos, já que o empregado trabalha menos de 8 horas diárias.
(E) é computada normalmente, com sessenta minutos, não havendo tratamento especial, a hora trabalhada na jornada noturna .

44. **(ADVOGADO DA UNIÃO – AGU – 2009 – CESPE)** Em cada um dos itens seguintes é apresentada uma situação hipotética seguida de uma assertiva a ser julgada, com relação aos direitos dos trabalhadores quanto à duração do trabalho.

1. O horário de trabalho de João está distribuído em turnos para cobrir todo o período de atividade da empresa onde ele trabalha, que funciona ininterruptamente. João integra equipe de trabalho sujeita a sistema de revezamento, com alternância, para cada empregado, de jornadas diurnas e noturnas. Nessa situação hipotética, considerando-se que a jornada máxima para quem labora em turno ininterrupto de revezamento, de acordo com a Constituição Federal, é de seis horas diárias, caso João trabalhe oito horas por dia, será necessário um acordo escrito de compensação de jornada, sob pena de o empregador ter de lhe pagar duas horas extras diárias.
2. Maria, professora de matemática que trabalha exclusivamente para uma instituição de ensino particular, ministra, pela manhã, 5 aulas a partir de 7 h 30 min, de segunda a sexta-feira, tendo cada aula a duração de 50 minutos; após 3 horas-aula, a professora tem 15 minutos de intervalo e, em seguida, ministra mais 2 aulas. Nessa situação hipotética, a referida professora tem direito à percepção de horas extras, dada a extrapolação da jornada máxima legal.

45. **(PROCURADOR DA FAZENDA NACIONAL – 2007.1 – ESAF)** No que pertine à jornada de trabalho indique a opção correta.

(A) Entre duas jornadas de trabalho deverá existir um período mínimo de descanso de 12 (doze) horas consecutivas.
(B) Os empregados sujeitos ao regime de tempo parcial poderão prestar horas extraordinárias, desde que não excedam de 2 (duas) diárias, que serão remuneradas, pelo menos, com adicional de 50% (cinqüenta por cento).
(C) Entende-se por tempo de sobreaviso o período que integra o tempo de serviço do trabalhador ferroviário no qual permanece em sua residência aguardando a qualquer instante ser convocado a prestar serviço.

(D) Os menores de 18 (dezoito) anos não estão proibidos de trabalhar em horário noturno, desde que tal circunstância resulte devidamente anotada em sua Carteira de Trabalho e Previdência Social.

(E) A simples insuficiência de transporte público constitui elemento permissivo do pagamento das horas in itinere (tempo de deslocamento).

46. **(PROCURADOR DA FAZENDA NACIONAL – 2007.2 – ESAF)** No que pertine à jornada de trabalho, indique a opção correta.

(A) A legislação trabalhista pontua que a jornada de trabalho que não suporta controle e fiscalização por parte do empregador não rende ensejo ao pagamento das horas extras eventualmente laboradas.

(B) Na jornada contínua e excedente a seis horas diárias, a concessão de intervalo para repouso ou alimentação é obrigatória, a qual será de no mínimo duas horas e, salvo acordo escrito ou contrato coletivo em contrário, não poderá exceder de três horas.

(C) Serão descontadas e computadas como jornada extraordinária as variações de horário consignadas em registro de ponto que não excedam a cinco minutos, observado o limite máximo de dez minutos diários.

(D) Na jornada de trabalho cuja duração ultrapasse a quatro e não exceda a seis horas diárias, o intervalo intrajornada não será obrigatório considerando-se a curta duração do labor.

(E) Nas atividades legalmente consideradas insalubres a prorrogação da jornada de trabalho, desde que ultimada via acordo escrito, poderá ser livremente ajustada, sendo despicienda licença prévia das autoridades competentes em matéria de higiene do trabalho.

7.6. AVISO PRÉVIO E EXTINÇÃO DO CONTRATO DE TRABALHO

47. **(ADVOGADO – EPE – 2007 – CESGRANRIO)** Jairo firmou um contrato de trabalho por prazo determinado, com duração de 6 meses, renováveis por mais 6 meses. Ao cabo de um ano, Jairo prosseguiu trabalhando até ser dispensado, sem justa causa, quando contava com 20 meses de trabalho. Jairo tem direito à percepção de uma multa rescisória cujo valor é o equivalente a:

(A) 2 meses de remuneração.
(B) 4 meses de remuneração.
(C) 6 meses de remuneração.
(D) 20% do saldo de sua conta de FGTS.
(E) 40% do saldo de sua conta de FGTS.

48. **(ADVOGADO – EPE – 2007 – CESGRANRIO)** Janete trabalhou para uma determinada empresa de 02/01/1998 a 31/12/2003, quando então pediu demissão e recebeu, corretamente, todas as suas verbas rescisórias. Em 01/10/2004, ela foi readmitida. Ainda sem ter gozado suas férias, em 30/11/2005, quando se encontrava com dois meses de gravidez, ela foi dispensada, sem receber suas verbas rescisórias. Em 30/04/2007, ela foi definitivamente reintegrada. Ainda sem ter gozado suas férias, foi dispensada em 30/05/2007. Em relação às suas férias, Janete é credora de:

(A) férias proporcionais (2/12).
(B) férias simples (1) e férias proporcionais (6/12).
(C) férias simples (1) e férias proporcionais (7/12).
(D) férias em dobro (1), férias simples (1) e férias proporcionais (9/12).
(E) férias em dobro (2), férias simples (1) e férias proporcionais (6/12).

49. **(PROCURADOR – BANCO CENTRAL – 2009 – CESPE)** Considere que um empregado tenha faltado, sem apresentar justificativa, 12 dias consecutivos ao seu trabalho e que, após a ausência, tenha se reapresentado normalmente para dar continuidade ao trabalho. Nessa situação, justifica-se a rescisão por justa causa, em decorrência de

(A) abandono de emprego.
(B) incontinência de conduta.
(C) insubordinação.
(D) ato de improbidade.
(E) desídia no desempenho de suas funções.

50. **(PROCURADOR – BANCO CENTRAL – 2009 – CESPE)** Julgue os itens a seguir acerca do direito do trabalho.

I. O empregado demitido por justa causa perde o direito a receber 13.º salário proporcional.

II. As horas extras trabalhadas de forma habitual integram a base de cálculo do 13.º salário.

III. Em caso de encerramento do contrato de trabalho por culpa recíproca, deve-se pagar ao trabalhador metade do 13.º salário devido.

IV. O 13.º salário não sofre a incidência do FGTS.

Estão certos apenas os itens

(A) I e IV.
(B) II e III.
(C) II e IV.
(D) I, II e III.
(E) I, III e IV.

51. **(PROCURADOR FEDERAL – AGU – 2007 – CESPE)** Um empregado foi admitido em uma empresa em 20/5/2004 e submetido a uma jornada de oito horas, perfazendo quarenta horas semanais. Por ter resolvido deixar o emprego, esse empregado

concedeu aviso prévio para o empregador em 17/7/2006, prestando serviços até 16/8/2006. Durante o período em que esteve na empresa, o empregado gozou trinta dias de férias, em setembro de 2005. Com relação à situação descrita acima, julgue os itens seguintes.

1. O empregado, em razão da modalidade de rescisão, poderá levantar os depósitos do fundo de garantia do tempo de serviço (FGTS), mas sem qualquer indenização.
2. Para procurar novo emprego, o empregado, durante o período de aviso prévio, terá direito à redução de sua jornada em duas horas ou em sete dias corridos.
3. O empregado terá direito a receber férias integrais, de forma simples, referente ao período aquisitivo 2005/2006, e também a férias proporcionais correspondentes ao período aquisitivo em curso, ambas acrescidas de um terço de sua remuneração.

52. **(PROCURADOR DA FAZENDA NACIONAL – 2007.1 – ESAF)** No que concerne à despedida do empregado por justa causa, é correto afirmar:

(A) Na hipótese de prática de ato de improbidade pelo empregado, a ausência de imediatidade, na punição do trabalhador faltoso, não implica no perdão tácito, em face da gravidade da falta cometida.
(B) O bancário poderá ter seu contrato de trabalho rescindido por justa causa mercê da ausência contumaz de pagamento de dívidas legalmente exigíveis.
(C) As faltas praticadas pelo empregado fora do ambiente da empresa não poderão ser consideradas para efeito de dispensa por justa causa do trabalhador, mesmo em se tratando de atos de concorrência ao empregador.
(D) A legislação obriga o empregador, quando da ocorrência de despedida por justa causa, a comunicar por escrito ao empregado tal circunstância.
(E) A embriaguez, conquanto habitual, mas levada a efeito em período posterior ao da prestação de serviço, rende ensejo à despedida do empregado por justa causa, pois tal panorama pode interferir na satisfatória execução dos serviços por parte do empregado.

53. **(DEFENSORIA PÚBLICA DA UNIÃO – 2007 – CESPE)** João, que havia sido contratado em 20/3/2003, por prazo indeterminado, com base na CLT, comunicou ao empregador o seu pedido de demissão em 25/4/2007, tendo então o seu contrato de trabalho dissolvido após cumprir aviso prévio de trinta dias. Durante seu contrato de trabalho, João gozou apenas um período de trinta dias de férias, em janeiro de 2006, uma vez que não houve ausências injustificadas no período aquisitivo 2004/2005. Na ocasião dessas férias, João recebeu a remuneração correspondente acrescida de um terço de seu valor. Com relação à situação hipotética descrita acima, julgue os itens a seguir.

1. Em razão de não ter sido observado o período concessivo previsto na legislação em relação ao primeiro período aquisitivo de férias de João, o valor da remuneração correspondente a essas férias deverá ser pago em dobro.
2. O pagamento das verbas rescisórias poderá ser efetuado até o décimo dia útil subseqüente à data da dissolução do referido contrato de trabalho, sem pagamento de multa.
3. O ajuizamento por João de reclamação trabalhista para receber os valores correspondentes ao primeiro período aquisitivo de férias (2003/2004), em 20/4/2009, afasta a possibilidade de ser pronunciada a prescrição em relação a essa pretensão.

7.7. ESTABILIDADE E FGTS

54. **(ADVOGADO – EPE – 2007 – CESGRANRIO)** Assinale a opção que NÃO corresponde a uma hipótese de garantia de emprego.

(A) A empregada gestante, desde a confirmação da gravidez até cinco meses após o parto.
(B) O empregado eleito dirigente sindical, desde o registro da candidatura até dois anos após o final do mandato.
(C) O empregado eleito suplente para cargo de direção da CIPA, desde o registro de sua candidatura até um ano após o final de seu mandato.
(D) O empregado que tenha sofrido acidente do trabalho, desde a cessação do auxílio-doença acidentário, pelo prazo mínimo de doze meses.
(E) O empregado titular da representação dos trabalhadores no Conselho Curador do FGTS, desde a nomeação até um ano após o término do mandato.

55. **(ADVOGADO – INFRAERO – 2004 – NCE/UFRJ)** A Lei Complementar nº 110, de 29.06.2001, instituiu contribuição social incidente sobre o FGTS devida pelos empregadores para custear despesas vinculadas à atualização das contas fundiárias. A alíquota determinada foi de:

(A) cinco por cento;
(B) dez por cento;
(C) vinte por cento;
(D) quinze por cento;
(E) quarenta por cento.

56. **(ADVOGADO – BNDES – 2004 – CESGRANRIO)** Sabe-se que a base de cálculo da indenização pela rescisão injusta do contrato de trabalho para os períodos anteriores ao regime de FGTS é o

valor equivalente a um mês de remuneração por ano de serviço. Para apurá-la, deve-se obter a média aritmética do que o empregado recebeu durante os 12 (doze) últimos meses de trabalho. Qual dos itens abaixo, entre outros, deve ser incluído nesse cálculo?

(A) Adicional de periculosidade habitual.
(B) Abono pecuniário das férias pela conversão de 1/3 das mesmas.
(C) Ajuda-alimentação fornecida por empresa cadastrada no Programa de Alimentação do Trabalhador (PAT).
(D) Vestuário necessário ao exercício do trabalho.
(E) Diárias para viagem abaixo de 50% do valor do salário.

57. **(ADVOGADO – BNB – 2006 – ACEP)** Quanto ao FGTS, assinale a alternativa CORRETA.

(A) É sempre devido ao empregado doméstico.
(B) As contas vinculadas em nome dos trabalhadores são absolutamente impenhoráveis.
(C) O FGTS será regido por normas e diretrizes estabelecidas por um Conselho Curador, composto por representação somente de empregados e empregadores.
(D) A gestão da aplicação do FGTS será efetuada pelo Ministério da Previdência Social.
(E) Os contratos de aprendizagem têm alíquota de FGTS de 4%.

58. **(ADVOGADO DA UNIÃO – AGU – 2009 – CESPE)** Considerando as estabilidades provisórias, julgue os itens a seguir.

1. Suponha que Plínio seja eleito diretor esportivo do Sindicato dos Empregados em Estabelecimentos de Ensino de São Paulo. Nessa situação hipotética, caso Plínio seja o 15.º diretor da entidade, ele não será detentor de estabilidade sindical.
2. Considere que uma empregada contratada em 20/11/2006 tenha engravidado no curso da relação de emprego, tendo seu filho nascido no dia 5/12/2008. Nessa situação, a estabilidade da empregada se extinguirá em 5/4/2009.

59. **(ADVOGADO – CEF – 2006 – CESPE)** Acerca do FGTS, julgue o item abaixo.

1. As universidades particulares filantrópicas devem efetuar depósitos relativos ao FGTS no valor correspondente a 8% da remuneração paga ou devida a cada trabalhador. Esses depósitos devem ser feitos até o dia 7 de cada mês, em conta bancária vinculada. São indevidos, contudo, os depósitos relativos ao FGTS nos casos em que o trabalhador estiver licenciado por acidente de trabalho.

7.8. SEGURANÇA E MEDICINA DO TRABALHO

60. **(ADVOGADO – PETROBRÁS – 2008 – CESGRANRIO)** No Capítulo V da Consolidação das Leis do Trabalho (CLT), intitulado "Segurança e Medicina do Trabalho", está realçado o intuito do legislador de evitar acidentes, preservar a saúde do trabalhador e propiciar a humanização do trabalho. Assim, o artigo 163 da CLT determina a obrigatoriedade de constituição de Comissão Interna de Prevenção de Acidente (CIPA) "de conformidade com as instruções expedidas pelo Ministério do Trabalho". Ademais, o artigo 200 da CLT, inserido no mesmo Capítulo V, contém delegação genérica no sentido de que "cabe ao Ministério do Trabalho estabelecer disposições complementares às normas de que trata esse Capítulo".

Nesse contexto, o Ministério do Trabalho e Emprego editou a Norma Regulamentadora no 5 (NR 5), que dispõe sobre a CIPA, estabelecendo que:

I. o empregado, Presidente da CIPA, não poderá sofrer despedida arbitrária, entendendo-se como tal a que não se fundar em motivo disciplinar, técnico, econômico ou financeiro;
II. o membro titular da CIPA perderá o mandato, sendo substituído por suplente, quando faltar a mais de 4 (quatro) reuniões sem justificativas;
III. se considera estabelecimento, para fins de aplicação da NR 5, a sede da empregadora, do empregado, de empreiteiro ou de empresa prestadora de serviços, em qualquer hipótese;
IV. a constituição da CIPA é obrigatória para todos os estabelecimentos, inclusive aqueles em que prestem serviços apenas servidores públicos estatutários;
V. devem ser designados, de comum acordo com os membros da CIPA, um secretário e seu substituto, entre os componentes ou não da Comissão, sendo neste caso necessário concordância do empregador.

Estão corretos, **APENAS**, os itens

(A) I e III
(B) I e V
(C) II e V
(D) III e IV
(E) II, IV e V

61. **(ADVOGADO – PETROBRÁS – 2006 – CESGRANRIO)** Assinale a afirmativa correta sobre as Comissões Internas de Prevenção de Acidentes (CIPA).

(A) O presidente da CIPA será sempre um representante do empregador.
(B) O mandato dos membros da CIPA tem duração de 2 (dois) anos, permitida a reeleição.

(C) Os titulares da representação dos empregadores e dos empregados nas CIPA não poderão sofrer despedida arbitrária.
(D) Os representantes dos empregados e dos empregadores são eleitos entre os empregados da empresa.
(E) As atribuições, composição e funcionamento das CIPA são regulamentadas pela CLT.

62. **(ADVOGADO DA UNIÃO – AGU – 2009 – CESPE)** Julgue os itens a seguir, relativos a segurança e medicina do trabalho.

1. Pode ser considerado praticante de ato ensejador de justa causa o empregado que não observa as instruções dadas pela empresa quanto ao uso do equipamento de proteção individual ou se recusa a utilizá-lo sem justificativa. No que se refere à CLT, embora tal previsão não tenha sido inserida de forma expressa no rol dos fatos que ensejam a justa causa no capítulo dedicado à rescisão do contrato de trabalho, ela está incluída no capítulo que trata da segurança e medicina do trabalho.
2. O empregado que trabalhe em contato direto com inflamáveis tem direito à percepção do adicional de periculosidade, correspondente ao percentual de 30% calculado sobre o salário acrescido das parcelas de natureza salarial.
3. Suponha que um empregado trabalhe, desde 20/10/2006, como auxiliar do zelador, em um condomínio com 72 apartamentos, coletando o lixo de 36 apartamentos localizados na entrada A, sem que lhe sejam fornecidas botas nem luvas especiais. Nessa situação, o empregado não tem direito à percepção do adicional de insalubridade.

7.9. DIREITO COLETIVO DO TRABALHO

7.9.1. CONVENÇÃO E ACORDO COLETIVO

63. **(ADVOGADO – PETROBRÁS – 2003 – CESPE)** A propósito da negociação coletiva no âmbito das relações de emprego, julgue os itens que se seguem.

1 Não estando formalmente constituído o sindicato representativo de determinada categoria profissional, aos órgãos do Ministério Público do Trabalho incumbe, excepcionalmente, o exercício da curatela coletiva, mediante provocação de comissão constituída pelos trabalhadores interessados.

2 Em situações específicas, a flexibilização da legislação do trabalho é admitida na ordem jurídica brasileira, desde que respeitadas as normas de segurança e higiene do trabalho. Nos acordos coletivos de trabalho em que seja prevista jornada de trabalho para as atividades realizadas em turnos ininterruptos de revezamento, a participação do sindicato patronal é facultativa e prescindível, não acarretando sua ausência qualquer nulidade. A respeito da organização sindical, julgue os itens subseqüentes.

3 Como expressão do princípio constitucional da liberdade sindical, ao poder público não compete conceder autorização para a fundação de sindicatos. Diferentemente, contudo, para a aquisição das atribuições e prerrogativas sindicais, faz-se necessário o registro perante o Ministério do Trabalho, órgão responsável pelo controle da unicidade sindical.

4 Como forma de garantir a mais legítima representação da categoria, é proibida a dispensa do empregado sindicalizado a partir do registro de sua candidatura a cargo de direção ou representação sindical e, se eleito, ainda que suplente, até um ano após o final do mandato, salvo se cometer falta grave, que deve ser apurada em inquérito judicial.

64. **(ADVOGADO – IRB – 2006 – ESAF)** Assinale a afirmação correta.

(A) A convenção coletiva de trabalho é fonte material heterônoma do Direito do Trabalho.
(B) A lei é fonte formal autônoma do Direito do Trabalho.
(C) A sentença normativa é fonte formal heterônoma do Direito do Trabalho.
(D) O acordo coletivo de trabalho é fonte material autônoma do Direito do Trabalho.
(E) Os fatos sociais são fontes formais autônomas do Direito do Trabalho.

65. **(ADVOGADO DA UNIÃO – AGU – 2009 – CESPE)** Nos itens seguintes, é apresentada uma situação hipotética seguida de uma assertiva a ser julgada, com base no direito coletivo do trabalho.

1. O Sindicato dos Empregados em Empresas de Processamento de Dados do Distrito Federal firmou instrumento coletivo de trabalho com a Empresa SVTD Informática, que tem 98 empregados. O referido instrumento tem cinco cláusulas, entre as quais se incluem a previsão de aviso prévio de 60 dias para empregados com mais de 45 anos de idade dispensados sem justa causa e o adicional de horas extras correspondente a 100%. Em relação a essa situação hipotética, é correto afirmar que o instrumento coletivo firmado constitui convenção coletiva de trabalho, cujo prazo máximo de vigência é de dois anos.
2. Foi deflagrada greve de motoristas de ônibus no Rio de Janeiro, sem que o sindicato da categoria comunicasse, com antecedência de 72 horas, a decisão de paralisação aos usuários e aos empregadores. Nessa situação hipotética, a greve dos trabalhadores deve ser considerada ilegal.

66. **(PROCURADOR FEDERAL - AGU - 2002 - CESPE)** A respeito do direito coletivo do trabalho, julgue os itens que se seguem.

(1) Por força do princípio constitucional da unicidade sindical, é proibida a criação de mais de uma entidade sindical, em qualquer grau, representativa de categoria profissional ou econômica, na mesma base territorial definida pelos próprios interessados — que não pode ser inferior à área de um município —, à qual se equiparam, por exceção, as áreas contíguas, compostas por mais de um município em virtude do fenômeno da conurbação.

(2) Por meio de acordos e convenções coletivos, as empresas e(ou) sindicatos negociantes podem ajustar cláusulas que prevejam jornadas de trabalho em turnos de revezamento, reduções salariais circunstanciais ou permanentes ou ainda novas contribuições em favor dos sindicatos, aplicáveis a todos os trabalhadores associados, sem prejuízo das denominadas contribuições confederativa e sindical.

(3) Nos denominados serviços essenciais, assim concebidos como aqueles cujo comprometimento ponha em risco iminente a sobrevivência, a saúde ou a segurança da população, o exercício legítimo do direito de greve supõe a sua prévia comunicação aos empregadores e usuários, com antecedência mínima de 72 horas, além da garantia de prestação de serviços indispensáveis ao atendimento das necessidades inadiáveis da comunidade. Por isso, havendo piquetes que objetivem impedir, mediante violência ou grave ameaça, o acesso de empregados ao trabalho durante a greve, em prejuízo dos interesses da sociedade, configura-se atentado contra a liberdade de trabalho, sujeitando os responsáveis às sanções penais previstas em lei.

(4) Quando a categoria profissional não estiver organizada em sindicato, o exercício do direito de greve pelos trabalhadores dependerá da representação pelos órgãos do Ministério Público do Trabalho, aprovada pelo voto da maioria dos interessados.

(5) O ajuizamento de dissídio coletivo perante os tribunais do trabalho pressupõe a prévia tentativa de solução autônoma ou heterônoma do conflito, com a negociação coletiva ou arbitragem. Atendida essa condição, poderão os tribunais do trabalho proferir sentenças coletivas de natureza declaratório-constitutiva, fixando novas normas e condições, respeitadas as disposições convencionais e legais mínimas de proteção ao trabalho.

7.9.2. GREVE

67. **(ADVOGADO - PETROBRÁS - 2006 - CESGRANRIO)** Durante a ocorrência de uma greve, é vedado, por lei:

(A) arrecadação de fundos.
(B) divulgação do movimento.
(C) rescisão do contrato de trabalho do grevista.
(D) suspensão total dos serviços pessoais ao empregador.
(E) aliciamento de trabalhadores a aderirem à greve, ainda que por meios pacíficos.

68. **(ADVOGADO - PETROBRÁS DISTRIB. - 2008 - CESGRANRIO)** Considere os seguintes tipos de serviços:

I. tratamento de bacias hidrográficas;
II. tratamento e abastecimento de água;
III. produção e distribuição de minérios;
IV. produção e distribuição de energia elétrica, gás e combustível;
V. controle de tráfego aéreo;
VI. guarda e uso de substâncias radioativas;
VII. policiamento urbano;
VIII. telecomunicações.

Dentre os serviços considerados essenciais, eleitos pelo legislador como limites ao exercício do direito de greve pelo trabalhador, excetuam-se APENAS:

(A) I, III e VII
(B) I, VI e VII
(C) II, IV e VIII
(D) II, V e VII
(E) IV, VI e VIII

7.10. TEMAS COMBINADOS

69. **(ADVOGADO - PETROBRÁS - 2001 - CESPE)** Julgue os itens seguintes.

1 No sistema legal brasileiro, convenções e acordos coletivos de trabalho são aplicáveis apenas aos contratos celebrados por empregados sindicalizados.

2 Os empregados de empresas de exploração de petróleo cujas atividades imponham o contato habitual com produtos inflamáveis devem receber o pagamento do adicional de periculosidade, calculado com base em percentual variável e proporcional à duração do trabalho naquelas condições.

3 A exposição do trabalhador a agentes agressivos à saúde além dos limites máximos de tolerância fixados pelo MTb determina o pagamento de adicional variável, calculado sobre o valor do salário mínimo. Quando debatida a matéria em

juízo, será obrigatória a realização de perícia técnica, por médico ou engenheiro do trabalho, sob pena de nulidade.

4 De acordo com o direito vigente, a locação de mão-de-obra é admitida apenas em situações excepcionais, destinada a suprir necessidades transitórias do empregador. Nesses casos, o empregado da empresa de trabalho temporário deve receber salário equivalente ao salário pago aos empregados exercentes da mesma função perante a empresa cliente ou tomadora, a qual será, em caso de falência da prestadora, solidariamente responsável pelo pagamento da remuneração devida aos empregados terceirizados.

5 Nas relações jurídicas de emprego, não há a possibilidade de configuração de dano de ordem moral, pois a subordinação jurídica do operário ao empregador, que detém os poderes diretivo e hierárquico, legitima a imposição de sanções compatíveis com as violações contratuais eventualmente praticadas.

70. **(ADVOGADO – CASA DA MOEDA – 2009 – CESGRANRIO)** De acordo com a legislação pertinente, compreende-se a empresa de trabalho temporário como pessoa

(A) jurídica urbana que coloca à disposição de outras pessoas físicas, temporariamente, trabalhadores qualificados.
(B) jurídica urbana que contrata, temporariamente, trabalhadores para outras empresas, numa intermediação de mão de obra qualificada.
(C) física ou jurídica urbana que coloca à disposição de outras empresas, temporariamente, trabalhadores, devidamente qualificados, por outrem remunerados e assistidos.
(D) física ou jurídica urbana que coloca à disposição de outras empresas, temporariamente, trabalhadores, devidamente qualificados, por outrem remunerados.
(E) física ou jurídica urbana que coloca à disposição de outras empresas, temporariamente, trabalhadores, devidamente qualificados, por elas remunerados e assistidos.

71. **(ADVOGADO – BNDES – 2008 – CESGRANRIO)** Quanto à proteção ao trabalho da mulher e à maternidade, pode-se afirmar que o empregador

I. pode exigir, no momento da admissão, comprovação de laqueadura;
II. pode realizar, de forma randômica, revista íntima;
III. está obrigado a conceder, durante a jornada de trabalho, dois descansos especiais, de 30 minutos cada um, para que a empregada amamente o próprio filho, até que este complete seis meses de idade;
IV. está obrigado a dispensar a empregada do horário de trabalho, durante a gestação, pelo tempo necessário para a realização de, no mínimo, seis consultas médicas e demais exames complementares;
V. está proibido de empregar a mulher em serviço que demande o emprego de força muscular superior a 20 (vinte) quilos para o trabalho contínuo, ou 25 (vinte e cinco) quilos para o trabalho ocasional.

Estão corretas **APENAS** as afirmações

(A) III e IV
(B) IV e V
(C) I, II e III
(D) II, III e IV
(E) III, IV e V

72. **(ADVOGADO – CEF – 2006 – CESPE)** Cada um dos itens a seguir apresenta uma situação hipotética, seguida de uma assertiva a ser julgada com base no Direito do Trabalho e Processual do Trabalho.

1. Antônio é empregado da CAIXA e exerce a função de técnico bancário. Nessa situação, em virtude de a CAIXA ser considerada instituição financeira, Antônio não está submetido às normas especiais de condições de trabalho dos bancários.
2. Felipe trabalha para a pessoa jurídica Alfa, desde janeiro de 2004. Durante o período aquisitivo de férias, Felipe, injustificadamente, faltou ao serviço 4 vezes. Nessa situação, Felipe terá direito a 26 dias de férias apenas.
3. Pedro, empregado da CAIXA, ocupava inicialmente o cargo de técnico bancário e recebia salário de R$ 1.200,00. Após dois anos nessa função, Pedro foi nomeado para a função de gerente de conta, passando a receber gratificação equivalente a 50% do salário de seu cargo efetivo. Nessa situação, Pedro não terá direito ao recebimento de adicional de horas extraordinárias, salvo se sua jornada for suplementada em mais de 2 horas.
4. João teve seu contrato individual de trabalho, que mantinha com a pessoa jurídica Beta, rescindido em 15 de março de 2006. A remuneração de João era de R$ 2.000,00. No ato da homologação do termo de rescisão do contrato de trabalho, realizado perante o sindicato da categoria, foi feita compensação de débitos trabalhistas de João para com a Beta no valor de R$ 3.450,00. Nessa situação, a referida compensação deve ser considerada nula.
5. Henrique, empregado da pessoa jurídica Gama, recebeu antecipadamente os salários correspondentes ao período do aviso-prévio. Nesse caso,

o empregador de Henrique não está obrigado a recolher a contribuição para o FGTS incidente sobre o pagamento do aviso-prévio devido.

6. O sindicato de determinada categoria profissional, verificando a existência de conflito de interesses entre a pessoa jurídica Delta e seus empregados, propôs negociação coletiva para tentar dirimir a questão. A Delta, por entender que a questão deveria ser resolvida internamente, recusou a proposta de negociação. Nesse caso, o referido sindicato deverá comunicar a recusa da Delta à Delegacia Regional do Trabalho competente, para a convocação compulsória.
7. Em 17 de fevereiro de 2006, Adalberto ajuizou reclamação trabalhista em desfavor de sua antiga empregadora, a CAIXA, e deu à causa o valor de R$ 5.000,00. Nessa situação, a reclamação trabalhista aforada não deve ser submetida ao procedimento sumaríssimo.
8. Determinado Tribunal Regional do Trabalho, ao julgar dissídio coletivo instaurado entre o sindicato de certa categoria profissional e a pessoa jurídica Ômega, estabeleceu novas condições de trabalho e estendeu a eficácia dessa decisão, de ofício, a todos os empregados da mesma categoria profissional, compreendidos em sua jurisdição. Nessa situação, para que a extensão da decisão seja plenamente eficaz, é necessária a concordância de 3/4 dos empregados e de 3/4 dos empregadores abrangidos pela respectiva decisão, ou dos respectivos sindicatos que representem toda a referida categoria profissional.

73. **(ADVOGADO DA UNIÃO - AGU - 2006 - CESPE)** Com referência ao direito do trabalho, cada um dos itens que se seguem apresenta uma situação hipotética, seguida de uma assertiva a ser julgada.

1. A pessoa jurídica Beta, que atua no ramo da construção civil, contratou Maria para exercer a função de nutricionista na central de produção de alimentos da empresa. Maria coordena todas as fases da elaboração dos alimentos, até a remessa das refeições individuais às frentes de trabalho, e não tem superior hierárquico imediato. Seu regime de trabalho é de 6. horas diárias. Nessa situação, inexiste vínculo empregatício entre Maria e Beta, por não haver subordinação.
2. João provocou a comissão de conciliação prévia do sindicato de sua categoria, para dirimir demanda trabalhista que possuía com seu antigo empregador, a pessoa jurídica Alfa. Na comissão, durante a audiência de conciliação, foi celebrado acordo, cujo termo foi assinado tanto por João quanto por Alfa, sem quaisquer ressalvas. Nessa situação, havendo o cumprimento integral do acordo por parte de Alfa, João não poderá pleitear mais nenhum direito trabalhista oriundo do referido contrato de trabalho.
3. Luís celebrou contrato de experiência, em 12/9/2005, com a pessoa jurídica X. Decorridos 90 dias da data da contratação, X optou não efetivar a contratação de Luís. Entretanto, em 27/1/2006, Luís foi novamente contratado pela pessoa jurídica X. Nessa situação, e considerando a legislação de regência, o segundo contrato de Luís não poderá ser por prazo determinado.
4. José tem 62 anos de idade e trabalha para a pessoa jurídica Delta. Em virtude de situação excepcional, Delta concedeu as férias de José em dois períodos, sendo o primeiro de 10 dias, no mês de julho, e o segundo de 20, a ser gozado em dezembro. Nessa situação, com base na legislação trabalhista em vigor, a concessão das férias de José em dois períodos é ilegal.
5. Ana, empregada de determinada pessoa jurídica, obteve a guarda judicial para fins de adoção de uma criança com 9 meses de idade. Nessa situação, Ana terá direito à licença-maternidade, de 120 dias, mediante a apresentação do termo judicial de guarda.
6. Fábio é empregado de certa companhia mineradora. A função exercida por Fábio, na empresa, foi incluída no quadro de atividades e operações insalubres, aprovado pelo Ministério do Trabalho e Emprego, em 26/3/2005. Nessa situação, a exigibilidade do respectivo adicional de insalubridade se inicia a partir da data da aprovação do referido quadro, observado o prazo prescricional.
7. Certa pessoa jurídica do ramo hoteleiro celebrou acordo escrito com os empregados do restaurante do hotel que administra, estipulando que todos os danos causados aos utensílios e demais objetos da cozinha seriam ressarcidos, rateando-se o valor total do prejuízo entre todos os empregados do restaurante, descontando a parcela correspondente dos salários desses empregados. Nessa situação, com base na ordenação normativa vigente, o acordo é nulo de pleno direito.
8. A pessoa jurídica Z oferece aos seus empregados, que manifestarem interesse e que possuam mais de 5 anos de serviços prestados à empresa, programa de qualificação profissional, com duração de 2 meses, conforme previsto em acordo coletivo, ficando o contrato de trabalho suspenso nesse ínterim. Nessa situação, se, durante o prazo de suspensão do contrato individual do trabalho, houver a dispensa do empregado, o empregador, além das verbas rescisórias, terá de pagar ao empregado multa de, no mínimo, 100% do valor da última remuneração, anterior à suspensão, conforme estabelecido em acordo ou convenção coletiva.

9. Renato foi contratado pela pessoa jurídica Gama, para a função de vigia. Sua jornada de trabalho inicia-se às 22 horas e termina às 5 horas da manhã, momento em que Renato é substituído por outro vigia. Conforme determinação expressa do empregador, Renato somente pode sair do trabalho após a chegada do outro vigia para substituí-lo. Nessa situação, se o outro vigia chegar apenas às 7 horas da manhã, Renato não terá direito ao adicional noturno, mas tão-somente ao adicional de hora extraordinária.

74. **(ADVOGADO DA UNIÃO – AGU – 2004 – CESPE)** Em cada um dos itens a seguir, é apresentada uma situação hipotética relativa a estabilidade no emprego e a suspensão, interrupção e execução do contrato de trabalho, seguida de uma assertiva a ser julgada.

1. Marcos sofreu grave acidente de trânsito quando se dirigia ao local de trabalho, permanecendo com diversas seqüelas que o impossibilitaram de retomar a execução do contrato de trabalho. Aposentado por invalidez, Marcos pretendeu de seu empregador o pagamento das verbas rescisórias devidas, não alcançando êxito. Nessa situação, se o trabalhador recorrer à justiça do trabalho, a atitude da empresa será convalidada, pois fica suspenso, embora provisoriamente, o contrato em razão da aposentadoria alcançada.
2. Fábio faltou ao trabalho por três dias, pois foi obrigado a viajar para a sua cidade natal, em razão do trágico falecimento de um de seus primos. Nessa situação, deixando Fábio de trabalhar no período, seu contrato de trabalho será interrompido, não podendo o empregador promover o desconto salarial correspondente.
3. Após várias tentativas infrutíferas para engravidar, Márcia e seu marido resolveram adotar uma criança. Depois de observados os procedimentos legais necessários, acabaram adotando uma criança com um mês de vida. Nessa situação, embora tenha direito à licença-maternidade com duração de 120 dias, Márcia não fará jus à estabilidade prevista para a trabalhadora gestante.
4. Paulo prestou serviços como gerente ao mesmo empregador durante 15 anos. Em razão da dedicação e do zelo demonstrados no desempenho da função, acabou obtendo de seu empregador a concessão espontânea da estabilidade no emprego, embora também vinculado ao regime do Fundo de Garantia do Tempo de Serviço (FGTS). Passados cinco anos desse evento, com o falecimento do titular da empresa e a assunção do negócio por seu filho e sucessor, Paulo foi sumariamente dispensado em razão de sérias divergências sobre a melhor forma de conduzir referido empreendimento. Nessa situação, e considerando que a rescisão do contrato encerra direito potestativo do empregador, sobretudo quando aplicável o regime do FGTS, não há qualquer ilicitude no ato rescisório promovido pelo empregador.
5. Com o objetivo de criar o sindicato da categoria profissional a que estavam vinculados, Ricardo e outros companheiros de trabalho fizeram publicar diversos editais em jornais de grande circulação. Realizaram a assembléia, fundaram o sindicato e elegeram seu corpo diretivo, promovendo, em seguida, o registro dos atos constitutivos no órgão cartorário competente. Acompanhando com apreensão esses eventos, que lhe foram comunicados desde o início, inclusive com a relação dos candidatos aos cargos de direção do sindicato, o empregador resolveu dispensar Ricardo sumariamente do emprego. Nessa situação, sem que tenha sido apresentado ao Ministério do Trabalho e Emprego o requerimento de registro do referido ente sindical, não há como considerar Ricardo estável no emprego, pelo que nenhuma censura poderá ser imposta ao ato patronal dissolutório da relação de emprego.

75. **(DEFENSORIA PÚBLICA DA UNIÃO – 2007 – CESPE)** Julgue os itens que se seguem de acordo com as normas trabalhistas e a jurisprudência dos tribunais.

1. Ao empregado afastado do emprego em razão de suspensão do contrato de trabalho não se asseguram, por ocasião de sua volta, as vantagens que, em sua ausência, tenham sido atribuídas à categoria a que pertencia na empresa.
2. Segundo a jurisprudência, a confirmação da gravidez, para fins de estabilidade gestante, é de caráter subjetivo, de modo que o direito à estabilidade depende da comunicação da gravidez ao empregador.
3. O transporte fornecido pelo empregador para o deslocamento do empregado até o trabalho e o seu retorno para casa não é considerado salário in natura, independentemente do fato de o percurso feito pelo empregado para chegar ao trabalho ser ou não servido por transporte público.

8. Direito Processual do Trabalho

8.1. PRINCÍPIOS, ORGANIZAÇÃO DA JUSTIÇA DO TRABALHO, COMPETÊNCIA E NULIDADES PROCESSUAIS

1. **(ADVOGADO – IRB – 2006 – ESAF)** Interpretação gramatical é

(A) a ampliação do sentido da regra jurídica, quando o operador do direito conclui que o legislador menos disse do que pretendia.
(B) a comparação de regras de um mesmo sistema jurídico, em suas várias expressões normativas, de modo a compatibilizar-se o sentido buscado pelo intérprete.
(C) o recurso a outras normas de um mesmo sistema jurídico, de modo que o intérprete possa suprir aparente omissão no ordenamento jurídico.
(D) a busca do significado dos termos e expressões da regra jurídica, de modo a aclarar-lhe, filologicamente, o sentido.
(E) a pesquisa dos antecedentes legislativos, das razões e objetivos que determinaram a sua integração ao ordenamento positivo, de maneira a objetivar-se um significado razoável para a regra jurídica.

2. **(ADVOGADO – IRB – 2006 – ESAF)** As nulidades, no processo do trabalho:

(A) devem ser declaradas de ofício pelo juiz.
(B) prejudicam todos os atos processuais pregressos.
(C) podem ser apontadas a qualquer momento.
(D) pressupõem, para ver-se declaradas, manifestação imediata da parte prejudicada.
(E) não toleram suprimento da falha.

3. **(ADVOGADO – IRB – 2006 – ESAF)** Assinale a afirmação incorreta.

(A) Os conflitos de jurisdição podem ocorrer entre Vara do Trabalho e respectivo Tribunal Regional do Trabalho.
(B) É vedado à parte interessada suscitar conflitos de jurisdição quando já houver oposto na causa exceção de incompetência.
(C) No ato de suscitar o conflito, deverá a parte interessada produzir a prova da existência dele.
(D) Os conflitos de jurisdição serão decididos pelo Tribunal Superior do Trabalho, quando suscitados entre Varas e Juízos de Direito sujeitos à jurisdição de Tribunais Regionais diferentes.
(E) No Tribunal Regional, havendo conflito positivo de jurisdição entre Varas, poderá o relator ordenar que sobrestejam o andamento dos respectivos processos.

4. **(ADVOGADO – CASA DA MOEDA – 2009 – CESGRANRIO)** Ao Tribunal Regional do Trabalho compete processar e julgar originariamente

(A) a extensão das decisões proferidas em dissídios normativos e coletivos.
(B) as revisões de sentenças em dissídios comunitários.
(C) as ações monitórias.
(D) as ações diretas de inconstitucionalidade.
(E) os mandados de segurança.

5. **(ADVOGADO – CASA DA MOEDA – 2009 – CESGRANRIO)** No âmbito da Justiça do Trabalho, analise as competências a seguir.

I. Competência material – *ex ratione materiae* – fixada em razão da natureza jurídico-material controvertida e está prevista no artigo 114 da CRFB-88.
II. Competência territorial – *ex ratione loci* – fixada em razão do local onde o Juiz exerce suas funções e também chamada competência de foro. Prevista no artigo 651 da CLT, em relação às Varas do Trabalho.
III. Competência em razão da pessoa – *ex ratione personae* – fixada em razão da qualidade da parte que está demandando e depende de quem ou em face de quem se está demandando.
IV. Competência funcional – originária (para conhecer da causa em 1o grau, sempre na Vara do Trabalho) ou derivada (para conhecer dos recursos interpostos por decisão proferida por outro Juízo).

Estão corretas as competências

(A) I e II, apenas.
(B) III e IV, apenas.
(C) I, II e III, apenas.
(D) I, II e IV, apenas.
(E) I, II, III e IV.

6. **(ADVOGADO – CEF – 2001 – CESPE)** Com base nas regras e nos princípios próprios do direito processual do trabalho, julgue os itens a seguir.

(1) As transações celebradas perante as comissões de conciliação prévia — de natureza extrajudicial — não podem ser objeto de execução perante a justiça do trabalho.

(2) Na fase de liquidação, é defeso modificar ou alterar a sentença liquidanda, sendo facultado ao juiz, após quantificada a obrigação exequenda, a concessão de prazo preclusivo de dez dias às partes para impugnação precisa e fundamentada.

(3) A remição de bem penhorado em execução trabalhista apenas será admissível se o executado depositar o valor total da execução, e não apenas o equivalente ao bem apreendido.

(4) Havendo omissão ou contradição no julgado, ou ainda manifesto equívoco no exame dos pressupostos recursais extrínsecos, os embargos de declaração opostos no prazo de cinco dias poderão gerar efeito modificativo ao julgado recorrido.

(5) O recurso de revista perante o Tribunal Superior do Trabalho, interposto contra acórdão proferido em recurso de agravo de petição, apenas será admitido quando verificada a ofensa direta e literal a texto de lei ordinária.

7. **(ADVOGADO – BNB – 2006 – ACEP)** De acordo com a nova redação do art.114 da Constituição Federal de 1988, conferida pela Emenda Constitucional n° 45/04, assinale a alternativa CORRETA.

(A) As partes de uma contenda trabalhista, qualquer que seja, podem eleger árbitros para solucioná-la a qualquer tempo.
(B) As ações decorrentes de dano material decorrentes da relação de emprego não são da competência da Justiça Federal.
(C) Compete à Justiça Estadual processar e julgar as ações que envolvam o exercício do direito de greve.
(D) As ações que versem sobre eleições sindicais são da competência da Justiça Eleitoral.
(E) As ações oriundas da relação de trabalho, abrangidos os entes de direito público interno, são da competência da Justiça do Trabalho.

8. **(ADVOGADO – BNB – 2006 – ACEP)** Sobre a prescrição de créditos trabalhistas, assinale a alternativa CORRETA.

(A) A ação que tenha por objeto anotações para fins de prova junto à Previdência Social prescreve em dois anos, contados da data da cessação da relação de emprego.
(B) Contra os menores de 18 anos não corre nenhum prazo de prescrição.
(C) Terminada a relação de emprego, o empregado tem 5 anos para propor reclamação trabalhista.
(D) No curso da relação de emprego, caso seja interposta reclamação trabalhista, o período atingido pela prescrição corresponde aos 2 anos anteriores à propositura da ação.
(E) O prazo prescricional das ações quanto aos créditos resultantes das relações de emprego é de 2 anos para trabalhadores urbanos, até o limite de 5 anos após a extinção do contrato de emprego.

9. **(PROCURADOR – BANCO CENTRAL – 2009 – CESPE)** O sindicato representante de uma categoria funcional realizou processo eleitoral para a escolha de nova diretoria. Duas chapas inscreveram-se para concorrer ao pleito. Após a eleição, a chapa vencida constatou diversas irregularidades, e a comissão eleitoral, ignorando esses fatos, proclamou o resultado das eleições: declarou a outra chapa vencedora. Nessa situação hipotética, caso a chapa derrotada, ou algum candidato, tenha interesse em mover ação judicial para questionar a validade dessa eleição, deve mover a competente ação na justiça

(A) federal.
(B) comum estadual.
(C) eleitoral.
(D) do trabalho.
(E) militar.

10. **(PROCURADOR – BANCO CENTRAL – 2009 – CESPE)** Com relação à justiça do trabalho, julgue os seguintes itens.

I. As ações de cobrança de contribuições para o FGTS devidas pelos empregadores devem ser propostas na justiça do trabalho.
II. Os crimes contra a organização do trabalho serão julgados na justiça federal.
III. As demandas referentes à prestação de serviços de trabalhadores autônomos serão julgadas na justiça comum estadual.
IV. As ações de acidente do trabalho propostas pelo beneficiário contra o INSS, em que se discuta controvérsia acerca de benefício previdenciário, serão julgadas na justiça federal.

Estão certos apenas os itens

(A) I e III.
(B) I e IV.

(C) II e III.
(D) I, II e IV.
(E) II, III e IV.

11. **(ADVOGADO DA UNIÃO - AGU - 2009 - CESPE)** Acerca do Direito Processual do Trabalho, julgue os próximos itens.

1. Os princípios do Direito Processual do Trabalho funcionam como orientadores das partes, que devem apresentar fatos e postular a solução, e do juiz, o qual deve interpretar os fatos que lhe são apresentados e, aplicando a lei aos casos concretos, solucionar a lide. Tais princípios inspiram preceitos legais, orientam os intérpretes e sanam as omissões legais.
2. O princípio do dispositivo confere ao juiz a prerrogativa de procurar e reunir o material do processo, devendo o magistrado observar sempre o respeito à igualdade das partes perante a lei. A inspeção judicial constitui uma das formas de observância de tal princípio.
3. Em atenção ao princípio do duplo grau de jurisdição, que possibilita o reexame da sentença definitiva por órgão de jurisdição não-prolator da decisão, via de regra, de hierarquia superior, cabe a remessa oficial caso a fazenda pública seja condenada a pagar, por exemplo, R$ 15.000,00 em uma ação trabalhista.

12. **(PROCURADOR FEDERAL - AGU - 2007 - CESPE)** Julgue os itens seguintes, acerca de prescrição e decadência.

1. Considere que a rescisão de determinado contrato de trabalho tenha ocorrido em agosto de 2006. Nesse caso, considerando-se o prazo prescricional qüinqüenal para a exigência dos créditos trabalhistas, o empregado poderá ajuizar reclamação trabalhista até agosto de 2011, sem o risco de ser pronunciada a prescrição.
2. Na prescrição, o direito antecede o início da contagem do prazo, enquanto na decadência, o direito coincide com o início da contagem do prazo. Esse entendimento se aplica também ao direito do trabalho.

13. **(PROCURADOR DA FAZENDA NACIONAL – 2007.1 – ESAF)** No âmbito do processo do trabalho, a nulidade de todo o processado não pode ser declarada quando ocorrer a possibilidade de aproveitamento de determinado ato válido praticado no processo. Indique entre as opções abaixo aquela que encerra o princípio revelado pelo enunciado da questão.

(A) Princípio da transcendência ou do prejuízo.
(B) Princípio da convalidação.
(C) Princípio do interesse de agir.
(D) Princípio da instrumentalidade das formas.
(E) Princípio da utilidade.

14. **(DEFENSORIA PÚBLICA DA UNIÃO – 2007 – CESPE)** No que concerne à competência da justiça do trabalho, julgue os itens subseqüentes.

1. A justiça do trabalho é competente para julgar todas as controvérsias decorrentes das relações de trabalho, inclusive, de acordo com a jurisprudência, as resultantes da relação estatutária com o servidor público.
2. A justiça do trabalho é competente para julgar as ações relativas às penalidades administrativas impostas aos empregadores pelos órgãos de fiscalização das relações de trabalho.

15. **(ADVOGADO – CORREIOS – 2008 – ESPP)** A Justiça do Trabalho em primeira instância será constituída:

(A) por juntas de conciliação e julgamento, compostas por um juiz do trabalho e dois vogais.
(B) por juntas de conciliação e julgamento, composta também por juízes classistas nomeados pelo presidente do Tribunal Regional do Trabalho.
(C) por varas trabalhistas, compostas por juízes togados e leigos, que exercerão a jurisdição.
(D) por varas trabalhistas compostas por juízes do trabalho, com competência para resolução dos dissídios individuais.

8.2. PROCEDIMENTOS

16. **(ADVOGADO - PETROBRÁS - 2003 - CESPE)** A propósito das regras informativas do processo judiciário trabalhista, julgue os itens seguintes.

1 Nas ações trabalhistas, a exceção de incompetência em razão do lugar deve ser oferecida em audiência, acarretando a suspensão do processo e a concessão do prazo mínimo de cinco dias ao excepto para manifestação. Da decisão interlocutória proferida, acolhendo ou rejeitando a exceção, admite-se a interposição de agravo, cujo merecimento, entretanto, apenas será analisado por ocasião da interposição do recurso cabível contra a decisão terminativa ou definitiva proferida.

2 Como meio de proteção ao patrimônio público, nas ações propostas sob o rito sumaríssimo em face de órgão da administração pública direta, autárquica ou fundacional, as sentenças condenatórias em valores superiores a sessenta salários mínimos não produzirão efeitos enquanto não forem submetidas ao reexame obrigatório dos tribunais competentes.

3 Os dissídios coletivos concernentes a conflitos que envolvam sindicatos com âmbito nacional de representação devem ser solucionados originariamente pelo TST.

17. **(ADVOGADO – PETROBRÁS – 2001 – CESPE)** Com relação a acordos trabalhistas e ao processo judiciário do trabalho, julgue os itens que se seguem.

1 No âmbito da justiça do trabalho, o procedimento sumaríssimo é obrigatório apenas para as causas com valores inferiores a vinte salários mínimos. Acima desse limite, a presença de advogado é obrigatória, aplicando-se o procedimento trabalhista ordinário.

2 Havendo comissão de conciliação prévia em regular funcionamento, constituída com a participação do sindicato ao qual é filiado o trabalhador, o ajuizamento de ação perante a justiça do trabalho deverá ser precedido da submissão do conflito ao exame da referida comissão, salvo se houver motivo relevante que impossibilite a adoção dessa providência.

3 Nos procedimentos sumaríssimo e ordinário, o juiz do trabalho é livre na definição das provas necessárias à solução do conflito, podendo limitar ou excluir as que considerar excessivas, impertinentes ou protelatórias.

4 Reconhecidos fatos geradores da incidência da contribuição previdenciária, em sentença judicial com trânsito em julgado, a execução correspondente deve ser processada de ofício pela autoridade judiciária trabalhista. Nesse sentido, liquidada a sentença, o INSS deve ser intimado a se pronunciar acerca da conta, sob pena de preclusão.

5 Perante o TST, o recurso de revista interposto contra acórdão regional proferido em sede de execução de sentença será admitido apenas quando a interpretação do preceito de lei federal aplicado for diversa da que lhe houver sido dada por outro tribunal regional do trabalho ou quando configurada a afronta direta e literal a preceito constitucional.

18. **(ADVOGADO – EPE – 2007 – CESGRANRIO)** Assinale a afirmação INCORRETA quanto às testemunhas, no processo do trabalho.

(A) No procedimento ordinário, cada parte poderá indicar até 3 (três) testemunhas.
(B) No procedimento sumaríssimo, cada parte poderá indicar até 2 (duas) testemunhas.
(C) Nos inquéritos, cada parte poderá indicar até 6 (seis) testemunhas.
(D) Em caso de litisconsórcio, as partes poderão indicar, conjuntamente, até 4 (quatro) testemunhas.
(E) As testemunhas deverão comparecer à audiência independente de notificação ou intimação.

19. **(ADVOGADO – SERPRO – 2008 – CESPE)** No que se refere ao direito processual do trabalho, julgue os itens:

1. No processo do trabalho, não é cabível a interposição de recurso adesivo.
2. O prazo para a interposição do recurso ordinário é de 8 dias.
3. Os crimes contra a organização do trabalho devem ser julgados por juiz federal.
4. O recurso cabível contra as decisões proferidas pelo juiz do trabalho nas execuções é o agravo de petição.
5. Uma reclamação trabalhista contra uma autarquia e cujo valor seja inferior a 40 salários mínimos será submetida ao rito sumaríssimo.
6. Caso um trabalhador mova uma reclamação trabalhista contra sua empresa empregadora e, na data designada para a audiência, compareça o advogado da empresa, portando a procuração, mas o preposto não esteja presente, a empresa será considerada revel.
7. Para figurar como preposto em uma audiência, em regra, não existe a necessidade de se comprovar que a pessoa é empregada da reclamada, mas, sim, que possui conhecimento dos fatos discutidos no processo.
8. As empresas públicas são isentas do pagamento de custas na justiça do trabalho.
9. A nulidade fundada em incompetência de foro deve ser declarada de ofício.
10. A homologação de acordo é uma faculdade do juiz.

20. **(ADVOGADO – IRB – 2006 – ESAF)** Entre a data de protocolização da petição inicial e a realização da audiência haverá prazo mínimo de:

(A) 20 dias.
(B) 15 dias.
(C) 10 dias.
(D) 8 dias.
(E) 5 dias.

21. **(ADVOGADO – IRB – 2006 – ESAF)** Indeferida pelo Juiz da Vara do Trabalho a oitiva de testemunha, com os protestos da parte, caberá:

(A) insurreição por agravo de instrumento, retido nos autos.
(B) manifestação restrita a agravo de petição.
(C) oposição de recurso de revista.
(D) manifestação oportuna em recurso ordinário.
(E) impetração de mandado de segurança.

22. **(ADVOGADO – IRB – 2006 – ESAF)** No processo do trabalho, é correto afirmar-se que

(A) no caso de conciliação, o termo que for lavrado valerá como decisão irrecorrível, inclusive para a Previdência Social, quanto às contribuições que lhe forem devidas.
(B) adotado o procedimento sumaríssimo, a sentença dispensa relatório.
(C) a execução da ação rescisória faz-se nos próprios autos, perante o Tribunal Regional.
(D) erros materiais na sentença poderão ser corrigidos, desde que interpostos embargos de declaração.
(E) a sentença prolatada em ação de cumprimento é irrecorrível.

23. **(ADVOGADO – BNDES – 2004 – CESGRANRIO)** Segundo as regras próprias do Processo do Trabalho, pode-se afirmar corretamente que:

(A) na exceção de incompetência, o excepto terá o prazo de 48 (quarenta e oito) horas para manifestar-se sobre as alegações do excipiente.
(B) a exceção de suspeição deve ser julgada dentro de 5 (cinco) dias de sua apresentação.
(C) a notificação do reclamado deverá ser recebida nos 8 (oito) dias anteriores à realização da audiência.
(D) as razões finais orais serão, por cada parte, oferecidas na audiência em 10 (dez) minutos, no máximo.
(E) o prazo limite para a contestação feita oralmente na audiência é de 10 (dez) minutos.

24. **(ADVOGADO – CEF – 2001 – CESPE)** Em reclamação trabalhista proposta por ex-empregado da CAIXA, buscando o deferimento de horas extras e diferenças salariais por equiparação com outro empregado exercente de função similar, foi constatada a ausência de indicação do valor da causa na petição inicial, fato que motivou a argüição por parte da empresa, em sua resposta, de preliminar de inépcia da petição inicial, seguida do requerimento de extinção do processo sem exame do mérito. Superado o incidente, com a fixação daquele valor ex-ofício pelo magistrado, em quantia inferior a quarenta salários mínimos, sobreveio a manifestação do reclamante sobre os documentos apresentados com a resposta e colhidos os depoimentos pessoais do reclamante e do representante legal da empresa. O autor confessou que laborava oito horas diárias durante o período em discussão, entre segunda-feira e sexta-feira, com duas horas de intervalo, na função de chefe de seção, bem como que percebia gratificação de função superior a um terço do salário do cargo efetivo. Reconheceu, também, que o paradigma contava com mais de cinco anos no posto de chefe de serviço, por ocasião da sua promoção ao cargo similar. Em seguida, o magistrado que presidia a instrução indeferiu o requerimento de adiamento da audiência, formulado pelo reclamante, considerando o teor de seu depoimento e ainda a ausência de suas testemunhas, as quais, segundo alegado mas não comprovado, teriam sido convidadas, mas se recusaram a comparecer. Não havendo qualquer outro incidente ou registro na ata de audiência, seguiu-se o regular encerramento da instrução processual. Ao ofertar razões finais, a empresa pleiteou a impugnação do valor fixado para a causa, pleito este que foi prontamente rejeitado pelo juiz. Indeferidos na sentença os pleitos formulados, recorreu ordinariamente o reclamante, argüindo, em preliminar, a nulidade do processo por cerceamento ao direito de produção de provas; no mérito, requereu a reforma do julgado com o conseqüente deferimento dos pedidos deduzidos. Com base na situação hipotética apresentada acima, julgue os itens seguintes.

(1) A inépcia da petição inicial não poderia ter sido prontamente decretada pelo magistrado, porquanto não-concedido o prazo legal para a emenda respectiva.
(2) A decisão judicial resolutória do incidente ligado ao valor da causa, proferida após o encerramento da instrução processual, admite recurso perante o juiz-presidente do Tribunal Regional do Trabalho, no prazo de quarenta e oito horas.
(3) Contra a decisão que indeferiu a oitiva de testemunhas, francamente contrária aos interesses do reclamante, seria cabível o recurso de agravo de instrumento.
(4) Havendo prova da expedição de convites pelo reclamante às testemunhas ausentes, o adiamento da audiência seria impositivo.
(5) Ao apreciar a preliminar de nulidade, o órgão jurisdicional revisor não se poderia pronunciar acerca do acerto da conduta do juízo primário, em razão da preclusão configurada.

25. **(ADVOGADO DA UNIÃO – AGU – 2004 – CESPE)** Acerca do procedimento observado nas ações propostas perante a justiça do trabalho, julgue os itens seguintes.

1. Tratando-se de ação rescisória proposta em face de pessoa jurídica vinculada à administração pública indireta, buscando a desconstituição de sentença proferida por juízo de primeiro grau de jurisdição, a competência originária será do tribunal regional do trabalho (TRT), não havendo qualquer prerrogativa de ordem processual a ser observada em favor da pessoa jurídica demandada.
2. Nas reclamações trabalhistas propostas contra entidades da administração direta, autárquica ou fundacional, cujo valor seja inferior a 60 salários mínimos, deve ser observado o procedimento sumaríssimo, ainda que verificado o exercício do jus postulandi pela parte autora da ação.

26. **(PROCURADOR FEDERAL - AGU - 2002 - CESPE)** Acerca dos procedimentos no âmbito da justiça do trabalho, julgue os itens subseqüentes.

(1) Nas denominadas ações vinculadas ao rito sumaríssimo, inaplicáveis quando demandadas entidades da administração pública direta, autárquica e fundacional, os pedidos devem ser certos e determinados, cabendo ao autor da ação declinar na própria inicial os valores pecuniários respectivos. Além disso, e sob pena de indeferimento da inicial, cabe ao autor declinar o endereço correto da parte reclamada, de vez que inadmissível a citação por edital.

(2) Nas ações submetidas ao rito sumaríssimo, o magistrado trabalhista deve conduzir a audiência com ampla liberdade para definir as provas a serem produzidas, limitando as que considerar excessivas, impertinentes ou protelatórias, também competindo-lhe proferir a sentença que reputar mais justa e equânime, atendendo aos fins sociais da lei e às exigências do bem comum.

(3) Nas ações submetidas ao rito ordinário trabalhista, quando ausente o reclamado à audiência destinada à fixação da litiscontestatio, configuram-se a revelia e a confissão ficta, salvo se presente o procurador da empresa, munido de procuração, defesa e documentos, hipótese em que apenas será aplicável a presunção de veracidade dos fatos articulados na petição inicial.

(4) As nulidades no processo do trabalho apenas são declaráveis quando resultarem prejuízos manifestos aos litigantes e desde que tenham sido expressamente apontadas pela parte interessada na primeira oportunidade subseqüente que se lhe oferecer para manifestação, em audiência ou nos autos.

(5) No âmbito do direito processual do trabalho, a nulidade processual fundada em incompetência territorial, afetando todos os atos decisórios, deve ser pronunciada de ofício pelo órgão judicial, que deverá determinar a remessa dos autos ao juízo que considerar competente para instruir e julgar o dissídio.

27. **(PROCURADOR DA FAZENDA NACIONAL - 2007.2 - ESAF)** No que tange às decisões homologatórias de acordos no âmbito da justiça do trabalho é correto afirmar:

(A) a União será intimada mesmo quando contenham parcela de natureza indenizatória. Contudo, delas não poderá recorrer já que sobre a referida parcela não incide tributação.

(B) a União será intimada quando contenham parcela indenizatória, facultada a interposição de recurso relativo aos tributos que lhe forem devidos.

(C) a União será intimada quando contenham parcela indenizatória e estará obrigada a recorrer quanto aos tributos que lhe forem devidos.

(D) o Ministro de Estado da Fazenda ou o Procurador da Fazenda Nacional poderão, mediante ato fundamentado, dispensar a manifestação da União nas decisões homologatórias de acordo, em que o montante da parcela indenizatória envolvida resultar perda de escala decorrente da atuação do órgão jurídico.

(E) uma vez intimada da sentença homologatória de acordo a União não poderá interpor recurso questionando a natureza jurídica das parcelas constantes do acordo pois tal discriminação tem feição de decisão interlocutória.

28. **(ADVOGADO - CORREIOS - 2008 - ESPP)** Nas demandas em que se aplica o procedimento sumaríssimo previsto na CLT:

(A) não se fará citação por edital, incumbindo ao autor a correta indicação do nome e endereço do reclamado.

(B) o pedido poderá ser indeterminado, desde que o valor aproximado seja indicado na petição inicial.

(C) a apreciação da reclamação deverá ocorrer no prazo máximo legal de trinta dias.

(D) haverá instrução e julgamento em audiências distintas, a fim de se garantir a observância do princípio da identidade física do juiz.

29. **(ADVOGADO - BNDES - 2001 - VUNESP)** Com relação aos dissídios individuais do trabalho, é correto afirmar que

(A) a testemunha que for parente até o 3º grau, amigo ou inimigo das partes, prestará compromisso.

(B) é facultado ao INSS interpor recurso relativo às contribuições que lhe forem devidas.

(C) das decisões homologatórias de acordo trabalhista, caberá Recurso Especial.

(D) o não comparecimento da reclamada em audiência, importa no arquivamento da reclamação.

(E) ficam submetidos ao procedimento sumaríssimo aqueles cujo valor não exceda 50 vezes o salário mínimo vigente na data do ajuizamento.

8.3. RECURSOS

30. **(ADVOGADO - EPE - 2007 - CESGRANRIO)** Quanto ao agravo de petição, é correto afirmar que ele:

(A) é admitido apenas quando há controvérsia sobre as contribuições sociais.

(B) é apreciado junto com as impugnações apresentadas pelo credor.

(C) tem efeito suspensivo em relação à totalidade do débito.

(D) deve delimitar a matéria e os valores impugnados.

(E) deve ser interposto no prazo de 10 (dez) dias.

31. **(ADVOGADO – ELETROBRÁS – 2006 – NCE/UFRJ)** De acordo com os entendimentos consubstanciados nas Súmulas do Tribunal Superior do Trabalho, é correto afirmar que:

(A) o depósito recursal deve ser feito e comprovado no prazo alusivo ao recurso, a interposição antecipada deste prejudica a dilação legal;
(B) os juros de mora incidem sobre a importância da condenação em seu valor histórico, pois não pode o réu ser penalizado pela demora da prestação jurisdicional;
(C) a Justiça do Trabalho é incompetente para declarar a abusividade, ou não, da greve;
(D) é dispensável o trânsito em julgado da sentença normativa para a propositura da ação de cumprimento;
(E) o prazo para recurso da parte que, intimada, não comparecer a audiência em prosseguimento para prolação da sentença conta-se da efetiva intimação.

32. **(ADVOGADO – EMBRAPA – 2005 – CESPE)** Acerca dos recursos no processo do trabalho, julgue os itens subseqüentes.

1. Das decisões no processo do trabalho são admissíveis recursos de embargos, agravo, recurso ordinário, recurso de revista e recurso extraordinário.
2. O prazo para interpor agravo é de dez dias.
3. O recurso de revista é dotado de efeito apenas devolutivo.
4. O recurso de revista, nas causas sujeitas ao procedimento sumaríssimo, somente será admitido por contrariedade à súmula de jurisprudência uniforme do Tribunal Superior do Trabalho e violação direta da Constituição Federal.
5. A execução da sentença será suspensa quando da interposição de agravo de instrumento contra despacho que não receber agravo de petição.

33. **(ADVOGADO – IRB – 2006 – ESAF)** O prazo para as pessoas jurídicas de direito público oferecerem contra-razões aos recursos contra elas interpostos é

(A) duplo.
(B) triplo.
(C) quádruplo.
(D) quíntuplo.
(E) simples.

34. **(ADVOGADO – BNDES – 2006 – CESGRANRIO)** F.G.S., nos autos da reclamação trabalhista que move em face de Esportes Modernos Ltda. e Segurança e Asseio S.A., ingressou com agravo de instrumento perante o Tribunal Regional do Trabalho da 1a Região, para ser apreciado pelo Tribunal Superior do Trabalho, objetivando destrancar seu recurso de revista cujo seguimento havia sido negado pelo Juiz Presidente do Tribunal Regional. No julgamento do agravo – que não foi contraminutado – o Ministro Relator constatou que faltava o traslado da procuração do advogado do segundo agravado (que, como os instrumentos de mandato de todas as partes, havia sido juntada aos autos principais). Se o Tribunal Superior do Trabalho julgar de acordo com a sua jurisprudência dominante e com a CLT, optará por:

(A) converter em diligência o julgamento, concedendo prazo para regularização, e após, decidir o agravo.
(B) conhecer do agravo e, no mérito, negar-lhe provimento sem conceder qualquer prazo para regularização.
(C) conhecer do agravo, decidir seu mérito e dar prazo para regularização *a posteriori.*
(D) conhecer do agravo e decidir o mérito, já que a procuração faltante era do segundo agravado e não do agravante.
(E) não conhecer do agravo sem examinar o mérito, não concedendo qualquer prazo para regularização.

35. **(ADVOGADO – BNDES – 2004 – CESGRANRIO)** Analise as afirmações abaixo sobre recursos no Processo do Trabalho.

I. A denegação de *habeas corpus* em razão de prisão de depositário infiel desafia Recurso Ordinário a ser julgado na Seção Especializada do Tribunal Superior do Trabalho.
II. Segundo a jurisprudência do Tribunal Superior do Trabalho, a antecipação de tutela conferida na sentença comporta impugnação pela via de Mandado de Segurança à míngua de previsão de recurso próprio na CLT.
III. Não cabe recurso ordinário contra decisão de agravo regimental interposto em reclamação correicional.
IV. Nas reclamações sujeitas ao procedimento sumaríssimo, o recurso de revista terá acórdão consistente, unicamente, na certidão de julgamento, com a indicação suficiente do processo, da parte dispositiva e das razões de decidir do voto prevalente.
V. Cabe recurso de revista para Turma do Tribunal Superior do Trabalho das decisões proferidas em grau de recurso ordinário, em dissídio individual, pelos Tribunais Regionais do Trabalho, quando derem ao mesmo dispositivo de lei federal interpretação diversa da que lhe houver dado outra Turma do mesmo Tribunal Regional.

São corretas as afirmações:

(A) I e III, apenas.
(B) I e IV, apenas.
(C) I e V, apenas.
(D) II e IV, apenas.
(E) III e V, apenas.

36. **(PROCURADOR – BANCO CENTRAL – 2009 – CESPE)** Com relação aos recursos no processo do trabalho, assinale a opção correta.

(A) Em procedimento sumaríssimo, é possível a interposição de recurso de revista por contrariedade a orientação jurisprudencial.

(B) O efeito devolutivo em profundidade do recurso ordinário transfere ao tribunal a análise de pedido não apreciado na sentença.

(C) É extemporâneo o recurso interposto antes da publicação do acórdão.

(D) A contagem do prazo para a apresentação dos originais de recurso interposto por fac-símile começa a fluir do dia seguinte à interposição do recurso.

(E) O agravo de petição somente é cabível após estar seguro o juízo.

37. **(ADVOGADO DA UNIÃO – AGU – 2009 – CESPE)** Julgue os itens subsequentes, relativos aos recursos trabalhistas.

1. O recurso de revista é o remédio cabível para se discutirem julgados proferidos em dissídio coletivo pelos tribunais regionais do trabalho bem como os julgados em dissídio individual pelas turmas desses tribunais.

2. No processo do trabalho, não cabem embargos infringentes, por total omissão da CLT e incompatibilidade com o processo civil.

38. **(ADVOGADO DA UNIÃO – AGU – 2006 – CESPE)** Com relação ao direito processual do trabalho, cada um dos próximos itens apresenta uma situação hipotética, seguida de uma assertiva a ser julgada. Nesse sentido, considere, para o que for necessário, o valor de R$ 4.678,13 como limite máximo do depósito recursal para a interposição de recurso ordinário.

1. Paulo, ex-empregado da pessoa jurídica A, ajuizou reclamação trabalhista contra as pessoas jurídicas A e B, alegando a existência de responsabilidade solidária em virtude de A ser controlada por B, formando assim grupo econômico. A sentença de primeira instância declarou a existência do grupo econômico e condenou A e B solidariamente ao pagamento das verbas rescisórias de Paulo, fixadas no valor de R$ 15.000,00. Não se conformando, ambas as pessoas jurídicas interpuseram recurso ordinário, e B pleiteou sua exclusão da lide, alegando inexistência de responsabilidade solidária. Nessa situação, tanto A quanto B deverão efetuar o depósito recursal no valor de R$ 4.678,13, sob pena de deserção de seus respectivos recursos.

2. Determinada pessoa jurídica interpôs recurso de revista, alegando que o acórdão regional violou diretamente a Constituição Federal. O presidente do TRT admitiu o recurso de revista, remetendo-o ao TST. Todavia, no TST, o relator, em decisão monocrática, negou seguimento ao recurso de revista em comento, por manifesta inadmissibilidade recursal. Nessa situação, o recurso cabível será o de embargos, para a Subseção 1, Especializada em Dissídios Individuais (SDI-1).

3. Determinada pessoa jurídica, após garantir o juízo, ajuizou embargos à execução de título judicial, alegando inexigibilidade do título, pois fundado em lei declarada inconstitucional pelo STF. Nessa situação, os embargos à execução devem ser rejeitados, pois esta matéria deve ser objeto de ação rescisória.

4. Humberto ajuizou reclamação trabalhista contra seu antigo empregador. Devidamente citado, o reclamado apresentou sua contestação, alegando apenas a existência de justa causa, para a rescisão do contrato de trabalho, e inaplicabilidade da multa prevista no art. 477, § 8.º, da CLT. A sentença julgou absolutamente procedente o pedido formulado por Humberto. Em sede de recurso ordinário, o antigo empregador de Humberto requereu a compensação de valores que haviam sido pagos ainda na vigência do contrato de trabalho. Nessa situação, se for demonstrado o efetivo pagamento dos referidos valores, a compensação é devida.

5. O representante legal de determinada pessoa jurídica recebeu notificação pessoal para que se manifestasse, no prazo de 5. dias, sobre laudo pericial apresentado nos autos. Nessa situação, o prazo iniciar-se-á a partir da realização da notificação, e não da data da juntada do documento notificatório aos autos.

6. Marcos ajuizou reclamação trabalhista contra seu antigo empregador. A sentença de primeira instância julgou absolutamente improcedente o pedido de Marcos, que, irresignado, interpôs recurso ordinário. O TRT, ao analisar a questão, negou provimento ao recurso ordinário. Marcos, não se conformando, interpôs recurso de revista, o qual foi admitido na origem. No TST, o recurso de revista não foi conhecido, em virtude de a tese defendida por Marcos confrontar súmula de direito material de jurisprudência dominante do TST. A referida decisão transitou em julgado. Nessa situação, se Marcos ajuizar ação rescisória, deverá fazê-lo perante o TRT, que é o tribunal competente para julgar o feito.

7. Mário ajuizou reclamação trabalhista contra seu antigo empregador. Durante a audiência preliminar, foi celebrado acordo, homologado por sentença, em que o antigo empregador de Mário se obrigava ao pagamento de R$ 6.000,00, à liberação das guias de seguro-desemprego e outras. Nessa situação, o INSS deverá ser intimado, por via postal, para que se manifeste nos autos, caso entenda necessário, interpondo recurso relativamente às contribuições que lhe forem devidas.

39. **(ADVOGADO DA UNIÃO – AGU – 2004 – CESPE)** A respeito dos recursos na justiça do trabalho, julgue os itens que se seguem.

1. Lavrado o acórdão em mandado de segurança impetrado pela União, contra ato praticado por juiz do trabalho em execução de sentença, o recurso ordinário ao Tribunal Superior do Trabalho (TST), com prazo de oito dias, apenas será conhecido se demonstrada a existência de julgado divergente proferido por outro tribunal ou se revelada ofensa direta e literal a disposição da Constituição ou de lei federal.
2. Considere a seguinte situação hipotética. Transitada em julgado sentença condenatória e apresentados os cálculos de liquidação, a União foi intimada para manifestar-se sobre os cálculos. Por vislumbrar graves equívocos, entre os quais a incompetência material do juízo para a condenação proferida em favor de trabalhadores que migraram do regime celetista (CLT) para o administrativo regido pela Lei n.º 8.112/1990 (RJU), a União opôs exceção de pré-executividade, buscando reduzir o alcance temporal da condenação. Rejeitada liminarmente a exceção pelo juízo condutor do feito, por desconformidade com o devido processo legal, interpôs a União o recurso de agravo de petição. Nessa situação, ante a natureza da decisão proferida e a sistemática recursal observada na justiça do trabalho, não é cabível o agravo de petição aviado.
3. Considere a seguinte situação hipotética. Em razão de greve deflagrada pelos trabalhadores do transporte público da capital da República, o TRT da 10.ª Região processou e julgou o dissídio coletivo ajuizado pelo sindicato patronal correspondente. Por considerar evidente a violação aos dispositivos da Lei de Greve, o tribunal declarou a paralisação abusiva e ilegal, ordenando o imediato retorno dos trabalhadores às atividades, sob pena de demissão por justa causa. Nessa situação, contra a decisão regional, o recurso de revista cabível ao TST, no prazo de oito dias, deverá ser julgado pela Seção de Dissídios Coletivos daquele tribunal.
4. Considere que, em determinada reclamação trabalhista proposta contra autarquia pública federal, foi proferida a sentença em estrita conformidade com enunciado da súmula do TST. Nesse caso, o recurso de ofício determinado pelo julgador de origem não deverá ser conhecido, sem prejuízo de que o recurso voluntário aviado seja denegado ou desprovido, em caráter monocrático, pelo relator designado em segunda instância.

40. **(PROCURADOR FEDERAL – AGU – 2002 – CESPE)** Quanto a recursos e ações no processo do trabalho, julgue os itens seguintes.

(1) As decisões judiciais concessivas de antecipações de tutela, de natureza interlocutória, não ensejam a interposição de agravo de instrumento, mas podem ser questionadas em sede de mandado de segurança quando suscetíveis de causar danos irreparáveis ou de difícil ou refratária reparação.

(2) Proferida a sentença de liquidação, sem que a parte executada tenha efetuado o depósito do valor apurado ou sem que tenha indicado bens à penhora, abre-se prazo de oito dias para a interposição de agravo de petição. Se o valor da execução for inferior a dois salários mínimos, nenhum recurso será cabível contra aquela sentença.

(3) As sentenças homologatórias de transações na justiça do trabalho são irrecorríveis e apenas discutíveis em sede de ação rescisória. Quando, porém, remanescer polêmica acerca dos reflexos previdenciários de transação homologada, aos litigantes e ao INSS será possível o exercício recursal ao tribunal revisor.

(4) O recurso de revista deve ser apresentado e processado perante o juízo recorrido, detendo efeito meramente devolutivo. É cabível no prazo de oito dias contra decisões de tribunais regionais que derem interpretações legais contrárias às que tiverem sido dadas pela seção de dissídios individuais do Tribunal Superior do Trabalho (TST).

(5) Quando a decisão proferida em tribunal regional do trabalho envolver aspectos de ordem legal e constitucional, à parte sucumbente cumprirá interpor, nos prazos de oito e quinze dias, respectivamente, os recursos de revista para o TST e extraordinário para o Supremo Tribunal Federal (STF).

41. **(PROCURADOR DA FAZENDA NACIONAL – 2007.1 – ESAF)** Julgue os itens abaixo marcando V para a asserção verdadeira e F para a falsa e, em seguida, assinale a opção correta. ( ) O prazo recursal para interposição do Recurso Ordinário contra decisões definitivas das Varas do Trabalho é de 8 (oito) dias. Contudo, tal regra não se aplica à reclamação sujeita ao rito sumaríssimo quando tal prazo é reduzido para 4 (quatro) dias. ( ) O Recurso de Revista, mercê de ostentar feição de recurso de natureza extraordinária no âmbito do processo do trabalho, não admite o reexame de fatos e provas, com exceção das hipóteses em que se discute a existência ou não do vínculo empregatício entre as partes. ( ) Contra decisão em execução de sentença proferida pelo juízo de

1º grau em embargos de terceiro cabe Recurso Ordinário para o Tribunal Regional do Trabalho no prazo de 8 (oito) dias. ( ) Na órbita do processo do trabalho, o recurso de Agravo de Instrumento busca atacar despacho denegatório de recurso.

(A) F, V, V, F
(B) V, F, V,V
(C) V, V, V, F
(D) F, F, F, V
(E) V, F,V, F

42. **(DEFENSORIA PÚBLICA DA UNIÃO – 2007 – CESPE)** Julgue os itens a seguir com base na legislação e na jurisprudência trabalhistas.

1. À Subseção de Dissídios Individuais I do TST somente cabe recurso de embargos por violação direta da CF ou da legislação federal, tendo sido eliminada a possibilidade de sua interposição por divergência jurisprudencial entre as Turmas do referido tribunal.
2. Não é cabível mandado de segurança contra tutela antecipada concedida antes da sentença, por existir recurso próprio.

43. **(PROCURADOR DA FAZENDA NACIONAL - 2007.2 – ESAF)** Julgue os itens abaixo marcando V a afirmativa verdadeira e F a afirmativa falsa e, em seguida, assinale a opção correta. ( ) O princípio da uni-recorribilidade não se aplica ao processo trabalhista posto que a parte poderá manejar simultaneamente o recurso de revista e o agravo de instrumento. ( ) O Recurso Ordinário interposto contra decisão de primeiro grau de jurisdição prolatada em processo de conhecimento pode ser manejado por simples petição, sendo desnecessária a fundamentação. ( ) O objetivo tanto do recurso de revista (art. 896 da CLT) quanto dos embargos (art. 894 da CLT) é, fundamentalmente, a uniformização da interpretação em torno da jurisprudência das Turmas do Tribunal Superior do Trabalho. ( ) Não cabe recurso ordinário contra a decisão de primeiro grau que determina o arquivamento do feito em face do não comparecimento do reclamante à audiência inaugural.

(A) F, F, F, F
(B) V, F, V, V
(C) V, F, V, F
(D) F, F, F, V
(E) F, V, F, F

44. **(ADVOGADO – BNDES – 2001 – VUNESP)** Das decisões interlocutórias, na Justiça do Trabalho,

(A) cabe Recurso Ordinário, no prazo de 8 dias.
(B) cabe Recurso Especial, no prazo de 15 dias.
(C) cabem Embargos Declaratórios, no prazo de 5 dias.
(D) cabe Agravo de Instrumento, no prazo de 10 dias.
(E) não cabe recurso.

8.4. EXECUÇÃO TRABALHISTA

45. **(ADVOGADO – PETROBRÁS DISTRIB. – 2008 – CESGRANRIO)** No processo de execução, considerados os termos da CLT, o juiz trabalhista é obrigado a dar oportunidade ao executado para impugnar a liquidação, antes da oposição dos embargos pertinentes?

(A) Sim, é obrigado pelo princípio do contraditório.
(B) Sim, é obrigado para não gerar nulidade na homologação da liquidação.
(C) Não, o juiz trabalhista poderá abrir às partes prazo sucessivo de 10 dias para impugnação fundamentada.
(D) Não, o juiz trabalhista tem a faculdade de abrir prazo sucessivo às partes, de 15 dias, para oposição.
(E) Não, o juiz trabalhista só é obrigado a intimar a União para manifestação no prazo de 15 dias.

46. **(ADVOGADO – PETROBRÁS DISTRIB. – 2008 – CESGRANRIO)** No processo do trabalho, a Exceção de Pré-Executividade

(A) tem natureza de incidente processual, pela qual se poderá impedir o prosseguimento de execução nula ou anômala.
(B) visa a obstar a regular penhora de bens.
(C) só pode ser oposta pelo empregado-executante.
(D) só pode ser oposta se garantido o Juízo, após os Embargos à Execução.
(E) deve ser oposta após a efetivação da penhora dos bens.

47. **(ADVOGADO – IRB – 2006 – ESAF)** Em execução trabalhista,

(A) não cabe recurso de revista.
(B) o recurso de revista caberá contra decisão que contrariar a legislação ordinária.
(C) o recurso de revista caberá quando houver violação de norma constitucional.
(D) o recurso de revista tipicamente repele a figura do prequestionamento.
(E) o recurso de revista caberá quando constatada divergência jurisprudencial.

48. **(ADVOGADO – IRB – 2006 – ESAF)** No processo do trabalho, o prazo para as empresas públicas embargarem a execução é de

(A) 30 dias.
(B) 15 dias.
(C) 10 dias.
(D) 8 dias.
(E) 5 dias.

49. **(PROCURADOR – BANCO CENTRAL – 2009 – CESPE)** Quanto à execução no processo do trabalho, assinale a opção correta.

(A) Os termos de conciliação firmados perante as comissões de conciliação prévia são títulos passíveis de execução.

(B) Não é cabível a execução provisória na justiça do trabalho, sendo necessária a confirmação do trânsito em julgado do processo antes de iniciar-se a execução.
(C) A citação do devedor pode ser feita por meio de carta registrada.
(D) A liquidação por arbitramento ocorre quando há necessidade de provar fato novo que influencie na fixação do valor da causa, mediante provas e alegações.
(E) O executado poderá oferecer embargos à penhora, em oito dias, para discutir a possibilidade de anulação da penhora.

50. **(ADVOGADO DA UNIÃO – AGU – 2009 – CESPE)** Julgue os itens que se seguem, acerca da execução trabalhista.

1. Com base na teoria da penetração, o juízo trabalhista comumente determina a constrição de bens particulares dos sócios da empresa, desde que esta não possua ou ofereça bens suficientes à penhora.
2. Qualquer pessoa física ou jurídica tem direito de solicitar ao TST o cadastramento de conta única apta a acolher bloqueios on line realizados por meio do sistema BACEN JUD. A solicitação há de ser encaminhada por petição dirigida ao corregedor-geral da justiça do trabalho e instruída com cópias dos comprovantes do CNPJ ou CPF e da titularidade da conta indicada, com dados acerca do banco, da conta corrente, nome e CNPJ ou CPF do titular, quando for o caso.

8.5. MANDADO DE SEGURANÇA E AÇÃO RESCISÓRIA

51. **(ADVOGADO DA UNIÃO – AGU – 2009 – CESPE)** No que concerne à ação rescisória no processo do trabalho, julgue os seguintes itens.

1. Prorroga-se, até o primeiro dia útil imediatamente subsequente, o prazo decadencial para ajuizamento de ação rescisória quando expira em férias forenses, feriados, finais de semana ou em dia em que não haja expediente forense.
2. Compete originariamente à Seção Especializada em Dissídios Coletivos do TST julgar as ações rescisórias propostas contra as sentenças normativas desse tribunal.

8.6. DISSÍDIOS COLETIVOS

52. **(ADVOGADO – IRB – 2006 – ESAF)** No que diz respeito aos dissídios coletivos, é incorreto afirmar-se que

(A) a adequação da representação pressupõe a exposição dos motivos do dissídio e das bases de conciliação.
(B) recebida e protocolizada a representação, a audiência de conciliação será designada pelo Presidente do Tribunal dentro do prazo de 10 (dez) dias.
(C) havendo acordo na audiência de conciliação, o Presidente do Tribunal desde logo o homologará.
(D) a sentença normativa vigorará, quando não existir acordo, convenção ou sentença normativa em vigor, da data do ajuizamento.
(E) contra a sentença normativa proferida pelo Tribunal Regional do Trabalho, observados os pressupostos próprios, cabe recurso ordinário.

8.7. TEMAS COMBINADOS

53. **(ADVOGADO – IRB – 2006 – ESAF)** Assinale a afirmação correta.

(A) Nos dissídios coletivos julgados parcialmente procedentes, suscitante e suscitado responderão solidariamente pelo pagamento das custas, calculadas sobre o valor arbitrado na decisão, ou pelo Presidente do Tribunal.
(B) No caso de recurso, as partes deverão comprovar o recolhimento das custas até cinco dias após o decurso do prazo recursal.
(C) As autarquias e fundações públicas municipais pagam custas a final.
(D) O recolhimento de custas, quando da interposição do recurso ordinário, garante a interposição do recurso de revista, ainda que majorada a condenação pelo Tribunal Regional.
(E) No processo de execução, o Exeqüente pagará as custas relativas ao agravo de petição, quando sucumbente.

54. **(ADVOGADO – BNDES – 2004 – CESGRANRIO)** O arresto e o seqüestro são dois dos procedimentos cautelares específicos previstos no Código de Processo Civil. Preencha as lacunas das afirmações abaixo, conforme se refiram a arresto (A) ou a seqüestro (S).

I. O ____ tem lugar quando o devedor que tem domicílio tenta ausentar-se furtivamente.
II. O juiz concederá o ____, independente de justificação própria, se o credor prestar caução.
III. O juiz pode decretar o ____ dos bens do casal nas ações de anulação de casamento, se o cônjuge os estiver dilapidando.
IV. Para a concessão do ____ é essencial prova da dívida líquida e certa.
V. Julgada procedente a ação, o ____ se resolve em penhora.

A seqüência correta é:

(A) A A S A A.
(B) A A S A S.
(C) A S S S A.
(D) S A A S A.
(E) S S A S A.

55. **(PROCURADOR FEDERAL – AGU – 2007 – CESPE)** Julgue os itens subseqüentes de acordo com a jurisprudência do TST.

1. Empregado que exerce função de confiança e é revertido ao cargo efetivo perde o direito de receber a gratificação correspondente à função, independentemente do tempo de seu exercício.
2. O recurso de embargos para a Subseção de Dissídios Individuais 1 (SBDI1) do TST, interposto contra decisão de recurso de revista não-conhecido pela turma na análise de seus pressupostos intrínsecos, deve, necessariamente, apontar violação ao art. 896 da CLT, que trata do cabimento do recurso de revista, sob pena de não-conhecimento.
3. Considere que um empregado, detentor de estabilidade provisória, após ter sido indevidamente despedido, tenha ingressado com reclamação trabalhista pleiteando reintegração, mas que o período de estabilidade já tenha se exaurido. Nessa situação, se o juiz deferir o pagamento dos salários referentes ao período compreendido entre a data da demissão e o final do período de estabilidade, não haverá nulidade por julgamento extra petita.
4. É juridicamente possível o dissídio coletivo de natureza econômica envolvendo ente da administração pública direta, inclusive para majoração salarial, desde que não abranja os servidores estatutários.
5. É inválida a cláusula de convenção ou acordo coletivo trabalhista que condiciona o direito de estabilidade da gestante à comunicação da gravidez pela empregada ao empregador.

56. **(PROCURADOR FEDERAL – AGU – 2007 – CESPE)** De acordo com a jurisprudência do STF, julgue os itens que se seguem.

1. Empregado público na administração direta federal em desvio de função não possui direito ao pagamento das diferenças salariais pela função exercida.
2. É da competência da justiça do trabalho o processamento e o julgamento das causas que envolvam pedido de condenação de ente público ao pagamento de indenização por danos morais e materiais decorrentes de acidente do trabalho sofrido por servidor público estatutário.
3. A aposentadoria espontânea não necessariamente constitui hipótese de extinção do contrato de trabalho.

57. **(PROCURADOR FEDERAL – AGU – 2007 – CESPE)** Julgue os seguintes itens de acordo com a CLT.

1. Em grau recursal, matéria constitucional sobre direito do trabalho somente pode chegar ao STF depois de analisada pelo TST.
2. Em caso de rescisão do contrato de trabalho com a União, esta é obrigada a pagar ao trabalhador, à data do comparecimento na justiça do trabalho, a parte incontroversa das verbas rescisórias, sob pena de pagá-las acrescidas de 50%.

9. DIREITO INTERNACIONAL PÚBLICO E PRIVADO

9.1. DIREITO INTERNACIONAL PÚBLICO

1. **(ADVOGADO – PETROBRÁS TRANSP. – 2006 – CESGRANRIO)** Considerando os termos constantes do Tratado de Assunção, celebrado em 26 de março de 1991, com texto aprovado pelo Congresso Nacional através do Decreto Legislativo no 197/91, assinale a afirmação **INCORRETA**.

(A) O Grupo Mercado Comum é o órgão executivo do Mercado Comum.

(B) O idioma oficial do Mercado Comum é o português, devendo a versão oficial de todos os documentos de trabalho ser sempre nele redigida.

(C) O Conselho é o órgão superior do Mercado Comum, responsável por sua condução política.

(D) O Mercado Comum implica a coordenação de posições dos Estados Partes em foros econômico-comerciais regionais e internacionais.

(E) O MERCOSUL é fundado na reciprocidade de direitos e obrigações entre os Estados Partes.

2. **(ADVOGADO – IRB – 2006 – ESAF)** Os tratados internacionais, nos termos da Convenção de Viena, contam com regra geral interpretativa, nomeadamente,

(A) a abstração do contexto e a fixação na literalidade, que inclusive enseja cláusula *rebus sic stantibus.*

(B) a abstração de qualquer prática posterior na aplicação do tratado pela qual fique estabelecido o acordo das partes relativo à interpretação.

(C) a utilização da boa-fé, de conformidade com o sentido comum que deve ser atribuído aos termos do tratado em seu contexto à luz de seu objeto e finalidade.

(D) a vedação de atribuição de sentido especial a termo, mesmo se determinado que esta era a intenção das partes.

(E) a proibição de utilização de meios suplementares de interpretação, especialmente no que toca à utilização da documentação que instrui os trabalhos preparatórios do tratado.

3. **(ADVOGADO – IRB – 2006 – ESAF)** Nos termos da Convenção de Viena sobre o Direito dos Tratados, de 1969, *Estado negociador,* significa, efetivamente,

(A) um Estado que tenha consentido em se obrigar por um tratado, embora não tenha participado da elaboração do mesmo.

(B) um Estado que participou na elaboração e adoção do texto do tratado.

(C) um Estado que admite os efeitos jurídicos do tratado, por conta de articulação posterior, decorrente de adesão contratual derivada.

(D) um Estado que articulou a confecção de um tratado, geralmente como sede das negociações, embora, posteriormente, se recuse a assinar a tratativa.

(E) um Estado que consentiu em se obrigar por um tratado, de cuja elaboração não participou, mas cujos efeitos lhe são convenientes, obrigando-se, então, na qualidade de *terceiro Estado.*

4. **(ADVOGADO – IRB – 2006 – ESAF)** Em relação à aplicação provisória de tratados, é correto afirmar que

(A) o direito dos tratados desconhece modalidades de aplicação provisória.

(B) nos termos de convenção internacional sobre direito dos tratados só se admite aplicação provisória de tratado que verse sobre direitos humanos.

(C) o direito dos tratados recusa-se a reconhecer aplicação provisória, exceto quando há prejuízo material para as partes pactuantes, de modo que a aplicação provisória de tratado se dá apenas em âmbito de direito econômico.

(D) a aplicação provisória é possível enquanto o tratado não entrar em vigor e se assim o próprio tratado dispuser.

(E) a aplicação provisória de tratados depende de comunicação a Estados que não aderiram ao tratado, abrindo-se prazo para novas negociações, independentemente de disposição no tratado que se pretende aplicar.

5. **(ADVOGADO – BNDES – 2008 – CESGRANRIO)** A Assembléia Geral da ONU aprovou, em 23 de novembro de 2005, uma Convenção regulando a utilização das comunicações eletrônicas nos contratos internacionais. O sistema organizado por essa Convenção

(A) abstrai a questão do local da expedição das comunicações eletrônicas.
(B) se aplica à Convenção de Viena, de 1980, sobre contratos internacionais.
(C) se encontra atualmente revogado por deliberação posterior da própria Assembléia Geral da ONU.
(D) estabelece que, onde a lei exige um contrato sob forma escrita, a comunicação eletrônica satisfaz esta exigência ainda que a informação nela contida permaneça inacessível.
(E) impede que a comunicação eletrônica supra a exigência de assinatura em um contrato no qual a lei exige esta formalidade.

6. **(ADVOGADO – BNDES – 2002 – VUNESP)** Quanto ao DUALISMO e ao MONISMO, é correto afirmar que

(A) o dualismo aceita a existência de ordens jurídicas coexistentes, independentes e autônomas.
(B) o monismo defende a primazia do direito interno do país, haja vista a aplicação do direito ao caso em concreto.
(C) a "teoria da incorporação" advém da corrente monista, que defende a primazia do direito internacional.
(D) o dualismo incorpora a idéia de que, na ordem interna se obedece a um sistema de coordenação entre as normas e, no âmbito internacional, a uma relação de subordinação.
(E) o dualismo tem como preceito a idéia de que todos os Direitos emanam de uma única fonte.

7. **(ADVOGADO – BNDES – 2002 – VUNESP)** Com relação aos tratados, no procedimento legislativo brasileiro,

(A) com a edição do decreto legislativo, o Congresso Nacional edita uma ordem para execução do tratado em nosso país.
(B) a celebração e assinatura de um tratado, pelo Presidente da República, obriga internamente o nosso país.
(C) somente após o decreto presidencial e respectiva publicação, o tratado pode ser aplicado de forma obrigatória, tal qual uma norma infraconstitucional.
(D) é competência exclusiva do Presidente da República resolver definitivamente sobre tratados, acordos ou atos internacionais que acarretem encargos ao patrimônio nacional.
(E) o tratado, no ordenamento brasileiro, encontra-se em um mesmo nível hierárquico que as normas constitucionais.

8. **(ADVOGADO – BNDES – 2002 – VUNESP)** No que tange às Organizações Internacionais, é correto afirmar que

(A) a OMC é fruto da transformação do GATT em organismo internacional.
(B) o BIRD tem por finalidade evitar a depreciação das moedas dos países através da concessão de empréstimos.
(C) na União Européia, o Conselho de Ministros é formado por representantes de cada Estado-membro, com o fim único de definir os objetivos comerciais da Comunidade.
(D) o Mercosul, formado originariamente por Brasil, Argentina e Paraguai, pelo Tratado de Assunção, teve sua vigência comercial postergada por 2 (dois) anos, visando à adaptação dos países.
(E) o Nafta está aberto para todos os países do continente americano, exceto os integrantes do Mercosul, que já possuem um regime jurídico próprio.

9. **(ADVOGADO – BNDES – 2001 – VUNESP)** Os tratados, convenções e atos internacionais firmados pelo Presidente da República, de acordo com o art. 84 da Constituição Federal,

(A) necessitam de referendo do Congresso Nacional.
(B) necessitam de referendo do Senado Federal.
(C) necessitam de referendo da Câmara dos Deputados.
(D) não necessitam de referendo posterior.
(E) necessitam de referendo do STF.

10. **(PROCURADOR – BANCO CENTRAL – 2009 – CESPE)** O chefe de missão diplomática do país A no país B, por cerca de dois anos, negociou um tratado bilateral entre os dois Estados. Pouco antes de um novo governo assumir o poder no país B, o texto desse tratado foi adotado. Agora, o país B alega que o chefe da missão diplomática de A não possuía competência para tal ato. Com relação a essa situação hipotética, assinale a opção correta.

(A) O argumento de B é correto, pois o chefe da missão diplomática de A necessitava de plenos poderes.
(B) O argumento de B é correto, pois a Convenção de Viena sobre Direito dos Tratados prescreve que qualquer novo governo pode contestar a competência para concluir tratados.
(C) O argumento de B é incorreto, pois a competência para concluir tratados somente pode ser contestada em tratados multilaterais.
(D) O argumento de B é incorreto, pois chefes de missões diplomáticas podem adotar textos, assinar e ratificar quaisquer tratados entre o Estado acreditante e o Estado acreditado sem a necessidade de apresentação de plenos poderes.
(E) O argumento de B é incorreto, pois chefes de missões diplomáticas podem adotar o texto de um tratado entre o Estado acreditante e o Estado acreditado sem a necessidade de apresentação de plenos poderes.

11. **(PROCURADOR – BANCO CENTRAL – 2009 – CESPE)** Em relação a atos unilaterais, assinale a opção correta.

(A) São aplicados pela Corte Internacional de Justiça como fontes do direito internacional, conforme disposto em seu estatuto.
(B) Criam apenas obrigações morais para os Estados.
(C) Esses atos são conhecidos também como estoppel.
(D) (A)Comissão de Direito Internacional da ONU se dedicou a estudar tais atos.
(E) O Estado brasileiro mantém-se em oposição persistente ao costume que prescreve a existência desses atos.

12. **(PROCURADOR – BANCO CENTRAL – 2009 – CESPE)** A respeito do princípio do *uti possidetis* é correto afirmar que

(A) foi aplicado apenas no processo de descolonização da Ásia.
(B) não impede que se regulamentem fronteiras por meio de tratado.
(C) está presente em tratados internacionais, mas a Corte Internacional de Justiça nunca se referiu a ele.
(D) não se aplica a casos de disputas de fronteiras quando estas forem definidas por rios.
(E) é típica norma jus cogens.

13. **(PROCURADOR – BANCO CENTRAL – 2009 – CESPE)** No que se refere à arbitragem no direito internacional, assinale a opção correta.

(A) A primeira arbitragem moderna no direito internacional foi instalada na I Conferência de Paz da Haia para resolver controvérsias entre Reino Unido e França.
(B) Assim como os meios judiciários, a arbitragem possui o caráter de permanência.
(C) O tribunal de reclamações entre Irã e Estados Unidos da América é de natureza arbitral.
(D) Arbitragens mistas são aquelas em que mais de dois Estados figuram na causa.
(E) Decisões arbitrais são meramente recomendatórias.

14. **(PROCURADOR – BANCO CENTRAL – 2009 – CESPE)** No protocolo constitutivo do parlamento do MERCOSUL, está expressamente estabelecido o princípio de

(A) promoção do acesso a medicamentos.
(B) trato especial e diferenciado a países de economias menores.
(C) promoção da diversidade linguística.
(D) repúdio ao terrorismo.
(E) cooperação dos povos para o progresso da humanidade.

15. **(PROCURADOR – BANCO CENTRAL – 2009 – CESPE)** O aforismo *par in parem non habet judicium* dá fundamento à norma de direito internacional que dispõe acerca de

(A) imunidade de jurisdição estatal.
(B) desenvolvimento sustentável.
(C) liberdade dos mares.
(D) efetividade.
(E) cláusula da nação mais favorecida.

16. **(ADVOGADO – ANCINE – 2005 – CESPE)** Acerca das fontes e dos demais meios auxiliares para a determinação do direito internacional, enunciados no artigo 38 do Estatuto da Corte Internacional de Justiça, julgue os itens subseqüentes.

1. Ao decidir as controvérsias que lhe forem submetidas, a Corte, necessariamente, deve aplicar o costume internacional apenas na falta de convenções internacionais e somente pode aplicar os princípios gerais de direito na ausência do costume internacional, devido à posição hierárquica existente entre estas fontes do direito internacional.
2. Nas suas decisões, a Corte somente pode aplicar as convenções internacionais gerais ou específicas, o costume internacional e os princípios gerais de direito, já que essas são as únicas fontes do direito internacional admitidas no estatuto.
3. As decisões da Corte somente são obrigatórias para as partes litigantes e, sob essa ressalva, as decisões judiciais podem ser aplicadas pela Corte como meio auxiliar para a determinação das regras de direito.
4. A Corte pode decidir uma questão a ela submetida com base na eqüidade, desde que as partes litigantes concordem com esse procedimento.
55. Com o processo de integração da sociedade internacional, as decisões das organizações internacionais têm sido reconhecidas como fontes do direito internacional.

Exceção cultural à livre circulação de bens e serviços: o ponto de vista do Brasil no MERCOSUL

Certo grau de apreensão envolvendo a exceção cultural não deve ser negligenciado, na medida em que por trás das razões culturais podem encontrar abrigo a discriminação, o protecionismo, o nacionalismo, a xenofobia.

Sabiamente, a Corte Européia de Justiça desenvolveu arcabouço jurisprudencial para enfrentar e impedir a proliferação de gama importante e muito variada de medidas discriminatórias, que se escondem atrás de cortina de boas intenções, mas que constituem medidas de efeito equivalente à discriminação que oficialmente se acordara eliminar. De modo semelhante, a regulamentação do GATT-OMC nos fala do conjunto de barreiras não-tarifárias e de suas conseqüências.

As medidas não-tarifárias que criam o risco de anular a colocação em prática das liberdades de circulação no seio da União Européia, se utilizavam freqüentemente de desculpas de natureza técnica, lingüística, cultural, invocando padrões de qualidade, a proteção dos consumidores, entre tantos outros nomes possíveis (para não multiplicarmos os exemplos, vamos nos lembrar de Cassis de Dijon, a lei da pureza da cerveja etc.).

A preservação dos valores sempre trará riscos, na extensão das conseqüências e, emprestando termo do jargão médico, eventuais efeitos colaterais, que nos colocam perante o desafio de encontrar ponto de equilíbrio.

Esse antagonismo deve nos fazer ter presentes os desafios do momento atual: de um lado, riscos de homogeneização em escala mundial, ou ao menos supranacional, seguem a integração e a globalização, certamente sobretudo econômica, mas estendem seus efeitos bem além do âmbito estritamente econômico — enquanto, de outro lado, nos encontramos perante levantes nacionalistas e xenófobos às vezes assustadores e que aparentam esvaziar de todo o seu sentido a civilização para nos levar à pré-história — a violência e a lei do mais forte, sem nenhuma máscara —, o que tampouco é desejável.

Em mundo que muda em velocidade crescente parecerá dificilmente conciliável a pretensão de deter o tempo e o fluxo da produção intelectual — seja esta de boa ou má qualidade — e a livre circulação da informação.

A exceção cultural parece carregar implicitamente em si a perigosa escolha de valor, cujas bases e sustentação devem ser questionadas: em que medida, haveria valores a proteger, de quem devemos protegê-los, e como assegurar esta proteção?

Paulo B. Casella. *In:* Revista de Direito da USP, n.º 97, 2002. (com adaptações).

17. **(ADVOGADO – ANCINE – 2005 – CESPE)** Tendo o texto acima por referência inicial, julgue os itens seguintes, acerca do acordo para a criação do mercado comum cinematográfico latino-americano, assinado em Caracas, em 11/11/1989.

1. O acordo prevê a criação de barreiras tarifárias e não-tarifárias para que obras cinematográficas procedentes de países não-signatários sejam impedidas de ingressar nos espaços nacionais de exibição dos estados-membros, objetivando, dessa forma, ampliar as possibilidades de mercado e de preservar os laços de unidade cultural entre os povos ibero-americanos e caribenhos.
2. O acordo prevê a equiparação das obras cinematográficas participantes do mercado comum cinematográfico latino-americano às obras cinematográficas nacionais em cada estado-membro.
3. O acordo prevê a concessão às obras cinematográficas participantes do mercado comum cinematográfico latino-americano dos benefícios de quotas de distribuição e de exibição, conforme a legislação de cada estado-membro.
4. No acordo, há previsão de concessão às obras cinematográficas participantes do mercado comum cinematográfico latino-americano de incentivos financeiros governamentais para fomentar a indústria cinematográfica da região, segundo a legislação interna de cada estado-membro.
5. O Brasil não ratificou o acordo por carência de amparo constitucional para a promoção da integração cultural latino-americana, uma vez que esta só é prevista na Constituição Federal de 1988 do ponto de vista político-econômico.

18. **(ADVOGADO DA UNIÃO – AGU – 2009 – CESPE)** Ao longo da história, empregaram-se diversas denominações para designar o Direito Internacional. Os romanos utilizavam a expressão ius gentium (direito das gentes ou direito dos povos). Entretanto, pode-se afirmar que foi na Europa Ocidental do século XVI que o Direito Internacional surgiu nas suas bases modernas. A Paz de Vestfália (1648) é considerada o marco do início do Direito Internacional, ao viabilizar a independência de diversos estados europeus. O Direito Internacional Público surgiu com o Estado Moderno. Quando da formação da Corte Internacional de Justiça, após a II Guerra Mundial, indagou-se quais seriam as normas que poderiam instrumentalizar o exercício da jurisdição internacional (fontes do Direito Internacional Público). Assim, o Estatuto da Corte Internacional de Haia, no art. 38, arrolou as fontes das normas internacionais. Com relação ao Direito Internacional, julgue os itens a seguir.

1 Os tratados internacionais constituem importante fonte escrita do Direito Internacional, a qual vale para toda a comunidade internacional, tenha havido ou não a participação de todos os países nesses tratados.

2 O elemento objetivo que caracteriza o costume internacional é a prática reiterada, não havendo necessidade de que o respeito a ela seja uma prática necessária (opinio juris necessitatis).

19. **(ADVOGADO DA UNIÃO – AGU – 2009 – CESPE)** Pode-se fazer um paralelo entre a União Europeia e o MERCOSUL. Ambas as comunidades originam-se de processos de integração e buscam normatizar as suas relações por meio de um direito de integração. Entretanto, há enormes diferenças entre o direito regional do MERCOSUL e o direito comunitário europeu. Acerca desse tema, julgue os itens subsequentes, relativos ao direito de integração e ao MERCOSUL.

1. O MERCOSUL garante, de forma semelhante à União Europeia, uma união econômica, monetária e política entre países.

2. A adoção de uma política comercial comum em relação a terceiros Estados é um dos objetivos da criação do MERCOSUL.

20. **(ADVOGADO DA UNIÃO – AGU – 2009 – CESPE)** No Brasil, a exploração de petróleo na chamada camada pré-sal vincula-se a importantes noções do direito do mar. O domínio marítimo de um país abrange as águas internas, o mar territorial, a zona contígua entre o mar territorial e o alto-mar, a zona econômica exclusiva, entre outros. A respeito do direito do mar, do direito internacional da navegação marítima e do direito internacional ambiental, julgue os próximos itens.

1 Na zona econômica exclusiva (ZEE), os Estados estrangeiros não podem usufruir da liberdade de navegação nem nela instalar cabos e oleodutos submarinos.

2 Segundo a Convenção de Montego Bay, Estados sem litoral podem usufruir do direito de acesso ao mar pelo território dos Estados vizinhos que tenham litoral.

21. **(ADVOGADO DA UNIÃO – AGU – 2009 – CESPE)** No Direito Internacional, há necessidade de previsões normativas para os períodos pacíficos e para os períodos turbulentos de conflitos e litígios. A Carta das Nações Unidas e outras convenções internacionais procuram tratar dos mecanismos de resolução de conflitos, bem como disciplinam a ética dos conflitos bélicos e a efetiva proteção dos direitos humanos em ocasiões de conflitos externos ou internos. Acerca desse assunto, julgue os itens a seguir, relativos à jurisdição internacional, aos conflitos internacionais e ao direito penal internacional.

1 Na Carta das Nações Unidas (Carta de São Francisco), admite-se que qualquer litígio seja resolvido por meio de conflitos armados, desde que autorizado pelo Conselho de Segurança da ONU.

2 No Direito Internacional, há muito tempo, existem as cortes que atuam para a solução de conflitos entre os Estados, como é o caso da Corte Internacional de Justiça. Entretanto, há fato inédito, no Direito Internacional, quanto à criminalização supranacional de determinadas condutas, com a criação do TPI, tribunal ad hoc destinado à punição de pessoas que pratiquem, em período de paz ou de guerra, qualquer crime contra indivíduos.

3 A ONU deve exercer papel relevante na resolução de conflitos, podendo, inclusive, praticar ação coercitiva para a busca da paz.

O direito internacional público, até pouco mais de cem anos atrás, foi essencialmente um direito costumeiro. Regras de alcance geral norteando a então restrita comunidade das nações, havia-as, e supostamente numerosas, mas quase nunca expressas em textos convencionais. Na doutrina, e nas manifestações intermitentes do direito arbitral, essas regras se viam reconhecer com maior explicitude. Eram elas apontadas como obrigatórias, já que resultantes de uma prática a que os Estados se entregavam não por acaso, mas porque convencidos de sua justiça e necessidade.

José Francisco Rezek. Manual de direito internacional público. São Paulo: Saraiva, 2000, p. 120 (com adaptações).

22. **(ADVOGADO DA UNIÃO – AGU – 2006 – CESPE)** A partir do tema do texto acima, julgue os seguintes itens, relativos ao costume internacional.

1. Embora possua relevantes qualidades de flexibilidade e uma grande proximidade com os fenômenos e fatos que regula, o costume internacional apresenta grandes dificuldades quanto à sua prova, o que lhe diminui o valor na hierarquia das fontes do direito internacional, mantendo, com isso, a supremacia dos tratados e convenções.
2. Para que um comportamento comissivo ou omissivo seja considerado como um costume internacional, é necessária a presença de um elemento material, qual seja: uma prática reiterada de comportamentos que, de início, pode ser um simples uso.
3. Para se constatar a existência de um costume, é necessário verificar a presença de um elemento subjetivo, qual seja: a certeza de que tais comportamentos são obrigatórios por expressarem valores exigíveis e essenciais.

O conflito que até agora pesou sobre a cultura jurídica internacionalista entre o "dever ser" e o "ser" do direito transferiu-se, por meio das cartas internacionais de direitos, para o próprio corpo de direito internacional positivo. Transformou-se em uma antinomia jurídica entre normas positivas, refazendo o mesmo processo formativo do qual se originaram, com a constitucionalização dos direitos naturais, o estado constitucional de direito e nossas democracias.

Luigi Ferrajoli. A soberania no mundo moderno. São Paulo: Martins Fontes, 2002, p. 53-60 (com adaptações).

23. **(ADVOGADO DA UNIÃO – AGU – 2006 – CESPE)** A partir do tema do texto acima, julgue os itens subseqüentes, relativos ao ordenamento jurídico internacional e à jurisdição internacional.

1. São características do monismo o culto à constituição e a crença de que em seu texto encontra-se a diversidade das fontes de produção das normas jurídicas internacionais condicionadas pelos limites de validade imposto pelo direito das gentes.

2. O princípio *pacta sunt servanda*, segundo o qual o que foi pactuado deve ser cumprido, externaliza um modelo de norma fundada no consentimento criativo, ou seja, um conjunto de regras das quais a comunidade internacional não pode prescindir.
3. No que tange às relações entre o direito internacional e o direito interno, percebem-se duas orientações divergentes quanto aos doutrinadores que defendem o dualismo: uma que sustenta a unicidade da ordem jurídica sob o primado do direito internacional e outra que prega o primado do direito nacional de cada Estado soberano que detém a faculdade discricionária de adotar ou não os preceitos do direito internacional.

24. **(PROCURADOR FEDERAL – AGU – 2007 – CESPE)** É o direito internacional público uma espécie de direito? Essa natureza do direito internacional público tem sido desafiada por dois argumentos. O primeiro afirma que não há um poder central mundial com atividades típicas dos Poderes Executivo, Legislativo e Judiciário. O segundo destaca a inexistência de uma sociedade internacional que compartilhe efetivamente valores de forma ampla e consensual. Apesar desses argumentos, verifica-se que os Estados nacionais não vivem de forma isolada, eles interagem com a comunidade internacional por meio de tratados, da globalização das atividades laborais e econômicas, bem como criam entes de direito supranacional, que buscam, como no MERCOSUL, a integração e a proteção de determinados valores compartilhados mundialmente. Considerando o texto acima como referência inicial, cada um dos itens subseqüentes apresenta uma situação hipotética, seguida de uma assertiva a ser julgada de acordo com a doutrina e a legislação pertinente.

1 As forças da Polícia Militar de Minas Gerais, com o objetivo de ampliar o território mineiro, invadiram parte do estado do Rio de Janeiro, entrando em choque com a polícia militar fluminense. Nessa situação, como o conflito se dá entre dois estados brasileiros, deve-se aplicar o direito internacional, mais especificamente as normas previstas na Convenção de Genebra de 1949, por ser o Brasil dela signatário.

2 Manoel, marroquino, residente há um ano no Brasil, deseja fazer concurso público para diplomata. Nessa situação, de acordo com o regime jurídico do estrangeiro ora vigente, Manoel poderá fazer o concurso referido desde que se naturalize brasileiro.

3 Flávio, muçulmano nacional do Iraque, bígamo, que trabalha em construtora brasileira na Arábia Saudita, trouxe toda a sua família para o Brasil e, aqui chegando, desejou cadastrar, no INSS, suas esposas como suas dependentes na qualidade de cônjuges. Nessa situação, segundo o direito brasileiro, a pretensão de Flávio poderia ser satisfeita com a homologação judicial dos dois casamentos realizados no Iraque, pelo STF.

4 O estado do Rio Grande do Sul, almejando ser reconhecido internacionalmente como um Estado soberano, pleiteou uma cadeira na Organização das Nações Unidas (ONU), alegando que possui um território, uma população e um governo permanente. Nessa situação, os requisitos apresentados não são suficientes para que o Rio Grande do Sul seja aceito na Assembléia-Geral da ONU.

25. **(PROCURADOR FEDERAL – AGU – 2007 – CESPE)** Em outubro de 1998, o general Augusto Pinochet, ex-presidente do Chile, foi preso em Londres por autoridades britânicas após a decisão de um magistrado espanhol. Em outubro do mesmo ano, uma corte inglesa decidiu sobre a prisão de Pinochet analisando a questão da imunidade de chefe de Estado, os crimes de tortura e genocídio por ele perpetrados quando presidente do Chile e os tratados internacionais dos quais a Inglaterra é signatária. Ainda de acordo com a doutrina e a legislação pertinente, e com base no texto acima, julgue o item a seguir.

1 Em tese, teria sido possível a prisão de Pinochet no Brasil, em decorrência de o país aceitar, atendidos determinados requisitos, o princípio da justiça universal, expressão do princípio da extraterritorialidade na persecução penal.

9.2. DIREITO INTERNACIONAL PRIVADO

26. **(ADVOGADO – PETROBRÁS – 2008 – CESGRANRIO)** Tratando-se de pedido de homologação de sentença arbitral estrangeira, poderá o Poder Judiciário Brasileiro rejeitar tal pedido caso fique comprovado que:

I. apesar de assegurado o direito a ampla defesa, a citação no procedimento arbitral foi efetuada por meio não admitido na legislação processual brasileira;
II. a instituição do procedimento arbitral não foi realizada de acordo com o compromisso arbitral ou cláusula compromissória;
III. o mérito da decisão contida na sentença arbitral é contrário à jurisprudência predominante do Superior Tribunal de Justiça;
IV. a decisão contida na sentença arbitral ofende a ordem pública nacional.

Estão corretas as afirmativas

(A) I e II, apenas.
(B) I e IV, apenas.

(C) II e IV, apenas.
(D) I, II e IV, apenas.
(E) I, II, III e IV.

27. **(ADVOGADO – PETROBRÁS – 2008 – CESGRANRIO)** Os *Incoterms* foram criados pela Câmara de Comércio Internacional com o objetivo de padronizar os termos utilizados no comércio internacional, definindo-se assim condições básicas de contratação que asseguram maior segurança às transações internacionais. Segundo os critérios definidos na publicação *Incoterms* 2000 (CCI), a utilização do termo FOB em um contrato de venda internacional de mercadorias com transporte marítimo implica que a mercadoria deve ser disponibilizada pelo vendedor

(A) no endereço indicado pelo comprador, sendo que o vendedor se responsabiliza por todas as despesas de carregamento, transporte, descarregamento e desembaraço aduaneiro da mercadoria.
(B) no porto de desembarque, após o descarregamento, sendo que o comprador se responsabiliza por todas as despesas posteriores ao descarregamento do navio.
(C) no porto de embarque, antes do carregamento, sendo que o comprador se responsabiliza pelos custos de carregamento do navio e transporte da mercadoria.
(D) no local de sua produção, sendo que o comprador se responsabiliza por todas as despesas de retirada, carregamento do navio e transporte da mercadoria.
(E) a bordo do navio no porto de embarque, sendo que o comprador se responsabiliza pelos custos posteriores ao carregamento do navio.

28. **(ADVOGADO – PETROBRÁS – 2006 – CESGRANRIO)** Nos contratos internacionais de comércio, a cláusula de hardship se distingue da tradicional concepção de força maior pela:

(A) inevitabilidade do evento.
(B) imprevisibilidade do evento.
(C) aplicabilidade restrita a fenômenos naturais.
(D) natureza similar à da cláusula rebus sic stantibus.
(E) impossibilidade absoluta de execução do contrato.

29. **(ADVOGADO – PETROBRÁS – 2003 – CESPE)** No que se refere ao direito internacional privado, julgue os itens subseqüentes.

1 A autoridade judiciária competente para fazer a partilha de bens imóveis situados no Brasil de propriedade de casal belga, domiciliado no Japão, que pretende se divorciar será a da lei do foro em que se formalizar o pedido de divórcio.

2 Não obstante o dinamismo e a constante criação de novas técnicas comerciais no âmbito internacional, a Câmara de Comércio Internacional, no intuito de proporcionar maior segurança aos operadores dos negócios internacionais, optou por manter inalterados os Termos Internacionais de Comércio, também conhecidos pela sigla INCONTERMS.

3 A Lei de Introdução ao Código Civil estabelece a lex fori como elemento de conexão para determinar as regras acerca do começo e fim da personalidade, do nome, da capacidade e dos direitos de família.

4 Os elementos de conexão são, na maioria dos casos, móveis, haja vista que podem se alterar pelo curso natural dos acontecimentos ou pela vontade deliberada das partes.

5 Um tratado internacional é um acordo de vontades mediante o qual os atos relacionados à conclusão, à capacidade das partes e ao objeto se relacionam a mais de um ordenamento jurídico.

6 De acordo com o Protocolo de Brasília para Solução de Controvérsias no MERCOSUL, os laudos do Tribunal Arbitral são inapeláveis, obrigatórios para os Estadospartes na controvérsia a partir do recebimento da respectiva notificação e terão relativamente a eles força de coisa julgada.

7 As partes podem convencionar que uma arbitragem se realize com base nos princípios gerais de direito, nos usos e costumes e nas regras internacionais de comércio.

8 A cláusula compromissória é autônoma em relação ao contrato em que estiver inserta, de sorte que a nulidade deste não implica, de modo necessário, a nulidade da cláusula compromissória.

9 Para ser executada no Brasil, a sentença arbitral estrangeira está sujeita à homologação do Supremo Tribunal Federal e ao registro na câmara de arbitragem da unidade da Federação em que se pretende executar o laudo.

10 As controvérsias que surgirem entre os Estados-partes, quanto à aplicação das decisões do Conselho do Mercado Comum, não estarão submetidas aos procedimentos de solução previstos no Protocolo de Brasília, já que tal função pertence ao Grupo Mercado Comum.

30. **(ADVOGADO – PETROBRÁS – 2001 – CESPE)** Considerando as regras do direito internacional privado, julgue os itens subseqüentes.

1 Se um cidadão alienígena domiciliado em seu país vier ao Brasil para contrair matrimônio com uma brasileira, o juiz brasileiro poderá ter de eventualmente examinar se o nubente atende aos requisitos tanto da lei brasileira quanto da de seu país; essa possibilidade de normas estrangeiras aplicarem-se no direito brasileiro decorre da chamada teoria da incorporação.

2 Se um importador firmar dois contratos para a compra de mercadoria de acordo com os *Incoterms 2000* e acordar com o exportador que as

aquisições serão, respectivamente, dos tipos FAS e CIF, isso significará que, no primeiro contrato, o preço do exportador incluirá as despesas necessárias à colocação da mercadoria desembaraçada para exportação no cais, ao longo do costado do navio, cabendo ao importador todas as responsabilidades daí em diante, inclusive as despesas para embarque dos bens; no segundo contrato, o preço cobrado pelo vendedor incluirá, além do preço do produto, o seguro e o frete da mercadoria, que deverá estar livre para a exportação e cujo embarque será responsabilidade do exportador.

3 O crédito documentário, como modalidade de pagamento de importações, é regido pelas Regras e Usos Uniformes sobre Créditos Documentários da Câmara de Comércio Internacional (CCI), conhecidas como Brochura 500; a carta de crédito é emitida por um banco para isso contratado pelo importador (banco emissor) e deve especificar as condições da importação e as características da mercadoria, cabendo ao banco avisador comunicar o exportador, conferir os documentos da exportação e efetuar o pagamento dela ou aceitar a respectiva letra de câmbio, remetendo esses documentos em seguida ao banco emissor; as cartas de crédito emitidas nesses moldes devem ser irrevogáveis, para segurança do exportador.

4 Consoante a Lei de Introdução ao Código Civil, a lei do país em que for domiciliada a pessoa determina as regras acerca do começo e do fim da personalidade, do nome, da capacidade e dos direitos de família; nesse caso, o elemento de conexão eleito pelo legislador para a definição do direito aplicável, em caso de conflito, é o domicílio.

5 Considere a seguinte situação hipotética. Duas empresas tiveram determinado litígio resolvido pelas regras da arbitragem em um país europeu que não previa a necessidade de essa sentença ser homologada por seu Poder Judiciário. De acordo com a decisão dos árbitros, ela deveria ser executada no Brasil. Nessa situação, nos termos da legislação brasileira acerca da arbitragem, o julgamento dos árbitros não poderá ser homologado pelo STF por não se tratar, tecnicamente, de sentença; porém, essa decisão valerá no Brasil como título executivo extrajudicial.

31. **(ADVOGADO – PETROBRÁS DISTRIB. – 2008 – CESGRANRIO)** Uma sociedade brasileira e uma sociedade norte-americana assinaram, no Brasil, um contrato para exportação e distribuição de bens produzidos pela empresa brasileira na cidade de Nova York. O contrato é omisso quanto à lei de regência, mas possui uma cláusula elegendo Nova York como foro exclusivo do contrato. De acordo com as regras de conexão do direito positivo brasileiro, a lei aplicável a esse contrato é a

(A) norte-americana, em razão da escolha do foro importar também na escolha da lei aplicável.
(B) norte-americana, por ser o local do cumprimento das obrigações contratuais.
(C) brasileira, em razão do contrato ter sido assinado no Brasil.
(D) brasileira, no tocante à forma e formalidades do contrato, e a lei norte-americana quanto ao fundo do contrato.
(E) que guarde com o contrato os vínculos mais estreitos.

32. **(ADVOGADO – PETROBRÁS DISTRIB. – 2008 – CESGRANRIO)** Uma arbitragem internacional, regida pelas regras da Câmara de Comércio Internacional de Paris – CCI, é realizada no Japão, tendo como partes uma empresa brasileira e uma empresa japonesa. A parte brasileira, condenada na arbitragem, apesar de notificada pela Secretaria da CCI, não efetua tempestivamente o depósito da condenação. Para ser executável no Brasil, o laudo arbitral precisará cumprir, entre outras, as seguintes formalidades:

(A) autenticação pelo Consulado Brasileiro no Japão; tradução pública juramentada e homologação pelo Superior Tribunal de Justiça.
(B) autenticação pelo Consulado Brasileiro no Japão; tradução pública juramentada e homologação pela Justiça Federal.
(C) autenticação pelo Consulado Brasileiro no Japão; tradução pública juramentada e homologação pelo Supremo Tribunal Federal.
(D) autenticação consular e tradução pública juramentada, dispensando-se a homologação judicial em virtude da entrada em vigor da Convenção de Nova York sobre arbitragem.
(E) homologação pela justiça francesa, sede da CCI; tradução pública juramentada e homologação pelo Superior Tribunal de Justiça.

33. **(ADVOGADO – PETROBRÁS DISTRIB. – 2008 – CESGRANRIO)** O sistema de solução de controvérsias entre os países membros do MERCOSUL foi objeto de uma profunda reformulação em 2002. Atualmente, o sistema de solução de controvérsias do MERCOSUL

(A) é regido pelo Tratado de Assunção e prevê a solução por meio de arbitragem ad hoc em uma única instância.
(B) é regido pelo Protocolo de Brasília e tem entre suas etapas obrigatórias a submissão à deliberação do Grupo Mercado Comum.
(C) é regido pelo Protocolo de Olivos e permite que o laudo arbitral proferido seja objeto de revisão pelo Tribunal Permanente de Revisão – TPR.
(D) é regido pelo Protocolo de Las Leñas e passou a permitir que os particulares apresentem diretamente suas demandas.
(E) prevê o encaminhamento do laudo arbitral em que tenha sido proferido voto vencido, para

revisão pelo Órgão de Solução de Controvérsias da OMC.

34. **(ADVOGADO – PETROBRÁS TRANSP. – 2006 – CESGRANRIO)** A Câmara de Comércio Internacional publica, desde 1936, um conjunto de regras internacionais para a interpretação de termos mais usados no comércio exterior. Segundo essas regras, conhecidas como Incoterms, o único termo, dentre os abaixo, que se refere a transporte principal não pago é:

(A) CIP
(B) FOB
(C) CIF
(D) CPT
(E) CFR

35. **(ADVOGADO – ELETROBRÁS – 2006 – NCE/UFRJ)** De acordo com as normas constitucionais em vigor, o órgão competente para homologação da sentença estrangeira no Brasil é:

(A) Supremo Tribunal Federal;
(B) Superior Tribunal de Justiça;
(C) Tribunal Federal de Recursos;
(D) Tribunal Regional Federal;
(E) Justiça Federal.

36. **(ADVOGADO – ELETROBRÁS – 2006 – NCE/UFRJ)** No comércio internacional aponta-se a existência de um sistema normativo de caráter espontâneo, decorrente dos usos e costumes daqueles que o praticam. Trata-se do seguinte instituto:

(A) *lex Rhodia*;
(B) *lex mercatoria*;
(C) convenções comerciais;
(D) *lex fori*;
(E) convenção mercantil.

37. **(ADVOGADO – ELETROBRÁS – 2006 – NCE/UFRJ)** No Direito Internacional Privado, a busca pelo instrumento ou critério que vai orientar a aplicação do direito estrangeiro ou do direito nacional é feita através de diretrizes denominadas pela doutrina:

(A) *lex fori*;
(B) elementos formais;
(C) elementos de conexão;
(D) regime conflitual;
(E) conflito negativo.

38. **(ADVOGADO – IRB – 2006 – ESAF)** Para ser reconhecida ou executada no Brasil, a sentença arbitral estrangeira está sujeita, unicamente,

(A) a comprovação de requisitos de validade, de legitimidade e de eficácia externa, por parte do interessado.
(B) a comprovação de que foi confeccionado com base em cláusula compromissória, nos termos da legislação interna e externa, cuja prova é ônus do interessado.
(C) a homologação de Juiz de Direito que detenha competência para apreciar a matéria objeto do compromisso, se no Brasil a arbitragem tivesse sido realizada.
(D) a homologação de Juiz Federal que detenha competência para apreciar a matéria objeto do compromisso, se no Brasil a arbitragem tivesse sido realizada, e desde que o conteúdo da decisão seja previsto no ordenamento jurídico interno.
(E) a homologação do Supremo Tribunal Federal, unicamente.

39. **(ADVOGADO – IRB – 2006 – ESAF)** A denegação da homologação para reconhecimento ou execução de sentença arbitral estrangeira por vícios formais

(A) não obsta que a parte interessada renove o pedido, uma vez sanados os vícios apresentados.
(B) obsta que a parte interessada renove o pedido, suscitando preclusão, dado que se presume que o objeto do litígio não é suscetível de ser resolvido por arbitragem.
(C) obsta que a parte interessada renove o pedido, porque se presume que a aplicação da decisão arbitral ofende a ordem pública internacional.
(D) não obsta que a parte interessada renove o pedido, independentemente de saneamento dos vícios apresentados, dado que não há limites para requerimentos de homologação, em relação ao mesmo laudo arbitral.
(E) obsta que a parte interessada renove o pedido, dado que se presume que o vício de formalidade indique instituição desconhecida pelo direito brasileiro.

40. **(ADVOGADO – IRB – 2006 – ESAF)** O agente diplomático gozará da imunidade de jurisdição penal do Estado acreditado. Gozará também da imunidade de jurisdição civil e administrativa, <u>exceto</u>:

(A) em ações possessórias e em ações de execução fiscal promovidas pela fazenda pública, por débitos vinculados a impostos de importação e de exportação.
(B) em reclamações trabalhistas, promovidas por trabalhadores brasileiros, e em ações cautelares fiscais, preparatórias de execução fiscal, para cobrança de quaisquer débitos tributários.
(C) em medidas de arresto, seqüestro, caução, busca e apreensão, preparatórias de execução por quantia certa, independentemente do autor ou requerente.
(D) em ação sobre imóvel privado situado no território do Estado acreditado, salvo se o agente diplomático o possuir por conta do Estado acreditante para os fi ns da missão.
(E) em ação sucessória na qual o agente diplomático não figure, a título público ou privado, como

auxiliar do executor testamentário, auxiliar do administrador, representante do herdeiro ou representante do legatário.

41. **(ADVOGADO – BNDES – 2008 – CESGRANRIO)** Os Incoterms aprovados pela Câmara de Comércio Internacional podem ser agrupados em quatro categorias básicas diferentes, identificadas pela primeira letra dos respectivos termos, quais sejam "E", "F", "C" ou "D". Os termos do grupo "C" caracterizam-se por obrigar o vendedor a contratar o transporte das mercadorias às suas próprias expensas, sendo eles:

I - CFR

II - CIF

III - CPT

IV - CIP

Desse grupo, impõe(m) ao vendedor o ônus de providenciar e arcar com os custos do seguro **APENAS** o(s) termo(s)

(A) I
(B) II
(C) I e III
(D) II e IV
(E) III e IV

42. **(ADVOGADO – BNDES – 2008 – CESGRANRIO)** No Seguro de Crédito à Exportação (SCE), a garantia da União será concedida por intermédio do Ministério da Fazenda. A regra geral é de que, nos casos de seguro contra risco comercial em operações financiadas que contem com garantia bancária, a participação da União nas perdas líquidas definitivas do segurado estará limitada a, no máximo,

(A) 75%
(B) 80%
(C) 90%
(D) 95%
(E) 98%

43. **(ADVOGADO – BNDES – 2004 – CESGRANRIO)** A Câmara de Comércio Internacional publica, desde 1936, um conjunto de regras internacionais para a interpretação dos termos mais usados no comércio exterior. Segundo essas regras, conhecidas como *Incoterms*, o único termo dentre os abaixo que contempla **exclusivamente o transporte marítimo** é o:

(A) CIP (*Carriage and Insurance Paid to*), que significa "Transporte e Seguro Pagos até ...".
(B) CIF (*Cost, Insurance and Freight*), que significa "Custo, Seguro e Frete".
(C) DAF (*Delivered At Frontier*), que significa "Entregue na Fronteira".
(D) FCA (*Free Carrier*), que significa "Livre no Transportador".
(E) CPT (*Carriage Paid to*), que significa "Transporte Pago até ...".

44. **(ADVOGADO – BNDES – 2002 – VUNESP)** Quanto aos contratos internacionais, pode-se dizer que

(A) a autonomia da vontade está limitada à aceitação ou não das condições propostas, podendo ou não a parte contratar.
(B) circunstâncias políticas e econômicas, face à força obrigatória dos contratos, não extinguem a relação contratual anteriormente estabelecida.
(C) ao se falar em contrato de compra e venda internacional, o aplicador do direito analisará e interpretará todos os elementos do contrato de adesão, haja vista a inexistência de características paritárias.
(D) o princípio da boa-fé não é aplicado nos contratos internacionais.
(E) para um contrato ser considerado internacional deve, necessariamente, um de seus elementos formadores estar vinculado a mais de um sistema jurídico estrangeiro.

45. **(ADVOGADO – BNDES – 2002 – VUNESP)** Na arbitragem internacional,

(A) as partes estão obrigadas a serem representadas por advogados habilitados durante o procedimento arbitral.
(B) o tribunal arbitral está autorizado a aplicar medidas coercitivas contra as partes e terceiros.
(C) o princípio do livre convencimento não foi acolhido pela Lei no 9.307.
(D) as normas brasileiras concernentes à arbitragem apenas serão aplicadas se a sede do tribunal arbitral estiver localizada em nosso país.
(E) o procedimento arbitral, face à sua celeridade, é composto por uma única fase para a enunciação do laudo.

46. **(ADVOGADO – BNDES – 2002 – VUNESP)** Na homologação de sentenças estrangeiras,

(A) o Brasil adota o sistema da reciprocidade diplomática, isto é, a execução da sentença é condicionada à existência de tratado.
(B) o STF não entra no mérito da sentença, verificando apenas a forma e se foram observados os requisitos legais para sua homologação.
(C) o STF verifica o mérito da sentença proferida no país estrangeiro, a fim de evitar injustiças na má aplicação da lei.
(D) quando da aplicação indireta, não se impõe o exame da ordem pública.
(E) o sistema da delibação, consagrado na Itália, examina pormenorizadamente as questões de fato e de direito contidas na sentença a ser homologada.

47. **(ADVOGADO – BNDES – 2002 – VUNESP)** Quanto aos seguros nos contratos internacionais, é correto dizer que

(A) o ordenamento jurídico brasileiro não admite a contratação de seguros, fora do Brasil, para transportes internacionais.
(B) é imprescindível que o dano ensejador do pagamento do risco coberto aconteça na vigência do contrato de seguro.
(C) através do resseguro, a obrigação assumida por um segurador é compartilhada com outras empresas do ramo securitário.
(D) o Instituto de Resseguros do Brasil detém o monopólio para instituição de resseguros em nosso país.
(E) atualmente, as companhias seguradoras não estão obrigadas a ressegurar, no Instituto de Resseguros do Brasil, as responsabilidades civis que ultrapassarem o seu limite técnico.

48. **(ADVOGADO – BNDES – 2001 – VUNESP)** Compete à Organização Mundial do Comércio (OMC), deliberar, sobre

(A) repressão a cartéis.
(B) abuso de poder econômico.
(C) dumping.
(D) regulamentação de mercados de capitais.
(E) empréstimos de estrangeiros.

49. **(ADVOGADO – BNDES – 2001 – VUNESP)** No glossário de Incoterms FOB/Free on Board significa que

(A) o produto e a fatura devem estar à disposição do comprador no estabelecimento do vendedor.
(B) o produto e a fatura devem estar à disposição do comprador no estabelecimento do vendedor.
(C) as obrigações do vendedor encerram-se ao colocar a mercadoria, já desembaraçada para exportação, no cais, livre, junto ao costado do navio.
(D) o vendedor deve entregar a mercadoria, desembaraçada, a bordo do navio indicado pelo comprador, no porto de embarque.
(E) o vendedor deve entregar a mercadoria no porto de destino escolhido pelo comprador.

50. **(ADVOGADO – BNDES – 2001 – VUNESP)** O elemento de conexão aplicável para os bens imóveis, de acordo com a legislação brasileira, é

(A) o domicílio do proprietário.
(B) a nacionalidade do proprietário.
(C) o local da situação dos bens.
(D) o local de residência do proprietário.
(E) o local da execução da contrato.

51. **(ADVOGADO – BNDES – 2001 – VUNESP)** A classificação oriunda das escolas estatutárias para a formação do elemento de conexão, até hoje mantida pela doutrina francesa, divide-se nas seguintes categorias:

(A) estatuto pessoal regido pela lei nacional, estatuto real regido pela lei da situação de bens, fatos e atos jurídicos submetidos à lei do local de sua ocorrência ou à lei escolhida pelas partes.
(B) estatuto real regido pela lei nacional, estatuto pessoal regido pela lei da situação dos bens, fatos e atos jurídicos submetidos à lei local de sua ocorrência ou à lei escolhida pelas partes.
(C) estatuto do domicílio e da nacionalidade.
(D) estatuto da residência e da nacionalidade.
(E) estatuto do local da execução do contrato e nacionalidade.

52. **(ADVOGADO – BNDES – 2001 – VUNESP)** Os principais critérios do Direito Internacional Privado, na determinação da nacionalidade da Pessoa Jurídica são:

(A) critério do controle e critério da livre opção.
(B) critério da incorporação, critério das sede social e critério do controle.
(C) critério da residência e critério do domicílio.
(D) critério da auto-definição e critério do domicílio.
(E) critério da escolha e critério da residência.

9.3. TEMAS COMBINADOS

53. **(ADVOGADO – CEF – 2001 – CESPE)** Considerando as relações entre os Estados e suas ordens jurídicas e o direito internacional público e privado aplicável no Brasil, julgue os itens que se seguem.

(1) O art. 7.º, caput, da Lei de Introdução ao Código Civil, estipula que a lei do país em que for domiciliada a pessoa determina as regras sobre o começo e o fim da personalidade, o nome, a capacidade e os direitos de família, ao passo que o art. 8.º, caput, da mesma lei, estatui que os bens e suas relações regulam-se pela lei do país onde estejam situados; para o direito internacional privado, o elemento de conexão do primeiro dispositivo é o domicílio e o do segundo, a situação da coisa.
(2) Agrément é o ato por meio do qual o Estado acreditado manifesta sua concordância com a nomeação de um agente diplomático por parte do Estado acreditante; no caso de recusa, deverá o Estado acreditado informar as razões da negação ao Estado acreditante, para que este nomeie outro agente.
(3) Para instalar repartição consular, o Estado que a envia deve obter o consentimento do Estado receptor; no entanto, uma vez instalado um consulado, este poderá criar vice-consulados ou agências consulares em outras localidades, sem a necessidade de novo consentimento.
(4) Compete à autoridade judiciária brasileira, representada pela justiça federal de primeiro grau, com recurso para o respectivo TRF, avaliar a legalidade, segundo a lei brasileira, de diligências deprecadas por autoridades judiciárias estrangeiras e fazer cumpri-las, se lhes houver concedido o necessário exequatur.

(5) Considere a seguinte situação hipotética. Viktor era nascido e domiciliado em Moscou, na Rússia, e seu único patrimônio consistia em uma fazenda que adquiriu no Brasil. Em viagem ao país, quando dirigia no Paraná, Viktor morreu em acidente automobilístico, por não respeitar o limite máximo de velocidade. Diante disso, a sucessão do alienígena ocorrerá de acordo com as leis brasileiras.

54. **(PROCURADOR FEDERAL - AGU - 2002 - CESPE)** Julgue os itens abaixo, relativos à Lei de Introdução do Código Civil (LICC — Decreto-lei n.º 4.657/1942).

(1) Se João, brasileiro, domiciliado na Espanha, falecer ao visitar parentes no Japão, então, perante a LICC, a sucessão, em regra, deverá seguir a lei japonesa.

(2) Se Juan Carlos, argentino, apaixonar-se por Gabriela, paraguaia, desejando com ela contrair matrimônio, e ambos estiverem domiciliados no Brasil, então, perante a LICC, será aplicada a lei brasileira para os impedimentos dirimentes e a lei argentina para os impedimentos impedientes.

(3) Se Marcos, alemão naturalizado brasileiro, celebrar contrato, no Brasil, com Vinícius, brasileiro, então, perante a LICC, será aplicada a lei brasileira em face do princípio locus regit actum.

(4) Considere a seguinte situação hipotética. Mário, marroquino, já casado perante a legislação brasileira, com Marta, brasileira, deseja registrar no Brasil o seu segundo casamento realizado no Marrocos. Nesse caso, perante a LICC, será possível tal registro em face do princípio da territorialidade moderada adotado no Brasil.

(5) Os governos estrangeiros não podem adquirir bens imóveis no Brasil.

10. DIREITO FINANCEIRO

1. **(ADVOGADO – INFRAERO – 2004 – NCE/UFRJ)** Por força de norma contida em dispositivo constitucional a denominada Lei de Responsabilidade Fiscal tem natureza de lei:

(A) ordinária;
(B) complementar;
(C) delegada;
(D) reforçada;
(E) excepcional.

2. **(ADVOGADO – BNDES – 2008 – CESGRANRIO)** As atuais regras de repartição das receitas tributárias previstas na Constituição Federal determinam que pertencem aos

(A) Estados e ao Distrito Federal 20% do produto da arrecadação do imposto da União incidente sobre a propriedade territorial rural.
(B) Estados e ao Distrito Federal 50% do produto da arrecadação dos impostos instituídos pela União no exercício de sua competência residual.
(C) Estados e ao Distrito Federal 100% do produto da arrecadação do imposto da União incidente sobre produtos industrializados nos seus respectivos territórios.
(D) Municípios 50% do produto da arrecadação do imposto do Estado sobre operações relativas à circulação de mercadorias e sobre prestações de serviços de transporte interestadual e intermunicipal e de comunicação.
(E) Municípios 100% do produto da arrecadação do imposto da União sobre renda e proventos de qualquer natureza, incidente na fonte, sobre rendimentos pagos por suas autarquias municipais.

3. **(ADVOGADO – BNDES – 2006 – CESGRANRIO)** Sobre a relação entre a política (fiscal, financeira e econômica) e o controle exercido pelo Tribunal de Contas, sobressai o seguinte entendimento manifestado por Ricardo Lobo Torres: "Há que se distinguir entre o controle dos objetivos das decisões políticas, vedado às Cortes de Contas, e o controle das contas dos órgãos políticos ou das premissas constitucionais (legalidade e economicidade) das decisões políticas, plenamente compatível com a nova estrutura democrática do País" (*in* Tratado de direito constitucional financeiro e tributário, volume V: o orçamento na Constituição – 2a edição – Rio de Janeiro: Renovar, 2000, p. 380). Nesse contexto, considerando a ausência de representação popular na investidura de seus membros, a legitimidade política do Tribunal de Contas para ter como objeto de seu controle as decisões políticas advém da(o):

(A) manutenção de quadro próprio de pessoal.
(B) condição de órgão auxiliar do Poder Legislativo.
(C) legitimação popular para deflagrar o processo de controle externo.
(D) organização segundo as mesmas regras aplicáveis aos Tribunais do Poder Judiciário.
(E) equiparação à Magistratura quanto às garantias, prerrogativas e impedimentos de seus Conselheiros.

4. **(ADVOGADO – BNDES – 2006 – CESGRANRIO)** A repartição das receitas tributárias cria para os entes políticos menores o direito a uma parcela da arrecadação do ente maior. A participação direta sobre a arrecadação de impostos alheios revela-se um instrumento:

(A) privado.
(B) financeiro.
(C) tributário.
(D) comutativo.
(E) sinalagmático.

5. **(ADVOGADO – BNDES – 2004 – CESGRANRIO)** A Lei Complementar nº 101/2000 (Lei de Responsabilidade Fiscal) estabeleceu normas de finanças públicas voltadas para a responsabilidade na gestão fiscal. Entre os órgãos e entidades abaixo elencados, o (a) único (a) que **NÃO** se encontra submetido (a) às disposições dessa Lei é o(a):

(A) Tribunal de Contas da União.
(B) Supremo Tribunal Federal.
(C) fundação pública que se mantém unicamente de suas próprias receitas.
(D) empresa pública que se mantém unicamente de suas próprias receitas.
(E) autarquia que se mantém unicamente de suas próprias receitas.

6. **(PROCURADOR – BANCO CENTRAL – 2009 – CESPE)** Se a administração pública contratar uma construtora para a construção de um edifício e empresa especializada para instalar os elevadores na obra, então, consoante as regras expressas na Lei n.º 4.320/1964, a administração pública pode

(A) fazer uma única nota de empenho para os dois fornecedores da obra, todavia não pode parcelar os pagamentos.
(B) fazer uma ou duas notas de empenho e avaliar a contratação por estimativa.
(C) avaliar a contratação por estimativa e parcelar os pagamentos.
(D) parcelar os pagamentos, mas deve emitir uma só nota de empenho para os dois fornecedores da obra.
(E) parcelar os pagamentos, mas deve emitir uma nota de empenho para cada fornecedor.

7. **(PROCURADOR – BANCO CENTRAL – 2009 – CESPE)** (A) secretaria da fazenda de determinado estado da Federação, ao registrar a arrecadação de certo mês, procedeu às seguintes classificações:

I. as multas tributárias inscritas na dívida ativa foram classificadas como receitas tributárias;

II. as multas de receitas de impostos pagos após o vencimento mas ainda não inscritos na dívida ativa foram classificadas como receitas de dívida ativa.

Nessa situação, é correto afirmar que a secretaria

(A) errou nas duas contabilizações mencionadas.
(B) acertou nas duas contabilizações, pois só era possível contabilizar dessa forma.
(C) acertou nas duas contabilizações, mas, nos dois casos, era admissível contabilizar de outra forma.
(D) acertou na contabilização descrita no item I e errou na do item II.
(E) acertou na contabilização descrita no item II e errou na do item I.

8. **(PROCURADOR – BANCO CENTRAL – 2009 – CESPE)** Determinado município contraiu empréstimo do tipo operação de crédito por antecipação de receita orçamentária (ARO), em 31/1/2009. A lei orçamentária desse município, para o exercício de 2009, foi aprovada pela Câmara de Vereadores somente em 10/2/2009.

Nessa situação, é correto afirmar que

(A) não haveria necessidade de autorização legislativa para a contratação da operação de ARO.
(B) a receita a ser obtida com a operação de ARO deve estar prevista na lei orçamentária.
(C) a operação de ARO somente se deve destinar a atender à insuficiência de caixa.
(D) a receita a ser obtida deve ser contabilizada como receita de capital.
(E) os adicionais incidentes devem ser contabilizados como despesa de capital, quando o município pagar pela operação.

9. **(PROCURADOR – BANCO CENTRAL – 2009 – CESPE)** Suponha que, até 30/6/2009, o BACEN tenha obtido resultado positivo de 3 bilhões de reais e que, no segundo semestre deste mesmo ano, o resultado tenha sido negativo de 5 bilhões de reais, compondo resultado anual negativo de 2 bilhões de reais.

A partir dessa situação hipotética, assinale a opção correta.

(A) O resultado é apurado anualmente e considera-se obrigação de 2 bilhões de reais do BACEN para com a União.
(B) O resultado é apurado anualmente e considera-se que haja obrigação de 2 bilhões de reais da União para com o BACEN.
(C) O resultado é apurado semestralmente e considera-se que o do segundo semestre seja obrigação de 5 bilhões de reais do BACEN para com a União.
(D) O resultado é apurado semestralmente e considera-se que o do primeiro semestre seja obrigação de 3 bilhões de reais do BACEN para com a União.
(E) O resultado é apurado semestralmente e considera-se que o do primeiro semestre seja obrigação de 3 bilhões de reais da União para com o BACEN.

10. **(PROCURADOR – BANCO CENTRAL – 2009 – CESPE)** Em razão de autorização genérica, a União emitiu títulos públicos para troca por

I. títulos do Tesouro Nacional em poder do BACEN;

II. títulos emitidos em decorrência de acordos de reestruturação da dívida externa brasileira, a exclusivo critério do ministro de Estado da Fazenda;

III. títulos da dívida agrária, em poder do Ministério da Agricultura, Pecuária e Abastecimento.

Diante dessa situação hipotética e da legislação de títulos da dívida pública, a União agiu em conformidade com a autorização concedida ao emitir títulos conforme mencionado

(A) apenas no item I.
(B) apenas no item II.
(C) apenas no item III.
(D) apenas nos itens I e II.
(E) em todos os itens.

11. **(ADVOGADO – ANS – 2005 – CESPE)** Considerando as normas contidas na Lei Complementar n.º 101/2000 — Lei de Responsabilidade Fiscal (LRF) —, julgue os itens a seguir.

1. A LRF, por vedar a realização de operação de crédito entre entes federados por meio de fundos públicos, viola o pacto federativo configurado constitucionalmente.

2. A Constituição Federal, ao atribuir à LRF a competência para estabelecer normas de gestão financeira e patrimonial da administração direta e indireta, bem como condições para a instituição e o funcionamento de fundos, permitiu que essa lei regulasse a gestão financeira e patrimonial dos entes federados, o que inclui as operações de crédito.

3. A LRF, ao estabelecer que estados, Distrito Federal (DF) e municípios devem encaminhar suas contas ao Poder Executivo da União, em prazos legalmente fixados, colocou a União em posição de supremacia ante os estados, o DF e os municípios, obrigando-os a lhe prestarem contas.

4. A norma que determinou que estados, DF e municípios encaminhassem suas contas ao Poder Executivo da União apenas teve a finalidade de consolidar as contas públicas dos entes da Federação, para posterior divulgação de dados, privilegiando o princípio da publicidade.

5. A LRF tem a finalidade de impedir que a administração gaste mais do que arrecada e impõe à folha salarial dos diversos entes da federação um limite de 60% dos gastos totais.

6. A LRF procura gerar o máximo de transparência das contas públicas, com vistas à redução dos atos de corrupção.

7. O regime de competência é o que deve ser adotado para a apuração da despesa total realizada com pessoal. Para tanto, deve-se somar a despesa total com pessoal realizada no mês em referência com as dos onze meses imediatamente anteriores.

8. É nulo de pleno direito o ato que acarrete aumento da despesa com pessoal, instituído nos cento e oitenta dias anteriores ao final do mandato do titular do Ministério Público, do Poder Legislativo ou do Poder Judiciário.

9. A LRF proibiu que ente da federação controlador de instituição financeira estatal realize com ela operação de crédito em que figure na qualidade de beneficiário do empréstimo.

12. **(ADVOGADO DA UNIÃO – AGU – 2009 – CESPE)** De acordo com o que estabelece a CF acerca das finanças públicas, julgue os itens subsequentes.

1 É possível a transposição de recursos de uma categoria de programação para outra, com a prévia autorização legislativa.

2 Emendas ao projeto de lei de diretrizes orçamentárias poderão ser aprovadas, desde que sejam compatíveis com o plano plurianual.

3 Não é possível a transferência voluntária de recursos, pelo governo federal, aos estados para o pagamento de despesas de pessoal ativo, inativo e pensionista.

13. **(ADVOGADO DA UNIÃO – AGU – 2009 – CESPE)** Acerca do que disciplina a Lei de Responsabilidade Fiscal (LRF), julgue os itens seguintes.

1 A criação de ação governamental que acarrete despesa pública será acompanhada de estimativa do impacto orçamentário-financeiro no exercício em que deva entrar em vigor e nos dois subsequentes.

2 É condição prévia para empenho e licitação de serviços criados por ação governamental nova, a declaração do ordenador da despesa de que o aumento tem adequação orçamentária e financeira com todos os tipos de orçamentos.

3 Considera-se despesa obrigatória de caráter continuado a despesa corrente derivada de ato administrativo normativo que fixe para o ente a obrigação legal de sua execução por um período superior a dois exercícios.

4 Considera-se aumento permanente de receita, para os fins de compensação do aumento da despesa, a concessão de crédito presumido para empresas.

5 A ação governamental que cria despesa por lei pode, a qualquer tempo, ser executada, antes mesmo de ser compensada com o acréscimo da receita naquele exercício, quando não devidamente prevista na lei orçamentária.

6 A revisão geral anual da remuneração de servidores públicos é uma exceção à necessidade de que, para o aumento da despesa, seja demonstrada a origem dos recursos para seu custeio.

7 A contratação de hora extra é vedada, por qualquer motivo, quando a despesa total com pessoal exceder a 95% do limite do órgão ou poder.

14. **(ADVOGADO DA UNIÃO – AGU – 2006 – CESPE)** Considerando as atribuições constitucionais e legais dos órgãos públicos em matéria financeira, julgue os itens seguintes.

1. Ao Banco Central do Brasil é permitido comprar e vender títulos do Tesouro Nacional.

2. Se um dirigente de um órgão público inicia a execução de um projeto não incluído na LOA, estará contrariando uma norma constitucional.

3. Apesar da regra geral de que a LOA não deve consignar dotações globais destinadas a atender indiferentemente a despesas de pessoal, material, serviços de terceiros, transferências ou quaisquer

outras, atualmente, uma dotação destinada à manutenção de um órgão público engloba, em um mesmo valor, as destinações a material de consumo e serviços de terceiros, em conformidade com as classificações definidas nas Leis de Diretrizes Orçamentárias (LDO).

4. O Banco Central do Brasil somente pode emitir títulos se destinados ao controle do meio circulante, como instrumento de política monetária.
5. De acordo com o princípio da especialização, a LOA não pode conter dispositivo estranho à previsão da receita e à fixação da despesa.
6. É vedada a vinculação de receita de impostos a órgão, fundo ou despesa, não havendo qualquer exceção que vincula a receita de impostos a um benefício específico e divisível para o contribuinte.

O orçamento nacional deve ser equilibrado. As dívidas públicas devem ser reduzidas; a arrogância das autoridades deve ser moderada e controlada. Os pagamentos a governos estrangeiros devem ser reduzidos, se a Nação não quiser ir à falência. As pessoas devem novamente aprender a trabalhar, em vez de viverem por conta pública.

Marcus Tullius Cícero – Roma, 55 a.C.

15. **(ADVOGADO DA UNIÃO – AGU – 2006 – CESPE)** Tendo o texto acima como referência inicial, julgue os itens a seguir à luz do direito financeiro.

1. O conceito de equilíbrio formal impede a produção de resultado primário.
2. Um dos ditames da responsabilidade fiscal é a separação de atribuições entre os entes da Federação, o que impede, por exemplo, que determinado município contribua para o custeio de despesa de competência de um estado.
3. É vedada a realização de despesas que excedam os créditos orçamentários ou adicionais; admite-se, todavia, a assunção de obrigações diretas acima dos créditos orçamentários ou adicionais, quando destinadas a fazer face a situações como as calamidades públicas.
4. O equilíbrio formal do projeto de Lei do Orçamento (total de receita nominal igual ao total da despesa nominal), que o Poder Executivo encaminha para o exame e aprovação do Poder Legislativo, é uma premissa básica de finanças públicas que não consta de norma constitucional expressa.
5. Há previsão constitucional de possível ação do presidente da República que gera, como conseqüência natural, o desequilíbrio formal de projeto de lei orçamentária aprovado pelo Congresso Nacional com equilíbrio formal.

16. **(ADVOGADO DA UNIÃO – AGU – 2004 – CESPE)** Os orçamentos públicos, em razão de sua importância financeira e política para o Estado, mereceram tratamento jurídico em sede constitucional. Acerca desse assunto, julgue os itens a seguir.

1 Nos termos constitucionais, admite-se que a Lei do Plano Plurianual contemple outras aplicações de recursos públicos que não sejam da espécie despesa de capital.

2 No sistema da Constituição de 1988, reserva-se ao Poder Legislativo, em algumas hipóteses, a iniciativa da lei orçamentária anual.

3 A vinculação de taxas a determinadas despesas públicas é compatível com o princípio constitucional-orçamentário da não-afetação das receitas.

4 Eventual alteração na legislação tributária da União depende de autorização prévia e expressa da Lei de Diretrizes Orçamentárias.

17. **(ADVOGADO DA UNIÃO – AGU – 2004 – CESPE)** O Estado, visando à consecução dos fins coletivos, obtém recursos financeiros, promove gastos e, na esfera da gestão do seu patrimônio, deve guiar-se pela responsabilidade fiscal. A respeito do quadro legal de receita, despesa e gestão públicas, julgue os itens seguintes.

1 Em linha distinta da doutrina majoritária, a vigente classificação legal da receita inclui alguns ingressos ou entradas financeiras cuja índole não se compatibiliza com a noção de receita pública stricto sensu.

2 É vedada a criação por medida provisória ou por ato administrativo normativo de despesas obrigatórias de caráter continuado que fixem para o setor público obrigação legal de gasto corrente por período superior a dois exercícios financeiros.

3 A despesa pública apenas será empenhada se estiver incluída na lei orçamentária anual, estando o seu pagamento dependente da regular liquidação.

4 Observado o prazo constitucional de apresentação do precatório, é obrigatória a inclusão, na Lei de Meios, de dotações financeiras consignadas diretamente ao Poder Judiciário, para o pagamento de débitos nascidos de sentenças judiciais transitadas em julgado.

5 A despesa total com o pessoal ativo e inativo, em cada período de apuração e em cada ente da Federação, não poderá ultrapassar o limite de 50% da respectiva receita corrente líquida.

18. **(ADVOGADO DA UNIÃO – AGU – 2004 – CESPE)** Quando a dívida pública atinge patamares incompatíveis com a capacidade de pagamento do Estado, é razoável se admitir que a gestão das finanças não está centrada no equilíbrio entre as receitas e despesas, gerando expectativas negativas quanto à solvência dos compromissos assumidos pelo setor público,

fato que compromete os investimentos privados e o próprio crescimento da economia. Em relação aos aspectos constitucionais ou legais do endividamento estatal, julgue os itens subseqüentes.

1 Privativamente, compete ao Senado Federal fixar, por proposta do Presidente da República, limites globais para o montante da dívida consolidada da União, dos estados, do Distrito Federal (DF) e dos municípios, no qual se incluem as dívidas ativas tributária e não-tributária.

2 Comete crime contra as finanças públicas um governador de estado que determina a realização de operação de crédito interno sem prévia autorização legislativa.

3 É vedado a um banco estatal conceder empréstimo ao ente federado que o controla, ressalvadas as hipóteses previstas na Lei de Responsabilidade Fiscal.

19. **(PROCURADOR FEDERAL – AGU – 2007 – CESPE)** Com base no direito financeiro, julgue os itens subseqüentes.

1 Caso determinado estado da Federação celebre operação de crédito para obtenção de ativos para construção e reforma de rodovias estaduais, estabelecendo, no contrato, que o prazo para amortização da referida operação será de 36 meses, nessa situação, os valores relativos à operação de crédito enquadrar-se-ão no conceito de dívida pública consolidada.

2 Entre as finalidades do orçamento fiscal e do orçamento de investimento, observa-se a de reduzir desigualdades interregionais, segundo critério populacional.

3 Considere que na lei orçamentária anual de 2006, além da previsão da receita e fixação da despesa, tenha havido autorização para recebimento antecipado de valores provenientes de venda a termo de bens imóveis pertencentes à União. Essa autorização é inconstitucional por ferir o princípio orçamentário da exclusividade.

4 Caso determinado estado da Federação apresente, como garantia ao pagamento de dívida que possui com a União, 5% da receita própria do IPVA, nessa situação, a afetação da receita não representa violação ao princípio da nãovinculação de receitas tributárias.

5 Caso uma sociedade de economia mista, verificando existir prévia e suficiente dotação orçamentária, que atenda às projeções de despesas com pessoal, celebre acordo coletivo com sindicato da categoria, concedendo aumento salarial aos seus empregados, nessa situação, a celebração do acordo coletivo ferirá dispositivo constitucional, tendo em vista que a concessão de aumento salarial depende de autorização específica na lei de diretrizes orçamentárias.

20. **(PROCURADOR FEDERAL – AGU – 2007 – CESPE)** Com base no direito financeiro, julgue os itens subseqüentes.

1 Os atos de determinado presidente de tribunal de justiça que versem sobre o processamento e pagamento de precatórios judiciais não têm caráter jurisdicional.

2 Será exercido pelo Poder Executivo o controle orçamentário da legalidade e da fidelidade funcional dos agentes da administração responsáveis por bens e valores públicos, cabendo exclusivamente ao Poder Legislativo e ao tribunal de contas o controle do cumprimento do programa de trabalho previsto na lei orçamentária.

3 Considere a seguinte situação hipotética. Determinado município da Federação criou contribuição de melhoria, em virtude da construção do Parque Central, cobrada dos moradores das proximidades do referido parque, em face da valorização imobiliária decorrente de sua construção. Entretanto, apesar de legalmente constituído, o aludido município não regulamentou a cobrança do tributo em comento, prejudicando a sua efetiva arrecadação. Nessa situação, ficará vedada a realização de transferências voluntárias ao município da Federação em epígrafe.

4 onsidera-se dívida ativa não-tributária a que é proveniente de obrigação legal relativa a empréstimo compulsório.

21. **(PROCURADOR DA FAZENDA NACIONAL – 2007.2 – ESAF)** A respeito das finanças públicas, assinale a opção correta.

(A) As disponibilidades de caixa da União, dos Estados, do Distrito Federal, dos Municípios e dos órgão ou entidades do Poder Público e das empresas por ele controladas, serão depositadas em instituições financeiras oficiais, ressalvados os casos previstos em lei.

(B) Compete privativamente à União legislar sobre normas gerais de direito financeiro, podendo a Lei complementar autorizar os Estados a legislar sobre questões específicas, para atender a suas peculiaridades.

(C) Pelo princípio da unidade orçamentária, todas as receitas e despesas devem ser previstas em documento único, ressalvados os orçamentos fiscal, de investimento e da seguridade social, que serão previstos em documentos autônomos.

(D) A competência da União para estabelecer limites à emissão de moeda será exercida exclusivamente pelo Banco Central.

(E) O princípio da exclusividade da matéria orçamentária não impede que a lei orçamentária anual contenha autorização para contratação de operações de crédito.

22. (PROCURADOR DA FAZENDA NACIONAL – 2007.2 – ESAF) A Lei de Responsabilidade Fiscal - LRF estabelece normas de finanças públicas voltadas para a responsabilidade na gestão fiscal. Entre as normas da LRF, não se inclui:

(A) a inexistência de estimativa do impacto orçamentário- financeiro e de demonstração da origem dos recursos para as despesas destinadas ao serviço da dívida.

(B) a proibição de que o Banco Central do Brasil emita títulos de dívida pública a partir de dois anos após a publicação da LRF.

(C) a necessidade de estimativa do impacto orçamentário- financeiro para redução da alíquota do IPI.

(D) a nulidade do ato de que resulte aumento da despesa com pessoal nos cento e oitenta dias anteriores ao final do mandato do titular do respectivo Poder ou órgão.

(E) a vedação da realização de operação de crédito entre uma instituição financeira estatal e o ente da Federação que a controle, na qualidade de beneficiário do empréstimo.

23. (PROCURADOR DA FAZENDA NACIONAL – 2007.2 – ESAF) Ainda sobre a Lei de Responsabilidade Fiscal - LRF, assinale a opção incorreta.

(A) Compete ao Ministério da Fazenda verificar o cumprimento dos limites e condições relativos à realização de operações de crédito de cada ente da Federação, inclusive das empresas por eles controladas, direta ou indiretamente.

(B) Os entes poderão conceder garantia em operações de crédito internas ou externas, observados o disposto na LRF e, no caso da União, também os limites e as condições estabelecidos pelo Senado Federal.

(C) As sanções de suspensão de transferências voluntárias constantes da LRF não se aplicam a ações de educação, saúde e assistência social.

(D) A captação de recursos a título de antecipação de receita de tributo ou contribuição cujo fato gerador já tenha ocorrido é equiparada a operação de crédito.

(E) Compete privativamente ao Senado Federal autorizar operações externas de natureza financeira, de interesse da União, dos Estados, do Distrito Federal, dos Territórios e dos Municípios.

24. (PROCURADOR DA FAZENDA NACIONAL – 2007.2 – ESAF) As despesas públicas são classificadas pela Lei n. 4.320/64 sob duas categorias econômicas: Despesas Correntes e Despesas de Capital. As Despesas Correntes são aquelas que não proporcionam aumento direto do patrimônio público e as Despesas de Capital são os gastos que, em regra, incrementam em valor equivalente o patrimônio da entidade que realizou a despesa. Sobre o tema, assinale a opção incorreta.

(A) Os juros e encargos da Dívida Pública são classificados como despesas correntes.

(B) A despesa total com pessoal, em cada período de apuração e em cada ente da Federação, não poderá exceder os percentuais da receita corrente líquida discriminados na Lei de Responsabilidade Fiscal, caso a lei de diretrizes orçamentárias não disponha de modo diverso.

(C) São consideradas Despesas de Capital as transferências para investimentos ou inversões financeiras a serem realizados por outras pessoas de direito público ou privado, independentemente de contraprestação direta em bens ou serviços em favor da entidade que transferir os recursos.

(D) A participação em constituição ou aumento de capital de empresas ou entidades industriais ou agrícolas é considerada investimento, enquanto que a participação em constituição ou aumento de capital de empresas ou entidades comerciais ou financeiras é considerada inversão financeira.

(E) É vedada a realização de operação de crédito entre instituição financeira estatal e outro ente da Federação, inclusive suas entidades da administração indireta, que se destinem a financiar, direta ou indiretamente, despesas correntes.

25. (PROCURADOR DA FAZENDA NACIONAL – 2007.1 – ESAF) A disposição do artigo 165, § 5o, da Constituição do Brasil

(A) consubstancia o princípio da legalidade, uma vez que estabelece que o orçamento anual será aprovado por lei.

(B) permite que as empresas estatais (inciso II) recebam recursos da União a título de capital desde que previamente previsto no orçamento de investimento.

(C) combinada com a disposição do § 7o do mesmo artigo subordina a aprovação da Lei orçamentária à do orçamento plurianual de investimento.

(D) expressa o princípio da universalidade da Lei orçamentária.

(E) impõe, nos seus incisos I e II, o equilíbrio orçamentário da previdência social.

26. (PROCURADOR DA FAZENDA NACIONAL – 2007.1 – ESAF) O Tribunal de Contas, como órgão auxiliar do controle externo da fiscalização contábil, financeira, orçamentária, operacional e patrimonial da União, a cargo do Congresso Nacional,

(A) om base no princípio da economicidade, toma em consideração a relação custo/benefício no fornecimento de serviços públicos, em vista da despesa para tanto realizada.

(B) ão está autorizado ao controle das premissas constitucionais das decisões de política financeira, fiscal e econômica.

(C) em legitimidade para as decisões políticas, ex vi do disposto no artigo 74, § 2º, apenas quando lhe for feita denúncia de irregularidades ou ilegalidades.

(D) ode apreciar a constitucionalidade das leis e dos atos do Poder Público, como reza a Súmula 347 do STF, do que resulta exercer função jurisdicional.

(E) m vista da disposição do artigo 73 da Constituição Federal e da natureza técnica dos julgamentos das contas, as suas decisões não podem juridicamente ser objeto de revisão pelo Poder Judiciário.

27. (PROCURADOR DA FAZENDA NACIONAL – 2007.1 – ESAF) Sob o princípio constitucional de que "a lei não excluirá da apreciação do Poder Judiciário lesão ou ameaça a direito" (art. 5º, XXXV da CF), pode-se afirmar que:

(A) em face da independência entre os Poderes do Estado e da discricionariedade que fundamenta os atos da administração, a execução orçamentária constitui exceção a esse mandamento constitucional.

(B) a Lei Orçamentária é lei em sentido formal, do que decorre que suas disposições implicam vinculação para a ação do administrador público que não pode deixar de realizar a despesa nela contemplada.

(C) a ação popular não é cabível em matéria orçamentária.

(D) a competência do Tribunal de Contas para julgamento das contas é definitiva e impede qualquer questionamento perante o Poder Judiciário.

(E) o orçamento, no que se refere à despesa pública, por se constituir em autorização para realizá-la, não implica a vinculação do administrador em fazê-lo, mas há de motivar [dar causa] para não executar a despesa, cabendo, assim, ao administrador público responsável pela execução orçamentária justificar-se perante o Poder Judiciário, se a tanto provocado.

28. (PROCURADOR DA FAZENDA NACIONAL – 2007.1 – ESAF) Isenção, anistia e remissão constituem:

(A) medidas que asseguram o princípio da isonomia perante a legislação infraconstitucional.

(B) privilégios da receita pública que podem ser concedidos pela Fazenda Nacional e/ou pelo Tesouro Nacional em razão do exercício do poder discricionário de que são titulares para execução orçamentária.

(C) medidas que afetam a receita pública e, por isso, só podem ser concedidas mediante redução das correspondentes despesas.

(D) medidas voltadas para implementar o crescimento econômico porque impõem a redução da despesa pública, constituindo-se em instrumentos de atuação do Estado sobre o domínio econômico.

(E) institutos do direito tributário cuja interferência na execução do orçamento público apenas se verifica legitimamente após expressa manifestação do Poder Judiciário sobre a constitucionalidade da Lei que as institui em cada caso.

29. (PROCURADOR DA FAZENDA NACIONAL – 2007.1 – ESAF) Assinale a opção correta.

(A) A expressão "vinculação de receita orçamentária" tem o significado de forma especial de garantia criada para suportar a execução judicial contra a Fazenda Pública, mediante a prévia especialização do direito a ser penhorado, quando inadimplente o ente público devedor da operação de crédito.

(B) O artigo 816 do Código Civil, que atribuiu tutela jurisdicional aos contratos diferenciais cujo objeto sejam títulos de bolsa, mercadorias ou valores, eliminou a discussão sobre a legitimidade da participação das instituições financeiras controladas pelo Poder Público em operações com ouro ou moedas estrangeiras nos mercados futuros.

(C) A disposição do artigo 1.479 do antigo Código Civil não implicava qualquer restrição ou dúvida sobre a legitimidade da participação de instituições financeiras oficiais em operações com ouro ou moedas estrangeiras nos mercados futuros.

(D) As instituições financeiras privatizadas, a despeito do disposto no artigo 164, § 3º, da Constituição do Brasil, têm assegurado o direito de continuarem a ser depositárias das disponibilidades financeiras dos entes públicos que as controlavam, porque, no caso, há direito adquirido e, assim, tutelado pelo artigo 5º, inciso XXXVI, da Constituição do Brasil.

(E) As operações de crédito por antecipação da receita orçamentária constituem modalidade contratual cujas obrigações devem ser liquidadas apenas até o montante realizado das receitas da arrecadação tributária orçada que deu causa à obtenção da operação de crédito, e o saldo, para cujo pagamento inexistir receita corrente realizada, deve ser inscrito juntamente com tais receitas como "restos a pagar".

11. Direito Penal e Processual Penal

11.1. DIREITO PENAL

11.1.1. Parte Geral

1. **(ADVOGADO – EMBRAPA – 2005 – CESPE)** Acerca do concurso de pessoas, julgue os próximos itens.

1. Considere que dois indivíduos disparem simultaneamente na vítima provocando-lhe morte imediata, sem que um conheça a conduta do outro. Nessa situação, ambos responderão por homicídio doloso, vez que agiram buscando o mesmo resultado, o que, por si só, caracteriza o concurso de agentes.
2. No peculato, crime próprio de funcionário público, não é possível a co-autoria de um particular, dada a absoluta incomunicabilidade da circunstância elementar do crime.

2. **(ADVOGADO – EMBRAPA – 2005 – CESPE)** Tício, portador de grave enfermidade psíquica, foi preso e autuado em flagrante após a prática de estupro. Encaminhado para exame de insanidade mental por determinação do juiz, o laudo pericial concluiu que, no momento do crime, faltava ao agente plena capacidade de entender o caráter ilícito do fato. Com relação à situação hipotética acima, julgue os itens que se seguem.

1. A conduta de Tício, apesar de típica e ilícita, não é culpável, pois que a doença mental é causa excludente da imputabilidade.
2. Trata-se de causa de extinção da punibilidade, que não exclui o crime e a culpabilidade, mas afasta o direito de punir do Estado.

3. **(ADVOGADO – BNDES – 2008 – CESGRANRIO)** Os crimes contra a administração pública têm a capacidade de chocar o cidadão médio em um país carente de recursos como o Brasil. Desta forma, o Poder Legislativo Federal aprovou modificação recente do Código Penal (Decreto-Lei no 2.848, de 07 de dezembro de 1940) para melhorar a efetividade da punição, que foi o estabelecimento

(A) de cumprimento da pena em regime fechado, sem direito a progressão, nos crimes de reponsabilidade fiscal em que o réu der às verbas ou rendas públicas aplicação diversa da prevista em lei.

(B) de pena para quem altera, falsifica ou faz uso indevido de marcas, logotipos, siglas ou quaisquer outros símbolos utilizados ou identificadores de órgãos ou entidades da Administração Pública, somente visando ao seu próprio lucro ou vantagem.

(C) de pena para quem extraviar livro oficial ou qualquer documento de que tem a guarda em razão do cargo, bem como sonegá-lo ou inutilizá-lo, total ou parcialmente, somente para realização de interesse público.

(D) da perda de cargo, função pública ou mandato eletivo, quando a pena for privativa de liberdade em tempo igual ou superior a dois anos, nos crimes praticados com abuso de poder ou violação de dever para com a Administração Pública.

(E) da necessária devolução do produto do ilícito praticado, com os acréscimos legais, ou a reparação do dano, como requisito para progressão de regime do cumprimento da pena privativa de liberdade.

4. **(ADVOGADO – CEF – 2006 – CESPE)** Considerando o posicionamento doutrinário e jurisprudencial dominante, julgue os itens subseqüentes, relativos à parte geral do Código Penal.

1. Considere a seguinte situação hipotética. Cláudio, gerente de um banco, sob irresistível ameaça de morte, dirigiu-se à sua agência bancária, fora do horário de expediente e de lá subtraiu vultosa quantia em dinheiro, entregue, posteriormente, ao autor da ameaça. Nessa situação, Cláudio praticou crime de furto, mas terá a pena atenuada, pois o crime foi cometido sob coação moral irresistível.
2. O erro de tipo é aquele que recai sobre os elementos ou circunstâncias do tipo, excluindo-se o dolo e, por conseqüência, a culpabilidade.
3. Somente a pena privativa de liberdade admite o sursis, não sendo cabível o instituto nas penas restritivas de direitos e na pena pecuniária.
4. A reabilitação atinge todos os efeitos da condenação, alcançando, inclusive, os casos de perda de cargo ou função pública, o que significa que o condenado que perdeu o cargo ou a função pode, se reintegrado, ser reconduzido ao exercício do mesmo cargo, com reparação de vantagens e de vencimentos, entre outros.

5. No que diz respeito à eficácia temporal da lei penal, o término da vigência das leis denominadas temporárias e excepcionais não depende de revogação por lei posterior. Consumado o lapso da lei temporária ou cessadas as circunstâncias determinadoras das excepcionais, cessa, então, a vigência dessas leis.

5. **(PROCURADOR – BANCO CENTRAL – 2009 – CESPE)** A respeito de crimes culposo e impossível, da obediência hierárquica, do erro de proibição e do arrependimento posterior, assinale a opção correta.

(A) Caso um renomado e habilidoso médico, especializado em cirurgias abdominais, ao realizar uma intervenção, esqueça uma pinça no abdome do paciente, nesse caso, tal conduta representará culpa por imperícia, pois é relativa ao exercício da profissão.

(B) Se, em um supermercado dotado de sistema eletrônico de vigilância, um cliente colocar diversos objetos do estabelecimento dentro de sua bolsa, com intenção de subtraí-los para si, a simples presença do sistema eletrônico de vigilância no supermercado tornará o crime impossível.

(C) Caso o fato seja cometido em estrita obediência a ordem, não manifestamente ilegal, de superior hierárquico, não serão puníveis o agente que obedeceu nem o autor da coação ou da ordem.

(D) O desconhecimento da lei é inescusável. Desse modo, o erro sobre a ilicitude do fato, evitável ou inevitável, não elidirá a pena, podendo apenas atenuá-la.

(E) Em crimes cometidos sem violência ou grave ameaça a pessoa, a pena será reduzida de um a dois terços se, por ato voluntário do agente, for reparado o dano ou restituída a coisa até o recebimento da denúncia ou da queixa.

6. **(PROCURADOR – BANCO CENTRAL – 2009 – CESPE)** Com relação a concurso de crimes, efeitos da condenação e extinção da punibilidade, assinale a opção correta.

(A) No concurso formal imperfeito, as penas aplicam-se cumulativamente por resultarem os crimes de desígnios autônomos. Nesse caso, não poderá a pena exceder a que seria cabível pela regra do concurso material.

(B) Em todas as modalidades de concurso de crimes, a aplicação da pena de multa segue a regra da aplicação da pena privativa de liberdade.

(C) A perda de cargo, como efeito da condenação, ocorrerá apenas quando for aplicada pena privativa de liberdade por tempo superior a quatro anos, ainda que se trate de crimes praticados com abuso de poder ou violação de dever para com a administração pública.

(D) As penas restritivas de direito prescrevem em dois anos, independentemente do prazo previsto para a respectiva pena privativa de liberdade.

(E) Interrompe-se o curso da prescrição com o oferecimento da denúncia.

7. **(ADVOGADO DA UNIÃO – AGU – 2009 – CESPE)** A respeito da aplicação da lei penal, dos princípios da legalidade e da anterioridade e acerca da lei penal no tempo e no espaço, julgue os seguintes itens.

1 Ocorrendo a hipótese de novatio legis in mellius em relação a determinado crime praticado por uma pessoa definitivamente condenada pelo fato, caberá ao juízo da execução, e não ao juízo da condenação, a aplicação da lei mais benigna.

2 O princípio da legalidade, que é desdobrado nos princípios da reserva legal e da anterioridade, não se aplica às medidas de segurança, que não possuem natureza de pena, pois a parte geral do Código Penal apenas se refere aos crimes e contravenções penais.

3 A lei processual penal não se submete ao princípio da retroatividade in mellius, devendo ter incidência imediata sobre todos os processos em andamento, independentemente de o crime haver sido cometido antes ou depois de sua vigência ou de a inovação ser mais benéfica ou prejudicial.

8. **(ADVOGADO DA UNIÃO – AGU – 2009 – CESPE)** No que se refere a efeitos da condenação e reabilitação, julgue os itens subsequentes.

1 Nos termos do Código Penal, a perda de cargo, função pública ou mandato eletivo ocorrerá quando, nos crimes praticados com abuso de poder ou violação de dever para com a administração pública, for aplicada pena privativa de liberdade por tempo igual ou superior a um ano.

2 A reabilitação atinge a pena principal aplicada ao condenado, não alcançando os efeitos da condenação.

9. **(ADVOGADO DA UNIÃO – AGU – 2009 – CESPE)** Acerca da extinção da punibilidade, julgue os itens a seguir.

1 Caso a pena de multa seja alternativa ou cumulativamente cominada ou cumulativamente aplicada, aplicam-se a ela os mesmos prazos previstos para as respectivas penas privativas de liberdade.

2 No caso de concurso de crimes, a extinção da punibilidade incidirá sobre a pena de cada um deles, isoladamente.

10. **(ADVOGADO DA UNIÃO – AGU – 2004 – CESPE)** Acerca da aplicação da lei penal no tempo, do crime tentado e das excludentes de ilicitude, julgue os itens a seguir.

1 Considere a seguinte situação hipotética. Um indivíduo praticou três crimes de latrocínio em continuidade delitiva, sendo dois deles no dia anterior ao advento da Lei n.º 8.072, de 25/7/1990 (Lei de Crimes Hediondos), e o outro, em 26/7/1990.

Nessa situação, de acordo com a orientação do STF, por ter o indivíduo praticado a série de crimes sob o império de duas leis, aplica-se a nova disciplina penal, prescrita na Lei n.º 8.072/1990, a toda a série, ainda que mais severa.

2 Tratando-se de tentativa de crime, o critério utilizado para cálculo da fração a ser considerada na redução da pena deve levar em conta exclusivamente as circunstâncias judiciais, tais como a primariedade e a personalidade do réu, os antecedentes, os motivos e a intensidade do dolo.

3 Admite-se a excludente da legítima defesa real contra quem pratica o fato acobertado por causa de exclusão da culpabilidade, como o inimputável.

11. **(ADVOGADO DA UNIÃO – AGU – 2004 – CESPE)** A respeito do concurso de pessoas e das causas de extinção da punibilidade, julgue os itens seguintes.

1 Considere a seguinte situação hipotética. João, José e Joaquim, policiais civis, saíram em perseguição ao condutor de um veículo que não havia atendido ordem de parar em uma blitz, desfechando, cada um, vários tiros de revólver em direção ao veículo perseguido, tendo um dos projéteis deflagrados da arma de Joaquim atingido o motorista, causando-lhe a morte. Nessa situação, excluída a possibilidade da existência de alguma excludente de antijuridicidade, de acordo com o STJ, todos os policiais responderão pelo crime de homicídio: Joaquim, como autor, e João e José em co-autoria.

2 Consoante orientação da jurisprudência majoritária, não é cabível a prescrição retroativa reconhecida antes do recebimento da denúncia, tendo por base a suposta pena privativa de liberdade in concreto que seria fixada na sentença penal condenatória, caso a ação penal fosse instaurada.

12. **(PROCURADOR FEDERAL – AGU – 2007 – CESPE)** Acerca da parte geral do direito penal, julgue os itens seguintes.

1 Segundo a teoria da causalidade adequada, adotada pelo Código Penal, o resultado, de que depende a existência do crime, somente é imputável a quem lhe deu causa. Considera-se causa a ação ou omissão sem a qual o resultado não teria ocorrido.

2 Em caso de abolitio criminis, a reincidência subsiste, como efeito secundário da infração penal.

3 Crime próprio impuro é aquele que, se for cometido por outro sujeito ativo que não aquele indicado pelo tipo penal, transforma-se em figura típica diversa.

13. **(PROCURADOR DA FAZENDA NACIONAL – 2007.1 – ESAF)** À luz da aplicação da lei penal no tempo, dos princípios da anterioridade, da irretroatividade, retroatividade e ultratividade da lei penal, julgue as afirmações abaixo relativas ao fato de Mévio ter sido processado pelo delito de adultério em dezembro de 2004, sendo que a Lei n. 11.106, de 28 de março de 2005, aboliu o crime de adultério: I. Caso Mévio já tenha sido condenado antes de março de 2005, permanecerá sujeito à pena prevista na sentença condenatória. II. A lei penal pode retroagir em algumas hipóteses. III. Caso Mévio não tenha sido condenado no primeiro grau de jurisdição, poderá ocorrer a extinção de punibilidade desde que a mesma seja provocada pelo réu. IV. Na hipótese, ocorre o fenômeno da abolitio criminis.

(A) Todas estão corretas.
(B) Somente I está incorreta.
(C) I e IV estão corretas.
(D) I e III estão corretas.
(E) II e IV estão corretas.

14. **(PROCURADOR DA FAZENDA NACIONAL – 2007.1 – ESAF)** Abelardo presta declaração falsa às autoridades fazendárias com o fim de sonegar tributo devido. Antes do recebimento da denúncia, paga o tributo devido e seus acréscimos. Com base nessa informação e na legislação especial penal, é correto afirmar que houve:

(A) arrependimento eficaz.
(B) causa de extinção de punibilidade.
(C) circunstância atenuante.
(D) estado de necessidade.
(E) arrependimento posterior.

15. **(DEFENSORIA PÚBLICA DA UNIÃO – 2007 – CESPE)** Com relação ao direito penal, julgue os itens seguintes.

1 No caso de aberratio ictus com unidade complexa, aplica-se a regra do concurso formal de crimes, isto é, aplica-se-lhe a mais grave das penas cabíveis ou, se iguais, somente uma delas, mas aumentada, em qualquer caso, de um sexto até metade da pena.

2 Considere a seguinte situação hipotética. No ano de 2004, Cássio praticou crime de estupro presumido, contra menor com 12 anos de idade. Poucos meses após o fato, a vítima contraiu união estável com terceira pessoa, não requerendo o prosseguimento do inquérito policial no prazo dos 60 dias subseqüentes. Nessa situação, a punibilidade de Cássio foi extinta com a união estável da vítima com terceiro, união essa que se equipara ao casamento, para todos os fins, e a causa extintiva da punibilidade foi anterior à lei que revogou o casamento como causa de extinção da punibilidade.

3 É impossível o réu ser beneficiado com suspensão condicional da pena mediante sursis simultâneos, isto é, dois sursis cumpridos ao mesmo tempo.

16. **(DEFENSORIA PÚBLICA DA UNIÃO – 2007 – CESPE)** De acordo com o CP, julgue os próximos itens.

1 Nos crimes conexos, a extinção da punibilidade de um deles não impede, quanto aos outros, a agravação da pena resultante da conexão.

2 Para efeito de reincidência, não se consideram os crimes militares impróprios nem os crimes políticos.

17. **(DEFENSORIA PÚBLICA DA UNIÃO – 2004 – CESPE)** Acerca do fato típico, julgue os itens a seguir.

1. De acordo com a doutrina naturalista da ação, o dolo tem caráter normativo, sendo necessário que o agente, além de ter consciência e vontade, saiba que a conduta praticada é ilícita.
2. Na denominada culpa imprópria, o agente supõe, por incidir em erro de tipo inescusável, estar diante de causa de exclusão de ilicitude que justificaria a prática de uma conduta típica.
3. Considere a seguinte situação hipotética. Ailton, visando tirar a vida de Ernesto, agrediu-lhe com um facão. Levado ao hospital, Ernesto recebeu atendimento médico, mas veio a falecer, após seu quadro ter-se agravado em decorrência de infecção dos ferimentos. Nessa situação, Ailton responderá tão-somente pelo crime de tentativa de homicídio, uma vez que ocorreu causa relativamente independente, que afasta a responsabilidade desse pela morte de Ernesto.
4. Pela teoria da tipicidade conglobante, a realização de cirurgia curativa não pode ser considerada fato típico, uma vez que a conduta é fomentada pelo ordenamento jurídico. Há, portanto, exclusão da própria tipicidade, sendo afastada a aplicação da excludente de ilicitude representada pelo exercício regular de direito.
5. O erro de tipo essencial que recai sobre uma elementar do tipo afasta, sempre, o dolo do agente, restando apenas responsabilidade por crime culposo, se houver previsão legal.

18. **(DEFENSORIA PÚBLICA DA UNIÃO – 2004 – CESPE)** Julgue os seguintes itens, relacionados a culpabilidade, concurso de crimes, ação penal e(ou) prescrição da pretensão punitiva.

1. Cometido crime mediante coação moral irresistível ou em obediência a ordem não-manifestamente ilegal de superior hierárquico, resta afastada a culpabilidade do agente, respondendo apenas o autor da coação ou da ordem, que será considerado autor mediato do delito praticado.
2. É inadmissível concurso material entre o crime de estupro e o de atentado violento ao pudor, podendo ocorrer, por outro lado, crime continuado, como reconhecido pela jurisprudência do STJ.
3. No caso de estupro praticado contra menor de 14 anos de idade, com violência presumida, a ação penal será pública incondicionada se o crime for cometido com abuso do pátrio poder.
4. Considere a seguinte situação hipotética. Carlos foi condenado pelo crime de estelionato, por ter emitido diversos cheques sem provisão de fundos, tendo a sentença transitado em julgado e o mandado de prisão, sido expedido. Nessa situação, no momento em que se iniciar o cumprimento da pena privativa de liberdade, ocorrerá causa interruptiva da prescrição da pretensão punitiva do Estado, reiniciando-se a contagem do prazo prescricional a partir do dia da interrupção.

19. **(DEFENSORIA PÚBLICA DA UNIÃO – 2004 – CESPE)** Julgue os itens subseqüentes, acerca da execução das penas e das medidas de segurança.

1. Considere a seguinte situação hipotética. Haroldo foi processado por crime contra a ordem tributária, ao omitir o recolhimento de tributo cobrado de terceiro, na qualidade de sujeito passivo da obrigação tributária. A pena prevista para o crime cometido é a detenção de seis meses a dois anos e multa, e Haroldo foi condenado à pena de oito meses de detenção e multa. Nessa situação, de acordo com a jurisprudência do STJ, Haroldo pode obter a substituição da pena privativa de liberdade a que foi submetido por pena restritiva de direitos ou por multa.
2. A remissão consiste na dedução de um dia de pena a cada três dias trabalhados, sendo cabível apenas nos regimes fechado e semi-aberto.
3. Considere a seguinte situação hipotética. Célio, tendo praticado crime de homicídio, teve reconhecida, durante o trâmite do processo penal, a sua semiimputabilidade, uma vez que não possuía, na data do fato, a plena capacidade de compreender o caráter ilícito do fato e de orientar-se de acordo com esse entendimento. Condenado pelo crime, o juiz aplicou-lhe pena privativa de liberdade, substituindo a pena por medida de segurança. Nessa situação, a medida de segurança aplicada em substituição, de acordo com o Código Penal, poderá ter duração superior à pena privativa de liberdade aplicada.

11.1.2. Parte Especial

20. **(ADVOGADO – BNDES – 2006 – CESGRANRIO)** Sobre o delito "peculato", assinale a afirmação correta.

(A) O peculato não admite a figura da tentativa.
(B) O funcionário público que desvia dinheiro, mas que possui créditos reais contra a Administração Pública, não comete peculato.
(C) O funcionário público que se apropria de bens do Estado com a intenção de posterior devolução comete peculato.

(D) O peculato-apropriação se distingue do peculato-desvio pela presença do dolo como elemento subjetivo do tipo penal.
(E) Na figura do peculato-desvio, a consumação ocorre no momento em que o agente obtém o proveito próprio ou alheio.

21. **(ADVOGADO – BNDES – 2001 – VUNESP)** Aquele que dá causa à instauração de investigação administrativa contra alguém, imputando-lhe crime que o sabe inocente, responde pelo crime de

(A) denunciação caluniosa.
(B) auto-acusação falsa.
(C) fraude processual.
(D) comunicação falsa de crime ou de contravenção.
(E) favorecimento real.

22. **(ADVOGADO – BNDES – 2001 – VUNESP)** Se o funcionário público retarda ou deixa de praticar, indevidamente, ato de ofício, ou praticá-lo contra disposição expressa de lei, para satisfazer interesse ou sentimento pessoal, ele comete o crime de

(A) corrupção passiva.
(B) excesso de exação.
(C) prevaricação.
(D) concussão.
(E) peculato.

23. **(PROCURADOR – BANCO CENTRAL – 2009 – CESPE)** Roberto, com 23 anos de idade, subtraiu para si um aparelho celular avaliado economicamente em R$ 900,00, pertencente ao seu pai, Alberto, de 63 anos de idade, e em seguida, vendeu-o por R$ 200,00 para Felipe, o qual sabia que o aparelho não custava tão barato. Considerando a situação hipotética acima descrita, assinale a opção correta no referente aos crimes contra o patrimônio.

(A) Roberto é isento de pena, por ter praticado o crime contra ascendente, ocorrendo, assim, uma escusa absolutória legalmente prevista.
(B) Felipe praticou crime de receptação culposa, mas será isento de pena em face da extensão da escusa absolutória aplicável a Roberto.
(C) Roberto praticou, em tese, crime de furto, e Felipe, receptação culposa, porque, pela desproporção entre o valor e o preço do aparelho celular, deveria presumir ter sido obtido por meio criminoso.
(D) Se Felipe revender o aparelho celular para Frederico, este não responderá por crime algum, pois não se pune a receptação de coisa já receptada.
(E) Roberto não responderá por crime algum, em face da aplicação do princípio da insignificância, já consolidado na jurisprudência dos tribunais superiores como aplicável aos bens avaliados em até R$ 1.000,00.

24. **(PROCURADOR – BANCO CENTRAL – 2009 – CESPE)** Quanto aos crimes contra a fé pública e contra a administração pública, assinale a opção correta.

(A) No crime de falsificação de documento público, o fato de ser o agente funcionário público é um indiferente penal, ainda que esse agente cometa o crime prevalecendo-se do cargo, tendo em vista que tal delito é contra a fé e não contra a administração pública.
(B) No crime de falsidade ideológica, o documento é materialmente verdadeiro, mas seu conteúdo não reflete a realidade, seja porque o agente omitiu declaração que dele deveria constar, seja porque nele inseriu ou fez inserir declaração falsa ou diversa da que devia ser escrita.
(C) No crime de prevaricação, a satisfação de interesse ou sentimento pessoal é mero exaurimento do crime, não sendo obrigatória a sua presença para a configuração do delito.
(D) Não haverá o crime de condescendência criminosa quando faltar ao funcionário público competência para responsabilizar o subordinado que cometeu a infração no exercício do cargo.
(E) A ocorrência de prejuízo público como resultado do fato não influencia a pena do crime de abandono de função.

25. **(ADVOGADO DA UNIÃO – AGU – 2009 – CESPE)** Julgue os itens subsequentes, acerca dos atos de improbidade e crimes contra a administração pública.

1 A contratação de advogado privado, às custas públicas, para a defesa de prefeito em ação civil pública, ainda que haja corpo próprio de advogados do município, não configura ato de improbidade, mas mero ilícito civil, segundo entendimento do STJ.

2 De acordo com a legislação respectiva, é cabível a transação penal nas ações destinadas a apurar atos de improbidade.

3 Segundo entendimento do STJ em relação ao crime de peculato, configura bis in idem a aplicação da circunstância agravante de ter o crime sido praticado com violação de dever inerente a cargo.

26. **(ADVOGADO DA UNIÃO – AGU – 2009 – CESPE)** Julgue os itens a seguir acerca dos crimes contra a fé pública.

1 No crime de falsificação de documento público, a circunstância de ser o sujeito ativo funcionário público, independentemente de ter ele se prevalecido do cargo e, com isso, obtido vantagem ou facilidade para a consecução do crime, é um indiferente penal.

2 De acordo com o STJ, a falsificação nitidamente grosseira de documento afasta o delito de uso de documento falso, haja vista a inaptidão para ofender a fé pública.

27. **(PROCURADOR FEDERAL - AGU - 2007 - CESPE)** Quanto aos crimes praticados por funcionário público contra a administração em geral, julgue os itens que se seguem.

1 A única diferença existente entre os crimes de concussão e de corrupção passiva é que, no primeiro, o agente exige, enquanto, no segundo, o agente solicita ou recebe vantagem indevida, para si ou para outrem, direta ou indiretamente, ainda que fora da função ou antes de assumi-la, mas em razão dela.

2 O servidor que recebe dinheiro de particular e emprega-o na própria repartição para fins de melhoria do serviço público pratica conduta atípica.

28. **(PROCURADOR DA FAZENDA NACIONAL - 2007.2 - ESAF)** Petrônio, na qualidade de Prefeito Municipal, se apropria de determinadas rendas públicas, temporariamente em seu poder, para proveito próprio, antes de encaminhá-las ao Secretário da Fazenda da Municipalidade, responsável pela posse do numerário público. O fato é investigado e conclui-se pela autoria e materialidade do delito. A respeito dos fatos narrados, Petrônio terá cometido o crime de

(A) emprego irregular de verbas ou rendas públicas.
(B) peculato culposo.
(C) desvio de verbas municipais.
(D) apropriação indébita.
(E) peculato furto.

29. **(PROCURADOR DA FAZENDA NACIONAL - 2007.1 - ESAF)** Assinale a opção correta quanto aos crimes contra a fé pública nos termos da legislação penal, doutrina e da jurisprudência dos tribunais superiores.

(A) O crime de Moeda Falsa (art. 289 do CP), crime formal de perigo, admite a tentativa.
(B) No Direito Brasileiro, não há distinção entre a falsidade material e a falsidade ideológica.
(C) Beltrano substituiu a foto de Fulano na carteira de identidade com o objetivo de entrar em clube esportivo restrito para os sócios. No caso, Beltrano incidiu na hipótese de falsidade ideológica.
(D) O crime de Falsidade de Atestado Médico (art. 302), crime próprio, admite a tentativa.
(E) Carlos possui máquina que "fabrica" dólar para produzir moeda falsa. Assim, a sua conduta enseja concurso material pelo crime de Petrechos para Falsificação de Moeda e pelo crime de Moeda Falsa.

30. **(PROCURADOR DA FAZENDA NACIONAL - 2007.1 - ESAF)** Adalberto, desejando matar Belina, dispara contra a mesma. Erra o alvo e atinge Cardozo, desconhecido que passava pelo local sem ter sido percebido por Adalberto. Fere Cardozo levemente no braço esquerdo. À luz da parte geral do Código Penal, julgue os itens abaixo e assinale o correto.

(A) Adalberto deverá responder por homicídio na forma tentada.
(B) Adalberto deverá responder por homicídio tentado e lesões corporais leves em concurso formal.
(C) Adalberto deverá responder por lesão corporal leve.
(D) Adalberto deverá responder por lesão corporal culposa e homicídio tentado.
(E) Adalberto deverá responder por lesão corporal culposa.

31. **(DEFENSORIA PÚBLICA DA UNIÃO - 2007 - CESPE)** Acerca dos crimes contra o patrimônio, cada um dos itens subseqüentes apresenta uma situação hipotética, seguida de uma assertiva a ser julgada.

1 Cláudio, com intenção de furtar, entrou no carro de Vagner, cuja porta estava destravada, e acionou o motor por meio de uma chave falsa na ignição do veículo, assim logrando êxito em subtrair o veículo. Nessa situação, e de acordo com a jurisprudência do STJ, Cláudio responde por crime de furto simples.

2 Marcelo, simulando portar arma de fogo, subtraiu para si dois aparelhos celulares, pertencentes a pessoas diversas, amedrontando as vítimas. Nessa situação, Marcelo deve responder por crime de roubo, em concurso formal.

32. **(DEFENSORIA PÚBLICA DA UNIÃO - 2004 - CESPE)** Em cada um dos itens a seguir, é apresentada uma situação hipotética, seguida de uma assertiva a ser julgada.

1. Inácio, necessitando de dinheiro, resolveu subtrair R$ 100,00 de Teodora, sua mãe, de 61 anos de idade. Nessa situação, embora a conduta se enquadre no crime de furto, incide escusa absolutória, por ter sido cometido contra ascendente, não estando Inácio sujeito à aplicação de pena.

2. Petrônio, não tendo pago o IPVA de 2004, falsificou o certificado de licenciamento de seu veículo e utilizou o documento falsificado em diversas ocasiões. Nessa situação, há amparo na jurisprudência do STJ para se afirmar que Petrônio cometeu somente o crime de falsificação de documento, sendo o uso da documentação absorvido, de acordo com o princípio da consunção.

3. Estêvão, jornalista, atribuiu falsamente a Alexandre, servidor público, a responsabilidade pelo crime de emprego irregular de verbas, afirmando que este teria realizado festa popular utilizando-se de valores pertencentes à administração pública e destinados por lei à compra de remédios para hospital. Nessa situação, tendo sido a notícia publicada em jornal, em artigo assinado por Estêvão, esse responderá pelo crime de calúnia, incidindo causa de aumento de pena, por ter sido o delito cometido por meio que facilita a divulgação.

4. Iolanda, mãe de Paulo, prestou-lhe auxílio para tornar seguro o proveito obtido pelo filho com a prática do crime de furto. Nessa situação, em razão do parentesco, Iolanda não responderá pelo crime de favorecimento real, estando amparada por causa de isenção de pena.

5. Manoel, funcionário público, em razão de seu comportamento negligente, concorreu, culposamente, para que fosse subtraído bem de propriedade da administração pública. Denunciado por peculato culposo, a denúncia foi recebida e Manoel foi devidamente citado. Após o interrogatório, Manoel resolveu reparar o dano patrimonial causado à administração. Nesse caso, Manoel será beneficiado pela extinção da punibilidade, não estando sujeito a nenhuma conseqüência de natureza penal.

6. Ricardo, funcionário público, visando satisfazer interesse pessoal, deixou de responsabilizar Alex, seu subordinado, que cometera infração no exercício do cargo. Nessa situação, Ricardo cometeu o crime de condescendência criminosa.

7. Sandro, servidor público, deixou de praticar ato de ofício a que estava obrigado, cedendo a pedido de Mariângela. Nesse caso, consumou-se o crime de corrupção passiva.

8. Antônio cometeu crime de roubo contra Tadeu, ao subtrair-lhe uma máquina fotográfica digital. Nessa situação, caso Antônio restitua o bem subtraído antes do oferecimento da denúncia, incidirá causa de redução de pena, por configurar-se o arrependimento posterior.

11.1.3. Legislação Extravagante

33. **(ADVOGADO – BNDES – 2004 – CESGRANRIO)** Clarice Menezes, renomada estilista, rompe noivado com um famoso sócio de banco de investimentos que, pouco tempo depois, marca casamento com uma antiga namorada de infância. Clarice, movida por ciúmes e com o intuito deliberado de prejudicá-lo em seus negócios, cria um boato de que o banco de seu ex-noivo encontra-se com graves dificuldades para adimplir contrato milionário de opções, do conhecimento de todo o mercado. Resolve redigir uma nota e divulgá-la anonimamente pela via postal, utilizando-se da mala direta de clientes e operadores daquele banco. Alguns dias depois, sem sofrer prejuízos, o Banco consegue desmentir o boato perante a imprensa, comprovando plenas condições de cumprimento daquele contrato. Considerando o tipo penal previsto no artigo 3º da Lei nº 7.492/86 ("Divulgar informação falsa ou prejudicialmente incompleta sobre instituição financeira: Pena – de 2 (dois) a 6 (seis) anos, e multa"), pode-se afirmar que Clarice:

(A) não cometeu o crime, pois não houve a produção do resultado pretendido, já que o Banco desmentiu o boato e não sofreu qualquer prejuízo.
(B) não cometeu o crime, pois o sujeito ativo da conduta criminosa em questão deve ser pessoa física de dentro da instituição financeira.
(C) não cometeu o crime, pois não houve dolo direto ou eventual de produzir conseqüências danosas para o mercado como um todo, que é o bem jurídico tutelado.
(D) cometeu o crime tentado, pois iniciou a ação de divulgar mas, por motivos alheios a sua vontade, não chegou a gerar o prejuízo pretendido.
(E) cometeu o crime, pois o tipo penal em questão descreve crime de mera conduta.

34. **(PROCURADOR – BANCO CENTRAL – 2009 – CESPE)** Assinale a opção correta acerca dos crimes relativos a licitações, contra a administração pública e a ordem tributária, contra o SFN e de lavagem ou ocultação de bens, direitos e valores.

(A) Os crimes relativos a licitações são de ação penal pública incondicionada e, dada a natureza dos delitos, não se admite ação penal privada subsidiária da pública, conforme expressa vedação legal.
(B) O funcionário público que patrocine diretamente interesse privado perante a administração fazendária, valendo-se da qualidade de funcionário público, pratica o crime de advocacia administrativa, previsto no CP.
(C) Nos crimes contra o SFN, cometidos em quadrilha ou coautoria, o coautor ou partícipe que, por meio de confissão espontânea, revelar à autoridade policial ou judicial toda a trama delituosa terá a pena reduzida.
(D) Nos crimes de lavagem ou ocultação de bens, direitos e valores, pune-se a tentativa com a mesma pena do crime consumado, havendo, assim, exceção, por expressa disposição legal, à regra geral prevista no CP.
(E) Nos delitos de lavagem ou ocultação de bens, direitos e valores, configura modalidade qualificada a prática do crime de forma habitual ou por intermédio de organização criminosa.

35. **(ADVOGADO – ANVISA – 2004 – CESPE)** A Lei n.º 9.605/1988 tem o mérito de ter procurado ordenar e sistematizar as infrações penais e administrati-

vas relativas ao meio ambiente. Na criminalização, estão previstas algumas condutas como destruir, lesar ou maltratar plantas de ornamentação de logradouros públicos ou em propriedade privada alheia. A pena prevista é de três meses a um ano de detenção e multa. O Código Penal prevê, para o delito de maus-tratos de pessoa uma pena de 2 meses a um ano. Ademais, o delito de destruir, danificar ou maltratar plantas de ornamentação está previsto na forma culposa, e com pena de um a 6 meses e multa. Assim, maltratar planta ornamental será mais severamente apenado que os maus-tratos a um ser humano. Tendo como referência o texto acima e a lei nele mencionada, julgue os itens subseqüentes.

1 A lei referida violenta os princípios básicos do direito penal de um estado democrático de direito, como a legalidade, a intervenção mínima e a proporcionalidade.

2 Nos crimes contra o meio ambiente, deve-se buscar a solução da problemática moderna da criminalização, com o uso de melhores instrumentos para prevenir e reprimir condutas, de modo a se alcançar mais eficazmente a legitimidade das normas e maior obediência.

3 Considere a seguinte situação hipotética. Em determinado caso, restaram devidamente comprovadas a materialidade e a autoria dos ilícitos contra a ordem econômica e o meio ambiente na conduta de João dos Santos, acusado efetivamente de ordenar a extração de areia no leito de um rio, sem a devida autorização dos órgãos competentes. Assim, com uma só ação, usurpou bem do patrimônio da União, lesando a ordem econômica, e executou a extração de recursos minerais, em prejuízo do meio ambiente. A consumação dos ilícitos ocorreu no momento em que houve a retirada da areia do leito do rio, sem a devida autorização. Nessa situação, restou caracterizado o concurso formal entre os crimes mencionados.

4 A Lei n.º 9.605/1998 pecou em não unificar grande parte dos delitos ambientais em um mesmo corpo de texto.

5 Segundo a melhor doutrina, o ambiente é um bem jurídico-penal portador de subjetividade própria, erigido pelo texto constitucional como direito fundamental da pessoa humana. O ambiente está estampado na Constituição Federal — ponto jurídico-político de referência obrigatória em tema de injusto penal — como valor digno de tutela.

6 A nova lei penal ambiental incorporou a política criminal consensual ao admitir, expressamente, os institutos da transação penal e da suspensão condicional do processo.

36. **(ADVOGADO - ANVISA - 2004 - CESPE)** Com referência aos crimes contra a ordem tributária definidos na Lei n.º 8.137/1990, julgue os itens seguintes.

1 Considerando que o art. 2.º, inciso II, da citada lei descreve como tipo objetivo a ação de deixar de recolher, no prazo legal, valor do tributo ou de contribuição social, descontado ou cobrado, na qualidade de sujeito passivo de obrigação e que deveria recolher aos cofres públicos, é correto afirmar que o processo penal depende do procedimento na área fiscal, pois ambos não podem coexistir independentemente, constituindo uma condição de procedibilidade do outro.

2 Considere a seguinte situação hipotética. Paulo, proprietário de farmácia, negou-se a prestar informações aos agentes fiscais acerca de questões referentes à venda de medicamento proibido pela vigilância sanitária e temeroso de que tais informações pudessem incriminá-lo, recusou o acesso à sua escrituração contábil, para que o fisco não percebesse a falta de lisura em seus registros. Nessa situação, a recusa em atender à exigência da autoridade fiscal da secretaria de fazenda local configura ilícito penal previsto na Lei n.º 8.137/1990 e necessária se faz a abertura de processo administrativo fiscal para a instauração da ação penal.

3 Considere a seguinte situação hipotética. Pedro, proprietário de um bar, foi condenado por crime fiscal por ter reduzido tributo, inserindo elementos inexatos no livro diário. Assim agindo, incidiu em ilícito penal previsto na Lei n.º 8.137/1990. Posteriormente, a própria administração fazendária declarou inexistir qualquer responsabilidade de natureza tributária, reconhecendo, portanto, inexistência de débito fiscal contra Pedro. Na hipótese em apreço, não pode Pedro valer-se da decisão administrativa para tentar rescindir a condenação criminal por meio de revisão criminal.

37. **(ADVOGADO DA UNIÃO - AGU - 2009 - CESPE)** Acerca dos crimes relativos à licitação, julgue os itens que se seguem.

1 Os crimes definidos na lei de licitações sujeitam os seus autores, quando servidores públicos, à perda de cargo, emprego, função ou mandato eletivo, ainda que o crime não tenha sido consumado.

2 Não interfere na pena aplicada ao agente o fato de ser ele ocupante de cargo em comissão ou de função de confiança em órgão da administração direta, autarquia, empresa pública, sociedade de economia mista, fundação pública ou em outra entidade controlada direta ou indiretamente pelo poder público.

38. **(ADVOGADO DA UNIÃO – AGU – 2009 – CESPE)** A respeito de lavagem de dinheiro e crimes contra o sistema financeiro nacional, julgue os seguintes itens.

1 O processo e o julgamento dos crimes de lavagem de dinheiro independem do processo e do julgamento dos crimes antecedentes, ainda que praticados em outro país.

2 Compete à justiça estadual o processo e o julgamento dos crimes de lavagem de dinheiro, ainda que o crime antecedente seja de competência da justiça federal, desde que não tenha sido praticado em detrimento de bens, serviços ou interesses da União, ou de suas entidades autárquicas ou empresas públicas.

3 Nos crimes de lavagem de dinheiro, a pena não poderá ser cumprida inicialmente em regime aberto, mesmo que haja colaboração espontânea do coautor ou partícipe com as autoridades, na prestação de esclarecimentos que conduzam à apuração das infrações penais e de sua autoria.

39. **(PROCURADOR FEDERAL – AGU – 2007 – CESPE)** Julgue o item abaixo de acordo com as leis penais especiais.

1 A interceptação das comunicações telefônicas somente pode ser autorizada se outros meios de prova mostrarem-se insuficientes para a elucidação do fato criminoso e se existirem indícios razoáveis de autoria ou participação em crime punido com reclusão. Entende o STF, todavia, que, uma vez realizada a interceptação telefônica de forma fundamentada, legal e legítima, as informações e provas coletadas dessa diligência podem subsidiar denúncia com base em crimes puníveis com pena de detenção, desde que conexos aos primeiros tipos penais que justificaram a interceptação.

40. **(PROCURADOR DA FAZENDA NACIONAL – 2007.2 – ESAF)** Com a promulgação da Lei n. 8.137, de 27.12.90, que define crimes contra a ordem tributária, econômica e contra as relações de consumo, o legislador, de forma consciente, buscou distinguir esses delitos dos existentes no direito penal comum. Analise as assertivas abaixo, a respeito das características da referida legislação, assinalando a opção incorreta.

(A) Há expressa previsão de que a supressão de contribuições sociais caracteriza crime contra a ordem tributária.
(B) As hipóteses de extinção de punibilidade dessa lei extravagante são as mesmas do Código Penal.
(C) Falsificar ou alterar nota fiscal, fatura, duplicata, nota de venda, ou qualquer outro documento relativo à operação financeira é crime contra a ordem tributária.
(D) É possível ocorrer a extinção de punibilidade com o pagamento integral do tributo e seus acessórios.
(E) A supressão de uma multa devida pelo atraso no pagamento de tributo caracteriza delito tributário.

41. **(DEFENSORIA PÚBLICA DA UNIÃO – 2007 – CESPE)** Julgue os itens que se seguem segundo as leis penais especiais.

1 É cabível a medida de internação por ato infracional semelhante ao crime de tráfico de drogas, com base na gravidade abstrata do crime e na segregação do menor para tirá-lo do alcance dos traficantes.

2 Carece de justa causa a ação penal quanto ao crime contra a ordem tributária, caso a denúncia não esteja lastreada em decisão administrativa conclusiva concernente à investigação de sonegação fiscal, sendo cabível, na espécie, habeas corpus com o fim de trancamento da ação penal.

3 É pacífico o entendimento, na jurisprudência, de que o porte de arma desmuniciada, ainda que sem munição ao alcance do agente, gera resultado típico, pois se trata de crime de perigo abstrato.

42. **(DEFENSORIA PÚBLICA DA UNIÃO – 2007 – CESPE)** A respeito do direito penal, julgue os itens seguintes.

1 No caso de crime societário praticado contra o meio ambiente, mediante conduta relacionada a poluição sonora, a autoria nem sempre se mostra claramente comprovada, não se exigindo a descrição pormenorizada da conduta de cada agente na denúncia. Sendo assim, o simples fato de o réu ser sócio-proprietário da empresa autoriza a instauração de processo criminal, conforme precedentes do STJ.

2 Não se estende ao crime de tortura a admissibilidade de progressão no regime de execução da pena aplicada aos demais crimes hediondos.

3 A ofensividade mínima no caso do crime de falsificação de moeda, que leva à aplicação da medida descriminalizadora, não está diretamente ligada ao montante total contrafeito, mas sim à baixa qualidade do produto do crime.

4 Os condenados por crime decorrente de organização criminosa iniciarão o cumprimento da pena em regime fechado.

43. **(DEFENSORIA PÚBLICA DA UNIÃO – 2002 – CESPE)** Márcio e Humberto, previamente ajustados e com unidade de desígnios, adentraram no interior de um restaurante e, mediante o emprego de revólveres de brinquedo, subtraíram de Diva e Paulo todo o dinheiro que estes portavam, bem como jóias e talonários de cheques. Cessada a grave

ameaça, após terem a disponibilidade dos objetos por breve momento. Márcio e Humberto foram presos em flagrante. O órgão do Ministério Público ofertou denúncia, tendo a pretensão punitiva ao final sido julgada procedente. Na dosimetria da reprimenda, o juiz sentenciante reduziu a pena privativa de liberdade em limite abaixo do mínimo legalmente autorizado, em face da menoridade e confissão espontânea dos réus. Ao determinar o regime prisional, apesar das circunstâncias judiciais favoráveis, impôs o regime inicial fechado em razão da gravidade do crime (roubo). Em relação à situação hipotética apresentada e à legislação pertinente, julgue os itens seguintes.

1. O crime de roubo restou consumado, eis que, de acordo com a mais recente jurisprudência do STF, não é exigível a posse tranqüila da rés furtiva, basta que cesse a violência ou a clandestinidade.
2. Os roubos praticados contra Diva e Paulo, mediante uma só ação desdobrada em vários atos, configurou crime continuado.
3. De acordo com a jurisprudência do STJ, a utilização de arma de brinquedo não descaracteriza o tipo do roubo simples, mas afasta a causa de aumento do emprego de arma.
4. Quando a dosagem da pena permite a aplicação de regime mal menos gravoso e, mesmo consideradas favoráveis aos réus as circunstâncias judiciais, a gravidade genérica do crime (roubo), por si só, justifica a imposição do regime inicial fechado.
5. O reconhecimento da existência de duas circunstâncias atenuantes — menoridade e confissão espontânea — enseja a redução da pena fixada no mínimo legal.

11.2. DIREITO PROCESSUAL PENAL

44. **(ADVOGADO – BNDES – 2001 – VUNESP)** A representação do ofendido, nas ações penais públicas a ela condicionada, poderá ser retratada até

(A) o término do inquérito policial.
(B) a publicação da sentença.
(C) o recebimento da denúncia.
(D) o interrogatório.
(E) o oferecimento da denúncia.

45. **(ADVOGADO – BNDES – 2001 – VUNESP)** De acordo com o princípio da fungibilidade dos recursos,

(A) os efeitos do recurso interposto por um dos co-réus aproveitam os demais co-réus.
(B) tanto o réu, quanto o seu advogado, se constituído, podem desistir do recurso interposto.
(C) a parte não poderá ser prejudicada pela interposição de um recurso por outro, salvo no caso de ter agido com má-fé.
(D) o promotor de justiça pode, em determinadas circunstâncias, interpor recurso em favor do réu.
(E) admitem-se, em favor do réu, os julgamentos ultra e extra petita.

46. **(ADVOGADO – BNDES – 2001 – VUNESP)** O filho do acusado, ao ser arrolado como testemunha,

(A) será proibido de depor, salvo se desobrigado pela parte interessada e quiser dar o seu testemunho.
(B) poderá recusar-se a depor, mas se o fizer, não prestará compromisso.
(C) está proibido de depor.
(D) não poderá recusar-se a depor, prestando compromisso.
(E) poderá recusar-se a depor, mas se o fizer, prestará compromisso.

47. **(PROCURADOR – BANCO CENTRAL – 2009 – CESPE)** Com relação ao inquérito policial, julgue os itens a seguir.

I. É uma peça escrita, preparatória da ação penal, de natureza inquisitiva.
II. É presidido pela autoridade policial, da chamada polícia judiciária, pois atua em face do fato criminoso já ocorrido.
III. Sua finalidade investigatória objetiva dar elementos para a opinio delicti do órgão acusador de que há prova suficiente do crime e da autoria, para que a ação penal tenha justa causa. Para a ação penal, justa causa é o conjunto de elementos probatórios razoáveis sobre a existência do crime e da autoria.
IV. Embora não se apliquem à atividade nele desenvolvida os princípios da atividade jurisdicional, o inquérito encerra um juízo de formação de culpa que se conclui com um veredicto de possibilidade ou não da ação penal.
V. É regido pelo princípio da não-exclusividade, ou seja, no sistema brasileiro, admite-se que mais de um órgão o presida, em função do princípio da primazia do interesse público.

Estão certos apenas os itens

(A) I, II e III.
(B) I, III e IV.
(C) I, IV e V.
(D) II, III e V.
(E) II, IV e V.

48. **(PROCURADOR – BANCO CENTRAL – 2009 – CESPE)** Acerca da ação penal, julgue os itens seguintes.

I. Somente lei expressa pode estabelecer a legitimação extraordinária do ofendido ou de terceiro, que, dessa forma, titularizam *o ius puniendi* em nome do Estado.

II. O vício de legitimidade leva à carência da ação e, no processo penal, é causa de nulidade absoluta.

III. Uma vez instaurado, o habeas corpus pode trancar ação penal cujo pedido seja juridicamente impossível.

IV. Na ação pública condicionada, a representação do ofendido poderá ser apresentada até ocorrer a decadência que extinguiria a punibilidade, desde que tal medida seja requisitada pelo ministro da Justiça.

V. A ação pública de ofício só pode ser iniciada por flagrante ou por portaria da autoridade policial ou judicial.

Estão certos apenas os itens

(A) I e III.
(B) I e IV.
(C) II e III.
(D) II e V.
(E) IV e V.

49. **(PROCURADOR – BANCO CENTRAL – 2009 – CESPE)** No que concerne à denúncia, assinale a opção correta.

(A) A denúncia deve conter a identificação e qualificação do denunciado, de maneira que não haja dúvida sobre a autoria, e a descrição pericial do fato criminoso em todas as circunstâncias agravantes e atenuantes contidas no tipo.
(B) A denúncia deve conter o histórico da vida pregressa do denunciado, descrevendo todos os dados fáticos necessários à determinação da infração penal, a *opinio doctorum* sobre o delito, tipificando o delinquente e a vítima e estabelecendo as medidas de controle social cabíveis.
(C) Na denúncia, os dados fáticos que correspondem aos elementos do tipo penal são considerados circunstâncias identificadoras de tipo, enquanto os elementos que correspondem à identificação do denunciado são chamados de circunstâncias identificadoras do agente.
(D) A falta de descrição de uma elementar na denúncia provoca sua inépcia.
(E) Quando inepta, a denúncia não pode ser rejeitada, mas é possível trancar a ação penal por meio de *habeas corpus*.

50. **(PROCURADOR – BANCO CENTRAL – 2009 – CESPE)** Com relação à prova, assinale a opção correta.

(A) O direito processual regula os meios de prova, que são os instrumentos que trazem os elementos de convicção aos autos. A finalidade da prova é o convencimento do juiz, que é seu destinatário.
(B) A materialidade da prova pode ser direta ou indireta, sendo a primeira colhida na flagrância da conduta delituosa, enquanto a última deriva do testemunho e da perícia.
(C) Na instrução processual, todos os fatos relevantes devem ser submetidos à atividade probatória.
(D) O direito também é objeto de prova, pois os juízes estaduais não são obrigados a conhecer o direito federal em caráter absoluto.
(E) A prova do direito estrangeiro só pode ser aceita quando submetida à apreciação do Tribunal Penal Internacional.

51. **(PROCURADOR – BANCO CENTRAL – 2009 – CESPE)** Acerca da prisão preventiva, assinale a opção correta.

(A) É decretada para garantir a ordem pública, a ordem econômica, por necessidade da instrução criminal e para a segurança da aplicação da pena.
(B) Para que seja decretada, é necessário que haja indícios do fato e suspeita fundada acerca da autoria.
(C) Para o juiz fundamentar sua decisão, basta a remissão genérica às hipóteses legais.
(D) (A)falta de fundamentação da decisão que a decreta poderá ser suprida sem representação da autoridade ou requerimento do MP.
(E) É decretada imediatamente, sempre que for possível a condução coercitiva do acusado para submeter-se ao reconhecimento das vítimas e testemunhas.

52. **(ADVOGADO DA UNIÃO - AGU - 2009 - CESPE)** A respeito da interceptação das comunicações telefônicas, julgue os itens a seguir, com base no entendimento do STF.

1 Considere que, após realização de interceptação telefônica judicialmente autorizada para apurar crime contra a administração pública imputado ao servidor público Mário, a autoridade policial tenha identificado, na fase de inquérito, provas de ilícitos administrativos praticados por outros servidores. Nessa situação hipotética, considerando-se que a interceptação telefônica tenha sido autorizada judicialmente apenas em relação ao servidor Mário, as provas obtidas contra os outros servidores não poderão ser usadas em procedimento administrativo disciplinar.

2 É possível a prorrogação do prazo de autorização para a interceptação telefônica, mesmo que sucessiva, especialmente quando se tratar de fato complexo que exija investigação diferenciada e contínua.

3 Uma vez realizada a interceptação telefônica de forma fundamentada, legal e legítima, as informações e provas coletadas dessa diligência podem subsidiar denúncia com base em crimes puníveis com pena de detenção, desde que estes sejam conexos aos primeiros tipos penais que justificaram a interceptação.

53. **(ADVOGADO DA UNIÃO - AGU - 2009 - CESPE)** Julgue os itens que se seguem acerca da restituição das coisas apreendidas e do perdimento de bens.

1 A restituição, por constituir ato privativo da autoridade judicial, não poderá ser ordenada pela autoridade policial, ainda que não exista dúvida quanto ao direito do reclamante.

2 Mesmo que haja dúvida sobre a titularidade do bem apreendido, compete ao juiz criminal decidir sobre o incidente.

54. **(ADVOGADO DA UNIÃO - AGU - 2009 - CESPE)** Considerando o estabelecido no Código de Processo Penal acerca das relações jurisdicionais com autoridades estrangeiras, julgue os itens a seguir.

1 As sentenças estrangeiras não serão homologadas nem as cartas rogatórias cumpridas, se contrárias à ordem pública e aos bons costumes.

2 Independe do pagamento das despesas o andamento de carta rogatória que verse sobre crime de ação penal privada.

3 Após a distribuição do requerimento de homologação de sentença estrangeira, o relator mandará citar o interessado para deduzir embargos, os quais somente poderão fundar-se em incompetência do juiz prolator da sentença.

55. **(ADVOGADO DA UNIÃO - AGU - 2006 - CESPE)** A respeito da interceptação telefônica e do princípio da legalidade, julgue os itens seguintes.

1. Consoante entendimento do STF, em face ao princípio da legalidade, é inadmissível medida provisória em matéria penal, mesmo tratando-se de normas penais benéficas, que visem abolir crimes ou lhes restringir o alcance, extinguir ou abrandar pena ou, ainda, ampliar os casos de isenção de pena ou extinção de punibilidade.

2. A interceptação telefônica, para fins de investigação criminal, somente pode ser determinada pela autoridade judiciária, de ofício e a requerimento da autoridade policial ou do Ministério Público, após a instauração formal de inquérito policial, sob pena de tornar-se prova ilícita.

56. **(ADVOGADO DA UNIÃO - AGU - 2006 - CESPE)** Em cada um dos itens a seguir, é apresentada uma situação hipotética, seguida de uma assertiva a ser julgada, concernente à suspensão condicional do processo, tentativa e crime impossível, crimes contra a fé pública, administração pública e organização do trabalho.

1. Um indivíduo foi denunciado pelo Ministério Público pela prática do crime de estelionato, sendo beneficiado com a suspensão condicional do processo pelo prazo de dois anos. Expirado o período de prova, mas antes da sentença extintiva da punibilidade, o órgão do Ministério Público verificou que o acusado veio a ser processado por outro crime durante o período de prova, sem sentença prolatada. Nessa situação, conforme orientação do STJ, cabe a revogação do sursis processual, não ocorrendo a violação dos princípios da presunção de inocência e coisa julgada.

2. Em uma loja de confecções, uma senhora retirou o lacre eletrônico de algumas peças de roupa, colocando-as em seguida dentro de sua bolsa, enquanto era monitorada por um circuito interno de TV. Ao tentar sair da loja, a senhora foi abordada por um segurança, que apreendeu a mercadoria subtraída. Nessa situação, ocorreu crime impossível, pela absoluta ineficácia do meio empregado.

3. O proprietário de uma empresa comercial falsificou guias de arrecadação da Receita Federal (DARF), por meio da inserção de autenticação mecânica, como forma de comprovação do recolhimento dos tributos. Nessa situação, de acordo com entendimento do STJ, o proprietário praticou o crime de falsidade ideológica.

4. Um indivíduo, por divergências pessoais com o sócio-gerente de uma indústria de calçados, ocupou arbitrariamente o estabelecimento industrial e trocou todas as fechaduras das portas e janelas que davam acesso às dependências da sede, impedindo o curso normal dos trabalhos, privando o ingresso dos sócios e empregados da empresa. Nessa situação, o indivíduo praticou, em tese, o crime de invasão ou sabotagem.

5. Um vereador exigiu de seu assessor legislativo e subordinado a entrega mensal, em dinheiro, de 30% de sua remuneração, sob pena de exonerá-lo do cargo em comissão que exercia. Nessa situação, o vereador praticou o crime de corrupção ativa.

57. **(PROCURADOR FEDERAL - AGU - 2007 - CESPE)** Julgue os itens subseqüentes à luz do direito processual penal.

1 Diversamente do que ocorre em relação ao processo civil, no processo penal não se admite que, em caso de morte da vítima, os familiares assumam o lugar dela, no pólo ativo da ação penal privada, para efeito de apresentação de queixa.

2 A renúncia ao exercício do direito de queixa e o perdão do ofendido, em relação a um dos autores do crime, a todos se estenderá, sem que produza, todavia, efeito em relação ao que o recusar.

3 Considere a seguinte situação hipotética. Carlos foi denunciado pelo Ministério Público pela prática de crime de emissão de título ao portador sem permissão legal. Apesar de Carlos ser primário

e portador de bons antecedentes, o Ministério Público não ofereceu proposta de suspensão condicional do processo. Nessa situação, é pacífico o entendimento de que a suspensão condicional do processo é um direito subjetivo do acusado, podendo Carlos impetrar habeas corpus com a finalidade de ser beneficiado com tal direito.

4 Em relação à lei processual penal no tempo, vigora o princípio do efeito imediato, segundo o qual tempus regit actum. De acordo com tal princípio, as normas processuais penais têm aplicação imediata, mas consideram-se válidos os atos processuais realizados sob a égide da lei anterior.

58. **(PROCURADOR FEDERAL – AGU – 2007 – CESPE)** Julgue os itens a seguir.

1 Julgando procedente a revisão criminal, o tribunal poderá alterar a classificação da infração, absolver o réu, modificar a pena ou anular o processo, mas não poderá, em nenhuma hipótese, agravar a pena imposta pela decisão revista.

2 Considere a seguinte situação hipotética. Rubens foi denunciado pelo Ministério Público por ter praticado crime de tentativa de homicídio simples contra seu pai. Nessa situação, existindo ação civil negatória de paternidade em curso, trata-se de questão prejudicial obrigatória, devendo o juiz suspender o feito até a sentença cível definitiva, tendo em vista que a confirmação da paternidade é circunstância agravante.

3 Considere a seguinte situação hipotética. Pedro foi denunciado pelo Ministério Público pela prática de crime de dispensa de licitação fora das hipóteses previstas em lei. Citado por edital, não compareceu na data designada para seu interrogatório nem nomeou advogado, motivo pelo qual o processo e o curso prescricional foram suspensos pelo dobro do prazo da prescrição, calculada esta com base na pena máxima cominada para o crime. Posteriormente, o juiz determinou a retomada do prazo prescricional e, após o decurso do prazo da prescrição, novamente calculada com base na pena máxima cominada para o crime, extinguiu a punibilidade do acusado. Nessa situação, agirá corretamente o promotor ao impugnar a sentença por meio de recurso em sentido estrito, o que poderá fazer no prazo de cinco dias.

59. **(PROCURADOR FEDERAL – AGU – 2007 – CESPE)** Com relação à competência no processo penal, julgue os seguintes itens.

1 Ainda que a sentença condenatória tenha transitado em julgado, cabe ao juízo criminal prolator da sentença a aplicação de lei mais benigna posteriormente editada.

2 Competem à justiça estadual o processo e o julgamento dos crimes contra a economia popular.

60. **(PROCURADOR DA FAZENDA NACIONAL – 2007.2 – ESAF)** No sistema processual penal acusatório, adotado pelo legislador brasileiro, pode-se apontar os seguintes elementos:

(A) processo judicial sigiloso, inquisitivo e sistema de provas tarifado.
(B) processo judicial público e juizado de instrução.
(C) processo judicial público, contraditório e defesa restrita.
(D) separação entre as funções de acusar, julgar e defender.
(E) processo judicial público, preferência para o órgão acusador e sistema de provas do livre convencimento.

61. **(PROCURADOR DA FAZENDA NACIONAL – 2007.2 – ESAF)** Silva, servidor do Ministério da Fazenda, apropria- se indevidamente de mil litros de gasolina que seriam utilizados pelas viaturas da Secretaria da Receita Federal do Brasil para fiscalização. Tendo-se concluído o inquérito policial e formulada a denúncia,

(A) o Juiz fará o interrogatório do servidor.
(B) o Juiz citará o servidor instaurando a relação processual.
(C) o Juiz notificará o servidor para responder por escrito à acusação no prazo de 15 dias.
(D) o Ministério Público arrolará as testemunhas de acusação.
(E) o servidor pedirá a extinção do processo por não haver previsão legal do delito mencionado.

62. **(PROCURADOR DA FAZENDA NACIONAL – 2007.1 – ESAF)** Antônio, domiciliado em Goiânia, comete crime contra Pedro, domiciliado em São Paulo. No caso, houve impossibilidade de determinação do local da infração. Assim, é correto afirmar que:

(A) A referida ação deve ser proposta em Brasília pelo Ministério Público Federal, pois se desconhece o local da infração e Brasília é a sede dos Tribunais Superiores.
(B) A referida ação deve ser proposta em São Paulo.
(C) A referida ação deve ser proposta em Goiânia pelo Ministério Público do Estado de Goiás.
(D) A referida ação deve ser proposta no local da infração, devendo ser dada baixa ao inquérito para determinação do local do delito.
(E) No Direito Processual Penal, a regra é a competência pelo domicílio da vítima.

63. **(DEFENSORIA PÚBLICA DA UNIÃO – 2007 – CESPE)** Julgue os itens a seguir, relativos ao direito processual penal.

1 A inobservância da citação para fins de oportunizar o contraditório prévio ao denunciado pelo crime de tráfico de entorpecentes resulta na nulidade relativa do processo penal, sendo necessário que a defesa comprove prejuízo.

2 Ocorre o flagrante esperado quando alguém provoca o agente à prática do crime e, ao mesmo tempo, toma providência para que tal crime não se consume. Nesse caso, entende o STF que há crime impossível.

64. **(DEFENSORIA PÚBLICA DA UNIÃO – 2007 – CESPE)** A respeito da interceptação telefônica, julgue os seguintes itens.

1 Para fundamentação de pedido anteriormente deferido, de que se prorrogue a interceptação de conversas telefônicas, a lei exige a transcrição total dessas conversas, sem a qual não se pode comprovar que é necessária a continuidade das investigações.

2 As informações e provas obtidas em interceptação telefônica relativa a outro processo não podem subsidiar denúncia com base em crimes puníveis com pena de detenção, tendo em vista que a lei somente autoriza a interceptação para crime punido com reclusão.

65. **(DEFENSORIA PÚBLICA DA UNIÃO – 2007 – CESPE)** Acerca do direito processual penal, julgue os itens subseqüentes.

1 Suponha que Lúcio, colombiano, tenha praticado crimes de lavagem de dinheiro e associação para o tráfico internacional de entorpecentes. Nessa situação, não poderia o agente aguardar solto o julgamento de extradição contra ele formulada pelo governo do Panamá.

2 A desistência da ação penal privada pode ocorrer a qualquer momento, somente surgindo óbice intransponível quando já existente decisão condenatória transitada em julgado.

66. **(DEFENSORIA PÚBLICA DA UNIÃO – 2007 – CESPE)** A respeito dos procedimentos, julgue os seguintes itens.

1 Com relação ao processo e julgamento dos crimes de calúnia e injúria, de competência do juiz singular, o pedido de explicações deve ser ajuizado no juízo cível e tem natureza jurídica de medida preliminar, obrigatória à propositura da ação penal.

2 No procedimento do júri, o desaforamento é cabível a qualquer momento, a partir do recebimento da denúncia.

67. **(DEFENSORIA PÚBLICA DA UNIÃO – 2007 – CESPE)** Julgue os próximos itens.

1 Acerca da prova ilícita e da nulidade processual, a jurisprudência do STF tem afirmado que a nulidade do processo somente ocorrerá com a necessária comprovação da utilização da prova ilícita a lastrear a sentença condenatória.

2 Sentença penal condenatória, proferida por Estado estrangeiro, condenando o réu a pena privativa de liberdade, homologada no Brasil pelo STJ, é fator impeditivo da transação penal estabelecida na Lei dos Juizados Especiais Criminais.

68. **(DEFENSORIA PÚBLICA DA UNIÃO – 2007 – CESPE)** Julgue os próximos itens.

1 As hipóteses de saídas, reguladas pela Lei de Execução Penal, são hipóteses taxativas e serão autorizadas pelo diretor do estabelecimento, somente aos presos definitivos em regime fechado.

2 De acordo com a Lei de Execução Penal e a jurisprudência do STJ e STF, o condenado punido por falta grave sofre a perda da integralidade dos dias remidos.

69. **(DEFENSORIA PÚBLICA DA UNIÃO – 2007 – CESPE)** Julgue os próximos itens.

1 Conforme a jurisprudência dominante do STJ, a incidência da majorante do emprego de arma de fogo no roubo não prescinde da apreensão e da perícia para verificação de seu potencial lesivo.

2 Caso o Ministério Público requeira o arquivamento de inquérito policial, em ação penal pública incondicionada, com o qual concorde o magistrado, nessa situação, poderá o ofendido (vítima) impugnar judicialmente, via mandado de segurança, em matéria criminal, a manifestação do órgão acusatório, a fim de ver aplicado o disposto no artigo 28 (remessa ao procurador-geral) do CPP.

3 Dados obtidos em interceptação de comunicações telefônicas e em escutas ambientais, judicialmente autorizadas para produção de prova em investigação criminal ou em instrução processual penal, podem ser usados em procedimento administrativo disciplinar, contra a mesma ou as mesmas pessoas em relação às quais foram colhidos, ou contra outros servidores cujos supostos ilícitos teriam despontado à colheita dessa prova.

4 A prática de conduta delituosa, com causa de aumento de pena, deve ser considerado o acréscimo, em adição a pena em abstrato, para efeito da concessão da suspensão condicional do processo.

70. **(DEFENSORIA PÚBLICA DA UNIÃO – 2004 – CESPE)** Acerca das provas no processo penal, julgue os itens a seguir.

1. Tendo em vista a preservação das relações familiares, permite-se, no processo penal, que se eximam de depor os ascendentes e os descendentes do acusado, bem como seu cônjuge, exceto se estiver separado judicialmente.

2. Os deputados estaduais, no caso de serem arrolados como testemunhas, deverão ser inquiridos em local, dia e hora previamente ajustados entre eles e o juiz.

71. **(DEFENSORIA PÚBLICA DA UNIÃO – 2004 – CESPE)** A respeito das nulidades, julgue os itens que se seguem.

1. Considere a seguinte situação hipotética. Por ter cometido o crime de infanticídio, cuja pena de detenção é de 2 a 6 anos, Bertina foi denunciada, tendo permanecido em liberdade durante o curso do processo. Intimada para o julgamento em plenário, contudo, ela não compareceu nem apresentou motivo legítimo. Nessa situação, caso o julgamento tenha sido realizado sem a presença de Bertina, ele será nulo, uma vez que é imprescindível a presença do réu no julgamento em plenário no tribunal do júri.

72. **(DEFENSORIA PÚBLICA DA UNIÃO – 2004 – CESPE)** Acerca de recursos e ações autônomas de impugnação, julgue os itens subseqüentes.

1. A fiança será considerada quebrada se o réu, regularmente intimado para ato da instrução criminal, deixar de comparecer sem motivo justificado. Nesse caso, o réu perderá a metade do respectivo valor, cabendo da decisão recurso em sentido estrito.
2. Considere a seguinte situação hipotética. Zelito foi denunciado pelo crime de latrocínio, tendo sido condenado a pena de 20 anos de reclusão, embora tenha alegado não ser o autor do delito. Após a condenação, decretada sua prisão, Zelito desapareceu, não se apresentando para o cumprimento da pena. Dois anos depois, Zelito, por meio de advogado regularmente constituído, ingressou com pedido de revisão criminal, alegando terem sido descobertas novas provas de sua inocência. Nessa situação, o pedido de revisão não poderá ser apreciado enquanto Zelito não se apresentar para o cumprimento da pena.
3. Na situação de um indivíduo ter sido condenado pelo crime de lesões corporais graves e na hipótese de ele ter cumprido mais de um sexto da pena em regime fechado, não havendo manifestação judicial acerca da progressão para o regime semiaberto, estará configurado constrangimento ilegal que poderá ser sanado por habeas corpus.

73. **(DEFENSORIA PÚBLICA DA UNIÃO – 2004 – CESPE)** Julgue os itens que se seguem, referentes à prisão.

1. Em face da presunção de inocência, a interposição de recurso extraordinário obsta a expedição de mandado de prisão contra o réu que responde ao processo em liberdade.
2. Considere a seguinte situação hipotética. Hélio foi preso em flagrante imediatamente após cometer crime de homicídio e foi denunciado dentro do prazo legal, tendo decorrido mais de 81 dias entre a sua prisão e a sentença de pronúncia, proferida no dia 30/3/2004, com julgamento marcado para o dia 15/6/2004. Nessa situação, tendo em vista o tempo decorrido desde a prisão em flagrante, caberá a interposição de habeas corpus, com fundamento no excesso de prazo da prisão processual.

74. **(DEFENSORIA PÚBLICA DA UNIÃO – 2004 – CESPE)** Em cada um dos itens a seguir, é apresentada uma situação hipotética relacionada à competência no âmbito penal, seguida de uma assertiva a ser julgada.

1. Alcineu, residente no município de Betim – MG, cometeu crime de roubo no município de Belo Horizonte – MG. A vítima levou a notitia criminis ao delegado do município de Betim, onde foi instaurado o inquérito policial e, posteriormente, oferecida a denúncia. O processo transcorreu regularmente, tendo Alcineu constituído advogado para a apresentação de defesa. Condenado a 5 anos de reclusão e multa, Alcineu apresentou recurso, alegando a incompetência do juízo, uma vez que o foro para o julgamento deveria ser o do local da infração, e não o do domicílio do réu, por se tratar de crime de ação penal pública e ser conhecido o local da infração. O tribunal, contudo, não deu provimento ao recurso, sob o fundamento de que tal circunstância deveria ter sido questionada antes de proferida a sentença. Nessa situação, foi correta a decisão proferida pelo tribunal.
2. Cristiano praticou o crime de roubo no município de Goiânia – GO. Em seguida, deslocou-se para o município de Anápolis – GO, onde praticou dois furtos. Nessa situação, a competência para o julgamento será do juiz do município de Anápolis, uma vez que ali ocorreu o maior número de infrações.
3. Edvan, servidor público, foi denunciado pelo crime de violação de sigilo profissional. Nessa situação, tendo em vista a condição de servidor público de Edvan, no julgamento desse crime, deverá o juiz receber a denúncia e conceder prazo de 15 dias para que o réu apresente defesa prévia.

75. **(DEFENSORIA PÚBLICA DA UNIÃO – 2002 – CESPE)** No que tange ao critério de determinação e modificação da competência, julgue os itens que se seguem.

1. Na vigência da atual Constituição, compete a justiça estadual comum o processo por contravenção penal praticada em detrimento de bens, serviços ou interesses da União ou de suas entidades.
2. Tratando-se de tráfico internacional de entorpecentes perpetrado em município que não seja sede de vara da justiça federal, compete à justiça estadual comum o processo e julgamento, com recurso para o TRF.

3. Ao tribunal do júri compete o processo e o julgamento de magistrado que pratica crime doloso contra a vida.
4. Ao STF não compete julgar processo-crime tendo como réu deputado federal licenciado para o exercício de funções de secretário de Estado.
5. Cometida uma infração penal durante o exercício funcional de um deputado federal, prevalece a competência especial por prerrogativa de função do STF, ainda que o inquérito policial ou a ação penal sejam iniciados após a cessação daquele exercício.

76. **(DEFENSORIA PÚBLICA DA UNIÃO – 2002 – CESPE)** Gérson foi perseguido por populares logo após praticar um latrocínio em Brasília, vindo a ser preso no município de Valparaízo — GO. O auto de prisão em flagrante foi lavrado na Comarca de Luziânia - GO, em face da ausência da autoridade policial do município em que ocorreu a prisão. Concluído o inquérito policial, os autos foram encaminhados para o promotor de justiça da Comarca de Luziânia, que ofereceu denúncia. O juiz da Comarca recebeu a exordial acusatória e requisitou o réu para o interrogatório. Na defesa prévia, foi argüida a exceção de incompetência e requerida a concessão da Uberdade provisória ao réu, por ser primário e ter bons antecedentes e domicílio fixo. O juiz dessa comarca acatou a exceção e declinou a competência para o juízo da Circunscrição Judiciária de Brasília. Em face dessa situação hipotética, julgue os seguintes itens.

1. auto de prisão em flagrante é nulo, uma vez que unha de ser presidido e lavrado pela autoridade da circunscrição onde ocorreu a custódia.
2. De acordo com a jurisprudência majoritária, a citação de Gérson por mandado era imprescindível, não suprindo a sua requisição regular para o interrogatório.
3. A competência do juiz da Comarca de Luziânia - GO ficaria prorrogada, caso não fosse argüida oportunamente pelo réu a exceção declinatória.
4. No caso de incompetência ratione loci, não há necessidade da ratificação ou oferecimento, no juízo competente, de outra denúncia pelo órgão do Ministério Publico.
5. Será cabível a liberdade provisória de Gérson, uma vez que é primário e possui bons antecedentes e residência fixa no distrito da culpa.

77. **(DEFENSORIA PÚBLICA DA UNIÃO – 2002 – CESPE)** Acerca da prisão e da liberdade provisória, julgue os itens abaixo.

1. Nos crimes de ação penal privada, a prisão em flagrante só pode ser efetuada pelo ofendido ou por seu representante legal, nunca por agentes da autoridade policial
2. A ausência de Inquérito policial é motivo impeditivo da decretação da prisão preventiva, mesmo diante de peças informativas demonstrativas da existência do crime e de indícios da autoria.
3. O réu que prestou fiança na fase inquisitorial, não cassada ou havida como quebrada, não tem o direita de apelar em 'liberdade se, na sentença penal condenatória, o juiz reconheceu ser portador de maus antecedentes
4. A fiança pode ser prestada pelo réu por ocasião da interposição do recurso especial sendo irrelevante a inexistência de efeito suspensivo do recurso e de a prisão dele decorrente constituir execução provisória da condenação.
5. No caso de concurso material de crimes e de acordo com jurisprudência majoritária, considera-se para a concessão da fiança a soma do mínimo das penas das diversas infrações penais.

11.3. TEMAS COMBINADOS

78. **(ADVOGADO – CEF – 2006 – CESPE)** Acerca dos crimes contra a administração pública, dos crimes contra o sistema financeiro nacional e dos crimes de lavagem de dinheiro, julgue os itens a seguir.

1. O Código Penal adotou conceito mais amplo de funcionário público que o Direito Administrativo. Ainda que a pessoa não seja funcionário público, que não esteja investida de um cargo público ou não ocupe emprego público, será considerada, segundo o Código Penal, funcionário público, desde que exerça função pública.
2. Os crimes de lavagem de dinheiro, previstos em lei penal extravagante, compreendem tanto a forma culposa quanto a forma dolosa, tendo o legislador feito expressa referência ao elemento subjetivo em cada tipo penal descrito na legislação em pertinência.
3. Considere a seguinte situação hipotética. Gervásio, procurador federal, aproveitando-se da sua condição de funcionário público e das facilidades a ela inerentes, postulou, junto a um órgão federal de fiscalização de trânsito, a revisão de cálculo e acordo administrativo em nome de terceiro, referente a processo em que atuou como advogado, antes ter ingressado no serviço público, tendo o seu pleito resultado em um depósito de R$ 3.000.000,00, em conta-corrente do interessado. Nessa situação, Gervásio praticou o crime de advocacia administrativa, visto que intermediou vantagens para outrem junto à repartição pública, valendo-se do próprio cargo.
4. Todos os crimes contra o sistema financeiro nacional são próprios, uma vez que somente podem ser praticados pelo controlador e pelos administradores da instituição financeira, ou seja, diretores e gerentes.

5. Considere a seguinte situação hipotética. Marluce, auditora-fiscal com acesso autorizado ao sistema de informática da Receita Federal, inseriu dados falsos no banco de dados daquele órgão, realizando compensação ilícita de débitos de várias empresas, de modo a obter vantagem indevida para si e também para diversos empresários. Nessa situação, a auditora, entre outros crimes, responderá por inserção de dados falsos em sistema de informação, crime contra a administração pública tipificado no Código Penal.

79. **(ADVOGADO – CEF – 2001 – CESPE)** No respeitante ao direito penal, julgue os itens abaixo.

(1) Considere a seguinte situação hipotética. Um indivíduo era proprietário de casa lotérica credenciada pela CAIXA a receber o pagamento de contas de empresas concessionárias de serviço público, como água, telefone e energia. De acordo com o contrato firmado com a CAIXA, esse indivíduo tinha a obrigação de repassar àquela, periodicamente, os valores recebidos, para que ela os entregasse às concessionárias. Todavia, ao longo de três meses, o indivíduo apropriou-se desses valores. A CAIXA tentou reavê-los, sem sucesso, e decidiu comunicar o fato ao MPF. Quando soube disso, o dono da casa lotérica apressou-se e pagou integralmente os valores de que se apropriara. Nessa situação, segundo o entendimento majoritário, apesar da reparação do dano decorrente da apropriação indébita, o procurador da República que recebesse a notícia-crime da CAIXA deveria oferecer denúncia.

(2) Considere a seguinte situação hipotética. Rolando era gerente da CAIXA e, por ser desonesto, resolveu enriquecer-se ilicitamente à custa de sua empregadora. Com essa finalidade, Rolando engendrou manobras que transferiram valores de rubricas contábeis da CAIXA para uma sua conta-corrente, da qual os sacou, em seu proveito. Diante disso e após a investigação que se fizesse necessária, caberia ao MPF denunciar Rolando para que respondesse penalmente por seus atos, em processo que deveria ser julgado pela justiça federal; a definição jurídica do crime seria a de peculato, pois esse delito não exige necessariamente que o agente tenha a posse direta do bem desviado e abrange os empregados de empresas públicas.

(3) Para não cometer omissão penalmente relevante, todo agente público encarregado da investigação de delitos deve agir imediatamente assim que constatar ação criminosa, a fim de coibi-la e de responsabilizar os que a houverem cometido.

(4) Considere a seguinte situação hipotética. Lucíola era gerente da CAIXA e veio a descobrir que uma subordinada sua vinha subtraindo valores do caixa da agência durante os três últimos meses, sendo que a última subtração ocorrera quinze dias antes da descoberta. Lucíola sabia que legalmente não podia prender a empregada, pois não havia mais estado de flagrância. Mesmo assim, por ser pessoa arbitrária, chamou a subordinada e deu-lhe voz de prisão, na presença de várias testemunhas, e deteve-a em uma sala da agência. Em seguida, chamou a polícia federal para conduzir a presa. Nessas condições, Lucíola praticou crime de abuso de autoridade, mesmo sendo ela própria empregada pública, pois essa espécie de agente público pode ser sujeito ativo desse delito. Por outro lado, mesmo que Lucíola fosse condenada criminalmente, isso não impediria a aplicação a ela das sanções cabíveis nos planos administrativo e civil.

(5) Considere a seguinte situação hipotética. Temístocles, no início de fevereiro de 2001, foi a uma loja para adquirir certos produtos, que pagou com cheque. Por displicência, mas sem a intenção de causar dano à loja, Temístocles datou o cheque como se fora emitido em janeiro de 2000. Por isso, ao ser apresentado ao banco, o cheque foi recusado. Nessa situação, Temístocles cometeu um dos delitos assemelhados ao estelionato, pois, com sua conduta, frustrou pagamento realizado por meio de cheque.

80. **(ADVOGADO DA UNIÃO – AGU – 2006 – CESPE)** Relativamente à extinção da punibilidade e aos crimes de imprensa e contra o sistema financeiro nacional, julgue os itens a seguir.

1. O perdão judicial opera a extinção da punibilidade e, de acordo com o STJ, a sentença que o concede tem natureza declaratória, não persistindo nenhum dos efeitos secundários da condenação, entre os quais a responsabilidade pelas custas e a inclusão do nome no rol dos culpados.
2. Não configura crime de imprensa a ofensa à honra objetiva da vítima (calúnia) veiculada em jornal de circulação nacional, se a matéria ofensiva foi encomendada e paga, não sendo o seu autor profissional de imprensa.
3. A gestão fraudulenta de entidade fechada de previdência privada, que capta e administra recursos destinados ao pagamento de benefícios de seus associados, de acordo com o entendimento do STJ, configura crime contra o sistema financeiro nacional.

81. **(ADVOGADO DA UNIÃO – AGU – 2004 – CESPE)** Em cada um dos itens subseqüentes, é apresentada uma situação hipotética, seguida de uma assertiva a ser julgada.

1 Maria inseriu, falsamente, em sua carteira de trabalho e previdência social, visando adquirir alguns bens a crédito, um contrato de trabalho por meio do qual exercia função de secretária-executiva,

com salário de R$ 1.800,00 mensais, na empresa Transportadora J&G Ltda. Posteriormente, Maria fez uso da carteira de trabalho em uma loja de eletrodomésticos, ao adquirir, a crediário, um televisor e um videocassete. Nessa situação, consoante orientação do STJ, Maria praticou os crimes de falsidade de documento público e uso de documento falso.

2 Um servidor público, no exercício e em razão de suas funções, teve a sua honra subjetiva violada, ao ser chamado por um particular de venal, corrupto e ladrão. Nessa situação, de acordo com os entendimentos do STF e do STJ, o servidor público ofendido tem legitimação concorrente para a propositura da ação penal, no caso, privada.

3 Adão e Bento, previamente ajustados e com unidade de desígnios, adentraram em uma agência de uma sociedade de economia mista e, mediante graves ameaças exercidas com o emprego de revólveres municiados, subtraíram do interior do cofre a importância de 100 mil reais. Nessa situação, de acordo com a orientação do STJ, será competente a justiça comum estadual para processar e julgar o crime de roubo qualificado.

4 Um auditor-fiscal exigiu de um contribuinte, no exercício da função e em decorrência dela, a importância de 50 mil reais para deixar de lavrar um auto de infração, por utilização de notas fiscais frias que ocasionaram o não-recolhimento de tributos federais. Nessa situação, o auditor-fiscal praticou contra a administração pública o crime de concussão.

5 Um procurador da República requereu fundamentadamente o arquivamento de um inquérito policial por entender que a conduta do indiciado, um servidor público, era atípica. O juiz federal acatou as razões invocadas e determinou o arquivamento do inquérito. Posteriormente, ao ser divulgada uma matéria jornalística sobre o arquivamento, um outro membro do Ministério Público federal ofertou denúncia contra o servidor público, sem a existência de novas provas, asseverando que a conduta do réu tipificava crime de peculato. Nessa situação, não há óbice para a instauração da ação penal, uma vez que um representante do Ministério Público pode reconsiderar pedido de arquivamento de inquérito policial e oferecer denúncia.

6 Em um processo-crime, o juiz determinou a citação do réu por edital, uma vez que, de acordo com certidão do oficial de justiça, ele não tinha sido localizado. O edital de citação foi publicado no Diário de Justiça no dia 2/8/2004, segunda-feira, tendo a audiência para o interrogatório sido realizada no dia 17/8/2004, terça-feira. Nessa situação, a citação do réu por edital está eivada de nulidade.

82. **(ADVOGADO DA UNIÃO – AGU – 2004 – CESPE)** Acerca de citações, intimações, prazos e contagem, julgue o item abaixo.

1 De acordo com o entendimento do STF, quando a intimação se processa mediante carta precatória, o prazo tem início na data da juntada, no juízo deprecante, da precatória devidamente cumprida, de modo a assegurar a ampla defesa com os meios e recursos a ela inerentes.

83. **(ADVOGADO DA UNIÃO – AGU – 2004 – CESPE)** A respeito de revisão criminal, habeas corpus e suspensão condicional do processo (Lei n.º 9.099/1995), julgue os itens subseqüentes.

1 Ocorrendo a extinção da punibilidade no tocante à pretensão punitiva do Estado, não cabe o ajuizamento de revisão criminal pelo próprio réu ou por procurador legalmente habilitado.

2 Consoante orientação jurisprudencial majoritária, o habeas corpus é remédio constitucional que tem por objetivo a proteção do direito de locomoção e, por isso, não se presta, em nenhuma hipótese, para afastar decisão judicial que decreta a quebra do sigilo bancário.

3 Considere a seguinte situação hipotética. Um indivíduo foi condenado a pena privativa de liberdade de dois anos de reclusão, em regime aberto, pela prática do crime de furto qualificado. Irresignada, a defesa apelou para o tribunal de justiça, que deu provimento ao recurso, reconhecendo a causa de diminuição da pena referente ao arrependimento posterior. Assim, a pena privativa de liberdade foi reduzida para 1 ano e 4 meses de reclusão. Nessa situação, cabe ao tribunal de justiça converter o feito em diligência, a fim de que o Ministério Público ofereça a proposta do sursis processual.

84. **(DEFENSORIA PÚBLICA DA UNIÃO – 2002 – CESPE)** Júlio, comerciante residente em Brasília - DF, com o propósito de matar (animus necandï) Carlos, seu desafeto residente em Nova York, enviou-lhe pelo Correio uma carta-bomba. Nessa operação, Rubens, que também residia em Brasília - DF, atuou com unidade de desígnios, eis que, juntamente com Júlio, adquiriu o artefato e foi até ao Correio para despachá-lo, aderindo intensamente à empreitada criminosa do comparsa. Julgue os itens que se seguem com base na situação hipotética apresentada e na legislação pertinente.

1. Na hipótese de Carlos receber a carta e, ao abri-la, vir a morrer em decorrência da explosão, Júlio, caso tivesse atoado sem o concurso de Rubens, responderia pelo crime de homicídio qualificado consumado, aplicando-se a lei penal brasileira.

2. Na hipótese de a carta-bomba explodir e não atingir Carlos por circunstâncias alheias às vontades

dos remetentes, Júlio e Rubens responderão pelo crime de homicídio qualificado tentado, em concurso de pessoas.

3. Na hipótese de a carta-bomba não atingir mortalmente apenas Carlos, mas também sua esposa, Júlio e Rubens responderão pelo crime de homicídio qualificado consumado, em concurso de pessoas e em continuidade delitiva.

4. Na hipótese de, enviada, a carta-bomba não explodir em razão de o material explosivo empregado ser inteiramente inadequado, Júlio e Rubens responderão pelo crime de homicídio qualificado tentado, em concurso de pessoas.

85. **(DEFENSORIA PÚBLICA DA UNIÃO – 2002 – CESPE)** Em cada um dos itens seguintes, é apresentada uma situação hipotética, seguida de uma assertiva a ser julgada.

1. Um indivíduo, exercendo suas funções de tesoureiro em uma repartição pública estadual, apropriou-se de certa quantia em dinheiro de que detinha a posse em razão do cargo para o pagamento de funcionários. Nesse caso, ele responderá pelo crime de apropriação indébita.

2. Alfredo ingressou em um táxi de Otoni, indicando-lhe, como destino, um longínquo subúrbio. Durante o percurso, Alfredo voltou-se para o motorista, apontando-lhe um revólver e determinando a entrega, imediata, de toda a féria do dia. Otoni, diante da ameaça, entregou todo o dinheiro amealhado no dia. Nesse caso, Alfredo responderá pelo crime de roubo qualificado, com o emprego de arma de fogo.

3. Alex, em altercação com Elza, sua esposa, desconhecendo o seu estado gravídico, aplicou-lhe uma forte surra com socos e pontapés, deixando-a prostrada no chão. Elza, em conseqüência das agressões, veio a abortar. Nesse caso, Alex responderá pelo crime de aborto.

4. Marcos, agente de polícia, exigiu de Hélio certa quantia em dinheiro para livrá-lo de uma prisão em flagrante, eis que Brotava na cintura um revólver sem registro e porte. Não ^"dispondo de dinheiro naquele momento. Hélio foi até um caixa eletrônico; ao retomar, colegas de serviço de Marcos, identificando a ilicitude da conduta, prenderam-no antes que tivesse recebido o produto da exigência. Nesse caso. Marcos responderá pelo crime de concussão tentado.

5. Um repórter de jornal de grande circulação na cidade exigiu, de um médico de renome, vultosa quantia em dinheiro a fim de não dar publicidade de fotos e segredo íntimo acerca de relações-homossexuais, cuja divulgação abalaria o seu conceito profissional, assim como a sua moral e estrutura familiar. Nesse caso, obtendo o proveito econômico, o repórter responderá pelo crime de extorsão.

86. **(DEFENSORIA PÚBLICA DA UNIÃO – 2002 – CESPE)** Adão, após dar uma trombada em uma anciã, atrapalhando os movimentos desta, arrebatou-lhe a bolsa com seus pertences. Passados alguns minutos do evento criminoso e de sua comunicação à polícia, o meliante foi encontrado por policiais militares com a rés furtiva, ocasião em que foi preso em flagrante. Lavrado o flagrante, a autoridade policial comunicou a prisão ao magistrado da comarca; este, após homologar o auto, determinou o seu arquivamento, sem nada fundamentar. Após o indiciamento de Adão pela prática de furto, a autoridade policial concedeu-lhe, a pedido do defensor, a liberdade provisória com fiança. Relatado o inquérito policial, os autos foram encaminhados ao órgão do Ministério Público, que ofertou denúncia, imputando a praticado roubo. Ao receber a vestibular acusatória, a autoridade judiciária cassou, de ofício, a fiança e determinou a expedição de mandado de prisão. Irrigando, Adão recorreu da decisão. Com referência à situação hipotética apresentada e à legislação pertinente, julgue os itens abaixo.

1. A prisão de Adão foi ilegal pela ausência do estado de flagrância, já que ele não foi surpreendido no ato de execução do crime nem houve perseguição logo após a infração penal.

2. juiz estava obrigado a fundamentar a manutenção da custódia de Adão ao receber a comunicação da prisão, considerando que a atual Constituição da República exige, como pressuposto de validade, a fundamentação das decisões dos órgãos do Poder Judiciário.

3. A tipificação do evento delituoso levada a efeito pela autoridade policial para a concessão de fiança, nos casos em que a lei a admite, não vincula o órgão do Ministério Público.

4. Verificada a inexistência dos pressupostos legais à concessão da fiança, ou a inovação na classificação do crime, tomando-a incabível, pode o magistrado cassá-la por meio de despacho fundamentado.

5. Da decisão que cassa a fiança não cabe recurso, devendo Adão impetrar uma ordem de habeas corpus para tentar coibir possível constrangimento ilegal.

87. **(DEFENSORIA PÚBLICA DA UNIÃO – 2002 – CESPE)** A respeito das limitações constitucionais da prova e de acordo com o entendimento do STF, julgue os itens seguintes.

1. Considera-se prova ilícita a quebra do sigilo das comunicações telefônicas para fins de investigação criminal, por ordem judicial, antes do advento da Lei n.° 9.296/1996 (interceptação telefônica).

2. A gravação de conversa telefônica feita por um dos interlocutores, sem autorização judicial e conhecimento do outro, é prova ilícita para a comprovação de um crime de extorsão.

3. É lícita a prova obtida mediante escuta telefônica que incrimina _ outra pessoa e não o investigando em cujo nome constava telefone objeto da autorização judicial prevista na Lei n.° 9.296/1996:
4. Constitui prova ilícita a quebra do sigilo bancário, sem autorização judicial, mesmo quando o réu, corroborando as informações prestadas pela instituição bancária, as utiliza para sustentar sua defesa.
5. Se o morador, após abordado por agentes policiais nas proximidades de sua residência, lhes franqueia o ingresso no imóvel em que reside, onde é encontrado e apreendido material entorpecente, não há falar-se em prova ilícita a pretexto de invasão de domicílio sem o devido mandado judicial.

88. **(DEFENSORIA PÚBLICA DA UNIÃO – 2002 – CESPE)** Durante uma audiência, Jairo, testemunha arrolada por uma das partes litigantes, ao ser inquirido pelo promotor de justiça que oficiava no processo, disse, agindo com animus injuriandi: "Não posso deixar-me ver em sua companhia, porque não sou um ladrão." Ofendido, o promotor de justiça constituiu um advogado e, sem o pedido prévio de explicações, ingressou com uma queixa-crime contra Jairo. Antes de receber a queixa, o juiz determinou a notificação do imputado para a audiência de conciliação. Contra o despacho do magistrado designando a audiência, Jairo impetrou uma ordem de habeas corpus, alegando constrangimento ilegal, e não compareceu ao ato processual. Não ocorrendo reconciliação, o juiz recebeu a queixa-crime e determinou a citação do querelado, que compareceu e foi interrogado. Na defesa prévia, o querelado apresentou a exceção da verdade. Diante da situação hipotética apresentada, julgue os itens a seguir.

1. De acordo com o atual entendimento do STF, não tem o ofendido legitimidade para agir na persecução punitiva, mediante queixa-crime, em se tratando de ofensa irrogada a funcionário público propter officium.
2. Nos crimes contra a honra, o pedido de explicações é medida preparatória obrigatória da ação penal privada.
3. A audiência de conciliação prevista no caso de crimes contra a honra, por tratar-se de condição de procedibilidade da queixa-crime e da denúncia, deve ser designada pelo magistrado, sob pena de acarretar a nulidade do processo.
4. No crime de injúria praticada contra funcionária público propter officium, é permitida a oposição da exceptio veritatis no prazo da defesa prévia.
5. Nos processos por crime contra a honra em que o. ofendido é promotor de justiça, gozando de foro privilegiado por prerrogativa de função, o julgamento da exceção da verdade oposta, quando cabível, é da competência do tribunal de justiça.

12. Direito Ambiental

1. **(ADVOGADO – PETROBRÁS – 2008 – CESGRANRIO)** Tratando-se de ação civil pública de responsabilidade por danos causados ao meio ambiente, regulada nos termos da Lei no 7.347/95, é **INCORRETO** afirmar que

(A) pode ter por objeto a condenação em dinheiro ou o cumprimento de obrigação de fazer ou não fazer.
(B) pode ser proposta por associação constituída há pelo menos um ano, e que inclua, entre suas finalidades institucionais, a proteção ao meio ambiente.
(C) pode ser proposta pelo Ministério Público.
(D) deve ser proposta no foro do local onde ocorrer o dano.
(E) não admite antecipação de tutela.

2. **(ADVOGADO – PETROBRÁS – 2008 – CESGRANRIO)** "Licença ambiental é o ato administrativo pelo qual o órgão ambiental competente estabelece as condições, restrições e medidas de controle ambiental que deverão ser obedecidas pelo empreendedor, pessoa física ou jurídica, para localizar, instalar, ampliar e operar empreendimentos ou atividades utilizadoras dos recursos ambientais consideradas efetiva ou potencialmente poluidoras ou aquelas que, sob qualquer forma, possam causar degradação ambiental."

Resolução CONAMA no 237/97 – Art. 1o II

Acerca das regras relativas ao procedimento de licenciamento ambiental previstas na Resolução CONAMA no 237, de 19 de dezembro de 1997, analise as afirmações a seguir.

I. A concessão de licença ambiental a empreendimentos considerados causadores de significativa degradação do meio dependerá de prévio estudo de impacto ambiental e respectivo relatório de impacto sobre o meio ambiente (EIA/RIMA).
II. Compete ao CONAMA o licenciamento ambiental de empreendimentos e atividades com significativo impacto ambiental de âmbito nacional.
III. Os prazos de validade constantes das licenças prévia e de instalação concedidas pelo órgão ambiental competente são improrrogáveis.
IV. As Licenças de Operação concedidas terão um prazo máximo de validade de 5 (cinco) anos.

Está(ão) correta(s) **APENAS** a(s) afirmativa(s)

(A) I
(B) IV
(C) I e III
(D) I e IV
(E) I, II e III

3. **(ADVOGADO – PETROBRÁS – 2006 – CESGRANRIO)** Nos termos da Lei no 9.605/98, **NÃO** representa uma circunstância atenuante da pena, em caso de cometimento de crime contra o meio ambiente, a(o):

(A) comunicação prévia pelo agente do perigo iminente de degradação ambiental.
(B) colaboração com os agentes encarregados da vigilância e do controle ambiental.
(C) baixo grau de instrução ou escolaridade do agente.
(D) fato de o crime ambiental ser cometido em decorrência do exercício de atividade industrial ou comercial.
(E) arrependimento do infrator, manifestado pela espontânea reparação do dano ou limitação significativa da degradação ambiental causada.

4. **(ADVOGADO – PETROBRÁS – 2006 – CESGRANRIO)** Segundo a legislação vigente, em relação à responsabilidade por danos causados ao meio ambiente, pode-se afirmar que:

(A) a responsabilidade pela reparação dos danos causados ao meio ambiente depende de culpa comprovada.
(B) a reparação do dano ambiental pelo infrator acarreta a impossibilidade de aplicação de sanções criminais.
(C) os danos causados ao meio ambiente sujeitam o infrator à responsabilidade civil, criminal e administrativa.
(D) o Ministério Público não tem legitimidade para propor ação de responsabilidade civil e criminal, por danos causados ao meio ambiente.

(E) o pagamento das multas aplicadas pelo órgão ambiental desonera o infrator da responsabilidade criminal.

5. **(ADVOGADO – PETROBRÁS – 2006 – CESGRANRIO)** Acerca da competência do Conselho Nacional do Meio Ambiente, é correto afirmar que se trata do órgão:

(A) responsável pela fiscalização das atividades potencialmente poluidoras.
(B) responsável pela aplicação das penalidades em caso de infrações à legislação ambiental.
(C) responsável pelos procedimentos de licenciamento ambiental das atividades potencialmente poluidoras.
(D) competente para, supletivamente, efetuar o licenciamento ambiental, na hipótese de omissão dos órgãos ambientais estaduais.
(E) competente para estabelecer normas, critérios e padrões relativos ao controle e à manutenção da qualidade do meio ambiente, com vistas ao uso racional dos recursos ambientais.

6. **(ADVOGADO – PETROBRÁS – 2003 – CESPE)** Com relação a essa situação hipotética e ao dano ambiental, julgue os itens a seguir.

1 A conduta de Antônio foi lesiva ao meio ambiente, tendo havido claro desrespeito ao princípio da função social da propriedade, podendo, em tese, o mesmo ser responsabilizado no âmbito civil, administrativo e penal.
2 Antônio, por ser proprietário da fazenda, pode utilizá-la da melhor forma que lhe aprouver.
3 A destruição de área de preservação permanente por Antônio permite que este seja responsabilizado penalmente, por crime contra a flora.
4 Antônio poderá ser considerado inocente do dano ambiental, caso prove ter baixa escolaridade.
5 Por meio de mandado de segurança preventivo, Antônio pode evitar multa administrativa por dano ambiental.

7. **(ADVOGADO – PETROBRÁS – 2003 – CESPE)** Julgue os itens que se seguem, a respeito dos preceitos norteadores do direito ambiental.

1 Para os efeitos da Lei n.º 6.938/1981, o princípio do usuário-pagador e o princípio do poluidor-pagador são princípios distintos, pois estão enunciados separadamente na referida lei.
2 São instrumentos da política urbana previstos no Estatuto da Cidade (Lei n.º 10.257/2001) o estudo prévio de impacto ambiental (EIA) e o estudo prévio de impacto de vizinhança (EIV).
3 O comitê de bacias, previsto na legislação federal de recursos hídricos, é uma concretização do princípio da participação da sociedade previsto no caput do art. 225 da Constituição da República.
4 O Conselho Nacional do Meio Ambiente (CONAMA), órgão consultivo e deliberativo, integra o Sistema Nacional do Meio Ambiente (SISNAMA).
5 Em relação ao meio ambiente, o Estado deve atuar como proprietário desse bem, e não como simples administrador de um patrimônio que pertence à coletividade, no presente, e que deve ser transferido às demais gerações, no futuro.

8. **(ADVOGADO – PETROBRÁS – 2003 – CESPE)** No que se refere ao Sistema Nacional de Unidades de Conservação da Natureza (SNUC) e com base na legislação vigente, julgue os itens seguintes.

1 As unidades de conservação integrantes do SNUC dividem-se em dois grupos: unidades de proteção integral e unidades de uso sustentável.
2 Entre as espécies de unidades de conservação e de proteção integral existentes, a estação ecológica tem como objetivo a preservação da natureza e a realização de pesquisas científicas.
3 A floresta nacional (unidade de uso sustentável) é uma área com cobertura florestal de espécies predominantemente nativas e tem como objetivo básico o uso múltiplo sustentável dos recursos florestais e a pesquisa científica, com ênfase em métodos para exploração sustentável de florestas nativas.
4 A reserva particular do patrimônio natural (unidade de uso sustentável) é uma área privada, gravada por dez anos, com o objetivo de conservar a diversidade biológica.
5 Legalmente, a proteção integral visa à manutenção dos ecossistemas livres de alterações causadas por interferência humana, admitindo o uso direto dos seus atributos naturais.

9. **(ADVOGADO – PETROBRÁS – 2001 – CESPE)** Julgue os itens abaixo, considerando as regras do direito ambiental brasileiro.

1 É de competência do IBAMA o licenciamento ambiental de atividades e empreendimentos localizados e desenvolvidos no mar territorial e na plataforma continental, após considerar o exame técnico procedido pelos órgãos ambientais dos estados e municípios em que se localizar a atividade ou o empreendimento.
2 A reparação dos danos ambientais está condicionada à apuração da culpa do agente por eles responsável.
3 É circunstância que agrava a pena, quando não constitui ou qualifica o crime ambiental, ter o agente cometido a infração no interesse de pessoa jurídica mantida, total ou parcialmente, por verbas públicas ou beneficiada por incentivos fiscais.
4 As atividades que possam afetar a biota ficarão subordinadas às normas editadas pelo Conselho Nacional do Meio Ambiente somente se forem desenvolvidas no interior das áreas das unidades de conservação.

5 Constitui diretriz geral de ação para a implementação da Política Nacional de Recursos Hídricos assegurar à atual e às futuras gerações a necessária disponibilidade de água, em padrões de qualidade adequados aos respectivos usos.

10. **(ADVOGADO - PETROBRÁS DISTRIB. - 2008 - CESGRANRIO)** A Constituição Federal de 1988 dedicou um capítulo específico para a tutela ambiental, inserido no título "Da Ordem Social". Além dessa, há outras referências ao meio ambiente ao longo de todo o texto constitucional. O que determina a Constituição Federal a respeito da tutela do meio ambiente?

(A) Nos termos do artigo 24, inciso VI, da Constituição Federal, compete à União, aos Estados, aos Municípios e ao Distrito Federal legislar concorrentemente sobre florestas, caça, pesca, fauna, conservação da natureza, defesa do solo e dos recursos naturais, proteção do meio ambiente e controle da poluição.

(B) Tendo em vista o disposto no artigo 170 da Constituição Federal, pode-se afirmar que o ordenamento jurídico brasileiro privilegia o desenvolvimento econômico em detrimento da defesa do meio ambiente equilibrado.

(C) O direito ao meio ambiente ecologicamente equilibrado é considerado direito humano fundamental e sua garantia está relacionada ao respeito à dignidade da pessoa humana.

(D) A competência executiva em matéria ambiental está prevista no artigo 23, inciso VI, da Constituição Federal, que atribui concorrentemente à União e aos Estados o papel de proteger o meio ambiente e de combater a poluição em qualquer de suas formas.

(E) A Constituição Federal dispõe que o poder público deve exigir a elaboração e apresentação de Estudo Prévio de Impacto Ambiental para a instalação de todas as obras ou atividades potencialmente poluidoras ou capazes de causar degradação da qualidade ambiental.

11. **(ADVOGADO - PETROBRÁS DISTRIB. - 2008 - CESGRANRIO)** A respeito do licenciamento ambiental e da responsabilidade ambiental administrativa e penal, considere as afirmativas abaixo.

I. O licenciamento ambiental, como importante instrumento da Política Nacional do Meio Ambiente, tem natureza essencialmente preventiva e constitui uma das formas de expressão do poder de polícia ambiental.

II. Os estudos ambientais necessários ao procedimento de licenciamento ambiental são realizados pelos técnicos do órgão ambiental competente, integrante do Sistema Nacional do Meio Ambiente (SISNAMA), às expensas do empreendedor.

III. Em regra, o licenciamento ambiental de atividades localizadas ou desenvolvidas em mais de um município, sem que sejam ultrapassados os limites territoriais do estado, deve ser conduzido pelo órgão ambiental estadual competente, integrante do Sistema Nacional do Meio Ambiente (SISNAMA).

IV. É crime ambiental construir, reformar, ampliar, instalar ou fazer funcionar estabelecimentos, obras ou serviços potencialmente poluidores sem a prévia obtenção de licença ambiental.

É(São) correta(s) APENAS a(s) afirmativa(s)

(A) I
(B) I e II
(C) II e III
(D) III e IV
(E) I, III e IV

12. **(ADVOGADO - PETROBRÁS DISTRIB. - 2008 - CESGRANRIO)** A definição de espaços territoriais e seus componentes a serem especialmente protegidos e a imposição ao poluidor da obrigação de reparar os danos por ele causados são importantes instrumentos de proteção ambiental. O que determina a legislação ambiental a respeito destes instrumentos da Política Nacional do Meio Ambiente?

(A) Nos termos do previsto no Código Florestal (Lei 4.771/65), a supressão de vegetação de preservação permanente somente poderá ser autorizada em casos de utilidade pública ou interesse social, devidamente caracterizados e motivados em procedimento administrativo próprio, e quando inexistir alternativa técnica e locacional ao empreendimento proposto.

(B) A redução dos limites de Unidades de Conservação pode ser feita por instrumento normativo do mesmo nível hierárquico do que criou a unidade.

(C) As Áreas de Proteção Ambiental, como categoria de Unidade de Conservação inserida no grupo de proteção integral, devem ser constituídas exclusivamente em áreas públicas.

(D) Quando comprovada a culpa, é responsável pela reparação de danos ambientais a pessoa física ou jurídica, de direito público ou privado, responsável, direta ou indiretamente, por atividade causadora de degradação ambiental.

(E) Tendo em vista o princípio da função socioambiental da propriedade, as características da responsabilidade civil ambiental no Brasil e o conceito legal de poluidor, o proprietário não pode ser responsabilizado pela recomposição de vegetação em área de preservação permanente situada em seu imóvel, na hipótese de o terreno já ter sido adquirido desmatado.

13. **(ADVOGADO - PETROBRÁS TRANSP. - 2006 - CESGRANRIO)** Nos termos da Lei no 9.605/98, a autoridade competente para a aplicação de penalidade por infração à legislação ambiental deverá

observar, para fins de imposição e gradação da penalidade, os seguintes aspectos:

I. a situação econômica do infrator, no caso de multa;

II. a nacionalidade do infrator (nacional ou estrangeiro), na hipótese de infração cometida por pessoa jurídica;

III. os antecedentes do infrator quanto ao cumprimento da legislação de interesse ambiental;

IV. a gravidade do fato, tendo em vista os motivos da infração e suas conseqüências para a saúde pública e para o meio ambiente.

Estão corretos os aspectos:

(A) I, II e III, apenas.
(B) I, II e IV, apenas.
(C) I, III e IV, apenas.
(D) II, III e IV, apenas.
(E) I, II, III e IV.

14. **(ADVOGADO – PETROBRÁS TRANSP. – 2006 – CESGRANRIO)** Considerando o disposto na legislação ambiental, é correto afirmar que o Conselho Nacional do Meio Ambiente (CONAMA):

(A) possui a função de executar e fazer executar, como órgão federal, a política e diretrizes governamentais fixadas para o meio ambiente.
(B) possui a função de assessorar diretamente o Presidente da República na formulação da política nacional e nas diretrizes governamentais para o meio ambiente e os recursos ambientais.
(C) é o órgão superior do Sistema Nacional do Meio Ambiente.
(D) é o órgão executor do Sistema Nacional do Meio Ambiente.
(E) é competente para estabelecer, privativamente, normas e padrões nacionais de controle da poluição por veículos automotores, aeronaves e embarcações, mediante audiência dos Ministérios competentes.

15. **(ADVOGADO – PETROBRÁS TRANSP. – 2006 – CESGRANRIO)** Em relação ao licenciamento ambiental, pode-se afirmar que:

I. é o mecanismo pelo qual a Administração Pública, no uso de suas atribuições, estabelece condições e limites para o exercício de atividade efetiva ou potencialmente poluidora;

II. compete ao Conselho Nacional do Meio Ambiente (CONAMA) o licenciamento das atividades potencialmente poluidoras;

III. a construção, instalação, ampliação e funcionamento de estabelecimentos e atividades utilizadoras de recursos ambientais, considerados efetiva ou potencialmente poluidores, dependem de licença;

IV. compete ao Instituto Brasileiro do Meio Ambiente e Recursos Naturais Renováveis (IBAMA) o licenciamento ambiental de atividades com impacto ambiental significativo em âmbito nacional.

Estão corretas as afirmações:

(A) II e III, apenas.
(B) I, II e IV, apenas.
(C) I, III e IV, apenas.
(D) II, III e IV, apenas.
(E) I, II, III e IV.

16. **(ADVOGADO – PETROBRÁS TRANSP. – 2006 – CESGRANRIO)** A Lei no 9.966/00 estabelece os princípios básicos a serem obedecidos na movimentação de óleo e outras substâncias nocivas ou perigosas em portos organizados, instalações portuárias, plataformas e navios em águas sob jurisdição nacional, sendo **INCORRETO** afirmar que esta:

(A) é aplicável às embarcações nacionais, portos organizados, instalações portuárias, dutos, plataformas e suas instalações de apoio, em caráter complementar à Marpol 73/78.
(B) é aplicável às embarcações, plataformas e instalações de apoio estrangeiras, cuja bandeira arvorada seja ou não de país contratante da Marpol 73/78, quando em águas sob jurisdição nacional.
(C) é inaplicável às instalações portuárias especializadas em outras cargas que não óleo e substâncias nocivas ou perigosas, e aos estaleiros, marinas, clubes náuticos e outros locais e instalações similares.
(D) determina que todo porto organizado, instalação portuária e plataforma disporá obrigatoriamente de instalações ou meios adequados para o recebimento e tratamento dos diversos tipos de resíduos e para o combate da poluição.
(E) determina que os portos organizados, instalações portuárias e plataformas deverão dispor de planos de emergência individuais para o combate à poluição por óleo e substâncias nocivas ou perigosas, os quais serão submetidos à aprovação do órgão ambiental competente.

17. **(ADVOGADO – EPE – 2007 – CESGRANRIO)** Nos termos da Lei no 9.605, de 12 de fevereiro de 1998, assinale a opção que apresenta uma situação que **NÃO** é atenuante da pena decorrente de crime ambiental.

(A) Baixo grau de instrução ou escolaridade do agente.
(B) Limitação do dano ambiental à propriedade particular do infrator.
(C) Arrependimento do infrator, manifestado pela espontânea reparação do dano.
(D) Comunicação prévia pelo infrator do perigo iminente de degradação ambiental.

(E) Colaboração com os agentes encarregados da vigilância e do controle ambiental.

18. **(ADVOGADO – EPE – 2007 – CESGRANRIO)** Tratando-se da construção de empreendimento de significativo impacto ambiental, que afetará quatro diferentes estados brasileiros, a quem compete proceder ao seu licenciamento ambiental?

(A) IBAMA.
(B) CONAMA.
(C) IBAMA e órgãos ambientais dos estados afetados pelo empreendimento, integrantes do Sistema Nacional do Meio Ambiente – SISNAMA, de maneira concorrente.
(D) Qualquer dos órgãos ambientais dos estados afetados pelo empreendimento, integrantes do Sistema Nacional do Meio Ambiente – SISNAMA.
(E) Órgãos ambientais dos estados afetados pelo empreendimento, integrantes do Sistema Nacional do Meio Ambiente – SISNAMA, de maneira concorrente.

19. **(ADVOGADO – REFAP – 2007 – CESGRANRIO)** Tratando-se de ação civil pública de responsabilidade por danos causados ao meio ambiente, regida pela Lei no 7.347, de 24 de julho de 1985, **NÃO** se pode afirmar que:

(A) deve ser obrigatoriamente proposta no foro do local onde fica a sede da empresa responsável pelo dano.
(B) pode ter por objeto a condenação do réu na obrigação de remediar o dano ambiental por este causado.
(C) pode ter por objeto a condenação, em dinheiro, do responsável pelo dano ambiental.
(D) pode ser proposta por associação que, concomitantemente, esteja constituída há pelo menos 1 (um) ano e inclua, dentre suas finalidades institucionais, a proteção ao meio ambiente.
(E) pode ser proposta pela União, Estados, Distrito Federal e Municípios.

20. **(ADVOGADO – REFAP – 2007 – CESGRANRIO)** Acerca do termo de ajustamento de conduta em matéria ambiental, previsto no § 6o do art. 5o da Lei no 7.347, de 24 de julho de 1985, é **INCORRETO** afirmar que:

(A) pode ser celebrado pelo Ministério Público.
(B) pode ser celebrado com pessoa física (responsável pelo dano ambiental).
(C) tem eficácia de título executivo extrajudicial.
(D) tem natureza preventiva, não podendo ser celebrado depois de ocorrido o dano ambiental.
(E) admite a aplicação de penalidade pecuniária em caso de descumprimento das obrigações assumidas.

21. **(ADVOGADO – ELETROBRÁS – 2006 – NCE/UFRJ)** A Constituição Federal exige, expressamente, estudo prévio de impacto ambiental para:

(A) criação de bens de uso comum do povo;
(B) alienação de terreno de propriedade privada em área de proteção ambiental;
(C) perícias em crimes ambientais praticados contra a fauna e flora que coloquem em risco sua função ecológica;
(D) propositura de ação civil pública quando por associação constituída há menos de um ano;
(E) instalação de obra ou atividade potencialmente causadora de significativa degradação do meio ambiente.

22. **(ADVOGADO – ELETROBRÁS – 2006 – NCE/UFRJ)** No tocante aos crimes ambientais, é correto afirmar que:

(A) as pessoas jurídicas serão responsabilizadas administrativa, civil e penalmente, nos casos em que a infração seja cometida por decisão de seu representante legal ou contratual, ou de seu órgão colegiado, no interesse ou benefício da sua entidade;
(B) a responsabilidade das pessoas jurídicas exclui a das pessoas físicas, autoras, co-autoras ou partícipes do mesmo fato;
(C) a prestação de serviços à comunidade e o baixo grau de instrução ou escolaridade do agente são circunstâncias que atenuam a pena;
(D) o arrependimento do infrator, manifestado pela espontânea reparação do dano, ou limitação significativa da degradação ambiental causada, impede que seja aplicada pena ao infrator;
(E) as penas aplicáveis às pessoas jurídicas são de multa, restritivas de direitos, de prestação de serviços à comunidade e de detenção, vedada a pena de reclusão.

23. **(ADVOGADO – ELETROBRÁS – 2006 – NCE/UFRJ)** Com relação à ação civil pública proposta por danos causados ao meio ambiente, é INCORRETO afirmar que:

(A) poderá ter por objeto a condenação em dinheiro ou o cumprimento de obrigação de fazer ou não fazer;
(B) os órgãos públicos legitimados poderão tomar dos interessados compromisso de ajustamento de sua conduta às exigências legais, mediante combinações;
(C) admite o Ministério Público como legitimado ativo;
(D) a sentença poderá fixar pena privativa de liberdade;
(E) o Ministério Público poderá instaurar, sob sua presidência, inquérito civil, ou requisitar, de qualquer organismo público ou particular, certidões.

24. **(ADVOGADO – EMBRAPA – 2005 – CESPE)** Julgue os itens a seguir, relativos aos crimes contra o meio ambiente.

1. A prestação de serviços à comunidade, em crimes previstos no Código Penal, deve ser cum-

prida em entidades públicas em sentido amplo. No entanto, tal sanção, nos crimes ambientais, será cumprida em locais públicos em sentido mais estrito, ou seja, em lugares onde há interesse ecológico.

2. Se o agente praticar crime de caça em um parque nacional, a competência para o respectivo processo e julgamento será da justiça federal. Se o mesmo delito for cometido em um parque estadual ou municipal, ou ainda, em propriedade particular, a justiça estadual será competente para processar e julgar o infrator.
3. Nas infrações penais contra o meio ambiente, a ação penal é, de regra, pública incondicionada, todavia, tratando-se de crime ambiental praticado em terras particulares, caberá ao proprietário a titularidade da ação penal.

25. **(ADVOGADO – ANVISA – 2004 – CESPE)** As relações comerciais internacionais encontram no princípio da precaução um novo e inquietante ingrediente. Após a definição de parâmetros fitossanitários no âmbito da OMC, o enquadramento de barreiras técnicas e a sensível diminuição das tarifas alfandegárias, começam a surgir claros indícios de novas formas de restrições dos fluxos comerciais por meio da adoção do princípio da precaução. A opinião pública, sobretudo na Europa ocidental, já fez que a União Européia e seus Estados-membros lançassem mão do princípio da precaução, ao vislumbrar um risco potencial para a saúde pública ou ao meio ambiente. Em relação ao tema tratado no texto acima, julgue os seguintes itens.

1 O tratamento multidisciplinar do princípio da precaução é obrigatório, pois envolve necessariamente o diálogo entre profissionais das áreas humanas, especialmente da política e do direito, e profissionais das áreas exatas. Portanto, oscila entre os campos políticos e jurídico.

2 O princípio da precaução faz uma aparente oposição ontológica ao princípio do livre comércio e tem uma aparente função de instrumento do protecionismo de países desenvolvidos no domínio agrícola, o que leva a diplomacia econômica a percebê-lo com bons olhos, com tendência a incluí-lo em sua pauta de discussão.

3 O princípio da precaução é empregado por países em via de desenvolvimento e é especialmente sensível no que se refere às negociações do Brasil e do MERCOSUL com a União Européia, onde a precaução se mostra como obstáculo concreto e fundamentado juridicamente à exportação de produtos agrícolas.

4 O princípio da precaução não tem, recentemente, desempenhado a função de eixo justificador dos movimentos internacionais de oposição ao processo de globalização.

5 Casos como o da carne com hormônios produzida nos Estados Unidos da América (EUA) e cuja circulação foi proibida nos países da União Européia, do salmão canadense, submetido pela Austrália a severas medidas preventivas, e das frutas produzidas nos EUA, cuja entrada no Japão foi condicionada à atestação, por parte dos exportadores, da ausência de insetos devoradores, confirmam que o princípio da precaução constitui um elemento restritivo do comércio internacional.

6 Todo alimento que tenha sido intencionalmente submetido à ação de radiação ionizante com finalidade de preservá-lo deve ser retirado do mercado, ter sua circulação proibida ou, ainda, ser submetido a uma avaliação preliminar por órgão do Ministério da Saúde para que possa permanecer no mercado. Essas medidas não significam efeitos restritivos sobre o comércio.

7 Os produtos geneticamente modificados têm provocado controvérsias no que atine à proteção tanto da saúde como do meio ambiente. A posição da Europa tem encontrado apoio no direito do comércio internacional, cuja preocupação primeira é evitar que a aplicação de medidas relacionadas à segurança alimentar suplante os interesses do comércio internacional.

26. **(ADVOGADO – ANVISA – 2004 – CESPE)** Em cada um dos itens a seguir, é apresentada uma situação hipotética referente a sanções administrativas previstas na Lei n.º 9.605/1998 (Lei de Crimes Ambientais), seguida de uma assertiva a ser julgada.

1 No estado de São Paulo, um produtor de soja obteve licença ambiental para usar certo produto químico assemelhado a agrotóxico, desde que observasse determinadas cautelas, que foram expressas na licença. A fiscalização do órgão estadual do meio ambiente, ao comparecer à propriedade rural em que estava sendo desenvolvida a atividade, percebeu que, além de as condições da licença não serem cumpridas, o agricultor havia desmatado área considerada de preservação permanente. Nessa situação, o órgão ambiental deverá aplicar ao agricultor uma única sanção, referente à conduta irregular mais grave, e apenada com mais rigor.

2 O transportador responsável por um carregamento de material perigoso que chegou ao porto de Paranaguá – PR, no afã de ver a mercadoria liberada para a comercialização, adotou, dolosamente, procedimentos para criar embaraço à fiscalização da Capitania dos Portos do Ministério da Marinha. Nessa situação, o infrator deverá ser sancionado administrativamente com multa simples se, após receber advertência do órgão ambiental, insistir com os mencionados procedimentos.

3 Um criador de suínos foi autuado pela fiscalização ambiental por lançar efluentes, sem prévio trata-

mento, contendo fezes dos animais, no córrego que passa em sua propriedade. A sanção imposta consistiu em multa simples. Nessa situação, ao final do processo administrativo de apuração da infração em exame, o órgão ambiental, se julgar pertinente, poderá converter a sanção pecuniária estipulada em serviços de preservação, melhoria e recuperação da qualidade do meio ambiente, consoante lhe autoriza a legislação.

4 Uma indústria de suco de melão despejou efluentes contendo produtos tóxicos em uma represa responsável pelo abastecimento de determinado município e contaminou a água. Tal fato ensejou a interrupção, por dois meses, do abastecimento de água no município, o que gerou despesas com a contratação de caminhões-pipa para atender ao consumo da população. Nessa situação, o órgão ambiental não poderá aplicar à empresa infratora, como sanção administrativa restritiva de direitos, entre outras, a perda ou isenção de incentivos ou benefícios fiscais.

5 Um caçador foi autuado pela fiscalização ambiental pela segunda vez por haver abatido um veado campeiro para vender sua carne no mercado negro. Ao estipular a sanção administrativa a ser aplicada ao infrator, o órgão ambiental levou em conta seus antecedentes quanto ao cumprimento da legislação ambiental, explicitando sua fundamentação. Nessa situação, pelo fato de a legislação prever os antecedentes apenas como parâmetros da sanção criminal e não da sanção administrativa, o referido órgão ambiental poderá estipular a gradação da penalidade aplicada na esfera administrativa.

6 Um proprietário de imóvel residencial, primário e com bons antecedentes, foi condenado a dois anos de pena privativa de liberdade por haver lançado, *in natura*, esgoto na rede de águas pluviais, por meio de uma ligação clandestina na tubulação. Nessa situação, tal pena, por ser superior a um ano, não pode ser substituída por restritiva de direito.

7 Um bioquímico responsável pelo laboratório de uma indústria pediu que seu empregado despejasse, em terreno próximo, um galão de substância líquida inofensiva ao meio ambiente, pelo fato de sua validade estar vencida. Por negligência, deixou de especificar qual era o galão que deveria ser levado. Como havia dois galões idênticos, o empregado carregou justamente o que continha substância perigosa. Após o despejo e devido ao mau cheiro provocado, o bioquímico percebeu o erro e imediatamente comunicou às autoridades sanitárias e ambientais que o derramamento daquela substância poderia causar graves problemas à saúde humana e ao meio ambiente, razão pela qual a área deveria ser isolada. Nessa situação, ao ser julgado por crime de poluição, o bioquímico, apesar de ter comunicado às autoridades competentes o perigo iminente de degradação ambiental, não poderá ter a pena atenuada.

27. **(ADVOGADO – ANVISA – 2004 – CESPE)** Em cada um dos itens a seguir, é apresentada uma situação hipotética relativa à tutela penal do meio ambiente, seguida de uma assertiva a ser julgada.

1 Um funcionário, valendo-se da função de sua esposa no IBAMA/AM, introduziu no país animal sem parecer técnico oficial favorável, e indispensável, da autoridade competente, incidindo nas sanções do crime ambiental correspondente à conduta. Nessa situação, ao apená-lo, o juiz deve agravar a sanção pelo fato de o crime ter sido praticado por facilitação de funcionário público no exercício de suas funções.

2 O dono de um sítio de recreio, com o propósito de prejudicar a propriedade de seu desafeto, ateou fogo no capim seco do terreno de seu vizinho e provocou incêndio de grandes proporções, expondo a perigo, de maneira grave, a saúde de moradores próximos, que foram socorridos no hospital geral, com quadro de insuficiência respiratória e intoxicação. Nessa situação, ao ser condenado por crime ambiental, o autor da conduta deverá ter sua pena agravada pelo fato de expor a perigo a saúde pública de forma grave.

3 Um lote de uma substância nociva à saúde humana e ao meio ambiente, usada na indústria petroquímica, foi mantido, por um comerciante, em depósito, em desacordo com as exigências estabelecidas em regulamentos. Nessa situação, se o juiz condenar o autor da conduta a um ano de reclusão e substituir a pena privativa de liberdade por uma restritiva de direito, poderá, entre outras possibilidades, optar por recolhimento domiciliar, interdição temporária de direitos ou suspensão parcial ou total de atividades.

Considerando a importância da ocorrência recente no DF, na cidade de São Sebastião, localidade de maiores registros de morte por hantavirose, uma das prioridades do IBAMA seria soltar as aves onde estão as principais áreas com focos da doença. De acordo com o chefe do núcleo de fauna da gerência do IBAMA, serão avaliadas as relações dos predadores com o meio ambiente para que não falte comida, razão pela qual os técnicos do órgão farão primeiramente um levantamento para evitar que ocorram desequilíbrios ambientais.

Guilherme Goulart. Correio Braziliense. 6/8/2004, p. 27 (com adaptações)

28. **(ADVOGADO DA UNIÃO – AGU – 2009 – CESPE)** Com relação à tutela penal do meio ambiente, julgue os itens seguintes.

1 As pessoas físicas e as jurídicas estão sujeitas às mesmas sanções penais decorrentes da prática de crime ambiental, quais sejam: penas privativas de liberdade, restritivas de direito e multas.

2 A Lei de Crimes Ambientais prevê a suspensão condicional da pena nos casos de condenação a pena privativa de liberdade não superior a três anos.

3 Elaborar, no licenciamento, estudo parcialmente falso é crime que admite as modalidades culposa e dolosa.

29. **(ADVOGADO DA UNIÃO – AGU – 2009 – CESPE)** A CF apresenta normas ambientais específicas, normas de competência e normas de garantia. Com base em tais normas, julgue os próximos itens.

1 Suponha que o estado do Piauí crie, por decreto do governador, um parque ecológico em Teresina e que, após dez anos dessa criação, outro governante resolva, mediante um novo decreto, suprimir parte da área do referido parque. Nessa situação, a iniciativa do novo governante deve ser considerada válida.

2 É constitucionalmente prevista a realização, por secretaria estadual de meio ambiente, de estudo de impacto ambiental sigiloso, sob o argumento de que a área poderia ser objeto de especulação imobiliária.

3 O município pode fiscalizar as concessões de direitos de exploração de recursos minerais em seus territórios.

30. **(ADVOGADO DA UNIÃO – AGU – 2009 – CESPE)** Para efetiva garantia do direito ao meio ambiente ecologicamente equilibrado, cabe ao poder público proteger a fauna e a flora, que não se formam isoladamente, mas da interação constante de matérias orgânicas e não-orgânicas. Toda comunidade de seres vivos interage com o meio circundante, com o qual estabelece intercâmbio recíproco. Da interação entre biocenose (elementos vivos) e biótopo (elementos não-vivos) forma-se o ecossistema, que, na CF, é protegido de forma macro e micro. A respeito da proteção macro dos ecossistemas, no que concerne a florestas e unidades de conservação, julgue os próximos itens.

1 Lei complementar ou ordinária não tem o poder de retirar da floresta amazônica brasileira a condição de bioma relevante para o patrimônio nacional.

2 A proteção constitucional da mata atlântica impede que haja propriedade privada nas áreas abrangidas por esse macroecossistema.

3 As áreas de reservas indígenas situadas nos biomas constitucionalmente protegidos estão sujeitas à atividade fiscalizatória ambiental da União.

4 A implantação de usina nuclear em unidade de conservação estadual depende de autorização específica em lei estadual.

A preservação das florestas é uma das questões fundamentais para a sobrevivência da humanidade e de todas as formas de vida. As relações entre a necessidade de desenvolvimento econômico e a destruição das áreas florestais é bastante evidente; igualmente evidentes são as relações entre a destruição das florestas e a pobreza. Tanto é assim que o Banco Mundial aponta que a área ocupada por florestas nos países em desenvolvimento foi reduzida à metade em aproximadamente um século.

Paulo de Bessa Antunes. **Direito ambiental**. Rio de Janeiro: Lúmen Júris, 6.ª ed. (rev. e atual.), 2002.

31. **(ADVOGADO DA UNIÃO – AGU – 2006 – CESPE)** A matéria florestal, no Brasil, está contemplada na Lei n.º 4.771/1965. Com relação a esse assunto, julgue os itens que se seguem.

1. O Código Florestal não está voltado apenas para a proteção das florestas. Ele também contempla a proteção das demais formas de vegetação reconhecidas de utilidade para as terras que revestem.
2. As florestas públicas são consideradas bens de interesse dominial do Estado.
3. O regime jurídico da propriedade florestal é puramente civil, pois as matas particulares não estão sujeitas a ingerências administrativas.

32. **(ADVOGADO DA UNIÃO – AGU – 2004 – CESPE)** Julgue os itens a seguir, que versam sobre o direito internacional ambiental.

1 Entre os danos ambientais transfronteiriços, apenas aqueles causados por atividades de risco proibidas pelo direito internacional geram para as vítimas direito de reparação dos prejuízos.

2 O regime jurídico preponderante no sistema internacional de responsabilidade por danos ambientais, previsto nas principais convenções internacionais relativas ao tema, é o da responsabilidade objetiva.

3 Atualmente, entende-se o dano ambiental transfronteiriço como sendo aquele que tem sua origem no território de um Estado e que projeta seus efeitos negativos no território de um Estado vizinho, sem alcançar, contudo, as áreas de domínio comum internacional.

4 O ataque lançado intencionalmente, que sabidamente causará prejuízos extensos, duradouros e graves ao meio ambiente e que se revele claramente excessivo em relação à vantagem militar global concreta e direta que se previa, é considerado crime de guerra segundo o Estatuto de Roma.

33. **(PROCURADOR FEDERAL – AGU – 2007 – CESPE)** Consideradas em conjunto, as florestas existentes no território nacional constituem bem de interesse comum a todos os habitantes do país.

Nesse aspecto, os órgãos integrantes do Sistema Nacional do Meio Ambiente (SISNAMA) devem disponibilizar na Internet as informações sobre a gestão florestal no Brasil, conforme prevê a Resolução n.º 379 do Conselho Nacional do Meio Ambiente (CONAMA). Com relação à proteção florestal, julgue os itens que se seguem com base na legislação vigente.

1 Considere a seguinte situação hipotética. Pedro é proprietário de terra com floresta nativa sujeita a reserva legal de 20% da propriedade. Atualmente, 40% da área dessa propriedade é coberta de floresta. Desses 40%, metade situa-se a menos de 5 metros de nascentes. Nessa situação, se Pedro desmatar 20% da floresta para ampliar a sua casa, estará respeitando a reserva legal existente.

2 Reserva legal e área de preservação permanente são institutos jurídicos ambientais vinculados à proteção florestal, ambos previstos no Código Florestal em vigor.

3 Ao adquirir imóvel que contenha reserva legal averbada no registro imobiliário, o novo proprietário desse imóvel pode diminuir essa reserva legal em até 50%.

4 Considere que Carlos, proprietário de fazenda com inúmeras cabeças de gado na região amazônica, amplie a área de pasto dessa fazenda por meio de queima controlada, conforme previsto no Decreto n.o 2.661/1998, e, após realizada a queima, comunique o fato ao órgão do SISNAMA. Nessa situação, a atuação de Carlos estará de acordo com a previsão do emprego de fogo em práticas agropastoris.

5 É ilícita a conduta de proprietário de hotel situado à beira do lago Paranoá, em Brasília, que, desejando utilizar de forma mais eficiente a área próxima a esse lago artificial, promova o desmatamento da vegetação da área situada a até 10 metros do curso de água, para a construção de piscina, independentemente de prévia licença do órgão ambiental responsável.

34. **(PROCURADOR FEDERAL - AGU - 2007 - CESPE)** A CF garante o direito de todos a um meio ambiente ecologicamente equilibrado e essencial à sadia qualidade da vida, conceituando-o como "bem de uso comum do povo" a ser defendido pelo poder público federal, estadual e municipal. Nesse aspecto, considera-se o bem ambiental um valor a ser protegido, também, na esfera criminal. A respeito das disposições acerca desse tema, tratado na CF e na Lei n.o 9.605/1998, julgue os próximos itens.

1 Se Vítor, funcionário federal de ente de fiscalização ambiental pertencente ao SISNAMA, sonegar dados técnicos em procedimento de licenciamento ambiental, será processado em vara criminal da justiça estadual, podendo ser condenado a pena de reclusão de um a três anos.

2 Em caso de desmatamento criminoso em unidade de conservação no DF, administrada pela União, o autor do crime será processado e julgado pela justiça do DF.

3 Crime de pesca realizado em rio interestadual deve ser julgado no juízo federal competente, ao passo que crime de pesca realizado em rio estadual deve ser objeto de denúncia de membro do Ministério Público estadual respectivo.

4 Considere que Antônio tenha extraído de floresta de domínio público estadual, sem prévia autorização, pedra e areia para a construção de sua casa. Nessa situação, Antônio será processado no juizado especial da justiça estadual e poderá ser condenado a pena de detenção de seis meses a um ano.

35. **(PROCURADOR FEDERAL - AGU - 2007 - CESPE)** Há inúmeros princípios ambientais que orientam a otimização das regras de proteção do meio ambiente. Esses princípios constam na Política Nacional do Meio Ambiente, na CF e em documentos internacionais de proteção do meio ambiente, como Conferência de Estocolmo de 1972, Nosso Futuro Comum (Relatório Brundtland) e Declaração do Rio sobre Meio Ambiente e Desenvolvimento, de 1992 (ECO-92). Considerando o texto acima, julgue os itens subseqüentes, acerca dos princípios ambientais e de sua adoção em regras procedimentais de proteção do meio ambiente.

1 O princípio do poluidor-pagador, dispositivo internacional da proteção do meio ambiente, ainda não foi incorporado à legislação infraconstitucional brasileira.

2 Na ECO-92, o princípio da precaução consta como princípio 15. De modo a proteger o meio ambiente, esse princípio deve ser amplamente observado pelos Estados, de acordo com as suas necessidades. Quando houver ameaça de danos sérios ou irreversíveis, a ausência de absoluta certeza científica não deve ser utilizada como razão para postergar medidas eficazes e economicamente viáveis para se prevenir a degradação ambiental.

3 Não há relação entre o princípio da precaução e as regras previstas no estudo de impacto ambiental (EIA/RIMA).

4 O estudo de impacto ambiental (EIA) e o seu relatório (RIMA) são documentos técnicos de caráter sigiloso, de forma a impedir danos às empresas concorrentes da obra pública em estudo.

5 O princípio da ampla informação, existente no direito do consumidor, também influi na proteção nacional e internacional do meio ambiente.

6 O princípio da participação da população na proteção do meio ambiente está previsto na Constituição Federal e na ECO-92.

13. Direito Econômico

1. **(ADVOGADO – ANCINE – 2005 – CESPE)** Julgue os itens a seguir, acerca do direito econômico.

1. A soberania nacional, a livre concorrência, a dignidade da pessoa humana e a defesa do consumidor são princípios da ordem econômica.
2. Suponha que determinada pessoa jurídica tenha praticado atos contrários à ordem econômica e que, em razão disso, tenha sido penalizada administrativa e criminalmente. Nessa situação, os dirigentes da referida pessoa jurídica não poderão ser responsabilizados individualmente, sob pena de dupla punição pelos mesmos atos ilícitos.
3. Pessoa jurídica estrangeira constituída sob as leis de seu país não poderá explorar a lavra de recursos minerais em solo brasileiro, mesmo que possua sede e administração no Brasil.
4. A União poderá atribuir a pessoa jurídica de direito privado a atividade de refinação de petróleo nacional, desde que haja prévia disciplina em contrato administrativo de concessão de serviço público.
5. Visando incentivar as microempresas e as empresas de pequeno porte, o Estado lhes dispensará tratamento jurídico diferenciado e privilegiado, podendo reduzir ou eliminar suas obrigações tributárias.
6. A ordem econômica atual obedece aos princípios do Estado liberal, como a liberdade de iniciativa e de concorrência.
7. Objetivando manter a livre concorrência, o Estado intervém no domínio econômico por intermédio de atos administrativos perpetrados pelo Conselho Administrativo de Defesa Econômica (CADE).

2. **(ADVOGADO – ANP – 2008 – CESGRANRIO)** São instrumentos de intervenção estatal no domínio econômico:

(A) criação de incentivos fiscais, controle de preços e repressão ao abuso de poder econômico.
(B) criação de subsídios, livre estipulação de preços e repressão ao abuso de poder econômico.
(C) repressão ao abuso de poder econômico, monopólio e livre estipulação de preços.
(D) cobrança de impostos, criação de incentivos fiscais e controle de abastecimento.
(E) controle de preços, monopólio e cobrança de impostos.

3. **(ADVOGADO – ANP – 2008 – CESGRANRIO)** Nos termos da Lei no 8.884/94, são aspectos a serem considerados pelo Plenário do Conselho Administrativo de Defesa Econômica – CADE, ao aplicar penalidades relacionadas à prática de infração contra a ordem econômica:

(A) boa-fé do infrator, consumação ou não da infração e vantagem auferida pelo infrator.
(B) consumação ou não da infração, ramo de atividade do infrator e efeitos econômicos negativos produzidos no mercado.
(C) nacionalidade do infrator, situação econômica do infrator e vantagem auferida pelo infrator.
(D) reincidência, consumação ou não da infração e ramo de atividade do infrator.
(E) situação econômica do infrator, gravidade da infração e nacionalidade do infrator.

4. **(ADVOGADO – ANP – 2008 – CESGRANRIO)** A Lei no 8.884/94 determina que atos que possam limitar a livre concorrência ou resultar na dominação de mercados relevantes de bens ou serviços (atos de concentração) devem ser submetidos à aprovação do CADE. Acerca dos procedimentos de submissão dos atos de concentração à aprovação do Plenário do CADE, foram feitas as afirmativas a seguir.

I. Devem ser submetidos à aprovação do CADE os atos que acarretem qualquer forma de concentração econômica que implique participação de empresa em 20% ou mais de determinado mercado relevante.

II. Se o ato de concentração não houver sido celebrado sob condição suspensiva, o Plenário do CADE, ao concluir pela sua não-aprovação, aplicará multa às partes contratantes.

III. Os atos de concentração devem ser apresentados ao CADE previamente ou no prazo máximo de 30 (trinta) dias contados da data de sua celebração.

IV. A eficácia dos atos de concentração está sujeita a sua aprovação pelo Plenário do CADE.

Estão corretas as afirmativas

(A) I e II, apenas.
(B) I e IV, apenas.
(C) II e IV, apenas.
(D) I, II e IV, apenas.
(E) I, II, III e IV.

5. **(ADVOGADO – ANP – 2008 – CESGRANRIO)** Acerca dos procedimentos de julgamento de processo administrativo relativo à infração contra a ordem econômica pelo CADE, analise as afirmativas a seguir.

I. O Conselheiro-Relator, quando entender que os elementos existentes nos autos são insuficientes para a formação de sua convicção, poderá determinar a realização de diligências.

II. A decisão do CADE que reconhecer a prática de infração à ordem econômica indicará as providências a serem tomadas para a cessação de sua prática e estipulará multa diária para o caso de continuidade.

III. As decisões do CADE serão tomadas em sessões de julgamento, mediante voto convergente da maioria dos conselheiros presentes à sessão, observado o quórum mínimo de instalação de 3 membros do Conselho.

IV. As decisões do CADE não comportam revisão no âmbito do Poder Executivo, promovendo-se, de imediato, sua execução e comunicando-se, em seguida, ao Ministério Público, para a adoção das demais medidas legais cabíveis.

Estão corretas as afirmativas

(A) I e II, apenas.
(B) I e IV, apenas.
(C) II e IV, apenas.
(D) I, II e IV, apenas.
(E) I, II, III e IV.

6. **(ADVOGADO – ANP – 2008 – CESGRANRIO)** Tratando-se de processo de execução judicial de decisão proferida pelo CADE, considere as afirmativas a seguir.

I. A execução das decisões do CADE será promovida obrigatoriamente na Justiça Federal do Distrito Federal.

II. A decisão do Plenário do CADE, cominando multa ou impondo obrigação de fazer ou não fazer, constitui título executivo extrajudicial.

III. A execução de decisão do Plenário do CADE será feita por todos os meios, inclusive mediante intervenção na empresa, quando necessária.

IV. O processo de execução das decisões do Cade terá preferência sobre as demais espécies de ação, exceto *habeas corpus* e mandado de segurança.

V. A execução de decisão do Plenário do CADE que tenha por objeto exclusivamente a cobrança de multa pecuniária será feita de acordo com as regras aplicáveis para execução judicial de débitos inscritos na Dívida Ativa da União

Estão corretas **APENAS** as afirmativas

(A) I e II
(B) I e V
(C) III e IV
(D) I, II, III e IV
(E) II, III, IV e V

7. **(ADVOGADO – ANP – 2008 – CESGRANRIO)** Analise as afirmativas abaixo, acerca da exploração direta de atividade econômica pelo Estado.

I. O estatuto de sociedade de economia mista que explore atividade econômica deverá dispor sobre o funcionamento dos conselhos de administração e fiscal, inclusive quanto à participação de acionistas minoritários.

II. A empresa pública que explora atividade econômica se sujeita, quanto aos direitos e obrigações civis, ao regime aplicável ao setor privado.

III. As empresas públicas e as sociedades de economia mista não gozam dos privilégios fiscais não extensivos às empresas do setor privado.

IV. A sociedade de economia mista que explora atividade econômica se sujeita, quanto às obrigações tributárias, ao regime das empresas privadas.

V. As sociedades de economia mista que exploram atividade econômica não estão obrigadas a realizar licitação para contratação de obras e serviços.

Estão corretas **APENAS** as afirmativas

(A) I e II
(B) I e V
(C) III e IV
(D) I, II, III e IV
(E) II, III, IV e V

8. **(ADVOGADO – ANVISA – 2004 – CESPE)** Julgue os itens que se seguem, tendo como referência inicial a Lei n.º 8.884/1994.

1 O CADE possui competência para firmar contratos e convênios com órgãos ou entidades nacionais e submeter tais instrumentos, previamente, ao ministro de Estado da Justiça.

2 À Secretaria de Direito Econômico (SDE) do Ministério da Justiça compete acompanhar, permanentemente, as atividades e práticas comerciais de pessoas físicas e jurídicas que detiverem posição dominante no mercado relevante de bens e serviços, para prevenir infrações

da ordem econômica. Para tanto, a SDE pode requisitar informações e documentos pertinentes, sem a necessidade de manutenção de sigilo, em qualquer caso, em face do interesse público na questão.

3 Considere a seguinte situação hipotética. Certa empresa privada, atuante no mercado de agrotóxicos como fornecedora de serviços, falseou informações acerca de determinado produto, com o objetivo de impedir a livre concorrência e poder abastecer o mercado no Nordeste. Para tanto, utilizou formas enganosas para divulgação publicitária nos meios de comunicação de massa de casos de experimentos com grãos geneticamente modificados, omitindo informação acerca de um gene alienígena específico que ativa o grão. Nessa situação, tal fato implica a responsabilidade solidária da empresa e de seus dirigentes.

4. Considere a seguinte situação hipotética. O plenário do CADE, zelando pela observância da Lei n.º 8.884/1994, requisitou diligências no sentido de obter dados pessoais acerca dos dirigentes de determinada empresa prestadora de serviço social,incluindo dados das comunicações telefônicas, além de verificar documentos necessários ao julgamento de procedimento administrativo, para decidir acerca da existência de infração à ordem econômica e aplicar as penalidades previstas em lei. O advogado dos representantes da empresa, alegando abuso de autoridade na condução das atividades, impetrou mandado de segurança, sob o argumento de que a situação se encontrava distante do conteúdo das normas constitucionais, pois, durante o procedimento de fiscalização, haviam sido prestadas todas as informações solicitadas. Nessa situação, o advogado terá agido corretamente se tiver alegado que seus clientes deveriam ter respeitado seu direito de abster-se de prestar quaisquer informações ilícitas ao CADE.

9. **(ADVOGADO – ANVISA – 2004 – CESPE)** Com a abertura do país à economia internacional, o cuidado no cumprimento da regra-matriz e constitucional deve ser redobrado, uma vez que muitos produtos importados têm menor incidência tributária que aqueles fabricados no Brasil e, portanto, têm custo menor, o que se reflete diretamente no preço final ao consumidor e pode provocar a quebra da indústria nacional e, em conseqüência, o desemprego. Tendo o assunto abordado no texto acima como referência inicial, julgue os seguintes itens.

1 A personalidade jurídica do responsável por infração da ordem econômica não poderá ser desconsiderada quando houver, por parte deste, abuso de direito, excesso de poder, infração da lei, fato ou ato ilícito ou violação dos estatutos ou do contrato social. A desconsideração só será efetivada quando houver falência, estado de insolvência, encerramento ou inatividade da pessoa jurídica provocada por má administração.

2 Considere que determinada empresa do Paraná tenha aumentado injustificadamente o preço da produção e do desenvolvimento tecnológico de certo bem agrícola, referente a 30% do mercado de bem relevante, o que resultou na majoração dos serviços naquele estado. Nessa situação, é correta a condenação dessa empresa ao pagamento de multa de 30% do valor do faturamento bruto no seu último exercício, excluídos os impostos.

10. **(ADVOGADO DA UNIÃO – AGU – 2006 – CESPE)** No que se refere às normas constitucionais de direito econômico, julgue os itens que se seguem.

1. Um dos instrumentos de política econômica constitucionalmente previstos é a imunidade tributária que ocorre, por exemplo, com a previsão constitucional de não-incidência de impostos federais, estaduais e municipais sobre as operações de transferência de imóveis desapropriados para fins de reforma agrária.

11. **(ADVOGADO DA UNIÃO – AGU – 2004 – CESPE)** Acerca da ordem econômica estabelecida na Constituição Federal, julgue os itens que se seguem.

1 Um fazendeiro poderá pesquisar a presença de minerais no subsolo de sua fazenda sem necessitar de qualquer tipo de autorização. No entanto, para lavrar os minerais encontrados, terá de receber autorização ou concessão do Estado.

2 Considere que, em determinada fazenda, corra um riacho de pequeno volume de água e o proprietário do imóvel deseje aproveitar esse reduzido potencial hidrelétrico para instalar uma usina geradora de energia elétrica. Nessa situação, o proprietário deverá obter autorização da União para usar licitamente o referido potencial.

3 De acordo com o texto constitucional, o planejamento do setor público é determinante, o que significa que o Estado deve subordinar-se ao seu próprio planejamento.

4 Segundo a Constituição Federal, os garimpeiros que estiverem lavrando jazidas de minerais garimpáveis terão do Estado tratamento favorecido para se organizarem em cooperativas e estas terão prioridade de autorização para a lavra nas respectivas áreas.

12. **(ADVOGADO DA UNIÃO – AGU – 2004 – CESPE)** A respeito do CADE e de suas atribuições, julgue os itens que se seguem.

1 No âmbito da lei antitruste, é dispensável que um sujeito de direito tenha personalidade jurídica.

2 Ao plenário do CADE cabe decidir, em grau de recurso, os processos oriundos da Secretaria de Direito Econômico do Ministério da Justiça e os da Secretaria de Defesa Econômica do Ministério da Fazenda.

3 Responsabilizada uma empresa por descumprimento das normas de direito econômico, seus administradores tornam-se individual e solidariamente responsáveis.

13. **(PROCURADOR FEDERAL - AGU - 2007 - CESPE)** Com base no direito econômico, seus princípios e normas, julgue os itens a seguir.

1 Se determinada pessoa jurídica praticar ato que seja potencialmente eficaz para produzir efeito prejudicial à concorrência ou à livre iniciativa, ainda que este efeito não seja alcançado efetivamente, essa pessoa estará incorrendo em infração à ordem econômica.

2 Considere-se que um estado da Federação tenha concedido isenção de imposto sobre operações relativas à circulação de mercadorias e sobre prestações de serviços de transporte interestadual e intermunicipal e de comunicação (ICMS) a determinada empresa pública, a qual vigorará durante os 5 primeiros anos de sua constituição, com o objetivo de fomentar seu desenvolvimento. Nessa situação, em consonância com o direito constitucional econômico, a concessão do referido privilégio fiscal, não extensivo ao setor privado, somente é legítima devido ao relevante interesse público.

3 Considere que o presidente da República outorgue, por intermédio de decreto, à pessoa jurídica Shevchenko do Brasil, com sede em Moscou, Rússia, concessão para pesquisa e lavra de jazida de carvão mineral em determinada região brasileira. Nessa situação, segundo a ordenação normativa vigente, o ato de concessão será considerado constitucional se, em virtude do interesse nacional, a outorga tiver sido realizada com base no grau de especialização da referida pessoa jurídica.

4 A construção de pequena represa em propriedade rural, para o aproveitamento do potencial de energia hídrica, a fim de suprir a demanda de energia elétrica da casa dos proprietários, independe de autorização ou concessão.

5 O produto da arrecadação da contribuição de intervenção no domínio econômico relativa às atividades de importação e comercialização de petróleo e seus derivados será destinado, entre outros fins, ao financiamento de programa de infra-estrutura de transportes.

6 O ato de restituição do ICMS sobre a exportação de produtos industrializados é considerado modalidade de intervenção direta do Estado no domínio econômico.

14. **(PROCURADOR FEDERAL - AGU - 2002 - CESPE)** Julgue os itens que se seguem, considerando aspectos de direito econômico.

(1) O princípio da liberdade de iniciativa assegura o livre exercício de atividades econômicas e reserva uma parcela mínima de poder ao Estado para regular as políticas econômicas das empresas privadas voltadas para seu crescimento externo.

(2) A Constituição de 1988, impregnada pelas idéias neoliberais, não admite ajudas do Estado ao setor privado, alinhando-se, assim, às diretrizes da Organização Mundial do Comércio.

(3) O planejamento econômico busca coordenar racionalmente as medidas de política econômica, indicando para o Estado e para a iniciativa privada o direcionamento que devem seguir na consecução de seus objetivos.

(4) As políticas de incentivo fiscal, que importam a aplicação do valor de um tributo devido em uma atividade econômica qualquer, têm natureza de política econômica, destinada ao desenvolvimento de determinado setor.

(5) Em razão do princípio da função social da propriedade, consagrado na Constituição da República, a propriedade produtiva só será suscetível de desapropriação quando desobedecidas disposições que regulam as relações de trabalho.

15. **(PROCURADOR FEDERAL - AGU - 2002 - CESPE)** Ainda com respeito a aspectos de direito econômico, julgue os itens a seguir.

(1) A ordem jurídico-econômica engloba um conjunto de normas que visam à organização da atividade econômica no ambiente social.

(2) A ordem econômica juridicizada tem como objetivo a cooperação entre os indivíduos e a promoção de ambiente econômico que permita relações estáveis e minimize os conflitos, competindo ao Estado desempenhar um papel minimalista em termos de regulação.

(3) A ordem econômica constitucional é estruturada sobre fundamentos e princípios que traduzem diferentes posturas ideológicas, porém coerentes, que acabam por fixar a ideologia constitucional.

(4) São objetivos da Carta das Nações Unidas de Direitos e Deveres Econômicos dos Estados: promover o estabelecimento da nova ordem econômica internacional, com base na eqüidade, na soberania, na igualdade, na interdependência, no interesse comum e na cooperação entre todos os Estados que adotem o sistema econômico da economia de mercado, e contribuir para a eliminação dos principais obstáculos ao livre comércio entre as nações, entre outros.

(5) O MERCOSUL, com personalidade jurídica de direito internacional, tem como órgão superior o Conselho do Mercado Comum, que se manifesta mediante decisões tomadas por consenso e com a presença de, pelo menos, dois terços dos Estados-partes.

16. **(PROCURADOR FEDERAL - AGU - 2002 - CESPE)** Com base na Lei n.º 8.884/1994, que dispõe sobre a defesa da concorrência, julgue os itens subseqüentes.

(1) Essa lei, em sua vertente preventiva, estabeleceu o controle prévio dos atos de concentração econômica. Desta feita, as transações efetuadas pelas empresas que resultem em uma participação de 20% de um mercado relevante, ou em que qualquer dos participantes tenha registrado um faturamento bruto anual no último balanço equivalente a R$ 400 milhões de reais, não podem ser realizadas sem a aprovação prévia do Conselho Administrativo de Defesa Econômica (CADE).
(2) Ao avaliar se o ato de concentração preenche os requisitos legais para ser aprovado, o CADE poderá impor compromissos de desempenho e determinar que o ato de concentração seja desfeito, se entender que o mesmo não preenche os requisitos legais, e impor multas se os atos não lhe forem submetidos no prazo legal.
(3) Sabe-se que há setores industriais que, por sua própria natureza, são mais concentrados, não sendo encontrados em alguns segmentos mais do que três ou quatro concorrentes, como é o caso, por exemplo, dos setores siderúrgico, petroquímico, farmacêutico e de transportes aéreos nacionais. Para tais setores, o CADE poderia alterar o percentual que caracteriza a posição dominante presumida.
(4) Subordinar a venda de um bem à aquisição de outro é uma conduta que restringe a concorrência entre as empresas que atuam em um mesmo mercado. No entanto, a repressão ou não a essa prática nos diversos países vai depender do tratamento que lhe for dado por lei. No Brasil, a venda casada não é ilegal per se, devendo ser examinada à luz da regra da razão.
(5) O compromisso de cessação é um instrumento de composição de conflitos de natureza concorrencial que a lei permite que seja adotado pela Secretaria de Direito Econômico (SDE) e pelo CADE, para restaurar a livre concorrência no mercado. Sua celebração não importa confissão, e a decisão final acerca de sua celebração é do CADE, que suspenderá o processo administrativo enquanto estiver sendo cumprido o compromisso.

17. **(PROCURADOR DA FAZENDA NACIONAL – 2007.2 – ESAF)** Sobre o Sistema Financeiro Nacional, é correto afirmar:

a) o sistema financeiro nacional será regulado por leis complementares que disporão, inclusive, sobre a participação do capital estrangeiro nas instituições que o integram.
b) compete ao Conselho Monetário Nacional julgar recursos contra decisões do Banco Central do Brasil, relativas à aplicação de penalidades por infrações à legislação cambial, de capitais estrangeiros e de crédito rural e industrial.
c) as infrações aos dispositivos da Lei n. 4.595, de 1964, sujeitam as instituições financeiras, seus diretores, membros de conselhos administrativos, fiscais e semelhantes, mas não os gerentes, às penalidades nela estabelecidas.
d) o Conselho Monetário Nacional é integrado pelo Ministro da Fazenda, pelo Presidente do Banco do Brasil S.A., pelo Presidente do Banco Nacional de Desenvolvimento Econômico e por 7 (sete) membros nomeados pelo Presidente da República, após aprovação do Senado Federal.
e) a Comissão de Valores Mobiliários, no âmbito da sua competência específica, não integra o sistema financeiro nacional.

18. **(PROCURADOR DA FAZENDA NACIONAL – 2007.2 – ESAF)** Sobre o Mercado Comum do Sul (MERCOSUL), pode-se afirmar que:

a) apesar de constituir um mercado comum, seus tratados constitutivos determinam, como seu objetivo último, a conformação de uma união econômica e monetária.
b) seu sucesso político pode ser comprovado pelas recentes adesões do Chile e da Venezuela.
c) foi criado em 1991, pelo Tratado de Assunção. Apesar de reestruturado em 1994 pelo Tratado de Ouro Preto, constitui ainda uma união aduaneira.
d) o Protocolo de Olivos estipula os critérios para a harmonização tributária entre seus Estados Membros, inclusive com a harmonização de tributos entre os entes federativos.
e) em razão de dispositivo das constituições dos Estados Membros, os tratados do Mercosul têm força de emenda constitucional e aplicabilidade imediata após ratificação.

19. **(PROCURADOR DA FAZENDA NACIONAL – 2007.2 – ESAF)** São princípios da ordem econômica na Constituição Federal de 1988:

a) a defesa do meio ambiente e a busca do pleno emprego.
b) a defesa do consumidor e o tratamento favorecido às empresas de capital nacional.
c) a função social da propriedade e a aposentadoria integral para os servidores públicos.
d) a livre concorrência e a proteção da propriedade comunitária.
e) a redução das desigualdades regionais e a intervenção do Estado nas atividades de transporte.

20. **(PROCURADOR DA FAZENDA NACIONAL – 2007.2 – ESAF)** Sobre a ordem econômica internacional, pode-se afirmar que:

a) a Organização para a Cooperação e Desenvolvimento Econômico (OCDE), à qual aderiu o Brasil, sucedeu ao Acordo Geral sobre Tarifas e Comércio (GATT).
b) entre os acordos da OMC, destacam-se o Acordo sobre Comércio de Serviços (GATS) e o Acordo

sobre Direitos da Propriedade Intelectual relacionados ao Comércio (TRIPS).

c) o Brasil retirou-se da Associação Latino-Americana de Integração (ALADI), a fim de poder aderir à OCDE, uma vez que havia incompatibilidade entre os dois tratados constitutivos.
d) a intervenção no domínio econômico, por parte da União, pressupõe autorização expressa do Comitê de Subsídios da OMC.
e) caso ocorra algum litígio envolvendo desobediência a tratados comerciais entre Argentina e Brasil, qualquer desses países pode recorrer ao sistema de solução de controvérsias do Mercosul, podendo em seguida apelar desta decisão à Organização Mundial do Comércio (OMC).

21. (PROCURADOR DA FAZENDA NACIONAL – 2007.2 – ESAF) De acordo com a Lei n. 8.884/94, constituem infração da ordem econômica, exceto:

a) limitar, falsear ou de qualquer forma prejudicar a livre concorrência ou a livre iniciativa.
b) exercer de forma abusiva posição dominante.
c) aumentar arbitrariamente os lucros.
d) estipular preços em estrutura de monopólio natural.
e) dominar mercado relevante de bens ou serviços.

22. (PROCURADOR DA FAZENDA NACIONAL – 2007.2 – ESAF) Sobre o âmbito da aplicação da Lei n. 8.884/94, pode-se afirmar que:

a) a Lei n. 8.884 se sobrepõe expressamente a tratados que regulamentem infrações contra a ordem econômica no âmbito do Mercosul.
b) a Lei n. 8.884 é aplicável exclusivamente à formação de cartéis no território brasileiro, compreendendo este também o mar territorial.
c) a punição de infrações contra a ordem econômica que transcendam o território nacional está regulamentada por tratados multilaterais.
d) a repressão às infrações contra a ordem econômica deve ser iniciada exclusivamente pelo Ministério Público Estadual, de acordo com a Lei n. . .
e) a Lei n. 8.884 pode ser aplicável também às práticas cometidas no exterior que produzam efeitos no território brasileiro.

23. (PROCURADOR DA FAZENDA NACIONAL – 2007.1 – ESAF) Sobre as medidas de defesa comercial, conforme as normas de direito econômico internacional, é correto afirmar que:

a) os Membros da Organização Mundial do Comércio (OMC) podem, uma vez verificadas as condições jurídicas e econômicas, aplicar medidas antidumping, medidas compensatórias ou medidas de salvaguardas.
b) as medidas antidumping são aplicáveis, pelo país importador, quando o bem importado recebe subsídios concedidos pelo país exportador.
c) as medidas de salvaguardas são aplicáveis somente em áreas de integração regional, a exemplo do MERCOSUL.
d) as medidas compensatórias são aplicadas, no Brasil, pelo Banco Central, quando se verifica grande disparidade cambial entre o mercado de exportação e o câmbio praticado no Brasil.
e) as medidas antidumping são determinadas, no Brasil, pelo Conselho Administrativo de Defesa Econômica, uma vez que se verifique que o ato constitui infração da ordem econômica.

24. (PROCURADOR DA FAZENDA NACIONAL – 2007.1 – ESAF) O Mercado Comum do Sul (MERCOSUL) foi criado em 1991, pelo Tratado de Assunção. Sobre o sistema de solução de controvérsias do MERCOSUL é correto afirmar que:

a) o sistema de solução de controvérsias foi criado pelo Protocolo de Brasília, ainda em vigor e que já resolveu dezenas de litígios entre os Estados Partes do MERCOSUL.
b) o sistema de solução de controvérsias ganhou maior efetividade após o Protocolo de Ushuaia, que passou a permitir a reclamação direta das empresas perante os tribunais arbitrais.
c) apesar das críticas, o vigente Protocolo de Brasília mostra-se como uma norma suficiente, diante da inexistência de controvérsias resolvidas no âmbito do MERCOSUL.
d) uma das características marcantes do Protocolo de Olivos, que atualmente regulamenta a solução de controvérsias no MERCOSUL, é permitir o recurso das decisões arbitrais ao Tribunal Permanente de Revisão.
e) o Protocolo de Brasília foi revogado expressamente após a adesão, pelos Estados Partes do MERCOSUL, ao sistema de solução de controvérsias da Organização Mundial do Comércio.

25. (PROCURADOR DA FAZENDA NACIONAL – 2007.1 – ESAF) Constituem monopólio da União, exceto:

a) a pesquisa e a lavra das jazidas de petróleo e gás natural e outros hidrocarbonetos fluidos.
b) a refinação do petróleo nacional ou estrangeiro, que poderá ser contratada com empresas estatais ou privadas.
c) a navegação de cabotagem entre portos localizados no mar territorial brasileiro.
d) o transporte marítimo do petróleo bruto de origem nacional ou de derivados básicos de petróleo produzidos no País.
e) a pesquisa e o comércio de minérios e minerais nucleares e seus derivados.

26. (PROCURADOR DA FAZENDA NACIONAL – 2007.1 – ESAF) De acordo com a Lei n. 8.884/94, o Conselho Administrativo de Defesa Econômica é:

a) Agência autônoma e independente do Poder Executivo, com poder de fiscalização e sanção às infrações da ordem econômica.
b) Autarquia federal, com jurisdição em todo o território nacional, a quem cabe decidir sobre a existência de infração à ordem econômica.
c) Agência vinculada à Secretaria de Defesa do Consumidor do Ministério da Justiça, com poder conjunto de repressão às infrações da ordem econômica.
d) Departamento do Ministério do Desenvolvimento, Indústria e Comércio Exterior, com jurisdição específica sobre conduta desleal de empresas de capital nacional.
e) Conselho componente da Câmara de Comércio Exterior, com competência exclusiva sobre práticas desleais de comércio internacional.

27. **(PROCURADOR DA FAZENDA NACIONAL – 2007.1 – ESAF)** De acordo com a Lei n. 8.884/94, somente constituem infrações da ordem econômica os atos que:

a) sejam especificamente tipificados e limitem a livre concorrência, independentemente de culpa.
b) levem ao aumento arbitrário de lucros e ao abuso da posição dominante, desde que seja provado o dolo específico do agente.
c) prejudiquem a livre concorrência e aumentem arbitrariamente os lucros, desde que sejam especificamente tipificados.
d) levem ao abuso de poder dominante, uma vez comprovado que os atos dolosos que lhe deram causa tenham ocorrido no território nacional.
e) tenham por objeto exercer de forma abusiva posição dominante, independentemente de culpa.

14. DIREITO DO CONSUMIDOR

1. **(ADVOGADO – PETROBRÁS – 2008 – CESGRANRIO)** De acordo com o Código de Defesa do Consumidor,

(A) podem as partes em contrato de consumo pactuar cláusulas que atenuem a responsabilidade do fornecedor de indenizar em caso de vício de produto.

(B) em relação ao fato do produto, este passa a ser considerado defeituoso em razão de outro de melhor qualidade haver sido colocado no mercado.

(C) a inversão do ônus da prova descrita no art. 6o, VIII do CDC é *ope iudicis*, ou seja, por ordem do juiz, ao passo que a contida no art. 12 é *ope legis*, por força da lei.

(D) a garantia legal do produto depende de termo expresso.

(E) é de 10 (dez) anos o prazo prescricional da pretensão à reparação por danos causados por fato do produto.

2. **(ADVOGADO – ELETROBRÁS – 2006 – NCE/UFRJ)** Nos contratos celebrados entre empresas fornecedoras de energia elétrica e moradores de uma determinada cidade:

(A) não poderá haver responsabilização da fornecedora por danos causados em razão de corte do fornecimento de energia efetivado por equívoco de seu preposto;

(B) não se aplica o Código de Proteção e Defesa do Consumidor (Lei nº 8.078/90);

(C) o inadimplemento de quaisquer das partes somente pode ser levado ao Judiciário depois de esgotados os recursos administrativos;

(D) nunca poderá haver corte do fornecimento de energia;

(E) o inadimplemento do consumidor pode ensejar a interrupção do fornecimento de energia, desde que haja comunicação prévia, por força do princípio da igualdade das partes.

3. **(CERT. JUR. – BANCO DO BRASIL – 2009 – CESPE)** Assinale a opção correta a respeito da aplicação do CDC às instituições financeiras.

(A) Os tribunais superiores se posicionaram pela não aplicação do CDC às atividades bancárias, já que existe norma específica, o código de defesa do consumidor bancário, editada pelo CMN, tratando do tema.

(B) O extravio de nota promissória nas dependências da agência bancária incumbida da cobrança do título, por negligência do banco, justifica a exigência, por parte do credor, da indenização por vício causado por defeito relativo ao serviço prestado pela instituição financeira.

(C) Os bancos podem condicionar a abertura de conta corrente à contratação de outro produto ou serviço bancário, como cartão de crédito ou seguro de vida.

(D) Aos bancos é permitido enviar ou a entregar ao cliente bancário produto não solicitado por ele, como, por exemplo, cartão de crédito.

(E) Os bancos são obrigados a incluir no cadastro de emitentes de cheques sem fundos os correntistas que tiverem seus cheques devolvidos em função da ausência de fundos, após a segunda apresentação do cheque, não sendo necessário comunicar o cliente de tal inclusão.

4. **(CERT. JUR. – BANCO DO BRASIL – 2009 – CESPE)** Acerca das normas relativas a proteção contratual dos consumidores previstas no CDC e da sua aplicação no âmbito das relações e das práticas bancárias, assinale a opção correta.

(A) É considerada prática válida e prudencial a exigência pelo banco de mandato para a assunção, em nome do cliente, de obrigação cambial constante de título de crédito vinculado a contrato de abertura de crédito (cheque especial) para posterior execução.

(B) De acordo com o princípio do pacta sunt servanda, é proibido ao consumidor, liquidar antecipadamente operação de financiamento para aquisição de produtos.

(C) Como espécie de garantia para a concessão de empréstimos aos seus clientes, as instituições financeiras podem exigir a entrega de procuração para emissão de títulos de crédito em nome do devedor.

(D) O CDC não estabelece limite para a pactuação de multa em razão de inadimplemento de contrato de financiamento para a aquisição de bens ou serviços nos contratos praticados pelas instituições bancárias.

(E) De acordo com a atual jurisprudência do STJ, considera-se válida cláusula contratual que expressamente preveja, em operações bancárias de abertura de crédito a serem realizadas por instituições bancárias com seus clientes, a capitalização de juros em periodicidade mensal.

5. **(CERT. JUR. – BANCO DO BRASIL – 2009 – CESPE)** A respeito da publicidade dos produtos de uma instituição financeira, mediante a veiculação de anúncios e ofertas, assinale a opção correta.

(A) A instituição financeira não poderá se recusar ao cumprimento da oferta, mesmo que a sua divulgação ocorra em virtude de erro, podendo o consumidor, nessa hipótese, exigir o cumprimento forçado da obrigação nos termos da oferta.
(B) É possível debitar ao consumidor o custo da chamada telefônica utilizada para a divulgação de ofertas de produtos e serviços.
(C) A oferta e a apresentação de produtos ou de serviços podem ser veiculadas em língua inglesa.
(D) Considera-se propaganda enganosa somente os informes publicitários que veiculam informações integralmente falsas.
(E) O ônus da prova da veracidade e da correção da comunicação publicitária cabe ao consumidor.

6. **(PROCURADOR – BANCO CENTRAL – 2009 – CESPE)** Com base nas regras atinentes à proteção contratual do consumidor, assinale a opção correta.

(A) Em contratos de consumo, a revisão da cláusula-preço poderá ocorrer tanto em contrato de execução imediata quanto no de execução continuada.
(B) Embora não se exija fato superveniente imprevisível para a revisão do contrato, tal fato haverá de ser extraordinário.
(C) Em termos de nulidade, o CDC) utilizou o sistema fechado das cláusulas abusivas.
(D) Mesmo que o consumidor seja pessoa jurídica, não poderá ser considerada válida cláusula que estabeleça limitação da indenização.
(E) Quando o fornecedor for instituição financeira, ao contrato não serão aplicadas as regras do CDC.

7. **(ADVOGADO – ANCINE – 2005 – CESPE)** A respeito das disposições do Código de Defesa do Consumidor, julgue os seguintes itens.

1. Se, no curso de determinado processo judicial, o juiz verificar, da narrativa dos fatos, que ocorreu violação aos direitos do consumidor, poderá apreciar a questão de ofício, sendo prescindível o requerimento da parte interessada, nesse sentido.
2. Considere que Limpa Tudo Serviços Gerais Ltda., pessoa jurídica atuante no ramo de prestação de serviços de limpeza e conservação, adquiriu luvas de borracha para uso de seus empregados. Nessa situação, nos termos da legislação vigente, a referida pessoa jurídica será considerada consumidora de bens de consumo.
3. Considere que, no curso de det erminada locação predial urbana, as prestações tenham se tornado excessivamente onerosas para o locatário. Nessa situação, este poderá requerer judicialmente a revisão das cláusulas contratuais, com fulcro nas disposições insertas no código de defesa do consumidor.

8. **(ADVOGADO – ANP – 2008 – CESGRANRIO) NÃO** corresponde a um instrumento com que conta o poder público para a execução da Política Nacional das Relações de Consumo:

(A) manutenção de assistência jurídica, integral e gratuita para o consumidor carente.
(B) manutenção obrigatória pelos Estados, Distrito Federal e Municípios de órgãos de atendimento gratuito para orientação dos consumidores.
(C) instituição de Promotorias de Justiça de Defesa do Consumidor, no âmbito do Ministério Público.
(D) criação de delegacias de polícia especializadas no atendimento de consumidores vítimas de infrações penais de consumo.
(E) criação de Juizados Especiais de Pequenas Causas e Varas Especializadas para a solução de litígios de consumo.

9. **(ADVOGADO – ANP – 2008 – CESGRANRIO)** Para que haja a inversão do ônus da prova, a favor do consumidor, no processo civil, é preciso que seja

(A) ele considerado hipossuficiente, por ganhar menos de 10 salários mínimos.
(B) ele considerado hipossuficiente, por estar desempregado e sem receber seguro desemprego.
(C) o capital social da empresa-ré superior a 40 salários mínimos.
(D) o capital social da empresa-ré fechado à participação do capital estrangeiro.
(E) verossímil a sua alegação, a critério do juiz.

10. **(ADVOGADO – ANP – 2008 – CESGRANRIO)** Quanto à responsabilidade pelo fato do produto e do serviço, considere as afirmações a seguir.

I. O produto é considerado defeituoso pelo fato de outro de melhor qualidade ter sido colocado no mercado.
II. O comerciante é igualmente responsável pelo produto defeituoso, independentemente da identificação do fabricante.
III. O comerciante é igualmente responsável pelo produto defeituoso, quando não conservar adequadamente os produtos perecíveis.
IV. O serviço não é considerado defeituoso em virtude da adoção de novas técnicas.
V. A responsabilidade pessoal dos profissionais liberais independe da existência de culpa.

Estão corretas **APENAS** as afirmações

(A) I e II
(B) I e V
(C) III e IV
(D) I, II, III e IV
(E) II, III, IV e V

11. **(ADVOGADO – ANP – 2008 – CESGRANRIO)** Os fornecedores respondem solidariamente pelos vícios de quantidade do produto sempre que, respeitadas as variações decorrentes de sua natureza, seu conteúdo líquido for inferior às indicações constantes do recipiente, da embalagem, rotulagem ou de mensagem publicitária, podendo o consumidor exigir, alternativamente e à sua escolha:

I. o abatimento proporcional do preço;
II. o abatimento proporcional do preço, com acréscimo de cláusula penal de 10% (dez por cento) de seu valor;
III. a restituição imediata da quantia paga, em seu valor histórico;
IV. a complementação do peso ou medida;
V. a complementação, em dobro, do peso ou medida.

Estão corretas **APENAS** as exigências

(A) I e IV
(B) I e V
(C) II e IV
(D) II e V
(E) II, III e V

12. **(ADVOGADO – ANP – 2008 – CESGRANRIO)** No âmbito das obrigações decorrentes do Código de Defesa do Consumidor, quanto à desconsideração da personalidade jurídica, as sociedades

(A) coligadas responderão independentemente de culpa.
(B) coligadas não podem ser responsabilizadas.
(C) consorciadas são subsidiariamente responsáveis.
(D) integrantes dos grupos societários são subsidiariamente responsáveis.
(E) controladas são solidariamente responsáveis.

13. **(ADVOGADO – ANP – 2008 – CESGRANRIO)** Quanto às cláusulas relativas ao fornecimento de produtos e serviços, **NÃO** é nula de pleno direito aquela que

(A) transfira responsabilidades a terceiros.
(B) determine a utilização compulsória de arbitragem.
(C) autorize o consumidor a cancelar o contrato unilateralmente.
(D) possibilite a violação de normas ambientais.
(E) possibilite a renúncia do direito de indenização por benfeitorias necessárias.

14. **(ADVOGADO – ANP – 2008 – CESGRANRIO)** Após adquirir um produto pelo serviço de televendas de uma empresa, João resolveu desistir da compra. Qual é o seu prazo, em dias, para manifestar a desistência do contrato?

(A) 30, a partir da contratação.
(B) 30, a partir do recebimento do produto.
(C) 14, a partir da contratação.
(D) 7, a partir do recebimento do produto.
(E) 7, a partir da contratação.

15. **(ADVOGADO – ANP – 2008 – CESGRANRIO)** O Departamento Nacional de Defesa do Consumidor, da Secretaria Nacional de Direito Econômico (MJ), ou órgão federal que venha substituí-lo, é organismo de coordenação da política do Sistema Nacional de Defesa do Consumidor, cabendo-lhe

I. celebrar convênios com entidades nacionais e internacionais;
II. solicitar à polícia judiciária a instauração de inquérito policial para a apreciação de delito contra os consumidores, nos termos da legislação vigente;
III. requisitar bens em quantidade suficiente para fins de estudos e pesquisas, com posterior comprovação e divulgação de seus resultados;
IV. levar ao conhecimento dos órgãos competentes as infrações de ordem administrativa que violarem os interesses difusos, coletivos, ou individuais dos consumidores;
V. encaminhar anteprojetos de lei, por intermédio do Ministério da Justiça, ao Congresso Nacional, bem como ser ouvido com relação a projetos de lei que versem sobre preços, qualidade, quantidade e segurança de bens e serviços.

Estão corretas **APENAS** as atividades

(A) I e III
(B) II e IV
(C) I, II e IV
(D) I, III e IV
(E) II, III e V

16. **(ADVOGADO – ANS – 2005 – CESPE)** Em relação ao Código de Defesa do Consumidor (CDC) — Lei n.º 8.078/1990—, julgue os próximos itens.

1. Tramitam no Supremo Tribunal Federal duas ações de inconstitucionalidade referentes ao CDC. Uma movida pela Federação Nacional de Empresas de Varejo de Alimentos (supermercados) e outra, pela Associação Brasileira de Medicina de Grupo (ABRAMGE).
2. Com o propósito da execução da Política Nacional de Relações de Consumo, o poder público deve contar com vários instrumentos, tais como juizados especiais de pequenas causas, delegacias de polícia especializadas, assistência jurídica gratuita

para consumidores carentes e promotorias de justiça no âmbito do Ministério Público.

3. O CDC não cuida das relações de consumo das empresas estatais e públicas. Essa regulamentação, apesar de similar, está contida no Código de Ética do Servidor Público, também de 1990.

17. **(ADVOGADO DA UNIÃO – AGU – 2004 – CESPE)** Julgue os itens a seguir, de acordo com o Código de Defesa do Consumidor.

1. Em caso de vício de qualidade do serviço que o torne impróprio ao consumo ou lhe diminua o valor, pode o fornecedor optar pela devolução das quantias pagas pelo consumidor ou pela reexecução do serviço sem custo adicional para o consumidor.
2. A inversão do ônus da prova somente será cabível quando se tratar de consumidor hipossuficiente.

18. **(DEFENSORIA PÚBLICA DA UNIÃO – 2007 – CESPE)** No que se refere aos direitos do consumidor, julgue os itens subseqüentes.

1. Os vícios de inadequação são aqueles que afetam a prestabilidade do produto, prejudicando seu uso e fruição ou diminuindo o seu valor. Esses vícios ocorrem, ainda, quando a informação prestada não corresponde verdadeiramente ao produto, que se mostra, de qualquer forma, impróprio para o fim a que se destina e desatende a legítima expectativa do consumidor.
2. Para a reparação de defeito na qualidade do produto, ainda que este não tenha causado danos, o consumidor pode dirigir sua pretensão contra qualquer um dos fornecedores da cadeia de produção, por meio de ação judicial. Nesse caso, além de haver inversão do ônus da prova ou o seu custeio pela parte ré, o consumidor pode requerer o desfazimento do negócio, com a devolução dos valores pagos ou a substituição do produto por outro.
3. Para caracterização da publicidade enganosa, é suficiente que a informação publicitária, por ser falsa, inteira ou parcialmente, ou por omitir dados importantes, leve o consumidor ao erro, não se exigindo dolo ou culpa do anunciante nem dos demais responsáveis por sua veiculação, mas apenas capacidade de induzir o consumidor ao erro.

19. **(DEFENSORIA PÚBLICA DA UNIÃO – 2002 – CESPE)** A respeito do Código Brasileiro de Defesa do Consumidor (CDC), julgue os itens a seguir.

1. No CDC, assim como no Código Civil, o proponente obriga-se pela proposta antes da aceitação do oblato.
2. A responsabilidade do profissional liberal nas prestações de serviço que se enquadram no CDC é objetiva.
3. A responsabilidade civil quanto a produto defeituoso, em regra, é subjetiva.
4. De forma distinta do Código Civil, há, no CDC, a previsão legal de desconsideração da pessoa jurídica.
5. A pretensão à reparação por danos causados por fato do produto prescreve em cinco anos, contados a partir do conhecimento do dano e de sua autoria.

15. Outras Disciplinas Jurídicas

15.1. DIREITO PREVIDENCIÁRIO

1. **(ADVOGADO - EMBRAPA - 2005 - CESPE)** A empresa Cimento Frio Ltda. (CFL), classificada como de médio porte, tem atividade preponderante de grau de risco de acidentes de trabalho considerado médio. Os serviços de vigilância e de limpeza da CFL são terceirizados para a empresa Vigilância Forte Ltda. (VFL), mediante cessão de mão de obra. Com base nas Leis n.º s 8.212. e 8.213/1991. e na situação hipotética acima, julgue os itens subseqüentes.

1. A contribuição social a cargo da CFL para o financiamento da aposentadoria especial e dos benefícios concedidos em razão da incapacidade laborativa decorrente dos riscos do trabalho é de 2% sobre o total das remunerações pagas ou creditadas aos segurados empregados e trabalhadores avulsos.
2. As contribuições dos segurados empregados da CFL são calculadas sobre os respectivos salários de contribuição, não integrando essa base de cálculo as importâncias recebidas a titulo de férias indenizadas.
3. A CFL deve reter 12% sobre o valor da nota fiscal de prestação de serviços de vigilância e de limpeza da empresa VFL, e recolher ao Instituto Nacional do Seguro Social (INSS) até o dia 2. do mês subseqüente ao da emissão da nota fiscal, em nome da VFL.

2. **(ADVOGADO - EMBRAPA - 2005 - CESPE)** Quanto à seguridade social, julgue os itens a seguir.

1. A seguridade social compreende um conjunto integrado de ações de iniciativa dos poderes públicos e da sociedade, destinadas a assegurar os direitos relativos à saúde, à previdência, à assistência social e à educação.
2. A seguridade social será financiada por toda a sociedade, de forma direta e indireta, mediante recursos provenientes dos orçamentos da União, dos estados, do Distrito Federal e dos municípios e, entre outras contribuições sociais, a do importador de bens ou serviços do exterior.
3. Considere que Maria, de 70. anos de idade, não tenha família nem possua meios para a sua própria manutenção. Ela pleiteou junto ao INSS a concessão de beneficio de um salário mínimo mensal para a sua subsistência. Nessa situação, para que seu pedido seja deferido, Maria terá de comprovar que contribuiu, pelo menos por um ano, para a seguridade social

3. **(ADVOGADO - IRB - 2006 - ESAF)** Assinale a opção correta.

(A) É segurado obrigatório da Previdência Social o estrangeiro domiciliado e contratado no exterior, para trabalhar em agência de empresa nacional no seu país de origem.
(B) É segurado obrigatório da Previdência Social, como autônomo, o ministro de confi ssão religiosa.
(C) Todo aquele que exercer, concomitantemente, mais de uma atividade remunerada sujeita ao regime geral de Previdência Social poderá optar por filiar-se em relação a uma delas.
(D) Para fins previdenciários, equipara-se à empresa a pessoa física, proprietária ou não, que explore atividade agropecuária, diretamente ou através de prepostos e com o auxílio de empregados, utilizados a qualquer título, ainda que de forma não-contínua.
(E) Mantém a qualidade de segurado, independentemente de contribuições, até 120 (cento e vinte) dias após a cessação das contribuições, o segurado que deixar de exercer atividade remunerada abrangida pela Previdência Social ou estiver suspenso ou licenciado sem remuneração.

4. **(ADVOGADO - IRB - 2006 - ESAF)** Assinale a opção incorreta.

(A) Para efeito de acidente do trabalho, não são consideradas doença do trabalho a doença degenerativa, a inerente a grupo etário e a que não produza incapacidade laborativa.
(B) A doença ou lesão de que o segurado já era portador ao filiar-se ao Regime Geral de Previdência Social não lhe conferirá direito à aposentadoria por invalidez, salvo quando a incapacidade sobrevier por motivo de progressão ou agravamento dessa doença ou lesão.

(C) As cotas do salário-família serão pagas pela empresa, mensalmente, junto com o salário, efetivando-se a compensação quando do recolhimento das contribuições, conforme dispõe o regulamento, mas, quando o pagamento do salário não for mensal, o salário-família será pago juntamente com o primeiro pagamento do mês subseqüente ao vencido.

(D) O salário-maternidade é devido à segurada da Previdência Social que adotar ou obtiver guarda judicial para fins de adoção de criança com mais de um ano e até quatro anos completos, por 60 (sessenta) dias.

(E) O segurado que, tendo direito à aposentadoria por tempo de serviço, optar pelo prosseguimento na atividade, fará jus ao abono de permanência em serviço, mensal, correspondendo a 25% (vinte e cinco por cento) dessa aposentadoria para o segurado com 35 (trinta e cinco) anos ou mais de serviço e para a segurada com 30 (trinta) anos ou mais de serviço.

5. **(ADVOGADO DA UNIÃO – AGU – 2009 – CESPE)** Julgue os itens subsequentes, acerca da previdência privada complementar.

1. A previdência privada objetiva complementar a proteção oferecida pela previdência pública, por meio de organização autônoma e da adoção do regime de financiamento por capitalização, bem como contribuir para o fomento da poupança nacional.

2. Os planos de benefícios das entidades fechadas podem, como regra geral, ser oferecidos a alguns ou a todos os empregados dos patrocinadores e, em qualquer hipótese, o valor da contribuição efetivamente pago pelo patrocinador, destinado ao programa de previdência complementar, não integrará o salário-de-contribuição do empregado, para efeito de incidência de contribuição para a seguridade social.

3. A portabilidade abrange o direito de o participante mudar de um plano para outro no interior de uma mesma entidade fechada de previdência privada, sem necessariamente haver ruptura do vínculo empregatício com o patrocinador.

6. **(ADVOGADO DA UNIÃO – AGU – 2004 – CESPE)** Julgue os itens seguintes de acordo com a Constituição Federal de 1988.

1. A seguridade social compreende um conjunto integrado de ações de iniciativa privativa do Poder Executivo, destinadas especificamente ao custeio da previdência social do trabalhador, seja ele público ou privado.

2. A arrecadação de contribuições para o Programa de Integração Social (PIS) e para o Programa de Formação do Servidor Público (PASEP) destina-se ao pagamento do seguro-desemprego e do abono, no valor de um salário mínimo por ano, aos empregados que recebam mensalmente até dois salários mínimos.

3. O servidor público detentor de cargo efetivo que exerça cumulativamente cargo em comissão é filiado obrigatório, quanto a este último vínculo, do regime geral de previdência social (RGPS).

7. **(ADVOGADO DA UNIÃO – AGU – 2004 – CESPE)** Julgue os itens que se seguem, relativos ao RGPS.

1. Não integram o salário-de-contribuição os benefícios pagos, na forma da lei, pelo RGPS, salvo o salário-maternidade.

2. Para fins previdenciários, não é considerado acidente de trabalho aquele que deixa o empregado incapacitado para o trabalho e tenha sido sofrido na condução de veículo particular no caminho da residência para o trabalho, quando o acidentado incorrer em culpa.

3. A carência é contada, nos casos dos segurados empregados e dos trabalhadores avulsos, a partir da data de filiação ao RGPS, enquanto que, nos casos do empregado doméstico, do contribuinte individual, do segurado especial e do facultativo, conta-se a carência a partir da data do efetivo pagamento da primeira contribuição sem atraso.

8. **(ADVOGADO DA UNIÃO – AGU – 2004 – CESPE)** Acerca de entidades previdenciárias privadas e públicas e de entidades abertas e fechadas, julgue os itens subseqüentes.

1. As entidades fechadas de previdência complementar, instituídas por lei em favor de servidores públicos da União, dos estados, do DF ou dos municípios, são necessariamente de natureza pública e, atualmente, são fiscalizadas pelo Ministério da Fazenda.

2. As entidades abertas de previdência complementar somente podem ser organizadas sob a forma de sociedades anônimas, sendo a sua constituição e o seu funcionamento dependentes de prévia e expressa aprovação da Superintendência de Seguros Privados (SUSEP).

3. O regime de previdência privado, de caráter complementar e organizado de forma autônoma, é obrigatório para os entes da federação que optem pelo limite máximo do valor dos benefícios previstos no RGPS para o seu regime próprio.

4. As entidades fechadas de previdência complementar podem ser públicas ou privadas, conforme a natureza dos patrocinadores ou instituidores e dos seus participantes.

9. **(PROCURADOR DA FAZENDA NACIONAL - 2007.1 - ESAF)** À luz da Previdência Social definida na Constituição Federal e na legislação infraconstitucional, julgue os itens abaixo. I. No Brasil, existe mais de um sistema de previdência. O sistema público caracteriza-se por ter filiação compulsória. O sistema privado caracteriza-se por ter filiação facultativa. II . O sistema de previdência privada não tem natureza constitucional, estando regulado totalmente em normas infraconstitucionais. III. As entidades de previdência privada podem sofrer intervenção ou liquidação. IV. Toda entidade de previdência privada goza de imunidade tributária concedida às instituições de assistência social.

(A) Todos estão corretos.
(B) Somente I está incorreto.
(C) I e IV estão incorretos.
(D) I e III estão corretos.
(E) III e IV estão incorretos.

10. **(PROCURADOR DA FAZENDA NACIONAL - 2007.1 - ESAF)** Antônio, contribuinte empregado aposentado pelo Regime Geral de Previdência Social em 1994, propõe na justiça ação contra o Instituto Nacional do Seguro Social – INSS, alegando que seu benefício não foi revisto nos termos do art. 58 do Ato das Disposições Constitucionais Transitórias (ADCT). Ademais, alega que indevidamente o INSS vem recolhendo a contribuição previdenciária sobre o 13o salário. Assim, é correto afirmar que:

(A) O pedido referente à incidência indevida da contribuição previdenciária sobre o 13o salário é improcedente.
(B) A referida ação deve ser proposta dois anos após a concessão do referido benefício, sob pena de decadência do direito pleiteado.
(C) O pedido da revisão, nos termos do art. 58 da ADCT, deve ser considerado improcedente, independente da época em que o benefício foi concedido.
(D) O segurado está impedido de ajuizar ação contra a instituição previdenciária na vara federal do município em que reside.
(E) Antônio não tem legitimidade para propor ação contra o INSS por estar recebendo benefício.

11. **(PROCURADOR DA FAZENDA NACIONAL - 2007.1 - ESAF)** À luz do texto constitucional, julgue os itens abaixo referentes aos benefícios e serviços que são de competência da Previdência Social: I. Cobertura dos eventos de invalidez, morte e idade avançada. II. Proteção à família. III. Qualificação para o trabalho. IV. Garantia de um salário-mínimo ao deficiente físico.

(A) Todos estão corretos.
(B) Somente I está correto.
(C) I e II estão corretos.
(D) I e III estão corretos.
(E) III e IV estão corretos.

12. **(PROCURADOR DA FAZENDA NACIONAL - 2007.1 - ESAF)** O Instituto Nacional do Seguro Social – INSS é pessoa jurídica de direito público interno, autarquia federal, vinculada ao Ministério da Previdência Social, com sede no Distrito Federal. Com base nessa informação, na legislação e na jurisprudência do Supremo Tribunal Federal, é correto afirmar, em relação às regras de distribuição de competência, que:

(A) Para a matéria benefícios e serviços previdenciários a competência é da Justiça Federal, independente do domicílio do beneficiário.
(B) No caso de acidente do trabalho, após a promulgação da Emenda Constitucional n. 45/2004, o Supremo Tribunal afirmou que as ações acidentárias devem ser julgadas pela Justiça Federal.
(C) Na execução fiscal, se o executado estiver domiciliado em município sede da Vara da Justiça Federal, a competência recursal será do Tribunal de Justiça daquele estado-membro.
(D) O segurado pode ajuizar ação contra a instituição previdenciária só no juízo federal do seu domicílio.
(E) No caso de mandado de segurança contra ato de servidor do INSS, a competência é da Justiça Federal.

13. **(PROCURADOR DA FAZENDA NACIONAL - 2007.1 - ESAF)** Assinale a opção correta quanto ao sistema das entidades de previdência privada, nos termos da legislação infraconstitucional.

(A) O sistema será denominado aberto, se for acessível a todos os empregados de empresas, grupo de empresas e agentes públicos da União, Estados, Distrito Federal e Municípios.
(B) As entidades fechadas são organizadas como sociedades anônimas e podem acordar dois tipos de planos individual ou coletivo.
(C) As entidades abertas possuem como característica a portabilidade das carteiras.
(D) A legislação não regulamenta as regras a respeito da relação entre a União, os Estados, o Distrito Federal e os Municípios e outras entidades públicas e suas respectivas entidades fechadas de previdência complementar, permitindo ampla discricionariedade administrativa.
(E) As entidades abertas de previdência são organizadas como fundação privada ou sociedade civil sem fim lucrativo e podem solicitar concordata.

14. **(ADVOGADO DA UNIÃO - AGU - 2006 - CESPE)** Julgue os itens a seguir, acerca da seguridade social.

1. Uma das aplicações do princípio da equidade na forma de participação do custeio é a possibilidade de a base de cálculo das contribuições previdenciárias dos segurados empregados ser distinta da base de cálculo dos empregadores.

2. As contribuições previdenciárias somente podem ser exigidas após o decurso do prazo de 90 dias da data de publicação da lei que as houver instituído ou modificado, incluindo-se nessas modificações a eventual alteração do prazo de recolhimento da obrigação tributária.
3. Os templos de qualquer culto são contribuintes do PIS/PASEP, sendo a base de cálculo da contribuição o equivalente à folha de salários.
4. Após o modelo de previdência social concebido por William Beveridge, implantado na Inglaterra a partir de 1946, novos sistemas surgiram no cenário mundial: o social-democrata, adotado nos países nórdicos, cujo objetivo era assegurar rendas a todos mediante redistribuição igualitária; e o liberal ou residual, cujo exemplo mais expressivo é o do Chile, caracterizado, especialmente, pela individualização dos riscos sociais.

15. **(ADVOGADO DA UNIÃO – AGU – 2006 – CESPE)** Julgue os itens que se seguem, relativos ao regime geral de previdência social.

1. Sobre os valores recebidos pelo segurado empregado a título de gratificação natalina, também conhecida como décimo terceiro salário, não incide contribuição previdenciária.
2. Do caráter contributivo da previdência social, conforme expressa previsão constitucional, decorre que nenhuma das aposentadorias será concedida sem o cumprimento da carência, isto é, um número de contribuições mensais necessárias para a efetivação do direito a um benefício.
3. Considere a seguinte situação hipotética. Estêvão pediu demissão da empresa em que trabalhava, concordando em trabalhar durante o período de aviso prévio equivalente a 30 dias, prazo concedido para que o empregador providenciasse a contratação de um novo empregado. Nessa situação, sobre o valor pago durante o último mês que Estêvão trabalhou não incide contribuição previdenciária, pois se trata de verba indenizatória.
4. O auxílio-reclusão é um benefício previdenciário pago apenas aos dependentes do segurado que esteja recolhido sob regime prisional fechado.
5. Considere a seguinte situação hipotética. Elaine é cabeleireira, Sílvia é manicure e Cláudia é esteticista. As três trabalham por conta própria e exercem suas atividades na residência de Elaine. Nessa situação, apesar de não terem vínculo empregatício com qualquer estabelecimento, todas são consideradas seguradas obrigatórias da previdência social na qualidade de contribuinte individual.
6. Considere a seguinte situação hipotética. Célia é segurada empregada da previdência social e sofreu aborto natural antes da 23.ª semana de gestação, comprovado mediante atestado médico. Nessa situação, Célia terá direito ao salário-maternidade correspondente a duas semanas.

16. **(ADVOGADO DA UNIÃO – AGU – 2006 – CESPE)** Em relação à organização da previdência privada, julgue os próximos itens.

1. A parte patronal, isto é, a contribuição das empresas patrocinadoras de planos de previdência privada, conforme estabelece a Constituição, não pode ultrapassar o limite equivalente ao da contribuição dos segurados empregados.
2. A imunidade tributária conferida a instituições de assistência social sem fins lucrativos somente alcança as entidades fechadas de previdência social privada se não houver contribuição dos beneficiários.

17. **(PROCURADOR FEDERAL – AGU – 2007 – CESPE)** Julgue os itens a seguir, acerca do conceito, da organização e dos princípios da seguridade social.

1. Assistência social é a política social que provê o atendimento das necessidades básicas, traduzidas em proteção à família, à maternidade, à infância, à adolescência, à velhice e à pessoa portadora de deficiência, independentemente de contribuição à seguridade social.
2. A seguridade social obedece aos princípios da seletividade e da distributividade na prestação dos benefícios e serviços.

18. **(PROCURADOR FEDERAL – AGU – 2007 – CESPE)** Pedro, segurado obrigatório do RGPS, era casado com Solange, brasileira e empregada na embaixada do Sudão, de quem jamais se divorciou ou se separou judicialmente. Atualmente, Pedro vive com Carla e é tutor de Sofia, com 12 anos de idade, filha de seu irmão falecido. Com referência a essa situação hipotética, julgue os itens seguintes quanto aos beneficiários do RGPS, na forma da Lei n.º 8.213/1991.

1. Sofia pode figurar como dependente de Pedro, desde que essa condição seja declarada e que seja demonstrada a dependência econômica.
2. Solange é segurada obrigatória do RGPS.
3. Solange continua a ser dependente de Pedro.

19. **(PROCURADOR FEDERAL – AGU – 2007 – CESPE)** A respeito do custeio do RGPS e do salário-de-contribuição, julgue os itens subseqüentes.

1. Os valores do salário-de-contribuição serão reajustados na mesma época e com os mesmos índices que os do reajustamento dos benefícios de prestação continuada da previdência social.
2. Considere que Maria receba salário-maternidade. Nessa situação, não haverá desconto da contribuição previdenciária do valor desse benefício.
3. Considere que um auditor fiscal constate que determinado segurado, contratado como traba-

lhador avulso, preenche as condições da relação de emprego. Nessa situação, o auditor deverá ingressar, na Procuradoria do INSS, com uma ação judicial visando desconsiderar o vínculo pactuado e, conseqüentemente, efetuar, por decisão judicial, o enquadramento como segurado empregado.

20. **(PROCURADOR FEDERAL - AGU - 2007 - CESPE)** Em relação aos benefícios de previdência social, julgue os itens que se seguem.

1. Considere que Joana seja empregada e não tenha conseguido comprovar o valor dos seus salários-de-contribuição, no período básico de cálculo. Nessa situação, mesmo que preenchidos os requisitos para a concessão do benefício, Joana não fará jus a um benefício previdenciário.
2. O contribuinte individual que trabalha por conta própria, sem relação de emprego, não faz jus à aposentadoria por tempo de contribuição.
3. O contribuinte individual e o empregado doméstico não fazem jus ao benefício de auxílio-acidente.

21. **(PROCURADOR FEDERAL - AGU - 2007 - CESPE)** Acerca do período de carência, julgue os itens seguintes.

1. Considere a seguinte situação hipotética. Lucas foi empregado pelo período de 15 anos, após o qual ingressou no serviço público, no qual exerceu atividades durante 10 anos. Com o intuito de se aposentar, requereu o pagamento das contribuições devidas como contribuinte individual durante o período pretérito, para fins de carência. Nessa situação, mesmo não sendo contribuinte obrigatório no referido período, Lucas poderá contar com esse tempo de contribuição, desde que faça, agora, o referido pagamento das prestações em atraso, com juros e correção monetária.
2. A perda da qualidade de segurado não prejudica o direito à aposentadoria se todos os requisitos para a sua concessão já tiverem sido preenchidos e estiverem de acordo com a legislação em vigor à época em que esses requisitos foram atendidos.

22. **(PROCURADOR FEDERAL - AGU - 2007 - CESPE)** Com base no regulamento do seguro de acidentes do trabalho e da moléstia profissional, julgue os itens a seguir.

1. Considera-se estabelecido o nexo entre o trabalho e o agravo quando se verifica nexo técnico epidemiológico entre a atividade da empresa e a entidade mórbida motivadora da incapacidade, elencada na Classificação Internacional de Doenças (CID).
2. Cabe ao empregado comunicar o acidente do trabalho à previdência social até o primeiro dia útil seguinte ao da ocorrência do acidente; em caso de morte, a empresa deverá comunicar o acidente de imediato, à autoridade competente, sob pena de multa variável, sucessivamente aumentada nas reincidências, aplicada e cobrada pela previdência social.

23. **(PROCURADOR FEDERAL - AGU - 2004 - CESPE)** Acerca da evolução histórica e dos conceitos da seguridade social no Brasil, julgue os itens subseqüentes.

1 Inspirada no plano Beveridge da Inglaterra e na doutrina norte-americana do estado do bem-estar social, a Constituição de 1946 iniciou um processo de sistematização constitucional da matéria previdenciária, inserindo pela primeira vez a expressão seguridade social.

2 O sistema de seguridade social integra ações dos poderes públicos e da sociedade. Destinado a assegurar os direitos relativos à saúde, à previdência social e à assistência social, esse sistema prevê que nenhum benefício ou serviço poderá ser criado, majorado ou estendido sem a correspondente fonte de custeio total, o que determina o seu caráter contributivo.

24. **(PROCURADOR FEDERAL - AGU - 2004 - CESPE)** Quanto às normas aplicáveis aos beneficiários da previdência social, julgue os seguintes itens.

1 Os beneficiários do regime geral de previdência social (RGPS) podem ser divididos em três grupos: os segurados, os dependentes e os pensionistas.

2 Considere a seguinte situação hipotética. João, que é empregado registrado em uma indústria de pneus e segurado do RGPS, tem um filho, Carlos, que tem 23 anos de idade e é estudante universitário. Nessa situação, Carlos é segurado na qualidade de dependente de João.

3 A inscrição de dependente é promovida por meio do requerimento do benefício a que o segurado tiver direito, mediante apresentação da certidão de nascimento ou de casamento para os casos de filho ou cônjuge, respectivamente.

25. **(PROCURADOR FEDERAL - AGU - 2004 - CESPE)** Julgue os itens a seguir, relacionados ao custeio do RGPS.

1 A contribuição a cargo da empresa é de 15% sobre o valor bruto da nota fiscal ou fatura de prestação de serviços, relativamente a serviços que lhes são prestados por cooperados por intermédio de cooperativas de produção.

2 A incidência da contribuição previdenciária sobre a remuneração das férias ocorre no mês a que elas se referirem, mesmo quando pagas antecipadamente na forma da legislação trabalhista.

3 A empresa contratante de serviços prestados mediante cessão de mão-de-obra deve reter 11% do valor bruto da nota fiscal ou fatura e recolher a importância retida até o dia dois do mês subseqüente ao da emissão da nota. Conforme entendimento jurisprudencial, essa retenção tem natureza jurídica de substituição tributária.

4 As contribuições a cargo da empresa, provenientes do faturamento e do lucro, destinadas à seguridade social, são arrecadadas, normatizadas, fiscalizadas e cobradas pela Secretaria da Receita Federal.

26. **(PROCURADOR FEDERAL – AGU – 2004 – CESPE)** Com relação ao salário-de-contribuição, julgue os itens subseqüentes.

1 O salário-de-contribuição limita e quantifica a base de cálculo da contribuição previdenciária e, ao mesmo tempo, apresenta a hipótese de incidência da obrigação previdenciária: o exercício de atividade remunerada por aquele que a lei define como segurado obrigatório.

2 Considere a seguinte situação hipotética. Determinada indústria fornece a seus empregados bolsas de estudo destinadas ao aperfeiçoamento, à capacitação e à qualificação de trabalhadores que tenham pelo menos 10 anos de vínculo empregatício com a empresa, mediante a participação em cursos vinculados às atividades desenvolvidas pela empresa. Nessa situação, os valores custeados pela empresa integram a base de cálculo da contribuição previdenciária.

3 Considere a seguinte situação hipotética. Uma empresa de construção civil contratou 10 pedreiros e 20 auxiliares para concluir uma obra em uma localidade muito distante da residência dos obreiros. Foi avençado que os valores correspondentes a transporte, alimentação e habitação seriam fornecidos pelo empregador. Nessa situação, os valores desembolsados pela empresa integram o salário-de-contribuição dos empregados e serão utilizados, ulteriormente, para fins de cálculo dos benefícios previdenciários.

4 O salário-de-contribuição do contribuinte individual corresponde à respectiva classe em que esse se encontra na escala de salário-base. Assim, a contribuição previdenciária a cargo de uma empresa, em relação à remuneração dos sócios-gerentes, não deve utilizar, como base de cálculo, o valor pago a título de pró-labore, mas sim a classe correspondente do salário-base em que o contribuinte estiver enquadrado.

27. **(PROCURADOR FEDERAL – AGU – 2004 – CESPE)** A respeito dos benefícios do RGPS, julgue os itens a seguir.

1 A perda da qualidade de segurado implica a caducidade da proteção previdenciária, contudo, caso o trabalhador tenha contribuído, no mínimo, pelo número de meses exigidos para efeito de carência do respectivo benefício, poderá requerer a concessão de aposentadorias: especial, por tempo de contribuição e por idade.

2 Considere a seguinte situação hipotética. Sérgio, segurado da previdência social na qualidade de contribuinte individual, é eletricista e presta serviço de natureza eventual a diversas empresas, sem relação de emprego, sendo chamado para trabalhar, principalmente, em estabelecimentos de saúde, onde já conhecem a qualidade do seu serviço. Nessa situação, caso comprove que em várias oportunidades esteve exposto a condições especiais que prejudicaram sua saúde e a sua integridade física, cumprida a carência exigida e o tempo de contribuição, conforme o caso, Sérgio fará jus a uma aposentadoria especial do INSS.

3 De acordo com a legislação previdenciária, auxílio-doença é o benefício a que o segurado tem direito quando, após a consolidação das lesões decorrentes de acidente de qualquer natureza, resultar seqüela definitiva que implique redução da capacidade para o trabalho que habitualmente exercia.

28. **(PROCURADOR FEDERAL – AGU – 2004 – CESPE)** Julgue os itens subseqüentes, relacionados à legislação acidentária.

1 O seguro acidente de trabalho é operado, atualmente, em regime de monopólio estatal cujo atendimento é feito pelo RGPS gerido pelo INSS.

2 Entre as fontes de custeio do seguro acidente de trabalho, encontra-se o adicional de 12%, 9% ou 6%, cobrado em relação à remuneração paga aos segurados expostos a agentes nocivos químicos, físicos, biológicos ou a associação de agentes prejudiciais à saúde ou à integridade física.

3 A aposentadoria por invalidez decorrente de acidente de trabalho é devida ao acidentado que, estando ou não em gozo de auxílio-doença, foi considerado incapaz para o trabalho e insuscetível de reabilitação para o exercício de atividade que lhe garanta a subsistência.

29. **(PROCURADOR FEDERAL – AGU – 2004 – CESPE)** Com relação à previdência complementar brasileira, julgue os itens a seguir.

1 As entidades de previdência complementar devem constituir reservas técnicas, provisões e fundos, de acordo com a legislação regente, a fim de cumprir as obrigações assumidas com os participantes e assistidos. A aplicação desses recursos deve observar os limites mínimos estabelecidos pelo Conselho Monetário Nacional.

2 Na formatação de um plano de benefícios, é obrigatória a previsão dos seguintes institutos: benefício proporcional diferido, portabilidade, resgate e faculdade de auto-patrocínio.

3 Historicamente, as entidades fechadas de previdência complementar sempre foram acessíveis, exclusivamente, aos empregados de uma empresa ou grupo de empresas, denominados patrocinadores. De acordo com a atual legislação, também são consideradas entidades fechadas as que se organizam em razão do vínculo associativo, como é o caso dos sindicatos e entidades de classes, denominados instituidores.

4 A portabilidade não caracteriza resgate, sendo admissível, inclusive, a transferência de recursos entre as entidades abertas e as fechadas.

5 Nas entidades de previdência complementar, cada plano de benefício possui personalidade jurídica própria. Por essa razão, ao final de cada exercício, coincidente com o ano civil, devem ser elaboradas as demonstrações contábeis e as avaliações atuariais desses planos, devendo os resultados ser encaminhados ao órgão regulador e fiscalizador e divulgados aos participantes e aos assistidos.

6 A fiscalização e o controle dos planos de benefícios das entidades fechadas de previdência complementar cujos patrocinadores sejam entidades da administração pública federal, direta ou indireta, competem ao TCU.

7 As entidades abertas de previdência complementar são constituídas unicamente sob a forma de sociedades anônimas e, por essa razão, estão sujeitas a falência, caso os recursos acumulados não sejam suficientes para o pagamento das obrigações assumidas.

30. **(PROCURADOR FEDERAL - AGU - 2004 - CESPE)** Acerca dos princípios que regem a seguridade social no Brasil, julgue os itens subseqüentes.

1 A universalidade da cobertura e do atendimento implica que qualquer pessoa pode participar da proteção social patrocinada pelo Estado. Em relação à previdência social, o caráter contributivo restringe essa abrangência apenas àqueles que contribuem para o sistema. Por esse motivo, foi criado o segurado facultativo, com vistas a atender ao mandamento constitucional.

2 Decorre do princípio da eqüidade, na forma de participação no custeio, a possibilidade de as contribuições do empregador, da empresa ou de entidade a ela equiparada poderem ter alíquotas ou bases de cálculo diferenciadas, em razão da atividade econômica ou da utilização intensiva de mão-de-obra.

3 A solidariedade é princípio fundamental que norteia o sistema de seguridade social, possibilitando que aqueles que têm melhores condições financeiras contribuam com uma parcela maior para o financiamento do bem-estar de toda a coletividade.

31. **(PROCURADOR FEDERAL - AGU - 2002 - CESPE)** A Constituição da República determina que compete ao poder público, nos termos da lei, organizar a seguridade social, com base em determinados objetivos, os quais incluem:

- uniformidade e equivalência dos benefícios e serviços às populações urbanas e rurais;
- seletividade e distributividade na prestação dos benefícios e serviços;
- irredutibilidade do valor dos benefícios;
- eqüidade na forma de participação no custeio;
- diversidade da base de financiamento.

Em face dessas considerações, julgue os itens a seguir.

(1) No Brasil, teve início, durante a Era Vargas, a edição de leis que instituíam proteção previdenciária em favor tanto de trabalhadores urbanos como de trabalhadores rurais.

(2) Se, atualmente, tal como ocorria antes do advento da Constituição de 1988, não houvesse norma jurídica que estabelecesse para os trabalhadores rurais a obrigação de contribuir para a previdência social, essa omissão legislativa poderia ser impugnada mediante mandado de injunção.

(3) Enquanto a disposição constitucional que determina a irredutibilidade do valor dos benefícios ligados à seguridade social é norma de eficácia plena, o dispositivo que determina a diversidade da base de financiamento da seguridade é uma norma programática.

(4) Se a União editasse lei ordinária fixando a renda mensal do auxílio-acidente em 60% do salário-de-benefício, essa lei seria inconstitucional porque acarretaria diminuição no valor da renda mensal do auxílio-acidente, em flagrante violação do princípio constitucional da irredutibilidade de benefícios.

(5) Apesar de a Constituição da República determinar como objetivo da seguridade social a eqüidade na forma de participação no custeio, o acesso à saúde é universal e deve ser prestado tanto às pessoas que contribuem como às que não contribuem para a seguridade, inclusive aos estrangeiros em trânsito no país.

32. **(PROCURADOR FEDERAL - AGU - 2002 - CESPE)** Augusto, de 65 anos de idade, é segurado obrigatório da previdência social, para a qual, na qualidade de empregado, contribuiu durante 36 anos. Há exatos dois meses, Augusto, que sempre atuou como comerciário, demitiu-se de seu último emprego, mas somente hoje ele ingressou com pedido de concessão de aposentadoria por tempo de contribuição. Elvira foi companheira de Augusto durante mais de vinte anos, mas eles não tiveram filhos em comum e não há qualquer notícia de que Augusto tenha tido filhos com outra mulher. Há um ano, o casal separou-se, tendo o

Poder Judiciário determinado que Augusto deveria pagar pensão alimentícia a Elvira. Tendo em vista a situação hipotética acima descrita, julgue os itens em seguida.

(1) A idade de Augusto na data do pedido de aposentadoria teria relevância para a fixação da renda mensal do benefício, caso ele solicitasse aposentadoria por idade, porém, sua idade seria irrelevante para a fixação do valor da aposentadoria por tempo de contribuição.

(2) O pedido de concessão da aposentadoria de Augusto deve ser deferido, dado ter ele tempo de contribuição suficiente para lhe conferir direito a aposentar-se, sendo correto afirmar que a renda mensal de sua aposentadoria corresponderá ao valor integral do salário-de-benefício e que esse benefício lhe será devido a partir da data em que ele se desligou de seu último emprego.

(3) Se Elvira, ex-companheira de Augusto, dele recebesse pensão alimentícia, ela seria sua dependente perante o regime geral de previdência e, portanto, caso ele viesse a falecer após a concessão da aposentadoria, ela teria direito ao recebimento de pensão, benefício previdenciário cuja renda mensal corresponderia ao valor da aposentadoria paga a Augusto.

(4) Se, após a concessão da aposentadoria a Augusto, ele e Elvira vierem a falecer em um acidente de carro, ocorrendo comoriência, e, sete anos após o acidente, vier a ser comprovado que Bárbara, uma estudante de quinze anos, é filha de Augusto, então Bárbara terá direito de passar a receber a pensão do pai, bem como de receber as parcelas relativas aos sete anos decorridos entre a morte de Augusto e o pedido de pensão.

(5) Se houvesse ocorrido um substancial aumento no salário mínimo no dia em que Augusto pediu demissão de seu último emprego, seria possível que o salário-de-benefício relacionado à aposentadoria de Augusto fosse menor que o salário mínimo vigente no país no momento de sua aposentadoria. Porém, a renda mensal da aposentadoria de Augusto, tal como a renda mensal de auxílio-acidente a que fizesse jus antes de sua aposentadoria, não poderia ser menor que um salário mínimo, mesmo que ele fizesse parte de regime facultativo de previdência privada em que tivesse benefício com renda mensal maior que dois salários mínimos.

33. **(PROCURADOR FEDERAL – AGU – 2002 – CESPE)** Julgue os seguintes itens.

(1) Considere a seguinte situação hipotética. A Sudoeste Incorporações Ltda. é uma empresa que possui débitos relativos à contribuição destinada à manutenção da seguridade social, e confessou essa dívida ao poder público, tendo realizado acordo com o Estado no sentido de fazer o pagamento parcelado do débito. Nesse caso, mesmo tendo sido deferido o parcelamento do débito, para que a empresa tivesse direito a receber do Estado o documento necessário para que ela pudesse registrar validamente memorial de incorporação no registro de imóveis, seria necessário que ela oferecesse garantia no valor mínimo de 120% do valor total da dívida.

(2) Considere a seguinte situação hipotética. Ricardo, filiado obrigatório na qualidade de empregado, sofreu ferimentos, em virtude de um acidente automobilístico, que lhe fizeram permanecer internado durante trinta dias e mantiveram-no outros sessenta dias afastado de seu emprego. Nesse caso, pode acontecer que sejam idênticos os valores dos quatro elementos seguintes: o salário recebido por Ricardo de seu empregador, o seu salário-de-contribuição, o seu salário-de-benefício relativo a auxílio-doença e a renda mensal do auxílio-doença a que ele teria direito em virtude de o referido acidente o ter incapacitado para o trabalho por período superior a quinze dias.

(3) Considere a seguinte situação hipotética. Paulo, filiado obrigatório na qualidade de empregado, sofreu ferimentos, em virtude de um acidente automobilístico, que lhe fizeram permanecer internado durante trinta dias e mantiveram-no outros sessenta dias afastado de seu emprego. Nesse caso, Paulo somente teria direito a receber auxílio-acidente se, após consolidação das lesões decorrentes do referido acidente, restassem seqüelas irreversíveis que implicassem redução da sua capacidade para o trabalho que habitualmente exercia. Adicionalmente, ele teria direito a receber o auxílio-acidente mesmo antes do término do auxílio-doença relacionado às lesões causadas pelo referido acidente, desde que ficasse comprovado, por perícia médica, a irreversibilidade das seqüelas e sua interferência na capacidade de Paulo para o trabalho.

(4) Considere a seguinte situação hipotética. Amélia ingressou no regime geral da previdência social em janeiro de 2001, quando foi contratada como empregada em uma farmácia, já estando grávida na data dessa admissão. Porém, em fevereiro de 2001, foi editada lei ordinária, fixando em dez contribuições mensais o período de carência do salário-maternidade da segurada empregada. Assim, quando, em julho de 2001, Amélia postulou a concessão do salário-maternidade, o INSS indeferiu o seu pedido, sob o argumento de que ela não tinha cumprido o período de carência estabelecido em lei. Em face dessa situação, a decisão do INSS não aplicou adequadamente o direito previdenciário, dado que a referida alteração no período de carência do salário-maternidade não contemplaria o caso de Amélia, que continuaria a ser regido pela regra vigente no momento de

sua contratação, regra essa que estabelecia independer de carência a concessão de salário-maternidade tanto às seguradas empregadas quanto às seguradas contribuintes individuais.

(5) O auxílio-funeral não é um benefício que faz parte do regime geral de previdência social.

34. **(PROCURADOR DA FAZENDA NACIONAL - 2007.2 - ESAF)** Nos termos da Constituição Federal, a contribuição para a seguridade social

(A) não está vinculada ao princípio constitucional da anterioridade. Entretanto, só pode ser exigida 90 dias após sua criação.

(B) não está vinculada ao princípio constitucional da anterioridade. Entretanto, só pode ser exigida 30 dias após sua criação.

(C) está vinculada ao princípio constitucional da anterioridade. Entretanto, só pode ser exigida 60 dias após sua criação.

(D) está vinculada ao princípio constitucional da anterioridade. Entretanto, só pode ser exigida 30 dias após sua criação.

(E) não está vinculada ao princípio constitucional da anterioridade, nem a qualquer outra limitação temporal.

35. **(PROCURADOR DA FAZENDA NACIONAL - 2007.2 - ESAF)** À luz do previsto na Legislação Previdenciária Federal, julgue os itens abaixo referentes aos benefícios para os segurados de baixa renda. I. Aposentadoria por invalidez permanente. II. Aposentadoria por idade. III. Salário-família. IV. Pensão por morte.

(A) Todos estão corretos.

(B) Somente I está correto.

(C) Somente IV está incorreto.

(D) Somente I e III estão corretos.

(E) Somente I e II estão corretos.

36. **(PROCURADOR DA FAZENDA NACIONAL - 2007.2 - ESAF)** Na organização do Regime Geral da Previdência Social, o custeio é parte intimamente relacionada à tributação. As contribuições sociais, espécie do gênero tributo, são detalhadas na legislação federal previdenciária. Nesse sentido, analise a situação-problema abaixo e assinale a assertiva correta. Carlos, advogado autônomo, que possui escritório no qual trabalham uma secretária e um office boy, nega-se a pagar a contribuição previdenciária da empresa incidente sobre a folha de salários mensal.

(A) A posição assumida por Carlos encontra-se amparada pela Lei n. 8.212/91, uma vez que Carlos é advogado pessoa física.

(B) Carlos deve contribuir como trabalhador e empresa.

(C) Carlos contribui somente sobre os valores auferidos com o seu trabalho de contribuinte individual autônomo.

(D) Perante a Previdência, Carlos contribui como trabalhador e não como empresa.

(E) Carlos é empregador, mas não é empresa perante o fisco previdenciário.

37. **(PROCURADOR DA FAZENDA NACIONAL - 2007.2 - ESAF)** O PIS (Programa de Integração Social) e o PASEP (Programa de Formação do Patrimônio do Servidor Público) foram instituídos, anteriormente à atual Constituição, para promover a integração do trabalhador na vida e no desenvolvimento da empresa. A respeito do PIS/PASEP, assinale a opção incorreta.

(A) É legítima a cobrança do PIS sobre as operações relativas a energia elétrica.

(B) É legítima a cobrança do PIS sobre as operações relativas a derivados de petróleo.

(C) A base de cálculo da contribuição do PIS/PASEP é o valor do faturamento.

(D) Os profissionais liberais são contribuintes do PIS/PASEP.

(E) O prazo para recolhimento do PIS é até o último dia útil da primeira quinzena do mês subseqüente ao da ocorrência do fato gerador.

38. **(PROCURADOR DA FAZENDA NACIONAL - 2007.2 - ESAF)** Com relação aos Regimes de Financiamento da Previdência Social e da Previdência Complementar, a saber: regime de repartição simples e regime de capitalização, julgue os itens abaixo considerando o disposto no Título VIII – Da Ordem Social na Constituição de 1988 e na legislação federal pertinente. I. No Regime de Repartição Simples, não há formação de poupança individual. II. No Regime de Capitalização, a contribuição atual determina o valor do benefício futuro dos próprios agentes. III. No Regime de Repartição Simples, previsto para o regime próprio dos servidores públicos, há alíquotas de contribuição mínima. IV. No Regime de Capitalização, não há possibilidade de apropriação coletiva de sobras atuariais individuais.

(A) Somente I e IV estão incorretos.

(B) Somente I está incorreto.

(C) Todos estão corretos.

(D) Somente II e III estão corretos.

(E) Somente II e IV estão incorretos.

39. **(DEFENSORIA PÚBLICA DA UNIÃO - 2007 - CESPE)** Em relação ao direito previdenciário, julgue os itens que se seguem.

1. A seguridade social é um conjunto integrado de ações de iniciativa dos poderes públicos e da sociedade, destinado a assegurar direitos que proporcionem a dignidade da pessoa humana. Nesse contexto, as políticas públicas de ações afirmativas destinadas à população negra, representadas, entre outras, pelo sistema de cotas para negros, que garante vagas em universidade pública para um segmento que, durante bastante

tempo, foi excluído pelas dinâmicas sociais, são exemplo de atendimento do mandamento constitucional para a seguridade social.

2. O valor mensal dos benefícios que, eventualmente, substituam o salário de contribuição ou o rendimento do trabalho não poderá ser inferior a um salário mínimo. Esse princípio da seguridade social brasileira tem aplicação tanto na assistência quanto na previdência social, sendo excepcionado apenas na área de saúde, pois esta não possui prestações continuadas pagas em espécie.

3. Considere a seguinte situação hipotética. Sérgio é estagiário em uma empresa de informática, recebendo remuneração superior a 2 salários mínimos. Seu vínculo com a empresa obedece ao que dispõe a Lei n.º 6.494/1977, que disciplina os estágios de estudantes de estabelecimento de ensino superior e profissionalizante do ensino médio. Nessa situação, Sérgio, mesmo exercendo atividade remunerada, caso queira, poderá filiar-se ao RGPS na qualidade de segurado facultativo.

4. Considere que João e Fernanda sejam árbitros de futebol e atuem, de acordo com a Lei n.º 9.615/1998, sem vínculo empregatício com as entidades desportivas diretivas em que atuam. Nessa situação hipotética, João e Fernanda podem ser inscritos na previdência social na qualidade de segurados facultativos, tendo em vista inexistir qualquer disposição legal que os obrigue a serem filiados ao regime geral.

5. De acordo com o Estatuto da Criança e do Adolescente, em cada município haverá um conselho tutelar, órgão permanente e autônomo, não jurisdicional, encarregado pela sociedade de zelar pelo cumprimento dos direitos da criança e do adolescente, composto de 5 membros escolhidos pela comunidade. O exercício dessa atividade pública vincula o conselheiro ao RGPS na qualidade de empregado, pois equivale ao exercício de cargo em comissão.

40. **(DEFENSORIA PÚBLICA DA UNIÃO – 2007 – CESPE)** Em relação ao direito previdenciário, julgue os itens que se seguem.

1. Atualmente, é possível a concessão de pensão por morte aos dependentes, mesmo que o segurado tenha falecido após perder a qualidade de segurado. Para isso, é indispensável que os requisitos para obtenção da aposentadoria tenham sido preenchidos de acordo com a legislação em vigor à época em que os requisitos foram atendidos.

2. Considere que Silvano seja segurado não-aposentado da previdência social e tenha sido condenado pela prática de crime que determinou o início do cumprimento da pena em regime fechado. Nessa situação, a renda mensal inicial do auxílio-reclusão devida aos dependentes é calculada de acordo com o modelo de cálculo a ser utilizado em caso de aposentadoria por invalidez.

3. O fator previdenciário é um índice aplicável ao cálculo do salário-de-benefício que considera a idade, a expectativa de sobrevida e o tempo de contribuição do segurado ao se aposentar, devendo ser aplicado no cálculo da renda mensal inicial dos benefícios de aposentadoria por idade e por tempo de contribuição.

4. Considere a seguinte situação hipotética. Carlos aposentou-se por idade pelo INSS. Depois disso, apesar da idade, conseguiu ser aprovado em concurso público para ocupar cargo efetivo em uma administração municipal instituidora de regime próprio. O referido município ainda não organizou sua previdência complementar. Nessa situação, Carlos poderá renunciar ao benefício do RGPS, mesmo após ter recebido algumas prestações, com a finalidade de aproveitar o tempo de contribuição para o novo regime, com a possibilidade de receber, no futuro, proventos integrais.

5. A assistência social será prestada a quem dela necessitar, independentemente da contribuição à seguridade social. Entretanto, no tocante à garantia de um salário mínimo de benefício mensal à pessoa portadora de deficiência e ao idoso que comprovem não possuir meios de prover a própria manutenção ou de tê-la provida por sua família, há exigência de contribuição social.

41. **(DEFENSORIA PÚBLICA DA UNIÃO – 2007 – CESPE)** Em relação ao direito previdenciário, julgue os itens que se seguem.

1. A prestação de serviço rural, por menor de 12 a 14 anos, até o advento da Lei n.º 8.213/1991, devidamente comprovada, pode ser reconhecida para fins previdenciários.

2. Para a concessão de aposentadoria rural por idade, não se exige que o início de prova material corresponda a todo o período equivalente à carência do benefício, sendo que, para a comprovação de tempo de serviço rural, é imprescindível documento em nome do próprio interessado.

3. Francisco ajuizou reclamação trabalhista em face de seu ex-empregador, pleiteando o reconhecimento do vínculo laboral. Em decorrência de acordo homologado pela sentença, foi registrado o contrato de trabalho em sua CTPS. Assim, esse documento constituirá início de prova material para fins de comprovação de tempo de contribuição para a previdência social.

4. O auxílio-reclusão será devido, nas mesmas condições da pensão por morte, aos dependentes do segurado recolhido à prisão, exceto se esta se deu em decorrência do cometimento de crime hediondo.

5. De acordo com a legislação previdenciária, salvo no caso de direito adquirido, não é permitido o recebimento conjunto, pelo RGPS, dos seguintes benefícios: mais de uma aposentadoria; salário-maternidade e auxílio-doença; assim como mais de um auxílio-acidente.

42. **(DEFENSORIA PÚBLICA DA UNIÃO – 2007 – CESPE)** Em relação ao direito previdenciário, julgue os itens que se seguem.

1. Considere que Albertina tenha trabalhado como empregada da empresa FC Máquinas Ltda. durante o período de junho/1992 a dezembro/2003, quando foi demitida. Ainda desempregada, em junho/2006, sofreu um atropelamento que a incapacitou temporariamente para o trabalho. Nessa situação, Albertina não terá direito ao recebimento de auxílio-doença porque já perdeu a qualidade de segurada.
2. A concessão dos benefícios de pensão por morte, auxílio-reclusão, salário-família e auxílio-acidente independe de carência.

43. **(DEFENSORIA PÚBLICA DA UNIÃO – 2002 – CESPE)** Em cada um dos itens a seguir, relativos aos segurados, beneficiários e benefícios do regime geral de previdência social, é apresentada uma situação hipotética, seguida de uma assertiva a ser julgada.

1. Tirso foi inscrito no regime geral de previdência social em 30/7/2001, por ocasião da celebração do seu primeiro contrato de trabalho, tendo sido providenciada, igualmente, a inscrição de sua esposa na qualidade de dependente. Np dia nove do mês subsequente, contudo, Tirso veio a óbito, vítima de homicídio praticado por um desafeto. Nessa situação, a dependente do segurado falecido não terá direito ao benefício de pensão por morte, em virtude de não haver transcorrido o prazo de carência definido em lei. A dependente faria jus ao benefício, contudo, se o óbito do segurado decorresse de acidente de trabalho.
2. Luciano trabalhava há cinco anos em uma empresa de informática, sempre realizando sua jornada no período notumo, tendo sido regularmente inscrito no regime geral de previdência social desde o início de sua relação laborai. Subseqüentemente, Luciano foi nomeado para exercer cargo comissionado no serviço público federal, não mantendo, porém, vínculo efetivo com qualquer ente público. Nessa situação, não será necessário proceder-se a nova filiação de Luciano no regime geral de previdência social, em decorrência do exercício da nova atividade laborai, exercida concomitantemente com a primeira, uma vez que o trabalhador já se encontrava inscrito no sistema.
3. Lauro tomou-se pensionista da União em julho de 1991, em decorrência do falecimento de sua esposa, a qual, quando do óbito, exercia o cargo de procurador autárquico da União. Em 1993, Lauro passou a viver com Marta, tendo nascido três filhos dessa união. Marta faleceu em agosto de 2001, de modo que Lauro requereu ao INSS o benefício de pensão por morte, na qualidade de companheiro da segurada falecida. Nessa situação, a pensão deverá ser concedida integralmente aos filhos do casal, haja vista o ordenamento jurídico vedar o recebimento conjunto de mais de um benefício de pensão por morte, como requerido por Lauro.
4. Ismael requereu o benefício de aposentadoria por idade, ao completar 65 anos, após contribuir para a previdência social, comprovadamente, por exatos 25 anos. Demonstrados os valores dos salários-de-contribuição de Ismael ao longo do período, o INSS apurou que o seu salário-de-benefício correspondia a R$ 900,00. Nessa situação, a renda mensal inicial da aposentadoria de Ismael corresponderá a R$ 855,00.
5. Moisés foi acometido por doença degenerativa, decorrente do exercício de sua atividade laboral em condições insalubres por mais de dez anos. Moisés foi, então, afastado do trabalho, para efeito de tratamento de saúde, sendo que, na ocasião, percebia remuneração de R$ 3.500,00. Nessa situação, Moisés terá direito a perceber o benefício do auxílio-doença pago pela previdência social, a partir do 16.° dia de afastamento do trabalho o qual não poderá ser inferior ao valor da remuneração paga pelo empregador.

44. **(DEFENSORIA PÚBLICA DA UNIÃO – 2002 – CESPE)** Julgue os itens seguintes, relativos ao custeio do regime geral de previdência social e às sanções pelo não recolhimento das contribuições devidas.

1. Em 5/12/1996, foi promulgada a lei que instituía o Sistema Integrado de Pagamento de Impostos e Contribuições das Microempresas e Empresas de Pequeno Porte (SIMPLES), em face da qual as empresas que lograssem sua inscrição no Sistema passariam a efetuar pagamento unificado de diversas contribuições sociais e impostos federais. Entre as exações relacionadas na lei para efeito dessa unificação, não se encontra a contribuição social incidente sobre pagamentos pro labore — contribuição a cargo das empresas e pessoas jurídicas, incidente sobre as remunerações ou retribuições pagas pêlos serviços prestados, sem vínculo empregatício, por segurados empresários e trabalhadores autônomos —, instituída por meio da Lei Complementam nº 84, de 18/1/1996. Assim, as empresas inscritas no SIMPLES ficam sujeitas à incidência, individualizada dessa contribuição.
2. Considere a seguinte situação hipotética: Adriano deixou de recolher, no prazo legal, as contribuições previdenciárias descontadas de seus empregados nos últimos seis meses do ano de 1999. Iniciada a ação .fiscal pêlos agentes do INSS, Adriano promoveu o pagamento do débito, acrescido de todos os valores impostos em lei. Nessa situação, mesmo sendo pago o débito antes do oferecimento de denúncia pelo Ministério Público

Federal, não estará extinta a punibilidade, mas o juiz poderá deixar de aplicar a pena cominada, ou aplicar tão-somente a de multa, se Adriano for primário e de bons antecedentes.

3. Na execução judicial de dívida ativa do INSS, é facultado a autarquia indicar bens à penhora o quais ficam indisponíveis por parte dos devedores, prevenindo o patrimônio público de eventuais fraudes, desde o momento em que à indicação à penhora é protocolizada no juízo da execução.

4. O décimo terceiro salário pago a empregado doméstico integra o salário-decontribuição desse segurado, para efeito da incidência das contribuições para a seguridade social devidas pelo empregado e pelo empregador, mas não integra o salário-de-contribuição para efeito da apuração do salário-de-benefício.

5. Surgiu como "de eficácia contida" a norma constitucional que garantiu a licença de cento e vinte dias a todas as trabalhadoras gestantes e a percepção do respectivo benefício do salário-maternidade. Isso porque, para as trabalhadoras que até então não tinham assegurado esse direito e para aquelas que o tiveram ampliado em sua duração, o benefício previdenciário só poderia ser fruído nos limites definidos na regra constitucional novel, após a definição legislativa da respectiva fonte de custeio, haja vista a existência de norma também de hierarquia constitucional dispondo nesse sentido.

45. **(DEFENSORIA PÚBLICA DA UNIÃO – 2004 – CESPE)** Em relação à origem, organização e evolução legislativa da seguridade social no Brasil, julgue os itens a seguir.

1. O falecimento recente de Leonel Brizola recordou uma das correntes ideológicas mais importantes na história brasileira: o trabalhismo, resultante da política adotada pelo governo Vargas a partir de 1930 e cujo ideário constituiu um conjunto de políticas no fortalecimento do sindicalismo, na criação da justiça do trabalho e na política previdenciária caracterizada pela organização de caixas de aposentadoria e pensão segmentadas por empresas e de natureza privada.

2. As ações propositivas de iniciativa dos poderes públicos e da sociedade que asseguram os direitos relacionados à saúde, à educação, à assistência social e à previdência constituem o conceito de seguridade social, conforme estabelecido no título da Ordem Social da Constituição Federal.

3. Cientificamente, o direito é uno, portanto, não se considera a autonomia de um ramo em relação a outro. Contudo, para fins didáticos, em relação à seguridade social, o ordenamento jurídico brasileiro e a doutrina adotaram a teoria monista, reconhecendo que o direito da seguridade social vincula-se ao direito do trabalho.

46. **(DEFENSORIA PÚBLICA DA UNIÃO – 2004 – CESPE)** Relativamente ao financiamento da seguridade social e ao conceito de empresa para fins previdenciários, julgue os seguintes itens.

1. Os ganhos habituais sob a forma de utilidades integram o conceito de salário de contribuição. Por essa razão, sobre o valor pago pelas empresas a título de seguro de vida em grupo, disponível à totalidade dos empregados e dirigentes e previsto em acordo ou convenção coletiva de trabalho, incide contribuição previdenciária.

2. A principal fonte de receita de custeio da previdência social brasileira é a contribuição para o financiamento da seguridade social, tributo cobrado com base no faturamento e cuja competência para arrecadar e fiscalizar é da Secretaria de Receita Federal.

3. Considere a seguinte situação hipotética. Sebastião iniciou a construção de sua casa no início deste ano, tendo contratado pessoalmente diversos trabalhadores para a execução da obra. Nessa situação, em relação aos segurados que lhe prestam serviços, Sebastião equipara-se a uma empresa no que concerne às obrigações previdenciárias previstas na legislação.

4. O financiamento dos benefícios decorrentes dos riscos ambientais do trabalho é feito mediante a aplicação de percentual sobre o total da remuneração paga, devida ou creditada ao segurado empregado da empresa. O enquadramento no correspondente grau de risco é feito pelo empregador para oportuna verificação pela fiscalização do INSS de acordo com a atividade preponderante da empresa, assim considerada a atividade com maior número de segurados.

5. A gratificação natalina — décimo terceiro salário — integra o salário-de-contribuição, bem como o cálculo do salário-de-benefício, sendo devida a contribuição quando do pagamento ou crédito da última parcela ou na rescisão do contrato de trabalho.

47. **(DEFENSORIA PÚBLICA DA UNIÃO – 2004 – CESPE)** Com relação aos segurados obrigatórios do regime geral de previdência social (RGPS), julgue os itens a seguir.

1. A inscrição de qualquer segurado no RGPS exige a idade mínima de 16 anos, contudo a prestação de serviço rural por menor de 12 a 14 anos de idade, até o advento da Lei n.º 8.213/1991, devidamente comprovada, pode ser reconhecida para fins previdenciários.

2. O servidor público titular de cargo efetivo, vinculado a ente público instituidor de regime próprio de previdência social e que exerça atividade remunerada abrangida pelo RGPS, torna-se segurado obrigatório também em relação a esse regime.

3. Considere a seguinte situação hipotética. Júlio, que é servidor público em determinado município, ocupa cargo em comissão, assim entendido aquele declarado em lei de livre nomeação e exoneração. Nessa situação, Júlio é segurado obrigatório do RGPS, na qualidade de empregado.

48. **(DEFENSORIA PÚBLICA DA UNIÃO – 2004 – CESPE)** Julgue os itens a seguir, referentes às normas de isenção, restituição, compensação e decadência no âmbito da previdência social.

1. O INSS pode cancelar a isenção da entidade que não cumprir os requisitos determinados pela legislação. Contra tal decisão, é possível recorrer ao Conselho de Recursos da Previdência Social. Entretanto, se o motivo do cancelamento for a falta de apresentação do registro e do certificado de entidade beneficente fornecido pelo Conselho Nacional de Assistência Social, não caberá recurso.
2. Considere a seguinte situação hipotética. Durante procedimento de ação fiscal em uma empresa, realizado no início deste ano, os servidores responsáveis pelo procedimento constataram que as contribuições previdenciárias referentes aos anos de 1993 a 1998 não haviam sido recolhidas.

   Nessa situação, a fiscalização do INSS não poderá constituir o crédito previdenciário pelo fato de essas obrigações estarem caducas.
3. Considere a seguinte situação hipotética. Por evidente erro de cálculo, a empresa Campo Limpo Ltda. recolheu em duplicidade os valores devidos em relação à contribuição previdenciária a seu cargo, referente à competência 5/2004. Nessa situação, de acordo com a legislação vigente, a empresa poderá pleitear a restituição dos valores pagos indevidamente, em até 2 anos a contar da data do pagamento indevido ou, se preferir, poderá efetuar a compensação, sem limites, com parcelas devidas da mesma espécie em relação às competências posteriores.

49. **(DEFENSORIA PÚBLICA DA UNIÃO – 2004 – CESPE)** A respeito do plano de benefícios da previdência social e da manutenção, da perda e do restabelecimento da qualidade de segurado, julgue os itens subseqüentes.

1. O tempo de serviço rural anterior à vigência da Lei n.º 8.213/1991 pode ser utilizado para fins de contagem recíproca, assim entendida aquela em que se soma o tempo de atividade privada, rural ou urbana, ao tempo de serviço público estatutário, desde que sejam recolhidas as respectivas contribuições previdenciárias.
2. O fato de a previdência social pagar as prestações decorrentes de acidentes do trabalho não exclui a responsabilidade civil da empresa ou de terceiros.
3. Ao segurado que se incapacitar para o trabalho antes de ter completado o período de carência será devido um pecúlio equivalente a 5 vezes a base de cálculo da sua última contribuição.
4. Pedro é casado com Marília, com a qual tem quatro filhos, todos com menos de 14 anos de idade. Ambos são empregados segurados do RGPS e recolhem pelo teto do salário de contribuição. Nessa situação, de acordo com a legislação vigente, tanto Pedro quanto Marília poderão receber os benefícios do salário-família.
5. O contribuinte facultativo mantém a qualidade de segurado até 6 meses após a cessação das suas contribuições, vindo a perdê-la no dia seguinte ao do vencimento da contribuição relativa ao mês imediatamente posterior ao término do prazo.

15.2. AGÊNCIAS REGULADORAS

50. **(ADVOGADO – ANVISA – 2004 – CESPE)** A respeito da Lei n.º 9.782/1999, que instituiu o Sistema Nacional de Vigilância Sanitária (SNVS), julgue os seguintes itens.

1. No âmbito desse sistema, a vigilância sanitária de portos, aeroportos e fronteiras é de competência exclusiva dos estados, do DF e dos municípios.
2. Cabe à União estimular a cooperação técnica e financeira entre os estados, o DF e os municípios, por intermédio do Ministério da Saúde, da ANVISA e dos demais órgãos e entidades do Poder Executivo federal cujas áreas se relacionem com o sistema.

51. **(ADVOGADO – ANVISA – 2004 – CESPE)** No que se refere ao regimento interno da ANVISA, julgue os itens subseqüentes.

1. Incumbe à ANVISA regulamentar, controlar e fiscalizar os produtos e serviços que envolvam riscos à saúde pública, de forma autônoma e independente da legislação em vigor.
2. Poderá ser precedido de audiência pública qualquer processo decisório que implicar a efetiva afetação de direitos sociais do setor de saúde ou dos consumidores, decorrente de ato administrativo da ANVISA ou de anteprojetos de lei propostos por ela.

52. **(ADVOGADO – ANVISA – 2004 – CESPE)** A partir dos anos 80 do século passado, com a quebra dos principais paradigmas pertinentes à gestão pública, temas que anteriormente eram discutidos e aplicados apenas no contexto das organizações privadas passaram a fazer parte do vocabulário da administração pública, dando início à gestão pública moderna. Quanto à gestão pública moderna e à estrutura da administração pública brasileira, julgue o item a seguir.

1. O Estado regulador brasileiro, em âmbito federal, vem utilizando predominantemente a regulação

do tipo setorial, limitando-se a determinados segmentos de atividades afins. O ideal em relação à implementação de uma agência reguladora ocorre quando a eficiência da atividade regulada se alinha com o interesse dos usuários e com um modelo regulatório centralizador.

53. **(ADVOGADO – ANVISA – 2004 – CESPE)** Julgue os itens seguintes, relativos à administração pública e à regulamentação.

1. Na falta de informação referente aos resultados das atividades da administração pública, uma das formas encontradas atualmente pelos governos ditos empreendedores para recompensar seus funcionários é premiá-los com base nos seguintes critérios: tempo de serviço, volume de recursos e de pessoal que administram, além da própria hierarquia da administração pública.
2. A organização de gestão empreendedora em que o processo de descentralização destaca a importância da existência de líderes dispostos a investirem em seus funcionários é uma organização orientada para o poder de competência — aquele que emana do saber — e para o desempenho de papéis específicos.
3. A partir do momento em que foram introduzidas no modelo regulatório brasileiro, as agências reguladoras fizeram surgir o conceito de otimização funcional. Sua eficaz implementação baseia-se na autonomia da agência reguladora e na definição de instrumentos que proporcionem a eficiência produtiva desta.
4. Em uma gestão de qualidade total, as necessidades dos usuários de produtos e serviços a serem disponibilizados pelo governo são definidas por especialistas. Dessa forma, será possível se atingir um padrão de qualidade que proporcionará a satisfação dos usuários.

54. **(ADVOGADO DA UNIÃO – AGU – 2009 – CESPE)** No moderno Estado regulador, conforme lecionam Antonio La Spina e Giandomenico Majone, adotam-se diferentes técnicas de regulação, entre as quais se destacam: a) a fixação de standards de atuação, por meio de normas; b) a determinação, aos agentes privados que desenvolvem uma dada atividade, do dever de informar, objetivando-se dotar de transparência suas condutas e diminuir a assimetria informativa existente entre eles e os consumidores; c) o exame individualizado de produtos e processos, muitas vezes mediante técnicas de autorização. A regulação abrange, ainda, a fiscalização das condutas e a aplicação de penalidades. A partir de tais considerações, julgue os itens seguintes, acerca da competência para regular e fiscalizar as entidades fechadas de previdência privada.

1. Dependem de autorização da Secretaria de Previdência Complementar, do Ministério da Previdência Social, as operações de fusão, cisão, incorporação e qualquer outra forma de reorganização societária das entidades fechadas de previdência privada, assim como as retiradas de patrocinadores.
2. Aplicada penalidade pelo órgão fiscalizador, em virtude do descumprimento do dever de prestar informações solicitadas pelos participantes de um plano de benefícios de uma entidade fechada, cabe recurso, no prazo de 15 dias, ao Ministro de Estado da Previdência Social.

55. **(ADVOGADO – ANP – 2008 – CESGRANRIO)** Sobre os procedimentos aplicáveis às reuniões da Diretoria da Agência Nacional do Petróleo, Gás Natural e Biocombustíveis - ANP, é INCORRETO afirmar que os(as)

(A) Diretores podem encaminhar previamente ao Diretor Geral votos escritos sobre as matérias constantes da pauta, em caso de justificada impossibilidade de comparecimento à determinada reunião.
(B) reuniões de Diretoria da ANP são presididas pelo Diretor Geral ou, na sua ausência, por qualquer dos Diretores presentes.
(C) reuniões de Diretoria se instalam com a presença de, no mínimo, 3 (três) Diretores da agência, sendo um deles obrigatoriamente o Diretor Geral ou seu substituto.
(D) deliberações da Diretoria, como órgão colegiado, serão tomadas com os votos convergentes de, ao menos, três de seus membros.
(E) convocações de reunião de Diretoria podem ser feitas isoladamente pelo Diretor Geral da ANP.

56. **(ADVOGADO – ANP – 2008 – CESGRANRIO)** Acerca das sessões deliberativas da Diretoria da ANP destinadas a resolver conflitos entre agentes econômicos da indústria do petróleo, analise as afirmativas a seguir.

I. A decisão proferida pela Diretoria da ANP nas situações em que não há acordo entre as partes em conflito possui força terminativa.

II. Os interessados possuem o direito de obter a transcrição da gravação das sessões deliberativas da Diretoria da ANP.

III. A Diretoria da ANP utilizará os casos já mediados pela Agência como precedentes para novas decisões.

IV. As sessões deliberativas serão sempre públicas.

Estão corretas as afirmativas

(A) I e III, apenas.
(B) II e IV, apenas.
(C) III e IV, apenas.
(D) I, III e IV, apenas.
(E) I, II, III e IV.

57. **(ADVOGADO – ANS – 2005 – CESPE)** Acerca da Lei n.º 9.961/1990, que cria a ANS, julgue os itens que se seguem.

1. Essa lei autoriza a ANS a proceder intervenção fiscal em operadora de planos de saúde, mas limita a possibilidade de liquidação extrajudicial da operadora, pela própria ANS, ao submeter o pleito à Secretaria do Direito Econômico do Ministério da Fazenda, na forma da lei.
2. A ANS deve ser regida por um contrato de gestão, negociado entre o diretor-presidente da ANS e o Ministro da Saúde. Esse contrato deve ser aprovado pelo Senado Federal, órgão igualmente responsável pela aprovação prévia dos nomes dos dirigentes da ANS, para posterior nomeação por ato do presidente da República.

Agência reguladora, em sentido amplo, seria, no direito brasileiro, qualquer órgão da administração direta ou entidade da administração indireta com função de regular a matéria específica que lhe está afeta. Se for entidade da administração indireta, ela está sujeita ao princípio da especialidade, o que significa que cada qual exerce e é especializada na matéria que lhe foi atribuída por lei.

Maria Sylvia Zanella Di Pietro.Direito administrativo, 17.ª ed. São Paulo: Atlas, 2004 (com adaptações).

58. **(ADVOGADO – ANS – 2005 – CESPE)** Considerando o texto acima e com fundamento na Lei n.º 10.871/2004, que dispõe sobre a criação de carreiras e a organização de cargos efetivos das agências reguladoras, julgue os itens a seguir.

1. A Lei n.º 10.871/2004. criou agências reguladoras sob o regime fundacional. A Agência Nacional de Saúde (ANS) é um caso típico de fundação pública com poder de regulação, inspeção, fiscalização e controle da assistência suplementar à saúde e pertence, pois, à administração indireta.
2. Os servidores em efetivo exercício nas agências reguladoras têm o dever de manter sigilo sobre as operações ativas e passivas e os serviços prestados pelas instituições reguladas de que tiverem conhecimento em razão do cargo ou da função. A violação desse dever é considerada falta grave e sujeita o servidor infrator às penas de advertência, de suspensão, de demissão ou de cassação de aposentadoria, de acordo com a gravidade e as conseqüências do fato revelado.
3. O especialista em regulação de saúde complementar e o analista administrativo da ANS detêm competências comuns de fiscalização do cumprimento das regras pelos agentes do mercado de assistência suplementar de saúde e de orientação aos agentes deste mercado e ao público em geral.

59. **(PROCURADOR FEDERAL – AGU – 2002 – CESPE)** Acerca das agências reguladoras e executivas, julgue os itens a seguir.

(1) Na Agência Nacional de Energia Elétrica (ANEEL), um de seus diretores deve ser indicado no respectivo decreto de constituição como o responsável por desempenhar a função de ouvidor, a fim de zelar pela qualidade do serviço público de energia elétrica e de receber, apurar e solucionar as reclamações dos usuários.

(2) A lei regulamentadora da ANEEL estabelece o que geralmente se designa como "quarentena", isto é, o período no qual o ex-dirigente da agência continua a ela vinculado durante certo tempo após ocupar o cargo; no caso específico dessa lei, esse período é de doze meses e, nele, o ex-dirigente não pode prestar nenhuma espécie de serviço, ainda que graciosamente, às empresas que estiveram sob sua regulamentação ou fiscalização, inclusive as controladas, coligadas ou subsidiárias daquelas.

(3) Embora integre a administração pública na qualidade de autarquia especial e detenha certo grau de independência administrativa e financeira, bem como mandato fixo e estabilidade para seus dirigentes, a ANATEL mantém vínculo hierárquico em relação ao ministro de Estado das Comunicações, a cujo ministério é vinculada.

(4) A ANATEL concentra a maior parte das competências relativas à supervisão do sistema brasileiro de telecomunicações, mas divide parte delas com o Ministério das Comunicações; exemplo de competência desse ministério é a certificação de produtos destinados ao uso em telecomunicações, pois essa atribuição não é da ANATEL.

(5) Além de a Agência Nacional do Petróleo (ANP) deter os atributos de autonomia inerentes à condição de autarquia especial, seus diretores não são de livre nomeação e exoneração por parte do presidente da República, uma vez que o nome deles deve ser aprovado pelo Senado Federal previamente à nomeação.

60. **(PROCURADOR FEDERAL – AGU – 2002 – CESPE)** Com relação às agências reguladoras e executivas, julgue os itens seguintes.

(1) Como regra geral, as sessões deliberativas da ANP são públicas e permitem que os presentes realizem gravação delas, bem como que solicitem transcrição do que nelas se discutir; a lei prevê, porém, que, caso a matéria envolva interesse estratégico do mercado de combustíveis, a diretoria da agência, por decisão unânime, torne reservada uma dessas sessões, restrita a presença aos representantes das partes e a seus advogados.

(2) O controle de portos, aeroportos e fronteiras, no que diz respeito à vigilância sanitária, é uma das

áreas de atuação que compete à Agência Nacional de Vigilância Sanitária (ANVS); além disso, pode a agência, entre outras atribuições, interditar, a depender das circunstâncias, local de venda de produtos relativos à saúde, como farmácias e drogarias.

(3) Os produtos sujeitos à ação da ANVS não são apenas medicamentos, mas também alimentos, inclusive bebidas e águas envasadas; cosméticos, produtos de higiene pessoal e perfumes; saneantes; equipamentos e materiais médico-hospitalares, odontológicos e hemoterápicos e de diagnóstico laboratorial e por imagem; imunobiológicos e suas substâncias ativas; sangue e hemoderivados; órgãos, tecidos humanos e veterinários para uso em transplantes ou reconstituições; radioisótopos; cigarros e qualquer outro produto fumígero.

(4) A Agência Nacional de Saúde Suplementar (ANS) atua como órgão de regulação, normatização, controle e fiscalização das atividades que garantam a assistência suplementar à saúde; divide essa atribuição, em alguns pontos, com o Ministério da Saúde; no caso de usuários de planos privados de saúde que se valham dos serviços do Sistema Único de Saúde (SUS), competirá àquele ministério estabelecer as normas para ressarcimento do SUS.

(5) A fim de conferir segurança à situação jurídica dos dirigentes da ANS, a legislação estabelece, em favor deles, estabilidade no cargo após quatro meses de mandato, do qual somente podem ser afastados pela expiração do respectivo mandato ou por decisão judicial que lhes aplique sanção penal e com trânsito em julgado.

61. **(PROCURADOR FEDERAL – AGU – 2002 – CESPE)** Ainda com referência às agências reguladoras e executivas, julgue os itens abaixo.

(1) Cabe à Agência Nacional de Águas (ANA) a implementação da Política Nacional de Recursos Hídricos em todo o Brasil; porém, no caso de bacias hidrográficas compartilhadas com outros países, devido aos reflexos internacionais que atingem os interesses da União no plano externo, aquela política é de competência do presidente da República e de comissão de relações exteriores do Congresso Nacional.

(2) Não apenas o Banco do Nordeste do Brasil S.A. mas igualmente outros bancos podem exercer o papel de agente financeiro da Agência de Desenvolvimento do Nordeste (ADENE); caber-lhes-á não só creditar valores decorrentes dos projetos autorizados pela agência como também fiscalizar a implementação desses projetos; a atuação do agente financeiro não será gratuita, mas remunerada, segundo dispuser o Poder Executivo; a ADENE, em que pese a sua denominação, deve atuar não apenas nos estados da Região Nordeste, mas ainda em trechos de Minas Gerais e do Espírito Santo.

(3) A Agência de Desenvolvimento da Amazônia (ADA) é dirigida de maneira colegiada por diretoria cujos membros são livremente escolhidos pelo presidente da República, apenas sujeitos à aprovação por parte do Senado Federal; ninguém que haja sido acionista ou sócio de empresa beneficiada por projeto aprovado pela ADA poderá ser nomeado para a diretoria da entidade.

(4) Ressalvadas as garantias estabelecidas em lei para o exercício da direção das Agências Nacionais de Regulação dos Transportes Terrestre e Aquaviário, cabe-lhes, sobretudo, implementar as políticas formuladas pelo Ministério dos Transportes e pela Presidência da República.

(5) Com exceção dos membros das diretorias, as agências reguladoras e executivas têm seu pessoal disciplinado pela legislação trabalhista, sob o regime de emprego público; a seleção dos empregados deve dar-se, como regra, por meio de concurso público, que poderá abranger provas orais, escritas e de títulos e curso de formação específica.

15.3. DIREITOS HUMANOS

O Estado, como nação politicamente organizada, exerce poderes de soberania sobre todas as coisas que se encontram em seu território. Alguns bens pertencem ao próprio Estado; outros, embora pertencentes a particulares, ficam sujeitos às limitações administrativas impostas pelo Estado; outros, finalmente, não pertencem a ninguém, por inapropriáveis, mas sua utilização subordina-se às normas estabelecidas pelo Estado.

Hely Lopes Meirelles. Direito administrativo brasileiro. 29.ª ed. São Paulo: Malheiros, 2003 (com adaptações).

Não obstante o indiscutível avanço em se ensaiar a caracterização efetiva de uma genuína Constituição Global, o advento da Declaração Universal dos Direitos do Homem acabou contribuindo indiretamente para o acirramento de uma ampla problemática relativa aos chamados direitos humanos que reside, como em todos os elementos normatizadores, na questão específica da interpretação (e do alcance) de seus dispositivos. Assim, muitas das ações, em princípio violadoras dos direitos humanos para parte da comunidade internacional (particularmente no período bipolar de confrontação ideológica), não eram consideradas como tal por outra parcela, criando objetivamente um impasse político cuja solução última vai da simples imposição da ideologia dominante até a criação de verdadeiros tribunais internacionais, com jurisdição transnacional e com plena capacidade de interpretar e aplicar a legislação comum internacional.

Reis Friede. *Curso de ciência política e teoria geral do Estado.* Rio de Janeiro: Forense, 2002, p. 280-3. (com adaptações).

62. **(ADVOGADO DA UNIÃO – AGU – 2006 – CESPE)** Quanto à proteção internacional dos direitos humanos, julgue os itens a seguir.

1. As Sociedades Nacionais da Cruz Vermelha — bem como do Crescente Vermelho — são pessoas jurídicas de direito privado, constituídas segundo as leis dos países em que estão sediadas.
2. A atuação do Comitê Internacional da Cruz Vermelha foi decisiva na elaboração do denominado Direito de Genebra.
3. O Direito de Haia constitui um corpo de normas jurídicas escritas, elaboradas a partir de duas conferências internacionais de paz realizadas em Haia, durante as quais foram elaboradas convenções multilaterais que regulam o direito de ir à guerra, o direito de prevenção e as normas sobre a condução das hostilidades.
4. Como marco histórico das primeiras normas direcionadas à proteção da pessoa humana é correto citar a influência do livro de Henri Dunant sobre a Batalha de Solferino, que motivou os Estados à elaboração — mediante convenções internacionais multilaterais — de um conjunto de normas que passou a ser denominado direito humanitário internacional.
5. O movimento conhecido como Cruz Vermelha é inseparável do desenvolvimento do direito humanitário internacional. Esse movimento compreende, na verdade, três tipos de instituições: as Sociedades Nacionais da Cruz Vermelha, o Comitê Internacional da Cruz Vermelha e a Federação Internacional do Crescente Vermelho.

Ante a grave situação em que se encontravam os internos e outras pessoas na Casa de Detenção José Mário Alves, conhecida como Penitenciária de Urso Branco, localizada na cidade de Porto Velho, no Estado de Rondônia, Brasil, a Corte Interamericana de Direitos Humanos adotou, por solicitação da Comissão Interamericana de Direitos Humanos, diversas medidas provisórias em resoluções datadas de 18/6/2002, 29/8/2002 e 22/4/2004, às quais se agregam as cartas enviadas ao Estado brasileiro pela própria Corte em 6/3/2003, 1.º/5/2003 e 7/1/2004. A primeira resolução da Corte Interamericana em matéria de medidas provisórias acima mencionada considerou, entre outras situações graves, de atenção urgente, a freqüência com que se haviam perpetrado homicídios na referida penitenciária e a forma como ocorreram. As mortes se apresentaram em circunstâncias de grande violência e notória perda de controle da prisão por parte das autoridades correspondentes. Por esse motivo, a Corte Interamericana considerou pertinente adotar medidas provisórias destinadas, sobretudo, à preservação da vida e da integridade física dos reclusos da Penitenciária de Urso Branco. Não obstante as reiteradas instâncias da Corte Interamericana, não se logrou a correção das condições prevalecentes nessa instituição. Os mais recentes informes noticiam que continuam os atos de violência com resultados fatais: persistem o cometimento de homicídios e outros fatos de suma gravidade. Aparentemente, essas condições têm prevalecido ao longo de dois anos, período em que foram ditadas as resoluções da Corte em matéria de medidas provisórias, além das medidas cautelares solicitadas previamente pela Comissão Interamericana. Considerando esses fatos, a Corte convocou uma audiência, realizada na sede do Tribunal, em São José, Costa Rica, em 28/6/2004, para escutar os informes sobre essa situação dados pelos representantes dos internos na Penitenciária de Urso Branco, que atuam como peticionários, assim como a Comissão Interamericana de Direitos Humanos e o Estado. Em 7/7/2004, a Corte Interamericana ditou nova resolução que reiterava as demais resoluções adotadas ao longo dos últimos dois anos.

Trecho traduzido e adaptado, extraído do Voto Concurrente proferido pelo juiz García Ramírez à Resolução da Corte Interamericana de Direitos Humanos sobre medidas provisórias no Caso da Penitenciária de Urso Branco de 7/7/2004.

63. **(ADVOGADO DA UNIÃO – AGU – 2004 – CESPE)** Tendo o texto acima como referência inicial, julgue os itens seguintes, acerca de medidas provisórias em matéria de proteção internacional dos direitos humanos e a respeito do regime jurídico das obrigações internacionais de proteção dos direitos da pessoa humana.

1 A Corte Interamericana de Direitos Humanos não tem, na prática, requerido da Comissão Interamericana de Direitos Humanos, quando solicita medidas provisórias, prova substancial de que os fatos narrados são verídicos, pois procede antes com base na presunção razoável de que os fatos alegados correspondem à verdade e de que tais medidas de proteção são necessárias.

2 As medidas provisórias ordenadas pela Corte Interamericana de Direitos Humanos têm como objeto apenas a proteção do direito à vida e à integridade pessoal — física, mental e moral — das supostas vítimas.

3 As medidas provisórias revestem-se de caráter verdadeiramente tutelar, mais que cautelar, pois que passam a salvaguardar, mais que a eficácia da prestação jurisdicional, os próprios direitos fundamentais da pessoa humana.

4 A obrigação geral de garantia do gozo e exercício livre e pleno dos direitos previstos na Convenção Americana de Direitos Humanos é uma obrigação de natureza erga omnes. Assim, no caso da Penitenciária de Urso Branco, objeto do texto considerado, o Estado não pode eximir-se de sua responsabilidade internacional pela violação dos direitos à vida e à integridade pessoal devido ao fato de que os atos de violência que geraram ditas violações foram perpetrados por algumas das pessoas detidas em detrimento de outros detentos.

5 O Estado não pode eximir-se de sua responsabilidade internacional pela violação de obrigações específicas relacionadas com a proteção do direito à vida e à integridade pessoal por motivos de ordem interna, como a forma federativa do Estado e a conseqüente divisão de competências materiais e legislativas próprias à União e aos Estados-Membros.

6 As obrigações internacionais de proteção dos direitos humanos vinculam apenas o governo federal.

64. **(DEFENSORIA PÚBLICA DA UNIÃO – 2007 – CESPE)** No que concerne à atuação internacional na área de direitos humanos, julgue os itens a seguir.

1. A República Federativa do Brasil, que reconhece a jurisdição obrigatória da Corte Interamericana de Direitos Humanos, em nenhum momento foi ré por violações geradoras de responsabilidade internacional.
2. O Pacto Internacional de Direitos Sociais, Econômicos e Culturais não prevê o direito de petição da vítima de violação dos direitos nele protegidos ao comitê criado pelo próprio pacto.

65. **(DEFENSORIA PÚBLICA DA UNIÃO – 2007 – CESPE)** Julgue os itens subseqüentes.

1. De acordo com a jurisprudência do STF, desde 1988 os tratados sobre direitos humanos podem ser incorporados ao ordenamento jurídico nacional com força de emenda constitucional.
2. Compõem o Sistema Interamericano de Direitos Humanos a Assembléia Geral da Organização dos Estados Americanos, a Corte Interamericana de Direitos Humanos e a Comissão Interamericana de Direitos Humanos.
3. A Comissão Interamericana de Direitos Humanos tem por função principal a observância e defesa dos direitos humanos e, no exercício de seu mandato, tem a atribuição de formular recomendações aos governos dos Estados-membros.
4. Nos Estados federais, o governo central é o responsável pelas violações aos direitos humanos praticadas por agentes das suas unidades federadas.

66. **(DEFENSORIA PÚBLICA DA UNIÃO – 2007 – CESPE)** Julgue os itens subseqüentes.

1. Nas hipóteses de grave violação de direitos humanos, o Procurador-Geral da República, com a finalidade de assegurar cumprimento de obrigações decorrentes de tratados internacionais de direitos humanos dos quais o Brasil seja parte, poderá suscitar, perante o STJ, em qualquer fase do inquérito ou processo, incidente de deslocamento de competência para a justiça federal.
2. Aplica-se aos direitos sociais, econômicos e culturais o princípio da proibição do retrocesso.
3. A prescrição nos crimes previstos no Estatuto de Roma, de competência do Tribunal Penal Internacional, se opera nos mesmos prazos da legislação do Estado-parte do qual o réu é súdito.
4. No Brasil, o reconhecimento da condição de refugiado dá-se por decisão da representação do Alto Comissariado das Nações Unidas para refugiados ou por decisão judicial.

67. **(DEFENSORIA PÚBLICA DA UNIÃO – 2004 – CESPE)** Acerca do processo de incorporação, vigência e extinção dos tratados internacionais relativos a direitos humanos no ordenamento jurídico brasileiro, julgue os itens subseqüentes.

1. Em geral, os tratados internacionais modernos relativos a direitos humanos são convenções celebradas sob os auspícios de organizações internacionais globais ou regionais, antecedidos por inúmeras sessões de trabalhos preparatórios, destinadas à apresentação, negociação e composição do texto-base do instrumento convencional, tendo como objeto e fim a proteção dos direitos fundamentais do ser humano e não o intercâmbio recíproco de direitos para o benefício mútuo dos Estados contratantes, conforme ocorre nos tratados internacionais de tipo tradicional.
2. Concluída a fase de negociação multilateral, cabe ao Estado brasileiro, por meio do seu chefe ou, por delegação, de um plenipotenciário, a decisão discricionária de assinar o instrumento convencional, com ou sem reservas, ou promover novos estudos no âmbito interno; porém, ao assiná-lo, constitui-se o vínculo obrigacional no plano do direito internacional.
3. Tratados internacionais relativos a direitos humanos podem conter autorização expressa para formulação de quaisquer reservas que o Estado-parte considere apropriadas, desde que tais reservas não sejam incompatíveis com o objeto e o fim do tratado, não estando sujeitas à aceitação ulterior dos demais Estados contratantes.
4. A denúncia de um tratado internacional a respeito de direitos humanos pelo chefe do Poder Executivo está condicionada apenas à prévia aprovação do ato pelo Poder Legislativo.

68. **(DEFENSORIA PÚBLICA DA UNIÃO – 2004 – CESPE)** No que se refere ao Sistema Interamericano de Proteção dos Direitos Humanos, julgue os itens a seguir.

1. Qualquer pessoa pode apresentar à Comissão Interamericana de Direitos Humanos (CIDH) petições que contenham denúncias ou queixas de violações aos direitos consagrados na Convenção Americana sobre Direitos Humanos por um

Estado-parte, desde que, esgotados os recursos de direito interno, o pleito obtenha o endosso do Estado do qual o indivíduo seja nacional.

2. A comprovação da condição de vítima é requisito de admissibilidade do caso perante a CIDH e a cláusula que prevê o direito de petição individual é facultativa, ao passo que a cláusula de petições interestatais é obrigatória.

3. A competência da CIDH alcança, por um lado, todos os Estados-partes da Convenção Americana sobre Direitos Humanos, em relação aos direitos e garantias nesta consagrados e, por outro lado, alcança todos os Estados-membros da Organização dos Estados Americanos, em relação aos direitos consagrados na Declaração Americana de 1948.

15.4. SISTEMA FINANCEIRO DA HABITAÇÃO

69. **(ADVOGADO – CEF – 2006 – CESPE)** Julgue os itens seguintes, a respeito das normas que regem o sistema financeiro de habitação, a CAIXA e o programa de arrendamento residencial.

1. O sistema financeiro de habitação, integrado exclusivamente pelo Banco Nacional da Habitação e pelas sociedades de crédito imobiliário, tem como objetivo promover a aquisição da casa própria pela população de baixa renda.

2. A CAIXA, pessoa jurídica de direito privado, é competente para elaborar seus próprios estatutos, os quais dependerão de aprovação do Banco Central do Brasil para que adquiram força normativa.

3. A CAIXA, com o objetivo de operacionalizar o programa de arrendamento residencial para atendimento exclusivo da necessidade de moradia da população de baixa renda, dispõe de fundo financeiro constituído pelos bens e direitos adquiridos no âmbito do referido programa, os quais não se comunicam com o patrimônio da CAIXA.

70. **(ADVOGADO – CEF – 2001 – CESPE)** A respeito da legislação do SFH, julgue os itens seguintes.

(1) Há juristas que formulam críticas à possibilidade de execução extrajudicial prevista no Decreto-lei n.º 70/66, por considerarem-na inconstitucional. Em face disso, o caminho apropriado para que eventual declaração de inconstitucionalidade do decreto-lei, nesse ponto, tivesse efeito erga omnes, nos termos da Constituição da República de 1988 e segundo o entendimento do Supremo Tribunal Federal (STF), seria o ajuizamento, pelo procurador-geral da República ou por qualquer outro dos sujeitos constitucionalmente legitimados, de ação direta de inconstitucionalidade, cujo julgamento é de competência exclusiva do citado tribunal.

(2) A execução extrajudicial prevista no Decreto-lei n.º 70/66 somente pode atingir mutuários que sejam pessoalmente intimados por meio do cartório de títulos e documentos; se o devedor não for localizado, somente por meio do Poder Judiciário poderá o credor buscar a satisfação de seu crédito.

(3) Nos termos do Decreto-lei n.º 70/66, a morte do mutuário não impede o prosseguimento da execução extrajudicial, até com a alienação do imóvel hipotecado em leilão; o mesmo aplica-se no caso de falência, concordata ou dissolução da pessoa jurídica devedora.

(4) Considere a seguinte situação hipotética. Bruno era proprietário de uma unidade residencial em prédio de apartamentos, condomínio regido pela Lei n.º 4.591/64. Bruno não possuía nem pretendia possuir automóvel e, portanto, teve a idéia de alienar a Clodovil, vizinho do mesmo edifício, os direitos relativos à vaga de garagem que lhe cabia no condomínio. Clodovil, porém, não teve interesse na aquisição. Ocorreu então a Bruno transferir onerosamente esses direitos a Demócrito, amigo residente no prédio ao lado, pois ele possuía um automóvel além do que sua vaga no prédio comportava e, por isso, teria interesse em guardar o veículo na vaga de Bruno. Nessa situação, se Clodovil tivesse interesse na aquisição dos direitos sobre a garagem, o negócio poderia ser realizado de maneira juridicamente válida. A Demócrito, porém, Bruno não poderia legalmente vender esses direitos, mesmo que houvesse intenção do comprador.

(5) Considere a seguinte situação hipotética. A empresa Deltaépsilon Empreendimentos Imobiliários Ltda. resolveu adquirir um terreno urbano para nele construir um edifício de apartamentos que seriam depois vendidos ao público. A venda, porém, não seria de todas as unidades do edifício, pois uma parte delas serviria para incorporar-se ao patrimônio da empresa, a fim de aumentar-lhe o capital social. Nessa situação, a aquisição do terreno e a construção das unidades não poderiam ser consideradas incorporação imobiliária, para os fins da Lei n.º 4.591/64, uma vez que a alienação das unidades seria apenas parcial.

71. **(ADVOGADO – CEF – 2001 – CESPE)** No atinente à legislação do SFH, julgue os itens a seguir.

(1) Se um banco é autorizado a operar como agente financeiro do SFH, isso significa que poderá executar extrajudicialmente quaisquer créditos seus garantidos por hipoteca.

(2) Nas execuções regidas pela Lei n.º 5.741/71, se o imóvel hipotecado for a leilão e não se apresentarem interessados, o juiz adjudicará o bem ao credor, e isso eximirá o devedor de pagar o valor da dívida que eventualmente exceder a avaliação do imóvel.

(3) A possibilidade de execução extrajudicial de imóveis financiados pelo SFH abre-se para o agente financeiro após um mês de atraso no pagamento das prestações do mútuo.

(4) Considere a seguinte situação hipotética.
Um banco integrante do SFH cobrou de um de seus mutuários valores a maior em relação aos legalmente devidos. Depois de haver constatado o erro, o banco calculou o valor recebido indevidamente, corrigiu-o monetariamente e, em lugar de devolvê-lo em espécie ao mutuário, abateu-o do saldo devedor do financiamento. O mutuário, por não aceitar o abatimento e exigir a repetição do indébito, ajuizou ação em face do agente financeiro. Nessa situação, a providência do agente financeiro não foi ilegal, pois, além da devolução do valor em dinheiro, é também juridicamente admissível a redução do saldo devedor.

(5) Considere a seguinte situação hipotética. Emílio e sua esposa Flávia obtiveram financiamento habitacional regido pelo Plano de Comprometimento de Renda (PCR), a que se refere a Lei n.º 8.692/93. A parcela comprometida com o pagamento dos encargos mensais do mútuo foi de 25% da renda conjunta do casal, pois receberam a informação do agente financeiro de que esse era o percentual máximo de comprometimento legalmente admitido. Meses após o início do pagamento das prestações, o casal divorciou-se. Na sentença do divórcio, fixou-se que caberia a Flávia o imóvel, o qual ela deveria pagar com seus próprios meios. O comprometimento da renda dela com as prestações, no entanto, após o divórcio, chegou a 40%. Nessa situação, a informação dada ao casal pelo agente financeiro quanto ao comprometimento mensal máximo da renda estava errada; por outro lado, em face do divórcio e da conseqüente exclusão do co-adquirente do imóvel, Flávia teria direito a renegociar o contrato, para ajustar o valor das prestações mensais à sua renda individual, de modo a manter o comprometimento mensal no limite legal máximo.

72. **(ADVOGADO – CEF – 2001 – CESPE)** No que tange à legislação do SFH e do Sistema de Financiamento Imobiliário (SFI), julgue os itens abaixo.

(1) No SFI, tanto pessoa física quanto pessoa jurídica podem ser devedores fiduciantes, o bem imóvel objeto do contrato de alienação fiduciária pode estar concluído ou em construção e a garantia dada ao fiduciário sujeita-se a condição resolutiva.

(2) A Lei n.º 10.150, de 2000, resultante da conversão da Medida Provisória n.º 1.981-45, de 2000, regulamentou a novação de dívidas e responsabilidades do Fundo de Compensação de Variações Salariais (FCVS). Esse fundo garantia que o valor das prestações de financiamentos do SFH se mantivesse dentro de certos patamares, cabendo-lhe, ao cabo do prazo contratual, propiciar quitação ao mutuário, que nada mais deveria ao agente financeiro. Pela lei, seria possível a novação da potencial dívida do FCVS para com um agente financeiro, ainda que a responsabilidade do fundo não estivesse sequer definida.

(3) Desprezando-se acréscimos como correção monetária e juros, é juridicamente correto afirmar que, se uma empresa estiver em débito quanto às contribuições para o Fundo de Garantia do Tempo de Serviço (FGTS) no valor de R$ 20.000,00 e a cobrança for ajuizada, a dívida, acrescida do encargo legal, passará a R$ 22.000,00; se, no entanto, a devedora pagá-la antes do ajuizamento, deverá despender R$ 21.000,00 para liquidá-la.

(4) Considere a seguinte situação hipotética.
Um estado da Federação brasileira enfrentou fortíssimas chuvas, que alagaram muitas cidades e vastas extensões de terra. O governador decretou estado de calamidade pública em razão disso. A assembléia legislativa, por sua vez, aprovou lei complementar que criou empréstimo compulsório para fazer face às despesas decorrentes da situação. A lei vinculou a aplicação dos recursos oriundos do empréstimo compulsório às despesas que o fundamentaram. Nessa situação, a criação do empréstimo compulsório atendeu aos requisitos constitucionais e, portanto, ele podia ser cobrado de modo juridicamente válido.

(5) Em princípio, os impostos são apenas aqueles explicitamente enumerados pela Constituição, de maneira que novos impostos somente podem ser criados em caráter excepcional e unicamente pela União, no exercício da competência tributária residual; as taxas e as contribuições de melhoria, diferentemente, não são enumeradas taxativamente no texto constitucional, razão por que a própria União, os estadosmembros, o Distrito Federal e os municípios podem criá-las com finalidades específicas, desde que obedecido o sistema constitucional.

73. **(PROCURADOR – BANCO CENTRAL – 2009 – CESPE)** Quanto às regras jurídicas que norteiam o SFN, sua fiscalização, bem como o papel e a atividade de suas instituições, assinale a opção correta.

(A) Pessoa física que exerça, eventualmente, captação e aplicação de recursos financeiros de terceiros, em moeda estrangeira, está equiparada legalmente a instituição financeira.

(B) O BACEN pode comprar e vender títulos de emissão do Tesouro Nacional com a finalidade de suprir deficits fiscais do governo.

(C) O Banco do Brasil não está obrigado a submeter à aprovação do Conselho Monetário Nacional seus programas de recursos e aplicações, de forma que se ajustem à política de crédito do governo federal.

(D) Nos processos administrativos punitivos, instaurados pela área de fiscalização do BACEN, compete ao diretor de Normas e Organização do Sistema Financeiro dessa instituição, ouvida a Procuradoria-Geral, decidir sobre a aplicação das penalidades.

(E) À Procuradoria-Geral do BACEN compete, a partir de denúncia, instaurar processo administrativo disciplinar para apurar responsabilidade de diretor da instituição.

74. **(PROCURADOR – BANCO CENTRAL – 2009 – CESPE)** O Conselho de Recursos do SFN (CRSFN) é órgão colegiado judicante de segundo grau, criado pelo Decreto n.º 91.152/1985, que integra a estrutura do Ministério da Fazenda. Quanto às normas que regem as atividades do CRSFN, assinale a opção correta.

(A) O procurador-geral do BACEN está legitimado para requisitar autos ao CRSFN.

(B) Junto ao CRSFN, funcionam procuradores da Fazenda Nacional e procuradores do BACEN, designados pelas respectivas procuradorias-gerais.

(C) Os recursos de decisões do BACEN relativas à aplicação de penalidades por infração à legislação de consórcios são julgados, em última instância, pelo CRSFN.

(D) Cabe ao procurador-geral da Fazenda Nacional dirimir dúvidas quanto às atribuições do CRSFN.

(E) No caso de pena de inabilitação temporária para o exercício de cargos de direção na administração de instituições financeiras, aplicada pelo BACEN, cabe recurso, sem efeito suspensivo, ao CRSFN.

15.5. SAÚDE E EDUCAÇÃO

75. **(ADVOGADO – ANVISA – 2004 – CESPE)** Acerca da Lei n.º 8.080/1990 — Lei Orgânica da Saúde —, julgue os itens a seguir.

1. A utilização da epidemiologia para estabelecer prioridades, alocar recursos e orientar ações e serviços públicos de saúde e serviços privados contratados ou conveniados que integram o Sistema Único de Saúde (SUS) é uma regra que poderá ser colocada de lado com o objetivo de preservar a autonomia das pessoas na defesa de sua integridade física e moral.

2. O dever do Estado de garantir a saúde consiste na formulação e na execução de políticas econômicas e sociais que objetivem a redução de riscos de doenças e de outros agravos. Consiste também no estabelecimento de condições que assegurem acesso universal e igualitário às ações e aos serviços para a sua promoção, proteção e recuperação, não excluindo desse campo os deveres das pessoas, das famílias, das empresas e da sociedade.

3. Os fatores determinantes e condicionantes da saúde incluem a alimentação, a moradia, o saneamento básico, o meio ambiente, o trabalho, a renda, a educação, o transporte, o lazer e o acesso aos bens e serviços essenciais.

4. A vigilância sanitária deve ser entendida como um conjunto de ações capaz de eliminar, diminuir ou prevenir riscos à saúde e de intervir nos problemas sanitários decorrentes do meio ambiente, da produção e circulação de bens e da prestação de serviços de interesse da saúde, abrangendo o controle de bens de consumo que, direta ou indiretamente, se relacionem com a saúde, compreendidas todas as etapas e processos, da produção ao consumo, e o controle da prestação de serviços que se relacionem direta ou indiretamente com a saúde.

76. **(ADVOGADO – ANVISA – 2004 – CESPE)** A respeito da Lei n.º 8.142/1990, que dispõe sobre a participação da comunidade na gestão do SUS, julgue os itens seguintes.

1. A Conferência de Saúde, em caráter permanente e deliberativo, é órgão colegiado composto por representantes do governo, prestadores de serviço, profissionais de saúde e usuários. Esse órgão atua na formulação de estratégias e no controle da execução da política de saúde na instância correspondente, inclusive nos aspectos econômicos e financeiros, cujas decisões serão homologadas pelo chefe do poder legalmente constituído em cada esfera do governo.

2. Os municípios, os estados e o Distrito Federal (DF), para receberem os recursos do Fundo Nacional de Saúde alocados como cobertura das ações e serviços de saúde, deverão constituir fundo de saúde, conselho de saúde e plano de saúde, fornecer relatórios de gestão, incluir contrapartida de recursos para a saúde no respectivo orçamento e constituir comissão de elaboração do plano de carreira, cargos e salários com previsão de dois anos para a sua implantação.

"A concepção mais integral do que é saúde e doença, que diz respeito à associação entre as condições sociais e a produção da saúde, ganhou nova força em meados da década de 70 do século passado, sobretudo na América Latina, palco do desenvolvimento de processos de exclusão social, devido à adoção de determinadas políticas de ordens econômica e social. Como resposta a essa situação, na qual a maioria das populações exibe condições cada vez mais precárias quanto ao acesso ao consumo — uma vez que despojadas progressivamente de emprego e de salários dignos —, desenvolve-se o embrião latente da denominada Medicina Social, que permanecera mascarada pelo advento da era bacteriológica.

Fruto desse pensar, que buscava uma compreensão diferenciada dos fenômenos sociais e inclusive de saúde, consolidou-se o desenvolvimento da Teoria da Determinação Social do Processo Saúde-Doença, que busca relacionar a forma como a sociedade está organizada às manifestações de saúde ou de doença. E o que isso quer dizer?

Significa que a saúde-doença compõe momentos de um processo maior, que se refere à vida das pessoas, que, por sua vez, está intrinsecamente ligada ao potencial que elas têm ao acesso às necessidades para viver a vida, seja a moradia, a alimentação, a educação, a saúde, o lazer etc. Ter acesso, em uma sociedade como a brasileira, depende da inserção no sistema de produção, ou seja, do local que a pessoa ocupa no trabalho. Assim, a depender da inserção no sistema de produção, poder-se-á dispor de possibilidades maiores ou menores para o consumo. Portanto, verifica-se que a saúde-doença depende, em última instância, do lugar que se ocupa na sociedade. Evidentemente que não se estão deixando de lado as características particulares de cada ser humano, conformadas por meio do genótipo/fenótipo. Assim, a vida humana é forjada tanto na dimensão de processos que causam danos e daqueles que protegem as pessoas."

L. A. Fracolli e M. R. Bertolozzi. A abordagem do processo saúde-doença das famílias e do coletivo. *In*: Manual de Enfermagem. Internet: http://<www.ids-saude.org.br/enfermagem> (com adaptações).

77. **(ADVOGADO – ANVISA – 2004 – CESPE)** Julgue os itens subseqüentes, relativos às idéias apresentadas no texto anterior.

1. O processo saúde-doença depende exclusivamente do lugar que o indivíduo ocupa no sistema de produção da sociedade.
2. A forma como a sociedade está organizada às manifestações de saúde ou de doença considera que saúde-doença não compõe o processo que se refere à vida das pessoas.
3. As condições sociais a que diversos estratos da população brasileira foram submetidos, em especial a partir dos anos 70 do século XX, foram e ainda são determinantes no processo saúde-doença, visto que quanto mais precárias forem essas condições maiores serão os efeitos verificados sobre a saúde dessa população.
4. A Teoria da Determinação Social do Processo Saúde-Doença foi fruto da Medicina Social e não da concepção que estabeleceu a associação entre as condições sociais e a produção da saúde.

78. **(ADVOGADO – ANVISA – 2004 – CESPE)** Julgue os itens que se seguem.

1. De acordo com a Lei n.º 6.360/1976, toda empresa é livre para extrair, produzir, fabricar, transformar, sintetizar, purificar, fracionar, embalar, reembalar, importar, exportar, armazenar ou expedir medicamentos, drogas, insumos farmacêuticos, produtos de higiene, cosméticos, perfumes, saneantes domissanitários e produtos destinados à correção estética.
2. Conforme determina a Lei n.º 6.437/1977, as infrações sanitárias serão punidas com penalidades tais como advertência, multa e apreensão de produto, aplicadas de forma alternativa ou cumulativamente, sem prejuízo das sanções de natureza civil ou penal cabíveis ao caso concreto.
3. De acordo com a Lei n.º 5.991/1973, o ato de fornecimento ao consumidor de drogas, medicamentos, insumos farmacêuticos e correlatos, a título remunerado ou não, é privativo de farmácia, drogaria, posto de medicamento e unidade volante e de dispensário de medicamentos.

79. **(ADVOGADO – ANVISA – 2004 – CESPE)** Com base no Decreto n.º 79.094/1977, julgue os itens a seguir.

1. Tendo razões fundamentadas e com o objetivo de manter a segurança sanitária, o órgão de vigilância sanitária competente do Ministério da Saúde poderá suspender a fabricação e a venda de medicamentos, cosméticos e perfumes que, embora registrados, se tornem suspeitos de produzir efeitos nocivos à saúde humana.
2. É permitida, sem a anuência prévia e expressa do Ministério da Saúde, a importação de produtos submetidos ao regime de vigilância sanitária, desde que os mesmos sejam doações destinadas a pessoas de direito público ou de direito privado, ainda que suas quantidades e qualidade possam comprometer a execução de programas nacionais de saúde.

80. **(ADVOGADO – ANVISA – 2004 – CESPE)** Suponha que, de uma grande população, n pessoas serão selecionadas ao acaso. Da amostra, contar-se-á o número k de pessoas ($k < n$) que possuem uma determinada doença. De acordo com estudos médicos anteriores, acredita-se que 10% dos indivíduos dessa população têm essa doença. Considere X a variável aleatória que representa o número de pessoas observadas na amostra que possuem a doença. A partir do texto acima, julgue os itens a seguir.

1. Se, de fato, 10% dos indivíduos dessa população têm a doença, então a média de X é igual a $0{,}1n$.
2. Se, de fato, 10% dos indivíduos dessa população têm a doença, então, em uma amostra de 5 pessoas, a probabilidade de que pelo menos uma pessoa tenha a doença é inferior a 0,45.
3. Se, de fato, 10% dos indivíduos dessa população têm a doença e se a amostra for de 5 pessoas ($n = 5$), então a mediana de X será igual ou superior a 1.

4. Se, de fato, 10% dos indivíduos dessa população têm a doença e se a amostra for de 5 pessoas (n = 5), então o desvio-padrão de X é superior a 0,7.

81. **(ADVOGADO – ANVISA – 2004 – CESPE)** No que se refere à Lei n.º 9.294/1996, que dispõe sobre as restrições ao uso e à propaganda de produtos fumígeros, bebidas alcoólicas, medicamentos, terapias e defensivos agrícolas, julgue os seguintes itens.

1. As normas ou disposições concretas que regulam a propaganda de medicamentos anódinos e de venda livre não exigem classificação pelo órgão competente do Ministério da Saúde para que esses produtos sejam anunciados nos meios de comunicação de massa.
2. Considere que uma propaganda comercial de cigarrilhas seja veiculada pelos meios de comunicação de massa e contenha imagens que relacionem o aumento da virilidade com o consumo do produto. Nessa situação, é correto afirmar que essa propaganda atende ao bem-estar do consumidor e aos princípios inseridos na legislação pertinente.
3. Considere que o proprietário de um bar no Distrito Federal (DF) tenha sido autuado por um inspetor de vigilância sanitária local por ter destinado como fumódromo local bem pequeno e sem arejamento conveniente, que antes era usado por músicos, em dias de *show*, como camarim. Nessa situação, está correta a aplicação de multa pelo inspetor de vigilância.
4. Considere que uma emissora de televisão tenha veiculado propaganda de certa marca de bebida alcoólica, sem recomendação de seu consumo, no horário das 18 h, em chamada que não caracterizava patrocínio do produto para eventos alheios à programação normal ou rotineira das emissoras de televisão. Nessa situação, a emissora agiu em consonância com a legislação pertinente.
5. Considere que uma farmácia tenha efetuado a manipulação de remédio em uma concentração cem vezes maior que a solicitada na receita médica, procedimento comprovado por laudos laboratoriais e que ocasionou a morte de paciente menor de idade que ingeriu o referido medicamento. Pelas investigações, restou comprovado que a morte do garoto foi provocada por um erro de manipulação do remédio. Nessa situação, é correta a realização de procedimento de fiscalização sanitária nessa farmácia, podendo o farmacêutico e o técnico responsável pela manipulação do medicamento serem indiciados criminalmente.
6. Considere que uma ação dos inspetores da ANVISA, em inspeção ocorrida em aeronave particular de carga que indicou que o piloto e o co-piloto fumavam cachimbo, tenha sido reputada como arbitrária, desnecessária e ilegal, uma vez que estava em andamento ação judicial federal para julgar a legalidade do consumo de tabaco em aeronaves exclusivamente destinadas ao transporte de cargas. Nessa situação, o fato de o policiamento sanitário concretizado pela ação dos inspetores ter exigido prontas e eficazes providências caracteriza desvio de finalidade e abuso de poder, motivo pelo qual merece reparo judicial.
7. Considere que o estoque de determinada marca de cerveja nacional encontrado em depósito de bebidas tenha sido apreendido por um inspetor da vigilância sanitária porque no rótulo das garrafas do produto não constava, de forma legível e ostensiva, a advertência: Evite o consumo excessivo de álcool. Nessa situação, o inspetor da vigilância sanitária atendeu às determinações legais.
8. Considere que uma farmácia tenha vendido um medicamento para gripe como se fosse anabolizante, produto que somente pode ser vendido sob prescrição médica. Nessa situação, cabe ao Ministério da Saúde autuar o estabelecimento comercial por propaganda e venda irregular de medicamento.

No Brasil, deve-se reconhecer o pioneirismo de alguns estudiosos do direito sanitário e do trabalho do grupo de professores e profissionais das áreas do direito e da saúde pública que introduziram seu estudo sistemático como disciplina do conhecimento na Universidade de São Paulo, a partir de 1978. As diferentes origens acadêmicas geraram as sessões em que se discutiu em profundidade o conceito de saúde e o conceito de direito, apresentados, respectivamente, por professores de saúde pública e de direito.

Sueli Dallari. Direito sanitário e saúde pública. Brasília: UnB/ENSP 2003, p. 52-7.

82. **(ADVOGADO – ANVISA – 2004 – CESPE)** Tendo o texto acima como referência inicial e considerando as múltiplas implicações do tema por ele abordado, julgue os itens que se seguem.

1. Para a autonomia científica do direito sanitário e sua interação com outras áreas do conhecimento, é necessário que se enfrente a enigmática e angustiante experiência contemporânea do direito e das leis.
2. O direito sanitário representa uma evidente mudança de paradigma no campo do direito. Para sua definição, portanto, não é necessária discussão filosófica ou sociológica nem domínio de instrumentos adjetivos que possibilitem a realização efetiva do direito à saúde.
3. O direito sanitário constitui um subcampo do conhecimento científico dotado de leis próprias, derivadas dos agentes e das instituições que o caracterizam.

4. A saúde é um direito fundamental do ser humano, devendo o Estado prover as condições indispensáveis ao seu pleno exercício, por meio de políticas sociais e econômicas que visem a redução de riscos de doenças e de outros agravos. Vale dizer: a propósito da ordem econômica da Constituição Federal de 1988, o direito assume o papel de fator implementador das transformações sociais.

A Lei Federal n.º 10.216/2001, relativa à proteção aos portadores de transtornos mentais, não permite a extinção dos hospitais psiquiátricos. Prevê, sim, a criação de serviços extra-hospitalares para garantir a desinstitucionalização, como estratégia de transformação dos elementos explícitos e implícitos do modelo manicomial. A substituição do hospital psiquiátrico por uma rede de serviços diversificados, regionalizados e hierarquizados orienta, não exclusivamente para uma mera supressão de sintomas, mas para a efetiva recontextualização e reabilitação psicossocial do paciente, além de resgatar a tolerância com a diferença entre seres humanos.

83. **(ADVOGADO – ANVISA – 2004 – CESPE)** À luz do texto acima, julgue os itens seguintes.

1. Considere que, para verificar as condições dos hospitais psiquiátricos no Brasil e garantir a qualidade dos atendimentos nos serviços hospitalares e extra-hospitalares, além da adequada alimentação dos pacientes e da manutenção de seus medicamentos, a ANVISA fiscalizou hospitais psiquiátricos da rede pública e privada de forma rotativa, o que resultou na aplicação de autos de infração, expedição de intimações e penalidades referentes à prevenção e repressão de tudo que comprometia a saúde dos pacientes. Nessa situação, é correta a fiscalização da ANVISA.
2. Considerando que, ao tempo da concessão do registro de produto classificado na categoria alimento, nos termos do Decreto-lei n.º 986/1969, houvesse o enquadramento dado a armazenamento de alimento em defesa da saúde individual e coletiva, uma análise hipotética por parte dos fiscais da vigilância sanitária sobre alimento apreendido em determinado hospital psiquiátrico de um município de Minas Gerais serviria a sua conformidade com os dispositivos do decreto-lei citado.

84. **(ADVOGADO – ANVISA – 2004 – CESPE)** Julgue o item a seguir, relativo às regras básicas de alimentos fixados no Decreto-lei n.º 986/1969 e à participação do setor saúde no controle das águas de consumo humano.

1. O controle sanitário de alimentos e bebidas é partilhado pelos setores da saúde e da agricultura, e o das águas minerais, com o setor de minas e energia. Compete ao setor de saúde o controle sanitário e o registro dos produtos alimentícios industrializados, inclusive os de origem animal, a participação no controle das águas de consumo humano e o controle do sal quanto ao teor de iodo.

85. **(ADVOGADO – ANS – 2005 – CESPE)** Acerca da Lei n.º 8. 080/1990, que regulamenta o Sistema Único de Saúde (SUS), julgue os itens a seguir.

1. A iniciativa privada poderá participar do sistema de forma complementar. Empresas privadas formadas com a participação de capital estrangeiro estão excluídas do processo.
2. A omissão na referida lei sobre a possibilidade de os municípios estabelecerem consórcios intermunicipais gerou práticas as mais díspares no sistema, o que motivou recente projeto de lei específico sobre o tema.
3. Originalmente, a Lei n.º 8.080/1990 não incluiu o subsistema de atendimento e internação hospitalar. Ele foi objeto de nova lei editada apenas no ano de 2002.
4. O subsistema de vigilância sanitária é de competência exclusiva da União e suas ações estão concentradas na Agência Nacional de Vigilância Sanitária, de forma similar à saúde suplementar, regulada exclusivamente pela Agência Nacional de Saúde Suplementar (ANS).

86. **(ADVOGADO – ANS – 2005 – CESPE)** A respeito da Lei n.º 9.656/1998, que regulamenta a saúde suplementar, julgue os seguintes itens.

1. Ao estabelecer disposições para todas as empresas privadas que operam planos de assistência à saúde, essa lei deixou de fora da regulamentação e, portanto, da ação da ANS, uma importante quantidade de planos operados por institutos públicos e destinados basicamente a servidores em diversos estados e municípios do país.
2. Nessa lei não está incluída a obrigatoriedade do plano-referência. Essa obrigatoriedade foi objeto de normatização quando da criação da ANS, por meio da RDC 08/2000.

87. **(ADVOGADO – ANS – 2005 – CESPE)** Considerando a legislação do setor de saúde no Brasil, em especial o capítulo da saúde na Constituição da República e a Lei n.º 8.142/1990, julgue os itens subseqüentes.

1. A Constituição buscou romper, no Brasil, com o tipo de acesso aos serviços públicos de saúde condicionado à situação de trabalho do usuário.
2. Antes da criação do SUS, um cidadão sem carteira de trabalho assinada não tinha acesso a serviços públicos de saúde, exceto em condições de emergência médica.

3. A Lei n.º 8.142/1990 estabelece que o Conselho Nacional de Saúde tem caráter provisório e deve reunir-se para atuar em situações de crise sanitária.
4. Por meio da Lei n.º 8.142/1990, atribuiu-se a condição de *status* público ao CONASS e ao CONASEMS.
5. A representação dos usuários nas conferências de saúde, nos termos da referida lei, é proporcionalmente igual à observada para a composição dos conselhos de saúde.
6. A Lei n.º 8.080/1990 foi elaborada após a Lei n.º 8.142/1990, e produz maior detalhamento de itens relacionados ao modelo de atenção à saúde.
7. A Lei n.º 8.142/1990 cuida dos recursos do Fundo Nacional de Saúde relacionados a despesas de custeio do sistema, mas também inclui as despesas de capital feitas pelo Ministério da Saúde.
8. Quando estabelece a possibilidade de os municípios formarem consórcios para a execução de ações de saúde, a Lei n.º 8.142/1990 não autoriza que para tal sejam remanejadas parcelas de transferências do Ministério da Saúde.
9. Ao estabelecer a saúde como direito de todos e dever do Estado, a Constituição determina, nos artigos de 196 a 200, o fim do modelo de cidadania regulada em termos institucionais.
10. A Constituição, em seu art. 197, declara de relevância pública as ações e serviços de saúde e retira a competência da iniciativa privada na prestação desses serviços.
11. A Constituição determina que as ações e serviços públicos de saúde integrem uma rede hierarquizada e constituam um sistema único de acordo com diretrizes que incluem a participação da comunidade.
12. No art. 200 da Constituição, são estabelecidas as competências do SUS. Essas competências não incluem incrementar em sua área de atuação o desenvolvimento científico e tecnológico.

88. **(PROCURADOR FEDERAL – AGU – 2007 – CESPE)** A CF estabelece que a educação é direito de todos e dever do Estado e da família, a ser promovida e incentivada com a colaboração da sociedade, tendo por finalidade o pleno desenvolvimento da pessoa, seu preparo para o exercício da cidadania e sua qualificação para o trabalho. Ela enfatiza a obrigatoriedade do ensino fundamental e sua gratuidade nos estabelecimentos da rede escolar pública, inclusive para os que a ele não tiveram acesso na idade própria. Quanto à educação superior, a CF define as universidades como instituições dotadas de autonomia didático-científica, administrativa e de gestão financeira e patrimonial, subordinadas ao princípio da indissociabilidade entre ensino, pesquisa e extensão. Depois de prolongada e complexa tramitação no Congresso Nacional, a Lei de Diretrizes e Bases da Educação Nacional (LDB) foi finalmente aprovada e sancionada em dezembro de 1996. Uma das características marcantes dessa lei é a margem de autonomia que confere aos sistemas de ensino e às próprias escolas, chegando a oferecer alternativas para a organização das atividades escolares. Tendo as informações acima como referência inicial e considerando aspectos legais concernentes à educação brasileira, julgue os itens que se seguem.

1. Programas como o de transporte e o de alimentação escolar (merenda), bem como o do livro didático, são políticas públicas respaldadas pela CF, que identifica como dever do Estado com a educação o atendimento ao educando, no ensino fundamental, por meio de programas suplementares.
2. Embora juridicamente obrigatório, o acesso à educação básica está ainda bem distante do ideal de universalização, fato que se explica pela insuficiente oferta de vagas nas escolas da rede pública e pela precariedade das instalações físicas dessas escolas.
3. A progressão continuada dos estudos, mais conhecida como aprovação automática, adotada em vários sistemas de ensino e em várias escolas, consiste na não-reprovação de aluno nas séries do ensino fundamental e está respaldada pela própria CF quando esta afirma que o acesso ao ensino obrigatório e gratuito é direito público subjetivo.
4. A autonomia universitária a que se refere o texto constitucional, reiterada na LDB, aplica-se ao conjunto das instituições de educação superior mantidas pelo poder público (União, estados, municípios e DF), situação que não se aplica às universidades privadas.
5. Tanto a CF quanto a LDB determinam a destinação de recursos públicos para as escolas públicas, permitindo, contudo, que esses recursos também sejam endereçados a escolas comunitárias, confessionais ou filantrópicas.

15.6. DIREITO AMBIENTAL

89. **(ADVOGADO – ANVISA – 2004 – CESPE)** Em cada um dos itens a seguir, é apresentada uma situação hipotética a respeito da Lei n.º 7.802/1989 e do Decreto n.º 4.074/2002, seguida de uma assertiva a ser julgada.

1. Na instrução de um inquérito civil público, foram requisitadas informações ao IBAMA, à Secretaria de Defesa Agropecuária e à ANVISA a respeito de dois pontos: se o milho *guardian* ou qualquer planta que funcione como bioinseticida poderia ser considerado um agrotóxico ou afim, na forma da Lei n.º 7.802/1989; e, em caso positivo, se era ou não obrigatório o registro especial temporário do

bioinseticida como condição para liberação dessas plantas geneticamente modificadas. Em razão de os três órgãos terem respondido positivamente às duas questões apresentadas pelo Ministério Público, foi enviada recomendação à CTNBio, a fim de que somente expedisse, editasse e publicasse comunicado ou parecer conclusivo quanto à liberação planejada de organismos geneticamente modificados após o pesquisador ou a entidade proponente demonstrar possuir registro especial temporário. Como a recomendação do Ministério Público não foi atendida nem foi apresentada justificativa por parte da CTNBio para tanto, tornou-se indispensável a proposição da ação civil pública para sanar a irregularidades identificadas nos cultivos de sementes transgênicas que funcionam como agentes biológicos para controle de pragas. Nessa situação, ao examinar a ação civil pública, a justiça federal deverá deferir liminar e julgar procedente a ação, invocando o princípio da precaução como fundamento da decisão.

2. Uma empresa produtora de agrotóxicos teve indeferido pedido de registro de um novo produto, pelo fato de este ser considerado mutagênico, conforme resultado de um único teste laboratorial a que fora submetido com o objetivo de detectar o seu potencial para mutações genéticas. Nessa situação, o órgão federal competente, responsável pelo registro, agiu de acordo com a legislação, pois esta proíbe o registro de tais produtos se, no mínimo, em um teste, ficar constatado que o agrotóxico é capaz de induzir mutações.

3. Um partido político sem representação no Congresso Nacional protocolou, no órgão federal competente, pedido de cancelamento de registro de certo agrotóxico por força de representação recebida por seu diretório nacional que denunciava inúmeros males causados ao meio ambiente e à saúde humana pelo produto. Nessa situação, em preliminar de sua defesa, a empresa produtora poderá argüir a ilegitimidade do solicitante, tendo em vista que só aqueles partidos políticos com representação no Congresso Nacional, entre outros legitimados, poderão solicitar o mencionado cancelamento.

4. O Comitê Técnico de Assessoramento para Agrotóxicos, ao exercer suas atribuições, entendeu que deveria racionalizar e harmonizar procedimentos administrativos nos processos de registro e adaptação de registro de agrotóxicos, seus componentes e afins. Nessa situação, ao tomar tal atitude, o Comitê invadiu a competência dos Ministérios da Agricultura, Pecuária e Abastecimento, da Saúde e do Meio Ambiente, que são os entes a que caberia, de acordo com a legislação, realizar a mencionada racionalização e harmonização.

5. Uma empresa produtora de agrotóxicos concebeu um produto voltado exclusivamente para a exportação e solicitou o seu registro no órgão competente. Nessa situação, a legislação não autoriza a dispensa, para a interessada no registro, de apresentação de estudos relativos à eficiência agronômica e à determinação de resíduos em produtos vegetais.

6. Considere que, tendo em vista acidente ocorrido na Índia pelo uso de um componente de determinado produto agrotóxico, a Organização Mundial de Saúde tenha desaconselhado o uso do produto mencionado, que era utilizado também na agricultura brasileira. Nessa situação, supondo que, hipoteticamente, o Brasil mantivesse acordos e convênios em matéria de agrotóxico, é correto afirmar que caberia aos órgãos federais de agricultura, saúde e meio ambiente avaliar imediatamente os problemas e as informações apresentadas.

7. Após ser fiscalizado pelas autoridades administrativas competentes, determinado produto agrotóxico, devidamente registrado, cujos ingredientes ativos não estavam especificados, foi apreendido pelo fato de estar sendo utilizado em pesquisa e experimentação em laboratórios. Nessa situação, a fiscalização agiu corretamente.

8. Determinado município editou uma lei disciplinando o armazenamento de agrotóxicos para atender à necessidade de regulação de tal atividade naquela unidade da Federação. Nessa situação, tal lei não há de ser reputada válida, pois os municípios não detêm competência legislativa supletiva para dispor sobre a matéria em referência.

9. Certo agrotóxico colocado à venda foi submetido à fiscalização e recolhido por não trazer, nas instruções para sua utilização, o intervalo de segurança, ou seja, o tempo que deveria transcorrer entre a aplicação do produto, seu uso ou consumo e a semeadura ou plantação do cultivo seguinte. Nessa situação, a fiscalização agiu de forma inadequada, pois a referida informação não é exigência legal para que os agrotóxicos sejam vendidos ou expostos à venda.

10. Um comerciante, por haver vendido certo agrotóxico em desacordo com o receituário, foi acionado judicialmente por uma ONG, tendo em vista os graves impactos ambientais causados pelo uso daquele produto. Nessa situação, não poderia a autora da ação demandar contra o comerciante, já que a legislação não o contempla no rol dos sujeitos a responsabilização civil.

11. A Procuradoria da República propôs ação civil pública impugnando comunicado da CTNBio que permitiu o plantio do arroz transgênico *liberty link*, em propriedade de determinada empresa, devido à ausência de autorização por parte dos três ministérios com competência para liberar sementes transgênicas. A ação tinha por objeto a interdição do plantio de 0,8 ha do referido organismo geneticamente modificado e foi proposta considerando

que há situações de urgência e perigo que reclamam a adoção de medidas de pronto, quando envolvem riscos à vida e à saúde humana, dos animais, das plantas e do meio ambiente. Nessa situação, o eventual êxito da ação do Ministério Público federal, no caso do plantio experimental do arroz transgênico, remeteria à questão, ainda não resolvida, da deficiência da análise técnica por parte da CTNBio e da ausência de um estudo de impacto ambiental imparcial e dos princípios que regem as boas práticas, entre as quais se destaca a aplicação do princípio da precaução.

90. **(ADVOGADO – ANVISA – 2004 – CESPE)** Considerando os procedimentos para o registro de produtos, tais como alimento e bebidas, à luz da legislação pertinente, julgue os itens seguintes.

1. A repartição da competência entre os setores da saúde e da agricultura no que se refere à concessão do registro de alimentos nunca foi ponto pacífico, o que se manifesta na legislação, inclusive na atual, que muitas vezes tem apresentado lacunas, ambigüidades e conflitos de competência. As questões dessa natureza são freqüentes no campo da vigilância e muitas vezes chegam a obstruir ou retardar medidas de proteção da saúde.
2. No Brasil atual, a produção de alimentos com uso da biotecnologia, como fermentação e tecnologia de enzimas, engenharia genética de plantas e animais, coloca novos desafios para o controle sanitário, resultantes do processo de produção em moldes modernos e do impacto do consumo dos produtos na saúde da população.

91. **(ADVOGADO – ANVISA – 2004 – CESPE)** Considerando os ditames estabelecidos na Lei n.º 7.802/1989 e no Decreto n.º 98.816/1990, bem como a regra da precaução a ser observada e o fato que as decisões devem serem tomadas com base em estudo adequado, julgue os seguintes itens.

1. Existe um paradoxo em relação aos objetivos da CTNBio: a proteção da saúde humana, dos organismos vivos e do meio ambiente, por um lado, e o fato de alguns pareceres serem embasados nos argumentos de equivalência substancial e da existência de países que consomem transgênicos sem conseqüências negativas e sem a observação das regras da precaução.
2. Em relação à natureza jurídica de parecer técnico da CTNBio, é correto afirmar que o parecer subordina imperativamente os demais ministérios. As autorizações só poderão ser expedidas após ter sido ouvida a CTNBio, a qual deverá emitir parecer prévio conclusivo. Para não seguir o parecer da CTNBio, a administração deve apresentar razões fundamentadas no interesse da vida e da saúde do homem, dos animais, das plantas, bem como do meio ambiente.

92. **(ADVOGADO – ANVISA – 2004 – CESPE)** Os agrotóxicos, sem dúvida, constituem um dos mais graves problemas de poluição causada por produtos químicos. As implicações do uso dos agrotóxicos são bastantes graves, pois vão desde a produção de alimentos e da sua qualidade até a saúde humana, afetada pelos próprios agrotóxicos ou pelo consumo de alimentos contaminados. Nesse contexto, julgue os itens subseqüentes.

1. Considere a seguinte situação hipotética. Em determinado município do estado do Maranhão, os fazendeiros deixaram a aplicação de agrotóxicos por conta de lavradores que foram descuidados com o manuseio do produto, o que gerou um explosivo coquetel de agrotóxicos e mortes por intoxicação na região. Nessa situação, a vigilância sanitária local, ao ser questionada pela imprensa quanto à omissão no controle do produto, deveria esclarecer que a fiscalização dos agrotóxicos é competência tanto dos estados-membros da Federação quanto da União.
2. A Medida Provisória n.º 223, publicada em 14/10/2004, ao definir normas para o plantio e comercialização de soja geneticamente modificada da safra de 2005, estabeleceu que o Ministério da Agricultura, Pecuária e Abastecimento e o Ministério do Meio Ambiente promoverão o acompanhamento da multiplicação das sementes de soja geneticamente modificadas mantendo rigoroso controle da produção e dos estoques. Esse importante precedente marca uma posição precautória da justiça em relação ao exame dos pedidos de autorização para plantio de sementes transgênicas, em face do caos de liberação de organismos geneticamente modificados no ambiente.
3. De acordo com a legislação, para que os agrotóxicos e afins possam ser vendidos e expostos à venda em todo território nacional, é suficiente a exibição, nos rótulos próprios, redigidos em português, do resumo dos principais usos dos produtos, bem como sua classificação toxicológica.
4. Considere a seguinte situação hipotética. Determinada turma do Superior Tribunal de Justiça (STJ), ao julgar um recurso especial, entendeu legal a autuação imputada pela vigilância sanitária à comercialização de água mineral com a qualificação *diet*, como caracterizadora de *slogan* publicitário e como sendo publicidade enganosa capaz de induzir o consumidor a erro. Assim, o STJ considerou que a água mineral comercializada naturalmente, sem alteração em sua substância, não pode receber a qualificação de *diet*, que, além de produto destinado a dieta para emagrecimento, também significa uma dieta determinada por prescrição médica, motivo pelo qual entendeu que a água mineral não pode ser assim qualificada porquanto não podem ser retirados os elementos que a compõem. Nessa situação, a decisão nos termos mencionados atende coerentemente aos ditames da legislação.

5. Considere a seguinte situação hipotética. Entendeu o juiz de determinado estado que a atividade básica de uma empresa de laticínios se circunscrevia no ramo de atividades subordinadas ao registro no Conselho Regional de Química, sendo, portanto, viável a revisão da decisão proferida no sentido da não-obrigatoriedade do referido registro. Em sua justificativa, entretanto, afirmou que as usinas e fábricas de laticínios utilizam-se de método de industrialização que dispensa a adição de produtos químicos e concluiu que tais indústrias e fábricas estavam obrigadas por lei a sofrer o controle da fiscalização pelo Conselho de Medicina Veterinária e do Conselho Regional de Química. Nessa situação, a decisão do juiz foi acertada.

15.7. INSTITUIÇÕES FINANCEIRAS

93. **(ADVOGADO – CEF – 2006 – CESPE)** Cada um dos itens seguintes apresenta uma situação hipotética que, seguida de uma assertiva a ser julgada, refere-se às normas que regem o sigilo das operações de instituições financeiras, o juizado especial federal e as execuções fiscais.

1. A Polícia Federal instaurou inquérito policial para apurar crime contra a administração pública, de malversação de recursos públicos, praticado por servidor público federal, no exercício de suas funções. Nessa situação, poderá ser decretada a quebra do sigilo bancário do servidor público, objetivando apurar-se a prática do crime contra o erário, mesmo que o inquérito policial esteja em sua fase inicial.
2. José ajuizou ação de revisão de benefício previdenciário, perante o juizado especial federal, contra o Instituto Nacional do Seguro Social (INSS), autarquia federal. O juízo competente julgou totalmente procedente o pedido do autor. Nessa situação, o INSS terá prazo em dobro para apresentar recurso de apelação, ou seja, 20 dias.
3. Fernando deve à fazenda pública o montante de R$ 78.000,00 e, antes do advento do termo final do prazo prescricional, o Estado moveu ação de execução fiscal, com o fito de receber o valor devido. Nessa situação, Fernando será citado, necessariamente por oficial de justiça, para, no prazo de 5 dias, pagar a dívida acrescidas de juros, multa de mora e encargos indicados na Certidão de Dívida Ativa, ou poderá garantir a execução, caso deseje opor embargos.

94. **(PROCURADOR – BANCO CENTRAL – 2009 – CESPE)** A justiça federal de São Paulo determinou que a União não pode ser responsabilizada pelos prejuízos sofridos por clientes com a falência do Banco Santos, que foi liquidado em novembro de 2004. A decisão acolheu o argumento da Procuradoria Regional da 3.ª Região, de que a fiscalização das instituições financeiras nacionais é função do BACEN. A justiça também julgou improcedente o pedido de indenização dos ex-correntistas contra o BACEN, por entender que o dever de fiscalização não o obriga a participar do risco capitalista das atividades desenvolvidas pelo setor financeiro. Por isso, o BACEN não poderia assumir a responsabilidade pela inadimplência do Banco Santos.

Internet: <www.g1.com.br> (com adaptações).

Em relação às normas de intervenção, liquidação extrajudicial e regime de administração especial temporária das instituições financeiras, assinale a opção correta.

(A) Ao interventor é dado pleno poder de gestão, podendo ele, por exemplo, admitir quadros técnicos de pessoal para a instituição financeira sob intervenção, independentemente de autorização do BACEN.
(B) Suponha que um indivíduo tenha depositado, em conta de sua titularidade, a quantia de R$ 100.000,00 em 3/11/2008, no Banco X, cuja intervenção foi decretada em 7/11/2008 pelo BACEN. Nessa situação, o depósito é exigível pelo titular.
(C) Na hipótese de violação grave a determinação do Conselho Monetário Nacional, cabe a liquidação extrajudicial da instituição financeira pelo BACEN, mas não se admite intervenção.
(D) Por ser instituição financeira pública da esfera federal, o Banco do Brasil não está submetido às regras do regime de administração especial temporária, mesmo na hipótese de gestão temerária ou fraudulenta de seus administradores.
(E) Considere que o Banco Y tenha sido submetido ao regime de administração especial temporária. Nessa situação, não são afetados o curso regular dos negócios da entidade nem seu funcionamento normal, e a perda de mandato dos administradores depende de prévia recomendação do conselho diretor, nomeado pelo BACEN.

95. **(PROCURADOR – BANCO CENTRAL – 2009 – CESPE)** O estabelecimento formal de sistemas de garantia de depósito tem sido tendência dominante no mundo a partir da década de 90 do século XX. A rationale por trás desse movimento está baseada na crescente preocupação das autoridades com a estabilidade do sistema financeiro, que se traduz na implementação de instrumentos adicionais de acompanhamento e controle e na consequente formação de redes de proteção ao sistema. Empréstimos de última instância, regulação eficaz, fiscalização eficiente, estrutura legal adequada e proteção direta a depositantes, via sistema garantidor, são todos componentes dessa rede e visam à manutenção de um sistema bancário sólido e saudável.

Internet: <www.fgc.org.br> (com adaptações).

No que se refere às normas jurídicas que regulamentam o FGC, assinale a opção correta.

(A) O FGC não pode ser reembolsado pelos pagamentos efetuados de dívidas de instituições financeiras associadas a ele.

(B) Observados os requisitos regulamentares, o FGC pode aplicar no máximo 25% de seu patrimônio líquido na aquisição de direitos creditórios de instituições financeiras e de sociedades de arrendamento mercantil.

(C) Os bancos comerciais estão autorizados a captar recursos de depósitos a prazo, sem emissão de certificado, mas com garantia especial do FGC. A garantia, nesse caso, é de no máximo R$ 10.000.000,00, por pessoa, contra a mesma instituição ou contra todas as instituições associadas do mesmo conglomerado financeiro.

(D) Não cabe ao FGC garantir depósitos, em caso de liquidação extrajudicial de instituição financeira.

(E) Na hipótese de o patrimônio do FGC se afigurar insuficiente para garantir créditos, admite-se que o fundo possa contratar operações de crédito com instituições financeiras oficiais.

96. **(PROCURADOR – BANCO CENTRAL – 2009 – CESPE)** Segundo estatísticas do BACEN, entre 2003 e 2007, o número de cartões com função de crédito passou de 44 milhões para 117,7 milhões. No mesmo período, o número de transações com cheques processados em sistema de liquidação interbancária caiu de 2,13 bilhões para 1,99 bilhões. Quanto ao SPB, assinale a opção incorreta.

(A) Além da compensação de cheques e outros papéis, o SPB admite sistema próprio para compensação e liquidação de operações realizadas em bolsas de mercadorias.

(B) Não se admite o compartilhamento de perdas entre os participantes dos sistemas de compensação e liquidação, razão pela qual tais sistemas devem adotar mecanismos de controle de riscos.

(C) Advertência e cassação da autorização de funcionamento das instituições financeiras privadas ou públicas, exceto as federais, são penas aplicáveis pelo BACEN nos casos de infração à lei que rege o SPB.

(D) A liquidação extrajudicial de instituição participante do SPB não afeta o adimplemento de suas obrigações, assumidas no âmbito das câmaras ou dos prestadores de serviços de compensação e de liquidação.

(E) Operações com derivativos estão submetidas ao sistema de compensação e liquidação.

97. **(PROCURADOR – BANCO CENTRAL – 2009 – CESPE)** O BACEN quer fiscalizar os consórcios com lupa. A partir de setembro, informações dos 3,5 milhões de clientes desse sistema serão repassadas mensalmente pelas instituições financeiras à autoridade monetária. A intenção do BACEN é ganhar instrumentos para, por exemplo, verificar a inadimplência grupo por grupo ou a ocorrência de lavagem de dinheiro. Já no âmbito das cooperativas, o Sistema de Cooperativas de Crédito do Brasil (SICOOB) deu início, em junho de 2009, ao curso à distância Prevenção e combate à lavagem de dinheiro, que tem por objetivo atender às exigências do BACEN para combater os crimes financeiros.

Revista Exame, 14/7/2008 e SICOOB (com adaptações).

Acerca das normas jurídicas relacionadas às matérias e instituições citadas no texto, assinale a opção correta.

(A) Uma cooperativa de crédito pode conceder, em seu nome, empréstimos a não associados, desde que haja prévia autorização do BACEN.

(B) As cooperativas de crédito estão impedidas de ter acesso a recursos oficiais, com vistas ao financiamento das atividades de seus associados.

(C) No sistema legal vigente, não se admite que pessoa jurídica detenha cota em consórcio visando à aquisição de bens e serviços.

(D) O COAF deve manter registro centralizado formando o cadastro geral de correntistas e clientes de instituições financeiras, bem como de seus procuradores.

(E) Além da competência legal expressa para a aplicação de penas administrativas, cabe ao COAF requerer aos órgãos da administração pública informações cadastrais bancárias efinanceiras de pessoas envolvidas em atividades suspeitas de lavagem de dinheiro.

98. **(PROCURADOR – BANCO CENTRAL – 2009 – CESPE)** Em relação às regras jurídicas do sigilo das operações de instituições financeiras e às relativas ao cadastro informativo dos créditos não quitados de órgãos e entidades federais, assinale a opção correta.

(A) Um agente fiscal de município não está habilitado legalmente a examinar documentos, livros e registros de instituições financeiras, referentes a contas de depósitos e aplicações financeiras.

(B) ACVM, em processo administrativo, tem legitimidade para solicitar ao Poder Judiciário o levantamento do sigilo, nas instituições financeiras, de informações e documentos relativos a bens, direitos e obrigações de pessoa física ou jurídica submetida ao seu poder disciplinar.

(C) Não se tem acatado, na jurisprudência do STF, a quebra de sigilo financeiro para prestação de informações a comissão parlamentar de inquérito do Poder Legislativo estadual.

(D) Cabe ao BACEN, por meio de sistema próprio, centralizar as informações do CADIN, bem como expedir orientações de natureza normativa sobre inclusões e exclusões no referido cadastro.

(E) Se uma pessoa jurídica não tem registro no CADIN, está reconhecida a regularidade de sua situação, razão pela qual será, em qualquer hipótese, indevida a cobrança de documentos comprobatórios adicionais.

99. **(PROCURADOR - BANCO CENTRAL - 2009 - CESPE)** Segundo a exposição de motivos da Medida Provisória n.º 443/2008, convertida na Lei n.º 11.908/2009, a forte retração internacional do crédito observada nas últimas semanas levou o governo federal a adotar algumas medidas para ampliar a oferta de divisas, expandir a liquidez no mercado interbancário e incentivar a compra de carteiras de crédito de instituições bancárias de pequeno e médio porte. Acerca da aquisição de participação em instituições financeiras, nos termos da lei citada, assinale a opção incorreta.

(A) O Banco Nacional de Desenvolvimento Econômico e Social (BNDES) não está autorizado a adquirir participações em instituições financeiras sediadas no Brasil.
(B) As aquisições de participação acionária em instituições públicas pelo Banco do Brasil são dispensadas de licitação.
(C) Para aquisição de participações, devem ser contratadas empresas especializadas em avaliação financeira, admitindo-se, nessa contratação, em certos casos, a dispensa de processo licitatório.
(D) É vedada a aquisição de participações em empresas dos ramos de seguro, previdência e capitalização.
(E) (A)compra de carteira de crédito de instituição financeira por banco autorizado pode ser feita diretamente.

15.8. FALÊNCIA

100. **(PROCURADOR - BANCO CENTRAL - 2009 - CESPE)** Uma empresa em estado de falência possui dívidas tributárias registradas tanto no quadro de credores quanto na dívida ativa. Para satisfazer às despesas da falência, o síndico pretende vender um imóvel de propriedade da empresa. Diante dessa situação, julgue os próximos itens.

I. O síndico pode vender o imóvel, desde que mantenha garantidos os créditos da fazenda pública no patrimônio da empresa.

II. Independentemente do patrimônio restante, a venda somente pode ser efetuada com autorização judicial e dependerá, ainda, de prova de quitação da dívida ativa ou concordância da fazenda pública.

III. Se o síndico realizar a venda sem deixar bens suficientes, responderá, subsidiariamente, pelos tributos devidos.

Assinale a opção correta.

(A) Nenhum item está certo.
(B) Apenas os itens I e II estão certos.
(C) Apenas os itens I e III estão certos.
(D) Apenas os itens II e III estão certos.
(E) Todos os itens estão certos.

15.9. LEGISLAÇÃO DA ÁREA AUDIOVISUAL E CINEMATOGRÁFICA

101. **(ADVOGADO - ANCINE - 2005 - CESPE)** Considere que um diretor de cinema necessita do Certificado de Produto Brasileiro (CPB) de um de seus filmes para que possa ser indicado oficialmente como representante brasileiro em um festival internacional. A respeito dessa situação, julgue os seguintes itens.

1. O cineasta deve, necessariamente, procurar a empresa produtora de seu filme, pois somente pessoa jurídica pode requerer o CPB junto à Agência Nacional do Cinema (ANCINE).
2. Para solicitar o CPB para um filme, a empresa produtora precisa estar registrada na ANCINE como empresa produtora brasileira.

102. **(ADVOGADO - ANCINE - 2005 - CESPE)** Julgue os seguintes itens, referentes à cadeia produtiva do audiovisual no Brasil.

1. O modelo de fomento da produção cinematográfica e audiovisual brasileira atual, por meio de renúncia fiscal, coloca ênfase na produção, em detrimento dos outros elos da cadeia produtiva.
2. A relação dicotômica entre cinema e televisão é um dos entraves ao desenvolvimento da cadeia produtiva do audiovisual no Brasil.
3. Na contramão da tendência internacional, no Brasil, grande parte dos filmes nacionais estão restritos às salas de exibição e têm pequena participação nos chamados mercados ancilares.

103. **(ADVOGADO - ANCINE - 2005 - CESPE)** Com base na legislação da área audiovisual e cinematográfica brasileira, julgue os itens a seguir.

1. Os recursos captados pelos fundos de financiamento da indústria cinematográfica nacional (FUNCINES), criados pela Medida Provisória n.º 2.228/2001, poderão ser aplicados em projetos e programas que sejam destinados a: obras cinematográficas brasileiras de produção independente, construção de salas privativas de exibição e obra cinematográfica seriada produzida em dois capítulos.
2. Os princípios gerais da política nacional do cinema incluem a garantia da presença de obras cinematográficas e videofonográficas nacionais nos diversos segmentos de mercado e o respeito ao direito autoral sobre obras audiovisuais nacionais e estrangeiras.
3. Considere a seguinte situação hipotética. Uma empresa da área de telecomunicações, sediada no Brasil há 6 anos, com 50% de seu capital social pertencente a brasileiros natos, solicitou a con-

cessão de serviço de TV a cabo com abrangência nacional. Nessa situação, a outorga do serviço não deve ser concedida, pois contraria o disposto na Lei n.º 8.977/1995.

4. Incentivar a participação de obras cinematográficas nacionais em festivais internacionais, financiar a indústria videofonográfica nacional e presidir o Conselho Superior de Cinema são competências da ANCINE.

5. O Conselho Superior de Cinema é paritário: metade de seus membros são representantes de órgãos governamentais e metade são representantes da sociedade civil.

104. **(ADVOGADO – ANCINE – 2005 – CESPE)** Com relação ao funcionamento da indústria cinematográfica e audiovisual, julgue os itens seguintes.

1. Em um cenário de notória convergência tecnológica e de amplas possibilidades de conversão de formatos de captação, edição, finalização e veiculação de obras audiovisuais, não há mais distinção entre obra cinematográfica e obra videofonográfica, pelo menos do ponto de vista da legislação brasileira referente ao setor cinematográfico e audiovisual.

2. A cota de tela estabelece a obrigatoriedade legal de exibição de obras cinematográficas brasileiras de longa metragem em salas de cinema do país. Essa cota é fixada periodicamente, por meio de decreto.

3. No caso da televisão, embora não se aplique o sistema de cota mínima, a exibição cinematográfica depende de outros critérios de programação regulamentados pelo setor de telecomunicações.

105. **(ADVOGADO – ANCINE – 2005 – CESPE)** A respeito dos conceitos microeconômicos e da economia da regulação, julgue os itens a seguir.

1. Quando, em face de uma desvalorização do real, o preço dos equipamentos cinematográficos importados aumenta, a curva de oferta de películas se desloca para baixo e para a direita.

2. O fato de os ingressos, em alguns cinemas, serem mais baratos nos dias úteis da semana que nos feriados e fins de semana leva a aumentos tanto da demanda de sessões de cinema, no meio da semana, como da elast icidade preço da demanda desses serviços.

3. Em presença de considerações distributivas, políticas de crédito educativo a taxas de juros nulas ou subsidiadas podem ser vistas como a correção de uma falha de mercado, decorrente do fato de que o mercado de capital não aceita a acumulação de capital humano como garantia para empréstimos realizados por estudantes para financiar seus estudos.

4. Economias crescentes de escala, que tornam o monopólio a forma preferida de organização dos mercados em que elas prevalecem, podem fazer que a regulação desses mercados conduza a níveis superiores de eficiência, justificando, assim, a intervenção do governo.

5. Considerando que DVDs e aparelhos de TV são bens complementares, os efeitos econômicos da imposição de um tributo sobre os aparelhos de TV serão maiores quando esses impactos são analisados em um modelo de equilíbrio geral.

15.10. LEGISLAÇÃO AGRÁRIA

106. **(PROCURADOR FEDERAL – AGU – 2007 – CESPE)** A história do direito agrário no Brasil passa pelo Tratado de Tordesilhas — assinado em 7 de junho de 1494, por D. João, rei de Portugal, de um lado, e por D. Fernando e D. Isabel, reis de Espanha, do outro —, bem como pelo regime sesmarial empregado no processo de colonização do país. Ademais, atualmente, o tema reforma agrária se situa entre os mais importantes, havendo inclusive entidades que lutam pela correção da estrutura agrária no Brasil, como o Movimento dos Trabalhadores Rurais Sem-Terra (MST). Tendo o texto acima como referência inicial, julgue os itens a seguir, a respeito da legislação da reforma agrária e do processo de desapropriação para fins de reforma agrária.

1. No Brasil, para se fazer a reforma agrária, adota-se o método coletivista, que consiste na nacionalização da terra, que passa a pertencer exclusivamente ao Estado. Isso se explica pelo fato de não haver, no Brasil, propriedade privada, devendo toda terra estar subordinada ao bem comum (função social da propriedade).

2. As ações expropriatórias para fins de reforma agrária, definida na Lei Complementar n.o 76/1993, são de competência da justiça comum, em vara da comarca em que se situa o imóvel.

3. O emprego do instituto das sesmarias no Brasil gerou vícios no sistema fundiário, havendo a necessidade de intervenção do Estado na propriedade privada por meio de instrumentos como a desapropriação por interesse social, que permite, entre outros, a prévia e justa indenização em títulos da dívida agrária.

4. Um cidadão, membro do MST, ao receber a sua terra pelo programa de reforma agrária vigente, estará isento do pagamento de custas ou emolumentos para registro no cartório.

5. A CF previu a edição de lei complementar para disciplinar a reforma agrária e evitar tanto quanto possível as tensões sociais no campo. Nessa lei, prevê-se apelação com efeito devolutivo e suspensivo da sentença que fixar o preço da indenização.

15.11. DIREITO MILITAR

107. **(DEFENSORIA PÚBLICA DA UNIÃO - 2007 - CESPE)** Com base no direito penal militar, julgue os seguintes itens.

1. Entre os critérios utilizados para se classificar o crime militar, o critério processualista (ratione materiae, ratione personal, ratione loci, ratione temporis e ratione legis) se impôs, com preferência pelo critério ratione materiae, sendo crime militar aquele definido no CPM.
2. Embora o CPM tenha se filiado à teoria da equivalência dos antecedentes causais (conditio sine qua non), consideram-se cabeça, nos crimes de autoria coletiva necessária, os oficiais ou inferiores que exercem função de oficial.
3. No CPM, há crimes em que se procede somente mediante representação.
4. No peculato culposo, a reparação do dano, antes da sentença irrecorrível, acarreta a extinção da punibilidade do agente, tanto no CP como no CPM.
5. A pena acessória de exclusão das Forças Armadas prevista no CPM será obrigatoriamente aplicada à praça cuja condenação à pena privativa de liberdade for superior a dois anos.

108. **(DEFENSORIA PÚBLICA DA UNIÃO - 2007 - CESPE)** Julgue os itens a seguir, relativos aos crimes militares em tempo de paz.

1. O CPM, assim como o CP, não tipifica o crime de dano culposo.
2. O CPM, igualmente à legislação penal comum, tipifica os crimes contra a paz pública, especialmente o crime de quadrilha ou bando.
3. O crime militar de corrupção passiva não tipifica a conduta de solicitar para si ou para outrem, direta ou indiretamente, ainda que fora da função, ou antes de assumi-la, mas em razão dela, vantagem indevida, nem a conduta de aceitar promessa de tal vantagem.
4. De acordo com o CPM, é vedada a concessão de suspensão condicional da pena no crime de violência contra inferior.
5. O crime de recusa de obediência (art. 163 do CPM) é espécie do gênero insubordinação.

109. **(DEFENSORIA PÚBLICA DA UNIÃO - 2007 - CESPE)** Julgue os próximos itens. Julgue os itens a seguir, relativos à disciplina legal do direito processual militar.

1. O CPPM contempla tanto o procedimento padrão, chamado ordinário, quanto procedimentos especiais, como os de deserção e os de insubmissão.
2. O magistrado da justiça militar da União, com lastro no CPPM, poderá requerer diretamente à autoridade policial judiciária militar a instauração de inquérito policial militar, em analogia à requisição prevista no CPP.
3. No processo penal militar, efetivada a citação por edital, não comparecendo o réu, nem constituindo advogado, ficarão suspensos o processo e o curso do prazo prescricional, podendo o juiz determinar a produção antecipada de provas consideradas urgentes e, se for o caso, decretar a prisão preventiva.
4. O recurso extraordinário, na justiça militar da União, além das hipóteses de cabimento estabelecidas na CF, bem como os requisitos e as formalidades exigidos pela Lei n.º 8.038/1990, acrescidos das disposições regimentais e sumulares do STF, possui, em razão da especialidade, exigências próprias.
5. A pena privativa de liberdade imposta pela justiça militar da União será cumprida, necessariamente, em presídios federais. Nesse caso, a competência para julgar os incidentes no processo da execução é da justiça federal.
6. Compete à justiça militar da União processar e julgar crime doloso contra a vida, praticado por militar do Exército Brasileiro contra civil, estando aquele em atividade inerente às funções institucionais das Forças Armadas.
7. Na esfera do direito processual penal militar, acolhida a argüição de coisa julgada, deverá o magistrado recorrer de ofício para o Superior Tribunal Militar.
8. Falece competência à justiça militar da união para processar e julgar civis.
9. No processo penal comum e no processo penal militar, o recurso de embargos infringentes e de nulidade é privativo da defesa.
10. O prazo para requerer a reabilitação, após o cumprimento ou a extinção da pena, é idêntico no processo penal comum e no processo penal militar.

110. **(DEFENSORIA PÚBLICA DA UNIÃO - 2002 - CESPE)** A respeito do direito penal militar, julgue os itens que se seguem.

1. Foram adotados os princípios da territorialidade e da extraterritorialidade para a aplicação no espaço da lei penal castrense.
2. Considera-se crime propriamente militar o furto praticado no interior de um quartel por um praça em situação de atividade.
3. Código Penal Militar (CPM) adotou o critério do sistema biopsicológico de aferição da imputabilidade.

4. oficial militar que, em concurso com praças, vier a praticar um crime de autoria coletiva necessária não será considerado cabeça somente em decorrência do princípio da hierarquia com os inferiores.
5. Estatuto Penal Militar vigente não contempla as medidas de segurança de natureza patrimonial.

111. **(DEFENSORIA PÚBLICA DA UNIÃO – 2002 – CESPE)** No dia 28/9/1999, no interior de uma unidade militar, um primeirotenente da Marinha, em situação de atividade, agrediu, com socos e pontapés, um cabo, na mesma situação, causando-lhe lesões corporais de natureza leve. Ao tomar conhecimento da infração penal, o comandante da unidade delegou a um capitãotenente a instauração do inquérito policial militar (IPM). Após instaurar o procedimento inquisitório, ouvir testemunhas, determinar a realização do exame de corpo de delito e elaborar relatório, a autoridade delegada encaminhou os autos ao juiz-auditor da Circunscrição Judiciária Militar, que abriu vista ao Ministério Público Militar (MPM). O órgão do MPM apresentou denúncia contra o oficial, que foi aceita. Instalado o Conselho Especial de Justiça, o MPM apresentou um aditamento à denúncia, que foi rejeitado. Diante dessa situação hipotética, julgue os itens a seguir.

1. O comandante da unidade, por exercer a polícia judiciária militar, poderia ter delegado a instauração do IPM a um oficial, desde que de posto superior ou igual ao do autor da infração penal.
2. Concluído o IPM, a autoridade militar delegada pode encaminhar diretamente os autos à justiça militar, independentemente da apreciação do relatório pela autoridade delegante, que não pode avocá-lo para dar solução diferente.
3. A ação penal é pública incondicionada, tendo o MPM legitimidade ativa ad causam.
4. Caso o órgão do MPM não oferecesse denúncia no prazo legal nem pedisse a sua prorrogação ao juiz-auditor, bem como não requeresse diligencias ou o arquivamento dos autos, ficando inerte, caberia ao ofendido ou ao seu representante legal intentar a ação penal privada subsidiária.
5. Caberá o recurso de anulação contra a decisão que não recebeu o aditamento à denúncia.

112. **(DEFENSORIA PÚBLICA DA UNIÃO – 2002 – CESPE)** Em cada um dos itens abaixo, é apresentada uma situação hipotética, seguida de uma assertiva a ser julgada.

1. Um indivíduo foi selecionado para prestar serviço militar no 2.° Batalhão de Suprimento, não tendo se apresentado para a incorporação na data aprazada. O comandante da unidade para a qual o conscrito fora designado lavrou termo de insubmissão de forma circunstanciada, encaminhando-o ao juiz-auditor, juntamente com outros documentos relativos à insubmissão. Nesse caso, por tratar-se de uma simples instrução provisória de insubmissão e não de IPM, pode ser arquivada pelo juiz-auditor sem requerimento do MPM.
2. Um soldado do Exército responde a processo-crime pelo delito de deserção, ocorrido em 22/11/1991. Nascido em 27/12/1972, contava, na época, com dezenove anos de idade. Em 1992, o soldado foi reincluído nas fileiras do Exército, deixando de ser desertor. A denúncia foi oferecida e recebida em 28/9/1992. Em 25/3/1993, ele desertou outra vez. Nesse caso, considerando que, de acordo com o CPM, o crime de deserção tem a pena máxima de dois anos de detenção, operando-se a prescrição em quatro anos, em relação ao primeiro crime de deserção, a prescrição se consumou em 28/9/1994.
3. Um capitão de fragata encontrava-se a serviço fora do território nacional, quando, findo o prazo de trânsito, deixou de comparecer ao local designado: o comando de pessoal de Fuzileiros Navais, sediado na cidade do Rio de Janeiro — RJ. Nesse caso, decorrido o prazo de graça, competirá à Auditoria da I.' Circunscrição Judiciária Militar (estados do Rio de Janeiro e Espírito Santo) processar e julgar o crime de deserção.
4. Com base em comunicação do comandante da unidade, o órgão do MPM ofertou denúncia contra um capitão do Exército, imputando-lhe a prática do crime de deserção. Ao apreciar a vestibular acusatória, o juiz-auditor verificou a inexistência do termo de deserção. Nesse caso, o juiz-auditor poderá receber denúncia, vez que o termo de deserção não é peça essencial e indispensável à propositura da ação penal.
5. Um fuzileiro naval ausentou-se de sua organização militar, sem licença, por prazo superior a oito dias, provocando a lavratura do respectivo termo de deserção. Ao apresentar-se voluntariamente à unidade, foi submetido a inspeção de saúde, tendo sido considerado incapaz definitivamente para o serviço militar. Nesse caso, tratando-se de desertor sem estabilidade, ficará isento da reinclusão e do processo, sendo os autos arquivados após pronunciamento do órgão do MPM.

113. **(DEFENSORIA PÚBLICA DA UNIÃO – 2004 – CESPE)** Um soldado do Exército ausentou-se de sua unidade por mais de oito dias, fato que configura crime de deserção — art. 187 do Código Penal Militar (CPM). Consumado o delito, o comandante da unidade militar lavrou o respectivo termo de deserção e o encaminhou à auditoria militar, acompanhado da cópia do boletim que o publicou, dos demais atos lavrados e dos assentamentos.

Considerando a situação hipotética acima e o processo de deserção, julgue os itens que se seguem.

1. Ao receber o termo de deserção, estando presente a prova da materialidade e havendo indícios suficientes de autoria, o órgão do Ministério Público deve imediatamente oferecer denúncia. Após o recebimento desta, o juiz auditor determinará que seja aguardada a captura ou apresentação voluntária do desertor.
2. O termo de deserção sujeita, desde logo, o trânsfuga à prisão, independentemente de ordem judicial.
3. No curso do processo, se o desertor for licenciado de ofício pela administração militar, a ação penal será trancada por perda de condição de procedibilidade.

114. **(DEFENSORIA PÚBLICA DA UNIÃO – 2004 – CESPE)** O ministro da Defesa requisitou a instauração de inquérito policial militar para apurar a prática do crime de "hostilidade contra país estrangeiro" (art. 136 do CPM) por parte de oficial das forças armadas brasileiras. Com referência a essa situação hipotética e a respeito dos preceitos relativos à polícia judiciária militar e ao inquérito policial militar, julgue os seguintes itens.

1. Se, no curso do inquérito, surgissem indícios da participação do general mais antigo do Exército brasileiro na ativa, o encarregado deveria encaminhar os autos ao comandante do Exército, que assumiria a chefia das investigações.
2. O encarregado do inquérito poderá decretar a prisão do indiciado por até trinta dias, mesmo que não exista situação de flagrante delito ou ordem judicial nesse sentido.
3. Se o indiciado estiver solto, o inquérito deverá ser concluído em trinta dias.

115. **(DEFENSORIA PÚBLICA DA UNIÃO – 2004 – CESPE)** Com relação à competência da justiça militar federal, julgue os itens a seguir.

1. Em circunscrições que envolvam auditorias especializadas, havendo denúncia contra um soldado do Exército e um cabo da Marinha, em co-autoria, a competência será firmada de acordo com o maior grau hierárquico dos envolvidos, cabendo o julgamento, na hipótese em comento, ao Conselho Permanente de Justiça da Marinha.
2. A conexão de crimes determina a unidade de julgamento; o juiz, porém, poderá separar os processos quando ocorrer motivo que entenda relevante, cabendo recurso de ofício para o Superior Tribunal Militar (STM), sem efeito suspensivo.
3. Quando a manutenção da disciplina militar assim o exigir, o comandante da Região Militar será parte legítima para pedir ao STM o desaforamento de processo em curso na 1.ª instância da justiça militar.

116. **(DEFENSORIA PÚBLICA DA UNIÃO – 2004 – CESPE)** O Ministério Público ofereceu denúncia, imputando a uma praça da Aeronáutica o crime de lesões corporais culposas, arrolando duas testemunhas. Recebida a denúncia, o juiz auditor determinou a convocação do Conselho Permanente de Justiça e designou data para o interrogatório do acusado, dando início ao processo ordinário. Com base nessa situação hipotética, julgue os itens que se seguem.

1. Após o interrogatório, o juiz auditor deve abrir prazo de três dias para a apresentação de defesa prévia.
2. Além das testemunhas arroladas na denúncia, o Ministério Público poderá incluir mais quatro testemunhas de acusação durante a instrução criminal.
3. Se houver preterição do prazo para a defesa arrolar testemunhas durante a instrução processual, poderá ser argüida nulidade durante a sessão de julgamento.
4. Na situação apresentada, se o assistente de acusação, por motivo de força maior, não comparecer à sessão de julgamento, a sessão deve ser adiada.
5. Apesar do princípio do iure novit curia, o Conselho de Justiça somente poderá desclassificar o fato para o crime de lesões corporais de natureza grave se o Ministério Público tiver expressamente formulado essa nova definição legal em suas alegações escritas e a defesa tiver sido ouvida.
6. Considere que, ao julgar o feito, o juiz auditor vote pela absolvição do acusado, sendo seguido pelo primeiro juiz militar; o segundo juiz militar divirja, votando pela condenação e fixando a pena em três meses de detenção; o terceiro juiz militar acompanhe esse voto, mas fixe a pena em seis meses de detenção; e o último juiz militar também vote pela condenação, mas fixe a pena em quatro meses de detenção. Nessas circunstâncias, o resultado final será a condenação do réu à pena de três meses de detenção.

117. **(DEFENSORIA PÚBLICA DA UNIÃO – 2004 – CESPE)** A respeito da aplicação da lei penal militar, julgue os seguintes itens.

1. O direito penal militar adota a teoria da extraterritorialidade irrestrita, sendo suficiente, para a sua aplicação, que o delito praticado constitua crime militar nos termos da lei penal militar nacional, independentemente da nacionalidade da vítima ou do criminoso, do lugar onde tenha sido cometido o crime ou do fato de ter havido prévio processo em país estrangeiro.
2. O termo nacional, quando utilizado em relação às pessoas pela lei penal militar, relaciona-se apenas aos brasileiros natos; já o termo brasileiro diz respeito tanto aos brasileiros natos quanto aos naturalizados.

3. Considera-se crime militar o homicídio praticado por suboficial da Aeronáutica contra cabo da Marinha, mesmo que o fato se dê em momento de folga de ambos os militares, fora da área militar e com a utilização de arma particular.
4. Em tempo de guerra, um fato previsto como crime na legislação comum mas não na militar poderá ser considerado crime militar se praticado em presença do inimigo.

118. **(DEFENSORIA PÚBLICA DA UNIÃO – 2004 – CESPE)** Julgue os itens subseqüentes, relativos ao crime militar.

1. O direito penal militar contempla o arrependimento posterior como causa obrigatória de redução da pena.
2. No direito castrense, o estado de necessidade pode constituir causa de exclusão da culpabilidade do delito.
3. Admite-se a coação moral irresistível como causa de exclusão da culpabilidade no crime de deserção.

119. **(DEFENSORIA PÚBLICA DA UNIÃO – 2004 – CESPE)** Considere que um tenente, estando em serviço, em área fora da administração militar, tenha constrangido uma mulher à prática de conjunção carnal, mediante grave ameaça, e por isso tenha sido preso em flagrante e denunciado pela prática do crime previsto no art. 232 do CPM (estupro). Considere ainda que, durante o processo, tenha sido juntada aos autos certidão de casamento do referido tenente com a vítima, fato ocorrido após o dia do delito. Em face dessas considerações e com base no CPM, julgue os itens que se seguem.

1. A ação penal militar será pública e condicionada à representação da vítima.
2. O casamento do autor com a vítima não é causa de extinção da punibilidade do crime.
3. Eventual pena será agravada pelo fato de o crime ter sido praticado durante o serviço.
4. Se o oficial for condenado pelo crime em tela, será declarado indigno para o oficialato.

120. **(DEFENSORIA PÚBLICA DA UNIÃO – 2004 – CESPE)** Julgue os seguintes itens, relativos às penas e à extinção da punibilidade no âmbito do direito penal militar.

1. A sentença que fixar pena de morte poderá ser imediatamente executada se for imposta em zona de efetiva operação militar e assim o exigir o interesse da ordem e da disciplina militares.
2. A prescrição da ação penal dos crimes aos quais é cominada pena de morte se dá em vinte anos.
3. A pena de reclusão superior a dois anos somente será cumprida pelo oficial em estabelecimento prisional civil após ser declarada a perda do posto e da patente.
4. Se um oficial da Aeronáutica desertasse aos 25 anos de idade e fosse capturado 25 anos depois, a ação penal já se encontraria prescrita em abstrato, pois o crime de deserção possui pena máxima de 2 anos.

15.12. DIREITO INTERNACIONAL

121. **(DEFENSORIA PÚBLICA DA UNIÃO – 2002 – CESPE)** Embaixadas estão fora da economia de energia — apesar do privilégio, alguns diplomatas garantem colaborar reduzindo o consumo

As 92 embaixadas e 24 representações de organismos internacionais situadas em Brasília não terão de cumprir o racionamento de energia elétrica. Considerados territórios internacionais, esses estabelecimentos e seus funcionários possuem privilégios e imunidades que lhes protegem de multas e de certas punições, como o corte do fornecimento de energia. O Itamaraty teve de despertar a Câmara de Gestão da Crise de Energia para o fato de que a Convenção de Viena, aprovada pelo Congresso brasileiro em 1965, sobrepõe-se às leis nacionais.

Por não serem considerados territórios nacionais, as embaixadas e seus diplomatas possuem vários privilégios, como, por exemplo, a isenção do pagamento de impostos diretos, como o IPTU e o IPVA, e de impostos de importação.

Os diplomatas também possuem imunidade com relação à jurisdição administrativa, civil e penal do país em que trabalham. Se cometerem um crime, essas pessoas têm garantia de serem processadas em seus países. É com relação à justiça do trabalho que a imunidade diplomática tem mais problemas.

Apoiadas por essas regras, muitas embaixadas contratam funcionários brasileiros, mas não seguem as leis trabalhistas. Em 1990, o STF permitiu que essas reclamações trabalhistas fossem aceitas. No entanto, ainda persiste um problema que dificulta a vida dos empregados brasileiros. O Brasil não tem como executar a ordem judicial de seqüestrar os bens do empregador, no caso as embaixadas, se uma dívida trabalhista não for liquidada. Isso porque, em face da regra da inviolabilidade, o oficial de justiça não tem como entrar no imóvel para seqüestrar os bens.

(Cláudia Dianni). Embaixadas estão fora da economia de energia. In: O Estado de São Paulo, 10/6/2001, p. B-6 (com adaptação) Cláudia

Considerando o texto acima, julgue os seguintes itens, acerca do funcionamento das representações de organismos estrangeiros localizados no Brasil.

1. Apesar de não ter caráter técnico, o texto acima está juridicamente correio ao considerar as embaixadas como “territórios internacionais”.
2. Referida no texto, a Convenção de Viena sobre Relações Diplomáticas sobrepõe-se às leis ordinárias brasileiras.

3. No quarto parágrafo do texto acima, está juridicamente correta a afirmação acerca da imunidade diplomática.
4. As autoridades brasileiras competentes não têm como executar eventual ordem judicial para seqüestrar bens de Estado estrangeiro situados no Brasil.
5. As representações dos Estados estrangeiros situadas no Brasil estão obrigadas a seguir as normas do racionamento de energia elétrica.

122. **(DEFENSORIA PÚBLICA DA UNIÃO – 2002 – CESPE)** Com relação ao direito internacional, julgue os itens abaixo.

1. No Brasil, admite-se a extradição de estrangeiro que tenha filho brasileiro menor, mesmo que esse filho dependa economicamente do pai.
2. Nos procedimentos de deportação e de expulsão de estrangeiro, a iniciativa é local, ao contrário do processo de extradição.
3. De acordo com a Lei de Introdução ao Código Civil Brasileiro em vigor, a lei do país de nacionalidade de uma pessoa determina as regras acerca do começo e do fim da sua personalidade, do seu nome, da sua capacidade e dos seus direitos de família.
4. Código de Bustamante, de 1928, tratado internacional incorporado ao direito brasileiro em 1929, prevalece em caso de conflito com a Lei de Introdução ao Código Civil de 1942.
5. O processo de homologação de sentença estrangeira perante o STF não admite exame de matéria de fundo ou apreciação de questões pertinentes ao mérito da causa.

15.13. OUTROS TEMAS

123. **(PROCURADOR FEDERAL – AGU – 2007 – CESPE)** Acerca da AGU, julgue os itens subseqüentes.

1. A CF previu no ato das disposições constitucionais transitórias que os procuradores da República, os quais exerciam as funções de representação judicial da União, poderiam optar, de forma irretratável, entre as carreiras do Ministério Público Federal e as da AGU.
2. A Lei Complementar n.º 73/1993 — Lei Orgânica da AGU — tem campo material próprio, fixado pela CF. Entretanto, contém, também, normas que disciplinam matéria estranha ao campo material constitucionalmente delineado. Ao extravasar, incidentalmente, o seu âmbito material específico, a referida lei versou sobre matéria própria de lei ordinária, sendo as normas resultantes desse extravasamento normas ordinárias, passíveis de alteração e revogação pela legislação ordinária.

Conhecemos pouco dos sofistas. Em primeiro lugar, porque, com exceção de um sofista tardio, Isócrates, de quem temos as obras, não possuímos senão fragmentos dos dois principais sofistas: Protágoras de Abdera e Górgias de Leontini. Em segundo, porque os testemunhos recolhidos pela doxografia foram escritos por seus inimigos — Tucídides, Aristófanes, Xenofonte, Platão e Aristóteles —, que nos deixaram relatos altamente desfavoráveis nos quais o sofista aparece como impostor, mentiroso e demagogo. Esses qualificativos acompanharam os sofistas durante séculos e a palavra sofista era empregada sempre com sentido pejorativo. Marilena Chaui. Introdução à história da filosofia – dos pré-socráticos a Aristóteles. São Paulo: Cia. das Letras, 2002 (com adaptações).

A sofística é uma arte e uma ciência. Além de um modo de ensinar, ela designa uma doutrina, tal qual a dos filósofos, diferindo da destes apenas por seus desdobramentos práticos e por suas implicações políticas. Muitas têm sido as explicações das causas históricas para a origem da filosofia na Jônia. Alguns consideram que as navegações e as transformações técnicas tiveram o poder de desencantar o mundo e forçar o surgimento de explicações racionais sobre a realidade. Outros enfatizam a invenção do calendário (tempo abstrato), da moeda (signo abstrato para a ação de troca) e da escrita alfabética (transcrição abstrata da palavra e do pensamento), que teriam propiciado o desenvolvimento da capacidade de abstração dos gregos, abrindo caminho para a filosofia. Idem, ibidem.

124. **(DEFENSORIA PÚBLICA DA UNIÃO – 2007 – CESPE)** Tendo como referência inicial os textos acima, julgue os itens a seguir.

1. Desde o final do século XIX, tem-se observado uma reabilitação da sofística. Historiadores da filosofia, a partir de então, consideram os sofistas fundadores da pedagogia democrática mestres da arte da educação do cidadão.
2. A formação da pólis, a cidade-Estado, é a principal determinação histórica para o nascimento da filosofia. Com relação à formação das concepções sociais e políticas do Estado moderno bem como às acepções teóricas acerca de sua origem e de seu desenvolvimento, julgue os itens subseqüentes.
3. Entre os conceitos vigentes a partir do século XVI, à época do Renascimento, e que estão na origem da modernidade, encontra-se a noção do Estado como soberania.
4. O amadurecimento da idéia de nação, alcançado no século XIX, influenciou na definição de teorias relativas ao Estado.
5. A noção de Estado do bem-estar social tem sua origem na filosofia de Comte, para quem o poder deveria pertencer aos cientistas e garantir os meios de criação de felicidade e de virtude pela ordem e pelo progresso.

125. **(DEFENSORIA PÚBLICA DA UNIÃO – 2007 – CESPE)** A respeito do peso das Ciências Sociais e da Sociologia em suas relações com as demais áreas do conhecimento humano, julgue os itens que se seguem.

1. Nascida como uma espécie de física social, a sociologia desenvolveria seus cânones e modelos por meio de um processo de adaptação metodológica mecânica ao mundo das ciências exatas.
2. A historicidade dos conceitos nas ciências sociais exige do pesquisador da sociologia a cautela que leva à relativização de idéias, modelos e paradigmas que, mesmo apresentados muitas vezes como universais, refletem o ambiente no qual foram gerados.
3. O conceito de relações de poder confere mobilidade ao conceito tradicional de poder, relacionando-o à idéia de exercício e saber.
4. Os temas da estratificação, da mobilidade e das desigualdades sociais são recorrentes na tradição sociológica, embora também sejam encontrados em quase todas as ciências sociais e humanas.

126. **(DEFENSORIA PÚBLICA DA UNIÃO – 2004 – CESPE)** Quanto a restrições constitucionais e legais impostas em sede de extradição passiva e quanto a pressupostos, procedimentos e decisão determinados pelo ordenamento jurídico brasileiro nesse âmbito, julgue os itens seguintes.

1. Os pedidos extradicionais deduzidos por autoridades judiciárias estrangeiras e por comissões rogatórias diretamente expedidas ao governo brasileiro legitimam a instauração do processo extradicional, desde que observado o trâmite diplomático do exhorto.
2. Considere a seguinte situação hipotética. Lúcio, condenado ao pagamento de pensão alimentícia aos filhos menores, em sentença de divórcio, decidiu emigrar para o Brasil, visando eximir-se dessa obrigação. A prisão do alimentante omisso foi decretada pelo juízo cível do seu Estado de origem. Nessa situação, havendo tratado extradicional, ou compromisso de reciprocidade de tratamento, entre o Brasil e o Estado de origem de Lúcio, este poderá ser extraditado pelo governo brasileiro.
3. As circunstâncias de o extraditando ser casado com brasileira há mais de cinco anos e de ter filho menor que seja brasileiro e dependente econômico do pai não são impeditivas da extradição, de acordo com a legislação brasileira.
4. No interregno entre a publicação da portaria de naturalização no Diário Oficial e a entrega solene do certificado pelo juiz federal ao naturalizando, não estará este investido na condição de brasileiro naturalizado, sujeitando-se, portanto, a processo extradicional, de acordo com a sua nacionalidade originária.
5. A solicitação de refúgio suspenderá, até decisão definitiva, qualquer processo de extradição pendente, em fase administrativa ou judicial, com base nos fatos que fundamentaram o pedido de reconhecimento da condição de refugiado. Para tanto, essa solicitação deverá ser comunicada ao órgão em que tramitar o mencionado processo de extradição.

16. Língua Portuguesa

16.1. CESGRANRIO

FRUSTRAÇÃO: A HORA DA VERDADE

Um fracasso pode ser para você um sinal para desistir ou um estímulo para continuar lutando. Depende de sua interpretação. O mundo teve muitos gênios, mas você só tem notícia dos que, mesmo gênios, tinham a humildade e perseverança dos simples. Assim eles venceram as frustrações maciças.

Esse é o diferencial para o sucesso. Vários estudos sobre homens e mulheres de sucesso mostram como ponto em comum a capacidade de persistir além dos fracassos, de suportar a frustração.

Os imigrantes que vieram para o Brasil (sujeitos a condições subumanas, abaixo da linha da pobreza) se tornaram empresários prósperos e, melhor, ensinaram seus filhos a crescerem ainda mais. Transformaram a cultura do sul do país e de São Paulo.

Eles venceram o desafio interior. Venceram a voz que falava: desista, não tem jeito, você não é nem será nunca ninguém...Encontraram uma voz maior que dizia: acredite, vá adiante, não pare agora...

Artistas que sofrem toda uma vida, cientistas que mofam junto com suas culturas bacterianas, pesquisadores que quase desaparecem da história, um dia, têm sua busca recompensada.

Eles venceram porque suportaram o fracasso. Eles venceram na vida porque venceram a luta interior. A primeira — e mais importante — vitória é sobre a atitude negativa. A atitude negativa destrói a autodisciplina. E quando a disciplina se vai, os alvos também se vão. A chave do sucesso está na capacidade de resistir à frustração maciça.

AYLMER, Roberto. *Escolhas.* RJ: Proclama Editora. 2001.

1. **(ADVOGADO – PETROBRÁS – 2008 – CESGRANRIO)** As possibilidades opostas de repercussão de um fracasso experimentado pelo ser humano caracterizam seu(sua)

(A) grau de significância.
(B) grau de incidência.
(C) força impulsionadora positiva.
(D) força reativa negativa.
(E) dualidade de efeito.

2. **(ADVOGADO – PETROBRÁS – 2008 – CESGRANRIO)** É **INCORRETO** afirmar que, no texto, o(a)

(A) desafio interior está em resistir à tentação de não desistir.
(B) referência feita aos imigrantes é um argumento a favor da persistência.
(C) vitória depende de um condicionamento positivo interior do indivíduo.
(D) frustração pode constituir-se num estímulo ao sucesso.
(E) persistência é um dos requisitos que caracterizam a autodisciplina.

3. **(ADVOGADO – PETROBRÁS – 2008 – CESGRANRIO)** O parágrafo que, em relação às idéias apresentadas no primeiro período do texto e no quarto parágrafo, se caracteriza, semanticamente, como uma conclusão é o

(A) segundo.
(B) terceiro.
(C) quinto.
(D) sexto.
(E) sétimo.

4. **(ADVOGADO – PETROBRÁS – 2008 – CESGRANRIO)** O texto mostra que o sucesso, em geral, decorre do(a)

(A) predomínio da frustração maciça.
(B) capacidade de suportar as adversidades.
(C) religiosidade que leva a ouvir vozes conselheiras.
(D) possibilidade de buscar novos caminhos.
(E) orientação dada pelos pais, mesmo pobres.

5. **(ADVOGADO – PETROBRÁS – 2008 – CESGRANRIO)** No trecho "cientistas que mofam junto com suas culturas bacterianas," (l. 20-21), o autor quer evidenciar que os cientistas

(A) criam bolor, tal como seus experimentos.
(B) desaparecem da história, tão longa é a espera.
(C) aguardam por longo tempo algum reconhecimento.
(D) lutam bravamente pela sua sobrevivência.
(E) desistem, por não conseguirem concluir o seu trabalho.

6. **(ADVOGADO – PETROBRÁS – 2008 – CESGRANRIO)** No primeiro parágrafo do texto, as palavras **sinal** (l. 1) e **estímulo** (l. 2) podem ser substituídas, sem alteração de sentido, respectivamente, por

(A) orientação e ordem.
(B) indicação e evidência.
(C) imposição e apelo.
(D) sugestão e impulso.
(E) indício e incentivo.

7. **(ADVOGADO – PETROBRÁS – 2008 – CESGRANRIO)** Em qual das frases a seguir o acento indicativo de crase deve realmente ser empregado?

(A) É preciso considerar à opinião dos mais velhos.
(B) Ela deu asas à imaginação.
(C) Os imigrantes vieram à esta terra com fé.
(D) Finalmente, chegou à uma decisão.
(E) Hora à hora, ouvia vozes interiores.

8. **(ADVOGADO – PETROBRÁS – 2008 – CESGRANRIO)** Entre os apresentados a seguir, qual o único exemplo em que o **a NÃO** pode ser classificado como artigo?

(A) "... mostram como ponto em comum a capacidade de ..." (l. 8-9)
(B) "de suportar a frustração." (l. 10)
(C) "(sujeitos a condições subumanas, ...)" (l. 11 – 12)
(D) "Venceram a voz que falava:" (l. 16 – 17)
(E) "... sobre a atitude negativa." (l. 26-27)

9. **(ADVOGADO – PETROBRÁS – 2008 – CESGRANRIO)** Houve uma situação, no texto, em que o autor poderia ter escrito de forma mais coerente com o padrão culto e formal da língua. Qual foi ela?

(A) Na linha 12, deveria ter escrito sub-humanas e não "subumanas" (l. 12).
(B) Em lugar de "ensinaram seus filhos a crescerem" (l.13- 14) poderia ter escrito "ensinaram seus filhos a crescer".
(C) A palavra "mofam" (l. 21) não deveria ter sido usada, por tratar-se de uma gíria.
(D) A vírgula foi colocada erradamente no trecho "... desaparecem da história, (...), têm sua busca ..." (l. 22-23), pois separou o sujeito do predicado.
(E) Faltou o hífen em autodisciplina (l. 28).

10. **(ADVOGADO – PETROBRÁS – 2008 – CESGRANRIO)** Há **ERRO** de concordância em:

(A) Pensou-se que faltava algumas pessoas importantes à reunião.
(B) Anexas ao relatório vão as duas vias deste documento.
(C) Podia haver várias divergências no recinto.
(D) Mais de um orador falou sobre desafios.
(E) Faz anos que ele comparece ao debate.

A CIÊNCIA DA BIODIVERSIDADE

A fronteira da biodiversidade é azul. Atrás das ondas, mais do que em qualquer outro lugar do planeta, está o maior número de seres vivos a descobrir. Os mares parecem guardar a resposta sobre a origem da vida e uma potencial revolução para o desenvolvimento de medicamentos, cosméticos e materiais para comunicações.

Prova do mundo escondido na água é a identificação recente de lulas colossais com mais de dez metros, de polvos que brilham no escuro e de demônios-do-mar transparentes. No Brasil, será oficialmente anunciada em breve a identificação de mais uma espécie de baleia em nosso litoral. Cientistas descobriram no Rio de Janeiro uma nova espécie de arraia que vive nas trevas. E um inventário recém-concluído mostrará que Abrolhos tem a maior diversidade marinha de todo o Atlântico Sul. Conhecemos menos de 5% das criaturas marinhas. Das planícies abissais – o verdadeiro fundo do mar, que ocupa a maior parte da superfície da Terra – vimos menos de 1%. Sabemos mais sobre a superfície da Lua e de Marte do que do fundo do mar. Os oceanos são hoje o grande desafio para a conservação...[...]

Uma das descobertas mais surpreendentes é o acréscimo de mais uma espécie à lista de baleias que ocorrem no litoral brasileiro. Com a baleia-bicuda-de-True encontrada em São Sebastião, São Paulo, sobe para 43 o número de espécies de baleias registradas na costa do Brasil.

– Essa descoberta mostra que os oceanos são nossa última fronteira. Desconhecemos até o que existe na costa. O registro de mais uma espécie é um dos mais importantes dos últimos anos e muda o conhecimento sobre nossa fauna – afirma um dos autores da descoberta, o pesquisador Salvatore Siciliano. [...]

A baleia-bicuda-de-True chega a ter seis metros de comprimento e não se imaginava que pudesse chegar ao litoral brasileiro. Seu registro sairá em breve na revista científica Global Marine Environment. Encontrar registros novos de animais tão grandes quanto baleias impressiona, mas não surpreende os cientistas. Nos últimos anos, descobriram-se não só novos registros mas novas espécies de peixes e invertebrados marinhos – como estrelas-do-mar, corais, lulas e crustáceos.

Oficialmente, por exemplo, há 1.300 espécies de peixes marinhos no Brasil. Mas os especialistas sabem que esse número é muitas vezes maior.

AZEVEDO, Ana Lucia, **Revista O Globo**, 19 mar. 2006 (com adaptações).

11. **(ADVOGADO – PETROBRÁS – 2006 – CESGRANRIO)** Indique a única opção que **NÃO** apresenta uma idéia contida no texto.

(A) Há possibilidades de estar no fundo do mar matéria prima para uma série de avanços técnico-científicos.
(B) Existem cerca de 95% de seres marinhos que ainda não conhecemos nos dias de hoje.
(C) A descoberta de novos animais aquáticos evidencia a riqueza do território marinho a ser desvendado.
(D) A crença de que a baleia-bicuda-de-True não poderia chegar ao Brasil foi alterada pelos fatos recentes.
(E) No Brasil, encontram-se contabilizados 1.300 peixes, conforme informações das autoridades da área.

12. **(ADVOGADO – PETROBRÁS – 2006 – CESGRANRIO)** Avalie se as afirmações abaixo são verdadeiras(V) ou falsas (F) em relação à interpretação do trecho "A fronteira da biodiversidade é azul." (l. 1)

( ) Só há biodiversidade nos mares.
( ) A fronteira é azul porque diz respeito ao mar e ao céu.

( ) A expectativa é de que haja muita vida desconhecida nos oceanos.

A seqüência correta é:

(A) V - V - V
(B) V - V - F
(C) V - F - V
(D) F - V - V
(E) F - F – V

13. **(ADVOGADO – PETROBRÁS – 2006 – CESGRANRIO)** A expressão "a nossa última fronteira," na afirmação do pesquisador ("Essa descoberta mostra que os oceanos são nossa última fronteira." l. 28-29), diz respeito ao fato de:

(A) o Brasil, como um país de vasto litoral, ter no oceano seu limite.
(B) o homem, que já conhece bastante o espaço, ter como desafio desvendar os segredos do mar.
(C) os oceanos constituírem a última fronteira de todos os continentes, já que a água domina o planeta.
(D) a costa ser considerada o ponto de partida para as investigações até chegarem ao limite – o oceano.
(E) até mesmo a baleia-bicuda-de-True ter conseguido chegar ao litoral brasileiro, o que não era esperado.

14. **(ADVOGADO – PETROBRÁS – 2006 – CESGRANRIO)** Os animais abaixo foram descobertos recentemente, EXCETO:

(A) lulas colossais com mais de dez metros.
(B) polvos que brilham no escuro.
(C) demônios-do-mar transparentes.
(D) baleias-bicudas-de-True.
(E) uma espécie de arraia que vive nas trevas.

15. **(ADVOGADO – PETROBRÁS – 2006 – CESGRANRIO)** "Os mares parecem guardar a resposta sobre a origem da vida..." (l. 3-4) Indique a opção que NÃO reescreve adequadamente a sentença acima, de acordo com a norma culta.

(A) Os mares parecem que guardam a resposta sobre a origem da vida.
(B) Os mares guardam – parece – a resposta sobre a origem da vida.
(C) Parecem os mares guardarem a resposta sobre a origem da vida.
(D) Parece que os mares guardam a resposta sobre a origem da vida.
(E) Que os mares guardam a resposta para a origem da vida parece.

16. **(ADVOGADO – PETROBRÁS – 2006 – CESGRANRIO)** O verbo na terceira pessoa do plural do presente do indicativo NÃO está grafado corretamente em:

	Verbo	3ª pessoa do plural
(A)	vir	Vêem
(B)	crer	Crêem
(C)	ter	Têm
(D)	haver	Hão
(E)	dar	Dêem

17. **(ADVOGADO – PETROBRÁS – 2006 – CESGRANRIO)** Indique a opção que NÃO está de acordo com as características estabelecidas para correspondências oficiais.

(A) A impessoalidade, a clareza, a concisão e o paralelismo gramatical são qualidades necessárias à boa redação.
(B) Há documentos que diferem mais no que diz respeito à forma do que à finalidade, como o memorando, o ofício e o aviso.
(C) Os ofícios poderão ser impressos em ambas as faces do papel e deverão ter as margens esquerda e direita com as distâncias invertidas nas páginas pares (margem espelho).
(D) O memorando é a modalidade de comunicação entre unidades administrativas de um mesmo órgão, que podem estar hierarquicamente em mesmo nível ou em níveis diferentes.
(E) O correio eletrônico, quando usado como correspondência oficial, não apresenta forma rígida para sua estrutura, mas evita-se o uso de linguagem incompatível com uma comunicação oficial.

18. **(ADVOGADO – PETROBRÁS – 2006 – CESGRANRIO)** Observe os verbos em destaque abaixo.

"A baleia-bicuda-de-True **chega** a ter seis metros de comprimento e não se imaginava que pudesse **chegar** ao litoral brasileiro." (l. 34-36)

Indique a opção em que as duas formas do mesmo verbo têm o mesmo sentido.

(A) Para **aplicar** os ensinamentos que recebeu do pai, ele **aplicou** todos os seus ganhos em imóveis.
(B) Com a finalidade de **cortar** o consumo excessivo de proteínas, ele **cortou** as carnes de sua alimentação.
(C) Com uma tesoura, **destacou** algumas partes do documento, para que só o mais importante se **destacasse**.
(D) Ele **viu** que estava com sede quando **viu** o amigo tomar um mate gelado.
(E) O funcionário que **visava** a uma promoção no final do ano era o responsável por **visar** os documentos.

19. **(ADVOGADO – PETROBRÁS – 2006 – CESGRANRIO)** Indique a opção em que o emprego da(s) vírgula(s) obedece à norma culta.

(A) A mais ambiciosa empreitada para conhecer a biodiversidade dos oceanos, é o Censo da Vida Marinha, que reúne 1.700 cientistas de 75 países, e deve estar concluído em 2010.
(B) A mais ambiciosa empreitada para conhecer a biodiversidade dos oceanos é o Censo da Vida

Marinha que reúne, 1.700 cientistas de 75 países, e deve estar concluído em 2010.

(C) A mais ambiciosa empreitada para conhecer a biodiversidade dos oceanos é o Censo da Vida Marinha, que reúne 1.700 cientistas de 75 países e deve estar concluído em 2010.

(D) A mais ambiciosa empreitada, para conhecer a biodiversidade dos oceanos é o Censo da Vida Marinha que reúne 1.700 cientistas de 75 países, e deve estar concluído em 2010.

(E) A mais ambiciosa empreitada para conhecer a biodiversidade dos oceanos é o Censo da Vida Marinha, que reúne 1.700 cientistas de 75 países, e deve estar concluído, em 2010.

20. **(ADVOGADO – PETROBRÁS – 2006 – CESGRANRIO)** Indique a opção em que a palavra destacada tem a mesma classe do vocábulo a em sua ocorrência na frase "...maior número de seres vivos a descobrir." (l. 3).

(A) "Os mares parecem guardar **a** resposta..." (l. 3-4)

(B) "**E** um inventário recém-concluído mostrará..." (l. 13-14)

(C) "**Uma** das descobertas mais surpreendentes..." (l. 22)

(D) "**Com** a baleia-bicuda-de-True encontrada em São Sebastião," (l. 24-25)

(E) "Desconhecemos até o **que** existe na costa." (l. 29-30) **ADVOGADO(A) JÚNIOR**

CULTURA DE PAZ

A mobilização em prol da paz, no Brasil, nasceu do aumento da violência, principalmente quando a criminalidade passou a vitimar as classes privilegiadas dos centros urbanos. A paz que os brasileiros buscam está diretamente vinculada à redução de crimes e homicídios. Refletir sobre a construção da cultura de paz passa, portanto, pela análise de como a sociedade compreende e pretende enfrentar o fenômeno da violência. Esse tem sido o tema de inúmeros debates.

É possível agrupar, grosso modo, três paradigmas que, implícita ou explicitamente, estão presentes nessas discussões — o da repressão, o estrutural e o da cultura de paz.

O modelo baseado na repressão preconiza, como solução para a violência, medidas de força, tais como policiamento, presídios e leis mais duras. Essas propostas sofrem de um grave problema — destinamse a remediar o mal, depois de ocorrido. Também falham em não reconhecer as injustiças socioeconômicas do país. Apesar disto, esse é o modelo mais popular, pois, aparentemente, dá resultados rápidos e contribui para uma sensação abstrata (mas fundamental) de segurança e de que os crimes serão punidos.(...)

O segundo paradigma afirma que a causa da violência reside na estrutura social e no modelo econômico. Conseqüentemente, se a exclusão e as injustiças não forem sanadas, não há muito que se fazer. Apesar de bem-intencionado, ao propor uma sociedade mais justa, esse modelo vincula a solução de um problema que afeta as pessoas de forma imediata e concreta — violência — a questões complexas que se situam fora da possibilidade de intervenção dos indivíduos — desemprego, miséria, etc. —, gerando, desse modo, sentimentos de impotência e imobilismo.

Uma compreensão distorcida desse modelo tem levado muitos a imaginar uma associação mecânica entre pobreza e violência. (...)

É importante evidenciar a violência estrutural, pois ela encontra-se incorporada ao cotidiano da sociedade, tendo assumido a aparência de algo normal ou imutável. Mas a paz não será conquistada apenas por mudanças nos sistemas econômico, político e jurídico. Há que se transformar o coração do homem.

O terceiro é o paradigma da cultura de paz, que propõe mudanças de consciência e comportamento — inspiradas em valores universais como justiça, diversidade, respeito e solidariedade — tanto de parte de indivíduos como de grupos, instituições e governos.

Os defensores dessa perspectiva compreendem que promover transformações nos níveis macro e micro não são processos excludentes, e sim complementares. Buscam trabalhar em prol de mudanças, tanto estruturais quanto de atitudes e estilos de vida. Também enfatizam a necessidade e a viabilidade de reduzir os níveis de violência através de intervenções integradas e multiestratégicas, fundamentadas na educação, na saúde, na ética, na participação cidadã e na melhoria da qualidade de vida.

O primeiro passo rumo à conquista de paz e nãoviolência no Brasil é uma mudança paradigmática: o modelo da cultura de paz deve tornar-se o foco prioritário das discussões, decisões e ações. Só será possível colher os frutos da paz quando semearmos os valores e comportamentos da cultura de paz. Isso é a tarefa de cada um de nós, começando pelas pequenas coisas, e no cotidiano, sem esperar pelos outros. Gradualmente, outros serão sensibilizados e decidirão fazer a sua parte também.

MILANI, Feizi M. **Jornal do Brasil**, 02 jan. 2002.

21. **(ADVOGADO – PETROBRÁS DISTRIB. – 2008 – CESGRANRIO)** De acordo com a leitura do primeiro parágrafo do texto, é correto afirmar que

(A) o movimento pela paz resulta da necessidade de remediar problemas socioeconômicos.

(B) as classes mais abastadas dão origem ao movimento pela paz contra a criminalidade.

(C) a compreensão do que se entende por cultura de paz implica uma ação direta contra as formas de violência.

(D) para a sociedade brasileira, o desejo de paz, inerente à sua natureza ética, corresponde a um imperativo de princípios morais.

(E) estudar os meios para que a sociedade entenda e enfrente a violência é uma das atitudes para se pensar a construção da cultura da paz.

22. **(ADVOGADO – PETROBRÁS DISTRIB. – 2008 – CESGRANRIO)** Segundo o texto, o conceito de paz consiste em

(A) reduzir a criminalidade em comunidades carentes.
(B) proteger as classes privilegiadas de ações violentas.
(C) adotar comportamentos repressivos diante de atos violentos.
(D) construir e vivenciar valores éticos como básicos na sociedade.
(E) refletir sobre a miséria física e moral da sociedade.

23. **(ADVOGADO – PETROBRÁS DISTRIB. – 2008 – CESGRANRIO)** A afirmação de que o modelo de repressão apresenta resultados rápidos e contribui para uma sensação abstrata de segurança reflete o(a)
(A) paradoxo do paradigma.
(B) consistência do modelo.
(C) alternância tranqüilidade/segurança.
(D) exclusão das injustiças sociais.
(E) profundidade da sensação de segurança.

24. **(ADVOGADO – PETROBRÁS DISTRIB. – 2008 – CESGRANRIO)** Cada um dos paradigmas apresenta vários objetivos explícitos. Assinale a opção que NÃO se configura como tal.
(A) Tornar a cultura foco prioritário das discussões.
(B) Evidenciar a violência estrutural.
(C) Preconizar medidas de força.
(D) Sanar exclusão e injustiças.
(E) Associar pobreza e violência.

25. **(ADVOGADO – PETROBRÁS DISTRIB. – 2008 – CESGRANRIO)** Na exposição do autor, os paradigmas apresentam-se
(A) equivalentes nas ações.
(B) excludentes nos objetivos.
(C) hierarquizados quanto a valor.
(D) imunes a restrições.
(E) radicais nas soluções.

26. **(ADVOGADO – PETROBRÁS DISTRIB. – 2008 – CESGRANRIO)** O autor discorre sobre a violência e estrutura seu ponto de vista em três tópicos principais. Trata-se, por isso, de um texto
(A) narrativo-argumentativo.
(B) narrativo-descritivo.
(C) dissertativo-argumentativo.
(D) dissertativo-descritivo.
(E) argumentativo-descritivo.

27. **(ADVOGADO – PETROBRÁS DISTRIB. – 2008 – CESGRANRIO)** O(s) termo(s) destacado(s) NÃO recebe(m) a mesma classificação gramatical dos apresentados nas demais opções em
(A) "não há muito que se fazer. " (. 28-29)
(B) "... problema que afeta as pessoas ..." (. 31)
(C) "...tem levado muitos a imaginar..." (. 37-38)
(D) "... é a tarefa de cada um de nós," (. 67)
(E) "outros serão sensibilizados ..." (. 69)

28. **(ADVOGADO – PETROBRÁS DISTRIB. – 2008 – CESGRANRIO)** "O segundo paradigma afirma que a causa da violência reside na estrutura social e no modelo econômico. Conseqüentemente, se a exclusão e as injustiças ..." (. 25-28) O termo em destaque tem a função de
(A) enfatizar o seqüenciamento de fatos antagônicos.
(B) estabelecer relação de sentido entre enunciados.
(C) ligar expressões sintaticamente dependentes na mesma oração.
(D) unir termos semanticamente idênticos.
(E) relacionar sintaticamente duas orações.

29. **(ADVOGADO – PETROBRÁS DISTRIB. – 2008 – CESGRANRIO)** De acordo com as regras de pontuação, assinale o enunciado que está pontuado corretamente.
(A) Os níveis de violência, nos grandes centros urbanos suscitam reações.
(B) O combate à violência é necessário pois, cada vez há mais vítimas desse fenômeno.
(C) É possível mobilizar, pois, diferentes setores no combate à violência.
(D) É possível por conseguinte, mobilizar diferentes setores no combate à violência.
(E) Há, a presença da violência em todas as classes sociais e faixas etárias.

30. **(ADVOGADO – PETROBRÁS DISTRIB. – 2008 – CESGRANRIO)** Analise as expressões destacadas.
- " ... agrupar, grosso modo," (. 10)
- "... na repressão preconiza," (. 14)
- "Uma compreensão distorcida ..." (. 37)
- "Também enfatizam a necessidade..." (. 56)

A série que corresponde, respectivamente, ao significado dessas expressões em negrito é:
(A) aproximadamente – recomenda – desvirtuada – ressaltam.
(B) erradamente – proíbe – maldosa – corrigem.
(C) cuidadosamente – aconselha – radicalizada – ignoram.
(D) imprecisamente – prevê – desviada – impõem.
(E) grosseiramente – desfaz – descuidada – negam.

O QUE É... DECISÃO

No mundo corporativo, há algo vagamente conhecido como "processo decisório", que são aqueles insondáveis critérios adotados pela alta direção da empresa para chegar a decisões que o funcionário não consegue entender. Tudo começa com a própria origem da palavra "decisão", que se formou a partir do verbo latino caedere (cortar). Dependendo do prefixo que se utiliza, a palavra assume um significado diferente: "incisão" é cortar para dentro, "rescisão" é cortar de novo, "concisão" é o que já foi cortado, e assim por diante. E dis caedere, de onde veio "decisão", significa "cortar fora". Decidir é, portanto, extirpar de uma situação tudo o que está atrapalhando e ficar só com o que interessa.

E, por falar em cortar, todo mundo já deve ter ouvido a célebre história do não menos célebre rei Salomão, mas permitam-me recontá-la, transportando os acontecimentos para uma empresa moderna. Então, está um dia o rei Salomão em seu palácio, quando duas mulheres são introduzidas na sala do trono. Aos berros e puxões de cabelo, as duas disputam a maternidade de uma criança recém-nascida. Ambas possuem argumentos sólidos: testemunhos da gravidez recente, depoimentos das parteiras, certidões de nascimento. Mas, obviamente, uma das duas está mentindo: havia perdido o seu bebê e, para compensar a dor, surrupiara o filho da outra. Como os testes de DNA só seriam inventados dali a milênios, nenhuma das autoridades imperiais consultadas pelas litigantes havia conseguido dar uma solução satisfatória ao impasse.

Então Salomão, em sua sabedoria, chama um guarda, manda-o cortar a criança ao meio e dar metade para cada uma das reclamantes. Diante da catástrofe iminente, a verdadeira mãe suplica: "Não! Se for assim, ó meu Senhor, dê a criança inteira e viva à outra!", enquanto a falsa mãe faz aquela cara de "tudo bem, corta aí". Pronto. Salomão manda entregar o bebê à mãe em pânico, e a história se encerra com essa salomônica demonstração de conhecimento da natureza humana.

Mas isso aconteceu antigamente. Se fosse hoje, com certeza as duas mulheres optariam pela primeira alternativa (porque ambas teriam feito um curso de Tomada de Decisões). Aí é que entram os processos decisórios dos salomões corporativos. Um gerente Salomão perguntaria à mãe putativa A: "Se eu lhe der esse menino, ó mulher, o que dele esperas no futuro?" E ela diria: "Quero que ele cresça com liberdade, que aprenda a cantar com os pássaros e que possa viver 100 anos de felicidade". E a mesma pergunta seria feita à mãe putativa B, que de pronto responderia: "Que o menino cresça forte e obediente e que possa um dia, por Vossa glória e pela glória de Vosso reino, morrer no campo de batalha". Então, sem piscar, o gerente salomão ordenaria que o bebê fosse entregue à mãe putativa B.

Por quê? Porque na salomônica lógica das empresas, a decisão dificilmente favorece o funcionário que tem o argumento mais racional, mais sensato, mais justo ou mais humano. A balança sempre pende para os putativos que trazem mais benefício para o sistema.

GEHRINGER, Max.Revista Você S/A, jan. 2002.

31. **(ADVOGADO – PETROBRÁS TRANSP. – 2006 – CESGRANRIO)** De acordo com a origem da palavra "decisão" oferecida pelo texto, a paráfrase adequada para "processo decisório" é processo de:

(A) escolha.
(B) eliminação.
(C) seleção.
(D) definição.
(E) preferência.

32. **(ADVOGADO – PETROBRÁS TRANSP. – 2006 – CESGRANRIO)** O autor define "processos decisórios" como "aqueles insondáveis critérios adotados pela alta direção da empresa para chegar a decisões que o funcionário não consegue entender." (l. 2-5). Assinale a opção que apresenta a justificativa para tal definição.

(A) Na lógica empresarial, decide-se preferencialmente por soluções que favorecem o sistema e não por aquelas mais racionais.
(B) Na salomônica lógica adotada pelas empresas, as escolhas recaem sempre sobre argumentos putativos justos e sensatos.
(C) Para a direção de empresas, os procedimentos que orientam as decisões baseiam-se na observação do comportamento do funcionário.
(D) Para o alto comando de empresas, métodos que apóiam decisões devem ser sustentados por critérios do interesse do sistema.
(E) Para o corpo gerencial, as escolhas que são baseadas nos ensinamentos do curso de Tomada de Decisões são as melhores.

33. **(ADVOGADO – PETROBRÁS TRANSP. – 2006 – CESGRANRIO)** As palavras "salomônica" em "salomônica demonstração" (l. 37) e "salomão", em "Um gerente salomão" (l. 43), respectivamente, significam:

(A) justa e criteriosa – responsável pelas decisões.
(B) piedosa – conhecedor das regras da empresa.
(C) fundamentada – conhecedor da natureza humana.
(D) sábia e consciente – comprometido com o trabalho.
(E) clara e inquestionável – detentor de muitos poderes.

34. **(ADVOGADO – PETROBRÁS TRANSP. – 2006 – CESGRANRIO)** Nas opções abaixo, as palavras ou expressões destacadas representam sínteses de trechos do texto, EXCETO em uma. Assinale-a.

(A) palavra "decisão", **formada** a partir do verbo latino caedere...(l. 5-6).
(B) Dependendo do prefixo **utilizado**, (l. 7).
(C) extirpar de uma situação **o atrapalhado**... (l. 12).
(D) E, **falando** em cortar, (l. 14).
(E) o gerente salomão ordenaria **a entrega do bebê** à mãe putativa B. (l. 52-53).

35. **(ADVOGADO – PETROBRÁS TRANSP. – 2006 – CESGRANRIO)** Indique a opção na qual as frases "Se fosse hoje, com certeza as duas mulheres optariam pela primeira alternativa..."(l. 39-41) e "Aí é que entram os processos decisórios dos salomões corporativos." (l. 42-43) aparecem reescritas em um único período, sem alteração do sentido original.

(A) Caso isso acontecesse nos dias atuais, as duas mulheres fariam a mesma escolha influenciadas pelas decisões de seu gerente salomão.
(B) No mundo de hoje, as duas mulheres levariam em consideração para decidir os critérios do rei Salomão e escolheriam a primeira opção.
(C) Atualmente, as duas mulheres poderiam escolher a primeira possibilidade levando em conta os interesses do sistema empresarial.
(D) Com a nova mentalidade, a escolha das duas mulheres seria por não dividir a criança, já que conheceriam as regras empresariais.
(E) Uma vez que hoje as duas mulheres optariam pela mesma alternativa, os "salomões corporativos" recorreriam a processos de decisão.

36. **(ADVOGADO – PETROBRÁS TRANSP. – 2006 – CESGRANRIO)** Com base no período "Como os testes de DNA só seriam inventados dali a milênios, nenhuma das autoridades imperiais consultadas pelas litigantes havia conseguido dar uma solução satisfatória ao impasse." (l. 26-29), pode-se inferir que:

(A) os testes de DNA poderiam contribuir para a solução do problema.
(B) as soluções encontradas pelas autoridades não satisfizeram às litigantes.
(C) as supostas mães das crianças consultaram as autoridades para resolver o impasse.
(D) só dali a muitos anos os cientistas inventariam os testes de DNA.
(E) não havia autoridade imperial capaz de resolver o impasse.

37. **(ADVOGADO – PETROBRÁS TRANSP. – 2006 – CESGRANRIO)** Assinale a opção em que a alteração, assinalada em negrito, feita em relação à forma original está correta.

(A)	"Dependendo do prefixo que se utiliza," (l. 7)	Dependendo do prefixo **de** que se utiliza...
(B)	"mas permitam-me recontá-la," (l. 16)	...mas **me** permitam recontá-la,
(C)	"autoridades imperiais consultadas pelas litigantes" (l. 27-28)	...autoridades imperiais consultadas pel**o**s litigantes
(D)	"Um gerente salomão perguntaria à mãe putativa A" (l. 43-44)	"**A** um gerente salomão perguntaria **a** mãe putativa A"
(E)	"catástrofe iminente," (l. 32-33)	...catástrofe **e**minente...

38. **(ADVOGADO – PETROBRÁS TRANSP. – 2006 – CESGRANRIO)** Por meio de uma carta, os funcionários __________ aos superiores.

Com respeito à regência, a forma verbal que preenche adequadamente a lacuna acima é:

(A) chamaram.
(B) convidaram.
(C) cumprimentaram.
(D) pressionaram.
(E) responderam.

39. **(ADVOGADO – PETROBRÁS TRANSP. – 2006 – CESGRANRIO)** A relação entre a palavra destacada e a expressão a que a mesma se refere está INCORRETA em:

(A) ... **que** [são aqueles insondáveis] (l. 2-3) – processo decisório.
(B) ... **onde** [veio "decisão"] (l. 10-11) – dis caedere.
(C) ... [recontá]-**la** (l. 16) – a célebre história.
(D) **Aí** [é que entram] (l. 42) – primeira alternativa.
(E) ... **dele** [esperas no futuro?] (l. 45) – desse menino.

40. **(ADVOGADO – PETROBRÁS TRANSP. – 2006 – CESGRANRIO)** Assinale a opção em que o sinal de dois pontos tem amesma função apresentada em "Mas, obviamente, uma das duas está mentindo: havia perdido o seu bebê e, para compensar a dor, surrupiara o filho da outra." (l. 24-26)

(A) O diretor apresentou dados convincentes: a pesquisa de opinião, o último balanço da empresa e cartas de clientes.
(B) Os critérios adotados para admissão de funcionários são sempre os mesmos: organização, competência e capacidade de trabalhar em equipe.
(C) Tomar decisões em momentos de crise pode ser danoso:muitas vezes um impulso substitui o bom-senso.
(D) Dois motivos o levaram a pedir demissão: uma nova oferta de trabalho e a possibilidade de trabalhar no exterior.
(E) Quando soube que não seria promovido, ele fez o seguinte: mandou uma carta para a vice-presidência e marcou uma reunião com a equipe.

RECOMEÇAR!

"Começar de novo, e contar "comigo",
vai valer a pena, ter amanhecido..."

Ivan Lins

Ter coragem de recomeçar a cada vez...fácil de dizer, difícil de fazer.

Todas as manhãs pelo mundo afora, pessoas acordam com essa meta, esse desejo de recomeço, enfrentando o dilema: Por onde e como encontrar forças pra recomeçar.

É preciso enlaçar as tristezas, num laço apertado, e jogá-las no desfiladeiro, que só tem o eco como companheiro.

É preciso enfrentar o inimigo maior, nosso eu interior, e torná-lo nosso cúmplice.

É preciso que nos tornemos perdoadores de nós mesmos. Nosso eu é nosso carrasco maior, na maioria das vezes.

Ninguém nos poderá ajudar nessa tarefa! É uma incumbência que só podemos delegar a nós mesmos.

É preciso achar o trilho perdido, nesta nossa vidinha de cada dia, de estradas nem sempre tão planas, nem sempre bem sinalizadas, que se repartem em múltiplos caminhos sem setas de chegada.

É necessário, muitas vezes, juntar os cacos partidos de um coração que de alguma forma foi estraçalhado.

Abrir a janela e perceber que o sol brilha a cada manhã, não apenas por nossa causa, mas apesar de nós. Saber que a vida continua, quer queiramos ou não! estejamos alegres, ou estejamos tristes... A vida caminha, esteja nossa alma leve ou pesada!

Estamos vivos e enquanto houver vida dentro de nós...temos de ter coragem e esperança de... começar de novo, ainda que comigo, vai valer a pena, ter amanhecido!!...

POLLICE, Ercilia de Arruda(adaptado).

41. **(ADVOGADO – EPE – 2007 – CESGRANRIO)** Assinale a idéia que o texto NÃO apresenta.

(A) Muitas vezes, a causa do insucesso está em nós mesmos.
(B) A cada situação de insucesso, nova tentativa torna-se necessária.
(C) A coragem e a esperança são sentimentos fundamentais para se recomeçar.
(D) A vida é sempre um vir a ser.
(E) A vida se delineia por caminhos bem definidos.

42. **(ADVOGADO – EPE – 2007 – CESGRANRIO)** Assinale a passagem do texto que traduz o esforço que o "eu" precisa despender para onseguir vencer os sofrimentos e ter condições de tentar recomeçar.

(A) "Ninguém nos poderá ajudar nessa tarefa!" (l. 15).
(B) "É preciso achar o trilho perdido, nesta nossa vidinha de cada dia," (l. 17-18).
(C) "É necessário, muitas vezes, juntar os cacos partidos de um coração que de alguma forma foi estraçalhado." (l. 21-23).
(D) "Abrir a janela e perceber que o sol brilha a cada manhã," (l. 24-25).
(E) "A vida caminha, esteja nossa alma leve ou pesada!" (l. 28-29).

43. **(ADVOGADO – EPE – 2007 – CESGRANRIO)** Na passagem "começar de novo, ainda que comigo," (l. 32), semanticamente, a expressão em destaque significa que é:

(A) atenuada a preocupação com recomeçar.
(B) reforçada a determinação de recomeçar.
(C) revelada a indecisão de se recomeçar.
(D) demonstrado o esforço desperdiçado com recomeçar.
(E) minimizado o empenho para recomeçar.

44. **(ADVOGADO – EPE – 2007 – CESGRANRIO)** Segundo o texto, a maior barreira que o sujeito enfrenta para recomeçar é a necessidade de:

(A) ter coragem.
(B) ter esperança.
(C) desvencilhar-se das tristezas.
(D) achar o caminho perdido.
(E) enfrentar a si mesmo.

45. **(ADVOGADO – EPE – 2007 – CESGRANRIO)** A passagem que repete semanticamente a epígrafe (o trecho da música transcrito) é:

(A) "Ter coragem de recomeçar a cada vez..." (l. 1)
(B) "Todas as manhãs pelo mundo afora, pessoas acordam com essa meta," (l. 3-4)
(C) "É preciso enlaçar as tristezas, num laço apertado, e jogá-las no desfiladeiro," (l. 7-8)
(D) "É preciso enfrentar o inimigo maior, nosso eu interior, e torná-lo nosso cúmplice." (l. 10-11)
(E) "É preciso que nos tornemos perdoadores de nós mesmos." (l. 12-13)

46. **(ADVOGADO – EPE – 2007 – CESGRANRIO)** Os substantivos dicção e junção, derivados de "dizer" (l. 2) e "juntar" (l. 21), são grafados com ç. Assinale a opção em que o vocábulo é grafado com essa mesma letra.

(A) Prospec___ão.
(B) Discu___ão.
(C) Preten___ão.
(D) Cone___ão.
(E) Permi___ão.

47. **(ADVOGADO – EPE – 2007 – CESGRANRIO)** Assinale a opção em que a classe gramatical do que difere da dos demais.

(A) "**que** só tem o eco como companheiro." (l. 8-9).
(B) "...**que** nos tornemos perdoadores de nós mesmos." (l. 12-13).
(C) "...**que** só podemos delegar a nós mesmos." (l. 16).
(D) "**que** se repartem em múltiplos caminhos..." (l. 19-20).
(E) "...**que** de alguma forma foi estraçalhado." (l. 22-23).

48. **(ADVOGADO – EPE – 2007 – CESGRANRIO)** Assinale a opção cujo comentário gramatical ou sintático está INCORRETO.

(A) O conectivo, marca da relação de sentido entre "... fácil de dizer, difícil de fazer." (l. 1-2) é entretanto.
(B) Em "e jogá-las no desfiladeiro, que só **tem** o eco como **companheiro**." (l. 8-9), as concordâncias verbal e nominal dos vocábulos destacados são, respectivamente, com "desfiladeiro" e "eco".
(C) Na passagem "É preciso enfrentar o inimigo maior, nosso eu interior," (l. 10-11), as vírgulas estão empregadas para separar o vocativo.
(D) Em "...que nos tornemos perdoadores..." (l. 12) e "Estamos vivos..." (l. 30), os verbos são de ligação.
(E) O diminutivo plural de "coração" (l. 22) é coraçõezinhos.

49. **(ADVOGADO – EPE – 2007 – CESGRANRIO)** Assinale a opção em que o pronome pessoal de tratamento referente ao cargo NÃO deve ser abreviado.

(A) Presidente da República e Papa.
(B) Cônsul e Deputado.
(C) Ministro de Estado e Reitor de Universidade.
(D) Chefe de empresa e Prefeito.
(E) Representante militar e Embaixador.

50. **(ADVOGADO – EPE – 2007 – CESGRANRIO)** Assinale a explicação correta quanto ao tipo de correspondência.

(A) Requerimento – vocativo, contexto, fecho, data e assinatura são as partes de um requerimento.
(B) Circular – sua finalidade é esclarecer sobre determinado assunto, lei ou regulamento (não pode complementar ou retificar atos oficiais).

(C) Ata – é redigida sem deixar espaço, sem fazer parágrafo para impossibilitar acréscimos.
(D) Memorando – trata-se de correspondência utilizada na circulação interna e externa.
(E) Declaração – é um documento no qual a pessoa que assina manifesta sua opinião ou observação a respeito de um assunto ou pessoa.

ACOSTUMAR-SE A TUDO?

A gente se acostuma praticamente a tudo.

Isso é bom? Isso é ruim?

A resposta – inevitável – é: isso é bom e é ruim.

Senão, vejamos. Nossa elasticidade, nossa capacidade de adaptação, tem permitido que sobrevivamos em condições muitas vezes bastante adversas.

Lembro-me de que o escritor francês Saint-Exupéry contou, uma vez, sobre como o avião caiu em cima de montanhas geladas e como o piloto conseguiu sobreviver durante vários dias, enfrentando o frio, a fome, a dor e inúmeros perigos, adaptando-se às circunstâncias para, na medida do possível, poder dominá-las.

Nunca esquecerei o justificado orgulho com que ele falou: “O que eu fiz, nenhum bicho jamais faria”.

Por outro lado, a capacidade de adaptação pode funcionar como mola propulsora de um mecanismo oportunista, de uma facilitação resignada à aceitação de coisas inaceitáveis.

É um fenômeno que, infelizmente, não é raro. Acontece nas melhores famílias. Pode estar acontecendo agora mesmo, com você, que está lendo este jornal.

Quando nos acostumamos a ver o que se passa em volta e começamos a achar que tudo é “normal”, deixamos de enxergar as “anormalidades”, deixamos de nos assustar e de nos preocupar com elas.

O poeta espanhol Federico Garcia Lorca esteve nos Estados Unidos em 1929/1930 e ficou assustado com Nova York. Enquanto os turistas, como nós, ficam maravilhados com a imponência dos prédios, Lorca se referia a eles como “montanhas de cimento”.

Enquanto os turistas admiram a qualidade da comida nos magníficos restaurantes, Lorca se espantava com o fato de ninguém se escandalizar com a matança dos animais. (...)

A insensibilidade se generaliza, a indiferença em relação aos animais se estende, inexoravelmente, aos seres humanos. A mesma máquina que tritura os animais esmaga as vacas e sufoca os seres humanos.

Lorca interpela os que se beneficiam com esse sistema, investe contra a contabilidade deles: “Embaixo das multiplicações / há uma gota de sangue de pato. / Embaixo das divisões, há uma gota de sangue de marinheiro”.

Acusa os detentores do poder e da riqueza de camuflarem a dura realidade social para fazê-la aparecer apenas como espaço de rudes entretenimentos e vertiginoso progresso tecnológico. Furioso, brada: “Cuspo-lhes na cara”.

É possível que alguns aspectos da reação do poeta nos pareçam exagerados, unilaterais. Afinal, Nova York também é lugar de cultura, tem museus maravilhosos, encena peças magníficas, faz um excelente cinema, apresenta espetáculos musicais fantásticos.

O exagero, porém, ajuda Garcia Lorca a chamar a nossa atenção para o “lado noturno” dessa “face luminosa” de Nova York. E Nova York, no caso, vale como símbolo das contradições que estão enraizadas em praticamente todas as grandes cidades modernas.

Os habitantes dessas cidades tendem a fixar sua atenção em falhas que podem ser sanadas, em defeitos que podem ser superados, em feridas que podem ser curadas por um tratamento tópico.

Falta-lhes a percepção de que determinadas questões só poderiam ser efetivamente resolvidas por uma mudança radical, através de um novo modelo.

Só um modelo novo de cidade permitirá que sejam pensadas e postas em prática soluções para os impasses a que chegaram as nossas megalópoles.

O que é pior do que ter graves problemas? É ter graves problemas e se recusar a reconhecê-los.

A condenação do poeta levanta questões para as quais não temos, atualmente, soluções viáveis. Lorca nos presta, contudo, o relevante serviço de nos cobrar que as encaremos.

KONDER, Leandro. **Jornal do Brasil**. 26 maio 2005.

51. **(ADVOGADO – REFAP – 2007 – CESGRANRIO)** A alusão ao poema e à opinião do poeta Garcia Lorca reforça os argumentos do autor do texto contra:

(A) o desenvolvimento tecnológico nas megalópoles.
(B) o sacrifício das pessoas humildes que moram na cidade.
(C) os interesses dos grandes investidores rurais.
(D) a ganância de uma classe social formada por estrangeiros.
(E) a indiferença diante da gravidade dos problemas sociais.

52. **(ADVOGADO – REFAP – 2007 – CESGRANRIO)** A partir do texto, interpreta-se a capacidade de adaptação, na vida da sociedade, como:

(A) fator que propicia a estagnação e a indiferença.
(B) único caminho para a resolução de problemas.
(C) modelo ideal de superação das adversidades.
(D) elemento facilitador de mudanças estruturais.
(E) qualidade para quem procura emprego.

53. **(ADVOGADO – REFAP – 2007 – CESGRANRIO)** Assinale a afirmativa que se comprova no texto.

(A) Para justificar o lado negativo do tema abordado, o autor recorre à experiência de Saint-Exupéry, nos parágrafos 5 e 6.
(B) A abordagem do assunto é delimitada no primeiro parágrafo, no qual o autor se posiciona de forma inflexível.
(C) Os fatos analisados por Federico Lorca, nos parágrafos 11 a 14, corroboram o aspecto negativo da idéia central.
(D) No parágrafo 8, o autor começa a estabelecer restrições ao posicionamento anterior sobre o assunto.
(E) A partir do parágrafo 15, o autor reproduz, com isenção, as conclusões a que chegou o poeta espanhol.

54. **(ADVOGADO - REFAP - 2007 - CESGRANRIO)** O significado da expressão "tratamento tópico" (l. 62) está, no texto, em oposição a:

(A) aplicação de medidas superficiais.
(B) uso de medicação externa.
(C) execução de transformações radicais.
(D) colocação em prática de medidas oportunistas.
(E) emprego de normas circunstanciais.

55. **(ADVOGADO - REFAP - 2007 - CESGRANRIO)** A seqüência em que a letra x corresponde ao mesmo fonema em todas as palavras é:

(A) exonerar – expelir – extinto.
(B) sexo – afixar – inexeqüível.
(C) exuberante – excitar – exótico.
(D) máximo – sintaxe – tórax.
(E) exuberante – exumar – exonerar.

56. **(ADVOGADO - REFAP - 2007 - CESGRANRIO)** Assinale a frase em que a parte destacada NÃO atende às regras da norma culta.

(A) Todos apóiam a luta **sem a qual não há justiça**.
(B) São válidos os motivos **dos quais os ambientalistas se interessam**.
(C) Não é certo o sacrifício **de quem já é discriminado socialmente**.
(D) Solidariedade é sentimento **de que toda a humanidade precisa**.
(E) É justa a causa **pela qual luta o poeta Federico Garcia Lorca**.

57. **(ADVOGADO - REFAP - 2007 - CESGRANRIO)** Em "Afinal, Nova York também é lugar de cultura," (l. 50-51), o termo destacado introduz um novo período, atribuindo a este, em relação ao anterior, a noção de:

(A) explicação.
(B) conclusão.
(C) finalização.
(D) oposição.
(E) condição.

58. **(ADVOGADO - REFAP - 2007 - CESGRANRIO)** Assinale a opção em que o par de orações NÃO apresenta transformação da voz verbal.

(A) " 'O que eu fiz, nenhum bicho jamais faria.' " (l. 14) / O que foi feito por mim não teria sido feito por nenhum bicho.
(B) "O poeta espanhol Federico Garcia Lorca... ficou assustado com Nova York." (l. 26-28) / O poeta espanhol Federico Garcia Lorca foi assustado por Nova York.
(C) "Enquanto os turistas admiram a qualidade da comida nos magníficos restaurantes," (l. 31-32) / Enquanto a qualidade da comida é admirada pelos turistas nos magníficos restaurantes.
(D) "Lorca interpela os que se beneficiam com esse sistema," (l. 39-40) / Os que se beneficiam com esse sistema são interpelados por Lorca.
(E) (Lorca) "Acusa os detentores do poder e da riqueza de camuflarem a dura realidade social..." (l. 44-45) / Os detentores do poder e da riqueza são acusados por Lorca de camuflarem a realidade social.

A MODA TERMINAL

Já declararam o fim da memória, da escrita, da pintura, da fotografia, do teatro, do rádio, das ferrovias, da História e já anunciaram até que o mundo ia se acabar. Todos os que previram esses desfechos chegaram ao fim antes. Agora, a moda é decretar que o jornalismo está terminando (e o livro também). Citam importantes jornais do mundo como alguns dos veículos com sérias dificuldades financeiras. Reconheço que há argumentos respeitáveis e indícios preocupantes. Mas vamos relativizar o pânico. No Brasil, por exemplo, nos dois últimos anos, a circulação dos diários cresceu. Em 2007, enquanto a expansão mundial não passou de 2,5%, aqui foi de 11,8%.

Desconfio muito das antecipações feitas por um mundo que não conseguiu prever nem a crise econômica atual. Além do mais, nunca uma nova tecnologia de comunicação eliminou a anterior. Com o advento da escrita – para citar a primeira dessas transformações – acreditava-se que, por desuso, a memória iria desaparecer. Dispondo de um suporte mecânico para registrar suas experiências, o homem não usaria mais a cabeça. Para que decorar, se era possível guardar tudo em forma de letrinhas? (a última especulação no gênero é a de que o Google vai tornar inúteis arquivos e bibliotecas).

Antes se dizia que a "civilização visual" (a TV) iria abolir a "civilização verbal". Uma imagem vale mais que mil palavras, repetia-se, esquecendo-se de que só se diz isso com palavras. Agora se afirma, veja a ironia, que a Internet veio salvar a escrita que a TV estava matando. De fato, nunca se escreveu tanto quanto hoje, pelo menos em *e-mails*. A onipresença desse universo *on-line* passou então a funcionar como uma espécie de pá de cal sobre o jornal. Só que a Internet ainda precisa da confirmação e do endosso do "impresso", de seu prestígio e credibilidade. Os blogueiros sérios que me perdoem, mas a rede não é confiável (ainda bem, para Veríssimo e Jabor, pelo que costumam atribuir a eles ali). Uma vez, um *site* noticiou que eu tinha morrido. Houve controvérsia, mas eu só não morri mesmo porque a notícia não saiu nos jornais.

Por tudo isso, é provável que, em vez de extermínio, haja convergência e convivência de mídias, como já está ocorrendo. Muitos dos *blogs* e *sites* mais influentes estão hospedados em jornais e revistas.

VENTURA, Zuenir. **O Globo** – 14 fev. 2009. (com adaptações)

59. **(ADVOGADO - CASA DA MOEDA - 2009 - CESGRANRIO)** O início do 1o parágrafo (l. 1 a 4) deixa claro que a moda de que fala o cronista é um tema

(A) inédito.
(B) inusitado.
(C) recorrente.
(D) contraditório.
(E) irreverente.

60. **(ADVOGADO – CASA DA MOEDA – 2009 – CESGRANRIO)** Pelas previsões citadas no 2o parágrafo do texto, estaria reservado à memória, aos arquivos e às bibliotecas um destino comum: tornarem-se
(A) relevantes.
(B) obsoletos.
(C) inatingíveis.
(D) vulneráveis.
(E) apócrifos.

61. **(ADVOGADO – CASA DA MOEDA – 2009 – CESGRANRIO)** "Uma vez, um site noticiou que eu tinha morrido. Houve controvérsia, mas eu só não morri mesmo porque a notícia não saiu nos jornais." (l. 39-41) Da passagem acima, depreende-se que
(A) são verdadeiras apenas as notícias publicadas nos jornais.
(B) jornais e Internet competem entre si pelo furo jornalístico.
(C) não foi questionada a veracidade da notícia divulgada no *site*.
(D) os jornais sérios teriam confirmado a notícia antes de publicá-la.
(E) boatos sobre pessoas famosas só encontram guarida na Internet.

62. **(ADVOGADO – CASA DA MOEDA – 2009 – CESGRANRIO)** Considere as afirmações.

I. Para o cronista é impossível a coexistência de duas tecnologias da comunicação.
II. Dificuldades financeiras e onipresença do universo *on-line* constituem ameaças à vida dos jornais.
III. Falta à Internet a credibilidade e a confiabilidade do jornal impresso.

É (São) verdadeira(s) **APENAS** a(s) afirmação(ões)
(A) I.
(B) II.
(C) III.
(D) I e II.
(E) II e III.

63. **(ADVOGADO – CASA DA MOEDA – 2009 – CESGRANRIO)** De acordo com o texto, a Internet seria duplamente responsável:
(A) pelo renascimento da "civilização visual" e pelo desaparecimento da memória.
(B) pelo desaparecimento da memória e pelo resgate da "civilização verbal".
(C) pelo resgate da memória e pela morte da "civilização visual".
(D) pelo resgate da "civilização visual" e pela salvação do jornal.
(E) pelo resgate da "civilização verbal" e pela extinção do jornal.

64. **(ADVOGADO – CASA DA MOEDA – 2009 – CESGRANRIO)** 'Muitas vezes ___________ experiências inovadoras.

Dificuldades jamais ___________ o avanço tecnológico. Preenchem corretamente as lacunas as formas verbais
(A) bloqueiam-se e detiveram.
(B) bloqueia-se e detiveram.
(C) bloquea-se e deterão.
(D) bloqueam-se e detêm.
(E) bloqueam-se e deteve.

65. **(ADVOGADO – CASA DA MOEDA – 2009 – CESGRANRIO)** Foram inúmeros os problemas ________ nos defrontamos e inúmeras as experiências ________ passamos. De acordo com a norma culta da língua, completam a frase, respectivamente,
(A) que e em que.
(B) que e de que.
(C) de que e por que.
(D) com que e por que.
(E) com que e em que.

66. **(ADVOGADO – CASA DA MOEDA – 2009 – CESGRANRIO)** Coloque C ou I nos parênteses, conforme esteja correta ou incorreta a concordância nominal.

( ) É necessário a devida cautela com certas previsões.
( ) As informações vêm acompanhadas do endosso e confirmação exigidos.
( ) Conseguimos na *internet* bastante dados sobre o autor.

Assinale a sequência correta.
(A) I – C – C
(B) I – C – I
(C) I – I – C
(D) C – I – I
(E) C – C – I

67. **(ADVOGADO – CASA DA MOEDA – 2009 – CESGRANRIO)** Há três substantivos em
(A) "... com sérias dificuldades financeiras." (l. 8)
(B) "... não conseguiu prever nem a crise econômica atual." (l. 15-16)
(C) "... vai tornar inúteis arquivos e bibliotecas)." (l. 24-25)
(D) "... precisa da confirmação e do endosso do 'impresso'," (l. 34-35)
(E) "Muitos dos *blogs* e *sites* mais influentes..." (l. 44-45)

68. **(ADVOGADO – CASA DA MOEDA – 2009 – CESGRANRIO)** Só NÃO deve receber acento grave o a(s) da opção

(A) Devido **as** notícias de que o jornalismo estaria terminando, houve preocupação.
(B) A medida que o tempo passa, vemos que muitas previsões estavam erradas.
(C) Refere-se **a** informações retiradas da Internet.
(D) O mundo fica sempre **a** espera de novas tecnologias.
(E) As vezes, há previsões meramente especulativas.

TEXTO I

O cérebro emocional

Do cérebro e apenas do cérebro nascem nossos prazeres, nossas alegrias, nossos risos e nossas lágrimas.

Através dele, pensamos, vemos, ouvimos e distinguimos o feio do belo, o mau do bom, o agradável do desagradável.

Hipócrates (séc.III a.C)

AS EMOÇÕES NO CORAÇÃO

A estrutura emocional

Cabe perguntar: o que seria da emoção se ela não provocasse um batimento acelerado do coração, uma pele ruborizada, uma dor de cabeça, uma respiração ofegante, um nó na garganta, uma agitação das mãos, uma paralisia das pernas?

Desde o nascimento somos nutridos tanto de emoções como de leite. Não é exagero dizer que a falta de um ou de outro desses elementos pode conduzir o recém-nascido à morte. Não se vive sem afeto. Freud e depois os psicanalistas demonstraram como as primeiras emoções estruturam a personalidade. Na vida adulta evoluímos, apesar de emoções vividas na fase de crescimento. Uma das principais vantagens da maturidade e da experiência é saber identificar nossas emoções e, em alguns casos, até domesticá-las progressivamente.

Pois, embora componente de nossa psique, que nos identifica e nos singulariza, a emoção parece ter uma certa independência em relação a nós mesmos. Gostaríamos, por exemplo, de não corar quando nos provocam ou nos constrangem, mas a emoção aflora sem que possamos controlá-la. É nisso que ela parece irracional. Por isso é comum dizer que "o coração tem razões que a própria razão desconhece".

Para muitos, o mundo perfeito não teria emoções, tudo seria racional, refletido, calculado. Mas que sentido teria a existência? O ser humano sem emoção seria uma máquina. As emoções são tão inerentes ao ser que, segundo alguns estudiosos, estão inscritas no nosso patrimônio genético. Segundo Darwin, existiriam seis emoções que são comuns a toda a humanidade, independente da cultura: alegria, tristeza, surpresa, medo, desgosto e raiva. Há quem associe essa visão das emoções à das cores. A variedade de matizes que enxergamos seria uma mistura entre as cores de base. No caso das emoções, as tonalidades seriam infinitas. As emoções regulam nossa percepção do meio e as relações com as pessoas. Em decorrência das emoções nos aproximamos ou nos afastamos, às vezes pelas mesmas razões, mas administrando as emoções diferentemente.

URURAHY, Gilberto; ALBERT, Eric. **O cérebro emocional: as emoções e o estresse do cotidiano**. Rio de Janeiro: Rocco, 2005. (com adaptação)

69. **(ADVOGADO – BNDES – 2008 – CESGRANRIO)** De acordo com o Texto I, a relação que se pode estabelecer entre cérebro, coração e emoção é que a emoção
(A) é condicionada pelo coração e atua sobre o cérebro.
(B) atua concomitantemente sobre o cérebro e o coração.
(C) age primeiro sobre o coração e depois sobre o cérebro.
(D) origina-se no cérebro e atua sobre o coração.
(E) origina-se no coração que, por sua vez, comanda o cérebro.

70. **(ADVOGADO – BNDES – 2008 – CESGRANRIO)** Assinale a opção em que, por dedução, a relação entre um efeito causado e o estado emocional possível, desencadeador desse efeito, é MENOS provável.
(A) "batimento acelerado do coração" - indiferença
(B) "dor de cabeça" - desgosto
(C) "respiração ofegante" - ansiedade
(D) "agitação das mãos" - alegria
(E) "paralisia das pernas" – medo

71. **(ADVOGADO – BNDES – 2008 – CESGRANRIO)** Em relação às emoções, segundo o Texto I, a maturidade e a experiência possibilitam ao ser humano
(A) investigar e até neutralizar.
(B) perceber e até anular.
(C) constatar e até atenuar.
(D) distinguir e até disseminar.
(E) confrontar e até dissipar.

72. **(ADVOGADO – BNDES – 2008 – CESGRANRIO)** A emoção parece ter uma certa independência em relação a nós mesmos porque
(A) é um nutriente necessário à vida humana.
(B) é o contraponto da razão.
(C) sem emoção, o ser humano seria uma máquina.
(D) ela existe e manifesta-se independente da nossa vontade.
(E) ela é que dá sentido à existência humana.

73. **(ADVOGADO – BNDES – 2008 – CESGRANRIO)** Em "existiriam seis emoções que são comuns a toda a

humanidade," (l. 29-30), substituindo a expressão destacada por outra, o a tem acento indicativo de crase facultativo na expressão

(A) a ela.
(B) a qualquer ser humano.
(C) a algumas pessoas.
(D) a nossa humanidade.
(E) a esta entidade.

74. **(ADVOGADO – BNDES – 2008 – CESGRANRIO)** A analogia estabelecida, no Texto I, entre as cores e as emoções é para

(A) mostrar que os matizes das cores são determinados pela emoção.
(B) intensificar as possibilidades de inter-relação das emoções e evidenciar sua complexidade.
(C) demonstrar que as várias nuanças das cores, assim como os estados emocionais, são impulsos comandados pela razão.
(D) contestar o princípio de que só as cores sofrem variação.
(E) evidenciar a ação do cérebro em relação à percepção ilusória das cores e das manifestações da emoção.

75. **(ADVOGADO – BNDES – 2008 – CESGRANRIO)** O vocábulo destacado em "uma paralisia das pernas?" (l. 4-5) é grafado com s. Em qual dos pares abaixo há um vocábulo que, segundo a norma culta, está grafado INDEVIDAMENTE com s ?

(A) Análise / gasolina.
(B) Catequisar / arrasar.
(C) Extravasar / atrás.
(D) Poetisa / quis.
(E) Usura / improvisar.

76. **(ADVOGADO – BNDES – 2008 – CESGRANRIO)** "Segundo Darwin, existiriam seis emoções..." (l. 29-30). Substituindo-se a forma verbal destacada acima por outra ou por uma locução verbal, a concordância verbal estará correta, segundo a norma culta, caso se use

(A) haveria.
(B) haveriam.
(C) deveria existir.
(D) poderiam haver.
(E) haveria de existir.

77. **(ADVOGADO – BNDES – 2008 – CESGRANRIO)** "As emoções são tão inerentes ao ser que, segundo alguns estudiosos, estão inscritas no nosso patrimônio genético." (l. 27-29). A segunda oração do período destacado, em relação à primeira, expressa, sintaticamente,

(A) causa.
(B) tempo.
(C) explicação.
(D) conseqüência.
(E) concessão.

78. **(ADVOGADO – BNDES – 2008 – CESGRANRIO)** Morfologicamente o que tem uma classificação diferente da dos demais APENAS em

(A) "que nos identifica..." (l. 17).
(B) "...que 'o coração tem razões..." (l. 22-23).
(C) "...que a própria razão desconhece'." (l. 23).
(D) "...que são comuns a toda a humanidade," (l. 30).
(E) "...que enxergamos..." (l. 33-34).

TEXTO II

Criatividade e capacidade de decisão

Determinadas pessoas são capazes de colocar tanta energia naquilo que nos parece pouco importante, até mesmo insignificante. Observe, por exemplo, como uma criança pode passar horas numa praia sem o menor sinal de cansaço procurando conchinhas ou fazendo castelos de areia. Note como um atleta treinará todos os dias, com determinação, para bater um recorde ou vencer uma competição. Muitos empresários, depois de ganharem muito dinheiro, sem, por vezes, jamais poder gastá-lo, continuam querendo mais poder, mais dinheiro e mais sucesso.

Por trás dessa enorme energia, existem emoções que nos estimulam, que se tornam uma necessidade interior. Estão ligadas à satisfação de nossas necessidades básicas e são fundamentais para gerar o impulso que nos faz levantar todas as manhãs. Outras emoções respondem por atitudes deliberadas que adotamos em nossas vidas.

Certas drogas, como os neurolépticos, atenuam as emoções. Pessoas sob o efeito de doses elevadas deste medicamento procedem como verdadeiros zumbis. Parecem realizar suas rotinas de forma mecânica, sem nenhum entusiasmo nem vontade.

Tudo que fazemos envolve emoções. Um de nossos grandes desafios na vida é saber utilizá-las como estímulo à ação, em vez de nos inibir ou de nos bloquear. Ocorre que esta dualidade é uma das principais características das emoções, cujos efeitos sobre nosso comportamento são muitas vezes imprevisíveis. Um exemplo é o medo, que tanto pode ter efeito paralisante, como nos impelir para a ação e a superação de algum problema.

Como temos idéias? Em primeiro lugar devemos sentir a necessidade delas. É preciso que algo nos provoque de tal forma que mobilize o nosso cérebro no mesmo sentido. Elaboramos nossos pensamentos, sem hora e local determinado — às vezes, a solução para um problema pode surgir até durante o banho. A emoção pode emergir sob a forma de tensão, preocupação ou inquietude, colocando nosso cérebro em um estado de excitação. Ou se manifesta através do prazer da descoberta, da emulação criativa, processo que, normalmente, resulta no aparecimento das soluções mais inventivas para os problemas.

No plano profissional é comum a empresa estimular o florescimento de idéias através de um *brainstorming* entre seus colaboradores. Neste caso, cria-se um clima lúdico, no qual os participantes são instados a fazer associações de palavras e de idéias, e é natural contestarem-se uns aos outros. Não importa que em meio ao turbilhão de idéias surjam algumas aparentemente absurdas ou incoerentes: é desse livre-pensar que emerge o novo. No fundo, a origem de tudo é a emoção.

O mesmo vale para a tomada de decisão. Os que decidem baseiam-se em instrumental racional, como a capacidade analítica, de síntese, o rigor na coleta de informação. No entanto, quando ele está pensando, no momento preciso da decisão, o que acontece? Do ponto de vista das escolhas que somos obrigados a fazer na vida podemos afirmar que há uma emoção intrínseca no ato de decidir entre uma coisa e outra. Decidir, de certa forma, é uma opção de risco (o de se enganar) e de renúncia (ao que não foi escolhido). O investidor assume riscos ou então renuncia à possibilidade de ganhos maiores. Logo, se quem decide é alguém que não gosta de riscos, optará por um tipo de investimento mais conservador. Se, ao contrário, excita-se com o risco, escolherá a alternativa que implica mais insegurança. Nos dois casos, os supostos aplicadores estarão convencidos de que suas decisões estão amparadas em argumentos racionais. Na verdade, não estão. Estudos sobre decisões econômicas mostraram que a carga emocional ligada ao risco é predominante em relação aos aspectos racionais. Eis aí uma das numerosas armadilhas provocadas por nossas emoções. Muitas vezes, elas nos fazem agir contra nós mesmos.

As decisões nem sempre geram altos riscos.

URURAHY, Gilberto; ALBERT, Eric. **O cérebro emocional: as emoções e o estresse do cotidiano**. Rio de Janeiro: Rocco, 2005.

79. **(ADVOGADO – BNDES – 2008 – CESGRANRIO)** No primeiro parágrafo, a finalidade dos exemplos apresentados é ratificar, semanticamente, o(a)

(A) dispêndio desnecessário de energia.
(B) importância de se avaliar o conceito de energia.
(C) relatividade da importância das coisas para as pessoas.
(D) valorização indevida das coisas.
(E) necessidade de restringir o dispêndio de energia.

80. **(ADVOGADO – BNDES – 2008 – CESGRANRIO)** Pelas idéias apresentadas nos dois primeiros períodos do segundo parágrafo, pode-se inferir que a(s)

(A) emoção é o estímulo que gera a energia necessária à consecução de uma necessidade básica na vida.
(B) energia gera a emoção necessária à consecução das necessidades básicas do indivíduo.
(C) energia, geradora da emoção, estimula o surgimento das necessidades básicas do ser humano.
(D) consecução de um objetivo é o estímulo gerador das emoções e energia humanas.
(E) necessidades básicas humanas geram a energia necessária ao surgimento das emoções, estímulos da vida.

81. **(ADVOGADO – BNDES – 2008 – CESGRANRIO)** Segundo o Texto II, um dos desafios na vida está, especificamente, em

(A) perceber que a vida é pontilhada de emoções.
(B) identificar as emoções que nos levam à ação.
(C) distinguir, em cada emoção, suas dualidades.
(D) controlar a imprevisibilidade de nossos comportamentos.
(E) ser capaz de fazer com que a emoção seja a alavanca propulsora da ação.

82. **(ADVOGADO – BNDES – 2008 – CESGRANRIO)** Segundo as idéias apresentadas nos quarto e quinto parágrafos, é INCORRETO afirmar que a(o)

(A) emoção deve ser usada para impulsionar a vida, não para limitá-la.
(B) emoção caracteriza-se pela dualidade e, dependendo do efeito, pode dificultar a consecução de um objetivo na vida.
(C) necessidade de algo faz com que nosso cérebro atue no sentido favorável à concretização do que desejamos.
(D) medo é um exemplo de como as emoções podem regular nosso comportamento.
(E) medo é um exemplo de ausência de emoção que pode tornar mecânica a vida.

83. **(ADVOGADO – BNDES – 2008 – CESGRANRIO)** De acordo com o Texto II, no plano profissional, o novo surge do(a)

(A) confronto aberto entre as idéias.
(B) poder de contestação dos participantes em relação às idéias absurdas.
(C) seleção feita entre as melhores idéias.
(D) capacidade de convencimento de cada integrante do grupo.
(E) incoerência verificada em algumas idéias.

84. **(ADVOGADO – BNDES – 2008 – CESGRANRIO)** Segundo as idéias do Texto II, "Muitas vezes, elas [as emoções] nos fazem agir contra nós mesmos." (l. 76-77) porque

(A) uma tomada de decisão implica mecanismos racionais.
(B) uma decisão de risco não é segura.
(C) uma decisão sem risco garante ao investidor a aquisição de ganhos seguros.
(D) os aplicadores, em suas decisões, amparam-se em argumentos racionais.
(E) as decisões nem sempre geram altos riscos.

85. **(ADVOGADO – BNDES – 2008 – CESGRANRIO)** Nas frases que se seguem, extraídas do Texto II, a que está na voz passiva é

(A) "que se tornam uma necessidade interior." (l. 13-14).
(B) "cria-se um clima lúdico," (l. 47-48).
(C) "e é natural contestarem-se uns aos outros." (l. 49-50).
(D) "...baseiam-se em instrumental racional," (l. 55).
(E) "Se, ao contrário, excita-se com o risco," (l. 67-68).

86. **(ADVOGADO – BNDES – 2008 – CESGRANRIO)** Assinale a opção em que a justificativa do emprego da(s) vírgula(s) difere da dos demais.

(A) "Por trás dessa enorme energia," (l. 12).
(B) "...o medo, que tanto pode ter efeito paralisante," (l. 30-31).
(C) "No fundo," (l. 53).
(D) "Nos dois casos," (l. 69).
(E) "Muitas vezes," (l. 76).

87. **(ADVOGADO – BNDES – 2008 – CESGRANRIO)** Segundo a norma culta, em "supostos" (l. 70), a pronúncia da vogal tônica da palavra é aberta. A palavra que, no plural, NÃO apresenta esse mesmo fenômeno é

(A) poços.
(B) socorros.
(C) mornos.
(D) esforços.
(E) contornos.

88. **(ADVOGADO – BNDES – 2008 – CESGRANRIO)** Quanto ao comentário gramatical apresentado, assinale a afirmação INCORRETA.

(A) "...**como** um atleta treinará..." (l. 6) e "**como** os neurolépticos," (l. 19). Os vocábulos destacados não pertencem à mesma classe de palavras.
(B) "sem hora e local determinado —" (l. 36-37). O adjetivo está no singular concordando com o substantivo mais próximo.
(C) "...**até** durante o banho." (l. 38) e "...**através** do prazer da descoberta," (l. 41-42). Os vocábulos destacados acentuam-se pela mesma regra.
(D) "...que **há** uma emoção intrínseca no ato de decidir entre uma coisa e outra." (l. 60-62). A forma verbal destacada é impessoal.
(E) "...que **implica** mais insegurança." (l. 69). O emprego do verbo destacado, quanto à regência, contraria o padrão culto e formal da língua.

TEXTO I

Faça diferente todos os dias!

Criatividade no dicionário quer dizer "ver-se, ter coragem para empreender". Não seria isso que falta hoje a todos nós nas empresas? Que mundo corporativo é este em que vivemos, onde milhares de cursos, palestras, seminários e até congressos são realizados, *"tematizando"* a criatividade; ilustrando o perfil do profissional moderno como sendo possuidor, entre outros, de criatividade para "batalhar" o seu trabalho?

Aliás, essa é a questão de muitas palestras que estão acontecendo neste exato momento. "O que você fez de diferente no dia de hoje em seu ambiente de trabalho?". Mas se criar é a capacidade de dar origem, tirar do nada, imaginando, inventando novas idéias, como fazer isto acontecer sem ousadia? Sem coragem para empreender?

Não é fácil ser criativo. Não é fácil ter uma idéia em que ninguém ainda pensou. E quando *"dá o click"* é preciso correr, pois já dizia o poeta que o tempo não pára e se demorar outro terá a mesma idéia e, sendo mais rápido que você, terá "todos os méritos da invenção". Aí, para criar algo novo — de novo — será desanimador. Criatividade não pode ser considerada um dom. Todos nós somos criativos. Afinal, quando crianças, como aprendemos a desenhar nossos rabiscos? Ninguém nos ensina. Simplesmente desenhamos o que achamos que devemos desenhar, pois ainda não possuímos padrões estabelecidos. E é isso que falta em nós, quando adultos. Deixamos de criar. Nos apegamos aos padrões que nos impedem de crescer, ampliar e inovar.

Agora, se todos nós somos, por essência, criativos, por que não ousamos também? Devíamos ousar mais nas nossas idéias. Não ter medo de ouvir "não". Acreditar naquilo que nossa voz interior diz (todos somos um pouco "esquizofrênicos" e ouvimos uma voz no nosso íntimo). Ousar a acreditar. Acreditar em nós. Em nosso potencial.

Daniel Stur. (adaptado)

89. **(ADVOGADO – BNDES – 2006 – CESGRANRIO)** No 1O parágrafo do Texto I, os valores semânticos dos questionamentos feitos são, respectivamente:

(A) refletir sobre o problema e contestar a validade da ação.
(B) apresentar solução e criticar a ineficiência do procedimento.
(C) negar o fato e denunciar a improcedência da atitude.
(D) comprovar a incapacidade humana e refletir sobre a importância do assunto.
(E) questionar a validade do assunto e ponderar sobre a eficácia de procedimento.

90. **(ADVOGADO – BNDES – 2006 – CESGRANRIO)** Em relação à criatividade humana, é INCORRETO afirmar que:

(A) independe de estímulo externo.
(B) evidencia-se claramente na infância.
(C) depende do autoconhecimento e da autoconfiança.
(D) é uma capacidade que nem todos possuem.
(E) é inerente ao ser humano.

91. **(ADVOGADO – BNDES – 2006 – CESGRANRIO)** O valor semântico da expressão entre travessões em "Aí, para criar algo novo — de novo — será desanimador." (l. 21) é:

(A) expressar a revolta provocada pelo insucesso na tentativa de criar.
(B) demonstrar a fugacidade do ato criador.
(C) realçar o esforço despendido na criação.
(D) evidenciar a incapacidade de recriar.
(E) caracterizar a decepção causada pela impossibilidade de criar.

92. **(ADVOGADO – BNDES – 2006 – CESGRANRIO)** Considere as idéias apresentadas no Texto I e,

em seguida, assinale a opção cuja seqüência corresponde à ordem em que elas aparecem no texto.

I. O ser humano precisa acreditar em si, não temer a recusa.

II. Criar é a capacidade de originar, o que implica ousadia.

III. Os valores consagrados socialmente inibem a criatividade no ser humano.

A seqüência correta é:

(A) I, II, III.
(B) II, I, III.
(C) II, III, I.
(D) III, I, II.
(E) III, II, I.

93. **(ADVOGADO – BNDES – 2006 – CESGRANRIO)** O sentido da expressão destacada na passagem "como sendo possuidor," (l. 7) é:

(A) como se fosse.
(B) que é.
(C) para que seja.
(D) embora seja.
(E) quando for.

94. **(ADVOGADO – BNDES – 2006 – CESGRANRIO)** Assinale a opção em que os vocábulos NÃO são acentuados graficamente pela mesma regra.

(A) "pára" – "dá".
(B) "Aí" – "possuímos".
(C) "Até" – "você".
(D) "é" – "nós".
(E) "Devíamos" – "idéia".

95. **(ADVOGADO – BNDES – 2006 – CESGRANRIO)** As palavras em destaque pertencem à mesma classe gramatical, EXCETO na opção:

(A) "...**que** falta hoje a todos nós nas empresas?" (l. 2-3)
(B) "...**que** estão acontecendo neste exato momento." (l. 9-10)
(C) "...**que** o tempo não pára..." (l. 18)
(D) "...**que** nos impedem de crescer, ampliar e inovar." (l. 28-29)
(E) "...**que** nossa voz interior diz..." (l. 33)

96. **(ADVOGADO – BNDES – 2006 – CESGRANRIO)** Assinale a opção em que o sentido se mantém quando se reescrevem os períodos "Deixamos de criar. Nos apegamos aos padrões que nos impedem de crescer, ampliar e inovar." (l. 28-29) em um só período.

(A) Deixamos de criar no entanto nos apegamos aos padrões que nos impedem de crescer, ampliar e inovar.
(B) Deixamos de criar mesmo que nos apeguemos aos padrões que nos impeçam de crescer, ampliar e inovar.
(C) Deixamos de criar a fim de que nos apeguemos aos padrões que nos impedem de crescer, ampliar e inovar.
(D) Deixamos de criar uma vez que nos apegamos aos padrões que nos impedem de crescer, ampliar e inovar.
(E) Como deixamos de criar, nos apegamos aos padrões que nos impedem de crescer, ampliar e inovar.

97. **(ADVOGADO – BNDES – 2006 – CESGRANRIO)** Transpondo a frase Faça diferente todos os dias! para a 2a pessoa do singular do imperativo negativo, teremos a forma verbal:

(A) não faze.
(B) não faças.
(C) não fazes.
(D) não fazei.
(E) não faz.

98. **(ADVOGADO – BNDES – 2006 – CESGRANRIO)** A preposição NÃO constitui caso de regência em uma das opções. Indique-a.

(A) "que falta hoje a todos nós..." (l. 2-3)
(B) "possuidor, entre outros, de criatividade..." (l. 7-8)
(C) "em seu ambiente de trabalho?" (l. 11-12)
(D) "a capacidade de dar origem," (l. 12)
(E) "Não ter medo de ouvir 'não' " (l. 32)

TEXTO II

Já se foi o tempo em que separar a emoção da razão era considerado fator indispensável para o sucesso dos negócios. Hoje, essa visão começa a perder força, já que as empresas passaram a ver no potencial humano o diferencial para o negócio. E como é possível separar o homem dos sentimentos? "Exigir isso é o mesmo que tentar deslocar nossa cabeça do resto do corpo. O que é preciso é saber gerenciar e dosar bem as duas medidas, como em tudo na vida", afirma Maria Carlota Boabaid, pedagoga e mestra em Administração de Empresas, que atua na área de Gestão de Pessoas. Com uma visão ampla sobre o tema emoção e trabalho, Maria Carlota afirma ainda que a emoção não é berço ou privilégio apenas da área. É inerente e insumo do ser humano, está presente em todos os lugares e influencia a motivação das pessoas. "Talvez a gestão das questões comportamentais, sim, deva ser tratada pelo RH. Mas, comportamento é uma das expressões da emoção", complementa.

Patrícia Bispo (adaptado)

99. **(ADVOGADO – BNDES – 2006 – CESGRANRIO)** O sentido do "berço ou privilégio" (l. 13-14), no contexto em que se insere, é:

(A) alicerce ou exclusividade.
(B) início ou prerrogativa.
(C) concessão ou dom.
(D) origem ou vantagem.
(E) particularidade ou condição.

100. **(ADVOGADO – BNDES – 2006 – CESGRANRIO)** O Texto II NÃO apresenta uma das idéias abaixo. Qual?

(A) O rumo dos negócios depende da capacidade emocional do ser humano.
(B) A emoção traduz-se no comportamento.
(C) A capacidade global do ser humano é o fator que determina o êxito nos negócios.
(D) A razão era o fator preponderante para o sucesso dos negócios.
(E) É essencial saber administrar e equilibrar razão e emoção.

101. **(ADVOGADO – BNDES – 2006 – CESGRANRIO)** Assinale a opção em que as formas verbais NÃO constituem uma locução.

(A) "começa a perder" (l. 3-4)
(B) "passaram a ver" (l. 4)
(C) "tentar deslocar" (l. 7)
(D) "é saber" (l. 8)
(E) "deva ser" (l. 17)

102. **(ADVOGADO – BNDES – 2006 – CESGRANRIO)** Em "Com uma visão ampla sobre o tema emoção e trabalho," (l. 12), o valor semântico da preposição destacada na circunstância que introduz, em relação ao contexto em que se insere, é de:

(A) concessão.
(B) modo.
(C) meio.
(D) instrumento.
(E) causa.

103. **(ADVOGADO – BNDES – 2006 – CESGRANRIO)** Quanto ao uso da vírgula nos trechos abaixo, assinale a opção que apresenta justificativa de emprego INCORRETA.

(A) "Hoje, essa visão..." (l. 3) – para separar o adjunto adverbial deslocado.
(B) "começa a perder força, já que as empresas..." (l. 3-4) – para separar a oração subordinada da principal.
(C) "afirma Maria Carlota Boabaid, pedagoga e mestra em Administração de Empresas," (l. 9-11) – para isolar o aposto.
(D) "pedagoga e mestra em administração de empresas, que atua na área de Gestão de Pessoas." (l. 10-11) – para separar a oração subordinada adjetiva restritiva.
(E) "É inerente e insumo do ser humano, está presente em todos os lugares..." (l. 14-15) – para separar orações coordenadas assindéticas.

TEXTO III

O valor das coisas

Nada aproxima mais a economia da meteorologia que a dificuldade em explicar o valor das coisas, em particular o preço das ações de uma empresa. Ambas as disciplinas têm de lidar com fenômenos cujo comportamento futuro exige uma assustadora imprevisibilidade. Ambas ensejam belíssimas aplicações de sistemas dinâmicos não lineares e estocásticos, coisas que o leitor provavelmente não conhece, mas pode se interessar em saber que essas técnicas às vezes aparecem com denominações como "teoria do caos" ou "matemática das catástrofes", que não são inteiramente injustas como objeto de estudo tanto da economia quanto da meteorologia. Mas é com alegria que podemos informar que há método nessa loucura e que a economia pode dizer-nos muitas coisas importantes sobre o valor de uma empresa, embora não o suficiente para fazer dos economistas bons conselheiros para investimentos nas bolsas. Uma primeira lei fundamental nesse domínio é que o preço de qualquer coisa durável depende do futuro ou, mais precisamente, do que as pessoas pensam sobre o futuro. Uma empresa deve valer, de acordo com esse postulado, o equivalente à expectativa média sobre seu fluxo futuro de lucros. Parece simples, mas as confusões em torno desse tema são infindáveis.

Gustavo Franco

104. **(ADVOGADO – BNDES – 2006 – CESGRANRIO)** A relação de sentido estabelecida entre a economia e a meteorologia justifica-se porque ambas lidam com a:

(A) precisão.
(B) regularidade.
(C) complexidade.
(D) previsibilidade.
(E) probabilidade.

105. **(ADVOGADO – BNDES – 2006 – CESGRANRIO)** Num enfoque econômico, o valor das coisas duráveis é estimado segundo critérios:

(A) pré-estabelecidos com base no valor de mercado do momento.
(B) estabelecidos a partir do valor mínimo vigente.
(C) avaliativos sobre o provável valor de mercado futuro.
(D) comparativos entre o valor real e o provável, futuro.
(E) prospectivos em relação à média de lucros futuros.

106. **(ADVOGADO – BNDES – 2006 – CESGRANRIO)** "Uma primeira lei fundamental nesse domínio é que o preço de qualquer coisa durável depende do futuro ou, mais precisamente, do que as pessoas pensam sobre o futuro." (l. 18-21)

Reescrevendo o período acima, o sentido se mantém em:

(A) Nesse domínio, uma primeira lei fundamental é que depende do futuro o preço de qualquer coisa durável ou, mais precisamente, do que as pessoas pensam sobre o futuro.
(B) Uma primeira lei fundamental é que, nesse domínio, o preço de qualquer coisa durável depende

do futuro ou, mais precisamente, do que as pessoas pensam sobre o futuro.

(C) Uma primeira lei, nesse domínio, fundamental é que o preço de qualquer coisa durável depende, mais precisamente, do futuro ou do que as pessoas pensam sobre o futuro.

(D) Uma primeira lei fundamental é que, nesse domínio, o preço de qualquer coisa durável depende do futuro mais precisamente, ou do que as pessoas pensam sobre o futuro.

(E) Uma primeira lei fundamental nesse domínio é que, mais precisamente, o preço de qualquer coisa durável depende do futuro ou do que as pessoas pensam sobre o futuro.

107. **(ADVOGADO – BNDES – 2006 – CESGRANRIO)** Assinale a passagem que NÃO constitui uma oração, pois o elemento destacado não é conectivo.

(A) "**que** a dificuldade em explicar o valor das coisas," (l. 2)
(B) "**que** o leitor provavelmente não conhece," (l. 7-8)
(C) "**que** não são inteiramente injustas como objeto de estudo tanto da economia quanto da meteorologia." (l. 11-13)
(D) "**que** podemos informar..." (l. 13)
(E) "**que** há método nessa loucura..." (l. 14)

108. **(ADVOGADO – BNDES – 2006 – CESGRANRIO)** Indique a opção em que os substantivos derivados dos verbos abaixo são grafados, respectivamente, com Ç e SS, como os derivados de "aproximar" e "interessar".

(A) Pretender e intimar.
(B) Afligir e reprimir.
(C) Agredir e exibir.
(D) Interessar e compreender.
(E) Explicar e deter.

TEXTO I

Tintim

Durante alguns anos, o tintim me intrigou. Tintim por tintim: o que queria dizer aquilo? Imaginei que fosse alguma misteriosa medida de outros tempos que sobrevivera ao sistema métrico, como a braça, a légua, etc. Outro mistério era o triz. Qual a exata definição de um triz? É uma subdivisão de tempo ou de espaço. As coisas deixam de acontecer por um triz, por uma fração de segundo ou de milímetro. Mas que fração? O triz talvez correspondesse a meio tintim, ou o tintim a um décimo de triz. Tanto o tintim quanto o triz pertenceriam ao obscuro mundo das microcoisas. Há quem diga que não existe uma fração mínima de matéria, que tudo pode ser dividido e subdividido. Assim como existe o infinito para fora - isto é, o espaço sem fim, depois que o Universo acaba - existiria o infinito para dentro. A menor fração da menor partícula do último átomo ainda seria formada por dois trizes, e cada triz por dois tintins, e cada tintim por dois trizes, e assim por diante, até a loucura.

Descobri, finalmente, o que significa tintim. É verdade que, se tivesse me dado o trabalho de olhar no dicionário mais cedo, minha ignorância não teria durado tanto. Mas o óbvio, às vezes, é a última coisa que nos ocorre. Está no Aurelião. Tintim, vocábulo onomatopaico que evoca o tinido das moedas. Originalmente, portanto, "tintim por tintim" indicava um pagamento feito minuciosamente, moeda por moeda. Isso no tempo em que as moedas, no Brasil, tiniam, ao contrário de hoje, quando são feitas de papelão e se chocam sem ruído. Numa investigação feita hoje da corrupção no país tintim por tintim ficaríamos tinindo sem parar e chegaríamos a uma nova concepção de infinito. Tintim por tintim. A menina muito dada namoraria sim-sim por sim-sim. O gordo incontrolável progrediria pela vida quindim por quindim. O telespectador habitual viveria plim-plim por plim-plim. E você e eu vamos ganhando nosso salário tin por tin (olha aí, a inflação já levou dois tins). Resolvido o mistério do tintim, que não é uma subdivisão nem de tempo nem de espaço nem de matéria, resta o triz. O Aurelião não nos ajuda. "Triz", diz ele, significa por pouco. Sim, mas que pouco? Queremos algarismos, vírgulas, zeros, definições para "triz". Substantivo feminino. Popular. "Icterícia." Triz quer dizer icterícia. Ou teremos que mudar todas as nossas teorias sobre o Universo ou teremos que mudar de assunto. Acho melhor mudar de assunto. O Universo já tem problemas demais.

VERÍSSIMO, Luís Fernando. **Comédias para se ler na escola**.

109. **(ADVOGADO – BNDES – 2004 – CESGRANRIO)** Considerando a semelhança percebida pelo cronista entre as expressões "tintim por tintim" e "triz", pode-se afirmar que:

(A) dois trizes correspondem a um tintim.
(B) a menor fração da menor partícula do átomo seria formada por 2 trizes.
(C) a exata definição de um triz é: subdivisão de tempo ou de espaço.
(D) cada triz é formado por 2 tintins e cada tintim, por 2 trizes.
(E) tanto tintim quanto triz pertenceriam ao obscuro mundo das microcoisas.

110. **(ADVOGADO – BNDES – 2004 – CESGRANRIO)** O aspecto "óbvio" a que se refere o cronista em "Mas o óbvio, às vezes, é a última coisa que nos ocorre." (l. 2223) deve-se ao fato de que:

(A) se deve recorrer ao dicionário para descobrir o sentido de palavras desconhecidas.
(B) uma investigação da corrupção no Brasil hoje levaria muito mais tempo do que antes.
(C) o vocábulo "tintim" só podia mesmo referir-se ao barulho de moedas.
(D) a ignorância do cronista poderia ter durado menos tempo.
(E) as moedas no Brasil tiniam antigamente porque eram feitas de cobre.

111. **(ADVOGADO – BNDES – 2004 – CESGRANRIO)** A relação de significado entre os componentes da expressão "tintim por tintim", presente também nas criações do cronista "sim-sim por sim-sim" e "quindim por quindim", é de:

(A) oposição.
(B) seqüencialidade.
(C) dimensionamento.
(D) alternância.
(E) subtração.

112. **(ADVOGADO – BNDES – 2004 – CESGRANRIO)** No Texto I, a palavra concepção (l. 31) tem o mesmo significado que:

(A) criação.
(B) geração.
(C) idéia.
(D) história.
(E) projeção.

113. **(ADVOGADO – BNDES – 2004 – CESGRANRIO)** A sentença “Resolvido o mistério do tintim,” (l. 37) significa:

(A) como aprendi a solucionar mistérios.
(B) por mais que o tintim resolva o mistério.
(C) haja vista as divisões de espaço e tempo.
(D) já que eu descobri o que tintim quer dizer.
(E) apesar de haver um sentido oculto em tintim.

114. **(ADVOGADO – BNDES – 2004 – CESGRANRIO)** Indique a opção em que a concordância NÃO está de acordo com as regras da norma culta.

(A) Gosto de viajar para lugares o mais exóticos possível.
(B) Compramos um sofá, uma poltrona e uma mesa antigos.
(C) A maioria das pessoas espera conseguir bons empregos.
(D) Um dos cientistas que estudam a memória chegou ao Brasil.
(E) Mais de um funcionário vão pedir promoção no mês que vem.

115. **(ADVOGADO – BNDES – 2004 – CESGRANRIO)** Assinale a única afirmação correta acerca de verbos encontrados no texto.

(A) As palavras “queria” (l. 2) e “namoraria” (l. 32) estão no mesmo tempo verbal.
(B) Tanto “Imaginei” (l. 2) quanto “indicava” (l. 25) são formas verbais do pretérito perfeito.
(C) Pode-se substituir “sobrevivera” (l. 4) por *tem sobrevivido* sem mudança de sentido.
(D) As formas verbais “correspondesse” (l. 9) e “diga” (l. 11) estão no modo subjuntivo.

116. **(ADVOGADO – BNDES – 2004 – CESGRANRIO)** Assinale a opção em que as orações estão, respectivamente, nas vozes ativa e passiva.

(A) “o tintim me intrigou.” (l. 1) e “As coisas deixam de acontecer ...” (l. 6-7)
(B) “se tivesse me dado o trabalho ...” (l. 20) e “minha ignorância não teria durado tanto.” (l. 21-22)
(C) “... que fosse alguma misteriosa medida...” (l. 2-3) e “quando são feitas de papelão ...” (l. 28)
(D) “ E você e eu vamos ganhando nosso salário ...” (l. 35-36) e “... e se chocam sem ruído.” (l. 28-29)
(E) “O Aurelião não nos ajuda.” (l. 39) e “Ou teremos que mudar todas as nossas teorias ...” (l. 43-44)

117. **(ADVOGADO – BNDES – 2004 – CESGRANRIO)** Classifique como Verdadeira (V) ou Falsa (F) cada afirmação abaixo sobre acentuação gráfica.

( ) O substantivo *pólo* tem acento para se diferenciar de *polo*, aglutinação da preposição *por* com o pronome arcaico *lo*.
( ) É necessário o acento em *raínha* para indicar que se trata de um hiato.
( ) Palavras terminadas em *u* ou *i*, como *urubu* e *caqui*, não têm acento na vogal final, mesmo sendo a sílaba forte.
( ) As palavras *boemia*, *hieroglifo* e *projetil* apresentam flutuação na pronúncia, podendo ou não ser acentuadas.

A seqüência correta é:

(A) V – V – F – V
(B) V – F – V – F
(C) V – F – V – V
(D) F – F – V – V
(E) F – V – F – F

118. **(ADVOGADO – BNDES – 2004 – CESGRANRIO)** Marque a opção em que a lacuna pode ser adequadamente preenchida com uma forma simples flexionada do verbo entre parênteses.

(A) É provável que muitas empresas _____ com as novas medidas econômicas. (falir)
(B) Atualmente, todos se _____ contra as oscilações decorrentes de planos mal sucedidos. (precaver)
(C) Nós _____ todos os documentos e contrato perdidos durante a mudança, na semana passada. (reaver)
(D) É uma pena que o vice-presidente da empresa _____ por causa de pequenos problemas. (explodir)
(E) Os funcionários ficarão mais bem dispostos caso a firma _____ as salas de cores claras. (colorir)

TEXTO II

A tal da demanda social

Está para voltar (...) o critério da “demanda social” para abertura de cursos superiores. Para um economista puro-sangue é uma contradição de palavras. Demanda tem a ver com gente querendo pagar. Social teria a ver com interesse coletivo. Juntando as duas coisas só pode ser apagão intelectual. Mas deixemos as querelas teóricas. A idéia de buscar “demanda social” para autorizar um curso é antiga (...). O critério é um sobrevivente anacrônico da época em que para cada novo graduado havia um emprego descrito por uma palavra com a mesma raiz. Para os médicos, haveria empregos de médico, para os advogados, de advogado, e por aí afora. Mas já no censo de 1991 bem mais da metade dos graduados do ensino superior tinha empregos distantes do que estava escrito no seu diploma. Hoje, é ainda maior a proporção dos “desprofissionalizados”. A muitos, dá gosto pôr a culpa em fatores externos. Mas, se é assim também nos Estados Unidos e na Europa, é porque o número de diplomados do ensino superior tende a crescer bem mais rápido do que a economia.

No fundo é simples. As profissões tradicionais crescem pouco. Em contraste, com as mudanças tecnológicas, é célere a expansão das "genéricas", em que é preciso cursar os quatro anos do ensino superior, mas não faz muita diferença o que nele se estuda. Envolvem comprar, vender, mandar, organizar, comunicar-se etc. As competências requeridas são ler, escrever, usar números, resolver problemas e trabalhar em grupo. Em suma, pensar analiticamente e aprender rápido o que quer que apareça pela frente.

Diplomas como os de Medicina e Odontologia continuam levando às ocupações correspondentes. Mas em outras matérias, como Economia, nem sequer 10% dos graduados trabalham na função. Os filósofos têm apenas 5%. Saturação dos mercados? Longe disso, as estatísticas mostram que entre os diplomados nessas áreas as taxas de desemprego são pelo menos a metade da média nacional e os níveis de rendimento pelo menos o dobro dos auferidos por quem não tem diploma. E, afora o choque inicial de descobrir que o emprego terá outro nome, se é que tem nome, não há evidências de que gere menos satisfação profissional.

Diante disso, como poderemos dizer se há ou não demanda social? Se definirmos o termo pela existência de empregos com o nome do diploma, há varias décadas não há demanda social nem para 10% dos cursos superiores.Se admitirmos que pode sobrar gente sem um determinado emprego, qual a proporção mágica acima da qual não haverá demanda social? Por outro lado, e as outras ocupações que requerem diploma superior, mas não curso específico? São muitas centenas. Teríamos de criar um curso superior para cada uma?

As conclusões são inevitáveis. Não há critério prático para dizer se há ou não demanda social - de resto nem para dizer o que é isto.

CASTRO, Cláudio de Moura. **A tal da demanda social**. Revista Veja, 10 mar. 2004 (com adaptações)

119. **(ADVOGADO – BNDES – 2004 – CESGRANRIO)** A opinião que o autor do Texto II tem sobre a expressão "demanda social" é de que:

(A) édefácil entendimento, por já ter sido usada anteriormente.
(B) é insatisfatória para os intelectuais, em geral.
(C) encerra uma incoerência, especialmente para os economistas.
(D) viola aspectos sintáticos do português.
(E) se justifica por uma querela teórica.

120. **(ADVOGADO – BNDES – 2004 – CESGRANRIO)** De acordo com o sentido dado no Texto II à palavra, "desprofissionalizados" (l. 16) são aqueles:

(A) que não têm profissão.
(B) que não têm formação específica.
(C) que não têm espaço no mercado profissional.
(D) cuja profissão é genérica.
(E) cujo título não tem relação lexical com a ocupação.

121. **(ADVOGADO – BNDES – 2004 – CESGRANRIO)** No Texto II, os significados de "querelas" (l. 6) e "anacrônico" (l. 9), respectivamente, são:

(A) debates e hodierno.
(B) discussões e retrógrado.
(C) queixas e histórico.
(D) questões e discordante.
(E) mazelas e ultrapassado.

122. **(ADVOGADO – BNDES – 2004 – CESGRANRIO)** Assinale a opção que mostra adequadamente o sentido transmitido pela palavra "se" em cada oração.

(A) "se é assim também nos Estados Unidos e na Europa," (l. 17-18) – justificativa
(B) "... o que nele se estuda." (l. 25) – localização
(C) "se é que tem nome," (l. 41) – conseqüência
(D) "... se há ou não demanda social?" (l. 43-44) – condição
(E) "Se definirmos o termo pela existência..." (l. 44) – interrogação

123. **(ADVOGADO – BNDES – 2004 – CESGRANRIO)** Assinale a opção em que a oração subordinada é substantiva.

(A) "... em que para cada novo graduado havia um emprego descrito por uma palavra com a mesma raiz."(l. 9-11)
(B) "... porque o número de diplomados do ensino superior tende a crescer bem mais rápido ..." (l. 18-20)
(C) "... em que é preciso cursar os quatro anos do ensino superior," (l. 23-24)
(D) "... que o emprego terá outro nome," (l. 40-41)
(E) "... que requerem diploma superior," (l. 50)

124. **(ADVOGADO – BNDES – 2004 – CESGRANRIO)** a oração "Diplomas como os de Medicina e Odontologia continuam levando às ocupações correspondentes." (l. 31-32), a presença da preposição, marcada graficamente pela crase, é obrigatória porque:

(A) caracteriza a existência de locução adjetiva.
(B) especifica o sentido do verbo pela regência.
(C) todos os usos do verbo "levar" exigem preposição.
(D) a expressão "ocupações correspondentes" é feminina.
(E) a regência do verbo auxiliar "continuar" a exige.

125. **(ADVOGADO – BNDES – 2004 – CESGRANRIO)** No título do artigo "A tal da demanda social", a classe de

(A) pronome.
(B) adjetivo.
(C) advérbio.
(D) substantivo.
(E) preposição.

126. **(ADVOGADO – BNDES – 2004 – CESGRANRIO)** A única opção em que os pares estão grafados corretamente é:

(A) acima – encima.
(B) de cima – debaixo.
(C) a trás – de fora.
(D) num repente – derrepente.
(E) em baixo – em frente.

127. **(ADVOGADO – BNDES – 2004 – CESGRANRIO)** Indique a opção em que somente a palavra "cujo" preenche corretamente a lacuna, de acordo com a norma culta.

(A) O escritor ________ estilo eu não gosto vai lançar mais duas obras este ano.
(B) A empresa ________ o nome foi decidido em Assembléia vai ser inaugurada amanhã.
(C) A professora ________ livro foi reeditado trabalhou em uma universidade estrangeira.
(D) A universidade ________ vestibular meu filho se preparou fica no centro da cidade.
(E) O rapaz, o ________ pai encontrei, trabalha na minha empresa.

128. **(ADVOGADO – BNDES – 2004 – CESGRANRIO)** Os trechos abaixo foram retirados do Texto II, tendo sua pontuação modificada com o acréscimo de um sinal de dois pontos (:). Assinale a opção em que este sinal NÃO se mostrou adequado.

(A) No fundo é simples: as profissões tradicionais crescem pouco.
(B) As competências requeridas são: ler, escrever, usar números, resolver problemas e trabalhar em grupo.
(C) Em suma: pensar analiticamente e aprender rápido o que quer que apareça pela frente.
(D) Mas em outras matérias, como: Economia, nem sequer 10% dos graduados trabalham na função.
(E) Saturação dos mercados? Longe disso: as estatísticas mostram que entre os diplomados nessas áreas as taxas de desemprego são pelo menos a metade de média nacional.

O NOVO BRASIL

Nenhum outro período da história brasileira testemunhou mudanças tão profundas, decisivas e aceleradas quanto os treze anos (1808-1821) em que a corte portuguesa morou no Rio de Janeiro. Num espaço de apenas uma década e meia, o Brasil deixou de ser uma colônia fechada e atrasada para se tornar um país independente. Por essa razão, o balanço que a maioria dos estudiosos faz de D. João VI tende a ser positivo, apesar de todas as fraquezas pessoais do rei. Para o historiador Oliveira Lima, ele foi "o verdadeiro fundador da nacionalidade brasileira", por duas razões principais: assegurou a integridade territorial e deu início à classe dirigente que se reponsabilizaria pela construção do novo país. "Com ele começou a descolonização efetiva", afirmou o escritor e crítico literário paranaense Wilson Martins. "Não só pelo fato de elevar o Brasil a reino, mas também, e sobretudo, por lhe dar desde logo e em breve espaço de tempo as estruturas de uma nação propriamente dita."

Uma forma de avaliar a herança de D. João VI é abordar a questão pelo avesso: como seria o Brasil se a corte não tivesse vindo para o Rio de Janeiro? Apesar da relutância em fazer conjecturas, boa parte dos historiadores concorda que o país simplesmente não existiria na sua forma atual. Na hipótese mais provável, a Independência e a República teriam vindo mais cedo, mas a antiga colônia portuguesa se fragmentaria em um retalho de pequenos países autônomos, muito parecido com seus vizinhos da América espanhola, sem nenhuma outra afinidade além do idioma.

É fácil imaginar as conseqüências dessa separação:

- Esse Brasil dividido em pedaços autônomos nem de longe teria o poder e a influência que o país exerce hoje sobre a América Latina. Na ausência de um Brasil grande e integrado, o papel provavelmente caberia à Argentina, que seria, então, o maior país do continente. [...]
- Na escola, quando abrissem seus livros de Geografia, as crianças gaúchas aprenderiam que a floresta amazônica é um santuário ecológico de um país distante, situado ao norte, na fronteira com a Colômbia, a Venezuela e o Peru.
- As diferenças regionais se teriam acentuado. É possível que, a esta altura, as regiões mais ricas desse mosaico geográfico estivessem discutindo medidas de controle da imigração dos vizinhos mais pobres, como fazem hoje os americanos em relação aos mexicanos.
- Nordestinos seriam impedidos de migrar para São Paulo. Em contrapartida, ao viajar de férias para as paradisíacas praias da Bahia ou do Ceará, os paulistas teriam de providenciar passaportes e, eventualmente, pedir vistos de entrada. [...]

À luz da realidade do Brasil atual, tudo isso parece mero devaneio. Ainda assim, não se deve subestimar a importância de D. João VI na construção da identidade dos brasileiros de hoje. [...]

Graças a D. João VI, o Brasil se manteve como um país de dimensões continentais, que hoje é o maior herdeiro da língua e da cultura portuguesas. "D. João VI veio criar e realmente fundou na América um império, pois merece bem assim ser classificado o ter dado foros de nacionalidade a uma imensa colônia amorfa", escreveu Oliveira Lima. Ironicamente, esse legado não seria desfrutado por D. João ou pela metrópole portuguesa. "Ele próprio regressava menos rei do que chegou", acrescentou Oliveira Lima. "Deixava contudo o Brasil maior do que o encontrara". Em outras palavras, ao mudar o Brasil, D. João VI o perdeu para sempre.

GOMES, Laurentino. **1808**. São Paulo: Planeta, 2007.

129. **(ADVOGADO – ANP – 2008 – CESGRANRIO)** O historiador Oliveira Lima chama D. João VI de "o verdadeiro fundador da nacionalidade brasileira". O trecho que reafirma essa qualificação é

(A) o país simplesmente não existiria na sua forma atual." (l. 24-25)

(B) "À luz da realidade do Brasil atual, tudo isso parece mero devaneio." (l. 55-56)
(C) "[não se deve subestimar] a importância de D. João VI na construção da identidade dos brasileiros de hoje." (l. 56-58)
(D) "o Brasil se manteve como um país de dimensões continentais," (l. 59-60)
(E) "D. João VI veio criar e realmente fundou na América um império," (l. 61-62)

130. **(ADVOGADO – ANP – 2008 – CESGRANRIO)** Analise os extratos de texto a seguir, tendo em vista o conceito de novo Brasil.

I. Nenhum outro período da história brasileira testemunhou mudanças tão profundas, decisivas e aceleradas quanto os treze anos em que a corte portuguesa morou no Rio de Janeiro. (l. 1-4)
II. Num espaço de apenas uma década e meia, o Brasil deixou de ser uma colônia fechada e atrasada para se tornar um país independente. (l. 4-7)
III. Por essa razão, o balanço que a maioria dos estudiosos faz de D. João VI tende a ser positivo, apesar de todas as fraquezas pessoais do rei. (l. 7-9)
IV. Graças a D. João VI, o Brasil se manteve como um país de dimensões continentais, que hoje é o maior herdeiro da língua e da cultura portuguesas. (l. 59-61)

Integram o conceito de **novo Brasil APENAS** os extratos

(A) I e III
(B) I e IV
(C) II e IV
(D) I, II e III
(E) II, III e IV

131. **(ADVOGADO – ANP – 2008 – CESGRANRIO)** Analisando-se o segundo parágrafo do texto, conclui-se que a interpretação da expressão "pelo avesso", utilizada pelo autor em "Uma forma de avaliar a herança de D. João VI é abordar a questão pelo avesso:" (l. 20-21) baseia-se na seguinte premissa:

(A) perguntas "pelo direito" são feitas de forma afirmativa.
(B) a afirmativa seguinte apresenta uma perspectiva negativa.
(C) não é possível analisar com clareza a herança de D. João.
(D) se o autor indica que a pergunta está sendo feita pelo avesso, ele podia formulá-la de modo diferente.
(E) é possível achar "o direito" da questão retirando da segunda oração o advérbio não.

132. **(ADVOGADO – ANP – 2008 – CESGRANRIO)** Qual dos trechos abaixo faz o resumo dos tópicos apresentados pelo autor em forma de estrutura itemizada, mantendo as informações dadas, sem alteração de ordem e de sentido?

(A) Se o Brasil fosse dividido e tivesse seu território fragmentado em pequenos países, a Amazônia seria para as crianças gaúchas um paraíso ecológico muito distante e pertencente a um outro país. Assim, com a acentuação das diferenças regionais surgiriam questões de mobilidade populacional e nasceriam discussões sobre passaporte e necessidade ou não de emissão de visto. Logo, o Brasil perderia poder.
(B) Com o Brasil dividido, a hegemonia político-econômica do continente passaria à Argentina. O Rio Grande do Sul e suas crianças olhariam a Amazônia como paraíso ecológico distante. Dados esses fatos, regiões mais ricas, como as do sul e do sudeste, discutiriam não só aspectos de imigração como também burocráticos, como, por exemplo, emissão de passaporte. Já os mais pobres teriam dificuldade de locomoção.
(C) Sem a manutenção da integridade territorial, o Brasil perderia sua unidade por causa da fragmentação dos estados em pequenos países e haveria a perda de controle do continente sul-americano. Questões migratórias nasceriam e os gaúchos concluiriam que a Amazônia, com sua paradisíaca reserva ecológica, é território de longínquo país que faz fronteira com Colômbia, Venezuela e Peru.
(D) A divisão do Brasil provocaria questões internas como, por exemplo, a de educação. Neste caso, as aulas de geografia seriam diferentes para gaúchos e nordestinos. Os primeiro aprenderiam que a Amazônia é região que faz fronteira com Colômbia, Venezuela e Peru. Além do mais, os segundos teriam dificuldades em se locomoverem para São Paulo. Já os paulistas necessitariam de passaporte para as férias nas praias nordestinas.
(E) O Brasil dividido perderia a ascendência que possui sobre a América Latina e faria com que crianças sulinas aprendessem que a Amazônia é reserva ecológica de um país fronteiriço a outros do norte do continente. Acentuadas as diferenças regionais, razões de ordem econômica causariam questões migratórias e os deslocamentos de habitantes necessitariam de aprovações de seus governos.

133. **(ADVOGADO – ANP – 2008 – CESGRANRIO)** De acordo com o último parágrafo, D. João VI

(A) contribuiu para ampliar as dimensões do Brasil.
(B) chegou à colônia como rei, mas deixou de sê-lo ao partir.
(C) concedeu privilégios à colônia, que acabou virando um império.
(D) transformou o Brasil em um legado para a metrópole portuguesa.
(E) fundou um império de modo a criar um herdeiro da língua e cultura portuguesas.

134. **(ADVOGADO – ANP – 2008 – CESGRANRIO)** Os períodos abaixo contêm duas idéias contrastantes, **SALVO**

(A) "...o Brasil deixou de ser um colônia fechada e atrasada para se tornar uma país independente." (l. 5-7)

(B) "... o balanço que a maioria dos estudiosos faz de D. João VI tende a ser positivo, apesar de todas as fraquezas pessoais do rei." (l. 7-9)

(C) "Não só pelo fato de elevar o Brasil a reino, mas também, e sobretudo, por lhe dar [...] as estruturas de uma nação propriamente dita." (l. 16-19)

(D) "Apesar da relutância em fazer conjecturas, boa parte dos historiadores concorda que o país simplesmente não existiria na sua forma atual." (l. 23-25)

(E) "...a Independência e a República teriam vindo mais cedo, mas a antiga colônia portuguesa se fragmentaria em um retalho de pequenos países autônomos," (l. 25-28)

135. **(ADVOGADO – ANP – 2008 – CESGRANRIO)** Dentre as expressões destacadas abaixo, qual a que NÃO deve usar o sinal indicativo de crase?

(A) **As 10 horas**, o rei saía para seu passeio diário.

(B) O Brasil cumpre o seu destino, **a medida que** o tempo vai passando.

(C) Os frangos eram feitos **a moda** da casa imperial.

(D) A dedicação **a população** fez de D. João um rei querido.

(E) D. João VI declarou **a seus diplomatas** a intenção de partir.

136. **(ADVOGADO – ANP – 2008 – CESGRANRIO)** Observe os termos destacados no trecho a seguir.

> *"Nenhum outro período da história brasileira* ***testemunhou*** *mudanças tão profundas, decisivas e aceleradas quanto os treze anos (1808-1821) em que a corte portuguesa* ***morou*** *no Rio de Janeiro." (l. 1-4).*

A relação temporal existente entre as formas verbais em destaque se mantém quando estas são substituídas por:

(A) tinha testemunhado - teria morado.

(B) terá testemunhado - mora.

(C) testemunharia - moraria.

(D) testemunha - mora.

(E) testemunhava - morara.

137. **(ADVOGADO – ANP – 2008 – CESGRANRIO)** Qual par de orações NÃO apresenta transformação da voz verbal?

(A) "(O rei) assegurou a integridade territorial" / A integridade territorial foi assegurada pelo rei.

(B) "(...) a Independência e a República teriam vindo mais cedo" / Mais cedo viriam a República e a Independência.

(C) "(...) quando abrissem seus livros de Geografia" / Quando seus livros de Geografia fossem abertos.

(D) "Nordestinos seriam impedidos de viajar para São Paulo"/ Impediriam nordestinos de viajar para São Paulo.

(E) "paulistas teriam de providenciar passaportes..." / Passaportes teriam de ser providenciados por paulistas.

138. **(ADVOGADO – ANP – 2008 – CESGRANRIO)** No quadro abaixo, foram reescritos trechos do texto, utilizando-se pronomes relativos. O pronome NÃO está usado de acordo com a norma culta da língua em

	Texto	Reescritura
(A)	"...período da história brasileira testemunhou mudanças..." (l. 1-2)	período da história brasileira cujas mudanças...
(B)	"o balanço que a maioria dos estudiosos faz..." (l. 7-8)	o balanço onde a maioria dos estudiosos faz...
(C)	"o papel provavelmente caberia à Argentina, que seria," (l. 36-37)	o papel provavelmente caberia à Argentina, à qual seria dada a condição...
(D)	"...medidas de controle da imigração dos vizinhos mais pobres," (l. 47-48)	medidas que controlam a imigração dos vizinhos mais pobres
(E)	"não se deve subestimar a importância de D. João VI na construção da identidade dos brasileiros..." (l. 56-58)	a construção da identidade dos brasileiros em que não se deve subestimar a importância de D. João VI

139. **(ADVOGADO – ANP – 2008 – CESGRANRIO)** Qual das frases tem seus verbos conjugados corretamente?

(A) Para não perder a colônia totalmente, D. João se precaveu e preparou a Independência.

(B) Se alguém propor hoje dividir o Brasil nas regiões da época colonial, seria considerado louco.

(C) Duzentos anos depois, é importante que se colora a história da vinda da corte com novas nuanças.

(D) Convém que todos os brasileiros adeqüem seus conhecimentos às novas pesquisas sobre a história do país.

(E) Quando os historiadores dizerem todas as novidades que descobriram com os documentos recém-encontrados, todos aprenderemos.

140. **(ADVOGADO – ANP – 2008 – CESGRANRIO)** No trecho "Não só pelo ato de elevar o Brasil a reino, mas também, e sobretudo, por lhe dar desde logo...", o vocábulo de mesma classe gramatical

que substitui sobretudo, mantendo efeito de sentido igual, é

(A) ressalte-se
(B) principalmente
(C) como
(D) por
(E) observe

141. **(ADVOGADO – ANP – 2008 – CESGRANRIO)** Qual dos textos sobre os efeitos da corte portuguesa no Brasil apresenta pontuação correta?

(A) A colônia de repente viu abrirem-se suas portas, que haviam ficado fechadas durante trezentos anos. Assim, ficou fora do controle da metrópole. O contato com o mundo exterior despertou a colônia entorpecida; introduziram-se: mais pessoas, mais capital e novas idéias. Como conseqüência, os brasileiros acharam que seu destino, era maior e mais importante.
(B) A colônia de repente viu: abrirem-se suas portas, que haviam ficado fechadas durante trezentos anos; assim, ficou fora do controle da metrópole. O contato com o mundo exterior despertou a colônia entorpecida; introduziram-se mais pessoas, mais capital e novas idéias. Como conseqüência, os brasileiros acharam que seu destino era maior e mais importante.
(C) A colônia de repente viu abrirem-se suas portas que haviam ficado fechadas durante trezentos anos, assim, ficou fora do controle da metrópole. O contato com o mundo exterior despertou a colônia entorpecida: introduziram-se mais pessoas, mais capital e novas idéias. Como conseqüência, os brasileiros acharam, que seu destino era maior e mais importante.
(D) A colônia de repente viu abrirem-se suas portas, que haviam ficado fechadas durante trezentos anos. Assim, ficou fora do controle da metrópole. O contato com o mundo exterior despertou a colônia entorpecida: introduziram-se mais pessoas, mais capital e novas idéias. Como conseqüência, os brasileiros acharam que seu destino era maior e mais importante.
(E) A colônia de repente viu abrirem-se suas portas que haviam ficado fechadas durante trezentos anos, assim, ficou fora do controle da metrópole. O contato com o mundo exterior despertou a colônia entorpecida – introduziram-se mais pessoas, mais capital e novas idéias. Como conseqüência: os brasileiros acharam que seu destino era maior e mais importante.

142. **(ADVOGADO – ANP – 2008 – CESGRANRIO)** Observe as mudanças de colocação de pronomes propostas abaixo.

I. Só 46 delegados compareceram ao Parlamento, o que os tinha deixado em minoria. – o que tinha deixado-os
II. Um historiador acredita que o Brasil poderia ter se desintegrado em três diferentes países. – se poderia ter desintegrado
III. Antes da mudança da corte portuguesa, os conflitos regionais da colônia estavam se aprofundando. – se estavam aprofundando
IV. As colônias no Brasil estariam perdidas para Portugal, pois os ingleses queriam ocupá-las. – os ingleses as queriam ocupar

Tais mudanças são possíveis **APENAS** em

(A) I e II
(B) II e IV
(C) I, II e III
(D) I, III e IV
(E) II, III e IV

143. **(ADVOGADO – ANP – 2008 – CESGRANRIO)** Observe as sentenças abaixo, retiradas de uma reclamação, feita por uma secretária, sobre um móvel enviado com defeitos. Qual delas não tem erro de paralelismo?

(A) O produto logo no início mostrou má-qualidade no acabamento e que tinha as gavetas emperradas.
(B) O novo móvel deve estar dentro dos critérios previamente combinados, e que seja enviado o mais rapidamente possível.
(C) Além disso, o manual de instalação tem mais de 150 páginas e pouca clareza.
(D) Assim, gostaríamos de pedir a troca do móvel enviado, que não foi aprovado pela gerência e por outros interessados.
(E) Recomendamos a V.S. retirar o móvel inadequado e que envie outro, de melhor qualidade, para substituí-lo.

16.2. CESPE

O BRASIL DE 2020

O futuro nos interroga. O que esperar do Brasil em 2020? Existem três formas básicas de se tentar preencher o vácuo do futuro. A previsão trabalha com a noção de provável e responde à pergunta: o que será? A delimitação do campo do possível opera com a idéia de exeqüível e responde à pergunta: o que pode ser? E a expressão da vontade trabalha com a noção de desejável e responde à pergunta: o que sonhamos ser? As relações entre esses três modos de conceber o futuro não são triviais. Se o desejável é não respeitar os limites do possível, ele se torna vazio e quixotesco (quando não trágico). Mas isso não é tudo. No universo das relações humanas, tanto o exeqüível como o provável dependem muito da força e da competência do nosso querer. Se o sonho desligado da realidade não vinga, a realidade desprovida de sonho definha.

Dezessete anos nos separam de 2020. Seria utópico (no mau sentido) imaginar que o Brasil conseguirá, nesse curto intervalo de tempo, superar por completo as suas mazelas de ordem material. Temos 503 anos de história pelas costas. Nossos problemas seculares de convivência prática — saúde, educação básica, privação, violência e desigualdade — não se prestam a curas milagrosas e arroubos voluntaristas. Grandes avanços, é claro, podem e devem ser feitos. Mas não existem atalhos. Um Brasil 2020 que mereça ser sonhado não pode ser mera fabulação da imaginação caprichosa. Ele precisa partir do que efetivamente somos — das virtudes e dos defeitos que se entrelaçam em nosso destino de nação. Ele precisa reconhecer os limites e condicionamentos herdados do passado para traçar o mapa do que podemos e o norte do que sonhamos ser.

Eduardo Giannetti. In: Ícaro Brasil, jun./2003, p. 26-30 (com adaptações).

144. **(ADVOGADO – PETROBRÁS – 2003 – CESPE)** Com base no texto acima e considerando aspectos diversos associados aos temas por ele abordados, julgue os seguintes itens.

01 Segundo o texto, as três formas de preencher o "vácuo do futuro" (ℓ.3) obedecem à relação que se dá entre

- o que é provável;
- o que é possível;
- o que atende à nossa vontade.

02 De acordo com os sentidos textuais, há correspondência semântica entre "vácuo" (ℓ.3), "exeqüível" (ℓ.5), "triviais" (ℓ.10) e lacuna, factível e óbvias, respectivamente.

03 A estrutura lógica e temporal da frase "Se o sonho desligado da realidade não vinga, a realidade desprovida de sonho definha" (ℓ.14-15) corresponde à estrutura lógica e temporal de Caso uma nação perca a crença, ela deixará de ser uma nação.

04 No texto, as expressões entre travessões (ℓ.21-22), em função de aposto, identificam problemas seculares do Brasil que, segundo o autor, demandam curas milagrosas.

05 No fragmento "Um Brasil 2020 que mereça ser sonhado" (ℓ.25), se em lugar da forma verbal de subjuntivo "mereça" fosse empregada a forma do indicativo, merece, a idéia de Brasil sonhado seria alterada.

06 Entre os problemas brasileiros seculares, como destaca o texto, está o da educação. Embora o acesso ao ensino fundamental caminhe para a universalização, na educação infantil e no ensino médio o país ainda está longe de oferecer a desejável cobertura em termos de matrícula.

07 Segundo os especialistas, a opção feita pelo país de centralizar de maneira quase absoluta os serviços de saúde pública — sacramentada pela Constituição de 1988 — é a causa principal dos graves problemas enfrentados pelo setor.

O artigo 126 da Constituição da República determina que os tribunais de justiça de todos os estados do País criem varas judiciais com competência exclusiva para a questão agrária. Segundo esse dispositivo constitucional, tais varas devem ser sediadas nas capitais estaduais e integradas por juízes da capital que, em caso de necessidade, podem deslocar-se para o local do conflito.

Essa decisão foi orientada pela idéia de que os conflitos agrários, pelos seus diversos aspectos sociais e econômicos, demandam não só um conhecimento profundo do tema como também grande sensibilidade por parte dos julgadores, que, nesse ponto, não podem passar ao largo do trajeto de histórico acirramento de tensões entre os diversos agentes envolvidos na questão. Entendeu-se, assim, que o caminho mais adequado para aparelhar a Justiça para o equacionamento dos problemas agrários seria o da especialização.

É inegável que a efetiva implementação desse dispositivo constitucional — o que não ocorreu até hoje na maioria dos estados — traria ganhos sensíveis. Em primeiro lugar, como foi observado, teríamos juízes especializados no tema e, portanto, com conhecimento dos diversos aspectos jurídicos, sociais e econômicos que envolvem questões de natureza agrária.

Vidal Serrano Jr. **Questões agrárias**. *In*: **Família cristã**, p.26 (com adaptações).

145. **(ADVOGADO – PETROBRÁS – 2003 – CESPE)** Considerando o texto acima, julgue os itens subseqüentes.

1 No atual cenário brasileiro, a estrutura do Poder Judiciário mostra-se ágil e dinâmica, apta a resolver intrincadas questões como as decorrentes dos conflitos no campo, graças, sobretudo, ao aprofundamento do processo de especialização de suas varas, iniciado com a promulgação da Carta de 1988.

2 Há consenso entre os especialistas na questão agrária de que a inexistência, na estrutura de poder federal, de um órgão para dela se ocupar é fator determinante para o acirramento das tensões no campo.

3 A questão agrária, de grande visibilidade nos dias de hoje, é problema que se arrasta pela história do Brasil, vindo da colônia, atravessando o Império e prolongando-se no período republicano.

4 Com a inserção de vírgulas antes e depois de "da Constituição da República" (ℓ.1) e a substituição dos travessões por vírgulas nas linhas 19 e 20, mantém-se a correção gramatical do texto.

5 A expressão "pelos seus diversos aspectos" (R.9) mostra uma preposição introduzindo idéia de causa.

CADA VEZ MAIS LIMPO

Acidentes ecológicos escondem uma boa notícia: o país avançou no controle da poluição

Três fenômenos recentes — espuma no rio Tietê, vazamento de produtos químicos no Paraíba e nuvens de fumaça sobre a Amazônia — representam exceções, muito evidentes, de uma nova regra na questão do meio ambiente: o Brasil melhorou em termos de controle de poluentes. No início da década de 1990, algumas das maiores siderúrgicas lançavam, juntas, 149 toneladas de poeira e fumaça na atmosfera diariamente. Atualmente expelem 2 toneladas desses poluentes por dia. Nesse período, investiram 250 milhões de dólares na instalação de filtros de alta tecnologia e treinamento de pessoal. A PETROBRAS, outrora considerada vilã do meio ambiente, também agiu: registrou em 2002 um dos menores volumes de vazamento de óleo de sua história: apenas 197 metros cúbicos, contra 5.500 em 2000. Para isso, investiu 5 bilhões de reais e instalou sensores de vazamento em 85% de seus dutos. A empresa agora tem barreiras flutuantes que coletam óleo, em lugar de apenas contê-lo, e um helicóptero com sistema de raios infravermelhos para detectar poluição na água até à noite.

Veja, 6/8/2003 (com adaptações).

146. **(ADVOGADO – PETROBRÁS – 2003 – CESPE)** Com base no texto acima, julgue os itens de 1 a 5.

1 A substituição da expressão "algumas das maiores siderúrgicas" (ℓ.6-7) pela expressão **o conjunto das maiores siderúrgicas**, altera o referente, mas mantém a correção gramatical se for removido o fragmento ", juntas," (ℓ.7) e se forem alteradas também as formas verbais "lançavam", "expelem" e "investiram" para seus correspondentes singulares.

2 A expressão "outrora considerada vilã" (ℓ.12) é empregada, no texto, em substituição ao nome PETROBRAS e indica que esta é considerada uma siderúrgica poluidora

3 A tese de desenvolvimento sustentável, segundo a qual as atividades produtivas devem se adequar à necessidade de preservação do ambiente, expandiu-se sobretudo a partir das últimas décadas do século passado, envolvendo setores da sociedade e de governos, além de organismos internacionais.

4 No Brasil, de maneira geral, a insensibilidade das empresas e a parcimoniosa ação governamental explicam os crescentes níveis de poluição ambiental, algo constantemente denunciado por organizações não-governamentais e pelos meios de comunicação.

5 O fenômeno da espuma do Tietê, ocorrido mais de uma vez em 2003, origina-se do despejo de resíduos poluentes nas águas do rio a partir do interior do estado, tornando ainda piores os já graves problemas de poluição na capital paulista.

Na sexta-feira 22/8/2003, a equipe do Centro de Lançamento de Alcântara trabalhava nos preparativos do foguete que lançaria um satélite no dia 25 quando um incêndio, de causa ainda desconhecida, destruiu o equipamento — deixando carbonizados os corpos dos profissionais, pelo calor que chegou a 3.000ºC.

O fracasso do lançamento do veículo lançador de satélite VLS-1 é o terceiro desse projeto, mas sua dimensão trágica suscita a discussão sobre as reais condições de o País manter, com alguma seriedade, um programa espacial. Dados do estudo apresentado na Escola Superior de Guerra indicam que o programa espacial brasileiro trabalha há 15 anos com efetivo técnico inferior ao mínimo necessário.

Cartacapital, 3/9/2003 (com adaptações).

147. **(ADVOGADO – PETROBRÁS – 2003 – CESPE)** Considerando o texto acima, julgue os itens subseqüentes.

1 A estrutura textual do primeiro parágrafo é de notícia, mas ele obedece a todas as normas de redação oficial e pode ser empregado como parte de um relatório.

2 As regras gramaticais da norma culta não permitem que a preposição "de" e o artigo "o" diante de "País" (ℓ.9) sofram contração porque "o" e "País" estão na mesma oração, complementando sintaticamente "condições" (ℓ.9).

3 A conquista do espaço se constituiu, a partir da Segunda Guerra Mundial, em fator estratégico na disputa pelo poder mundial, algo que durante muito tempo foi capitaneado pelas duas superpotências que emergiram do conflito — os Estados Unidos da América (EUA) e a União das Repúblicas Socialistas Soviéticas (URSS).

4 A tragédia de Alcântara parece colocar em discussão a capacidade que tem o Brasil — único país dito emergente a possuir um programa espacial — de manter em funcionamento um projeto dessa dimensão, tanto em termos técnicos quanto financeiros.

AGENDA 21 GLOBAL

A comunidade internacional, durante a Rio-92, acordou a aprovação de um documento contendo compromissos para mudança do padrão de desenvolvimento no próximo século, denominando-o Agenda 21. Resgatava, assim, o termo 'Agenda' no seu sentido de intenções, desígnio, desejo de mudanças para um modelo de civilização em que predominasse o equilíbrio ambiental e a justiça social entre as nações.

Mais do que um documento, a Agenda 21 é um processo de planejamento participativo que analisa a situação atual de um país, estado, município e(ou) região, e planeja o futuro de forma sustentável. Esse processo de planejamento deve envolver todos os atores sociais na discussão dos principais problemas e na formação de parcerias e compromissos para a sua solução a curto, médio e longo prazos.

A análise e o encaminhamento das propostas para o futuro devem ser feitos dentro de uma abordagem integrada e sistêmica das dimensões econômica, social, ambiental e político-institucional. Em outras palavras, o esforço de planejar o futuro, com base nos princípios de Agenda 21, gera produtos concretos, exeqüíveis e mensuráveis derivados de compromissos pactuados entre todos os atores, o que garante a sustentabilidade dos resultados.

Internet: <http://www2.petrobras.com.br/meio_ambiente>. Acesso em 12/8/2003 (com adaptações).

148. **(ADVOGADO – PETROBRÁS – 2003 – CESPE)** Tendo como base o texto anterior e os assuntos por ele abordados, julgue os itens seguintes.

1 De acordo com o texto, "Agenda" apresenta três significações: (a) conjunto de intenções, desígnio; (b) processo de planejamento participativo; e (c) análise e encaminhamento de propostas.

2 A substituição da locução verbal "devem ser feitos" (ℓ.17) por far-se-á mantém a coesão e a correção gramatical do trecho entre as linhas 16 e 19.

3 Concreta e objetivamente, as ações do governo George W. Bush, em especial por sua decisão de ratificar o Protocolo de Kyoto, colocam os EUA em integral sintonia com o espírito da Agenda 21.

4 No conceito de sustentabilidade do desenvolvimento, razão de ser da Agenda 21, importa reconhecer que a defesa do meio ambiente não se faz isoladamente dos demais componentes essenciais da vida das sociedades, entre os quais estão a economia e a política.

Texto LP-I – próximas três questões

ACIDENTES EM ALTO-MAR

Acidentes em alto-mar, envolvendo plataformas exploradoras das riquezas marinhas, entre elas o petróleo, marcaram a história das empresas petrolíferas do mundo, a partir da segunda metade do século XX.

A maior dessas tragédias aconteceu em março de 1980, no campo petrolífero de Ekofisk, no Mar do Norte: a plataforma Alexander Kielland, da Noruega, afundou durante uma tempestade, quando uma das peças metálicas de sua base rachou. Morreram mais de 120 pessoas e cerca de cem foram dadas como desaparecidas.

Dois anos depois, a maior plataforma submarina de exploração de petróleo do mundo na época, a Ocean Ranger, afundou na costa gelada da ilha de Terra Nova, no Canadá. A força das ondas de trinta metros de altura e dos ventos de 130 quilômetros — um furacão! — causou o acidente que matou os 84 tripulantes da embarcação.

Em 1988, uma outra plataforma tombou no Atlântico, quando estava sendo rebocada de Halifax, no Canadá, para o Mar do Norte. Novamente o mau tempo foi o provocador do acidente: uma tempestade rompeu o cabo que ligava a plataforma ao rebocador. A tripulação — 25 canadenses — teve de abandonar a embarcação.

Na década de 70, o mundo assistiu a diversos acidentes. Em 1976, o petroleiro liberiano Sansinena explodiu no cais de uma companhia de petróleo na baía de Los Angeles. Cinco pessoas morreram, três desapareceram e cinqüenta ficaram feridas. A explosão foi sentida a 65 quilômetros de distância.

As décadas de 60 e 70 foram palco de grandes vazamentos de óleo do século. Em 1967, o petroleiro Torrey Canyon encalhou no Canal da Mancha, lançando cem mil toneladas de óleo cru na água. Mais de cinqüenta mil aves morreram no acidente que foi considerado o maior de todos os tempos. Em 1973, a Baía de Guanabara recebeu um grande despejo de óleo dísel que poluiu toda a extensão da Praia do Flamengo. Na época, a Capitania dos Portos aplicou uma pesada multa ao navio liberiano, responsável pelo vazamento.

Em março de 2001, aconteceu no Brasil a tragédia mais recente: a plataforma P-36 afundou, seis dias após terem acontecido três explosões em uma de suas colunas, causando a morte de dez pessoas. A respeito desse episódio, em entrevista coletiva à imprensa, o presidente da PETROBRAS, Henri Philippe Reichstul, se disse transtornado com as perdas: "Esse é um momento triste e frustrante.

Agora nossa maior preocupação é supervisionar os trabalhos ambientais e dar toda assistência às famílias dos mortos".

Jornal do Brasil, 21/3/2001, "Cidade", p. 20 (com adaptações).

149. **(ADVOGADO – PETROBRÁS – 2001 – CESPE)** A partir da análise das idéias presentes no texto LP-I, julgue os itens a seguir.

1 Em relação aos acidentes narrados, os parágrafos iniciais do texto destacam as conseqüências lesivas à espécie humana, enquanto os parágrafos finais referem-se também aos prejuízos ao ambiente natural.

2 As causas dos fatos narrados residem no fato de que o ambiente marinho está mais sujeito a acidentes que o espaço terrestre, haja vista que o mar, historicamente, tem despertado no ser humano grande curiosidade e medo, motivando a busca de novas investigações.

3 Em todos os acidentes em alto-mar narrados, os motivos apresentados advêm de reações do ambiente marítimo à ação da espécie humana, irresponsável quando se trata de extrair riquezas das profundidades do mar.

4 Os fatos narrados dão conta de que o Hemisfério Norte está mais sujeito a acidentes em alto-mar que o Hemisfério Sul, devido ao grande desenvolvimento científico e tecnológico daquela região.

5 Quanto ao prejuízo humano, comparando o número de vítimas em acidentes envolvendo plataformas exploradoras de petróleo, a tragédia mais recente foi a menos grave da História.

150. **(ADVOGADO – PETROBRÁS – 2001 – CESPE)** Considerando os princípios de tipologia textual, julgue os itens abaixo, relativos ao texto LP-I.

1 O texto estrutura-se em uma seqüência cronológica, em ordem crescente, do passado mais remoto aos dias atuais.

2 O texto apresentado estrutura-se a partir de dois componentes básicos: uma seqüência de acontecimentos e as implicações de tais ocorrências.

3 Mantendo uma estrutura dissertativa, o texto apresenta os fatos ocorridos e os argumentos que sustentam o posicionamento do autor acerca dos acontecimentos.

4 O texto descreve, em detalhes, os acidentes em alto-mar acontecidos na segunda metade do século XX, atribuindo sempre a fatores sobrenaturais as perdas sofridas.

5 O texto apresenta a estrutura de uma reportagem, em que predomina a narração de fatos, suas causas e conseqüências, sem grandes comentários avaliativos por parte do narrador.

151. **(ADVOGADO – PETROBRÁS – 2001 – CESPE)** Os itens seguintes apresentam reescrituras dos parágrafos citados do texto LP-I. Julgue-os quanto à correção gramatical e à manutenção das idéias essenciais do respectivo texto.

1 **Segundo parágrafo** – Em março de 1980 houve a maior das tragédias, no campo petrolífero de Ekofisk, no Mar do Norte. Uma das peças metálicas da base da plataforma Alexander Kielland, da Noruega, rachou durante uma tempestade, levando à morte mais de 120 pessoas e deixando desaparecidos cerca de cem indivíduos.

2 **Terceiro parágrafo** – A maior plataforma submarina de exploração de petróleo do mundo, em 1982, a Ocean Ranger, afundou devido a um furacão cuja força das ondas e dos ventos causou o acidente que matou os oitenta e quatro tripulantes da embarcação, na costa gelada da ilha de Terra Nova, no Canadá.

3 **Quarto parágrafo** – Uma plataforma que estava sendo rebocada do Canadá para o Mar do Norte afundou no Atlântico, em 1988; o agente provocador desse acidente foi o mau tempo: o cabo que ligava a plataforma ao rebocador foi rompido por uma tempestade, tendo de abandonar o barco os vinte e cinco canadenses que consistiam na tripulação.

4 **Quinto parágrafo** – O mundo assistiu, na década de 70, diversos acidentes, entre eles o do petroleiro liberiano, que explodiu no cais de uma companhia de petróleo na baía de Los Angeles (onde a explosão foi sentida há sessenta e cinco quilômetros), levando cinco pessoas à morte e três à desaparecimento, além de ter provocado ferimentos em 50 pessoas.

5 **Sétimo parágrafo** – A respeito do episódio envolvendo a P-36, que afundou após terem acontecido três explosões em uma de suas colunas, causando a morte de dez pessoas, o presidente da PETROBRAS, em entrevista à imprensa, manifestando-se transtornado com as perdas, disse que o momento era triste e frustrante e que, a partir do acidente, a maior preocupação da empresa seria supervisionar os trabalhos ambientais e dar toda a assistência às famílias dos mortos.

Texto LP-II – próximas três questões

Receitas para sair da crise – opções disponíveis no país, na opinião de líderes empresariais e sindicais

Depoimento I – João Pedro Stédile: **Por um outro modelo**

O povo brasileiro vive uma grande crise. Só haverá solução duradoura se as medidas atacarem as verdadeiras causas. E elas se concentram no modelo econômico historicamente adotado e nos desatinos da política mais recente, servil, que subordinou nossa economia aos interesses do capital financeiro internacional. Para sair da crise e construir uma sociedade mais justa, em que todos os brasileiros tenham pelo menos trabalho, moradia digna, terra para trabalhar, escola pública de qualidade e comida na mesa, será necessário um novo modelo econômico.

Depoimento II – Fernando Xavier Ferreira: **Um freio no Consumo**

O momento exige cautela nas empresas. É preciso que todo investimento seja muito bem avaliado. Por cautela, entenda-se a redução da exposição aos riscos, mas não de maneira absoluta. O endividamento deve ser o menor possível. O mesmo raciocínio vale para as pessoas. Não é hora de adotar um modo de vida absolutamente espartano, mas também não é o momento para exageros consumistas. Temos de entender que nossa economia é saudável e que todas essas adversidades de curto prazo não contaminarão seus fundamentos.

Depoimento III – Paulo Pereira da Silva: **À espera da mudança**

Apesar de ter anunciado um programa de desenvolvimento que apoiamos, o governo não conseguiu levá-lo adiante. Isso ocorreu não só por causa dos distúrbios nas economias asiática, russa e, agora, argentina. Ocorreu porque o governo não elegeu prioridades e errou ao concentrar esforços unicamente no necessário ajuste fiscal. Por causa disso, a dívida pública se elevou, os juros estão nas alturas, e os investimentos, em baixa. É preciso, principalmente, reformar a previdência social, para acabar com os privilégios, criar novo sistema tributário e fiscal, para garantir a competitividade das empresas, e fazer a reforma política e judiciária, para consolidar a democracia.

Depoimento IV – Manoel Horácio da Silva: **Imprevidência Oficial**

A crise de energia traz problemas para a economia, mas provoca também uma conscientização sobre o uso da eletricidade. Todas as pessoas têm uma contribuição a dar nesse esforço, uma vez que hoje gastamos mais do que precisamos. Até as empresas devem aprender a economizar. Alguns setores da indústria usam a energia como insumo básico e vêm tendo sérios problemas para alcançar a meta estabelecida pelo governo. Acredito, porém, que essa situação vai acabar induzindo as indústrias a serem criativas para superar a adversidade.

Depoimento V – Sérgio Andrade: **A lição da sociedade**
Creio que o aspecto mais relevante e inesperado do atual momento é a resposta da sociedade civil à crise energética. Isso mostra que a capacidade de mobilização do povo diante de um desafio real é muito maior do que se imaginava. Esse fato nos enche de esperança, porque pode ser aproveitado pelas lideranças políticas para promover melhorias nas condições de vida da população. Afinal, crises comparáveis à de energia elétrica existem na educação, na saúde, na segurança e no funcionamento da máquina administrativa do governo.

Época, n.º 165, 16/7/2001, p. 68-78 (com adaptações).

152. **(ADVOGADO – PETROBRÁS – 2001 – CESPE)** Considerando as idéias manifestadas no conjunto de depoimentos que constituem o texto LP-II, julgue os itens subseqüentes.

1 Apenas o depoimento I não exterioriza esperanças de solução para a crise, seja em curto, seja em longo prazo.

2 Os depoimentos I e II manifestam-se no sentido de que a crise por que passa o país tem natureza econômica.

3 O depoimento III revela que a crise política, derivada da má gestão administrativa do país, tem solução; esta passa por aspectos sociais, tributários, econômicos e jurídicos.

4 Os depoimentos IV e V associam a crise energética a problemas nacionais e manifestam expectativas favoráveis à solução, com vistas à superação de adversidades.

5 Nos depoimentos de II a V, há "**Receitas para sair da crise**", mas as propostas de solução são distintas em natureza e teor.

153. **(ADVOGADO – PETROBRÁS – 2001 – CESPE)** Considerando os aspectos sintáticos e semânticos dos depoimentos apresentados no texto LP-II, julgue os itens que se seguem.

1 No depoimento I, não altera o sentido original do texto a transformação do segundo período em **Haverá solução duradoura se as medidas atacarem só as verdadeiras causas**.

2 O depoimento I informa, sintaticamente, que os brasileiros têm, entre suas carências, "menos trabalho, moradia digna, terra para trabalhar, escola pública de qualidade e comida na mesa" (•.8-10).

3 No depoimento II, a passagem "Não é hora de adotar um modo de vida absolutamente espartano, mas também não é o momento para exageros consumistas" (•.17-19) apresenta uma construção adversativa que, contextualmente, opõe "espartano" a **consumista**.

4 O primeiro período do depoimento III apresenta uma estrutura sintática que favorece o entendimento de que o governo é subordinado ao programa de desenvolvimento que ele próprio formula.

5 No depoimento III, as duas orações coordenadas contidas no trecho "Ocorreu porque o governo não elegeu prioridades e errou ao concentrar esforços unicamente no necessário ajuste fiscal" (•.26-28) exercem idêntica circunstância de causa, relativa à forma verbal "Ocorreu".

154. **(ADVOGADO – PETROBRÁS – 2001 – CESPE)** Considerando a manutenção das normas gramaticais, julgue as passagens dos depoimentos do texto LP-II reescritas nos seguintes itens.

1 Entre as "**Receitas para sair da crise**", nomeadas pelo título da reportagem, encontram-se opções disponíveis no país, na opinião de líderes empresariais e sindicais.

2 Principalmente é preciso: 1) reformar a previdência social, para acabar com os privilégios; 2) criar novo sistema tributário e fiscal, para garantir a competitividade das empresas; 3) fazer as reformas política e judiciária, para consolidar a democracia.

3 As pessoas e até as empresas tem uma contribuição a esse esforço, haja visto, que hoje gastamos mais que precisamos, urge aprender a economizar.

4 Os depoentes acreditam a despeito de toda a conjuntura nacional, que a situação vai induzir as indústrias, a buscarem soluções criativas para a superação da adversidade.

5 Existe crises no setor energético, na educação, na saúde, na segurança, e no funcionamento da máquina administrativa; todavia um fato enche-nos de esperança: as lideranças políticas estão empenhadas com melhorar as condições de vida da população.

Texto para os itens de 1 a 8

Uma solução não apenas aparente mas real é a que passou à história com o nome de maquiavélica, porque, de um modo ou de outro, com ou sem razão, sempre esteve associada ao autor de O Príncipe. Aqui, o dualismo está baseado na distinção entre dois tipos de ações, as ações finais, que têm um valor intrínseco, e as ações instrumentais, que somente têm valor enquanto servem para que se alcance um fim considerado como tendo valor intrínseco.

Não há teoria moral que não reconheça essa distinção. Para dar um exemplo conhecido, a ela corresponde a distinção weberiana entre ações racionais referidas ao valor e ações racionais referidas ao fim. Por isso, não há teoria moral que não se dê conta de que a mesma ação pode ser julgada de dois modos diversos, segundo o contexto em que se desenrola e a intenção com que é realizada.

O que constitui o núcleo fundamental do maquiavelismo não é tanto o reconhecimento da distinção entre ações boas em si e ações boas não por si mesmas, mas a distinção entre moral e política com base nessa distinção, isto é, a afirmação de que a esfera da política é a esfera das ações humanas instrumentais, que, como tais, devem ser julgadas não em si mesmas, mas com base na sua maior ou menor idoneidade para o alcance do fim.

Isso explica a amoralidade da política no sentido de que a política, em seu todo, é um conjunto de atividades reguladas por normas e avaliáveis com um certo critério de juízo.

A solução maquiavélica da amoralidade da política é apresentada como aquela em que o princípio fundamental é: "O fim justifica os meios." Já em uma moral rigorística como a kantiana, em geral em uma moral do dever, a consideração de um fim externo à ação não só é imprópria mas também é impossível, porque a ação, para ser moral, não deve ter outro fim que o cumprimento do dever, que é precisamente o fim *intrínseco à própria ação.*

Norberto Bobbio. **Elogio da serenidade e outros escritos morais**. Trad. Marco Aurélio Nogueira. São Paulo: UNESP, 2002. (com adaptações).

155. **(ADVOGADO – EMBRAPA – 2005 – CESPE)** Com relação às idéias desenvolvidas no texto acima e a aspectos gramaticais, julgue os itens a seguir.

1. O emprego do conector "enquanto" (ℓ.7) contribui para que se estabeleça o sentido de que as ações instrumentais, ao contrário das ações finais, têm valor circunstancial.
2. Na linha 21, se a vírgula que antecede o pronome relativo "que" fosse omitida, o sentido e a correção gramatical do texto seriam preservados.
3. No trecho "em que o princípio fundamental é" (ℓ.29), a correção gramatical seria mantida caso se substituísse "em que" por cujo, desde que fosse suprimido o artigo definido.
4. No quarto parágrafo, o autor critica o fato de as normas reguladoras da política serem avaliadas segundo um critério particular de juízo que se assemelha ao critério de julgamento das ações finais.
5. Não há elementos textuais que sustentem a inferência de que o autor do texto, Norberto Bobbio, faz, no quinto parágrafo, a apologia da teoria kantiana da moral por considerá-la de valor moral superior ao das demais teorias da moral.

156. **(ADVOGADO – EMBRAPA – 2005 – CESPE)** Os itens que se seguem apresentam paráfrases de trechos do texto. Julgue-os sob dois ângulos: correção gramatical e fidedignidade às idéias desenvolvidas no texto.

1. As teorias morais que reconhecem serem distintas ações finais e as instrumentais derrogam o dualismo moral, onde se incluí o maquiavelismo. (ℓ.1-9)
2. Visto que todas as teorias prescrevem que a ação seja julgada com base no contexto e na intenção, o dualismo fundamenta-se na distinção entre dois tipos de ação. (ℓ.9-15)
3. O maquiavelismo contribui para se explicar a imoralidade da política, haja visto postular que as ações humanas devem ser julgadas quanto aos fins que se queiram alcançar. (ℓ.16-23)

O deputado Apolônio Dourado, em entrevista ao Jornal do Momento, manifestou-se contra a ascensão funcional entre carreiras de funções correlatas ou mesmo a reserva de vagas para seleção interna. Ele argumentou que era contra porque, segundo a Constituição Federal, todos são iguais perante a lei. Disse, ainda, que, assim sendo, o funcionário que quiser ascender funcionalmente tem de disputar a vaga em um concurso externo, como qualquer outro cidadão o faz.

No dia seguinte à entrevista, o mesmo jornal publicou carta do leitor J. Prata, na qual constava o seguinte: "Se o deputado Apolônio pensa assim, deveria ser coerente e abrir mão de todos os privilégios dados aos parlamentares (ajudas de custo diversas, recesso etc.) para que fique igual aos demais servidores públicos, já que o parlamentar também é um servidor público. Se ele disser que não abre mão porque o parlamentar exerce uma função de natureza diferente dos demais servidores, eu concordo com ele. Mas, então, ele também terá de concordar comigo quando eu digo que um funcionário que já atua em determinada carreira, tendo nela ingressado por concurso público, não é igual a uma pessoa que nunca fez parte daquela carreira."

157. **(ADVOGADO – EMBRAPA – 2005 – CESPE)** Com base na situação hipotética apresentada acima, julgue os itens subseqüentes.

1. O período "Ele argumentou (...) perante a lei" (ℓ.4-6) poderia ser reescrito corretamente da seguinte forma: O deputado explicou porque era contrário à prática referida e citou o princípio constitucional da igualdade dos cidadãos perante às leis.
2. Seria mantida a coerência do texto caso a oração iniciada por 'Se' (ℓ.12) fosse substituída por: Uma vez que ele pensa assim.
3. A expressão 'abrir mão' (ℓ.13) foi empregada em sentido denotativo.
4. Se a situação de comunicação fosse outra, que exigisse o registro formal da língua, na carta escrita por J. Prata, o segmento "uma função de natureza diferente <u>dos demais</u> servidores" (ℓ.17-18) deveria ter a expressão sublinhada modificada.
5. A oração com verbo no gerúndio 'tendo nela ingressado por concurso público' (ℓ.21-22) poderia corretamente ser assim estruturada: na qual tenha ingressado por meio de concurso público.
6. Pelo que se depreende da argumentação de J. Prata, ele julga que a maioria dos servidores

públicos não tem direito a ajuda de custo e a recesso.

7. Diferentemente da forma como argumenta o leitor J. Prata, o deputado Apolônio sustenta a sua opinião valendo-se, de forma objetiva, de fundamento previsto em lei.

Argentina e Brasil são, ou podem tornar-se, no plano sul-americano, o que Alemanha e França são para a Europa. Análogas razões de política internacional aconselham uma aliança estratégica entre nossos países. Essa aliança pode ser um elemento essencial para fortalecer a autonomia nacional e a capacidade de negociação dos dois países, particularmente com os Estados Unidos da América (EUA) e a própria União Européia.

Argentinos e brasileiros são muito diferentes, não raro opostos em muitos traços de seu caráter nacional. Mas não mais que alemães e franceses, por exemplo. E essas diferenças atraem; graças a elas, nossos povos podem complementar-se e enriquecer-se mutuamente. A quem interessa afastar Argentina e Brasil? Sempre haverá prioridades divergentes, diferenças de opinião e de situação nacional. O que não se deve permitir é que essas diferenças sejam magnificadas por redes de intrigas, que prejudicam nossos objetivos estratégicos.

Paulo Nogueira Batista Jr. Argentina e Brasil. *In*: Folha de S. Paulo, 5/5/2005, p. B2 (com adaptações).

158. **(ADVOGADO – EMBRAPA – 2005 – CESPE)** Tendo o texto acima como referência inicial e explorando a amplitude que o tema sugere, julgue os itens subseqüentes.

1. Ao examinar as relações brasileiro-argentinas, o texto o faz considerando, implicitamente, o atual cenário econômico mundial, assinalado pela tendência à formação de blocos de países com vistas à inserção mais vantajosa em um mercado globalizado e altamente competitivo.

2. A analogia pretendida pelo texto, em termos de política internacional, a rigor não se sustenta. Enquanto, na América do Sul, as diferenças entre Brasil e Argentina são pontuais, na Europa razões históricas sempre impediram a aproximação entre França e Alemanha.

3. Um exemplo de como atua a rede de intrigas, mencionada no texto, deu-se na recente cúpula entre países sul-americanos e árabes que Brasília sediou. A não-participação de Nestor Kirchner, em certa medida, esvaziou a reunião e deu claro sinal de descontentamento do governo de Buenos Aires com a atual política externa brasileira.

4. O surgimento do Mercado Comum do Sul (MERCOSUL) decorre, entre outras motivações, de um passo pioneiro, qual seja, a aproximação entre Argentina e Brasil, nos anos 1980, conduzida pelos presidentes Raúl Alfonsín e José Sarney.

5. Em linhas gerais, o ponto de vista defendido no texto é que, da mesma forma que a vitoriosa União Européia somente se torna factível a partir da superação de antigas idiossincrasias, os "objetivos estratégicos" dos dois maiores países sul-americanos somente poderão ser alcançados pela via do confronto ostensivo com a atual potência hegemônica mundial.

O desmatamento e as queimadas prejudicam a vida dos moradores de cerca de mil municípios brasileiros, diz a pesquisa do IBGE em que os próprios prefeitos avaliam os danos ambientais. O desmatamento está entre os três maiores causadores de danos ambientais em 18 estados. As queimadas, em 14. Mas duas regiões específicas chamam a atenção dos pesquisadores: o oeste da Bahia e os estados localizados na margem norte do rio Amazonas.

Na Amazônia, os motivos da devastação são os mesmos de sempre: extração de madeira, pecuária, plantio de soja e ocupação predatória. O avanço da agricultura é o grande responsável pela devastação no oeste da Bahia. Se, por um lado, indica prosperidade econômica, por outro significa a ampliação das queimadas para apressar a preparação da terra a ser cultivada.

Ameaça que apavora mil cidades. *In*: Correio Braziliense, "Meio ambiente", 14/5/2005, p. 9. (com adaptações).

159. **(ADVOGADO – EMBRAPA – 2005 – CESPE)** Tendo o texto acima como referência inicial e considerando os múltiplos aspectos que envolvem o tema por ele abordado, julgue os itens que se seguem.

1. Entre os mais conhecidos danos trazidos pelos desmatamentos e queimadas destacam-se a destruição da vegetação, a morte de animais e, no que concerne ao solo, a perda de matéria orgânica e sua maior exposição à erosão.

2. Graças à dimensão das bacias hidrográficas brasileiras, até o momento o país desconhece casos de assoreamento de rios, lagos e represas que, decorrentes de problemas ambientais, possam gerar algum tipo de preocupação.

3. Além das queimadas e dos desmatamentos, quando se fala em alterações ambientais que prejudicam a vida da população deve-se pensar também, entre outros aspectos, em poluição da água e em esgotos que correm a céu aberto.

4. A falta de saneamento básico adequado é um dos elementos que mais diretamente interferem na mortalidade infantil em um país como o Brasil. Sabe-se que, em domicílios onde o esgotamento sanitário é inadequado ou inexistente, o índice

de mortalidade de crianças é várias vezes mais elevado que em residências onde o problema não se apresenta.

5. Infere-se do texto que, em cidades brasileiras de grande porte — como São Paulo, Rio de Janeiro e Belo Horizonte, por exemplo —, as diversas modalidades de poluição, a começar pela reconhecida má qualidade do ar, têm nas queimadas sua causa mais comum e determinante.

Um dia, um filósofo indiano fez a seguinte pergunta aos seus discípulos:

— Por que é que as pessoas gritam quando estão aborrecidas?

— Gritamos porque perdemos a calma, disse um deles.

— Mas, por que gritar quando a outra pessoa está ao seu lado?, questionou novamente o pensador.

— Bem, gritamos porque desejamos que a outra pessoa nos ouça, retrucou outro discípulo.

E o mestre voltou a perguntar:

— Então não é possível falar-lhe em voz baixa? Surgiram várias outras respostas, mas nenhuma convenceu o pensador. Então ele esclareceu:

— Vocês sabem por que se grita com uma pessoa quando se está aborrecido? O fato é que, quando duas pessoas estão aborrecidas, os seus corações afastam-se muito. Para cobrir essa distância, precisam gritar, para poderem escutar-se mutuamente. Quanto mais aborrecidas estiverem, mais forte terão que gritar para ouvirem um ao outro, através da grande distância. Por outro lado, o que sucede quando duas pessoas estão apaixonadas? Elas não gritam. Falam suavemente. E por quê? Porque os seus corações estão muito perto. A distância entre elas é pequena. Às vezes, os seus corações estão tão próximos, que nem falam, somente sussurram. E, quando o amor é mais intenso, não necessitam sequer de sussurrar, apenas se olham, e basta. Os seus corações entendem-se. É isso que acontece quando duas pessoas que se amam estão próximas.

Por fim, o filósofo concluiu dizendo:

— Quando vocês discutirem, não deixem que os seus corações se afastem, não digam palavras que os distanciem mais, pois chegará um dia em que a distância será tanta que não mais encontrarão o caminho de volta.

Mahatma Gandhi.

160. **(ADVOGADO – CEF – 2006 – CESPE)** Com base nas idéias e estruturas do texto, julgue os itens a seguir.

1. A seguinte reescritura mantém a idéia básica da primeira pergunta do texto: **Por que a gente braveja diante de um aborrecimento?**

2. De forma correta, a segunda oração do período situado nas linhas 6 e 7 assim pode ser reescrita na ordem direta e em discurso indireto: **O pensador questionou novamente por que se berrar quando a outra pessoa está ao lado.**

3. Na linha 10, estaria correta a inserção do pronome **lhes** entre os vocábulos "a" e "perguntar".

4. Está correta a seguinte reescritura do período situado nas linhas 12 e 13: **Foram apresentadas muitas soluções distintas, porém nenhuma o persuadiu.**

5. O vocábulo "corações" (ℓ. 16, 22 e 25), no texto, está empregado conotativamente, como nome abstrato.

161. **(ADVOGADO – CEF – 2006 – CESPE)** Considerando a grafia e o sentido de "porque" e "por que", julgue os próximos itens.

1. Nas linhas 5 e 8, grafa-se um só vocábulo, dado que se trata de conjunção que expressa circunstância de causa.

2. Na linha 21, em "E por quê?", a preposição "por" antecede um substantivo tônico, com o sentido de **motivo**, o que justifica a presença do acento.

3. O trecho "pois chegará um dia em que a distância será tanta" (ℓ.29-30) pode ser corretamente reescrito da seguinte forma: **por que, um dia, a distância porque terão de passar será tanta.**

162. **(ADVOGADO – CEF – 2006 – CESPE)** Julgue se os seguintes itens estão de acordo com o uso padrão da sintaxe de concordância e de regência e com o emprego do sinal indicativo de crase.

1. É preferível falar baixo e com discrição à gritar e prejudicar a relação com a vizinhança.

2 Quando duas pessoas estão aborrecidas, custa-lhes perdoar uma à outra.

3. Não se esqueça de que o coração dos que se amam entendem-se sem que à boca precise chegar as palavras.

Quebrar o círculo vicioso da pobreza significa oferecer oportunidades para as camadas de renda mais baixa da população, sobretudo por meio da educação de qualidade. O Governo Federal vem perseguindo, desde 1995, combater a pobreza estrutural e promover a inclusão social, após ampliar a oferta de vagas no ensino fundamental. Desenvolvido a partir de iniciativas bem-sucedidas de alguns municípios brasileiros, o Programa Nacional do Bolsa Escola foi criado em 2001 com a proposta de se conceder benefício monetário mensal a milhares de famílias brasileiras em troca da manutenção de suas crianças nas escolas. O dinheiro é pago diretamente à população por meio de cartões magnéticos, nas agências da Caixa Econômica Federal, nos postos de atendimento do Caixa Aqui ou em casas lotéricas.

Internet: <www.mec.gov.br>. Acesso em 20/3/2006 (com adaptações).

163. **(ADVOGADO – CEF – 2006 – CESPE)** Com referência ao texto acima, julgue os itens subseqüentes.

1. Não se altera a idéia básica do texto, ao se complementar o sentido do vocábulo "oportunidades" (ℓ.2) com a expressão **de vida melhor**.

2. A forma verbal "vem perseguindo" (ℓ.4) possui três complementos diretos: pobreza, inclusão e oferta de vagas.

3. Com relação à tipologia textual, o texto, fundamentalmente descritivo, pertence ao gênero propaganda.

4. A expressão "iniciativas bem-sucedidas" (ℓ.7) é o sujeito sintático do período que se estende das linhas 7 a 12.

164. **(ADVOGADO – CEF – 2006 – CESPE)** Considerando que a pontuação de um texto tem implicações semânticas, além de restrições sintáticas, julgue os sinais de pontuação empregados nos trechos presentes nos itens a seguir, que tratam da "Missão do Programa Bolsa Escola".

1. Promover a educação das crianças de famílias de baixa renda, assegurando sua permanência na escola, por meio de incentivo financeiro, contribuindo para a melhoria das condições de vida no país, estimular a criação de uma cultura escolar positiva entre as camadas sociais menos favorecidas, recuperar a dignidade e a auto-estima da população excluída, com a esperança de garantir um futuro melhor para seus filhos, por meio da educação, é a missão do Programa Bolsa Escola.

2. Há quem considere que a adoção do cartão magnético da CAIXA para recebimento do benefício monetário mensal concedido pelo Programa Nacional do Bolsa Escola, além das vantagens pragmáticas, óbvias, representou ganho na cidadania dos beneficiados.

3 Opositores de políticas governamentais assistencialistas, as quais não solucionam os problemas estruturais da sociedade, têm-se rendido à evidência, de que há de se desenvolver, no Brasil, política de curto prazo, que minimize o sofrimento de uma camada da população brasileira.

A Bolívia ostenta a segunda maior reserva de gás natural do continente e é rica em metais, como zinco, prata e estanho.

A esperança do país está depositada nesses minerais. O Banco Central boliviano prevê que o PIB crescerá 4,1% este ano, em grande parte graças aos projetos de mineração de zinco e prata que serão implementados. Os preços do zinco e prata vêm aumentando nos últimos anos. A prata valorizou-se 39,5% entre 1995 e 2005, atingindo o valor de US$ 7,24 por onça troy. O zinco subiu 30,5% no mesmo período e atingiu o valor de US$ 0,61 por libra-peso.

Embora até agora Morales tenha-se centrado nas negociações com as empresas estrangeiras, a fim de obter mais benefícios para o país nos contratos de gás e petróleo, o presidente também jogou o setor de mineração na incerteza ao adiar o processo de ofertas para o desenvolvimento de uma mina que poderia ter as maiores reservas de ferro do mundo, cerca de 44 bilhões de toneladas.

Fiona Smith. **Valor Econômico**. Caderno A, p. 10, 13/3/2006 (com adaptações).

165. **(ADVOGADO – CEF – 2006 – CESPE)** Julgue os itens a seguir quanto à correta estruturação do período e à manutenção das idéias apresentadas no texto.

1. A perspectiva de dias melhores da Bolívia funda-se por suas reservas de petróleo e de gás natural, porquanto esse país adota postura ostensiva perante às empresas estrangeiras.

2. Graças aos projetos de mineração postos em funcionamento a dez anos, os preços, seja da prata ou do zinco vêm aumentando, em proporções distintas.

3. Conforme Morales, apesar de seus esforços para conquistar mais benefícios para o país, não conseguiu retirar do setor as incertezas que ronda o mercado internacional.

4. Devido à grande oferta de gás natural e de minerais, a Bolívia pode ser, ainda, considerada um polo de desenvolvimento energético sul-americano.

5. O crescimento de 4,1% do PIB boliviano em 2006 está previsto pelo Banco Central da Bolívia.

6. Trata a questão da Bolívia, cujo o exercício de autonomia estatal e de zelo pelas riquezas minerais é modelar.

166. **(ADVOGADO – CEF – 2006 – CESPE)** Tendo o texto acima como referência inicial e considerando o atual cenário latino-americano, julgue os itens seguintes.

1. A recente eleição de Evo Morales à presidência da Bolívia significou, entre outras singularidades, a chegada ao poder de um representante dos estratos sociais subalternos do país, vale dizer, plantadores de coca e indígenas.

2. Considerada um dos mais pobres países da América Latina, a Bolívia dispõe, no entanto, de expressiva quantidade de riquezas minerais, tal como o texto informa. Contudo, a instabilidade política do país impede que capitais internacionais se interessem em explorar essas riquezas, o que em muito reduz as potencialidades econômicas da Bolívia.

3. As divergências ideológicas entre os atuais governos da Bolívia e do Brasil, aparentemente incontornáveis, levaram a maior empresa brasileira, a PETROBRAS, a desistir da rentável exploração do gás boliviano, ainda que a decisão tenha resultado em elevados prejuízos para o Brasil.

4. No Chile, a vitória eleitoral de Michelle Bachelet, à frente da coalizão de centro-esquerda que governa o país desde a queda da ditadura de Pinochet, sugere a continuidade de uma política econômica que tem dado resultados positivos,

relativamente tanto a crescimento quanto à redução das desigualdades sociais.

5. Na Venezuela, Hugo Cháves mantém-se no poder, conquanto já tenha sofrido tentativa de golpe de Estado e expressado posicionamento bastante crítico em relação aos Estados Unidos da América (EUA).

167. **(ADVOGADO – CEF – 2006 – CESPE)** O álcool voltou às manchetes dos jornais e às discussões cotidianas do brasileiro. Nos anos 70 do século passado, houve forte estímulo à substituição gradual de parte do consumo de combustível advindo do petróleo pela novidade do álcool como combustível para carros. Mais recentemente, a população foi estimulada a adquirir automóveis do tipo flex, que podem utilizar as duas formas de combustível. Com relação a esse tema, julgue os itens que se seguem.

1. Como parte das preocupações estratégicas de qualquer país, a energia renovável e o combustível alternativo são ganhos atuais do Brasil nesse campo, em que o futuro mundial é imprevisível.
2. Há indiferença por parte das grandes corporações internacionais em relação às possibilidades de exploração econômica do álcool como combustível no Brasil.
3. O biocombustível, ainda que apresentado como solução de futuro para a ampliação da matriz energética nacional, tem baixas chances de se desenvolver em países com características econômicas semelhantes às do Brasil.
4. A histórica dificuldade encontrada pelo Brasil para a extração de petróleo em seu território e em sua plataforma marítima, a despeito dos esforços da PETROBRAS, está na origem da decisão brasileira de investir continuamente na produção de álcool como combustível.

Parece mentira, mas não é: nos últimos doze anos, o salário mínimo, já contabilizado o valor de R$ 350,00, cresceu 92% em termos reais (acima da inflação). De 1994 para cá, o valor do mínimo teve incremento real de 5,5% ao ano, um percentual bem superior ao do crescimento anual médio da economia brasileira no mesmo período.

Nesses doze anos, o rendimento médio real dos trabalhadores das regiões metropolitanas encolheu, segundo dados do IBGE. De uma base 100 em 1994, cresceu 21,2% nos três primeiros anos do Plano Real, mas recuou nos anos seguintes. Em 2003, chegou ao fundo do poço (91,9%). Recuperou-se um pouco nos dois anos seguintes, atingindo 94,21% do que era no ano de lançamento do real.

A expansão do mínimo teve forte impacto nas contas da Previdência Social. Em 1994, o governo gastou o equivalente a 4,9% do PIB com o pagamento de benefícios do INSS. Em 2006, a conta deve chegar a 7,9% do PIB. Em números absolutos, isso representa, hoje, algo em torno de R$ 57 bilhões.

O economista Fábio Giambiagi, do IPEA, calculou qual teria sido o impacto do salário mínimo nas contas do INSS, caso os últimos três governos tivessem reajustado o seu valor de acordo com a inflação. A despesa, claro, teria crescido, mas em ritmo bem menor. A diferença equivale a mais ou menos a arrecadação anual da famigerada CPMF — 1,7% do PIB.

Cristiano Romero. **Valor Econômico**. Caderno A, p. 2, 8/3/2006 (com adaptações).

168. **(ADVOGADO – CEF – 2006 – CESPE)** Julgue os itens a seguir quanto à correção gramatical e à manutenção de idéias do texto.

1. Do primeiro parágrafo, infere-se que o aumento do salário mínimo depende exclusivamente do crescimento da economia.
2. O texto informa que, apesar do significativo aumento dos salários mínimos nos últimos doze anos, houveram decréscimos expressivos no rendimento médio dos trabalhadores.
3. As contas do sistema de Previdência Social sofreram os efeitos da expansão dos salários, a proporção que os benefícios de aposentados e pensionistas aumentaram.
4. As despesas públicas dos três governos derradeiros teria índices inferiores se, e somente se, os salários houvessem sido reajustados segundo a inflação do Continente.
5. De acordo com o economista citado, caso o reajuste do salário mínimo fosse feito de acordo com a inflação, o dispêndio do INSS, teria diminuído muito.
6. No último parágrafo, o autor do texto propõe que a arrecadação do CPMF norteie o reajuste do salário mínimo.

169. **(ADVOGADO – CEF – 2006 – CESPE)** Tendo o texto anterior como referência inicial e considerando aspectos relevantes da realidade social e econômica do Brasil e do mundo, julgue os itens que se seguem.

1. O sistema previdenciário brasileiro é considerado um dos mais avançados do mundo e, graças ao equilíbrio de suas contas, seus gastos não sofrem maiores oscilações ao longo dos anos em relação ao Produto Interno Bruto.
2. O salário mínimo foi uma conquista dos trabalhadores obtida à época do governo Vargas, tendo sido estabelecido que seu valor deveria ser calculado considerando-se as necessidades básicas de uma família para a garantia de sua subsistência.

3. No Brasil, as reformas da previdência social, implementadas após a promulgação da Carta Magna de 1988, foram aprovadas pelo Congresso Nacional, o que significa dizer que obtiveram consenso entre as forças políticas e segmentos organizados da sociedade.
4. Na última década, ao contrário do que ocorria em boa parte do mundo, inclusive na América Latina, o Brasil assumiu posição francamente hostil às reformas ditas neoliberais, razão pela qual o país sofreu pressões de organismos financeiros internacionais, como do Banco Mundial e do Fundo Monetário Internacional.
5. O crescimento do salário mínimo, em termos reais, desde 1994, como informa o texto, é a prova mais evidente de que, a despeito das oscilações da economia brasileira no período, a renda média real dos trabalhadores nos grandes centros urbanos expandiu-se.
6. Uma das vantagens de se obter **superavit** primário elevado, como tem feito o Brasil na atualidade, é que o reajuste do salário mínimo, ainda que feito todo ano e acima da inflação do período, não gera impacto nas contas públicas.

A estrutura financeira mundial é facilmente compreendida pelos governos nacionais dos países periféricos, uma vez que as grandes negociações, como aquelas estabelecidas com o FMI, implicam discussões sobre temas econômicos internos, que, para alguns, pode ser o caso de violação do princípio da soberania nacional. Ao longo de sua trajetória, o FMI pautou-se pela defesa de políticas econômicas ortodoxas que objetivam dar melhor ordenamento às economias nacionais periféricas, mas que, em muitos casos, inibiram o potencial de desenvolvimento. Embora tenha sido utilizado um único exemplo, não há dúvida, neste caso, de que a estrutura financeira mundial condiciona as ações dos mais diferentes países.

Quanto à estrutura de segurança, a influência não é menos evidente. Os países detentores da tecnologia mais avançada na área são os principais responsáveis pelo comércio mundial de armamentos, desenvolvido, muitas vezes, de forma ilícita. Ao vender um produto de sua indústria bélica, o país produtor não vende apenas aquele item, vende a assistência técnica, o treinamento para o uso do armamento e, quiçá, uma determinada visão da "segurança internacional", dialogando com a estrutura do conhecimento. A atual questão da compra de caças por parte do governo brasileiro, que tem-se arrastado por alguns anos, revela a influência que um eventual fornecedor de caças pode ter sobre a segurança de um país.

Carlos Eduardo Vidigal. **A nova ordem mundial**. *In*: Henrique Oliveira e Antônio Lessa. **Política internacional contemporânea**. São Paulo: Saraiva, 2005, p. 11-2 (com adaptações).

170. **(ADVOGADO – CEF – 2006 – CESPE)** Julgue os itens subseqüentes, relativos às idéias do texto no que concerne às dimensões econômicas e financeiras do contexto internacional contemporâneo.

1. As finanças internacionais limitam a área de ação dos governos nacionais.
2. Em geral, os países periféricos, apesar dos constrangimentos internacionais e internos erigidos contra os seus pleitos, têm conseguido ampliar e elevar, de forma substantiva, sua presença no processo decisório internacional.
3. O Brasil, país que utilizou, nos últimos anos, recursos elevados do FMI para resolver problemas de investimento e acertos de dívida, conseguiu desvencilhar-se dos interesses da banca internacional.
4. Segundo vários setores políticos internos dos Estados modernos, a força devastadora dos interesses financeiros internacionais pôs em xeque o princípio de soberania.
5. A opção por políticas econômicas ortodoxas é sempre a receita aplicada pelo FMI aos países com os quais mantém acordos.

171. **(ADVOGADO – CEF – 2006 – CESPE)** Relacionando à região amazônica os aspectos comentados no segundo parágrafo do texto, julgue os itens que se seguem.

1. A Amazônia brasileira, por se encontrar em área estratégica de amplas fronteiras nacionais e ser uma das mais importantes fontes da biodiversidade global, é região que causa preocupação no campo da segurança nacional.
2. O objetivo de preservação da floresta amazônica não é compatível com os planos de desenvolvimento sustentável.
3. A proteção, por satélite, do espaço amazônico brasileiro e a implantação de logística de defesa do espaço aéreo são ações preventivas importantes, considerando-se as condições complexas que envolvem os interesses internacionais na região amazônica.
4. O fechamento e o policiamento da fronteira brasileira na região amazônica são medidas plenamente eficazes para se evitar que as crises políticas externas e suas conseqüências econômicas, sociais ou humanitárias alcancem o lado brasileiro.

172. **(ADVOGADO – CEF – 2001 – CESPE)** Há consenso acerca do papel preponderante da educação nos dias atuais. Quer pelas exigências suscitadas por um crescente ideal de cidadania, quer pelas

novas configurações do sistema produtivo, o certo é que a educação passou a ser vista como essencial à plena inserção das pessoas na sociedade contemporânea. A propósito desse tema, especialmente vinculando-o à realidade brasileira atual, julgue os itens seguintes.

(1) No que se refere à educação básica, o Brasil tem aprofundado, nos últimos tempos, um processo de descentralização: recursos federais vão sendo repassados diretamente às escolas e a própria merenda escolar — vital para a maioria dos alunos das escolas públicas — tem sido adquirida localmente.

(2) Sabe-se que o desempenho escolar brasileiro ainda está muito aquém do desejado, o que pode ser verificado, entre outros indicadores, pelos resultados apresentados pelo Sistema Nacional de Avaliação da Educação Básica (SAEB); no entanto, quantitativamente, o país pode comemorar a expressiva taxa de matrícula que conseguiu atingir no ensino fundamental.

(3) O ensino médio é um setor em franca expansão, com significativo aumento de matrículas nos últimos anos; pode-se inferir daí que, além de outras razões, e apesar das inegáveis deficiências, está crescendo o número de egressos da oitava série do ensino fundamental.

(4) Ao optar por mecanismos descentralizados de gestão do sistema educacional, o Brasil acabou por reduzir drasticamente o papel do Ministério da Educação (MEC): atualmente, cabe-lhe tão-somente cuidar da educação superior, deixando aos estados, ao Distrito Federal e aos municípios a tarefa de formular a política de educação do país, de supervisionar o sistema e de avaliar seu desempenho.

(5) Ao criar um fundo para promover o desenvolvimento do ensino fundamental, sobretudo pela via de valorização do magistério, conhecido como FUNDEF, o Brasil deu um passo adiante em termos de melhoria salarial dos docentes: embora os salários ainda sejam, de modo geral, muito baixos, o fundo permitiu que ocorressem sensíveis avanços na remuneração dos professores, especialmente em determinadas regiões, como foi o caso do Nordeste.

173. **(ADVOGADO – CEF – 2001 – CESPE)** Uma das características marcantes do mundo contemporâneo é o seu intenso dinamismo. As mudanças sucedem-se com extrema rapidez, alterando formas de organização da sociedade, métodos de produção, relações de poder, hábitos de consumo e padrões de comportamento. Relativamente a esse cenário mundial dos dias de hoje, julgue os itens que se seguem.

(1) Provavelmente em função de uma economia que mais e mais se globaliza, com as irresistíveis pressões exercidas por um verdadeiro mercado mundial, as transformações ocorrem com igual intensidade em todo o planeta, não se podendo falar de regiões mais ou menos atingidas pelo processo de mudanças em curso.

(2) Nas relações internacionais, não mais existe a bipolaridade que o pós-Segunda Guerra Mundial engendrou; o colapso da União das Repúblicas Socialistas Soviéticas (URSS), que se fez acompanhar da crise que se abateu sobre o Leste europeu, propiciou aos Estados Unidos da América (EUA) ocuparem um espaço ainda mais proeminente no quadro de poder mundial.

(3) Sustentado por uma tecnologia de ponta, o sistema produtivo vai deixando de ser meramente "internacionalizado" para se tornar efetivamente "mundializado"; assim, os bens passam a ser produzidos, simultaneamente, em várias regiões, sempre em busca da maior lucratividade.

(4) Um aspecto significativo da atualidade diz respeito ao refluxo dos movimentos sociais preocupados com a defesa ambiental e com a luta por um modelo de desenvolvimento sustentável: a força das grandes corporações multinacionais, ampliada pela falência dos Estados nacionais, conseguiu neutralizar esses movimentos, impedindo seu acesso à mídia e aos fóruns internacionais que tratam do assunto.

(5) Ao contrário do que se previa há apenas três décadas, as manifestações artísticas — da música popular ao cinema — e as práticas esportivas — do futebol ao automobilismo — não sucumbiram às circunstâncias do mercado e, desse modo, percorrem o caminho inverso ao da profissionalização.

174. **(ADVOGADO – CEF – 2001 – CESPE)** Os recentes motins ocorridos em diversas unidades prisionais do estado de São Paulo chamaram a atenção da opinião pública brasileira, que vê na segurança pública um dos mais graves problemas do país. Tendo em vista os múltiplos aspectos suscitados pelo episódio, julgue os itens seguintes.

(1) Apesar do elevado número de detentos envolvidos e da fragilidade do aparato policial do Estado, a rebelião foi controlada no mesmo dia que explodiu, graças, sobretudo, à reduzida capacidade de organização demonstrada pelas lideranças que se amotinaram.

(2) Em que pese o reconhecimento internacional de sua eficiência e de seus padrões modernos, atestados por técnicos das Nações Unidas, o sistema penitenciário brasileiro ressente-se da falta de vagas para abrigar todos os apenados; por

isso, dizem os especialistas, seus problemas se resolverão com a construção de novas unidades carcerárias.

(3) Responsável pela administração dos presídios espalhados pelas unidades da Federação, o Ministério da Justiça foi acusado de inoperância e de lentidão em suas ações, tal como ficou demonstrado nas pesquisas de opinião pública divulgadas pouco depois dos motins que envolveram quase trinta unidades prisionais paulistas.

(4) Embora tenham causado impacto semelhante ao do episódio conhecido como "Massacre do Carandiru", quando morreram 111 detentos daquele complexo penitenciário, os recentes motins chegaram ao fim sem acusar a presença de mortos entre os envolvidos.

(5) Ao substituir a prisão perpétua pela pena de morte no país, a atual Constituição da República pretendeu dar sua contribuição para amenizar o grave problema da superlotação nos presídios brasileiros, além de reduzir as despesas do poder público com presos considerados irrecuperáveis.

175. **(ADVOGADO – CEF – 2001 – CESPE)** Com a experiência de quem foi presidente da República, do Senado Federal, do Congresso Nacional e da Comissão de Relações Exteriores do Senado, o senador José Sarney assim se pronunciou em recente artigo de jornal:

Cometemos um grande erro ao aceitar, na Cúpula de Miami, em 1994, a antecipação da Área de Livre Comércio das Américas (ALCA) para 2005, maquiado plano de ocupação do mercado sul-americano, área considerada de maior expansão do comércio internacional no novo século. Não se avaliaram, em profundidade, as conseqüências desse compromisso. Com o tempo, a sociedade o entendeu melhor e passou a questionar as vantagens desse projeto. Quando essas resistências tomaram vulto, os parceiros do Acordo de Livre Comércio da América do Norte (NAFTA) passaram a solapar a unidade do Mercado Comum do Sul (MERCOSUL). Inicialmente, seduziram Menem a fazer um acordo isolado; depois, cooptando o Chile para ponta-de-lança de seus interesses na região. A vitória de de la Rúa na Argentina e os lobbies que atuam no Congresso americano, ligados ao setor primário, o único no qual pode competir o MERCOSUL, barraram a tramitação rápida, que dava carta branca para nos enfiar a ALCA goela abaixo. Ganhamos tempo.

"Opinião". *In*: **Folha de S. Paulo**. 2/3/2001, p. A2 (com adaptações).

Com base no texto, julgue os itens a seguir.

(1) Pode-se deduzir que, para Sarney, a ALCA é, sob o disfarce da integração continental, o instrumento a ser utilizado pelas poderosas economias do norte da América para a plena conquista dos mercados situados ao sul do continente.

(2) Segundo o ponto de vista do autor, ao perceberem crescentes reações à implantação da ALCA, os países integrantes do NAFTA trataram de fomentar dissensões entre atuais e prováveis integrantes do MERCOSUL, buscando atraí-los por meio de acordos em separado.

(3) Sarney deixa claro que a substituição de Carlos Menem por Fernando de la Rúa, na presidência da Argentina, foi prejudicial aos propósitos norte-americanos de acelerar a implantação da ALCA.

(4) Atestando as profundas diferenças quanto à capacidade econômica das Américas do Norte e do Sul, o autor lembra que, a rigor, o setor agropecuário é o único em que o MERCOSUL tem condições de competir.

(5) Para o ex-presidente brasileiro, a Argentina (sob a presidência de Carlos Menem) e o Chile foram os grandes responsáveis pelo erro de avaliação do Brasil e de outros países latino-americanos de aceitarem, na reunião de Miami, a antecipação da ALCA para 2005.

Texto LP-I

Nos efeitos da globalização sobre o mercado de trabalho e sobre os trabalhadores, é necessário separar os impactos de curto, médio e longo prazos. A curto prazo, existem custos sociais e econômicos de transição (desemprego, informalidade, obsolescência ocupacional, deslocamento setorial e regional do emprego) que exigem a atenção do Estado. O objetivo da política pública deve ser o de aliviar esses custos da transição, a curto prazo, e gerar ações que, a médio e longo prazos, permitam à sociedade e aos trabalhadores, em particular, obter os benefícios decorrentes da globalização.

Em uma economia globalizada e competitiva, a questão central para o mercado de trabalho é que os aumentos de produtividade elevam a eficiência do sistema econômico e, portanto, as chances de sucesso de uma economia integrada internacionalmente, mas reduzem o impacto do crescimento da produção sobre a geração de empregos. O desafio reside em promover o desenvolvimento econômico sustentável de forma a dinamizar o mercado de trabalho, apesar dos menores requisitos de emprego por unidade de produto e de investimento. Por conseguinte, é essencial assegurar um ciclo sustentado de crescimento atrelado ao processo de globalização. Todavia, a globalização deve manifestar-se também em menos exclusão social, pobreza e desigualdade, permitindo conciliar eficiência e eqüidade em uma economia internacionalmente competitiva. A solução passa pela necessidade de se alcançar uma elevada trajetória de crescimento do emprego, assegurando que os trabalhadores tenham acesso aos ganhos de produtividade que estão sendo gerados no bojo desse processo, sem, contudo, afetar negativamente a competitividade da economia. Esse é um dos mecanismos que permitirão aos trabalhadores beneficiarem-se da globalização e do crescimento econômico.

Internet: <http://www.mtb.gov.br> (com adaptações).

176. **(ADVOGADO – CEF – 2001 – CESPE)** A respeito das idéias apresentadas no texto LP-I, julgue os itens a seguir.

(1) As iniciativas governamentais devem, simultaneamente, atenuar custos sociais e econômicos e gerar ações para assegurar, à sociedade e aos trabalhadores, o acesso aos benefícios da globalização.

(2) Uma economia globalizada tem a produtividade, a eficiência e, conseqüentemente, as chances de sucesso na competição internacional ampliadas, mas a geração de emprego, que deveria resultar do crescimento, reduzida.

(3) Desemprego, informalidade, obsolescência ocupacional, deslocamento setorial e regional do emprego são os custos sociais e econômicos decorrentes, a curto prazo, da globalização.

(4) O impacto do crescimento da produção e da eficiência do sistema econômico sobre a ampliação do índice de emprego é indiscutivelmente positivo e favorável aos trabalhadores.

(5) O desenvolvimento econômico sustentável é considerado aquele que se realiza de forma independente do processo de globalização e que dispensa a geração contínua de postos de trabalho.

177. **(ADVOGADO – CEF – 2001 – CESPE)** Em relação ao texto LP-I, julgue se os itens abaixo correspondem a desafios que se apresentam em decorrência da transição para uma economia globalizada.

(1) Promover o desenvolvimento econômico e ainda dinamizar o mercado de trabalho, assim como conviver com uma oferta maior de empregos.

(2) Assegurar o crescimento, ainda que este seja articulado ao processo de globalização.

(3) Garantir a conciliação entre eficiência e eqüidade e, ao mesmo tempo, assegurar a participação na competição internacional.

(4) Garantir o crescimento de empregos e o acesso a ganhos, sem prejudicar a competitividade.

(5) Diminuir a pobreza, a exclusão e a desigualdade, contanto que desacelerando a inserção na economia globalizada.

A única política salarial vigente é a do salário mínimo, cujo reajuste é ditado atualmente mais por motivos de natureza fiscal do que por sua vinculação ao mercado formal de trabalho. De fato, os reajustes salariais livremente negociados estão desvinculados da inflação passada e os pisos salariais têm sido estabelecidos acima do salário mínimo.

Para que os trabalhadores aumentem a sua participação na renda nacional é necessário que tenham acesso aos ganhos de produtividade. Para tal, é importante que os rendimentos reais do trabalho cresçam mais que a produtividade, sem que haja, todavia, prejuízo para a competitividade da economia. Em 1995, o crescimento dos salários reais na indústria foi superior ao crescimento da produtividade. Contudo, para os anos seguintes, enquanto a produtividade mantinha sua trajetória de crescimento, os rendimentos do trabalho assalariado no setor perderam ímpeto, revertendo-se, assim, o aumento da parcela salarial observado em 1995.

Idem, ibidem.

178. **(ADVOGADO – CEF – 2001 – CESPE)** Em relação ao texto, julgue os itens a seguir.

(1) Se o pronome relativo "cujo" (ℓ.2) for substituído pela expressão de qual, o período permanecerá gramaticalmente correto.

(2) Na linha 3, o termo "do" pode ser eliminado sem que haja prejuízo para a correção do período.

(3) Para concordar com a expressão "salário mínimo" (ℓ.6-7), o verbo ter (ℓ.6) está na terceira pessoa do singular.

(4) Na expressão "revertendo-se" (ℓ.18), o pronome pode ser eliminado sem prejuízo para a correção do período.

(5) Caso a expressão "revertendo-se" (ℓ.18) fosse substituída por sendo revertida, as relações sintáticas permaneceriam corretas.

179. **(ADVOGADO – CEF – 2001 – CESPE)** Os fragmentos seguintes constituem trechos de um texto, mas estão ordenados aleatoriamente.

I. Os reajustes salariais, atualmente, estão ocorrendo cada vez mais em decorrência da negociação direta entre empregadores e trabalhadores.

II. Entretanto, com a abertura comercial, o sucesso do plano de estabilização e a desindexação dos salários, esses mecanismos empresariais que provocavam a espiral preços/salários foram eliminados.

III. A redução no número de dissídios coletivos e o aumento na conjugação dos interesses econômicos entre esses atores sociais envolvidos nesses reajustes indicam um menor grau de conflito nas relações capital/trabalho.

IV. Dessa forma, recompunham as suas margens de lucro e evitavam qualquer efeito redistributivo dos ganhos reais dos salários.

V. No passado, em um ambiente inflacionário e em uma economia protegida por altas barreiras alfandegárias, os empresários repassavam aumentos de salário para os preços sem se sentirem ameaçados pelos competidores externos.

Itens adaptados. Internet: <http://www.mtb.gov.br>.

Considerando que a organização de um texto pressupõe a ordenação lógica e coerente de seus fragmentos, julgue os itens que se seguem.

(1) O fragmento V deve ser o primeiro do texto, uma vez que apresenta caráter introdutório e não faz referência a nenhum elemento anteriormente citado.

(2) A expressão “esses atores sociais”, no trecho III, corresponde a “empresários” e “competidores externos”, indicados no trecho V.

(3) O trecho IV tem de ser subseqüente ao V, uma vez que a expressão “Dessa forma” refere-se ao fato de os empresários repassarem os aumentos de salários aos preços.

(4) O fragmento I deve ser o fechamento do texto, já que apresenta idéia conclusiva, sem informação nova.

(5) A expressão “Entretanto”, no trecho II, está empregada para indicar a oposição ao último período do trecho V, e, portanto, deve vir seqüencialmente a ele.

180. **(ADVOGADO – CEF – 2001 – CESPE)** Dados do IPEA mostram que, entre 1994 e 1996, a parte da renda apropriada pelos 50% mais pobres (da população com rendimentos) aumentou um ponto percentual, enquanto a parcela dos 20% mais ricos reduziu sua participação em 2,3 pontos percentuais.

____ Assim, cerca de 12 milhões de pessoas romperam a linha de pobreza nas principais áreas metropolitanas.

Internet: <http://www.mtb.gov.br>.

Julgue os itens abaixo quanto à possibilidade de serem inseridos, de forma coesa e coerente, na lacuna do texto.

(1) Isso indica que os rendimentos mais baixos cresceram mais do que os rendimentos mais altos, reduzindo-se a desigualdade.

(2) Esse impacto social do desemprego é tanto maior quanto mais ele incide sobre os chefes de domicílio.

(3) Isso indica que o desemprego está, também, atingindo mais intensamente um grupo que, pela sua vinculação ao mercado de trabalho e por suas responsabilidades familiares, multiplica o impacto social da desocupação.

(4) Além disso, estudos indicam que o desemprego do chefe conduz a um aumento da oferta de trabalho dos demais membros da família, elevando ainda mais a busca por trabalho e, conseqüentemente, a taxa de desemprego.

(5) Com o sucesso das medidas econômicas implementadas, os trabalhadores obtiveram ganhos reais de rendimento.

A decisão tomada pelo STF, em agosto último, determinando o pagamento da correção do saldo do FGTS relativo às perdas provocadas pelos Planos Verão e Collor, pôs o governo diante de uma equação difícil de ser resolvida. No âmbito jurídico, a justiça federal já protocolou 600 mil ações reivindicando o imediato pagamento dos 65,8% de correção. E, como a decisão do STF abriu um precedente, esses processos devem tramitar rapidamente e os tribunais superiores tendem a conceder decisões favoráveis aos trabalhadores. Por sua vez, a assessoria jurídica do governo chegou à conclusão de que, para a União, quanto mais tempo se perder na definição de um acordo, maior será a conta a ser paga. Atualmente, ela está estimada em torno de R$ 38 bilhões. E o pior é que, à medida que a justiça vai decidindo, o governo fica obrigado a pagar a correção de uma só vez, o que o impede de negociar o parcelamento da correção para não implodir o equilíbrio fiscal, tão arduamente conquistado.

“O nó da correção do FGTS”. **Jornal da Tarde**, 22/1/ 2001.
Internet: <http://www.estadao.com.br> (com adaptações).

181. **(ADVOGADO – CEF – 2001 – CESPE)** Em relação ao texto, julgue os seguintes itens.

(1) A equação de que trata o texto pode ser assim resumida: as decisões da justiça favoráveis ao pagamento impedem negociação de prazos e essa falta de negociação pode provocar a implosão do equilíbrio fiscal; assim, quanto mais tempo, maior a conta.

(2) A expressão “difícil de ser resolvida” (ℓ.4) poderia, sem prejuízo para a compreensão do texto, ser substituída por difícil de se resolver ou por de difícil resolução.

(3) O texto permanecerá gramaticalmente correto se o trecho “e os tribunais superiores tendem a conceder” (ℓ.8-9) for reescrito como e há uma tendência de os tribunais superiores concedessem ou como e há uma tendência de que os tribunais superiores concedem.

(4) A expressão “à medida que” (ℓ.13-14) pode ser substituída por na medida em que, sem alteração nas relações sintáticosemânticas do período.

(5) A expressão “fica obrigado” (ℓ.14) pode, sem prejuízo da correção gramatical, ser substituída tanto por torna-se obrigado como por obriga-se.

182. **(ADVOGADO – CEF – 2001 – CESPE)** Julgue os fragmentos abaixo quanto à correção gramatical e à adequação à redação de textos oficiais.

(1) Houve consenso de que o pagamento da correção do FGTS é de fato uma questão econômica e, não jurídica. Assim, o governo já reconheceu o direito dos trabalhadores a correção monetária.

(2) O problema é, dispor no caixa de uma quantia superior a seus gastos de um ano em saúde (R$ 20 bilhões) e educação (R$ 17 bilhões), somados (R$ 37 bilhões). Podia criar um novo imposto, sobrecarregando cidadãos e empresas e comprometendo o crescimento do país.

(3) O governo poderia, com os instrumentos legais de que dispõe, repartir a despesa da correção entre alguns setores econômicos; entretanto, essa alternativa suscita enorme oposição dos líderes políticos e empresariais.

(4) Poder-se-ia ainda emitir moeda, mas isso faria a inflação subir, anulando o saldo positivo de seis anos de estabilidade. Como não há soluções técnicas para o problema e o governo tem procurado trabalhar com realismo orçamentário, essa questão deverá ser resolvida sem pressões políticas.

(5) Os sindicatos, os juízes e o governo tendem a negociar uma solução realista para que não se encontrem diante de uma correção que não possa ser paga por indisponibilidade imediata de recursos.

Itens adaptados de “O nó da correção do FGTS”. **Jornal da Tarde**, 22/1/ 2001. Internet: <http://www.estadao.com.br>.

Existe, por certo, um abismo muito largo e profundo entre a cosmovisão dos médicos em geral (fundada em sua leitura dos fenômenos biológicos) e as concepções de vida da vasta maioria da população. Salta à vista, na abordagem do assunto (a ética e a verdade do paciente), que se fica, mais uma vez, diante da pergunta feita por Pôncio Pilatos a Jesus Cristo, encarando, como estava, um homem pleno de sua verdade, “O que é a verdade?” E é evidente que um e outro se cingiam a verdades díspares.

É corrente a afirmação de que muitos pacientes não querem saber a verdade de sua doença, quando grave, ou que procuram de toda maneira se enganar. Acredita-se que o médico não deva ser cúmplice dessa tendência, salvo se a verdade proferida dos fatos for mais deletéria do que a sua exclusão. Outra forma de dizer seria, talvez: salvo se a verdade revelada dos fatos for mais prejudicial do que a própria afecção de que é portador o paciente. Na prática, é provável que, na maioria das vezes, prefira-se a verdade ao engodo. Ademais, a mentira piedosa, o engodo ou a não-verdade podem até redundar em escândalo, em atitudes ainda mais dramáticas, ou se revestirem de implicações de ordem legal. Nestes casos, admite-se, a verdade conhecida do médico deve se constituir também na verdade do paciente.

Dalgimar Beserra de Menezes. A ética médica e a verdade do paciente. *In*: Desafios éticos, p. 212-5. (com adaptações).

183. **(ADVOGADO – ANS – 2005 – CESPE)** Julgue os itens subseqüentes, a respeito das idéias e das estruturas lingüísticas do texto acima.

1. A argumentação do texto opõe uma “cosmovisão” (ℓ.2) a “concepções de vida” (ℓ.3), justificando a origem da primeira.

2. Na linha 5, os sinais de parênteses são empregados para intercalar uma explicação do que seria o “assunto”.

3. As ocorrências do pronome átono, em “se fica” (ℓ.5), “se cingiam” (ℓ.9), “se enganar” (ℓ.12), “prefira-se” (ℓ.18) e “admite-se” (ℓ.22) têm a função de indicar um sujeito indeterminado que confere impessoalidade ao texto.

4. Embora a forma verbal de gerúndio não seja marcada pela flexão pessoal, o verbo “encarando” (ℓ.7) representa, textualmente, uma ação que tem como agente “Jesus Cristo” (ℓ.6-7).

5. A retirada da preposição em “a afirmação de que” (ℓ.10) desrespeita as regras de regência do padrão culto da língua e prejudica a coerência textual.

6. São corretas as seguintes sinonímias textuais: “verdade proferida dos fatos” (ℓ.14): verdade revelada dos fatos; “deletéria” (ℓ.14): prejudicial; “sua exclusão” (ℓ.14-15): a própria enfermidade de que o paciente é portador.

7. A substituição de “se constituir” (ℓ.23) por representar preserva a coerência textual e a correção gramatical porque mantém a concordância com o sujeito da oração, “a verdade conhecida do médico” (ℓ.22-23), e a sinonímia é autorizada pelos dicionários.

8. Por constituir uma conseqüência ou uma justificativa para o que é afirmado no período imediatamente anterior, o último período sintático do texto poderia ser iniciado pelos conectivos Por isso ou De sorte que (seguidos de vírgula e com os devidos ajustes nas letras maiúsculas e minúsculas), sem que fosse prejudicado o desenvolvimento da argumentação.

O Senado retoma o debate sobre a Convenção-Quadro para o Controle do Tabaco, acordo internacional promovido pela Organização Mundial de Saúde para reduzir a produção e o consumo do tabaco. O assunto reacende na Casa a polêmica entre a área médica e os produtores de fumo no país. O texto da

Convenção já foi ratificado pela Câmara dos Deputados. Duas campanhas paralelas se desenrolaram desde que a Convenção foi assinada pelo governo brasileiro e enviada ao Congresso Nacional para ser ratificada. A organização não-governamental Rede Tabaco Zero alia-se ao Instituto Nacional do Câncer para cobrar do Senado a ratificação imediata do acordo, o que, segundo a entidade, abriria caminho para a definição de regras para substituir a produção de fumo por outras culturas, com o auxílio do Banco Mundial. Já a Associação dos Fumicultores do Brasil resiste à ratificação por acreditar que ela provocaria uma imediata fuga de capitais do país em razão da desconfiança dos investidores em um mercado que estaria fadado a acabar.

Jornal do Senado, Ano XI, n.º 2.097/22, 14-20/3/2005, p. 8 (com adaptações).

184. **(ADVOGADO – ANS – 2005 – CESPE)** Tendo o texto acima como referência inicial e considerando a dimensão do tema por ele abordado, julgue os itens seguintes.

1. Infere-se do texto que, no Brasil, os acordos, tratados e convenções internacionais dos quais o país é signatário somente ganham eficácia jurídica após a aprovação, por parte do Congresso Nacional, do ato praticado pelo Poder Executivo.
2. Tal como acontece no Brasil, nas democracias contemporâneas a atuação dos grupos de pressão sobre os governos e os parlamentos é considerada perniciosa e potencialmente perigosa para a sobrevivência das instituições, razão pela qual tende a ser punida com rigor.
3. Enquanto os grupos que defendem a ratificação do documento mencionado no texto sustentam sua posição com base na tese de que o tabaco é prejudicial à saúde, seus adversários lançam mão de argumento de natureza econômica, acenando para os prejuízos que adviriam da extinção dessa lavoura.
4. Embora a Convenção-Quadro para o Controle do Tabaco tenha dimensão mundial, sua elaboração não contou com a participação da Organização das NaçõesUnidas, em face das pressões das grandes potências, normalmente comprometidas com a defesa dos interesses de seus poderosos grupos econômicos.
5. Para os fumicultores, a Convenção-Quadro torna-se inaceitável porque, entre outras falhas, propõe a eliminação do cultivo do tabaco sem oferecer apoio técnico e financeiro aos produtores interessados em substituí-lo por outras modalidades de produção agrícola.
6. Verifica-se, em várias partes do mundo contemporâneo, a tendência de se restringir a propaganda e a venda de cigarros e o seu uso em recintos fechados, decisão que pretende reduzir o número de mortes atribuídas ao tabagismo, considerado fator importante da ocorrência de câncer, doenças cardiovasculares e outras moléstias graves.

A desnutrição matou 12 crianças indígenas menores de cinco anos de idade, de 1.º de janeiro a 2 de março deste ano, nas aldeias de Mato Grosso do Sul. Em 2004, ocorreram 15 mortes de crianças indígenas causadas pela fome no estado. O número de vítimas pode ser maior, já que a Fundação Nacional de Saúde admite não ter recebido todos os atestados de óbito.

Folha de S. Paulo, 9/3/2005, p. A11 (com adaptações).

185. **(ADVOGADO – ANS – 2005 – CESPE)** Considerando o texto acima e os aspectos relevantes da questão indígena no país, julgue os itens subseqüentes.

1. Para muitos especialistas, a Constituição Federal de 1988 cometeu um equívoco, ainda que as intenções tenham sido as melhores, ao praticamente impedir que a União promova a demarcação das terras indígenas.
2. O quadro verificado entre as crianças indígenas de Mato Grosso do Sul, em que pneumonia, diarréia e desidratação se unem à desnutrição, não difere substancialmente daquele encontrado em áreas periféricas dos grandes centros urbanos brasileiros, localidades nas quais as exigências de saneamento básico, em larga medida, ainda esperam por solução adequada.
3. Conceder a apenas um órgão federal — a FUNAI — a responsabilidade de atuar junto às populações indígenas é um equívoco com resultados funestos, alertam os especialistas, tomando como referência os atuais acontecimentos no Mato Grosso do Sul.
4. O CIMI, que é um conselho missionário cristão, é uma das mais conhecidas instituições da sociedade civil que se voltam para a questão indígena, na luta pela proteção moral e material desses povos.

TEXTO I

Feitos de lata, mas com alma

Robôs, co-dirigido pelo brasileiro Carlos Saldanha, marca mais um ponto para o time do desenho animado

A cena do nascimento de Rodney Lataria é um desses momentos destinados a entrar para a história da animação: transbordando de felicidade, o casal Lataria

encaixa peças, aperta parafusos, rebita juntas e, com seu bebê-robô finalmente nos braços, percebe que se esqueceu de parafusar nele uma pecinha. "Querida, não tínhamos encomendado um menino?", pergunta o pai, espiando dentro da fralda de Rodney.

Em um mundo habitado por robôs de todos os tipos e gerações, o pequeno Rodney cresce ganhando peças de segunda mão de seus primos, já que a família Lataria não é exatamente próspera, e sonha tornar-se um grande inventor.

O pai de Rodney, que queria ser músico mas virou máquina de lavar pratos para garantir o sustento da casa, incentiva o filho a ir fazer sua própria sorte na cidade grande — e lá o rapaz descobre que robôs como ele e seus amigos, meio remendados, com pontos de ferrugem e pintura lascada, estão com os dias contados. A ordem agora é fazer upgrades, e quem não tiver dinheiro para comprá-los e se transformar em um robô aerodinâmico e reluzente que se prepare para terminar no ferro-velho.

Como qualquer bom filme, porém, Robôs é mais do que a soma de suas partes. Da excelente dublagem de atores como Ewam McGregor e Robin Williams (não cus t a recomendar que se assista à versão original) à delicadeza de personagens como o pai de Rodney e Tia Turbina, uma senhora cujo traseiro só é menor que seu coração, o trunfo do desenho bolado por Weddge, Saldanha e pelo escritor e artista William Joyce é a habilidade com que se equilibram os aspectos técnicos e criativos em prol do enredo.

Isabela Boscov. Veja, 16/3/2005, p. 126. (com adaptações).

186. **(ADVOGADO – ANCINE – 2005 – CESPE)** Quanto aos aspectos lingüísticos do texto I, julgue os itens que se seguem.

1. O trecho "A cena do nascimento de Rodney Lataria é um desses momentos" (ℓ.1-2) poderia ser reescrito, sem que se incorresse em perda de sentido, assim: Rodney Lataria nasceu em uma cena desses momentos.
2. No substantivo "bebê-robô" (ℓ.5), as palavras da composição foram acentuadas seguindo-se a mesma regra.
3. O trecho "O pai (...) da casa" (ℓ.13-14) pode ser reescrito, sem prejuízo para a correção gramatical, da seguinte forma: O pai de Rodney queria ser músico, virou no entanto, máquina de lavar pratos para garantir o sustento da família.
4. Constituiria erro de concordância o emprego no singular da forma verbal sublinhada em "é a habilidade com que se equilibram os aspectos técnicos e criativos em prol do enredo" (ℓ.29-30).
5. Depreende-se do último parágrafo do texto que o filme Robôs é melhor que qualquer outro desenho animado porque Weddge, Saldanha e William Joyce foram hábeis em equilibrar os aspectos técnicos e criativos do filme em prol do enredo.

187. Julgue os itens a seguir quanto às idéias apresentadas no texto I e à correção gramatical.

1. O nascimento de Rodney Lataria é considerado pela autora um fato histórico a ser lembrado para sempre no mundo cinematográfico.
2. O casal Lataria ao construir o bebê esqueceu-se de colocar a peça correspondente ao sexo.
3. Na oração "Querida, não tínhamos encomendado um menino?" (ℓ.6-7), caso se substituísse a expressão "tínhamos encomendado" por iríamos montar, haveria diminuição da ênfase na analogia textual estabelecida entre robôs e seres humanos.
4. De acordo com o texto, em um mundo habitado por robôs de todos os tipos e gerações, Rodney e seus amigos estão fadados a terminar seus dias no ferro-velho.
5. O primeiro período do último parágrafo do texto apresenta expressões comparativas.

A novidade cinematográfica chegou cedo ao Brasil. Os aparelhos de projeção exibidos ao público europeu e americano no inverno de 1895-1896 começaram a chegar ao Rio de Janeiro em meados desse último ano. No ano seguinte, a novidade foi apresentada inúmeras vezes nos centros de diversão da capital. Em 1898, foram realizadas as primeiras filmagens no Brasil.

Durante os dez primeiros anos, porém, o cinema teve pouca expressão, tanto como atividade comercial de exibição de fitas importadas quanto como fabricação artesanal local. Só em 1907 houve no Rio energia elétrica produzida industrialmente, e, então, o comércio cinematográfico floresceu, com um quadro técnico, artístico e comercial formado quase que exclusivamente por estrangeiros que já tinham alguma experiência na área cinematográfica em seus países de origem. Quanto aos homens que abordaram o cinema como negócio, eles não pertenciam ao mundo comercial estabilizado e rotineiro dominado por portugueses. Eram quase sempre italianos, aventureiros. Esses empresários atuavam, concomitantemente como produtores, importadores e proprietários de salas, situação que condicionou ao cinema brasileiro um harmonioso desenvolvimento, pelo menos durante poucos anos.

Carla Miucci. Cinema brasileiro: um panorama geral. *In*: Internet: <http://www.mnemocine.com.br> (com adaptações).

188. **(ADVOGADO – ANCINE – 2005 – CESPE)** Considerando o texto acima, julgue os seguintes itens quanto à história do cinema brasileiro.

1. O Cinema Novo, o mais importante movimento do cinema brasileiro, foi um movimento baiano iniciado na década de 1960, com a exibição dos filmes O Pagador de Promessas e Barravento, de

Glauber Rocha. O Cinema Novo fez com que os brasileiros adquirissem o hábito de ir ao cinema e provocou a proliferação das salas de exibição em todas as capitais do país.

2. A história do cinema brasileiro caracteriza-se por ciclos — cada um com suas características — e crises. O ciclo dominado pela Vera Cruz caracterizou-se por uma aposta no chamado cinema de autor.

3. Os índices de crescimento do cinema brasileiro no ciclo denominado Retomada superam os alcançados no período de vigência da Embrafilme.

O que nós conhecemos como vida é apenas a camada superficial de um mundo desconhecido. A grande maioria dos seres vivos são bactérias e microrganismos. Os cientistas estimam que as espécies que só podem ser vistas com aparelhos especiais cheguem a 10 milhões. Ou, quem sabe, a 100 milhões. O biólogo norte-americano Craig Venter acredita que o código genético de microrganismos pode se transformar num excelente negócio no futuro. Esses seres microscópicos estão na base da cadeia alimentar e dão forma aos ciclos de carbono, nitrogênio e outros nutrientes que sustentam todo o ecossistema. Em teoria, o DNA deles pode conter a chave para gerar energia barata, desenvolver remédios e acertar as bagunças da natureza provocadas pelo avanço da civilização. Há bactérias que só vivem em locais onde existe petróleo. Quem identificá-las terá o mapa da mina para explorar o produto.

Veja. 25/8/2004, p. 64-5 (com adaptações).

189. **(ADVOGADO – ANVISA – 2004 – CESPE)** Julgue os seguintes itens, a respeito da organização e das idéias do texto acima.

1 Com o emprego do adjetivo "superficial" (ℓ.2), em sentido conotativo, a argumentação do texto reforça a idéia de que a ciência tem tratado de maneira muito pouco aprofundada os conhecimentos sobre a totalidade dos seres vivos do planeta.

2 De acordo com os sentidos do texto, a troca da expressão verbal "pode se transformar" (ℓ.8) por pode vir a ser transformado mantém a correção gramatical e a voz passiva verbal.

3 Preservam-se a coerência textual e a correção gramatical do texto ao se substituir "Esses seres microscópicos" (ℓ.9) por Cada um desses seres microscópicos, desde que se substitua também "estão" (ℓ.9) por está, "dão" (ℓ.10) por dá e "sustentam" (ℓ.11) por sustenta.

4 O pronome "deles" (ℓ.12) refere-se tanto a "seres microscópicos" (ℓ.9) quanto a "microrganismos" (ℓ.7).

5 Por suas características gramaticais, o advérbio "só" (ℓ.14), além de estar antes de "vivem" (ℓ.15), poderia, sem que fosse prejudicada a argumentação do texto ou sua correção gramatical, ser deslocado para imediatamente antes de qualquer uma das seguintes expressões, todas na linha 15: "em locais", "onde", "existe", "petróleo".

6 Para que o texto respeitasse completamente as normas da língua culta exigidas em um relatório, atestado ou ofício, o pronome átono em "identificá-las" (ℓ.15) deveria ser empregado antes do verbo: **Quem as identificar**.

A maior parte (cerca de 60%) das 294 mil toneladas de lixo que o Brasil produz não tem destino apropriado, sendo descartada em lixões ou rios. Mesmo os rejeitos adequadamente dispostos em aterros sanitários geram problemas, já que ocupam terras que poderiam ser usadas para a agricultura, impedem o reaproveitamento de nutrientes pelo solo, contaminam águas subterrâneas, levam à proliferação de animais e insetos transmissores de doenças e exigem um investimento alto. O chamado composto de lixo urbano pode ser uma alternativa para reduzir o volume de lixo e os gastos associados.

Fred Furtado. Descartado e útil. *In*: Ciência Hoje, maio/2003, p. 44 (com adaptações).

190. **(ADVOGADO – ANVISA – 2004 – CESPE)** Com base na organização das idéias do texto acima, julgue os itens subseqüentes.

1 Pela relação de sentidos que estabelece, e devido à estrutura lingüística em que aparece, a forma verbal "tem" (ℓ.2) também poderia ser empregada com acento gráfico: têm.

2 No texto, o gerúndio "sendo" (ℓ.3) corresponde ao infinitivo preposicionado: por ser.

3 O emprego da flexão de plural nas formas verbais "geram" (ℓ.4), "ocupam" (ℓ.5), "impedem" (ℓ.6), "contaminam" (ℓ.7), "levam" (ℓ.7) e "exigem" (ℓ.9) justifica-se pela mesma razão: a concordância com o sujeito apenas explicitado para a primeira delas e subentendido nas demais.

4 Subentende-se da argumentação do texto que a inserção de a ele logo antes de "associados" (ℓ.11) preserva a coerência e a correção gramatical do texto.

16.3. NCE/UFRJ

MUDANÇA DE MODELO

O Globo, 8/02/2004

CARTA DO LEITOR 1

O governo brasileiro está perdendo uma ótima oportunidade de promover uma melhor distribuição populacional através de seus programas sociais, diminuindo a pressão demográfica nos grandes centros. O Fome Zero, o Bolsa Família e renda mínima para todos os idosos carentes são instrumentos poderosos para transferência dessas famílias miseráveis para municípios pequenos, que receberiam a infraestrutura necessária, como a construção de unidades habitacionais, educacionais e hospitalares, com o acompanhamento de professores e médicos sensíveis à causa. A proposta do governo de estender o Bolsa Família para as famílias carentes dos grandes centros é um equívoco, pois incentiva a população miserável a permanecer onde está, inchando as favelas. (Paulo José Figueiredo Ferreira Bastos)

CARTA DO LEITOR 2

É óbvio que as favelas enfeiam a cidade. É obrigação do poder público fazer valer as leis. Deixar as favelas onde estão apenas mostra o quão desprestigiados estão os órgãos responsáveis por fazer valer as leis contra as ocupações irregulares. No século XIX, Paris era uma cidade doente antes da remoção das favelas e da abertura dos grandes boulevares. Favela não é lugar para seres humanos, mas muitas pessoas preferem que seus empregados morem nos morros próximos para não ter que pagar seu transporte, e inconscientemente perpetuam o modelo casa-grande e senzala. É imperativo desenvolver parcerias com a iniciativa privada, incentivando construções populares com prazo de pagamento de 120 meses. Ao mesmo tempo, o Estado modernizaria o atual modelo de transporte público. Ou seja, soluções existem. É preciso começar logo. (Martha de Aratanha)

191. **(ADVOGADO – INFRAERO – 2004 – NCE/UFRJ)** Nos dois textos, os leitores abordam o problema das favelas; comparando-os, podemos dizer que esses textos:
(A) defendem a mesma tese com argumentos diferentes;
(B) apresentam argumentos diferentes para teses diferentes;
(C) mostram teses idênticas com argumentos idênticos;
(D) indicam posições opostas diante do mesmo problema;
(E) mostram argumentos contraditórios dentro de cada texto.

192. **(ADVOGADO – INFRAERO – 2004 – NCE/UFRJ)** Os dois textos apresentam críticas a segmentos da sociedade que, de certo modo, colaboram para a manutenção dos modelos atuais. O item abaixo em que NÃO se localiza qualquer crítica é:
(A) "Deixar as favelas onde estão apenas mostra o quão desprestigiados estão os órgãos responsáveis por fazer valer as leis contra as ocupações irregulares.";
(B) "É imperativo desenvolver parcerias com a iniciativa privada, incentivando construções populares comprazo de pagamento de 120 meses.";
(C) "O governo brasileiro está perdendo uma ótima oportunidade de promover uma melhor distribuição populacional através de seus programas sociais...";
(D) "muitas pessoas preferem que seus empregados morem nos morros próximos para não ter que pagar seu transporte, e inconscientemente perpetuam o modelo "casa-grande e senzala".";
(E) "A proposta do governo de estender o Bolsa Família para as famílias carentes dos grandes centros é umequívoco,..."

193. **(ADVOGADO – INFRAERO – 2004 – NCE/UFRJ)** "O Fome Zero", "o Bolsa Família" mostram o artigo definido masculino com um vocábulo feminino, o queparece gramaticalmente estranho, mas é resultante da omissão de um termo facilmente subentendido, o que também ocorre em:
(A) o (telefone) celular;
(B) o (dente) canino;
(C) o (navio) transatlântico;
(D) o (cão de) fila;
(E) o (time do) Fluminense.

194. **(ADVOGADO – INFRAERO – 2004 – NCE/UFRJ)** "O governo brasileiro está perdendo uma ótima oportunidade de promover uma melhor distribuição populacional através de seus programas sociais, diminuindo a pressão demográfica nos grandes centros."; o comentário correto a respeito desse segmento do texto é:
(A) através do governo, o leitor está criticando os projetos governamentais;
(B) promover uma melhor distribuição populacional é efeito da diminuição da pressão demográfica nos grandes centros;
(C) implicitamente, o leitor mostra a opinião de que as favelas já apresentam uma boa distribuição populacional;
(D) o leitor observa que o problema da distribuição populacional é geral, mas se torna mais grave nos grandes centros;
(E) o leitor não só apresenta uma crítica como também indica o caminho a ser tomado, ainda que de forma geral.

195. **(ADVOGADO – INFRAERO – 2004 – NCE/UFRJ)** "Pressão demográfica" tem como significado:
(A) aumento de desempregados nos grandes centros;
(B) incentivo à ocupação irregular de terras;
(C) um efeito do crescimento desmesurado da população;
(D) busca de melhores condições de sobrevivência;
(E) falta de apoio estrutural para as famílias carentes.

196. **(ADVOGADO – INFRAERO – 2004 – NCE/UFRJ)** O título "Mudança de modelos" só NÃO se refere, abrangendo-se as opiniões veiculadas nos dois textos, a mudanças:

(A) nas relações capital X trabalho;
(B) nas aplicações dos programas governamentais;
(C) nos programas de assistência a famílias miseráveis;
(D) nas leis contra as ocupações irregulares;
(E) nos serviços de transporte público.

197. **(ADVOGADO – INFRAERO – 2004 – NCE/UFRJ)** "O Fome Zero, o Bolsa Família e renda mínima para todos os idosos carentes são instrumentos poderosos para transferência dessas famílias miseráveis para municípios pequenos,..."; com isso o leitor quer dizer que os programas governamentais:

(A) são ótimos instrumentos de transferência de renda;
(B) incentivariam a não-transferência de pobres para os grandes centros;
(C) deveriam ajudar a povoar os municípios pequenos;
(D) contribuiriam para uma melhor produção agrícola;
(E) melhorariam, sob condições, a vida de famílias carentes.

198. **(ADVOGADO – INFRAERO – 2004 – NCE/UFRJ)** Ao dizer que a extensão do Bolsa Família para as famílias carentes dos grandes centros "incha" as favelas, o leitor da carta 1 emprega o verbo inchar como sinônimo de:

(A) enfatuar;
(B) envergonhar;
(C) dilatar;
(D) ensoberbecer;
(E) intensificar.

199. **(ADVOGADO – INFRAERO – 2004 – NCE/UFRJ)** "É óbvio que as favelas enfeiam a cidade."; a constatação do leitor 2 situa-se no plano:

(A) moral;
(B) ético;
(C) social;
(D) econômico;
(E) estético.

200. **(ADVOGADO – INFRAERO – 2004 – NCE/UFRJ)** A forma enfeiam pertence ao verbo enfear, que ditonga o E do radical em EI nas formas rizotônicas, o que também ocorre com alguns verbos com a vogal I no radical. O único verbo abaixo que NÃO ditonga a vogal do radical em nenhuma de suas formas verbais é:

(A) variar;
(B) incendiar;
(C) mediar;
(D) remediar;
(E) ansiar.

201. **(ADVOGADO – INFRAERO – 2004 – NCE/UFRJ)** O exemplo da cidade de Paris, citado pelo leitor da carta 2, serve para mostrar que:

(A) a remoção de favelas contribuía para a doença da cidade de Paris;
(B) o respeito às leis é indispensável para o progresso;
(C) só se consegue segurança com justiça social;
(D) o equilíbrio social é condição do progressoeconômico;
(E) a beleza de uma cidade não pode permitir a existência de favelas.

202. **(ADVOGADO – INFRAERO – 2004 – NCE/UFRJ)** O algarismo romano XIX é lido como numeral cardinal; o item em que o algarismo romano deve ser lido como ordinal é:

(A) Luís XVI;
(B) João XXIII;
(C) Pio X;
(D) século XXI,
(E) casa II.

203. **(ADVOGADO – INFRAERO – 2004 – NCE/UFRJ)** "... inconscientemente perpetuam o modelo casa-grande e senzala."; temos aqui o exemplo de um(a):

(A) alusão;
(B) citação;
(C) paráfrase;
(D) paródia;
(E) plágio.

204. **(ADVOGADO – INFRAERO – 2004 – NCE/UFRJ)** "É preciso começar logo."; a frase final da carta 2 soa, após a leitura das duas cartas, como um(a):

(A) conselho;
(B) ameaça;
(C) pedido;
(D) exigência;
(E) alarme.

TEXTO – COM QUE CORPO EU VOU?

Maria Rita Kehl, Folha de São Paulo, 30/06/2002

O cuidado de si volta-se para a produção da aparência, segundo a crença já muito difundida de que a qualidade do invólucro muscular, a textura da pele e a cor dos cabelos revelam o grau de sucesso de seus "proprietários". Numa praia carioca, escreve Stéphane Malysse, as pessoas parecem "cobertas por um sobrecorpo, como uma vestimenta muscular usada sob a pele fina e esticada..."

São corpos em permanente produtividade, que trabalham a forma física ao mesmo tempo em que exibem os resultados entre os passantes. São corpos-mensagem, que falam pelos sujeitos. O rapaz "sarado", a loira siliconada, a perna musculosa ostentam seus corpos como se fossem aqueles cartazes que os homens sanduíches carregam nas ruas do centro da cidade. "Compra-se ouro". "Vendem-se cartões telefônicos"."Belo espécime humano em exposição".

A cultura do corpo não é a cultura da saúde, como quer parecer... É a produção de um sistema fechado, tóxico, claustrofóbico. Nesse caldo de cultura insalubre, desenvolvem-se os sistemas sociais da drogadição (incluindo o abuso de hormônios e anabolizantes), da violência e da depressão. Sinais claros de que a vida, fechada diante do espelho, fica perigosamente vazia e sem sentido.

205. **(ADVOGADO – ELETROBRÁS – 2006 – NCE/UFRJ)** Pode-se dizer sobre o título dado ao texto que:

(A) representa um protesto contra a cultura inútil do corpo;
(B) numa alusão intertextual, faz a correspondência entre corpo e roupa;
(C) indica uma posição moderna de ultravalorização do corpo;
(D) mostra a futilidade de parte da sociedade moderna;
(E) demonstra que o corpo passa a valer mais do que as qualidades morais.

206. **(ADVOGADO – ELETROBRÁS – 2006 – NCE/UFRJ)** O texto, em muitas passagens, "coisifica" o ser humano, inclusive pela linguagem empregada. A palavra ou expressão do primeiro parágrafo que NÃO colabora para essa "coisificação" humana é:

(A) aparência;
(B) invólucro muscular;
(C) seus "proprietários";
(D) sobrecorpo;
(E) vestimenta muscular.

207. **(ADVOGADO – ELETROBRÁS – 2006 – NCE/UFRJ)** A alternativa em que a expressão sublinhada NÃO foi substituída de forma adequada por um termo equivalente é:

(A) a textura <u>da pele</u> = dérmica;
(B) cor <u>dos cabelos</u> = capilar;
(C) caldo <u>de cultura</u> = culto;
(D) centro <u>da cidade</u> = urbano;
(E) a cultura <u>do corpo</u> = corporal.

208. **(ADVOGADO – ELETROBRÁS – 2006 – NCE/UFRJ)** A alternativa em que os termos ligados pela conjunção E são termos equivalentes semanticamente é:

(A) "a textura da pele e a cor dos cabelos";
(B) "sob a pele fina e esticada";
(C) "abuso de hormônios e anabolizantes";
(D) "da violência e da depressão";
(E) fica perigosamente vazia e sem sentido".

209. **(ADVOGADO – ELETROBRÁS – 2006 – NCE/UFRJ)** Muitos termos do texto aparecem entre aspas; assinale a correspondência correta entre emprego das aspas e a justificativa do seu emprego, segundo informações de gramáticas de língua portuguesa:

(A) as aspas abrem e fecham citações: "sarados";
(B) as aspas indicam que as palavras estão tomadas materialmente, sem função na frase: "proprietários";
(C) as aspas marcam palavras de outro texto, transferidas para o texto presente: "Compra-se ouro";
(D) as aspas assinalam a presença de uma palavra fora de seu sentido habitual: "Belo espécime humano em exposição";
(E) as aspas mostram um termo de linguagem coloquial: "Vendem-se cartões telefônicos".

210. **(ADVOGADO – ELETROBRÁS – 2006 – NCE/UFRJ)** "as pessoas parecem cobertas por um sobrecorpo, como uma vestimenta muscular usada sob a pele fina e esticada..."; o que se destaca como característica principal das pessoas citadas nesse segmento do texto é:

(A) personalidade exibicionista;
(B) beleza física;
(C) preocupação com a saúde;
(D) temperamento detalhista;
(E) elegância discreta.

211. **(ADVOGADO – ELETROBRÁS – 2006 – NCE/UFRJ)** "Compra-se ouro" / "Vendem-se cartões telefônicos"; nesses dois cartazes, o autor do texto mostra cuidado com a norma culta da língua. O cartaz abaixo em que esse mesmo cuidado NÃO se verifica é:

(A) Alugam-se quartos para rapazes solteiros;
(B) Precisam-se de ajudantes para serviços domésticos;
(C) Contratam-se serventes de pedreiros;
(D) Consertam-se roupas;
(E) Emprestam-se livros para estudantes pobres.

212. **(ADVOGADO – ELETROBRÁS – 2006 – NCE/UFRJ)** A loira siliconada, citada no texto, serve de exemplo de:

(A) corpos em permanente produtividade;
(B) cultura da saúde;
(C) sintoma social da drogadição;
(D) violência e depressão;
(E) despreocupação com a aparência.

213. **(ADVOGADO – ELETROBRÁS – 2006 – NCE/UFRJ)** Vocábulos que NÃO são acentuados em razão da mesma regra ortográfica são:

(A) aparência / proprietários;
(B) já / é;
(C) invólucro / física;
(D) sanduíches / tóxico;
(E) telefônicos / claustrofóbicos.

214. **(ADVOGADO – ELETROBRÁS – 2006 – NCE/UFRJ)** O texto lido apresenta um conjunto de posiciona-

mentos; o item que mostra um posicionamento que NÃO corresponde a uma opinião do autor é:

(A) a cultura do corpo é algo diferente da cultura da saúde;
(B) o corpo humano deve ter alguém como recheio;
(C) a cultura excessiva do corpo fecha o sujeito em si mesmo;
(D) a dedicação exclusiva ao corpo é parte de um caldo cultural nocivo;
(E) os corpos sarados escondem seus verdadeiros "proprietários".

215. **(ADVOGADO – ELETROBRÁS – 2006 – NCE/UFRJ)** O vocábulo do último parágrafo do texto que tem seu significado corretamente indicado é:

(A) tóxico = depressivo;
(B) claustrofóbico = psicopatológico;
(C) insalubre = saudável;
(D) sintomas = conseqüências;
(E) drogadição = sedução.

216. **(ADVOGADO – ELETROBRÁS – 2006 – NCE/UFRJ)** O texto deve ser predominantemente classificado como:

(A) um alerta contra as drogas;
(B) uma crítica à supervalorização da aparência;
(C) um protesto contra exercícios físicos;
(D) um elogio aos cuidados com a saúde;
(E) uma informação sobre fatos desconhecidos e perigosos.

217. **(ADVOGADO – ELETROBRÁS – 2006 – NCE/UFRJ)** Os argumentos apresentados pelo autor do texto são predominantemente:

(A) depoimentos de autoridades no assunto tratado;
(B) exemplos retirados de experiência profissional;
(C) pesquisas realizadas na área do combate às drogas;
(D) opiniões de caráter pessoal;
(E) de base estatística.

218. **(ADVOGADO – ELETROBRÁS – 2006 – NCE/UFRJ)** Nos itens abaixo há uma junção de substantivo + adjetivo; o item em que o adjetivo mostra uma opinião do autor do texto é:

(A) invólucro muscular;
(B) praia carioca;
(C) pele fina;
(D) loira siliconada;
(E) sistema tóxico.

219. **(ADVOGADO – ELETROBRÁS – 2006 – NCE/UFRJ)** "desenvolvem-se os sintomas sociais da drogadição"; a forma verbal desse segmento do texto pode ser substituída adequadamente por:

(A) serão desenvolvidos;
(B) sejam desenvolvidos;
(C) são desenvolvidos;
(D) eram desenvolvidos;
(E) foram desenvolvidos.

16.4. ESAF

Leia o seguinte texto para responder às duas próximas questões.

A palavra ética, no cotidiano brasileiro, ganhou um status paradoxal: é muito falada, muito cortejada e sinônimo de transformação da realidade, mas, na prática, parece algemada a um passado prisioneiro de práticas que ferem a lei e, portanto, a própria ética. Nesse contexto há inúmeros obstáculos a vencer. Não há dúvida de que os avanços se têm sucedido. E o balanço do debate em torno da ética nos negócios, na política, no dia-a-dia do cidadão demonstra: a agulha magnética da defesa da ética tem se movido em ritmo ascendente, num mutirão dos mais construtivos. Embora o percurso a vencer seja acidentado e longo, não há dúvida de que a perplexidade, de natureza passiva, irá ceder lugar, mais rapidamente do que se possa imaginar, à força da ação; esta, sim, a chave para fazer da ética no país um valor permanente e de natureza coletiva.

(Emerson Kapaz, **Perplexidade e indignação**, Correio Braziliense, 22 de dezembro de 2005, com adaptações)

220. **(ADVOGADO – IRB – 2006 – ESAF)** De acordo com o desenvolvimento da argumentação, assinale a opção que não está incluída na situação referida pela expressão "Nesse contexto" (ℓ.6).

(A) Práticas que ferem a lei, contrárias a uma transformação ética da realidade social.
(B) Atuação coerente da ética na sociedade, como valor permanente e de natureza coletiva.
(C) Contradição entre o uso freqüente de uma palavra e as práticas que não correspondem ao seu significado.
(D) Mutirão dos mais construtivos no debate sobre a implantação de uma ética de valor permanente na sociedade.
(E) Apesar dos obstáculos, avanços em torno da ética em vários campos: nos negócios, na política, no dia-a-dia do cidadão.

221. **(ADVOGADO – IRB – 2006 – ESAF)** Considerando o desenvolvimento das idéias do texto, assinale a opção incorreta a respeito do uso dos sinais de pontuação no texto.

(A) O sinal de dois pontos na linha 2 introduz um esclarecimento sobre o que foi anunciado como "status paradoxal".
(B) A substituição da vírgula que separa a oração iniciada por "mas" (ℓ.3) de sua oração coordenada anterior pelo sinal de ponto e vírgula teria a vantagem de separar orações em um período que já tem alguns termos intercalados, demarcados por vírgulas.
(C) Desconsiderando os ajustes na letra maiúscula, o emprego da conjunção coordenativa iniciada por "E

o balanço"(ℓ.7e 8) indica que o ponto que a antecede poderia ser omitido ou substituído por vírgula sem que isso resultasse em erro gramatical ou incoerência textual.

(D) O emprego da vírgula depois de "ascendente"(ℓ.11) introduz uma expressão adverbial; por isso é obrigatório e sua omissão resultaria em erro gramatical.

(E) A oração que se segue ao sinal de ponto e vírgula à linha 15 constitui uma afirmação enfática, de acordo com a argumentação do texto, e por isso esse sinal poderia ser substituído pelo travessão simples, para destacar o final do enunciado.

222. **(ADVOGADO – IRB – 2006 – ESAF)** Assinale a opção gramaticalmente correta que dá continuidade coerente e coesa ao seguinte texto:

O recente anúncio do IBGE da melhora da distribuição de renda no país trouxe uma armadilha pouco percebida pela classe média. Embora o Brasil tenha crescido nos últimos anos e gerado milhões de empregos com carteira assinada, as remunerações típicas da classe média não evoluíram. Ou pior, caíram. O avanço da educação nos últimos anos é chave para entender o problema: há muito mais gente qualificada disputando as mesmas vagas – e muitas dessas vagas encontram-se em extinção.

(**ÉPOCA NEGÓCIOS**, 12 de dezembro de 2005, com adaptações)

(A) As pesquisas revelaram que os brasileiros mais pobres ganharam algum alento, especialmente com o aumento do número de programas sociais. Embora pouco, sua renda melhorou. Já os mais ricos nem sequer aparecem no estudo. Quem perdeu mesmo foi a classe média.

(B) Por isso, em dez anos o ganho médio dos trabalhadores de classe média decresceu 19,4%. Por outro lado, as despesas aumentaram com o peso dos impostos na renda nacional de 20% desde o Plano Real. Só as tarifas públicas tiveram um aumento de 290%.

(C) Nesse contexto, seu mercado de trabalho fi cou mais competitivo, seja por que o País cresce pouco e gera poucos empregos, seja por que as universidades estão formando mais; o resultado é a queda na renda, especialmente entre as categorias, típicas do meio da escada social.

(D) Apesar de os critérios de renda sempre gerem controvérsias, para os institutos de pesquisa uma família que ganha R$ 3.000,00 pode ser considerada de classe média; posto que uma renda familiar desse porte não garante a uma família – sobretudo se ela for grande – o padrão típico de consumo da classe média.

(E) Ainda assim, ela perdeu espaço no mercado de trabalho, viu seu salário encolher e as despesas aumentar. Concorre com cada vez mais gente qualifi cada pelas mesmas vagas e está endividada para manter o padrão de vida do passado.

As duas próximas questões tomam o seguinte texto como base:

Os seres humanos diferem dos animais principalmente pela capacidade de acumular conhecimento. Mas não são capazes de controlar seu destino nem de utilizar a sabedoria acumulada para viver melhor. Nesses aspectos somos como os demais seres. Através dos séculos, o ser humano não foi capaz de evoluir em termos de ética ou de uma lógica política. Não conseguiu eliminar seu instinto destruidor, predatório. No século XVIII, o Iluminismo imaginou que seria possível uma evolução através do conhecimento e da razão. Mas a alternância de períodos de avanços com declínios prosseguiu inalterada. Regimes tirânicos se sucederam. A história humana é como um ciclo que se repete, sem evoluir.

(John Gray, **Contagem regressiva**, Época, 26 de dezembro de 2005, com adaptações)

223. **(ADVOGADO – IRB – 2006 – ESAF)** Assinale a opção em que a retirada do termo sublinhado no texto resulta em erro gramatical ou em incoerência textual.

(A) de
(B) uma lógica
(C) que seria
(D) períodos de
(E) se

224. **(ADVOGADO – IRB – 2006 – ESAF)** Assinale a opção que representa, de maneira gramaticalmente correta, uma relação de condição depreendida do texto.

(A) Se os seres humanos fossem em tudo semelhantes aos animais, não só acumulariam conhecimento como também viveriam melhor.

(B) Se fôssemos capazes de utilizar o conhecimento acumulado para viver melhor, também conseguiríamos controlar seu destino.

(C) Se fosse possível uma evolução por meio do conhecimento acumulado e da razão, não haveriam regimes tirânicos e totalitários.

(D) Se a história humana evoluísse sem se repetir, não teriam ciclos de avanços e declínios inalterados na sucessão de regimes.

(E) Se tivéssemos evoluído em termos de ética ou de uma lógica política, teríamos conseguido eliminar nosso instinto destruidor ou predatório.

Leia o seguinte texto para responder às duas próximas questões.

"O mundo é plano", livro do jornalista Thomas Friedman, mostra que há uma nova globalização por aí. Ela achatou o planeta e explodiu as noções de distância, tempo e trabalho. Recriou a China e a Índia. Ao contrário da globalização financeira dos anos 90, nessa há lugar para brasileiros. Na primeira, ganhava quem tinha dinheiro. Agora, pode ganhar quem tem educação, quer aprender mais e acredita no seu trabalho.

É nessa hora que se abre espaço para Pindorama. Se os jovens brasileiros começarem a brigar por mais computadores em suas casas, escolas e trabalho, a brincadeira terá começado.

O livro não arruma empregos para seus leitores, mas ensina como eles acabam, onde reaparecem e como reaparecem.

(Elio Gaspari, **Um livro muito bom: "O mundo é plano"**, Folha de São Paulo, 18 de dezembro de 2005, com adaptações)

225. **(ADVOGADO – IRB – 2006 – ESAF)** A expressão figurada do título do livro mencionado está diretamente associada à idéia de que

(A) a globalização alterou as noções de distância, tempo e trabalho.
(B) os brasileiros aprenderam a planejar melhor seu mercado de trabalho.
(C) os empregos surgem, desaparecem e reaparecem com grande rapidez.
(D) os espaços dos países emergentes são mais bem aproveitados na economia mundial.
(E) a educação tornou-se tão importante quanto o trabalho na busca pelo sucesso.

226. **(ADVOGADO – IRB – 2006 – ESAF)** Assinale a opção em que o termo da primeira coluna retoma, no texto, o termo da segunda.

(A)	"nessa" (ℓ.6)	"globalização fi nanceira dos anos 90" (ℓ.5)
(B)	"primeira" (ℓ.6)	"nova globalização" (ℓ.2)
(C)	"nessa hora" (ℓ.10)	"Agora" (ℓ.7)
(D)	"Pindorama" (ℓ.10)	"livro do jornalista Thomas Friedman" (ℓ.1 e 2)
(E)	"eles" (ℓ.15)	"leitores" (ℓ .14)

Leia o texto abaixo para responder às duas próximas questões.

Quando surgiu a preocupação ética no homem? Em que momento da sua história sentiu o ser humano necessidade de estabelecer regras definindo o certo e o errado? Essas indagações, possivelmente existentes desde que o homem começou a pensar, têm ocupado o tempo e o esforço de reflexão dos filósofos ao longo dos séculos. O fato é que, desde seus primórdios, as coletividades humanas não apenas pactuaram normas de convivência social, mas também foram corporificando um conjunto de conceitos e princípios orientadores da conduta no que tange ao campo ético-moral. Esta necessidade ética, sinalizando parâmetros de comportamento em todas as esferas da atividade humana, naturalmente tinha que alcançar o exercício das profissões.

(Adaptado de Ivan de Araújo Moura Fé, **Desafios éticos - prefácio**)

227. **(ADVOGADO – IRB – 2006 – ESAF)** Analise as seguintes inferências:

I. O homem tem preocupação ética desde o início da história e, possivelmente, desde que começa a pensar.
II. Filósofos têm se dedicado a refletir sobre as regras que definem o certo e o errado ao longo dos séculos.
III. Profissões são resultados de conjuntos de conceitos e princípios norteadores de conduta.

A argumentação do texto permite

(A) todas as inferências.
(B) apenas a inferência I.
(C) apenas a inferência II.
(D) apenas as inferências I e II.
(E) apenas as inferências II e III.

228. **(ADVOGADO – IRB – 2006 – ESAF)** Trechos destacados do texto foram reescritos na voz passiva. Assinale aquele em que essa transformação não respeita as regras gramaticais ou os sentidos do texto original.

(A) Em que momento da sua história sentiu o ser humano necessidade de estabelecer regras? Em que momento de sua história foi sentida pelo ser humano a necessidade de estabelecer regras?
(B) Essas indagações têm ocupado o tempo e o esforço de refl exão dos filósofos ao longo dos séculos. Ao longo dos séculos, o tempo e o esforço de refl exão dos filósofos têm sido ocupados por essas indagações.
(C) Desde seus primórdios, as coletividades humanas não apenas pactuaram normas de convivência social. Não apenas desde seus primórdios, normas de convivência social foram pactuadas pelas coletividades humanas.
(D) Foram corporificando um conjunto de conceitos e princípios orientadores da conduta no que tange ao campo ético-moral.
Um conjunto de conceitos e princípios orientadores da conduta, no que tange ao campo ético-moral, foram sendo corporificados.
(E) Esta necessidade ética naturalmente tinha que alcançar o exercício das profissões.
Naturalmente, o exercício das profissões tinha que ser alcançado por esta necessidade ética.

229. **(ADVOGADO – IRB – 2006 – ESAF)** Assinale a opção em que uma das duas alternativas propostas não preenche as lacunas do texto de maneira correta e textualmente coerente.

É preciso entender ___(a)___ a cultura, mesmo quando ___(b)___ restritamente ao âmbito das artes, não é simplesmente um campo passivo ___(c)___ forças sociais interagem, um mero reflexo de uma realidade social ou mesmo uma área sagrada ___(d)___ as empresas simplesmente se aproveitam em nome de benefícios fiscais e mercadológicos. ___(e)___ no desenvolvimento do mercado da cultura não só diferentes formas e valores de troca, mas também a diferenciação da própria produção artística segundo novas formas de comercialização da arte.

(adaptado de Valéria Oliveira e Adriana Casali, Cultura, relações públicas e ética – uma visão crítica)

(A) que / de que
(B) referindo-se / se refira
(C) onde / em que
(D) da qual / de que
(E) Identificam-se / São identificadas

230. **(ADVOGADO – IRB – 2006 – ESAF)** Os seguintes fragmentos foram adaptados do texto Opinião alheia não interessa, de Márcia De Luca, (Revista GOL, novembro de 2005). Assinale a ordem em que devem ser escritos para que componham um parágrafo coerente e coeso.

( ) Como isso não acontece, o ego sofre; egos inflados dependem de uma constante entrada de mais ar para se manterem assim, ou começam a esvaziar.
( ) Mas, se exagerada, torna-se um sentimento nocivo e uma porta aberta para o sofrimento. ( ) Para todo ser humano, a auto-estima é um valor fundamental.
( ) Isso porque quem endeusa a si próprio espera que os demais o tratem de forma condizente, ou seja, "reconhecendo-o" como "ser superior".
( ) Assim, quem tem certeza do que é e do que pode, não precisa de ninguém para confi rmar isso.

A ordem obtida é

(A) 3 - 5 - 1 - 4 - 2
(B) 4 - 3 - 1 - 5 - 2
(C) 4 - 2 - 1 - 3 - 5
(D) 5 - 4 - 3 - 2 - 1
(E) 5 - 3 - 2 - 4 - 1

231. **(ADVOGADO – IRB – 2006 – ESAF)** Assinale a opção que preenche corretamente as lacunas do texto abaixo.

O reconhecimento ________ trabalho é um elemento ______ integra a vida dos jovens no Brasil pouco ajuda para a compreensão das relações entre esse mundo e a configuração da identidade. Ou seja, a sociabilidade tecida pela mediação dos vínculos com o mundo do trabalho, extremamente diversificado, pleno de situações de instabilidade, tende _________ menor força na conformação da identidade do jovem. Tanto a fluidez, a precariedade e a indefinição das relações de trabalho no Brasil, ________ os seus possíveis efeitos na auto-imagem do trabalhador podem contribuir para o enfraquecimento do "orgulho pelo trabalho", _________o "orgulho do provedor".

(Marília P. Sposito, A sociabilidade juvenil e a rua: novos conflitos e ação coletiva na cidade (com adaptações) Tempo social, 165)

(A) que – no qual – à – com – produzindo
(B) que o – em que – a exercer – quanto – ao produzir
(C) do – que – em – como – produz
(D) de que o – que – a exercer – como – produzindo
(E) de que – o qual – à – com – produzir

232. **(ADVOGADO – IRB – 2006 – ESAF)** Assinale a substituição correta para a expressão grifada.

Um mapeamento completo da Amazônia, distinguindo as áreas desmatadas do solo já em reflorestamento e a vegetação queimada. Este é o objetivo do Projeto Panamazônia II, que **está sendo desenvolvido** no Instituto Nacional de Pesquisas Espaciais - Inpe, órgão do Ministério da Ciência e Tecnologia, responsável pela divulgação anual do índice de desmatamento da Amazônia Legal. Este índice é resultado do Prodes – Monitoramento da Floresta Amazônica Brasileira por Satélite, que, junto com o Deter - Detecção de Desmatamento em Tempo Real, também do Inpe, viabilizou a criação do Panamazônia II, cujo objetivo é o de retomar o monitoramento global de toda a floresta tropical úmida da América do Sul.

(http://www.brasil.gov.br/noticias/ultimas_noticias/not22.11.5)

(A) estava em desenvolvimento
(B) estaria em desenvolvimento
(C) está em desenvolvimento
(D) era desenvolvido
(E) estaria sendo desenvolvido

233. **(ADVOGADO – IRB – 2006 – ESAF)** Assinale a opção que corresponde a erro gramatical ou de natureza semântica.

Durante cem anos, o eixo da economia mundial repousou sobre o Atlântico Norte, que conecta os Estados Unidos à Europa Ocidental. Há duas décadas, esse eixo deslocou**se(1)** para a bacia do Pacífico, puxado pela expansão industrial asiática. Os pilares **sob(2)** os quais **se(3)** apóia o novo eixo são os Estados Unidos e o Japão. A parceria entre as duas potências econômicas evoluiu no sentido da assimetria e do desequilíbrio. **Essa(4)** é a fonte da crise que atualmente **as(5)** assombra.

(Adaptado de Demétrio Magnoli, José Arbex e Nelson Bacic Olic, **Panorama do Mundo 2**, São Paulo: Scipione, p. 25)

(A) 1
(B) 2
(C) 3
(D) 4
(E) 5

234. **(ADVOGADO – IRB – 2006 – ESAF)** Assinale o trecho do texto que apresenta erro gramatical.

Machado de Assis – Um gênio Brasileiro, de Daniel Piza

(A) Na apresentação da biografia de Machado de Assis (1839-1908), o jornalista Daniel Piza observa que o autor foi, ao mesmo tempo, uma expressão de sua época e uma exceção a ela.
(B) Em seus contos e romances, ele deixou um retrato acurado do Rio de Janeiro do século XIX, mas sua crítica ácida à sociedade brasileira nem sempre foi percebida pelos seus contemporâneos.
(C) Piza busca demonstrar que Machado era muito diferente do protagonista de seu último romance, Memorial de Aires.
(D) O escritor não tinha "tédio a controvérsias", pois, na verdade, participou dos grandes debates públicos de sua época.
(E) A ascenção social do mulato no Brasil escravista e a epilepsia estão entre os aspectos de sua vida examinados no livro.

(Adaptado de Revista ***VEJA***, 28 de dezembro de 2005, p.196)

235. **(ADVOGADO – IRB – 2006 – ESAF)** Assinale a opção que preenche as lacunas do texto de forma gramaticalmente correta.

O governo federal tem estabelecido ações para promover as exportações brasileiras. A primeira __1__ foi desburocratizar o procedimento de exportação, reduzindo a documentação exigida, eliminando autorizações prévias e consolidando __2__ único documento todas as normas relativas à exportação. Esse é um trabalho constante, dada a dinâmica do comércio internacional, e inclui __3__ a informatização de todo o processo exportador. Além disso, programas do MDIC têm contribuído para impulsionar as vendas externas. Um deles é o Programa de Desenvolvimento e Diversificação das Exportações dos Estados (Estado Exportador). A iniciativa consiste __4__ conjunto de medidas adotadas em parceria com os governos estaduais, entidades públicas e privadas para reduzir as desigualdades regionais e permitir o crescimento sustentado __5__ geração de emprego e renda. O Estado Exportador está apoiado nos seguintes pontos: mapeamento, diagnóstico e aperfeiçoamento do setor produtivo, capacitação empresarial, entre outros.

*(**Em Questão**, Secretaria de Comunicação de Governo e Gestão Estratégica da Presidência da República. n. 288, Brasília, 04 de março de 2005)*

	1	2	3	4	5
(A)	delas	em um	ainda	em um	com
(B)	dessas	de um	então	de um	donde
(C)	daquelas	por um	assim	por um	onde
(D)	destas	num	também	num	qual
(E)	de tais	com um	por sua vez	com um	que

236. **(ADVOGADO – IRB – 2006 – ESAF)** Assinale a opção que apresenta truncamento sintático.

(A) Duas pesquisas, divulgadas nos últimos dias, mostram que as políticas sociais e de combate à fome implementadas pelo governo federal começam a apresentar resultados concretos na melhoria das condições de vida do povo brasileiro.
(B) Um estudo da Fundação Getúlio Vargas, intitulado "Miséria em Queda", baseado em dados da Pesquisa Nacional por Amostra de Domicílio (Pnad), do IBGE, confirmando que a miséria no Brasil caiu em 2004, e atingiu o nível mais baixo desde 1992.
(C) O número de pessoas que estão abaixo da linha da pobreza passou de 27,26% da população, em 2003, para 25,08% em 2004. Em 1992, esse percentual era de 35,87%.
(D) É considerado abaixo da linha da pobreza quem pertence a uma família com renda inferior a R$ 115 mensais, valor considerado o mínimo para garantir a alimentação de uma família. O estudo da FGV mostrou que o índice de miséria no Brasil caiu 8% de 2003 para 2004, deixando o país com a menor proporção de miseráveis desde 1992.
(E) A redução da taxa foi fortemente infl uenciada pela queda na distância entre os ricos e pobres no Brasil, registrada em três anos consecutivos. Somente em 2004, a desigualdade caiu duas vezes mais do que no ano anterior.

(Trechos adaptados de **Em Questão**, Subsecretaria de Comunicação Institucional da Secretaria-Geral da Presidência da República, n. 379, Brasília, 30 de novembro de 2005)

237. **(ADVOGADO – IRB – 2006 – ESAF)** Assinale a opção que corresponde a erro gramatical ou de grafia de palavra.

A Pesquisa Nacional por Amostra de Domicílio, realizada pelo IBGE, revelou **que(1)** a renda das famílias parou de cair em 2004, interrompendo uma **trajetória(2)** de queda que acontecia desde 1997, e que **houve(3)** diminuição do grau de concentração da renda do trabalho. Enquanto a metade da população ocupada **que(4)** recebe os menores rendimentos teve ganho real de 3,2%, a outra metade, que tem rendimentos maiores, teve perda de 0,6%. Os resultados da PNAD mostraram, também, que o Brasil melhorou em **ítens(5)** como número de trabalhadores ocupados, participação das mulheres no mercado de trabalho, indicadores da área de educação e melhoria das condições de vida.

(Trechos adaptados de **Em Questão**, Subsecretaria de Comunicação Institucional da Secretaria-Geral da Presidência da República, n. 379, Brasília, 30 de novembro de 2005)

(A) 1
(B) 2
(C) 3
(D) 4
(E) 5

238. **(ADVOGADO – IRB – 2006 – ESAF)** Assinale a opção em que há erro de pontuação.

(A) Outra iniciativa do governo no sentido de atingir os Objetivos de Desenvolvimento do Milênio foi a criação de um grupo técnico, coordenado pela Casa Civil, para monitorar o desempenho do Brasil.
(B) Uma das funções do grupo é, a elaboração do Relatório de Acompanhamento dos Objetivos de Desenvolvimento do Milênio no Brasil, com a situação nacional diante das 18 metas e dos 48 indicadores.
(C) Uma das metas é reduzir pela metade, entre 1990 e 2015, a proporção da população com renda inferior a US$ 1 per capita por dia.
(D) Conforme o relatório, preparado pelo Instituto de Pesquisas Econômicas Aplicadas (IPEA), o Brasil tinha, em 1990, 8,8% da população abaixo dessa renda per capita.
(E) Dez anos depois, esse percentual chegou a 4,7%. No País, porém, ainda existem cerca de oito milhões de pessoas que vivem com menos de US$ 1 por dia.

(Trechos adaptados de **Em Questão**, Subsecretaria de Comunicação Institucional da Secretaria-Geral da Presidência da República, n. 390, Brasília, 06 de janeiro de 2006)

239. **(ADVOGADO – IRB – 2006 – ESAF)** Assinale a justificativa incorreta para o emprego do sinal de pontuação.

Desde 1993,**(1)** houve a apreensão de 582 mil m^3 de madeira em tora. O Ibama emitiu multas no valor de R$ 1,8 bilhão, 241 pessoas envolvidas em ações ilegais foram presas (63 delas servidores públicos e 178 empresários madeireiros, despachantes e contadores). O governo confiscou 26 tratores,**(2)** 54 caminhões e 459 motosserras. Para manter e aprofundar resultados na luta contra o desmatamento,**(3)** o governo luta pela aprovação do Projeto de Lei de Gestão de Florestas Públicas,**(4)** que tramita há nove meses no Congresso. O Projeto permitirá ao governo implantar Distritos Florestais para estímulo de manejo sustentável de produtos e serviços da fl oresta. O primeiro deles já tem endereço certo:**(5)** a região da BR163 (16 milhões de hectares - 5 milhões destinados ao manejo e produção de 4,1 a 6,7 milhões de m^3 de toras, com geração de 100 mil empregos diretos).

(Rubens Amadori - Ibama)

(A) 1 - para separar adjunto adverbial anteposto.
(B) 2 - para separar elementos que compõem uma enumeração.
(C) 3 - para separar oração subordinada adverbial anteposta à principal.
(D) 4 - para isolar oração subordinada adjetiva explicativa.
(E) 5 - para indicar uma citação de outra voz.

16.5. UFF

240. **(ADVOGADO – DATAPREV – 2009 – UFF)** "O executivo americano Ken Musgrave, coloca o pequeno retângulo de acrílico vermelho, um PC de mesa, ao lado de um PC normal, uma trivial caixa de alumínio cinza-chumbo. "Ambos têm as mesmas funcionalidades e capacidade de processamento", afirma diante das duas máquinas. "A diferença é que o modelo novo tem quase um quinto do tamanho do antigo e, portanto, precisa de muito menos material para ser fabricado. Fora isso, consome quase 70% menos energia". O computador apresentado por Musgrave é considerado o que há de mais inovador do ponto de vista ambiental. "É o equipamento que melhor traduz o conceito de (tecnologia da informação verde)", (...) o produto é diferenciado por reduzir o impacto ambiental de variadas formas - na menor quantidade de energia que será consumida durante sua vida útil, na redução de materiais que o compõem e até na embalagem, que é 95% reciclável".

(Adaptado de http://info.abril.com.br/professional/ti-verde/quero-serverde.shtml)

A sustentabilidade é um importante aspecto da relação do homem moderno com o seu ambiente, que, no caso acima, envolve diretamente:

(A) a utilização de matéria prima "verde" em sua fabricação;
(B) o investimento em hardwares esteticamente menos conspícuos;
(C) o uso de de gerenciamento ambiental;
(D) a redução do impacto ambiental pelo uso da bioinformática;
(E) a redução da produção de lixo e do impacto ambiental decorrente.

241. **(ADVOGADO – DATAPREV – 2009 – UFF)** "Depois de quase um ano de tentativas, os cientistas conseguiram transformar as células-tronco da gordura em células musculares humanas no corpo dos camundongos. E junto com elas, veio também um resultado impressionante. Os camundongos tinham distrofia muscular, uma doença genética

grave que afeta a força dos músculos aos poucos e que ainda não tem cura. Um camundongo que não recebeu células-tronco, por causa da distrofia muscular, não conseguia se segurar no arame e caía. Já o camundongo que recebeu as células-tronco de gordura se agarrava com firmeza ao arame. As células de gordura viraram músculos que funcionam."

(Disponível em http://g1.globo.com/Noticias/Ciencia/0,,MUL913218- 5603,00-CIENTISTAS+TRANSFORMAM+CELULASTRONCO+DE+GORDURA+EM+CELULAS+MUSCULARES.html)

As células-tronco podem ser muito úteis na medicina, pois:

(A) são capazes de se modificarem em células especializadas;
(B) devem ser usadas para a preservação da biodiversidade;
(C) podem facilitar as pesquisas do genoma humano;
(D) são incapazes de sofrer qualquer tipo de transformação;
(E) não sofrem nenhum tipo de diferenciação celular.

16.6. CONESUL

Porto da Barra é a terceira praia mais bela do mundo

A escolha está no site de turismo do jornal inglês "The Guardian", sendo a primeira entre as praias brasileiras

A Praia do Porto da Barra foi escolhida pelo site de turismo do jornal inglês The Guardian como a terceira mais bela do mundo em um ranking das dez melhores praias do mundo organizado pelo jornalista especializado Gavin McOwan, responsável pela ________ de turismo.

Assim como Sydney, na Austrália, tem a Praia de Bondi, Los Angeles tem Venice e o Rio de Janeiro, Copacabana e Ipanema, lugares mundialmente famosos e que refletem o microcosmo das cidades onde estão localizadas, o

Porto da Barra é o destaque de Salvador, cidade onde o jornalista morou. Ele conta que, todas as manhãs, ia nadar nas águas incrivelmente limpas da Barra e, ... tardinha, ali era o seu point preferido para tomar cerveja gelada .

A notícia da escolha do Porto da Barra como terceira mais bela praia do mundo chega quando Salvador se prepara para comemorar seus 458 anos de fundação.

Para o presidente da Emtursa - Empresa de Turismo S/A, Fernando Ferrero, o Porto da Barra merecidamente é uma das mais belas e melhores praias do mundo . Ele lembrou que o local é um dos mais movimentados da cidade, concentrando grande número de turistas que chegam atraídos não apenas pela beleza, mas também pelas águas que **têm** temperatura média de 26 graus e de onde se pode ver umbelíssimo ________ .Fernando Ferrero disse ainda que essa escolha do site do jornal londrinoTheGuardian vai contribuir, emuito, para dar maior ________ .... Salvador e .... Bahia .

Para ele, o Porto da Barra é uma praia bastante conservada, sem poluição, apesar das muitas transformações ocorridas nesse que é um dos mais antigos e tradicionais bairros da cidade.

Salvador nasceu na Barra. Foi lá que o navegador Américo Vespúccio descortinou, em 1501, a Bahia de Todos os Santos. A posse foi oficializada com a colocação do marco da coroa portuguesa, onde hoje estão localizados o Forte e o Farol da Barra. No Porto da Barra também desembarcaram o primeiro Governador Geral Tomé de Souza, em 1549, e os soldados da Companhia das Índias Ocidentais que invadiram a cidade em 1624.

Adaptado de www.emtursa.ba.gov.br, acessado em 02/04/2007.

242. **(ADVOGADO – CORREIOS – 2007 – CONESUL)** Assinale a alternativa que completa correta e respectivamente as lacunas de linha contínua do texto.

(A) secção por-do-sol vizibilidade
(B) seção pôr-do-sol visibilidade
(C) sessão por do sol visibilidfade
(D) sesção pôr-do-sol vizibilidade

243. **(ADVOGADO – CORREIOS – 2007 – CONESUL)** Assinale a alternativa que completa correta e respectivamente as lacunas pontilhadas do texto.

(A) a a à
(B) à a a
(C) a à à
(D) à a à

244. **(ADVOGADO – CORREIOS – 2007 – CONESUL)** O acento da forma verbal têm , em destaque no texto, deve-se ao fato de que ela está no plural, concordando com

(A) águas.
(B) Salvador e Bahia.
(C) movimentados.
(D) 26 graus.

245. **(ADVOGADO – CORREIOS – 2007 – CONESUL)** Assinale a alternativa em que todas as palavras são advérbios.

(A) incrivelmente muito mais (1° parágrafo)
(B) ali bastante atraídos
(C) lá onde (4° parágrafo) merecidamente
(D) mundialmente hoje melhores (1° parágrafo)

246. **(ADVOGADO – CORREIOS – 2007 – CONESUL)** Assinale a alternativa em que o que exerce função diferente do que em ...lugares mundialmente famosos e que refletem o microcosmo das cidades (1º parágrafo).

(A) ... **que** é umdos mais antigos ... (3º parágrafo)
(B) ... **que,**todasasmanhãs, ianadar ... (1º parágrafo)
(C) ... **que** chegam atraídos não apenas pela beleza, ... (2º parágrafo)
(D) ...**que**invadirama cidade em16(ADVOGADO – CORREIOS – 2007 – CONESUL) (4º parágrafo)

247. **(ADVOGADO – CORREIOS – 2007 – CONESUL)** Nas expressões umdos mais antigos e tradicionais da cidade. (3º parágrafo) e um belíssimo (2º parágrafo), os adjetivos em destaque estão,

(A) respectivamente, no grau comparativo de superioridade e superlativo relativo.
(B) ambos, no grau superlativo relativo.
(C) respectivamente, no grau superlativo relativo e superlativo absoluto sintético.
(D) respectivamente, no grau comparativo de superioridade e superlativo absoluto sintético.

248. **(ADVOGADO – CORREIOS – 2007 – CONESUL)** Analise as afirmativas sobre a formação das palavras do texto.

I. Poluição contémsufixo formador de substantivo a partir de verbo.
II. Microcosmo éumapalavraderivadapor prefixação.
III. Escolha é uma palavra formada por derivação imprópria.

Está(ão) correta(s)

(A) apenas a I.
(B) apenas a II.
(C) apenas a III.
(D) apenas a I e a II.

249. **(ADVOGADO – CORREIOS – 2007 – CONESUL)** Quanto aos empréstimos lingüísticos ranking , site e point , pode-se afirmar que

(A) todos já tiveram sua grafia aportuguesada.
(B) dois deles já tiveram sua grafia aportuguesada.
(C) apenas um deles teve sua grafia aportuguesada.
(D) nenhum deles teve sua grafia aportuguesada.

250. **(ADVOGADO – CORREIOS – 2007 – CONESUL)** De acordo com o texto,

(A) Salvador se destaca apenas pela beleza de suas praias.
(B) a beleza e a temperatura das águas do Porto da Barra atraem um grande número de turistas.
(C) o Porto da Barra vem logo após a Praia de Bondi no ranking das dez melhores praias do mundo.
(D) o jornalista responsável pela coluna de turismo do TheGuardian Times morou na Praia do Porto da Barra.

251. **(ADVOGADO – CORREIOS – 2007 – CONESUL)** Considere as seguintes afirmativas.

1. A notícia sobre a classificação do Porto da Barra entre as dez praias mais belas do mundo ocorreu após as comemorações dos 458 anos de fundação de Salvador.
2. O Forte e o Farol da Barra se encontram no local onde foi oficializada a posse de terra pela coroa portuguesa.
3. Para o presidente da Emtursa, o Porto da Barra é um local que sofreu poucas transformações, apesar de ser muito movimentado e sem poluição.

Conforme o texto, qual(is) dela(s) está(ão) **correta(s)**?

(A) Apenas uma.
(B) Apenas duas.
(C) Nenhuma delas.
(D) Todas elas.

16.7. ESPP

Para as próximas seis questões, leia o trecho abaixo, do conto *A Igreja do Diabo*, de Machado de Assis:

Conta um velho manuscrito beneditino que o Diabo, em certo dia, teve a idéia de fundar uma Igreja. Embora os seus lucros fossem contínuos e grandes, sentia-se humilhado com o papel avulso que exercia desde séculos, sem organização, sem regras, sem cânones, sem ritual, sem nada. Vivia, por assim dizer, dos remanescentes divinos, dos descuidos e obséquios humanos. (...) Está claro que (o Diabo) combateu o perdão das injúrias e outras máximas de brandura e cordialidade. Não proibiu formalmente a calúnia, mas induziu a exercê-la mediante retribuição, ou pecuniária, ou de outra espécie. (...) A Igreja fundara-se; a doutrina propagava-se; não havia uma região do globo que não a conhecesse, uma língua que não a traduzisse, uma raça que não a amasse. O Diabo alçou brados de triunfo.

Um dia, porém, longos anos depois, notou o Diabo que muitos dos seus fiéis, às escondidas, praticavam as antigas virtudes. (...) Certos glutões recolhiam-se a comer frugalmente três ou quatro vezes por ano (...) muitos avaros davam esmolas, à noite, ou nas ruas mal povoadas; vários dilapidadores do erário restituíam-lhe pequenas quantias; os fraudulentos falavam, uma ou outra vez, com o coração nas mãos, mas com o mesmo rosto dissimulado, para fazer crer que estavam embaçando os outros.

252. **(ADVOGADO – CORREIOS – 2008 – ESPP)** Considere as afirmações:

I. Machado retrata a necessidade do homem de violar as normas que são impostas, ao mesmo tempo em que as deseja.
II. O texto tem uma estrutura predominantemente dissertativa.

Está correto o que se afirma em:

(A) somente I
(C) I e II
(B) somente II
(D) Nenhuma

253. **(ADVOGADO – CORREIOS – 2008 – ESPP)** Considere as afirmações:

I. O Diabo sentia-se humilhado porque os manuscritos beneditinos o desprezavam.

II. Na Igreja do Diabo, estimulou-se, ao máximo, a cordialidade.

Está correto o que se afirma em:

(A) somente I
(C) I e II
(B) somente II
(D) Nenhuma

254. **(ADVOGADO – CORREIOS – 2008 – ESPP)** Considere as afirmações:

I. As pessoas não aderiram à Igreja do Diabo.
II. Secretamente, os fiéis da Igreja do Diabo passaram a desobedecer às regras por ele determinadas.

Está correto o que se afirma em:

(A) somente I
(C) I e II
(B) somente II
(D) Nenhuma

255. **(ADVOGADO – CORREIOS – 2008 – ESPP)** Considere a oração:

"Embora os seus lucros fossem contínuos e grandes(...)"

A conjunção estabelece uma relação de:

(A) causa
(C) concessão
(B) conseqüência
(D) condição

256. **(ADVOGADO – CORREIOS – 2008 – ESPP)** Dê a função sintática do termo destacado na oração:

"Conta **um velho manuscrito beneditino** que o Diabo, em certo dia, teve a idéia de fundar uma Igreja."

(A) objeto direto
(C) sujeito
(B) objeto indireto
(D) complemento nominal

257. **(ADVOGADO – CORREIOS – 2008 – ESPP)** Considere as afirmações:

I. As expressões "às escondidas" e " à noite" levam o sinal de crase porque são locuções adverbiais femininas.

II. As palavras "máximas" e "séculos" são acentuadas porque são proparoxítonas.

Está correto o que se afirma em:

(A) somente I
(C) I e II
(B) somente II
(D) Nenhuma 1

258. **(ADVOGADO – CORREIOS – 2008 – ESPP)** Assinale a alternativa em que a oração encontra-se na voz passiva sintética:

(A) Trata-se de um assunto polêmico.
(B) Divulgou-se o resultado.
(C) O trabalho foi elogiado pelo diretor.
(D) Trouxeram a nova máquina.

259. **(ADVOGADO – CORREIOS – 2008 – ESPP)** Qual a função de linguagem predominante no enunciado abaixo?

"Incêndio destrói parte de fábrica."

(A) fática
(C) apelativa
(B) emotiva
(D) referencial

260. **(ADVOGADO – CORREIOS – 2008 – ESPP)** Assinale a alternativa que completa corretamente a lacuna:

Não conhecemos o diretor ______ filme o professor fez referência.

(A) cujo
(C) que
(B) a cujo
(D) a que

Para as próximas seis questões, leia o trecho abaixo, de Zuenir Ventura:

" A nova tribo dos micreiros cresceu tanto que talvez já não seja mais apenas uma tribo, mas uma nação, embora a linguagem fechada e o fanatismo com que dedicam ao seu objeto de culto sejam quase uma seita. São adoradores que têm com o computador uma relação parecida à do homem primitivo com o totem e o fogo."

261. **(ADVOGADO – CORREIOS – 2008 – ESPP)** Considere as afirmações:

I. " Micreiros" é um neologismo.

II. " Micreiros" é uma palavra formada por derivação.

Está correto o que se afirma em:

(A) somente I
(C) I e II
(B) somente II
(D) Nenhuma

262. **(ADVOGADO – CORREIOS – 2008 – ESPP)** Considere as afirmações:

I. O autor desqualifica os micreiros, chamando-os de primitivos.

II. De acordo com o autor, a relação dos micreiros com o computador é de adoração.

Está correto o que se afirma em:

(A) somente I
(C) I e II
(B) somente II
(D) Nenhuma

263. **(ADVOGADO – CORREIOS – 2008 – ESPP)** Considere o período:

"São adoradores **que** têm com o computador uma relação parecida à do homem primitivo com o totem e o fogo."

A palavra destacada é classificada como:

(A) conjunção integrante
(C) pronome interrogativo
(B) pronome relativo
(D) pronome demonstrativo

264. **(ADVOGADO – CORREIOS – 2008 – ESPP)** A conjunção "tanto que", no primeiro período, estabelece uma relação de:

(A) conseqüência
(C) concessão
(B) causa
(D) condição

265. **(ADVOGADO – CORREIOS – 2008 – ESPP)** Assinale a alternativa que completa correta e respectivamente as lacunas:

I. Ele está fora do país ____ dois anos.

II. Este assunto não tem nada ____ ver com o outro.

(A) há - há
(C) a - há
(B) há - a
(D) a - a

266. **(ADVOGADO – CORREIOS – 2008 – ESPP)** Considere as orações:

I. A maioria dos alunos não lê muito.

II. Cerca de 30% dos eleitores estão indecisos.

De acordo com a norma culta:

(A) somente I está correta
(B) somente II está correta
(C) I e II estão correta
(D) Nenhuma está correta

267. **(ADVOGADO – CORREIOS – 2008 – ESPP)** Assinale a alternativa que completa correta e respectivamente as lacunas:

I. Queremos um _______ para tanta mágoa.

II. Ele está triste _______ não foi aprovado?

(A) porque – por que
(C) porquê – por que
(B) porque – porque
(D) porquê – porque

268. **(ADVOGADO – CORREIOS – 2008 – ESPP)** Assinale a alternativa em que o predicado é verbo-nominal:

(A) O garoto parece doente.
(B) Ela fez a prova calma.
(C) Encomendamos um novo aparelho.
(D) Os dois abraçaram-se demoradamente.

269. **(ADVOGADO – CORREIOS – 2008 – ESPP)** Assinale a alternativa que completa correta e respectivamente as lacunas:

Foi obrigada ____ assistir ___ apresentação no teatro.

(A) a - a
(C) à - a
(B) a - à
(D) à - à

270. **(ADVOGADO – CORREIOS – 2008 – ESPP)** Assinale a alternativa que classifica corretamente o sujeito da oração abaixo:

Houve uma grande manifestação contra o governo.

(A) oculto
(C) inexistente
(B) simples
(D) indeterminado

271. **(ADVOGADO – CORREIOS – 2008 – ESPP)** Assinale a alternativa em que a palavra é formada por derivação parassintética:

(A) entardecer
(C) tranqüilamente
(B) imoral
(D) infelizmente

16.8. ACEP

CAPACITAR, CREDITAR E PROPICIAR

Diz a sabedoria popular que "não se deve dar o peixe, mas ensinar a pescar". Entretanto, o bom senso indica que, em casos de fome, deve-se sim "dar o peixe", para o faminto ter condições mínimas de aprendizagem. Também não se consegue capacitá-lo a pescar sem dar-lhe o crédito para comprar a vara, a linha e anzol, ou até mesmo um barco. Tudo isso sem um rio piscoso – ambiente institucional e macroeconômico propício a microempreendimentos – não adianta muita coisa...

Portanto, três dimensões devem ser articuladas no combate à desigualdade social no país. A primeira contempla políticas compensatórias. Elas permitem que toda a população atinja, no curto prazo, patamares mínimos de dignidade e sobrevivência. Outra dimensão é constituída por políticas de crescimento econômico, para disponibilizar maior renda, quantidade de bens e serviços, além de oportunidades. Em simultâneo, deve-se executar políticas redistributivas. Só com elas, essa maior disponibilidade de renda, bens e serviços se dirigirá, prioritariamente, às camadas da população "mais pobres entre os pobres", que constituem o público-alvo dessas políticas.

A distribuição de renda do Brasil disputa com a da África do Sul, entre os países grandes, a vergonha de ser a pior no mundo. O governo brasileiro defende a focalização de algumas políticas sociais como forma de melhorá-la. São programas sociais que almejam dar aos mais pobres os chamados ativos de produção: educação, terra e microcrédito, para produzir. Supõem que o pobre continuará em sua precária situação enquanto não tiver a capacidade de gerar sua renda por conta própria, para satisfazer as necessidades.

Infelizmente, o governo tem privilegiado os credores em detrimento desses programas que poderiam beneficiar a sociedade. Esses programas sociais têm tido um gasto bem menor do que é despendido com o pagamento dos serviços das dívidas interna e externa.

Preso na "armadilha da dívida", o foco governamental se desloca para a gestão da pobreza e dos problemas associados a ela, inclusive a informalidade, via "forças do mercado". Governo e sociedade se uniriam para as ações "solidárias", visando "inclusão do excluído". No que se refere ao trabalho informal, a idéia agora dominante é a do apoio ao indivíduo, com ênfase em programas de concessão de microcrédito, para tocar o negócio.

O crescimento econômico é o melhor remédio para as doenças do desemprego e da informalidade. Mas por si só também não é suficiente para reduzir a pobreza e nem as disparidades sociais. Deve-se garantir as condições básicas de vida. Para isso é necessário investir fortemente em programas de educação e saúde (inclusive saneamento) e em políticas sociais focalizadas, mas em uma escala que tenha realmente impacto social.

Como exemplo da necessidade de intervenção governamental, merece destaque a experiência do Banco do Nordeste do Brasil (BNB), a partir de 1998, com o programa CrediAmigo. Trata-se do único caso brasileiro de integração entre um banco público federal e o microcrédito. Embora ainda insuficiente, é a experiência que apresenta o melhor desempenho dentre todas as desenvolvidas no setor do microcrédito no Brasil.

Uma das principais lições do programa CrediAmigo é que uma organização com infra-estrutura física estabelecida – como a capilaridade das agências do BNB na região Nordeste –, mantendo um sistema descentralizado de monitoramento de carteiras de empréstimo, tem condições de se consolidar no setor de microcrédito, rapidamente, por alcançar logo escala operacional.

Isso demonstra o potencial para atuação de outros bancos públicos federais - especialmente o Banco do Brasil e a Caixa Econômica Federal. Esses bancos têm escala de recursos e logística física para atender a boa parte da população mais pobre, no plano nacional. Além disso, já possuem uma tradição do processo de concessão do crédito. Poderiam fazer parcerias com cooperativas de crédito popular para os programas de microcrédito, de fato, terem impacto significativo.

Fernando Nogueira da Costa, in **Folha de São Paulo**, 08/11/01 (Compilado)

272. **(ADVOGADO – BNB – 2006 – ACEP)** A temática do texto está centrada na:

(A) crítica ao capitalismo brasileiro e à ganância dos credores.
(B) omissão do governo petista em políticas sociais.
(C) liquidação da dívida externa.
(D) integração do crescimento econômico com a garantia das condições básicas da vida.
(E) concessão de microcrédito para as pequenas empresas.

273. **(ADVOGADO – BNB – 2006 – ACEP)** Deduz-se, pelo texto, que o governo pode acabar com a péssima distribuição de renda do Brasil com utilização de medidas de

(A) juros baixos para os pequenos produtores.
(B) não pagamento das dívidas interna e externa e aplicação do dinheiro em programas de crédito.
(C) apoio à economia informal com ênfase nos programas de concessão de microcrédito para o indivíduo.
(D) união com a sociedade para o fortalecimento das ações solidárias que visem a "inclusão dos excluídos".
(E) profissionalização, de apoio financeiro e de favorecimento de ambientes propícios a micro-empreendimentos.

274. **(ADVOGADO – BNB – 2006 – ACEP)** O parágrafo que melhor desenvolve a idéia contida na introdução do texto é o:

(A) terceiro.
(B) quarto.
(C) quinto.
(D) sexto.
(E) sétimo.

275. **(ADVOGADO – BNB – 2006 – ACEP)** O uso de "aspas" em expressões e palavra, sem parcimônia, no quinto parágrafo, indica que o autor queria:

(A) realçar o significado denotativo de cada uma.
(B) criticar o uso destas expressões e palavras.
(C) evidenciar que elas são gírias.
(D) mostrar que está usando expressões e palavra de outrem.
(E) destacar estas expressões e palavra com arcadismos.

276. **(ADVOGADO – BNB – 2006 – ACEP)** Assinale a alternativa que apresenta redação CORRETA em relação à pontuação.

(A) O crescimento econômico é o melhor remédio para as doenças do desemprego, mas, por si só também, não é suficiente para reduzir a pobreza e nem as disparidades sociais.
(B) O crescimento econômico é o melhor remédio para as doenças do desemprego mas, por si só, também, não é suficiente, para reduzir a pobreza e nem as disparidades sociais.
(C) O crescimento econômico, é o melhor remédio para as doenças, do desemprego mas por si só também não é suficiente para reduzir a pobreza e nem as disparidades sociais.
(D) O crescimento econômico, é o melhor remédio para as doenças do desemprego, mas, por si só também, não é suficiente para reduzir a pobreza e, nem as disparidades sociais.
(E) O crescimento econômico é o melhor remédio para as doenças do desemprego, mas por si só também não é suficiente, para reduzir a pobreza, e, nem as disparidades sociais.

277. **(ADVOGADO – BNB – 2006 – ACEP)** Assinale a alternativa que apresenta a seqüência de palavras com o mesmo radical de "piscoso" (l. 04).

(A) Piscatória, piscativo, písceo.
(B) Piscina, piscado, piscicatório.
(C) Pisciano, píscola, piscosa.
(D) Pisciforme, pisco, piscicultura.
(E) Piscicaptura, piscamento, piscívono.

278. **(ADVOGADO – BNB – 2006 – ACEP)** Assinale a alternativa com palavras ortografadas corretamente de acordo com a seqüência:

"peixe" (l. 02), "anzol" (l. 03), "concessão" (l. 22)

(A) laxante - cataqueze - sessão
(B) trouxer - catequizar - assento
(C) broxa -analizar - passo
(D) xácara - deleitozo - obsessão
(E) taxa - catálize -admissão

279. **(ADVOGADO – BNB – 2006 – ACEP)** Encontram-se os prefixos "macro" e "micro" (l. 04) que são antônimos. Assinale a alternativa que apresenta palavras com prefixos antônimos entre si:

(A) anarquia - anagrama, ultrapassar - extravasar
(B) subalterno - sobestar, intravenoso - impermeável
(C) abstrair -adjunto, sotopor - extrafino
(D) endotérmico - epiderme, metátese -metafonia
(E) arquiduque - arcanjo, paradigma - perífrase

280. **(ADVOGADO – BNB – 2006 – ACEP)** Assinale a alternativa em que "infra" NÃO é prefixo.

(A) Infracitado.
(B) Infrato.
(C) Inframedíocre.
(D) Infraglótico.
(E) Infracolocado.

281. **(ADVOGADO – BNB – 2006 – ACEP)** A palavra "CrediAmigo" (l. 28) é formada por:

(A) derivação prefixal.
(B) derivação sufixal.
(C) hibridismo.
(D) derivação parassintética.
(E) composição.

282. **(ADVOGADO – BNB – 2006 – ACEP)** Assinale a alternativa que preenche corretamente as lacunas do parágrafo:

"É verdade _____ o cogito (Descartes) não seria capaz de vislumbrar que de suas entranhas fosse expelida, no final do século XX, a Economics, este monstrum vel prodigium da metafísica ocidental, matraqueada nos tristes tópicos. O _____ universalismo gera o péssimo particularismo como a banda podre de _____ mesmo. Na versão pós-moderna e globalizada, a dialética iluminista do universal e do particular se ________ sofisticadamente cruel. Sua especialidade é o jogo do ilusionismo _______ as subjetividades supostamente esclarecidas ou iluminadas são reduzidas a meras objetivações de processos que não constroem".

(Parágrafo extraído de um discurso proferido na Academia Paulista de Letras - http://www.eco.unicamp.br/Belluzzo.html)

(A) com que, mal, si, tornam, em que
(B) de que, mau, se, torna, onde
(C) que , mau, si, torna, em que
(D) em que, mal, se tornam, onde
(E) que, mal, si, tornam, onde

283. **(ADVOGADO – BNB – 2006 – ACEP)** No sintagma "Como exemplo da necessidade de intervenção governamental" (l. 27) encontram-se:

(A) dois complementos nominais e um adjunto adnominal.
(B) dois objetos indiretos e um adjunto adnominal.
(C) um complemento nominal e dois adjuntos adnominais.
(D) um objeto indireto e dois adjuntos adnominais.
(E) um adjunto adnominal, um complemento nominal e um adjunto adverbial.

284. **(ADVOGADO – BNB – 2006 – ACEP)** No período "Elas permitem que toda a população atinja, no curto prazo, patamares mínimos de dignidade e

sobrevivência" (l. 06-07), os grifos são respectivamente:

(A) oração substantiva objetiva indireta, adjunto adnominal, objeto indireto.
(B) oração substantiva objetiva direta, adjunto adverbial de tempo e objeto direto.
(C) oração substantiva subjetiva, adjunto adverbial de tempo e objeto direto.
(D) oração substantiva objetiva direta, adjunto adnominal, objeto indireto.
(E) oração substantiva objetiva indireta, adjunto adverbial, objeto direto.

285. **(ADVOGADO – BNB – 2006 – ACEP)** Dentro do contexto, assinale a alternativa que apresenta a significação mais adequada para "focalização" (l. 12).

(A) Intensificação.
(B) Idealização.
(C) Apuração.
(D) Evidencialização.
(E) Restrição.

286. **(ADVOGADO – BNB – 2006 – ACEP)** Assinale a alternativa que define morfológica ou sintaticamente, conforme a seqüência:

"***se***" (l. 01), "***lhe***" (l. 03), "***la***" (l. 12), "***se***" (l. 09).

(A) Conjunção condicional, objeto indireto, objeto indireto, objeto indireto.
(B) Partícula integrante do verbo, objeto direto, objeto direto, objeto direto.
(C) Conjunção condicional, objeto indireto, objeto indireto, partícula integrante do verbo.
(D) Índice de indeterminação do sujeito, objeto direto, objeto indireto, partícula integrante do verbo.
(E) Índice de indeterminação do sujeito, objeto indireto, objeto direto, índice de indeterminação do sujeito.

287. **(ADVOGADO – BNB – 2006 – ACEP)** Assinale a alternativa que apresenta a seqüência correta da análise sintática dos grifos "merece destaque a experiência do Banco do Nordeste do Brasil" (l. 27-28) e "é a experiência que apresenta o melhor desempenho..." (l. 29).

(A) Objeto direto, sujeito.
(B) Sujeito, predicativo.
(C) Objeto indireto, predicativo.
(D) Sujeito, objeto direto.
(E) Objeto direto, predicativo.

288. **(ADVOGADO – BNB – 2006 – ACEP)** No período "No que se refere ao trabalho informal, a idéia dominante é a do apoio ao indivíduo, com ênfase em programas de concessão de microcrédito, para tocar o negócio." (l. 21-22), a preposição em é regida pelo:

(A) substantivo programas.
(B) substantivo ênfase.
(C) substantivo apoio.
(D) substantivo idéia.
(E) verbo referir.

289. **(ADVOGADO – BNB – 2006 – ACEP)** Assinale a alternativa que apresenta redação CORRETA.

(A) "A atividade que define uma instituição financeira é a concessão de crédito. Porém, para cumprir a missão de desenvolvimento de uma região com muitas potencialidades ainda não exploradas, o Banco do Nordeste entende que o crédito é necessário, mas não deve ser o único serviço oferecido".
(B) "A atividade, que define uma instituição financeira, é a concessão de crédito. Porém, para cumprir a missão de desenvolvimento de uma região, com muitas potencialidades ainda não exploradas, o Banco do Nordeste entende que o crédito é necessário, mas, não deve ser o único serviço oferecido".
(C) "A atividade que define uma instituição financeira, é a concessão de crédito; Porém, para cumprir, a missão de desenvolvimento de uma região com muitas potencialidades, ainda não exploradas, o Banco do Nordeste entende que o crédito é necessário, mas não deve ser o único serviço oferecido".
(D) "A atividade que define uma instituição financeira é a concessão de crédito: porém, para cumprir a missão de desenvolvimento de uma região com muitas potencialidades ainda não exploradas, o Banco do Nordeste entende que o crédito é necessário, mas não deve ser o único serviço oferecido".
(E) "A atividade que define uma instituição financeira é a concessão de crédito. Para cumprir a missão de desenvolvimento de uma região com muitas potencialidades ainda não exploradas, o Banco do Nordeste entende que o crédito é necessário, mas não deve ser o único serviço oferecido".

290. **(ADVOGADO – BNB – 2006 – ACEP)** Assinale a alternativa em que o verbo NÃO é de ligação.

(A) O brasileiro está preocupado com a desigualdade social.
(B) O nordestino é um povo forte.
(C) O BNB continua empreendedor.
(D) A política econômica tem andado confusa.
(E) O dinheiro fica no pagamento da dívida externa.

291. **(ADVOGADO – BNB – 2006 – ACEP)** Assinale a alternativa que preencha corretamente as lacunas do parágrafo: "A política de não __________ dos gastos públicos fez com que __________ as ações sociais __________________ o crescimento das desigualdades sociais".

(A) contensão - paralizassem - com que amenizariam
(B) contensão - paralisasse - que amenizariam
(C) contenção -paralizassem - as quais amenisariam
(D) contenção -paralisassem - que amenizariam
(E) contensão - paralizasse - que amenisaria

17. Língua Inglesa

17.1. CESGRANRIO

From Science Fiction to Reality: Personal Robots Emerge at Work, Home and School

It's 6 a.m., and the Clarks awake to fresh coffee served to them by Millie, one of the family's personal robots. As they get ready for work, Millie makes the bed, and their robotic dog Mickey gently reminds Mr. Clark to take his medicine.

This scenario is not a page from a lost "Jetsons" script. It's likely to be a normal day in the life of a family in as few as 20 years from now, according to robotics experts at the Georgia Institute of Technology. Already, the global market for personal robots is growing 400 percent a year, says Professor Henrik Christensen, director of the newly formed Robotics and Intelligent Machines Center in the Georgia Tech College of Computing. "Personal robots are becoming more popular as people want to do more and more with their lives," Christensen says. "Technology is making it possible...We live stressful lives now, and we can use technology to take away the boring tasks of everyday life."

Robots are not novel technology in industry, the military and even space exploration. However, a new generation of intelligent machines called personal robots — ones that work with and directly for humans, especially in the home, workplace and school — have begun to emerge only recently. A confluence of smart materials, low-cost, high-speed computing power, better batteries and knowledge of how humans interact with machines is creating an explosion in the market for personal robots, researchers say. "To have a personal robot that does things you need, you have to have onboard processing, perception, motion and power," says roboticist Tucker Balch, an associate professor in the College of Computing. "Until two or three years ago, you couldn't put all of that on one small, light platform. Motors and computers take a lot of energy, and the batteries we had couldn't do the job. Now, demand for better cell phone and laptop batteries is driving improvements," Balch adds. "Therefore, we have all the technologies which can support a consumer robot that is not too expensive." Balch predicts that truly useful, multi-function personal robots will cost between $1,000 and $1,500. Single-purpose robots, such as the Roomba vacuum cleaner already on the market, cost between $150 and $300.

While some personal robots are already available, important research is under way to address the remaining technical and societal challenges. Georgia Tech researchers in computer science, engineering, psychology and the liberal arts are collaborating under the umbrella of the new Robotics and Intelligent Machines Center that Christensen directs. That cooperation is vital to creating the best-designed personal robots. "If you just have computer scientists designing them, you're not going to build a robot that's as good as one that could be built by computer scientists and mechanical engineers working together," Christensen says. "We are leveraging Georgia Tech's world-class expertise in all of these domains and want to make something that no one else in the United States is doing today."

Research Horizons Magazine - June 8, 2007 (slightly adapted) http://gtresearchnews.gatech.edu/newsrelease/personal_robotics.htm

1. **(ADVOGADO – PETROBRÁS – 2008 – CESGRANRIO)** Based on Professor Henrik Christensen's words in Paragraph 2, it is possible to affirm that

(A) people consider robots unexciting and disturbing.
(B) people do not expect robots to perform daily boring activities.
(C) intelligent robots are making modern life stressful.
(D) technology will never improve people's quality of life.
(E) new technological inventions can make people's lives easier.

2. **(ADVOGADO – PETROBRÁS – 2008 – CESGRANRIO)** According to Paragraph 3, one of the aspects that has contributed to the expansion of the personal robot market is the

(A) very high price of speedy computing power.
(B) smaller and less efficient computer batteries.
(C) better knowledge of human-machine interaction.
(D) sudden popularity of American robotics experts.
(E) high consumption of energy by the new machines.

3. **(ADVOGADO – PETROBRÁS – 2008 – CESGRANRIO)** Roboticist Tucker Balch, mentioned in Paragraph 3, believes that

(A) the reasonable cost for the multi-function robots is in the $150-$300 price range.

(B) most personal robots that can handle a variety of tasks will be sold for a minimum of a thousand dollars.
(C) in three years, scientists will start developing the batteries needed to power single-purpose personal robots.
(D) the latest developments in laptops and cell phones have taken the scientists' attention away from personal robots.
(E) no robots will ever perform multi-functions because it is impossible to combine processing, perception, motion and power in one platform.

4. **(ADVOGADO – PETROBRÁS – 2008 – CESGRANRIO)** Which option expresses an accurate relationship between the items?

(A) "take away" (line 17) and *remove* are synonymous.
(B) "novel" (line 19) is the opposite of *new*.
(C) "emerge" (line 24) means the same as *disappear*.
(D) "improvements" (line 36) and *advances* reflect contradictory ideas.
(E) "useful" (line 38) could not be substituted by *helpful*.

5. **(ADVOGADO – PETROBRÁS – 2008 – CESGRANRIO)** In terms of reference, the only item that **DOES NOT** refer to "robot(s)" is

(A) "one" (line 2).
(B) "their" (line 15).
(C) "ones" (line 22).
(D) "that" (line 38).
(E) "them" (line 51).

6. **(ADVOGADO – PETROBRÁS – 2008 – CESGRANRIO)** The **boldfaced** item introduces a conclusion in

(A) "**As** they get ready for work, Millie makes the bed," (line 3)
(B) "**However**, a new generation of intelligent machines called personal robots" (lines 20-21)
(C) "**Therefore**, we have all the technologies which can support a consumer robot…" (lines 36-37).
(D) "**While** some personal robots are already available, important research is under way…" (lines 43-44)
(E) "**If** you just have computer scientists designing them, you're not going to build a robot that's …". (lines 50-52)

7. **(ADVOGADO – PETROBRÁS – 2008 – CESGRANRIO)** From the sentence "That cooperation is vital to creating the best-designed personal robots." (lines 49-50) it is possible to infer that the

(A) expertise of Georgia Tech's computer science researchers alone will help develop the best personal robots in the United States.
(B) joint effort of computer scientists and mechanical engineers is not likely to improve robot design.
(C) alliance between computer scientists, designers and psychologists can be harmful to the future of robotics.
(D) collaboration of researchers from different areas of knowledge will be extremely beneficial to the future of robotics.
(E) collaboration between Georgia Tech researchers and the Robotics and Intelligent Machines Center is inefficient.

8. **(ADVOGADO – PETROBRÁS – 2008 – CESGRANRIO)** Where in the text does the author refer to possible tasks to be performed by personal robots in the near future?

(A) Paragraphs 1 and 2 (lines 1-5 ; 6-18).
(B) Paragraph 2, only (lines 6-18).
(C) Paragraph 3, only (lines 19-42).
(D) Paragraph 4, only (lines 43-57).
(E) Paragraphs 3 and 4 (lines 19-42 ; 43-57).

9. **(ADVOGADO – PETROBRÁS – 2008 – CESGRANRIO)** "These domains" (line 55) include all the areas below, **EXCEPT** one. Mark it.

(A) Psychology
(B) Liberal arts
(C) Engineering
(D) Physiology
(E) Computer Science

10. **(ADVOGADO – PETROBRÁS – 2008 – CESGRANRIO)** The verb form in *italics* transmits an idea of probability in

(A) "you *have to* have onboard processing, perception, motion and power," (lines 29-30)
(B) "we have all the technologies which *can* support a consumer robot…" (lines 36-37)
(C) "multi-function personal robots *will* cost between $1,000 and $1,500." (lines 39-40)
(D) "That cooperation *is* vital to creating the best-designed personal robots." (lines 49-50)
(E) "you're not going to build a robot that's as good as one that *could* be built by computer scientists and mechanical engineers working together," (lines 51-54)

Texto

At the same time that President Bush is urging America to free itself from its addiction to oil from unstable parts of the world, European leaders are calling for a more self-sufficient energy policy that relies less on oil and natural gas.

"Europe is becoming ever more dependent on oil and gas imports from geopolitically uncertain regions," European Commission President Jose Manuel Barroso alerted last month in a speech. "We have to do something about this, and we have to do it now."

British Prime Minister Tony Blair and German Chancellor Angela Merkel said after a meeting in Berlin that Europe must develop an energy policy for the next 15 years that includes more renewable sources of energy. The new emphasis on energy security is a result of soaring energy prices and signs that supplies may not always be available. Oil prices tripled in the last three years, from about $20 a barrel to $60. And Russia, which has become a major supplier of oil and gas to Europe, raised concerns when it cut off natural gas to Ukraine last month during a dispute over prices.

These developments have motivated a new debate on the continent about nuclear energy and brought about ambitious biofuels programs.

• Nuclear power, which with the exception of France, was disappearing in Western Europe, has re-emerged as a clean and reliable source of energy. Germany is reconsidering its plan to phase out nuclear power generation by 2020. So, too, is Britain. With the exception of France, which gets more than 70% of its power from nuclear sources, Europe has rejected nuclear generation as too costly or unsafe since the Chernobyl accident in Ukraine nearly 20 years ago.

• Sweden has just announced that it wants to be the first nation in the world to eliminate oil as an energy source in the next 15 years. It would use ethanol for its cars, and geothermal heat and burning everything from agricultural byproducts to trash would replace heating oil. "Our dependency on oil should be broken by 2020," said Mona Sahlin, Sweden's minister of Sustainable Development.

• The European Commission adopted in February 2006 an ambitious biofuels program to set off the production of ethanol and gas from crops and organic waste. The goal: to more than double production — from a 1.4% share of the European fuel supply in 2005 to 5.75% in 2010.

Although Europe relies less on oil than the USA, the tripling of oil prices over the last three years has been felt. Oil provides 40% of the USA's energy supply and about 36% of Europe's.

Europe is the largest producer of wind and solar power. Also, biofuels can help give this continent a more diverse supply of energy. But it is unlikely that Europe can replace fossil fuel entirely, as Sweden plans. "It's not a crisis," says Claude Mandil, executive director of the International Energy Agency in Paris, of Europe and the USA's energy situation. But, he remarks, "Everybody is understanding that capacities are limited ... and the problem will not be solved overnight."

By Jeffrey Stinson, USA Today, Feb. 20, 2006

11. **(ADVOGADO – PETROBRÁS – 2006 – CESGRANRIO)** The main purpose of the text is to:

(A) criticize the re-emergence of nuclear power as a major source of energy.
(B) blame President Bush for America's dependency on oil from hostile countries.
(C) complain angrily about sharp increases in oil and gas prices in the last three years.
(D) describe in detail Sweden's efforts to promote the use of energy sources other than oil.
(E) present Europe's actions to depend less on energy imported from unstable world regions.

12. **(ADVOGADO – PETROBRÁS – 2006 – CESGRANRIO)** European Commission President Jose Manuel Barroso's statement in Paragraph 2 sounds like a/an:

(A) warning.
(B) complaint.
(C) accusation.
(D) apology.
(E) excuse.

13. **(ADVOGADO – PETROBRÁS – 2006 – CESGRANRIO)** According to the fourth paragraph, there was reason to worry when:

(A) Ukraine raised oil prices from \$20 a barrel to \$60 in the last three years.
(B) Ukraine refused to buy natural gas from Russia because of high prices.
(C) Russia became a major supplier of oil and gas to the whole continent.
(D) Russia stopped supplying natural gas to Ukraine in January 2006.
(E) Europe asked Russia to cut natural gas supplies to Ukraine.

14. **(ADVOGADO – PETROBRÁS – 2006 – CESGRANRIO)** Mark the correct statement about nuclear power according to the information found in lines 28-33.

(A) Germany and Britain are planning to start using nuclear power in 2020.
(B) Less than half of France's energy comes exclusively from nuclear sources.
(C) France is the only country in Western Europe that now relies heavily on nuclear power.
(D) All European countries stopped using nuclear power after the Chernobyl accident.
(E) Nuclear power has always been considered as a clean but costly source of energy.

15. **(ADVOGADO – PETROBRÁS – 2006 – CESGRANRIO)** In "Sweden has just announced that it wants to be the first nation in the world…"(lines 34-35), the pronoun **it** refers to "Sweden". Check the other pronoun that also refers to the name of a country.

(A) this (line 10).
(B) it (line 10).
(C) which (line 25).
(D) its (line 30)
(E) it (line 54).

16. **(ADVOGADO – PETROBRÁS – 2006 – CESGRANRIO)** Check the item in which **should** is used in the same sense as in "Our dependency on oil should be broken by 2020," (line 39).

(A) America should reduce both petroleum fuel use and emissions of greenhouse gases.
(B) European governments should focus their efforts on large-scale fuel-saving projects.
(C) Developing countries should work to establish policies to coordinate energy planning.
(D) The European Commission should encourage all countries to adopt a biofuels program.
(E) The results of this research on biofuels should be available to the public in a few months.

17. **(ADVOGADO – PETROBRÁS – 2006 – CESGRANRIO)** In (line 48), "Although Europe relies less on oil than the USA," could be paraphrased as:

(A) Despite the fact that the USA is a major oil supplier.
(B) As Europe is less dependent on oil than the United States.
(C) Even though Europe consumes less oil than the United States.
(D) Because Europe is not so dependent on oil as the United States.
(E) Europe's dependency on oil, however, is greater than that of the USA.

18. **(ADVOGADO – PETROBRÁS – 2006 – CESGRANRIO)** In "...it is unlikely that Europe can replace fossil fuel entirel," (lines 54-55), **unlikely** can be replaced with:

(A) illogical.
(B) improbable.
(C) unexpected.
(D) unacceptable.
(E) unpredictable.

19. **(ADVOGADO – PETROBRÁS – 2006 – CESGRANRIO)** When Claude Mandil said that "...the problem will not be solved overnight." (line 60) he meant that:

(A) such problematic situation will never be resolved.
(B) there is no easy or quick solution for the problem.
(C) this difficult state of affairs emerged quite suddenly.
(D) the solution for this puzzle will be rather unexpected.
(E) it may be sometime before the problem becomes critical.

20. **(ADVOGADO – PETROBRÁS – 2006 – CESGRANRIO)** Check the only item in which the phrasal verb in **bold type** has the same meaning as the verb in italics.

(A) "European leaders are **calling for** a more self-sufficient energy policy ..." (lines 3-4) – demanding.
(B) "raised concerns when it **cut off** natural gas to Ukraine last month..." (lines 20-21) – delivered.
(C) "These developments have (...) and **brought about** ambitious biofuels programs." (lines 22-24) – discontinued.
(D) "Germany is reconsidering its plan to **phase out** nuclear power generation by 2020." (lines 28-29) – encourage.
(E) "The European Commission adopted (...) an ambitious biofuels program to **set off** the production of ethanol and gas ..." (lines 42-44) – discuss.

Money Doesn't Grow on Trees, But Gasoline Might

Researchers make breakthrough in creating gasoline from plant matter, with almost no carbon footprint

April 7, 2008. **National Science Foundation**

Researchers have made a breakthrough in the development of "green gasoline," a liquid identical to standard gasoline yet created from sustainable biomass sources like switchgrass and poplar trees. Reporting in the cover article of the April 7, 2008 issue of *Chemistry & Sustainability, Energy & Materials*, chemical engineer and National Science Foundation (NSF) researcher George Huber of the University of Massachusetts-Amherst and his graduate students announced the first direct conversion of plant cellulose into gasoline components.

Even though it may be 5 to 10 years before green gasoline arrives at the pump or finds its way into a jet airplane, these breakthroughs have bypassed significant difficulties to bringing green gasoline biofuels to market. "It is likely that the future consumer will not even know that they are putting biofuels into their car," said Huber.

"Biofuels in the future will most likely be similar in chemical composition to gasoline and diesel fuel used today. The challenge for chemical engineers is to efficiently produce liquid fuels from biomass while fitting into the existing infrastructure today."

For their new approach, the UMass researchers rapidly heated cellulose in the presence of solid catalysts, materials that speed up reactions without sacrificing themselves in the process. They then rapidly cooled the products to create a liquid that contains many of the compounds found in gasoline. The entire process was completed in less than two minutes using relatively moderate amounts of heat.

"Green gasoline is an attractive alternative to bioethanol since it can be used in existing engines and does not incur the 30 percent gas mileage penalty of ethanol-based flex fuel," said John Regalbuto, who directs the Catalysis and Biocatalysis Program at NSF and supported this research.

"In theory it requires much less energy to make than ethanol, giving it a smaller carbon footprint and making it cheaper to produce," Regalbuto said. "Making it from cellulose sources such as switchgrass or poplar trees grown as energy crops, or forest or agricultural residues such as wood chips or corn stover, solves the lifecycle greenhouse gas problem that has recently surfaced with corn ethanol and soy biodiesel."

Beyond academic laboratories, both small businesses and petroleum refiners are pursuing green gasoline. Companies are designing ways to hybridize their existing refineries to enable petroleum products including fuels, textiles, and plastics to be made from either crude oil or biomass and the military community has shown strong interest in making jet fuel and diesel from the same sources.

"Huber's new process for the direct conversion of cellulose to gasoline aromatics is at the leading edge of the new 'Green Gasoline' alternate energy paradigm that NSF, along with other federal agencies, is helping to promote," states Regalbuto.

http://www.nsf.gov/news/news_summ.jsp?cntn_id=111392

21. **(ADVOGADO – PETROBRÁS DISTRIB. – 2008 – CESGRANRIO)** The main purpose of this text is to

(A) report on a new kind of fuel that might harm the environment .
(B) advertise the recent findings of chemical engineers concerning gasoline components.
(C) criticize the latest research on biofuels that could not find a relevant alternative to oil.
(D) justify why corn ethanol and soy biodiesel are the Best alternatives to standard gasoline.
(E) announce a significant advance in the development of an eco friendly fuel that may impact the market.

22. **(ADVOGADO – PETROBRÁS DISTRIB. – 2008 – CESGRANRIO)** According to the text, it is NOT correct to affirm that green gasoline

(A) is cheaper to produce than ethanol.
(B) derives from vegetables and plants.
(C) can already be used in jet airplanes.
(D) requires much less energy to make than ethanol.
(E) results in smaller amounts of carbon emissions than ethanol.

23. **(ADVOGADO – PETROBRÁS DISTRIB. – 2008 – CESGRANRIO)** In the sentence "'It is likely that the future consumer will not even know that they are putting biofuels into their car,'" (lines 16-17), "It is likely that" could be substituted by

(A) Surely.
(B) Certainly.
(C) Probably.
(D) Obviously.
(E) Undoubtedly.

24. **(ADVOGADO – PETROBRÁS DISTRIB. – 2008 – CESGRANRIO)** The item "themselves" (line 27) refers to

(A) "researchers" (line 24).
(B) "materials" (line 26).
(C) "reactions" (line 26).
(D) "compounds" (line 29).
(E) "amounts" (line 31).

25. **(ADVOGADO – PETROBRÁS DISTRIB. – 2008 – CESGRANRIO)** Which alternative contains a correct correspondence of meaning?

(A) "speed up" (line 26) means accelerate.
(B) "rapidly" (line 27) is the opposite of quickly.
(C) "entire" (line 29) could not be replaced by whole.
(D) "residues" (line 43) and leftovers are antonyms.
(E) "surfaced" (line 45) and *emerged* are not synonyms.

26. **(ADVOGADO – PETROBRÁS DISTRIB. – 2008 – CESGRANRIO)** Mark the sentence in which the idea introduced by the word in bold type is correctly described.

(A) "Even though it may be 5 to 10 years before green gasoline arrives at the pump or finds its way into a jet airplane," (lines 12-14) – comparison
(B) "...while fitting into the existing infrastructure today." (lines 22-23) – consequence
(C) "...then rapidly cooled the products to create a liquid that contains many of the compounds found in gasoline." (lines 27-29) – contrast
(D) "'Green gasoline is an attractive alternative to bioethanol since it can be used in existing engines...'" (lines 32-33) – reason
(E) "'Making it from cellulose sources such as switchgrass or poplar trees grown as energy crops," (lines 40-42) – addition

27. **(ADVOGADO – PETROBRÁS DISTRIB. – 2008 – CESGRANRIO)** Paragraph 4 (lines 24-31) informs that UMass researchers produce green gasoline by

(A) creating a hot liquid from standard gasoline adding catalysts.
(B) using cellulose with liquids that catalyze gasoline in less than two minutes.
(C) applying moderate heat to compounds found in gasoline to produce a solid catalyst.
(D) slowly cooling the product of solid catalytic reactions which will produce cellulose.
(E) heating cellulose with specific catalysts and then cooling the product so it transforms into a liquid.

28. **(ADVOGADO – PETROBRÁS DISTRIB. – 2008 – CESGRANRIO)** According to this text, it might be said that corn ethanol and soy biodiesel have

(A) contributed to the greenhouse gas problem.
(B) increased consumption in cars by 30 percent.
(C) produced residues such as wood chips or corn stover.
(D) caused the extinction of sustainable biomass sources.
(E) generated a smaller carbon footprint than green gasoline.

29. **(ADVOGADO – PETROBRÁS DISTRIB. – 2008 – CESGRANRIO)** The text says that research on green gasoline has

(A) had no printed space in scientific journals.
(B) not received support from scientific foundations.
(C) found no interest among the military and the businessmen.
(D) been neglected by academic laboratories and graduate research programs.
(E) had to overcome problems to discover an efficient means of producing and marketing this fuel.

30. **(ADVOGADO – PETROBRÁS DISTRIB. – 2008 – CESGRANRIO)** The title of the text, "Money Doesn't Grow on Trees, But Gasoline Might", refers to the

(A) planting of trees near oil wells that produce gasoline.
(B) exciting possibility of developing an effective green fuel.
(C) amazing solution of diluting gasoline with forest and agricultural residues.

(D) incredible discovery of trees that produce more when irrigated with a mixture of gasoline.
(E) sensational invention of new green fuel that will cost three million dollars in reforestation.

Texto

The oil and natural gas industry has developed and applied an impressive array of innovative technologies to improve productivity and efficiency, while yielding environmental benefits. According to the U.S. Department of Energy, "the petroleum business has transformed itself into a high-technology industry."

State-of-the-art technology allows the industry to produce more oil and natural gas from more remote places – some previously unreachable – with significantly less adverse effect on the environment. Among the benefits: increased supply to meet the world's growing energy demand, reduced energy consumption at oil and natural gas facilities and refineries, reduced noise from operations, decreased size of facilities, reduced emissions of pollutants, better protection of water resources, and preservation of habitats and wildlife.

With advanced exploration and production technologies, the oil and gas industry can pinpoint resources more accurately, extract them more efficiently and with less surface disturbance, minimize associated wastes, and, ultimately, restore sites to original or better condition.

Exploration and production advances include advanced directional drilling, slimhole drilling, and 3-D seismic technology. Other segments of the industry have benefited from technological advances as well. Refineries are becoming highly automated with integrated process and energy system controls; this results in improved operational and environmental performance and enables refineries to run harder and produce more products safer than ever before. Also, new process equipment and catalyst technology advances have been made very recently to meet new fuel regulations requiring very low levels of sulfur in gasoline and diesel.

Technology advances such as these are making it possible for the oil and natural gas industry to grow in tandem with the nation's energy needs while maintaining a cleaner environment. The industry is committed to investing in advanced technologies that will continue to provide affordable and reliable energy to support our current quality of life, and expand our economic horizons. For example, we are researching fuel cells that may power the vehicles of tomorrow with greater efficiency and less environmental impact. We are investigating ways to tap the huge natural gas resources locked in gas hydrates. Gas hydrates are common in sediments in the ocean's deep waters where cold temperatures and high pressures cause natural gas and water to freeze together, forming solid gas hydrates. Gas hydrates could be an important future source of natural gas for our nation.

Some of our companies are also investigating renewable energy resources such as solar, wind, biomass and geothermal energy. By conducting research into overcoming the many technological hurdles that limit these energy resources, they hope to make them more reliable, affordable and convenient for future use. Although the potential for these energy resources is great, scientists do not expect them to be a significant part of the nation's energy mix for many decades. For this reason, the industry must continue to invest in conventional resources such as oil and natural gas. We will need to rely on these important energy resources for many decades to come.

In: http://api-ec.api.org/focus/index

31. **(ADVOGADO – PETROBRÁS TRANSP. – 2006 – CESGRANRIO)** The fragment "...an impressive array of innovative technologies..." (line 2) could best be substituted by a/an:

(A) careful selection of up-to-date technologies.
(B) remarkable number of well-known technologies.
(C) unsatisfactory arrangement of brand-new technologies.
(D) extraordinary collection of creative technologies.
(E) immense display of useful technologies.

32. **(ADVOGADO – PETROBRÁS TRANSP. – 2006 – CESGRANRIO)** According to the second paragraph, state-of-the-art technology brings many benefits, **EXCEPT**:

(A) protecting habitats and wildlife.
(B) using larger facilities.
(C) decreasing emissions of pollutants.
(D) running less noisy operations.
(E) preserving water resources.

33. **(ADVOGADO – PETROBRÁS TRANSP. – 2006 – CESGRANRIO)** The function of the fourth paragraph is to:

(A) describe in detail the automation process in oil refineries.
(B) list some technological advances that are benefiting the oil industry.
(C) criticize the new regulations that have reduced sulfur levels in fuels.
(D) demand that refineries become more automated to improve performance.
(E) explain how 3-D seismic technology can help oil production.

34. **(ADVOGADO – PETROBRÁS TRANSP. – 2006 – CESGRANRIO)** According to lines 44-50, gas hydrates:

(A) can be found in deep-water sediments.
(B) are contained in natural gas resources.
(C) have been used as a source of natural gas.
(D) may cause water to freeze under the ocean.
(E) form sediments under low temperatures and pressures.

35. **(ADVOGADO – PETROBRÁS TRANSP. – 2006 – CESGRANRIO)** In "... the industry must continue to invest in conventional resources such as oil and natural gas." (lines 60-61), the word that could replace "must" without changing the meaning of the sentence is:

(A) ought to.

(B) could.
(C) has to.
(D) may.
(E) will.

36. **(ADVOGADO – PETROBRÁS TRANSP. – 2006 – CESGRANRIO)** According to the last paragraph:

(A) people will be able to count on renewable fuels in the near future.
(B) scientists do not believe that alternative energy resources are useful.
(C) societies will depend on traditional energy resources for still many years.
(D) the limitations of renewable energy resources have finally been conquered.
(E) oil companies do not intend to make energy resources cheaper in the future.

37. **(ADVOGADO – PETROBRÁS TRANSP. – 2006 – CESGRANRIO)** The only correct statement concerning reference is:

(A) "itself" (line 5) refers to "U.S. Department of Energy".
(B) "some" (line 9) refers to "oil and natural gas".
(C) "them" (line 19) refers to "exploration and production technologies".
(D) "it" (line 35) refers to "new fuel regulations".
(E) "they" (line 55) refers to "some of our companies".

38. **(ADVOGADO – PETROBRÁS TRANSP. – 2006 – CESGRANRIO)** The only pair of antonyms is:

(A) "unreachable" (line 9) – inaccessible.
(B) "to meet" (line 11) – to reduce.
(C) "accurately" (line 19) – incorrectly.
(D) "recently" (line 33) – lately.
(E) "reliable" (line 40) – dependable.

39. **(ADVOGADO – PETROBRÁS TRANSP. – 2006 – CESGRANRIO)** Check the item in which there is a verb in the passive voice.

(A) "The oil and natural gas industry has developed and applied..." (lines 1 - 2)
(B) "Other segments of the industry have benefited from technological advances as well." (lines 25-26)
(C) "Also, new process equipment and catalyst technology advances have been made very recently..." (lines 31-33)
(D) "The industry is committed to investing in advanced technologies..." (lines 38-39)
(E) "Gas hydrates could be an important future source of natural gas..." (lines 49-50)

40. **(ADVOGADO – PETROBRÁS TRANSP. – 2006 – CESGRANRIO)** Mark the title that best expresses the main idea of the text.

(A) Fuel cell research and the latest automobile developments.
(B) How to reduce energy consumption in the U.S.
(C) The role of technology in generating environmental benefits.
(D) The impact of advanced technology on the oil and natural gas industry.
(E) Automating oil refineries to improve operational and environmental performance.

Reducing the dependence on oil

Ildo Sauer, Gas and Energy Director, Petrobras

Brazil's energy sector is following the worldwide tendency towards greater diversification of primary energy sources and the increased use of natural gas and biofuels. There are several reasons for this change. The most important are the environmental restrictions that are gradually being adopted in the world's principal energy-consuming markets and the need to reduce the dependence on oil, set against a scenario of accelerated depletion in oil reserves and escalating prices. The share of gas in Brazilian primary energy consumption has more than doubled in a short period, increasing from 4.1% in 1999 to 8.9% in 2004, and this share is forecast to rise to 12% by 2010.

Over the past two decades, the world gas industry has experienced a structural and regulatory transformation. These changes have altered the strategic behaviour of gas firms, with an intensification of competition, the search for diversification (especially in the case of power generation) and the internationalisation of industry activities. Together, these changes have radically changed the economic environment and the level of competition in the industry.

Brazil's gas industry is characterised by its late development, although in recent years, internal supply imports and demand have grown significantly — the growth trajectory of recent years exceeds that of countries with more mature markets, such as Spain, Argentina, the UK and the US. And the outlook is positive for continued growth over the next few years, particularly when set against the investment plans already announced in Brazil.

The country has a small transportation network concentrated near the coast. The distribution network is concentrated in the major consumption centres. Domestic gas sources are largely offshore in the Campos basin and Bolivia provides imports. Given the degree of gas penetration in the country's primary energy consumption, the industry is poorly developed when compared with other countries. The industry requires heavy investment in expanding the transport and distribution (T&D) networks, as well as in diversifying and increasing its supplies. Such investments are necessary for realising the industry's enormous potential.

Another key industry highlight is the changing profile of gas supply. A large part of the gas produced domestically to date has been associated with oil production. The latter diluting or even totally absorbing the costs of exploiting the gas. In most cases, gas production was feasible only in conjunction with oil production activities. However, the country's latest gas finds are non-associated. Thus, an exclusively dedicated structure must be developed to produce this gas — translating into a significant rise in production costs. This is more significant when analysed against the high costs associated with the market for exploration and production (E&P) sector equipment. In recent years, the leasing costs of drilling rigs and E&P equipment have been climbing in parallel with escalating oil prices. This directly affects endconsumer prices.

In a world of primary energy consumption diversification, of greater environmental restrictions and the reduced dependence on oil, Brazil has been seeking to develop alternative energy sources – principally natural gas and biofuels. The gas industry holds enormous potential for Brazil, although there is still a long way to go before it reaches maturity and major investment is required.

World Energy in 2006. copyright © 2006, World Energy Council. p.29-31 (adapted)

41.**(ADVOGADO – EPE – 2007 – CESGRANRIO)** The main purpose of the text is to:

(A) criticize the significant rise in production costs of gas in Brazil.
(B) list the advantages and disadvantages of the changing profile of gas supply.
(C) discuss relevant issues in the use of gas as a primary energy resource in Brazil.
(D) recommend the need for intensification of competition and greater diversification of primary energy sources.
(E) evaluate all the current environmental restrictions adopted in the world's principal energy-consuming markets.

42.**(ADVOGADO – EPE – 2007 – CESGRANRIO)** According to the author, the world gas industry, since the late 80s, has:

(A) maintained a local focus and faced huge losses.
(B) felt the need to resort to traditional power generation mechanisms.
(C) become a less competitive market due to the rising competition of biofuels.
(D) suffered changes in both the structure of the industry and the norms that regulate it.
(E) banned the internationalization of its activities in search for higher national economic advantages.

43.**(ADVOGADO – EPE – 2007 – CESGRANRIO)** In Brazil, the gas industry can currently be considered:

(A) a segment growing at a slow rate, despite the forecast of a few prospective investments in the area.
(B) a promising economic segment that has recently exceeded results of more traditional markets.
(C) more mature than the Argentinian gas industry, yet not as profitable.
(D) feasible, as it requires no investment in transport and distribution.
(E) potentially weak in terms of national demands for its growth.

44.**(ADVOGADO – EPE – 2007 – CESGRANRIO)** Mark the only correct statement.

(A) "this change" (line 4) refers to "reasons" (line 4).
(B) "that of" (line 26) refers to "years" (line 26).
(C) "its" (line 42) refers to "industry" (line 39).
(D) "The latter" (line 47) refers to "gas produced domestically" (lines 45-46).
(E) "This" (line 53) refers to "(E&P) sector equipment" (line 56).

45.**(ADVOGADO – EPE – 2007 – CESGRANRIO)** According to the text, which of the following is **NOT** going to be a problem for the future of the gas industry in Brazil?

(A) The need for Bolivian imports and the domestic offshore gas sources.
(B) The need for intense capital investments to expand the distribution networks.
(C) The restricted transportation network and its concentration along the Brazilian coastline.
(D) The increased competition in the world market, which can easily stifle the sector in Brazil.
(E) The interest of Brazilian authorities in developing alternative energy sources including biofuels and natural gas.

46.**(ADVOGADO – EPE – 2007 – CESGRANRIO)** Choose the only alternative that corresponds in meaning to the following sentence in Paragraph 5 ***"Given the degree of gas penetration in the country's primary energy consumption, the industry is poorly developed when compared with other countries."***(lines 36 - 39).

(A) The Brazilian gas industry is less developed in relation to that of other countries if one considers the share of gas in Brazilian primary energy consumption.
(B) The Brazilian government gives large incentives for an increased penetration of primary energy sources in the market.
(C) The degree of industrial development in Brazil is poor and requires alternative primary energy sources from other countries.
(D) The poor development of the gas industry in other countries results in a lower share in primary energy consumption.
(E) The gas penetration in Brazilian primary energy consumption reveals a poorly developed country.

47.**(ADVOGADO – EPE – 2007 – CESGRANRIO)** Check the only correct option.

(A) "depletion" (line 9) means the same as **abundance**.
(B) "forecast" (line 13) and **backcast** are perfect antonyms.
(C) "set against" (line 30) and **set forth** have equivalent meanings.
(D) "to date" (line 46) and **until** now have the same meanings.
(E) "feasible" (line 49) means **unlikely**.

48. **(ADVOGADO – EPE – 2007 – CESGRANRIO)** According to Paragraph 6 (lines 44 - 59), it is correct to state that:

(A) production costs will not affect end-consumer prices in the gas industry.
(B) the need for drilling rigs and other equipment for exploring gas are not major concerns for the Brazilian gas industry.
(C) the most recently found sources of gas have the advantage of being associated with oil exploration and production.
(D) the production of gas in Brazil has, until recently, been separated from the production of oil and has thus been economically advantageous.
(E) heavy investment in a gas-dedicated structure will be the major drawback for the exploration and production of the recently found gas supplies.

49. **(ADVOGADO – EPE – 2007 – CESGRANRIO)** Check the item in which there is an **INCORRECT** correspondence between the idea expressed by the words **in bold type** and the idea in *italics*.

(A)	"— the growth trajectory of recent years exceeds that of countries with more mature markets, such as Spain, Argentina, the UK and the US." (lines 25-28)	Such as ⇨ example
(B)	"The industry requires heavy investment in expanding the transport and distribution (T&D) networks, as well as in diversifying and increasing its supplies." (lines 39-42)	As well as ⇨ addition
(C)	"However, the country's latest gas finds are non-associated." (lines 50-51)	However ⇨ contrast
(D)	"Thus, an exclusively dedicated structure..." (lines 51-52)	Thus⇨result
(E)	"The gas industry holds enormous potential for Brazil, although there is still a long way to go..." (lines 64-65)	Although ⇨consequence

"Natural gas is fast becoming the economic and environmental fuel of choice. The last 30 years have seen the global industry almost triple in size and similar growth can be expected in the next 30, as national governments and global industry look to gas to ensure the stability and diversity of their energy supplies."

50. **(ADVOGADO – EPE – 2007 – CESGRANRIO)** This comment by Linda Cook, Executive Director of a British Gas and Power Company, reproduces a similar idea to that in the following segment from Ildo Sauer's text:

(A) "Brazil's energy sector is following the worldwide tendency towards greater diversification of primary energy sources and the increased use of natural gas and biofuels." (lines 1-4)
(B) "Over the past two decades, the world gas industry has experienced a structural and regulatory transformation." (lines 14-16)
(C) "The distribution network is concentrated in the major consumption centres." (lines 33-34)
(D) "The industry requires heavy investment in expanding the transport and distribution (T&D) networks," (lines 39-41)
(E) "In most cases, gas production was feasible only in conjunction with oil production activities." (lines 48-50)

REPORT: BIOFUELS POISED TO DISPLACE OIL

Biofuels such as ethanol and biodiesel can significantly reduce global dependence on oil, according to a new report by the Worldwatch Institute.

Last year, world biofuel production surpassed 670,000 barrels per day, the equivalent of about 1 percent of the global transport fuel market. Although oil still accounts for more than 96 percent of transport fuel use, biofuel production has doubled since 2001 and is poised for even stronger growth as the industry responds to higher fuel prices and supportive government policies. "Coordinated action to expand biofuel markets and advance new technologies could relieve pressure on oil prices while strengthening agricultural economies and reducing climatealtering emissions," says Worldwatch Institute President Christopher Flavin.

Brazil is the world's biofuel leader, with half of its sugar cane crop providing more than 40 percent of its nondiesel transport fuel. In the United States, where 15 percent of the corn crop provides about 2 percent of the non-diesel transport fuel, ethanol production is growing even more rapidly. This surging growth may allow the U.S. to overtake Brazil as the world's biofuel leader this year. Both countries are now estimated to be producing ethanol at less than the current cost of gasoline. Figures cited in the report reveal that biofuels could provide 37 percent of U.S. transport fuel within the next 25 years, and up to 75 percent if automobile fuel economy doubles. Biofuels could replace 20–30 percent of the oil used in European Union countries during the same time frame.

As the first-ever global assessment of the potential social and environmental impacts of biofuels, ***Biofuels for Transportation*** warns that the large-scale use of biofuels carries significant agricultural and ecological risks. "It is essential that government incentives be used to minimize competition between food and fuel crops and to discourage expansion onto ecologically valuable lands," says Worldwatch Biofuels Project Manager Suzanne Hunt. However, the report also finds that biofuels have the potential to increase energy security, create new economic opportunities in rural areas, and reduce local pollution and emissions of greenhouse gases. The long-term potential of biofuels is in the use of non-food feedstock that include agricultural, municipal, and forestry wastes as well as fast-growing, cellulose-rich energy crops such as switchgrass. It is expected that the combination of cellulosic biomass resources and "nextgeneration" biofuel conversion technologies will compete with conventional gasoline and diesel fuel without subsidies in the medium term. The report recommends policies to accelerate the development of biofuels, while maximizing the benefits and minimizing the risks. Recommendations include: **strengthening the market** (i.e. focusing on market development, infrastructure development, and the building of transportation fleets that are able to use the new fuels), **speeding the transition to next-generation technologies** allowing for dramatically increased production at lower cost, and **facilitating sustainable international biofuel trade**, developing a true international market unimpeded by the trade restrictions in place today.

Worldwatch Institute - June 7, 2006. Adapted from: http://www.worldwatch.org/node/4079

51. **(ADVOGADO – REPAF – 2007 – CESGRANRIO)** The main purpose of the text is to:

(A) criticize the release of the report *Biofuels for Transportation*.
(B) highlight the potential of biofuels as substitutes for conventional fuels.
(C) expose the several risks associated with the use of biofuels in transportation.
(D) suggest the elimination of oil as transport fuel to reduce pollution and emissions of greenhouse gases.
(E) warn against the agricultural and ecological damages associated with the production of biofuels.

52. **(ADVOGADO – REFAP – 2007 – CESGRANRIO)** Based on what Christopher Flavin, President of the Worldwatch Institute, has said, it is possible to state that:

(A) reducing climate-altering emissions ought to relieve pressure on oil prices.
(B) strengthening agricultural economies will naturally increase the environmental impact of oil production.
(C) creating new technologies is an alternative to expanding biofuel markets in an effort to reduce oil prices.
(D) extending the market for biofuels will ultimately reduce the price of oil and improve agricultural economies.
(E) in fighting against higher fuel prices and supportive government polices, the Worldwatch Institute will support the growth of oil production.

53: **(ADVOGADO – REFAP – 2007 – CESGRANRIO)** According to the text, Brazil:

(A) actually grows 40% of the sugar cane crop in the world.
(B) currently produces biofuel that costs far more than gasoline.
(C) will eventually lead the world market of non-diesel transport fuel.
(D) competes with the United States for the 2% of non-diesel transport fuel.
(E) will possibly be surpassed by the United States in terms of biofuel production.

54: **(ADVOGADO – REFAP – 2007 – CESGRANRIO)** "This surging growth..." (line 21) refers to:

(A) ethanol production.
(B) sugar cane crop.
(C) corn crop.
(D) gasoline.
(E) diesel.

55. **(ADVOGADO – REFAP – 2007 – CESGRANRIO)** Some of the benefits of the increase in biofuel production listed by the author are:

(A) increase the profits achieved in agriculture and maximize ecological risks.
(B) boost energy security and hinder next-generation biofuel conversion techniques.
(C) improve the economic potential of rural areas and reduce global dependence on oil.
(D) reduce pollution in rural areas and minimize competition between food and fuel crops.
(E) control emission of greenhouse gases and discourage expansion onto ecologically valuable lands.

56. **(ADVOGADO – REFAP – 2007 – CESGRANRIO)** Check the item in which there is an **INCORRECT** correspondence between the idea expressed by the words in bold type and the idea in *italics*.

(A)	"**Although** oil still accounts for more than 96 percent of transport fuel use, biofuel production has doubled …" (lines 6-8)	**Although** *consequence*
(B)	"However, the report also finds that biofuels have the potential to …" (lines 39-40)	However contrast
(C)	"…forestry wastes as well as fastgrowing, cellulose-rich energy crops …" (lines 45-46)	as well as addition
(D)	"cellulose-rich energy crops such as switchgrass." (lines 45-46)	such as example
(E)	"...policies to accelerate the development of biofuels, while maximizing the benefits…" (lines 51-52)	while simultaneity

What are the best jobs of 2008?

If you're job hunting in the professional or serviceoriented fields, we have good news. Of the ten categories into which the Bureau of Labor Statistics (BLS) divides jobs, the "professional" and "service" categories — already the two largest in the economy — will boast the most job openings in 2008. In the next decade, 17 percent more employees will be employed in these two categories than are today, nearly double the expansion of other categories. With an increase in demand, professional and service jobs, which include professions like educator, scientist, health care worker and artist in the "professional" category, and police officer, child caretaker and cosmetologist in the "service" category, will also add roughly a million new jobs to the economy. By comparison, other categories such as construction, sales and administration, are predicted to grow by only 10 percent; all eight other occupational groups combined will add only about half a million jobs to the economy in 2008.

But wait a second: Aren't we heading for recession? Where are all these open jobs coming from? While new jobs are being created, they don't represent the majority of the open positions workers will see this year. Career switching and baby-boomer retirement will create a higher turnover than ever, which will continue to increase the supply of jobs available. The Bureau of Labor Statistics notes that while a slightly expanding economy is spurring job growth in a majority of fields, "the need to replace workers who leave a field permanently is expected to create more openings than growth will."

According to Chris Higgins, Senior Associate Director of Career Management at the University of Pennsylvania's Wharton School, the retirement boom has increased students' interest in general management rotation programs, introduced by many companies to prevent the loss of a record number of retirees. He notes that companies are using these rotation programs as a way of "fast-tracking" replacements in management, and students are using them as a way of getting a taste for different departments and niches within a company. "It turns out to benefit the employers as well as the employees," observes Higgins.

If you're job searching in certain occupational groups — namely farming, production, or transportation — you're looking at slow or negative growth and poor job availability. Peer occupational groups, however, are hiring at a brisker pace: construction, administration, and maintenance and repair are all groups that are experiencing healthy growth or job availability. On the other hand, if you're looking in the white-collar realm, you're better set for 2008; both growth and availability are predicted to be healthy for the foreseeable future.

Within the "professional" rubric, three particular sectors are displaying the most aggressive growth rates: computer/mathematical, community/social service, and health practices jobs are each projected to grow by more than 20 percent in the next decade, with education/library jobs following at 14 percent. That means that if you're an aspiring teacher or health worker, you won't be looking for jobs — the jobs will be looking for you.

While computer and mathematical science jobs are projected to grow at nearly double the rate of other types of jobs, growth in this demographic has actually slowed in the last decade "as the software industry matures and as routine work is increasingly outsourced abroad," says the BLS. There's still healthy hiring here, however, and some experts are saying computer science jobs will be in increasing demand. "Tech firms are picking up hiring again," Higgins notes, "in a way they haven't in nearly a decade." Companies like Google are hiring online sales, operations, and Internet services employees in droves. In short, computer and mathematical experts continue to be a sought-after demographic. They may not see the same demand that educators and health professionals are enjoying anytime soon, but it may not be long before the tech industry reaches 90s-level hiring and growth once again.

By Chris Dannen. Portfolio.com updated 5:22 p.m. ET Feb. 22, 2008.

57. (ADVOGADO – BNDES – 2008 – CESGRANRIO) The main purpose of this text is to

(A) point out the most promising careers in the near future.
(B) discuss the growth of the economy in the technical sector only.
(C) advise companies to implement rotation programs for students.
(D) criticize new college programs that train professionals for the new markets.
(E) warn against the negative health effects of early retirement for baby-boomers.

58. (ADVOGADO – BNDES – 2008 – CESGRANRIO) The fragment "But wait a second: Aren't we heading for recession?" (line 19) reveals an attitude of

(A) anger and shock.
(B) surprise and irony.
(C) resignation and hope.
(D) refusal and complaint.
(E) indifference and submission.

59. (ADVOGADO – BNDES – 2008 – CESGRANRIO) In lines 20-29, Chris Dannen, the author of the text, states that the new job openings available are a result of

I. people moving into other careers or occupations;
II. the implementation of new professional positions;
II. women who leave their jobs to take care of their babies;
IV. the retirement of the workers who have reached their 60s.

The **ONLY** correct statement(s) is(are)

(A) III.
(B) I and III.
(C) III and IV.
(D) I, II and IV.
(E) II, III and IV.

60. (ADVOGADO – BNDES – 2008 – CESGRANRIO) According to Paragraph 4 (lines 30-41), why are rotation programs beneficial to the companies that implement them?

(A) Such programs help managers learn more about the companies before they retire.

(B) Employees are switching to and from different departments in order to find the one that pays best.
(C) Most retirees are interested in going back to work in their companies to prevent financial losses.
(D) The companies need to increase the supply of jobs available and, therefore, implement rotating shifts for employees.
(E) It is a way to train college students in different areas in the company and train professionals who will be able to replace the retiring managers.

61. **(ADVOGADO – BNDES – 2008 – CESGRANRIO)** Which of the following occupations are **NOT** seen as promising?

(A) Teaching, child caretaker and police officer.
(B) Health care jobs and community social service.
(C) Cosmetologist, computer science specialist and librarian.
(D) Farming, positions in the transport or production industry.
(E) Business administration, technical maintenance or repair.

62. **(ADVOGADO – BNDES – 2008 – CESGRANRIO)** Check the option that contains a correct correspondence of meaning.

(A) "roughly" (line 13) and approximately are antonyms.
(B) "spurring" (line 26) and preventing are synonyms.
(C) "replacements" (line 37) and substitutions have the same meaning.
(D) "brisker" (line 45) could not be substituted by quicker.
(E) "displaying" (line 53) and showing express contrasting ideas.

63. **(ADVOGADO – BNDES – 2008 – CESGRANRIO)** "... if you're an aspiring teacher or health worker, you won't be looking for jobs – the jobs will be looking for you." (lines 57-59) implies that

(A) employers will be seeking for teachers to work in healthrelated jobs.
(B) employers are expected to hire fewer teachers and health workers than they do nowadays.
(C) there will be plenty of job positions available for teachers and health workers.
(D) it will not be easy to find a position as a teacher or health worker in the near future.
(E) only teachers and health workers will need to find new jobs in other fields.

64. **(ADVOGADO – BNDES – 2008 – CESGRANRIO)** In terms of reference, it is correct to affirm that

(A) "17 percent more employees..." (lines 6-7) refers to employees in the construction, sales and administration categories.
(B) "nearly double the expansion..." (line 8) refers to the expansion of the professional and service categories.
(C) "are predicted to grow by only 10 percent;" (lines 15-16) refers to the growth of jobs in all eight other occupational groups.
(D) "...14 percent." (line 57) refers to estimated increase of community and social service jobs.
(E) "...nearly double the rate of other types of jobs," (lines 61-62) refers to the predicted growth of educational and library jobs.

65. **(ADVOGADO – BNDES – 2008 – CESGRANRIO)** Check the item where there is a correct correspondence between the **boldfaced** word(s) and the idea in italics.

(A) "**If** you're job hunting in the professional or service-oriented fields, we have good news." (lines 1-2) – consequence.
(B) "**While** new jobs are being created, they don't represent the majority of the open positions workers will see this year." (lines 20-22) – exemplification.
(C) "Peer occupational groups**, however**, are hiring at a brisker pace:" (lines 45-46) – addition.
(D) "**On the other hand**, if you're looking in the white-collar realm, you're better set for 2008;" (lines 48-49) – condition
(E) "**In short**, computer and mathematical experts continue to be a sought-after demographic." (lines 70-72) - concluding summary.

66. **(ADVOGADO – BNDES – 2008 – CESGRANRIO)** According to the last paragraph in the text, which statement is true about the IT (Information Technology) job market?

(A) Computer science jobs will only be available for healthy professionals.
(B) Tech firms are on their way to show the same employment rates of the 90s.
(C) Companies such as Google are significantly cutting down their regular labor force in different areas.
(D) The BLS states that the software industry has eliminated job reduction in the previous decade because of the tendency to outsource abroad.
(E) The IT industry has matured and suffered a slower growth rate in hiring during the last decade and this is not expected to change in 2008.

INTERNATIONAL WOMEN'S DAY

Some 40 women entrepreneurs from the Middle East and North Africa told a World Bank-sponsored roundtable that education and wealth were usually not enough to overcome barriers to business in their countries. The women made it clear they still faced barriers men might not.

For example, a Harvard-educated woman had to establish a medical waste management company under her brother's name, because women were not allowed to be issued licenses in her country. Another woman building the first private petrochemical terminal in the Persian Gulf could not take her two foreign business partners to lunch because she had to sit in the women's section of the restaurant.

The examples show that women make up an increasing number of small, medium and large-scale producers, investors, and entrepreneurs in the Middle East and North Africa region, and they are creating significant number of jobs in the process. But as the world marks International Women's Day today, the examples also show there are many, usually gender-based, obstacles in their way – including obstructed access to decision makers, inaccessibility of finance, unequal treatment under the law, and resistant social norms.

The women who took part in the World Bank's recent roundtable were among those who made it despite the hurdles – successful owners or founders of businesses in a wide variety of sectors from Algeria, Morocco, Tunisia, Libya, Egypt, WBG, Lebanon, Iraq, Iran, Jordan, Kuwait, Saudi Arabia, Bahrain, Qatar, Yemen, Syria and the United Arab Emirates. But as statistics and anecdotal evidence show many other women are held back, costing the Middle East and North African countries millions of jobs; the region has the world's lowest rate — 32 percent — of female workforce participation.

"The World Bank's goal is to increase women's entrepreneurship to strengthen the private sector, create jobs, and advance women's empowerment through economic opportunities," says Nadereh Chamlou, Senior Advisor and Gender Coordinator in the Office of the Chief Economist for the Bank's Middle East and North Africa (MENA) region. The Middle East and North Africa region needs to create some 90 million jobs over the next 20 years — "twice as fast as in the past," says Mustapha Nabli, Chief MENA Economist at the World Bank. "These jobs can only be created by a competitive and diversified private sector, since the public sector and oil-driven models of the past have failed to create the needed jobs." [...]

Women in the Middle East and North Africa have considerable financial resources, sometimes through inheritance. A study in one country found $26.6 billion in women's bank accounts sitting idle because of laws and regulations, which prevented women from opening businesses. Other obstacles were more cultural than structural, such as the negative perception often attached to working women in the Middle East and North Africa. [...]

In the United States, women-owned business is the fastest growing segment of the private sector – which has an impact on the productivity and competitiveness of the economy. With the investments that the Middle East and North Africa has made to advance women's education, identifying and removing barriers that women face to start up their businesses can spur growth, according to the Bank.

News and Broadcast, March 8, 2006

67. **(ADVOGADO – BNDES – 2006 – CESGRANRIO)** The main purpose of the text is to:

(A) reveal that, in some parts of the world, women entrepreneurs come up against gender-based discrimination.
(B) report that female workforce participation is very low in the Middle East and in North African countries.
(C) discuss the impact that the recent growth of businesses run by women has on the economy of the U.S.
(D) criticize the public sector in several world regions for not being able to create the needed jobs.
(E) list a few countries in which women overcame barriers to become successful business owners.

68. **(ADVOGADO – BNDES – 2006 – CESGRANRIO)** Where in the passage are there examples of obstacles some women have to face in the business world?

(A) Paragraphs 1, 2 and 3.
(B) Paragraphs 2, 3 and 4.
(C) Paragraphs 2, 3 and 5.
(D) Paragraphs 2, 3 and 6.
(E) Paragraphs 3, 4 and 5.

69. **(ADVOGADO – BNDES – 2006 – CESGRANRIO)** According to the text, one of the obstacles faced by women in the Middle East and North Africa is:

(A) easy access to people who decide.
(B) high status of working women.
(C) availability of financing.
(D) flexible social norms.
(E) unfair legal treatment.

70. **(ADVOGADO – BNDES – 2006 – CESGRANRIO)** In "The women who took part in ... were among **those who made it** despite the hurdles–" (lines 25-27), "those who made it" refers to women who:

(A) achieved success.
(B) anticipated hurdles.
(C) created obstacles.
(D) fought and failed.
(E) gave it all up.

71. **(ADVOGADO – BNDES – 2006 – CESGRANRIO)** The statement "A study in one country found $26.6 billion in women's bank accounts **sitting idle**..." (lines 51-52), means that this large amount of money:

(A) will be invested in a study.
(B) is not being used at the moment.
(C) cannot be taken out of the country.
(D) has been confiscated by the bank.
(E) has been inherited by women.

72. **(ADVOGADO – BNDES – 2006 – CESGRANRIO)** The words "establish" (line 8) and "prevented" (line 53) could be replaced in text with, respectively:

(A) purchase – avoided.
(B) certify – refrained.
(C) set up – stopped.
(D) register – escape.
(E) create – disturbed.

73. **(ADVOGADO – BNDES – 2006 – CESGRANRIO)** Mark the option in which there is a correct correspondence between pronoun and referent.

(A) "it" (line 5) – "business" (line 4).
(B) "her" (line 9) – "a Harvard-educated woman" (line 7).
(C) "they" (line 18) – "examples" (line 15).
(D) "which" (line 59) – "the private sector" (line 59).

(E) "their" (line 64) – "barriers" (line 63).

74. **(ADVOGADO – BNDES – 2006 – CESGRANRIO)** Check the item in which "make up" is used in the same sense as in the sentence "The examples show that women **make up** an increasing number of small, medium and large-scale producers," (lines 15-17).

(A) Some non-governmental organizations are **making up** parcels of old clothes to donate to the Red Cross.
(B) North African entrepreneurs must **make up** what they owe before the end of the month.
(C) Most workers in that company had to **make up** all the work they missed when they were ill.
(D) The World Bank **made up** the money to the amount the committee needed.
(E) Female representatives from all Middle East countries **make up** the business committee.

75. **(ADVOGADO – BNDES – 2006 – CESGRANRIO)** Check the item in which the word(s) in **boldtype** can be replaced in the sentence by the one(s) in italics.

(A) "**because** women were not allowed to be issued licenses in her country." (lines 9-10) – *thus*
(B) "The women who ... were among those who made it **despite** the hurdles–" (lines 25-27) – *in spite of.*
(C) "**But** as statistics and anecdotal evidence show many other women are held back," (lines 31-32) – *moreover.*
(D) "...**since** the public sector and oil-driven models of the past have failed to create the needed jobs." (lines 47-48) – *therefore.*
(E) "**such as** the negative perception often attached to working women in the Middle East and North Africa." (lines 55-56) – *once.*

76. **(ADVOGADO – BNDES – 2006 – CESGRANRIO)** Mark the only correct statement according to the last paragraph of the text.

(A) Most private-owned businesses in the United States belong to prosperous and successful women.
(B) North American female entrepreneurs are more productive and competitive than their male counterparts.
(C) Middle Eastern and North African countries have invested large sums of money to improve local economy.
(D) The World Bank believes that enabling women in the Middle East and North Africa to open businesses can stimulate economic development.
(E) The removal of all economic and social barriers to businesses owned by women worldwide is of vital importance to global economy.

A FADED GREEN

Shades of peach adorn America's recently redesigned $20 note, but currency traders care little for pretty colours. The dollar has steadily been losing value in the foreign-exchange markets. This week it reached its low against the euro since the single European currency was launched in 1999, breaking through $1.20. The dollar has fallen by 31% against the euro from its peak in July 2001. Recently it has also hit a three-year low against the yen and a five-year low against sterling.

It may seem curious that the dollar is falling when America is enjoying a remarkable burst of growth and Europe looks far less lively. America's GDP grew at an annual rate of 8.2% in the third quarter. The Institute of Supply Management's widely watched index of manufacturing activity hit a 20-year high in November. Meanwhile, the euro area's economies are on the mend, but are expected to grow by only 0.5% this year and 1.8% next, according to The Economist's monthly poll of economic forecasters.

However, currencies are not economic virility symbols, but assets on which investors expect a return. The dollar used to be buoyant because investors expected to make more from dollar assets than from those denominated in other currencies. Now they are not so sure. Their worries over America's twin deficits, on the current-account and the federal budget, loom large. With a current-account deficit of 5% of GDP, America must borrow $2 billion each business day. Tax cuts, spending on the war in Iraq and a new scheme to provide prescription drugs to the old are dragging the government's books into disarray.

How much further might the dollar fall? Predicting the future price of a currency is useless. But there are good reasons to believe that over the medium term the dollar could drop a lot lower, especially against the euro. Whether that will have the desired effects, in reducing America's imbalances, or in causing the expected chaos in Europe's economies, is a different question.

A stronger euro should be bad news for European firms, even if it means cheaper Florida holidays for their employees. A rise in the euro against the dollar causes exports from European firms to become more expensive relative to American ones, cutting into Europe's sales. Similarly, American firms' products become relatively cheaper, both for Americans and for foreign buyers. By creating more exports and curbing imports, a weaker dollar should thus help to cut America's huge currentaccount deficit.

Or so the textbooks have it. In the past, a falling dollar has indeed reduced America's imports. In the 1980s, the last time America had such a large currentaccount deficit relative to GDP, an agreement to let the dollar depreciate helped to reduce America's consumption of Japanese cars and Swiss watches.

But there is reason to think that these days currency movements are not as effective as they once were in bringing economies into balance. A recent report of an investment bank doubts that a sliding dollar will do much to eliminate America's trade and current-account imbalances.

In an increasingly integrated global economy, companies' pricing power has been eroded around the world. In addition, low inflation has made price increases more obvious. So it is more difficult for a European car company, say, to raise its prices in America in response to a stronger euro. According to a study cited in the report, the ability to pass on the effects of a stronger currency has been waning in recent years.

The Economist, Dec. 6, 2003 http://www.tradewithvision.com/kbase/pdf/fadedGreen.pdf

77. **(ADVOGADO – BNDES – 2004 – CESGRANRIO)** In the sentence "Shades of peach adorn America's recently redesigned $20 note, but currency traders care little for pretty colours." (lines 1-3), the author means that:

(A) currency traders are not really concerned about aesthetic changes in dollar notes.
(B) currency traders are very worried about the recent changes in some dollar bills.
(C) currency traders prefer the traditional green dollar notes to the newly designed ones.
(D) the exchange market is totally against the use of pretty colours in currency notes.
(E) the attractive new colours in most dollar notes are totally unimportant in the trade market.

78. **(ADVOGADO – BNDES – 2004 – CESGRANRIO)** And (line 9) introduces an idea of addition. Check the option in which the idea introduced by the word in the first column is correctly stated.

(A) Since (line 5) – cause.
(B) But (line 17) – condition.
(C) Even (line 40) – conclusion.
(D) Thus (line 47) – consequence.
(E) So (line 64) – opposition.

79. **(ADVOGADO – BNDES – 2004 – CESGRANRIO)** According to line 16, "the euro area's economies are **on the mend**," which means that they are:

(A) improving.
(B) stagnant.
(C) perfectly healthy.
(D) getting worse.
(E) in trouble.

80. **(ADVOGADO – BNDES – 2004 – CESGRANRIO)** The fragment "Tax cuts, spending on the war in Iraq and (...) are dragging the government's books into disarray." (lines 28-31) suggests that such books will soon be:

(A) under control.
(B) under severe investigation.
(C) fully inaccurate.
(D) absolutely useless.
(E) in a state of disorder.

81. **(ADVOGADO – BNDES – 2004 – CESGRANRIO)** In the 1980s, according to lines 50-54, a weaker dollar:

(A) forced American consumers to stop buying foreign cars and watches.
(B) made the United States discontinue imports from Japan and Switzerland.
(C) contributed to the decrease of sales of Japanese cars and Swiss watches in the U.S.
(D) caused a rise in prices of cars and watches in Japan and in Switzerland, respectively.
(E) was the result of an agreement between car makers and the U.S. government.

82. **(ADVOGADO – BNDES – 2004 – CESGRANRIO)** Mark the only true statement concerning the ideas presented in paragraphs 4 to 7.

(A) Although it is difficult to guess the future price of a currency, it can be safely predicted that the dollar will soon drop slightly against other currencies.
(B) European firms may benefit from a stronger euro, since their exports will cost more than those from America.
(C) The employees of European companies cannot spend their holidays in Florida because the whole trip is too expensive for them.
(D) The present current-account deficit relative to the GDP is the first the United States has since the eighties.
(E) The report mentioned in the text insists that a devaluation of the dollar will bring U.S. economy into balance.

83. **(ADVOGADO – BNDES – 2004 – CESGRANRIO)** Mark the option that best reflects the rhetorical structure of the last paragraph of the text.

(A) Problem-solution.
(B) Time sequence.
(C) Definition and exemplification.
(D) Listing and classification.
(E) Cause and effect.

84. **(ADVOGADO – BNDES – 2004 – CESGRANRIO)** Check the correct statement about vocabulary.

(A) Remarkable (line 11) and uncommon are synonymous.
(B) Lively (line 12) is the opposite of deadly.
(C) Quarter (line 13) refers to a period of four months.
(D) Curbing (line 46) could be replaced by encouraging.
(E) These days (line 55) means actually.

85. **(ADVOGADO – BNDES – 2004 – CESGRANRIO)** Mark the correct statement concerning reference.

(A) Its (line 7) refers to euro.
(B) Those (line 23) refers to investors.
(C) Their (line 25) refers to investors.
(D) Ones (line 43) refers to European firms.
(E) It (line 64) refers to European car company.

86. **(ADVOGADO – BNDES – 2004 – CESGRANRIO)** Mark the sentence that could also be completed with ON, as in "to pass on the effects" (line 67).

(A) The board meeting may be put _____ until next week.
(B) African nations always depended heavily _____ food imports.

(C) Because of the elections on Thursday, classes will be called _____ .
(D) The Minister's assistants have to carry ______ many administrative duties.
(E) You should be concerned if your application for a credit card has been turned _____.

87.**(ADVOGADO – BNDES – 2004 – CESGRANRIO)** Current-account deficit" (line 27) means a deficit in the current account. Check the option in which the phrase is **INCORRECTLY** explained.

(A) A risk-taking, hard-working financial advisor = a financial advisor who takes risks and works hard.
(B) A four-million-dollar twelve-storey building = a building with twelve stories that is worth four million dollars.
(C) A three-hundred-page, double-spaced report = a report that has three hundred pages and is written with double space.
(D) Twenty green-colored ten-dollar bills = twenty bills of ten dollars, in the color green.
(E) Three financially-troubled government-owned companies = three financial companies that have caused troubles to the government.

88.**(ADVOGADO – BNDES – 2004 – CESGRANRIO)** Check the only item that **DOES NOT** contain an adjective used in the comparative form.

(A) "It may seem curious that the dollar is falling when America is enjoying a remarkable burst of growth and Europe looks far less lively." (lines 10-12)
(B) The dollar used to be buoyant because investors expected to make more from dollar assets than from those denominated in other currencies." (lines 22-24)
(C) "A rise in the euro against the dollar causes exports from European firms to become more expensive relative to American ones," (lines 41-43)
(D) "Similarly, American firms' products become relatively cheaper, both for Americans and for foreign buyers." (lines 44-45)
(E) "But there is reason to think that these days currency movements are not as effective as they once were in bringing economies into balance." (lines 55-57)

89.**(ADVOGADO – BNDES – 2004 – CESGRANRIO)** Check the item in which the detached verb expresses a necessity.

(A) "It **may** seem curious that the dollar is falling..." (line 10)
(B) "...America **must** borrow $2 billion each business day." (lines 27-28)
(C) "How much further **might** the dollar fall?" (line 32)
(D) "... the dollar **could** drop a lot lower," (lines 34-35)
(E) "...a weaker dollar **should** thus help to cut America's (...) deficit." (lines 46-48)

90.**(ADVOGADO – BNDES – 2004 – CESGRANRIO)** Complete the text below so that it could be a possible and meaningful paragraph to continue the article you have read.

"Other factors also weaken the power of currency movements. Rather than _____ prices when their 'home' currency strengthens, foreign firms may hold prices and accept _____ margins, especially if they think the currency will weaken again or if they are determined to _____ the market share."

The appropriate words are:

(A) push up – higher – increase
(B) maintain – reduced – preserve
(C) reduce – unchanged – lose
(D) increase – affordable – reduce
(E) raise – lower – maintain

91.**(ADVOGADO – BNDES – 2004 – CESGRANRIO)** Check the option which **DOES NOT** have a verb in the passive voice.

(A) "... the single European currency was launched in 1999," (lines 5-6)
(B) "...but are expected to grow by only 0.5% this year..." (line 17)
(C) "The dollar used to be buoyant because investors expected to make more from dollar assets..." (lines 2223)
(D) "... companies' pricing power has been eroded around the world." (lines 62-63)
(E) "According to a study cited in the report," (line 66)

GLOBAL PETROLEUM

The outlook for oil supply and demand fundamentals over the next two years points to an easing of the oil market balance in 2009. Higher non-OPEC production and planned additions to OPEC capacity should more than offset expected moderate world oil demand growth, and relieve some of the tightness in the market. As a result, surplus production capacity could grow from its current level of under 2 million to over 4 million barrels per day by the end of 2009. This balance suggests some price softening, although delays or downward revisions in capacity additions in both OPEC and non-OPEC nations could alter the outlook, as could OPEC production decisions. World oil consumption is expected to rise by 1.6 million barrels per day in both 2008 and 2009 compared with the estimated 1 million barrels per day increase recorded last year. The larger volume gains expected in 2008 and 2009 compared with 2007 mainly reflect higher consumption expected in the Organization for Economic Cooperation and Development (OECD), particularly Europe, where weather factors constrained oil consumption last year. Projections of continued strong world economic growth will spur oil consumption gains in a number of non-

OECD markets, including China, non-OECD Asia, and the Middle East countries, over the next 2 years. OPEC members' production decisions and the pace and timing of capacity additions in a number of countries will play a key role in determining oil market trends over the next 2 years. The Energy Information Administration projects that OPEC crude oil production will average about 32.6 million barrels per day in 2008 and 31.8 million barrels per day in 2009 compared with the 31.7 million barrels per day seen during the fourth quarter of 2007. Increased production from Angola, Saudi Arabia, Kuwait, and Iraq boosted OPEC's crude output during the fourth quarter 2007.

Non-OPEC production is expected to rise by about 0.9 million barrels per day in 2008 and by 1.6 million barrels per day in 2009. This compares with a gain of 0.6 million barrels per day recorded last year. Azerbaijan, Russia, Canada, Brazil, the United States, China, Sudan, and Kazakhstan account for a large share of the gain in non-OPEC production growth in 2008 and 2009. Increases in these nations will more than offset expected declines in production in a number of countries including Mexico, the United Kingdom, and Norway.

EIA – Energy Information Administration
Short-Term Energy Outlook, January 8, 2008

92.**(ADVOGADO – ANP – 2008 – CESGRANRIO)** The purpose of the first paragraph is to

(A) announce that world oil production capacity will soon increase to 4 million barrels per day.
(B) criticize both OPEC and non-OPEC countries for causing unexpected delays in production.
(C) discuss the prospects for global oil supply and demand until the end of the year 2009.
(D) predict increasing losses in the oil markets if the surplus production capacity remains unaltered.
(E) report what will certainly happen in the international oil market over the next two years.

93.**(ADVOGADO – ANP – 2008 – CESGRANRIO)** According to Paragraph 2, oil consumption

(A) achieved a record-breaking increase in the world last year.
(B) fell sharply in Europe in 2007 due to weather factors.
(C) is likely to speed economic growth in a number of markets.
(D) may increase in 2008-2009 at a higher rate than in 2007.
(E) will certainly grow in OECD countries for the next 2 years.

94.**(ADVOGADO – ANP – 2008 – CESGRANRIO)** Concerning the oil production of both OPEC and non-OPEC members the text informs that

(A) OPEC crude oil production is expected to grow steadily over the next two years.
(B) the oil output of Mexico and Norway, among other countries, decreased last year.
(C) non-OPEC countries' daily production averaged six hundred thousand barrels of oil in 2007.
(D) an upward trend in oil production of non-OPEC nations is expected in 2008-2009.
(E) Angola, Saudi Arabia, Kuwait and Iraq could not pump any oil in the first three quarters of 2007.

95.**(ADVOGADO – ANP – 2008 – CESGRANRIO)** The sentence in which "should" is used in the same sense as in "...planned additions to OPEC capacity should more than offset..." (lines 4-5) is:

(A) I should say that the salaries make up very nearly two thirds of the budget
(B) If you should be fired, your health benefits will not be automatically cut off.
(C) In such cases the officer should first give notice to those in the house.
(D) Should he go back to the office and wait for you to telephone?
(E) This year's treasury deficit should be six billion dollars or more.

96.**(ADVOGADO – ANP – 2008 – CESGRANRIO)** The statement which describes accurately the meaning relationship between the pair of words is

(A) "offset" (line 5) means *compensate for*.
(B) "softening" (line 10) is the opposite of *reduction*.
(C) "constrained" (line 22) and *restrained* are antonyms.
(D) "spur" (line 24) could be replaced by *discourage*.
(E) "boosted" (line 36) and *hindered* are synonyms.

17.2. CESPE

Free enterprise principle nowadays is subject to certain regulations imposed by States. This is reflected in the guidelines of the state economic policy applicable to specific areas of the market economy, such as hydrocarbon operations. Brazilian 1988 Constitution, in its first article, when dealing with the fundamental principles of the Brazilian Federative Republic, sets up the social value of the free initiative. This free initiative required by the Brazilian Constitution is not new to the Brazilian Constitutional Law. All previous Brazilian constitutions, except the Republican Constitution of 1891, have always considered the free initiative a reflection of human freedom, sometimes a way to build a more just and fraternal society. In Brazil, free competition and free enterprise have given rise to a constitutional principle, according to which the establishment of a monopoly in the free market is prohibited, as provided by article 5 of Law 4.137 about the repression of the economic power abuse, dated October 9, 1962. This prohibition is directly applied to economic monopoly while a legalised monopoly established exclusively in favour of the State is allowed in certain fields. Among these fields, we can mention the right to engage in prospecting and exploration for production, import, export and transportation of oil and natural gas as well as refining of national or foreign oil. Brazilian oil and gas regulation rests upon the concept that deposits are real property, distinct from the soil, to the effect of exploration and benefit. This is determined by the Federal Constitution of Brazil, being, nevertheless, granted the product of the mining to concessionaires.

Internet: <http://www.bomchilgroup.org/brasep97.html> (with adaptations).

97. **(ADVOGADO – PETROBRÁS – 2003 – CESPE)** According to the text above, judge the following items.

1 Free enterprises do not have to follow regulations.

2 State economic policy can only deal with hydrocarbon operations.

3 Brazil has some particular guidelines for certain areas of its market economy.

4 Free initiative principles can be found in the Brazilian latest constitution.

5 The Republican Constitution dated 1891 was the first one to account for the fundamental principles of the free initiative in Brazil.

6 Free initiative is always a way to promote social solidarity.

7 In accordance with article 5, Law 4.137, monopolies are forbidden, in Brazil.

8 In Brazil, the state monopoly is allowed for some specific areas.

9 Brazilian oil and gas deposits are state-owned.

10 In Brazil, under no circumstances can concessions be granted to private enterprises regarding the exploration of mineral deposits.

Text LI-I

PETROBRAS became the latest oil group to benefit from last year's surge in oil prices when the Brazilian company reported that net profits in 2000 had more than quadrupled to R$ 9.94 bn (US$ 4.97 bn) — the highest figure ever recorded by a Brazilian company.

The rise in net profits was the result of increases in production and the company's efforts to scale up bureaucracy.

Under the leadership of Henri Philippe Reichstul, who took over as president in 1999, PETROBRAS has embarked on a US$ 33 bn investment plan over five years to virtually double oil and gas production, clean up the company's financial affairs and expand abroad.

In August last year, PETROBRAS boosted its profile in the international investment community with a successful US$ 4 bn share offering, the largest made by a Brazilian company.

However, the group's efforts to modernize its image suffered a setback in December when the government forced it to abandon a plan to change its name to "PETROBRAX" which was designed to reflect its increasing international presence.

Internet: <http://news.ft.com/news/worldnews/americas> (with adaptations).

98. **(ADVOGADO – PETROBRÁS – 2001 – CESPE)** From text LI-I, it can be gathered that

1 it took some time for PETROBRAS to benefit from 2000's increase in oil prices.

2 in 2000, the relation between dollars and *reais* was, at least once, one to two, respectively.

3 US$ 4.97 bn means four billion and ninety-seven dollars.

4 never before last year, had any Brazilian company had the same financial performance as PETROBRAS did.

5 PETROBRAS net profit added up to R$ 39.76 bn in 2000.

99. **(ADVOGADO – PETROBRÁS – 2001 – CESPE)** Based on text LI-I, it can be concluded that

1 at least three factors contributed to the rise in PETROBRAS's net profits.

2 Henri Philippe Reichstul became PETROBRAS's president the year before last.

3 three goals were settled when Henri Philippe Reichstul took over PETROBRAS's presidency.

4 PETROBRAS's name should be kept as it is according to a special group created to modernize its image.

5 PETROBRAS not only got the highest profit ever recorded by a Brazilian company, but it was also the one to offer the largest share in Brazil.

Text LI-II

In 1995, the stated-owned PETROBRAS lost the oil monopoly it enjoyed since 1953 and is now starting to face competition. It still dominates almost every segment of the country's upstream and downstream oil industry. But the company is now changing at a fast pace. The new management is grafting modern structures onto the company by dividing it into business units, creating profit centers and introducing benchmarking* for all activities. Though, by law, the government must hold a controlling majority in the company, it plans to sell excess stock, raising a minimum of about US$ 2 billion.

***benchmarking** – standard example or point of reference for making comparisons.

Internet: <http://www.buybrazil.org/econ.html> (with adaptations).

100. **(ADVOGADO – PETROBRÁS – 2001 – CESPE)** From text LI-II, it can be deduced that

1 PETROBRAS lost the oil monopoly 48 years ago.

2 PETROBRAS controls every segment of Brazil's up and downstream oil industry.

3 PETROBRAS has always been facing competition.

4 the new management is introducing slow changes in the company.

5 the modern structures are based on decentralization of PETROBRAS's activities.

101. **(ADVOGADO – PETROBRÁS – 2001 – CESPE)** In text LI-II,

1 "stated-owned" (•.1) means **owned by the state**.

2 "all activities" (•.8) is the same as **every activity**.

3 "Though" (•.8) can be correctly replaced by **Although**.

4 "must" (•.9) is synonymous with **can**.

5 "it" (•.10) refers to PETROBRAS.

Because we live next door to the United States of America and share some of their programming and commercials, most moviegoers in Ontario are probably more familiar with the American system than our home-grown one. However, our systems are very different.

Films and trailers are classified in the United States of America by the Rating Board of the Motion Picture Association of America (MPAA), located in Los Angeles. This industry-sponsored Rating Board consists of 13 members who serve for varying periods of time. There are no special qualifications for Board membership except for having a shared parenthood experience, an intelligent maturity, and an ability to put themselves in the role of most American parents. The Board is funded through fees charged to producers and distributors for the ratings of their films.

The MPAA Rating Board members, like those of the Ontario Film Review Board (OFRB), do not classify movies on personal judgements of quality. Their judgements are based on specific guidelines in areas including theme, violence, language, nudity, sexuality, drug use, and others. Like the OFRB, they consider the film in its entirety, and take context into account in classification decisions.

The first main area of difference between the Ontario classification system and the American one is that the OFRB is a government body established by statute that requires distributors to submit their films for classification. In the United States of America, the rating system is a voluntary one that is administered by the movie industry through the MPAA.

Internet: <http://www.ofrb.gov.on.ca/english/page14.htm> (with adaptations).

102. **(ADVOGADO – ANCINE – 2005 – CESPE)** Based on the text above, judge the following items.

1. Ontarians and Americans are always watching the same programming and commercials.
2. Possibly the majority of Ontarians moviegoers know more about the American System of Films and Trailers Classification than about their own.
3. "However" (•.5) means Nevertheless.
4. American and Ontarian systems are entirely alike.
5. No qualifications whatsoever are required to become a member of the MPAA.
6. "Board" (•.14) refers to "MPAA" (•.8).
7. Both MPAA and OFRB members classify movies according to their personal judgements of quality and some specific guidelines.
8. Whereas the OFRB is a public institution, the American Rating System is private.
9. "one" (•.29) refers to "rating system" (•.28).

Food control systems: integrated farm-to-table concept

La Organización de Consumidores y Usuarios (OCU) ha planteado abiertamente la necesidad de un mayor control y regulación legal de los alimentos funcionales. En boga desde hace dos décadas, centran su peculiaridad en propiedades supuestamente beneficiosas para la salud a través del enriquecimiento con determinados micronutrientes. Pese a ello, las etiquetas de muchos de ellos continúan siendo poco claras, lo que puede causar confusión entre los consumidores, por lo que se hace cada vez más necesario establecer algún tipo de control que garantice una información veraz. En opinión de José María Múgica, director de la OCU, muchos de los productos de esta categoría que actualmente pueden adquirirse en el mercado español utilizan fórmulas que permiten escapar a cualquier normativa. "Lo que pedimos es que se controlen las menciones que se pueden incluir en este tipo de productos y que pueden inducir a la confusión entre los consumidores".

Por ejemplo, cuando se habla de que un determinado producto adelgaza, se establece una relación de causa-efecto, mientras que si se especifica que el producto concreto ayuda a adelgazar, "se está jugando con las palabras", de modo que se traslada al consumidor el mensaje que espera, cuando en realidad "todo puede ayudar a adelgazar", dice Múgica.

Desde la organización consumerista se exige la regulación de los alimentos funcionales. En caso contrario, explica Múgica, en pocos años entraríamos en el mundo de los alicamentos, alimentos que pretenden tener cualidades terapéuticas y preventivas como algunos medicamentos, pero que deberán ser demostradas a través de análisis científicos.

La OCU lamenta, además, que muchas de las indicaciones contenidas en las etiquetas de los alimentos funcionales no son demostrables científicamente. Por otra parte, al igual que en los productos destinados al público infantil, recuerdan la obligatoriedad de mencionar los beneficios de la lactancia materna, en los funcionales debería incluirse un mensaje que recordara que la salud depende de una dieta variada y equilibrada. El objetivo es que no se traslade al consumidor la idea de que un alimento tiene un "efecto beneficioso y directo" sobre la salud, y evitar así que términos como salud o saludable no se empleen "con tanta alegría".

Los alimentos funcionales son "producto del márqueting". "En muchos momentos se hace pensar a los consumidores que unos productos son superiores a otros", señala el director de la OCU. Pero detrás de expresiones más o menos afortunadas, añade, la realidad acaba demostrando que en muchos casos se trata de simples "juegos de palabras". Por ejemplo, "con más sabor, ¿pero a qué?, o producto más rico, ¿en qué?".

Lo que sí ha conseguido la tecnología alimentaria es alcanzar estándares de calidad más homogéneos. Desde la OCU, explica Múgica, cuando se realizan análisis comparativos de productos en alimentación, con mucha frecuencia se observa una homogeneidad en los parámetros de calidad. Desde hace unos años han observado que las diferencias no se encuentran en el 'producto propiamente dicho, aspecto que ha propiciado la aparición en el mercado de una batería de productos enriquecidos con micronutrientes como elemento diferencial, fundamentalmente en los lácteos, zumos y cereales. "Y cada vez van a aparecer más", predice.

Internet: <http://www.fao.org> (with adaptations).

103. **(ADVOGADO – ANVISA – 2004 – CESPE)** According to the text above, judge the following items.

1 To improve food quality, it is really crucial that safety measures be implemented at the processing stage.

2 In the farm-to-table approach, products are sold directly by farmers to consumers.

3 Transporters and vendors won't play any significant role along the food production and distribution chain.

4 Primary responsibility for food safety and quality should rest with producers and operators.

5 Prevention eliminates all potential food hazards.

104. **(ADVOGADO – ANVISA – 2004 – CESPE)** Judge the following items, related to the text above.

1 The sentence "it is essential that safety and quality be built into food products" (ℓ.4-5) follows the same structure as it's vital that he go straight to the house.

2 "their presence" (ℓ.25) refers to food hazards and quality loss.

105. **(ADVOGADO – ANVISA – 2004 – CESPE)** In the text above,

1 "achieve" (ℓ.3) is to accomplish as "hazards" (ℓ.23) is to security.

2 "calls for" (ℓ.6) means requires.

3 "rather than" (ℓ.13-14) could be correctly replaced by instead of with no change in meaning.

17.3. NCE/UFRJ

TEXT I

Africa's Oil

The world is looking to West Africa for its next big energy bet. But oil can be a curse as much as a blessing. This time, which will it be?

(TIME, June 11, 2007)

106. **(ADVOGADO – ELETROBRÁS – 2006 – NCE/UFRJ)** This text is about oil that Africa may:

(A) import;
(B) burn;
(C) have;
(D) control;
(E) donate.

107. **(ADVOGADO – ELETROBRÁS – 2006 – NCE/UFRJ)** The final sentence introduces a:

(A) certainty;
(B) solution;
(C) warning;
(D) surprise;
(E) doubt.

108. **(ADVOGADO – ELETROBRÁS – 2006 – NCE/UFRJ)** next in "its next big energy bet" indicates:

(A) space;
(B) time;
(C) size;
(D) length;
(E) weight.

109. **(ADVOGADO – ELETROBRÁS – 2006 – NCE/UFRJ)** The underlined word in "oil can be a curse" implies:

(A) permission;
(B) prohibition;
(C) consent;
(D) certainty;
(E) possibility.

110. **(ADVOGADO – ELETROBRÁS – 2006 – NCE/UFRJ)** as much as in "a curse as much as a blessing" signals a:

(A) contrast;
(B) conclusion;
(C) condition;
(D) comparison;
(E) consequence.

TEXT II

RECYCLE CITY: The Road to Curitiba By ARTHUR LUBOW

On Saturday mornings, children gather to paint and draw in the main downtown shopping street of Curitiba, in southern Brazil. More than just a charming tradition, the child's play commemorates a key victory in a hard-fought, ongoing war. Back in 1972, the new mayor of the city, an architect and urban planner named Jaime Lerner, ordered a lightning transformation of six blocks of the street into a pedestrian zone. The change was recommended in a master plan for the city that was approved six years earlier, but fierce objections from the downtown merchants blocked its implementation. Lerner instructed his secretary of public works to institute the change quickly and asked how long it would take. "He said he needed four months," Lerner recalled recently. "I said,

'Forty-eight hours.' He said, 'You're crazy.' I said, 'Yes, I'm crazy, but do it in 48 hours.' "

(from http:// www.nytimes.com on July 19th, 2007)

111. **(ADVOGADO – ELETROBRÁS – 2006 – NCE/UFRJ)**
The plan described was to create a:

(A) parking lot;
(B) traffic-free area;
(C) shopping mall;
(D) protected playground;
(E) bus terminal.

112. **(ADVOGADO – ELETROBRÁS – 2006 – NCE/UFRJ)**
The text implies that the project, when started, was implemented:

(A) rapidly;
(B) slowly;
(C) cautiously;
(D) gradually;
(E) carefully.

113. **(ADVOGADO – ELETROBRÁS – 2006 – NCE/UFRJ)**
The celebration mentioned occurs:

(A) on weekends;
(B) on Mondays;
(C) in the afternoon;
(D) once a month;
(E) in 48 hours.

114. **(ADVOGADO – ELETROBRÁS – 2006 – NCE/UFRJ)**
The text refers to a project created:

(A) one year before;
(B) last weekend;
(C) on a Thursday night;
(D) years ago;
(E) three days earlier.

115. **(ADVOGADO – ELETROBRÁS – 2006 – NCE/UFRJ)**
The city merchants were:

(A) hostile;
(B) supportive;
(C) happy;
(D) pleased;
(E) indifferent.

116. **(ADVOGADO – ELETROBRÁS – 2006 – NCE/UFRJ)**
The war mentioned (l.4) was:

(A) deadly;
(B) short;
(C) difficult;
(D) glorious;
(E) light.

117. **(ADVOGADO – ELETROBRÁS – 2006 – NCE/UFRJ)**
The underlined word in "children gather to paint and draw" (l.1) can be replaced by:

(A) try;
(B) prepare;
(C) meet;
(D) dress;
(E) study.

118. **(ADVOGADO – ELETROBRÁS – 2006 – NCE/UFRJ)**
main in "the main downtown shopping street" (l.2) means:

(A) messy;
(B) narrow;
(C) peripheral;
(D) principal;
(E) side.

119. **(ADVOGADO – ELETROBRÁS – 2006 – NCE/UFRJ)**
"a key victory" (l.4) means that the victory is:

(A) irrelevant;
(B) important;
(C) irresponsible;
(D) interesting;
(E) illegal.

120. **(ADVOGADO – ELETROBRÁS – 2006 – NCE/UFRJ)**
When we say that a war is "ongoing" (l.4), we mean it is:

(A) atypical;
(B) unique;
(C) intermittent;
(D) conventional;
(E) uninterrupted.

17.4. ESAF

Read the text below, entitled "2005 – First Nine Months Results", in order to answer questions 21 to 23:

2005 – First Nine Months Results

Source: www.iii.org

Dec 27th, 2005 (Adapted)

The property/casualty insurance industry reported a statutory rate of return on average surplus of 9.5 percent through the first nine months of 2005. The results were released by the Insurance Services Office (ISO) and the Property Casualty Insurers Association of America (PCI). The financial performance of the industry during the period featured a surprisingly low combined ratio of 100, a figure that provided stunning proof of the resilience of the property/casualty insurance industry in the face of record catastrophe losses approaching $50 billion.

Insurers also benefited from rising interest rates and modest stock market gains to generate $40.7 billion on their investment portfolio. Policyholder surplus also climbed by $20.4 or 5.2 percent, through the fi rst nine months, again a surprise. Profitability in the industry is still disappointingly low, however, coming in well below the expected 14 percent return for the benchmark Fortune 500 group of companies this year. Prior to Hurricane Katrina the industry was on a trajectory to record its highest level of profitability since 1987.

121. **(ADVOGADO – IRB – 2006 – ESAF)** In paragraph 1, the author refers to the resilience of the property/casualty insurance industry. In other words, its

(A) ability to recover.
(B) current fi nancial losses.
(C) inability to predict trends.
(D) undeniable prosperity.
(E) delayed recovery.

122. **(ADVOGADO – IRB – 2006 – ESAF)** The text

(A) focuses on the effort by insurers to reassess risk.
(B) predicts the losses to be faced by insurance companies.
(C) states that reinsurance prices will rise in 2006.
(D) foresees a sluggish growth for the sector in 2006.
(E) also recalls a period of fi nancial growth.

123. **(ADVOGADO – IRB – 2006 – ESAF)** In paragraph 2, the author refers to the insurers' investment portfolio which

(A) is about to be created.
(B) has brought signifi cant gains.
(C) produced fairly small gains.
(D) was beyond their expectations.
(E) has been impressively expanded.

Read the text below, which is entitled "Avian Influenza (Bird Flu)" in order to answer questions 24 and 25:

Avian Influenza (Bird Flu)

Source: www.iii.org

Dec 2005 (Adapted)

A current influenza outbreak, formally called H5N1 after two distinctive proteins on the flu virus, (but commonly referred to as bird or avian flu), has so far mainly affected birds. However, four countries – Thailand, Vietnam, Indonesia and Cambodia – have reported a total of 120 human cases of the H5N1 flu since 1997. These people are thought to have caught the disease by their contact with infected poultry. There has been no known human-to-human transmission of the virus.

Even if the H5N1 strain does not mutate to infect humans, the economic costs associated with avian fl u strains could easily be in the billions if other countries, such as Mexico, impose bans on imported U.S. poultry and U.S. consumers avoid buying domestic poultry. Still, the economic costs are very different from the insurance costs.The following is an overview of two potential types of insurance coverages involved:

Workers Compensation: Workers involved in the handling of poultry could be at risk. Because such an exposure is work-related, workers compensation coverage would apply.

Tort-Related Exposures: If the infected poultry were found to have gotten into the food supply and people become ill as a result, litigation could ensue.

124. **(ADVOGADO – IRB – 2006 – ESAF)** According to the author, insurance costs related to the avian flu

(A) could reach billions of dollars in Mexico.
(B) have been estimated by four specifi c countries.
(C) equal to the economic costs recently estimated.
(D) may include at least two possibilities.
(E) exclude workers compensation in the USA.

125. **(ADVOGADO – IRB – 2006 – ESAF)** In paragraph 2, the author

(A) resorts to scientific data to explain the virus mutation.
(B) points out the economic interdependence between two countries.
(C) provides exact figures related to the economic and social losses.
(D) explains why workers compensation might cause liquidity problems.
(E) defines the duration of the outbreak and/or quarantine.

17.5. VUNESP

Thinking Without Limits: Qualifications of the 21st Century CEO

By Stephen A. Unger

Possess Cultural Fluency

To succeed in the global environment, the 21st century CEO must possess a high degree of cultural fluency. As organizations expand globally and compete internationally, their CEOs must understand the challenges specific to each regional market. Each region has its own regulatory environment and style of doing business. Successful CEOs understand the need to adjust their communication style and timeline to the culture in which they are conducting business.

http://www.careerpath.com/ows-bin/editorial.cgi/special/wolimits.htm

126. **(ADVOGADO – BNDES – 2002 – VUNESP)** According to the text, cultural fluency

(A) is a concept that depends on regional markets.
(B) is essential for specific business events in the area of communication and media.
(C) promotes a high degree of foreign language fluency.
(D) may be developed through technological evolution.
(E) is very important for successful CEOs.

127. **(ADVOGADO – BNDES – 2002 – VUNESP)** Successful CEOs should

(A) expand globally, that is, both regionally and nationally.
(B) avoid and control challenges because they generate communication conflicts.
(C) develop their personal communication style and stick to it.
(D) adapt their communication style to the environment they are working in.
(E) establish strict timelines and ensure they are fulfilled.

128. **(ADVOGADO – BNDES – 2002 – VUNESP)** The word "To" in the passage from the text "To succeed in the global environment..." can, without changing its meaning, be replaced for

(A) In order to.
(B) Because of.
(C) So.
(D) As.
(E) Such as.

129. **(ADVOGADO – BNDES – 2002 – VUNESP)** The word "they" in the passage from the text "...the culture in which they are conducting business." refers to

(A) the culture.
(B) business.
(C) successful CEOs.
(D) communication style and timeline.
(E) organizations.

130. **(ADVOGADO – BNDES – 2002 – VUNESP)** The word "must" in the expressions from the text "must possess" and "must understand" expresses the meaning of

(A) request.
(B) requirement.
(C) possibility.
(D) certainty.
(E) permission.

Poor change their habits

Brazilian entrepreneurs are taking note of the fact that although buying power has declined in recent years, people with low incomes do everything to maintain the habits acquired previously, especially after having entered the consumer market after the currency stabilization plan initiated with the Real Plan.

Economists' suspicions about this fact were confirmed by data disclosed by AC Nielsen. Traditional items from the basket of basic food staples are losing space in the supermarkets. Between 2000 and 2001, rice, a staple in Brazilian meals, fell almost 1% in sales volume and sugar dropped 3.1%. But sales of bakery cakes rose 19%. Manufacturers of cookies and refrigerated products also have no reason to complain. Other items incorporated into consumer habits of the low middle class are the mobile phone, computer, motorcycle, 21-inch TV and airline ticket. AC Nielsen shows that even with the declining buying power of the average salary in recent years, the share in consumption of socio-economic classes C and D increased. From 1997 to 1999, the portion of economically active population rose from 46.8% to 48.2%, with the incorporation of portions of class E that gained and of B that lost income.

The sales growth in basic products has been stable in recent years, says Renata Aisen Wolf, a consultant in market development with Integration Consultoria Empresarial. Soft drinks, disposable diapers and household cleaning products, even with new product launches and innovations, have not persuaded the consumer to buy more than is necessary. But products for entertainment or individual and family enjoyment, like mobile phone, CD and DVD players and personal computer keep rolling out.

GAZETA MERCANTIL International Weekly Edition, March 4 to 10, 2002

131. **(ADVOGADO – BNDES – 2002 – VUNESP)** After the Real Plan,

(A) buying power stabilized and only recently increased.
(B) Brazilian entrepreneurs noticed that industry promoted new habits.
(C) foreign currencies defined the fluctuation rate of the Brazilian currency.
(D) low income people entered the consumer market.
(E) poor people maintained the consuming habits they had before the Real Plan.

132. **(ADVOGADO – BNDES – 2002 – VUNESP)** The sales volume of the following product increased:

(A) cookies.
(B) refrigerators.
(C) rice.
(D) sugar.
(E) meals.

133. **(ADVOGADO – BNDES – 2002 – VUNESP)** According to the second paragraph of the text,

(A) the average salary of the lower-middle class increased.
(B) class E started to consume computers and mobile phones.
(C) the economically active population was larger in 1997.
(D) all economic classes now equally consume items like 21-inch TVs and airline tickets.
(E) the income of the socio-economic class B decreased.

134. **(ADVOGADO – BNDES – 2002 – VUNESP)** According to the last paragraph of the text,

(A) as a general rule, people don't buy more than necessary.
(B) the increase in certain electrical appliances sales shows that people care about entertainment or individual and family enjoyment.

(C) new products and innovations boosted sales.
(D) low-income people are drinking more soft drinks.
(E) women are consuming more disposable diapers because their income is higher now.

135. **(ADVOGADO – BNDES – 2002 – VUNESP)** AC Nielsen

(A) proved that the Real plan was a good solution.
(B) took note of the entrepreneurs' analysis.
(C) confirmed the economists' suspicions.
(D) is specialized in low-income population behavior.
(E) identified that family entertainment is gaining importance.

IFC may give Brazil more

The World Bank arm could step up loans by "neutralizing" foreign exchange risk

The International Finance Corporation (IFC), an arm of the World Bank which finances projects in the private sector, may soon step up loans to Brazil. "I am happy because the IFC has some hundreds of thousands of dollars available [for Brazil]," Bernard Pasquier, IFC's soon-to-be director for Latin America and Caribbean, told Gazeta Mercantil in an interview. "Brazil will now need the IFC more than it did in the last two years," he added. Pasquier is due to take office in September.

More financing to Brazil, IFC's second biggest beneficiary after Argentina, will be made possible after the international organ develops financial products to neutralize foreign exchange risk.

The IFC has outstanding loans to Brazil of some $1.217 billion by June 2000, or an amount that had reached IFC's limit for Brazil exposure. In the last fiscal year which ended in June, IFC took part in ten smaller-scale projects worth a total $182.7 million.

The IFC acknowledges that a slower US economy and reduced liquidity in international markets are the main factors putting the brakes on investments in developing countries. However, Pasquier says the IFC could step up financing in times like this. "The IFC is known to react the opposite way normal investors do," he said. "When most people leave the market, that's when our appetite grows. Brazil will continue to be one of our priorities." He added that IFC loans were longer in term compared to those by private banks, and for that reason, "difficult times could be good for the IFC."

Source: IFC

Loans to Brazil	
(of a total $1.217 b by June 2000)	
Sector	**(in%)**
Food and Agribusiness	20
Infrastructure	14
Chemical and Petrochemical products	14
Industry	9
Wood, paper and pulp	7
Services	6
Vehicles and autoparts	6
Mining	6
Cement and construction material	6
Others	12

(GAZETA MERCANTIL International Weekly Edition Sept. 3 to 9, 2001)

136. **(ADVOGADO – BNDES – 2001 – VUNESP)** The International Finance Corporation

(A) is located in Latin America and Caribbean.
(B) works exclusively with Argentina and Brazil.
(C) controls the World Bank activities.
(D) finances projects in the private sector.
(E) will step up foreign currency loans to private banks.

137. **(ADVOGADO – BNDES – 2001 – VUNESP)** Bernard Pasquier

(A) directs the World Bank.
(B) will be IFC's CFO (Chief Financial Officer).
(C) will take office in Brazil and Argentina next September.
(D) is happy to live in Brazil.
(E) is the future IFC's director for Latin America and Caribbean.

138. **(ADVOGADO – BNDES – 2001 – VUNESP)** IFC's first beneficiary is

(A) Brazil.
(B) Argentina.
(C) Caribbean.
(D) USA.
(E) Latin America.

139. **(ADVOGADO – BNDES – 2001 – VUNESP)** Read the following passage from the paragraph 4 in the text: "When most people leave the market, that's when our appetite grows. Brazil will continue to be one of our priorities." The word "our" refers to

(A) IFC.
(B) Pasquier.
(C) priorities.
(D) Brazil.
(E) appetite.

140. **(ADVOGADO – BNDES – 2001 – VUNESP)** By June 2000 IFC's loans to Brazil

(A) had a total of $182.7 million.
(B) concentrated in private banking.
(C) had an unpaid total of $1.217 billion.
(D) had already neutralized foreign exchange risk.
(E) were less competitive than in private banks.

141. **(ADVOGADO – BNDES – 2001 – VUNESP)** The IFC

(A) has already diminished foreign exchange risk.

(B) has longer loan terms than the private banks.
(C) confirms that reduced liquidity is good for developing countries.
(D) usually reacts according to their normal investors.
(E) needs Brazil more now than two years ago.

142. **(ADVOGADO – BNDES – 2001 – VUNESP)** According to the Chart "Loans to Brazil", choose the correct assertion.

(A) Food and agribusiness got the least.
(B) Chemical and petrochemical products got less than the mining sector.
(C) Cement and construction material got the same as vehicles and autoparts.
(D) Infrastructure got twice as much as the chemical and petrochemical sector.
(E) Wood, paper and pulp got half the amount food and agribusiness did.

143. **(ADVOGADO – BNDES – 2001 – VUNESP)** "IFC may soon step up loans in Brazil" means that IFC

(A) can increase loans in Brazil.
(B) reduced investments in Brazil.
(C) surely will give advancement to Brazil.
(D) will keep the loans in Brazil at the same level.
(E) will keep track of the loans in Brazil.

144. **(ADVOGADO – BNDES – 2001 – VUNESP)** The word "However" in "However, Pasquier says the IFC could step up financing in times like this" (paragraph 4) can, without changing its meaning, be substituted for

(A) Therefore.
(B) Because.
(C) For example.
(D) Moreover.
(E) In spite of this.

145. **(ADVOGADO – BNDES – 2001 – VUNESP)** According to the text, one of the two main factors that diminished investments in developing countries is

(A) the foreign exchange risk.
(B) the limit for Brazilian exposure.
(C) that most people are leaving the market.
(D) the reduced liquidity in international markets.
(E) that private banks ceased investments.

17.6. UFF

Gadget Designers Push the Limits of Size, Safety

By Brian X. Chen, August 28, 2008

Just as small, fast-moving mammals replaced lumbering dinosaurs, pocketable gadgets are evolving to fill niches that larger, deskbound computers can't reach. But as they shrink, these gadgets are faced with problems mammals face, too, such as efficiently dissipating heat.

The recent example of Apple's first-generation iPod nanos causing fires in Japan raises the question of whether increasingly innovative product designs are impinging on safety. The nano incident illustrates how risk can increase as devices decrease in size, says Roger Kay, an analyst at Endpoint Technologies.

"As [gadgets] get smaller, the tradeoffs become more difficult, the balance becomes more critical and there's less room for error," Kay said. "I'm not surprised it's happening to the nano because that's the small one. You're asking it to do a lot in a very, very small package and that's pushing the envelope."

There's no question that industrial designers' jobs have become much more difficult as the industry demands ever more powerful and smaller gadgets. With paper-thin subnotebooks, ultrasmall MP3 players, and pinkie fingersized Bluetooth headsets becoming increasingly popular, it's questionable where exactly designers draw the line between innovation and safety.

146. **(ADVOGADO – DATAPREV – 2009 – UFF)** In the sentence: "But as they shrink, these gadgets with problems mammals face too, such as dissipating heat." First paragraph, the author of the text believes that...

(A) like the early mammals, gadgets will have to be able to maintain heat;
(B) like early mammals, nano technology will have to develop better condition of safety to survive;
(C) pocketable gadgets are evolving to overtake deskbound computers positions;
(D) people are in danger when they use their newest gadgets;
(E) gadgets may be compared to lumbering dinosaurs and have no survival chance in the future.

147. **(ADVOGADO – DATAPREV – 2009 – UFF)** The title of the text let us know that there must be a close relation between...

(A) design and safety;
(B) technology and safety;
(C) nano technology and design;
(D) nano technology and safety;
(E) design and technology.

148. **(ADVOGADO – DATAPREV – 2009 – UFF)** The reason given in the third paragraph of the text for the problem with smaller gadgets is that...

(A) it gets hard to deal with anything in a tiny space;
(B) gadgets designer will never know how to deal with nano technology;
(C) gadgets designer are not able to deal with high technology;
(D) science hasn't reach the necessary safety;
(E) it is very difficult to work with high technology at any rate.

149. **(ADVOGADO – DATAPREV – 2009 – UFF)** According to the text industrial designers' jobs have become more difficult because they...

(A) require more responsibility;
(B) require a production of smaller and safer gadgets;
(C) require more skills;
(D) demand a whole lot of patience;
(E) demand too much time of research and of tests.

150. **(ADVOGADO – DATAPREV – 2009 – UFF)** The expression *such as* in the last line of the first paragraph could be changed by ____ and its meaning would not altered.

(A) by;
(B) like;
(C) although;
(D) but;
(E) because.

Choose the best option.

151. **(ADVOGADO – DATAPREV – 2009 – UFF)** Dumping your entire music collection ____ your iPod is a simple, one click process. But what about getting your music ____ your iPod?

(A) in / out;
(B) in / off;
(C) on / off;
(D) onto / off;
(E) into / out.

152. **(ADVOGADO – DATAPREV – 2009 – UFF)** Boeing _____ this week that it _____ successfully ____ a manned airplane powered _____ hydrogen fuel cells.

(A) announced / has / flown / on;
(B) has announced / had / flown / by;
(C) announced / has / flown / by;
(D) have announced / has / flown / on;
(E) announced / had / flown / on.

153. **(ADVOGADO – DATAPREV – 2009 – UFF)** Robots ____ have the brains to "intelligently and autonomously search ____ objects" _____ their own.

(A) didn't / for / in;
(B) don't / of / in;
(C) haven't / for / on;
(D) don't / for / on;
(E) doesn't / for / on.

154. **(ADVOGADO – DATAPREV – 2009 – UFF)** If this scientific breakthrough is reliable, after years testing it, it ____ lead to the cure of this type of cancer in the future.

(A) must;
(B) should;
(C) might;
(D) ought to;
(E) could.

155. **(ADVOGADO – DATAPREV – 2009 – UFF)** He was very precise about the proper procedure and the material to be used, he said he didn't want anything especial, only the regular, _____ one.

(A) unique;
(B) ordinary;
(C) rare;
(D) exquisite;
(E) unknown.

18. Língua Espanhola

18.1. CESGRANRIO

Estilo casual

La tendencia se afirma en las oficinas, pero con reglas

La moda informal gana seguidores en las oficinas. Una tendencia que comenzó en Estados Unidos a fines de la década del 90 de la mano de las puntocom, y que hace un par de años se instaló definitivamente en la Argentina. "Fue un estilo que se puso de manifiesto en las compañías dedicadas a la tecnología, que privilegiaron la comodidad para enfrentar las presiones laborales y la gran cantidad de horas de trabajo", dice Gisella Gulli, asesora de imagen y fundadora junto a María Pínola de la agencia Making Of, empresa dedicada al asesoramiento de imagen. Bill Gates, fundador de Microsoft, y Steve Jobs, presidente de Apple, se convirtieron involuntariamente en iconos de este nuevo vestir, alejado del traje y la corbata. A ellos, años más tarde, se sumaron los jóvenes empresarios surgidos de esa generación, que trasladaron esa filosofía del vestir a sus propios emprendimientos.

El nuevo estilo se impuso poco a poco en otras empresas multinacionales y bancos nacionales e internacionales. "Así establecieron el código casual friday -dice la asesora de imagen Josefina Posse-. Una forma de darles a sus empleados libertad y cierto relax a la hora de comenzar el fin de semana, un anticipo del bienestar que vendrá ".

Así lo confirma Santiago Batlle, director de recursos humanos de Standard Bank Argentina: "En este banco se inició tímidamente hace ocho años con una propuesta llamada Viernes sport , que permitió reconfirmar los viernes como el mejor día de la semana, pero actualmente el uso de vestimenta sport está permitido todos los días del año".

El rubro tarjetas de crédito también se subió a esta nueva tendencia, como es el caso de American Express. Así lo afirma Sergio Sosa, director de recursos humanos. "Desde 1999 se implementa la política del casual day every day , con un claro objetivo: enfatizar el concepto the best place to work, a través del cual se brinda a los empleados un entorno de informalidad y comodidad en cuanto a la indumentaria que pueden usar durante todo el año".

En esa misma sintonía, la empresa Coca-Cola hizo lo suyo: "Nos alineamos a las tendencias del momento, y con la búsqueda de una mayor flexibilidad y dinamismo en nuestra cultura organizacional", destaca Silvina Kippke, gerente de compensaciones y beneficios y HR business partner de la marca de gaseosa.

Para evitar lo sucedido en Estados Unidos (donde al comienzo los empleados se extralimitaban en el vestuario, usando bermudas y ojotas, los hombres, y microminis y escotes pronunciados, las mujeres), las empresas establecieron límites.

"Es algo que está muy regulado -dice Alejo Estebecorena, de la firma de diseño masculino más personal Hermanos Estebecorena-. Hay memos internos en los que figuran lo que está permitido (como remeras tipo polo) y lo prohíbido (bermudas y jeans). De algún modo es un nuevo uniforme".

Kippke agrega: "En realidad, lo que se pide es discreción, y tomar como base el papel y el tipo de interacción, de manera de evitar prendas que puedan incomodar a otras personas. Por eso recomendamos un elegante sport".

Hay otras restricciones. Tanto American Express Argentina como Standard Bank reconocen que esta política no se aplica a empleados que tienen contacto con el público en forma personalizada ni para los que deban mantener alguna reunión de trabajo importante con profesionales de otras empresas. "Porque en esos casos están representando a la compañía", explica Batlle.

Cómo mostrarse

Lejos de solucionar un problema, para muchos esta nueva moda sumó una preocupación a sus vidas y un nuevo interrogante: ¿Qué me pongo hoy?

"El traje y la corbata es un uniforme que no permite pensar ni proponer nada -dice Estebecorena-. Por eso, este paso de moda formal a informal hizo que al principio la comodidad pasara a segundo plano. Ahora el problema es saber cómo mostrarse." El sastre Alfredo Marino coincide con Estebecorena y agrega: "Vestir casual exige un mínimo de sensibilidad, saber elegir las prendas, las texturas y sus combinaciones".

Esto llevó a que muchos clientes se acercaran en busca de asesoramiento. "Me preguntaban: ¿Cómo hago para no parecer un payaso? ", comenta el Estebecorena. Algo parecido sucedió en Mc Taylor, así lo cuenta Germán Fernández, CEO de la firma. "El cliente buscaba los consejos de nuestros asesores de moda, y justamente por escucharlos e interpretar sus necesidades creamos una línea sport metropolitana o urbana, más fresca que el traje tradicional, pero poniendo foco en la elegancia que implica la acertada combinación de saco sport, camisa -abierta, aunque no tanto, claro-, pantalón y calzado de diseño al tono".

Juan José Bertolino, hijo de un sastre y creador de Pato Pampa, marca de ropa masculina que, como él sostiene, "interpreta al nuevo hombre urbano", notó otro fenómeno. "En este período, aumentaron notablemente los clientes y se dedican a casi todas las profesiones. El cambio más importante es que los industriales y comerciantes dejaron de lado la corbata".

Sentido común + ideas

Las mujeres no quedaron fuera de esta nueva preocupación al momento de vestirse para ir a trabajar. "El típico traje de falda o pantalón más blazer es una tendencia que está desapareciendo, y justamente el 90 por ciento de las mujeres que asiste a Making Of es para saber cómo deshacerse de ese look y crear algo que parezca formal, pero que sea desestructurado."

Como sostiene la asesora de imagen Claudia Servino, una regla es indispensable: "Hay que saber que los límites entre lo que es y no es equivocado también los impone la mirada de los demás. Lo esencial es no dejar de ser uno mismo, pero adecuándose a ciertas reglas de vestimenta esenciales para un trabajo. Y, por supuesto, adaptarse a cada ambiente. No es lo mismo trabajar en una agencia de diseño gráfico que en una oficina de la Corte Suprema". Sentido común y creatividad, una combinación necesaria también para equipos acertados.

Disponível em: http://www.lanacion.com.ar/Edicion Impresa/ suplementos/modaybelleza (acessado em 13 mar. 2008)

1. **(ADVOGADO – BNDES – 2008 – CESGRANRIO)** "Así establecieron el código casual friday **-dice** la asesora de imagen Josefina Posse-." (líneas 19 y 20) La acción señalada en el fragmento es

(A) presente.
(B) pasada.
(C) futura.
(D) imperativa.
(E) reflexiva.

2. **(ADVOGADO – BNDES – 2008 – CESGRANRIO)** "...un entorno de informalidad y comodidad **en cuanto** a la indumentaria que pueden usar..." (líneas 35 y 36) Lo señalado equivale a

(A) por lo visto.
(B) por lo que toca.
(C) cuando.
(D) empero.
(E) mientras tanto.

3. **(ADVOGADO – BNDES – 2008 – CESGRANRIO)** "la empresa Coca-Cola **hizo lo suyo**:" (líneas 37 y 38) Por lo señalado se comprende que la empresa

(A) no se sujeta a nadie.
(B) creó su propio estilo.
(C) cumplió con su parte.
(D) rechazó el estilo casual.
(E) sigue buscando cosa mejor.

4. **(ADVOGADO – BNDES – 2008 – CESGRANRIO)** El fragmento que expresa una acción reflexiva es

(A) "En este banco se inició tímidamente…" (líneas 24 y 25)
(B) "…se implementa la política…" (línea 32)
(C) "…se brinda a los empleados…" (línea 34)
(D) "…los empleados se extralimitaban ..." (línea 44)
(E) "lo que se pide…" (línea 53)

5. **(ADVOGADO – BNDES – 2008 – CESGRANRIO)** El texto ennumera algunas prendas. Las palabras **jeans, remeras y faldas** pueden ser sustituidas, respectivamente, por

(A) chaquetas, medias y chalecos.
(B) calcetines, chanclas y bufandas.
(C) bragas, sostenes y cazadoras.
(D) vaqueros, camiseta y polleras.
(E) guantes, calzoncillos y chalecos.

6. **(ADVOGADO – BNDES – 2008 – CESGRANRIO)** "...la comodidad **pasara** a segundo plano." (líneas 70 y 71) Se puede sustituir lo señalado, sin cambio de significado, por

(A) pase.
(B) pasase.
(C) pasaría.
(D) pasaba.
(E) pasó.

7. **(ADVOGADO – BNDES – 2008 – CESGRANRIO)** "... cómo mostrarse." (línea 72) El uso de la tilde se justifica porque se trata de

(A) palabra aguda.
(B) frase afirmativa.
(C) comparación.
(D) posición en final de frase.
(E) cuestionamiento indirecto.

8. **(ADVOGADO – BNDES – 2008 – CESGRANRIO)** La afirmativa que exprime idea de necesidad es

(A) "...hace un par de años..." (líneas 3 y 4)
(B) "Así establecieron..." (línea 19)
(C) "...está permitido..." (línea 28)
(D) "Hay otras restricciones." (línea 57)
(E) " 'Hay que saber..." (línea 104)

9. **(ADVOGADO – BNDES – 2008 – CESGRANRIO)** "... los límites entre lo que es y no es equivocado también **los** impone la mirada de los demás." (líneas 104 - 106) Lo señalado en la frase se refiere a

(A) límites.
(B) los demás.
(C) las mujeres.
(D) ideas.
(E) gerentes.

10. **(ADVOGADO – BNDES – 2008 – CESGRANRIO)** Considerando el contenido del texto en lo que se refiere a oficina, personas y el estilo casual, **NO** se puede afirmar que

(A) Bill Gates y Steve Jobs fueron referencia de la moda sin traje.
(B) Hermanos Estebecorena considera el estilo casual um nuevo "uniforme".
(C) Coca-cola está alienada con la tendencia del estilo casual.
(D) American Express adoptó el estilo informal hace algunos años.
(E) Standard Bank Argentina ha adoptado la moda informal poco a poco.

Texto I

Escaladores de Greenpeace en el Corcovado de Río de Janeiro piden inmediata protección de bosques y oceános

Acción de Greenpeace a tres días de la Cumbre sobre Biodiversidad (CBD)

Activistas de Greenpeace despliegan una pancarta en el Cristo de Corcovado para pedir a los 188 gobiernos participantes en la Cumbre de la Biodiversidad protección inmediata para la biodiversidad.

Río de Janeiro, Brasil __Activistas de Greenpeace han desplegado una gran pancarta desde una mano del famoso Cristo de Corcovado, en Río de Janeiro, Brasil, con la leyenda "El futuro del planeta está en vuestras manos" para demandar a los gobiernos que tomen medidas para proteger la vida en la Tierra y asegurar un futuro más seguro para el planeta.El mensaje iba dirigido a los representantes de 188 gobiernos que se van a reunir en Brasil para discutir la protección de la biodiversidad a escala global.

En el decimocuarto aniversario de la primera Cumbre sobre Biodiversidad (CBD) (1), que se inicia el próximo día 20, las delegaciones gubernamentales de todo el mundo negociarán una serie de asuntos cruciales para alcanzar los "Objetivos de Biodiversidad" para 2010 que frenarían la dramática pérdida de biodiversidad en el planeta. Los responsables de Medio Ambiente de 188 países llegarán a Curitiba el 26 de marzo para una recepción con el presidente brasileño Luis Inacio "Lula" da Silva.

"No podemos esperar otros catorce años para que los gobiernos actúen. Tienen que detener la extinción masiva de animales y plantas para todo el planeta inmediatamente, de lo contrario se negarán los benificios económicos, sociales y culturales de un planeta sano a las generaciones futuras", comentó Paulo Adario, coordinador de la campaña de Greenpeace en la Amazonia.

La diversidad tanto de la vida terrestre como de la marina está siendo destruida a un ritmo sin precedentes. La tasa actual de extinción de plantas y animales es, aproximadamente, 1.000 veces mayor que en épocas anteriores a la aparición del ser humano y las prediciones apuntan a que em 2050 esta tasa sea de 10.000 veces mayor. Esta pérdida de biodiversidad impide a los ecosistemas funcionar adecuadamente.

"La degradación de los ecosistemas es un problema cada vez mayor y por ello se hace urgente la necesidad de establecer una red global de áreas protegidas en las que se incluyan espacios naturales que abarquen grandes superfícies y que estén interconectados entre sí", ha afirmado Miguel Ángel Soto, responsable de la campaña de Bosques de Greenpeace España.

Mientras los gobiernos discuten en Brasil, equipos de activistas de Greenpeace están trabajando en el corazón de la Amazonia y los bosques de Papúa Nueva Guinea para detener la destrucción de las selvas tropicales provocada por el cultivo de productos agrícolas como la soja.

Greenpeace hace un llamamiento a todos los gobiernos para que cumplan sus promesas de establecer una red global de áreas protegidas tanto continentales como en los oceanos para preservar la biodiversidad en la Tierra.

Notas:

1 - La CBD, junto con la Convención sobre el Cambio Climático de la ONU, nacieron de la Cumbre de la Tierra que tuvo lugar en 1992 en Río de Janeiro. La CBD es el único acuerdo global que trata la necesidad de conservación, uso responsable y reparto equitativo de la biodiversidad, tanto la marina como la terrestre. También es el primero que reconoce que la conservación de la biodiversidad es "una preocupación común de la humanidad" y una parte integral del desarrollo sostenible. Así mismo incluye la necesidad de proteger los conocimientos de los pueblos indígenas y las comunidades locales y fomenta el uso tradicional de los recursos naturales (como la extracción de caucho, por ejemplo).

Disponível emhttp://www.greenpeace.org/espana/news/escaladores-de-en-e

11. **(ADVOGADO – BNDES – 2006 – CESGRANRIO)** Al desplegar una pancarta con leyenda, en el Corcovado de Río de Janeiro, los activistas de Greenpeace tienen como objetivo:

(A) celebrar el día del medio ambiente.
(B) divulgar la Cumbre sobre Biodiversidad.
(C) llamar la atención de los mandatarios del mundo.
(D) clamar a los gobernantes brasileños.
(E) festejar el aniversario de la Cumbre.

12. **(ADVOGADO – BNDES – 2006 – CESGRANRIO)** Donde se lee "y por ello se hace urgente" (5º párrafo), el uso de "ello", en relación a lo dicho anteriormente, sirve para:

(A) explicar.
(B) retomar.
(C) aclarar.
(D) enfatizar.
(E) orientar.

13. **(ADVOGADO – BNDES – 2006 – CESGRANRIO)** Los conectores **mientras** (último párrafo) y **así mismo** (Notas), en el texto, encierran , respectivamente, idea de:

(A) adversidad / exclusión.
(B) suposición / adversidad.
(C) concordancia / conclusión.
(D) finalización / afirmación.
(E) concomitancia / inclusión.

14. **(ADVOGADO – BNDES – 2006 – CESGRANRIO)** Tras leer las afirmaciones del texto uno concluye que:

(A) los gobernantes suelen actuar con vistas al futuro.
(B) las reservas naturales están protegidas en definitiva.
(C) CBD tiene objetivos con fecha determinada para alcanzarlos.
(D) la pérdida de la biodiversidad es algo reciente.
(E) le toca a Greenpeace organizar la Cumbre sobre Biodiversidad.

15. **(ADVOGADO – BNDES – 2006 – CESGRANRIO)** Respecto a la Cumbre sobre Biodiversidad se puede afirmar que:

(A) surgió a partir de la Cumbre de la Tierra.
(B) tendrá lugar en Río de Janeiro.
(C) fue creado por un organismo internacional.
(D) refleja la preocupación con los países pobres.
(E) actúa exclusivamente en la Amazonia.

16. **(ADVOGADO – BNDES – 2006 – CESGRANRIO)** La CBD - Cumbre sobre Biodiversidad - se caracteriza por ser un(a):

(A) organismo criado para fiscalizar lo relativo a la biodiversidad.
(B) contrato firmado entre gobernantes de varias naciones.
(C) junta gubernamental de ámbito global.
(D) ONG que objetiva preservar la biodiversidad.
(E) fundación que objetiva la preservación del ecosistema.

17. **(ADVOGADO – BNDES – 2006 – CESGRANRIO)** En la expresión "**desarrollo** sostenible" (Nota), lo subrayado puede ser sustituido por:

(A) crecimiento.
(B) detención.
(C) empobrecimiento.
(D) acercamiento.
(E) programación.

Texto II

Fracasa el intento de un acuerdo mundial para frenar la pérdida masiva de especies

El enfrentamiento entre países ricos y pobres frustra el objetivo de la Cumbre de la BiodversidadEl objetivo de la cumbre de Río de Janeiro de 1992 tendrá que esperar. A falta del documento oficial, que se elaborará el viernes, la octava Conferencia de las Partes sobre Biodiversidad que se celebra en Curitiba (Brasil acabará sin un acuerdo para detener la pérdida de especies en 2010. La falta de sistemas de financiación y los intereses contrapuestos entre países biodiversos (los del sur, que tienen la mayoría de las especies) y los industrializados (que, una vez acabada con su riqueza ambiental, buscan formas para explotar la de los demás) son las causas de este fracaso anunciado.

El tramo ministerial de la cumbre concluyó ayer con la convicción de que la sexta extinción de las especies es actualmente imparable. En 1992 parecía factible frenar la pérdida de biodiversidad en 2010. Hoy, los 122 representantes de los 198 países firmantes del protocolo de Río de Janeiro – salvo Estados Unidos, Irak y Corea del Norteadmitieron que no se podrá conseguir. Ni siquiera fueron capaces de fijar una nueva fecha que sustituya a la de 2010.El problema no es menor. Sólo entre 2000 y 2002 la lista de especies animales amenazadas pasó de las 10.000 a casi las 16.000. En total, y contando las plantas, hay 76.000 especies amenazadas (el 4% del total).

La financiación internacional topa con dificultades. El Fondo Mundial Ambiental (GEF, en sus siglas en inglés) es incapaz de aportar recursos, y lo obstaculiza el anuncio de EEUU de reducir a la mitad su aportación, que es casi la cuarta parte de los 12.500 millones de euros que maneja.

Sin embargo,tras 14 años de reuniones y siete cumbres, en algunos temas se vislumbran avances. Uno de ellos, según el secretario general español para la Biodiversidad, Antonio Serrano, es el acceso y distribución de los benificios genéticos. Esto incluye el pago a los indígenas y a los países ricos ambientalmente (llamados en la conferencia biodiversos) de una compensación por el uso de sus recursos. "Ha sido un día satisfactorio. Por primera vez nadie se opone a discutir la regulación internacional de este sistema", dijo Serrano en una rueda de prensa para los medios españoles organizada por la Fundación Biodiversidad, dependiente del ministerio.

Aunque se trata de un acuerdo para empezar a establecer la regulación es "poner la primera pica", dijo Serrano. Un optimismo que no comparten las organizaciones ecologistas presentes en la cumbre, como Greenpeace, que el martes dio su anti-premio Pelota Desinflada (representada por un globo terráqueo vacío) a la UE por demorar al menos dos años la puesta en marcha de este sistema de compensación.

EL PAÍS, 30 de marzo de 2006.

18. **(ADVOGADO – BNDES – 2006 – CESGRANRIO)** Hay equivalencia semántica entre la expresión "puesta em marcha" (último párrafo) y:

(A) finalizar.
(B) aportar.

(C) reglamentar.
(D) arrancar.
(E) mantener.

19. **(ADVOGADO – BNDES – 2006 – CESGRANRIO)** En este texto de El País, respecto a la CBD (Cumbre sobre Biodiversidad), el periódico señala que entre los participantes del encuentro hubo:

(A) acuerdos financieros para la protección de las especies.
(B) convicción de todos de que se puede parar la pérdida de biodiversidad.
(C) coincidencia de todos sobre el acceso indígena a los beneficios genéticos.
(D) discusión unánime sobre los indicios de avances.
(E) aprobación de la nueva fecha acordada para reemplazar el año 2010.

20. **(ADVOGADO – BNDES – 2006 – CESGRANRIO)** El fracaso anunciado por el titular de la noticia, según el texto, se debe a varios motivos señalados a seguir, **com EXCEPCIÓN** de:

(A) ausencia de sistemas de financiación.
(B) intereses contrapuestos entre países biodiversos y los industrializados.
(C) rechazo de parte de las organizaciones ecologistas a la acción lenta y optimista.
(D) incapacidad del Fondo Mundial Ambiental para aportar recursos.
(E) anuncio de EE.UU. sobre la reducción a la mitad de su aportación.

Texto I

Inmigrantes imprescindibles

La llegada de inmigrantes a los países ricos continúa imparable pese a la ralentización de la actividad económica y el estallido de la burbuja tecnológica en los últimos años. Ésta es una de las conclusiones del informe de la Organización de Cooperación y desarrollo Económico (OCDE) titulado Tendencias en la migración internacional. El informe se centra no sólo en la inmigración que llena las páginas de sucesos —los desesperados que mueren en las costas de España e Italia o en la oscuridad del túnel del Canal de la Mancha—, sino sobre todo en los inmigrantes, regulares o irregulares, que cuidan de niños y ancianos, construyen casas, trabajan en la agricultura...; en definitiva, en aquellos que "están cambiando la estructura de las sociedades desarrolladas y permiten la movilidad social y profesional de los nacionales", como dice el estudio.

La condición de los inmigrantes también ha cambiado. Ahora, la mayoría son personas que buscan sobre todo trabajo, incluso ha aumentado el número de los que tienen alguna calificación profesional, principalmente en los sectores sanitario y tecnológico.

En contrapartida, el descenso de los solicitantes de asilo o refugiados es notable. El fin de las guerras balcánicas y la introducción de medidas restrictivas por numerosos Gobiernos tras el 11-S han provocado una caída en picado de su número. Y aquí es donde está el verdadero reto. La contribución de la inmigración al crecimiento demográfico y a la fuerza laboral de los países ricos ha sido decisiva. Al margen de las naciones con tradición en la acogida de inmigrantes (Australia, Canadá, EEUU), el porcentaje de extranjeros en los países europeos ha crecido exponencialmente en los últimos años: 8,9% de la población en Alemania, 6,2% en Francia, 4,6% en Suecia, e incluso ¡un 5,6%! en Irlanda, un país históricamente de emigrantes.

Los nacimientos registrados entre la población inmigrante alivian los efectos del envejecimiento de Europa, pero el informe advierte que "ésta no será una solución permanente porque el índice de fertilidad de las mujeres extranjeras tiende a converger con las de las nacionales con el tiempo".

El País, 04 feb. 2004 (adaptado)

21. **(ADVOGADO – BNDES – 2004 – CESGRANRIO)** Términos como *ralentización* y *burbuja tecnológica* (líneas 2-4) conllevan percepciones aguzadas de una realidad poco compatible con:

(A) el dinamismo de la migración europea.
(B) los propósitos tecnológicos de la UE.
(C) las tendencias de la migración internacional.
(D) la conclusión del informe de la OCDE.
(E) la llegada de inmigrantes a los países ricos.

22. **(ADVOGADO – BNDES – 2004 – CESGRANRIO)** Los *sucesos* mencionados en el primer párrafo del texto (líneas 7-11) se refieren a:

(A) las frecuentes victorias de los inmigrantes irregulares que llegan a la UE.
(B) los episodios más significativos para el informe de la OCDE.
(C) los accidentes más comunes entre los inmigrantes regulares.
(D) algunas circunstancias que provocan la muerte de los inmigrantes.
(E) acontecimientos de poca importancia que registran los inmigrantes.

23. **(ADVOGADO – BNDES – 2004 – CESGRANRIO)** En el Texto I, la conjunción **sino** (línea 11) establece con la oración anterior una relación de:

(A) coordinación disyuntiva.
(B) coordinación distributiva.
(C) coordinación adversativa.
(D) subordinación adversativa.
(E) subordinación circunstancial.

24. **(ADVOGADO – BNDES – 2004 – CESGRANRIO)** La preocupación principal del informe de la OCDE es:

(A) establecer nuevos patrones para la migración internacional.
(B) relatar la situación de la inmigración , regular o irregular, en Europa.
(C) reconocer la importancia de la migración para los países en desarrollo.

(D) poner en tela de juicio la necesidad de contratar a extranjeros.
(E) proponer la utilización de la mano de obra extranjera.

25. **(ADVOGADO – BNDES – 2004 – CESGRANRIO)** La expresión *en definitiva* (línea 14), se sustituye en el contexto por:

(A) en conclusión.
(B) en la realidad.
(C) asimismo.
(D) finalmente.
(E) también.

26. **(ADVOGADO – BNDES – 2004 – CESGRANRIO)** El pronombre complemento **los**, en la línea 23, se refiere concretamente a los:

(A) solicitantes de asilo.
(B) miembros de la OCDE.
(C) refugiados notables de las guerras.
(D) nacimientos registrados en notaría.
(E) inmigrantes cuya condición ha cambiado.

27. **(ADVOGADO – BNDES – 2004 – CESGRANRIO)** La "... introducción de medidas restrictivas por numerosos Gobiernos..." (líneas 25-26) se debe:

(A) al miedo de que les acometan ataques terroristas como les acometió a los americanos.
(B) al fin de las guerras balcánicas y a la instabilidad política de las naciones que promueven las guerras.
(C) a la perfidia de los países pobres que contribuyen a la inmigración de los pordioseros.
(D) a la disminución irremediable de la actividad económica en los países desarrollados.
(E) a la disminución demográfica y de la fuerza laboral de los países en desarrollo.

28. **(ADVOGADO – BNDES – 2004 – CESGRANRIO)** Cuando se menciona en el texto el *verdadero reto* (línea 28), se aclara la importancia de la inmigración en cuanto a la/al:

(A) cuestión laboral.
(B) supervivencia de los nacionales.
(C) movilidad social y profesional de los inmigrantes.
(D) crecimiento demográfico y económico.
(E) cuidado de los niños.

29. **(ADVOGADO – BNDES – 2004 – CESGRANRIO)** La convergencia a la que se refiere el Texto I (último párrafo) se convertirá en un problema para:

(A) el rejuvenecimiento de Europa.
(B) la fertilidad de las mujeres europeas.
(C) la concienciación de la mujer.
(D) la población inmigrante.
(E) los nacimientos oriundos de la migración.

Texto II

El gasto social y la inversión en infraestructura, dos de las prioridades que se ha fijado el gobierno de Néstor Kirchner, podrían aumentarse por un programa de créditos del Banco Interamericano de Desarrollo (BID) de hasta US$ 5500 millones para el período 2004/2008, si este organismo lo aprueba. El presidente del BID declaró que se dará el visto bueno, y altas fuentes del banco admitieron que la cifra solicitada son US$ 5000 millones, "que pueden ser más si se ejecutan bien los US$ 2800 millones del anterior programa y si se presentan suficientes proyectos".

La llamada estrategia de financiamiento se discute entre el presidente del BID y el ministro de Economía argentino en Lima, donde han comenzado las reuniones preliminares de la 45ª reunión anual de la asamblea de gobernadores del BID.

Argentina ya ha solicitado al Banco Mundial la aprobación de un programa de créditos por otros US$ 5000 millones, pero el directorio de esa entidad aún no lo ha votado, ante las disputas entre el país y el Fondo Monetario Internacional (FMI) por la negociación de la deuda en default. En cambio, el BID, del que 50,3% de las acciones está en manos de los países latinoamericanos, se diferenciará del Banco Mundial (BM), dominado por el grupo de los siete países más ricos del mundo (G-7), y agilizará el tratamiento del programa solicitado por el Gobierno, según fuentes de la delegación argentina. Además, el estudio de la estrategia presentada al BID comenzó más tarde, en el gobierno de Néstor Kirchner, mientras que el pedido al BM fue en el de Eduardo Duhalde.

Los fondos pedidos al BID irán destinados a la Nación y a las provincias, tal como se viene haciendo desde 1996. Pese a varios otros proyectos, los distritos también pretenden recursos para la modernización del Estado en la recaudación tributaria. Cada provincia recibirá entre US$ 80 millones y US$ 250 millones. La Nación espera para fines de año un crédito de US$ 500 millones para la mejora de la gestión y de la transparencia del gasto social y del sector público en general. Estos fondos contribuirán a la implementación de las tarjetas sociales para los beneficiarios del plan Jefes y Jefas de Hogar. Por ahora, sólo se especificarán los créditos solicitados para los próximos 12 meses y no todos los que se ejecutarán hasta 2008.

El BID concede a los países préstamos de emergencia, de políticas de Estado y de inversión, pero la Argentina ya no quiere usar los primeros porque van en detrimento de los otros. Sin embargo, el país debió echar mano de ellos en 2003, cuando recibió US$ 1900 millones que deberá cancelar en cinco años. El horizonte de vencimientos con el BID está despejado de grandes pagos hasta 2006.

Si el Gobierno ejecuta "razonablemente" los US$ 2800 millones pendientes, entre los que figuran el financiamiento al sector agrícola para promover exportaciones e infraestructuras, se cubrirán todos los vencimientos con el BID de este año. Mientras tanto sigue subiendo la partida de la entidad para la Argentina. "Al FMI no podéis tenerlo como caja chica de donde se saca cuando necesitáis, pero los bancos de desarrollo deberían ir incrementando su exposición en el país a lo largo del tiempo y es lo que viene sucediendo con altibajos tanto con el BID como con el Banco Mundial", manifestó una fuente de la delegación argentina.

Alejandro Rebossio LA NACIÓN LINE 26 marzo 04 (adaptado)

30. **(ADVOGADO – BNDES – 2004 – CESGRANRIO)** En la línea 7, "el visto bueno" al cual se refiere el primer párrafo significa que:

(A) la cifra solicitada no está correcta.
(B) el BID aprobará el préstamo solicitado.
(C) el gasto social estará condicionado al BID.
(D) se permiten nuevas inversiones en el BID.
(E) se reconoce la validez del gobierno.

31. **(ADVOGADO – BNDES – 2004 – CESGRANRIO)** La lectura correcta del numeral 5.000.000.000 es:

(A) cinco millones.
(B) cinco billones.
(C) cinco mil millones.
(D) cinco millones de millones.
(E) cinco billones de millones.

32. **(ADVOGADO – BNDES – 2004 – CESGRANRIO)** La principal razón por la cual el Banco Mundial no ha aprobado todavía un nuevo programa de créditos para el referido país (3er párrafo) es que:

(A) la falta del reintegro al FMI le inhibe al BM aprobar nuevos préstamos.
(B) las coyunturas internacionales no son favorables a nuevos préstamos.
(C) el FMI no lo permite hasta que se salden las deudas con este organismo.
(D) el BID no aprueba nuevos créditos para los países en default.
(E) los nuevos programas de créditos están prohibidos hasta el 2008.

33. **(ADVOGADO – BNDES – 2004 – CESGRANRIO)** El verbo **comenzar** (línea 29) sufre en los tiempos del presente las mismas irregularidades que los verbos:

(A) mentir y soler.
(B) servir y mover.
(C) apretar y volver.
(D) empezar y entender.
(E) colgar y cocer.

34. **(ADVOGADO – BNDES – 2004 – CESGRANRIO)** La expresión *pese a* (4º párrafo), al referirse a la recaudación tributaria, señala la:

(A) posibilidad de rehusarse otros proyectos para concretarse la recaudación.
(B) importancia de las provincias cuando el tema es la modernización.
(C) distancia existente entre el deseo de los distritos y su concreción.
(D) incapacidad del Gobierno para amortizar sus deudas tributarias.
(E) prioridad de la modernización sobre varios otros proyectos.

35. **(ADVOGADO – BNDES – 2004 – CESGRANRIO)** De la oración: "El horizonte de vencimientos con el BID está despejado de grandes pagos hasta 2006." (líneas 5153), se infiere que, hasta el año de 2006, las deudas de Argentina con el BID:

(A) ya estarán quitadas.
(B) se convertirán en un estorbo.
(C) son relativamente bajas.
(D) no se conseguirán pagar.
(E) no estarán libres de intereses.

18.2. VUNESP

EL LÍO DE LAS TASAS

Revive el debate por el costo de los créditos que otorgan las entidades financieras. ¿Qué hay en el fondo de este nuevo 'round' entre banqueros y gobierno? Hace dos semanas el ministro de Desarrollo, Eduardo Pizano, llamó la atención del país sobre un hecho aritmético muy sencillo pero de grandes implicaciones económicas y políticas. Quien se acerca a un banco a solicitar, por ejemplo, un crédito de consumo, debe pagar una tasa cercana al 33 por ciento. Ese mismo banco, sin embargo, a la hora de remunerar los depósitos de los ahorradores apenas reconoce una tasa que se acerca al 12 por ciento. La diferencia, 21 puntos, es lo que se conoce como el margen de intermediación financiera, que no es otra cosa que la remuneración que reciben los bancos por los servicios que prestan. Aunque podría considerarse un tecnicismo financiero reservado para las discusiones de los entendidos, el margen de intermediación se ha convertido en objeto de una acalorada discusión pública en el país. La queja de muchos usuarios y de algunos miembros del gobierno es que los bancos están cobrando unas tasas excesivamente altas por los créditos que otorgan. Algo que, en opinión de los críticos de los bancos, en nada contribuye al propósito de reactivar la economía, pues es bien sabido que una condición indispensable para que ésta despegue es que el crédito vuelva a fluir a las empresas y los hogares.

(Adaptado de Revista Nación, Colombia, septiembre de 2001.)

36. **(ADVOGADO – BNDES – 2001 – VUNESP)** En cuanto al tipo de préstamo mencionado en el texto, su tasa es

(A) superior al 33%.
(B) inferior al 33%.
(C) exactamente de 33%.
(D) de aproximadamente 33%.
(E) del 12% al 33%.

37. **(ADVOGADO – BNDES – 2001 – VUNESP)** La remuneración de los depósitos citada en el texto se refiere a

(A) cuentas de ahorro.
(B) cuentas corrientes.
(C) acciones del banco.
(D) fondos de inversión.
(E) cualquier inversión.

38.**(ADVOGADO – BNDES – 2001 – VUNESP)** Según la opinión de los críticos de los bancos,

(A) los bancos colombianos están cobrando tasas muy altas.
(B) las alzas en las tasas de los créditos perjudican la reactivación de la economía.
(C) las altas tasas contribuyen para la inflación de la economía.
(D) las tarifas en los préstamos concedidos son excesivas.
(E) con la disminución de las tarifas bancarias habrá más préstamos.

39.**(ADVOGADO – BNDES – 2001 – VUNESP)** Las expresiones "sencillo", "se ha convertido" y "despegue" podrían sustituirse, según el sentido del texto y respectivamente, por:

(A) complicado - se ha transformado - crezca
(B) difícil - se ha fijado - evolucione
(C) simple - se ha transformado - evolucione
(D) simple - se ha vuelto - disminuya
(E) complicado - se ha fijado - disminuya

Córdoba: De la Sota juró la nueva Constitución

El gobernador de Córdoba, José Manuel de la Sota, juró ayer la nueva Constitución provincial y se insinuó como presidenciable para el 2003. La reforma redujo a la mitad la cantidad de legisladores; además, achicó el gasto político legislativo y consolidó la hegemonía institucional del oficialismo. Otra vez, no hubo representantes de la oposición en la sesión. Entre los invitados estuvo el senador menemista Eduardo Bauzá. Luego, De la Sota encabezó un acto con la presencia de unas 2.000 personas.

(Extraído de Diario Clarín, Argentina, septiembre de 2001.)

40.**(ADVOGADO – BNDES – 2001 – VUNESP)** La reforma en el sistema administrativo de la provincia argentina de Córdoba, con la toma de posesión del Sr. De la Sota,

(A) ha consolidado la hegemonía institucional del oficialismo a pesar del aumento del gasto con el legislativo.
(B) ha reducido a la mitad el número de legisladores, aunque haya aumentado el gasto político.
(C) ha consolidado la hegemonía institucional del oficialismo aun con la reducción de los legisladores.
(D) ha reducido a la mitad el número de legisladores, además de haber disminuido el gasto legislativo.
(E) ha disminuido a la mitad el número de legisladores y encima ha conseguido mantener el mismo gasto político.

41.**(ADVOGADO – BNDES – 2001 – VUNESP)** La forma del verbo "haber" (hubo) que aparece en el texto, podría sustituirse, en el caso de que el verbo fuera el "estar", por

(A) estuvo
(B) estuvieron
(C) ha estado
(D) estuve
(E) estuvimos

Reubicación rápida en Nueva York

"En los próximos días, todo el mundo podrá tener ya su nueva ubicación", dijo Raymond O'Keefe, director de Grubb & Ellis. En este momento, los únicos escollos que todavía quedan para que una empresa empiece a operar en una nueva ubicación son las comunicaciones y las funciones informatizadas, explicó O'Keefe. Además de las torres gemelas, los edificios destruidos son 4, 5, 6 y 7 World Trade Center. One Liberty Plaza sufrió un derrumbe parcial. Entre los edificios con daños se cuentan tres del World Financial Center, 1 Bankers Trust Plaza, 140 West St., 90 Church St. y 195 Broadway.

(Adaptado de *Diario Clarín*, Argentina, septiembre de 2001.)

42.**(ADVOGADO – BNDES – 2001 – VUNESP)** Con respecto al texto Reubicación rápida, el director de la empresa Grubb & Ellis dice que en los próximos días, las empresas

(A) tendrán nuevas perspectivas para un futuro cercano.
(B) van a tener que reorganizarse y revisar sus objetivos.
(C) tendrán nuevas metas profesionales que alcanzar.
(D) podrán presentar nuevas funciones informatizadas.
(E) podrán tener nuevas direcciones para operar.

43.**(ADVOGADO – BNDES – 2001 – VUNESP)** Basándose en el texto Reubicación rápida, las palabras "escollo", "todavía" y "quedan" significan, respectivamente:

(A) dificultad – aún – permanecen
(B) escombro – aun – hay
(C) desecho – encima – permanecen
(D) obstáculo – encima – hay
(E) escombro – aún – hay

"Camino a casa" aborda la relación del país nórdico con la Alemania nazi

El islandés Ólafur Ólafsson acaba de publicar en España "Camino a casa" (RBA), una novela traducida ya a varios idiomas que narra el viaje de regreso de una mujer, Dísa, a Islandia tras pasar muchos años en Inglaterra. El libro, del que la productora norteamericana Palomar Pictures ha comprado los derechos para el cine, es una excelente ocasión para acercarse a una literatura poco conocida en nuestro país. En la novela, Ólafsson aborda el escabroso asunto de las relaciones de Islandia con la Alemania nazi. En "Camino a casa", explica Ólafsson, "Dísa cierra el ciclo entre pasado y presente y recupera la paz. Al principio del libro dice que ha planeado este viaje muchas veces y que siempre lo ha aplazado; esta vez, no. En este sentido, la novela relata un viaje heroico en el que una mujer se enfrenta a su pasado".

Uno de los temas de la novela, las relaciones de Islandia con la Alemania nazi, suele pasarse por alto en su país. "A veces olvidamos que en Islandia hubo gente que simpatizó con los nazis. Desde Alemania se contemplaba a Islandia con una luz romántica, como un lugar de puros arios. Cuando, durante la II Guerra Mundial, las tropas británicas se instalaron allí, parece que se adelantaron por unas semanas a los planes alemanes. Islandia no fue independiente hasta 1944, y hasta entonces dependía de Dinamarca, que ya estaba ocupada por Alemania".

(Adaptado de El País, España, septiembre de 2001.)

44. **(ADVOGADO – BNDES – 2001 – VUNESP)** "Camino a Casa", según las declaraciones de su autor, es

(A) una obra cuya protagonista es una mujer que solía aplazar el regreso a su tierra.
(B) una telenovela islandesa ya doblada en varios idiomas.
(C) un libro que cuenta la historia de Dísa y su vuelta a Inglaterra.
(D) una película cuyos derechos fueron comprados por una productora estadounidense.
(E) una obra que habla del apoyo islandés a la Alemania nazista.

45. **(ADVOGADO – BNDES – 2001 – VUNESP)** El principal tema abordado en "Camino a Casa" es

(A) el refugio de alemanes en lugares altos de Islandia.
(B) la independencia de Islandia, en el año de 1944
(C) las relaciones germanoislandesas en la época del nazismo.
(D) la ocupación alemana en países como Dinamarca.
(E) la instalación de tropas británicas en Islandia.

"Camino a casa" aborda la relación del país nórdico com la Alemania nazi

El islandés Ólafur Ólafsson acaba de publicar en España *"Camino a casa"* (RBA), una novela traducida ya a vários idiomas que narra el viaje de regreso de una mujer, Dísa, a Islandia tras pasar muchos años en Inglaterra. El libro, Del que la productora norteamericana Palomar Pictures há comprado los derechos para el cine, es una excelente ocasión para acercarse a una literatura poco conocida en nuestro país.

En la novela, Ólafsson aborda el escabroso asunto de lãs relaciones de Islandia con la Alemania nazi. En *"Camino a casa",* explica Ólafsson, "Dísa cierra el ciclo entre pasado y presente y recupera la paz. Al principio del libro dice que há planeado este viaje muchas veces y que siempre lo há aplazado; esta vez, no. En este sentido, la novela relata um viaje heroico en el que una mujer se enfrenta a su pasado".

Uno de los temas de la novela, las relaciones de Islandia com la Alemania nazi, suele pasarse por alto en su país. "A veces olvidamos que en Islandia hubo gente que simpatizó con los nazis. Desde Alemania se contemplaba a Islandia con una luz romántica, como un lugar de puros arios. Cuando, durante La II Guerra Mundial, las tropas británicas se instalaron allí, parece que se adelantaron por unas semanas a los planes alemanes. Islandia no fue independiente hasta 1944, y hasta entonces dependía de Dinamarca, que ya estaba ocupada por Alemania".

(Adaptado de *El País*, España, septiembre de 2001.)

46. **(ADVOGADO – BNDES – 2001 – VUNESP)** "Camino a Casa", según las declaraciones de su autor, es

(A) una obra cuya protagonista es una mujer que solía aplazar el regreso a su tierra.
(B) una telenovela islandesa ya doblada en varios idiomas.
(C) un libro que cuenta la historia de Dísa y su vuelta a Inglaterra.
(D) una película cuyos derechos fueron comprados por una productora estadounidense.
(E) una obra que habla del apoyo islandés a la Alemania nazista.

47. **(ADVOGADO – BNDES – 2001 – VUNESP)** El principal tema abordado en "Camino a Casa" es

(A) el refugio de alemanes en lugares altos de Islandia.
(B) la independencia de Islandia, en el año de 1944.
(C) las relaciones germanoislandesas en la época del nazismo.
(D) la ocupación alemana en países como Dinamarca.
(E) la instalación de tropas británicas en Islandia.

19. Informática

19.1. CESGRANRIO

1. **(ADVOGADO – PETROBRÁS – 2008 – CESGRANRIO)** 
Considere o aplicativo Microsoft Word 2003 com suas configurações padrões. Em um documento formatado com espaçamento entre linhas de 1,5 e alinhamento justificado, qual resultado o usuário obtém ao clicar no ícone ilustrado pela figura acima?

(A) O espaçamento entre linhas do documento será incrementado.
(B) O espaçamento entre linhas do documento será decrementado.
(C) O parágrafo no qual o cursor estiver posicionado, no documento, terá o espaçamento entre linhas incrementado.
(D) O parágrafo no qual o cursor estiver posicionado, no documento, passará a ter formatação em negrito.
(E) O parágrafo no qual o cursor estiver posicionado, no documento, passará a ter alinhamento centralizado.

2. **(ADVOGADO – PETROBRÁS – 2008 – CESGRANRIO)** Considere o aplicativo Microsoft Word 2003, em português, com suas configurações padrões. Qual opção de menu o usuário deve selecionar para utilizar o recurso de numeração automática de páginas?

(A) Arquivo => Leiaute.
(B) Visualizar => Leiaute.
(C) Inserir => Numeração de Página.
(D) Formatar => Numeração de Página.
(E) Ferramentas => Contagem de Páginas.

3. **(ADVOGADO – PETROBRÁS – 2008 – CESGRANRIO)** Considere o aplicativo Microsoft Excel 2003, em português, com suas configurações padrões. Considere ainda duas células quaisquer A1 e B2. Para manter o valor de B2 igual ao valor de A1, de tal forma que, se o valor de A1 for modificado, o valor de B2 também se modificará, deve-se especificar na célula

(A) A1 a fórmula =B2
(B) A1 a fórmula =VINCULAR(B2)
(C) B2 a fórmula =A1
(D) B2 a fórmula =VINCULAR(A1)
(E) B2 a fórmula =SOMA(B2)

4. **(ADVOGADO – PETROBRÁS – 2008 – CESGRANRIO)** Considere o aplicativo Microsoft Excel 2003, em português, com suas configurações padrões. Para atribuir à célula A20 o valor resultante do somatório dos valores contidos nas células A17, A18 e A19, um usuário deve especificar a seguinte fórmula na célula A20:

(A) =A17+A18
(B) =A17+A19
(C) =SOMA(A17:A18)
(D) =$A$17+$A$18+$A$19
(E) =SOMA(A17+A19)

5. **(ADVOGADO – PETROBRÁS – 2008 – CESGRANRIO)** Considere o aplicativo Microsoft PowerPoint 2003, em português, com suas configurações padrões. Um usuário que deseja iniciar a apresentação dos slides de um arquivo em edição do PowerPoint deve

(A) clicar duas vezes no slide mestre.
(B) clicar no menu “Apresentações” e selecionar a opção “Exibir apresentação”.
(C) clicar no menu “Editar” e selecionar a opção “Apresentações”.
(D) pressionar a tecla ESC do teclado.
(E) inserir uma caixa de texto e digitar “slide show”.

6. **(ADVOGADO – PETROBRÁS DISTRIB. – 2008 – CESGRANRIO)** No Microsoft PowerPoint 2003, o que determina se um arquivo de som é inserido na apresentação como um arquivo vinculado?

(A) Forma de gravação da apresentação.
(B) Qualidade da placa de som do computador.
(C) Número de slides da apresentação.
(D) Nível de complexidade da formatação dos slides.
(E) Tamanho e o tipo de arquivo de som.

7. **(ADVOGADO – PETROBRÁS DISTRIB. – 2008 – CESGRANRIO)** O suporte ao XML padrão no Microsoft Excel 2003 consiste em

(A) ativar os recursos relacionados a funcionalidades específicas em modelos, controles Active-X, suplementos e comandos personalizados e pastas de trabalho locais.

(B) criar um estilo de formatação gráfica que possa ser salvo com a pasta de trabalho e usado como base a informações formatadas com os mesmos atributos.

(C) formar um pacote suplementar que contém os revisores de texto para cerca de trinta idiomas, suportando verificadores ortográficos e gramaticais, dicionários e listas de autocorreção.

(D) possibilitar a instalação de ferramentas suplementares de formatação de dados para organizar a criação de gráficos e imagens repetitivas nas pastas de trabalho comuns aos usuários de uma Intranet.

(E) simplificar o processo de acessar e capturar informações entre PCs e sistemas back-end, desbloqueando informações e viabilizando a criação de soluções de negócios integradas dentro da empresa e de parceiros comerciais.

8. **(ADVOGADO – PETROBRÁS DISTRIB. – 2008 – CESGRANRIO)** Para se criar uma estrutura de tópicos deve-se começar o documento no formato modo de estrutura de tópicos.

PORQUE

Da mesma forma que o modo normal ou de layout de página, o modo de estrutura de tópicos oferece uma exibição exclusiva para o conteúdo do documento.

A esse respeito conclui-se que

(A) as duas afirmações são verdadeiras e a segunda justifica a primeira.

(B) as duas afirmações são verdadeiras e a segunda não justifica a primeira.

(C) a primeira afirmação é verdadeira e a segunda é falsa.

(D) a primeira afirmação é falsa e a segunda é verdadeira.

(E) as duas afirmações são falsas.

9. **(ADVOGADO – PETROBRÁS DISTRIB. – 2008 – CESGRANRIO)** A Internet é um conglomerado de redes em escala mundial de milhões de computadores que são interligados pelo protocolo de Internet que consiste em

(A) monitorar todas as formas de acessos ilegais dos usuários da Web.

(B) enviar relatórios de controle de serviços disponíveis em um determinado servidor.

(C) gerar relatórios de navegação e de downloads executados por um determinado computador.

(D) definir datagramas ou pacotes que carregam blocos de dados de um nó da rede para outro.

(E) proteger as informações que circulam na Web.

10. **(ADVOGADO – PETROBRÁS DISTRIB. – 2008 – CESGRANRIO)** As ameaças à segurança da informação na Internet, Intranets e demais redes de comunicação, são relacionadas diretamente à perda de uma de suas três características principais que são, respectivamente,

(A) acessibilidade, probabilidade e atualidade.

(B) confidencialidade, integridade e disponibilidade.

(C) disponibilidade, portabilidade e funcionalidade.

(D) integridade, acessibilidade e recursividade.

(E) recursividade, idoneidade e portabilidade.

11. **(ADVOGADO – ANP – 2008 – CESGRANRIO)** Um determinado usuário trabalha em uma rede que possui o servidor "anpout.gov.br" para envio de e-mails e o servidor "anpin.gov.br" para download de e-mails. Qual das configurações a seguir esse usuário deve utilizar na sua ferramenta de e-mails?

(A) servidor de email pop3 = "anpout.gov.br" e servidor de email imap = "anpin.gov.br"

(B) servidor de email pop3 = "anpout.gov.br" e servidor de email smtp = "anpin.gov.br"

(C) servidor de email stmp = "anpout.gov.br" e servidor de email pop3 = "anpin.gov.br"

(D) servidor de email dhcp = "anpout.gov.br" e servidor de email imap = "anpin.gov.br"

(E) servidor de email imap = "anpout.gov.br" e servidor de email dhcp = "anpin.gov.br"

12. **(ADVOGADO – ANP – 2008 – CESGRANRIO)** Um funcionário precisa encontrar um documento Microsoft Word 2003 (extensão doc) disponibilizado na Internet por sua empresa. Sabendo-se que o título do documento é ***Impactos Ambientais na Baía de Guanabara*** e que o documento possui as palavras-chave ***ecossistema*** e ***petróleo***, qual a forma mais eficaz de encontrar esse documento utilizando o site de busca *http://www.google.com*?

(A) Impactos Ambientais na Baía de Guanabara ecossistema petróleo

(B) Impactos Ambientais na Baía de Guanabara ecossistema petróleo filetype:doc

(C) "Impactos Ambientais na Baía de Guanabara ecossistema petróleo"

(D) "Impactos Ambientais na Baía de Guanabara" ecossistema petróleo filetype:doc

(E) "Impactos Ambientais na Baía de Guanabara" - ecossistema -petróleo filetype:doc

13. **(ADVOGADO – ANP – 2008 – CESGRANRIO)** Para executar tarefas comuns, que não exijam privilégios de administrador, é uma boa prática de segurança não utilizar um usuário que possua tais privilégios, uma vez que

(A) cavalos de tróia só atacam máquinas autenticadas com administrador do sistema.

(B) um código malicioso pode ganhar os privilégios do usuário autenticado.

(C) programas antivírus só podem ser atualizados por usuários sem privilégios de administrador.

(D) usuários sem privilégio de administrador são imunes a código malicioso.

(E) usuários sem privilégios de administrador, apenas, possuem permissão para executar o navegador html.

14. **(ADVOGADO – ANP – 2008 – CESGRANRIO)** Considerando-se *backups* completos e incrementais, julgue as afirmações a seguir.

I. A realização de *backups* (completos ou incrementais) objetiva minimizar a probabilidade de perda de dados, enquanto a realização de restauração visa a recuperar dados previamente armazenados.

II. O procedimento de geração de *backups* incrementais compara a data da última escrita de um arquivo com a data de realização do último *backup* para decidir se deve copiar o arquivo.

III. A restauração de arquivos gravados em *backups* incrementais é mais trabalhosa do que a restauração de um arquivo em um *backup* completo.

É(São) verdadeira(s) a(s) afirmação(ões)

(A) I, apenas.
(B) I e II, apenas.
(C) I e III, apenas.
(D) II e III, apenas.
(E) I, II e III.

15. **(ADVOGADO – ANP – 2008 – CESGRANRIO)** Os *links* simbólicos do sistema Linux e os atalhos do sistema Windows podem ser utilizados para

(A) acessar um mesmo recurso através de caminhos diferentes.
(B) adicionar ou remover *hardware* com segurança.
(C) iniciar a execução de um documento no *prompt* do MS-DOS.
(D) criar teclas de atalho personalizadas.
(E) criar uma partição compartilhada para os dois sistemas (Linux e Windows).

19.2. CESPE

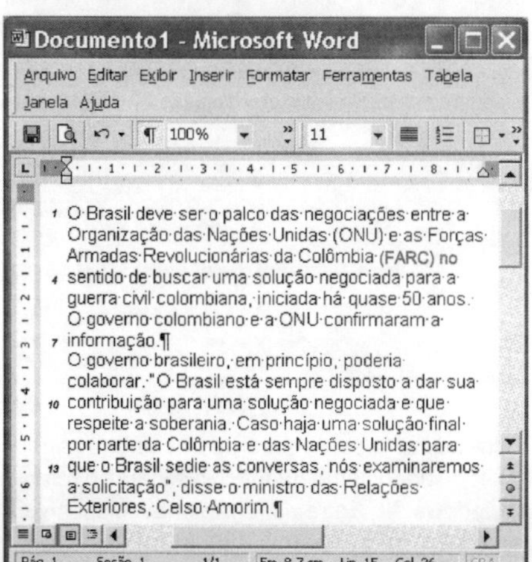

O Brasil deve ser o palco das negociações entre a
Organização das Nações Unidas (ONU) e as Forças
Armadas Revolucionárias da Colômbia (FARC) no
sentido de buscar uma solução negociada para a
guerra civil colombiana, iniciada há quase 50 anos.
O governo colombiano e a ONU confirmaram a
informação.¶
O governo brasileiro, em princípio, poderia
colaborar: "O Brasil está sempre disposto a dar sua
contribuição para uma solução negociada e que
respeite a soberania. Caso haja uma solução final
por parte da Colômbia e das Nações Unidas para
que o Brasil sedie as conversas, nós examinaremos
a solicitação", disse o ministro das Relações
Exteriores, Celso Amorim.¶

16. **(ADVOGADO – PETROBRÁS – 2003 – CESPE)** A figura acima mostra uma janela do Word 2000 com parte de um texto adaptado de Mariana Mainenti, da equipe do Correio Braziliense. No referente a esse texto e acerca do Word 2000, julgue os itens a seguir.

1 Caso se realizem as seguintes ações: clicar imediatamente antes do conectivo "e" (ℓ.6); pressionar e manter pressionada a tecla [Shift]; clicar sobre a palavra "ONU" (ℓ.6); liberar a tecla [Shift] e pressionar [Delete], mantém-se a correção gramatical do texto.

2 Caso se aplique um clique duplo sobre a palavra "para" (ℓ.10) e, a seguir, se tecle sucessivamente [P], [O] e [R], altera-se a preposição mas mantém-se correta a relação de regência entre "contribuição" e "uma solução".

3 Independentemente de governos, a diplomacia brasileira tem considerável tradição de negociação internacional, em que se destaca a defesa de princípios como soberania e autodeterminação.

4 Já nos seus primeiros meses, o governo brasileiro mostra-se disposto a oferecer sua contribuição para a resolução de problemas internos de países vizinhos. Exemplo significativo desse procedimento é o que concerne à Venezuela, onde a ação do presidente Hugo Chaves encontra importante resistência.

5 A dramática situação vivida pela Colômbia parece sinalizar para uma solução a curto prazo desde o momento em que as FARC aceitaram entregar parte do território que controlam ao governo federal e a se afastarem dos narcotraficantes locais.

6 Observa-se na figura que os dois parágrafos do documento estão alinhados à esquerda. Para se justificar esses dois parágrafos, é suficiente clicar o botão ≡.

7 Para numerar as linhas do primeiro parágrafo mostrado no documento — de 1 a 7 como indicado —, é suficiente clicar imediatamente antes da primeira linha desse parágrafo e, a seguir, clicar o botão ⁝≡.

8 Por meio da opção Arquivo, encontrada no menu Inserir, é possível inserir, no documento em edição, todo o conteúdo de um arquivo em formato Word armazenado em disquete.

17. **(ADVOGADO – PETROBRÁS – 2003 – CESPE)** Com o intuito de realizar uma pesquisa acerca dos programas tecnológicos desenvolvidos pela PETROBRAS, um usuário da Internet acessou o sítio http://www2.petrobras.com.br. Após algumas operações no sítio especificado, o usuário obteve a página *Web* ilustrada na figura acima, que mostra uma janela do Internet Explorer 6. Com relação aos conceitos de Internet e ao Internet Explorer 6, julgue os itens seguintes, tendo como base a figura apresentada.

1 Caso o usuário deseje realizar uma pesquisa na Internet para identificar outros sítios que contenham a expressão programas tecnológicos, é suficiente que ele digite no campo Endereço a instrução *search* programas tecnológicos e, em seguida, clique o botão Ir.

2 No endereço do sítio mostrado, a presença do número "2" após "www" indica que o sítio da PETROBRAS possui dois portais, o que evita o congestionamento no acesso a esse sítio.

3 Caso o usuário queira enviar o conteúdo da página mostrada, na forma de uma mensagem de correio eletrônico, para candidato@provedor.com.br, é suficiente que ele digite esse endereço eletrônico no campo Endereço.

4 Sabendo que ☆ corresponde ao botão favoritos, por meio dele, o usuário terá acesso a recursos do Internet Explorer 6 para definir a página ilustrada como uma de suas favoritas. O Internet Explorer 6 disponibiliza ao usuário recursos que facilitam o acesso posterior a uma página favorita.

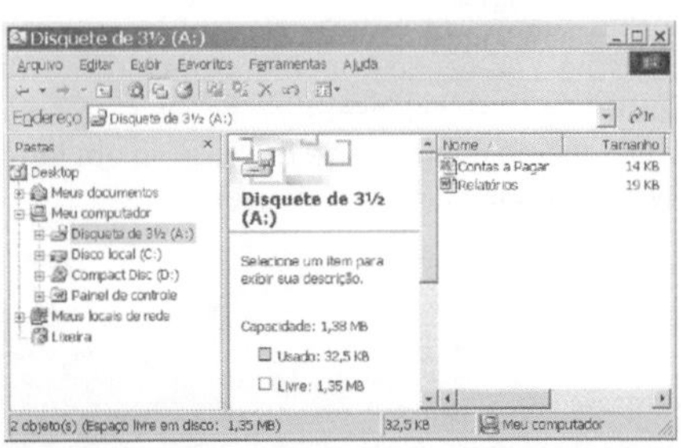

18. **(ADVOGADO – PETROBRÁS – 2003 – CESPE)** A figura acima mostra uma janela do Windows Explorer, do Windows 2000. Com relação a essa janela e ao Windows 2000, julgue os itens a seguir.

1 Se um usuário desejar salvar um novo arquivo no disquete inserido no *drive* referente a A:, e o disquete estiver protegido contra gravação, ele poderá fazê-lo apenas após desativar a proteção do disquete.

2 Para copiar o arquivo Relatórios para a pasta Meus documentos, é suficiente realizar a seguinte seqüência de ações: posicionar o ponteiro do *mouse* sobre o ícone Relatórios; pressionar e manter pressionado o botão esquerdo do *mouse*; mover o *mouse* de forma a posicionar o seu ponteiro sobre o ícone Meus documentos, de forma a ativá-lo; liberar o botão esquerdo do *mouse*.

3 Ao se clicar o botão ⇦, os conteúdos da pasta Meu computador serão exibidos.

Nas questões de **11** a **15**, considere que todos os programas mencionados estão em configuração-padrão, em português, e que o *mouse* está configurado para pessoas destras. Assim, a menos que seja explicitamente informado o contrário, expressões como clicar, clique simples e clique duplo referem-se a cliques com o botão esquerdo do *mouse*. Considere também que não há restrições de proteção e de uso em relação aos programas, arquivos, diretórios e *hardware* utilizados.

19. **(ADVOGADO – PETROBRÁS – 2001 – CESPE)**

A figura acima ilustra a área de trabalho *(desktop)* de um determinado computador cujo sistema operacional é o Windows 98. Entre as ferramentas disponíveis no Windows 98, encontra-se o *Active Desktop*, que torna possível personalizar o *desktop* e integrá-lo à *Web*. Com o *Active Desktop*, pode-se transformar elementos da *Web* em elementos da área de trabalho, como pode ser observado na figura acima, na qual duas janelas estão integradas ao *desktop*, realizando o acesso por meio da Internet a páginas dos *sites* http://www.petrobras.com.br e http://www.cespe.unb.br. Com base na figura acima, julgue os itens seguintes, acerca do Windows 98 e de suas diversas ferramentas.

1 Caso um usuário do computador cujo *desktop* está mostrado na figura queira compactar todos os arquivos armazenados no *winchester*, será suficiente que ele aplique um duplo clique no ícone [WinZip].

2 Dada a existência do ícone [Ambiente de rede], pode-se concluir que o computador cujo *desktop* está ilustrado na figura acima está conectado a um ambiente de rede denominado LAN (*local area network*). Nesse tipo de ambiente, uma placa de rede se faz necessária, dispensando o uso de uma placa *fax/modem* instalada no computador para o acesso à Internet. A velocidade de transmissão de dados nesse tipo de rede pode chegar a 155 bps por usuário, sendo muito superior à taxa de transmissão obtida em redes *dial-up*.

3 Versões atuais do Windows 98 permitem o compartilhamento de uma conexão à Internet com vários computadores em uma rede doméstica.

4 A partir do *Active Desktop*, pode-se adicionar conteúdo ativo à área de trabalho do computador, ou seja, pode-se adicionar conteúdo da *Web* que possui atualização periódica no *site* de origem e, simultaneamente, uma atualização automática na área de trabalho do computador.

5 É possível inserir no *desktop* um elemento de acesso à *Web* por meio do seguinte procedimento: executar o Internet Explorer 5; na barra de endereços desse *software*, introduzir o URL da página que se deseja inserir no *desktop*; ao final do processo de *download* dessa página, clicar com o botão direito do *mouse* em qualquer local da página obtida; no *menu* que aparece em decorrência dessa ação, selecionar **Definir como item da Área de trabalho**; proceder às configurações finais.

20.**(ADVOGADO – PETROBRÁS – 2001 – CESPE)**

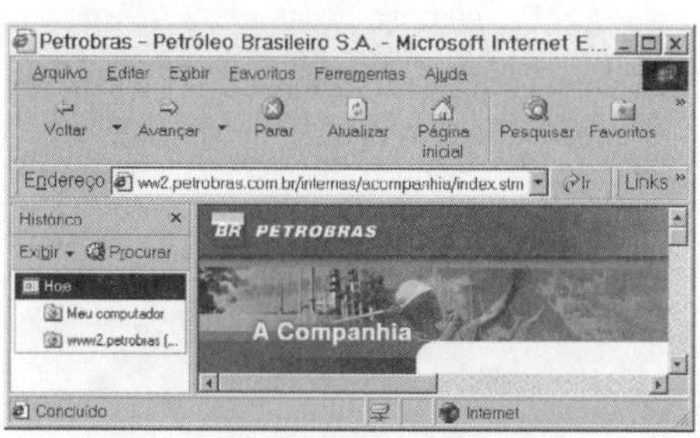

A figura acima ilustra uma janela do Internet Explorer 5. Com base nessa figura, julgue os itens a seguir, acerca do Internet Explorer 5 e do Windows 98.

1 O processo de *download* da página ilustrada está concluído.

2 Pela figura, não é possível precisar a quantidade de páginas do *site* relacionado a [www2.petrobras] que foram acessadas na seção indicada por [Hoje].

3 Supondo que o acesso à Internet esteja sendo realizado por meio de uma rede *dial-up*, uma forma de reduzir os gastos relacionados ao uso da rede telefônica seria por meio do acionamento do botão [Parar] ao término de um processo de *download* de página. A partir desse procedimento, cada vez que o botão [Parar] é acionado, a ligação telefônica que estabelece o acesso *dial-up* com o provedor de Internet é suspensa.

4 Para um determinado usuário, pode-se tornar a página mostrada na figura uma das favoritas do Internet Explorer 5 por meio do botão [Favoritos]. Pode-se alcançar os *sites* favoritos da *Web* diretamente a partir do *menu* Iniciar ou a partir de diversos outros pontos do ambiente do Windows 98.

5 Para que um usuário obtenha informações referentes às condições de acesso à Internet, tais como a taxa de transmissão e o tempo de acesso decorrido em uma determinada sessão, será suficiente que ele clique sobre o botão [Links »].

Texto CI-I

Um empregado de uma empresa está elaborando, com o auxílio do editor de textos Word 97, um glossário contendo termos técnicos. A janela mostrada na figura abaixo apresenta parte do referido documento, ainda na fase de edição.

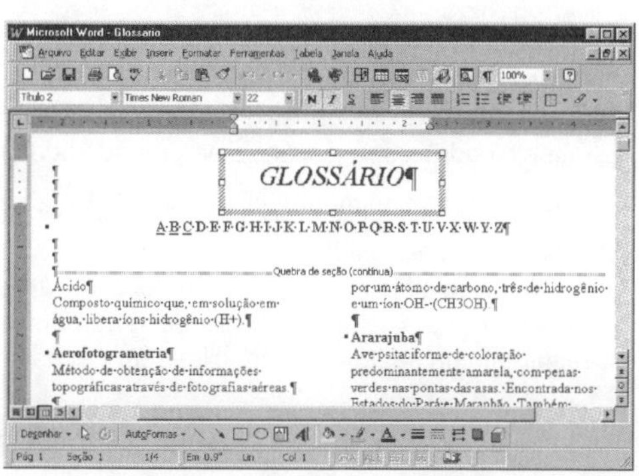

21. **(ADVOGADO – PETROBRÁS – 2001 – CESPE)** Considerando o texto CI-I e o Word 97, julgue os itens que se seguem.

1 A palavra "*GLOSSÁRIO*" foi incluída no documento por meio da ferramenta de desenho ativada pelo botão .

2 A partir da figura, pode-se concluir que, para a digitação dos termos técnicos na forma mostrada na área de trabalho do Word 97, o empregado inseriu uma tabela com duas colunas e várias linhas.

3 Sabendo que o estilo do termo "Ácido" não é o mesmo estilo utilizado para o termo "Ararajuba", caso o empregado deseje padronizar o estilo do primeiro termo a partir do estilo do segundo, ele obterá sucesso nesse intento por meio da seguinte seqüência de ações: determinar o estilo que está sendo utilizado no segundo termo, posicionando o cursor sobre a palavra "Ararajuba"; posicionar o cursor sobre a palavra "Ácido"; na caixa de estilos Título 2, clicar sobre o estilo determinado anteriormente.

4 Sabendo que, para facilitar a navegação pelo documento, o empregado está utilizando o recurso de *hyperlinks*, e que, no glossário em elaboração mostrado na figura, essa ferramenta já foi associada às letras A, B e C, para inserir um salto no glossário para o primeiro termo contendo a letra D, é suficiente que o empregado posicione o cursor na esquerda da letra D em A·B·C·D· e clique no botão .

5 Caso deseje disponibilizar o glossário para acesso via Internet, o empregado tem a opção de salvar o documento no formato HTML. No entanto, essa opção causa alguma perda de formatação. Para visualizar como o documento ficaria nesse formato, é suficiente clicar no botão .

22. **(ADVOGADO – PETROBRÁS – 2001 – CESPE)** Julgue os itens abaixo, ainda relativos ao texto CI-I e ao Word 97.

1 Caso deseje identificar todas as páginas do documento com o nome da empresa, mantendo o mesmo padrão, será correto o empregado adotar o seguinte procedimento: clicar em Exibir; na lista de opções resultante, clicar em Cabeçalho e rodapé; digitar o nome da empresa na área reservada para texto; na barra de ferramentas resultante da segunda ação, clicar em Fechar.

2 O empregado conseguirá numerar as páginas do documento por meio da seqüência de ações a seguir: clicar em Ferramentas; na lista de opções resultante dessa ação, clicar em Número de páginas; na janela de diálogo resultante, definir a posição do número das páginas; clicar em OK.

3 No ambiente Windows 98, os recursos disponíveis no *menu* Ferramentas do Word 97 permitem que o usuário salve o documento mostrado na figura em qualquer *site* da Internet, como, por exemplo, o da PETROBRAS.

4 Para que o empregado possa salvar o documento do Word 97 em formato PDF, é necessário que o *software* PowerPoint esteja instalado no computador.

5 O empregado poderia incluir uma equação no documento, utilizando o editor de equações, disponibilizado na instalação do Word 97. O editor de equações é acessado com sucesso por meio da seguinte seqüência de ações: clicar em Inserir; na lista de opções resultante, clicar em Símbolo. Como resultado dessa ação, é disponibilizada uma área na qual a equação pode ser digitada. Para retornar ao documento, é suficiente clicar em um ponto qualquer fora dessa área.

23. **(ADVOGADO – PETROBRÁS – 2001 – CESPE)**

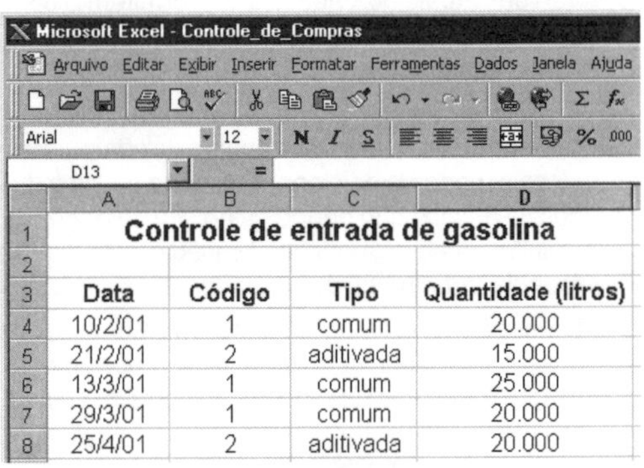

Microsoft Excel - Controle_de_Compras

	A	B	C	D
1	Controle de entrada de gasolina			
2				
3	Data	Código	Tipo	Quantidade (litros)
4	10/2/01	1	comum	20.000
5	21/2/01	2	aditivada	15.000
6	13/3/01	1	comum	25.000
7	29/3/01	1	comum	20.000
8	25/4/01	2	aditivada	20.000

A janela acima mostra uma planilha do Excel 97, utilizada pelo gerente de um posto de combustíveis para controlar as compras de gasolina comum e aditivada, efetuadas ao longo dos meses de fevereiro a abril de 2001. Na planilha, o tipo de gasolina, mostrado na coluna C, a partir da célula C4, é uma função do código: na coluna B, se o código for "1", a gasolina é comum; se o código for "2", a gasolina é aditivada. Julgue os itens a seguir, relativos à janela mostrada e ao Excel 97.

1 O Excel permite, a partir da função SE, automatizar o preenchimento da coluna C, de C4 a C8.

2 O gerente pode ter mesclado as células e centralizado o texto na primeira linha da planilha por meio da seguinte seqüência de ações: selecionar as células de A1 a D1; clicar em .

3 O gerente pode determinar o total de dias decorridos entre as duas compras de gasolina aditivada, pondo o resultado na célula A10, por meio da seqüência de ações a seguir: selecionar a célula A10; formatar essa célula para números; digitar **=A8-A5**; teclar • .

4 Para calcular o valor total gasto na compra de gasolina aditivada, o gerente terá sucesso nesse intento se digitar a expressão **=SOMA(C4:C8;"aditivada";E4:E8)**, na célula **E9**, e teclar, em seguida, • .

5 O gerente obterá imediatamente, na célula E9, o valor total gasto na compra das gasolinas comum e aditivada, realizando a seguinte seqüência de ações: posicionar o cursor na referida célula; selecionar as células de E4 a E8; clicar em Ferramentas ; na lista de opções que será aberta, clicar em Subtotais.

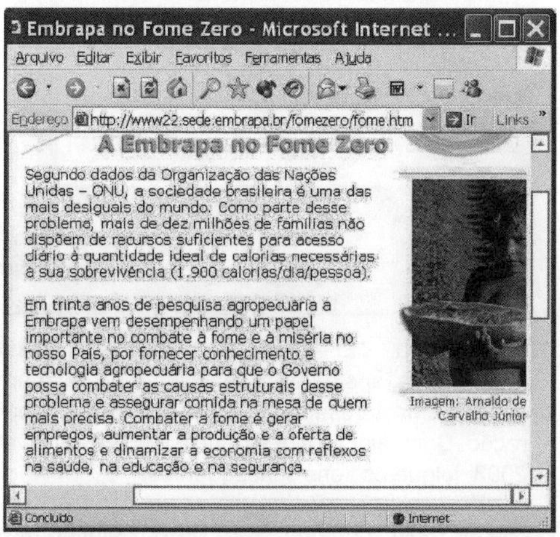

24.**(ADVOGADO – EMBRAPA – 2005 – CESPE)** Considerando que a janela do Internet Explorer 6 (IE6) ilustrada acima esteja em execução em um computador PC, cujo sistema operacional é o Windows XP Professional, julgue os itens seguintes, considerando ainda a página *web* mostrada na referida janela.

1. Para se selecionar o trecho de texto "Em trinta anos de pesquisa (...) na educação e na segurança.", copiá-lo e colá-lo em um documento Word 2000 em edição no computador, é suficiente realizar o seguinte procedimento: posicionar o ponteiro do *mouse* sobre a palavra "Em" desse trecho; pressionar e manter pressionado o botão esquerdo do *mouse*; posicionar o ponteiro do *mouse* imediatamente após "segurança."; liberar o botão esquerdo do *mouse*; pressionar e manter pressionada a tecla [Ctrl]; teclar [C]; liberar a tecla [Ctrl]; no documento Word, posicionar o ponto de inserção no local desejado; pressionar e manter pressionada a tecla [Ctrl]; teclar [V]; liberar a tecla [Ctrl].

2. Ao se clicar o ícone , será iniciado processo de acesso à página *web* definida como inicial do IE6, ou seja, aquela definida como a primeira página *web* que deve ser acessada ao se iniciar uma sessão de uso do IE6.

3. Para se acessar recursos disponíveis a partir do IE6 que permitem enviar o conteúdo da página *web* mostrada a um destinatário, na forma de mensagem de correio eletrônico, é suficiente clicar o botão . Esses recursos permitem, por exemplo, obter a janela ilustrada a seguir, desde que haja configuração suficiente.

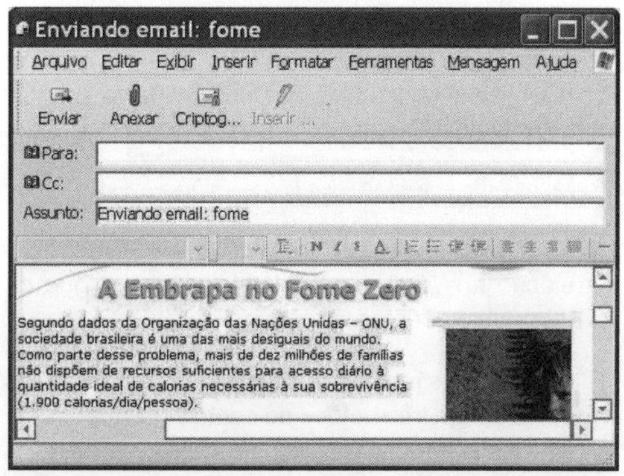

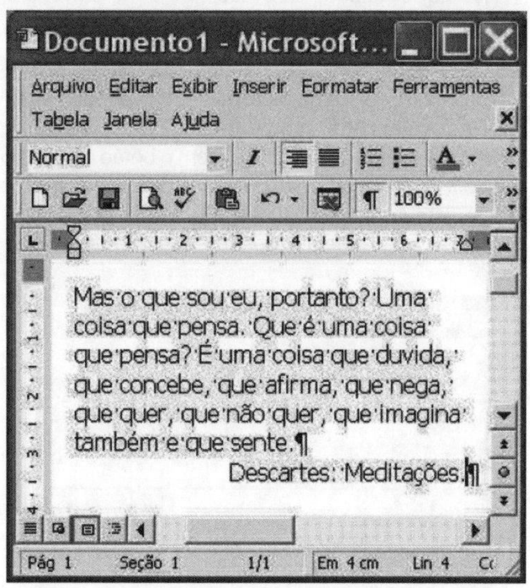

25.**(ADVOGADO – EMBRAPA – 2005 – CESPE)** Considerando a figura acima, que ilustra uma janela do

Word 2000, julgue os itens a seguir, sabendo que o ponto de inserção está posicionado no final da última linha mostrada do documento.

1. Para definir o último parágrafo mostrado do documento — "Descartes: Meditações." — com o mesmo alinhamento do parágrafo imediatamente acima, é suficiente clicar o botão .
2. As opções mostradas na figura a seguir são disponibilizadas ao se clicar o *menu* Formatar.

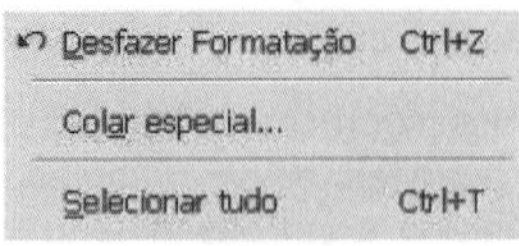

3. Para aplicar o estilo itálico apenas à palavra "Descartes", é suficiente realizar o seguinte procedimento: aplicar um clique duplo sobre a referida palavra; clicar *I*.
4. Para inserir uma marca de tabulação no início da primeira linha mostrada, é suficiente realizar o seguinte procedimento: pressionar e manter pressionada a tecla Ctrl; teclar ; liberar a tecla Ctrl; teclar Tab.

26. **(ADVOGADO – EMBRAPA – 2005 – CESPE)** Com relação ao Windows XP Professional, julgue os itens subseqüentes.

1. Em geral, as janelas dos aplicativos do Windows apresentam três botões no canto superior direito: , e .O botão permite minimizar a janela, enquanto os botões e permitem, respectivamente, maximizá-la e fechá-la.
2. Para desligar corretamente um computador que use como sistema operacional o Windows XP Professional, é suficiente realizar a seguinte seqüência de ações: clicar, com o botão esquerdo do *mouse*, uma região vazia da área de trabalho; na lista de opções que aparece em decorrência dessa ação, clicar a opção Fazer logoff.

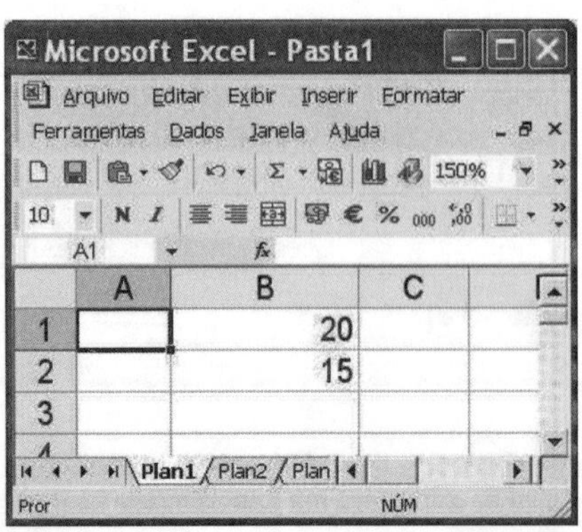

27. **(ADVOGADO – EMBRAPA – 2005 – CESPE)** A figura acima mostra uma janela do Excel 2002, com uma planilha em processo de edição. Com relação a essa janela e ao Excel 2002, julgue o item abaixo.

1. Para multiplicar os valores numéricos contidos nas células B1 e B2, pondo o resultado na célula B3, é suficiente clicar a célula B3 e, em seguida, clicar Σ.

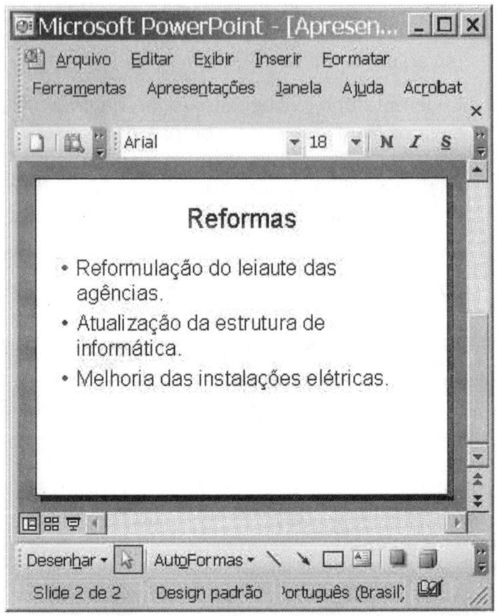

28. **(ADVOGADO – CEF – 2006 – CESPE)** A figura acima mostra uma janela do PowerPoint 2003, com um *slide* de uma apresentação em processo de preparação. Com relação a essa janela e ao PowerPoint 2003, julgue os itens subseqüentes.

1. Ao se clicar o botão , o PowerPoint entrará em modo de apresentação de *slides*.
2. Ao se clicar o botão , será iniciado processo de impressão dos *slides* na forma de folhetos, que são versões reduzidas do conjunto de *slides* em elaboração e que permitem a impressão de 2, 4 ou 6 *slides* por página.
3. Ao se clicar o botão , será inserido, na apresentação, um novo *slide*, em branco, após o *slide* atual.
4. Para se aplicar negrito à palavra "Reformulação", é suficiente realizar a seguinte seqüência de ações: aplicar um clique duplo sobre a referida palavra; pressionar e manter pressionada a tecla Ctrl; teclar N, liberando, em seguida, a tecla Ctrl.

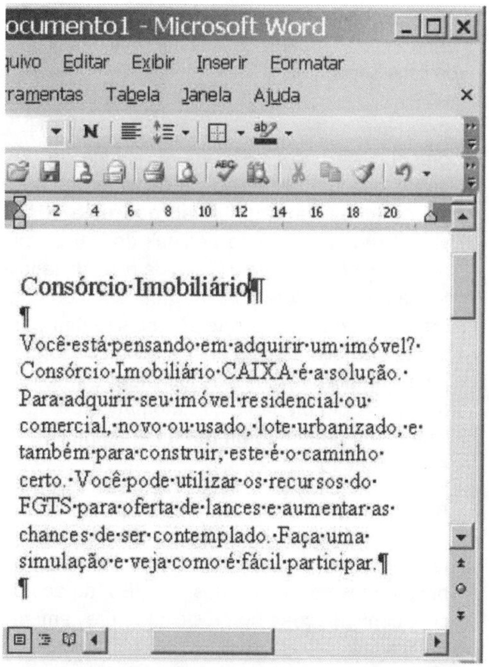

29. **(ADVOGADO – CEF – 2006 – CESPE)** Julgue os próximos itens, acerca do Word 2003, considerando a figura I acima, que ilustra uma janela desse aplicativo sendo executada em um computador PC.

1. Sabendo-se que, na situação em que se encontra a janela da figura I, a fonte utilizada no trecho "Consórcio Imobiliário" está definida para cor azul, caso se deseje alterar essa cor para a cor preta, é possível fazê-lo por meio de recursos disponibilizados ao se clicar a seta em .

2. Considere que, ao se realizar determinado procedimento, a janela do Word da figura I seja modificada de modo que parte dela seja visualizada como mostrado na figura II a seguir. Para se obter tal efeito, é suficiente clicar o botão 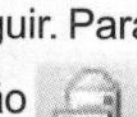 na janela da figura I. Na janela da figura II, caso seja inserido, no campo Para:, um endereço de e-mail válido, seja completado o campo Assunto: e, a seguir, seja clicado Enviar uma cópia, será iniciado processo de envio de mensagem de correio eletrônico que, na forma de arquivo anexado, conterá uma cópia do documento em edição.

3. Considere que, na situação em que se encontra a janela mostrada na figura I, seja realizado o seguinte procedimento: pressionar e manter pressionada a tecla Shift; teclar Home; liberar a tecla Shift; clicar 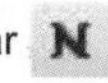; clicar na seta em 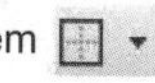; clicar o número 16 na lista numérica disponibilizada em decorrência desta ação. Após a realização desse procedimento, a primeira linha do documento mostrada ficará com a fonte em negrito e tamanho de fonte igual a 16.

4. Ao se clicar a seta em  na janela do Word da figura I, será visualizada a ferramenta ilustrada na figura III ao lado, por meio da qual é possível definir o número de células de uma tabela e, caso ela seja inserida no documento em edição, a forma de Figura III exibição das bordas dessas células.

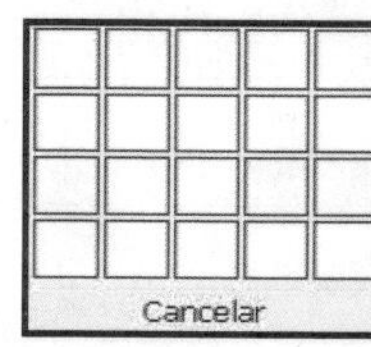

5. Considere que, na janela do Word da figura I, as opções mostradas na figura IV ao lado sejam visualizadas ao se clicar o menu Janela atual de uso do Word e, caso seja clicada a opção , esses dois documentos serão apresentados em duas janelas, em primeiro plano, de maneira que os seus conteúdos possam ser comparados.

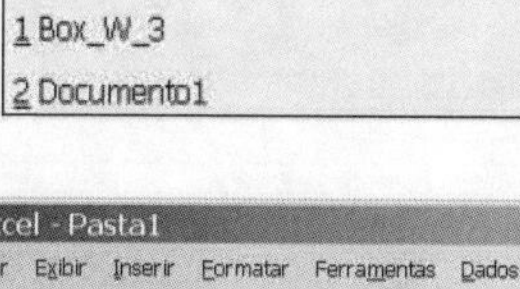

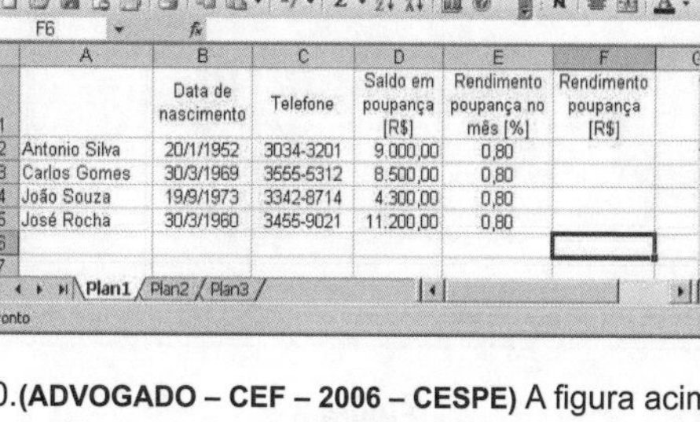

	A	B	C	D	E	F
1		Data de nascimento	Telefone	Saldo em poupança [R$]	Rendimento poupança no mês [%]	Rendimento poupança [R$]
2	Antonio Silva	20/1/1952	3034-3201	9.000,00	0,80	
3	Carlos Gomes	30/3/1969	3555-5312	8.500,00	0,80	
4	João Souza	19/9/1973	3342-8714	4.300,00	0,80	
5	José Rocha	30/3/1960	3455-9021	11.200,00	0,80	
6						
7						

30. **(ADVOGADO – CEF – 2006 – CESPE)** A figura acima mostra uma janela do Excel 2003, com uma planilha em processo de edição que contém informações de clientes de uma agência bancária. Com relação a essa janela e ao Excel 2003, julgue os itens que se seguem.

1. Para ordenar os nomes dos clientes em ordem alfabética decrescente, preservando-se a associação correta entre nomes e respectivas informações na planilha, é suficiente realizar a seguinte seqüência de ações: clicar a célula A2; pressionar e manter pressionada a tecla [Shift]; clicar a célula F5, liberando, então, a tecla [Shift]; clicar .
2. Ao se clicar a seta em , será exibida uma lista de tipos de fontes, tais como times, courier e arial. Ao se selecionar uma dessas opções, o tipo de fonte escolhido será aplicado às células que estiverem selecionadas.

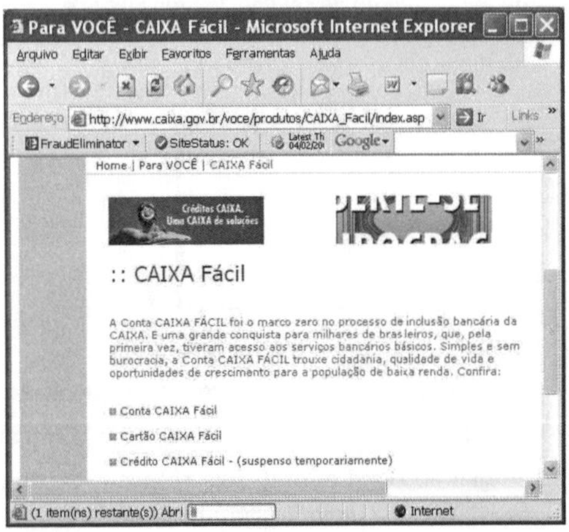

Figura I

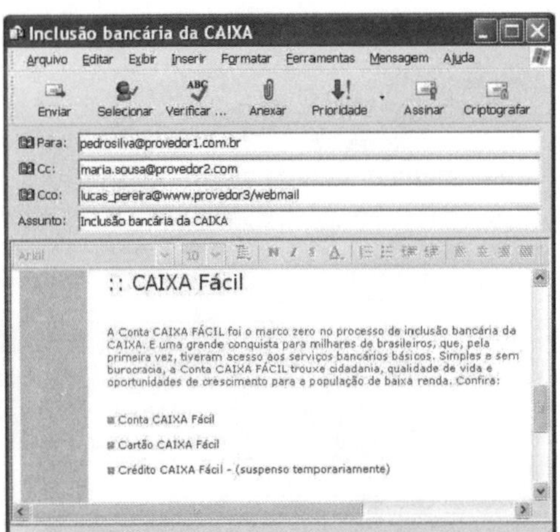

Figura II

31. **(ADVOGADO – CEF – 2006 – CESPE)** Considere que as janelas do Internet Explorer 6 (IE6) e do Outlook Express 6 (OE6) ilustradas, respectivamente, nas figuras I e II acima, estejam em execução em um computador PC cujo sistema operacional é o Windows XP. A partir dessas informações, julgue os itens seguintes.

1. A informação (1 item(ns) restante(s)) Abri, presente na barra de status da janela do IE6, indica que um processo de carregamento de informações da página web que está sendo visualizada na área de páginas do IE6 estava em execução quando a figura da referida janela foi capturada. Porém as informações constantes na janela do IE6 não são suficientes para se concluir se a página estava sendo carregada pela primeira vez na sessão atual de uso do IE6 ou se um mecanismo automático de atualização de conteúdo da referida página estava em execução.
2. As informações contidas na janela do IE6 são suficientes para se concluir que cookies referentes à página que está sendo visualizada foram bloqueados ou restringidos pelo IE6, de acordo com configurações de privacidade previamente realizadas.
3. Os botões Assinar e Criptografar, na janela do OE6, permitem, respectivamente, assinar digitalmente e criptografar a mensagem de correio eletrônico que está sendo editada. Uma mensagem assinada digitalmente permite que os seus destinatários verifiquem a identidade de quem a envia, e o uso de criptografia protege a mensagem contra leitura não-autorizada.
4. No campo Cc: da janela do OE6, a informação maria.sousa@provedor2.com desrespeita as regras de endereço de correio eletrônico válido, que estabelecem que o nome do usuário não deve estar separado por "." (ponto).
5. O conteúdo da mensagem de correio eletrônico constante na janela do OE6 pode ter sido inserido na área de mensagem dessa janela por meio de recursos do IE6 disponibilizados ao ter-se clicado a seta em 

Nas próximas quatro questões, considere que todos os programas mencionados estão em configuração-padrão, em português, e que o *mouse* está configurado para pessoas destras. Assim, a menos que seja explicitamente informado o contrário, expressões como clicar, clique simples e clique duplo referem-se a cliques com o botão esquerdo do *mouse*. Considere também que não há restrições de proteção em relação aos programas, arquivos e diretórios utilizados.

Figura CI-I

A figura abaixo mostra uma tela de trabalho do Word 97, contendo um texto que está sendo editado por um usuário.

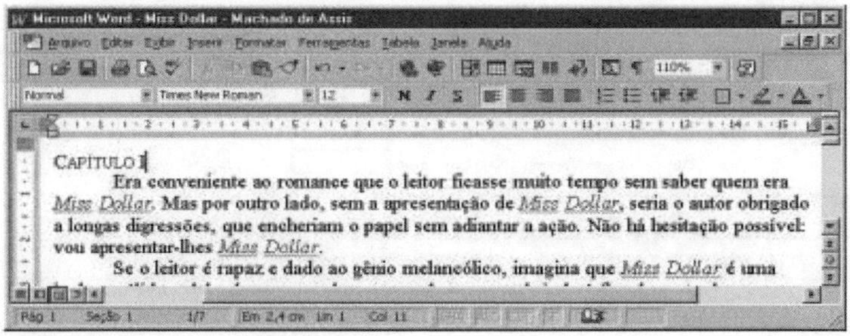

32. **(ADVOGADO – CEF – 2001 – CESPE)** Com referência à figura CI-I e ao Word 97, julgue os itens a seguir.

(1) Está sendo exibida na tela uma parte da página 1 do documento "Miss Dollar - Machado de Assis". Caso o usuário clique em , será exibido na tela o início da página 2 desse documento.

(2) Caso o usuário desejasse copiar a palavra "romance", na primeira linha do primeiro parágrafo mostrado na figura, para a posição imediatamente à direita do ponto final ao término desse parágrafo, ele poderia fazê-lo por meio da seguinte seqüência de ações: selecionar a referida palavra; clicar no *menu* Editar e na opção Copiar; clicar imediatamente à direita do ponto final ao término do parágrafo; clicar em .

(3) Sabendo que a palavra da língua inglesa "*Miss*", no início da segunda linha do primeiro parágrafo, está formatada como itálico, o usuário poderia aplicar itálico também à palavra "conveniente", na primeira linha desse parágrafo, por meio do seguinte procedimento com o mouse: selecionar a palavra "Miss"; clicar em 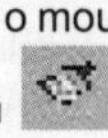; posicionar o ponteiro imediatamente à esquerda da primeira letra da palavra "conveniente"; pressionar o botão esquerdo e, mantendo-o pressionado, posicionar o ponteiro imediatamente à direita da última letra da palavra "conveniente"; liberar o botão esquerdo.

(4) Caso o usuário deseje imprimir o documento mostrado na figura, ele poderá fazê-lo clicando em  ou por meio da seguinte seqüência de ações: pressionar a tecla [Ctrl] e, mantendo-a pressionada, acionar a tecla [I].

(5) Considere que o ponto de inserção esteja localizado imediatamente à esquerda da letra "f" da palavra "ficasse", na primeira linha do primeiro parágrafo mostrado na figura, e que o usuário realize a seguinte seqüência de ações: pressiona a tecla [Ctrl] e, mantendo-a pressionada, aciona quatro vezes a tecla [→], liberando, em seguida, a tecla [Ctrl]. Ao final dessas ações, o ponto de inserção ficará posicionado imediatamente à esquerda da letra "s", no início da palavra "saber", também na primeira linha desse parágrafo.

33. **(ADVOGADO – CEF – 2001 – CESPE)** Ainda com relação à figura CI-I e ao Word 97, julgue os itens que se seguem.

(1) Caso o usuário clique no *menu* Exibir, aparecerá uma lista de opções, entre as quais, a opção Estrutura de tópicos, em que ele pode analisar e trabalhar com a estrutura do seu arquivo em uma forma de estrutura de tópicos.

(2) Caso o usuário selecione a palavra "ficasse", na primeira linha do primeiro parágrafo do texto mostrado, e clique em 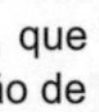, a referida palavra será sublinhada. Se, em seguida, o usuário clicar em , essa palavra será sublinhada com uma linha de maior espessura.

(3) O botão 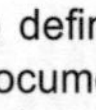 permite exibir a barra de ferramentas Tabelas e bordas, que contém ferramentas para a criação e edição de uma tabela.

(4) Caso o usuário clique em 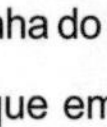, será aberto um programa de correio eletrônico que permitirá ao usuário definir um destinatário para receber o atual documento, em forma de anexo da mensagem de correio eletrônico.

(5) Caso o usuário clique entre as letras "a" e "o" da palavra "ao", na primeira linha do primeiro parágrafo mostrado na figura, e clique em 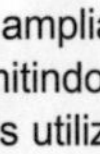, aparecerá na tela de trabalho uma versão ampliada do texto ao redor da palavra "ao", permitindo ao usuário examinar os detalhes das fontes utilizadas nessa região do texto.

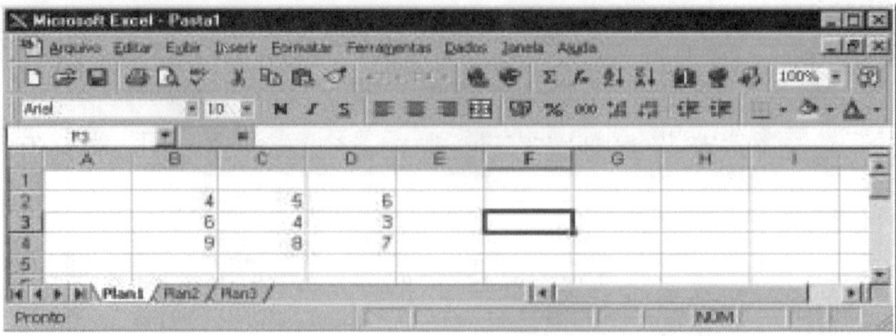

34. **(ADVOGADO – CEF – 2001 – CESPE)** A figura acima apresenta uma tela de trabalho do Excel 97 na qual é mostrada uma planilha que está sendo editada por um usuário. Quanto a essa tela de trabalho e ao Excel 97, julgue os itens a seguir.

(1) A seguinte seqüência de ações, executada com o mouse, fará que o conteúdo da célula B2 seja movido para a célula F3, deixando a célula B2 vazia: posicionar o ponteiro na célula B2; pressionar o botão esquerdo e, mantendo-o pressionado, posicionar o ponteiro sobre a célula F3; liberar o botão esquerdo.

(2) Caso o usuário clique na célula D2 e, em seguida, clique duas vezes sucessivas em [ícone], o número 6, originalmente exibido nessa célula, passará a ser exibido como 6,00.

(3) Considere que o usuário execute a seguinte seqüência de ações: clica na célula E2, digita soma(B2:D2) e, em seguida, tecla [Enter]. Ao final dessas ações, aparecerá o número 10 na célula E2.

(4) Caso o usuário deseje selecionar as células não-adjacentes B2, D2 e C4, de forma que, ao final da seleção, as três células estejam simultaneamente selecionadas, o usuário poderá fazê-lo por meio da seguinte seqüência de ações: clicar na célula B2; pressionar a tecla [Ctrl] e, mantendo-a pressionada, clicar sucessivamente nas teclas D2 e C4; liberar a tecla [Ctrl].

(5) Caso o usuário clique na célula B2 e, em seguida, clique com o botão direito do mouse nessa mesma célula, aparecerá uma lista com algumas opções, entre as quais as opções Recortar e Copiar.

35. **(ADVOGADO – CEF – 2001 – CESPE)** Um usuário, com o auxílio do Internet Explorer 5, acessou o site AltaVista para realizar uma pesquisa acerca das homepages da world wide web (WWW) em que ele poderia obter informações acerca de livros que abordam o direito civil. Como resultado prévio de sua pesquisa, o usuário obteve a página WWW ilustrada na figura ao lado. Acerca dessa pesquisa, do Internet Explorer 5, da Internet, da WWW e com base na figura mostrada, julgue os seguintes itens.

(1) É possível concluir que o processo de *download* da página WWW ilustrada na figura está incompleto. O Internet Explorer 5 somente permite que os componentes de uma página WWW sejam acessados quando o processo de *download* dessa página está completo. Essa característica é uma desvantagem desse *software* com relação ao Netscape Communicator e provoca uma maior lentidão e menor agilidade no acesso a páginas WWW.

(2) Se, no campo relacionado a **Search for:**, o usuário tivesse introduzido a seqüência de palavras: *livros direito civil*, ele teria obtido, provavelmente, uma menor quantidade de páginas em sua pesquisa do que aquela obtida na pesquisa ilustrada na figura, pelo fato de ele estar delimitando a sua pesquisa não mais ao direito civil, mas a livros de direito civil, que é uma subárea da primeira e provavelmente mais restrita.

(3) Supondo que, na seção do Internet Explorer 5 ilustrada na figura acima, ao clicar em , apareça a lista mostrada ao lado, pode-se concluir que o usuário, no dia que realizou essa pesquisa, acessou pelo menos oito páginas WWW, mas não se pode garantir que a página mostrada na figura acima tenha sido acessada apenas uma única vez nessa seção.

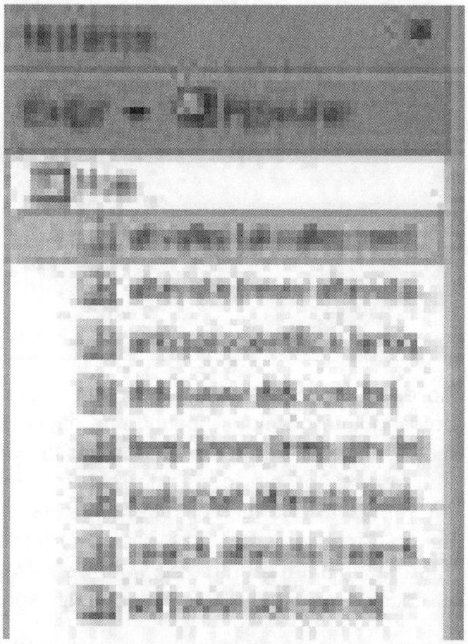

(4) Caso o usuário queira adicionar com sucesso a página referente ao *hyperlink* 1. Direito Civil como um de seus favoritos da Internet, ele poderá realizar a seguinte seqüência de ações: clicar em 1. Direito Civil ; quando o processo de *download* estiver concluído, clicar em ; em seguida, clicar em 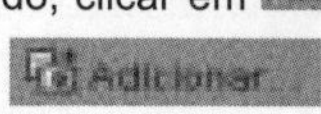, que aparece em decorrência da ação precedente; na janela de diálogo que aparece após essa ação ter sido realizada, escolher o diretório apropriado — sendo que a criação de um novo diretório é possível — e confirmar a inserção do *site* como favorito.

(5) Da lista de páginas obtidas na pesquisa, caso o usuário queira determinar quais delas estão, no momento da seção em curso do Internet Explorer 5, em funcionamento *on-line*, é suficiente que ele clique em 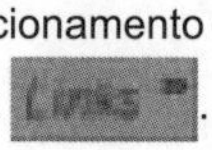.

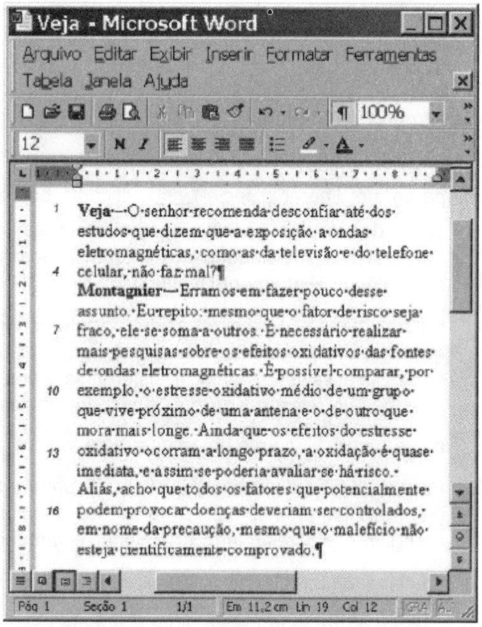

36. **(ADVOGADO – ANS – 2005 – CESPE)** A figura acima mostra uma janela do Word 2000, com parte de uma reportagem extraída e adaptada da revista Veja, de 23/2/2005. Considerando essa figura e o texto nela contido, julgue os itens a seguir.

1. A retirada da preposição “até” (ℓ.1) preserva a correção gramatical, mas altera as relações de argumentação do texto.
2. Se o termo “ondas eletromagnéticas” (ℓ.2-3) fosse empregado de maneira determinada, definida pelo emprego do artigo, deveria ser precedido de crase porque ocorreria, então, uma contração entre a preposição e o artigo.
3. Na situação da figura mostrada, caso se deseje alterar todas as letras da palavra “Montagnier” (ℓ.5) para fonte em maiúscula, é indispensável o uso do *mouse*. Não é possível fazer essa ação apenas por meio do teclado.
4. O modo verbal empregado em “ocorram” (ℓ.13) e “esteja” (ℓ.18) exprime uma hipótese, uma dúvida, uma concessão, reforçada, respectivamente, pelos conectivos “Ainda que” (ℓ.12) e “mesmo que” (ℓ.17).
5. No texto, o advérbio “assim” (ℓ.14) indica o modo como se pode avaliar o risco: pelos “efeitos do estresse oxidativo” (ℓ.12-13).
6. Na linha 14, o verbo “há” seria mantido no singular mesmo que “risco” fosse empregado no plural, mas sua substituição pelo verbo existir manteria a coerência textual desde que seguisse a flexão de “risco” — no singular ou no plural — para que a correção gramatical fosse preservada.

7. Supondo que o ponto de inserção está posicionado no final do documento como mostrado, então, para justificar o alinhamento dos dois parágrafos mostrados, é suficiente realizar o seguinte procedimento: pressionar e manter pressionada a tecla Shift; clicar sobre o primeiro parágrafo; liberar a tecla Shift; clicar o botão direito do *mouse* e, na lista disponibilizada, clicar Parágrafo; na janela aberta em decorrência dessa ação, definir alinhamento justificado; clicar OK.
8. Na situação da figura mostrada, é correto inferir que a área de transferência não está vazia. Caso se deseje esvaziar a área de transferência, é possível fazê-lo por meio de opção disponibilizada ao se clicar  com o botão direito do *mouse*.
9. Para excluir do documento o trecho "É possível (...) mais longe" (ℓ.9-12), é suficiente realizar o seguinte procedimento: pressionar e manter pressionada a tecla Ctrl; clicar sobre qualquer palavra do referido trecho; liberar a tecla Ctrl; teclar Delete.

Ferramenta que devolve *spam* ao emissor já é realidade

Uma nova ferramenta para combater a praga do *spam* foi recentemente desenvolvida. O sistema é capaz de devolver os *e-mails* inconvenientes às pessoas que os enviaram, e está estruturado em torno de uma grande base de dados que contém os números de identificação dos computadores que enviam *spam*. Depois de identificar os endereços de onde procedem, o sistema reenvia o *e-mail* ao remetente.

A empresa que desenvolveu o sistema assinalou que essa ferramenta minimiza o risco de ataques de *phishing*, a prática que se refere ao envio maciço de *e-mails* que fingem ser oficiais, normalmente de uma entidade bancária, e que buscam roubar informação como dados relativos a cartões de crédito ou senhas.

Internet: <http://informatica.terra.com.br>. Acesso em mar./2005. (com adaptações).

37. **(ADVOGADO – ANS – 2005 – CESPE)** Tendo o texto acima como referência inicial, julgue os próximos itens.

1. O procedimento de combate ao *spam* descrito no texto é semelhante ao que está implementado no Outlook Express 6, desde que o sistema *firewall* intrínseco ao Windows 2000 seja devidamente configurado e ativado.
2. Ataques de um computador por cavalo-de-tróia consistem em exemplos de ataque de *phishing*, mencionado no texto, acarretando o tipo de roubo de informações ali descrito.

38. **(ADVOGADO – ANS – 2005 – CESPE)** Considerando que a janela do Internet Explorer 6 (IE6) ilustrada esteja em execução em um computador do tipo PC, cujo sistema operacional é o Windows 2000, julgue os seguintes itens, sabendo que a conexão que permitiu obter a página *web* mostrada foi realizada a partir de uma rede *ethernet* LAN.

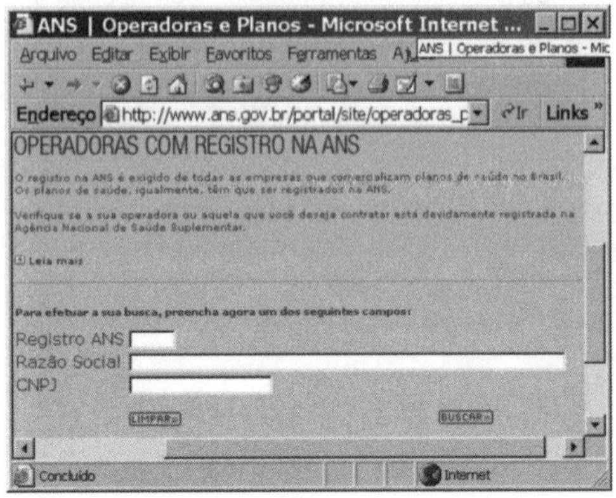

1. Ao executar a instrução "preencha agora um dos seguintes campos", contida na página *web* mostrada, e acionar os recursos dessa página que permitirão obter dados de registro na ANS referentes a determinada operadora de plano de saúde suplementar, haverá transferência de informação entre cliente e servidor *web*, em que protocolos da família TCP/IP serão utilizados.
2. Caso a conexão mencionada tivesse sido realizada a partir de uma rede *dial-up*, certamente taxas de transmissão superiores às obtidas no acesso descrito seriam obtidas, em casos normais de operação.
3. É possível que, ao clicar o botão direito do *mouse* sobre a página *web* mostrada, seja disponibilizada lista de opções, entre as quais uma que permite acessar recursos do IE6 para definir a referida página como favorita.

39. **(ADVOGADO – ANS – 2005 – CESPE)** Considerando a figura acima, que mostra parte da área de trabalho do Windows 2000, em um computador PC, julgue os itens que se seguem.

1. A partir da figura mostrada, é correto inferir que a pasta associada ao ícone Lixeira do Windows está vazia. Nessa situação, para remover essa pasta da área de trabalho do Windows, é suficiente selecioná-la e, a seguir, teclar Delete.
2. Por meio de ferramenta encontrada na pasta associada a Painel de controle, é possível personalizar as configurações do *mouse*, como velocidade do clique duplo, ponteiro e a velocidade de movimentação do *mouse*.

	A	B	C
1		regiões	habitantes
2	Pernambuco	83	287.000
3	Rio de Janeiro	70	146.000
4	Minas Gerais	41	198.000
5			631.000

Plan1

40. **(ADVOGADO – ANS – 2005 – CESPE)** Considerando a figura acima, que ilustra uma planilha do Excel 2000, julgue os próximos itens.

1. Considere que a planilha Excel mostrada acima tenha sido criada em um documento Word a partir de funcionalidades do botão . Nesse caso, é correto afirmar que a referida planilha não poderá ser salva diretamente como um arquivo do tipo .xls, mas apenas como uma tabela dentro do documento Word.
2. Na situação da planilha Excel mostrada, é correto afirmar que o conteúdo na célula C5 pode ter sido obtido por meio do seguinte procedimento: selecionar as células C2, C3 e C4; teclar =; teclar Enter.

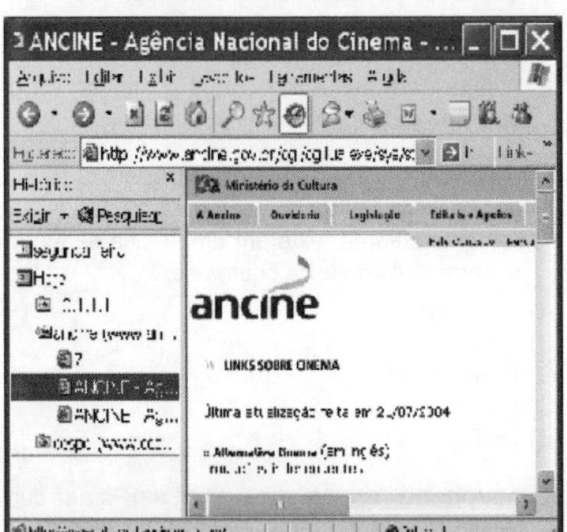

41. **(ADVOGADO – ANCINE – 2005 – CESPE)** Considere que a janela do Internet Explorer 6 (IE6) ilustrada acima esteja em execução em um computador PC, cujo sistema operacional é o Windows XP. Considere, ainda, que a página *web* ilustrada na área de páginas da janela do IE6 corresponda ao URL indicado no campo Endereço e que essa página *web* tenha sido obtida na sessão de uso do IE6 correspondente a dessas informações, julgue os itens seguintes.

1. É possível que, ao se clicar o botão , a janela ilustrada a seguir passe a ser executada automaticamente no computador PC.

2. Sabendo que o ícone refere-se ao endereço IP de um *modem* ADSL conectado ao computador, então é correto concluir que esse computador dispõe de porta USB.
3. Sabendo que, no momento em que a janela do IE6 foi capturada, o ponteiro do *mouse* encontrava-se sobre o *hyperlink* então as informações contidas na janela do IE6 são suficientes para se concluir que, ao se clicar o referido *hyperlink* :: Alternative Cinema, será iniciado acesso, por conexão segura, à página *web* cujo URL é http://www.alternativecinema.com/, que pertence a um sítio cujo servidor está fisicamente localizado nos Estados Unidos da América.

42. **(ADVOGADO – ANCINE – 2005 – CESPE)** Acerca do Word 2002 e do Excel 2002, julgue os itens subseqüentes, considerando um documento e uma planilha em processo de elaboração.

1. A figura a seguir apresenta parte de uma janela que pode ser tanto do Word quanto do Excel. Se a janela for do Word, caso seja digitado texto, este ficará alinhado à esquerda. Se a janela for do Excel e caso uma célula esteja selecionada, é correto inferir que o conteúdo dessa célula não é numérico.

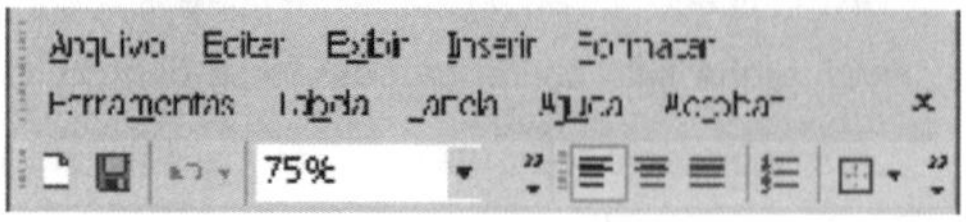

2. Por meio da opção Imprimir encontrada no *menu* Arquivo do Word ou do Excel, é possível imprimir uma seleção, isto é, parte de texto selecionado de um documento Word ou o conteúdo de um grupo de células selecionadas de uma planilha Excel.
3. No *menu* Exibir do Word, existe opção que permite inserir cabeçalho e rodapé para uma página do documento em edição. Essa ferramenta, no entanto, não é disponibilizada no Excel.
4. Considere a realização das seguintes ações em uma planilha Excel: na célula C1, digitar =Gráfico(A1:A12;B1:B12) ea seguir teclar •. Após essas ações, será inserido na referida planilha um gráfico de barras cujas seqüências de linhas e de colunas são, respectivamente, os valores contidos nas colunas A e B.

43. **(ADVOGADO – ANCINE – 2005 – CESPE)** Ao se clicar a área de trabalho do Windows XP com o botão direito do *mouse*, surge um conjunto de opções. Acerca dessas opções, julgue os itens a seguir.

1. A opção Novo permite, entre outras ações, iniciar um processo que poderá levar à criação de uma nova pasta, contida na área de trabalho.
2. A opção Propriedades permite iniciar a janela Propriedades de Vídeo, que possibilita, entre outras ações, redefinir a resolução da tela.

44. **(ADVOGADO – ANCINE – 2005 – CESPE)** Supondo que um usuário deseja salvar em uma unidade de armazenamento um arquivo contendo 500 *kilobytes*, julgue o seguinte item.

1. O usuário não poderá salvar o arquivo em uma unidade de disquete de 3½", pois esse tipo de mídia não possibilita o armazenamento de arquivos desse tamanho. Entretanto, é possível salvar esse arquivo em um CD-ROM do tipo *Worm*.

19.3. VUNESP

45. **(ADVOGADO – BNDES – 2002 – VUNESP)** Ao se enviar uma mensagem através de um aplicativo para correio eletrônico, pode-se a ela anexar um arquivo. Esse recurso é conhecido como

(A) *Attach file.*
(B) *Append file.*
(C) *Append data.*
(D) *Include file.*
(E) *Send data.*

46. **(ADVOGADO – BNDES – 2002 – VUNESP)** Os endereços de correio eletrônico (*e-mails*) de interesse de um usuário podem ser guardados e organizados em um *browser*, através de um recurso conhecido como

(A) *Address Book.*
(B) *Address Bookmark.*
(C) *Bookmarks.*
(D) *E-mail Book.*
(E) *E-mail Bookmark.*

47. **(ADVOGADO – BNDES – 2002 – VUNESP)** Quando se copia um texto entre documentos do *MS-Word* 2000, caso a seleção inclua a marca de parágrafo ¶, a formatação que o *Word* copia inclui o estilo de

(A) páginas e os formatos de seção adicionais aplicados ao parágrafo, sem copiar o estilo de caractere e os formatos de caractere.
(B) parágrafo e os formatos de parágrafo adicionais aplicados ao parágrafo, sem copiar o estilo de caractere e os formatos de caractere.
(C) caractere e os formatos de caractere adicionais aplicados à seleção.
(D) parágrafo e os formatos de parágrafo adicionais aplicados ao parágrafo, o estilo de caractere e os formatos de caractere.
(E) fontes e os formatos de fontes adicionais aplicados à seleção.

48. **(ADVOGADO – BNDES – 2002 – VUNESP)** No *MS-Excel* 2000, a criação de gráficos

(A) pode ser feita na própria planilha ou como um objeto incorporado a uma planilha.
(B) não permite que eles sejam publicados em uma página da *Web*.
(C) pode ser feita selecionando-se os dados e se utilizando o Assistente de desenho.
(D) não pode ser feita sem o uso do Assistente de gráfico.
(E) é feita da mesma forma que a criação de um relatório de um gráfico dinâmico.

49. **(ADVOGADO – BNDES – 2002 – VUNESP)** O recurso do *MS-Excel* 2000 que agrupa várias seqüências de caracteres de texto em uma única seqüência de caracteres de texto chama-se

(A) Aglutinar.
(B) Agrupar.
(C) Concatenar.
(D) Emendar.
(E) Unificar.

50. **(ADVOGADO – BNDES – 2002 – VUNESP)** Para se duplicar um *slide* no *MS-Powerpoint* 2000, deve-se

(A) ativar o Assistente de duplicação de *slides* no menu Ferramentas.
(B) copiar o *slide* para a área de transferência do *Windows*, e clicar com o botão esquerdo do *mouse* no menu Duplicação.
(C) copiar o *slide* para a área de transferência do *Windows*, e clicar com o botão esquerdo do *mouse* no menu Novo *slide*.
(D) selecionar o *slide* e no menu Inserir, clicar com o botão esquerdo do *mouse* em Novo *slide*.
(E) selecionar o *slide* e no menu Inserir, clicar com o botão esquerdo do *mouse* em Duplicar *slide*.

51. **(ADVOGADO – BNDES – 2002 – VUNESP)** O *Windows 2000* permite a inclusão de rotinas em arquivos (*script*) para a configuração do sistema durante a inicialização. A linha net time \\sol /set /yes de um *script* de *logon* permite que

(A) a máquina sol acerte o relógio de todas as máquinas do domínio.
(B) o relógio da estação de trabalho seja sincronizado com o relógio da máquina sol.
(C) a estação de trabalho consulte o relógio da máquina sol para certificar o acesso do usuário.
(D) o relógio da estação de trabalho seja com o relógio da rede universal.
(E) o usuário faça uma consulta do horário atual do relógio da máquina sol.

52. **(ADVOGADO – BNDES – 2002 – VUNESP)** A figura abaixo apresenta alguns itens de uma área de trabalho do *Windows*:

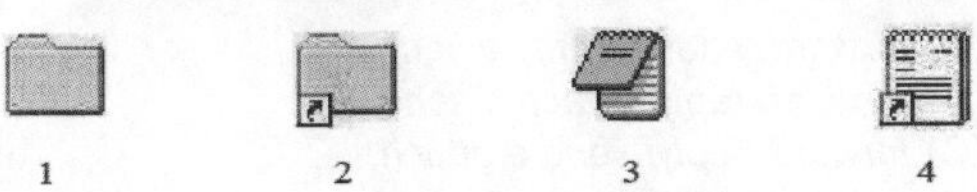

Cada um dos quatros itens é denominado, respectivamente, de

(A) pasta, diretório, aplicação e arquivo.
(B) diretório, atalho para arquivo, aplicação e arquivo.
(C) pasta, atalho para pasta, aplicação e atalho para arquivo.
(D) diretório, aplicação, atalho para arquivo e atalho para pasta.
(E) pasta, atalho para pasta, arquivo e atalho para arquivo.

53. **(ADVOGADO – BNDES – 2002 – VUNESP)** O endereço eletrônico que identifica uma informação na *Web* chama-se

(A) *File Transfer Protocol.*
(B) *Internet Object Address.*
(C) *Object Locator Element.*
(D) *Page Address Identifier.*
(E) *Uniform Resource Locator.*

54. **(ADVOGADO – BNDES – 2002 – VUNESP)** Com relação à *Internet*, os ______ normalmente possuem um recurso especial para o registro e organização de ______, para o caso de se precisar acessá-lo novamente, denominado ______.

Escolha a alternativa que completa, corretamente e respectivamente, os espaços no texto acima.

(A) *sites*; endereços; *address book.*
(B) *sites;* localizadores; *address book.*
(C) *browsers*; localizadores; *bookmark.*
(D) *browsers*; usuários; *file manager.*
(E) *e-mails*; localizadores; *link storage.*

55. **(ADVOGADO – BNDES – 2001 – VUNESP)** No Microsoft PowerPoint, o PowerPoint Viewer

(A) permite exibir uma apresentação num computador que não tenha o PowerPoint instalado.
(B) permite visualizar os slides como serão apresentados em tela cheia.
(C) é um recurso para apenas visualizar a transição dos slides e seus efeitos de animação.
(D) é um recurso para visualizar uma apresentação em modo miniatura, antes de abrir um arquivo de extensão ".ppt".
(E) é um recurso que deve ser instalado para permitir a visualização de vídeos (arquivos de extensão ".avi").

56. **(ADVOGADO – BNDES – 2001 – VUNESP)** Sobre o Microsoft PowerPoint, considere as seguintes afirmações:

I. São modos de exibição do conteúdo de uma apresentação: estrutura de tópicos; apresentação de slides; classificação de slides; slides.
II. É possível predefinir intervalos de tempo para cada slide e registrar os intervalos de tempo num ensaio de apresentação.
III. Para transportar uma apresentação de slides para um outro computador, pode-se usar o "Assistente para viagem" para compactar a apresentação.
IV. Todos os *slides* de uma apresentação seguem sempre um modelo definido pelo "slide mestre".
V. Uma apresentação pode ser impressa nos formatos de slides, folhetos, anotações e estruturas de tópicos.

São verdadeiras apenas as afirmações

(A) I e II.
(B) I, II e V.
(C) III, IV e V.
(D) I, II, III e IV.
(E) I, II, IIIe V.

57. **(ADVOGADO – BNDES – 2001 – VUNESP)** Leia as afirmações a seguir, sobre o Microsoft Word 2000.

I. O verificador ortográfico sinaliza erros, sem sugestões de gramática e reescritura para a língua portuguesa.

II. Enquanto um texto é digitado, ele pode ser verificado do ponto de vista ortográfico e gramatical, sendo marcados os possíveis erros com sublinhados ondulados.

III. O recurso AutoCorreção permite a correção de erros ortográficos e gramaticais com a necessidade de confirmação a cada correção.

IV. Pode-se verificar a ortografia e gramática do texto em outro idioma, sendo este detectado automaticamente e para ele são ativadas as ferramentas de ortografia e gramática corretas.

Estão corretas apenas as afirmações

(A) I e III.
(B) II, III e IV.
(C) I, II e III.
(D) II e IV.
(E) III e IV.

58. **(ADVOGADO – BNDES – 2001 – VUNESP)** Sobre os cabeçalhos e rodapés no Microsoft Word 2000, considere as seguintes afirmações:

I. Eles aparecem apenas no modo de exibição de layout de impressão e em documentos impressos.

II. Eles são exibidos quando um documento é salvo como uma página da Web.

III. Pode-se utilizar cabeçalhos e rodapés diferentes em páginas ímpares e pares ou em uma parte de um documento.

IV. Eles podem incluir texto ou elementos gráficos, mas não permitem a inclusão de tabelas.

São verdadeiras as afirmações

(A) I e III, apenas.
(B) II e IV, apenas.
(C) I, II e III, apenas.
(D) II, III e IV, apenas.
(E) I, II, III e IV.

59. **(ADVOGADO – BNDES – 2001 – VUNESP)** Em relação à Lixeira da Área de Trabalho do sistema operacional Windows, pode-se afirmar que

(A) contém arquivos excluídos de discos rígidos e flexíveis que podem ser recuperados.
(B) armazena pastas e arquivos excluídos dos discos rígidos.
(C) é esvaziada automaticamente quando o computador é desligado.
(D) é esvaziada automaticamente quando a sua capacidade de armazenamento se esgota.
(E) contém pastas excluídas de discos rígidos que não podem ser restauradas.

60. **(ADVOGADO – BNDES – 2001 – VUNESP)** Quando se seleciona uma coluna de uma planilha Excel e se executa sua ordenação, são ordenados

(A) apenas os valores não numéricos da coluna selecionada, sem alteração das demais colunas.
(B) todos os valores numéricos presentes em todas as colunas da planilha.
(C) apenas os valores da coluna selecionada, sejam ou não numéricos, sem alteração das demais colunas.
(D) apenas os valores numéricos da coluna selecionada, sem alteração das demais colunas.
(E) os valores presentes em todas as colunas da planilha, sejam ou não numéricos.

61. **(ADVOGADO – BNDES – 2001 – VUNESP)** O comando utilizado quando se têm planilhas muito grandes no Excel e se deseja manter algumas linhas ou colunas sempre visíveis, quando há o deslocamento para qualquer parte da planilha, é

(A) Janela – Congelar Painéis.
(B) Ferramentas – Proteger.
(C) Inserir – Quebra de Página.
(D) Dados – Classificar.
(E) Exibir – Cabeçalho e Rodapé.

62. **(ADVOGADO – BNDES – 2001 – VUNESP)** No uso de um correio eletrônico, os termos em inglês utilizados para as seguintes quatro ações:

- responder a uma mensagem recebida;
- encaminhar uma mensagem recebida a outra(s) pessoa(s);
- anexar um arquivo à mensagem;
- enviar uma nova mensagem, são, respectivamente,

(A) *forward, attach, reply e send.*
(B) *forward, reply, attach e send.*
(C) *forward, reply, send e attach.*
(D) *reply, forward, attach e send.*
(E) *reply, forward, send e attach.*

63. **(ADVOGADO – BNDES – 2001 – VUNESP)** O lado cliente do serviço WWW (World Wide Web) é o programa denominado browser. São exemplos de browsers:

(A) Apache e Internet Explorer.
(B) Apache e Netscape Navigator.
(C) BBS e Internet Explorer.
(D) BBS e Netscape Navigator.
(E) Internet Explorer e Netscape Navigator.

64. **(ADVOGADO – BNDES – 2001 – VUNESP)** No Microsoft PowerPoint, o PowerPoint Viewer

(A) permite exibir uma apresentação num computador que não tenha o PowerPoint instalado.
(B) permite visualizar os slides como serão apresentados em tela cheia.
(C) é um recurso para apenas visualizar a transição dos slides e seus efeitos de animação.
(D) é um recurso para visualizar uma apresentação em modo miniatura, antes de abrir um arquivo de extensão ".ppt".

(E) é um recurso que deve ser instalado para permitir a visualização de vídeos (arquivos de extensão ".avi").

65. **(ADVOGADO – BNDES – 2001 – VUNESP)** Sobre o Microsoft PowerPoint, considere as seguintes afirmações:

I. São modos de exibição do conteúdo de uma apresentação: estrutura de tópicos; apresentação de slides; classificação de slides; slides.

II. É possível predefinir intervalos de tempo para cada slide e registrar os intervalos de tempo num ensaio de apresentação.

III. Para transportar uma apresentação de slides para um outro computador, pode-se usar o "Assistente para viagem" para compactar a apresentação.

IV. Todos os slides de uma apresentação seguem sempre um modelo definido pelo "slide mestre".

V. Uma apresentação pode ser impressa nos formatos de slides, folhetos, anotações e estruturas de tópicos.

São verdadeiras apenas as afirmações

(A) I e II.
(B) I, II e V.
(C) III, IV e V.
(D) I, II, III e IV.
(E) I, II, IIIe V.

66. **(ADVOGADO – BNDES – 2001 – VUNESP)** Leia as afirmações a seguir, sobre o Microsoft Word 2000.

I. O verificador ortográfico sinaliza erros, sem sugestões de gramática e reescritura para a língua portuguesa.

II. Enquanto um texto é digitado, ele pode ser verificado do ponto de vista ortográfico e gramatical, sendo marcados os possíveis erros com sublinhados ondulados.

III. O recurso AutoCorreção permite a correção de erros ortográficos e gramaticais com a necessidade de confirmação a cada correção.

IV. Pode-se verificar a ortografia e gramática do texto em outro idioma, sendo este detectado automaticamente e para ele são ativadas as ferramentas de ortografia e gramática corretas.

Estão corretas apenas as afirmações

(A) I e III.
(B) II, III e IV.
(C) I, II e III.
(D) II e IV.
(E) III e IV.

67. **(ADVOGADO – BNDES – 2001 – VUNESP)** Sobre os cabeçalhos e rodapés no Microsoft Word 2000, considere as seguintes afirmações:

I. Eles aparecem apenas no modo de exibição de layout de impressão e em documentos impressos.

II. Eles são exibidos quando um documento é salvo como uma página da Web.

III. Pode-se utilizar cabeçalhos e rodapés diferentes em páginas ímpares e pares ou em uma parte de um documento.

IV. Eles podem incluir texto ou elementos gráficos, mas não permitem a inclusão de tabelas.

São verdadeiras as afirmações

(A) I e III, apenas.
(B) II e IV, apenas.
(C) I, II e III, apenas.
(D) II, III e IV, apenas.
(E) I, II, III e IV.

68. **(ADVOGADO – BNDES – 2001 – VUNESP)** A figura abaixo apresenta itens de uma área de trabalho do Windows:

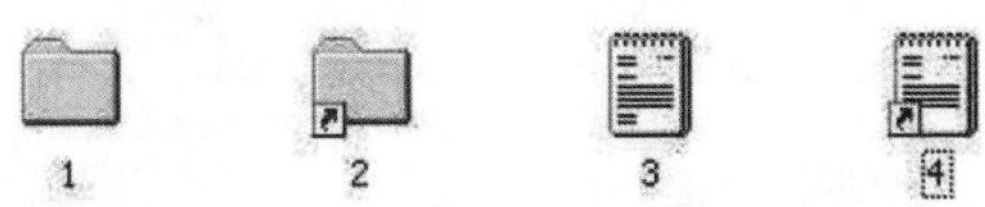

Cada um dos quatro itens é denominado, respectivamente, de

(A) pasta, diretório, aplicação e arquivo.
(B) diretório, atalho para arquivo, aplicação e arquivo.
(C) pasta, atalho para pasta, arquivo e atalho para aplicação.
(D) diretório, aplicação, atalho para arquivo e atalho para pasta.
(E) pasta, atalho para pasta, arquivo e atalho para arquivo.

69. **(ADVOGADO – BNDES – 2001 – VUNESP)** Em relação à Lixeira da Área de Trabalho do sistema operacional Windows, pode-se afirmar que

(A) contém arquivos excluídos de discos rígidos e flexíveis que podem ser recuperados.
(B) armazena pastas e arquivos excluídos dos discos rígidos.
(C) é esvaziada automaticamente quando o computador é desligado.
(D) é esvaziada automaticamente quando a sua capacidade de armazenamento se esgota.
(E) contém pastas excluídas de discos rígidos que não podem ser restauradas.

70. **(ADVOGADO – BNDES – 2001 – VUNESP)** Quando se seleciona uma coluna de uma planilha Excel e se executa sua ordenação, são ordenados

(A) apenas os valores não numéricos da coluna selecionada, sem alteração das demais colunas.
(B) todos os valores numéricos presentes em todas as colunas da planilha.

(C) apenas os valores da coluna selecionada, sejam ou não numéricos, sem alteração das demais colunas.
(D) apenas os valores numéricos da coluna selecionada, sem alteração das demais colunas.
(E) os valores presentes em todas as colunas da planilha, sejam ou não numéricos.

71. **(ADVOGADO – BNDES – 2001 – VUNESP)** O comando utilizado quando se têm planilhas muito grandes no Excel e se deseja manter algumas linhas ou colunas sempre visíveis, quando há o deslocamento para qualquer parte da planilha, é

(A) Janela – Congelar Painéis.
(B) Ferramentas – Proteger.
(C) Inserir – Quebra de Página.
(D) Dados – Classificar.
(E) Exibir – Cabeçalho e Rodapé.

72. **(ADVOGADO – BNDES – 2001 – VUNESP)** No uso de um correio eletrônico, os termos em inglês utilizados para as seguintes quatro ações:

1 responder a uma mensagem recebida;
2 encaminhar uma mensagem recebida a outra(s) pessoa(s);
3 anexar um arquivo à mensagem;
4 enviar uma nova mensagem, são, respectivamente,

(A) forward, attach, reply e send.
(B) forward, reply, attach e send.
(C) forward, reply, send e attach.
(D) reply, forward, attach e send.
(E) reply, forward, send e attach.

73. **(ADVOGADO – BNDES – 2001 – VUNESP)** O lado cliente do serviço WWW (World Wide Web) é o programa denominado browser. São exemplos de browsers:

(A) Apache e Internet Explorer.
(B) Apache e Netscape Navigator.
(C) BBS e Internet Explorer.
(D) BBS e Netscape Navigator.
(E) Internet Explorer e Netscape Navigator.

19.4. UFF

74. **(ADVOGADO – DATAPREV – 2009 – UFF)** Exemplos de materiais semicondutores inorgânicos responsáveis pelo grande desenvolvimento tecnológico atual na área da microeletrônica e na fabricação de *microchips* são:

(A) ouro e prata;
(B) silício e germânio;
(C) hidrogênio e nitrogênio;
(D) gálio e urânio;
(E) carvão e hélio.

75. **(ADVOGADO – DATAPREV – 2009 – UFF)** Sobre o item Meu Computador, analise:

I. Pode-se copiar arquivos e pastas, mas nunca atalhos.
II. É possível apagar arquivos enviando a lixeira.
III. Só é possível mover arquivos e atalhos.

Dos itens acima mencionados:

(A) I, apenas, está correto;
(B) II, apenas, está correto;
(C) III, apenas, está correto;
(D) I e II ,apenas, estão corretos;
(E) I, II e III estão corretos.

76. **(ADVOGADO – DATAPREV – 2009 – UFF)** Para selecionar várias células de uma mesma coluna numa Planilha utilizando o MS-Excel, deve-se manter pressionada a tecla (ou combinação de teclas):

(A) ALT
(B) CTRL
(C) SHIFT
(D) CTRL+ SHIFT
(E) ESC

77. **(ADVOGADO – DATAPREV – 2009 – UFF)** Conflitos de hardware ocorrem quando dois ou mais dispositivos utilizam o mesmo recurso. A opção que possue os recursos de hardware que podem entrarem conflito é:

(A) endereços de memória, endereços de E/S, linhas de interrupções (IRQ) e canais de DMA;
(B) canais de impressão, endereços de memória, monitor;
(C) mouse, impressora, monitor;
(D) endereços de memória, canais de impressão e interrupções (IRC);
(E) considerar que as opções acima são incorretas.

78. **(ADVOGADO – DATAPREV – 2009 – UFF)** No Menu Exibir do Windows Explorer, a opção que faz com que o modo exibição dos arquivos e pastas forneça informações tais como nome, tipo, tamanho e data de modificação é:

(A) Miniaturas.
(B) Lado a lado.
(C) Ícones.
(D) Lista.
(E) Detalhes.

19.5. ESPP

79. **(ADVOGADO – CORREIOS – 2008 – ESPP)** Os nomes ISA, VESA, PCI e AGP são tipos de:

(A) memórias voláteis
(B) monitores de alta definição
(C) barramentos da placa mãe
(D) arquitetura de processadores

80. **(ADVOGADO – CORREIOS – 2008 – ESPP)** No Word, para inserir o cabeçalho e rodapé das páginas de

um documento, você deverá utilizar a seguinte opção:

(A) Exibir > Cabeçalho e Rodapé
(B) Formatar > Cabeçalho e Rodapé
(C) Inserir > Cabeçalho e Rodapé
(D) Editar > Cabeçalho e Rodapé

81. **(ADVOGADO – CORREIOS – 2008 – ESPP)** Assinale a alternativa que apresenta uma URL de um site escrito de forma correta:

(A) http//www.correios.com.br
(B) http:/www.correios.com.br
(C) http://www.correios.com.br
(D) http:www.correios.com.br

82. **(ADVOGADO – CORREIOS – 2008 – ESPP)** No navegador Internet Explorer, os arquivos temporários da Internet são excluídos acessando na barra de menus:

(A) Arquivo > Excluir Temporários
(B) Editar > Limpar Cookies
(C) Ferramentas > Deletar Arquivos
(D) Ferramentas > Opções da Internet

83. **(ADVOGADO – CORREIOS – 2008 – ESPP)** O Painel de Controle do Windows tem como objetivo principal:

(A) controlar a agenda de compromissos
(B) personalizar as configurações do computador
(C) organizar os e-mails por assunto e remetente
(D) gerenciar e organizar pastas e arquivos

84. **(ADVOGADO – CORREIOS – 2008 – ESPP)** A BIOS (Sistema Básico de Entrada e Saída) fica armazenado no seguinte dispositivo do computador:

(A) processador
(B) unidade ótica
(C) memória RAM
(D) memória ROM

85. (ADVOGADO – CORREIOS – 2008 – ESPP) Ao clicar no botão Atualizar no navegador Internet Explorer, será carregada para o computador:

a) uma nova cópia da página anterior
b) uma nova cópia da página atual
c) uma nova cópia da página inicial do site que está sendo visitado
d) uma nova cópia da página padrão pré-definida em opções da Internet

86. **(ADVOGADO – CORREIOS – 2008 – ESPP)** No MS Excel, considere as seguintes células preenchidas A1=10, A2=20, B1=30, B2=40. Considere a seguinte fórmula =A1+$A$2 escrita na célula A3. Agora, copie o conteúdo da célula A3 e cole-o na célula B3. O conteúdo que aparecerá na célula B3 será:

(A) 30
(C) 60
(B) 50
(D) 70

87. **(ADVOGADO – CORREIOS – 2008 – ESPP)** No MS PowerPoint, o objetivo principal do slide mestre é:

(A) permitir que uma alteração seja refletida em todos os slides da apresentação
(B) resumir todos os slides da apresentação no formato em miniaturas
(C) armazenar a seqüência ordenada em que os slides serão apresentados
(D) criar uma apresentação com intervalos, transições e animações

88. **(ADVOGADO – CORREIOS – 2008 – ESPP)** No MS Excel podemos tirar a média aritmética referente a soma dos valores contidos nas células A1, B1, C1 e D1 usando a seguinte fórmula:

(A) =MÉDIA(A1:D1)
(C) =MÉDIA(A1+B1+C1+D1)
(B) =MÉDIA(A1:D1)/4
(D) =MÉDIA(SOMA(A1:D1))

20. Matemática e Raciocínio Lógico

20.1. CESGRANRIO

1. **(ADVOGADO – REFAP – 2007 – CESGRANRIO)** Uma circunferência sobre um plano determina duas regiões nesse mesmo plano. Duas circunferências distintas sobre um mesmo plano determinam, no máximo, 4 regiões. Quantas regiões, no máximo, 3 circunferências distintas sobre um mesmo plano podem determinar nesse plano?

(A) 4
(B) 5
(C) 6
(D) 7
(E) 8

2. **(ADVOGADO – REFAP – 2007 – CESGRANRIO)** Considere verdadeiras as afirmativas a seguir.

I – Alguns homens gostam de futebol.

II – Quem gosta de futebol vai aos estádios. Com base nas afirmativas acima, é correto concluir que:

(A) Todos os homens vão aos estádios.
(B) Apenas homens vão aos estádios.
(C) Há homens que não vão aos estádios.
(D) Se um homem não vai a estádio algum, então ele não gosta de futebol.
(E) Nenhuma mulher vai aos estádios.

3. **(ADVOGADO – REFAP – 2007 – CESGRANRIO)** Os anos bissextos têm, ao contrário dos outros anos, 366 dias. Esse dia a mais é colocado sempre no final do mês de fevereiro, que, nesses casos, passa a terminar no dia 29. O primeiro dia de 2007 caiu em uma segunda-feira. Sabendo que 2007 não é ano bissexto, mas 2008 será, em que dia da semana começará o ano de 2009?

(A) Terça-feira.
(B) Quarta-feira.
(C) Quinta-feira.
(D) Sexta-feira.
(E) Sábado.

4. **(ADVOGADO – REFAP – 2007 – CESGRANRIO)** Léa, Mara e Lúcia têm, cada uma, um único bicho de estimação. Uma delas tem um pônei, outra tem um peixe e a terceira, uma tartaruga. Sabe-se que:

– Léa não é a dona do peixe;
– Lúcia não é dona do pônei;
– A tartaruga não pertence a Mara;
– O peixe não pertence a Lúcia.

Com base nas informações acima, é correto afirmar que:

(A) Léa é dona do peixe.
(B) Léa é dona da tartaruga.
(C) Mara é dona do pônei.
(D) Lúcia é dona da tartaruga.
(E) Lúcia é dona do peixe.

5. **(ADVOGADO – REFAP – 2007 – CESGRANRIO)** Considere verdadeira a declaração: “Se alguém é brasileiro, então não desiste nunca”. Com base na declaração, é correto concluir que:

(A) se alguém desiste, então não é brasileiro.
(B) se alguém não desiste nunca, então é brasileiro.
(C) se alguém não desiste nunca, então não é brasileiro.
(D) se alguém não é brasileiro, então desiste.
(E) se alguém não é brasileiro, então não desiste nunca.

6. **(ADVOGADO – REFAP – 2007 – CESGRANRIO)** A tabela a seguir fornece os preços médios da saca de 60kg de milho e da saca de 60kg de trigo. Em média, é possível fabricar 37L de etanol com 100kg de milho e 35L de etanol com 100kg de trigo. De acordo com as informações fornecidas e mantidos todos os valores apresentados, assim como as proporções, pode-se concluir corretamente que:

Milho	R$ 16,00
Trigo	R$ 25,00

(A) com 3500kg de milho é possível fabricar mais etanol do que com 3700kg de trigo.
(B) é mais barato fabricar 1 litro de etanol usando-se somente milho do que fazê-lo somente com trigo.

(C) o custo da fabricação de 1 litro de etanol usando-se somente milho é o mesmo que o da fabricação de 1L de etanol usando-se somente trigo.

(D) usando-se somente milho, fabrica-se mais de 2L de etanol para cada R$ 1,00 gasto.

(E) usando-se somente trigo, fabrica-se mais de 1L de etanol para cada R$ 1,00 gasto.

20.2. CESPE

Texto CG-I

Ao tomar um empréstimo de R$ 10.000,00 junto a certo banco, um indivíduo que possui renda mensal de R$ 1.000,00 tem a sua disposição três sistemas de financiamento: Price, Saque e Misto, mostrados no quadro a seguir.

parcela	Price (em R$)		Saque (em R$)		Misto (em R$)	
	valor da parcela	saldo devedor	valor da parcela	saldo devedor	valor da parcela	saldo devedor
1.ª	360,34	9.787,69	300,00	9.848,03	250,00	9.898,03
13.ª	360,34	6.980,95	365,00	7.773,97	350,00	8.449,95
25.ª	360,34	3.633,01	440,62	4.442,61	529,66	5.340,30
36.ª	360,34	0,00	440,62	0,00	529,66	0,00

Nos três sistemas, é cobrada uma taxa nominal de juros compostos de 10,5% a.a.; as parcelas são corrigidas pela TR, que é igual a 0,6% ao mês. Portanto, o montante emprestado é corrigido mensalmente pela taxa $i = \left(1 + \frac{0,105}{12}\right) \times 1,006 - 1$.

Nos três casos, os pagamentos das parcelas só começam 1 mês após a contratação do empréstimo, que é pago em um total de 36 parcelas mensais, e os seus valores só podem ser alterados a cada período de 12 meses, conforme a tabela acima.

7. **(ADVOGADO – CEF – 2001 – CESPE)** Com base nas informações do texto CG-I, julgue os itens que se seguem.

(1) Mesmo considerando juros e TR, o montante emprestado é corrigido mensalmente por uma taxa inferior a 1,4%.

(2) Considerando que, para contrair o empréstimo, o indivíduo não possa comprometer mais que 30% de sua renda durante os primeiros 12 meses, ele só poderá optar pelos sistemas Saque ou Misto.

(3) No sistema Saque, o valor da primeira parcela a ser paga é mais de 80% do valor da primeira parcela no sistema Price, enquanto que a 36.ª parcela no sistema Price é menos de 80% da 36.ª parcela no sistema Saque.

(4) No sistema Misto, verifica-se um aumento superior a 115% entre os valores da primeira e da trigésima parcelas.

(5) No sistema Saque, o montante pago pelo contratante do empréstimo até a 13.ª parcela — inclusive — é igual à diferença entre o valor do empréstimo contratado e o saldo devedor existente por ocasião do pagamento da 13.ª parcela.

8. **(ADVOGADO – CEF – 2001 – CESPE)** Ainda com base nas informações do texto CG-I, julgue os itens abaixo.

(1) Optando-se pelo sistema Price, o saldo devedor correspondente ao mês 1 é obtido aplicando-se a taxa i ao montante emprestado e, em seguida, diminuindo-se do resultado o valor da primeira parcela.

(2) Pelo sistema Saque, as parcelas de amortização permanecem constantes ao longo do primeiro ano do financiamento.

(3) Considerando que, no primeiro ano de financiamento, a inflação tenha sido de 8%, então a taxa real de juros efetivamente cobrada sobre o montante emprestado, considerando-se a TR, pode ser calculada pela fórmula

$$\left(1 + \frac{0,105}{12}\right)^{12} \times \frac{1,006^{12}}{1,08} - 1.$$

(4) Pelo sistema Misto, por ocasião do pagamento da 24.ª parcela, o valor atual de todo o montante pago até então pode ser obtido pela fórmula

$$\sum_{k=0}^{11}[350 + \sum_{j=1}^{12}(250 \times 1,0148025)^{j}] \times 1,0148025^{k}.$$

9. **(ADVOGADO – CEF – 2001 – CESPE)** Considere que o indivíduo, tendo contraído o empréstimo pelo sistema Price, por ocasião do pagamento da sua 25.ª parcela, possua um montante de R$ 2.000,00. Com base nessas informações e no texto CG-I, julgue os itens que se seguem.

(1) Se o indivíduo pagar a 25.ª parcela com os R$ 2.000,00 e investir o restante em uma caderneta de poupança que pague juros compostos de 1% a.m., por ocasião do pagamento da 29.ª parcela, o saldo existente nessa caderneta será superior a R$ 1.600,00.

(2) Considerando $\frac{1}{1+i} = 0,99$, conclui-se que com R$ 1.090,00 esse indivíduo poderá saldar as 25.ª, 26.ª e 27.ª parcelas do seu empréstimo por ocasião do vencimento da 25.ª parcela.

(3) Se, por ocasião do pagamento da 25.ª parcela, o indivíduo resolvesse liquidar todo o saldo devedor, ele deveria pagar, nessa ocasião, a quantia obtida como resultado da expressão

$$360,34 \times \frac{(1+i)^{12} - 1}{i \times (1+i)^{11}}.$$

(4) Por ocasião do pagamento da 25.ª parcela, caso o indivíduo resolvesse abater do saldo devedor do seu empréstimo os R$ 2.000,00 que ele possui e, em seguida, recalcular as prestações pelo sistema Price, de modo que o novo empréstimo seja liquidado em 6 parcelas iguais e postecipadas, então o valor P de cada uma dessas parcelas seria obtido como resultado da equação

$$P = \frac{i \times 1.993,35 \times (1+i)^6}{(1+i)^6 - 1}.$$

(5) Se o indivíduo, por ocasião do pagamento da 25.ª parcela, aplicasse os R$ 2.000,00 em uma aplicação financeira que pague juros compostos de j% ao mês, com capitalização mensal, então, para que ele pudesse pagar todas as parcelas restantes do seu empréstimo utilizando unicamente recursos dessa aplicação financeira, a taxa de juros j deveria ser tal que

$$(2.000 - 360,34)(1+j)^{11} - 360,34\{(1+j)^{10} + (1+j)^9 + ... + (1+j) + 1\} \geq 0.$$

20.3. UFF

10. **(ADVOGADO – DATAPREV – 2009 – UFF)** A única das proposições abaixo que pode ser considerada uma negação lógica da proposição: "**Se é feriado, então vou à praia**", é:

(A) Não é feriado e não vou à praia.
(B) Se não vou à praia, é feriado.
(C) Não vou à praia ou é feriado.
(D) Não vou à praia é feriado.
(E) É feriado e não vou à praia.

11. **(ADVOGADO – DATAPREV – 2009 – UFF)** Sejam V (verdadeiro) e F (falso) os valores lógicos associados às proposições compostas a seguir.

I. O cachorro é mamífero ou vaca voa. ( )
II. Se cachorro é mamífero, então vaca voa. ( )
III. O cachorro é mamífero e vaca voa. ( )
IV. O cachorro é mamífero, se e somente se vaca voa. ( )

A seqüência ordenada dos valores lógicos obtidos é:

(A) V F F F;
(B) F F V V;
(C) F V F V;
(D) V F V F;
(E) F F F F.

12. **(ADVOGADO – DATAPREV – 2009 – UFF)** Dentre os argumentos lógicos apresentados abaixo, o único que é um **silogismo é**:

(A) 1 < 4 ou 7 < 4.7 ≥ 4, logo, 1 < 4.
(B) Se 1 < 4, então 7 ≥ 4.
(C) 1 < 4 ou 7 ≥ 4. Logo, 1 < 4.
(D) 1 < 4; 7 ≥ 4; logo 1 ≠ 4
(E) 1 < 4, se e somente se 7 ≥ 4.

20.4. ACEP

13. **(ADVOGADO – BNB – 2006 – ACEP)** Uma operadora de telefonia celular tarifa o minuto de ligação em R$ 0,30 e oferece os seguintes planos:

Plano A: o cliente paga a quantia fixa de R$ 45,00, convertida em créditos para ligações e, excedendo os minutos correspondentes, paga a tarifa adicional de R$ 0,10 por minuto.

Plano B: o cliente paga a quantia fixa de R$ 60,00 convertida em créditos para ligações e paga a tarifa adicional de R$ 0,05 por minuto excedente.

Assim, é **INCORRETO** deduzir desta descrição dos planos que:

(A) o plano B é mais vantajoso para o cliente com total de ligações excedendo 190 minutos.
(B) um cliente do plano B paga R$ 13,00 a mais que um cliente do plano A por 155 minutos de ligações.
(C) o total de 200 minutos de ligações correspondente a uma diferença positiva de R$ 6,00 entre os dois planos.
(D) a diferença positiva da tarifa, nos dois planos, correspondente a um total de 250 minutos equivale a 25 minutos de ligação.
(E) 10 minutos de ligações no plano A e 30 minutos de ligações no plano B totalizam R$ 105,00

14. **(ADVOGADO – BNB – 2006 – ACEP)** Os advogados Clóvis, Rui e Raimundo trabalham em agências diferentes de um mesmo banco, denominadas Norte, Sul e Leste. Exercem, não necessariamente nesta ordem, suas funções nos setores de Financiamento, Cobrança e Ouvidoria. Sabe-se, ainda, que:

- Clóvis e o advogado da Agência Leste não trabalham na Ouvidoria.
- O advogado da Agência Norte não é Clóvis nem Rui.
- Na Agência Sul, o advogado não trabalha na Ouvidoria nem no Financiamento.

É possível concluir que:

(A) Clóvis trabalha no setor de Cobranças da Agência Norte.
(B) Rui, o advogado da Agência Leste, trabalha no setor de Ouvidoria.
(C) nem Raimundo, nem Rui trabalham no setor de Financiamento.
(D) Raimundo trabalha no setor de Cobranças da Agência Leste.

(E) nas Agências Sul e Norte, os advogados não trabalham com Financiamento.

15. **(ADVOGADO – BNB – 2006 – ACEP)** Considere as seguintes premissas de um argumento:

- Não há aumento de produtividade, se novas técnicas agrícolas não são empregadas.
- Se novas técnicas agrícolas são empregadas, aumentam os custos de produção e não aumentam os preços dos insumos.
- A produtividade aumenta.

Uma conclusão logicamente derivada destas premissas é que:

(A) a produtividade aumenta e novas técnicas agrícolas não são empregadas.
(B) novas técnicas agrícolas são empregadas na produção de insumos.
(C) custos de produção aumentam e preços dos insumos diminuem.
(D) os custos de produção aumentam ou a produtividade aumenta.
(E) a produtividade agrícola aumenta e os custos de insumos aumentam.

16. **(ADVOGADO – BNB – 2006 – ACEP)** Um engenheiro avalia se duas paredes em uma edificação estão em ângulo de 135º do seguinte modo: traça dois segmentos *OP* e *OQ* de 5cm, um em cada parede, à mesma altura do solo, de modo que o ponto *O* esteja na aresta comum às paredes. Mede, então, a distância *d* de *P* a *Q*. Constatando-se que o ângulo era menor do que o desejado, pode-se afirmar que:

(A) $d/5 < \sqrt{\sqrt{2} + 2}$
(B) $d = 25 (\sqrt{2} + 2)$
(C) $d = 5 \sqrt{1 - (\sqrt{2} / 2)}$
(D) $d/5 > \sqrt{\sqrt{2} + 2}$
(E) $d < 50 \sqrt{1 + (\sqrt{2} / 2)}$

17. **(ADVOGADO – BNB – 2006 – ACEP)** Simbolizemos por *P*1, *P*2 e *P*3 insumos produzidos em três fábricas *F*1, *F*2 e *F*3. Na matriz *M* abaixo, a entrada na *i*-ésima linha e na *j*-ésima coluna indica o custo unitário em reais do produto *Pj* na fábrica *Fi*, onde *i* e *j* variam no conjunto {1, 2, 3}:

$$M = \begin{bmatrix} 0,60 & 0,75 & 1,20 \\ 0,40 & 0,45 & 0,60 \\ 0,80 & 0,50 & 1,00 \end{bmatrix}$$

A quantidade total de unidades dos insumos de modo que os custos totais nas fábricas F1, F2 e F3 sejam, respectivamente, de R$ 360,00, R$ 200,00 e R$ 290,00 é de:

(A) 150
(B) 200
(C) 400
(D) 580
(E) 850

18. **(ADVOGADO – BNB – 2006 – ACEP)** Recomenda-se que, em um período de 24 meses, um dado terreno deva ser cultivado em sistema de rodízio por plantações de milho, arroz e feijão, sem repetição, em períodos de 6 meses. Seguindo estas instruções, um agricultor decide iniciar o plantio em seus três terrenos das três culturas, de forma que as três sejam cultivadas, simultaneamente, uma em cada terreno. Quantas possibilidades de cultivo este agricultor teria ao cabo de 24 meses?

(A) 6
(B) 16
(C) 18
(D) 24
(E) 48

19. **(ADVOGADO – BNB – 2006 – ACEP)** Um globo contém 9 bolas numeradas com algarismos distintos de 1 a 9. Sorteia-se, ao acaso, com reposição, três bolas do globo. Qual a probabilidade de que o resultado do sorteio seja a seqüência 3, 3, 3?

(A) 3^{-9}
(B) 1/27
(C) 1/729
(D) $3/10^3$
(E) 0,009

20. **(ADVOGADO – BNB – 2006 – ACEP)** Seja *N* o número de anagramas da palavra "AEIOUBCDF", cuja última letra à direita seja uma consoante. Denotemos por *P* a probabilidade de escolher-se aleatoriamente um dentre estes anagramas que contenha exatamente duas vogais juntas. Os valores de *N* e *P* são, respectivamente:

(A) 8! e 14
(B) 4 · 8! e 1/9
(C) 4 · 8! e 1/14
(D) 4 · 9! e 1/9!
(E) 9! e 1/4 · 9!

21. **(ADVOGADO – BNB – 2006 – ACEP)** Para cada número inteiro positivo *n*, seja *Mn* a matriz dada por:

$$M = \begin{bmatrix} 1 & n \\ 0 & 1 \end{bmatrix}$$

Qual das afirmações, a seguir, acerca destas matrizes é **INCORRETA**?

(A) $M_m \cdot M_n = M_{m+n}$
(B) $M_n^{-1} = -M_n$
(C) $(\det M_n)^n = \det M_n$
(D) $\det(M_1 + M_2 + ... + M_n) = n^2$
(E) As matrizes M_n são invertíveis.

21. Questões discursivas

1) Constitucional

1. **(PROCURADOR – BANCO CENTRAL – 2009 – CESPE)** Determinado município editou lei que estabelece o tempo máximo de espera em fila nas instituições bancárias localizadas em seu território, bem como exige a instalação, nas agências, de equipamentos de segurança, tais como portas eletrônicas com detector de metais e câmaras filmadoras. Inconformados, alguns bancos ingressaram com mandado de segurança sob a alegação de que a lei municipal versava sobre matéria de competência da União, uma vez que a normatização do sistema financeiro nacional é de competência federal — art. 192 da Constituição Federal de 1988 (CF). Os bancos alegaram, ainda, que a lei municipal atentava contra o art. 22, VII, da CF, que estatui ser da competência privativa da União legislar sobre política de crédito, câmbio, seguros e transferência de valores, e contra o art. 48, XIII, da CF, que dispõe ser da competência reservada do Congresso Nacional dispor sobre matéria financeira, cambial e monetária, instituições financeiras e suas operações. Tendo como referência o texto acima, responda, de forma sucinta e fundamentada, aos seguintes questionamentos:

- Pode-se considerar que a lei municipal versa sobre assuntos que se encontram na esfera de competência do município?
- É adequado afirmar que a lei municipal, ao dispor sobre o tempo de atendimento ao público nas agências bancárias e sobre a obrigatoriedade de instalação de equipamentos de segurança, dispôs sobre matérias que a CF estabelece como sendo da competência privativa da União, além de transgredir competência reservada ao Congresso Nacional?

2. **(PROCURADOR – BANCO CENTRAL – 2009 – CESPE)** Considerando as suas competências constitucionais e legais e os direitos fundamentais à intimidade e à vida privada, o Tribunal de Contas da União tem poderes para determinar a quebra do sigilo bancário de dados constantes do Banco Central do Brasil? Justifique a sua resposta.

3. **(ADVOGADO – BNDES – 2002 – VUNESP)** Considere a seguinte situação hipotética: o Congresso Nacional edita lei determinando o confisco imediato e temporário de todos os valores depositados, a qualquer título, por qualquer pessoa, no sistema financeiro nacional. Indaga-se:

a) É possível a qualquer pessoa levar sua causa ao conhecimento do Supremo Tribunal Federal, sob a alegação de inconstitucionalidade?
b) Quais as ações de acesso direto ao Supremo Tribunal Federal para controle concentrado ou abstrato da constitucionalidade?
c) Quais os efeitos de eventual decisão definitiva proferida pelo Supremo Tribunal Federal pela inconstitucionalidade da lei?
d) O Governo poderia, de alguma forma, solicitar ao Supremo Tribunal Federal a confirmação da constitucionalidade da lei?
e) Se o Supremo Tribunal Federal declarar, em decisão final, a constitucionalidade da lei, os demais magistrados estarão obrigados a seguir essa orientação?

Fundamente todas as respostas, expondo as razões adotadas.

2) Administrativo

4. **(ADVOGADO – PETROBRÁS – 2006 – CESGRANRIO)** A Comissão de Licitação da Petróleo Brasileiro S. A., durante sessão designada para abertura do envelope de documentação de habilitação e seu julgamento, ao verificar que a licitante X, empresa sem CRC e sem cadastro no SICAF, deixou de apresentar certidão comprobatória de regularidade fiscal perante a Fazenda Federal, decidiu pela inabilitação da referida licitante, tendo em vista o descumprimento do item 63.2, alínea "c", do instrumento convocatório em questão, cujos dispositivos aplicáveis encontram-se abaixo transcritos.

> *"62. A licitante interessada em participar desta Concorrência deverá apresentar o Certificado de Registro Cadastral ou estar cadastrada e*

habilitada parcialmente no Sistema de Cadastro Unificado de Fornecedores - SICAF, de que trata a IN MARE no 05/95. (...)

63. Fica facultado à licitante que não se enquadrar nas hipóteses previstas no item anterior a apresentação dos documentos a seguir relacionados, dentro do Envelope no 01 (envelope de documentação de habilitação), entregues de forma ordenada e numerados, de preferência, na seguinte ordem, de forma a permitir maior rapidez na conferência e exame correspondentes: [...]

63.2 - Relativos à Regularidade Fiscal: [...]

c) prova de regularidade para com as Fazendas Federal, Estadual e Municipal do domicílio ou sede da licitante, ou outra equivalente, na forma da lei; [...]

67. Após examinados e julgados os documentos apresentados para efeito de habilitação das licitantes, mediante confronto com as condições deste edital, serão desqualificados e não aceitos aqueles que não atenderem às exigências aqui estabelecidas.

68. A apresentação irregular ou a omissão de qualquer documento exigido nos itens 63 a 66, ou mesmo a troca do conteúdo dos envelopes de documentação de habilitação (envelope no 1) e de propostas de preços (envelope no 2), implicará a inabilitação da licitante."

De maneira tempestiva, a licitante X ingressou com recurso administrativo contra a referida decisão, juntando ao recurso cópia autenticada da mencionada certidão, cujo teor demonstrava a regularidade da empresa junto à Fazenda Federal. Diante dessa situação, solicitou a recorrente que a Comissão de Licitação aceitasse o documento anexado, bem como que este fosse juntado ao processo administrativo através de diligência a ser realizada pela Comissão de Licitação, pleiteando, ainda, a revisão da decisão que a inabilitou. Nenhuma outra consideração foi realizada no recurso em questão. Diante do exposto, após a manutenção da decisão original pela Comissão de Licitação e o encaminhamento do recurso à apreciação da autoridade superior, esta requereu ao Departamento Jurídico da Petrobrás a elaboração de parecer jurídico sobre a questão, de maneira a fundamentar a decisão do recurso administrativo. Redija, na qualidade de advogado da Petróleo Brasileiro S. A., conciso parecer jurídico sobre a situação, abordando, em especial, os princípios dos procedimentos licitatórios aplicáveis ao caso.

5. **(ADVOGADO – REPAF – 2007 – CESGRANRIO)** Em procedimento licitatório realizado pela Refinaria Alberto Pasqualini – REFAP S/A (Concorrência no X), cujo objeto consistia na "aquisição de 50 impressoras *laser* segundo especificações constantes do Termo de Referência (Anexo I do Edital)", superada a fase de habilitação, procedeu a Comissão de Licitação à abertura dos envelopes de proposta das 4 (quatro) licitantes habilitadas, apurando as seguintes ofertas:

Empresa A: "Para o fornecimento dos bens objeto da Concorrência no X, segundo os termos constantes do edital de licitação, ofertamos proposta no valor de R$ 15.300,00 (quinze mil e trezentos reais)."

Empresa B: "Para o fornecimento dos bens objeto da Concorrência no X, segundo os termos constantes do edital de licitação, ofertamos proposta 5% (cinco por cento) inferior ao menor preço apurado pela Comissão de Licitação na sessão de abertura das propostas."

Empresa C: "Para o fornecimento dos bens objeto da Concorrência no X, segundo os termos constantes do edital de licitação, ofertamos proposta no valor de R$ 15.300,00 (quinze mil e trezentos reais)."

Empresa D: "Para o fornecimento dos bens objeto da Concorrência no X, segundo os termos constantes do edital de licitação, ofertamos proposta no valor de R$ 15.000,00 (dezoito mil e duzentos reais)." (*sic*) Tendo o edital de licitação expressamente definido, como critério de julgamento das propostas, o "menor preço global", a Comissão de Licitação da REFAP S/A requereu ao Departamento Jurídico daquela sociedade, de maneira a fundamentar o julgamento das propostas a ser proferido, a elaboração de parecer jurídico acerca da validade das propostas apresentadas face as regras do Decreto no 2.745, de 24 de agosto de 1998. Na qualidade de advogado da REFAP S/A, redija conciso parecer jurídico sobre a situação acima descrita, considerando, em especial, a validade das propostas apresentadas, a ordem de classificação das propostas consideradas válidas e os procedimentos a serem adotados em razão das propostas recebidas.

6. **(ADVOGADO – CASA DA MOEDA – 2009 – CESGRANRIO)** Autarquia federal celebrou convênio de cooperação técnica com instituição brasileira, sem fins lucrativos, incumbida estatutariamente do desenvolvimento institucional, tendo por objeto a implementação e o gerenciamento de programa de gestão da folha de pagamento dos servidores vinculados à autarquia, mediante o pagamento de uma taxa de administração. Emita parecer abordando a juridicidade da celebração do convênio.

7. **(ADVOGADO – BNDES – 2008 – CESGRANRIO)** A direção do Banco Nacional de Desenvolvimento Econômico e Social demandou a produção de uma apresentação ao seu público interno sobre a necessidade prévia de licitação para o estabelecimento de parcerias público-privadas, na descentralização da administração pública federal. Responda, justificando, os quesitos abaixo.

a) Qual o fundamento constitucional e a legislação aplicável que impõe tal necessidade?

b) O que são parcerias público-privadas, qual o seu fundamento legal, e quais são as modalidades de parcerias públicoprivadas, em sentido estrito, atualmente disponíveis para a União, além das anteriormente existentes?

c) Em relação ao estudo técnico, necessário para subsidiar legalmente as parcerias público-privadas, existe necessidade de licitação? Qual o conteúdo mínimo de tais estudos, em termos de responsabilidade fiscal?

8. **(ADVOGADO – BNDES – 2006 – CESGRANRIO)** Considerando sinônimos os conceitos de "Administração centralizada" e "Administração direta", bem como a identidade de significado entre os termos "Administração descentralizada" e "Administração indireta":

a) descreva 2 (dois) elementos distintivos entre a descentralização e a desconcentração administrativa;

b) discorra sobre a existência de relação hierárquica ou de controle ou tutela entre a Administração central e os respectivosentes administrativos descentralizados, e

c) indique um exemplo de desconcentração administrativa no âmbito da organização da estrutura administrativa federal brasileira.

9. **(ADVOGADO – BNDES – 2004 – CESGRANRIO)** O Presidente do BNDES lhe indaga se há obrigatoriedade de se instaurar procedimento licitatório com vistas a vender um imóvel de propriedade do Banco para o Município de São Paulo, mediante justo preço apurado em prévia avaliação. Considerando que o imóvel está ocupado por terceiros particulares, por força de contrato de locação firmado com o Banco, responda, fundamentadamente, às perguntas a seguir.

a) Na condição de empresa pública, está o BNDES sujeito às normas da Lei nº 8.666/93?

b) Nesse caso, há imposição para instauração do procedimento licitatório? (Se a resposta for negativa, especifique se a hipótese é de dispensa ou inexigibilidade de licitação. Caso a resposta seja positiva, indique a modalidade de licitação exigida).

c) O locatário do imóvel poderá exercer algum direito de preferência na aquisição do imóvel?

10. **(PROCURADOR – BANCO CENTRAL – 2009 – CESPE)** Peça Judicial. O diretor-geral de administração do Banco Central do Brasil (BACEN), no uso de sua competência institucional, impediu determinada empresa de participar de processo licitatório, sob o fundamento de que não foi apresentada comprovação de qualificação econômico-financeira. O procedimento licitatório referia-se à contratação de segurança armada. Insatisfeita, a empresa, no dia 15 de junho de 2009, dez dias após a prática do ato que entendeu lesivo aos seus direitos, impetrou mandado de segurança na justiça do Distrito Federal (DF), o qual foi distribuído à 2.ª Vara Federal da Seção Judiciária do DF, apontando como autoridade coatora o gerente administrativo do BACEN. A empresa alegou que o ato foi ilegal, pois a citada exigência somente poderia ter sido efetuada por ocasião da assinatura do contrato. Intimada para prestar informações, a autoridade coatora limitou-se a alegar a sua ilegitimidade passiva para figurar na ação. De posse das informações, o juiz condutor do feito rejeitou a alegação de ilegitimidade passiva, com base na teoria da encampação, e concedeu a segurança para que a autoridade coatora se abstivesse de exigir a comprovação de qualificação econômico-financeira antes da assinatura do contrato. Após quinze dias da intimação da sentença, o procurador do BACEN iniciou a análise da sentença proferida.

Com base nas informações da situação hipotética acima descrita, redija a peça processual cabível para defesa dos interesses do BACEN. Em seu texto, aborde todos os aspectos materiais e processuais aplicáveis ao caso.

11. **(PROCURADOR – BANCO CENTRAL – 2009 – CESPE)** A administração pública abriu sindicância a fim de apurar se Henrique, servidor público, teria praticado crime contra a administração. A sindicância, concluída no prazo legal, resultou na instauração de processo disciplinar contra o servidor. Os autos da sindicância integraram o processo disciplinar, como peça informativa da instrução. Durante o processo, foram assegurados o contraditório e a ampla defesa a Henrique. A administração, ao final, com base em prova emprestada, licitamente obtida por meio de interceptação telefônica, e nos depoimentos colhidos durante a instrução do processo disciplinar, considerou que a infração estava capitulada como ilícito penal, encaminhou cópia dos autos ao Ministério Público e aplicou, de forma motivada, pena de demissão ao servidor. Considerando a situação hipotética apresentada acima, responda, de forma fundamentada, aos questionamentos a seguir.

- No decorrer da sindicância, era prescindível o exercício do direito de defesa do servidor?
- De acordo com orientação do Supremo Tribunal Federal, há obstáculo jurídico para a utilização da citada prova emprestada no processo administrativo disciplinar?

12. **(ADVOGADO – ELETROBRÁS – 2006 – NCE/UFRJ)** As empresas públicas e sociedades de economia mista integram a Administração Indireta, sendo, portanto, entidades vinculadas ao Estado. Sobre a matéria, responda de forma fundamentada às seguintes indagações:

1) As empresas públicas e sociedades de economia mista estão sujeitas a tratamento jurídico diferenciado na realização de suas licitações?
2) Pode ser decretada sua falência?
3) Existe subordinação hierárquica entre as empresas públicas e sociedades de economia mista em relação ao ente estatal a que se vinculam?

13. **(ADVOGADO – BNDES – 2001 – VUNESP)** Realizada uma licitação pela Administração Pública, a empresa contratada não consegue cumprir o prazo de entrega de determinada mercadoria. Pode essa empresa pedir e obter a prorrogação desse prazo? Se a Administração conceder esse prazo haverá ofensa ao direito de igualdade dos demais licitantes? Existe alguma medida administrativa e/ou judicial de que se poderão valer os demais licitantes? A resposta deve ser objetiva e juridicamente fundamentada.

14. **(ADVOGADO – BNDES – 2001 – VUNESP)** Realizada licitação, vem a mesma a ser declarada fracassada pela Administração Pública. Essa declaração acarreta a necessidade de revogação do certame? Esclareça o candidato o que é uma licitação fracassada, fundamentando a resposta, e se há ou não necessidade de revogá-la, justificando. A resposta deve ser objetiva e juridicamente fundamentada.

3) Tributário

15. **(ADVOGADO – PETROBRÁS – 2008 – CESGRANRIO)** A Petróleo Brasileiro S.A. – Petrobras adquiriu do fornecedor norte-americano Golden Technology Ltd. uma peça de reposição para um equipamento próprio utilizado na área de exploração e produção de petróleo. Ocorre que, por força da greve dos Auditores-Fiscais da Receita Federal do Brasil, a peça importada pela Petrobras está retida na Alfândega da Receita Federal do Brasil do Porto do Rio de Janeiro, sem que os atos necessários à sua liberação sejam tomados pelo Inspetor da Alfândega ou seus subordinados. Assim, a Petrobras está impedida de substituir a peça defeituosa de seu equipamento pela nova peça de reposição adquirida do fornecedor norte-americano, tendo em vista que a mercadoria importada, objeto da Declaração de Importação nº 08/0505050-5, encontra-se retida na Alfândega da Receita Federal do Brasil do Porto do Rio de Janeiro há mais de 30 (trinta) dias, sem qualquer andamento no processo de fiscalização com vistas ao seu desembaraço aduaneiro, situação que, ao que tudo indica, perdurará enquanto mantida a greve. Sabendo que a cada dia em que o equipamento deixa de funcionar pela falta de substituição da peça importada, a Petrobras assume um prejuízo de cerca de R$ 80.000,00 (oitenta mil reais), um alto funcionário da área de exploração e produção solicita ao Departamento Jurídico a adoção das medidas judiciais cabíveis para solucionar o problema. Redija, sucintamente, medida judicial de tramitação prioritária que possa atender a esse pleito, invocando as garantias constitucionais que assegurem o direito postulado, com a finalidade específica não exatamente de ver ordenada a liberação imediata da mercadoria importada, mas buscando ver assegurado o direito de tê-la submetida à fiscalização aduaneira nos termos da legislação de regência e, uma vez atendidos os requisitos nela previstos, vê-la prontamente desembaraçada.

16. **(ADVOGADO – PETROBRÁS TRANSP. – 2006 – CESGRANRIO)** Uma empresa necessita renovar sua "Certidão Conjunta Negativa de Débitos relativos a Tributos Federais e à Dívida Ativa da União" (CERTIDÃO), que vence em 5 (cinco) dias, mas constata a existência de um débito inscrito em Dívida Ativa da União,relativo ao Imposto de Renda da Pessoa Jurídica (IRPJ). Ao verificar a origem da cobrança, constata que o tributo exigido havia sido pago corretamente na data de seu vencimento e que, portanto, a cobrança deveria ser cancelada. Ao apresentar à Procuradoria da Fazenda Nacional o comprovante de pagamento do débito para poder obter sua CERTIDÃO,o representante da empresa foi informado de que, por tratar-se de recolhimento anterior à inscrição na Dívida Ativa, o requerimento administrativo de cancelamento da exigência deveria ser formalizado perante a Secretaria da Receita Federal (SRF). Somente após o envio do processo administrativo à SRF, a análise por aquele Órgão quanto à alegação de pagamento e oretorno dos autos à Procuradoria da Fazenda com a informação de que a cobrança deve ser cancelada, poderá ser o débito baixado do sistema para viabilizar a emissão da CERTIDÃO. O representante da empresa formaliza o requerimento de baixa perante a Secretaria da Receita Federal e obtém a informação de que, face ao grande volume de pedidos idênticos, a análise do caso deve demorar mais de 90 (noventa) dias. Sendo certo que a empresa terá sua atividade empresarial prejudicada pela ausência da CERTIDÃO, redija medida judicial visando à imediata obtenção daquele documento.

17. **(ADVOGADO – REPAF – 2007 – CESGRANRIO)** Você é indagado a respeito da eventual incidência do Imposto Sobre Produtos Industrializados (IPI) em operações relativas a combustíveis e derivados de petróleo, bem como sobre a possível incidência de outros impostos, já existentes ou a serem instituídos, sobre essas mesmas operações. Redija sucinto parecer jurídico fundamentado, abordando todos os **impostos** que, de acordo com o atual Sistema Tributário Nacional previsto na Constituição Federal de 1988, podem incidir sobre as **operações relativas a combustíveis e derivados de petróleo**, discriminando o ente federativo competente para exigi-los.

18. **(ADVOGADO – BNDES – 2008 – CESGRANRIO)** Especifique o prazo decadencial para constituição de crédito tributário relativo a contribuições sociais para a seguridade social, em face do que dispõe a Constituição Federal quanto à competência para regular a matéria e o Código Tributário Nacional, levando em conta a atual jurisprudência do Plenário do Supremo Tribunal Federal.

19. **(ADVOGADO – BNDES – 2006 – CESGRANRIO)** Beatriz é domiciliada na cidade do Rio de Janeiro (RJ) e decide doar seu automóvel a sua amiga Carla, que mora em Salvador (BA). Ocorre que o veículo atualmente encontra-se em Belém (PA) com o pai de Beatriz, que lá reside e irá entregá-lo a Carla em Salvador. Responda se o atual Sistema Tributário Nacional permite a tributação da doação.

a) Em caso negativo, esclareça se a hipótese é de imunidade, isenção ou não-incidência, mencionando o princípio que afasta a possibilidade de cobrança de tributos na operação.
b) Em caso positivo, indique o(s) tributo(s) que a Constituição Federal autoriza seja(m) instituído(s), apontando o(s) ente(s) federativo(s) competente(s) para exigi-lo(s) no caso concreto.

20. **(PROCURADOR – BANCO CENTRAL – 2009 – CESPE) Dissertação.** Uma pessoa jurídica, atacadista de gêneros alimentícios, contratou a empresa de factoring Alfa-7, para a prestação de serviços referentes a avaliação de riscos, seleção de créditos e gerenciamento de contas a receber e a pagar, associada à aquisição pro soluto de créditos. No curso da execução do contrato, a empresa Alfa-7 foi obrigada a recolher o imposto sobre operações financeiras (IOF), inclusive sobre saques em caderneta de poupança de sua titularidade. Considerando a situação hipotética apresentada acima e as normas aplicáveis ao IOF, redija um texto dissertativo que responda, de modo justificado, aos seguintes questionamentos.

- O IOF incide sobre operações de factoring praticadas por instituições distintas das financeiras?
- É legítima a incidência do IOF nos saques em caderneta de poupança?
- Quais operações configuram o fato gerador do IOF?

21. **(ADVOGADO – BNDES – 2001 – VUNESP)** O Estado de Goiás, através de lei, institui a incidência do ICMS sobre o envio de produtos industrializados destinados ao exterior. Ressaltando-se que referida cobrança do imposto respeitou o princípio da anterioridade, conforme dispositivo constitucional, pergunta-se:

a) Essa tributação está em consonância com o disposto na Constituição Federal? b) Em caso afirmativo, justifique a tributação. c) Em caso negativo, justifique a não incidência.

22. **(ADVOGADO – BNDES – 2001 – VUNESP)** Consumado um negócio sujeito a imposto, com menor impúbere, foi posteriormente declarado nulo. Responda, justificando:

a) Considerando-se que a nulidade desfez o negócio, houve fato gerador do imposto?
b) Em caso negativo, em que categoria tributária deve ser colocado o negócio anulado (incidência, imunidade, não-incidência, isenção ou alíquota zero)?
c) Em caso positivo, a obrigação tributária pode ser exigida pelo fisco?
d) Estando pago o imposto antes de o negócio ter sido declarado nulo, cabe ação de repetição de indébito?

4) Processo Civil

23. **(ADVOGADO – PETROBRÁS – 2008 – CESGRANRIO)** Uma empresa mineira Y litiga contra uma empresa fluminense Z a respeito de um terreno. Ocorre que metade do imóvel pertence à Petrobras, que possui o regular registro da área no Registro Geral de Imóveis. Considerando que a ação encontra-se proposta no foro competente e as informações constantes do sistema de acompanhamento processual são as que seguem abaixo, redija, na qualidade de advogado(a) da Petrobras, a peça processual competente para, de imediato, requerer o reconhecimento judicial do direito da empresa, excluindo o dos litigantes Y e Z.

Processo No 2007.000.09999-9

Tribunal de Justiça do Estado do Rio de Janeiro - 16/05/2008

08:01:40 - Primeira instância - Distribuído em 10/10/2007

Comarca de Petrolândia

Cartório da 1ª Vara Cível

Endereço: Avenida do Petróleo número 100 sala 301

Bairro: Ouro Preto

Cidade: Petrolândia

Ofício de Registro: 1º Ofício de Registro de Distribuição

Tipo de ação: Reivindicatória
Valor da causa: R$100.000,00
Rito: Ordinário
Autor EMPRESA Y Ltda.
Réu EMPRESA Z S.A.
Advogado(s): RJ00001 - JOÃO DA SILVA
RJ00002 - JOSÉ CARDOSO
Movimento: 50
Data: 19/02/2008
Descrição: DESIGNO AUDIÊNCIA DE INSTRUÇÃO E JULGAMENTO PARA O DIA 02 DE MARÇO DE 2008, ÀS 14:00 HORAS, INTIMEM-SE.
Movimento: 51
Data: 02/05/2008
Descrição: AUDIÊNCIA REALIZADA.
Movimento: 52
Data: 15/05/2008
Descrição: Autos conclusos para despacho. Localização: Gabinete do Magistrado.

24. **(ADVOGADO – PETROBRÁS DISTRIB. – 2008 – CESGRANRIO)** PETROBRAS S/A apresenta ação, pelo procedimento ordinário, em face da empresa HXO S/A, com domicilio no Rio de Janeiro, aduzindo a quebra de contrato para fornecimento de materiais a serem utilizados em plataforma de petróleo, sendo o valor da causa de R$ 10.000.000,00 (dez milhões de reais). O réu, regularmente citado, apresenta defesa aduzindo, na peça contestatória, que o valor da causa deveria ser de R$ 100.000.000,00 (cem milhões de reais), bem como levantando preliminar de ilegitimidade passiva, por ter sido o contrato realizado também com a empresa HXOO S/A, com domicílio em São Paulo, que não foi incluída no processo e seria a responsável pelo descumprimento do contrato. Aduz a necessidade de intervenção de terceiros. Ainda em preliminar apresenta alegação de incompetência relativa, aduzindo foro de eleição fixado na comarca da capital do Estado de São Paulo. Após manifestação da ré, requereu ingresso no processo a União Federal, sendo sua postulação rejeitada pelo Juízo de primeiro grau, havendo agravo interposto. Logo a seguir, o Ministério Público Federal postula o seu ingresso como amicus curiae, tendo em vista as altas somas envolvidas no contrato, tendo, também, o seu ingresso sido rejeitado pelo Juízo de primeiro grau, interposto agravo. O processo prossegue, sendo prolatada sentença de procedência do pedido, havendo recurso, pendente de exame pelo órgão judiciário responsável pela revisão do julgado. Formule parecer sobre a questão em foco, analisando os temas processuais indicados no texto pertinentes à defesa, partes, competência e recursos interpostos.

25. **(ADVOGADO – CASA DA MOEDA – 2009 – CESGRANRIO)** A Casa da Moeda do Brasil promove ação, pelo procedimento ordinário, em face da Empresa CASA MÍNINA S/A, com domicílio no Rio de Janeiro, aduzindo a violação de cláusulas contratuais de fornecimento de materiais a serem utilizados na produção de papel moeda, sendo o valor do contrato de R$ 100.000.000,00 (cem milhões de reais). O autor da ação obtém tutela antecipada para bloquear os bens da ré, aduzindo temor de dissipação. De tal decisão, foi interposto recurso recebido no efeito suspensivo. Prosseguindo-se o processo, são produzidas as provas necessárias, e é proferida sentença, julgando procedente o pedido e ratificando a tutela antecipada deferida inicialmente. Há recurso, no prazo legal, pela empresa ré e outro interposto, pela autora, adesivo. Julgados ambos os recursos pelo órgão revisor, o resultado consiste no improvimento do recurso da ré e no não conhecimento do recurso da autora à mingua dos pressupostos específicos. A decisão foi proferida por unanimidade. A ré manejou novo recurso lastreado na violação de lei federal, no prazo de quinze dias, que veio a não ser admitido, sendo tal decisão atacada por recurso, também improvido, e transitada em julgado a decisão. Analise e explique o caso quanto aos aspectos: decisões judiciais; recursos cabíveis e suas características.

26. **(ADVOGADO – BNDES – 2008 – CESGRANRIO)** Defina o procedimento atual de execução provisória de sentença, diante das alterações introduzidas no Código de Processo Civil pela Lei no 11.232/2005, abordando as questões relativas ao modo pelo qual se processa, à sua iniciativa, à responsabilidade do exeqüente e às hipóteses em que a caução poderá ser dispensada.

27. **(ADVOGADO – BNDES – 2006 – CESGRANRIO)** Aponte as semelhanças e diferenças sobre a coisa julgada e seus efeitos na "ação popular" e na "ação civil pública".

28. **(ADVOGADO – BNDES – 2006 – CESGRANRIO)** Em execução promovida por credor particular de sócio integrante de uma sociedade limitada, seria possível a penhora das cotas sociais como garantia da execução? Responda de forma fundamentada, indicando, ainda, as eventuais repercussões que a penhora de cotas, caso admitida, pode gerar na estrutura da sociedade.

29. **(ADVOGADO – BNDES – 2004 – CESGRANRIO)** Você, advogado do Banco Oeste S.A., pela manhã do dia 12 de março, lendo a coluna social do jornal **A Terra**, toma conhecimento de que a luxuosa cobertura do famoso *socialite* J.

Strong, que se situa no melhor prédio do Rio de Janeiro, na Av. Vieira Souto, foi penhorada, para ir à leilão, em razão de execução que lhe está movendo o não menos famoso M. Amaral Filho, cobrando dívida equivalente a um milhão de dólares. Você se lembra nitidamente que, há seis meses atrás, tinha elaborado um contrato de mútuo, para ser assinado entre o Banco e J. Strong, no qual exatamente essa cobertura havia sido hipotecada em garantia da dívida. Passados alguns minutos, o Diretor-Presidente do Banco lhe telefona, atônito, falando sobre a notícia que igualmente acabara de ler, e dá instruções para que seja obstada a alienação do imóvel com urgência. Chegando a seu escritório, pede a seu estagiário que compareça à 1ª Vara Cível, onde, segundo se informou, corre a execução, em algumas horas, obtendo as seguintes informações: (i) trata-se realmente do que imaginara, ou seja, o imóvel penhorado está hipotecado em garantia do contrato de mútuo assinado com o Banco; (ii) a penhora se deu no dia 1º de março de 2004, segunda-feira, tendo sido indicado o bem pelo exeqüente; (iii) foi dada ciência da penhora ao executado no mesmo dia 1º; e (iv) no dia 3, ainda em março, quarta-feira, foi juntada aos autos a prova da intimação da penhora. Não houve, como se previa, prova de ciência do Banco da execução. Para cumprir as determinações do Diretor-Presidente, elabore a petição inicial da medida judicial cabível:

a) indicando e justificando o juízo a que se dirige;
b) datando-a e cumprindo, na sua elaboração, as expressas exigências do Código de Processo Civil para a dita petição;
c) destacando, em parágrafo específico, a menção à tempestividade da medida, apontando as razões que levam a estar tomando a medida dentro do prazo legal;
d) indicando a prova sumária que deverá ser feita no momento;
e) requerendo a citação de quem de direito, que esteja legitimado para figurar no pólo passivo; e
f) pleiteando que seja assinado para contestação o prazo previsto no Código de Processo Civil, o qual você deve explicitar, definindo-o.

30. **(PROCURADOR – BANCO CENTRAL – 2009 – CESPE)** Após Pedro ter adquirido imóvel pertencente a um menor, identificou-se, dentro do prazo legal, vício oculto no processo de compra que reduzia o seu valor de mercado. Assim, houve interesse, por parte de Pedro, em acionar o vendedor para reaver a diferença resultante da depreciação causada pelo vício, razão pela qual propôs ação com esse fim no juízo em que se encontrava o bem. Citado, o réu defendeu-se argumentando que o foro em que tramitava a ação não era competente para julgá-la, pois ele residia com seus pais em comarca diversa. Com base na situação hipotética acima apresentada, indique o foro competente para julgamento da causa, fundamentando sua resposta.

31. **(ADVOGADO – ELETROBRÁS – 2006 – NCE/UFRJ)** O mandado de segurança é uma das garantias previstas na Constituição e serve para viabilizar a proteção de direito líquido e certo violado ou ameaçado por ato de autoridade. Sobre o tema, responda às seguintes indagações de forma fundamentada:

a) É possível a impetração de mandado de segurança para controle da decisão que indeferiu pedido de liminar em processo de mandado de segurança?
b) É possível a impetração de mandado de segurança para controle de ato administrativo disciplinar?
c) O que se entende por direito líquido e certo para efeito de impetração do mandado de segurança?

32. **(ADVOGADO – BNB – 2006 – ACEP)** Um devedor do Banco do Nordeste do Brasil S.A. (sociedade de economia mista), em decorrência de contrato representado por Cédula de Crédito Rural, recebe uma cobrança administrativa, e antes do ajuizamento da ação de execução propõe ação revisional dos valores acrescidos ao débito original, declarando um valor como incontroverso mas não requerendo o depósito dessa quantia. A causa de pedir da ação revisional é a exorbitância da taxa de juros assim como a prática de anatocismo (juros sobre juros), além da cobrança de parcelas já quitadas. O pedido é no sentido de impedir que o banco promova a cobrança judicial, bem como que seu nome seja retirado dos arquivos do Sistema Nacional de Proteção ao Crédito (SPC, SERASA etc.), onde já constava. No decorrer da audiência de instrução, o juiz concede a antecipação de tutela, proibindo a cobrança, inclusive judicial e determina a retirada do nome do devedor do Sistema de Proteção do Crédito. Na qualidade de advogado do Banco do Nordeste do Brasil S.A. (BNB), exponha a linha de defesa a ser adotada em juízo, enfrentando as seguintes questões: natureza jurídica da antecipação de tutela; o recurso cabível contra decisões dessa natureza; o direito de ação do credor em face de tutela jurisdicional que impede o exercício desse direito; prática de anatocismo na cobrança de crédito representado por cédula de crédito rural; o entendimento jurisprudencial a respeito do tema do pacto de capitalização de juros perante o Superior Tribunal de Justiça (STJ).

5) Civil

33. **(DEFENSORIA PÚBLICA DA UNIÃO – 2004 – CESPE)** Maria Carmem ajuizou ação ordinária contra o Banco do Povo Seguradora S.A., pleiteando o recebimento de diferença do valor da indenização devida em decorrência do furto de veículo segurado, correspondente a 3 meses de correção monetária, tempo que medeou entre a avaliação do bem e o pagamento da indenização, e, ainda, alegando que o valor do prêmio deveria ser pago não pelo valor de mercado do automóvel, mas sim pela quantia consignada no contrato, devidamente corrigida. Alegou, ainda, que o valor do prêmio pago pelo réu fora calculado com base em avaliação do bem feito por ele mesmo, o que não se pode admitir. A sentença julgou improcedente o pedido por entender ser indevido o pagamento da diferença pleiteada pela autora entre o dia da avaliação e o do efetivo pagamento do prêmio. Apelou a autora, suscitando a nulidade da sentença, que se manifestara sobre um dos pedidos formulados na inicial, quanto à diferença do valor corrigido do débito no prazo entre o dia em que foi calculado o valor do dano e o dia do efetivo pagamento da importância devida; no mérito, ressaltou que o valor consignado no contrato fora obtido mediante avaliação do bem feita pela própria apelada, e o prêmio fora pago com base naquele valor, e não no valor constante do contrato. A 8.ª Turma Cível do Tribunal de Justiça do Distrito Federal e Territórios (TJDFT) negou provimento ao recurso, mantendo integralmente a sentença recorrida, em acórdão assim ementado: "Seguro de automóvel, com o sinistro ocorrido e a indenização já paga pela seguradora. Cobrança de diferença pela segurada do veículo. Improcedência confirmada. Sentença válida porque examinou o principal pedido da autora-apelante, desnecessário o exame dos demais pedidos. Unânime." Considerando as informações hipotéticas acima apresentadas, redija, na condição de defensor da autora-apelante, o recurso que entender cabível, argüindo todas as questões processuais e materiais pertinentes.

34. **(ADVOGADO – PETROBRÁS DISTRIB. – 2008 – CESGRANRIO)** Delta Petróleo Ltda. ingressou com ação de revisão de contrato em face da PETRÓLEOS DO SUL S/A. Seu objetivo é rever cláusula penal. Alega que o fornecimento de combustível é regulado pela Portaria no 72/2000, pela qual fica discriminado que:

- Art. 3o A aquisição de gasolina automotiva e óleo diesel pelo distribuidor de combustíveis derivados de petróleo, álcool combustível e outros combustíveis automotivos deverá ser feita sob regime de contrato de fornecimento com o produtor ou sob regime de pedido mensal;
- Art. 10. O saldo de quota será incorporado à quota do mês seguinte.

Acrescenta que a portaria deveria prevalecer sobre o contrato firmado pelas partes, que contempla pedidos mensais obrigatórios de quotas de combustível. Ocorre que a PETRÓLEOS DO SUL S/A está exigindo, para continuar a fornecer combustível (há cláusula de exclusividade), multa de R$ 800.000,00 por não ter a Delta Petróleo atingido as quotas mensais contratadas (faltaram 135.000 litros de gasolina). A distribuidora Delta assume que não atingiu as quotas, mas afirma que o saldo poderia ficar para prestações futuras, sendo a multa fato que desequilibraria a relação contratual, frustrando a sua atividade. A PETRÓLEOS DO SUL S/A se defende dizendo que a cláusula penal que estipula a multa é válida, que sua produção não é infinita, e é dimensionada de acordo com sua carteira de clientes. Considerando PROVADO que efetivamente: i) as quotas não foram cumpridas pela Delta Petróleo e que ii) o contrato prevê multa que, se aplicada, permitirá à PETRÓLEOS DO SUL S/A cobrar a quantia referida, elabore parecer sobre o conflito de interesses, de forma fundamentada, sem negligenciar qualquer um dos aspectos que a questão evoca.

35. **(ADVOGADO – BNDES – 2008 – CESGRANRIO)** Descreva brevemente o instituto da propriedade fiduciária segundo as condições previstas no Código Civil (Lei no 10.406, de 10 de janeiro de 2002), abordando os seguintes aspectos:

- conceito
- forma de constituição
- titular da posse direta e condições de utilização da coisa, e
- a submissão do crédito garantido por propriedade fiduciária aos efeitos da recuperação judicial.

36. **(ADVOGADO – PETROBRÁS – 2003 – CESPE) PARECER.** A empresa Dinamismo S.A. firmou com a empresa Arrendamento Mercantil S.A. um contrato de leasing financeiro em que se previa a cobrança antecipada do valor residual garantido (VRG), sobre o qual incidiam juros de 20% ao ano e juros capitalizados. Posteriormente, quando já havia pago 75% das prestações, a empresa Dinamismo S.A., sentindo-se prejudicada com os termos do contrato, parou de efetuar o pagamento e pleiteou judicialmente a anulação do contrato. A empresa Arrendamento Mercantil S.A., por sua vez, diante do inadimplemento de mais de três prestações, interpôs ação de reintegração de posse para haver a restituição do bem, pleiteando a perda das quantias pagas pela arrendatária, por não cumprimento do contrato. Diante da situação hipotética apresentada acima, redija um parecer a respeito da questão, explicando fundamentadamente o seu ponto de vista, quando for o caso, e abordando especialmente os seguintes aspectos:

- se a cobrança antecipada do VRG descaracteriza o leasing;
- a hipótese de juros de 20% ao ano e capitalizados no contrato em questão;

- o direito do arrendatário à restituição de todas as parcelas pagas ou das parcelas pagas a título de antecipação do VRG, em dobro, aplicando-se o Código de Defesa do Consumidor;
- na hipótese de serem pagas todas as prestações pelo arrendatário, se este ainda conserva as opções previstas para o término do contrato, e quais são elas;
- a hipótese da reintegração de posse proposta pela arrendante;
- se a empresa arrendatária fosse a PETROBRAS, qual o juízo competente para processar e julgar as ações que versam sobre o contrato em questão.

37. **(ADVOGADO – EMBRAPA – 2005 – CESPE)** Um agricultor contratou uma empreiteira para executar a construção de um prédio em sua propriedade agrícola para a implantação de uma agroindústria.No contrato, a empreiteira comprometeu-se a realizar a obra conforme o projeto elaborado por um engenheiro contratado pelo agricultor e a realizá-la em conformidade com as especificações constantes no projeto.Ficou também determinado, no contrato, que a empreitada seria de lavor ou mão-de-obra e que o empreiteiro teria o prazo de 180 dias, prorrogável por mais 15 dias, para a entrega da obra. Conforme determinação expressa em contrato, o valor da empreitada não sofreria acréscimo.Ficou também ajustado que a paralisação da obra implicaria multa de duzentos dólares por dia e o inadimplemento da obrigação, uma cláusula penal compensatória de R$ 40.000,00 mais perdas e danos. Durante a execução da referida obra,surgiram dificuldades imprevisíveL sem decorrência de causas geológicas e hídricas, que geraram aumento considerável e tempo e mão-de-obra,de tal modo que a empreitada tornou-se excessivamente onerosa para o empreiteiro. Mesmo ciente dos fatos, uma vez que acompanhava a execução da obra, o agricultor se negou a reajustar o preço da obra inerente ao projeto.O empreiteiro,diante da onerosidade excessiva e da extrema vantagem auferida pelo agricultor, paralisou a obra requerendo que o juiz corrigisse o contrato, de modo a assegurar o valor real da prestação, e,não aceitando o agricultor modificar eqüitativamente o valor da prestação de modo a restabelecer o equilíbrio do contrato, que então o juiz determinasse a resolução do contrato.Por sua vez, o dono da obra exigiu o pagamento de multa diária em decorrência da paralisação da obra, e, não retornando a obra, que fosse o empreiteiro obrigado a pagar a cláusula penal compensatória e as perdas e danos, que incluiriam os lucros cessantes, contados desde o momento que a agroindústria poderia estar funcionando.

Com referência à situação hipotética apresentada acima, redija um texto dissertativo que, necessariamente, responda, de modo justificado e da forma mais completa possível, aos seguintes questionamentos.

– A cláusula penal moratória, constante no contrato é válida, nula ou anulável? Caso seja válida, esclareça se, na hipótese apresentada, ela pode ser exigida. Responda também, se é possível, conforme estipulado no contrato, exigir cláusula penal compensatória e perdas e danos? Admite-se a cumulação da cláusula penal compensatória com o cumprimento da obrigação?

– A onerosidade excessiva é uma hipótese legítima para o empreiteiro paralisar a obra?

– Na hipótese considerada, é cabível a revisão judicial ou a resolução do contrato? Fundamente sua resposta no princípio da autonomia da vontade, no pacta sunt servanda e na teoria da imprevisão.

38. **(PROCURADOR – BANCO CENTRAL – 2009 – CESPE)** Ricardo deseja comprar um veículo automotor. No entanto, não possui capital suficiente para adquiri-lo. Buscando realizar seu desejo, Ricardo procurou uma instituição financeira, com a qual firmou um contrato caracterizado da seguinte forma: a instituição adquirirá a propriedade do veículo, mas transferirá sua posse a Ricardo. Em troca, o devedor terá de pagar prestações periódicas, acrescidas de juros e taxa de administração, durante certo período de tempo, até que, ao final, essa instituição transferirá a propriedade do veículo para seu nome. Em relação à situação hipotética apresentada acima, responda de forma sucinta aos seguintes questionamentos.

– O contrato previsto na situação descrita é admitido no direito brasileiro? Caso seja, classifique-o como típico ou atípico e, se for o caso, denomine-o.

– Caso Ricardo deixe de pagar algumas prestações, que medida(s) poderá(ão) ser adotada(s) pela instituição financeira para ser ressarcida de seu prejuízo?

– Segundo o entendimento atual do Supremo Tribunal Federal, será admissível a prisão de Ricardo pela dívida, caso o veículo não tenha como ser devolvido à instituição financeira?

39. **(ADVOGADO – BNDES – 2002 – VUNESP)** A Constituição de 1988 consagrou a tese de que a propriedade constitui uma instituição diferenciada em seu conteúdo, de acordo com os diversos tipos de bens e de titulares, garantindo o direito de propriedade em geral, mas dispondo que ela atenderá a sua função social. Na linha desse princípio, disserte sobre a nova propriedade em face do Código Civil, da legislação ordinária e da Constituição.

40. **(ADVOGADO – BNDES – 2002 – VUNESP)** Disserte sobre o tema: Os princípios contratuais clássicos e a função social do contrato, sob o fundamento da evolução (doutrina, jurisprudência e legislação).

41. **(ADVOGADO – BNDES – 2001 – VUNESP)** X, estando de mudança para o exterior e não podendo retornar ao Brasil, em pouco tempo, deseja vender um imóvel de sua propriedade que Y quer comprar. X e Y, entretanto, não pretendem que a alienação se faça por meio de um terceiro, como procurador de X. De que modo Y poderá contratar consigo mesmo e que requisitos deverá preencher o instrumento adequado?

42. **(ADVOGADO – BNDES – 2001 – VUNESP)**. X tomou por empréstimo de Y uma quantia em dinheiro, para ser paga no prazo de 60 (sessenta) dias, porém não dispuseram acerca do local do pagamento. Indique onde Y deverá efetuar o pagamento, esclarecendo se se trata de dívida "querable" ou "portable".

6) Empresarial

43. **(ADVOGADO – PETROBRÁS TRANSP. – 2006 – CESGRANRIO)** Tendo como referência a Lei de Sociedades Anônimas,

a) caracterize o acionista controlador de uma empresa, indicando suas obrigações e responsabilidades;

b) apresente três hipóteses de exercício abusivo de poder pelo acionista controlador.

44. **(ADVOGADO – BNDES – 2008 – CESGRANRIO)** Tratando-se a Empresa X de sociedade anônima produtora de equipamentos eletrônicos, que se encontra em recuperação judicial, nos termos da Lei no 11.101, de 09 de fevereiro de 2005, responda às perguntas abaixo.

a) uais os efeitos do deferimento do pedido de processamento da recuperação judicial sobre os contratos de fornecimento de equipamentos celebrados pela Empresa X com seus clientes antes da interposição do pedido de recuperação judicial?

b) Em caso de decretação de falência da Empresa X, qual o tratamento (classificação) a ser dado a cada um dos créditos a seguir, detidos pelo Fornecedor A?

- Crédito no valor de R$ 40.000,00 (quarenta mil reais) decorrente do fornecimento de insumos à Empresa X durante o processo de recuperação judicial.
- Crédito quirografário no valor de R$ 100.000,00 (cem mil reais) decorrente do fornecimento de insumos à Empresa X antes da distribuição do pedido de recuperação judicial e cujo vencimento também ocorreu antes da propositura de tal procedimento.

45. **(ADVOGADO – BNDES – 2006 – CESGRANRIO)** O que são cédulas de crédito bancário e qual a sua importância para as instituições financeiras credoras?

46. **(ADVOGADO – BNDES – 2004 – CESGRANRIO)** A sociedade Agricultura Extração Ltda. tem como objeto social descrito no Estatuto o cultivo de soja e trigo na pequena cidade de Serrinha dos Grãos, no Estado do Paraná. Tratando-se de sociedade limitada, tem-se como afirmar, à luz do novo Código Civil, se a sociedade em tela é simples ou empresária? Fundamente sua resposta.

47. **(ADVOGADO – BNDES – 2002 – VUNESP)** Disserte sobre as novas regras societárias, advindas com a lei n. 10.303/01 (que alterou alguns dispositivos da lei nº 6.404/76), no que tange ao fechamento do capital da companhia.

48. **(ADVOGADO – BNDES – 2002 – VUNESP)** Das últimas mudanças na legislação que trata do mercado de capitais, foi divulgado que a finalidade das mudanças refletirão, sobretudo, na proteção dos acionistas minoritários. Dessa forma, descreva as mudanças de tratamento aos minoritários, inclusive valorando a importância de tal proteção.

49. **(ADVOGADO – BNDES – 2001 – VUNESP)** Em ação de falência, foi desacolhido o pedido de atualização de quantia depositada judicialmente em instituição bancária, mediante aplicação de índices adotados regularmente, para atualizações de depósitos comuns, sob o fundamento de que o banco não participa do concurso de credores e somente por ação própria poderia ser obrigado a fazer ou deixar de fazer algo. Em face do exemplo dado, considere a conduta do banco quanto à atualização dos valores; a condição de depositário dos valores; a responsabilidade eventualmente existente e a existência ou não existência de locupletamento sem causa.

50. **(ADVOGADO – BNDES – 2001 – VUNESP)** Celebra-se, entre um Banco e uma sociedade comercial, um contrato de mútuo. Assina pela sociedade seu representante legal, o sócio detentor de 95% das cotas sociais. Assina, na condição de avalista, o sócio minoritário, detentor de 5% das cotas sociais. Acessoriamente, a sociedade aliena, fiduciariamente, uma máquina que compreende seu ativo. O sócio minoritário assina o contrato, na condição de depositário. Discorra a respeito das providências judiciais, cabíveis no caso de inadimplemento do contrato de mútuo; a respeito da formação da relação processual e a respeito da cumulação de garantias do sócio minoritário (avalista e depositário).

7) Trabalho

51. **(ADVOGADO – PETROBRÁS – 2006 – CESGRANRIO)** O engenheiro chefe do "Departamento de Desenvolvimento e Pesquisa de Novos Produtos e Tecnologias" da Petrobras é contratado por uma empresa concorrente para desenvolver produto para exploração de petróleo em águas profundas, idêntico ao que já fora originalmente desenvolvido pela equipe da Petrobras sob o seu comando.

a) Os direitos sobre o invento desenvolvido enquanto o referido engenheiro trabalhava na Petrobras lhe pertencem? Justifique.

b) Em que condições o invento pertencerá exclusivamente ao empregado?

c) Caso a Petrobras possua a patente sobre o produto objeto da controvérsia e a empresa concorrente decida dele se utilizar, quais são as medidas cíveis que podem ser adotadas pelo titular da patente?

52. **(ADVOGADO – CEF – 2001 – CESPE)** Na prova a seguir, que vale quatro pontos, faça o que se pede, usando as páginas para rascunho do presente caderno. Em seguida, transcreva o texto para a FOLHA DE TEXTO DEFINITIVO DA PROVA DISCURSIVA, nos locais apropriados, pois não serão avaliadas provas com texto escrito em local indevido. Utilize, no mínimo, trinta e, no máximo, sessenta linhas. Qualquer prova com extensão aquém da mínima de trinta linhas efetivamente escritas será apenada, e qualquer fragmento de texto além da extensão máxima de sessenta linhas será desconsiderado. ATENÇÃO! Na FOLHA DE TEXTO DEFINITIVO, identifique-se apenas no cabeçalho, pois não serão avaliadas as provas que tenham qualquer marca identificadora fora do local apropriado. Leia os fragmentos de textos a seguir. Os sindicatos surgiram com a finalidade de compor o proletariado ao redor de reivindicações comuns: proteção ao trabalho das mulheres e das crianças, regulamentação da jornada de trabalho (que ficou reduzida, entre 8 e 10 horas), direito à assistência médica e hospitalar em caso de acidentes e liberdade de expressão e de organização. Os resultados práticos das lentas mas firmes conquistas do proletariado alcançaram todos os setores da organização do trabalho e permitiram a conquista de benefícios que aliviaram, no transcorrer dos séculos XIX e XX, a exploração do trabalho pelo capital. As principais conquistas foram: extensão do direito universal do voto; direito de organização sindical e cooperativa, com a extensão para a formação de centrais de trabalhadores; legitimação de leis trabalhistas em códigos jurídicos que colocam o Estado como elemento de mediação e não de intervenção (salvo em alguns casos); assistência médico-hospitalar, jurídica e previdenciária, extensiva à família do trabalhador; co-gestão da empresa.

Carlos Roberto de Oliveira. História do trabalho. São Paulo: Ática, 1987, p.83-4 (com adaptações).

O FGTS, instituído em 1966, é um fundo formado por depósitos mensais, efetuados pelas empresas, em nome de seus empregados, no valor equivalente a 8% das remunerações que lhes são pagas ou devidas; no caso de contrato temporário de trabalho com prazo determinado, o percentual é de 2%. O fundo constitui um pecúlio para os casos de aposentadoria ou morte do trabalhador e representa um valor de garantia para a indenização do tempo de serviço, nos casos de demissão imotivada. Esses depósitos integram um fundo unificado de reservas, com contas individualizadas em nome dos trabalhadores. Além de ampliar o direito indenizatório do trabalhador, que pode, ao final do tempo útil de atividade, contar com o valor acumulado dos depósitos feitos em seu nome, o sistema também o favorece de forma indireta, ao proporcionar as condições necessárias à formação de um fundo de aplicações voltado para o financiamento da construção e comercialização de habitações, assim como para investimentos em saneamento básico e infra-estrutura urbana. Como conseqüência, esse mecanismo também proporciona a geração de empregos na construção civil, bem como possibilita aos trabalhadores ganhos indiretos decorrentes da ampliação da oferta de moradias.

Internet: <http://www.mtb.gov.br> (com adaptações).

Os requisitos para enfrentar a questão do emprego em uma economia aberta e competitiva residem em: a) assegurar a estabilidade pelo equacionamento definitivo do déficit público; b) dar continuidade às mudanças institucionais necessárias para construir um ambiente propício ao crescimento econômico duradouro — essas mudanças deverão gerar poupança e atrair novos investimentos, nacionais e estrangeiros, ao criarem um ambiente e expectativas favoráveis a um ciclo sustentado de crescimento; c) investir em capital humano, especialmente na educação básica e secundária das crianças e dos jovens, e na formação profissional da força de trabalho; d) reformar as instituições que regulam o funcionamento do mercado de trabalho e os conflitos de natureza econômica entre empregadores e trabalhadores.

Idem, ibidem.

O Brasil vive um momento político de crucial importância para uma superação efetiva das crises institucionais endêmicas que acompanharam nossa história republicana. Uma avaliação dessa nova condição, capaz de nos projetar à frente no limiar do novo século, impõe que se resgate à análise os enormes avanços que temos realizado como uma nação democrática capaz de enfrentar abertamente os desafios inerentes à consolidação de sua esfera pública no mundo globalizado, sedimentando as fundações de sua credibilidade política, racionalidade normativa e boa governança.

Asseguramos à cidadania o direito de petição aos poderes do Estado, às pessoas físicas e jurídicas, o direito de ação judicial sobre quaisquer conflitos de interesse, e à soberania popular, a prerrogativa das eleições livres, honestas e freqüentes para a indicação de nossos governantes. Institucionalizamos o conceito e criamos mecanismos para a promoção dos direitos humanos em sociedade e aprofundamos, em uma vasta teia de regulações e instituições, a efetividade de um pacto social que promove a supremacia política do poder civil e a igualdade de todos perante a lei. E não descuidamos de assegurar proteção e defesa àqueles que, em razão de gênero, idade, ou por sua condição funcional como empregados ou consumidores, locatários ou mutuários, vivenciam uma correlação de forças inferiorizada ou fragilizada no mercado concorrencial do poder.

Eduardo Dutra Aydos. "Globalização, democracia e desenvolvimento". Veja. Perspectivas para o século XXI. exclusivos on-line, edição 1.681, 27/12/ 2000 (com adaptações).

Considerando que as idéias apresentadas nos textos da prova objetiva de língua portuguesa e nos textos acima têm caráter unicamente motivador, redija um texto dissertativo, posicionando-se a respeito do tema a seguir.

53. **(ADVOGADO – DATAPREV – 2009 – UFF)** Redigir um texto,em torno de 20 a 30 linhas, sobre o tema: "Ação judicial interposta por funcionária de empresa pública, grávida de seis meses, na qual pleiteia direitos decorrentes da rescisão contratual ocorrida dois meses antes e indenização por danos morais, com pedido de tutela antecipada visando sua reintegração". Para o desenvolvimento do tema, divida o texto em 5 parágrafos, abordando o que se propõe nos itens abaixo:

- Natureza jurídica da empresa pública.
- Regime jurídico aplicável aos funcionários da empresa pública e direitos decorrentes da rescisão contratual.
- Órgão jurisdicional competente para a apreciação do pedido formulado pela funcionária.
- Pressupostos legais e doutrinários necessários à responsabilização da empresa pública por dano moral.
- Pressupostos processuais necessários à concessão da tutela antecipada, viabilidade de sua concessão no presente caso e medida judicial cabível, pela parte sucumbente, diante do deferimento ou indeferimento do pedido de tutela antecipada.

8) Seguridade Social

54. **(ADVOGADO – ANS – 2005 – CESPE)**

Istoé – Por que é tão difícil cuidar da saúde? Dráusio Varella – Somos ótimos planejadores a curto prazo. Mas e pensar como estará o corpo daqui a cinco anos? Nós não sabemos fazer isso porque isso não foi essencial para nossa sobrevivência. A humanidade tem cinco milhões de anos. O que adiantava pensar dali a cinco anos? O cara tinha de pensar no almoço dele. As preocupações eram imediatas.

Istoé, 2/3/2005 (com adaptações).

Crianças indígenas estão morrendo menos. Segundo a Fundação Nacional da Saúde (FUNASA), em 1999, de cada mil crianças nascidas, 112 morriam antes de completar um ano. Hoje, a média nacional é de 46 óbitos para cada mil nascimentos. Investimentos em unidades de saúde, em saneamento básico e em ações como a distribuição de medicamentos nas aldeias estão ajudando a reduzir esse índice.

Istoé, 12/1/2005 (com adaptações).

O virologista francês Luc Montagnier é um homem gentil, do tipo conciliador. Na carreira, porém, pula de polêmica em polêmica. Recentemente, voltou à arena: publicou artigo no jornal Le Monde em que afirma estar convencido, apesar da falta de evidências definitivas, de que a poluição, os alimentos industrializados e os produtos químicos são, sim, prováveis causadores de doenças crônicas como o câncer.

Veja, 23/2/2005 (com adaptações).

Saiu nos jornais: finalmente a Justiça brasileira concedeu a um rapaz o direito de receber uma indenização do estado de São Paulo por ter sido equivocadamente submetido a um tratamento de choque em um hospital psiquiátrico, tendo ficado com graves seqüelas.

André Petry. O país do desamparo. Veja, 16/2/2005 (com adaptações).

O programa de imunização brasileiro é considerado um dos melhores do mundo. Com um investimento modesto em relação ao benefício apresentado, o país erradicou a poliomielite e a varíola e diminuiu drasticamente os casos de difteria e rubéola. Além das 11 vacinas encontradas na rede pública, existem outras que, por motivos econômicos, são distribuídas gratuitamente apenas para pacientes com necessidades especiais. Doenças como catapora, meningite ou pneumonia, por exemplo, podem ser evitadas com imunizações encontradas em clínicas particulares.

Época, 28/3/2005 (com adaptações).

Considerando que os textos acima têm caráter unicamente motivador, redija um texto dissertativo/argumentativo desenvolvendo o seguinte tema: **Saúde: uma questão individual e(ou) coletiva.**

9) Internacional

55. **(PROCURADOR - BANCO CENTRAL - 2009 - CESPE)** O comércio internacional, identificado com a lex mercatoria, sedimenta-se no mundo contemporâneo a partir de uma trajetória cheia de percalços, na qual, à relação entre indivíduos, acrescenta-se a relação entre Estados nacionais. Como em qualquer relação obrigacional, entretanto, há necessidade de que o crédito e o pagamento das operações sejam realizados de forma segura. Nesse contexto, surgiu a figura do crédito documentário (CD), ou LC (letter of credit), muito usado para a cobrança dos contratos internacionais de exportação e importação de mercadorias. Tendo o texto acima como referência inicial, considere que um agricultor brasileiro tenha decidido exportar sua safra de soja para uma pessoa jurídica estabelecida no Paquistão e que, para tanto, tenha sido celebrado um contrato de compra e venda estipulando que o pagamento será feito por meio de crédito documentário (CD), visando, assim, reduzir o risco de inadimplemento. Com referência a essa situação hipotética, redija um texto que responda, sucintamente, os seguintes questionamentos:

- Quem é e como se caracteriza o ordenador?
- Quem é e como se caracteriza o beneficiário?
- Em que momento o agricultor brasileiro deve enviar a mercadoria, garantindo que não haverá risco de inadimplemento?

56. **(ADVOGADO - BNDES - 2001 - VUNESP)** "A ação intentada no estrangeiro, para haver indenização por infração contratual, contra empresa domiciliada no país, pode ser objeto de comissão rogatória sem ofensa à ordem pública, por não compreendida na competência exclusiva da justiça brasileira (art. 89 do CPC) mas na sua competência concorrente com a justiça estrangeira" (STF, rel. Min. Rafael Mayer). Qual dos grandes princípios do direito internacional privado está embasando este julgado?

10) Financeiro

57. **(PROCURADOR - BANCO CENTRAL - 2009 - CESPE)** Considerando que o BACEN é o agente financeiro máximo e controlador de todas as operações de crédito disciplinadas na Lei de Responsabilidade Fiscal (LRF) — LC n.º 101/2000 —, discorra, com fulcro na LRF, acerca das vedações a que está sujeito o BACEN nas suas relações com ente da Federação, no que concerne às operações de crédito.

11) Penal

58. **(DEFENSORIA PÚBLICA DA UNIÃO - 2004 - CESPE)** Ivan e Bernardo, agentes policiais, ao investigarem a atuação de associação formada para o tráfico de drogas, realizaram interceptação telefônica, determinada pelo delegado de polícia, para ouvirem as conversas mantidas por Genival, que acreditavam ser o líder do grupo criminoso. Durante a escuta de conversa mantida entre Genival e Afonso, descobriram que grande quantidade de drogas estaria armazenada na casa de Genival. Na gravação, os interlocutores se referiram, ainda, à prática de roubo a agência bancária da cidade, na semana anterior, com a qual teriam angariado fundos para movimentar as atividades do tráfico. Com base nas conversações mantidas, apurou-se que o roubo fora praticado por Genival e Afonso e por um terceiro não identificado, mediante a utilização de arma de brinquedo. Os agentes policiais, então, ingressaram na casa de Genival, que estava acompanhado de Afonso e Teodoro, este com 19 anos de idade. Lá encontraram um estoque de 50 latas de merla e uma arma com indícios de identificação raspada. Por essa razão, prenderam os três em flagrante. Afonso tentou fugir, ocultando-se na casa de um vizinho, mas foi alcançado pelos policiais, que dali o retiraram e o encaminharam à delegacia, junto com os demais comparsas. A substância entorpecente foi apreendida, tendo sido realizado exame pericial preliminar para constatação da natureza e da quantidade do produto. Realizou-se, ainda, exame para a verificação de dependência a droga, tendo-se constatado que Afonso era psiquicamente dependente, o que comprometia a sua capacidade de determinação. O promotor de justiça ofereceu denúncia contra Genival, Afonso e Teodoro pelos crimes de tráfico e associação para o tráfico — art.s 12 e 14 da Lei n.º 6.368/1976 — e pelo roubo à agência bancária, com a aplicação das causas de aumento de pena — art. 157, § 2.º, I e II, do Código Penal (CP), em concurso material. Imputou, ainda, a Afonso, o crime de resistência, por ter este tentado fugir no momento da prisão — art. 319, CP. Imputou, por fim, a Genival, o crime de porte de arma —art. 16, parágrafo único, I, da Lei n.º 10.826/2003 —, em razão da arma apreendida em sua casa. A denúncia foi instruída com o laudo preliminar de constatação da natureza e da quantidade da droga apreendida. Foram arrolados como testemunhas os policiais que realizaram a prisão em flagrante. Foi designada audiência para o interrogatório e instrução. Os réus foram interrogados. Apresentada resposta à acusação e recebida a denúncia, Genival confessou a participação no tráfico, mas Afonso e Teodoro alegaram ser apenas consumidores e negaram qualquer envolvimento com o tráfico de drogas. Em seguida, na presença do

defensor, foi iniciada a instrução criminal, tendo sido ouvido o agente de polícia Ivan, ausente o agente de polícia Bernardo. Foi concedido prazo para que a acusação se manifestasse sobre a testemunha ausente. Tendo sido apurado que o policial Bernardo fora transferido para outro município, insistiu-se na sua oitiva e foi tomado seu depoimento, sem que a defesa fosse notificada do encaminhamento da carta precatória. O juiz substituiu as alegações orais por alegações escritas. Em alegações finais, o promotor de justiça requereu a condenação dos réus, na forma da denúncia. Na condição de defensor dos denunciados, apresente alegações finais, abordando, na tese de defesa, os seguintes elementos, ainda que controvertidos.

1. validade das provas obtidas a partir da interceptação telefônica;
2. validade das provas testemunhal e pericial produzidas;
3. responsabilidade penal e provas existentes contra cada um dos denunciados;
4. análise da imputação do crime de roubo com aumento de pena;
5. reconhecimento de atenuantes e causas de redução de pena acaso existentes.

59. **(ADVOGADO – ANATEL – 2009 – CESPE)** Os presídios brasileiros, habitados por 450.000 sentenciados, têm cheiro de creolina. O produto químico é usado para disfarçar outro odor, o de esgoto, que sai das celas imundas e impregna corredores e pátios. O exemplo mais repugnante é o Presídio Central de Porto Alegre, considerado o pior do país — o que, convenhamos, é um feito e tanto. Em um de seus pavilhões, as celas não têm sequer portas: elas caíram de podres. No extremo oposto, figura a Penitenciária Industrial de Joinville, em Santa Catarina. Ela não cheira a prisão brasileira. Os pavilhões são limpos, não há superlotação e o ar é salubre, pois os presos são proibidos até de fumar. Muitos deles trabalham, e um quarto de seu salário é usado para melhorar as instalações do estabelecimento. Nada que lembre o espetáculo de horrores que se vê nas outras carceragens, onde a maioria dos presos vive espremida em condições sub-humanas, boa parte faz o que quer e os chefões continuam a comandar o crime nas ruas a partir de seus celulares. A penitenciária catarinense é uma das onze unidades terceirizadas existentes no Brasil. **Veja,** 25/2/2009, p. 85 (com adaptações). Considerando que o texto acima tem caráter unicamente motivador, redija um texto dissertativo acerca do seguinte tema. O SISTEMA PRISIONAL BRASILEIRO EM QUESTÃO. Ao elaborar seu texto, aborde, necessariamente, os seguintes aspectos: < penitenciárias: fábrica de crime ou caminho para a recuperação; < crime: a decisão de punir ou vingar; < reinserção social do presidiário: o grande desafio.

60. **(ADVOGADO – BNDES – 2001 – VUNESP)** O administrador de uma determinada instituição financeira efetua operação de câmbio não autorizada, com o fim de promover evasão de divisas do País, causando um prejuízo de R$ 2.000.000,00 (dois milhões de reais).

a) No caso de a hipótese mencionada tratar-se de crime, a quem compete promover a devida ação penal e perante qual justiça?
b) Sendo o mencionado administrador primário, de bons antecedentes e possuindo residência fixa, poderá ser decretada a sua prisão preventiva? Fundamente.
c) Se for decretada a prisão preventiva deste administrador, poderá ele prestar fiança? No caso de ser condenado, poderá apelar em liberdade? Fundamente.

12) Ambiental

61. **(ADVOGADO – PETROBRÁS – 2003 – CESPE)** A Refinaria de Petróleo Óleo S.A., situada em Cabo Frio – RJ, planeja construir e operar oleoduto (sistema constituído de tubulações e estações de bombeamento, destinado a conduzir petróleo ou seus derivados líquidos a grandes distâncias) para o transporte de óleo bruto para a refinaria e de óleo refinado da refinaria para indústrias de siderurgia de Minas Gerais. O referido oleoduto irá percorrer dois estados-membros da Federação (Rio de Janeiro e Minas Gerais) em propriedades que pertencem à própria refinaria de petróleo. Passará, também, tangenciando um parque nacional situado na Serra do Mar. Inicialmente, o conselho administrativo da companhia entendeu que seria necessária a contratação de uma firma de consultoria ambiental para a elaboração do EIA/RIMA. Entretanto, o colegiado, impressionado com os custos de tal projeto e entendendo que o oleoduto não afetaria, sensivelmente, a região percorrida por se localizar no subsolo, cancelou o EIA/RIMA e solicitou diretamente licença prévia para o órgão competente do estado do Rio de Janeiro para o início da construção do oleoduto. Em face da demora na liberação da obra e da série de exigências determinadas, entre as quais a elaboração de um EIA/RIMA, a refinaria de petróleo entrou na justiça estadual com mandado de segurança que exigia a concessão da licença prévia, sob a alegação de obstrução ao livre exercício das atividades econômicas previsto no art. 170 da Constituição da República. Fundamentado nos dispositivos legais pertinentes à matéria ambiental e constitucional da situação hipotética acima apresentada, redija um texto dissertativo que aborde, da forma mais completa possível, os seguintes aspectos:

- elaboração de EIA/RIMA para a construção de um oleoduto, perante a legislação ambiental federal;

- obtenção de licença de outros entes federativos além da requerida ao estado do Rio de Janeiro;
- concessão de liminar pelo juiz da segurança exigida pela empresa e autorização da construção do oleoduto com base na argumentação de obstrução ao livre exercício das atividades econômicas;
- autorização do início da construção e do funcionamento do oleoduto respaldada na eventual concessão da licença prévia.

62. **(ADVOGADO – ANVISA – 2004 – CESPE).** Resíduos sólidos de saúde.

Atualmente, os resíduos sólidos de saúde constituem sérios problemas para os administradores hospitalares, devido à falta de informações e à carência de trabalhos de conscientização mais eficazes nas unidades de saúde. O despreparo e o desconhecimento têm gerado especulações errôneas e fantasiosas entre funcionários, pacientes e comunidades vizinhas às instalações hospitalares e aos aterros sanitários. Sem dúvida, não só os resíduos hospitalares mas também os de outras unidades de saúde, como clínicas odontológicas e de análises bioquímicas e veterinárias, apresentam potenciais riscos à saúde e ao meio ambiente, devido à presença de material biológico, químico, radioativo e perfurocortante. A aplicação de procedimentos corretos de biossegurança em todas as unidades de saúde, incluindo o manejo e o tratamento adequado dos resíduos, previne infecções cruzadas, proporciona conforto e segurança à clientela e à equipe de trabalho e mantém o ambiente limpo e agradável. Considerando que as idéias do texto acima têm caráter unicamente motivador, redija um texto dissertativo, posicionando-se acerca do seguinte tema. **IMPORTÂNCIA DA ATUAÇÃO DOS ÓRGÃOS DE VIGILÂNCIA SANITÁRIA NA FISCALIZAÇÃO E NA MANUTENÇÃO DA QUALIDADE DO MEIO AMBIENTE.**

13) Econômico

63. **(PROCURADOR – BANCO CENTRAL – 2009 – CESPE) Parecer.** O Banco Central do Brasil (BACEN) decretou a liquidação extrajudicial de empresas do Grupo X, após constatar que seus sócios cotistas colocaram títulos no mercado de capitais para acobertar insuficiência de caixa (títulos falsos). De acordo com o posicionamento do BACEN, a situação econômico-financeira do grupo não seria satisfatória, circunstância evidenciada também pela dificuldade de captação de recursos para o giro de curto prazo em seus negócios. Irresignados, os sócios do Grupo X requereram ao BACEN o reconhecimento da nulidade do ato de liquidação. Para tanto, aduziram que não tiveram prévio acesso ao processo administrativo que culminara com a liquidação, aspecto que, por si só, já configuraria afronta ao princípio constitucional do contraditório e da ampla defesa, a justificar a nulidade do ato. Afirmaram, também, que o grupo empresarial ostentava situação financeira positiva, não se enquadrando em nenhuma das hipóteses previstas na legislação de regência, autorizadoras do decreto de intervenção. Considerando a situação hipotética acima apresentada, na qualidade de procurador do BACEN encarregado de examinar o requerimento apresentado pelo Grupo X, elabore parecer, dirigido ao procurador-geral, enfrentando a viabilidade jurídica do pedido formulado pelos sócios, mediante a utilização de argumentos que atendam, necessariamente e da forma mais completa possível, as seguintes determinações:

- esclareça se o BACEN dispõe de competência para exercer a permanente vigilância nos mercados financeiros e de capitais sobre as empresas;
- definia o instituto da liquidação extrajudicial, sua finalidade e fundamento legal para a sua decretação pelo BACEN;
- comente a respeito da observância do princípio constitucional do contraditório e da ampla defesa nos processos de liquidação extrajudicial.

64. **(PROCURADOR – BANCO CENTRAL – 2009 – CESPE)** Uma empresa que atua no ramo de roupas esportivas, com vistas a aumentar a produtividade e melhorar a qualidade de seus serviços, adotou determinada prática restritiva da concorrência. A referida conduta foi submetida à apreciação do Conselho Administrativo de Defesa Econômica (CADE), no prazo legal, tendo sido autorizada, mesmo com prejuízo causado à livre concorrência, pelas seguintes razões: os benefícios dela decorrentes foram distribuídos equitativamente entre os seus participantes, de um lado, e os consumidores, de outro; não implicou eliminação da concorrência de parte substancial do mercado relevante; foram observados, nessa conduta, os limites estritamente necessários para atingir os objetivos visados. A propósito da situação hipotética acima descrita, indique como se denomina a técnica/regra adotada pelo legislador brasileiro que, segundo a doutrina majoritária, permite que o CADE, de forma excepcional, autorize a prática de ato que possa limitar ou de alguma forma prejudicar a livre concorrência, e explicite o seu significado.

65. **(PROCURADOR – BANCO CENTRAL – 2009 – CESPE)** Considerando que, originalmente, a destinação de recursos públicos para, direta ou indiretamente, cobrir deficits de pessoas jurídicas deveria atender a três requisitos: a) ser autorizada por lei específica; b) atender às condições estabelecidas na

lei de diretrizes orçamentárias; e c) estar prevista no orçamento ou em seus créditos adicionais, responda, de modo fundamentado, à questão a seguir: O Banco Central do Brasil, o Banco Nacional de Desenvolvimento Econômico e Social e a Caixa Econômica Federal, no exercício de suas atribuições precípuas, estão subordinados aos três requisitos citados?

66. **(ADVOGADO – ANATEL – 2009 – CESPE)** A Agência Nacional de Telecomunicações (ANATEL) foi a segunda agência reguladora a ser criada no país e a primeira a ser instalada. Ela foi concebida para viabilizar o atual modelo das telecomunicações brasileiras, sendo dotada de inovadora personalidade institucional. A composição de sua direção favorece a transparência, a tomada de decisões de seus membros e evita personalismos. Já as suas características permitem dar respostas rápidas a questões operacionais, estruturais e administrativas, sendo as suas atividades apoiadas nos princípios da universalização e da competição. (Internet: <www.anatel.gov.br>) Considerando que o texto acima tem caráter unicamente motivador, redija um texto dissertativo acerca do seguinte tema. O PAPEL DA ANATEL NA SOCIEDADE BRASILEIRA. Ao elaborar seu texto, aborde, necessariamente, os seguintes aspectos: < natureza jurídica da ANATEL; < características da natureza jurídica da ANATEL;

67. **(ADVOGADO – ANATEL – 2009 – CESPE)** O agravamento da crise global no fim de 2008 aprofundou ainda mais a recessão na economia da zona do euro, arrastando todos os grandes países do bloco para a retração e encolhendo mais até que os Estados Unidos da América, o epicentro dos problemas. Com a Alemanha, a sua principal economia, registrando a maior retração desde a reunificação, em 1990, o PIB dos 15 países da zona do euro (neste ano, a entrada da Eslováquia levou o número de integrantes do bloco a 16) encolheu 1,5% no quarto trimestre do ano passado em relação aos três meses anteriores. A região já vinha de dois trimestres seguidos de contração (que é a definição técnica de recessão), mas, em compensação, ela era muito mais amena: de 0,2%. **Folha de S.Paulo**, 14/2/2009, p. B1 (com **adaptações**). Considerando que o texto acima tem caráter unicamente motivador, redija texto dissertativo acerca do seguinte tema. CRISE ECONÔMICA MUNDIAL, A OUTRA FACE DA GLOBALIZAÇÃO. Ao elaborar seu texto, aborde, necessariamente os seguintes aspectos: < globalização: tecnologia, aumento da produção e ampliação dos mercados mundiais; < mundialização da atual crise econômica; < efeitos da crise econômica.

14) Consumidor

68. **(ADVOGADO – ELETROBRÁS – 2006 – NCE/UFRJ)** Por força de um problema de fabricação no sistema de suspensão de um veículo automotor, o motorista perdeu o controle do carro, ocasionando um atropelamento de duas pessoas que caminhavam pela calçada da rua. Podem as vítimas pleitear indenização diretamente do fabricante do veículo? Explique apresentando a devida fundamentação legal.

15) Outras disciplinas

69. **(ADVOGADO – ANATEL – 2009 – CESPE)** O levantamento **Mapa da Violência: os Jovens da América Latina** indicou que o Brasil ocupa o quinto lugar entre os países do continente com maior número de homicídios de jovens. A pesquisa indicou ainda que o Brasil também ostenta um dos mais altos índices de vitimização juvenil do mundo, o que significa que a taxa de homicídios entre os jovens é bem maior do que entre os não-jovens. Nesse quesito, o país aparece em terceiro lugar no ranque, atrás apenas de Porto Rico e Venezuela. Traduzindo em números: entre 1994 e 2005, a taxa de homicídio total no Brasil passou de 20,2 para 25,2 mortes para cada 100 mil habitantes. No mesmo período, esse índice, apenas entre os jovens, subiu de 34,9 para 51,6 homicídios. **Família Cristã**, fev./2009, p. 19 (com adaptações). Considerando que o texto acima tem caráter unicamente motivador, redija um texto dissertativo acerca do seguinte tema. A TRAGÉDIA DA VIOLÊNCIA E OS JOVENS. Ao elaborar seu texto, aborde, necessariamente, os seguintes aspectos: < violência como característica do mundo contemporâneo; < drogas ilícitas, álcool, trânsito e violência; < oportunidades educacionais, culturais e profissionais: caminho para reduzir a violência juvenil.

70. **(ADVOGADO – ANCINE – 2005 – CESPE)** Em 2003, o cinema nacional viveu o auge de um ciclo de sucesso iniciado nos anos 90, com a implementação de uma política de fomento ao desenvolvimento do audiovisual, ancorada em incentivos fiscais estabelecidos pelas leis n.º 8.313/1991 (Lei Rouanet) e 8.685/1993 e revigorada em 2001 com a publicação da Medida Provisória n.º 2.228, que criou a Agência Nacional de Cinema (ANCINE). Em 2003, 29 filmes nacionais foram lançados no circuito exibidor e vistos por quase 22 milhões de espectadores, o que gerou uma receita de US$ 50 milhões e a conquista de 21% do mercado interno. Sérgio Sá Leitão e Manoel Rangel. Internet: <http://www.cultura.gov.br/noticias/artigos> (com adaptações). Considerando as informações

acima, elabore um texto dissertativo acerca das razões estruturais e contextuais que levaram à recuperação do cinema brasileiro, apenas uma década após o fracasso de 1992, ano em que foram lançados somente três filmes nacionais, vistos por 36.000 pessoas (0,05% do mercado interno). Em seu texto, aborde, necessariamente, os seguintes aspectos:

- trajetória recente do setor;
- leis de fomento ao desenvolvimento do audiovisual;
- fatores que ajudam a explicar o sucesso de 2003;
- sintonia entre a oferta de filmes e a demanda objetiva e subjetiva do público.

16) Lingua Portuguesa

71. **(ADVOGADO – EPE – 2007 – CESGRANRIO). Redação.** Afinal, qual é o verdadeiro patrimônio do Brasil? Os economistas dizem ser nossas empresas, bancos, força de trabalho, produto interno bruto. Os ecologistas apontam para a Floresta Amazônica, a Mata Atlântica, praias, rios e mares. Os arquitetos, para nossas igrejas, cidades, patrimônio histórico, de Olinda a Brasília. Todos estão certos. Mas nosso patrimônio é mais. Não é apenas o que temos e possuímos. Como diz o samba:

"A vida não é só isso que se vê.
É um pouco mais.
Que os olhos não conseguem perceber
Que as mãos não ousam tocar
Que os pés recusam pisar."

FALCÃO, Joaquim. 2000.

Com base no texto acima, redija um texto dissertativo sobre o tema **A verdadeira riqueza do homem no século XXI**, segundo o seu ponto de vista. Construa o seu texto em prosa, com o mínimo de 20 e o máximo de 25 linhas. Dê um título à sua redação, que deve ser escrita a caneta esferográfica de tinta na cor preta (ou azul).

17) Lingua Inglesa

Understanding Incoterms

Incoterms are standard trade definitions most commonly used in international sales contracts. Devised and published by the International Chamber of Commerce (ICC), they are at the heart of world trade. Among the best known Incoterms are EXW (Ex works), FOB (Free on Board), CIF (Cost, Insurance and Freight), DDU (Delivered Duty Unpaid), and CPT (CarriagePaid To). ICC introduced the first version of Incoterms — short for "International Commercial Terms" — in 1936. Since then, ICC expert lawyers and trade practitioners have updated them six times to keep pace with the development of international trade. Most contracts made after 1st January 2000 will refer to the latest edition of Incoterms,which came into force on that date. The correct reference is to "Incoterms 2000". Unless the parties decide otherwise, earlier versions of Incoterms — like Incoterms 1990 — are still binding if incorporated in contracts that are unfulfilled and date from before 1st January 2000. Versions of Incoterms preceding the 2000 edition may still be incorporated into future contracts if the parties so agree. However, this is not recommended because the latest version is designed to bring Incoterms into line with the latest developments in commercial practice. The English text is the original and official version of Incoterms 2000, which have been endorsed by the United Nations Commission on International Trade Law (UNCITRAL). Authorized translations into 31 languages are available from ICC national committees. Correct use of Incoterms goes a long way to providing the legal certainty upon which mutual confidence between business partners must be based. To be sure of using them correctly, trade practitioners need to consult the full ICC texts, and to beware of the many unauthorized summaries and approximate versions that abound on the web. As the guardian and originator of Incoterms, ICC has a responsibility to consult regularly all parties interested in international trade to keep Incoterms relevant, efficient and up-to-date. This is a long and costly process for ICC, which is a non-governmental, self-financed organization. The work is financed out of sales of Incoterms 2000 and related publications, which are protected by copyright.

Internet: <http://www.iccwbo.org/incoterms/understanding.asp> (with adaptations).

72. **(ADVOGADO – PETROBRÁS – 2003 – CESPE)** Com base no texto acima, redija um texto em Língua Portuguesa que aborde necessariamente os seguintes aspectos:

- o conceito de "Incoterms";
- alguns dos "Incoterms" mais conhecidos;
- a relevância da correta utilização dos "Incoterms" nos contratos internacionais;
- o papel da ICC com relação aos "Incoterms".

Gabaritos

1. DIREITO CONSTITUCIONAL

1. B
2. D
3. D
4. D
5. A
6. A
7. 1C; 2C; 3C
8. D
9. E
10. A
11. E
12. 1E; 2E; 3C; 4C
13. 1E; 2E; 3C; 4C
14. 1E; 2E; 3E
15. 1E; 2E; 3E; 4E; 5C; 6C
16. 1C; 2E; 3C; 4E; 5E;
17. 1C; 2C; 3C
18. 1C; 2C; 3E
19. 1E; 2E; 3C; 4C; 5E
20. D
21. A
22. 1E; 2E
23. 1C; 2E; 3C; 4C; 5E
24. E
25. B
26. E
27. C
28. B
29. E
30. C
31. E
32. E
33. A
34. C
35. E
36. B
37. 1E; 2C; 3C; 4C
38. 1E; 2C; 3C; 4C; 5C
39. 1E; 2C; 3E
40. 1C; 2E; 3E
41. 1C; 2E; 3C; 4E
42. 1E, 2E, 3E, 4C, 5C
43. C
44. B
45. 1E; 2C
46. 1C; 2E; 3C
47. 1E; 2C; 3C; 4C
48. 1E; 2E
49. 1E; 2E, 3C, 4E, 5E
50. D
51. B
52. A
53. E
54. 1E; 2C; 3C; 4E
55. C
56. D
57. E
58. D
59. A
60. B
61. 1C; 2E; 3E; 4E; 5E; 6E; 7E; 8C
62. 1C; 2E; 3C
63. 1C; 2C; 3E; 4C; 5E; 6E
64. 1C; 2E
65. 1C; 2E; 3E; 4C; 5E
66. 1C; 2C; 3C; 4E; 5E
67. C
68. D
69. 1E; 2C; 3C
70. 1C; 2C; 3C; 4E; 5E
71. 1E; 2E; 3E; 4E; 5C
72. 1C; 2C; 3E; 4C; 5E
73. C
74. 1E; 2C
75. C
76. C
77. A
78. A
79. 1E; 2E
80. E
81. C
82. E
83. C
84. D
85. C
86. D
87. C
88. D
89. 1E; 2C; 3C
90. E
91. 1E; 2E; 3E; 4C
92. 1C; 2C
93. 1C; 2C; 3C
94. 1C; 2C; 3E; 4E
95. 1E; 2E; 3C
96. 1C; 2C; 3E; 4C
97. 1C; 2C
98. 1E; 2E
99. 1C; 2E; 3C
100. 1C; 2E
101. C
102. D
103. E
104. 1C; 2E
105. A
106. 1C; 2E; 3C; 4E; 5E; 6E
107. D
108. B
109. E
110. B
111. B
112. B
113. 1C; 2E; 3E; 4E
114. 1E; 2E
115. A
116. B
117. D
118. D
119. E
120. D
121. C
122. D
123. 1E; 2C
124. D
125. A
126. C
127. D
128. 1C; 2C; 3C; 4E
129. 1C; 2E; 3C; 4C; 5E; 6E; 7E; 8E; 9E
130. 1C; 2C; 3E
131. 1C; 2E
132. E
133. D
134. E
135. 1E; 2C; 3C; 4C; 5C
136. 1C; 2E; 3C; 4C; 5E
137. D
138. B
139. A
140. B
141. A
142. B
143. D
144. D
145. A
146. 1C; 2E
147. D
148. 1C; 2E
149. 1E; 2C; 3C
150. 1E; 2E; 3C; 4C
151. 1E; 2C; 3E; 4C; 5E
152. 1E; 2E; 3E; 4C
153. D
154. A
155. A
156. B
157. 1E; 2E
158. 1E; 2E; 3E
159. 1E; 2E
160. C
161. B
162. B
163. E
164. 1C; 2E; 3E; 4C
165. C
166. 1E; 2E; 3E; 4C
167. 1C; 2C; 3E; 4E
168. E
169. C
170. E
171. E
172. C
173. A
174. A
175. C
176. C
177. 1E; 2C; 3E
178. E
179. C
180. 1E; 2C; 3E
181. 1E; 2E; 3C; 4E; 5C
182. 1C; 2C; 3C; 4E; 5E
183. 1E; 2E; 3C
184. 1E; 2C; 3C; 4E; 5C
185. 1E; 2C; 3X; 4E; 5C
186. 1C; 2E; 3C; 4C; 5E
187. 1E; 2E; 3C; 4E; 5C
188. 1E; 2E; 3C, 4C; 5C
189. C
190. A
191. D
192. A
193. A
194. E
195. B
196. E
197. A
198. E
199. 1C; 2E; 3E; 4C
200. 1E; 2C; 3E; 4E; 5C; 6C; 7E

2. DIREITO ADMINISTRATIVO

1. E
2. B
3. D
4. E
5. 1C; 2C; 3C
6. 1C; 2E; 3E
7. C
8. E
9. 1C; 2C; 3C
10. 1C; 2E
11. D
12. A
13. 1C; 2C; 3E
14. 1C; 2C; 3C
15. C
16. C
17. D
18. A
19. 1C; 2E; 3E; 4E; 5E
20. C
21. B
22. E
23. D
24. D
25. B
26. D
27. A
28. C
29. C
30. D
31. A
32. 1E; 2C
33. D
34. 1C
35. 1C; 2C
36. 1C; 2C; 3E; 4C; 5E
37. 1C; 2C; 3E; 4C; 5E; 6E
38. 1C; 2E
39. 1C; 2E; 3E; 4C
40. 1C; 2E; 3E; 4E
41. B
42. E
43. A
44. 1E; 2C
45. 1E; 2E; 3E; 4C; 5C
46. A
47. B
48. D
49. E
50. 1E; 2E; 3C; 4C; 5C
51. B
52. A
53. C
54. B
55. E
56. C
57. A
58. A
59. C
60. C
61. E
62. E
63. C
64. D
65. A
66. C
67. C
68. 1E; 2C; 3C; 4C
69. 1E; 2C
70. 1C; 2E; 3E; 4E
71. B
72. B
73. D
74. 1C; 2C; 3E
75. 1E
76. 1E
77. 1C; 2E; 3C
78. 1E; 2C; 3C; 4E
79. 1E; 2C; 3C
80. E
81. 1E; 2C; 3E; 4E; 5E
82. D
83. C
84. 1E; 2E
85. B
86. B
87. D
88. E
89. 1E; 2C
90. 1C; 2E
91. 1C; 2E
92. 1E; 2C
93. D
94. E
95. D
96. B
97. A
98. C
99. 1C; 2E; 3E; 4C
100. 1C; 2C
101. 1C; 2C; 3E; 4C; 5E
102. D
103. 1C; 2E
104. 1E; 2E; 3E; 4E; 5C
105. 1C; 2E; 3E
106. 1E; 2C; 3C
107. 1C; 2C
108. 1C; 2C
109. D
110. B
111. E
112. 1E; 2E; 3C; 4C
113. E
114. A
115. D
116. 1E; 2E
117. 1C; 2E
118. 1E; 2C
119. 1E; 2C
120. 1E; 2E; 3C
121. 1E; 2E; 3E; 4E; 5C
122. 1E; 2C; 3C; 4C
123. 1C; 2E
124. E
125. A
126. D
127. 1C; 2E
128. 1C; 2C; 3E; 4C
129. 1C; 2C; 3E; 4C
130. 1E; 2E
131. 1C; 2E; 3C; 4E; 5E
132. 1E; 2C; 3E; 4E; 5C
133. 1E; 2E; 3C; 4C; 5E
134. A
135. A
136. 1C; 2E; 3C
137. A
138. E
139. 1C; 2C; 3C
140. 1C; 2E; 3E; 4E; 5C
141. B
142. 1C; 2E; 3E; 4C
143. 1E; 2C
144. 1E; 2C; 3E; 4C; 5E
145. B
146. A
147. B
148. E
149. 1C; 2C
150. D
151. E
152. C
153. E
154. C
155. C
156. 1C; 2C; 3E; 4E
157. 1C; 2E; 3C
158. B
159. C
160. A
161. C
162. A
163. C
164. E
165. C
166. C
167. A
168. B
169. 1E; 2C; 3E
170. 1C; 2E; 3E
171. A
172. D
173. 1C; 2E; 3C; 4E
174. 1E; 2E; 3E; 4C
175. 1C; 2E; 3E; 4C
176. 1E; 2C
177. 1C; 2C; 3C; 4E; 5E
178. 1E; 2C; 3E; 4E; 5C
179. E
180. D
181. B
182. E
183. 1C; 2C; 3C; 4C; 5E
184. C
185. A
186. 1C; 2E; 3E
187. E
188. D
189. A
190. D
191. 1E; 2C; 3C
192. E
193. C
194. C
195. E
196. C
197. B
198. B
199. E
200. 1E; 2C; 3E; 4E; 5E
201. 1E; 2E; 3E
202. 1C; 2E; 3E
203. 1E; 2C; 3C; 4E
204. 1E; 2C; 3C
205. 1E; 2C; 3C; 4C; 5E; 6C
206. A
207. 1E; 2C; 3E; 4C; 5E
208. D
209. A
210. A

211. B
212. D
213. 1C; 2E
214. D
215. 1C; 2C; 3E; 4E; 5E
216. 1C; 2E; 3E
217. 1C; 2E
218. 1E; 2E; 3E; 4E; 5E
219. 1C; 2E
220. E
221. 1E; 2C; 3C
222. 1E; 2E
223. B
224. 1E; 2E
225. E
226. 1C; 2C; 3E
227. 1E; 2C; 3E
228. 1E; 2E; 3E; 4C; 5C
229. 1C; 2C; 3C; 4X; 5E
230. C
231. E
232. 1C; 2E; 3C; 4E; 5C
233. D
234. D
235. C
236. B
237. 1C; 2E; 3C; 4E; 5E; 6E; 7C
238. E
239. C
240. 1E; 2C; 3C; 4E; 5E
241. 1C; 2C; 3C; 4E; 5E
242. 1C; 2E; 3C; 4C; 5E; 6E; 7E; 8E; 9C; 10E; 11E; 12E; 13E; 14C; 15C; 16C
243. 1C; 2E; 3C; 4E; 5E
244. 1C; 2E; 3C; 4C; 5C
245. 1C; 2C; 3E; 4E; 5C
246. C
247. B
248. A
249. D
250. 1E; 2E
251. 1E; 2E; 3C
252. 1E; 2C; 3C; 4C
253. 1E; 2E; 3E
254. 1C; 2C
255. 1C; 2E

3. DIREITO TRIBUTÁRIO

1. 1E; 2C; 3E; 4C; 5E.
2. D
3. A
4. 1E; 2E
5. C
6. D
7. D
8. D
9. C
10. C
11. C
12. D
13. 1E; 2E; 3C; 4C
14. 1E; 2C; 3C; 4C; 5C
15. 1E; 2C; 3C; 4E
16. A
17. B
18. B
19. E
20. A
21. A
22. C
23. A
24. C
25. A
26. E
27. 1C; 2E; 3E; 4C; 5C
28. D
29. B
30. E
31. B
32. E
33. E
34. D
35. C
36. C
37. 1C; 2C
38. D
39. C
40. 1E; 2E; 3C
41. 1C; 2C; 3C; 4E; 5E
42. 1E; 2C; 3E; 4E; 5C
43. 1C; 2E; 3E; 4E; 5E
44. B
45. B
46. D
47. B
48. A
49. 1C; 2C; 3E; 4E; 5C
50. A
51. E
52. C
53. D
54. D
55. A
56. 1C; 2E
57. A
58. B
59. A
60. C
61. E
62. E
63. B
64. 1C; 2E
65. 1E; 2E
66. 1C
67. 1E; 2E; 3C; 4E; 5E
68. 1E; 2C; 3E; 4E; 5E
69. 1E; 2C
70. 1E; 2C; 3E; 4C
71. C
72. D
73. D
74. C
75. E
76. B
77. B
78. A
79. E
80. D
81. E
82. D
83. 1E; 2E; 3C; 4C; 5E
84. 1C; 2E; 3E; 4E
85. 1E; 2C; 3E; 4C
86. A
87. A
88. E
89. E
90. D
91. C
92. 1C; 2E; 3C; 4E
93. E
94. B
95. 1E; 2C; 3C; 4E; 5C
96. B
97. A
98. B
99. B
100. B
101. E
102. 1E; 2E
103. D
104. E
105. E
106. C
107. A
108. A
109. 1C; 2E; 3C; 4C; 5E
110. 1C; 2E; 3E; 4E; 5C
111. 1E; 2E; 3E; 4C; 5E
112. 1C; 2E; 3C; 4C; 5E
113. 1C; 2E; 3C
114. B
115. 1E; 2C; 3E; 4C; 5E; 6C; 7C
116. 1C; 2E; 3E; 4C; 5E
117. 1C; 2C; 3E; 4C; 5C
118. 1E; 2C; 3E; 4E; 5C
119. 1E; 2C; 3E; 4C; 5C
120. 1E; 2E; 3C; 4E; 5E
121. 1E; 2E; 3E; 4C; 5E; 6C
122. 1C; 2C; 3E
123. 1C; 2C; 3E; 4E; 5E; 6E
124. 1C; 2E
125. 1C; 2C
126. 1-E, 2-C, 3-E, 4-C, 5-E
127. C
128. A
129. E
130. B
131. C
132. A
133. C
134. B
135. A
136. D
137. C
138. D
139. A
140. E
141. E
142. E
143. 1C; 2E; 3E; 4E; 5E; 6E; 7E

4. DIREITO PROCESSUAL CIVIL

1. 1E; 2E; 3C; 4C.
2. D
3. A
4. A
5. C
6. C
7. E
8. D
9. D
10. B
11. C
12. D
13. C
14. B
15. D
16. 1C; 2C; 3E; 4E.
17. 1C; 2E; 3E.
18. D
19. E
20. 1E; 2C; 3C; 4E; 5E; 6C.
21. E
22. D
23. C
24. 1E; 2E; 3C.
25. 1E; 2C; 3C.
26. 1C; 2E; 3C.
27. 1E; 2C; 3C.
28. 1C; 2C; 3C; 4C; 5C.
29. 1C, 2C, 3E, 4C, 5C
30. B
31. B
32. D
33. 1E; 2E.
34. 1E, 2E, 3C, 4E, 5C
35. C
36. C
37. E
38. B
39. B
40. A
41. C
42. D
43. D
44. 1C; 2C; 3C.
45. 1E; 2E; 3C.
46. 1C; 2E; 3E.
47. E
48. 1C; 2C; 3C; 4E; 5C.
49. 1C, 2C, 3E, 4E, 5C
50. B
51. C
52. 1E; 2E; 3C.
53. E
54. C
55. A
56. C
57. 1C; 2E.
58. 1C; 2C.
59. 1E; 2C; 3E.
60. B
61. B
62. E
63. E
64. D
65. E
66. C
67. E
68. 1C; 2E.
69. C
70. E
71. A
72. D
73. 1C; 2E; 3E.
74. 1E; 2E; 3E.
75. B
76. A
77. E
78. E
79. A
80. D
81. C
82. A
83. A
84. D
85. C
86. 1C; 2C; 3E.
87. 1C; 2E.
88. E
89. A
90. E
91. 1E; 2C; 3E.
92. E
93. D
94. C
95. 1C; 2E; 3C.
96. A
97. E
98. C
99. D
100. A
101. 1C; 2C.
102. 1E; 2C; 3C; 4E; 5E.
103. 1E; 2E; 3E; 4C; 5C.
104. C
105. A
106. B
107. E
108. C
109. B
110. D
111. C
112. C
113. D
114. A
115. E
116. E
117. 1C; 2C; 3E.
118. E
119. 1E; 2E; 3C.
120. 1E; 2;E; 3C; 4E; 5C.
121. 1E; 2E; 3C; 4E.
122. 1C; 2C.
123. 1C; 2C;3E; 4E.
124. 1C; 2C; 3E; 4C; 5E; 6E; 7E.
125. 1C, 2C, 3C, 4C, 5C
126. 1C, 2C, 3C, 4E, 5E.
127. B
128. D
129. A
130. E
131. C
132. 1C; 2E; 3C.
133. C, 2C, 3E, 4E, 5C.
134. D
135. D
136. C
137. D
138. A
139. E
140. B
141. A
142. C
143. C
144. 1C; 2E.
145. 1E; 2E; 3C; 4E; 5C.
146. 1E; 2C.
147. 1C; 2E; 3C; 4E.
148. 1C; 2C.
149. C
150. D
151. C
152. C
153. 13; 2C; 3C.
154. B
155. A
156. D
157. A
158. C
159. 1C;. 2E.
160. 1C; 2E.
161. 1C; 2E.
162. A
163. E
164. B
165. B
166. D
167. D
168. D
169. A
170. B
171. B
172. E
173. C
174. 1E; 2C.
175. 1C; 2C; 3E.
176. 1C; 2E; 3C; 4C.
177. 1E; 2E.
178. 1C, 2E, 3E, 4C, 5E.
179. A
180. B
181. C
182. E
183. C
184. D
185. B
186. 1C; 2C; 3E.
187. D
188. 1C; 2E; 3E; 4C; 5E.
189. 1C; 2C; 3C; 4C; 5E; 6E, 7C; 8C; 9E, 10E.
190. 1C; 2C; 3C; 4C; 5E.
191. 1E; 2E; 3E; 4E.
192. 1C; 2E; 3E; 4E; 5E.
193. 1E; 2C.
194. 1C; 2C.
195. 1C; 2E; 3E.
196. 1C; 2C; 3C.
197. 1C; 2C; 3E; 4E; 5E.
198. 1E, 2E, 3E, 4E, 5E
199. 1E, 2E, 3E, 4E, 5E.
200. 1C; 2C; 3C; 4C; 5-E.
201. 1C; 2E; 3E
202. 1C; 2E.
203. 1C; 2E; 3C; 4C; 5E.
204. 1E; 2C; 3C; 4C; 5E
205. 1E; 2E; 3E; 4E; 5C
206. 1E; 2E; 3E; 4C; 5E

5. DIREITO CIVIL

1. E
2. D
3. 1E; 2E
4. B
5. C
6. E
7. B
8. A
9. A
10. B
11. A
12. C
13. C
14. B
15. C
16. D
17. D
18. A
19. A
20. 1E; 2C
21. 1E
22. A
23. A
24. C
25. 1C; 2E; 3C; 4E; 5C
26. 1E; 2C
27. 1C; 2E; 3C
28. E
29. A
30. C
31. 1C; 2C
32. E
33. C
34. B
35. D
36. A
37. 1E; 2E; 3C
38. 1E; 2C; 3E
39. A
40. C
41. A
42. B
43. C
44. D
45. B
46. 1C; 2C; 3E; 4C
47. 1C; 2E
48. E
49. B
50. B
51. 1C; 2C; 3E; 4E
52. D
53. 1C; 2E
54. A
55. B
56. D
57. 1C; 2E; 3C; 4C
58. 1E; 2E; 3C; 4C; 5C
59. E
60. B
61. B
62. 1C; 2C
63. 1C; 2E; 3C
64. C
65. A
66. A
67. C
68. D
69. A
70. B
71. B
72. E
73. C
74. 1C; 2E
75. 1E; 2E; 3E
76. 1E; 2E
77. 1E; 2C; 3E; 4E
78. D
79. B
80. A
81. B
82. B
83. D
84. A
85. E
86. B
87. A
88. A
89. 1C; 2E
90. 1E; 2C
91. 1C; 2C; 3C
92. 1C; 2C
93. 1C; 2C; 3C; 4E
94. C
95. D
96. 1E; 2C; 3E
97. 1C; 2C; 3E
98. A
99. 1E; 2E; 3E
100. 1C; 2C
101. 1C; 2C; 3E; 4C; 5E
102. 1E; 2E; 3E; 4C; 5E.
103. D
104. C
105. E
106. B
107. D
108. B
109. C
110. B
111. C
112. D
113. A
114. D
115. E
116. E
117. C
118. C
119. 1-E, 2-C, 3-C, 4-X, 5-E
120. 1-E, 2-C, 3-C, 4-C, 5-C
121. 1-E, 2-E, 3-E, 4-E, 5-E
122. A
123. D
124. A
125. 1C; 2E
126. D
127. A
128. B
129. A
130. D
131. B
132. C
133. A
134. A
135. 1C
136. 1E; 2C; 3C
137. 1E; 2E; 3E
138. 1E; 2E; 3E
139. 1E; 2E
140. B
141. C
142. A
143. E
144. B
145. E
146. B
147. C
148. C
149. D
150. 1E; 2E; 3C
151. D
152. E
153. D
154. 1E; 2E; 3C; 4C
155. 1C; 2E
156. 1C; 2C; 3E
157. 1E; 2C; 3E
158. 1C; 2C
159. 1E; 2C
160. 1E; 2C; 3C; 4E
161. 1E; 2C; 3C
162. C
163. C
164. C
165. C
166. B
167. D
168. 1E; 2C
169. E
170. 1E; 2C
171. B
172. 1C; 2E; 3E; 4E
173. 1E; 2C
174. C
175. E
176. E
177. 1E; 2C
178. 1E; 2E; 3E; 4E; 5E; 6C; 7C; 8C
179. 1E; 2E; 3C; 4C; 5C.
180. 1E; 2C; 3C; 4E; 5C.
181. 1C; 2C; 3E; 4C; 5C; 6E; 7C; 8E; 9E; 10C
182. 1E; 2E; 3C; 4C; 5C
183. 1E; 2E; 3E; 4C; 5X
184. 1E; 2C; 3E; 4E; 5C
185. 1X; 2C; 3C; 4E; 5E
186. 1E; 2C; 3C; 4E; 5E
187. 1E; 2C; 3C
188. 1C; 2E
189. 1E; 2E; 3E; 4C
190. 1C; 2C

6. DIREITO EMPRESARIAL

1. B
2. A
3. 1C; 2C
4. 1E; 2E
5. C
6. B
7. D
8. A
9. E
10. A
11. D
12. E
13. D
14. E
15. 1C; 2C
16. 1E; 2C
17. 1C; 2C; 3C; 4C; 5E
18. 1E; 2E; 3E; 4C; 5E
19. 1E; 2E; 3C; 4C
20. 1C; 2X; 3C; 4E; 5E
21. 1C; 2C; 3E; 4C; 5E
22. 1E; 2E; 3C; 4C; 5C
23. B
24. D
25. A
26. B
27. B
28. C
29. A
30. D
31. 1C; 2E; 3C; 4E; 5E
32. 1C; 2E; 3E; 4C; 5C; 6C; 7C; 8E; 9E; 10E
33. C
34. B
35. D
36. E
37. D
38. C
39. D
40. B
41. C
42. E
43. B
44. D
45. B
46. D
47. E
48. C
49. D
50. E
51. C
52. C
53. D
54. A
55. D
56. C
57. C
58. E
59. B
60. A
61. B
62. D
63. C
64. C
65. B
66. E
67. A
68. 1E; 2C; 3C; 4E; 5C
69. 1C; 2C
70. 1E; 2C; 3E; 4E; 5C
71. A
72. 1C; 2E
73. 1E; 2E
74. 1C; 2E
75. C
76. D
77. 1E; 2C
78. 1E; 2E; 3C
79. 1E; 2C; 3C; 4E; 5C
80. A
81. E
82. B
83. A
84. C
85. D
86. A
87. 1E
88. E
89. A
90. B
91. E
92. 1E
93. 1E; 2C
94. 1E; 2C
95. 1C; 2C
96. 1C; 2E; 3E; 4E; 5C
97. 1C; 2C
98. E
99. A
100. C
101. D
102. A
103. E
104. B
105. E
106. B
107. D
108. D
109. 1C; 2E
110. D
111. E
112. 1C; 2C
113. A
114. E
115. 1C
116. D
117. B
118. A
119. C
120. D
121. C
122. C
123. 1C; 2E
124. E
125. C
126. B
127. A
128. E
129. E
130. B
131. A
132. D
133. C
134. A
135. E
136. D
137. B
138. C
139. A
140. E
141. C
142. D
143. B
144. E
145. B
146. E
147. B
148. E
149. C
150. A
151. D
152. A
153. D
154. C
155. D
156. B
157. A
158. D
159. A
160. D
161. E
162. B
163. C
164. D
165. E
166. C
167. B
168. A
169. E
170. C
171. 1E; 2E; 3C; 4C; 5C; 6E; 7C; 8E; 9E; 10C
172. 1C; 2E; 3C; 4E

7. DIREITO DO TRABALHO

1. 1E; 2E
2. A
3. A
4. D
5. B
6. E
7. D
8. 1C; 2E; 3E
9. 1E; 2C; 3E; 4C; 5E
10. E
11. B
12. D
13. 1E; 2C; 3C; 4E; 5E; 6E; 7C; 8E; 9E
14. A
15. C
16. A
17. B
18. B
19. B
20. 1E, 2E, 3E, 4C, 5C
21. A
22. C
23. A
24. D
25. B
26. A
27. A
28. 1C; 2E
29. 1E, 2C, 3E, 4E, 5E
30. 1E, 2E, 3E, 4C, 5C
31. D
32. D
33. D
34. B
35. E
36. C
37. D
38. B
39. D
40. A
41. 1C; 2E
42. E
43. C
44. 1E; 2C
45. C
46. A
47. E
48. C
49. E
50. D
51. 1E; 2E; 3C
52. B
53. 1C; 2E; 3C
54. B
55. B
56. A
57. B
58. 1C; 2E
59. E
60. C
61. A
62. 1C; 2E; 3C
63. 1E; 2C; 3C; 4C
64. C
65. 1E; 2E
66. 1E, 2C, 3C, 4E, 5C
67. C
68. A
69. 1E; 2E; 3C; 4C; 5E
70. E
71. E
72. 1E; 2E; 3C; 4C; 5E; 6C; 7E; 8C
73. 1E; 2C; 3C; 4C; 5C; 6C; 7E; 8C; 9E
74. 1C; 2E; 3C; 4E; 5C
75. 1E; 2E; 3C

8. DIREITO PROCESSUAL DO TRABALHO

1. D
2. D
3. A
4. E
5. C
6. 1E; 2C; 3C; 4C; 5E.
7. B
8. B
9. D
10. C
11. 1C; 2E; 3E.
12. 1E; 2C.
13. E
14. 1E; 2C.
15. D
16. 1E; 2E; 3C.
17. 1E; 2C; 3C; 4C; 5E.
18. E
19. 1E; 2C; 3C; 4C; 5E; 6C; 7E; 8E; 9C; 10C.
20. E
21. D
22. B
23. D
24. 1E; 2C; 3E; 4E; 5C.
25. 1C; 2E.
26. 1C; 2C; 3E; 4C; 5E.
27. B
28. A
29. B
30. D
31. D
32. 1C; 2E; 3C; 4C; 5E.
33. E
34. E
35. A
36. C
37. 1E; 2E.
38. 1C; 2E; 3E; 4E; 5C; 6E; 7C.
39. 1E; 2C; 3E; 4C.
40. 1C; 2E; 3C; 4E; 5E.
41. D
42. 1E; 2E.
43. E
44. E
45. C
46. A
47. C
48. E
49. A
50. 1C; 2C.
51. 1C; 2C.
52. C
53. A
54. A
55. 1E; 2C; 3C; 4E; 5C.
56. 1E; 2E; 3C.
57. 1C; 2E.

9. DIREITO INTERNACIONAL PÚBLICO E PRIVADO

1. B
2. C
3. B
4. D
5. B
6. A
7. C
8. A
9. A
10. E
11. D
12. B
13. C
14. B
15. A
16. 1E; 2E; 3C; 4C; 5C
17. 1E; 2C; 3C; 4E; 5E
18. 1E; 2E
19. 1E; 2C
20. 1E; 2C
21. 1E; 2E; 3C
22. 1E; 2C; 3C
23. 1E; 2E; 3E
24. 1E; 2E; 3E; 4C
25. C
26. C
27. E
28. D
29. 1E; 2E; 3E; 4C; 5E; 6C; 7C; 8C; 9E; 10E
30. 1C; 2C; 3E; 4C; 5E
31. C
32. A
33. C
34. B
35. B
36. B
37. C
38. E
39. A
40. D
41. D
42. D
43. B
44. E
45. D
46. B
47. C
48. C
49. D
50. C
51. A
52. B
53. 1C; 2E; 3E; 4E; 5E
54. 1E, 2E, 3C, 4E, 5-X

10. DIREITO FINANCEIRO

1. B
2. E
3. C
4. B
5. D
6. E
7. A
8. C
9. D
10. D
11. 1E; 2C; 3E; 4C; 5E; 6C; 7C; 8C; 9C
12. 1C; 2C; 3C
13. 1C; 2C; 3C; 4E; 5E; 6C; 7E
14. 1C; 2C; 3C; 4E; 5E; 6C
15. 1E; 2E; 3E; 4C; 5C
16. 1C;2E; 3C; 4E
17. 1C; 2E; 3C; 4C; 5E
18. 1E; 2C; 3C
19. 1C; 2C; 3E; 4C; 5E
20. 1C; 2E; 3E; 4C
21. E
22. C
23. D
24. B
25. D
26. A
27. E
28. C
29. B

11 DIREITO PENAL E PROCESSUAL PENAL

1. 1E; 2E
2. 1C; 2E
3. E
4. 1E; 2E; 3C; 4E; 5C
5. E
6. A
7. 1C; 2E; 3C
8. 1C; 2E
9. 1C; 2C
10. 1C; 2E; 3C
11. 1E; 2C
12. 1E; 2C; 3C
13. E
14. B
15. 1C; 2E; 3E
16. 1C; 2E
17. 1C; 2C; 3E; 4C; 5C
18. 1C; 2E; 3C; 4E
19. 1E; 2C; 3C
20. C
21. A
22. C
23. C
24. B
25. 1E; 2E; 3C
26. 1E; 2C
27. 1E; 2E
28. E
29. D
30. A
31. 1C; 2C
32. 1E; 2C; 3E; 4E; 5C; 6E; 7C; 8E
33. E
34. C
35. 1C; 2C; 3C; 4E; 5C; 6C
36. 1E; 2E; 3E
37. 1C; 2E
38. 1C; 2E; 3E
39. C
40. B
41. 1E; 2C; 3E
42. 1E; 2E; 3C; 4C
43. 1C; 2E; 3E; 4E; 5E
44. E
45. C
46. B
47. A
48. C
49. D
50. A
51. A
52. 1E; 2C; 3C
53. 1E; 2E
54. 1C; 2E; 3E
55. 1C; 2E
56. 1C; 2E; 3E; 4C; 5E
57. 1E; 2E; 3E; 4C
58. 1C; 2E; 3C
59. 1E; 2C
60. D
61. C
62. C
63. 1E; 2E
64. 1E; 2E
65. 1E; 2C
66. 1E; 2E
67. 1C; 2C
68. 1E; 2C
69. 1E; 2E; 3C; 4E
70. 1E; 2C
71. E
72. 1C; 2E; 3E
73. 1E; 2E
74. 1C; 2E; 3E
75. 1C; 2C; 3E; 4E; 5E
76. 1E; 2E; 3C; 4C; 5E
77. 1E; 2E; 3E; 4C; 5C
78. 1C; 2E; 3C; 4E; 5C
79. 1C; 2C; 3E; 4C; 5E
80. 1C; 2E; 3C
81. 1E; 2C; 3C; 4E; 5E; 6C
82. E
83. 1C; 2E; 3E
84. 1C; 2C; 3E; 4E
85. 1E; 2C; 3E; 4E; 5C
86. 1E; 2E; 3C; 4C; 5E
87. 1C; 2E; 3C; 4E; 5C
88. 1E; 2E; 3E; 4E; 5C

12. DIREITO AMBIENTAL

1. E
2. A
3. D
4. C
5. E
6. 1C; 2E; 3C; 4E; 5E
7. 1C; 2C; 3C; 4C; 5E,
8. 1C; 2C; 3C; 4E; 5E
9. 1C; 2E; 3C; 4E; 5E
10. C
11. E
12. A
13. C
14. E
15. C
16. C
17. B
18. A
19. A
20. D
21. E
22. A
23. D
24. 1C; 2C; 3E
25. 1C; 2E; 3C; 4E; 5E; 6C; 7E
26. 1E; 2C; 3C; 4E; 5E; 6E; 7E
27. 1C; 2C; 3C
28. 1E; 2C; 3C
29. 1E, 2E; 3C
30. 1C; 2E; 3C; 4E
31. 1C; 2E; 3E
32. 1E; 2C; 3E; 4C
33. 1E; 2C; 3E; 4E; 5C
34. 1E; 2E; 3C; 4C
35. 1E; 2C; 3E; 4E; 5C; 6C

13 DIREITO ECONÔMICO

1. 1E; 2E; 3C; 4E; 5C; 6E; 7C
2. A
3. A
4. B
5. D
6. E
7. D
8. 1E; 2E; 3C; 4C
9. 1E; 2C
10. C
11. 1E; 2E; 3C; 4C
12. 1C; 2E; 3C
13. 1C; 2E; 3E; 4C; 5C; 6E
14. 1E; 2E; 3E; 4C; 5E
15. 1C; 2E; 3C; 4E; 5E
16. 1E; 2C; 3C; 4C; 5C
17. A
18. C
19. A
20. B
21. D
22. E
23. A
24. D
25. C
26. B
27. E

14. DIREITO DO CONSUMIDOR

1. C
2. E
3. B
4. E
5. A
6. A
7. 1C; 2C; 3E.
8. B
9. E
10. C
11. A
12. D
13. C
14. D
15. B
16. 1E; 2C; 3E.
17. 1E; 2E
18. 1C; 2E; 3C.
19. 1C; 2E; 3E; 4C; 5C.

15 OUTRAS DISCIPLINAS JURÍDICAS

1. 1C; 2C; 3E
2. 1E; 2C; 3E
3. B
4. C
5. 1C; 2E; 3E
6. 1E; 2C; 3E
7. 1C; 2E; 3C
8. 1E; 2C; 3E; 4C
9. D
10. A
11. B
12. E
13. C
14. 1C; 2E; 3C; 4C
15. 1E; 2E; 3E; 4E; 5C; 6C
16. 1E; 2C
17. 1C; 2C
18. 1C; 2E; 3C
19. 1C; 2E; 3E
20. 1E; 2E; 3C
21. 1E; 2C
22. 1C; 2E
23. 1E; 2E
24. 1E; 2E; 3C
25. 1E; 2C; 3C; 4C
26. 1C; 2C; 3E; 4E
27. 1E; 2E; 3E
28. 1C; 2E; 3C
29. 1E; 2C; 3C; 4C; 5E; 6E; 7E
30. 1C; 2C; 3C
31. 1E; 2E; 3C; 4E; 5C
32. 1E; 2C; 3C; 4X; 5E
33. 1E; 2C; 3E; 4E; 5C
34. A
35. E
36. B
37. D
38. C
39. 1E; 2E; 3C; 4E; 5E
40. 1C; 2C; 3C; 4E; 5E
41. 1C; 2E; 3C; 4E; 5C
42. 1E; 2C
43. 1E; 2E; 3E; 4C; 5E
44. 1E; 2E; 3E; 4C; 5E
45. 1E; 2E; 3E
46. 1E; 2E; 3C; 4C; 5E
47. 1C; 2C; 3C
48. 1C; 2E; 3E
49. 1C; 2C; 3E; 4E; 5C
50. 1E; 2E
51. 1E; 2C
52. E
53. 1E; 2E; 3C; 4E
54. 1C; 2E
55. B
56. E
57. 1E; 2E
58. 1E; 2E; 3E
59. 1C; 2E; 3E; 4E; 5C
60. 1E; 2C; 3C; 4E; 5E
61. 1E; 2C; 3E; 4E; 5E
62. 1C; 2C; 3C; 4C; 5E
63. 1C; 2E; 3C; 4C; 5C; 6E
64. 1E; 2C
65. 1E; 2E; 3C; 4C
66. 1C; 2C; 3E; 4E
67. 1C; 2E; 3C; 4E
68. 1E; 2E; 3C
69. 1E; 2E; 3C
70. 1E; 2E; 3C; 4C; 5E
71. 1E; 2C; 3E; 4C; 5C
72. 1C; 2C; 3C; 4E; 5C
73. A
74. C
75. 1E; 2C; 3C; 4C
76. 1E; 2C
77. 1E; 2E; 3C; 4E
78. 1E; 2C; 3C
79. 1C; 2E
80. 1C; 2C; 3E; 4E
81. 1E; 2E; 3E; 4E; 5C; 6C; 7E; 8E
82. 1C; 2E; 3C; 4C
83. 1C; 2C
84. 1E
85. 1C; 2E; 3E; 4E
86. 1C; 2E
87. 1C; 2E; 3E; 4C; 5C; 6E; 7C; 8E; 9C; 10E; 11C; 12E
88. 1C; 2E; 3E; 4E; 5C
89. 1C; 2E; 3C; 4E; 5E; 6C; 7E; 8E; 9E; 10E; 11C
90. 1C; 2C
91. 1C; 2C
92. 1E; 2C; 3E; 4C; 5E
93. 1C; 2E; 3E
94. D
95. E
96. B
97. E
98. B
99. D
100. B
101. 1E; 2C
102. 1C; 2C; 3C
103. 1E; 2C; 3C; 4E; 5E
104. 1E; 2C; 3C
105. 1E; 2E; 3C; 4C; 5E
106. 1E; 2E; 3C; 4C; 5E
107. 1E; 2C; 3E; 4C; 5C
108. 1E; 2E; 3C; 4E; 5C
109. 1C; 2E; 3E; 4E; 5E; 6C; 7C; 8E; 9E; 10E
110. 1C; 2E; 3C; 4E; 5E
111. 1C; 2E; 3C; 4C; 5E
112. 1E; 2C; 3C; 4E; 5C
113. 1E; 2C; 3C
114. 1E; 2C; 3E
115. 1E; 2C; 3C
116. 1E; 2C; 3E; 4E; 5C; 6C
117. 1C; 2E; 3C; 4C
118. 1E; 2C; 3E
119. 1E; 2C; 3E; 4E
120. 1C; 2E; 3C; 4E
121. 1E; 2E; 3C; 4C; 5E
122. 1C; 2C; 3E; 4E; 5C
123. 1C; 2C
124. 1C; 2C; 3C; 4C; 5E
125. 1E; 2C; 3C; 4C
126. 1E; 2E; 3C; 4C; 5C

16. LÍNGUA PORTUGUESA

1. E
2. A
3. D
4. B
5. C
6. E
7. B
8. C
9. B
10. A
11. E
12. E
13. B
14. D
15. C
16. A
17. B
18. B
19. C
20. D
21. E
22. D
23. A
24. E
25. C
26. C
27. B
28. B
29. C
30. A
31. B
32. A
33. A
34. C
35. E
36. A
37. B
38. E
39. D
40. C
41. E
42. C
43. B
44. E
45. D
46. A
47. B
48. C
49. A
50. D
51. E
52. A
53. C
54. C
55. E
56. B
57. A
58. B
59. C
60. B
61. D
62. E
63. E
64. A
65. D
66. B
67. D
68. C
69. D
70. A
71. C
72. D
73. D
74. B
75. B
76. A
77. D
78. B
79. C
80. A
81. E
82. E
83. A
84. E
85. B
86. B
87. E
88. E
89. A
90. D
91. C
92. C
93. B
94. E
95. C
96. D
97. B
98. C
99. A
100. A
101. D
102. E
103. D
104. E
105. E
106. A
107. D
108. B
109. E
110. A
111. B
112. C
113. D
114. E
115. D
116. C
117. C
118. C
119. C
120. E
121. B
122. A
123. D
124. B
125. A
126. B
127. C
128. D
129. C
130. C
131. A
132. E
133. C
134. C
135. E
136. D
137. B
138. B
139. A
140. B
141. D
142. E
143. D
144. 1C; 2C; 3E; 4E; 5E; 6C; 7E
145. 1E; 2E; 3C; 4C; 5C
146. 1C; 2E; 3C; 4E; 5E
147. 1C; 2E; 3C; 4E
148. 1E; 2E; 3E; 4C
149. 1C; 2E; 3E; 4E; 5E
150. 1E; 2C; 3E; 4E; 5C
151. 1C; 2C; 3C; 4E; 5C
152. 1E; 2C; 3C; 4C; 5C
153. 1E; 2E; 3C; 4E; 5C
154. 1C; 2C; 3E; 4E; 5E
155. 1C; 2E; 3C; 4E; 5C
156. 1E; 2E; 3E
157. 1E; 2C; 3E; 4C; 5C; 6C; 7C
158. 1C; 2E; 3E; 4C; 5E
159. 1C; 2E; 3C; 4C; 5E
160. 1C; 2C; 3C; 4C; 5C
161. 1C; 2E; 3E
162. 1E; 2E; 3E
163. 1C; 2E; 3E; 4E
164. 1E; 2C; 3E
165. 1E; 2E; 3E; 4E; 5C; 6E
166. 1C; 2E; 3E; 4C; 5C
167. 1C; 2E; 3E; 4E
168. 1E; 2E; 3E; 4E; 5E; 6E
169. 1E; 2C; 3E; 4E; 5E; 6E
170. 1C; 2E; 3E; 4C; 5C
171. 1C; 2E; 3C; 4E
172. 1C; 2C; 3C; 4E; 5C
173. 1E; 2C; 3C; 4E; 5E
174. 1E; 2E; 3E; 4E; 5E
175. 1C; 2C; 3C; 4C; 5E
176. 1C; 2C; 3C; 4E; 5E
177. 1E; 2C; 3C; 4C; 5E
178. 1E; 2C; 3E; 4C; 5E
179. 1C; 2E; 3C; 4E; 5E
180. 1C; 2E; 3E; 4E; 5C
181. 1C; 2C; 3E; 4E; 5C
182. 1E; 2E; 3C; 4C; 5C
183. 1C; 2C; 3E; 4E; 5E; 6E; 7E; 8C
184. 1X; 2E; 3C; 4E; 5E; 6C
185. 1E; 2C; 3E; 4C
186. 1E; 2C; 3E; 4C; 5E;
187. 1E; 2E; 3C; 4E; 5C
188. 1E; 2E; 3E
189. 1E; 2C; 3E; 4C; 5E; 6E
190. 1C; 2E; 3C; 4C
191. A
192. B
193. D
194. E
195. C
196. D
197. B
198. C
199. E
200. A
201. B
202. C
203. A
204. E
205. B
206. A
207. C
208. E
209. C
210. A
211. B
212. A
213. D
214. E
215. B
216. B
217. D
218. E
219. C
220. B
221. D
222. A
223. E
224. E
225. A
226. C
227. D
228. C
229. A
230. C
231. D
232. C
233. B

234. E
235. A
236. B
237. E
238. B
239. E
240. E
241. A
242. B
243. D
244. A
245. C
246. B
247. C
248. A
249. C
250. B
251. A
252. A
253. D
254. B
255. C
256. C
257. C
258. B
259. D
260. B
261. C
262. B
263. B
264. A
265. B
266. C
267. D
268. B
269. B
270. C
271. A
272. D
273. E
274. D
275. D
276. B
277. A
278. B
279. C
280. B
281. E
282. C
283. A
284. X
285. A
286. X
287. B
288. B
289. E
290. E
291. D

17. LÍNGUA INGLESA

1. E
2. C
3. B
4. A
5. B
6. C
7. D
8. A
9. D
10. E
11. E
12. A
13. D
14. C
15. D
16. E
17. C
18. B
19. B
20. A
21. E
22. C
23. C
24. B
25. A
26. D
27. E
28. A
29. E
30. B
31. D
32. B
33. B
34. A
35. C
36. C
37. E
38. C
39. C
40. D
41. C
42. D
43. B
44. C
45. E
46. A
47. D
48. E
49. E
50. A
51. B
52. D
53. E
54. A
55. C
56. A
57. A
58. B
59. D
60. E
61. D
62. C
63. C
64. B
65. E
66. B
67. A
68. D
69. E
70. A
71. B
72. C
73. B
74. E
75. B
76. D
77. A
78. D
79. A
80. E
81. C
82. D
83. E
84. A
85. C
86. B
87. E
88. B
89. B
90. E
91. C
92. C
93. D
94. D
95. E
96. A
97. 1E; 2E; 3C; 4C; 5E; 6E; 7C; 8C; 9C; 10E
98. 1C; 2C; 3E; 4C; 5E
99. 1E; 2C; 3C; 4E; 5C
100. 1E; 2E; 3E; 4E; 5C
101. 1C; 2C; 3C; 4E; 5E
102. 1E; 2C; 3C; 4E; 5E; 6E; 7E; 8C; 9C
103. 1C; 2E; 3E; 4C; 5E
104. 1C; 2C
105. 1E; 2C; 3C
106. C
107. E
108. B
109. E
110. D
111. B
112. A
113. A
114. D
115. A
116. C
117. C
118. D
119. B
120. E
121. A
122. E
123. C
124. D
125. B
126. E
127. D
128. A
129. C
130. B
131. D
132. A
133. E
134. B
135. C
136. D
137. E
138. B
139. A
140. C
141. B
142. C
143. A
144. E
145. D
146. B
147. D
148. A
149. B
150. B
151. D
152. C
153. D
154. C
155. B

18. LÍNGUA ESPANHOLA

1. A
2. B
3. C
4. D
5. D
6. B
7. E
8. E
9. A
10. C
11. C
12. B
13. E
14. C
15. A
16. B
17. A
18. D
19. C
20. C
21. E
22. D
23. C
24. B
25. A
26. E
27. A
28. D
29. A
30. B
31. C
32. A
33. D
34. E
35. C
36. D
37. A
38. B
39. C
40. D
41. B
42. E
43. A
44. A
45. C
46. A
47. C

19. INFORMÁTICA

1. E
2. C
3. C
4. D
5. B
6. E
7. E
8. A
9. D
10. B
11. C
12. D
13. B
14. E
15. A
16. 1E; 2C; 3C; 4C; 5E, 6E, 7E, 8C
17. 1C; 2E; 3E; 4C
18. 1C; 2C; 3E
19. 1E; 2E; 3C; 4C; 5C
20. 1C; 2C; 3E; 4C; 5E
21. 1E; 2E; 3C; 4E; 5E
22. 1C; 2E; 3E; 4E; 5E
23. 1C; 2C; 3C; 4E; 5E
24. 1C; 2C; 3C
25. 1E; 2E; 3C; 4C
26. 1C; 2E
27. E
28. 1C; 2E; 3E; 4C
29. 1E; 2E; 3C; 4E; 5C
30. 1C; 2E
31. 1C; 2E; 3C; 4E; 5C
32. 1E; 2C; 3C; 4E; 5C
33. 1C; 2E; 3C; 4E; 5E
34. 1E; 2C; 3E; 4C; 5C
35. 1E; 2 ITEM ANULADO; 3C; 4C; 5E
36. 1C; 2C; 3E; 4C; 5E; 6C; 7C; 8C; 9C
37. 1E; 2E
38. 1C; 2E; 3C
39. 1E; 2C
40. 1C; 2E
41. 1C; 2E; 3E
42. 1E; 2C; 3E; 4E
43. 1C; 2C
44. E
45. A
46. A
47. D
48. A
49. C
50. E
51. B
52. C
53. E
54. C
55. A
56. E
57. D
58. A
59. B
60. C
61. A
62. D
63. E
64. A
65. E
66. D
67. A
68. E
69. B
70. C
71. A
72. D
73. E
74. B
75. B
76. B
77. A
78. E
79. C
80. A
81. C
82. D
83. B
84. D
85. B
86. B
87. A
88. A

20. MATEMÁTICA

1. E
2. D
3. C
4. D
5. A
6. B
7. 1E; 2C; 3E; 4E; 5E
8. 1C; 2E; 3C; 4E
9. 1C; 2C; 3C; 4C; 5C
10. E
11. A
12. A
13. C
14. E
15. D
16. A
17. C
18. D
19. C
20. C
21. B